KB230604

지도로 보는
세계의 역사

ATLAS
HISTORIQUE
MONDIAL

옮긴이 **정미애**

프랑스어 전문 번역가. 이화여자대학교를 졸업하고 벨기에 루뱅
대학에서 불문학 석사, 한국외국어대학교 통번역대학원에서 석사
학위를 받았다. 지난 20여 년간 소설과 어린이 책은 물론 인문, 역사,
예술 등 다양한 분야의 양서를 우리말로 옮겨 왔다. 현재는 청평 호명산
아랫마을에 머물며 프랑스 책을 번역하고, 틈틈이 정원과 텃밭에서
꽃과 채소를 가꾸는 '경작하는 삶'을 살고 있다.
옮긴 책으로는 <난민들>, <치유>, <행복의 역설>, <마지막 수업>,
<영재의 심리학>, <나는 영원히 살아있네>등이 있다.

인류의 기원부터 현대까지,
600가지 지도로 살아나는 생생한 역사의 현장
지도로 보는 세계의 역사

1판 1쇄 인쇄 2026년 3월 4일
1판 1쇄 발행 2026년 3월 19일

지은이 크리스티앙 그라탈루
옮긴이 정미애
펴낸이 김기옥

라이프스타일팀장 이나리
편집 장윤선, 김민주
마케터 이지수
지원 고광현, 김형식

디자인 나은민
인쇄·제본 민언프린텍

펴낸곳 한스미디어(한즈미디어(주))
주소 04037 서울시 마포구 양화로 11길 13(서교동, 강원빌딩 5층)
전화 02-707-0337 | **팩스** 02-707-0198 | **홈페이지** www.hansmedia.com
출판신고번호 제 313-2003-227호 | **신고일자** 2003년 6월 25일

ISBN 979-11-94777-78-6 (03900)

· 책값은 뒤표지에 있습니다.
· 잘못 만들어진 책은 구입하신 서점에서 교환해 드립니다.

지도로 보는

세계의 역사

ATLAS
HISTORIQUE
MONDIAL

크리스티앙 그라탈루 지음 ● 정미애 옮김

한스미디어

지도로 보는 *세계의 역사*
저자 및 기여자

크리스티앙 그라탈루는 지리학과 역사를 결합한 지구사 연구의 선구자로, '가장 역사적인 지리학자'로 알려져 있다. 지리학 박사를 취득하고 파리 시테 대학교에서 교수로 재직했으며, 세계사를 지리적 관점에서 분석하는 연구를 지속해왔다. 대표 저서로는 <세계화의 지구사(2015)>, <세계 지도(2016)>, <우리 컵 속의 세계(2017)>, <대륙과 바다의 발명(2020)>, <지구 역사: 지구에 사는 인간의 또 다른 역사(2023)>등이 있다. 2019년부터는 레 아렌 출판사의 역사 지도 집 컬렉션을 총괄하고 있으며, 잡지 <카르토Carto>에 지구사 관련 칼럼을 정기적으로 기고하고 있다.

엘로이즈 콜레브카는 파리 정치대학 출신으로, 2014년부터 역사 전문 저널 <역사L'Histoire>의 편집장을 맡고 있다. 그는 레장데 지도 제작소의 전문가들과 협업하며 20년 넘게 역사 지도 제작에 참여해 왔으며, 특히 <세계사 아틀라스(2019)>, <프랑스사 아틀라스(2020)>, <지구사 아틀라스(2022)> 등의 지도책 작업에 참여했다.

샤를로트 베카르-루세는 소르본 대학교에서 지리학 교수로 재직 중이며, 프랑스 중등 교원 자격시험 준비 과정에서 지도 관련 강의를 맡아왔다. 해당 자격시험의 역사·지리 부문 심사위원으로도 활동했으며, <세계사 아틀라스(2019)>, <프랑스사 아틀라스(2020)>, <지구사 아틀라스(2022)> 등 다양한 역사 및 지리학 서적 집필에도 참여했다.

레쟝드 지도 제작소는 1996년부터 프랑스의 역사 전문 잡지 <역사L'Histoire>의 지도 제작을 담당해온 전문 기관이다. 크리스티앙 그라탈루가 기획한 아틀라스 컬렉션의 모든 지도를 제작했으며, 2007년부터는 '르 몽드'와 '라 비'에서 출간한 대형 아틀라스 시리즈에도 참여했다. 또한 나탕, 아셰트, 아티에, 블랑 등 프랑스 주요 교육 출판사와 협력하여 학습용 지도를 제작하고 있으며, 지리, 지도 전문 잡지 <카르토Carto>와도 정기적으로 협업하고 있다.

잔 바르니코, 파리 1 팡테옹-소르본 대학교 현대사 박사과정 연구원.

장-피에르 바트, 프랑스 국립과학연구센터(CNRS)소속 기록 보관 및 고문서학자, 아프리카사 전문가.

로맹 베르트랑, 식민지 인도네시아 전문가, 국립 정치 과학 재단(FNSP) 연구 책임자, 국제연구센터(CERI) 회원.

토비아스 뵈베스타드, 라로셸 대학교 중세사 교수.

카트린 브리스, 파리-에스트-크레테유-발드마른 대학교 명예교수, 이탈리아 현대사 전문가.

프랑수아즈 브리켈-샤토네, 프랑스 국립과학연구센터 (CNRS) 연구 책임자이자 고대 근동 전문가.

브뤼노 카바네스, 오하이오 주립대 전쟁사 교수(도널드 G. & 메리 A. 던 석좌 교수직).

벵상 캅드퓌, 지구사학자이자 지도 제작자.

마리-마들렌 드 세벵스, 렌 대학교 중세 헝가리 교수.

필립 샤샤뉴, 보르도-몽테뉴 대학교 영국사 교수.

올리비에 크리스탱, 뇌샤텔 대학교 교수이자 프랑스 고등실습연구원(EPHE) 연구 책임자, 현대 종교 및 정치사 전문가.

조엘 코르네트, 제8대학 명예교수, 프랑스 앙시앵 레짐

(Ancien Régime) 전문가.

앙드레 델퓌에슈, 문화유산 총책임자, 유럽 선사시대 전문가, 알렉상드르-코이레 센터(Alexandre-Koyré Center, 과학기술사 연수소) 연구원.

장폴 드물, 파리 1 팡테옹-소르본 대학교 명예교수, 유럽 원사시대 전문가.

에르베 뒤셴, 부르고뉴 대학교 교수, 고대 그리스 전문가.

클레망 파브르, 역사학 박사, 신체사 및 중국사 전문가.

도미틸 드 가브릴로프, 사회과학고등연구원(EHESS) 현대사 박사과정 연구원(북미 연구센터 소속).

올리비에 그르누이유, 프랑스 국가교육부 감찰관, 노예제 및 노예 무역 역사 전문가.

카트린 오데르, 역사학 박사, 식민지 박람회 전문가.

프랑수아- 르네 줄리아르, 역사학 박사, 현대 미국 문화사 전문가.

파트리스 르코크, 파리 1 팡테옹-소르본 대학교 소속, 안데스 고고학 전문가.

쥘리앙 루아조, 엑스-마르세유 대학교 교수, 중세 이슬람 전문가.

라훌 마르코비츠, 파리 고등사범학교 교수, 18세기 문화 및 상업 교류 전문가.

엘렌 미아르-들라크루아, 소르본 대학교 교수, 현대 독일사 전문가.

질 나르시, 이탈리아 근대사 박사과정 연구원.

파비앵 파케, 캉 대학교 중세사 교수.

트라모르 케므뇌르, 프랑스-알제리 역사학자 공동위원회 (프랑스 측) 사무총장.

마리-피에르 레이, 파리1 팡테옹-소르본 대학교 교수, 러시아 및 소련사 전문가.

시릴 루셀, 지리학자, 프랑스 국립과학연구센터(CNRS) 연구원, 중동 지리학 전문가.

모리스 사르트르, 투르 대학교 고대사 명예교수, 헬레니즘 근동사 전문가.

클레어 소티넬, 파리-에스트-크레테유 대학교 교수, 로마사 전문가.

피에르-프랑수아 수이리, 제네바 대학교 명예교수, 일본사 전문가.

알렉상드르 숨프, 스트라스부르 대학교 교수(박사과정 연구 지도 자격, HDR), 러시아 및 소련사 전문가.

에릭 탈라두아르, 파리 1 팡테옹-소르본 대학교 명예교수, 선콜럼버스 시대 아메리카 고고학 전문가.

카트린 비를루베, 엑스-마르세유 대학교 명예교수, 로마사 전문가.

아네트 비에비오르카, 프랑스 국립과학연구센터(CNRS) 명예 연구 책임자, 홀로코스트 전문가.

올리비에 비에비오르카, 파리-사클레 고등사범학교 교수, 제2차 세계대전 전문가.

미셸 위녹, <역사L'Histoire> 창립자, 현대 프랑스사 전문가.

지도로 보는 **세계의 역사**
지도 다운로드 안내

1 지도 코드를 확인하기

각 지도 범례 위쪽에 있는 4자리 코드(예: 1234)를 확인한다.

확인한 코드를 도서 전용 다운로드 페이지에 입력하면, 해당 지도를 전체 화면으로 열람하거나 PDF 파일로 다운로드할 수 있다.

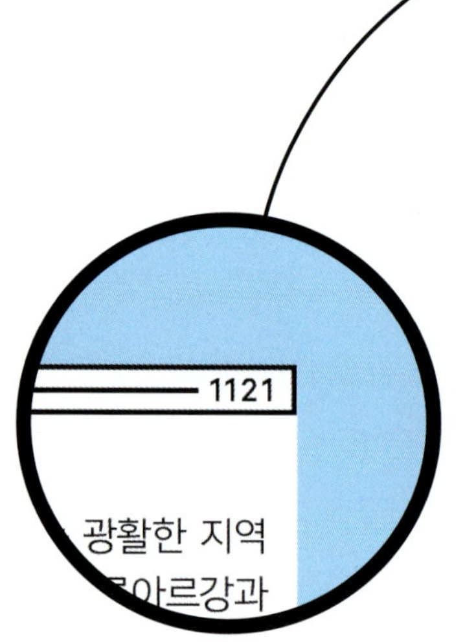

웹사이트의 다운로드 페이지에 코드를 입력한다.

샤를마뉴 제국(768~814년)

1121

피레네에서 엘베강까지

피레네산맥에서 엘베강에 이르는 광활한 지역에 강력한 정치 세력이 등장하면서, 루아르강과 라인강 사이를 중심으로 유럽의 기반이 마련되었다. 768년 프랑크 왕으로 즉위한 카롤루스 대제(샤를마뉴)는 774년에 롬바르드를 정복해 두 국가의 왕위를 겸하게 되었다. 800년 12월 24일 또는 25일, 그는 로마에서 교황 레오 3세에 의해 황제로 임명되어 476년 서방 로마 제국 멸망 이후 사라졌던 황제의 권위를 되살렸다.

샤를마뉴는 여러 차례 군사 원정을 통해 제국을 확장하고 강화했다. 그는 롬바르드족과 이베리아반도의 무슬림 세력(알안달루스) 특히 동쪽의 색슨족(772~804년)과 치열하게 싸우며 영토를 넓혔다. 또한 확대된 영토와 늘어난 인구를 효과적으로 통치하기 위해 언어 표준화, 교회 개혁, 학문 발전에도 힘썼다. 이러한 노력은 이른바 '카롤링거 르네상스'라 불리는 문화와 학문의 부흥으로 이어졌다. 샤를마뉴 시대의 번영은 왕실이 지원한 수도원 네트워크를 중심으로 이루어졌으며, 이 네트워크는 제국의 중요한 사회, 문화적 기반이 되었다. 그의 왕궁에는 알퀸, 에인하르트, 존 스코투스 에리우게나와 같은 뛰어난 학자들이 궁정 학교를 중심으로 집결하여 지식 공동체를 형성했고, 이는 제국 통치의 중요한 자원이 되었다. 그러나 이렇게 방대한 제국은 오래 유지되지 못했고, 843년에 분열과 함께 와해되었다.

클뤼니와 시토회 p.212
13세기 유럽의 상인들 p.224
신성 로마 제국 p.244

2 디지털 지도 열람 방법

웹사이트에 접속, 아래 링크로 이동한다.

www.lhistoire.fr/atlas

원하는 지도의 코드를 입력하면 해당 지도(프랑스어)를 열람할 수 있다.

목차

페이지

8 공간에 대한 이야기들
 – 파트리크 부셰롱

12 이 책이 완성되기까지, 긴 시간의 축적
 – 크리스티앙 그라탈루

1 단 하나의 인류
기원전 3000년

18 투마이에서 호모 사피엔스까지
 – 대지구대
 – 인류의 계보

20 사피엔스의 확산과 혼합(30만 년 전부터)
 – 호모 사피엔스의 확산
 – 인류 이동의 통로와 방해 요소

22 사피엔스는 어떻게 지구에 살기 시작했는가(6만 년 전부터)
 – 초기 아메리카인들
 – 초기 오스트레일리아인들
 – 추운 대초원에 정착한 최초의 유럽인들
 (후기 구석기 시대, 기원전 4만 5000~1만 2000년)

24 식물 재배와 동물의 가축화(기원전 1만 년경)
 – 신석기 시대의 첫 정착지

26 근동의 본거지(기원전 1만~3000년)
 – 농업의 탄생
 – 우루크, 국가의 탄생

28 인류의 정착 생활과 인구 증가
 – 인구 증가
 – 신석기 시대의 인구 변화
 – 더 많은 자식을 낳은 정착민들

2 독립적으로 발전하는 세계들

32 기원전 1500년 이전의 아메리카 원주민 세계
 – 아메리카 원주민의 문화권
 – 동부 아메리카의 선사 시대 문화

34 메소-아메리카
 – 테오티우아칸(기원전 3~7세기)
 – 메소아메리카(기원전 1200년~1300년경)

36 남아메리카와 서인도 제도
 – 안데스 문명의 4500년 역사
 – 아마존, 언어 모자이크
 – 15세기 말의 서인도 제도

38 오스트레일리아
 – 부메랑
 – 원주민 언어
 – 800만 제곱킬로미터 대륙의 수렵 채집민들

40 태평양의 항해자들
 – 태평양 정착(기원전 3500년~서기 1500년)
 – 이스터섬

42 뉴질랜드
 – 아오테아로아, 마오리의 땅

43 북극권
 – 북극의 민족들

44 아프리카
 – 남아프리카의 초기 정착
 – 수천 개의 언어
 – 사하라 횡단 무역

46 원주민들(21세기)
 – 세계 각지의 원주민 인구 분포
 – 원주민이란?

3 구대륙의 네트워크
신석기 시대부터 15세기까지

50 문자의 탄생
 – 문자의 발명과 재발명

52 중동 지역의 무역(기원전 3~1세기)
 – 무역 교차로

54 청동기 시대, 철기 시대
 – 유럽의 최서단 지역(기원전 1000년대)
 – 켈트족, 자율적인 문화 세계(기원전 12세기~서기 1세기)

56 페니키아인(기원전 1000년)
 – 페니키아 문명의 중심지
 – 상업 도시들의 힘

58 카르타고(기원전 814~146년)
 – 무역 거점에서 지중해 강국으로

60 그리스 디아스포라(기원전 8~6세기)
 – 고대 그리스의 이주와 도시 건설

62 지중해의 지정학(기원전 3세기)
 – 로마, 카르타고 그리고 헬레니즘 동방

64 알렉산더(기원전 336~323년)
 – 일시적인 제국의 공유(기원전 321~276년)
 – 마케도니아에서 제국으로

66 **서기 초기, 중동의 교차로**
– 인도양과 지중해를 잇는 고대 무역로
 (기원전 1세기~서기 1세기)

68 **서기 초 구대륙의 축**
– 서기 200년, 중국에서 로마까지 연결된 세계

70 **실크로드(6~8세기)**
– 구대륙 육로 네트워크, 실크로드(8세기)

72 **불교와 유교의 전파**
– 불교와 유교의 전파 경로
– 유교 세계

74 **유대인 공동체(1~16세기)**
– 유대인의 디아스포라, 끊임없는 추방과 박해

76 **기독교의 확산(1~6세기)**
– 기독교의 급속한 확산
– '이방인들의 사도' 타르수스의 바울
 (서기 초 출생, 64~68년경 로마에서 사망)
– 아우구스티누스, 히포의 주교(354~430년)

78 **인도양에서 이슬람의 확산**
– 구대륙 무역의 중심지인 인도양의 항로

80 **아프리카와 세계의 연결(10~15세기)**
– 무역과 왕국의 밀전

82 **11세기 말의 지중해**
– 제1차 십자군 전쟁 전야의 지중해 세계

84 **1250, 지정학적 테이블**
– 성 루이와 칭기즈칸의 세계

86 **칭기즈칸과 몽골 세력의 확장(13세기)**
– 몽골의 첫 번째 정복 물결
– 칭기즈칸 이전의 테무진의 세계

88 **몽골의 평화(팍스 몽골리카)(13세기)**
– 역사상 가장 큰 제국

90 **루브룩과 폴로의 여행**
– 구대륙을 아우른 여행들

92 **흑사병(13~15세기)**
– 세계화의 이면

4 구대륙의 사회들
7세기까지

96 **메소포타미아의 제국들(기원전 2300~1000년)**
– 바빌론, 함무라비와 네부카드네자르의 수도
 (기원전 18세기~서기 2세기)
– 제국의 시대(기원전 2300~538년)

98 **고왕국과 중왕국 시대의 이집트
(기원전 2700~1700년)**
– 이집트의 피라미드
– 중왕국 시대의 이집트 영토(기원전 2200~1700년)

100 **신왕국의 이집트(기원전 1539~1069년)**
– 카데시 전투(기원전 1274년)
– 제18대 왕조

102 **쿠시 왕국들(기원전 2500년~기원전 4세기)**
– 세 개의 수도, 세 개의 왕국
– 이집트 정복에 동원된 낙타들

104 **성서의 세계**
– 성서 속 영토의 역사 지리
– 출애굽의 추정 경로
– 예루살렘
– 바빌론에 유배된 유대인들

106 **신석기 시대 아프리카**
– 사막 이전의 사하라
– 아프리카 초기 금속 공예

108 **고대 일본**
– 조몬인, 정착 생활을 한 수렵 채집민
– 일본의 탄생

110 **고대 중국(기원전 1200~210년)**
– 상 왕조와 중국 문명의 여러 기원
– 전국 시대(기원전 453~221년)
– 중국의 첫 번째 황제(기원전 221·210년)

112 **한 왕조(기원전 206년~서기 220년)**
–'황금시대'의 기억

114 **인도 문명의 기원(기원전 3000년~3세기)**
– 인더스 문명(기원전 3000~1800년)
– 마우리아 제국(기원전 약 321~185년)

116 **인도 북부의 제국들(기원전 4세기~서기 6세기)**
– 인도–그리스 왕국(기원전 약 175~100년)
– 쿠산 제국(서기 35~230년, 논쟁 중인 연대)
– 굽타 왕조 (서기 320~540년)

118 **미케네 문명과 크레타 문명(기원전 2700~1200년)**
– 오디세우스의 신화적 여정을 따라
– 트로이 전쟁은 실제로 있었을까?
– 에게해의 두 문화

120 **아테네(기원전 5세기)**
– 도시의 심장부
– 페르시아 전쟁(기원전 490~479년)
– 노예 제도에 기반한 경제

122 **펠로폰네소스 전쟁(기원전 5세기)**
– 스파르타, 고대 그리스의 가장 강력한 도시국가
– 펠로폰네소스 전쟁

124 **페르시아 왕국(기원전 6~5세기)**
– 기원전 550년경 동방
– 1천만 제곱킬로미터의 제국

126 **고대 로마 이탈리아**
– 에트루리아인(기원전 9~4 세기)
– 기원전 6세기 이탈리아의 인구

페이지

128 이탈리아의 정복
　– 우르비스, 로마 도시
　– 지중해 강국의 등장
130 포에니 전쟁(기원전 264~146년)
　– 로마 초기 세력의 확장
132 아우구스투스의 세계(서기 1세기)
　– 아우구스투스 사후의 로마 제국(서기 14년)
134 로마의 확장(1~3세기)
　– 로마 제국의 최대 전성기(서기 3세기 초반)
　– 바다와 강을 통한 게르마니아 침공
136 노예 전쟁(기원전 140~71년)
　– 동방에서 온 노예들
　– 시칠리아의 노예 반란
137 폼페이(서기 79년)
　– 화석화된 도시
138 로마 갈리아
　– 지중해 세계의 변방(기원전 1세기)
　– 알레시아 전투(기원전 52년)
　– 세 개의 로마 속주(서기 1세기)
140 대침략(서기 4~5세기)
　– 게르만 민족 대이동과 지정학적 재편
142 유스티니아누스(527~565년)
　– 6세기 유스티니아누스 1세, 옛 로마 제국의 영광을 재현하다
144 콘스탄티노플과 동방교회
　– 비잔티움 제국(동로마 제국)의 수도
　– 동방 기독교의 탄생
146 바바리안 왕국(야만 왕국)
　– 서로마 제국 이후
　– 메로빙거 왕조의 전성기(7세기)
148 서고트족과 동고트족(5~8세기)
　– 서고트족, 이동하는 민족과 스러진 왕국(418~720년)
　– 고트 전쟁(534~554년)
150 에티오피아 이전
　– 다맛 왕국에서 악숨 왕국까지(기원전 8세기~서기 7세기)
　– 기독교 왕국의 확장(11~16세기)
152 비잔티움 제국과 사산 제국(600~630년)
　– 사산조 페르시아와 로마의 마지막 전투(7세기)

5 구대륙의 사회들
7~15세기

중동, 지중해, 아프리카

158 이슬람의 기원(6~7세기)
　– 무함마드 이전의 아라비아반도(6세기)
　– 예언자 무함마드 시대의 중동(7세기 초)
160 아랍 정복(7~9세기)
　– 순례자의 여정
　– 유례없는 지리적 통합
162 마그레브 지역의 지배(7~8세기)
　– 이프리키야 정복의 어려움, 647~703년
　– 8세기, 베르베르 왕국의 독립
164 아바스 왕조(750~1258년)
　– 칼리프와 에미르들, 632~1517년
　– 아랍–무슬림 제국의 전성기
166 바그다드와 카이로, 두 개의 새로운 도시
　– 762년 바그다드, 아바스 칼리프국의 원형 도시
　– 969년 파티마의 궁전 도시, 카이로
168 알–안달루스에서 국토 회복 운동까지
　– 711~715년, 이슬람 정복
　– 10세기 황금기
　– 1031년, 분열
　– 1085~1492년, 레콩키스타
170 무라비트 왕조와 무와히드 왕조(1061~1269년)
　– 알안달루스에서 이프리키야와 세네갈에 이르는 제국
　– 무와히드 왕조(1147~1269년)
　– 그라나다
172 아프리카의 이슬람화
　– 아프리카의 이슬람화 과정
　– 말리 술탄국
174 튀르크 제국(6~13세기)
　– 유목민 제국
　– 두 개로 분열된 튀르크 제국
　– 셀주크 제국의 술탄들
　– 위구르족에서 카라한족까지(744년~11세기)
　– 셀주크 제국(10~13세기)
176 비잔티움 제국(7~8세기)
　– 소아시아로 후퇴한 비잔티움 제국
178 바실리우스 2세 치하의 비잔티움 제국(960~1025년)
　– 바실리우스 2세와 비잔티움 제국의 새로운 확장
180 제1차 십자군 전쟁(1095~1204년)
　– 제1차 십자군 전쟁 (1096~1099년)
　– 제2차 십자군 전쟁(1145~1148년)
　– 제3차 십자군 전쟁(1188~1192년)
　– 제4차 십자군 전쟁(1202~1204년)
182 동방의 라틴 국가들(11~12세기)
　– 근동 지역의 십자군 국가들
　– 기사들의 요새
　– 12세기의 예루살렘
184 근동(12~13세기)
　– 살라딘(1169~1193년)
　– 제7차 및 제8차 십자군 전쟁(13세기)
　– 라틴 도시국가들의 몰락

- 1260년, 몽골의 진격 저지
- 1291년, 라틴 국가들의 종말

186 맘루크 술탄국(1250~1517년)
- 시리아-이집트의 군사 국가

188 비잔티움 제국의 쇠퇴(1204~1453년)
- 이탈리아인과 오스만 제국 사이(13~14세기)
- 1360~1453년, 계속되는 영토 축소

190 오스만 제국(14~17세기)
- 세계적 강대국
- 콘스탄티노플

192 중세 지중해 지진
- 지중해의 지진 역사(990~1509년)

유럽

196 러시아의 기원
- 루스(8~12세기)
- 타타르의 지배(13~16세기)

198 크림반도
- 러시아와 콘스탄티노플을 잇는 교두보
- 15세기 크림한국

199 모스크바의 부상
- 모스크바 대공국(14~16세기)

200 헝가리의 탄생
- 서기 1000년, 유럽에 통합된 헝가리

202 샤를 마르텔부터 피핀 3세까지
- 샤를 마르텔(약 688~741년)
- 단신왕 피핀 3세(714~768년)
- 카롤링거 왕조의 가계도

204 샤를마뉴 제국(768 ~814년)
- 피레네에서 엘베강까지

206 카롤링거 세계의 위기
- 영토의 재편성과 외부 압력
- 제국의 분할

208 11~13세기 기독교
- 라틴 기독교 세계의 전성기

210 포르투갈의 기원
- 10세기, 포르투갈의 기원
- 11~12세기, 남쪽으로의 확장
- 1249년, 포르투갈의 국경 확립

212 클뤼니와 시토회(10~13세기)
- 클뤼니 수도회, 유럽의 수도원 네트워크
- 시토회, 모(母) 수도원과 자매 수도원들

214 로마네스크와 고딕
- 로마네스크 양식(10~12세기)
- 고딕, 프랑스 예술의 정수(12~13세기)

216 고딕 대성당
- 건축 혁명

217 중세 파리
- 수도 도시(14세기)

218 대학들(12~15세기)
- 15세기의 라탱 지구
- 중세 대학의 탄생과 성공

220 이단의 유럽(10~15세기)
- 서기 1000년부터 15세기까지의 종교적 반란들

222 알비파에 대항한 십자군(13세기)
- 랑그도크의 프랑스 왕실 통합 과정

224 13세기 유럽의 상인들
- 도로 및 거점들
- 13세기 유럽의 도시

226 지중해의 베네치아
- 베네치아의 해상 제국(12~15세기)
- 베네치아 석호

228 바이킹(8~10세기)
- 해적, 탐험가, 그리고 상인들

230 스칸디나비아, 영국 제도, 그리고 바이킹 시대 아이슬란드(7~10세기)
- 스칸디나비아의 발상지
- 영국 제도와 아이슬란드의 바이킹

232 바이킹에서 노르만족으로
- 아메리카 대륙으로
- 노르망디 공국의 형성

233 노르만 정복(11~12세기)
- 잉글랜드와 지중해에서

234 영국 제도, 켈트족부터 윌리엄까지(5~11세기)
- 동쪽에서 서쪽으로, 영국 제도의 민족 이동
- 최초의 영국-대륙 연합 제국(1066년)

236 플랜태저넷 왕가의 영토(1154~1453년)
- 헨리 2세의 제국
- 팽창과 수축

238 백년 전쟁(1337~1453년)
- 잉글랜드의 정복과 프랑스의 첫 번째 재정복(1337~1380년)
- 프랑스의 황폐화와 재통일(1415~1453년)

240 장미 전쟁(1455~1485년)
- 요크 가문의 승리(1455~1468년)
- 랭커스터에서 튜더로
- 에드워드 4세의 패배와 승리(1464~1471년)
- 튜더 가문의 등장(1483~1486년)

242 프랑스와 신성 제국 사이(10~15세기)
- 아를 왕국(933~1366년)
- 부르고뉴, 미완의 왕국(1364~1487년)

244 신성 로마 제국(10~15세기)
- 독일 세계, 동쪽으로의 점진적 이동(13세기 상황)

246 호엔슈타우펜의 프리드리히 2세
- 프리드리히 2세의 제국(1220~1250년)

247 앙주의 샤를 1세(1246~1285년)
- 단명했던 지중해 제국(1246~1285년)

페이지

248 필리프 오귀스트의 프랑스
　– 최초의 '프랑스 왕'

249 13세기 이탈리아 도시
　– 프리드리히 2세 사망 당시의 이탈리아의 자치 도시(1250년)

250 리투아니아(13~14세기)
　– 발트해와 흑해 사이

251 스웨덴의 탄생(14세기)
　– 스웨덴 왕국의 탄생과 성장

252 한자 동맹(12~17세기)
　– 한자 동맹, 상인들의 네트워크

동아시아, 남아시아, 동남아시아

256 크메르 제국(12~13세기)
　– 크메르 제국(12~13세기)
　– 13세기 초의 앙코르 유적지

258 당나라(6~10세기)
　– 정치적, 문화적 부흥

260 중국, 송에서 몽골까지(13세기)
　– 송나라 시기의 중국, 무역 중심지로서의 번영(약 1210~1220년)
　– 쿠빌라이의 중국(1260~1294년)

262 베트남
　– 비엣족의 나라(기원전 3~2세기)
　– 대비엣(1010년)
　– 대비엣의 확장(1059~1780년)

263 한국
　– 한국의 기원

264 중세 일본(1185~1600년)
　– 봉건 사회
　– 16세기 말 일본이 바라본 동아시아

6 15세기의 세계

268 15세기의 세계화
　– 1400년의 구대륙
　– 세계 GDP 점유율

270 15세기 설탕 무역로
　– 달콤한 갈대, 아시아에서 대서양으로 확장된 설탕 무역로
　– 전 세계 유통

272 정화의 항해(1405~1433년)
　– 난징에서 아프리카 해안까지

274 니키틴의 여정
　– 볼가강 상류에서 인도로, 러시아 상인 아파나시 니키틴의 여정

275 중국 명나라(1368~1644년)
　– 명나라, 해상 개방과 육지 폐쇄 사이

276 티무르(1370~1405년)
　– 전사, 황제, 그리고 건설자 티무르

278 르네상스(15~16세기)
　– 에라스뮈스, 여행하는 인문주의자

　– 유럽의 문화

280 콰트로첸토(15세기)
　– 로디 평화 조약 이후의 이탈리아(1454년)
　– 메디치 가문의 피렌체(15~16세기)
　– 베네치아, 내륙으로의 정복(14~15세기)

282 영주들의 이탈리아(15세기 초)
　– 밀라노 공국과 이탈리아의 군주국들
　– 밀라노의 '나빌리' 운하

284 이탈리아, 유럽의 영향(15~18세기)
　– 300년 동안 이어진 이탈리아의 문화적 영향력

286 해외 진출의 정점에 있는 서유럽
　– 15세기 유럽인들이 알고 있던 세계
　– 식민지화의 시작

288 아프리카 우회(15세기)
　– 15세기 초, 중국의 동방 탐험과 포르투갈의 해양 탐험 시대

290 이슬람 교역(7~19세기)
　– 금, 상아 그리고 노예 무역

292 아즈텍인(14~16세기)
　– 1500년경의 아즈텍 제국
　– 1500년의 멕시코

294 잉카 제국(약 1350~1532년)
　– 네 지역으로 이루어진 잉카 제국
　– 쿠스코, 잉카의 수도

296 15세기 말 세계의 지정학
　– 확장된 세계의 첫 분할 시대

7 유럽의 세계 정복
16~18세기

300 해외 항로(16~19세기)
　– 먼바다, 유럽의 도전

302 토르데시야스 조약, 세계의 첫 번째 분할(1494년)
　– 첫 번째 대분할 시대

304 유럽인의 대서양 횡단(1492~1616년)
　– 크리스토퍼 콜럼버스의 네 차례 항해(1492~1504년)
　– 신대륙 탐험의 100년(1492~1616년)

306 마젤란의 세계 여행
　– 역사상 최초의 세계 일주(1519~1522년)

308 아메리카의 정복과 인구 붕괴
　– 인류 역사상 가장 큰 인구 재앙
　– 북아메리카 원주민의 인구 통계(16~21세기)
　– 아메리카 인구의 붕괴

310 아메리카의 라틴화(15~18세기)
　– 18세기 라틴 아메리카 식민지 체제
　– 아마존, 유럽 열강의 경쟁 무대

312 아메리카, 위대한 연결(16~18세기)
　– 아메리카의 착취로 인한 세계 교역의 변화

314 **포르투갈 제국(15~16세기)**
– 4대륙을 연결하는 네트워크 제국

316 **1580년경 스페인 제국**
– 1600년경, 세계적 제국으로 성장한 스페인

318 **네덜란드 제국(16~18세기)**
– 네덜란드 해양 제국(탈라소크라시)의 황금기

320 **덴마크와 스웨덴 제국(17~18세기)**
– 잊혀진 식민지들

322 **최초의 프랑스 제국(17~18세기)**
– 모피, 향신료, 설탕

324 **노예 무역(7~19세기)**
– 사하라 이남 아프리카의 노예 무역
– 국가별 대서양 노예 무역 참여

326 **해적과 사략선(16~18세기)**
– 전 세계를 누빈 해적과 사략선

328 **18세기 말의 서인도 제도**
– 1789년경 서인도 제도의 설탕 섬: 주요 식민지 쟁점
– 우엘부르 농장(과들루프, 18세기 후반)

330 **18세기 영국, 바다의 주인**
– 영국과 프랑스의 세계 지배 경쟁

332 **북아메리카(1607~1750년)**
– 13개 식민지
– 1750년경 뉴프랑스
– 1750년경의 퀘벡

334 **북미 지역의 유럽인들 간의 경쟁(18세기)**
– 아카디아인들의 강제 이주(1755~1763년)
– 프랑스령 루이지애나(1750~1803년)
– 퀘벡 식민지(1763~1867년)

336 **아프리카(16~18세기)**
– 내륙 국가들과 주변 무역 거점들
– 에티오피아, 쇠퇴하는 기독교 왕국(16~17세기)
– 마다가스카르(18~19세기)

338 **유럽인들의 태평양 탐험(18~19세기)**
– 첫 번째 과학적 탐험 시대
– 쿡이 발견한 호주 동부 해안(1770)

340 **아시아의 유럽인(17~18세기)**
– 동인도 회사의 시대
– 1750년경 퐁디셰리

342 **중국 청나라(17~19세기)**
– 건륭제 시대의 대청 제국(1735~1796년)

344 **에도 일본(1603~1867년)**
– 에도 시대, 안정과 번영의 시기
– 도쿠가와 시대의 경제 성장

346 **무굴과 사파비 왕조(16~18세기)**
– 메소포타미아에서 벵골만까지의 두 이슬람 제국
  (16~18세기)

348 **오스만 제국과 기독교 세계의 대립(16세기)**
– 펠리페 2세와 술레이만 대제 시대의 지중해 세계(1517~1571년)

350 **오스만 제국의 쇠퇴 시작(1683~1830년)**
– 세계 제국에서 병든 제국으로

8 유럽
16~18세기

354 **분열과 개혁(16세기)**
– 라틴 기독교 세계의 분열

356 **신성 로마 제국의 종교 개혁(1517~1555년)**
– 신성 로마 제국에서 루터교의 확산(1517년)
– 작센 '루터의 땅'
– 농민 전쟁(1524~1526년)

358 **프랑스의 종교 전쟁(1562~1598년)**
– 지역마다 다른 양상을 보인 성 바르톨로메오 축일의 학살
– 프랑스의 8차례 종교 전쟁

360 **카를 5세의 제국(1519~1558년)**
– 네 개의 유산이 만들어낸 거대 제국

362 **16세기 신성 로마 제국**
– 신성 로마 제국, 유럽의 독특한 권력 체제(962~1806년)

364 **16세기 스위스**
– 원시 칸톤에서 연방으로(1291~1550년)
– 새로운 종교 지형도(16세기)

366 **이탈리아 전쟁(1494~1559년)**
– 프랑스 왕들의 이탈리아 꿈
– 16세기 프랑스, '바로크 양식의 격자무늬(피에르 구베르)'

368 **30년 전쟁(1618~1648년)**
– 유럽을 분열시킨 30년 전쟁(1618~1648년)

370 **30년 전쟁 이후의 유럽(1648년)**
– 베스트팔렌 조약(1648년) 이후의 유럽
– 1648년, 국가들의 종교 체제
– 신성 로마 제국의 북서부(1648년)
– 신성 로마 제국의 남서부(1648년)

372 **루이 14세의 첫 번째 전쟁**
– 프랑스, 스페인에 승리하다(1635~1659년)
– 30년 전쟁에서의 프랑스(1635~1648년)
– 피레네 조약의 영토 합병(1659년)
– 루이 14세의 초기 전쟁부터 대전환기까지(1667~1697년)
– 루이 14세의 합병

374 **프랑스, 전선과 국경(17~18세기)**
– 정복 전선
– 보방의 '철의 띠'

376 **영국(16~17세기)**
엘리자베스 1세의 잉글랜드(1558~1603년)
제1차 영국 혁명(1642~1652년)

378 **네덜란드(16~17세기)**
– 네덜란드의 독립 전쟁(1568~1648년)
– 위협받는 황금기

페이지

380 스페인 왕위 계승 전쟁(1701~1714년)
　– 유럽의 쟁점이 된 스페인
381 7년 전쟁(1756~1763년)
　– 첫 번째 세계대전
382 사부아 공국(15~18세기)
　– 공국에서 왕국으로
　– 지역 국가(15~17세기)
　– 왕국의 형성
383 18세기 오스트리아
　– 오스트리아 합스부르크 가문의 영토 확장(1713~1772년)
384 폴란드의 분할
　– 폴란드–리투아니아 공화국의 몰락
　(1772년, 1793년, 1795년)
　– 1770년의 폴란드
　– 1772년의 폴란드
　– 1793년의 폴란드
　– 1795년의 분할
386 러시아의 확장(16~18세기)
　– 대륙 제국의 건설
388 러시아(18세기)
　– 17세기의 러시아 차르국
　– 18세기 러시아 제국
390 18세기의 자유사상가, 학자, 배우
　– 유럽의 학술 아카데미(1660~1789년)
　– 18세기 유럽의 자유사상가들
　– 18세기 유럽의 프랑스 극단
392 유대인 디아스포라(16~20세기)
　– 다섯 세기에 걸친 유대인들의 이주
394 게토의 이탈리아(16~18세기)
　– 이탈리아 북부에서 유대인의 격리와 그 한계
395 순례자들의 로마(16~17세기)
　– 16세기의 로마 순례
396 프랑스의 개신교도들(16~18세기)
　– 낭트 칙령의 철회와 그 여파
　– 카미자르 전쟁(1702~1715년)

9 유럽의 세계 식민지화

400 유럽에 의해 식민지화된 세계
　– 구대륙의 서쪽
401 유럽인의 이주
　– 유럽 이주자 6천만 명(1820~1914년)
402 1815년의 세계
　– 유럽이 지배한 세계
404 백지 지도 시대의 종말(1800~1911년)
　– 유럽인들의 대륙 내부 탐험
406 알제리 정복(1830~1901년)
　– 알제리의 식민지화와 저항

　– 1830~1870년 대도시 주변 토지 등록 작업
　– 1871년 카빌리 대봉기 진압으로 압류된 토지
　– 19세기 말 토지 등록
408 지중해(19세기 후반)
　– 오스만 제국의 지배에서 유럽 지배로의 전환
410 1880년대의 아프리카
　– 1880년, 해안 지역에 국한된 유럽의 영향력
　– 콩고 국경(1885년)
　– 콩고 분지 정복 경쟁
412 1880~1935년 아프리카의 정복과 저항
　– 유럽 열강 간의 권력 투쟁
　– 아프리카의 저항
414 분할된 아프리카(1881~1914년)
　– 포르투갈의 '핑크 지도'
　– 독일령 카메룬
　– 1914년, 거의 모든 지역이 식민지화된 대륙
416 모로코(1906~1927년)
　– 모로코의 분할과 리프 전쟁
　–1906~1911년
　–1911~1914년
　–1921~1927년, 리프 전쟁
418 남아프리카(1795~1910년)
　– 남아프리카, 이중 식민지화(1795~1910년)
　– 제1차 보어 전쟁(1880~1881년)
　– 제2차 보어 전쟁(1899~1902년)
420 서구 열강의 지배 아래 놓인 아시아(1857~1898년)
　– 외세의 지배 아래에 놓인 아시아
422 19세기 영국령 인도
　– 동인도 회사에서 인도 제국으로(1753~1877년)
　– 19세기 '쿨리 무역'
424 중앙아시아, 그레이트 게임(19세기)
　– 러시아와 영국, 중앙아시아 패권을 둘러싼 한 세기 경쟁
　(1813~1907년)
425 태평양의 식민지화
　– 식민지 개척자, 죄수, 선교사들
426 호주와 뉴질랜드의 식민지화(1770~1901년)
　– 호주의 식민지화(1770~1901년)
　– 뉴질랜드의 식민지화(1772~1881년)
428 해외 유형지(18세기 중반~20세기 초)
　– 유배지로 사용된 식민지
430 1914년의 식민지 제국들
　– 세계의 분할
432 20세기 초의 세계화
　– 1914년 이전의 글로벌 네트워크

10 유럽 이외의 강대국들
18세기 후반~19세기

436 19세기 청나라의 쇠퇴
- 19세기 중국의 외세 개입과 국력 쇠퇴(1839~1895년)
- 아편 무역

438 메이지 시대의 일본(1868~1912년)
- 강제 개방, 정권 교체 그리고 근대화(1858~1895년)
- 러일 전쟁(1904~1905년)

440 집게발에 끼인 시암(18~20세기)
- 시암의 후퇴와 저항(1826~1909년)

441 예외가 된 에티오피아(15~20세기)
- 메넬리크 2세 시대의 에티오피아 확장(1870~1914년)

442 서아프리카(18~20세기)
- 성전에서 탄생한 제국들(1725~1803년)
- 유럽인들의 팀북투 탐험

444 19세기 오스만 제국의 쇠퇴
- 오스만 제국의 쇠퇴와 몰락(1830~1923년)

446 스페인 제국의 경쟁(1780~1830년)
- 안데스 지역의 반란(1780~1782년)
- 라틴 아메리카 독립(1815~1830년)

448 아메리카의 노예 제도 폐지(1791~1888년)
- 아이티 혁명과 독립(1791~1804년)
- 한 세기에 걸쳐 이뤄진 노예제 폐지

450 미국 독립 전쟁(1775~1783년)
- 광대한 전쟁터와 8년간의 독립 전쟁
- 병력 규모와 전쟁 피해
- 독립군과 그 동맹군
- 사망자 수(천 명 단위)
- 영국군과 그 동맹군

452 미국, 서부 정복
- 미국 영토 확장과 서부 개척(1776~1890년)

454 미국과 멕시코의 대결(1821~1848년)
- 스페인의 캘리포니아 개척과 미국의 영토 확장
- 텍사스 혁명과 알라모 전투

456 코만치 제국(18~19세기)
- 코만치족과 북아메리카의 말 문화

458 수족(18~19세기)
- 끊임없이 이동하는 제국, 수족

460 서부 정복에 직면한 아메리카 원주민(19세기)
- 영토를 빼앗긴 원주민들
- 리틀 빅혼 전투(1876년)와 원주민의 최후 저항
- 캐나다에서의 원주민과 메티스의 반란(1869~1885년)

462 19세기 이후 아메리카 원주민
- 인디언 보호 구역
- 국립공원과 원주민의 영토 상실
- 송유관을 반대하며 세워진, 티피(2016~2017년)

464 캐나다의 탄생(1867~1949년)
- 캐나다의 10개 주와 3개 준주

466 남북 전쟁(1861~1865년)
- 남부의 분리 독립
- 군대 규모와 인명 피해
- 남북 전쟁, 4년간의 내전

468 1900년의 미국
- 도금 시대, 전례 없는 성장의 시대
- 이민자의 나라, 미국

470 20세기 초 미국 제국주의
- 미국의 개입주의적 외교 정책(1898~1915년)

472 20세기 초 아마존 개척자 전선
- 변방에서 전략적 요충지로

473 멕시코 혁명(1910~1917년)
- 분파 간의 전쟁

11 유럽의 역사
1789~1914년

476 대서양 혁명(1770~1830년)
- 잇따른 혁명들(1770~1830년)

478 파리, 혁명의 극장(1789~1795년)
- 국민공회와 상퀼로트
- 1789년

480 모든 전선에서의 혁명(1792~1796년)
- 위기에 처한 공화국

482 혁명의 확장(1792~1800년)
- 이탈리아 원정(1796~1797년, 1800년)
- 자매 공화국(1795~1799년)

484 분열된 프랑스(1790~1796년)
- 성직자 민사 기본법과 프랑스의 분열(1790~1791년)
- 방데 반란

486 나폴레옹 원정(1798~1803년)
- 군사 원정과 학술 탐사
- 이집트 원정(1798년): 군사 작전
- 보댕 원정: '잊혀진' 탐험

488 트라팔가와 아우스터리츠(1805년)
- '대규모 침공 계획'의 종말
- 오스트리아로의 진군
- 1805년 12월 2일, 아우스터리츠 전투

490 화강암 덩어리
- <민법전>의 확산
- 지방 행정관(프레페) 제도

491 스페인 원정
- 스페인인의 저항(1808~1814년)

492 나폴레옹 시대의 유럽(1811~1812년)
- 프랑스의 지배

494 러시아 원정(1812년)
- 공격에서 퇴각까지, 참혹한 6개월간의 원정

– 보로디노 전투(1812년 9월 7일)

496 나폴레옹의 마지막 원정(1813~1815년)
– 두 번의 퇴위
– 워털루, 최후의 전투(1815년)

498 빈 회의(1815년)
– 유럽의 새로운 질서

500 1830년의 혁명
– 혁명의 소용돌이에 휩싸인 유럽
– 파리의 3일 혁명(7월 혁명)

502 1848년, 세계적인 봄
– 파리, '민중의 봄'의 중심지(1848년 2월)
– 파리, 1848년 2월 혁명의 무대

504 이탈리아 독립 전쟁(1848~1860년)
– 오스트리아와의 전쟁
– 제1차 독립 전쟁, 1848~1849년
– 제2차 독립전쟁, 1859년
– 이탈리아의 통일, 리소르지멘토

506 독일 통일을 향하여
– 1815년의 독일 연방
– 관세 동맹에서 독일 제국까지(1834~1871년)

508 1870년 전쟁
– 프랑스–독일 전쟁(1870~1871년)

510 파리 코뮌(1871년)
– 파리, 코뮌의 무대(1871년 3월 18일~5월 28일)

512 코뮌, 세계적 사건(1871년)
– 전 세계를 열광시킨 봉기

514 1871년 독일 제국
– 독일 제국의 탄생과 통합 과정

516 오스트리아–헝가리(1867~1914년)
– 이중 군주제와 소수민족 문제

518 19세기 발칸반도의 독립
– 그리스 독립 전쟁(1821~1830년)
– 1878년, 새롭게 그려진 발칸반도 지도

520 발칸 전쟁(1912~1913년)
– 발칸반도의 연합과 분열
– 1912년 발칸 동맹
– 1912~1913년, 제1차 발칸 전쟁
– 제2차 발칸 전쟁 이후 발칸반도(1913년)

522 러시아 제국(1796~1914년)
– 2,200만 제곱킬로미터의 거대 제국, 러시아 제국

524 러시아 팽창주의(1853~1861년)
– 1856년 크림 전쟁과 러시아의 패배
– 농노제와 제국주의

526 아일랜드 이민(1830~1914년)
– 아일랜드 대기근(1845~1852년)

527 영국의 산업 혁명
– 영국, 산업 혁명의 중심지

528 19세기 유럽의 산업화
– 노동자 사회로 향하는 유럽(1780~1914년)
– 증가하는 노동 인구

12 서구가 지배한 세계
1914~1989년

532 1914년 세계의 지정학적 상황
– 동맹 체제와 제국주의

534 유럽 대전(1914~1918년)
– 제1차 세계대전, 총력전으로 확대
– 1914년의 동맹 체제

536 1916년
– 1916년, 총력전의 해
– 1916년의 아프리카

538 세계적 규모로 확산된 전쟁(1917~1918년)
– 전 세계로 번지는 전쟁

540 서부 전선(1914~1918년)
– 750킬로미터의 전선

541 동부 전선(1914~1918년)
– 불안정한 동부 전선

542 베르됭 전투(1916년 2~12월)
– 1916년 베르됭, 끝없는 전투

544 다르다넬스 해전(1915~1916년)
– 난공불락의 해협(1915년 1~12월)

545 솜 전투(1916년)
– 헛된 희생, 1916년 7월 1일부터 11월 18일까지

546 아라스 전투(1917년)
– 아라스 해방 작전(1917년 4월 9~12일)

547 카포레토 전투(1917년)
– 이탈리아군의 대패(1917년 10월 24일~11월 12일)

548 미국의 참전(1917~1918년)
– 결정적 개입(1917년 4월 5일~1918년 11월 11일)

550 1918년의 공세
– 서부 전선의 마지막 공세

551 비토리오 베네토 전투(1918년)
– 이탈리아의 복수(1918년 10월 24일~11월 4일)

552 전쟁으로 황폐해진 서부 전선(1918~1935년)
– 황폐해진 영토, 파괴된 경제

553 전쟁 중의 아프리카(1914~1918년)
– 징집과 전투

554 아르메니아 대량 학살
– 오스만 제국 내 학살과 강제 추방(1915년 1월~1916년 10월)

556 중동에서의 작전(1916~1918년)
– 아라비아의 로렌스
– 영국 위임통치하의 팔레스타인(1920~1948년)

558 사이크스–피코 협정에서 위임통치까지(1916~1920년)
– 프랑스–영국의 중동 분할 계획
– 프랑스–영국의 위임통치

560 세브르에서 로잔까지, 튀르키예의 탄생(1920~1923년)
– 세브르 조약(1920년)에서 로잔 조약(1923년)까지

562 제1차 세계대전(1918~1923년)의 종전
– 끝나지 않는 전쟁(1918~1923년)

564 수백만 명의 유럽 난민(1918~1923년)
– 인도주의적 위기

566 폴란드(1918~1921년)
– 러시아–폴란드 전쟁(1919~1921년 3월)

567 러시아와 국경 재편(1918~1922년)
– 방역선

568 제1차 세계대전 종전 후 유럽(1919년)
– 새로운 유럽 지도(1918~1924년)
– 이탈리아의 영토 병합(1919~1924년)

570 아일랜드 독립(1921년)
– 아일랜드 토지 몰수와 식민지화
– 더블린 부활절 봉기(1916년)
– '홈 룰(자치)' 운동, 독립 전쟁 그리고 내전(1914~1923년)

572 레닌의 귀환(1917년 3~4월)
– 취리히에서 페트로그라드까지, 레닌의 귀환

573 러시아 내전(1918~1921년)
– 모든 전선에서 싸운 볼셰비키

574 소련 건설(1922~1956년)
– 소련의 팽창

576 소련의 기근(1921~1933년)
– 1933년, 우크라이나에서 서시베리아까지의 기근과 저항
– 식량 부족과 기근(1918~1922년)

578 굴라크(1929~1953년)
– 굴라크, 거대한 강제 수용소 체계

580 사우디아라비아의 형성
– 초기 사우드 왕국(1744~1891년)
– 이븐 사우드 왕국에서 사우디아라비아로(1932년)

582 중동의 석유(1920~1960년)
– 페르시아만의 '검은 황금'

583 에티오피아 정복(1935~1936년)
– 파시스트 제국주의와 에티오피아 전쟁
– 이탈리아 제국, 1914~1943년

584 아프리카 착취(1919~1939년)
– 아프리카 자원의 식민 착취(1919~1939년)

585 프랑스령 인도차이나(1930년)
– 인도차이나, 자원 착취를 위한 식민지(1887~1939년)

586 1939년의 식민지 제국
– 식민 제국의 전성기

588 일본 확장(1875~1933년)
– 일본, 지역 중심 제국주의 강대국
– 일본의 만주 장악(1932년)

590 국공 내전과 중일 전쟁(1927~1945년)
– 중국 내전과 혁명, 그리고 대일 전쟁

592 독일 제국의 확장(1935~1939년)
– 히틀러의 팽창주의 정책

593 스페인 내전(1936~1939년)
– 스페인 내전

594 1930년대 유럽
– 유럽의 권위주의 정권 확산(1920~1938년)

596 폴란드와 발트해 연안 국가 침공(1939~1940년)
– 나치 독일과 소련, 동유럽을 분할하다

598 전격전(1940년 5~6월)
– 1939년부터 1941년 5월까지의 유럽
– 독일군의 서부 공세(1940년 5월 10~28일)
– 독일의 노르웨이 점령 작전

600 동부의 전쟁(1941년 6월~1943년 2월)
– 바르바로사 작전

602 동부의 나치 식민지화(1939~1941년)
– 동부의 나치 식민지화 및 인종 정책
– 죽음의 부대, 아인자츠그루펜의 학살(1941년)

604 강제 수용소와 학살 수용 시설(1941~1945년)
– 여섯 곳의 학살 수용소
– 아우슈비츠(1941~1945년)

606 유럽의 유대인 말살(1941~1945년)
– '최종 해결책'으로 가는 길
– 홀로코스트 희생자

608 1942년, 전쟁의 전환점
– 추축국 지배하의 유럽

610 레닌그라드(1941~1944년)
– 레닌그라드 포위전(1941년 9월 8일~1944년 1월 27일)

611 스탈린그라드(1942~1943년)
– 스탈린그라드 전투(1942년 7월 17일 ~ 1943년 2월 2일)

612 전쟁 중의 프랑스(1940~1945년)
– 전쟁 중 프랑스의 협력과 저항

614 아시아 태평양 전쟁(1931~1945년)
– 만주에서 히로시마까지

616 1941년 12월 7일, 진주만
– 잘못된 계산
– 두 차례의 폭격

618 일본의 만행(1931~1945년)
– 일본군과 '위안부'
– 인체 실험에 사용된 화학 무기
– 죽음의 철도

620 전쟁 중의 아프리카(1940~1945년)
– 북아프리카에서의 제2차 세계대전
– 식민지 질서의 동요

622 전쟁 중의 지중해(1941~1944년)
– 제2차 세계대전과 지중해

624 이탈리아 해방(1943~1945년)
– 이탈리아 내전, 1943~1945년
– 군사정부에서 이탈리아 정부로

626 노르망디 상륙
– 오버로드 작전

627 프로방스 상륙
– 앤빌–드라군 작전

페이지

628 프랑스 해방
- 10개월간의 프랑스 해방 과정
- 알자스 해방

630 소련의 역공세(1942~1945년)
- 스탈린그라드에서 베를린까지, 소련의 역공세
- 베를린 함락(1945년 4월 20일~5월 2일)

632 독일 제국의 몰락(1945년 5월 8일)
- 조여오는 포위망
- 1945년 독일 전역 작전

634 수용소 해방(1944~1945년)
- 강제 수용소의 해방과 생존자 구조

636 유럽의 난민과 인구 이동(1944~1948년)
- 전쟁 후 강제 이주된 1,200만 명의 독일인

638 우크라이나(1921~2021년)
- 논란 속의 존재, 우크라이나의 역사

639 유고슬라비아
- 어려운 통합, 유고슬라비아의 형성과 붕괴

640 독일 분할(1945~1949년)
- 네 개의 점령 지구에서 두 개의 공화국으로(1945~1949년)
- 냉전의 중심, 베를린

642 둘로 나누어진 유럽(1945~1955년)
- 유럽을 가로지른 '철의 장막'

644 냉전 시대의 세계(1947~1991년)
- 양극화된 세계

646 핵 확산
- 세계의 핵무기(1968~2019년)

648 중국 국공 내전(1945~1949년)
- 공산당, 국민당: 중국 내전의 전개

650 1949년 이후 중국의 세력
- 중국, 국제적 위상을 되찾다
- 중국의 강제 수용소 체제

652 한국 전쟁(1950~1953년)
- 38선으로의 회귀
- 1950년 6~7월
- 1950년 9~10월
- 1950년 12월~1951년 1월
- 1951년 2월~1953년 7월
- 두 개의 한국, 남북한 관계(1953~2019년)

654 냉전 속의 아프리카
- 냉전 시대의 아프리카(1960~2002년)

655 냉전 속의 아시아
- 아시아에서의 공산주의 확산(1949~1979년)

656 1956년의 중동
- 수에즈 위기(1956년)
- 1956년, 수에즈 위기

658 제1차 아랍-이스라엘 전쟁(1948~1967년)
- 전쟁에서 전쟁으로
- 중동의 지도를 바꾼 6일 전쟁

660 중동(1960~1970년대)
- 양쪽 진영 사이에서의 아랍 세계
- 1950년대 말
- 1970년대
- 전쟁과 외교

662 분단된 키프로스(1959~2019년)
- 독립에서 분단까지(1959~1974년)
- 기지 안의 작은 영토들
- 데켈리아 군사기지

664 비동맹(1955년)
- 반둥의 꿈

666 아시아의 탈식민지화(1945~2002년)
- 아시아의 독립

668 인도-파키스탄, 독립과 분할(1947~1971년)
- 언어의 모자이크, 인도
- 인도 분할

670 인도차이나의 독립(1945~1954년)
- 프랑스 식민 지배의 종말(1945~1954년)
- 1945~1954년, 독립 전쟁
- 제네바 협정(1954년)

672 베트남 전쟁(1954~1975년)
- 긴장 고조(1954~1964년)
- 미국의 개입부터 베트남 통일까지

673 캄보디아(1975~1999년)
- 크메르 루즈의 집단 학살 정권

674 아프리카의 식민지화 및 아파르트헤이트에 반대하는 투쟁
(1945~1993년)
- 점진적인 탈식민지화(1945~1975년)
- 남아프리카에서의 반아파르트헤이트 투쟁

676 반란과 협력 사이의 프랑스 아프리카 식민지
- 1947년 마다가스카르 봉기
- 잊혀진 카메룬 전쟁(1948~1960년)
- 중앙아프리카와 프랑사프리크(프랑스령 아프리카)

678 알제리의 독립(1945~1962년)
- 8년 전쟁(1954~1962년)
- 영토 통제의 두 가지 갈등 구조

680 파리의 알제리 전쟁(1954~1962년)
- 1961년 10월 17일, 파리
- 알제, 유럽과 공존한 도시(1954년)
- 1962년 2월 8일 샤론역 시위

682 라틴 아메리카의 게릴라와 혁명(1953~1990년)
- 라틴 아메리카의 혁명 물결(1959~1979년)

684 라틴 아메리카의 권위주의와 민주주의(1930~1990년)
- 라틴 아메리카의 독재와 포퓰리즘(1930~1990년)
- 라틴 아메리카의 민주주의 전환(1958~1990년)

686 미국의 아프리카계 미국인(20~21세기)
- 투표권에 대한 장애물, 1865~1965년
- 끝나지 않은 투쟁
- 1900년과 1960년의 미국 흑인 인구

13 1989년 이후의 세계
1989~2023년

690 **소련 위성국들의 종말(1980~1990년)**
    – 철의 장막이 걷히다

691 **독일의 통일**
    – 독일 통일 이후의 통합과 불평등

692 **소련 붕괴(1990~1991년)**
    – 소련에서 독립국가연합(CIS)으로

694 **1991년 이후 러시아와 그 이웃 국가들**
    – 복잡한 이웃 관계
    – 러시아–우크라이나 위기

696 **우크라이나 전쟁, 300일간의 전투(2022년 2~12월)**
    – 우크라이나의 놀라운 저항(2022년 2~12월)

698 **유럽 연합을 향하여(1951~2016년)**
    – 유럽 공동체에서 유럽 연합으로
    – 2016년 6월 23일: 영국의 EU 탈퇴 여부를 묻는 국민투표

700 **나르고노–카라바흐(1988~2020년)**
    – 1988~2020년, 아르메니아와 아제르바이잔 간의 갈등

701 **나토(NATO)의 확장(1990~2022년)**
    – 북대서양조약기구, 31개 회원국

702 **유고슬라비아의 해체(1991~2008년)**
    – 유고슬라비아 내전(1991~1998년)
    – 끝나지 않는 사라예보 포위전(1992~1995년)
    – 새롭게 탄생한 7개국(1991~2008년)

704 **1990년 이후 걸프 지역의 긴장**
    – 아라비아–페르시아만
    – 제1차 걸프전쟁(1991년 1~2월)
    – 제2차 걸프전쟁(2003년 4월)

706 **오슬로 이후 이스라엘과 팔레스타인 영토(1993년)**
    – 오슬로 협정(1993~1995년)
    – 이루지 못한 평화(1996년 이후)

708 **예루살렘**
    – 끝없는 갈등의 중심, 성지 예루살렘(1949년 이후)

709 **팔레스타인(2023년)**
    – 흩어진 팔레스타인 인구

710 **아랍의 봄(2010~2014년)**
    – 아랍의 봄, 혁명의 물결
    – 튀니지 혁명(2010~2011년)

712 **시리아(2011~2019년)**
    – 다양한 민족과 종교가 공존하는 시리아
    – 내전에서 국제적 위기로(2011~2019년)
    – 전쟁 속에서 사라지는 문화유산

714 **쿠르드족**
    – 실현되지 못한 쿠르디스탄(1920~2022년)
    – 쿠르드족 디아스포라

716 **알제리 내전(1990년대)**
    – 알제리 내전과 '죽음의 삼각지대'

717 **사헬의 지하디즘(2012~2022년)**
    – 알카에다와 이슬람 국가(IS) 간의 세력 다툼

718 **르완다와 부룬디(1959~1994년)**
    – 르완다의 박해와 망명(1959~1973년)
    – 1993년 부룬디 학살
    – 르완다의 투치족 대학살(1994년 4~5월)

720 **1990년 이후 아프리카**
    – 아프리카, 1990년대의 분쟁
    – 21세기 초반 아프리카의 발전 격차

722 **아프가니스탄 전쟁(2001~2022년)**
    – 미국과 아프가니스탄 전쟁의 교착 상태
    – 탈레반의 귀환(2002~2022년)
    – 아프가니스탄 모자이크

724 **1979년 이후 이란**
    – 확장하는 이란의 지역 패권

725 **중국: 위구르족 박해(2010년 이후)**
    – 신장 위구르 자치구, 반인륜 범죄와 '집단 학살'의 위험

726 **세계 속의 미국(1990~2022년)**
    – 초강대국 미국의 영향력
    – 해외에서 활동 중인 미국 군인 수

728 **21세기 중국과 세계**
    – 중국의 팽창주의(2013년 이후)

730 **1991년 이후 국경**
    – 1991~2011년, 27개의 신생 국가 탄생

732 **연결된 세상**
    – 편중된 세계 정보망, 해저 케이블

734 **21세기 인구통계학적 과제**
    – 급격한 인구 변화와 고령화 사회로의 전환
    – 세계 인구 추세(예측)
    – 연령 피라미드
    – 인구 고령화

736 **코로나19 팬데믹(2020~2022년)**
    – 실시간으로 진행된 팬데믹
    – 각 국에서 제공한 공식 데이터에 따른 코로나 사망자 수
    – 주요 전염병과 사망자 규모

738 **기후 변화와 이재민**
    – 기후 변화로 인한 사회적 취약성과 불평등
    – 위험에 대한 노출

740 **북극과 남극(1959년 이후)**
    – 북극, 자원 경쟁과 영토 분쟁
    – 남극 대륙, 국제 공동 관리 지역

744 **감사의 말**
745 **참고 문헌**
748 **찾아보기(인물, 제도, 민족)**
760 **찾아보기(장소)**

공간에 대한 이야기들

파트리크 부셰롱

기억 속에서 거의 잊혔던 오래된 공간 하나를 문득 떠올려 보자. 이를테면, 어린 시절의 집을 마음속에 그려보는 것이다. 그러면 놀랍게도 그 집에 얽힌 기억들이 생생하게 되살아난다. 색감과 질감, 공간에 스며 있던 냄새까지 떠오르며 흩어졌던 기억들이 하나둘 살아난다. 누군가 그 집에 대해 말해 보라고 하면, 기억은 더욱 선명해진다. 마치 시간이 지나도 바래지 않는 어떤 감각이 소중한 보물처럼 또렷이 남아 있는 것이다. 하지만 그 집의 평면도를 직접 그려보라고 하면 이야기는 달라진다. 선을 긋는 순간 기억은 흐릿해지고, 자신감은 사라진다. 말로는 쉽게 설명할 수 있었던 것들이 선으로 표현하려고 하면 불분명해진다. 역사학자들도 같은 어려움을 겪는다. 이야기를 풀어낼 때는 모든 걸 알고 있는 듯하지만, 막상 지도를 그리면 놓친 부분이 눈에 띈다. 이럴 때 끝까지 지도를 완성하려는 이도 있지만, 대부분은 중간에 멈춘다. 그럼에도 역사학자에게 '지도 그리기'는 피할 수 없는 과제다. 글은 어느 정도의 모호함을 허용하지만, 지도는 선을 그어야 하고, 이는 곧 하나의 결정을 의미하기 때문이다.

1978년에 창간된 프랑스 역사 잡지 <역사L'Histoire>의 편집실에서도 40년 넘게 이 같은 상황이 반복됐다. 이 잡지는 단 하나의 단순한 아이디어에서 출발했다. 역사학자들이 자신들의 연구 성과를 대중에게 직접 알리고, 축적한 지식을 사회와 공유해야 한다는 생각이었다.

　역사를 쓴다는 건 단순히 설명하는 것이 아니라, '보여주는' 일이다. 인물과 시대 상황, 사건의 인과관계는 글로 충분히 표현할 수 있다. 그러나 시간이 공간에 남긴 흔적을 이미지로 풀어내는 건 훨씬 더 어렵다. 시간과 공간이 충돌하고 얽히는 복잡한 상호작용을 시각적으로 드러내는 것은 결코 간단한 작업이 아니다. 이러한 시도를 우리는 '역사 지도'라 부른다. 역사 지도는 특정 시점의 역사를 공간 위에 펼쳐 보여주는 시각적 도구다. 이를 위해서는 정밀함과 상상력 모두 필요하다. 역사학자는 지도 제작자의 질문에 응답하며, 사건의 위치, 방향, 거리, 그리고 이해의 범위를 구체화해야 한다.

지리학은 역사적 정밀성을 익히는 훈련장이며, 그 협업의 결과물인 지도는 역사에 대한 인식을 더욱더 구체적이고 시각적인 형태로 바꿔준다. 샤를마뉴 제국의 확장, 인도양에서의 이슬람 확산, 아르메니아 대학살과 같은 주제를 담은 지도 한 장을 완성하기 위해서는 얼마나 여러 가지 지식이 축적되어야 하며, 얼마나 많은 인내와 치밀한 조사가 필요할까? 그 각각의 지도 뒤에는 하나의 '도서관'이 존재한다. 각 주제를 오랫동안 탐구해 온 전문가들이 쌓아 올린 방대한 자료와 축적된 지식이 그 토대가 된다. 그리고 <역사L'Histoire> 편집부의 집요하고도 엄격한 제작자들이 이들을 위해 만들어낸 지도 속에서, 이 전문가들은 종종 자신들의 연구가 하나의 정제된 형태로 응축되어 표현되었음을 다시금 깨닫게 되었다.

역사학자 크리스티앙 그라탈루는 오랜 작업의 축적 속에서 주요 자료를 선별하고, 그 결과물을 한 권의 책으로 엮었다. 그것이 바로 이 책, <지도로 보는 세계의 역사>다. 그는 기존 지도를 새롭게 구성하고 최신 정보를 반영했으며, 주제와 시대 흐름에 따라 재배열하여 이 책을 단순한 지도 모음이 아닌 하나의 '공간 서사'로 완성했다. 고대부터 현대까지 세계사의 흐름을 '지도'라는 형식을 통해 입체적으로 풀어낸 것이다.

이 책은 '세계'를 다루면서, 동시에 '역사'를 말한다. 인류가 지구 곳곳으로 퍼져 나간 여정부터 오늘날의 기후 변화까지, 시간과 공간을 넘나들며 역사를 조망한다. 다만 문명의 흐름을 위에서 내려다보는 권위적인 시선이 아니라 지형의 굴곡, 인간의 선택과 망설임, 우연히 벌어진 사건의 결을 세밀하게 들여다보는 방식으로 접근한다.

그래서 이 책에 담긴 역사적 시간은 대륙에 그어진 선이 아니라, 구체적인 역사 현장을 추적해 가는 여정으로 펼쳐진다. 페르시아 전쟁, 루이 14세의 원정, 제1차 세계대전의 마른 전투 같은 구체적인 사건들을 조명하면서, 때로는 하루, 심지어는 몇 시간 단위로 인간의 고통과 갈등이 어떻게 전개되었는지를 지도 위에 정밀하게 담아낸다.

결국, 중요한 것은 '축척', '방향', '투영법'의 선택이다. 공간을 어떻게 표현하고 시간의 흐름을 어떻게 배치하느냐에 따라 우리가 인식하는 세계의 모습은 전혀 다른 모습이 된다. 이 책이 '세계적인' 지도책으로 평가받는 이유는 서구 중심의 시각을 넘어서 다양한 지역의 역사와 그 변화 가능성을 충실히 반영하고 있기 때문이다.

일각에서는 이런 접근이 전통적인 연대기를 흐트러뜨리고 역사적 통찰을 약화한다고 비판한다.

그러나 책장을 넘겨보면 그런 우려는 근거가 없음을 알 수 있다. 기존의 역사를 지우는 것이 아니라 새로운 시각을 더해 인류의 경험을 더 넓고 풍부하게 만드는 것이다. 태평양을 건넌 항해자들, 고대의 교차로, 불교의 탄생, 2011년 아랍의 봄 같은 새로운 주제들이 전통적인 유럽사 혹은 국가 단위의 전통적 역사와 함께 소개된다.

지도 제작 방식 역시 유연하다. 고대 그리스나 19세기 인도를 다룰 때는 축척과 투영법을 조정해 메로빙거 왕국의 밀도나 카를 5세의 제국의 규모를 효과적으로 보여준다. 잉카 제국을 표현할 때는 기존의 시각을 전복하는 방식도 사용하지만, 이는 단지 시각적 효과를 노린 것이 아니라 더 정확한 역사 인식을 위한 장치다. 불필요한 자극은 없다.

역사학자 폴 베느는 "역사는 앞으로 나아가는 것이 아니라, 확장되는 것이다. 다시 말해, 새로운 것을 알아가면서도 과거를 잃지 않는 것이다"라고 말했다. <지도로 보는 세계의 역사>는 바로 그 '역사적 확장'을 시각적으로 구현해 낸 책이다. 독자는 이 책을 통해 새로운 질문이 어떻게 생겨나는지, 오래된 질문이 여전히 유효한 통찰을 담고 있다는 사실도 함께 깨닫게 된다.

무엇보다도 이 책은 오늘날의 역사 서술이 과거보다 더 조화롭고 통합적인 방향으로 나아가고 있음을 보여준다. 격렬한 논쟁으로 가득한 세상 속에서도, 역사학계 내부에서는 역사의 큰 흐름을 조망하려는 시도가 점차 힘을 얻고 있다.

그리고 언제나 그렇듯 지도는 독자를 여행으로 초대한다. 익숙한 장소를 새롭게 만나고 전혀 예상치 못한 풍경과 마주하면서, 알고 있던 것을 새롭게 바라보고 몰랐던 것을 배우며, 때로는 자신이 무엇을 모르고 있었는지도 깨닫게 된다.

이 책은 그런 여정을 위한 '가벼운 여행' 같은 지도다. 언제든 부담 없이 펼쳐볼 수 있는 친근하고 실용적인 역사책을 지향한다. 이 책의 원 제목인 '아틀라스'라는 이름은 고대 그리스 신화에서 하늘을 짊어진 거인 타이탄에서 유래했지만, 이 책은 오히려 그 무게를 덜어내고 세계사를 유연하게 풀어내고자 한다.

1978년 <역사L'Histoire>가 창간될 당시, 조르주 뒤비는 기존 아틀라스 시리즈를 '문명의 총체적 역사'를 담은 책이라 소개했다. 이후 여러 번의 개정과 보완을 거쳐, 이 책은 많은 학생과 독자들에게 유익한 길잡이가 되어 왔다.

우리는 기존 지식을 대체하기 위해 글을 쓰는 것이 아니다. 시야를 넓히고, 세상을 더 깊이 이해하기 위해 글을 쓴다. 이는 중세 시대의 '작가'가 단순한 저술가가 아닌, 세계의 의미를 확장하는 존재였다는 개념과도 맞닿아 있다. 그래서 이 서문은 역사학자의 깨달음으로 끝맺는다.

> "역사를 쓴다는 것은,
> 곧 보여주는 일이다."
>
> —파트리크 부셰롱

이 책이 완성되기까지, 긴 시간의 축적

제2판 서문

크리스티앙 그라탈루

<지도로 보는 세계의 역사> 초판은 2019년에 출간됐다. 당시 이 기획은 굉장히 야심 찼으며, 프랑스에서는 거의 40년간 시도된 적이 없었던 새로운 형식의 지도책이었다. 하지만 출간 직후부터 큰 반향을 일으켰고, 이후 4년이 지난 지금까지도 꾸준히 읽히고 있다. 이는 그만큼 이 책이 분명한 시대적 필요에 응답했다는 사실을 보여준다.

이러한 반응은 프랑스에만 국한되지 않았다. 이 책은 14개 언어로 번역되어 여러 나라에서 출간되었고, 각국에서 큰 호응을 얻었다. 이러한 국제적 성공은 오늘날의 세계가 얼마나 많은 불확실성과 의문에 싸여 있으며, 또 그 흐름을 이해하기 위해서는 과거로 시선을 돌려 그 동력의 기원을 파악할 필요가 있다는 것을 보여준다. 그 동력은 때로는 오래되고 멀리 떨어진 곳에서 비롯된다.

우리는 출발점부터 든든한 자산을 가지고 있었다. 바로 <지도로 보는 세계의 역사>의 공동 출판사이자 역사 전문 월간지인 <역사L'Histoire>에서 수십 년간 축적해 온 정밀한 역사 지도들이 그것이다. 지난 4년 동안, 이 잡지의 지도 제작 역량은 더욱 향상되었고, 그 결과 풍부하고 정밀한 시각 자료를 확보할 수 있었다. 또한 해외 출판사들과의 협업을 통해 각국의 역사적 맥락을 반영한 지도들을 새로 제작하였고, 그 과정에서 다양한 지역의 시선을 함께 담아낼 수 있었다. 내용 또한 그만큼 넓고 깊어졌다.

2019년 이후 세계는 다시 한번 중대한 전환기를 맞이했다. 코로나19 팬데믹, 우크라이나 전쟁 등 전 지구적 사건들이 연달아 발생하면서 이번 개정판에는 100장이 넘는 새로운 지도가 추가되었고 전체 구성도 크게 보완되었다. 그 과정에서 단순히 정보를 늘리는 데 그치지 않고, 21세기의 시선으로 과거를 다시 읽어내는 방식에 주안점을 두었다. 기존의 전통적인 지도책은 '세상의 무대' 위에 서구 문명의 발전 경로를 시간순으로 나열하는 방식이었다. 그러한 틀 안에서는 '중세 아프리카'나 '고대 일본'과 같은 자의적인 시대 구분이 생겨났고, 일부 사회는 '역사가 없는 사회'로 간주하여 지도에서 배제되거나, '발견 직전'에 이르러서야 비로서 지도에 등장하곤 했다. 그러나 오늘날의 역사학은 더 이상 이러한 서구 중심의 관점에 머물지 않는다. 이누이트의 이주 경로나 폴리네시아 문화의 확산처럼 과거에는 주목받지 못했던 주제들이, 초판보다 더욱 풍부해진 개정판부터 비로소 중심에 등장한다.

모든 사회를 위한 지도

유럽 중심의 서사를 벗어난다고 해서, 역사를 지도 위에 담는 작업 자체를 멈출 수는 없다. 지도는 텍스트보다 훨씬 직관적인 매체인 만큼, 그만큼 더 큰 책임이 따른다. 과거에 대한 정보가 부족하거나 불완전하더라도, 지도는 여전히 '경계'를 설정하고 '방향'을 제시해야 하는 도구다.

또한 지도는 시각적 매체이기에 종종 객관적 '사실'로 받아들여질 위험이 있다. 그렇기에 무엇을 보여줄 것인지, 어떻게 구성할 것인지에 대해 더욱 세심한 주의가 필요하다. 정보가 제한적인 주제라 하더라도 이를 포기하지 않고, 가능한 한 단순화된 형태로라도 시각적으로 표현하고자 했다.

전 세계를 다루는 지도 제작 과정에서 가장 고민되는 건 투영법이다. 완벽한 방식은 없기 때문에 주제에 따라 가장 적절한 투영법을 선택해 사용했다. 거리 중심의 네트워크를 보여줄 때는 거리 비율을 살리고, 국가 간 관계를 표현할 때는 면적이 강조되는 방식을 적용했다.

지도상의 경계를 설정하는 방식 또한 중요한 고려 대상이었다. 하나의 주제를 고립적으로 다루기보다는 그 주변의 지리적, 문화적 맥락까지 함께 조명함으로써 공간이 역사 전개에 미친 영향을 드러내고자 했다. 특히 변화와 이동의 흐름을 시각적으로 표현하기 위해 '연결 지점'과 '전환 지점'을 강조했고, 잘 알려진 중심지뿐 아니라, 역동적인 변화가 시작되는 접경과 접점에도 주목했다.

역사 지도는 언제나 '시간'과 '공간'을 어떻게 배열할 것인가를 끊임없이 묻는다. 시간의 흐름을 중심에 둘 것인지, 아니면 공간의 인접성과 연결성을 중심으로 구성할 것인지에 따라 지도의 구조와 해석 또한 달라진다. 본 지도책은 각 장의 시작마다 전 세계적 상호 작용을 조망할 수 있는 지도를 배치함으로써, 개별 사건들을 보다 넓은 흐름 속에서 이해할 수 있도록 했다. 15세기 이전에는 중국해와 지중해를 연결하는 '구세계'를 중심에 두었고, 이후에는 더 확장된 시야로 세계 전체를 조망할 수 있도록 구성했다.

물론, 이러한 구성 방식이 익숙한 지역사ㅡ예컨대 프랑스사나 중국사ㅡ를 배제한 것은 아니다. 잔다르크의 여정, 중국 공산당의 대장정과 같은 주요 역사적 사건들도 지도 위에서 그 경로를 따라가며 서사를 함께 경험할 수 있도록 했다. 또한 페이지 상단에는 관련 지도로 이동할 수 있는 참조 표시를 두어, 독자들이 시간의 흐름을 따라가거나, 혹은 주제 간의 연계를 따라 자유롭게 넘나들 수 있도록 구성했다.

시간과 공간을 함께 읽는 구성

이 지도책은 다양한 방식으로 읽힐 수 있으나, 종이책이라는 물리적 특성상 결국 한 방향으로 페이지를 넘기게 된다. 이에 따라 독자가 자연스럽게 흐름을 따라가면서도 전체적인 구조를 이해할 수 있도록, 체계적인 색인과 장별 구성을 마련했다. 전체 구성은 세계사적 조망과 지역별 탐색이 교차하는 형태로 이루어져 있다.

1장, 3장, 7장, 9장, 그리고 마지막 두 장은 전 지구적 관점에서 역사를 다루고 있으며, 4장, 5장, 8장, 10장, 11장은 각 지역의 역사에 더욱 깊이 있게 접근한다. 2장은 전체 구성을 아우르는 기초 틀을 제시하며, 16세기 이후까지 존속했던 고립 사회들을 중심으로 조명한다. 6장은 이 책의 구조적 중심축에 해당하는 장으로, 15세기를 기점으로 세계가 하나의 네트워크로 연결되기 시작하는 전환점을 보여준다.

또한 7세기는 지중해 문명이 분열되는 시기로, 4장에서 5장으로 넘어가는 중요한 전환점의 역할을 한다. 1914년 제1차 세계대전과 1989년 냉전 종식은 인류사의 흐름 속에서 매우 중대한 전환의 순간으로 제시된다.

이러한 구성은 단순한 연대기적 나열이 아니다. 마치 하나의 거대한 지도를 그리듯, 시간과 공간을 유기적으로 엮어 배열한 것이다. 중심에는 세계의 형성과 통합을 배치하고, 그 양쪽으로는 다양한 지역 사회의 이야기를 펼쳐놓았다. 결국 이 지도책 자체가 시간 속에서 공간을 읽어내는 새로운 방식의 역사 서술이라 할 수 있다.

이번 개정판은 단순히 내용을 추가한 확장판이 아니다. 기존의 유럽 중심 서술에서 벗어나, 다양한 사회와 지역의 시각을 균형 있게 담아내고자 한 시도다. 독자들이 더 넓은 시선으로 세계사를 바라보고, 복잡하게 얽힌 역사적 흐름 속에서 각 지역의 목소리를 함께 발견할 수 있도록 돕는 것, 바로 그것이 우리가 이 작업을 다시 시작한 가장 큰 이유다.

이 책의 개략도와 구성 요소

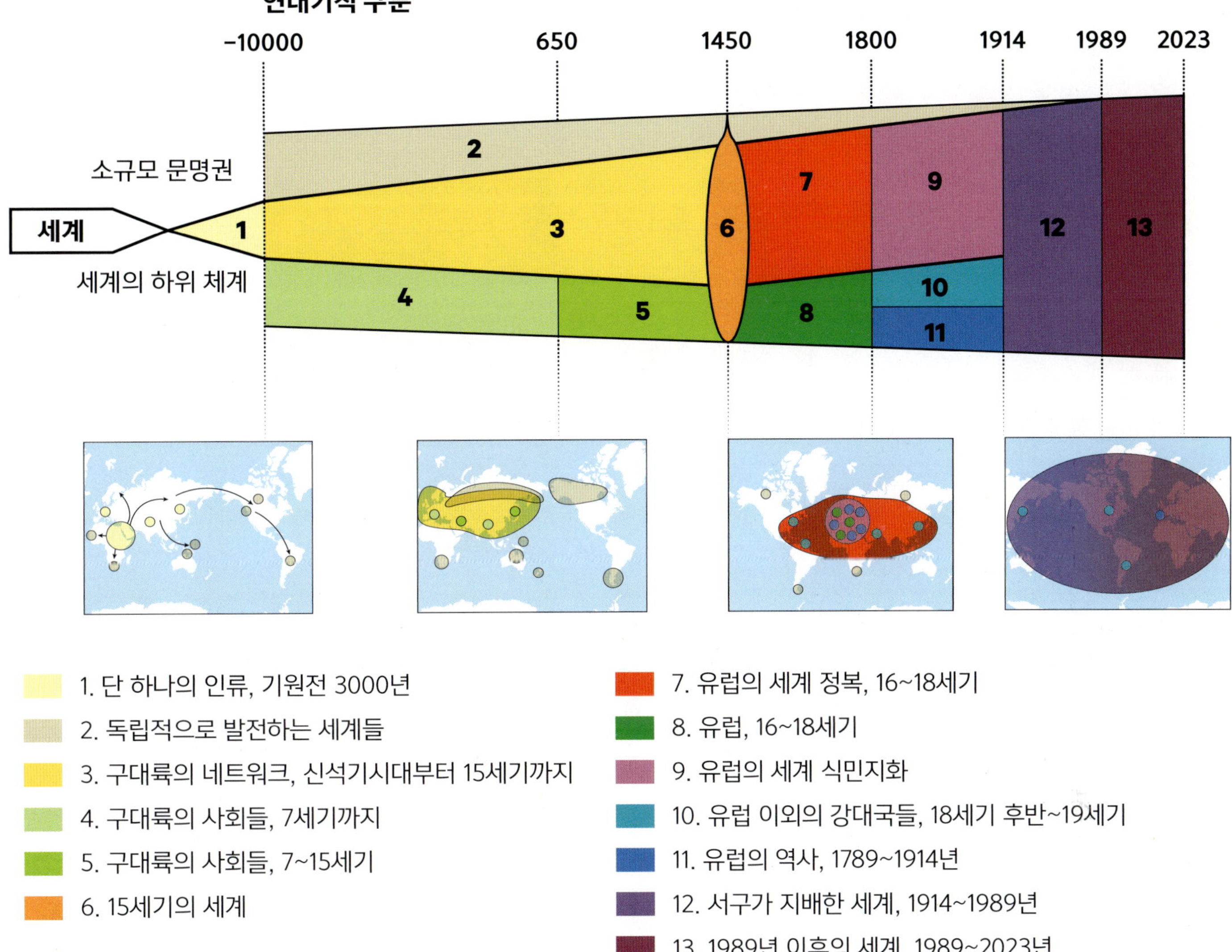

1. 단 하나의 인류, 기원전 3000년
2. 독립적으로 발전하는 세계들
3. 구대륙의 네트워크, 신석기시대부터 15세기까지
4. 구대륙의 사회들, 7세기까지
5. 구대륙의 사회들, 7~15세기
6. 15세기의 세계
7. 유럽의 세계 정복, 16~18세기
8. 유럽, 16~18세기
9. 유럽의 세계 식민지화
10. 유럽 이외의 강대국들, 18세기 후반~19세기
11. 유럽의 역사, 1789~1914년
12. 서구가 지배한 세계, 1914~1989년
13. 1989년 이후의 세계, 1989~2023년

인류는 지구 곳곳으로 퍼져 나가며 역사의 첫 장을 열었다. 본래 하나였던 인류는 이동하는 과정에서 서로 다른 사회로 나뉘어 갔다 (1). 이들 사회는 오랜 시간 동안 서로 단절된 채로 존재했다 (2). 그러나 결국 세계화의 물결 속에서, 이른바 '최초의 사람들'은 더 큰 세계 질서 안으로 흡수되어 갔다. 한편, 구세계의 중심부에서는 중국해에서 지중해에 이르기까지 지역 사회 간의 연결이 점차 강화되었지만 (3), 지리적 거리는 여전히 극복하기 어려웠고, 그로 인해 서로 다른 세계들은 오랫동안 독립적으로 존재할 수밖에 없었다 (4, 5). 이후 사회 간 관계를 더욱 견고히 하려는 시도가 시작된 시점부터 (6), 기존의 고대 네트워크는 점차 전 지구적 규모로 확장되었다 (7). 그 과정에서 고립된 세계들은 점차 해체되기 시작했다 (8). 산업화는 이 변화의 흐름을 더욱 가속했고 (9, 12), 지역 사회의 질서는 점차 더 강한 도전에 직면하게 되었다 (10, 11). 이 지도책은 2023년에서 멈춘다 (13). 그러나 역사는 계속된다.

단 하나의 인류

기원전 3000년

약 200만 년 전부터 두 발로 서서 직립 보행하는 영장류들은 육지 곳곳으로 퍼져 나가며 자신들만의 특별한 이야기를 만들어가기 시작했다. 인간은 원래 살던 숲과 사바나를 떠나 다양한 환경에서 살아가는 법을 익혔고, 점차 주변 자연을 변화시키며 인류의 역사를 써 내려갔다. 유일하게 살아남은 현생 인류인 호모 사피엔스가 빠르게 확산하고, 가까운 인간 종이었던 다른 인류들은 모두 멸종하고 말았다. 그 결과, 인간은 서로 다른 환경에서 살아가지만, 다른 생물들과 달리 유전적으로는 거의 동일한 존재가 되었다. 약 1만 년 전, 인간이 농사를 짓고 가축을 키우기 시작하면서 지구는 급격한 변화를 겪었고, 인구 또한 폭발적으로 증가했다.

투마이에서 호모 사피엔스까지

1201

대지구대

현재 에티오피아와 케냐에 위치한 대지구대(지각판이 갈라지는 거대한 열곡대)에는 수많은 화석이 쌓여있다. 특히 아와시강과 오모강 계곡에서 발견된 화석층은 선사 시대 인류의 유적과 당시의 환경을 잘 보존하고 있어 인류의 진화와 생활 방식에 대한 중요한 정보를 제공한다. 그중에서도 가장 유명한 화석은 약 320만 년 전에 살았던 젊은 여성의 화석으로, 1974년 발견 당시 '루시'라는 이름이 붙여졌다.

5315

인류의 계보

아프리카에서 인류의 조상과 직립 보행의 발달 정도와 조상이 갈라진 시기는 최소 800만 년 전으로 거슬러 올라간다. 그 경계를 명확히 구분하는 것은 어렵지만, 고생물학자들은 주로 직립 보행의 발달 정도와 치아 형태를 분류 기준으로 삼는다. 그러나 특정 화석이 정확히 어느 계통에 속하는지 판단하는 것은 여전히 쉽지 않다. 최근 몇 년 전부터는 침팬지의 조상으로는 아르디페테쿠스를, 인류의 조상으로는 투마이와 오로린을 유력한 후보로 간주하지만 이를 확실히 증명하려면 더 많은 화석이 필요하다. 그 밖에 오스트랄로피테쿠스, 그리고 그 뒤를 이어 등장한 파란트로푸스와 같은 다양한 인류 종이 존재했다.

호모 속은 약 200만 년 전, 아프리카를 떠난 최초의 인류로 돌 도구를 만들어 사용하고, 완벽하게 두 발로 걷는 능숙한 사냥꾼이었다. 또한 약 80만 년 전부터 불을 사용했으며, 이들의 화석과 도구 사용 흔적은 중국, 조지아, 파키스탄 등지에서 발견되었다. 이러한 발견들은 여러 논쟁을 불러일으켰다. 특히 1930년대의 현생 인류 다지역 기원설과 1988년의 아프리카 기원설 중 어느 이론이 맞는지에 대한 의문이 제기되었다. 현재는 이주와 유전적 교류가 결합된 중간 모델이 가장 유력한 이론으로 받아들여지고 있다. 지난 200만 년 동안, 아프리카와 유라시아에는 네안데르탈인과 데니소바인을 비롯한 다양한 인류 종이 공존했지만, 결국 호모 사피엔스만이 살아남았다.

사피엔스의 확산과 혼합(30만 년 전부터)

인류 이동의 통로와 방해 요소

호모 사피엔스는 빙하기에 해수면이 낮아지면서 드러난 육지를 따라 전 세계로 확산되기 시작했다. 하지만 이들이 세계 각지에 정착한 시기는 지역마다 차이가 있었다. 구대륙(아프리카와 유라시아)에서는 이미 오래전부터 널리 퍼져 살았으나, 오스트레일리아에는 약 6만 년 전, 아메리카 대륙에는 3만 년 전에 도착해 정착했다. 반면, 태평양의 섬들이나 마다가스카르에 인류가 자리 잡은 것은 불과 수 세기 전의 일이다. 인류는 초원과 사바나 같은 개방된 육지, 해안가를 따라 쉽게 이동했으나 바다, 밀림, 산악 지대와 같은 지형에서는 이동이 어려웠다. 빙하기 동안 각 지역은 서로 다른 환경의 영향을 받았다. 오늘날 인구 밀도가 높은 지역은 과거에 울창한 산림 지역이었던 곳이 많다.

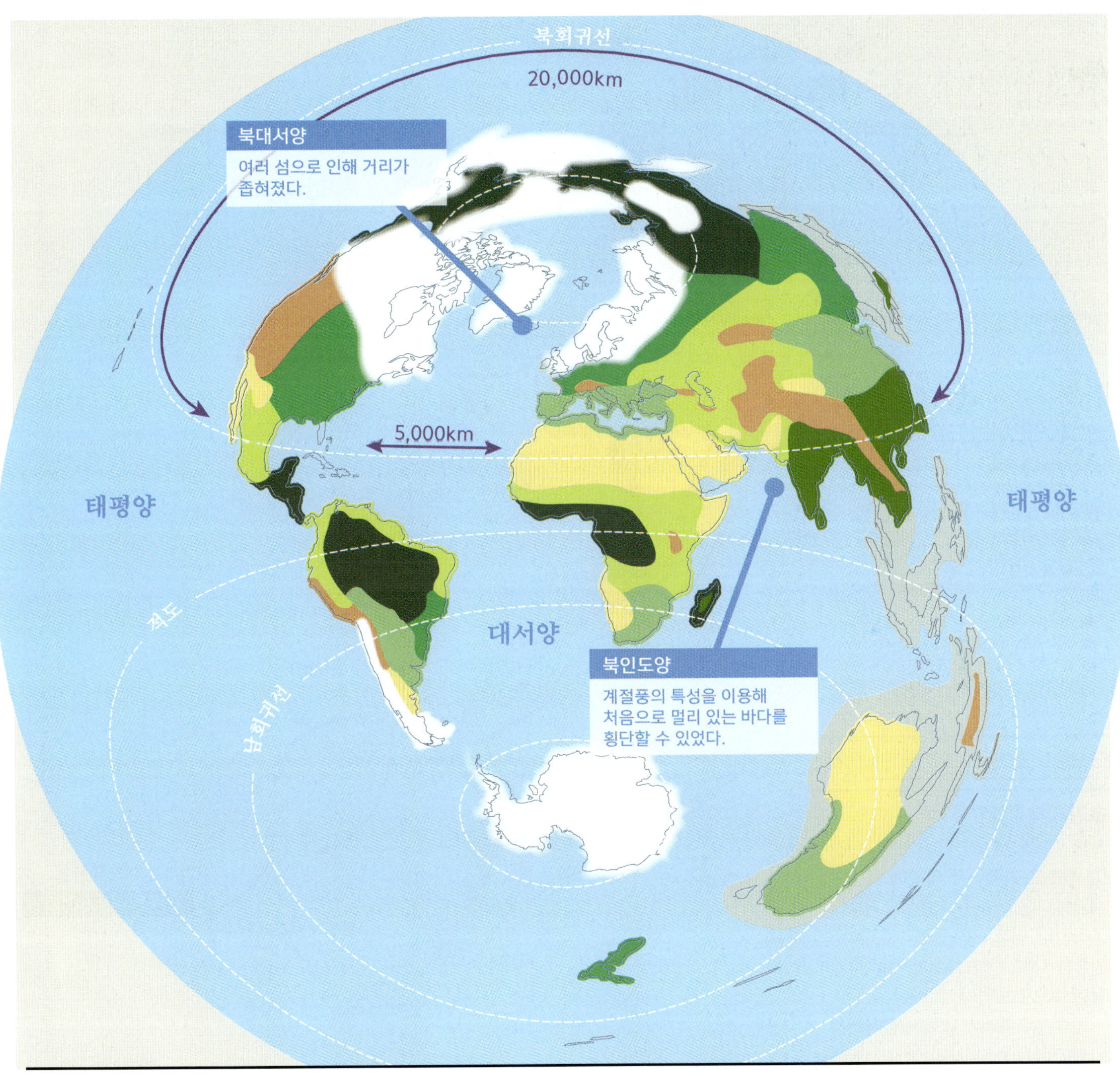

경계가 모호한 대양
(바다는 사람들을 분리시키기도 하고, 가까이 연결하기도 한다)

- 광대한 거리로 인해 오랫동안 절대적 장벽이었던 대양

특정 시기에 인간의 이동을 어렵게 만들었던 대륙 환경

- 최대 확장기의 빙하 지대 (기원전 1만 7000년)
- 기후 변화에 따라 주기적으로 변동을 겪는 건조 지역 (빙하기에는 가장 낮은 위도로, 간빙기에는 그 반대)
- 거대한 산악장벽 (장애물이면서 동시에 피난처가 될 수도 있다)

이동이 수월했던 환경

- 마지막 빙하기 동안 해수면이 낮아지면서 드러난 지역
- 이동하기 쉬운 대초원, 초원, 사바나
- 벌목지 혹은 불에 취약한 숲

삼림 벌채 시 인구 밀집 지역이 될 수 있는 울창한 숲 지역

- 오늘날까지 숲으로 남아 있는 지역
- 열대 또는 아열대숲이 쌀 재배지가 된 지역
- 오늘날 벌채된 온대 산림 지역

사피엔스는 어떻게 지구에 살기 시작했는가(6만 년 전부터)

초기 아메리칸인들

최근 고고학적 발견에 따르면, 인간이 최초로 아메리카 대륙에 도착한 시기는 기원전 3만 년경까지 거슬러 올라간다. 이후 기원전 2만 년경부터 인류는 대륙 전역으로 퍼져 살기 시작한 것으로 보인다.

인류가 아메리카 대륙에 정착하게 된 배경에는 동북아시아에서 시작된 이주 물결이 작용했을 가능성이 크다. 일반적으로 빙하기 동안 해수면이 낮아지면서 드러난 베링 육교를 거쳐 이동한 것이 가장 널리 알려진 경로다. 그러나 베링 해협이 유일한 이주 통로는 아니었다. 일부 인구 집단의 이동은 태평양 연안뿐만 아니라 대서양 연안 항해를 통해서도 이루어졌을 것이다.

초기 오스트레일리아인들

1283

고고학적 연구에 따르면, 호모 사피엔스는 기원전 5만 년경 아프리카를 떠나 오스트레일리아에 도착했다. 마지막 빙하기 동안 오스트레일리아 대륙, 태즈메이니아, 뉴기니는 현재와 달리 사훌 대륙이라는 하나의 거대한 육지로 연결되어 있었다. 또한 말레이 제도의 순다 대륙붕이 바닷물 위로 드러나 있어, 사훌로의 이동이 비교적 수월했을 것이다. 한편, 유전학적 연구 결과에 따르면, 기원전 약 5만 년 전 오스트레일리아 원주민의 조상들은 네안데르탈인과 데니소바인의 혼혈로 유전적 흔적을 가지고 있는 것이 밝혀졌다. 이런 연구를 바탕으로 오스트레일리아로의 인류 이주는 한 번이 아니라 두 차례 이상 있었으며, 후기의 이주 집단이 앞선 집단과 유전적으로 혼합되었을 가능성이 높았을 것으로 추정한다.

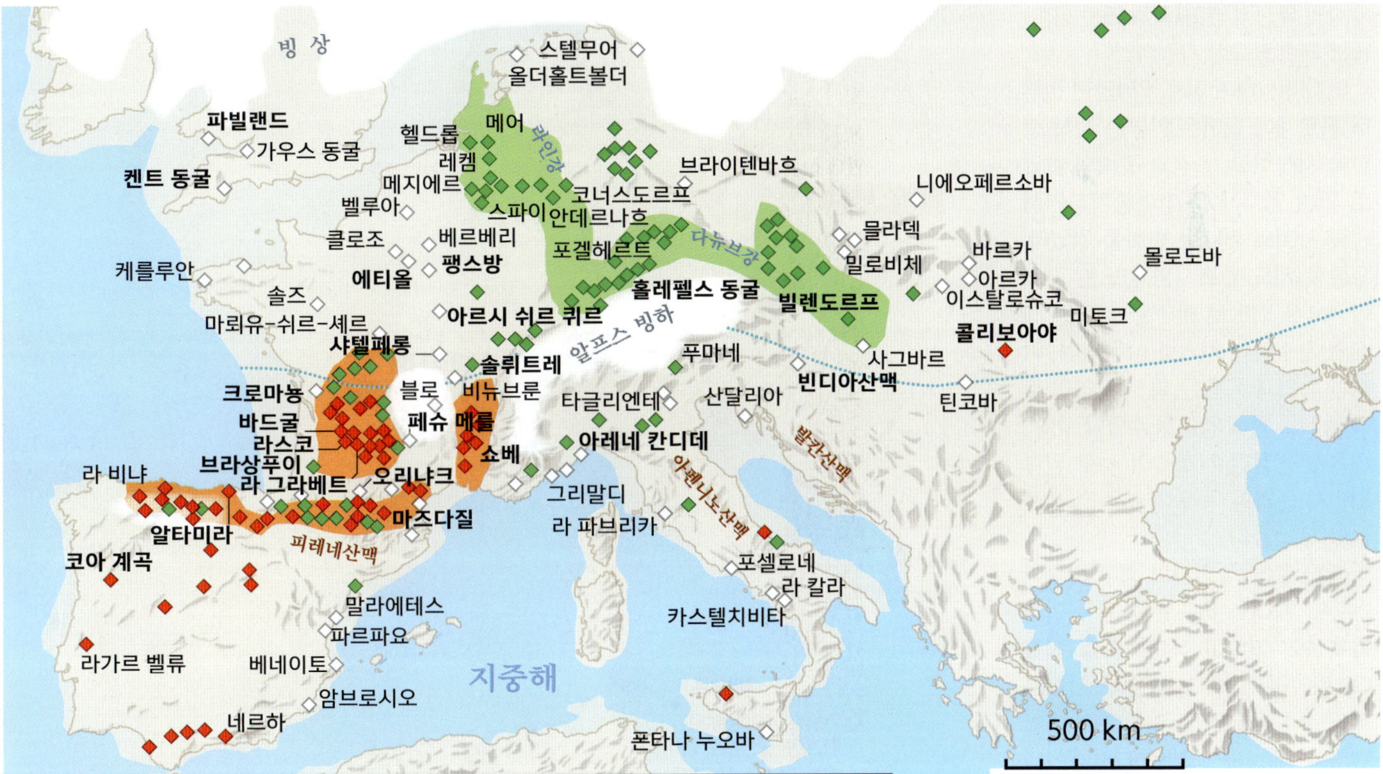

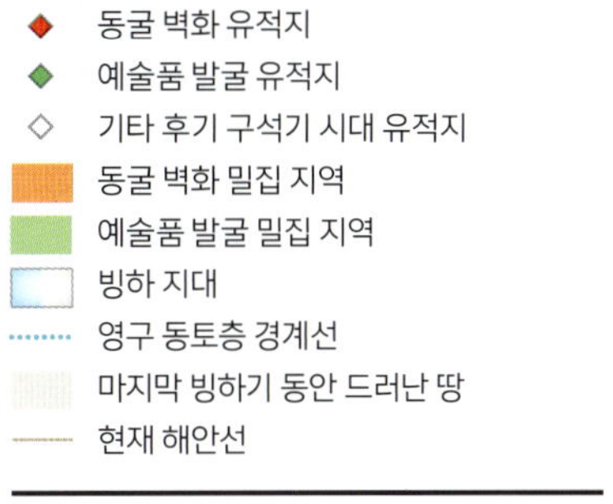

추운 대초원에 정착한 최초의 유럽인들
(후기 구석기 시대, 기원전 4만 5000~1만 2000년)

마지막 빙하기 동안, 북쪽의 빙하 지대와 남쪽의 지중해 사이에 위치한 오늘날의 유럽은 광활한 스텝 초원으로 뒤덮여 있었다. 이러한 환경 덕분에 사람들은 비교적 자유롭게 이동할 수 있었고 순록, 들소, 말과 같은 사냥감도 풍부했다. 그 결과, 유럽 전역에는 유목형 수렵채집 사회의 흔적이 널리 퍼져 있다. 특히 포르투갈에서 프랑스 아르데슈 지역에 이르는 곳에서는 동굴 벽화 예술의 유적이 집중적으로 남아 있다.

식물 재배와 동물의 가축화
(기원전 1만 년경)

================== 1132

신석기 시대의 첫 정착지

'신석기 시대'라는 용어는 1865년 영국의 선사 시대 연구가 존 러벅이 사용한 개념이다. 돌을 깨트려 사용하던 뗀석기 시대와 돌을 정교하게 갈아 도구로 만들던 간석기 시대를 구분하기 위해 처음 등장했다. 이는 주변의 천연자원을 단순히 활용하던 시대에서 농경과 목축을 기반으로 한 정착 생활로의 전환을 의미한다.

인류 사회에서 동물이나 식물 종의 변형이 처음 나타난 시점은 구석기 시대, 즉 개를 길들이기 시작했을 때로 볼 수 있다. 이는 생리적, 형태적 특성의 유전적 변화(획득 또는 상실)를 초래한 중요한 사건이었다.

마지막 빙하기 이후, 약 1만년 전부터 홀로세에 접어든 인류는 정착 생활을 시작하고, 농경과 목축의 발달로 인해 인구가 급격히 증가하면서 인류 사회의 커다란 변화를 겪었다. 오른쪽 지도에 표시된 연도는 고고학적으로 최초로 확인된 농작물 재배와 가축화의 시기를 나타내며, 이러한 농업과 목축은 특정 지역의 토착 동식물 종에 영향을 주었다. 이후, 새롭게 등장한 사회들이 서로 연결되면서 농업과 목축 기술은 전 세계로 퍼져 나갔다.

예를 들어, 뉴기니의 경우 비옥한 초승달 지대와 비교했을 때 농업과 가축화의 영향이 상대적으로 적었다. 중앙아시아에서는 일부 사회가 농경보다는 목축을 중심으로 생활했지만, 대부분의 지역에서는 식물 재배를 기반으로 한 정착 생활이 이루어졌다.

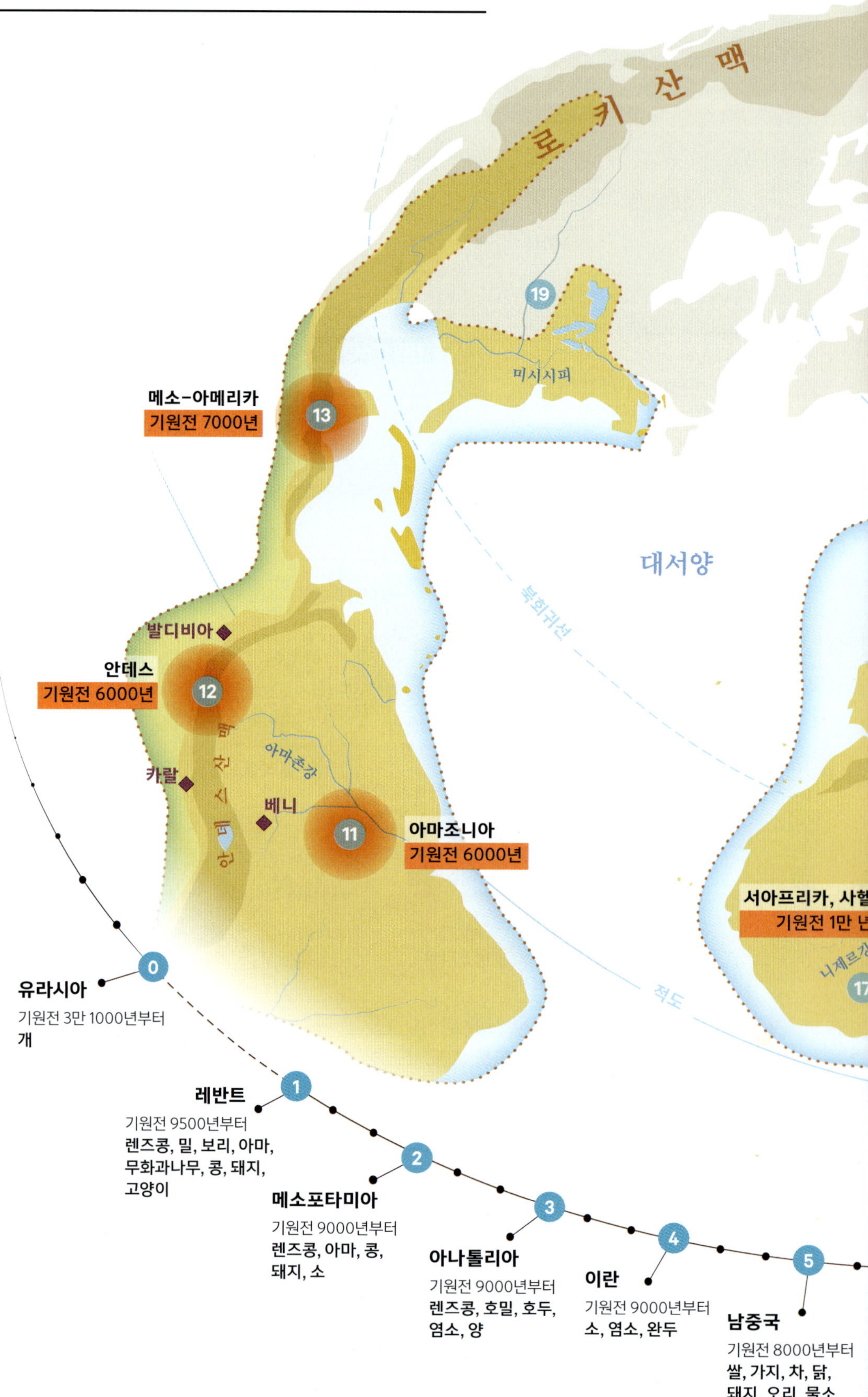

라포니아
기원전 1000년부터
순록

티베트
기원전 2500년부터
보리, 야크

미시시피
기원전 3000년부터
해바라기, 호박, 담배

에티오피아
기원전 3000년부터
조, 테프, 엔세테, 커피, 몽게떼, 팜유야자

서아프리카
기원전 4000년부터
고구마, 팜유야자

소말리아와 아라비아
기원전 4000년부터
당나귀, 낙타, 대추야자

이집트
기원전 4000년부터
거위, 당나귀

중앙아시아
기원전 4000년부터
호밀, 사과나무, 말, 낙타

메소-아메리카
기원전 6000년부터
호박, 콩, 토마토, 바닐라,
옥수수, 아보카도, 면화, 담배,
고추, 칠면조, 오리, 코코아나무

안데스
기원전 6000년부터
고추, 콩, 감자, 퀴노아, 면화,
라마, 알파카, 기니피그

아마조니아
기원전 6000년부터
마니옥, 고구마,
호박, 담배, 땅콩

사헬
기원전 6000년부터
조, 수수, 아프리카 쌀, 소

동남아시아
기원전 6000년부터
토란, 고구마,
감귤류, 코코넛,
바나나 나무, 닭,
가얄, 반텡

인도
기원전 7000년부터
가지, 면화, 코끼리,
제부소, 물소, 닭,
참깨

뉴기니
기원전 7000년부터
토란, 고구마,
바나나 나무,
사탕수수,
코코넛 나무

북중국
기원전 7000년부터
조, 콩, 돼지, 닭,
오리, 차

뉴기니
기원전 6000년
쿡
뉴기니

북중국
기원전 7000년
얼리터우
얼리강

남중국
기원전 8000년

파키스탄-인도
기원전 7000년
하라파
메르가르
모헨조다로

레반트와 메소포타미아
기원전 1만 년
예멘

아프리카
기원전 5000년

보타이
코카서스산맥
아나톨리아산맥
자그로스산맥
차탈 회위크
예리코
우르
케르마
고베로
다뉴브강
발칸
메콩강
갠지스강
히말라야산맥
인도양

식물 재배와 동물 가축화의 중심지
6000 농업이 등장한 시기
확산 축
기원전 선사시대의 농업 확산
고고학적 유적지

근동의 본거지 (기원전 1만~3000년)

농업의 탄생

비옥한 초승달 지대의 사람들은 주로 사냥, 낚시, 채집을 하며 생활했다. 이 지역의 풍부한 야생 곡물 덕분에 인류는 본격적인 농업 이전에 이곳에서 정착해 살기 시작했다. 이러한 사실은 케바란, 나투프 문화유적과 도기 발달 이전의 신석기 시대의 유적지를 통해 확인할 수 있다. 인류 최초의 농업 활동은 기원전 9500년에서 9000년경까지 거슬러 올라가며, 이 시기에 처음으로 빗물을 활용한 농업이 시작되었다. 이후 기원전 8000년경 인류는 소와 개를 비롯한 여러 동물을 기르기 시작했다. 이 동물들은 식량 공급, 노동력 제공, 보호 등의 역할을 하며 인간 생활에 중요한 영향을 미쳤다. 그러다 기원전 7000년경에는 도기가 개발되었다. 하부 메소포타미아의 충적 평야는 풍요로운 환경을 제공했으며, 티그리스강과 유프라테스강은 풍부한 물과 비옥한 토양을 공급했다. 주변의 사막 지역에서는 양을 기르는 유목민들이 생활했다. 레반트 지역의 좁은 해안 지대에서는 레바논의 산림 자원과 지중해성 기후의 혜택으로 농업이 발전되었다.

우루크, 국가의 탄생

메소포타미아에서 최초의 국가가 출현했다는 사실은 오랫동안 '기적'처럼 여겨져 왔다. 그러나 최근의 고고학, 역사학, 인류학 연구를 통해 국가 형성의 복잡한 과정이 점차 밝혀지고 있다. 과거, 고고학자 고든 차일드가 제시한 '도시 혁명' 이론이나, 칼 아우구스트 비트포겔의 '수력 사회 이론' 등이 재검토되었으며, 현재까지 안정적으로 받아들여지던 연대기 역시 최근의 고고학적 발견으로 논쟁이 이어지고 있다. 기원전 7000년대 말, 신석기 시대 움집 형태였던 작은 농가들은 점차 밀집된 마을로 바뀌었다. 이 마을들은 계층화된 가옥 구조를 갖추고 표준화된 계획에 따라 배치되었다. 특히, 원시 도시 중심부에는 식량을 확보하고 관리하기 위한 행정 체계가 만들어지면서 점차 도시의 형태를 갖추게 되었다.

우루크의 경우, 이러한 원시 도시 마을이 생겨나면서 점차 국가로 발전할 기반을 마련했다. 우루크 도시국가는 주변 도시들 간의 네트워크를 형성하며 확장한 끝에 기원전 4000년경 사원과 궁궐, 그리고 관료 체제를 갖춘 도시가 생겨났다. 이와 함께 교역소가 설립되고, 새로운 정착지가 개척되었으며, 문화적 정체성이 확산되었다. 또한, 종합적인 문자 체계인 설형문자가 발전하면서 행정과 기록의 체계화가 이루어졌다. 그렇다면 과연 국가의 형성이 농업의 발전을 이끌었을까? 이에 대해 무정부주의 인류학자 제임스 C. 스콧은 국가가 농업을 발전시킨 것이 아니라, 오히려 국가가 곡물 재배, 목축, 정착 생활의 이점을 활용하여 성장했다고 주장한다.

인류의 정착 생활과 인구 증가

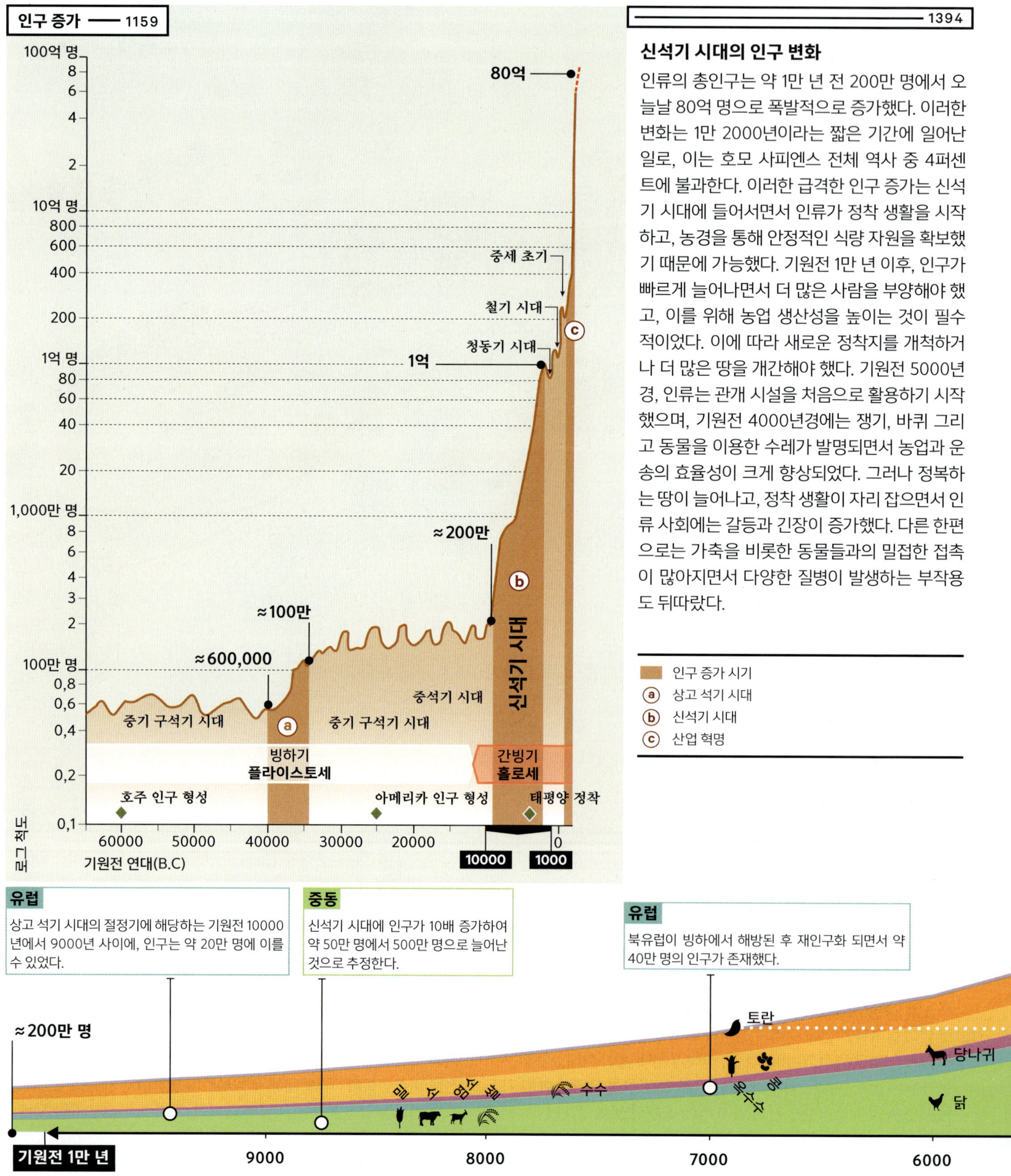

신석기 시대의 인구 변화

인류의 총인구는 약 1만 년 전 200만 명에서 오늘날 80억 명으로 폭발적으로 증가했다. 이러한 변화는 1만 2000년이라는 짧은 기간에 일어난 일로, 이는 호모 사피엔스 전체 역사 중 4퍼센트에 불과하다. 이러한 급격한 인구 증가는 신석기 시대에 들어서면서 인류가 정착 생활을 시작하고, 농경을 통해 안정적인 식량 자원을 확보했기 때문에 가능했다. 기원전 1만 년 이후, 인구가 빠르게 늘어나면서 더 많은 사람을 부양해야 했고, 이를 위해 농업 생산성을 높이는 것이 필수적이었다. 이에 따라 새로운 정착지를 개척하거나 더 많은 땅을 개간해야 했다. 기원전 5000년경, 인류는 관개 시설을 처음으로 활용하기 시작했으며, 기원전 4000년경에는 쟁기, 바퀴 그리고 동물을 이용한 수레가 발명되면서 농업과 운송의 효율성이 크게 향상되었다. 그러나 정복하는 땅이 늘어나고, 정착 생활이 자리 잡으면서 인류 사회에는 갈등과 긴장이 증가했다. 다른 한편으로는 가축을 비롯한 동물들과의 밀접한 접촉이 많아지면서 다양한 질병이 발생하는 부작용도 뒤따랐다.

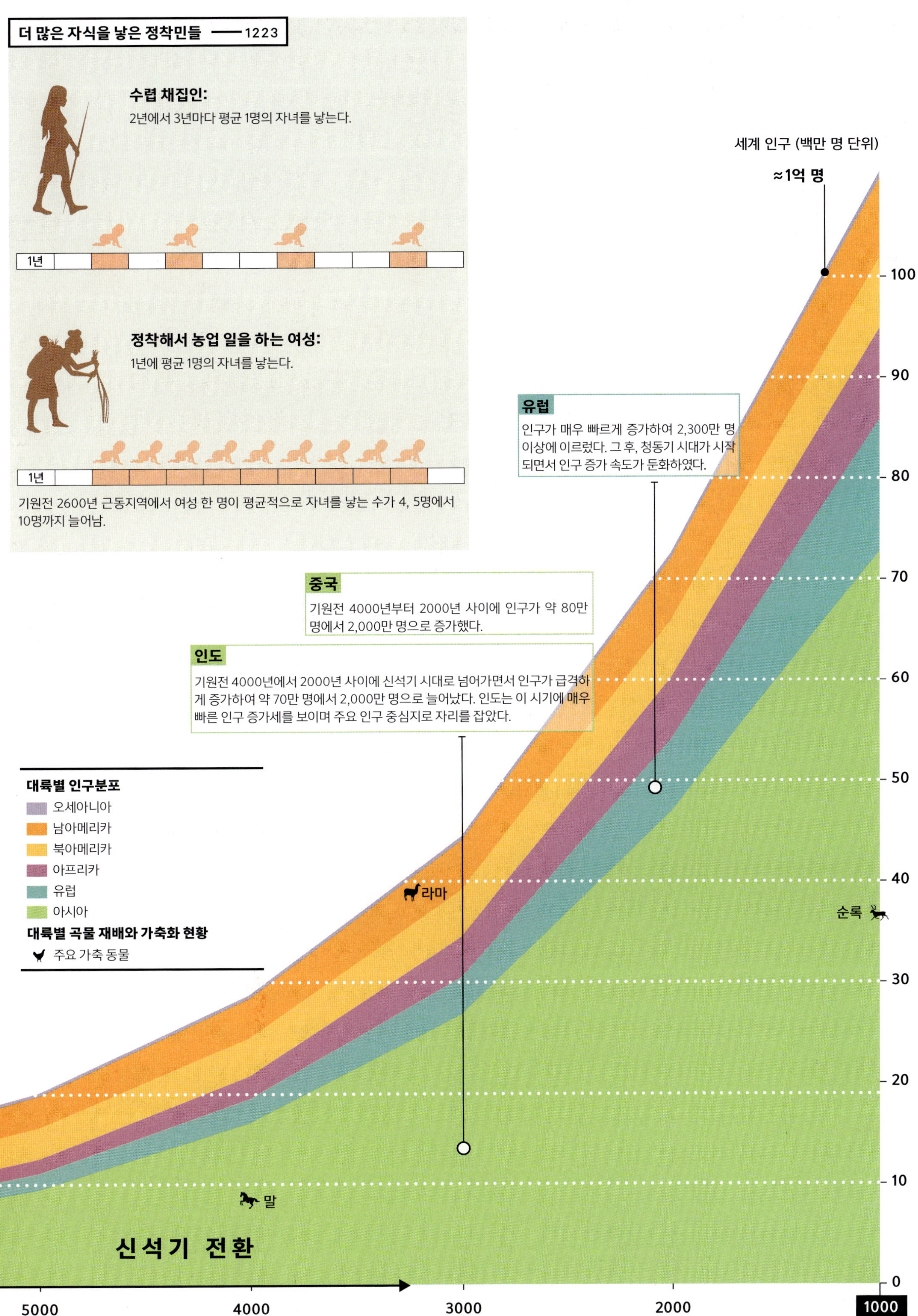
더 많은 자식을 낳은 정착민들 ──1223

수렵 채집인:
2년에서 3년마다 평균 1명의 자녀를 낳는다.

1년

정착해서 농업 일을 하는 여성:
1년에 평균 1명의 자녀를 낳는다.

1년

기원전 2600년 근동지역에서 여성 한 명이 평균적으로 자녀를 낳는 수가 4, 5명에서 10명까지 늘어남.

세계 인구 (백만 명 단위)

≈1억 명

100

유럽
인구가 매우 빠르게 증가하여 2,300만 명 이상에 이르렀다. 그 후, 청동기 시대가 시작되면서 인구 증가 속도가 둔화하였다.

90

80

70

중국
기원전 4000년부터 2000년 사이에 인구가 약 80만 명에서 2,000만 명으로 증가했다.

인도
기원전 4000년에서 2000년 사이에 신석기 시대로 넘어가면서 인구가 급격하게 증가하여 약 70만 명에서 2,000만 명으로 늘어났다. 인도는 이 시기에 매우 빠른 인구 증가세를 보이며 주요 인구 중심지로 자리를 잡았다.

60

50

대륙별 인구분포
오세아니아
남아메리카
북아메리카
아프리카
유럽
아시아
대륙별 곡물 재배와 가축화 현황
주요 가축 동물

40

라마

순록

30

20

말

10

신석기 전환

0

5000

4000

3000

2000

1000

2

독립적으로 발전하는 세계들

수천 년 동안 지구상에 많은 사회는 중국 해안에서 지중해에 이르는 주요 인구 중심지와 활발한 교류 없이 독립적으로 발전해 왔다. 특히, 마지막 빙하기 동안 오스트레일리아와 아메리카 대륙으로 이주한 집단들은 다른 지역과의 교류가 거의 없는 상태로 사회를 형성했다. 빙하기가 끝난 이후 인류의 거주 가능 지역은 점차 확대되었다. 일부는 북극 지방에 정착하고, 일부는 해양 탐험을 통해 태평양의 섬들로 이주하면서 새로운 사회 형태가 등장했다. 한편, 아프리카 대륙은 사하라 지역의 사막화로 유라시아 사회와의 교류가 제한되면서 독자적인 역사를 형성하게 되었다. 이러한 사회들은 15세기 이후 식민지화를 겪었음에도 불구하고 독자적인 정체성을 유지하며 원주민 중심의 사회로 발전해 나갔다.

기원전 1500년 이전의 아메리카 원주민 세계

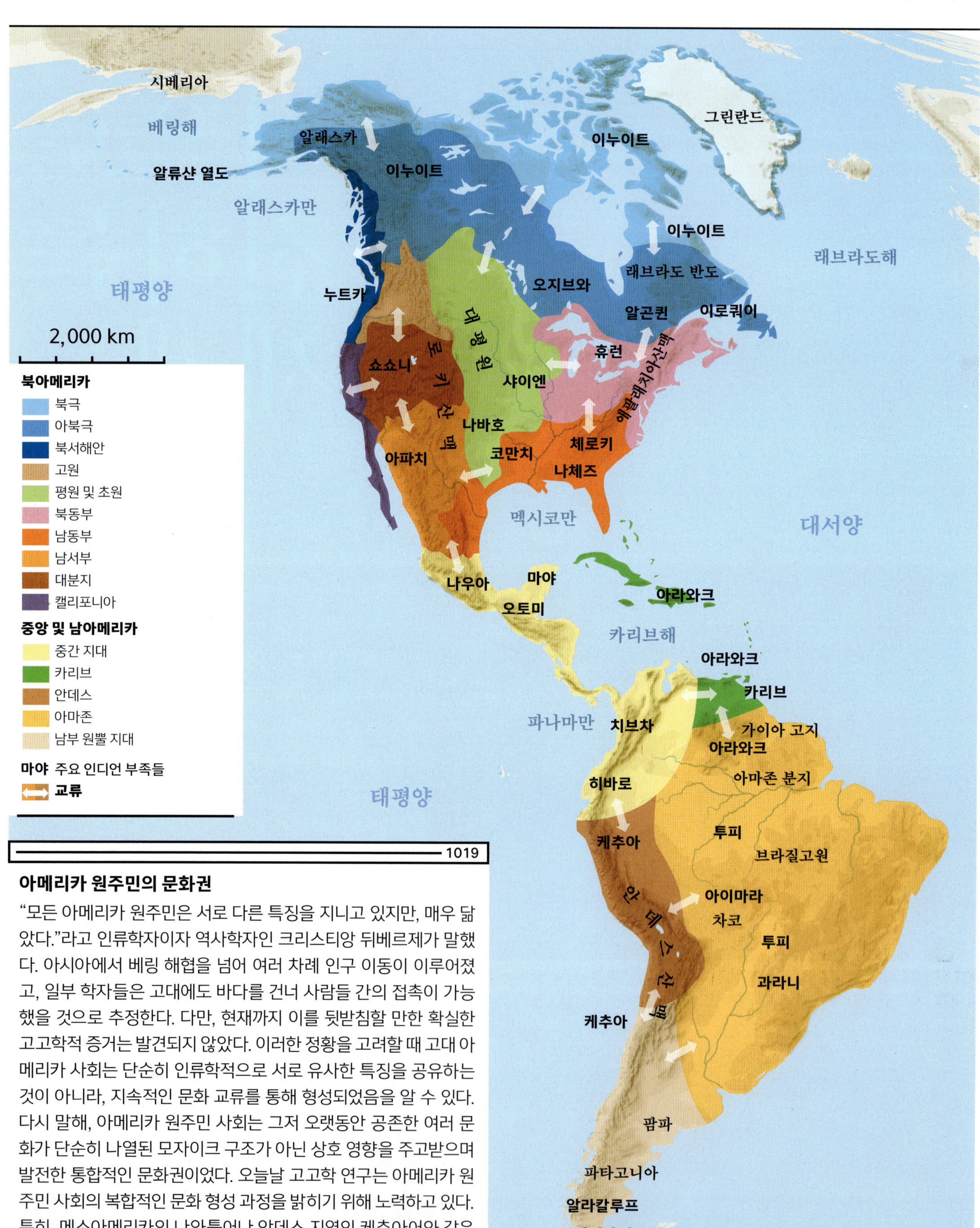

아메리카 원주민의 문화권

"모든 아메리카 원주민은 서로 다른 특징을 지니고 있지만, 매우 닮았다."라고 인류학자이자 역사학자인 크리스티앙 뒤베르제가 말했다. 아시아에서 베링 해협을 넘어 여러 차례 인구 이동이 이루어졌고, 일부 학자들은 고대에도 바다를 건너 사람들 간의 접촉이 가능했을 것으로 추정한다. 다만, 현재까지 이를 뒷받침할 만한 확실한 고고학적 증거는 발견되지 않았다. 이러한 정황을 고려할 때 고대 아메리카 사회는 단순히 인류학적으로 서로 유사한 특징을 공유하는 것이 아니라, 지속적인 문화 교류를 통해 형성되었음을 알 수 있다. 다시 말해, 아메리카 원주민 사회는 그저 오랫동안 공존한 여러 문화가 단순히 나열된 모자이크 구조가 아닌 상호 영향을 주고받으며 발전한 통합적인 문화권이었다. 오늘날 고고학 연구는 아메리카 원주민 사회의 복합적인 문화 형성 과정을 밝히기 위해 노력하고 있다. 특히, 메소아메리카의 나와틀어나 안데스 지역의 케추아어와 같은 지배적인 언어의 전파 과정을 추적하면서, 대규모 통합 문화권의 형성과 발전을 탐구하고 있다.

동부 아메리카의 선사 시대 문화

기원전 1000년, 오하이오 계곡(아데나 문화)과 오대호 지역(호프웰 문화)에서 독특한 선사 시대 문화가 발전했다. 이곳에 자리 잡은 마운드 빌더 원주민들은 언덕을 쌓아 제사를 지내거나 무덤으로 사용했으며, 일부 마운드는 의식용, 주거용, 또는 방어용으로 다양하게 활용되었다. 그중에서도 특히 유명한 유적이 오하이오에 있는 그레이트 서펀트 마운드로, 길이 400미터에 달하는 거대한 뱀 모양의 마운드다. 이러한 선사 시대 문화는 서기 1세기경 점차 쇠퇴하며 사라졌다. 9세기 무렵 옥수수와 콩, 호박을 재배하며 농경 생활을 시작한 미시시피 문화도 많은 무덤을 남겼다. 이 문화권에서 가장 규모가 큰 고대 도시는 카호키아로, 수만 명의 아메리카 원주민이 모여 살았으며, 미시시피 문명의 중심지 역할을 했다.

마운드 빌더스

아데나 문화의 영향권
(기원전 1000년~ 기원후 400년)

호프웰 문화의 영향권
(기원전 200년~기원후 500년)

무덤

조각상

미시시피 문화

미시시피 문화의 영향권
(기원후 600년~1600년경까지)

캐도 미시시피 문화

북아메리카 주요 선사시대 도시

부남

메소-아메리카

1109

테오티우아칸 (기원전 3~7세기)

현재의 멕시코시티 근교, 해발 2,200미터 높이의 광활한 평원 위에 건설된 테오티우아칸은 기원전 300년경부터 조성되기 시작했다. 이 도시는 원래 종교 의식을 위한 제례 중심지로 발전했으며, 6세기까지 번성했다.

　도시의 중심부는 주도로와 강을 직각으로 배치하여 계획적으로 설계되었다. 특히 '죽은 자의 거리'는 산후안강을 가로지는데, 도시를 정확히 남북으로 관통하도록 강의 흐름까지 변경했다고 한다.

　기원전 2세기부터 이곳에는 거대한 규모의 '달의 피라미드', '태양의 피라미드' 그리고 15개의 신전으로 둘러싸인 사각형 모양의 성채가 건설되었다. 제례 구역인 성채 내부에는 깃털 달린 뱀의 신 케찰코아틀을 모시는 사원이 있었으며, 도시 전체는 정교한 격자형 구획 구조를 이루고 있었다. 그러나 650년경 테오티우아칸의 주민들은 갑자기 도시를 버리고 떠났는데, 그 이유는 아직까지 풀리지 않는 미스터리로 남아 있다. 다만, 도시 내부의 체제 위기가 주요 원인이었을 가능성이 크다. 메소아메리카 전역에서 권력이 쇠퇴하기 시작하자, 사람들은 더 이상 사원 중심으로 생활을 지속하지 않고 마을로 돌아가 정착 생활을 이어갔다.

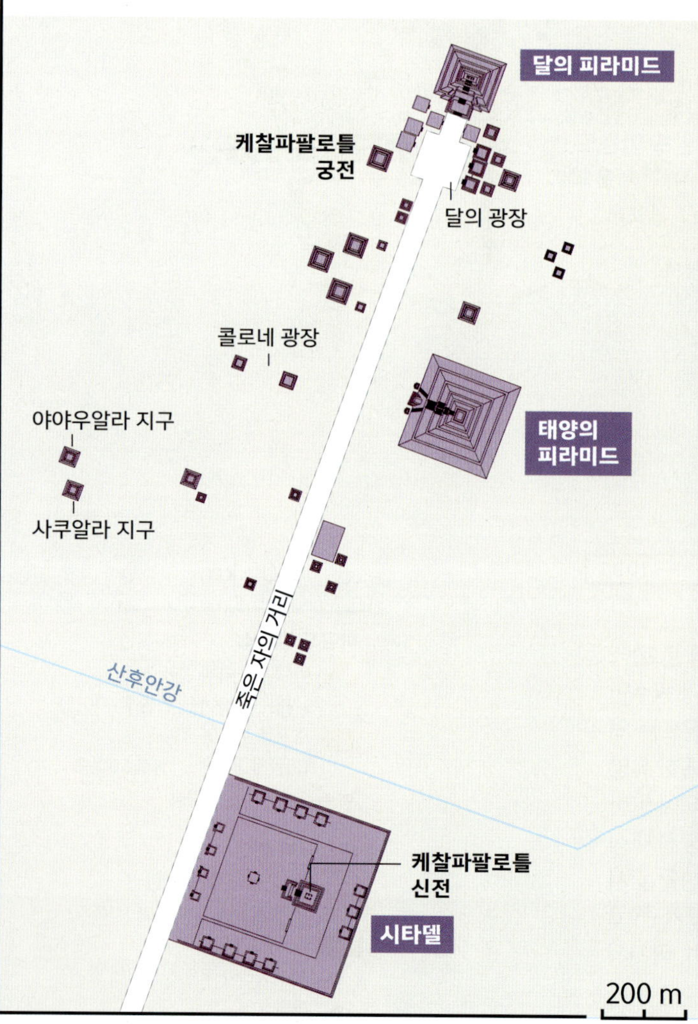

원주민들 p.46
아즈텍인 p.292
아메리카의 라틴화 p.310

1023

메소아메리카(기원전 1200년~1300년경)

기원전 3000년경, 메소아메리카에서는 다양한 민족으로 구성된 하나의 문화권이 형성되었다. 이는 세 개의 언어권에 속하는 유목민 집단, 그리고 서쪽의 오토미족과 동쪽의 마야족 같은 농경 민족들의 융합을 통해 이루어졌다. 이 문명에서는 복잡한 상형문자 체계가 발전했으며, 지리적 특성에 따라 서쪽의 고원 지대와 동쪽의 저지대 사이에서 번갈아 가며 지배 세력이 교체되었다.

올멕(기원전 1200~500년), 테오티우아칸(기원전 200~서기 550년), 사포텍(몬테알반, 서기 200~600년), 토토낙(엘 타힌 서기 600~1200년), 그리고 초기 마야(서기 250~950년), 톨텍(서기 900~1200년)문화가 차례로 등장했으며, 특히 톨텍족은 유카탄 북부로 이주하여 톨텍–마야 문명을 발전시켰다.

남아메리카와 서인도 제도

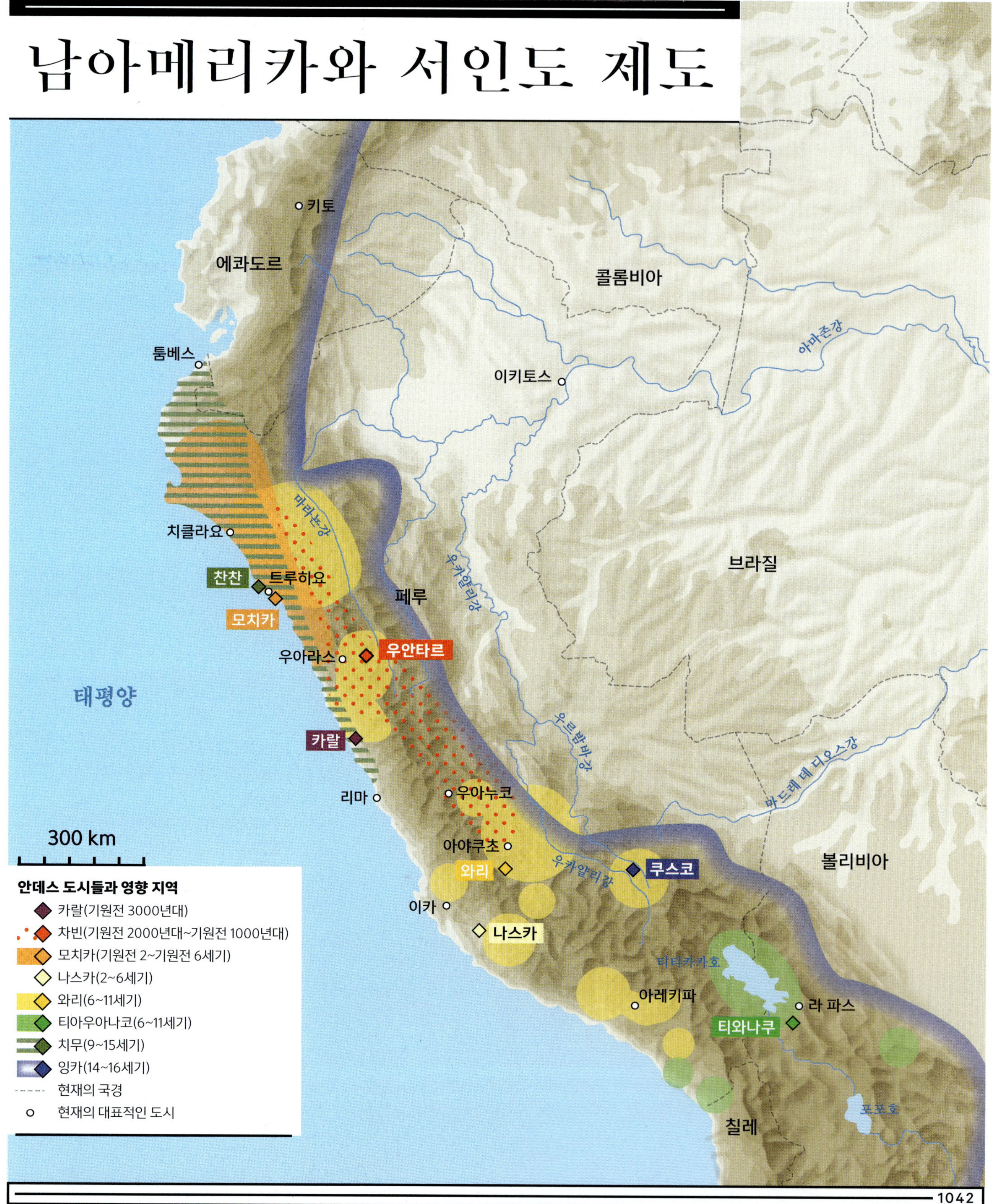

안데스 문명의 4500년 역사

기원전 2500년경 현재의 리마 북쪽에 위치한 카랄에서 초기 안데스 문명이 등장했으며, 이후 기원전 1800년경에는 안데스산맥 중심부의 우안타르 지역에서는 차빈 문명이 형성되었다. 시간이 흐르면서 안데스 지역 곳곳에서 다양한 문명이 번성했다. 6세기부터 11세기 사이에는 와리와 티와나쿠 같은 도시들이 번영했고, 14세기에는 쿠스코가 중심지로 떠올랐다. 해안 평야 지역에서도 북쪽의 찬(치무)과 남쪽의 나스카(서기 600~1000년)와 같은 문화적 중심지들이 발전했다. 특히 안데스 문명은 미라 숭배와 제례용 직물 제조 기술의 발달로도 유명하며, 이러한 전통과 문화적 특징들은 약 4000년 동안 지속되었다. 한편 안데스 지역 최북단(위 지도 범위 밖)에서는 타이로나 문명이 등장했으며, 이들은 시우다드 페르디다의 독특한 계단식 도시 구조로 잘 알려져 있다.

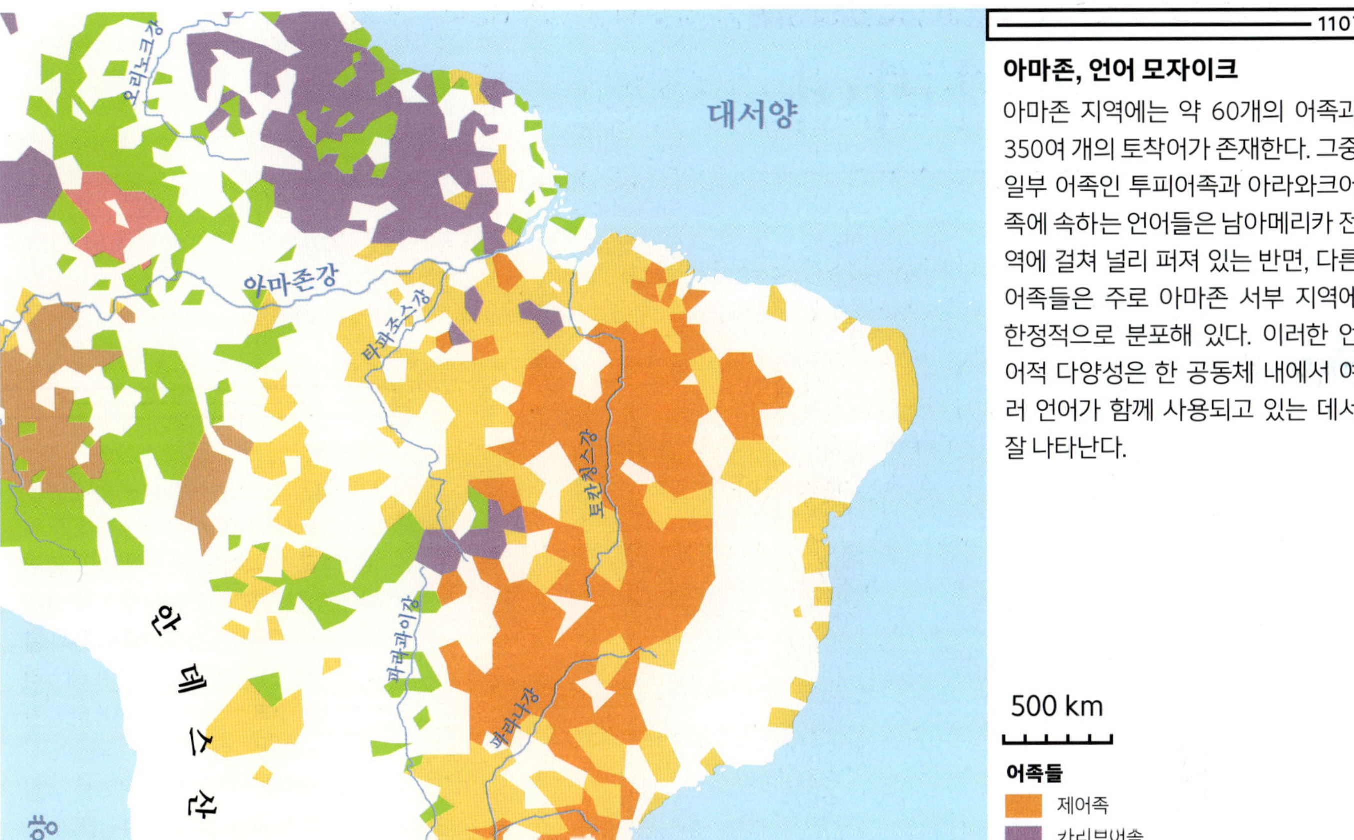

———— 1107

아마존, 언어 모자이크

아마존 지역에는 약 60개의 어족과 350여 개의 토착어가 존재한다. 그중 일부 어족인 투피어족과 아라와크어족에 속하는 언어들은 남아메리카 전역에 걸쳐 널리 퍼져 있는 반면, 다른 어족들은 주로 아마존 서부 지역에 한정적으로 분포해 있다. 이러한 언어적 다양성은 한 공동체 내에서 여러 언어가 함께 사용되고 있는 데서 잘 나타난다.

———— 1339

15세기 말의 서인도 제도

베네수엘라 해안을 떠나 카리브해를 향해하던 사람들이 정착한 서인도 제도는 1492년 유럽인들이 도착했을 당시, 다양한 아메리카 원주민 문화가 공존하는 곳이었다. 푸에르토리코와 히스파니올라섬은 여러 개의 작은 왕국 또는 족장 국가로 나뉘어 있었으며, 각각의 지역은 '카시케'라 불리는 족장이 통치하는 타이노 문명의 중심지였다. 쿠바 동부, 자메이카, 바하마, 그리고 소앤틸리스 제도 북부에는 타이노족과 긴밀한 관계를 맺고 살아가는 여러 집단이 있었다. 한편, 과들루프에서 트리니다드까지의 섬들은 식인 풍습을 가진 전사 집단으로 알려진 칼리나고족(카리브족)의 영역이었다. 또한, 쿠바 서부에는 여전히 주로 사냥과 채집을 하며 생활하던 과나하타베이족이 남아 있었다.

오스트레일리아

—————————————————— 1033

부메랑

부메랑은 오스트레일리아 원주민들이 사냥과 낚시에 사용했던 투척 무기로, 종교 의식에도 활용되었다. 일부 부메랑은 던진 후 되돌아오도록 설계되었지만, 대부분은 직선으로 멀리 날아가도록 만들어졌다. 오스트레일리아 북부 지역에서는 부메랑이 타악기로 사용되기도 했다. 한편, 유럽의 식민지 개척자들은 원주민 문화를 상징하는 이 독특한 물건을 자신들의 문화로 받아들였고, 결국 부메랑은 현대 호주의 대표적인 상징 중 하나가 되었다.

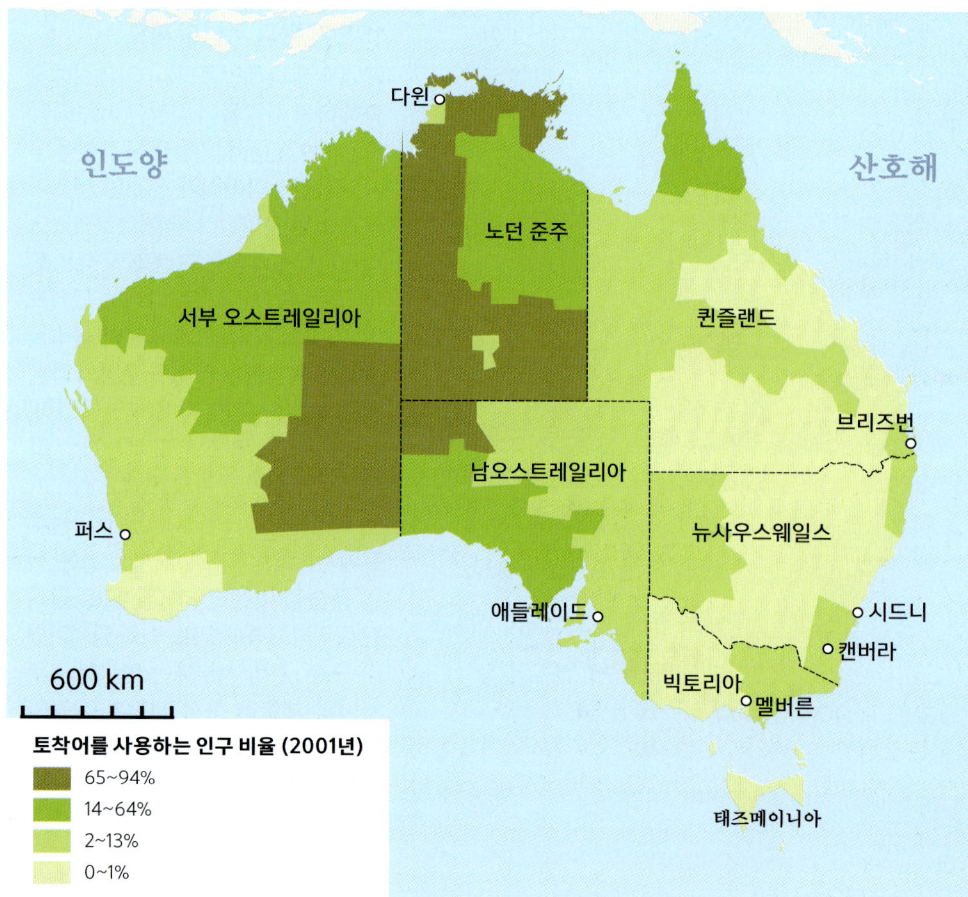

—————————————————— 1281

원주민 언어

오스트레일리아에는 300여 개의 원주민 언어가 존재하며, 그중 일부는 5만 년 이상의 오랜 역사를 지니고 있다. 이 언어들은 세계 어느 언어와도 계통적으로 연관되지 않은 독자적인 언어로 알려져 있다. 그러나 유럽의 식민 지배가 시작된 이후 강제 이주, 학교에서의 영어 교육 강요, 문화 동화 정책, 폭력과 질병 등의 영향으로 많은 원주민 언어가 사라졌다. 그럼에도 불구하고 원주민들은 자신의 언어를 지키기 위해 끊임없이 노력해 왔으며, 현재 원주민 인구의 약 10퍼센트가 여전히 150개의 언어를 사용하며 전통을 이어가고 있다. 오늘날 호주의 공공 기관들은 이러한 원주민 언어를 소중한 무형유산으로 인식하고, 이를 적극적으로 보호하며 체계적으로 관리하고 있다.

800만 제곱킬로미터 대륙의 수렵 채집민들

오스트레일리아의 토착 원주민들은 이 대륙에 처음 정착한 이후, 각 지역의 환경에 적응하며 수렵 채집 생활을 발전시켜 왔다. 특히 남동부 해안 지역은 유대류, 딩고, 새, 어류, 파충류, 곤충, 알, 견과류, 뿌리, 열매 등 자연에서 얻을 수 있는 식량 자원이 풍부해 사람들이 가장 많이 모여 살았다. 해안가에서는 조개류를 널리 활용했으며, 산림 지대에서는 캥거루와 왈라비 같은 사냥감이 서식할 수 있도록 통제된 방식의 화재를 이용해 숲을 관리하기도 했다.

오스트레일리아 원주민들은 가축을 기르지는 않았지만, 일부 지역에서는 보다 안정적인 식량 확보를 위해 작물의 씨앗을 뿌리기도 했다. 한편, 빙하기 이후 해수면 상승으로 오스트레일리아가 뉴기니와 태즈메이니아에서 지리적으로 분리되면서, 원주민 사회는 오랜 기간 외부 세계와 거의 단절된 채 살아왔다.

태평양의 항해자들

첫 번째 인구 정착 물결(기원전 5만 년에서 4만 년 사이)

마지막 빙하기 동안 드러난 땅(기원전 7만~10만 년)

6만 년 전 인류의 최대 확산

기원전 5만 년에서 4만 년 사이에 일어난 첫 번째 이주 물결

인간의 존재를 입증하는 주요 고고학적 유적지(기원전 4만 년)

아우스트로네시아 인구 확산의 추정 단계(기원전 4000년~1200년)

아우스트로네시아 인구의 기원(멜라네시아 문화의 출현)

이주 물결

기원전　기원후

아우스트로네시아 인구 확산(폴리네시아 문화의 출현)

주요 언어 지역의 경계

1263

태평양 정착(기원전 3500년~서기 1500년)

태평양 제도의 원주민들은 모두 오스트로네시아어족에 속하는 언어를 사용했다. 언어의 변화 과정은 이들의 이주 역사를 밝히는 중요한 단서가 되며, 그 기원은 기원전 4000년경의 대만까지 거슬러 올라간다. 현재 대만의 원주민들은 대부분 중국화 되었지만, 이들은 초기 오스트로네시아인의 이동을 증명하는 마지막 증인이라 할 수 있다. 오스트로네시아인들은 기원전 1만 년 초반까지 필리핀에 거주했으며, 이후 말레이 군도를 거쳐 미크로네시아와 멜라네시아로 확산되었다. 기원전 1000년경에는 피지까지 도달했으며, 여러 차례에 걸쳐 마다가스카르로 이주했다. 기원후 초기에는 카누의 발명으로 태평양 전역을 항해할 수 있게 되었고, 결국 이스터섬까지 이동할 수 있었다. 특히 폴리네시아 삼각 지대(하와이, 이스터섬, 뉴질랜드)에서는 지역 간 이주가 활발하게 이루어졌다. 아메리카 대륙에서도 고구마 재배가 확산된 점을 고려할 때 이들이 아메리카 해안까지 도달했을 가능성도 제기된다. 이처럼 오스트로네시아인들은 16세기 이전까지 인류 역사상 가장 뛰어난 항해술을 가진 민족이었다.

1160

이스터섬

파스쿠아 현지인들이 라파누이라고 부르는 이 섬은 가장 가까운 섬인 핏케언에서 2,000킬로미터 이상 떨어져 있다. 이 섬에는 약 1000년경(2세기 전후)에 사람이 살기 시작한 것으로 추정된다. 외부와 고립된 그들은 조상 숭배를 나타내는 웅장한 모아이 석상들로 유명한 독창적인 폴리네시아 문화를 발달시켰다. 그러나 1722년 부활절에 유럽인들이 도착하면서 퍼뜨린 질병들로 라파누이 주민들의 인구는 급격히 감소했다.

뉴질랜드

아오테아로아, 마오리의 땅

14세기경, 마오리족은 사람의 발길이 전혀 닿지 않았던 아오테아로아(현재의 뉴질랜드)로 이주해 살기 시작했다. 마오리 신화에 따르면, 폴리네시아계인 마오리족은 '하와이키'라는 전설적인 고향에서 카누를 타고 아오테아로아로 건너왔다고 전해진다. 하와이키는 현재의 소시에테 제도 근처에 위치한 것으로 추정된다. 마오리족이 가져온 열대 작물 중 고구마를 제외한 대부분은 아오테아로아의 온대 기후에 적응하지 못했다. 결국 그들은 현지의 자생 식물을 재배하고, 바다표범을 사냥하거나 모아 같은 날지 못하는 거대한 새들을 잡아 생활해야 했다. 마오리족은 주로 북섬에 모여 살았는데, 이는 산지인 남섬보다 북섬이 더 따뜻하고 토양이 비옥했기 때문이다. 그들은 여러 부족으로 나뉘어 있었으며, 각 부족은 경쟁 관계에 있는 족장들이 이끌었다. 마오리족의 전쟁은 단순한 무력 충돌이 아니라, 정해진 규칙과 의식을 철저히 따르는 방식으로 진행되었다.

북극권

1420

북극의 민족들

현재 북극권 지역에는 불과 몇십만 명 정도만이 거주하고 있으며 과거에도 인구 규모는 크게 다르지 않았을 것으로 추정된다. 이들 가운데 약 15만 명은 이누이트, 9만 명은 사미인, 그리고 10만 명은 '러시아 북극 소수 민족'에 속한다. 유라시아 북부에는 서로 다른 언어를 사용하는 다양한 민족들이 모자이크처럼 모여 살아가지만, 아메리카 대륙과 그린란드에는 같은 어족에 속하는 이누이트족이 거주하고 있다. 이들은 원래 남부 시베리아에서 건너왔으며, 빙하기가 끝난 뒤에야 북극 지방으로 이동해 정착할 수 있었다. 그 과정에서 이누이트족은 두 차례에 걸쳐 베링 육교를 건넜다.

아프리카

1181

남아프리카의 초기 정착

코이산족은 남아프리카에서 최소 3만 년 이상 거주해 온 가장 오래된 원주민 집단으로, 흡착음(클릭 사운드)이 특징인 언어를 사용했다. 이들은 코이코족(목축민, 유럽 식민지 시대에 '호텐톳'이라 불림)과 산족(수렵 채집민, 유럽 식민지 개척자들에 의해 '부시맨'이라 불림)으로 나뉘었으며, 북쪽에서 내려온 반투족 이주민들에 의해 점차 남쪽으로 밀려났다.

'반투족'은 반투어군에 속하는 400여 개 언어를 사용하는 종족들로, 약 5000년 전 카메룬고원에서 확산되기 시작해 남쪽과 동쪽으로 점진적으로 이동했다. 반투족의 이동 경로에 대한 해석에는 여러 의견이 있지만, 이주 과정 중 광대한 콩고 열대우림(피그미족이 거주) 때문에 이동 속도가 느려졌다는 점에는 학자들의 의견이 대체로 일치한다. 반투족의 본격적인 남아프리카로의 이주는 18세기 이전까지는 거의 이루어지지 않았다.

1069

수천 개의 언어

아프리카에는 2,000개 이상의 언어가 존재하는 데 이는 이 지역의 언어 환경이 얼마나 복잡하고 다양한지를 보여준다. 스와힐리어, 하우사어, 아랍어처럼 수천만 명이 사용하는 언어도 있지만, 대부분의 언어는 특정 지역에서 소수의 사람들만이 사용한다. 1960년대 미국 언어학자 조셉 H. 그린버그는 아프리카아시아어족, 니제르콩고어족(반투어군 포함), 나일사하라어족, 코이산어족의 네 가지 주요 어족으로 분류했다. 또한, 말라가시어(마다가스카르어)는 인도네시아인들이 섬에 정착하면서 도입된 언어로, 말레이-폴리네시아어족에 속한다. 이러한 언어 분류에는 여전히 논쟁의 여지가 있지만, 언어는 사람들의 이동과 함께 확산되고 끊임없이 변화한다는 점을 기억할 필요가 있다. 또한 이 언어 모자이크에는 식민지 시대에 유입된 유럽 언어들도 포함된다.

1296

사하라 횡단 무역

사하라에서 발견된 암각화와 벽화에는 말이 끄는 바퀴 달린 수레가 묘사되어 있다. 이를 바탕으로 연구자들은 기원전 1만 년경, 낙타가 도입되기 이전에도 사하라 사막의 동서 해안을 잇는 가상의 '전차 도로'가 존재했을 가능성을 제기했다. 그러나 실제로 사막 횡단에 바퀴 달린 운송 수단이 사용되었다는 것을 그림만으로 입증하기 어렵고, 직접적인 고고학적 증거도 발견되지 않았다. 그럼에도 불구하고 기원전 500년경, 중앙 사하라의 페잔 지역(현재의 리비아)에서 이미 사하라를 가로지르는 무역이 이루어졌다는 증거는 남아 있다.

원주민들(21세기)

다양한 부족들
1 틀링깃족
2 하이다족
3 세일리시족
4 침시안족
5 네즈 퍼스족
6 포니족
7 주니족
8 코랴크족
9 축치족
10 크로우족
11 메티스족
12 콰키우틀족
13 에벤족…

이누이트족
1 이누피아크족
2 유피크족
3 알류트족…

아타파스칸족
1 그위친족
2 슬래비족
3 사투족
4 치페위안족
5 틀리초족
6 나바호족/디네족
7 아파치족…

알곤킨족
1 크리족
2 이누족
3 미크맥족
4 아라파호족
5 샤이엔족…

수족
1 라코타족
2 다코타족…

이로쿼이족
1 오논다가족
2 모호크족
3 오네이다족
4 터스카로라족…

아프리카계 후손
1 부시넹게족
2 가리푸나족…

카리브족
1 칼리나고족…

우토아즈텍족
1 쇼쇼니족
2 코만치족
3 파이우트족
4 유트족
5 호피족
6 위촐족
7 타라후마라족
8 나우아족(250만 명)…

오스트로네시아족
1 차모로족
2 하와이 원주민
3 타히티 원주민/마오히족
4 라파누이족
5 마오리족
6 카나크족
7 토레스 해협 제도민
8 이반족
9 푸난족…

오토망게어족
1 오토미족
2 사포텍족
3 믹스텍족…

다양한 부족들
1 토토낙족
2 렌카족
3 미스키토족
4 응가베족
5 부글레족
6 쿠나족
7 엠베라족…

마야족(600만 명)
1 유카텍족
2 초촐족
3 초실족
4 라칸돈족
5 추흐족
6 키체족
7 케크치족…

다양한 부족들
1 우와족
2 과미비아노족
3 파에스족
4 슈아르족
5 아추아르족
6 사파라족
7 아샤닌카족
8 케추아족(600만 명)
9 아이마라족(200만 명)
10 치파야족
11 투피족
12 아체족
13 위치족
14 토바족
15 마푸체족(100만 명)
16 과라니족…

다양한 부족들
1 코기족/카가바족
2 마쿠시족
3 야노마미족
4 카야포족
5 남비콰라족
6 샤반테족
7 티쿠나족
8 투카노족…

캄차카
알래스카
이누이트족
아타파스칸족
누나부트
캐나다
수족
알곤킨족
이로쿼이족
미국
대서양
우토아즈텍족
오스트로네시아족
우토망게어족
아타파스칸족
멕시코
마야족
카리브 해
아마조니아
브라질
북회귀선
적도
오스트로네시아족
뉴칼레도니아
남회귀선
오스트로네시아족
뉴질랜드
태평양

세계 각지의 원주민 인구 분포　1328
북극 지역: 약 50만 명
오스트레일리아, 오세아니아 : 약 280만 명
캐나다 및 미국(북극 제외) : 약 450만 명
남아메리카 : 약 1,500만에서 3,000만 명
멕시코 및 메소-아메리카 : 약 3,000만에서 5,000만 명
아프리카 : 약 5,000만 명에서 6,000만 명
아시아 : 약 2억 6천만 명에서 3억 7천만 명

수족　자신을 원주민으로 정의하는 민족들
딩카족　인구가 100만 명 이상인 집단
삼부루족 다른 민족
자료 출처: L. 테스토

원주민이란?

원주민을 정의할 때는 한 집단이 다른 집단보다 먼저 정착했는지를 파악해야 하므로, '정착 시기'라는 문제가 제기된다. 일반적으로 원주민 또는 토착민은 외부에서 새로운 주민이 도착하기 전에 해당 지역에 살고 있던 사람들을 의미한다. 그러나 역사 속에서 종족 간 혼혈이 이루어진 경우도 많아 이 정의만으로는 원주민의 개념을 완전히 설명하기 어렵다. '원주민'이라는 개념은 식민지 시대에 처음 등장했으며 이는 정복된 지역의 첫 번째 주민들에 대한 식민 개척자들의 지배와, 그들 사이에 형성된 제도적 불평등을 반영한다. 탈식민지 시대에 들어서면서 원주민들은 자신들이 속한 국가 내에서 고유한 사회·정치적 체계를 유지하고, 독특한 문화·사회적 정체성을 주장하는 공통된 특징을 보인다. 유엔(UN)에 따르면 원주민은 전 세계 인구의 약 6퍼센트, 즉 약 5억 명에 달하는 것으로 추산된다.

3

구대륙의 네트워크

신석기 시대부터 15세기까지

기원전 4000년경 혹은 그 이전 시기, 동쪽의 일본에서부터 서쪽의 지브롤터까지 광범위한 지역의 사회들은 서로 교류하며 왕래했다. 농업과 공예 기술, 문자와 종교가 전파되었고, 사치품과 질병이 오갔으며, 때때로 노예와 정복자들도 이동했다. 이 과정에서 금과 같은 '귀금속'이 경제적 가치의 상징이 되었고, 상품 가치를 측정하는 기준이 마련되었다. 히말라야산맥과 같은 지리적 장애물에도 불구하고 지중해와 중국을 잇는 해상로와 육상의 실크로드가 개척되었으며, 인도양에서는 계절풍을 이용한 안정적인 교역이 이루어졌다. 한편, 대초원의 유목민들은 동서 문화를 잇는 중개자로 활약하며 교류를 확대했고, 때로는 권력을 장악하기도 했다. 13세기에 전성기를 맞은 몽골 제국은 14세기 흑사병 대유행으로 큰 위기를 맞았다.

문자의 탄생

원시 문자의 출현(기원전 4000년경)

표의문자와 음절문자의 세계

수메르의 그림문자에서 쐐기문자로 발전(기원전 3400년)

이집트 상형문자의 확산(기원전 3200년)

엘람의 음소문자(기원전 3100년경)

중앙아메리카의 상형문자(기원전 7세기)

한자와 그 파생 문자들(기원전 1500년경)

주요 발원지

음절문자와 알파벳의 세계

알파벳 체계의 확산 (기원전 1500년경)

우가리트 문자

원시 시나이 문자

'현대화'를 위한 로마자 표기

지역 언어를 표기하기 위해 발명된 음절문자들

문자 사용의 확장

문자의 또 다른 역사: 비문자적 기호 체계

신용 화폐

음악 기보법 작성

문자의 발명과 재발명

문자의 기원을 밝히는 일은 쉽지 않다. 현재까지 알려진 가장 오래된 문자는 메소포타미아의 수메르 설형문자와 이집트의 초기 상형문자이다. 그러나 인더스, 중앙아메리카, 중국 등에서도 각각 독자적인 문자 체계가 등장했다. 다시 말해 문자는 특정 지역에서만 발생한 것이 아니라 여러 곳에서 발전했다고 볼 수 있다. 초기 문자는 사물을 그림으로 나타내는 방식이었으며, 기호를 조합해 추상적인 개념을 표현하기도 했다. 하지만 점점 더 많은 기호가 필요해지면서 문자가 단순화되었고, 소리를 표기하는 방식이 도입되었다. 이 과정에서 문자의 수가 크게 줄었고, 결국 알파벳 체계가 널리 보급되는 계기가 되었다. 1928년, 튀르키예는 기존의 아랍 문자를 라틴 알파벳으로 바꾸는 '문자 개혁'을 단행했다.

문자는 돌, 점토, 파피루스 등에 쓰이며 무역을 활성화시키고, 시간과 공간의 한계를 넘어 소통이 가능하게 만들었다. 또한 동전이나 지폐에 새겨진 문자는 화폐 가치를 보증했고, 악보처럼 음악을 기록하는 데도 사용되었다. 문자의 탄생은 사회에 혁명적인 변화를 가져왔으며, 신화 속에서는 신들의 선물로 묘사되기도 했다. 이집트에서는 지혜의 신 토트가, 스칸디나비아 신화에서는 오딘이 문자를 만들었다고 전해진다. 반면 그리스에서는 문자를 인간과 도시의 특권으로 여겼다. 문자와는 다른 기록 체계도 존재했다. 대표적인 예로 잉카의 '키푸'가 있으며, 이는 복잡한 매듭을 이용해 숫자와 정보를 기록한 독특한 방식이었다.

중동 지역의 무역(기원전 3~1세기)

```
──────────── 1011
```

무역 교차로

신석기 시대부터 유프라테스강 일대는 흑요석, 구리, 녹니석(콜로라이트) 등으로 만든 물품이 오가는 중요한 무역로였다. 이러한 교역을 바탕으로 비옥한 초승달 지대에서는 원시 도시들이 성장했으며 금, 터키석, 청금석(라피스 라줄리) 등의 교환도 활발하게 이루어졌다. 기원전 4000년 후반, 우루크에서 문화적 도약이 가능했던 것도 이와 같은 무역의 발달 덕분이었다.

기원전 3000년대 초반, 이 지역의 독립적인 도시국가들은 공통 문자였던 설형문자를 사용하며 긴밀한 네트워크를 형성했다. 이를 통해 귀족들이 선호하는 고급 물품과 귀중품이 육로와 해로를 통해 활발히 거래되었으며 섬유나 농산물과 교환되었다. 기원전 2500년경 키시와 우르의 고분군에는 코카서스, 파키스탄, 페르시아만 등지에서 온 귀중한 유물들이 다수 발견되었다.

카스피해
옥시안호
(아랄해)
키질쿰 사막
시르다리야강
카라쿰 사막
아무다리야강
호젠트
알타이산맥
호라산산맥
엘브루스산맥
바타나
카비르 사막
하리루드강
쇼르투가이
Ét
힌두쿠시산맥
카라코람
데호세인
산맥
사
이란고원
카불강
엘람
쿠헤루드산맥
루트 사막
라비강
안샨
펀자브
파르스
마라게
레기스탄 사막
지로프트
헬만드강
수틀레지강
발루치스탄 사막
모헨조다로
타르 사막
페르시아만
밤푸르
타루트
딜문
Cu
마간
멜루하
Or
아라비아해
400 km
룹알할리 사막

충적 평야   숲   사막   메소포타미아
현대 해안선   직물 생산
주요 원료 채취 지역   염화마그네슘으로 만든 화병과 식기류
광물   카넬리안으로 만든 진주 장신구
라피스 라줄리   카넬리안   교역로
터키석   흑요석   염화마그네슘   육로
금속   해로
Cu 구리   Et 주석   Or 금   메소포타미아 상인들의
기타   활동 지역
목재   향   진주   상아

청동기 시대, 철기 시대

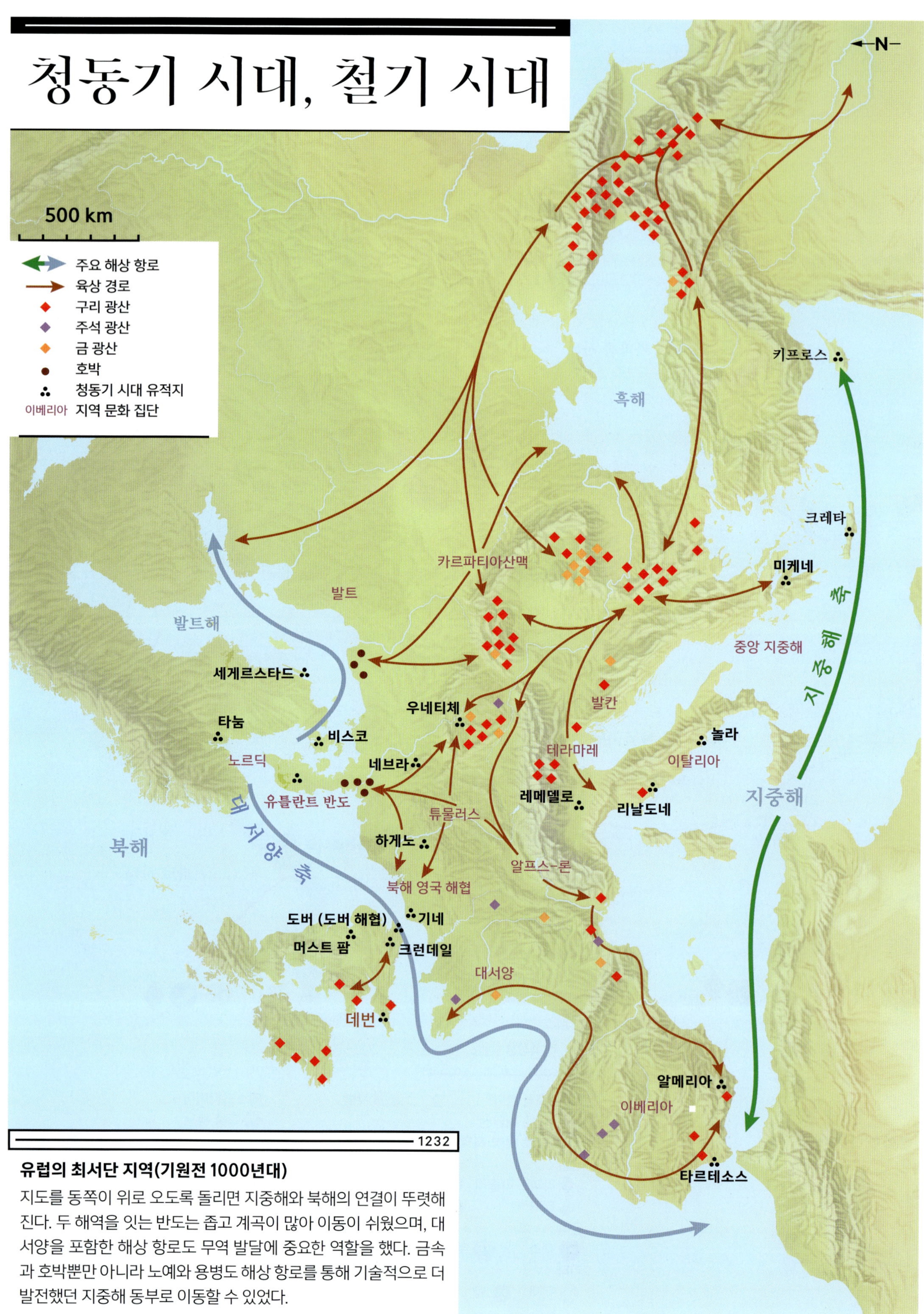

유럽의 최서단 지역(기원전 1000년대)

지도를 동쪽이 위로 오도록 돌리면 지중해와 북해의 연결이 뚜렷해진다. 두 해역을 잇는 반도는 좁고 계곡이 많아 이동이 쉬웠으며, 대서양을 포함한 해상 항로도 무역 발달에 중요한 역할을 했다. 금속과 호박뿐만 아니라 노예와 용병도 해상 항로를 통해 기술적으로 더 발전했던 지중해 동부로 이동할 수 있었다.

켈트족, 자율적인 문화 세계 (기원전 12세기~서기 1세기)

엄밀히 말해 '켈트족'이라는 단일 민족은 존재하지 않았지만, 청동기 시대 중반(기원전 2000년대 후반)부터 로마 제국 시대까지, 지중해 북부 전역에서 켈트 문화를 쉽게 찾아볼 수 있다. '켈트'는 그리스어 '켈토이(Κελτοί, Keltoi)'에서 유래했으며, 밀레투스의 헤카테우스나 헤로도토스와 같은 그리스 역사가들이 마르세유 북쪽 지역의 민족을 지칭하는 데 처음 사용했다. 이후 로마인들은 그들을 갈리아인, 그리스인들은 갈라티아인이라 불렀다.

켈트 문화는 현재의 남부 독일과 보헤미아부터 부르고뉴에 이르는 지역에서 시작되었으며, 이는 할슈타트 문화(기원전 1200년~500년)와 일치한다. 당시 권력은 오피둠이라 불리는 요새 도시를 중심으로 독립적이고 자치적인 성격을 띠었다. 켈트 문화는 주로 서쪽으로 전파되어 갈리아, 이베리아반도(셀티베리아인 형성), 영국 제도 전역으로 퍼졌지만, 다뉴브강 유역 등 동쪽 지역에는 비교적 적은 영향을 미쳤다.

켈트인의 침략과 약탈은 피해 민족의 문헌에 기록되어 있다. 대표적으로 기원전 390년(혹은 387년) 로마 약탈과 기원전 279년의 델피 약탈이 있다. 기원전 278년에는 한 무리의 켈트족이 헬레스폰트 해협을 건너 소아시아 중심부에 갈라티아를 세웠지만, 이후 현지인인 프리기아인과 그리스인들과 융합되었다.

페니키아인(기원전 1000년)

페니키아 문명의 중심지

상업 도시들의 힘

페니키아인들은 자신들에 대한 기록을 거의 남기지 않았다. 이들에 대한 가장 오래된 언급은 기원전 4000년대 이집트 문헌에서 '비블로스'라는 이름으로 등장한다. 그러나 페니키아인을 역사 속에 부각시킨 것은 그리스인들이었다. 호메로스는 그들을 '포이닉스(자줏빛)'라고 불렀는데, 이는 지중해 연안에서 흔한 뮤렉스 조개에서 추출한 보라색 염료에서 유래한 이름이다. 페니키아의 도시를 그림으로 남긴 것도 그리스인들이었다.

페니키아인들은 바다와 산이 만나는 레반트 해안의 좁은 지역(약 600킬로미터)에 아르와드, 비블로스, 시돈, 티레 같은 도시국가를 형성했다. 이들은 서부 셈족어(가나안어와 유사)를 사용했으며, 뛰어난 항해술과 상업 활동을 바탕으로 사치품 등을 메소포타미아 등지로 수출했다. 또한 바알과 같은 신들을 숭배했다. 기원전 2000년대 말에는 이집트의 표음문자를 받아들였으며, 이후 그리스인들도 이를 차용해 페니키아 문자의 기원을 인정했다. 기원전 1000년대 초에는 지중해 전역에 수십 개의 무역 거점을 세우며 세력을 확장했으며, 기원전 814년에는 카르타고를 건설했다. 일부에서는 이를 '해상제국'이라 부르지만, 실제로 단일 국가나 조직된 해상제국은 존재하지 않았으며 어떠한 소속감도 없었다. 페니키아의 주요 도시였던 티레는 기원전 8세기 아시리아 제국의 지배를 받았으며, 기원전 332년에는 알렉산더 대왕에게 정복당했다.

카르타고(기원전 814~146년)

무역 거점에서 지중해 강국으로

카르타고는 기원전 814년경 페니키아의 티레에서 온 사람들이 세운 도시로, 페니키아어로 '새로운 도시'를 뜻한다. 이곳은 이베리아반도와 북아프리카를 잇는 무역로의 핵심 거점이었을 가능성이 크다. 신화에 따르면 카르타고는 티레의 왕 피그말리온의 여동생이 세웠다고 전해진다. 그녀는 현지 왕에게 '황소 한 마리의 가죽으로 덮을 수 있는 땅'을 사겠다고 한 뒤, 황소 가죽을 아주 얇게 잘라 넓은 지역을 차지했다고 전해진다.

　카르타고는 처음에는 티레에 충성했지만, 점차 독립된 도시로 성장하여 정치, 상업적으로 강국이 되었다. 이 '제국'은 특히 독특한 포에니 문화를 형성하며 지중해 서부, 북아프리카, 시칠리아, 사르데냐, 그리고 이베리아반도에 이르기까지 이르기까지 여러 교역 거점을 장악했다. 하밀카르(기원전 290년 ~228년)와 그의 아들 한니발(기원전 247년~183년 또는 181년) 시대에 카르타고는 로마를 위협할 만큼 강성해졌다. 그러나 로마와의 세 차례에 걸친 포에니 전쟁 끝에 기원전 146년 멸망하고 말았다. 그럼에도 불구하고 포에니 문화는 완전히 사라지지 않았으며, 서기 4세기까지 누미디아 지역에서 포에니어가 사용되었다.

일리리아인
다뉴브강
트라키아인
흑해
금, 목재
압데라
타렌트
메토네
에게해
크로톤
로크리스
코린토스
아테네
에페소스
스파르타
이오니아해
와인, 기름, 무기
대리석, 용병
크레타
페르시아 제국
아케메네스 왕조
살라미스
구리
키프로스
아르와드
비블로스
베이루트
시돈
티레
지중해
키레네
바르케
나우크라티스
알렉산드리아
밀, 파피루스
홍해
500 km
기원전 5세기 지중해의 페니키아인
페니키아 문명의 요람
기원전 9세기 페니키아의 대도시
기원전 5세기 카르타고 영토
카르타고 지배하의 페니키아 교역소
해상 항로
밀 수출 제품
기타 강국(기원전 6세기~5세기)
그리스와 그리스 식민지
아케메네스 페르시아 제국
에트루리아

그리스 디아스포라(기원전 8~6세기)

고대 그리스의 이주와 도시 건설

기원전 8세기부터 3세기까지, 고대 그리스인들은 페니키아인들처럼 고향을 떠나 '아포이키아'라는 새로운 정착지를 세웠다. 그 배경에는 인구 증가로 인한 농경지 부족, 장자 상속에 따른 법적 문제, 기후 변화, 지역 갈등 등이 있었다. 더불어 서부 지중해와 흑해 지역을 포함한 레반트 주변과의 경제 네트워크 확장도 중요한 이유였다. 이들은 원자재 중에서도 금속, 정착지 주민 생계용 식량, 노예와 용병의 노동력 등을 확보하기 위해 이주했다.

정착지가 늘어나면서 마르세유, 로데와 같은 항구 도시들이 내륙 교역로의 거점으로 성장했다. 이를 통해 동방의 직물, 도자기, 포도주, 금속 제품과 그리스 본토의 물품이 활발히 거래되었다. 정착지 개척은 두 단계로 이루어졌다. 첫 번째 단계(기원전 8세기 중반~7세기 중반)에서는 에우보이아, 메가라, 코린트, 아카이야에서 시작해 시칠리아와 이탈리아 남부까지 확장되었다. 두 번째 단계에서는 에게해 북부와 흑해 지역으로 진출하며, 기존 정착지에서 더 서쪽으로 퍼져나갔다. 일부 역사가들은 이를 '식민화'라고 부르지만, 다른 연구자들은 후대 로마의 개념에서 비롯된 시대착오적 용어로 비판한다. 이들은 이를 단순한 식민 활동이 아니라, 본토보다 더 크고 발전한 자치적인 그리스의 도시를 세우기 위한 그리스인의 확산(디아스포라) 현상으로 해석했다.

기원전 1800년
크레타섬의 첫 번째 미노아 궁전 건설.

기원전 1600~1150년
미케네 문명. '선형문자 B'라 불리는 음절 문자의 발명. 궁전을 중심으로 정치 조직 구성.

기원전 1200~1100년
미케네 궁전의 멸망. '바다의 민족'들의 이동으로 서부 지중해에 큰 피해 발생.

기원전 9~8세기
'암흑기'. 문자와 석조 건축물의 소실.

기원전 8~6세기
고대 시대. 도시국가 중심의 정치 조직, 식민지 건설.

기원전 776년
최초의 '올림픽 경기' 개최.

기원전 760년경
호메로스의 시.

기원전 5~4세기
고전 시대. 아테네의 민주적 제도.

기원전 490년
마라톤 전투에서 페르시아를 상대로 그리스의 승리. 제1차 페르시아 전쟁 종결.

기원전 481~479년
제2차 페르시아 전쟁 중 그리스의 승리. 살라미스, 플라타이아, 미칼레곶에서 페르시아 군을 격파.

기원전 447년
파르테논 신전 건축 시작.

기원전 443~429년
페리클레스는 아테네에서 전략가로 재선출. 아테네 민주주의의 전성기.

기원전 431~404년
펠로폰네소스 전쟁. 아이고스 포타모스 전투에서 스파르타가 아테네를 상대로 승리(405년).

기원전 399년
소크라테스 사망.

지중해의 지정학(기원전 3세기)

로마, 카르타고 그리고 헬레니즘 동방

기원전 3세기 말, 지중해 동서 지역은 경제적으로 연결되어 있었지만, 정치적으로는 분열되어 있었다. 동쪽에서는 알렉산더 대왕의 제국이 해체된 이후 등장한 세 왕국이 끊임없는 충돌 속에서도 세력 균형을 유지했다. 그중 셀레우코스 왕조는 시리아 전역에서 우위를 점했지만, 소아시아의 영토를 상실했다. 서쪽에서는 남북 간 대결이 이어졌다. 제1, 2차 포에니 전쟁에서 로마는 카르타고와 맞섰으며, 특히 한니발이 이끈 제2차 포에니 전쟁(기원전 218~201년)에서는 큰 위협을 받았다. 이후 로마는 동쪽으로 세력을 확장하며 일리리아와 에페이로스를 점령하고, 셀레우코스 왕국의 위협을 받던 페르가몬 왕국을 지원했다. 결국, 기원전 189년 로마는 안티오쿠스 3세를 물리치고 지중해 동부의 강국이 되었다.

500 km

분열된 헬레니즘 동방
마케도니아 왕국
프톨레마이오스 왕국
셀레우코스 왕조
페르가몬 왕국
(기원전 240년부터)
그리스 도시 및 연맹
자유 그리스 도시
프톨레마이오스의 승리
로마인들
로마 영역
로마의 승리
정복
카르타고인들
카르타고 영역
카르타고의 승리
로마-카르타고 대결
제1차 포에니 전쟁
(기원전 264년~241년)
제1차 포에니 전쟁 이후 로마가
획득한 영토
제2차 포에니 전쟁
(기원전 218년~201년)
한니발의 원정
로마의 반격
마케도니아의 필리프 5세의
한니발 지원 시도
제2차 포에니 전쟁 후 로마가
획득한 영토

사르마티아인
스키타이인
드니프로강
올비아
타나이스
튀라스
다키아인
다뉴브강
판타카파이온
코카서스산맥
케르소네소스
칼라티스
켈트족
흑해
일리리아인
시노페
일리리아
트라키아
헤라클레아
펠라
비잔티움
마케도니아 왕국
케라소스
트라브존
에게해
페르가몬
갈라티아인
에피루스
레스보스
키오스
기원전 190년 마그네시아 전투
폰투스
델피
키질이르마크강
코린토스
아테네
에페소스
프리기아
카파도키아
스파르타
카리아
타르수스
셀레우코스 왕국
기원전 210년
로도스
리키아
로도스
키프로스
안티오키아
유프라테스강
크레타
팔미라
티그리스강
베리토스
시리아
지중해
시돈
다마스쿠스
키레네
티레
프톨레마이스
키레나이카
알렉산드리아
기원전 217년 라피아
부바스티스
이집트
멤피스
리비아 사막
프톨레마이오스 왕국
아라비아 사막
코프토스
나일강
홍해

알렉산더(기원전 336~323년)

1415

마케도니아에서 제국으로

마케도니아 왕 필리포스 2세(기원전 359년~336년)는 아들 알렉산더 대왕이 영토를 확장할 수 있도록 정치적, 군사적 기반을 마련했다. 마케도니아식 팔랑크스(중장보병대)를 핵심으로 군대를 개혁하고, 영토를 세 배 가까이 넓혔다. 기원전 338년 카이로네이아 전투에서 승리한 후 코린트 동맹을 결성하고, 그리스 도시국가들을 지배했다.

기원전 336년 필리포스 2세가 암살당한 뒤 왕위에 오른 알렉산더는 기원전 334년부터 10년간 페르시아를 상대로 정복 전쟁을 벌였다. 그는 그라니쿠스 전투(기원전 334년)에서 페르시아 군을 격파하고, 이수스 전투(기원전 333년)에서 다리우스 3세를 물리친 후 페니키아와 이집트를 점령하고, 파라오로 추대되었다. 이후 기원전 331년 메소포타미아로 진격해 가우가멜라 전투에서 승리하며 페르시아를 완전히 장악했다. 기원전 329년에는 중앙아시아(박트리아와 소그디아나)로, 기원전 326년에는 인더스 계곡으로 진출해 히다스페스강 전투에서 인도 왕 포로스를 물리쳤다. 그러나 병사들이 더 이상의 진군을 거부하자 알렉산더는 귀환을 결정했고, 기원전 323년 바빌론에서 사망했다. 알렉산더 사망 이후 그의 거대한 제국은 헬레니즘 문명을 기반으로 알렉산드리아 도시들로 이루어진 거대 세계로 재편되었으며, 장군들(디아도코이)에 의해 여러 왕국으로 분할되었다. 각 왕국들은 경쟁 속에서도 정복한 영토에서의 정치, 문화, 경제적 지배권을 그리스인들에게 보장했다. 알렉산더의 유산은 동서양에 걸쳐 큰 영향을 미쳤으며, 이는 아프리카 그리오(이야기꾼)들의 전승과 자바 공국의 역사 기록에서도 '이스칸데르', '두알카르나인', '줄라 카라나이니' 등의 이름으로 남아 있다.

서기 초기, 중동의 교차로

비잔티움
카파도키아 왕국
아르메니아 왕국
카스피해
아테네
에페소스
에데사
에크바타나
메소포타미아
유프라테스강
티그리스강
셀레우키아
안티오키아
파르티C
베이루트
팔미라
크테시폰
로마로 향하는 길
로마 제국
다마스쿠스
셀레우키아
수사
지중해
바빌론
예루살렘
가자
페르세폴리
스파시누-카라크스
아폴로고스
알렉산드리아
페트라
헤론폴리스
(수에즈)
아일라
(아카바)
나바테아 왕국
아라비아
페르시아만
아라도스 (바레인)
게라
미오스
호르모스
레우케 코메
아라비아
테베
나일강
야스리브 (메디나)
사하라 사막
베레니케
마하라카
메카
메로에 왕국
케르마
홍해
나파타
누리
아우알리테스 (제일라)
프톨레마이스 테론
나즈란
500 km
엘-하사
메로에
사바
히미야르 왕국
키슈
무웨이스
나가
자파르
케인
아둘리스
악숨 왕국
무자 (알-무카)
세나트
악숨
아덴
모실
아트바라강
다나킬 사막
바브 엘 만데브 해협
청나일강
백나일강

육지 무역로
해상 무역로
계절풍 경로
진주 무역항구
기타 항구
해적 활동 지역
로마의 행복한 아라비아로의 원정
(기원전 25년)
메로에 도시

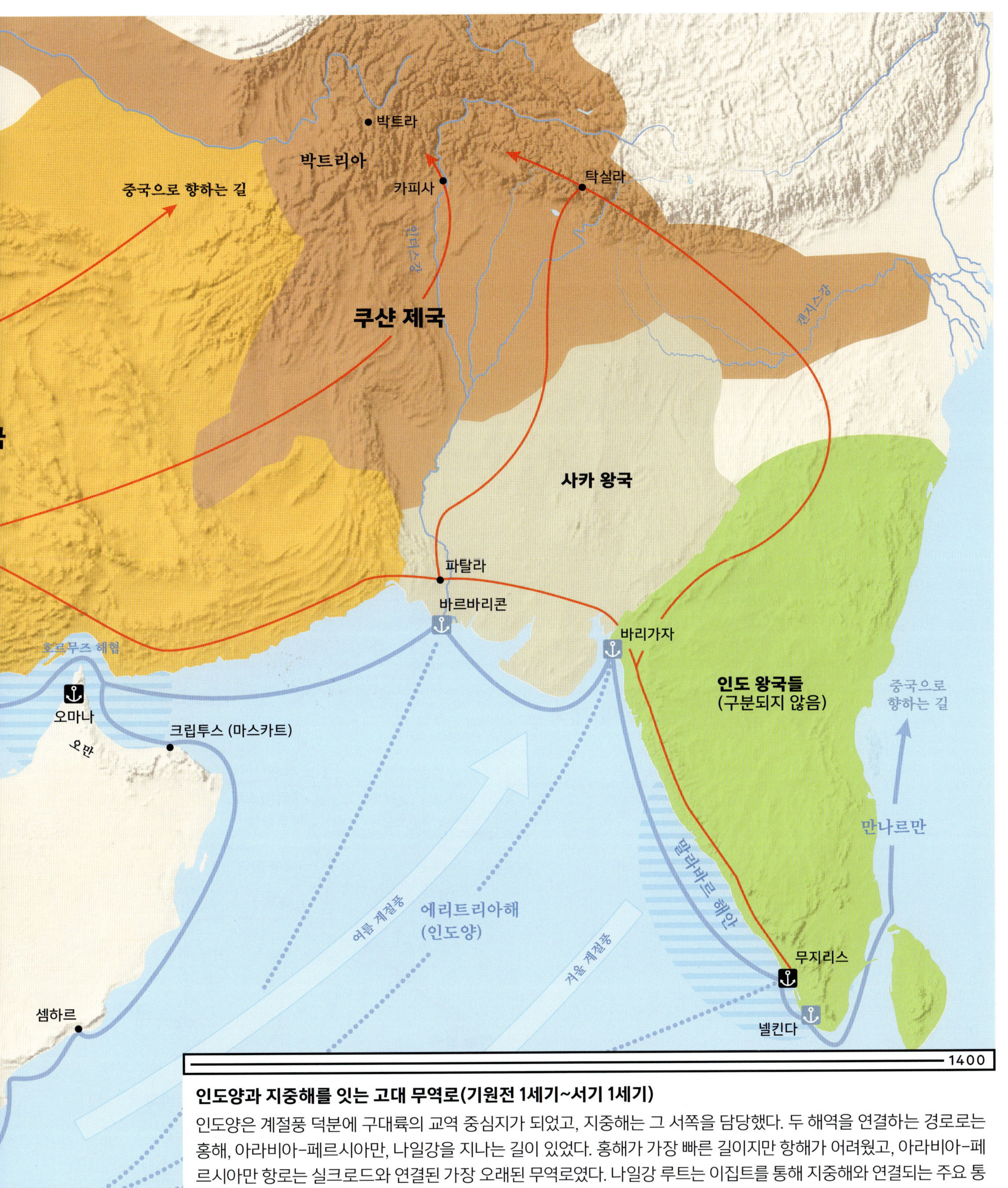

인도양과 지중해를 잇는 고대 무역로(기원전 1세기~서기 1세기)

인도양은 계절풍 덕분에 구대륙의 교역 중심지가 되었고, 지중해는 그 서쪽을 담당했다. 두 해역을 연결하는 경로로는 홍해, 아라비아-페르시아만, 나일강을 지나는 길이 있었다. 홍해가 가장 빠른 길이지만 항해가 어려웠고, 아라비아-페르시아만 항로는 실크로드와 연결된 가장 오래된 무역로였다. 나일강 루트는 이집트를 통해 지중해와 연결되는 주요 통로로 에티오피아나 홍해 연안의 다른 지점에서 연결되었다. 단봉낙타가 널리 활용되면서 대상 교역로가 아라비아반도를 횡단할 수 있었고, 1세기 초에는 인도뿐만 아니라 중국으로 향하는 해상 무역로도 활성화되었다. 이와 함께 중개 무역 세력의 성장으로 팔미라가 무역 중심지로 떠올라 페트라를 대체하기 시작했다. 현재 예멘 지역에 해당하는 히미야르 왕국은 사바와 하드라마우트 등 주변국과 경쟁하며 성장했고, 훗날 이들을 통합하여 홍해와 대상 무역로를 지배함과 동시에 악숨 왕국과 경쟁했다. 사막이 자연적인 보호막 역할을 한 덕분에 히미야르는 로마의 영향에서 벗어날 수 있었고, 기원전 25년 로마 장군 아일리우스 갈루스의 원정은 결국 실패로 돌아갔다. 한편, 진주 생산지로 유명해진 아라비아-페르시아만은 오마나 중심으로 활발한 교역이 이루어졌다.

서기 초 구대륙의 축

색슨족
게르만족
고트족
쾰른
트리어
작물, 와인
유리 공예, 금속
리옹
예술품
나르본
아를
만토바
아퀼레이아
카르눈툼
타라고나
라벤나
카디스
호박
목재
가죽
노예
모피
노예
꿀
곡물
훈족
알란족
월지족
곡물
로마
포추올리
나폴리
비미나키움
카르타고
브린디시
게툴리족
시라쿠사
아테네
비잔티움
흑해
(폰토스 엑시누스)
카스피해
지중해
페이시스 (포티)
에페소스
트라브존
아르메니아 왕국
로마 제국
리넨
렙티스 마그나
안티오키아
에크바타나
(하마단)
헤카톰필로스
(카루드)
로도스
엔코미
양모
팔미라
티레
두라-유로포스
크테시폰
리노콜루라(피낙)
다마스쿠스
알렉산드리아
예루살렘
볼로게시아
수사
파르티아
제국
헤론폴리스(수에즈)
페트라
나바테아 왕국
스파시누-
카라크스
아폴로고스
페르세폴
리넨
아일라
헤그라
가라만테스족
콥토스(쿠프트)
미오스 호르모스
향료, 향수
게라
오마나
레우케 코메
오만
베레니케
아라비아
악숨 왕국
유향, 몰약
사바 왕국
모샤
나일강
악숨
히미야르 왕국
케인
아둘리스
악숨 왕국
무자
소코트라
아덴
향신료의 곶
상아
야생동물
아우알리테스
오퐁
가죽
노예
몰약
유향
향료
500 km

로마 제국
파르티아 제국
쿠샨 제국
한 제국
침입
고트족 주변 민족
흉노 초원 지대
육로
해상 항로
항구
인디고 생산품
만리장성
만리장성의 연장

1273
서기 200년, 중국에서 로마까지 연결된 세계
중국해에서 지중해에 이르는 지역은 신석기 시대부터 인구 밀집 지역으로 전 인류의 3분의 2가 거주했다. 2세기에는 중국, 인도 북부, 이란고원, 지중해를 중심으로 등장한 대제국들이 북쪽의 유목민과 초원 민족, 기동성이 뛰어난 대상 무역 집단과 대립했다. 남쪽에서는 나일강 상류부터 데칸고원, 인도네시아까지 인도양을 따라 작은 공동체들이 교역망을 이루었다. 서기 초기에 중국과 로마는 각각 동서 교역의 양끝을 차지하며 육상의 실크로드와 해상의 향신료 무역로를 통해 간접적으로 연결되었다. 이러한 초기 형태의 '세계화'로 인해 금속, 보석과 진주, 비단과 면직물, 향료와 향수, 설탕 등의 희귀하고 값비싼 상품들이 활발히 거래되었다.
시안베이
일본인
평양
한국인
흉노족
황해
린쯔
구아우
알타이
발카시호
훈족
말 가죽
카 자 흐 스 텝
텐산산맥
보호령
쿠차
뤄양
아랄해
장안
타슈켄트
악숨
타림
타클라마칸 사막
비단
구리
사마르칸트
카슈가르
치앙
한 제국
호탄
티베트
남해 (광저우)
베르브
박트리아
라피스 라줄리
주석
박트리아
파미르고원
히말라야산맥
베그람
카불
카티가라
탁실라
남중국해
흰두쿠시 산맥
인디고
파탈리푸트라 (파트나)
사탕수수
쿠산 제국
갠지스강
마가다
인더스강
푸난
서부 사트라피
탐랄립티
구 부아
바르바리쿰
칼링가
옥 서
팔루르
뱅골만
지옹 카 보
면화
바리가자 (바로치)
티말라
안드라
진주
오만해
칼리안
마살리아
코끼리
면화
인도양
다이아몬드
소파트마
타쿠아파
보석
타밀 왕국
포두케 (폰디셰리)
아리카메두
케다
말라카반도
향료
산달
향신료
무지리스
타프로바네 (스리랑카)
넬킨다
아누라다푸라
향신료
진주
거북
향신료
주석

실크로드 (6~8세기)

콘스탄티노플
비잔티움 제국
흑해
코카서스산맥
모피
곡물
아스트라한
오구즈
지르마리야강
말하시호
칼루크
카라쿰 사막
751 탈라스
텐산산맥
쿠차
안티오키아
유프라테스강
소그디아나
타슈켄트
페르가나
다마스쿠스
티그리스강
카스피해
부하라
사마르칸트
카슈가르
곡물
크테시폰
메르브
발흐
야르칸드
타클라마칸 사막
하마단
자그로스산맥
카비르 사막
박트리아
호탄
칼리프 우마이야드
(그 후 아바스)
이스파한
헤라트
힌두쿠시산맥
카불
카라코룸산맥
은, 유리
쿤룬산맥
아라비아
케르만
루트 사막
히
말
발루치스탄
타르 사막
갠지스강
홍해
아라비아해
인도양
500 km

6세기부터 8세기까지의 아시아
580년 고아시아의 투르크 제국
당나라(618년~907년) 시대의 중국 제국
중국이 정복한 영토
중국의 보호령
티베트 왕국
7세기 중반의 우마이야드
우마이야드에 의해 정복한 영토(8세기 초)

육상 무역로
교역로
오아시스
사막
비단 수출 제품
키르기스 유목 튀르크족
이슬람 제국
(그리고 그들의 티베트 동맹)이
중국에 승리

———— 1044

구대륙 육로 네트워크, 실크로드(8세기)

'실크로드'라는 용어는 19세기 독일 지리학자 페르디난트 폰 리히트호펜이 처음 사용했다. 이 무역로는 중국 장안(현재의 시안)에서 중앙아시아를 거쳐 시리아 안티오키아까지 이어졌다. 기원전 2세기, 한나라 장군 장건이 개척했다고 알려졌지만, 이미 한나라와 로마 이전부터 존재한 경로였다. '옥의 길'로도 불리는 이 길은 기원전 3000년경 말과 낙타가 길들여지면서 생겨났고, 이후 제국들의 보호 아래 발전했다.

중국은 타클라마칸 사막에 중개 요새를 세워 서쪽으로 영향력을 확대하려 했으나, 텐산산맥을 넘어 중앙아시아로 이어지는 페르가나 계곡을 영원히 통제하지는 못했다. 751년 탈라스 전투에서 중국이 이슬람 제국에 패배하며 그 한계가 드러났고, 13세기에 몽골 제국이 실크로드 전역을 장악하면서 안정적인 통제가 가능해졌다.

이 무역로를 따라 동쪽에서 서쪽으로 비단, 종이, 도자기, 옥이 이동했고, 서쪽에서 동쪽으로는 금속, 유리, 리넨, 양모, 귀금속이 오갔다. 이를 통해 사마르칸트 같은 도시들이 크게 부흥했다. 카라반세라이 조직의 보호 덕분에 실크로드는 오랫동안 유지되었으나, 15세기 이후 해상 무역로가 활성화되면서 육상 교역로의 중요성은 점차 감소했다.

불교와 유교의 전파

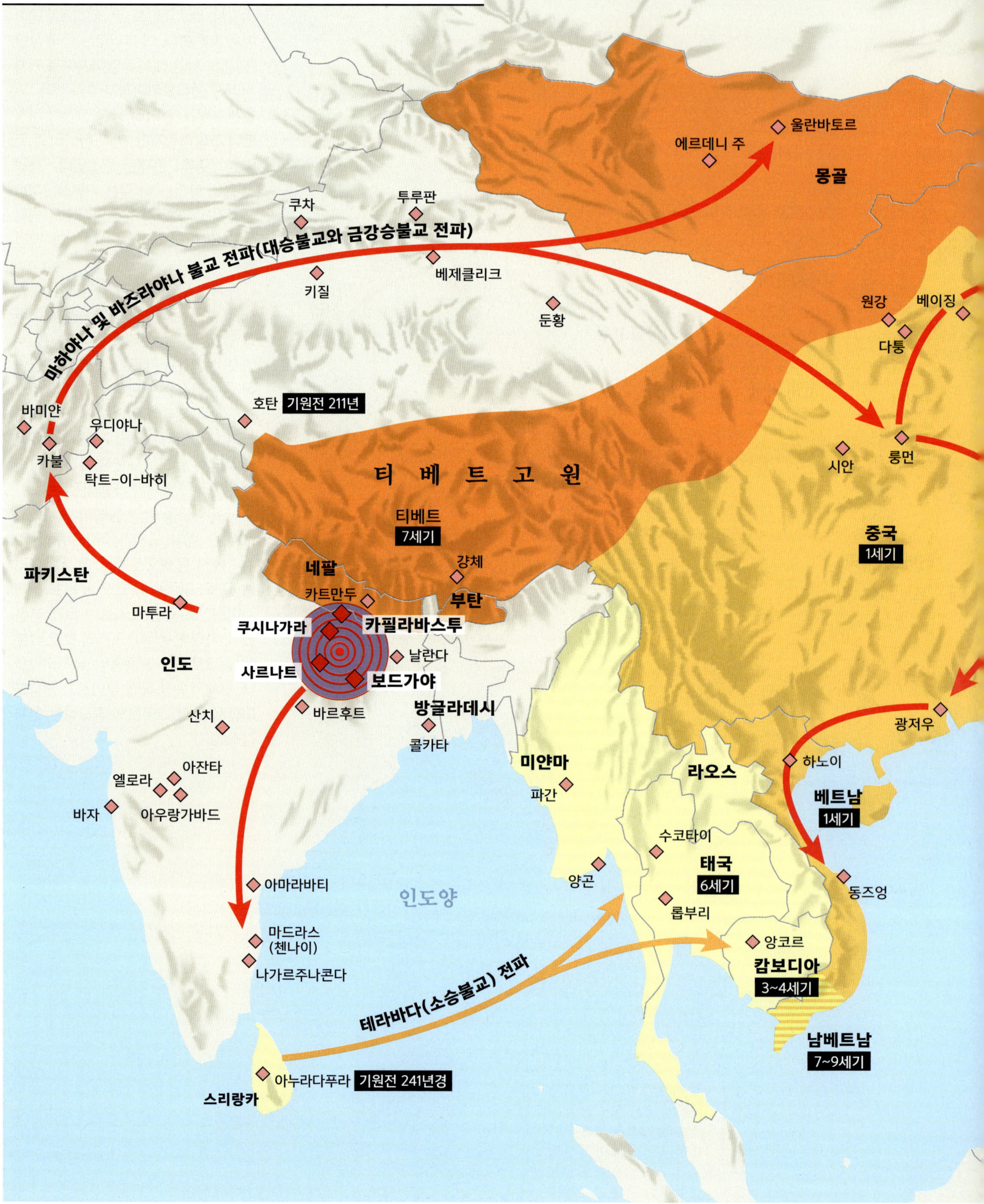
울란바토르
에르데니 주
몽골
쿠차
투루판
마하야나 및 바즈라야나 불교 전파(대승불교와 금강승불교 전파)
베제클리크
키질
둔황
원강
베이징
다퉁
바미얀
호탄 기원전 211년
우디야나
카불
탁트-이-바히
티베트고원
시안
룽먼
티베트
7세기
중국
1세기
파키스탄
강체
네팔
카트만두
부탄
마투라
쿠시나가라
카필라바스투
날란다
인도
사르나트
보드가야
바르후트
방글라데시
산치
콜카타
광저우
미얀마
라오스
하노이
아잔타
엘로라
파간
베트남
1세기
바자
아우랑가바드
수코타이
태국
6세기
양곤
동즈엉
아마라바티
인도양
롭부리
마드라스
(첸나이)
앙코르
나가르주나콘다
캄보디아
3~4세기
테라바다(소승불교) 전파
남베트남
7~9세기
아누라다푸라 기원전 241년경
스리랑카

한 왕조 p.112
인도 북부의 제국들 p.116
이탈리아, 유럽의 영향 p.284

─── 1344

불교와 유교의 전파 경로

불교는 기원전 6~5세기 고타마 싯다르타(석가모니, 깨달은 자)의 가르침에서 시작되었다. 그는 갠지스강 유역에서 유랑하며 수행 승려 공동체를 만들었다고 전해진다. 불교 문헌은 기원전 3세기부터 알려졌으며, 특히 아소카 대왕이 불교를 장려하면서 널리 퍼졌다. 이후 불교는 동아시아 전역으로 널리 퍼져 나갔지만 정작 발원지인 인도에서는 점차 쇠퇴했다. 대승불교(마하야나)는 실크로드를 따라 중국으로 전파된 후 한국과 일본으로 확산되었고, 초기 불교에 더 근접한 상좌부 불교(테라바다)는 스리랑카에서 출발하여 동남아시아로 퍼졌다. 유교는 공자가 '춘추 시대'에 정립했으나, 한나라(기원전 206~220년) 때 중국의 중심 사상이 되었다. 이후 베트남, 한국, 일본으로 빠르게 전파되었다.

유대인 공동체(1~16세기)

유대인의 디아스포라, 끊임없는 추방과 박해

1세기부터 지중해 주변에 유대인 공동체가 형성되었다. 4세기 로마 제국이 기독교를 국교로 삼자, 유대인들은 박해를 피해 서쪽으로 이동했으며, 카롤링거 시대에는 유대인 수가 증가했다. 1096년 십자군 전쟁 이후 서유럽에서 유대인 학살이 벌어지자 유대인들은 다시 동쪽으로 이동했다. 13세기 서유럽 군주들이 추방령을 내리면서 유대인들의 이동이 가속화되었고, 이 시기 폴란드에 유대인 공동체가 정착하기 시작했다. 그로부터 100년 후인 1348년에는 많은 유대인이 흑사병과 연이은 유대인 학살 때문에 인구가 적은 폴란드와 리투아니아로 피신했다. 1492년, 스페인의 가톨릭 군주들이 그라나다를 점령한 후 유대인들을 추방하자, 이들은 마그레브와 오스만 제국으로 이동해 세파르디 유대인 공동체를 세웠다. 이러한 디아스포라 과정에서 유대인들은 고대부터 지중해에 살고 있던 유대인 공동체와 섞이게 되었다.

66~73년
제1차 유대-로마 전쟁: 유대인들이
로마 제국에 대항하여 봉기했다.
70년에는 티투스의 군대가
예루살렘을 포위하고 파괴했다.

212년
카라칼라의 칙령 유대인을 포함하여
로마 제국의 자유민들에게 로마
시민권을 부여했다. 그러나 418
년에는 라벤나의 제국 관료들이
유대인에게 행정 및 군사 직무를
금지했다.

612~621년
서고트 왕 세세부트의 스페인 통치:
스페인의 유대인에 대한 여러 가지
조치를 강화하고 개종을 강요했다.

1012년
하인리히 2세: 마인츠에서 유대이을
추방한다. 1096년부터 교황
우르바노 2세의 호소에 따라 민중
십자군 전쟁이 진행되는 동안 수천
명의 유대인, 특히 독일인이 대량
학살당했다.

1290년
에드워드 1세: 영국과 아키텐의
유대인들을 추방하는 칙령을
발표했다. 이후 유럽 전역에서
유사한 조치가 이어졌다.

1391년 6월 4일
세비야에서 시작된 대학살과 강제
개종: 세비야에서 일련의 대학살과
강제 개종이 시작되어 이베리아반도
전역에서 계속되었다. 1492년에는
스페인의 유대인들이 추방되었다.

1516년
베네치아의 첫 유대인 게토 설립:
최초의 유대인 게토가 베네치아에
설립되었다. 1555년에는 교황
파울루스 4세가 모든 유대인을
게토로 격리시키라는 명령을 내렸다.

기독교의 확산(1~6세기)

기독교의 급속한 확산

1세기부터 초기 기독교 공동체는 지중해 동부의 대도시들, 특히 알렉산드리아, 안티오키아, 에페소스와 로마 등지의 유대인 공동체를 중심으로 형성되기 시작했다. 특히 타르수스 출신의 바울의 활발한 선교 덕분에 기독교는 빠르게 '이방인'들 사이로 퍼져 나갔다. 2세기부터는 로마 전역의 도시들뿐만 아니라 페르시아로도 전파되었으며, 4세기에는 무역로를 따라 에티오피아(약 340년경 에자나 왕의 개종)와 인도(전통적으로 사도 토마스가 전파한 것으로 알려짐)에도 전해졌다. 그러나 농촌 지역으로의 전파는 더디게 진행되었다. 신자 수 증가와 함께 기독교에 대한 다양한 해석이 등장하며 기독교의 내부 분열과 이단 논쟁이 격화되었다. 로마의 아프리카 속주에서는 기독교 박해 기간에 신앙을 저버린 배교자들을 처벌하자는 도나티스트 운동(도나투스 주교의 이름에서 유래)이 4세기와 5세기에 걸쳐 전개되었으나, 아우구스티누스가 이를 강력히 반대했다. 한편, 이집트에서는 박해를 피해 사막으로 은둔해 수행하는 전통이 기독교 수도원 제도의 토대가 되었다.

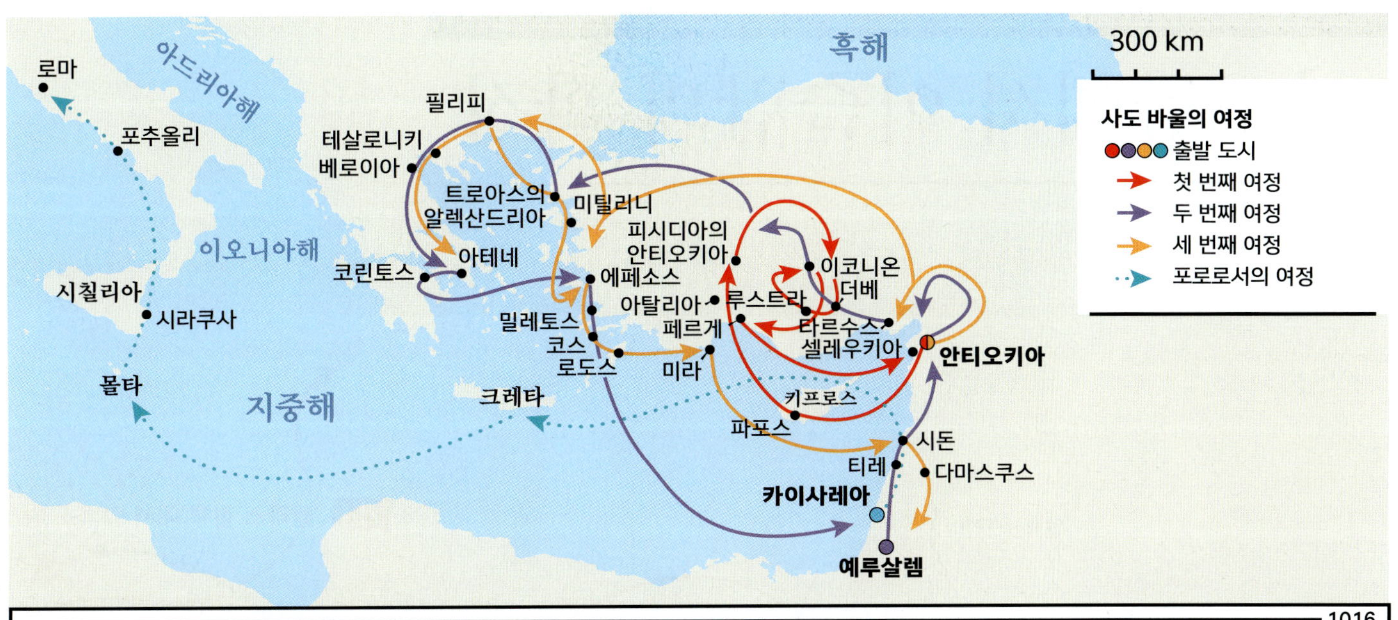

'이방인들의 사도' 타르수스의 바울(서기 초 출생, 64년~68년경 로마에서 사망)

바울은 예수가 선택한 열두 제자가 아니었지만, 사도로 인정받았다. 바울의 생애는 그의 서신(13편 중 7편이 진본으로 인정됨)과 성경 속의 <사도행전>을 통해서만 알려져 있다. 유대인 출신이자 로마 시민이었던 그는 처음에는 기독교를 박해했으나 다마스쿠스로 가는 길에서 극적으로 회심하여 가장 영향력 있는 선교사가 되었다. 여러 언어에 능통했던 바울은 초기 기독교 공동체를 강화하고 기독교의 핵심 교리를 정립하기 위해 안티오키아에서 그리스와 아나톨리아로 세 차례 선교 활동을 떠났다. 예루살렘에서 체포된 그는 황제에게 상소하여 로마로 네 번째 여정을 떠났고, 석방된 후 다시 체포되어 68년경 네로 황제의 박해 시기에 순교한 것으로 전해진다.

아우구스티누스, 히포의 주교(354~430년)

오늘날 알제리 지역에서 태어난 베르베르계 로마인 아우구스티누스는 이교도 아버지와 기독교인 어머니 사이에서 태어났다. 타가스테와 카르타고에서 수사학을 가르치던 그는 383년 지중해를 건너 로마로 갔으며, 곧 로마와 밀라노에서 제국 엘리트들의 주목을 받았다. 당시 서로마 제국의 수도였던 밀라노는 잦은 '야만족(게르만족)'의 침략으로 어려움을 겪고 있었다. 387년 밀라노의 성 암브로시우스 주교에게 세례를 받은 그는 고향 누미디아로 돌아가 사제가 되었고, 395년에 히포의 주교로 추대되었다. 430년 반달족의 포위 속에서 생을 마감한 그는 <고백록>과 <하나님의 도성>을 집필했으며, 13세기에 가톨릭교회의 교부로 인정받았다. 그의 저서는 서구 문화의 주요 참고 문헌으로 자리 잡고 있다.

인도양에서 이슬람의 확장

구대륙 무역의 중심지인 인도양의 항로

인도양에는 수천 년 동안 다양한 항로가 존재했으며, 최초의 장거리 해상 항해 역시 이곳에서 시도되었다. 계절에 따라 바뀌는 계절풍 기후 덕분에 여름에는 서쪽에서 동쪽으로, 겨울에는 동쪽에서 서쪽으로 이동이 수월했다. 이를 기반으로 동쪽은 중국해, 서쪽은 홍해와 지중해로 연결되었다. 11세기 후반부터는 아프리카 동해안도 모잠비크 해협의 바람과 해류 변화에 따라 이 교역망에 포함되었다.

페르시아인, 인도인, 아랍인, 자바인 등 인접 연안국의 주민뿐만 아니라 그리스인, 로마인, 이탈리아인 같은 서양 상인, 심지어 중국인까지도 이 교역에 참여했다. 그러나 인도양이 지나치게 광대했기 때문에 하나의 통일된 해양 제국이 형성되지는 않았다. 교역과 함께 종교도 확산되었다. 힌두교가 동남아시아로 전파된 것을 시작으로 네스토리우스파 기독교, 유대교, 이슬람교가 인도, 인도네시아, 아프리카 해안 지역으로 퍼져 나갔다.

아프리카와 세계의 연결
(10~15세기)

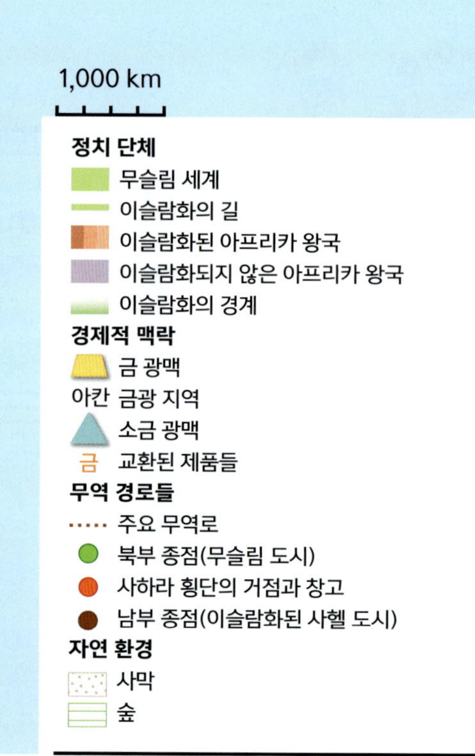

1034

무역과 왕국의 발전

약 6,000년 전, 사하라 지역이 사막화되면서 아프리카 사회들은 서로 다른 방향으로 발전했다. 북부와 동부 해안 지역은 구대륙과 활발히 교류했지만, 사하라 이남 지역은 비교적 독립적인 상태로 남아 있었다. 그러나 4세기에서 7세기 사이 단봉낙타의 도입으로 사하라 사막 횡단이 가능해졌고, 8세기부터는 사막 남쪽 지역도 점차 세계 교역망에 편입되었다. 동부 해안에서는 인도양의 계절풍을 이용한 해상 무역이 활발해졌으며, 스와힐리어의 확산에서도 볼 수 있듯이 여러 해안 도시들이 크게 발전했다.

　물이 풍부한 차드 호수와 니제르강 유역에는 주요 무역 거점이 생겨났고, 북부에서 유입된 소금과 수공예품이 금과 노예로 교환되었다. 서아프리카에서는 8세기부터 가나 제국이 번성했고, 13세기 중반 순자타 케이타가 말리 제국을 세웠다. 이어 15세기를 거쳐 16세기까지 송가이 제국이 세네갈강 상류에서 니제르강 하류까지 세력을 확장했다. 10세기부터는 카넴-보르누 왕국이 차드 호수 주변 지역을 통치했다. 동해안 항구 도시들은 도시국가 형태로 운영되었으며, 남쪽으로는 13세기부터 16세기까지 유럽인들이 '모노모타파'라고 불렀던 짐바브웨 왕국이 성장했다. 이 왕국은 '그레이트 짐바브웨 유적지'(복잡한 사회 구조가 있었음을 시사하는 유적들이지만, 대부분의 정보는 아직 베일에 싸여 있다.)로 유명하며, 금 수출을 통해 먼 지역과도 교류할 수 있었다. 아프리카 사회들은 사하라 사막과 해상로를 통해 주로 이슬람 상인들과 교역했으며, 이를 통해 이슬람교가 사헬 지대와 스와힐리 세계 전역으로 확산되었다. 그러나 15세기, 포르투갈인들이 아프리카 해안에 도착하면서 교역의 판도가 바뀌었고, 기존과는 다른 형태의 가혹한 노예무역이 시작되었다.

990년경
가나 왕국은 아우다고스트와 같은 여러 소규모 베르베르 공국들이 있는 야자나무 숲들을 점령하면서 영토를 넓혀나갔다.

13세기 중반
말리 왕국의 창시자인 순디아타 케이타가 광대한 영토를 통일했다. 가나 왕국은 1240년에 말리 제국에 통합되었다.

1307년~1331년경
케이타 왕조의 무사가 이끄는 말리의 전성기.

1328~1332년
에티오피아 왕 암다 시온이 이파트 술탄국을 침공하여 영토를 확장함.

1400년경
가오의 군주 마다오가 말리 왕국을 약탈한다. 이후 50년 동안 말리는 부레의 금광 지역을 통제하면서도 점진적으로 여러 지방을 잃어간다.

15~16세기
송가이 왕국은 사하라 횡단 무역 덕분에 니제르강의 굽이를 따라 번영을 누리고, 영향력을 확장했다.

15세기 중반
그레이트 짐바브웨의 문화가 금 무역 덕분에 전성기를 맞이한다.

15세기 말
해안에 정착한 포르투갈인들은 말리와 콩고에 사절단을 보내 동맹을 모색한다. 이는 당시 이 두 왕국의 세력을 상징한다.

1504년
누비아 기독교인의 마지막 왕국인 알와 왕국이 무슬림의 압력에 무너졌다.

16세기
카넴 왕국이 본루 왕국에 의해 정복되고, 이어 카넴-본루 왕국이 탄생한다.

11세기 말의 지중해

제1차 십자군 전쟁 전야의 지중해 세계

11세기 말 지중해는 이슬람, 비잔티움, 라틴 세계의 문명이 교차하는 중심지이자 활발한 교역이 이루어지는 무대였다. 이러한 교역망은 중동의 셀주크 제국, 이집트의 파티마 왕조, 그리고 멀리 마그레브 동부의 베르베르 왕조(함마니드와 지르드의 가신들)뿐만 아니라 마그레브 서부의 무라비트 왕조와 알-안달루스에 이르는 이슬람 세계의 발전에 크게 기여했다.

유럽에서는 금속과 무기, 직물 등이 또 러시아의 대초원에서는 모피와 노예가 지중해 동부와 남부로 유입되었다. 노르만 정복자들을 비롯한 많은 순례자와 모험가들이 지중해를 가로지르며 교류와 경쟁을 이어갔다. 팔레르모와 톨레도 같은 도시들은 기독교와 이슬람 문화가 만나는 접점으로, 다양한 문화 융합의 장이 되었다. 그러나 12세기부터 13세기에 접어들면서 지중해는 단순한 교류의 장에서 점차 경쟁과 충돌의 무대로 변모했다. 이 시기 유럽은 기존의 주변부적 위치에서 벗어나 처음으로 팽창주의의 성향을 드러내기 시작했다.

500 km

종교들
서구 기독교인들
동방 기독교인들
정교회 기독교인둘
무슬림들
기독교 순례 도시
대규모 기독교 종교 중심지
총대주교
중요한 유대인 공동체
이슬람교 순례 도시
교류와 대립
문화적 접촉의 중심
큰 항구
12세기 시장 도시
주요 무역로
군사적 충돌 지역
침입, 이주

발트해
리투아니아
폴란드 공국들
러시아 공국들
비스툴라강
크라쿠프
키예프
드네프르강
헝가리
페체네그
베오그라드
다뉴브강
세르비아
라구사
흑해
카파
트라브존
만지케르트
콘스탄티노플
니케아
비잔티움 제국
비잔티움 제국
테살로니키
모술
스미르나
이코니움
(코니아)
알레포
유프라테스강
아테네
안티오키아
셀주크 제국
파마구스타
트리폴리
바그다드로 향하는 길
키프로스
칸디아
아크레
다마스쿠스
크레타
지중해
예루살렘
알렉산드리아
파티마 왕조
카이로
나일강
힐랄족

1250년, 지정학적 테이블

함께 보기 ── 루브룩과 폴로의 여행 **p.90**
근동 **p.184**
카포레토 전투 **p.547**

성 루이와 칭기즈칸의 세계

'아름다운 13세기'라 불리는 이 시기는 인구 증가와 경제 활성화는 물론, 철학과 사상 등 지식의 교류가 활발했던 시대였다. 당시 유라시아 대륙에서는 세 개의 강력한 세력권이 지정학적으로 얽혀 있었다. 몽골 제국은 유라시아 대륙을 장악하며 폴란드와 헝가리를 위협했고, 1258년에는 바그다드를 점령하여 아바스 왕조의 칼리프 알무스타심과 그의 가족을 학살했다. 한편, 이슬람 세계는 내부적으로 분열되었으며, 이베리아반도에서는 기독교 세력이 주도한 재정복(레콩키스타)으로 인해 이슬람 세력이 크게 축소되었다. 특히 1250년, 이집트에서는 맘루크 정예 부대의 반란으로 맘루크 술탄국이 성립되었으며, 이후 강력한 술탄 바이바르스(1260~1277년)의 통치 아래 이집트가 이슬람 세계의 중심

이 되었다. 포로로 잡혀 있던 프랑스의 왕 루이 9세는 이러한 변화를 직접 목격했다.

기독교 세계 역시 분열되어 있었다. 프랑스의 루이 9세와 영국의 헨리 3세가 통치하던 군주국들은 프리드리히 2세의 제국처럼 중앙집권적 행정체제를 갖추기 시작했다. 카스티야의 페르디난드 3세는 카스티야와 레온 왕국을 통합하고 법적 개혁을 단행했다. 이 시기 기독교 세계는 비교적 평온했지만, 내부 경쟁은 여전히 치열했다. 앙주 왕조는 유럽 본토와는 별개로 독자적인 통치 체제를 구축했다. 그러나 황제가 점점 심해지는 교황의 간섭을 거부하면서 황제와 교황 간의 갈등은 더욱 격화되었다.

칭기즈칸과 몽골 세력의 확장 (13세기)

몽골의 첫 번째 정복 물결

12세기 중국은 서쪽의 서하, 북쪽의 금나라, 남쪽의 남송으로 나뉘어 세 개의 제국이 공존하고 있었다. 1162년경 태어난 테무진은 20여 년에 걸쳐 몽골 부족을 통합했고, 1206년 몽골의 회의체인 쿠릴타이에서 '세계의 군주'를 의미하는 칭기즈칸으로 추대되었다. 이후 그는 전사들에게 세계 정복을 명령했다. 그 첫 번째 단계로 만주를 정복하며 중국 북부로 진출할 길을 열었고, 1218년에는 카라-키타이 왕국을 점령한 뒤 중앙아시아의 호라즘 제국을 침략했다. 1220년에는 사마르칸트를 함락하고 약탈했으며, 1223년 그의 장군 제베와 수부타이가 칼카 전투에서 루스 공국 연합군을 격파했다. 1227년 칭기즈칸은 사망했지만, 그의 후

계자인 오고타이 칸(1241년까지 재위), 귀위크 칸(1248년에 사망), 그리고 마지막으로 몽케 칸(1259년까지 재위)은 정복 전쟁을 계속 이어갔다. 1233년에는 흑사병으로 국력이 쇠퇴한 금나라의 수도 카이펑을 함락시키며 중국 북부를 무너뜨렸고, 1236년에는 볼가강 유역의 볼가르 왕국을 정복했다. 1240년에는 바투와 수부타이가 키이우를 점령했다. 그들은 유럽 최서단의 '마지막 바다'인 대서양을 목표로 삼고 폴란드 정복에 나섰다. 마침내 1241년 레그니차 전투에서 폴란드군을, 모히 전투에서는 헝가리군을 격파했다. 그러나 몽골군은 오고타이 대칸의 사망을 계기로 본국으로 철수했다.

칭기즈칸 이전의 테무진의 세계
1397
500 km
부리아트족
바이칼호
시얀산맥
투멧
키르기스
메르키트족
오이라트족
타이주트족
1204
1185
1201
셀렝가강
오논강
헨티산맥
아우룩
오논강 발원지
나이만족
케레이트족
항가이산맥
1203
1202
키야트 보르지기드
(칭기즈칸의 출신 씨족)
알타이산맥
초원지대
케룰렌강
타타르족

테무진의 출생(및 매장지)으로 추정되는 장소
키야트 테무진의 가계
대초원의 정치적 중심지
테무진의 원정
테무진의 주요 승리
1206년 쿠릴타이:
테무진, 칭기즈칸으로 추대
타타르족 몽골족에게 정복당한 유목민족

중앙 시베리아 고원

시 베 리 아
사안산맥
부리아트
잘라이르족
키르기스
투멧
메르키트족
오이라트
알타이산맥
카라코롬
항가이산맥
케레이트족
콩가라트족
1209, 1226~1227
타타르족
아무르강
1214~1215
몽골 제국
칼룩
1219~1221
베시발리크
알타이산맥
나이만족
1211~1215
1231
카라키타이 제국
1217~1219
텐산산맥
우이구르
고비 사막
1230
옹구트
금나라 제국
여진족
타림 분지
탕구트 제국
중도(중국 북경) (1215)
황허강
고려 왕국
티베트
대명
라싸
청두
개봉 (1223)
양양
브라마푸트라강
항저우
히말라야산맥
동중국해
갠지스강
송나라 제국
태평양
델리
대리국
취안저우
1,000 km

몽골의 원래 영토
정복 원정을 이끈 인물들
칭기즈칸 제국의 영토
칭기즈칸
주요 전투(몽골의 승리)
1206년
제베와 수베데이
타타르족 몽골에 정복되거나 흡수된 민족
1227년
바투와 수베데이
칭기즈칸이 정복한 제국
후손들의 통치하에 몽골 제국
칭기즈칸의 다른 후손들
1241년
1279년
몽골 제국의 경계

몽골의 평화(팍스 몽골리카) (13세기)

역사상 가장 큰 제국

칭기즈칸의 손자인 몽케 칸(1251~1259년)이 즉위하면서 몽골 제국은 다시 영토 확장을 위한 전쟁을 시작했다. 몽케의 동생인 훌레그는 1253년 이란을 점령하고, 1258년에는 바그다드를 함락시켜 아바스 왕조를 멸망시켰다. 1260년 이후, 몽골 제국은 칭기즈칸의 후손들이 통치하는 여러 공국 연맹(울루스)으로 분열되기 시작했으며, 시간이 흐를수록 각 공국은 서로 다른 이해관계로 갈라지기 시작했다. 킵차크한국(황금 호르드)과 페르시아 칸국은 한때 중국을 정복하고 원왕조를 세운 쿠빌라이 칸의 종주권을 인정했다. 유라시아는 14세기까지 '몽골의 평화' 덕분에

실크로드를 통한 무역이 활발해지며 큰 번영을 누렸다. 몽골인들은 대륙 전체에 우편 시스템을 구축했으며, 마르코 폴로를 비롯한 많은 여행자가 이를 이용했다. 역사학자 아부 알−가지 바하두르는 '젊은 처녀가 아무 두려움 없이 황금 쟁반을 머리에 이고 동쪽에서 서쪽으로 걸어갈 수 있었다'라고 기록했다.

그러나 13세기 말, 몽골 제국의 마지막 원정에서 그들의 한계가 드러났다. 1260년 팔레스타인에서는 맘루크 군대에 패배했고, 1281년 일본 원정은 '가미카제' 태풍으로 함대가 파괴되면서 실패로 돌아갔다. 또한 1293년의 자바 침공 역시 실패로 끝났다.

오호츠크해
시베리아
오브강
바이칼호
이르치강
여진
카라코룸 ■
알타이
몽골
우이구르
한국인
개성
상두
차가타이
울루스
탕구트
칸발리크(베이징)
하미
고비사막
텐산
투루판
대칸 울루스
1274
둔황
동중국해
카슈가르
황허강
야르칸트
란저우
낙양
1281
일본으로
향하는 길
호탄
창안
항주
양쯔강
티베트
청두
푸저우
브라마푸트라강
중국
히말라야산맥
시장강
델리
1293
자바로 향하는 길
벵골만
500 km
남중국해
인도양
1287~1288년 몽골 제국의 확장
몽골의 원래 영토
속국들
여진 몽골에 예속된 민족과 정치 집단
군사 공격
무역로

루브룩과 폴로의 여행

구대륙을 아우른 여행들

13세기부터 14세기까지 이어진 '몽골의 평화(팍스 몽골리카)' 시대에는 몽골 제국이 광대한 영토를 정복하고 통합하면서 세계적으로 이동과 교류가 활발해진 시기였다. 이 시기에는 몽골 제국 내 이동이 한층 수월해졌으며, 국제 외교 활동도 활발하게 이루어졌다. 1240년 몽골의 원정은 '악마의 기병대'에 대한 공포를 불러일으킴과 동시에 기존의 강력한 지배 세력이었던 무슬림 세력에 맞서 몽골 제국과 연합하는 역동맹이 가능해지면서 외교적 협력이 증가했다. 이러한 흐름 속에서 1244년 교황 인노첸시오 4세가 몽골에 파견한 지오반니 다 피안 델 카르피네와 1253년 프랑스 왕 루이 9세가 임명한 윌리엄 루브룩은 중요한 역사적 외교 사례로 꼽힌다. 특히 윌리엄 루브룩은 자신의 여행 경험과 몽골 제국의 수도 카라코룸에 대한 귀중한 기록을 남겼다.

15세기 유럽인들이 '새로운 발견과 탐험'에 대한 두려움을 극복하고 대항해 시대를 꿈꿀 수 있었던 배경에는 마르코 폴로의 영향이 컸다. 그는 1271년부터 1295년까지 쿠빌라이 칸이 지배하던 중국에서 오랜 기간 머물렀으며, 이후 자신의 경험을 <동방견문록>에 기록했다. 그의 여정은 단순한 여행이 아니라 구대륙 전체의 교역망을 연결하는 중요한 경로였다. 마르코 폴로는 실크로드를 따라 중국에 도착했으며, 귀국할 때는 향료길을 따라 바닷길을 이용했다.

1,000 km

위대한 여행가들의 여행 경로
윌리엄 루브룩
가는 길(1253~1254)
돌아오는 길(1254~1255)
마르코 폴로
가는 길(1272~1275)
중국에서의 경로
돌아오는 길
마르코 폴로가 <동방견문록>에서 언급한 도시
몽골 제국
대칸의 직접 통치
속국들
1279년 원나라에 의해 멸망된 송 제국

예니세이강
유가라강
레나강
아무르강
바르구
바이칼호
대 칸 국
카라코룸
치앤두
1275
고 비 사 막
텐듀크
칸발리크(베이징)
긴긴 탈라스
카물
황허강
카치온푸
타이안푸
탕구트
투딘푸
자티온
숙주
카이치우
링지우
챵지우
얼지우울
싱지우
취안저우
호탄
치아르캄
청잔푸
시안부
탄피지우
카물
캄치오
아츠발렉 만지
펨
사푸르그난
위안 중국
푸지우
신두푸
티베트
가인두
치우구
시장강
갠지스강
브라마푸트라강
가시
카라기안
남중국해
미엔
메콩강
뱅골만
카우기구
무티필리
차반
안다만
챰바
마바르
순두르 및 콘두르섬
네퀴베랑 제도
자바 라 미노르
콜롬보
1291
니아스섬

흑사병(13~15세기)

세계화의 이면

흑사병은 인류 역사상 가장 치명적인 전염병 중 하나였다. 원래 설치류에 내재해 있던 이 질병은 벼룩을 매개로 인간에게 전염된 것으로 추정되며, 이미 청동기 시대부터 존재했던 것으로 보인다. 6세기경에는 비잔티움 제국을 강타하며 유스티니아누스 황제의 치세에도 큰 영향을 미쳤다. 고고 유전학자들에 따르면, 마멋에 잠복해 있던 페스트균(예르시니아 페스티스)이 13세기경 티베트 동부 코코노르 지역에서 변이를 일으킨 것으로 예상한다. 기존보다 훨씬 치명적인 형태로 변이한 이 박테리아는 1330년대부터 인간에게 전이되었으며, 몽골 제국의 정복과 활발한 교류를 통해 빠르게 퍼졌다. 흑사병의 초기 발병 기록은 1338년 키르기스스탄의 이식쿨 호수와 사마르칸트 지역에서 보고되었다. 이후 첫 번째 파동(1347~1353년) 동안 유럽 전역으로 퍼졌으며, 전문가들은 14세기 흑사병 대유행으로 유럽 인구의 최대 3분의 2가 사망했을 것으로 추정한다. 15세기에는 카이로와 에티오피아에서도 흑사병이 창궐했다. 그렇다면 중국과 인도도 피해를 보았을까? 이들 지역에서는 13세기와 14세기 걸쳐 전염병 발생 기록이 남아 있지만, 그것이 흑사병인지 여부는 확실하지 않다. 실제로 흑사병의 확산 경로와 영향을 밝히는 연구는 오랫동안 문헌 자료와 고고학적 발굴을 통해 재구성되어 왔다. 특히, 2010년대 이후 중세 묘지에서 발견된 페스트균의 게놈 서열 분석이 이러한 연구를 뒷받침하고 있다.

함께 보기 ── 15세기의 세계화 **p.268**
아메리카의 정복과 인구 붕괴 **p.308**
코로나19 팬데믹 **p.736**

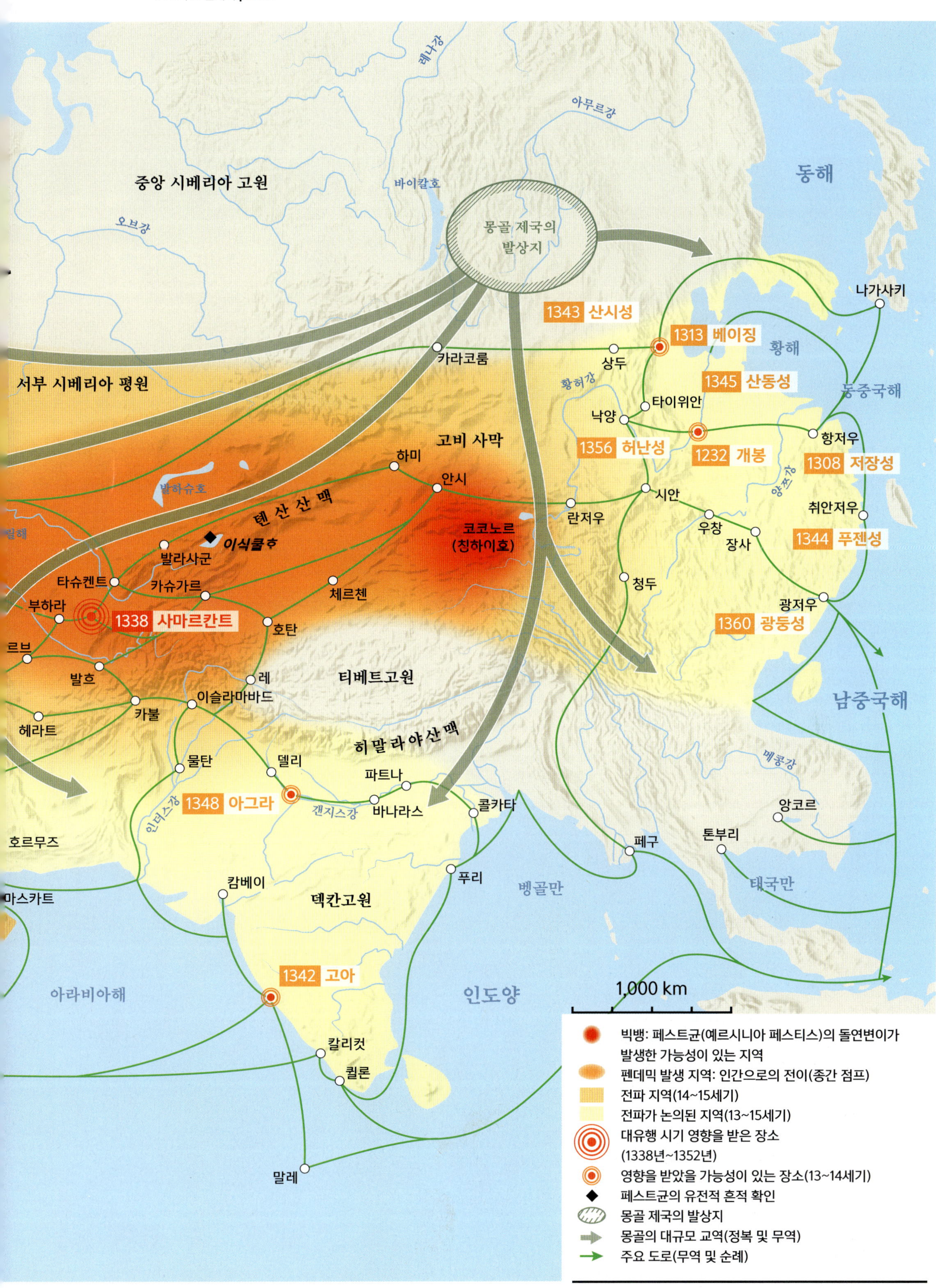

4

구대륙의 사회들

7세기까지

지중해를 중심으로 같은 위도대에 속하는 주변 지역들이 하나의 단일 문명권을 이룬 것은 아니었다. 오히려 다양한 문명이 독자적인 사회를 이루며 오랜 기간 각기 고유한 모습으로 발전해왔다. 그 중심부인 중동 지역에서는 일찍이 메소포타미아 문명이 형성되었고, 무역 거점이 발달하면서 이란고원에도 독특한 사회가 자리 잡았다. 동쪽으로는 갠지스 평원을 중심으로 인도 문명이 발달했으며, 동아시아에서는 중국이 강력한 제국으로 성장하면서 일본 등 주변 국가에 영향을 미쳤다. 서쪽으로는 지중해를 따라 형성된 교역로와 문화권이 동쪽에서 서쪽으로 발전하면서 경제적 통합이 이루어졌고, 나아가 정치적으로도 통합되면서 로마 제국이 탄생했다. 한편 아프리카에서도 고유한 문명이 번성하며 독자적인 사회들이 생겨났다. 이러한 여러 문명 간의 교류와 경쟁 속에서 특히 페르시아 제국과 로마 제국(이후 비잔티움 제국) 간의 오랜 대립은 세계사의 흐름에 큰 영향을 미치는 중요한 계기가 되었다.

메소포타미아의 제국들
(기원전 2300~1000년)

바빌론, 함무라비와 네부카드네자르의 수도
(기원전 18세기~서기 2세기)

작은 마을에 불과했던 바빌론은 함무라비 대왕 (기원전 1792~1750년) 통치 기간 동안 메소포 타미아의 주요 도시로 성장했다. 오랫동안 종교 적 수도였던 바빌론에는 메소포타미아 신들의 왕인 마르두크를 숭배하는 신전이 세워졌다. 기 원전 7~6세기경, 바빌론은 '신바빌로니아 제국' 의 수도로서 다시 부상했으나, 서기 초기에 역 사의 무대에서 사라졌다. 바빌론은 티그리스강 과 유프라테스강 유역에 자리 잡아 관개 수로 가 발달했다. 기원전 18세기부터 바빌론은 강을 중심으로 확장되었으며 도시의 중심부는 동쪽 강변에 있었다. 기원전 1595년 히타이트 제국의 침략으로 도시가 불타고 약탈당했지만, 바빌론 은 종교 중심지로서의 지위를 유지하며 명맥을 이어갔다. 기원전 12세기에는 도시 내부에 작은 내성을 세웠다.

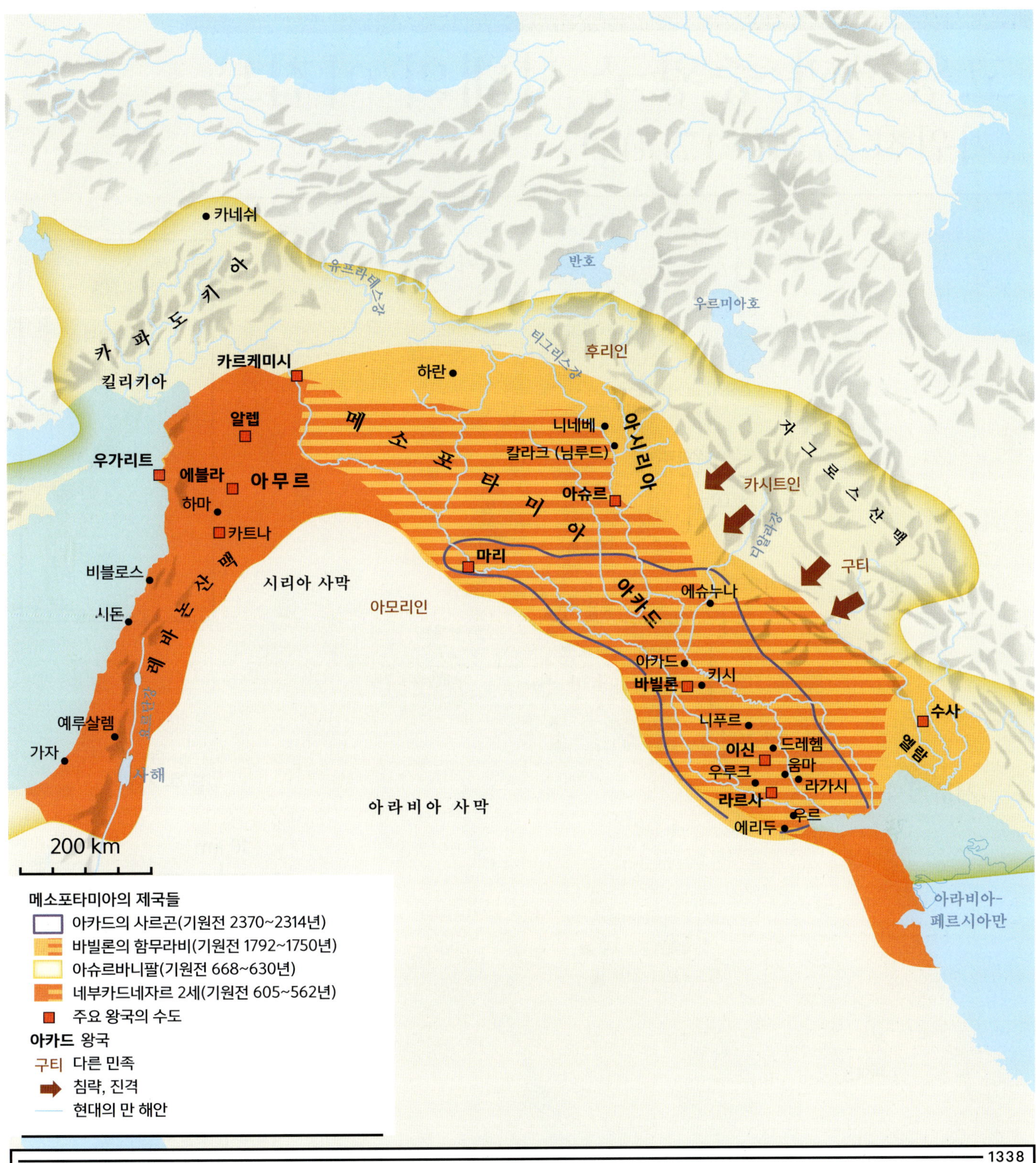

제국의 시대(기원전 2300~538년)

기원전 23세기부터 6세기까지, 메소포타미아는 대제국의 통치와 작은 공국들의 분열이 반복되었다. 첫 번째 제국인 아카드 제국(기원전 2334~2279년)은 사르곤 대왕이 세웠으며, 그의 손자 나람-신(기원전 2254~2218년)이 메소포타미아 전역을 통일했다. 그러나 기원전 21세기부터 18세기에 이르는 시기에는 다시 여러 작은 공국들로 분열되었다. 이후 두 번째로 바빌론 제국이 등장했고, 함무라비 대왕(기원전 1792~1750년)의 통치하에 다시 번영을 누렸다. 하지만 기원전 1595년, 히타이트 제국의 침략으로 바빌론이 함락된 뒤 이집트와 히타이트의 개입으로 또 다시 혼란의 시기가 이어졌다. 기원전 1천 년경, 아시리아 제국이 등장했으며 특히 아슈르바니팔(기원전 668~630년)의 통치하에 전성기를 맞이했다. 그러나 기원전 612년, 바빌로니아인들이 아시리아의 수도 니네베를 함락하며 독립을 되찾았다.

네부카드네자르 2세(기원전 605~562년)는 비옥한 초승달 지대에 있던 옛 제국 영토의 상당 부분을 회복하고, 유대 왕국의 정복과 동시에 유대인들을 바빌론으로 강제 이주시켰다. 그러나 기원전 539년, 동쪽에 등장한 강대국 페르시아 제국이 바빌론을 정복하면서 독립적인 메소포타미아는 역사 속으로 사라지게 되었다.

고왕국과 중왕국 시대의 이집트
(기원전 2700~1700년)

— 1341

이집트의 피라미드

피라미드들은 주로 고왕국과 중왕국 시대(기원전 2700~1700년)에 건설되었다. 피라미드는 나일강 서쪽, 다시 말해 '죽음의 영토'로 알려진 일몰 지대에 세워졌으며, 특히 파라오의 거주지였던 멤피스 인근에 집중되었다.

중왕국 시대의 이집트는 인도양 북부, 동북 아프리카, 동부 지중해, 그리고 중동을 연결하는 광범위한 무역 네트워크의 중심지였다. 이 경로를 통해 직물, 귀금속, 구리, 아프리카 동물 가죽, 상아, 희귀 목재 등이 활발히 거래되었다. 그러나 이집트는 나일강 상류의 누비아 지역의 쿠시 왕국과 패권을 두고 경쟁해야 했다. 이 시기에 나일강 상류의 쿠시 왕국은 파라오들에게 정복되지 않은 채 두 번째 폭포 근처의 요새화된 교역소에서 이집트와 누비아 상인들이 교류하며 상호 균형을 유지했다.

신왕국의 이집트(기원전 1539~1069년)

카데시 전투(기원전 1274년)

청동기 시대 후기(기원전 2000년대 후반), 지금의 시리아와 레바논 지역은 아나톨리아의 히타이트, 이집트, 상부 메소파타미아의 아시리아 제국이 각축을 벌이는 중심 무대였다. 기원전 16세기 초, 알레포의 얌카드 왕국이 몰락한 이후, 이 지역에는 절대 강국이 등장하지 않았으며, 여러 공국으로 분할되어 주변 강대국들의 속국이 되었다. 그러나 이란에서 수입한 주석(청동 제조의 필수 재료) 등의 무역을 통해 부를 축적할 수 있었다. 주변 강대국들은 이 지역의 패권을 두고 지속적으로 개입하고 간섭했다.

기원전 1275년경, 히타이트 왕 무와탈리 2세가 이끄는 히타이트 군대와 이집트 파라오 람세스 2세가 지휘하는 이집트 군대가 카데시에서 충돌했다. 이 전투는 이집트 문헌에 자세히 기록되어 있으며, 가장 오래된 전투 기록 중 하나로 남아 있다. 람세스 2세는 자신의 '승리'를 대대적으로 기념했지만, 실제 전투의 결과는 명확하지 않다. 오히려 이집트의 영토 지배력이 약화되었다는 해석도 있다. 이후, 두 제국은 다시 우호 관계를 회복했고, 람세스 2세는 히타이트 왕의 딸을 두 차례 왕비로 맞이했다.

제18대 왕조

제2 중간기 동안 이집트는 여러 세력으로 분열되었으며, 그중 하나가 나일강 삼각주 지역에 등장한 힉소스였다. 이후 아흐모세 1세가 힉소스를 몰아내고 제18대 왕조를 세우면서 신왕국 시대가 시작되었다. 신왕국 시대(기원전 16세기 후반~기원전 11세기) 동안 이집트는 근동의 무역 중심지와 누비아의 금, 구리 등 자원이 풍부한 지역으로 세력을 확장했다. 이 시기의 예술 작품에는 파라오가 전쟁하는 모습이 자주 등장하는데, 이는 당시 이집트의 군사적 정복과 팽창을 반영하는 중요한 증거다.

쿠시 왕국들
(기원전 2500~기원전 4세기)

500 km

쿠시 왕국의 세 왕국
- 케르마(기원전 25~15세기)
- 나파타(기원전 8~4세기)
- 메로에(기원전 4세기~서기 4세기)
- ■ 수도

이집트의 25대 왕조
- → 피안키에 의한 이집트 정복, 기원전 730년경
- 25대 왕조 아래의 대략적인 이집트 영토 확장
- ◆ 중요 신전
- □ 수도
- ▬ 폭포
- ▬ 강을 따라 형성된 무역로
- 기원전 656년, 아슈르바니팔 통치하의 아시리아 제국
- → 아시리아의 공격

1280

세 개의 수도, 세 개의 왕국

기원전 25세기, 이집트인들이 '쿠시 왕국'이라 부른 왕국이 누비아 국경 지역에 세워졌다. 이 왕국은 세 시기마다 수도를 달리하며 발전했다. 첫 번째 수도였던 케르마 왕국은 이집트의 원정 무역을 방해했기 때문에 신왕국 시대에 정복되었다. 기원전 11세기, 이집트가 분열되면서 나파타 왕국이 등장했고, 상이집트 지역까지 세력을 넓혔다. 기원전 8세기에서 7세기, 피안키 왕은 쿠시 왕국과 이집트를 하나로 통합해 '검은 파라오 왕조'로 불리는 제25대 왕조를 세웠다. 그러나 이후 아시리아가 이집트를 정복하자, 쿠시 왕국은 자신들의 옛 영토로 철수했다. 기원전 4세기 말, 북쪽의 침략을 피해 수도를 메로에로 옮긴 쿠시 왕국은 거대하고 화려한 공동묘지(네트로폴리스)를 건설했다. 하지만 결국 4세기에 악숨 왕국의 공격으로 멸망했다.

이집트 정복에 동원된 낙타들

아시리아인들은 낙타를 군사적으로 활용하면서 아라비아와 이집트에서 군사적 우위를 확보했다. 기원전 1천 년경, 아라비아반도에서 낙타가 본격적으로 가축화되면서 아시리아인들도 비옥한 초승달 지역의 유목민들을 따라 낙타를 길들이기 시작했을 것으로 추정된다. 기원전 853년, 아시리아 왕 살만에세르 3세의 비문에는 카르카르 전투에서 여러 왕국의 연합군과 충돌했으며, 1,000마리의 낙타가 투입되었다는 기록이 남아 있다.

또한, 예멘에서 건너온 상인들은 시리아-아라비아 사막을 횡단할 때 튼튼한 낙타를 이용했으며, 기원전 8세기 레반트 정복 이후 아라비아 속국들이 낙타를 공물로 바치기도 했다. 특히 기원전 671년에는 아시리아 왕 에사르하돈과 그의 아들 아슈르바니팔이 아라비아 왕들로부터 징발한 낙타에 물을 싣고 시나이 사막을 건너, 이집트 제25대 왕조를 정복할 수 있었다.

성서의 세계

성서 속 영토의 역사 지리

모세의 출애굽을 직접적으로 입증하는 고고학적 증거는 현재까지 발견되지 않았다. 그러나 1950년대 윌리엄 올브라이트 학파는 고고학적 분석을 바탕으로 모세의 여정을 추정했다. 마찬가지로, 기원전 10세기 다윗 왕국과 솔로몬 왕국의 존재를 뒷받침하는 고고학적 증거도 성서 기록에만 등장한다. 반면 성서 외 기록들은 기원전 8세기경 이스라엘 왕국과 유다 왕국의 실재를 증명한다. 이스라엘 왕국은 기원전 722년 아시리아에게 정복되었으며, 유다 왕국은 기원전 587년에 바빌로니아가 예루살렘을 함락시키면서 멸망했다. 성서에 언급된 수많은 지명과 민족명은 성서의 연대기 이후 등장한 지리적 상황과 일치하는 것으로 보인다.

출애굽의 추정 경로

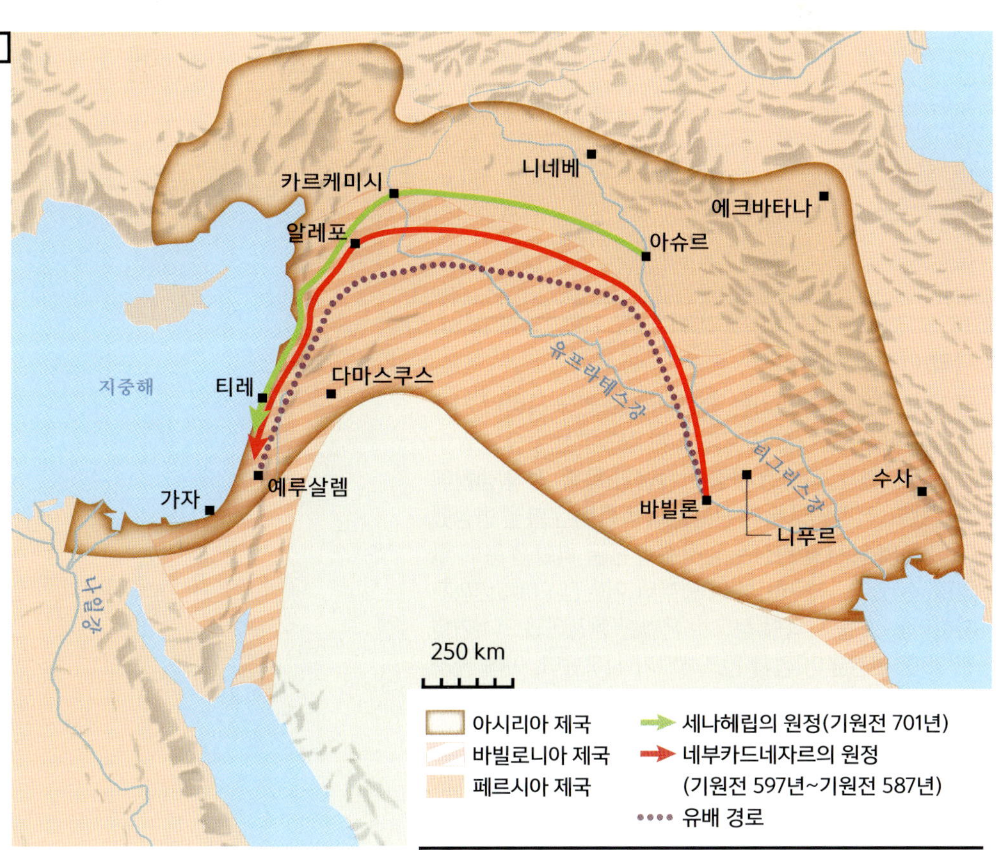

예루살렘

솔로몬 시대의 예루살렘 유적은 거의 남아 있지 않다. 예루살렘은 이스라엘 왕국이 멸망한 기원전 8세기 이후 본격적으로 성장하기 시작했다. 실로암 터널과 같은 고고학적 유적을 통해 이곳이 중요한 고대 도시였음을 알 수 있다. 기원전 587년, 예루살렘은 신바빌로니아 제국에 의해 함락·파괴되었으나, 이후 페르시아의 지배하에 재건되었다. 헬레니즘 시대에는 비교적 작은 도시로 유지되었지만, 독립기(기원전 164년~63년)와 로마 보호령 초기에는 크게 성장했다. 서기 70년, 로마 장군 티투스가 유대인 반란을 진압하며 예루살렘을 파괴했다. 이후 서기 131년, 황제 하드리아누스가 로마식 도시 계획에 따라 예루살렘을 재건했다. 오늘날 구시가지 유적에서 그 흔적을 확인할 수 있다.

바빌론에 유배된 유대인들

모세를 따라 이집트를 떠난 히브리인들의 출애굽과 달리, 신바빌로니아에 의해 정복당한 많은 유대인이 바빌론으로 끌려간 '바빌론 유수'는 성서의 기록(열왕기하와 역대기하)과 실제 역사적 사건이 일치한다. 기원전 587년 유다 왕국은 네부카드 네자르 2세가 이끄는 신바빌로니아 군대에 의해 멸망했다. 이로 인해 정치, 종교, 경제 분야의 엘리트들이 인질로 잡혀 바빌론에 유배되었지만, 일반 농민들은 추방되지 않았다. 기원전 539년 유배된 유대인들은 비옥한 초승달 지대를 따라 귀환했으며, 이는 과거 메소포타미아 제국 군대가 팔레스타인을 침략한 경로와 일치했다.

신석기 시대 아프리카

사막 이전의 사하라

약 12,000년 전 사하라는 습한 기후로 인해 사바나 지대로 덮여 있었으며, 산악 지대와 계곡도 무성한 숲으로 이루어져 있었다. 이러한 환경은 사냥과 목축, 정착 생활에 적합했고, 정착민들은 자신들만의 독특한 문화를 형성했다. 그들의 당시 생활상은 암각화와 동굴 벽화를 통해 확인할 수 있다. 기원전 4500년부터 기원전 2000년까지 사하라는 소를 사육할 정도로 온화한 환경이었으나 기원전 2500년경부터 점차 건조해지기 시작했다. 이에 따라 사람들은 사헬, 니제르, 나일강, 차드호 등 상대적으로 습한 지역으로 이주했다. 서기 1세기경, 아라비아에서 온 리비아-베르베르 유목민들이 낙타를 가축화하면서 동쪽에서 서쪽으로 이동하기 시작했다.

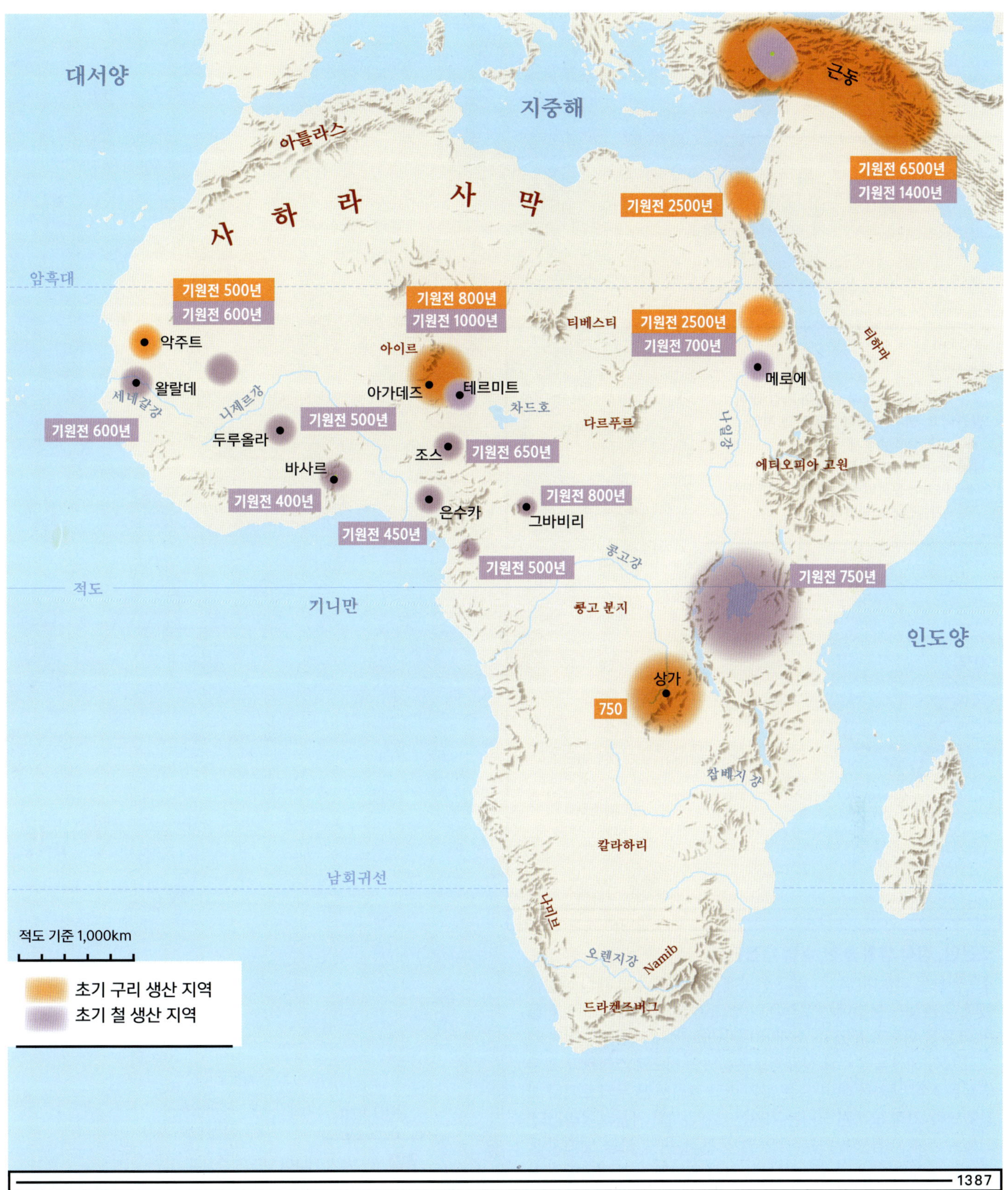

아프리카 초기 금속 공예

아프리카의 금속 공예 역사는 지역마다 다양한 방식으로 발전했다. 지중해 연안의 북아프리카는 비옥한 초승달 지대와 인접하며, 동쪽에서 서쪽으로 시차를 두고 유사한 기술 발달 과정을 겪었다. 초기에는 금, 구리, 운석 철을 사용했고, 이후 천연 구리를 추출해 합금을 만들었고, 마지막 단계에서 철을 첨가했다. 이러한 기술은 청동기 시대와 철기 시대 같은 시대 구분의 기준이 되었으며, 점차 높은 온도를 견딜 수 있는 가마의 개발로 이어졌다. 유리 제조 역사도 유사한 발전 과정을 거쳤다.

사하라 이남 아프리카에서는 기원전 1세기 초의 금속 공예 유적이 발견되었는데, 이를 통해 구리 사용 이전에 이미 철이 생산되었음을 알 수 있다. 이처럼 금속 공예가 구리, 청동, 철의 전통적인 연대기를 따르지 않았다는 점은 매우 흥미로운 발견이다. 일부 학자들은 철이 독립적으로 발명되었다고 주장하지만, 실제로 철은 오랫동안 희귀 자원으로 소품 제작에만 사용되었다. 구리, 청동, 금의 본격적인 사용은 서기 초기에 서아프리카의 사하라 횡단 무역과 동아프리카의 인도양 무역이 활성화되면서 가능해졌다.

고대 일본

조몬인, 정착 생활을 한 수렵 채집민

조몬인들은 떠돌아다니지 않고 한곳에 정착하며 수렵 채집 생활을 했다. 일본 열도 북부에서 발견된 여러 고고학적 증거에 따르면, 이들은 마을을 이루고 살았고, 조개더미(카이즈카)가 자주 발견되는 것으로 보아 해산물을 주요 식량원으로 삼았던 것으로 추정된다. 조몬인들은 정착 생활을 하며 '조몬 토기'라고 불리는 끈 무늬 토기를 사용했으며, 가장 오래된 도기는 기원전 13세기까지 거슬러 올라간다. 그들은 조개, 어류, 해양 포유류와 밤, 도토리, 씨앗, 사슴, 멧돼지 등 해안과 숲에서 얻을 수 있는 풍부한 자원 덕분에 농경 없이도 생활이 가능했다. 수렵 채집 생활의 결과로 숲에는 특정한 관목들이 우거졌으며, 이는 효율적인 숲 경작법을 실천한 사례로 볼 수 있다. 기원전 3000년경, 일부 지역에서는 보리와 같은 작물을 재배하기도 했으나, 이 농경 방식은 오래 지속되지 않았다. 기원전 4000년대 후반 기후 변화는 수렵 채집 생활을 지속하는 데 유리한 환경을 제공했으며, 이러한 생활 방식은 기원전 4세기 야요이 문화가 발전하기 전까지 계속되었다. 홋카이도에서는 조몬 문화의 전통이 서기 8세기까지 이어졌다.

일본의 탄생

기원전 1000년경, 대륙에서 벼농사와 함께 야요이 문화가 일본에 전해졌다. 기원전 1세기부터 3세기까지의 시기에 족장이 다스리는 작은 나라들이 등장했고, 일부는 중국에 조공을 바쳤다. 이 족장 국가들은 한국에서 철을 수입했으며, 중국 삼국시대(220~280년)의 군주들을 지원하기 위해 군대를 파견하기도 했다. 4에서 5세기에 이르는 시기에 족장 국가의 세력이 커졌고, 특히 기나이 지역에서는 정치적 영향력을 반영한 '열쇠 구멍' 모양의 거대한 고분(고훈)이 건설되었다. 5에서 6세기경 키나이 지역에서 야마토 왕조가 등장하여 일본 열도를 통치하기 시작했다. 불교는 532년 한반도를 통해 전래되었으며, 7세기부터 일본의 지배 계층은 중국 당나라의 한자, 법률, 행정제도, 건축 기술 등을 받아들이며 빠르게 '중국화'되었다. 덴무 천왕(673~686년) 시기 고대 국가로서 일본의 기틀이 마련되었으며, 이후 일본 수도는 나라 지역과 헤이안(현재의 교토)에 자리 잡았다. 일본은 동아시아 문명권의 주요 일원으로 성장했다.

기원전 13세기

조몬 시대 초기: 일본에는 수렵 채집인들이 한곳에 정착해 거주했다.

기원전 800년

야요이인들이 한반도에서 일본으로 이주하여 쌀 농사법을 전파. 이 시기는 일본의 신석기 시대에 해당한다.

5세기

야마토 지역의 기나이에서 왕국이 등장함.

6~7세기

일본에 불교가 도입되며 중국의 영향력이 커짐.

645년

타이카 개혁, 중국의 영향 아래 일본 국가의 중앙집권화.

673~686년

텐무 천황이 통치, 일본 왕권 강화, '일본'이라는 국호 사용.

710년

나라가 일본의 수도가 됨.

794년

간무 천황이 수도를 헤이안(지금의 교토)으로 이전. 헤이안 시대 시작.

967~1185년

후지와라 가문이 황실과의 결혼을 통해 실권 행사.

1087년

'폐쇄 통치'라고 알려진 인세이 제도 도입. 퇴위한 황제들이 불교 수도원에 머무르면서 실제적 권력 행사.

1180~1185년

겐페이 전쟁 발발. 헤이시(다이라 가문)와 겐지 가문 간의 전쟁. 겐지 가문의 승리로 마무리되어 가마쿠라 막부가 설립됨. 일본의 중세 시대 시작.

고대 중국 (기원전 1200~210년)

상 왕조와 중국 문명의 여러 기원

중국의 역사는 왕조 계승의 연속이었다. 전설 속 황제와 하나라 이후 등장한 상나라(기원전 1570~1045년)는 가장 오래된 문자 기록을 남겼으며, 거북딱지와 소뼈에 새긴 '갑골문자'는 오늘날 한자와 유사하다. 이 문화는 후대 왕조들(주, 진, 한 등)의 요람이 된 황허 지역을 중심으로 번성했다. 고고학적 연구에 따르면 기원전 2000년 중반, 북부 초원 지대와 남부 산림 사이에서도 여러 문명이 탄생했다. 이들 문명은 청동기 제작, 궁전과 도시 건설, 전차 사용 등 상 왕조와 많은 공통점을 보였다. 따라서 중국 문명이 중원에서만 유래했다는 단일 기원설은 타당하지 않다. 기원전 2000년 말, 시안 근처 웨이허강 유역에서 등장한 주 왕조는 기원전 226년까지 통치했으나 시간이 지나면서 여러 초기 문화들이 점차 통합되었다.

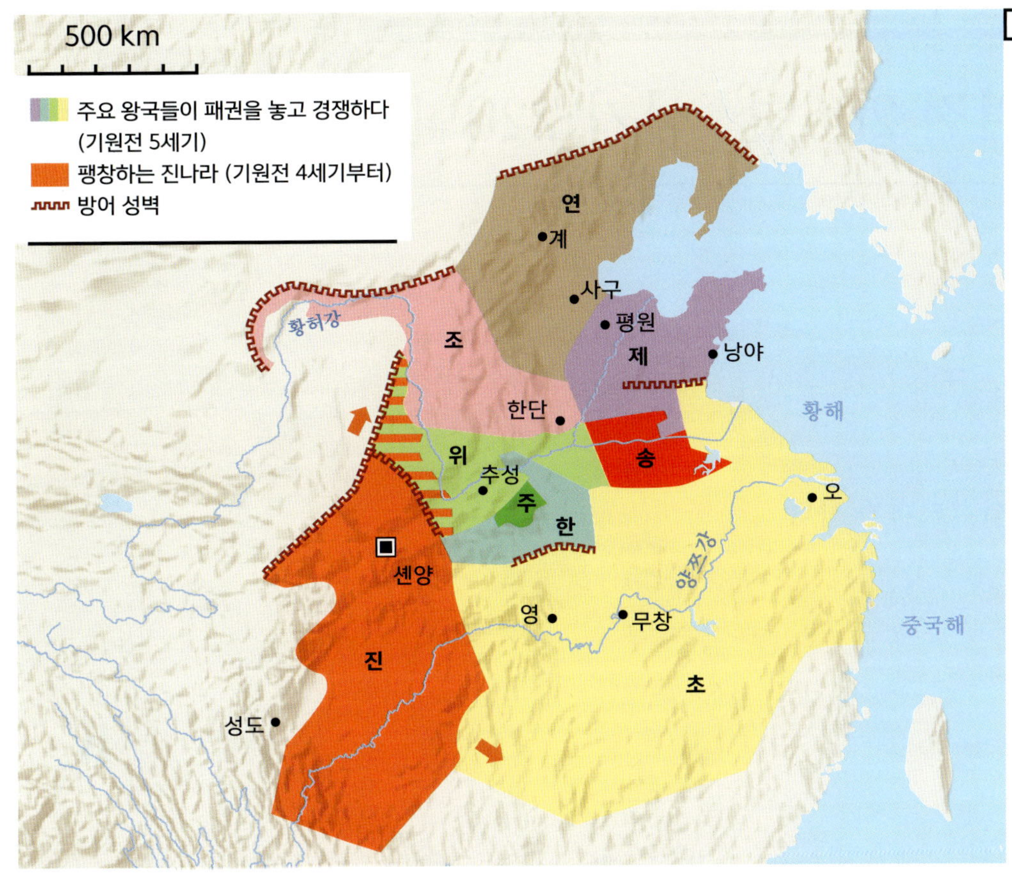

<hr>
1357

전국 시대 (기원전 453~221년)

주나라 초기인 '춘추 시대(기원전 770~481년)' 동안 중국은 문화적 통합이 진행되는 가운데 여전히 십여 개의 제후국으로 분열되어 있었다. 기원전 4세기 중반에는 일곱 개의 제후국만 남았으나, 그들 간의 끝없는 충돌이 계속되었다. 이 시기가 바로 '전국 시대'이다. 당시 주나라 왕실은 명목상의 종주국일 뿐이었고, 실질적인 권력은 강력한 제후들이 장악하고 있었다. 반면 공자는 한 명의 통치자가 평화와 안정을 보장하던 주 왕조의 황금기로 돌아가기를 꿈꾸었다.

<hr>
1222

중국의 첫 번째 황제 (기원전 221~210년)

기원전 221년, 진나라가 주변 제후국들을 정복하며 중국 최초의 통일 제국을 탄생시켰다. 진나라는 인구, 수리 공사, 형법, 조세, 군사 개혁을 단행하며 '전국 시대'에서 가장 강력한 국가로 성장했다. 기원전 221년에는 10년간의 정복 전쟁 끝에 진나라 왕은 스스로를 황제라 칭하며 '진시황'이라는 칭호를 사용하기 시작했다. 그는 셴양을 수도로 삼고 중앙 집권적 행정 체제를 구축하고 화폐, 문자, 도량형을 통일해 국가의 일체성을 강화했다. 옛 왕국들의 국경 성벽을 철거하는 한편, 북쪽의 방어 성벽을 보강하며 만리장성의 기초를 마련했다. 그러나 진시황 사후, 왕조는 오래 지속되지 못했다. 기원전 210년 진시황은 리산의 무덤에 안장되었고, 유명한 병마용의 도용들이 그의 무덤을 지켰다. 이후 내전이 다시 시작되었고 기원전 206년 한나라가 건국되었다.

한 왕조(기원전 206년~서기 220년)

'황금시대'의 기억

한나라는 중국인들에게 이상적인 제국의 모델로 남아 있다. '한'이라는 단어는 중국의 주류 민족인 한족을 지칭하는 말이 되었으며, 더 나아가 '중국인' 자체를 의미하기도 한다. 기원전 206년, 진 왕조를 계승한 한 왕조는 중국 역사상 가장 오래 지속된 왕조였다. 물론 4세기 동안 완벽한 연속성을 유지한 것은 아니었다. 서기 9년에서 25년 사이 왕망의 신 왕조가 등장하면서 서한과 동한으로 분열되었다. 그러나 한나라는 중국 전역을 정치, 문화, 사회적으로 통합하기에 충분한 영향력을 행사했다.

서기 2년의 인구 조사에 따르면, 한나라의 영토는 약 700만 제곱킬로미터에 달했으며, 인구는 5,900만 명(당시 세계 인구의 3분의 1로, 동시대 로마 제국보다 많았다)에 이르렀다. 또한 이 시기에 법률 제정, 황제 숭배 의식 등 중국 문명의 많은 특징이 규범화되었다. 한무제(기원전 141~87년 재위) 시기에는 유교가 국가 이념으로 채택되었으며, 도교가 등장하고, 불교가 중국에 전파되어 중국화되었다. 또한 예술, 과학, 기술도 크게 발전한 시기였다.

한 왕조의 강력한 국력을 바탕으로 중국 제국은 영토를 크게 확장했다. 장강(양쯔강) 남부의 중국화, 대초원민족 통제, 중앙아시아까지의 실크로드 장악 등이 그 대표적인 예다. 그러나 지방 세력의 자율성이 점차 강화되면서 중앙 권력은 약화되었고, 결국 3세기 초 한 왕조가 붕괴되며 '삼국시대'로 접어들었다.

시안베이
룽청
(흉노 강)
흉노
만리장성
우위안
딩샹
유양
옌
타이위안
허베이
한단
린지
황해
란저우
뤄양
추
장안(시안)
완
단양
청두
위푸
이링
허페이
동중국해
창사
싱안
야랑
링팡
서강
판위
남중국해
500 km
한 제국의 경계(기원전 1세기)
제국의 수도
북쪽의 밀과 기장, 남쪽의 쌀 문화의 경계
한 나라의 팽창 방향
무역로
인구 밀도 (인/㎢)
0   10   50   150

인도 문명의 기원
(기원전 3000년~3세기)

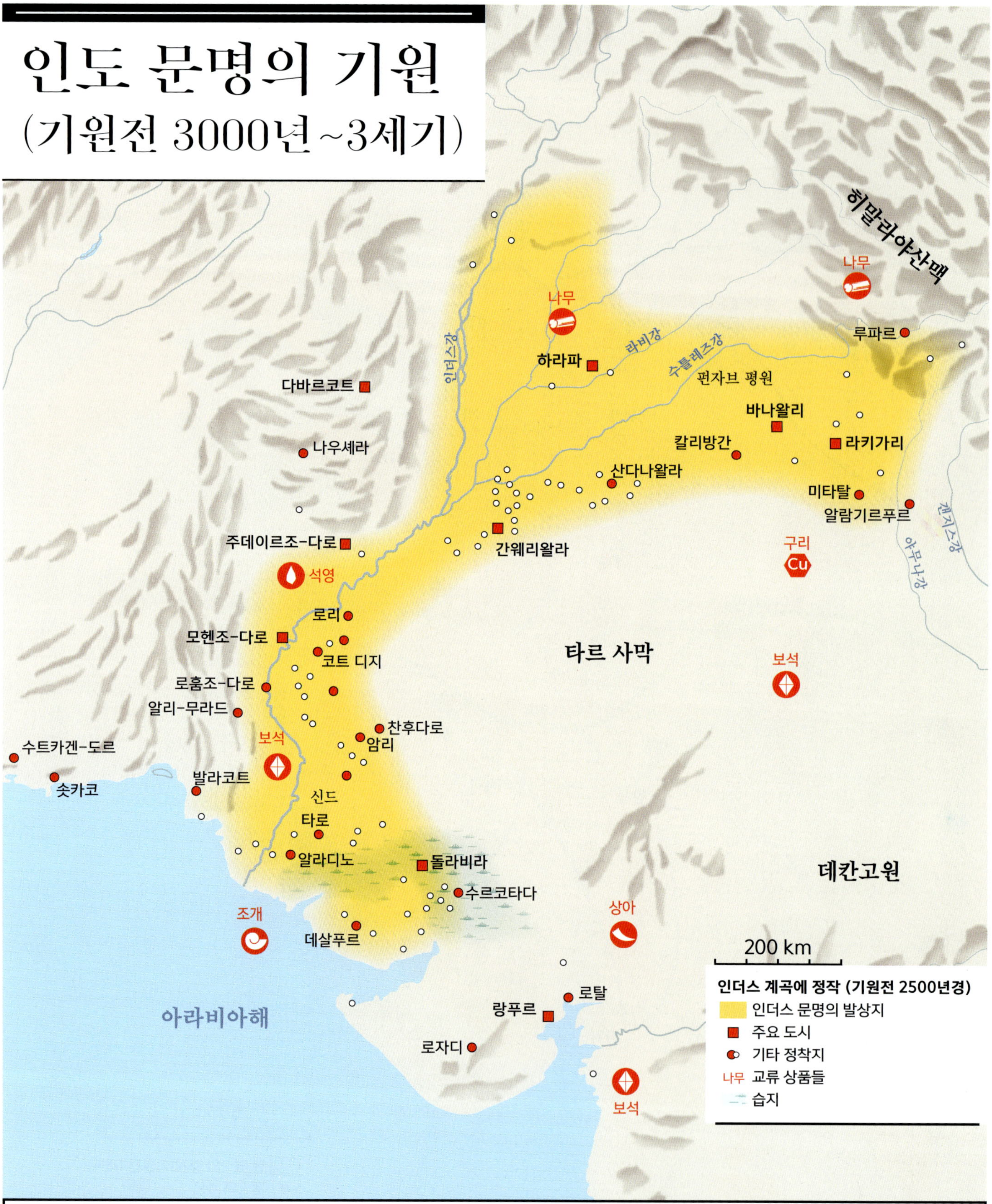

인더스 문명(기원전 3000~1800년)

인더스 문명은 이집트와 메소포타미아 문명의 영향을 받았으며, 인더스강 유역의 개방된 환경 덕분에 크게 번성할 수 있었다. 기원전 6500년경부터 이 지역에 농경 사회가 존재한 흔적이 발견되었다. 기원전 3000년대 초반에는 상업 도시들의 발달과 함께 체계적인 계획도시가 건설되었다. 바둑판식 거리, 발달된 상하수도 시설, 벽돌 성벽 등의 유적을 통해 그 면모를 엿볼 수 있다. 주요 중심 도시는 펀자브의 하라파와 신드의 모헨조다였으며, 점차 갠지스강 계곡으로 확장되었다. 그러나 기원전 2000년대 초반까지 번성하던 인더스 문명은 기원전 1800년경 대부분의 도시가 소멸했다. 기후 변화나 수로망 변화가 주요 원인으로 추정되지만, 정확한 멸망의 이유는 밝혀지지 않았다.

함께 보기 ── 불교와 유교의 전파 **p.72**
　　　　　　 인도양에서 이슬람의 확산 **p.78**
　　　　　　 무갈과 사파비 왕조 **p.346**

마우리아 제국
(기원전 약 321~185년)

기원전 1000년대에 갠지스 평야에 국가들이 출현한 것은, 아주 오래전부터 이 지역에서 숲을 개간해 농경지로 변화시켜왔다는 것을 의미한다. 기원전 320년경, 찬드라굽타 마우리아가 마가다 왕국을 무너뜨리고 마우리아 왕조를 창건했다. 마우리아 왕조의 세 번째 황제인 아소카는 영토를 데칸고원까지 확장하고, 불교 전파에 크게 기여했다. 이는 제국 전역의 바위나 돌기둥에 새겨진 칙령을 통해 확인할 수 있다. 그러나 아소카의 사망 이후, 마우리아 제국의 영토는 점차 축소되었다.

인도 북부의 제국들
(기원전 4세기~서기 6세기)

인도-그리스 왕국 (기원전 100년경)
— 현재의 국경

────────────────── 1020

인도-그리스 왕국
(기원전 약 175~100년)

마우리아 제국이 분열된 후, 페르시아와 헬레니즘 문화를 계승한 그레코-박트리아 왕국들이 인더스강 유역과 갠지스강 서부 지역을 차지했다. 특히 메난드로스 1세(산스크리트어로 밀린다)는 승려 나가세나와의 철학적 대화로 잘 알려져 있다. 이 대화는 불교 경전인 <밀린다팡하>에 기록되어 있다.

쿠샨 제국 (서기 200년경)
— 현재의 국경

────────────────── 1449

쿠샨 제국
(서기 35~230년, 논쟁 중인 연대)

쿠샨 제국은 인도유럽계 언어를 사용했던 월지족의 한 분파인 쿠샨족이 세운 국가이다. 쿠샨 제국은 카스피해에서 갠지스강 중류에 이르는 광대한 영토를 지배했으며, 수도는 페샤와르에 있었다. 쿠샨 제국은 사산 왕조 페르시아, 로마 제국, 중국 한나라 등과 교류하며 동서 교역의 중심지 역할을 했다. 이 시기에 간다라 예술과 다양한 불교 유파들이 크게 발전했다.

기원전 320년~185년

마우리아 제국, 찬드라굽타에 의해 건국되었다. 특히 기원전 260년경 불교로 개종한 아소카 왕은 인도 북부를 통일하고 인도 내 불교를 확산시켰다.

기원전 175~100년

인도-그리스 왕국, 인도-그리스 왕국은 기원전 168년~165년에 통치한 불교 군주인 메난드로스 왕의 통치로 특징지어진다.

기원전 1세기~ 서기 1세기

인도와 로마 제국 간에 교역이 활발하게 이루어짐.

기원전 35년~서기 230년

쿠샨 제국, 2세기에 카니슈카의 통치 아래 최대 영토를 확보한다. 카니슈카는 중앙아시아와 중국에서 불교 전파에 힘쓴다.

서기 319년

굽타 제국의 시작. 찬드라굽타 1세의 등극으로 굽타 제국이 설립된다.

서기 350~376년

사무드라굽타의 통치 동안 굽타 왕조는 인도 북부 대부분 지역으로 지배력을 확장한다.

5세기

훈족이 인도 서부로 진입하면서 굽타 제국이 점차 쇠퇴하기 시작했다.

굽타 왕조(서기 320~540년)

굽타 왕조의 기원은 명확하지 않지만, 4세기경 찬드라굽타와 사무드라굽타 같은 정복자들에 의해 인더스강 유역에서 벵골 지역까지 영토가 확장되었다. 굽타 왕조는 대규모의 조직적인 군대를 앞세워 빠르게 세력을 넓혔다. 수도가 명확히 정해져 있지 않았던 점을 고려할 때, 중앙 집권주의가 아닌 지방 분권주의이거나 수도를 윤번제로 운영했을 가능성이 크다. 굽타 제국은 양면이 바다에 접해 있었지만, 당시 로마 제국이 위기에 처한 상황이었기 때문에 무역로는 주로 벵골만과 동남아시아를 중심으로 발달했다.

굽타 왕조에서는 불교와 자이나교도를 비롯한 다양한 종교가 공존했으며, 특히 힌두교의 초기 형태인 브라만교가 크게 부흥했다. 5세기경 백훈족의 위협이 있었지만, 쿠마라굽타 1세와 스칸다굽타의 통치 아래 경제가 번창했고, 예술과 과학 분야에서도 눈부신 발전이 이루어졌다.

미케네 문명과 크레타 문명
(기원전 2700~1200년)

오디세우스의 신화적 여정을 따라

기원전 8세기경에 쓰인 것으로 추정 되는 <오디세이>는 트로이 전쟁 이후 이타카의 왕 오디세우스가 10년 동안 지중해를 떠돌며 겪은 험난한 여정을 그린 서사시다. 오디세우스는 라케다이몬 출신의 메넬라오스와 미케네 출신의 아가멤논이 이끄는 아카이아 연합군의 일원이었다. 이 작품은 키르케의 섬과 키클롭스의 땅을 배경으로, 다양한 은유와 상징을 통해 인간 존재의 한계와 부재를 탐구한다.

그리스 문화 연구가 빅토르 베라드, 역사 탐험가 팀 서버린, 그리고 인류학자 장 퀴지니에는 <오디세이>의 여정을 실제 지도 위에 재현하려고 했다. 연구에 따르면, 세이렌의 섬은 팔리누로 근처에 있으며, 카리브디스와 스킬라는 메시나 해협에서 활동한 것으로 추정된다. 연구자들은 이 서사시가 당대 그리스 선원들에게 어떤 정보를 제공했는지 그리고 저자가 이를 통해 무엇을 말하려 했는지 밝히기 위해 노력했다.

슐리만이 발굴한 트로이 성채 유적의 연대

- 기원전 3000~2550년
- 기원전 2550~2300년
- 기원전 2300~1300년
- 기원전 1300~1050년
- 기원전 700년~서기 500년

트로이 전쟁은 실제로 있었을까?

1870년, 고고학자 하인리히 슐리만은 튀르키예의 히사를릭 지역을 탐사하던 중 기원전 4000년부터 사람이 거주했던 도시 유적을 발견했다. 그는 이곳이 호메로스가 <일리아스>에서 묘사한 트로이라고 주장했다. 유적지에서는 아크로폴리스 신전, 성벽, 궁전 등이 확인되었으며, 트로이 전쟁이 일어났다고 추정되는 기원전 1344년에서 기원전 1150년 사이에 도시가 파괴된 흔적이 발견되었다. 그렇다면 트로이는 화재로 인해 무너진 것일까? 아니면 지반 침식으로 인해 사람들이 떠난 것일까? 혹은 실제 전쟁으로 인해 파괴된 것일까? 도시의 멸망 원인을 둘러싼 논쟁은 여전히 계속되고 있다. 현재 이 유적지에는 호메로스 서사시의 배경이 된 곳임을 주장하는 박물관이 세워져 있다.

에게해의 두 문화

청동기 시대에 크레타 문명과 미케네 문명은 그리스와 에게해를 지배한 중요한 문명이었다. 크레타 문명은 기원전 2천년대 초부터 발달하기 시작했으며, '미노아 문명'이라고도 불린다. 이 문명은 아직 해독되지 않은 난해한 문자(선형문자 A)를 사용했기 때문에, 많은 부분이 여전히 미지의 영역으로 남아 있다. 그러나 크노소스의 화려한 궁전 유적과 자크로스에서 발견된 활발한 상업 활동의 흔적을 통해, 크레타 문명의 일면을 엿볼 수 있다. 크레타 문명의 쇠퇴는 산토리니섬의 화산 폭발과 관련이 있을 가능성이 크다.

한편, 미케네 문명은 기원전 15세기경부터 그리스 본토를 지배하기 시작했다. 미케네인들은 요새화된 궁전을 중심으로 활동한 상인들이었으며, 크레타 문자에서 파생된 선형문자 B를 사용했다. 이들이 세운 여러 국가와 정복한 식민지들은 조직적인 행정 체계를 갖춘 무역 강국이었다. 호메로스의 <일리아스>에서는 아가멤논이 미케네의 왕으로 등장하지만, 이 이야기는 훨씬 후대에 쓰인 것으로 미케네 문명에 대한 구체적인 정보를 직접 제공하지는 않는다. 기원전 1100년경, 미케네 문명은 여러 국가 간의 갈등 속에서 쇠퇴했으며, 그 몰락은 역사적으로 논쟁이 되는 도리스인의 이주와도 관련이 있을 가능성이 있다.

아테네 (기원전 5세기)

1056

도시의 심장부

펠로폰네소스 전쟁 이전, 아테네에는 10만 명이 넘는 주민이 살고 있었다. 아테네는 해안에서 멀리 떨어진 초기 요새인 아크로폴리스(성채)를 중심으로 발전하기 시작했다. 기원전 5세기경 도시는 성벽으로 둘러싸여 있었으며, 10킬로미터 떨어진 항구와 성벽으로 연결되어 있었다. 아테네의 신전들은 주로 신화 속 영웅들을 기리기 위해 세워졌다. 특히 아테나 여신에게 바쳐진 신성한 올리브나무, 금과 상아로 만든 조각상이 유명했다. 아테나 여신과 포세이돈을 함께 모시는 에레크테이온 사원이 있었으며, 아고라에는 아테네의 전설적인 창건자 테세우스의 유해를 안치했다고 전해지는 성소가 있었다.

1379

페르시아 전쟁 (기원전 490~479년)

페르시아군은 기원전 499년부터 494년까지 이오니아 지역의 반란을 진압한 후(밀레토스를 함락하고 파괴함), 기원전 490년에는 그리스 본토를 공격했다. 페르시아군은 에레트리아를 완전히 파괴한 뒤 아테네 북동쪽 마라톤 해안에 상륙했다. 이에 맞서 아테네의 중무장 보병대인 호플리테스가 페르시아군을 물리쳤고, 곧바로 40킬로미터 떨어진 아테네로 돌아와 수니온 곶을 돌아온 페르시아 함대와 맞섰다. 힘든 행군 끝에 먼저 도착한 아테네군은 결국 페르시아 함대를 퇴각시켰다. 10년 후, 페르시아 함대는 다시 그리스를 침공했으나, 살라미스 해전에서 결정적인 패배를 당했다.

노예 제도에 기반한 경제

고대 아테네 사회는 노예 노동에 크게 의존했다. 노예들은 수공업, 행정, 매춘, 농업, 광산 등 다양한 경제 활동에서 중요한 역할을 담당했다. 대부분의 노예는 그리스 변방과 흑해(고대 폰투스 에우크시노스) 주변 국가 출신으로 스키타이인과 트라키아인이 많았고 소아시아와 근동 지역 출신도 있었다. 드물게 에티오피아 출신 노예도 있었다. 이외에도 그리스 도시국가 간 전쟁에서 포로로 잡힌 이들이 노예가 되기도 했다. 당시 델로스섬은 이러한 노예 교역의 중심지 중 하나였다. 정확한 수치를 파악하기는 어렵지만, 역사학자들은 기원전 5세기 아테네 인구의 3분의 1에서 절반가량이 노예였을 것으로 추정한다. 역사학자 모세스 핀리의 기준에 따르면, 아테네는 '노예 사회'에 해당한다. 노예 제도는 단순히 인구 구성에 영향을 미친 것뿐만 아니라 정치, 문화, 종교, 성 등 사회 전반에 깊은 영향을 미쳤다. 오랫동안 역사학계에서는 노예 제도와 민주주의의 관계를 강조하며, 노예 노동 덕분에 아테네 시민들이 정치 활동에 전념할 수 있었다고 해석해 왔다. 그러나 이러한 해석은 시민 노동의 중요성을 간과한다는 비판을 받기도 한다. 그럼에도 불구하고, 노예 제도는 아테네 사회를 구성하는 핵심 요소 중 하나였다.

펠로폰네소스 전쟁(기원전 5세기)

1076

스파르타, 고대 그리스의 가장 강력한 도시국가

스파르타는 기원전 5세기부터 터전을 잡은 에우로타스강의 비옥한 계곡 지역과, 기원전 6세기에 새로 정복한 라코니아와 메세니아 지역을 아우르는 광대한 영토를 차지하고 있었다. 스파르타의 패권은 주변의 도시국가들(페리오이코이)에까지 미쳤으며, 펠로폰네소스 남부의 절반을 지배했다.

─1055─

펠로폰네소스 전쟁

기원전 431년에 발발한 이 전쟁은 기원전 5세기 내내 계속된 스파르타와 아테네 간의 오랜 경쟁의 결과였다. 스파르타는 펠로폰네소스반도의 광대한 영토와 동맹 도시들과의 연합을 기반으로 한 강국이었던 반면 아테네는 주변 해상 도시국가들과 대규모 연합을 결성하고, 이들에게 패권을 행사했다. 이 갈등은 기원전 404년까지 이어졌으며, 결국 시칠리아 원정(기원전 415~413년)의 치명적인 실패 이후 아테네의 패배로 종결되었다.

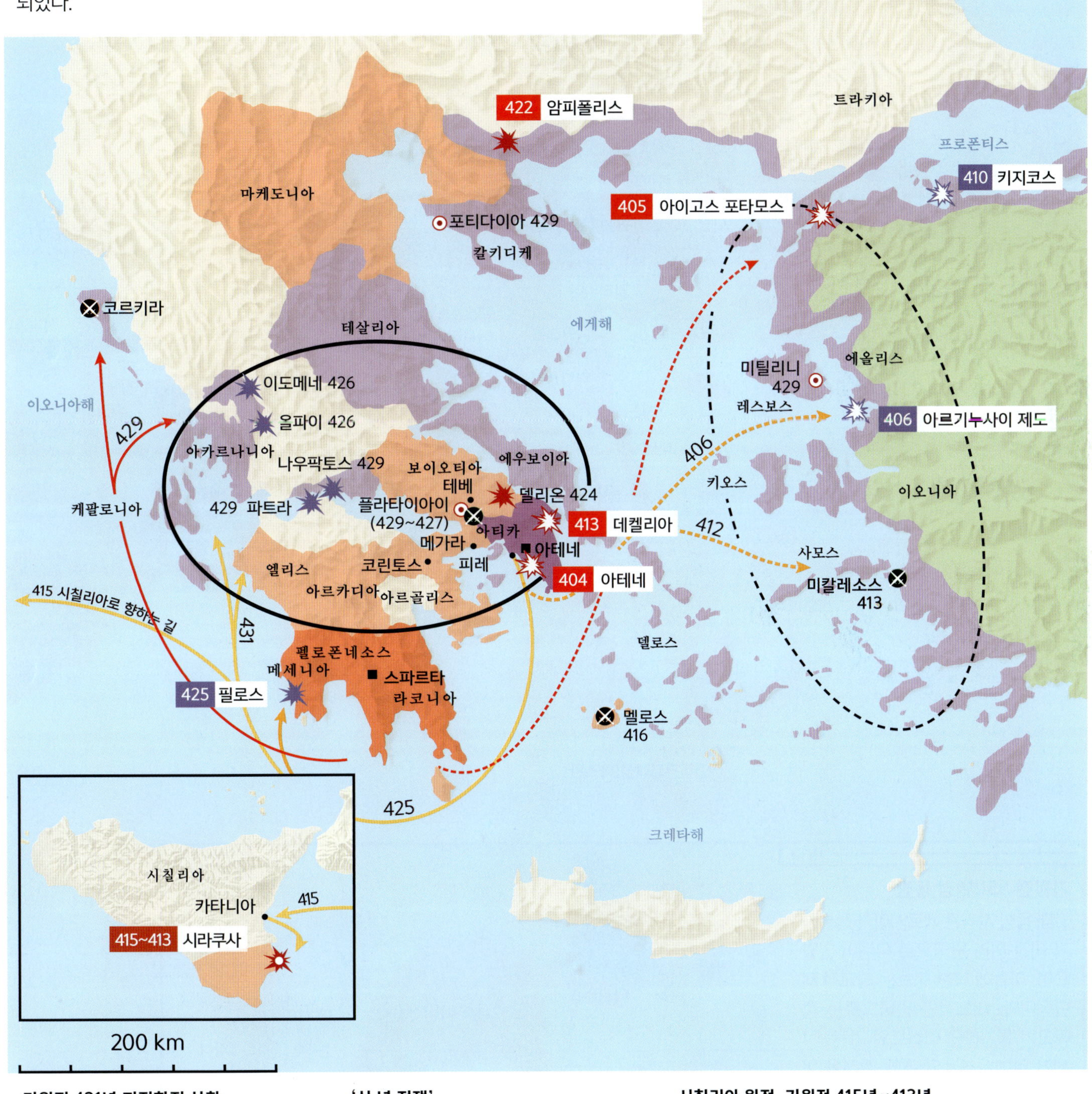

페르시아 왕국(기원전 6~5세기)

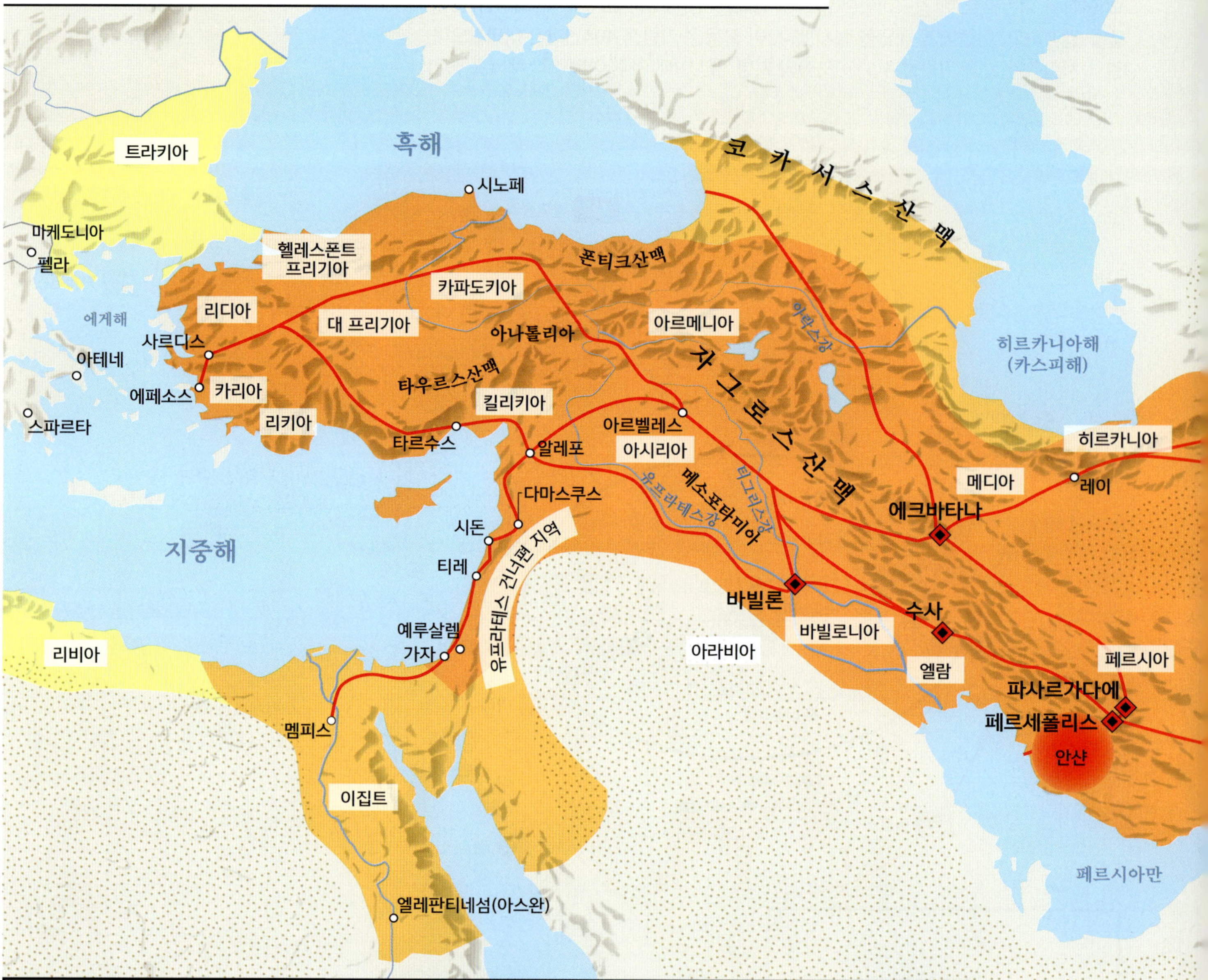

기원전 550년경 동방

고대 동방 지역은 페르시아가 정복하기 이전 여러 왕국으로 나뉘어 있었으며, 이들에 대한 정보는 비교적 제한적이다. 대표적인 왕국으로는 파라오가 통치하던 이집트와 기원전 7세기 말에서 6세기 초에 절정을 이룬 신바빌로니아 제국이 있었다. 한편, 페르시아인들은 수사에서부터 훗날 제국의 중심지까지 이어지는 광활한 지역에 살았다. 이들은 언어와 종교는 달랐지만, 오랫동안 엘람인들과 함께 생활하며 서로 교류하고, 동화되어 갔다.

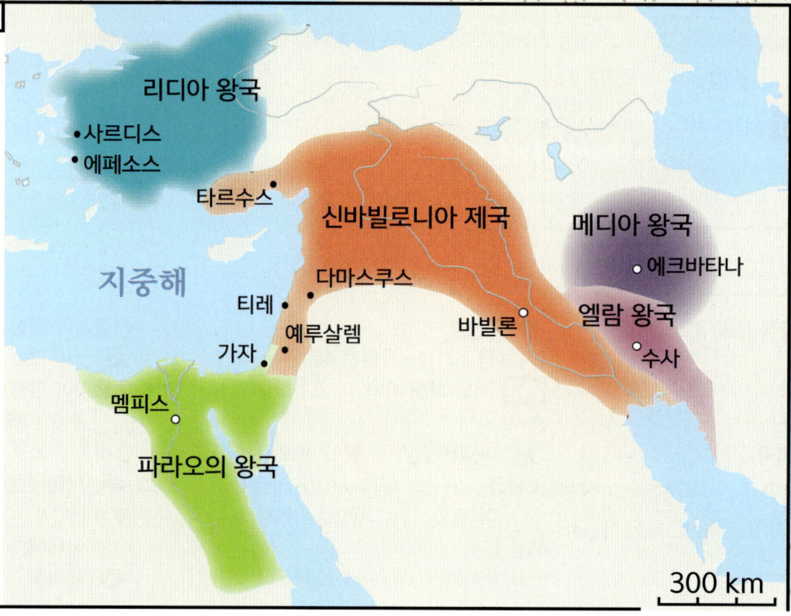

1천만 제곱킬로미터의 제국

페르시아의 아케메네스 왕조는 약 2세기 동안(기원전 530년~330년경) 구대륙에서 최초의 대제국을 건설했다. 안샨 왕국의 작은 왕이었던 키루스 대제는 페르시아의 군사적 우위를 기반으로 메디아, 바빌로니아, 리디아를 차례로 정복하며 세력을 확장했다. 이후 그의 후계자들도 정복을 이어갔으며, 제국의 전성기였던 다리우스 1세의 통치 아래 지중해에서 인더스강에 이르는 광대한 영토(동서로 6,500킬로미터 이상)를 차지했다. 다리우스 1세는 특히 이집트에서 발생한 반란을 진압하며 제국의 통합을 더욱 강화했다. 그의 통치는 알렉산더 대왕(기원전 334~330년)에 의해 제국이 정복될 때까지 지속되었다. 페르시아 대왕은 정복한 지역에서 현지 통치자의 칭호를 받아들여 이집트에서는 '파라오'로 불렸다. 정복한 속주에는 페르시아의 행정 체계를 도입해 '사트라프'라 불리는 총독에게 행정권과 군사권을 부여했다. 또한, 제국 전역에는 거대한 도로망이 구축되어 각 속주를 페르세폴리스, 파사르가다에, 수사 등 제국의 주요 행정 중심지들과 연결했다.

559~530년경
키루스 대왕의 통치와 정복.

525~522년
캄비세스 2세에 의한 이집트 정복.

522~520년
다리우스 1세의 권력 장악 및 반란 진압.

515~510년경
수사와 페르세폴리스에서의 공사 시작.

510~500년경
나일강에서 홍해로 연결되는 운하 개통.

509~458년
현재 알려진 페르세폴리스의 점토판 날짜들.

490~479년
마라톤 전투와 더불어 에게해 전투에서 페르시아가 그리스에게 패배.

486~484년
이집트와 바빌론에서의 반란.

486~465년
크세르크세스 1세의 통치.

458~433년
크세르크세스 1세의 통치.

424~423년
예루살렘에서의 에즈라와 느헤미야 활동.

404~359년
아르타크세르크세스 2세에 의한 수사와 바빌론에서의 새로운 궁전 건설.

399~343년
이집트의 분리 독립.

336~330년
다리우스 3세의 통치.

334~331년
알렉산드로스에 의한 전투에서의 패배.

331~330년
바빌론, 수사, 페르세폴리스, 파사르가다에 함락.

330년 7월
다리우스 3세 암살. 아케메네스 왕조의 종말.

*이 내용은 기원전(BSE)을 기준으로 한다.

고대 로마 이탈리아

에트루리아인(기원전 9~4 세기)

에트루리아인들은 기원전 9세기부터 오늘날의 토스카나와 북부 라티움 지역에 거주했으며, 이탈리아반도에서 유일하게 비인도 유럽어를 사용한 민족이었다. 그들의 기원은 고대부터 논쟁의 대상이 되었다. 이들은 12개 주요 도시국가로 이루어진 도데카폴리스라는 종교적 동맹을 결성했고, 기원전 7세기부터 6세기까지 전성기를 맞았다. 이 시기에 북쪽으로 포강 유역, 남쪽으로 캄파니아 지역(오늘날의 나폴리)까지 지배하며 펠시나(현재의 볼로냐), 카푸아 같은 도시국가를 세웠다. 기원전 6세기에는 타르퀴니아 출신의 왕조가 로마를 다스렸으나, 기원전 4세기 갈리아인의 침략으로 북부 지배권을 잃었다. 이후 삼니움족이 카푸아를 차지하는 동안 로마는 점차 에트루리아 도시들을 차례로 정복해 나갔다.

기원전 6세기 이탈리아의 인구

기원전 1천년 중반, 이탈리아는 외부에서 여러 차례 유입된 인도·유럽어족 민족들이 기존 원주민들과 융합되면서 발전했다. 북부에는 카무니족과 리구리아족이 살았으며 섬 지역에는 사르데냐족, 시카니족, 시켈족 등이 거주했다. 인도·유럽계인 켈트족은 다뉴브강을 넘어 이탈리아 북부에 정착했다. 또한 라틴족, 팔리스커족, 피센틴족, 사비니족을 비롯해 오스크어와 움브리아어를 사용하는 여러 종족(에쿠인, 볼스키인, 루카니인, 브루티움족, 삼니움인)도 같은 기원을 공유했다. 인도·유럽어족인 베네티족과 다우니족은 일리리아에서 유입되었다. 이처럼 유사한 언어를 사용한 이들을 통틀어 이탈리아 민족이라 부른다. 반면, 기원전 8세기부터 이탈리아 남부와 시칠리아에 정착한 그리스인들은 같은 인도유럽어족이지만 이탈리아족과는 구별된다.

이탈리아의 정복

우르비스, 로마 도시

로물루스가 세운 로마는 팔라티노 언덕에 자리를 잡았으며, 기원전 8세기 이전에도 이미 이곳에 사람들이 거주했던 것으로 알려져 있다. 기원전 7세기 말 팔라티노 언덕 아래 계곡은 포럼으로 조성되었다. 기원전 6세기에는 세르비우스 톨리우스 왕이 성벽을 쌓아 로마의 경계를 정했다고 전해지지만, 실제로는 기원전 4세기에 건설되었다. 공화정 시대에 접어들면서 로마는 티베르강 서쪽까지 진출했고, 제국 초기에 이미 인구가 백만 명을 넘을 정도로 성장했다. 초기 로마 제국의 황제들은 기념비적 건축물과 도시계획을 통해 로마를 크게 변화시켰다. 3세기 말, 아우렐리아누스 황제는 로마 둘레에 18킬로미터의 성벽을 쌓아 도시 방어를 강화했다.

지중해 강국의 등장

로마는 기원전 5세기 내내 사비니족, 아이퀴족, 볼스키족 등 주변 민족들의 침입에 맞서 싸워야 했다. 오랜 경쟁자였던 에트루리아와도 여러 차례 군사적으로 충돌했는데, 이는 에트루리아의 상업 중심지 피데나이를 확보하고, 대도시 베이이를 무력화하기 위한 대규모 군사 작전의 일환이었다. 그러나 기원전 4세기 초, 로마는 갈리아인들에게 함락당했다. 기원전 343년 라틴 동맹의 지원을 받지 못한 로마는 삼니움족과 전쟁을 벌여 라티움을 로마에 복속

시켰다. 이후 로마는 본격적으로 영토 확장 정책을 추진했다. 삼니움족과 다른 동맹국들은 제3차 삼니움 전쟁(기원전 298~290년)에 패배해 에트루리아와 움브리아가 해방되었다. 기원전 272년에는 에피루스 왕 피로스가 이끄는 그리스 연합국과 타렌툼이 로마군에 패배하면서 로마가 지중해 무역에서 영향력을 행사하기 시작했다.

포에니 전쟁(기원전 264~146년)

제1차 포에니 전쟁(기원전 264~241년)
- 카르타고 영토
- 카르타고 세계의 경계
- 로마 영토
- 제1차 포에니 전쟁 후 로마의 영토 확장
- 레굴루스의 원정
- 로마 함대의 난파

두 전쟁 사이의 기간(기원전 240~219년)
- 카르타고의 정복
- 로마의 정복
- 로마인에 의한 코르시카와 사르데냐 점령

제2차 포에니 전쟁(기원전 218~201년)
- 한니발의 원정(기원전 218~203년)
- 하스드루발의 원정(기원전 208~207년)
- 한니발 편에 선 지역
- 스키피오 가문의 원정(기원전 218~206년)
- 스키피오 아프리카누스의 원정(기원전 204~202년)

주요 전투들
- 카르타고의 승리
- 로마의 승리

로마 초기 세력의 확장

로마의 최우선 과제는 서부 지중해의 지배권 확보였다. 제1차 포에니 전쟁(기원전 264~241년)은 시칠리아섬을 둘러싼 로마와 카르타고의 충돌에서 시작되었다. 로마는 시칠리아 동부를 점령했으나, 해상에서는 카르타고가 우위를 점했다. 로마 장군 레굴루스가 이끈 본곳 원정은 실패로 끝났다. 그러나 로마는 그리스 도시국가들의 도움을 받아 해군력을 강화했고, 에가테스 해전에서 승리하며 카르타고에 평화를 강요했다. 이로써 시칠리아는 로마의 영토가 되었고, 이후 로마는 코르시카와 사르데냐까지 차지하며 세력을 확장했다.

제2차 포에니 전쟁(기원전 218~201년)은 카르타고의 명장 한니발이 로마의 동맹국인 사곤테를 공격하면서 시작되었다. 그는 코끼리를 앞세워 알프스산맥을 넘고 이탈리아로 진격했다. 한니발은 트레비아, 트라시메노, 특히 칸나에 전투에서 연이어 로마군을 격파하며 승리를 거두었지만, 결국 로마를 직접 공격하지 못하고 장기전에 돌입했다. 이에 로마 장군 스키피오 아프리카누스는 반격에 나서 카르타고 본토를 침공했다. 한니발은 급히 귀환했지만, 자마 전투에서 대패하며 카르타고의 군사력은 크게 약화되었다. 그러나 카르타고는 여전히 로마에 위협적인 존재였다. 이후 로마 원로원 의원이었던 대(大)카토가 '카르타고는 반드시 파괴되어야 한다!'라고 외쳤다. 결국 기원전 149년부터 146년까지 이어진 3년간의 포위전 끝에 카르타고는 완전히 멸망했다.

264년
로마 군대의 메시나 상륙 및 카르타고군의 포위. 제1차 포에니 전쟁 발발.

260~250년
로마는 시칠리아와 아프리카 내 카르타고의 영향력을 약화하려 시도함. 최고 집정관 레굴루스가 아프리카에 상륙, 카이킬리우스 메텔루스는 팔레르모에서 결정적으로 승리.

241년
에가디 제도에서의 패배 후, 카르타고의 장군 함밀카르가 평화 조약을 체결하고 시칠리아에서 철수함. 제1차 포에니 전쟁 종료.

219~218년
하밀카르의 아들 한니발 바르카의 군대가 사군툼을 포위함. 제2차 포에니 전쟁의 발발.

218년
함밀카르의 아들 한니발 바르카가 사곤테에서 포위 공격을 개시. 제2차 포에니 전쟁 시작.

212~201년
로마의 반격, 기원전 207년 한니발의 형 하스드루발이 이탈리아 마르케에서 패배함. 자마 전투에서 로마가 승리함으로써 카르타고가 평화 조약을 체결.

153년
카르타고가 평화 조약을 위반하고 해군을 재건하자 로마와 카르타고 사이에 긴장 고조. 카르타고가 누미디아 왕 마시니사에 대해 개입하면서 149년에 제3차 포에니 전쟁 발발.

146년
3년간의 포위 전투 후 카르타고가 파괴. 대학살에서 살아남은 5만 명이 노예가 되어 이탈리아로 끌려감.

*이 내용은 기원전(BC)을 기준으로 한다.

아우구스투스의 세계(서기 1세기)

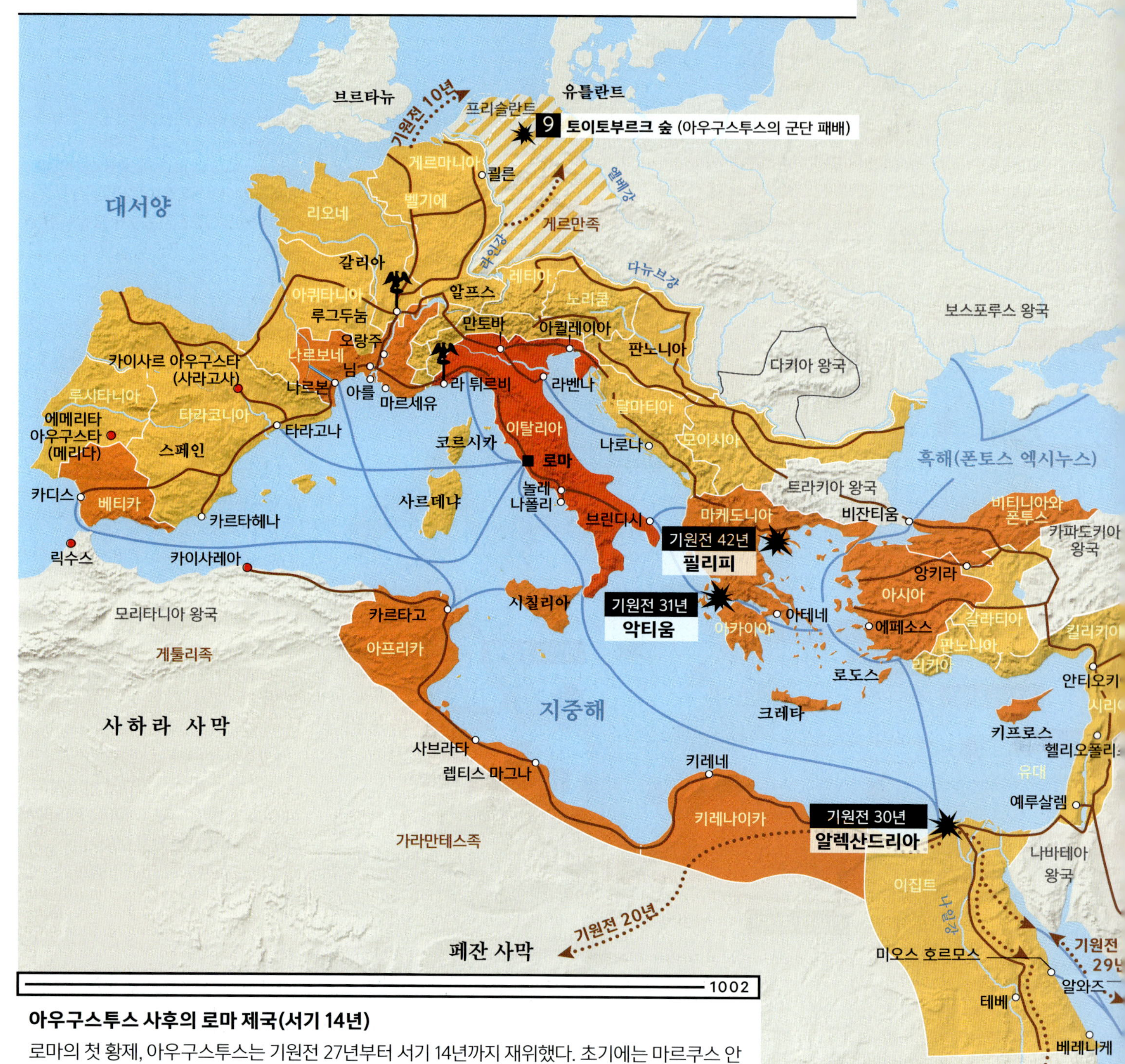

아우구스투스 사후의 로마 제국(서기 14년)

로마의 첫 황제, 아우구스투스는 기원전 27년부터 서기 14년까지 재위했다. 초기에는 마르쿠스 안토니우스와 함께 필리피 전투에서 카이사르를 암살한 공화주의자들을 격파했다. 이후 악티움 해전(기원전 31년)과 알렉산드리아 전투(기원전 30년)에서 마르쿠스 안토니우스와 클레오파트라를 제거하며 권력을 장악했다.

기원전 27년, 아우구스투스는 프린키파투스 체제(원수정)를 도입해 로마 공화정을 종식시켰다. 로마시에는 수도 행정을 위한 기관들이 설치되었고, 이탈리아반도와 갈리아 키살피나까지 확장된 영토는 로마가 직접 통치했으며, 주민들에게는 로마 시민권이 부여되었다.

속주는 '원로원 직할 속주'와 '황제 직할 속주'로 나뉘어 관리되었다. 비교적 평화롭게 관리되는 지역을 '원로원 직할 속주'로, 정복 후 로마로의 동화가 진행 중인 지역은 '황제 직할 속주'로 나누었으며 황제 직할 속주에는 로마의 주요 군단이 주둔했다. 서기 9년, 로마의 바루스가 토이토부르크 숲 전투에서 아르미니우스에게 패배하며 게르마니아 정복을 포기했다. 이후 로마에 남은 최대 위협은 파르티아 대제국이었다.

기원전 44~30년
옥타비아누스와 마르쿠스 안토니우스 간의 내전.

기원전 31년
옥타비아누스가 악티움 전투에서 아기마르쿠스 안토니우스와 클레오파트라에 맞서 승리함.

기원전 27년
옥타비아누스가 '아우구스투스'라는 칭호를 받음. 공화정 제도는 형식적으로 유지, 실질적인 권력은 상실하고 프린키파투스(원수정) 시대가 시작됨. 율리우스-클라우디우스 왕조 시작.

기원전 27년~68년
로마 제국은 라인강, 다뉴브강, 브리타니아(현재의 영국)까지 확장됨.

14년
아우구스투스가 사망하고, 티베리우스가 황제로 즉위.

64년
로마 대화재 발생.

68~69년
1년도 안 되는 기간에 네 명의 황제 갈바, 오토, 비텔리우스, 베스파시아누스가 연속적으로 즉위함.

69~96년
플라비우스 왕조의 통치.

96~192년
안토니누스 왕조가 로마 제국의 전성기를 이룬다.

117~138년
하드리아누스가 집권한다.

161~180년
마르쿠스 아우렐리우스 통치.

193~235년
세베루스 왕조가 집권한다.

212년
카라칼라 칙령으로 모든 자유민에게 로마 시민권이 부여된다.

235~284년
'군사적 혼란의 시대' 여러 침략이 발생.

285~305년
디오클레티아누스 통치하에 로마 제국이 두 명의 아우구스투스와 두 명의 카이사르로 구성된 테트라르키아 체제로 재편된다.

로마의 확장 (1~3세기)

로마 제국의 최대 전성기(서기 3세기 초반)

서기 1세기에서 2세기를 거치는 동안 로마 제국의 인구는 약 6천만 명에서 7천만 명으로, 당시 전 세계 인구의 약 4분의 1에 달했다. 셉티미우스 세베루스 황제(193~211년) 통치기에 제국은 역사상 가장 넓은 영토를 확보했다. 아우구스투스 황제는 페르시아, 인도, 중국의 존재를 알고 있었지만, "나는 세계를 정복했다"라고 선언했다. 1세기에 정복한 영토는 유지되었지만, 2세기에 확보한 영토는 곧 상실되었다. 로마 제국은 5세기 동안 매우 효율적인 행정 체제로 운영되었다. 그리스어와 라틴어가 공용어로 사용되었고, 제국 내에서 자유로운 이동도 가능했다. 로마 시민은 600만 명으로, 제국 인구 가운데 가장 많았다. 이들에게는 로마법이 적용되었으며, 모든 공직에 진출이 가능했다. 212년 카라칼라 칙령(안토니누스 칙령)으로 모든 자유민에게 로마 시민권이 주어졌다.

바다와 강을 통한 게르마니아 침공

로마 군단은 해상과 강을 이용해 게르마니아로 진입했다. 그들은 라인강 지류를 따라 북상하거나 해상을 통해 엠스강과 베저강 하구까지 진군했다. 한때, 라인강 동쪽 지역이 정복된 듯했으나, 9세기 토이토부르크 숲 전투 패배 후 정복을 포기했다.

노예 전쟁(기원전 140~71년)

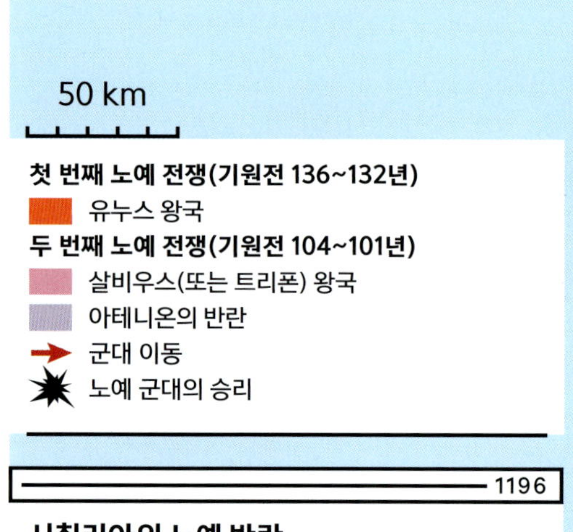

로마의 지배 (기원전 2세기)
도시
노예 반란 지역
칼리키야 반란 노예의 출신 지역
대규모 노예 시장
침입

동방에서 온 노예들

지중해 동부 전쟁에서 승리한 후, 로마에서는 노예 제도가 정착되었다. 수만 명의 전쟁 포로와 해적 출신 노예가 이탈리아 본토와 서방의 속주로 유입되었으며, 주로 집약적 농업지역과 라티푼디움(대농장)으로 팔려 갔다. 델로스와 같은 자유항들은 새로운 무역의 중심지가 되었다.

시칠리아의 노예 반란

로마에 식량을 공급하던 시칠리아의 노예 농장에서 동방 출신 노예들이 대규모 반란을 일으켰다. 당시 로마는 이베리아반도 전쟁과 킴브리와 테우토니와 전쟁에 휘말려 있어 반란 진압에 여러 해가 걸렸다. 그중 캄파니아에서 발생한 트라키아 출신 스파르타쿠스가 주도한 제3차 노예 전쟁(기원전 73년부터 71년)이 가장 위협적인 반란이었다.

폼페이 (서기 79년)

(비밀의 저택과
디오메데스의 저택으로 향하는 길)

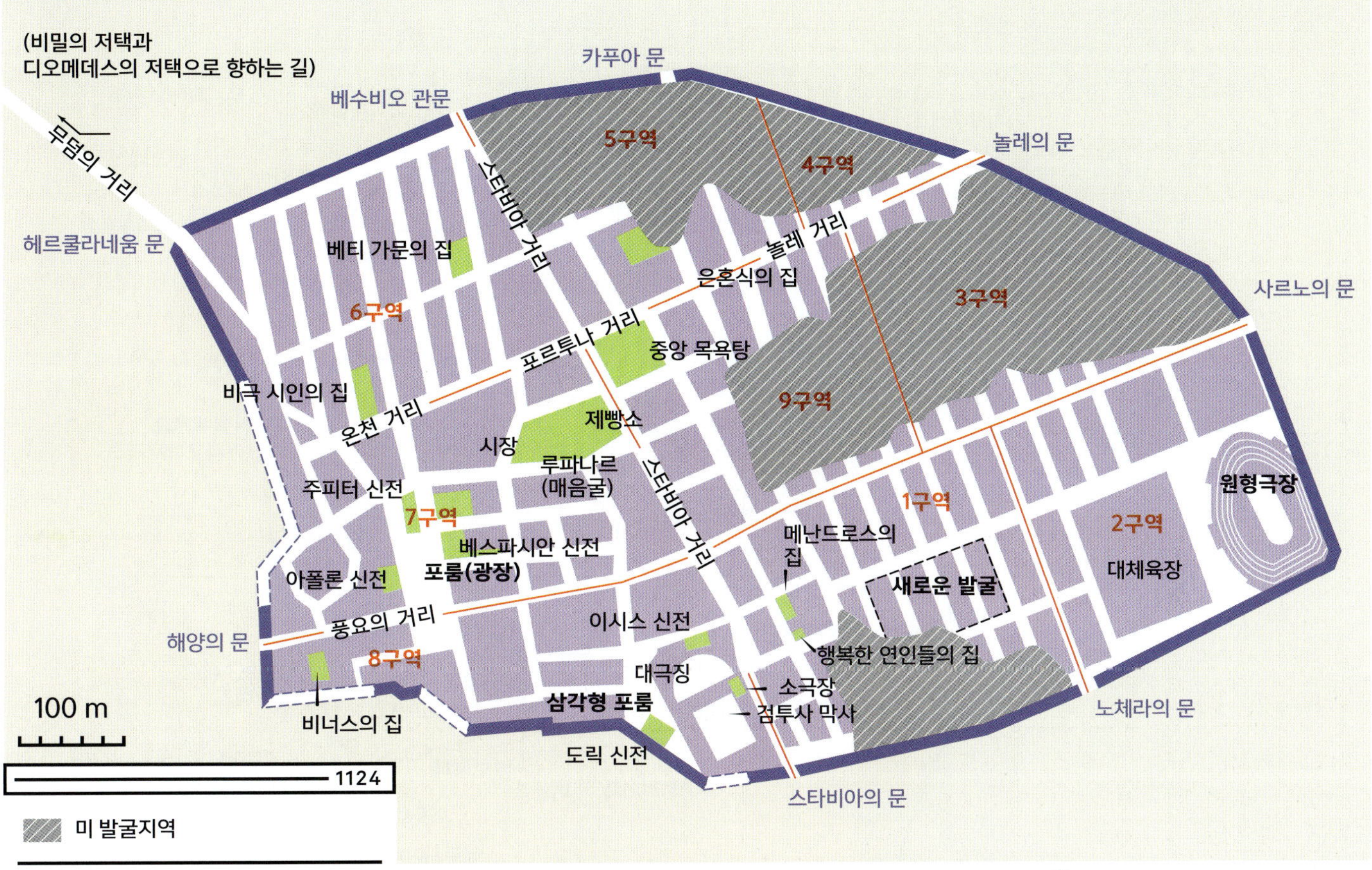

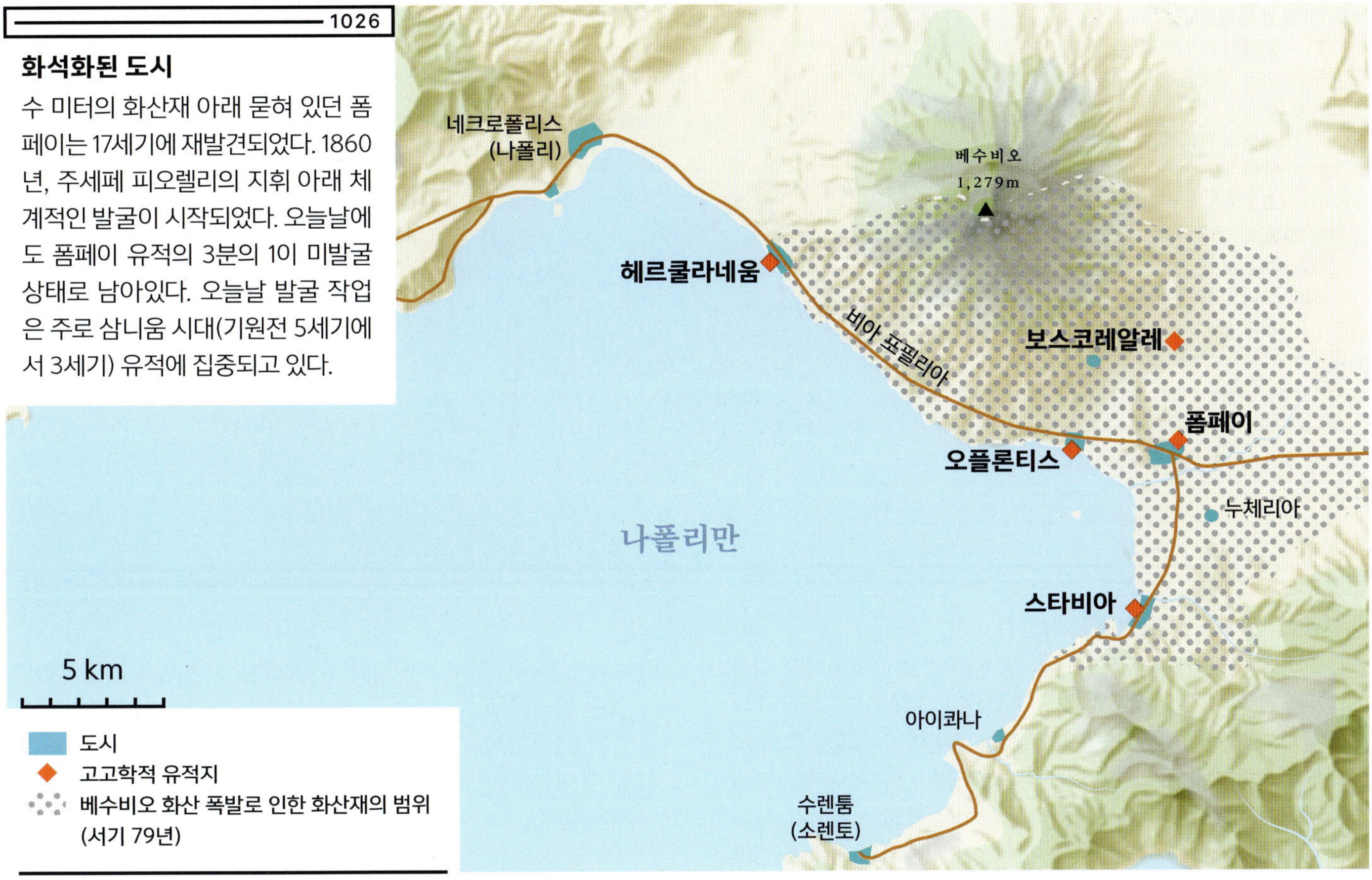

화석화된 도시

수 미터의 화산재 아래 묻혀 있던 폼페이는 17세기에 재발견되었다. 1860년, 주세페 피오렐리의 지휘 아래 체계적인 발굴이 시작되었다. 오늘날에도 폼페이 유적의 3분의 1이 미발굴 상태로 남아있다. 오늘날 발굴 작업은 주로 삼니움 시대(기원전 5세기에서 3세기) 유적에 집중되고 있다.

로마 갈리아

지중해 세계의 변방(기원전 1세기)

갈리아 지역은 카이사르의 정복 전(기원전 58~51년)까지 지중해 교역로와 연결되어 있었다. 고대 유물인 '빅스(Vix)의 무덤 유물' 같은 고고학적 증거는 알프스 북부 지역이 이미 할슈타트 시대부터 지중해 세계와 교류했음을 보여준다. 기원전 2세기부터 로마의 경제 및 문화적 영향력이 군사적 정복보다 앞섰다. 갈리아의 지중해 연안은 기원전 125년에서 121년 사이 로마에 정복되며 나르보넨시스 속주가 되었다. 피레네산맥에서 라인강 사이에 있던 갈리아 도시국가들은 카이사르가 국경을 확정하기 전까지 도시 연합체로 유지되었다. 갈리아인들의 민족 공동체 의식 존재 여부는 19세기 이후 역사학자들 사이에서 논쟁의 대상이 되고 있다.

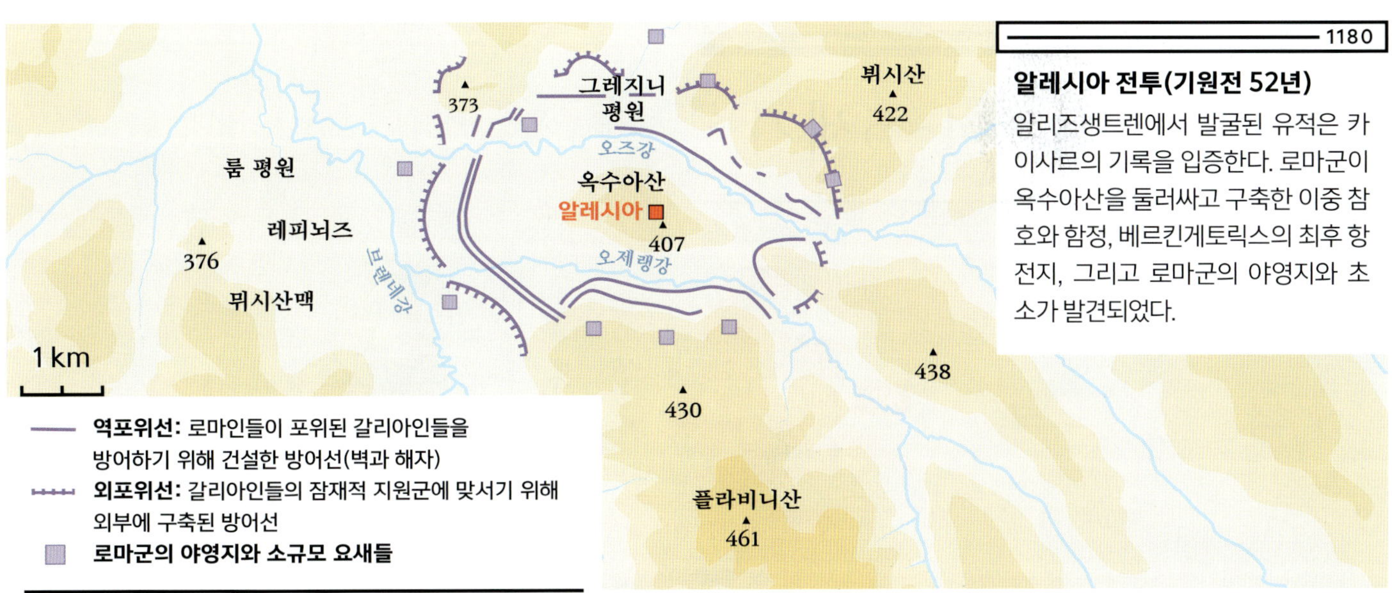

역포위선: 로마인들이 포위된 갈리아인들을 방어하기 위해 건설한 방어선(벽과 해자)

외포위선: 갈리아인들의 잠재적 지원군에 맞서기 위해 외부에 구축된 방어선

로마군의 야영지와 소규모 요새들

— 1180

알레시아 전투(기원전 52년)

알리즈생트렌에서 발굴된 유적은 카이사르의 기록을 입증한다. 로마군이 옥수아산을 둘러싸고 구축한 이중 참호와 함정, 베르킨게토릭스의 최후 항전지, 그리고 로마군의 야영지와 초소가 발견되었다.

— 1102

세 개의 로마 속주(서기 1세기)

갈리아의 나르보넨시스는 오랫동안 라틴 세계에 속해있었지만, 로마가 피레네산맥에서 라인강까지 정복하고 새롭게 국경을 설정한 영토에는 포함되지 않았다. 대신 이 지역은 아퀴타니아, 루그두넨시스, 벨기카 세 개의 속주로 나뉘었다. 갈리아는 그리스와 로마식 정치 제도를 도입해 도시국가에 자치권을 부여했다.

100 km

— 아우구스투스 시대 갈리아 지방의 경계

갈리아 지방 도시들의 추정 경계

• 갈리아 지방 도시들의 중심지

에두엔 도시의 민족

대침략(서기 4~5세기)

게르만 민족 대이동과 지정학적 재편

유라시아 스텝 지대에서 여러 민족이 유입되기 시작했는데, 그 원인으로 중국의 팽창과 기후 변화의 영향이 꼽힌다. 그들은 로마 제국 북쪽의 게르만족을 남쪽으로 밀어냈다. 395년, 테오도시우스 1세의 사망 이후 로마 제국은 동로마와 서로마로 분열되었다. 4세기에는 프랑크족과 서고트족이 로마 영토 내에서 국경을 보호하기 위해 포이데라티 군사동맹을 맺었고, 406년에는 수에비족과 반달족이 라인강을 넘어 로마로 진입했다. 이로 인해 서로마의 지배 체제가 붕괴되었고, 로마인들이 '야만족'이라 부르던 게르만계 왕국들이 들어서는 계기가 되었다. 반면 동로마는 제국의 지배를 유지했다. 5세기 초, 다뉴브강 북쪽에 훈족의 공국이 세워졌다. 훈족의 아틸라 왕은 갈리아와 이탈리아를 차례로 침공했으나 결국 서부 훈족의 몰락으로 실패했다. 서기 476년, 마지막 황제인 로물루스 아우구스툴루스의 퇴위로 서로마 제국은 멸망했다. 이 해는 역사학계에서 서로마 제국의 종말과 고대 시대의 종말로 간주된다. 그러나 동로마 제국은 천 년간 더 존속했다.

대 초 원
드니프로강
알란족
돈강
고트족
376 고트족
서고트족
흑해
370 훈족
훈족
볼가강
카스피해
아르메니아 왕국
378 아드리아노플 전투
콘스탄티노플 (330년부터)
니코메디아
니케아
폰토스
아시아
안티오키아
오리엔트
사산 제국
티그리스강
유프라테스강
동로마 제국
예루살렘
알렉산드리아

300 km

5세기 로마 제국
로마 제국의 경계
교구의 경계
갈리아 지방의 관할구역
이탈리아 지방의 관할구역
일리리아 지방의 관할구역
동방 지방의 관할구역
황제의 거주지
교구의 수도

야만족의 위협
5세기 이민족 대이동 직전,
게르만족의 영역
야만족의 존재가 확인됨
국경에 대한 압박
아틸라 훈족의 진격
훈족의 지배 영역
아틸라의 추정 수도
훈족의 습격
야만족의 장기 정착을 동반한 군사 원정
주요 사건(전투, 포위, 약탈 등)

분할된 공간
언어 경계 (라틴어와 그리스어 사이)
새로운 수도

긴장 상태의 제국
사산조 페르시아 제국의 경쟁 제국
아르메니아 왕국
(428년에 사산조 페르시아 제국에 포함됨)

유스티니아누스(527~565년)

6세기 유스티니아누스 1세, 옛 로마 제국의 영광을 재현하다

유스티니아누스는 아내 테오도라의 지원을 받아 서방 원정을 감행해 지중해를 다시 로마의 호수로 만들고자 했다. 그는 페르시아인과 슬라브족의 침략을 성공적으로 방어하는 한편, 장군 벨리사리우스와 나르세스를 앞세워 북아프리카와 이탈리아 전역, 스페인 남부를 재정복했다. 또한 <로마법 대전>을 편찬해 후대 유럽 법 체계의 토대를 마련했으며, 단성론 등 종교적 이단과 맞서 싸웠다. 그의 통치 기간은 예술적으로도 크게 부흥했던 시기로 성 소피아 대성당을 오늘날의 형태로 재건했다. 그러나 565년 이후 롬바르드족이 이탈리아를 침략하고, 610년대에는 페르시아인들이 소아시아로 진출했다.

부족들
슬라브족
아브르족
알란족
게피드 왕국
게피드족
불가르족
케르소네소스
흑해
548 파르시스
551 페트라
535 살로나
나이수스
다뉴브강
539
사르디카
548
트라키아
트라브존
아르메니아
왕국
드빈
소피아
535
559
아마세이아
548
디라키움
콘스탄티노플
칼케돈
세바스티아
543
테살로니키
니케아
530 타누리스
에피루스
에게해
561 다라의 평화
사산 제국
아나톨리아
카이사리아
544 에데사
에페소스
칼리니쿰
아테네
안티오키아
531
펠로폰네소스
529, 542 세르기오폴리스
유프라테스강
미스트라
아파메아
니아해
크레타해
시리아
베이루트
다마스쿠스
티레
533
카이사리아
지중해
예루살렘
가자
알렉산드리아
나일강
이집트

콘스탄티노플과 동방교회

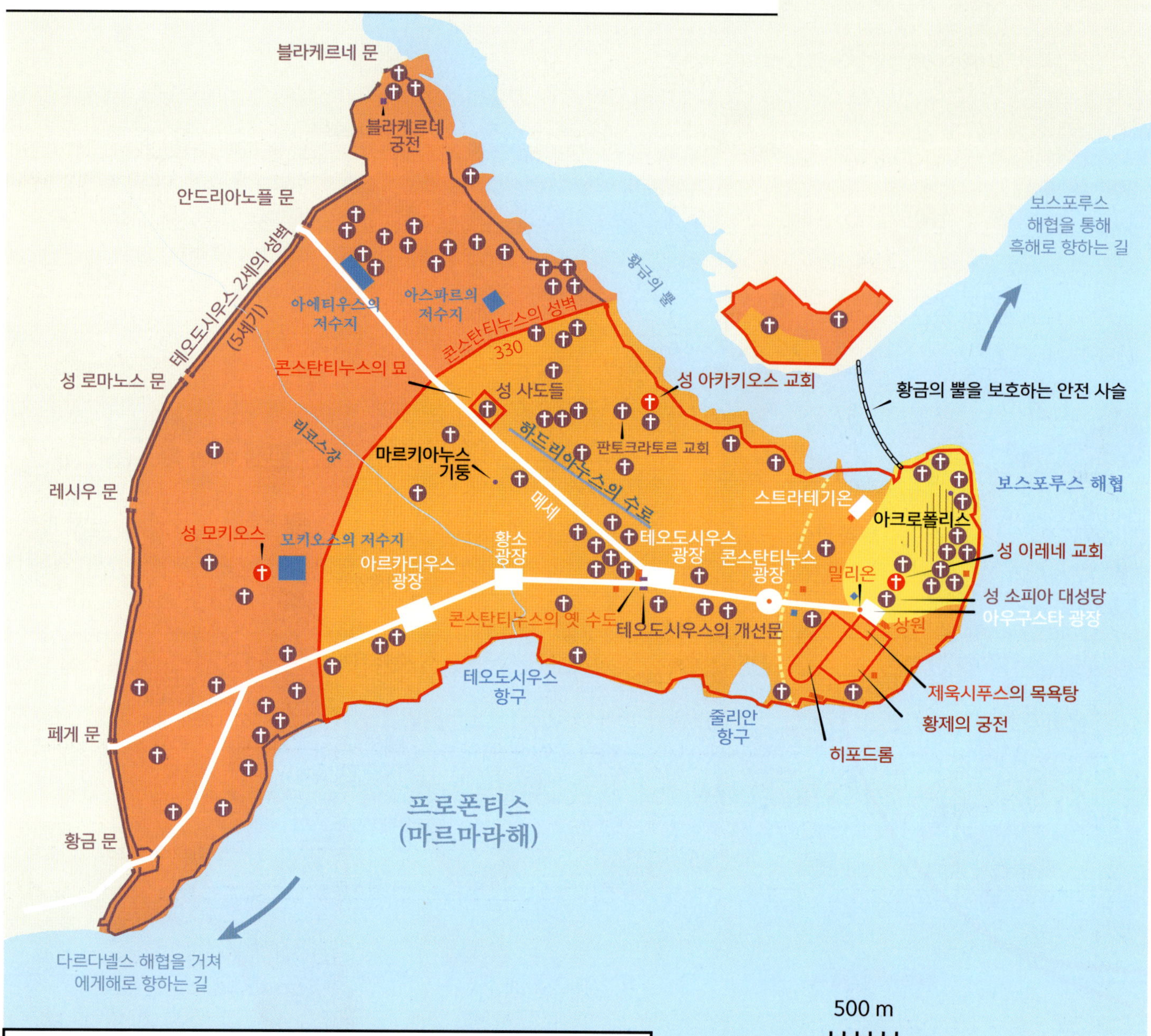

비잔티움 제국(동로마 제국)의 수도

콘스탄티누스 대제는 330년, 제국의 수도를 로마에서 지중해와 흑해를 잇는 보스포루스 해협으로 옮겼다. 이는 매우 전략적인 결정으로, 고대 비잔티움은 헬레니즘 문화의 중심지였으며 동시에 로마 제국의 위기 속에서도 번영을 유지했던 도시였다. 또한 지속적인 압박에 시달리던 두 국경 지대인 다뉴브강과 유프라테스강에서 가까워 방어에 유리했고, 반도 지형 덕분에 로마 본토보다 안전했다. 4세기부터 이 도시는 포룸, 경기장, 왕궁, 저수조, 수로 등 기반 시설을 갖추며 로마와 경쟁하기 시작했다. 콘스탄티누스와 그의 후계자들은 기독교 정착을 위해 힘썼으며, 6세기에 재건된 성 소피아 대성당을 비롯한 여러 교회를 세웠다. 한편 '골든 혼(황금 뿔)' 맞은 편의 페라 지구(그리스어로 '다른 쪽'이라는 의미)는 중세에 이탈리아 상인들의 중심지로 성장했다. 1204년까지 이 도시는 화려함으로 서유럽과 이슬람 세계 사람들을 오랫동안 매료시켰으며, 비잔티움 제국의 번영을 상징하는 표현으로 '여긴 비잔티움이다'라는 말까지 생겨났다.

함께 보기 — 기독교의 확산 p.76
바실리우스 2세 치하의 비잔티움 제국 p.178
오스만 제국 p.190

동방 기독교의 탄생

마론파 교회

마론파 교회는 시리아 지역에 기원을 둔 전통 기독교 공동체로, 이슬람 세력의 확장 이후 8세기경 레바논 산악 지대로 이주했다. 첫 총대주교는 707년에 사망한 요한 마론으로 알려져 있다. 1054년의 대분열 이후 마론파 교회는 로마 가톨릭에 귀속되었다. 현재 전 세계에 약 400만 명의 신자가 있으며, 이중 40만 명이 레바논에 살고 있다.

아르메니아 정교회

4세기, 아르메니아 왕국은 기독교를 국교로 받아들여 세계 최초의 기독교 국가가 되었다. 이 교회는 칼케돈 공의회를 거부하고 독립을 선언했으며, 1439년에 로마 가톨릭과의 연합을 받아들였다. 현재 전 세계에 약 600만 명의 신자가 있다.

콥트 교회

이집트의 콥트 교회는 사도 마가에 의해 설립되었으며, 그리스도의 단성론을 교리로 삼고 있다. 교회의 수장은 '알렉산드리아 교황'이라는 칭호를 사용하며, 카이로에 총대주교가 있다. 예배 언어는 콥트어를 사용한다. 또 다른 종파인 콥트 가톨릭교회는 약 25만 명의 신도를 보유하고 있다. 현재 이집트 내 콥트 교회 신도 수는 국가 기밀로 유지되고 있으나, 이집트 인구의 약 10퍼센트인 900만 명과 해외 신도 약 100만 명이 있는 것으로 추정된다.

시리아 정교회 또는 야곱파 교회

시리아 정교회는 단성론을 따르는 교회로, 테오도라 황후의 지시에 따라 주교 야곱 바라데우스(500~578년)에 의해 조직되었다. 현재 전 세계에 약 450만 명의 신자가 있다.

그리스 정교회 또는 멜카이트 교회

안티오키아, 예루살렘, 알렉산드리아 총대주교구 중 칼케돈 공의회를 지지한 공동체는 그리스 정교회 안티오키아 자치교회와 그리스 가톨릭 멜카이트 교회로 나뉜다. 현재 전 세계에 약 200만 명의 신자가 있다. (멜카는 아랍어로 황제를 의미한다.)

동방 사도교회 (네스토리우스파, 아시리아 교회, 동방 시리아 교회)

동방 사도교회는 메소포타미아와 페르시아에서 기원했으며, 424년에 자치교회로 조직되었다. 이는 로마 제국 내 교회들이 총대주교구로 조직되던 시기와 겹치며, 431년 에베소 공의회를 거부했다. 이 교회는 네스토리우스 총대주교의 그리스도론 교리에 기반을 두고 있다. 현재 전 세계에 약 30만 명의 신자가 있다.

바바리안 왕국(야만 왕국)

픽트족

북해

유트족

발트해

5세기 중반

앵글족

브르타뉴족

5세기 중반

엘베강

비스툴라강

색슨족

프랑크족

반달족

부르군트족

오데르강

프랑크족

451 카탈라우눔 전투

트리어

마인츠

수에비족

알란족

시아그리우스의 로마 영토

루테티아 (파리)

바르바리쿰

롬바르드족

고트족

대서양

알레만족

451

헤룰리족

고트족

바바리쿰 확장

스키리족

376

부르군트 왕국

베로나

452

훈족

게피드족

수에비 왕국

비엔나

414 : 서고트족

밀라노

아퀼레이아

사르마티아인

447

브라가

툴루즈

라벤나

아가티르시족

다뉴브강

반달족, 수에비족, 알란족

아를

410 : 알라리크의 로마 약탈

살로나

니시

소피아

서고트 왕국

코르시카

로마

오도아케르의 이탈리아

378 아드리아노폴리스

콘스탄티노플

세비야

425 : 반달족의 습격

발레아레스 제도

455

455

455

겐세리크의 로마 약탈

테살로니키

사르데냐

시칠리아

동로마 제국

부지

440

카르타고

439 겐세릭이 카르타고를 점령

반달 왕국

지중해

렙티스 마그나

1406

300 km

서로마 제국 이후

476년 서로마 제국이 멸망한 후 영토는 약 12개의 지역으로 재편되었고 '야만인 왕국'이라 불리는 게르만족의 지배를 받았다. 특히 갈리아 지역에서는 클로비스 지휘 아래 프랑크 왕국이 강력한 세력으로 성장했다. 482년 클로비스는 투르네이의 프랑크족 수장에 불과했으나, 이후 루아르강 북쪽 영토를 병합하고 아퀴타니아에서 서고트족을 몰아내며 세력을 확장했다. 그가 511년에 사망한 후, 그의 아들들이 왕국을 분할하여 다스리며 정복을 이어갔다.

5세기의 로마 제국

395년의 제국의 경계

법무관 관할 경계

황제의 거주지

언어 경계(라틴어와 그리스어 사이)

야만족

5세기 이주 직전의 바르바리쿰 (야만인의 땅)

훈족에 의한 습격

5세기의 아틸라의 왕국

프랑크족 야만족

453년 아틸라 사후 훈족의 옛 동맹국들의 분산

주요 군사 원정

반달 왕국의 원정

야만족 왕국

중요한 군사 사건

1419

메로빙거 왕조의 전성기(7세기)

클로타르 2세(584~629년)는 프랑크 왕국의 영토를 사상 최대 규모로 넓혔지만, 왕국 전체를 완벽히 통제하지는 못했다. 경제적으로는 고대로부터 이어져 온 지중해의 해상 무역로가 여전히 사용되었으나, 프랑크 왕국이 갈리아 북부를 차지하면서 무역의 중심축이 북해 지역으로 이동했다. 이에 따라 6세기부터 8세기까지 북해를 중심으로 무역이 크게 성장했다. 이 무역로를 따라 아일랜드 출신의 성 콜룸바누스와 같은 선교사들이 왕래하며 수도원을 설립하는 등 활발한 선교 활동을 벌였다.

서고트족과 동고트족(5~8세기)

서고트족, 이동하는 민족과 스러진 왕국(418~720년)

스칸디나비아에 거주하던 민족들이 3세기경 흑해 북부 지역으로 이동하면서 서고트족과 동고트족으로 분화되었다. 4세기에는 콘스탄티누스 황제가 서고트족을 로마 연방의 일원으로 받아들이고, 다뉴브강 남쪽에 정착할 수 있도록 허용했다. 345년 서고트족은 기독교로 개종했으며, 5세기 초에는 이탈리아로 건너가 410년에 로마를 약탈했다. 이후 서로마 제국의 황제 호노리우스는 그들을 갈리아로 보내 반란 진압을 명령했다. 서고트족의 테오도리크 1세는 아퀴타니아와 스페인 동부 지역을 아우르는 대규모 연합 왕국을 건설하고 툴루즈를 수도로 삼았으나, 451년에 카탈라우눔 평원 전투에서 아틸라와 맞서 싸우다 전사했다. 507년 알라리

크 2세가 이끌던 서고트족은 부이예 전투에서 클로비스가 이끄는 프랑크족에게 패배해 피레네산맥 남쪽으로 밀려났으며, 북쪽에서는 셉티마니아 지역만 남기고 나머지 북부 영토 모두를 상실했다. 이후 서고트 왕국은 8세기까지 이베리아 반도 전역을 차지했으나, 555년 유스티니아누스의 로마 재정복 시도로 위협받았다. 672년부터 바스크족과 셉티마니아 지역에서의 반란으로 왕국의 지위가 흔들리기 시작했고, 결국 남쪽에서 결정적인 공격을 받게 되었다. 711년 서고트족은 지브롤터에 상륙한 우마이야 군대와의 과달레테강 전투에서 대패했고, 마지막 왕 로데리크는 전사했다.

고트 전쟁(534~554년)

알라리크가 이끌던 고트족의 시대가 지나고 몇 세대 후, 테오도리크 아말레가 이끄는 새로운 고트족이 로마 제국 내에 정착할 영토를 확보하기 위해 압박을 가하기 시작했다. 495년 비잔티움 황제 제논의 명령을 받은 테오도리크는 이탈리아로 파견되어 동고트 왕국을 세우고 번영을 이루었다. 535년, 아프리카를 재정복한 유스티니아누스 황제는 테오도리크의 딸 아말라순타 여왕의 죽음을 구실로 삼아 이탈리아를 침공했다. 벨리사리우스 장군이 이끈 비잔티움 군대는 첫 번째 원정에서 나폴리, 로마, 라벤나를 차례로 점령했다. 그러나 541년, 벨리사리우스가 콘스탄티노플로 돌아간 후, 고트족은 그의 부재를 틈타 반격을 개시해 이탈리아 전역을 탈환하고 나폴리 남부까지 세력을 확장했다. 552년에는 비잔티움 사령관 나르세스가 고트 왕 토틸라와 테이아를 물리치기까지 11년간 전쟁이 이어졌으며, 이후 2년 동안 이탈리아 북부에서 고트족의 정착지를 상대로 치열한 전투가 벌어졌다. 결국 이탈리아는 잠시 비잔티움 제국의 영토가 되었다.

에티오피아 이전

다맛 왕국에서 악숨 왕국까지(기원전 8세기~서기 7세기)

고대 에티오피아 문명은 아라비아, 나일강, 지중해와 교류하며 다양한 영향을 받았다. 기원전 8세기경 다맛 왕국은 몰약과 유향 등을 동방에서 들여와 교역했으며, 세미트 문자와 남아라비아 문자 등 셈 계통의 문자를 사용했다. 그러나 이 왕국은 150년을 넘기지 못하고 쇠퇴했다. 그 뒤를 이어 육상에서 해상으로 무역로가 이동하면서 악숨 왕국이 등장했다. 악숨 왕국의 수도이자 항구도시였던 아둘리스는 1세기경 처음으로 그리스인들에 의해 언급되었으며, 고고학적 유적은 2세기까지 거슬러 올라간다.

악숨의 화려하고 거대한 석조 기념물들은 왕국의 정치적, 경제적 힘을 보여준다. 악숨 왕국은 카라반들의 도시 나즈란과 아덴 항을 지배했으나, 이후 히미야르 왕국에게 밀려났다. 이 왕국은 4세기에 에자나 왕의 통치 아래 기독교로 개종이 이뤄진다. 525년에는 칼레브 왕이 히미야르의 유대교 왕 유스프와 전쟁을 벌였다. 그 후 악숨 왕국의 군사령관이 약 570년까지 남아라비아를 지배했다.

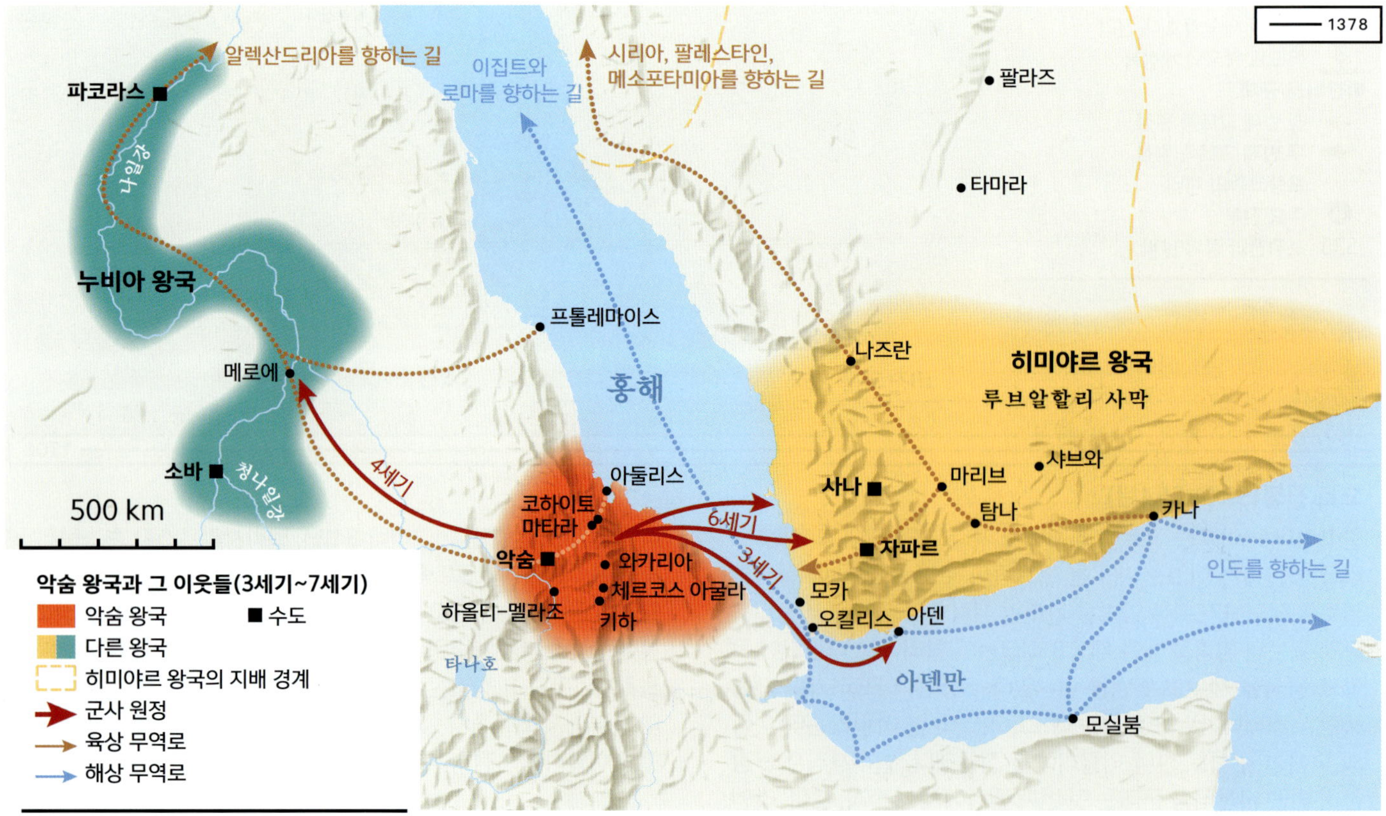

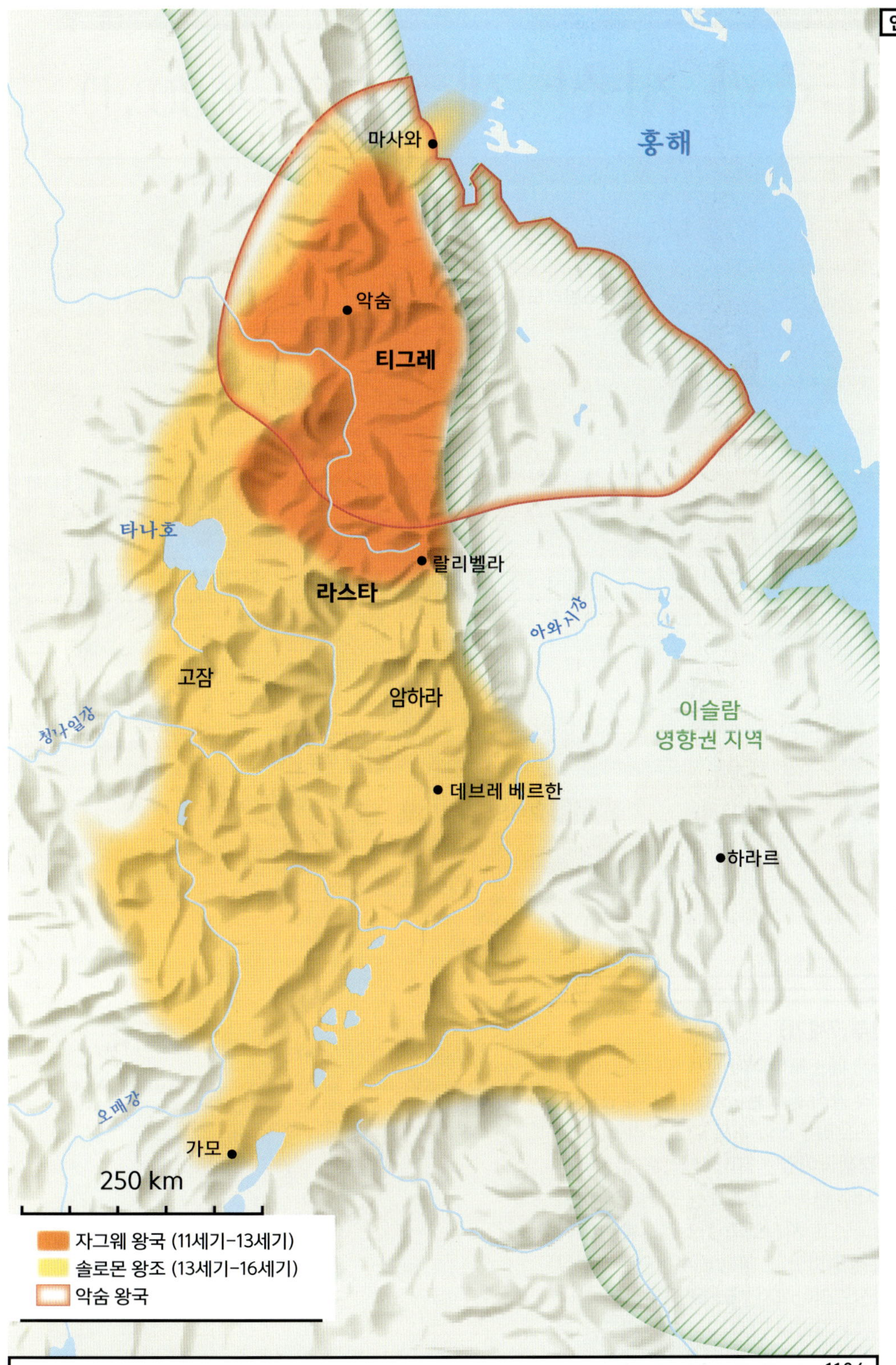

연대기

기원전 8~7세기

다맛 왕국의 출현과 쇠퇴. 홍해 교역의 중심지에 위치한 다맛 왕국은 사바 왕국과 긴밀한 관계를 유지하고 웅장한 사원들을 건설함.

서기 1~3세기

악숨 왕국이 홍해 교역의 중심지에 중요한 역할을 담당하면서 크게 부상함. 4세기에는 기독교로 개종하고 문자를 발전시킴.

서기 5~6세기

악숨 왕국의 전성기, 남아라비아 지역을 정복. 그러나 7세기부터 도시와 왕국이 이슬람의 부상, 기후 변화 등 복합적인 요인으로 쇠퇴하고, 역사 기록이 단절됨.

1150~1270년

자그웨 왕조가 새로운 왕국으로 등장함. 그러나 이 왕조는 솔로몬 왕조에 자리를 빼앗김. 솔로몬 왕조의 왕들은 신화적인 이야기 '케브라 나가스트'를 내세워 자신들이 이스라엘 왕들의 후손임을 주장.

1520~1543년

아달 이슬람 술탄국이 기독교 왕국에 대한 지하드를 선포함. 에티오피아 남부 고원 지대의 오로모족이 솔로몬 왕조의 영토로 이주함.

1540년

리스본에서 포르투갈 사제이자 군목인 프란시스쿠 알바르스의 여행기가 출판되면서 유럽에 솔로몬 왕국의 존재가 널리 알려지게 됨. 1543년부터 포르투갈인들이 기독교 영토 재정복을 지원함.

기독교 왕국의 확장(11~16세기)

한때 번성했던 악숨 왕국은 7세기부터 점차 쇠퇴하기 시작했다. 이후 라스타 지역에는 매우 독실한 기독교 왕국인 자그웨 왕조가 등장했다. 자그웨 왕조의 랄리벨라 왕은 자신의 이름을 딴 도시에 기독교 순례자들을 위한 대규모 성지를 건설했다. 그러나 1270년, 자그웨 왕조는 더 남쪽에 위치한 솔로몬 왕조에 의해 멸망했다. 솔로몬 왕조는 자그웨 왕조의 종교 정책을 계승하며 수도원 문화를 더욱 발전시켰다. 특히 자라 야콥 왕(1435~1468년)은 악숨에서 대관식을 거행했으며, 도시의 주요 교회는 '시온의 성모 마리아'라는 이름으로 개명되었다. 이 교회에는 솔로몬 왕과 시바 여왕의 아들로 전해지는 전설적인 인물, 메넬리크 1세가 가져온 것으로 알려진 언약궤(법궤)가 보관되어 있다. 한편, 솔로몬 왕조는 주변 무슬림 국가들의 지속적인 위협에 시달렸다. 특히 아달 술탄국은 솔로몬 왕조를 상대로 종교 전쟁(지하드)을 선포했다.

비잔티움 제국과 사산 제국(600~630년)

1255

사산조 페르시아와 로마의 마지막 전투(7세기)

사산조 페르시아는 3세기부터 7세기까지 메소포타미아에서 인더스강에 이르는 광활한 영토를 통치했다. 이 제국의 공식 종교는 조로아스터교였으나, 콘스탄티노플에서 이단으로 단죄된 네스토리우스파 기독교도 널리 퍼져 있었다. 사산조의 서쪽 국경은 오랫동안 경쟁국이었던 로마 제국(후에는 비잔티움 제국)과의 지속적인 충돌로 인해 자주 변동되었다. 오랜 전쟁 끝에 591년에 체결된 평화 협정은 602년에 파기되었고, 사산조의 호스로 2세는 아나톨리아 국경을 공격하며 604년에 다라를 점령했다. 이후 614년에는 예루살렘, 615년에는 칼케돈, 619년에는 알렉산드리아까지 차례로 정복하며 아나톨리아, 시리아, 이집트로 영토를 확장했다. 그러나 당시 비잔티움 제국은 슬라브족의 침략을 막는 데 집중해야 했기 때문에 효과적인 반격을 하지 못했다. 610년, 비잔티움 제국의 황제 포카스가 폐위되었고, 헤라클리우스가 새 황제로 즉위했다. 그는 제국 내 남은 속주들을 재정비한 뒤 622년에 본격적인 반격을 시작했다. 623년, 사산조 영토로 진격한 헤라클리우스는 타흐트 술레이만 전투에서 승리하고 아르메니아와 코카서스를 탈환했다. 626년, 불가리아와 아바르족이 콘스탄티노플을 포위했으나 실패했고, 비잔티움 제국은 627년에 니네베 전투에서 결정적인 승리를 거두었다. 이 패배 이후 사산조의 호스로 2세는 폐위되었으며, 628년에 사산조와 비잔티움 제국 간의 평화 조약이 체결되었다. 이에 따라 사산조는 점령했던 모든 옛 로마 영토에서 철수했다. 이로써 4세기에 걸친 두 제국 간의 전쟁도 막을 내렸다. 이 전쟁으로 양국 모두 크게 쇠약해졌고, 그로 인해 아라비아반도에서 시작된 이슬람 세력의 정복이 본격화되는 계기가 되었다.

코카서스산맥
아랄해
카스피해
아무다리야강
623 타흐트 술레이만
627 니네베
니샤푸르
함단
코라산
헤라트
크테시폰
셀레우키아
메소포타미아
사산 제국
알 히라
티그리스강
유프라테스강
페르세폴리스
인더스강
페르시아만
아라비아반도
500 km
575
예멘
사나
자파르
인도양
아덴

600년경의 지정학적 상황
비잔티움 제국
사산 제국
악숨 왕국 (비잔티움 동맹국)
수도
602년 사산 제국의 확장
원정
승리
포위
622년 비잔티움 제국의 반격
원정
승리

5

구대륙의 사회들

7~15세기

7세기 거대한 제국이었던 사산조 페르시아와 비잔티움 제국 틈새에서 이슬람 세력이 등장했다. 새롭게 부상한 이슬람 세력은 서쪽으로는 대서양, 동쪽으로는 히말라야와 동남아시아에 이르기까지 빠르게 확장하며 각 지역의 지정학적 판도를 뒤흔들었다. 이슬람 제국들은 안달루시아에서 중앙아시아에 이르는 광대한 지역을 차지했지만, 내부적으로는 분열과 재통합을 반복했다. 한편 유라시아의 서쪽과 동쪽에서는 기독교 세계, 힌두교 문명, 유교 문화권이 이슬람 세력의 팽창에 대항해 맞섰다. 이 시기는 또한 유목 민족 국가들이 중국과 같은 정주 국가들과 활발히 교류하던 시기이기도 했다. 유럽에서는 다양한 민족들이 등장해 각기 독자적인 역사를 형성해 나갔다. 동시에 십자군 전쟁과 같은 무력 충돌이 벌어졌으며, 이탈리아와 스칸디나비아 출신 상인들의 활발한 동방 교역이 이루어지면서 유럽과 아시아를 연결하는 주요 네트워크가 형성되었다. 한편, 비잔티움 제국의 북쪽에서는 루스 공국을 중심으로 러시아라는 새로운 강국이 부상했다.

중동
지중해
아프리카

이슬람의 기원(6~7세기)

무함마드 이전의 아라비아반도(6세기)

6세기경 비잔티움 제국과 사산 왕조 페르시아 간의 오랜 갈등이 극심해졌다. 지중해에서 중앙 아시아로 향하는 기존 무역로가 분쟁을 피해 우회하게 되었고, 그 결과 아라비아반도의 대상로가 중요한 교역로로 부상했다. 아라비아반도의 교역이 폭발적으로 증가하면서 상인 귀족층이 막대한 부를 축적하게 되었으며, 이는 사회 구조에도 큰 변화를 가져왔다. 다신교가 주류였던 아라비아 사회에서는 유대교와 기독교 같은 일신교가 점차 확산되기 시작했다. 예멘의 힘야르 왕국 군주들은 국교로서 유대교를 채택하기도 했다.

예언자 무함마드 시대의 중동(7세기 초)

이슬람의 창시자 무함마드는 570년경 메카의 카바 신전을 관리하던 쿠라이시 부족에서 태어났다. 젊은 시절 대상인이었던 그는 계시를 받은 후 새로운 가르침을 전파하기 시작했다. 그러나 그의 가르침은 메카의 기존 권력층과 충돌했고, 결국 그는 메카에서 추방되어 622년에 야스리브(현재의 메디나)로 피신하게 된다. 이 사건을 '헤지라(이슬람력의 기원)'라고 부른다. 무함마드는 메디나에서 여러 부족을 통합하며 세력을 확장했고, 632년 사망할 당시에는 아라비아반도 대부분을 통일한 상태였다. 그의 사후, 후계자들은 이슬람 세력을 아라비아반도 밖으로 확장시켰으며, 이를 통해 이슬람은 세계적인 종교로 자리 잡게 되었다.

570년경
무함마드가 메카의 쿠라이시 부족의 한 가문에서 태어남.

610년경
무함마드가 첫 번째 계시를 받았다고 전해짐.

622년
무함마드는 암살 위협을 피해 메카를 떠나 메디나로 이주하는 '헤지라'를 단행했으며, 이 사건이 이슬람력의 시작이 됨. 메디나에서 최초의 이슬람 국가를 수립함.

623~630년
무함마드가 이끄는 메디나의 이슬람 공동체와 메카의 반대 세력 간의 갈등이 발생함.

630년
무함마드의 군대가 메카를 정복함.

632년
무함마드가 사망하면서 후계자를 둘러싼 갈등이 시작. 메디나를 중심으로 한 이슬람 국가가 아라비아 전역을 지배하게 되었으며, 무함마드의 측근이자 장인인 아부 바크르가 후계자로 선정됨.

634~644년
아부 바크르의 뒤를 이어 오마르가 이슬람 국가를 이끌며, 근동 대부분을 정복.

656~660년
오마르의 뒤를 이은 우쓰만이 암살된 후, 무함마드의 사촌이자 사위인 알리가 국가의 지도자가 되어 이라크에 정착함. 이후 시리아의 총독이자 우마이야 가문의 지도자인 무아위야 간에 내전이 벌어졌고, 660년에 무아위야가 제국의 통치자가 됨.

685~705년
우마이야 왕조의 압드 알말릭 이븐 마르완이 '하나님의 칼리프'라는 칭호를 사용하기 시작함. 그의 통치하에 <코란> 본문이 정립되고 제국 전역에 공포됨. 한편, 알리의 지지자들인 시아파는 공식적인 <코란> 판본에 이의를 제기함.

아랍 정복(7~9세기)

순례자의 여정

<코란>에는 구체적인 종교 의식에 대한 지침이 거의 없으며, 많은 고대 다신교 의식이 이슬람식으로 재해석되어 전승되었다. 그중 하즈(메카 순례)는 이슬람력 마지막 달의 8일부터 13일까지 진행되는 중요한 의식이다. 순례자들은 카바 성원을 도는 것으로 여정을 시작하며, 이는 아브라함의 발자취를 따르는 행위를 상징한다. 순례의 절정은 '아라파트 날(9일째)'로, 사탄을 상징하는 기둥에 돌을 던지는 의식과 희생제가 이어지며 순례가 끝난다.

---- 1244

유례없는 지리적 통합

무함마드의 후계자들이 아라비아반도에서 시작한 정복을 통해, 8세기 말에는 광대한 영토가 아바스 왕조의 통치하에 안정적으로 유지되었다. 이 영토는 유프라테스강을 기준으로 동서 양쪽을 오랜 기간 통합한 첫 사례로, 중앙아시아에서 지브롤터에 이르는 넓은 지역을 포함했다. 이슬람 제국은 페르시아 제국의 전역과 로마 제국의 남부 지역까지 포괄했으며, 동쪽으로는 751년 탈라스 전투에서 당나라와 맞섰고, 북쪽에서는 비잔티움 제국과 서유럽 기독교 국가들과 지속적으로 충돌했다. 9세기에는 이슬람 함대가 지중해를 장악하며 크레타와 시칠리아 섬들을 정복하는 등 해상에서도 강력한 영향력을 행사했다. 그러나 10세기부터 제국은 점차 분열되기 시작했다.

마그레브 지역의 지배 (7~8세기)

이프리키야 정복의 어려움, 647~703년

647년 아랍군은 북아프리카를 처음 공격했으나 진격은 순탄하지 않았다. 670년 에미르 우크바 장군이 아랍군을 이끌고 옛 로마의 아프리카 속주를 침공했다. 이 지역은 반달족과 비잔티움 제국의 지배를 받았으며, 아랍인들은 이 지역을 '이프리키야'로 불렀다. 아랍군은 베르베르족을 통제하기 위해 카이르완이라는 도시를 건설했다. 비잔티움의 마지막 거점인 카르타고는 698년에 함락되었고, 그 폐허 근처에 얼마 지나지 않아 새로운 아랍 도시 튀니스가 세워졌다.

그러나 베르베르족의 저항은 거셌다. 베르베르족의 기독교도 왕 쿠사일라는 683년에 비스크라 전투에서 에미르 우크바를 쓰러뜨렸으나, 688년에 그 자신도 목숨을 잃었다. 이후 베르베르족의 여왕이자 전사인 드제라와 부족의 지도자인 카히나가 아우레스 지역에서 아랍군과 맞서 싸웠다. 그녀의 본명은 디야였는데, 아랍 정복자들은 그녀를 예언자라는 뜻의 '알카히나'라고 불렀다. 그녀는 693년에 메스키아나 전투에서 승리했으나, 703년에 전사하며 베르베르족 저항의 상징이 되었다. 그녀는 이후 동양학자들에게도 깊은 영감을 주는 인물이 되었다. 아랍군의 정복 전쟁은 710년까지 이어졌고, 이슬람교가 점차 기독교를 압도하기 시작했다. 하지만 아랍어가 이 지역에 정착하기까지는 더 오랜 시간이 걸렸다.

8세기, 베르베르 왕국의 독립

700년에 에미르 무사 이븐 누사이르는 익숨(현재의 알제리 지역)을 점령했다. 711년에 타리크 이븐 지야드 장군이 베르베르족과 함께 이베리아반도 정복에 중요한 역할을 했으며, 이후 자신의 이름을 따서 타리크의 산(자발 타리크), 즉 '지브롤터'라는 이름을 붙였다. 그러나 740년에 발생한 베르베르족의 대규모 반란으로 아랍 제국의 영향력이 축소되었고, 특히 카이르완 주변의 이프리키야 지역을 제외한 많은 지역이 독립했다.

8세기 중반, 마그레브 중서부 지역에 독립적인 베르베르 왕국들이 등장했다. 이들은 이슬람의 반체제 분파인 카리지파를 신봉하며, 지도자 선출 방식을 중시했다. 이 시기에 타헤르트(현재의 티아레트 근처)는 압둘라 이븐 루스탐이 세운 루스탐 왕조의 중심지가 되었으며, 시질마사는 아이사 벤 야지드가 이끄는 또 다른 왕국의 수도로 성장했다. 또한 틀렘센에서는 바누 이프렌 부족 출신의 아부 쿠르라가 이프렌 왕조를 세워 강력한 베르베르 왕국을 형성했다. 그러나 790년경 이드리스가 틀렘센을 점령하고, 자신의 이름을 딴 이드리스 왕조를 세우며 모로코 최초의 국가를 건설했다.

한편, 이프리키야 지역에서는 아글라브 왕조가 시칠리아를 정복하는 등 번영을 누렸다. 그러나 10세기부터 파티마 왕조와 지리드 왕조가 부상하며 기존 왕조들을 대체했다. 특히 지리드 왕조는 마그레브 전역으로 세력을 확장하며 강력한 영향력을 행사했다.

아바스 왕조(750~1258년)

칼리프와 에미르들, 632~1517년 ——— 1292

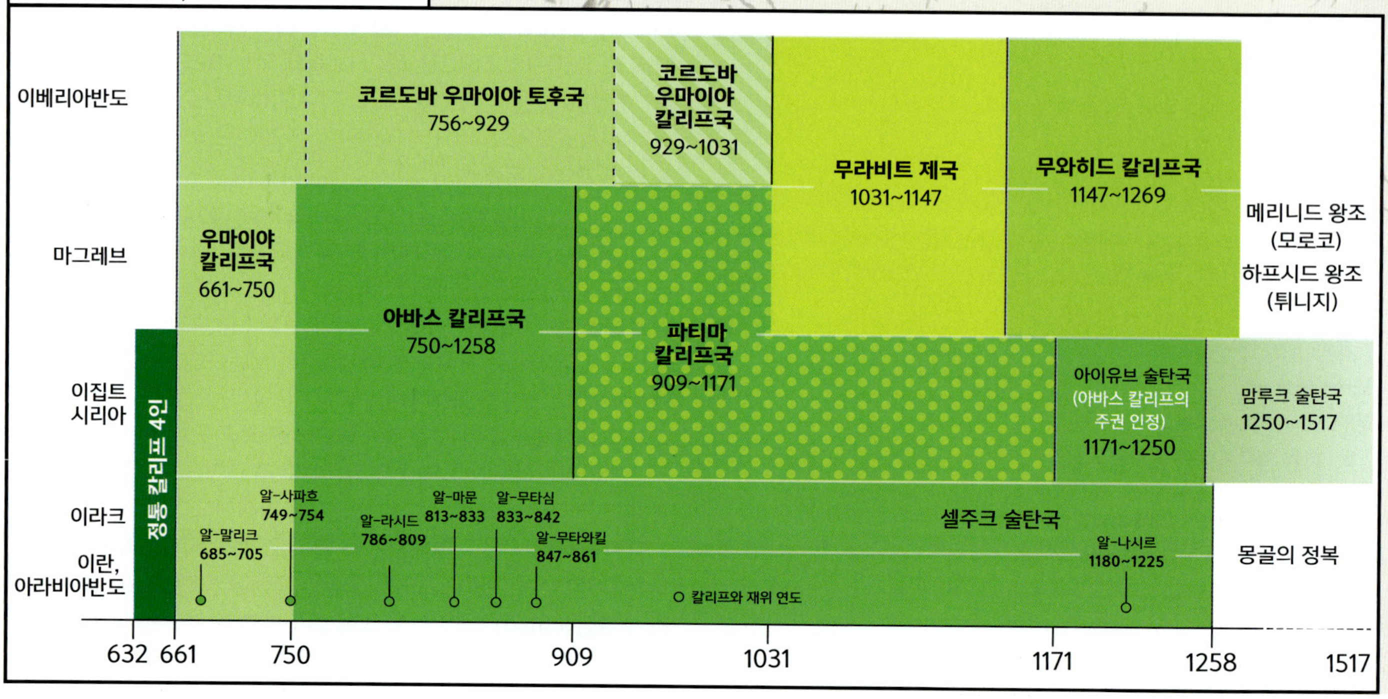

아랍-무슬림 제국의 전성기

750년, 무함마드의 혈통을 이어받은 아바스 왕조가 우마이야 왕조를 무너뜨리고 권력을 장악하면서, 이슬람 세력의 중심이 시리아에서 이라크로 이동했다. 762년 아바스 왕조는 바그다드를 새로운 수도로 건설하고 황금시대를 열었다. 이 시기 아바스 제국은 시칠리아와 크레타를 정복하고, 비잔티움 제국과 끊임없는 국경 전쟁을 벌이면서 전성기를 맞이했다. 그러나 마그레브 서부와 알안달루스(이베리아반도) 지역은 아바스 왕조의 통제에서 벗어나 독립적으로 성장했다.

10세기에 들어서면서 이슬람 세계는 여러 경쟁 세력으로 분열되었다. 코르도바의 우마이야 왕조와 마그레브의 마흐디야에서 출발해 이후 카이로에 자리 잡은 파티마 왕조가 각각 독자적인 칼리프 칭호를 주장하며 아바스 왕조에 도전했다. 한편, 바그다드의 아바스 칼리프는 점차 통제력을 잃고, 페르시아계 시아파 왕조인 부와이 왕조와 튀르크계 수니파 왕조인 셀주크 제국의 보호 아래 놓였다. 셀주크 왕조의 지도자들은 '술탄'이라는 칭호를 사용하며 실권을 행사했다. 1258년, 몽골 제국의 침공으로 바그다드가 함락되면서 아바스 칼리파국의 권력은 소멸되었다. 이후 아바스 가문의 일원들은 맘루크 왕조의 보호 아래 이집트 카이로에서 상징적인 칼리프 자리를 유지했다.

바그다드와 카이로, 두 개의 새로운 도시

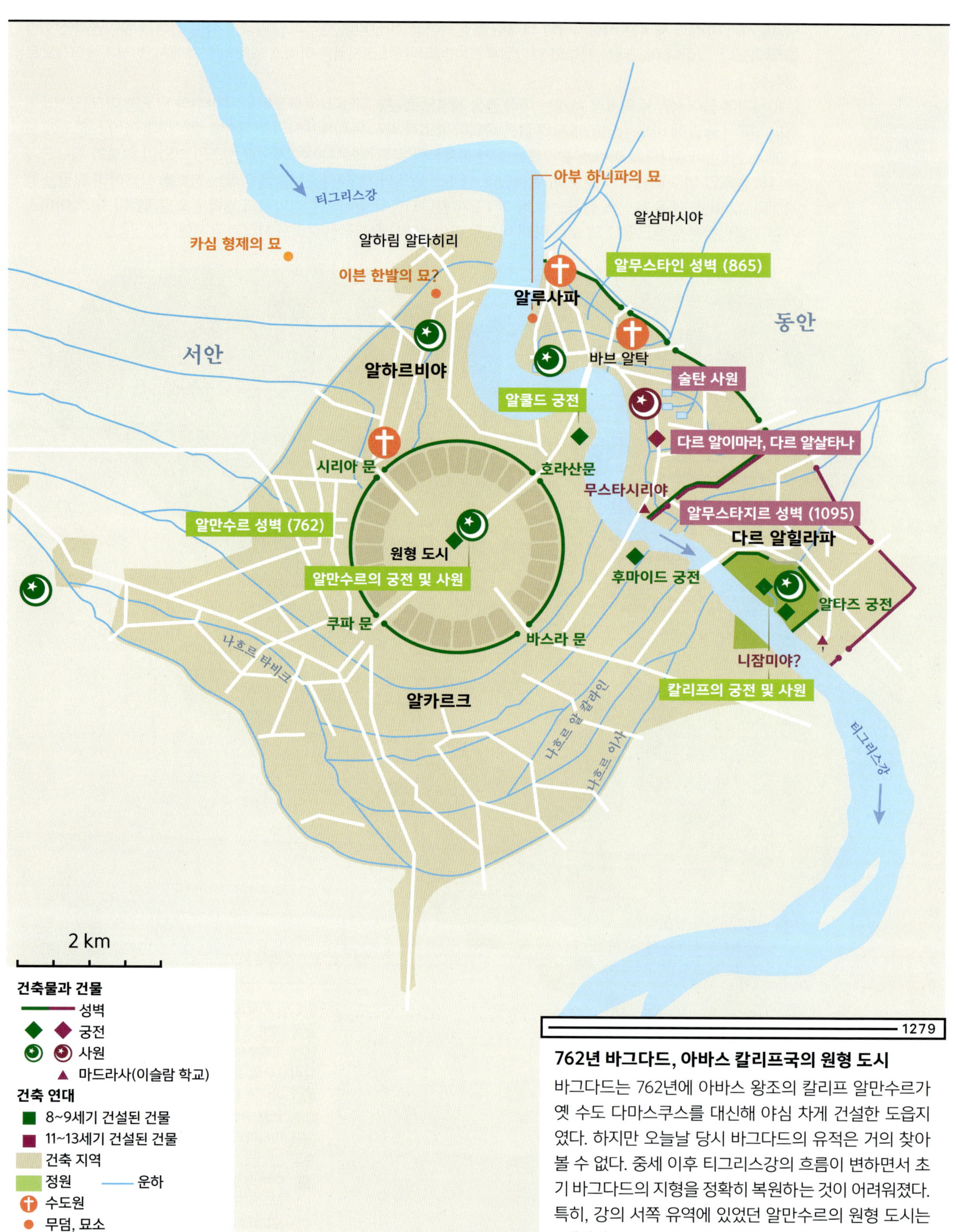

1279

762년 바그다드, 아바스 칼리프국의 원형 도시

바그다드는 762년에 아바스 왕조의 칼리프 알만수르가 옛 수도 다마스쿠스를 대신해 야심 차게 건설한 도읍지였다. 하지만 오늘날 당시 바그다드의 유적은 거의 찾아볼 수 없다. 중세 이후 티그리스강의 흐름이 변하면서 초기 바그다드의 지형을 정확히 복원하는 것이 어려워졌다. 특히, 강의 서쪽 유역에 있었던 알만수르의 원형 도시는 9세기 초에 폐허가 되어, 그 흔적을 찾기가 더욱 어렵다.

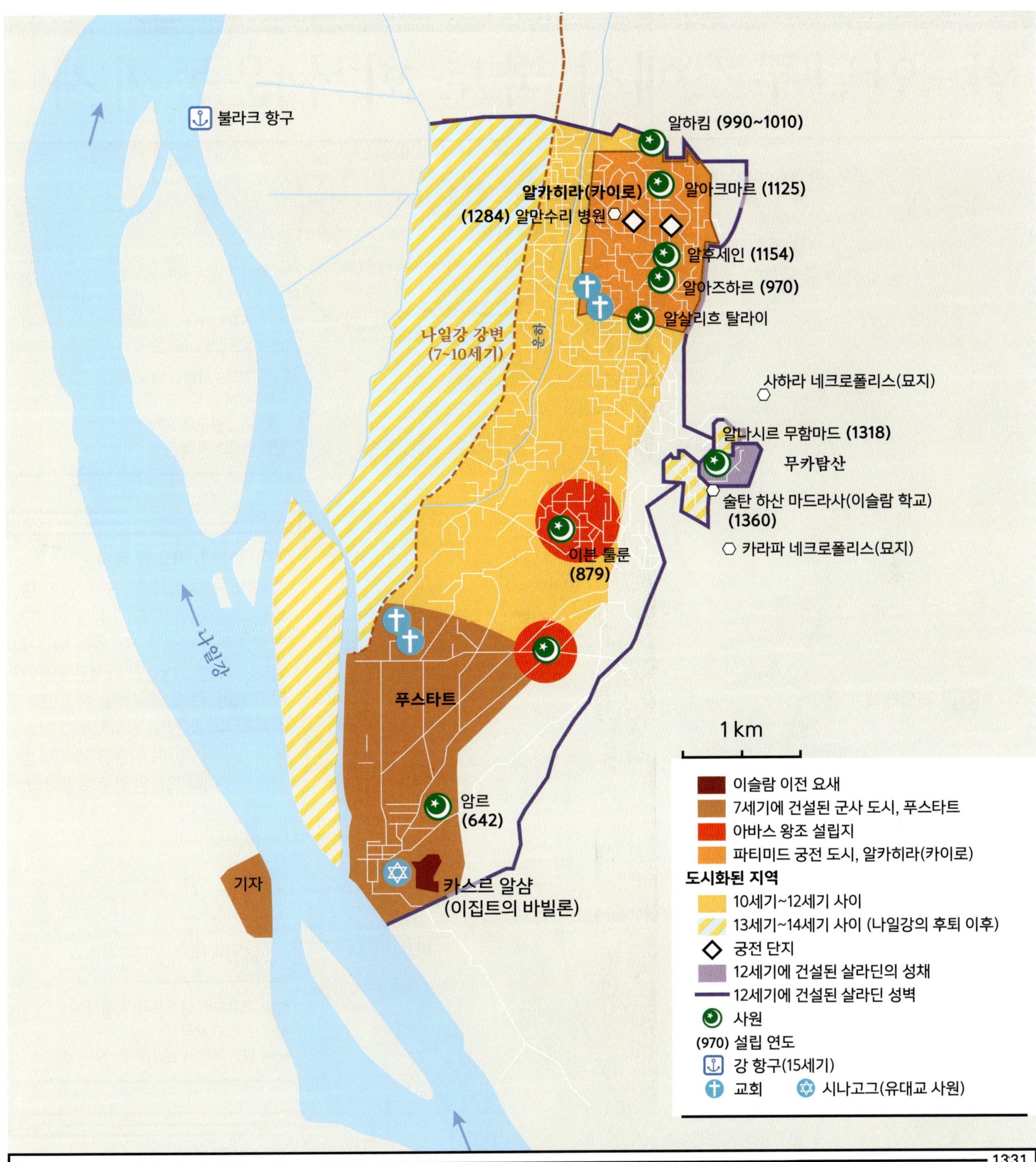

969년 파티마의 궁전 도시, 카이로

969년 마그레브 출신의 시아파 왕조가 세운 파티마 칼리파국은 푸스타트에서 북쪽으로 약 4킬로미터 떨어진 곳에 새로운 도시 알카히라(승리자라는 뜻)를 건설했다. 푸스타트는 642년에 아랍인들이 이집트를 정복하며 세운 최초의 이슬람 도시이자, 아프리카에서 가장 오래된 이슬람 사원이 세워진 곳이다. 이 지역은 나일강의 삼각주와 계곡이 만나는 전략적 요충지로, 여러 시대에 걸쳐 이집트 수도 역할을 해왔다. 파티마 왕조는 카이로를 대규모 궁전 단지로 조성하며, 이슬람 이전 이집트의 정치적, 문화적 중심지로 발전시켰다. 중세 최대 도시 중 하나로 성장한 카이로는 이슬람 학문과 예술의 중심지가 되었다.

1171년 파티마 칼리파국이 몰락하고 새롭게 살라딘이 권력을 장악했다. 그는 카이로 방어를 강화하기 위해 새로운 성벽을 쌓고, 강력한 요새인 카이로 성채(시타델)를 건설하여 푸스타트와 카이로를 하나로 통합했다. 이렇게 확장된 카이로는 1348년 흑사병이 발병하기 직전인 맘루크 왕조(1250~1517년) 동안 급속히 성장하면서 비로소 완벽히 도시화되었다. 흑사병으로 인해 일부 외곽 지역은 쇠퇴했지만, 카이로는 15세기에 다시 도시적 정체성을 회복하고 번영을 이어갔다. 18세기 말, 나폴레옹 원정대가 이집트를 침략하면서 카이로의 지도와 도시 구조를 처음 체계적으로 기록했다.

알-안달루스에서 국토 회복 운동까지

711~715년, 이슬람 정복

711년, 타리크 이븐 지야드 장군은 대부분 베르베르인으로 구성된 약 1만 명의 병력을 이끌고 지브롤터 해협을 건너 상륙했다. 이슬람 세력은 4년 만에 이베리아반도 대부분을 장악했고, 북쪽의 피레네산맥과 북서쪽의 아스투리아스 일부만이 이슬람 세력의 통치에서 벗어나 독립된 영토로 남았다.

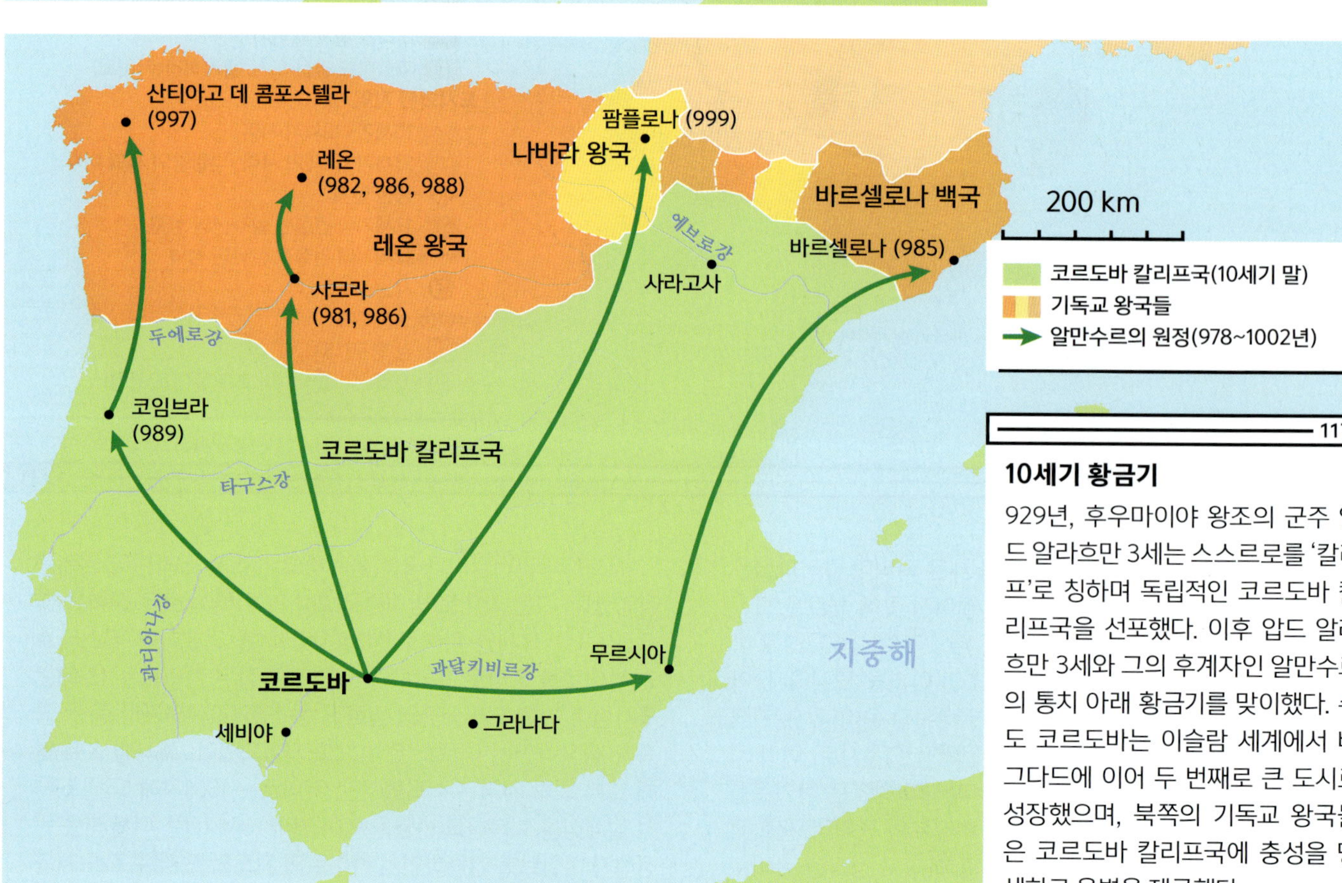

10세기 황금기

929년, 후우마이야 왕조의 군주 압드 알라흐만 3세는 스스로를 '칼리프'로 칭하며 독립적인 코르도바 칼리프국을 선포했다. 이후 압드 알라흐만 3세와 그의 후계자인 알만수르의 통치 아래 황금기를 맞이했다. 수도 코르도바는 이슬람 세계에서 바그다드에 이어 두 번째로 큰 도시로 성장했으며, 북쪽의 기독교 왕국들은 코르도바 칼리프국에 충성을 맹세하고 용병을 제공했다.

서고트족과 동고트족 p.148
아랍 정복 p.160
포르투갈의 기원 p.210

여러 이슬람 소국들(타이파)
기독교 왕국들

1172

1031년, 분열

알만수르의 사망 후, 코르도바 칼리프국은 급격한 혼란에 빠졌다. 베르베르족, 아랍인, 기독교 용병들 간의 내전이 이어지면서 정치적 불안과 분열이 심화되었다. 결국 1031년 후우바이야 왕조는 완전히 몰락했다. 이후 여러 독립된 소국(타이파, Taifa)들이 등장했지만, 대부분 베르베르계 무라비트 왕조에 흡수되고 말았다.

그라나다 왕국
기독교 왕국들
이슬람군의 승리
기독교군의 승리
국토 회복 운동
국토 수복 전쟁의 전선

1038

1085~1492년, 레콩키스타

12세기에도 이슬람 세력은 여전히 이베리아반도 남부의 약 3분의 1을 지배하고 있었다. 카스티야와 아라곤 왕국은 기독교 세력 간의 갈등을 해소하기 위한 카솔라 조약을 체결, 1212년 라스 나바스 데 톨로사 전투에서 결정적인 승리를 거뒀다. 1266년경에는 이베리아반도에 이슬람 세력은 그라나다만 남았지만, 그마저도 1492년에 함락된다.

무라비트 왕조와 무와히드 왕조 (1061~1269년)

1275

알안달루스에서 이프리키야와 세네갈에 이르는 제국

1040년경, 사하라 사막에 거주하던 베르베르 부족인 무라비트 왕조가 모로코와 알안달루스의 여러 도시로 세력을 확장하기 시작했다. 같은 시기 마그레브 동부 지역인 이프리키야(현재의 튀니지)에는 이집트 출신의 아랍 유목민인 힐랄족이 이주하면서 큰 혼란이 발생했다.

1071년, 무라비트 왕조의 창시자인 유수프 이븐 타슈핀은 모로코에 고대 도시 마라케시를 건설하고 그곳을 수도로 삼았다. 무라비트 왕조는 여러 사원을 세워 마라케시를 학문의 중심지로 만들었으며, 동시에 사하라 횡단 무역의 중심지로 삼아 사하라 이남 서부 지역과 지중해를 연결하는 요충지가 되었다. 11세기 말, 무라비트 제국의 세력은 코르도바에서 세네갈강까지 확장되었다.

1130년, 아틀라스산맥의 베르베르 산악 부족들이 새로운 이슬람 개혁 운동을 일으키며 봉기했다. 이들은 '단일주의자'라는 뜻의 무와히드로 불리며, 주요 도시들을 차례로 정복해 나갔다. 1147년 마라케시가 함락되면서 무라비트 왕조는 몰락했고, 그 자리를 무와히드 왕조가 차지했다. 무와히드 왕조는 제국의 조직과 이데올로기에 획기적인 개혁을 도입했다. 이들은 바그다드의 아바스 왕조의 주권을 거부하고, 서방에서 새로운 이슬람 제국을 재건하려 했다. 무라비트와 무와히드 모두 베르베르족의 이슬람화와 아랍화에 중요한 역할을 했으며, 특히 무와히드 왕조는 베르베르어 설교를 장려했다. 그러나 1212년 라스 나바스 데 톨로사 전투에서 패배한 이후, 무와히드 왕조의 이베리아반도 내 지배는 급격히 쇠퇴했다. 1229년 이프리키야가 독립했으며, 1269년 무와히드 제국의 멸망과 함께 마그레브의 정치적 통합도 무너졌다.

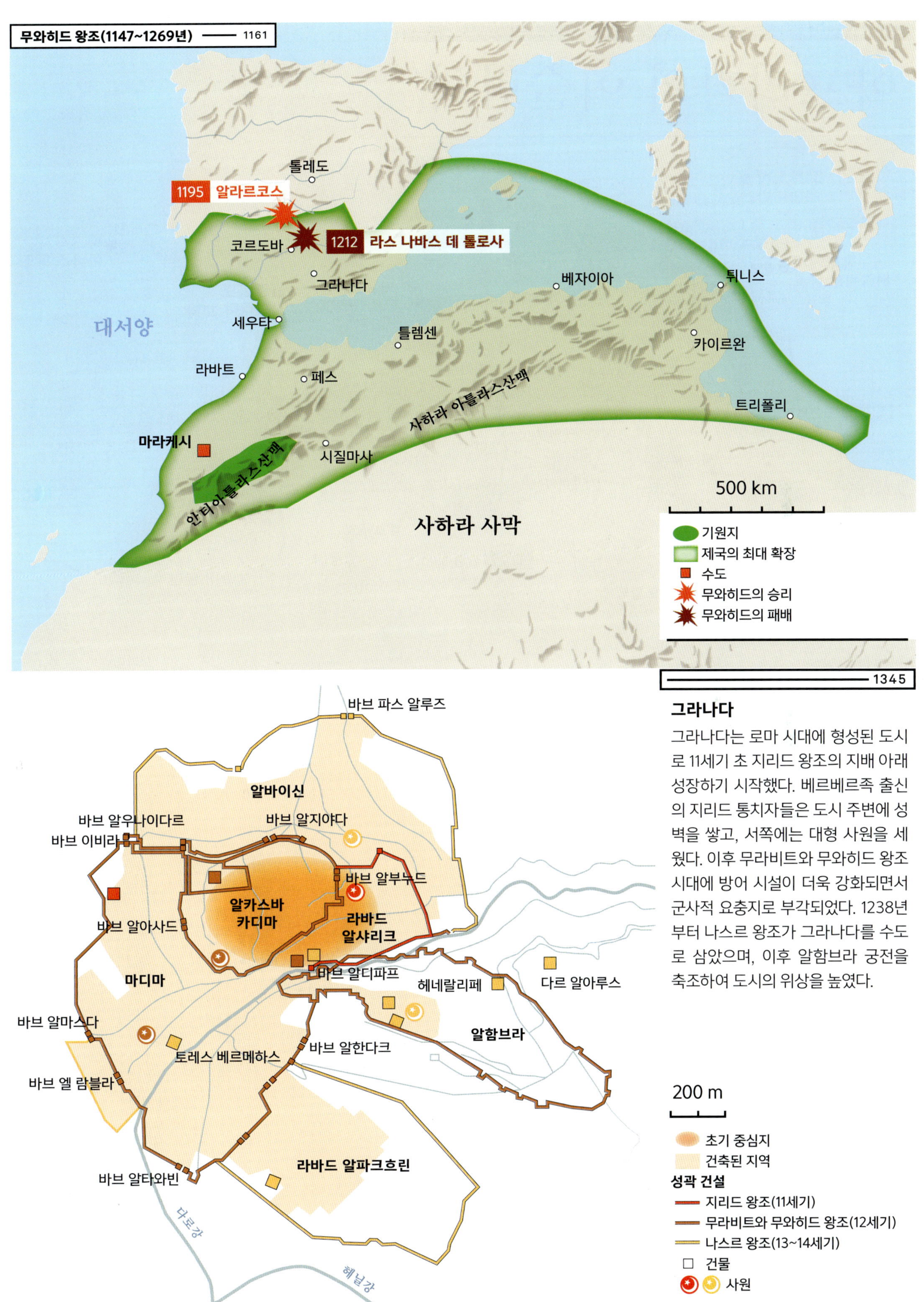

그라나다

그라나다는 로마 시대에 형성된 도시로 11세기 초 지리드 왕조의 지배 아래 성장하기 시작했다. 베르베르족 출신의 지리드 통치자들은 도시 주변에 성벽을 쌓고, 서쪽에는 대형 사원을 세웠다. 이후 무라비트와 무와히드 왕조 시대에 방어 시설이 더욱 강화되면서 군사적 요충지로 부각되었다. 1238년부터 나스르 왕조가 그라나다를 수도로 삼았으며, 이후 알함브라 궁전을 축조하여 도시의 위상을 높였다.

아프리카의 이슬람화

아프리카의 이슬람화 과정

아프리카에서의 이슬람 확산은 640년대 비잔티움 제국령 이집트가 점령되면서 시작되었으며, 이후 서쪽으로 점차 확대되었다. 9세기경 발달한 아랍 지리학에서는 이집트와 마그레브를 초기 이슬람 시대에 정복된 지역으로 구분하고, 사하라 사막 남쪽을 '흑인의 나라(빌라드 알수단)'라고 불렀다. 이슬람화는 주로 교역로를 따라 이루어졌으며, 8세기부터 사하라의 상업 도시들에서 무슬림 공동체가 형성되기 시작했다. 동부 아프리카에서는 교역이 발전하면서 인도양 연안에 여러 교역소가 설립되었다. 11세기부터 가나(현재의 모리타니아)나 가오 등 서아프리카의 일부 지역의 군주들이 이슬람을 공식 종교로 받아들이기 시작했다. 이후 말리 제국의 술탄은 이슬람으로 개종한 뒤 이 지역에서 가장 강력한 군주로 자리 잡았다. 한편, 13세기 후반 동아프리카의 누비아 왕국은 이슬람 세력의 영향 아래 점차 분열되면서 큰 변화를 겪었다.

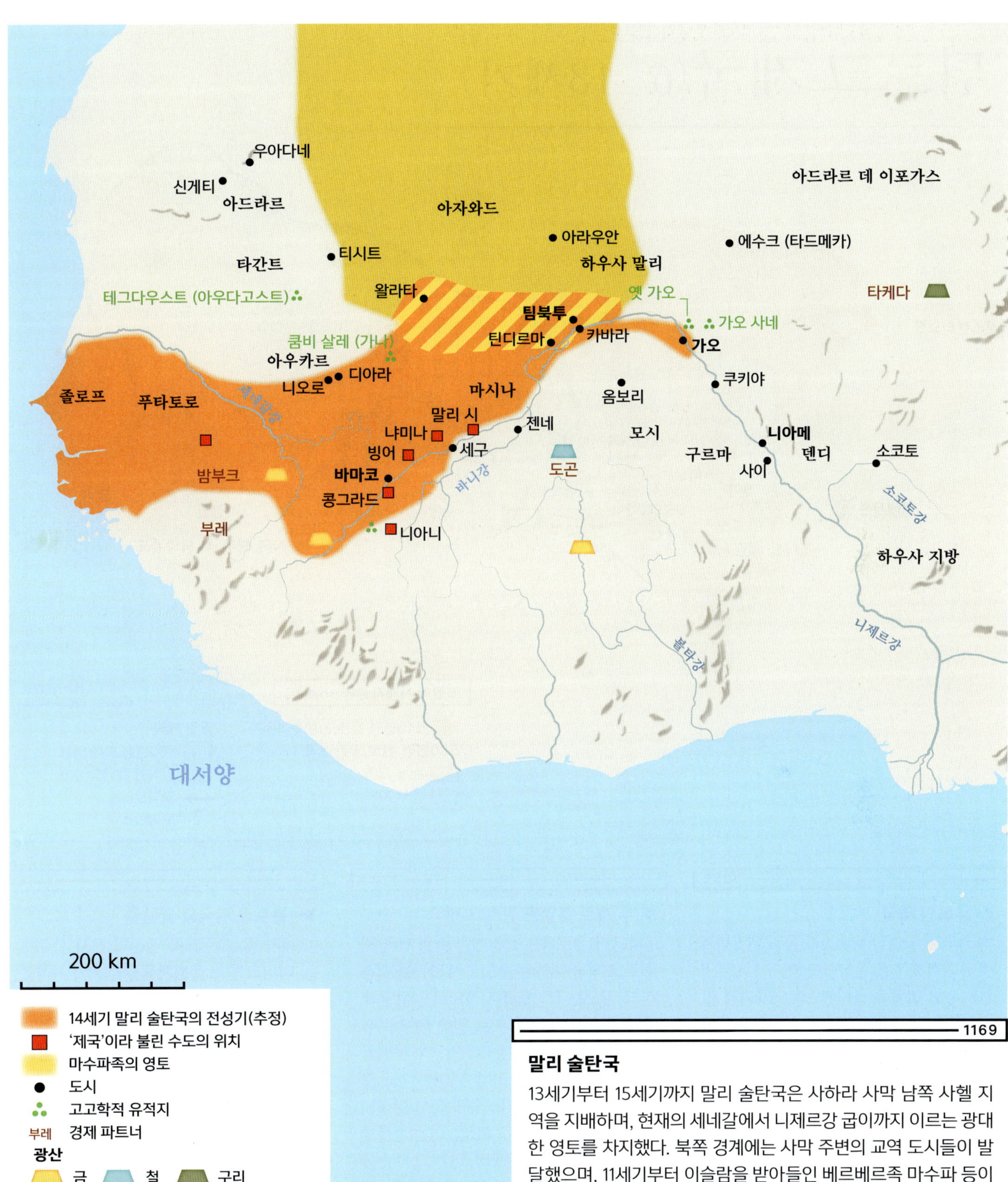

── 1169

말리 술탄국

13세기부터 15세기까지 말리 술탄국은 사하라 사막 남쪽 사헬 지역을 지배하며, 현재의 세네갈에서 니제르강 굽이까지 이르는 광대한 영토를 차지했다. 북쪽 경계에는 사막 주변의 교역 도시들이 발달했으며, 11세기부터 이슬람을 받아들인 베르베르족 마수파 등이 거주했다. 남쪽으로는 도곤족 등의 전통 신앙을 유지하는 부족들과 경계를 맞대고 있었다. 말리 술탄국의 정확한 수도 위치는 여전히 학자들 사이에서 의견이 분분하다. 이 국가에 대한 주요 정보는 아랍 자료에서 찾아볼 수 있으며, 특히 알우마리가 기록한 만사 무사의 카이로 순례와 14세기 말리에 체류했던 이븐 바투타의 기록이 대표적이다. 당시 말리 술탄국은 이슬람 세계의 주요 강국으로 자리잡았지만, 집권 세력이었던 말린케족과 제국 내 인구 대부분이 완전히 이슬람화되지 않고 여전히 전통 신앙을 유지하고 있었다. 이슬람교는 주로 도시의 상류층과 지식인 계층에서 수용되었다.

튀르크 제국 (6~13세기)

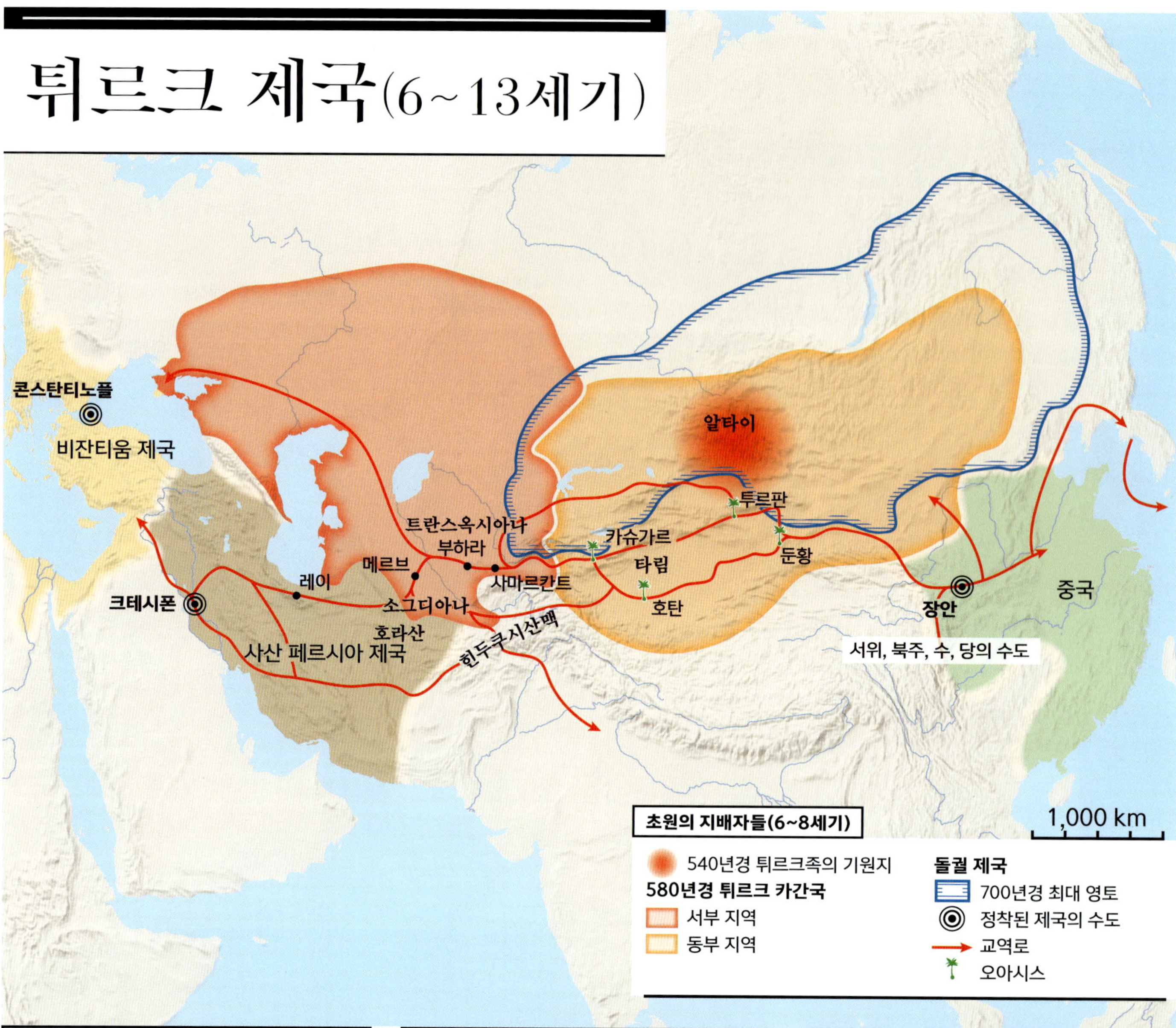

―――― 1089   ―――― 1264   ―――― 1418

▲ 유목민 제국

'투키우'로 알려진 튀르크족(돌궐)은 5세기 중국 기록에 처음 등장한다. 아시나 가문의 후손들이 이들을 통치했으며, 6세기경 알타이 지역의 풍부한 철광석 자원을 활용해 성장했다. 그러나 당시 이들은 루안루안 카간국의 지배를 받았다. 552년경, 지도자 부민은 북위와 동맹을 맺어 자신의 민족이 몽골 지역을 지배하도록 했으며, 스스로를 '카간(최고 통치자)'이라는 칭호로 선포했다.

이후 튀르크 제국은 고대 실크로드의 주요 오아시스 지역까지 세력을 확장하며 번영을 누렸다. 그러나 내부 분열로 제국이 점차 약화되었고, 629년부터는 당나라의 공격을 받기 시작했다. 680년경 쇠퇴한 제국의 소수 저항 세력이 괵튀르크 제국을 재건하며 잃었던 영토 일부를 회복했다. 그러나 713년 호라산 지역에서 아랍 세력과 충돌하며 또다시 심각한 위기를 맞았다.

▼ 두 개로 분열된 튀르크 제국

744년, 위구르족은 쇠약해진 돌궐 제국(괵튀르크 제국)에 반란을 일으켜 카간을 처형하고, 규모는 작아도 정치적으로 안정된 새로운 제국을 세웠다. 이로 인해 위구르 제국은 오랫동안 돌궐 제국과 외교적 동맹을 유지할 수 있었다. 그러나 840년, 수도 오르두 발리크가 키르기스족에 의해 함락되면서 위구르 제국은 몰락했다. 이는 카를루크족의 독립을 촉진했으며, 이후 그 후손들은 서쪽 지역에 카라한 왕조를 세웠다. 카라한 칸국은 사투크 왕의 주도로 이슬람으로 개종했으며, 이후 바그다드의 아바스 칼리프의 권위를 인정했다. 999년, 카라한 왕조는 중앙아시아 이슬람의 중심지였던 부하라 지역을 장악하며 경쟁 세력인 사만 왕조를 무너뜨렸다. 11세기에 접어들면서 카라한 왕국은 서부와 동부로 분열되며 점차 쇠퇴했다.

▶ 셀주크 제국의 술탄들

10세기 말, 오구즈족 출신의 전사 셀주크는 아바스 왕조의 왕자들을 섬기기 시작했다. 그의 후손인 셀주크족은 점차 세력을 키우며 투르크멘 유목민들의 지지를 얻었다. 1035년 셀주크족은 호라즘 전투에서 패배한 뒤 호라산으로 후퇴해 세력을 키웠고, 1040년에는 가즈니 왕조를 상대로 결정적인 승리를 거두며 '술탄'이라는 칭호를 얻었다. 이후 셀주크족은 이란과 이라크로 영토를 확장했고, 1055년에는 바그다드에 입성해 아바스 왕조의 칼리프로부터 정통성을 인정받았다. 그러나 내부 갈등이 심화되면서 제국의 통합이 무너졌고, 결국 바그다드에서 세력을 잃고 밀려났다. 1194년 마지막 셀주크 술탄이 전사하며 셀주크 제국은 사실상 붕괴했고, 제국의 일부였던 룸 술탄국만이 남아 1243년 몽골에 패배하여 속국으로 전락할 때까지 존속했다.

위구르족에서 카라한족까지(744년~11세기)

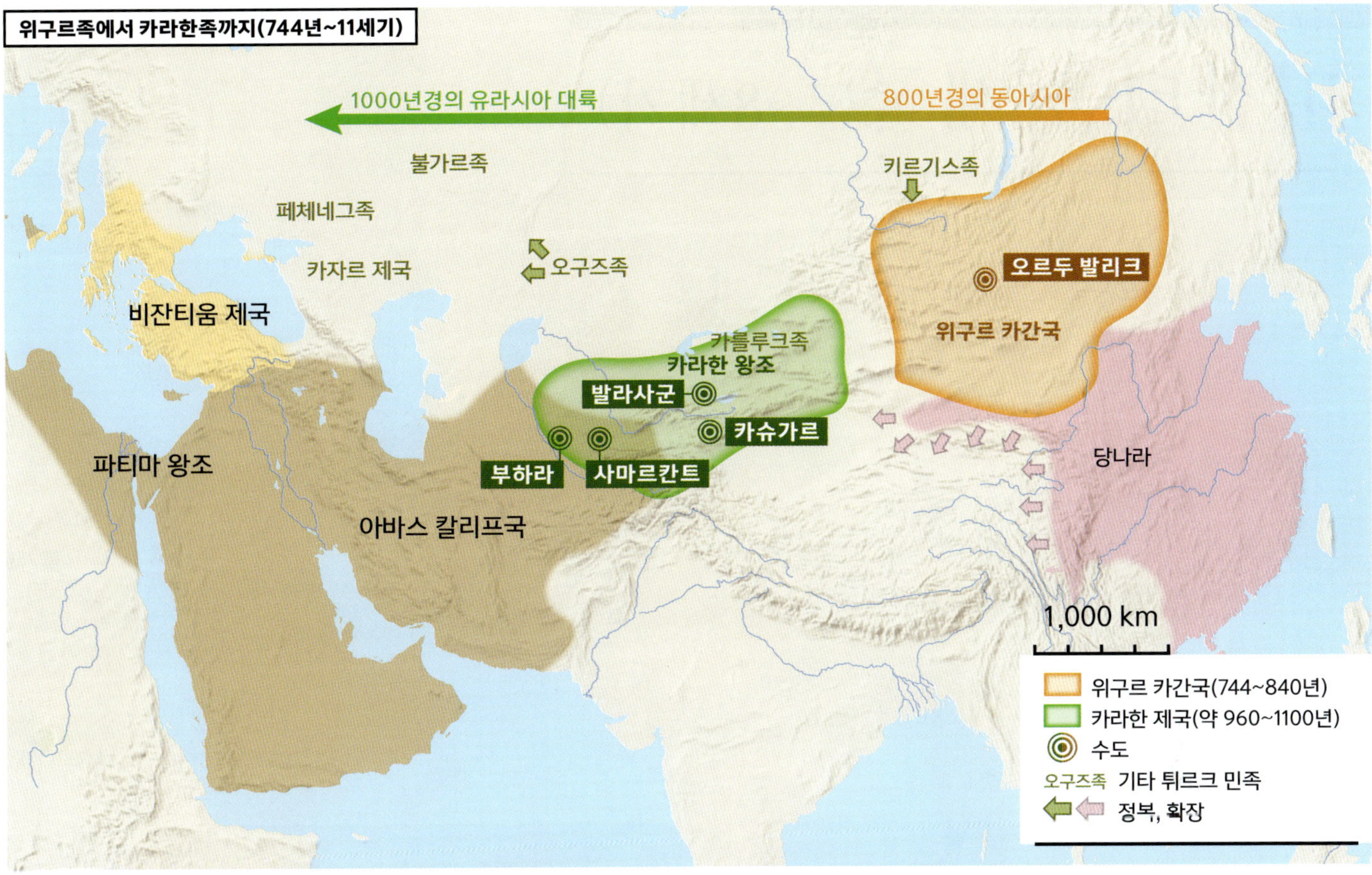

셀주크 제국(10~13세기)

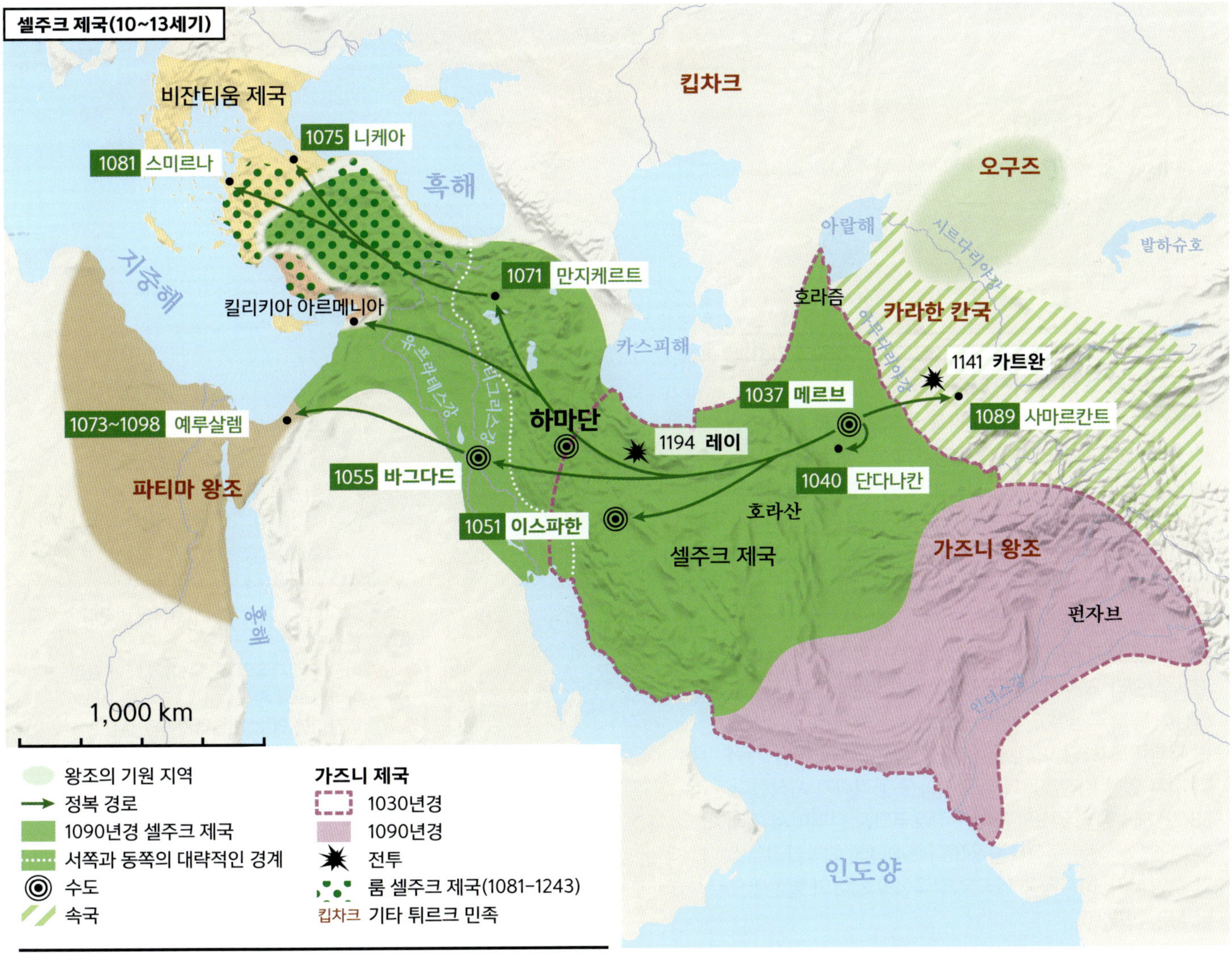

비잔티움 제국 (7~8세기)

소아시아로 후퇴한 비잔티움 제국

610년 헤라클리우스가 비잔티움 제국의 황제로 즉위했을 당시, 페르시아와의 전쟁에서 연패를 겪고 있었다. 동시에 발칸반도에서는 슬라브족이 위협을 가했고, 서고트족은 이베리아반도에 남아 있던 비잔티움 영토를 점령했으며, 이탈리아의 비잔티움 영토에서는 반란이 일어나 혼란이 가중되고 있었다. 626년 사산 왕조 페르시아군과 아바르족 연합군이 콘스탄티노플을 포위했으나 실패했고, 이를 계기로 오랜 비잔티움-페르시아 전쟁의 전세가 뒤집히기 시작했다. 627년 헤라클리우스는 니네베 전투에서 승리하며 동부 국경을 6세기 수준으로 회복했다. 그러나 632년 무함마드 사망 이후, 급속히 성장한 이슬람 아랍 세력이 지쳐 있던 비잔티움과 페르시아를 공격하기 시작했다. 636년 헤라클리우스의 군대는 야르무크강 전투에서 패배했고, 639년에는 이집트를 잃었다. 641년에 헤라클리우스가 사망하자, 비잔티움 제국은 결국 소아시아와 발칸반도 남부로 후퇴했다.

610~641년
헤라클리우스의 통치, 쇠약해진
제국을 물려받아 페르시아 군에 맞서
군대를 이끎.

614년
페르시아인이 예루살렘을 점령하고
성 십자가를 크테시폰으로 이전함.

626년
콘스탄티노플은 아바르족, 슬라브족,
그리고 페르시아인의 공격을 받음.

630년
페르시아를 정복한 헤라클리우스가
십자가를 예루살렘으로 가져옴. 그는
라틴어 '아우구스투스' 대신 그리스어
'바실레우스'라는 칭호를 공식화함.

636년
야르무크 전투에서 패배하여 아랍
무슬림들에게 무시리아, 팔레스타인,
이집트를 빼앗김.

691~692년
콘스탄티노플에서 트롤로 공의회에서
비잔티움 교회법을 제정. 그리스도의
비유적 묘사가 금지되고 인간적
표현을 권장함.

717~718년
아랍군이 콘스탄티노플을 포위했으나
이사우리아 왕조의 창시자인 레온 3세가
성공적으로 방어함.

730년
성상 숭배 금지 위기(성상 파괴 운동).
레온 3세는 성상 앞에서 절하는 것을
금지하고, 이를 어기는 자는 파면의
처벌을 받음.

754년
레온 3세의 아들 콘스탄티누스 5세가
하이레이아 공의회를 소집하여 성상
파괴의 신학을 정의함.

787년
이리니가 제2차 니케아 공의회를 소집.
이 공의회는 성상 파괴를 비난하고,
성상과 유물 숭배를 복원함.

바실리우스 2세 치하의 비잔티움 제국(960~1025년)

바실리우스 2세와 비잔티움 제국의 새로운 확장

945년부터 비잔티움 제국은 새로운 확장기를 맞이했다. 바실리오스 2세는 2살에 황제로 즉위해 약 50년 동안 제국을 통치했다. 통치 초기에는 혼란이 이어졌고, 그 틈을 타 불가르가 세력을 회복했지만, 바실리오스 2세는 20년 넘게 끈질기게 싸운 끝에 불가르를 정복하며 '불가록토노스(불가리아인의 학살자)'라는 별명을 얻었다. 그는 1000년과 1021년 두 차례의 조지아 원정을 통해 동부 국경을 확장했고, 그리스 정교로 개종한 키이우의 블라디미르 대공과 동맹을 맺어 크림반도에서 비잔티움의 영향력을 강화했다. 또한 이탈리아 남부에서도 비잔티움의 거점을 확보해 베네치아의 성장에도 기여했다. 1025년 바실리오스 2세 사망 당시, 비잔티움 제국은 유스티니아누스 대제 이후 가장 넓은 영토를 차지하고 있었다. 그러나 11세기 말, 노르만족이 이탈리아 남부를 침공하고, 셀주크 튀르크가 소아시아로 진격하면서 제국은 또다시 위기에 빠졌다.

쿠만족
아조프해
케르소네소스
흑해
시노페
트라페준타
카르스
아니
헤라클레이아
아르메니아
반호
콘스탄티노플
1000
니케아
앙키라
티그리스강
비잔티움 제국
모술
아나톨리아
이코니온
에데사
안탈리아
셀레우키아
안티오키아
알레포
유프라테스강
로도스
시리아
키프로스
999 홈스
다마스쿠스
아바스 칼리프국
500 km
지중해
팔레스타인
예루살렘
가자
950년경 비잔티움 제국
10세기 중반 불가르 왕국,
바실리우스 2세에게 패배
10세기 아바스 칼리프 왕조
바실리우스 2세가 이끄는 전쟁들
군사 원정
비잔티움 제국의 승리
1050년경의 제국

제1차 십자군 전쟁(1095~1204년)

제1차 십자군 전쟁(1096~1099년)

1095년, 교황 우르바누스 2세는 클레르몽 공의회에서 십자군 원정을 촉구했다. 이는 1078년에 셀주크 튀르크가 예루살렘에서 파티마 왕조를 몰아내고 기독교 순례자들의 예루살렘 방문이 사실상 차단된 상황에 대한 대응이었다. 그러나 우르바누스 2세의 호소는 단순한 사건 대응을 넘어, 성직자들의 권력을 강화하려는 '그레고리오 개혁'의 흐름 속에서 이해할 수 있다. 그는 교황 중심의 기독교 세계 통합을 추구하는 한편, 유럽 내 귀족들의 폭력성을 '성전'이라는 명목 아래 동방으로 돌리려는 목적도 있었다. 우르바누스 2세의 호소는 특히 프랑스 왕국 귀족들의 큰 호응을 얻었

다. 초기 일반 민중들로 구성된 십자군은 튀르크인에게 전멸당했지만, 툴루즈 백작 레이몽 드 생질이 이끄는 남부군과 로타링기아 공작 고드프루아 드 부용이 이끄는 북부군, 그리고 시칠리아 출신의 노르만 기사인 보에몽의 군대가 콘스탄티노플에서 합류했다. 이들은 고된 행군 끝에 아나톨리아를 횡단하고, 긴 포위전을 거쳐 안티오키아를 점령했으며, 마침내 1099년 7월 15일 예루살렘을 함락시켰다. 그 결과 동방에 여러 라틴 국가가 세워졌지만, 귀국을 원하는 병사들이 많았기에 당국은 일부 무장 순례자들이 현지에 정착하도록 다양한 조치를 마련했다.

함께 보기 ── 11세기 말의 지중해 **p.82**
비잔티움 제국의 쇠퇴 **p.188**
11~13세기 기독교 **p.208**

제2차 십자군 전쟁(1145~1148년)

1144년 모술과 알레포의 군주 이마드 앗 딘 젠기가 에데사 백국을 함락하자, 에우제니오 3세는 또다시 십자군 원정을 촉구했다. 그는 클레르보의 베르나르에게 십자군 원정 참여를 독려하는 임무를 맡겼고, 그 결과 프랑스 왕 루이 7세와 신성 로마 제국의 콘라트 3세가 이에 호응해 대규모 군대를 이끌고 콘스탄티노플로 향했다. 그러나 십자군은 내부 갈등과 비잔티움 제국과의 불협화음으로 인해 셀주크 튀르크와의 전투에서 단 한 번도 승리하지 못했다.

제3차 십자군 전쟁(1188~1192년)

1174년부터 이집트의 술탄 살라딘은 성지에서 십자군 세력을 축출하기 위해 시리아와 이집트의 이슬람 세력 통합을 주도했다. 그는 1187년 하틴 전투에서 결정적 승리를 거두는 등 군사적으로 큰 성공을 거두었다. 이에 교황 그레고리오 8세는 서방의 군주들에게 십자군 원정을 촉구했지만, 이전 세대만큼 동방 원정에 대한 열정은 높지 않았다. 그럼에도 불구하고, 리처드 1세, 프랑스의 필리프 2세, 그리고 신성 로마 제국의 프리드리히 1세가 원정에 나섰다. 1191년부터 1192년까지, 십자군은 여러 차례 승리를 거두며 동방의 라틴 국가들에 잠시나마 안도의 시간을 제공했다.

제4차 십자군 전쟁(1202~1204년)

1198년, 교황 인노첸시오 3세는 서방 세력에게 다시 십자군 원정 참여를 촉구했지만, 이번에는 어느 왕도 참여하지 않았다. 대신 샹파뉴 백작 티보 3세가 원정군을 이끌게 되었다. 이 과정에서 베네치아인들은 비잔티움 제국에 대한 서방의 불신을 이용해, 십자군의 목표를 예루살렘 대신 콘스탄티노플로 돌렸다. 결국 1204년 십자군은 콘스탄티노플을 약탈했고, 이를 계기로 원정군은 교황의 통제에서 벗어났다. 이후 에노의 보두앵 6세가 새로 세워진 콘스탄티노플 라틴 제국의 황제로 즉위했으며, 이 국가는 1261년까지 존속했다.

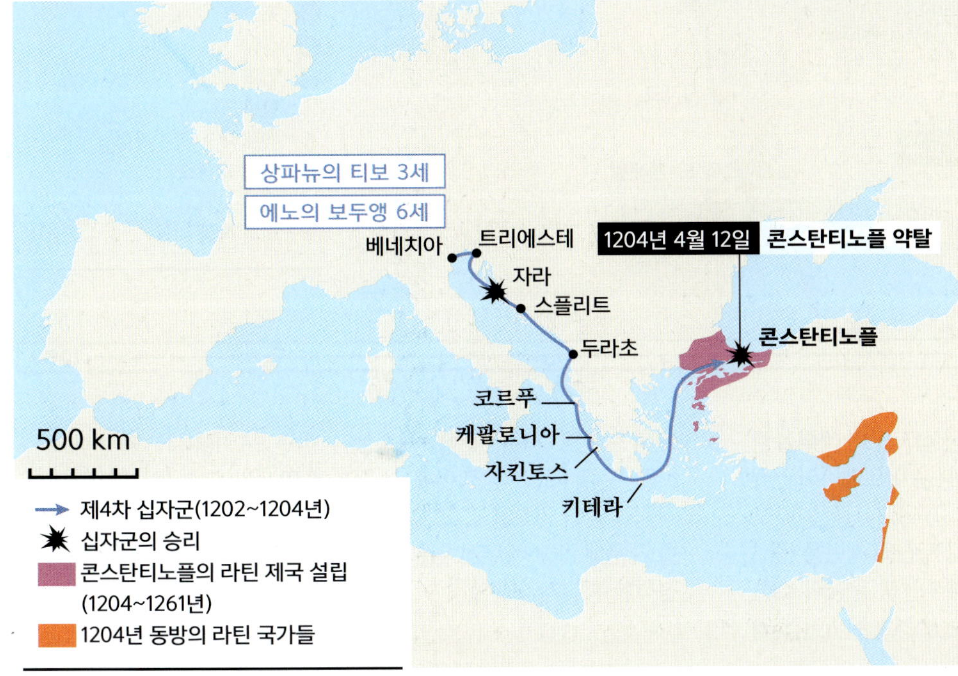

동방의 라틴 국가들(11~12세기)

근동 지역의 십자군 국가들

최초의 십자군 국가인 에데사 백국은 1098년 십자군이 예루살렘으로 향하던 중 건국되었다. 볼로뉴의 보두앵은 아르메니아인들과 동맹을 맺고 이곳에 봉건적 정치 체제를 구축했다. 같은 해 보에몽 드 타란토는 안티오키아 공국을 세우고 자신의 세력을 공고히 했다. 1099년 예루살렘 점령 이후에는 예루살렘 왕국이 수립되었다. 초대 통치자는 고드프루아 드 부용이었으며, 뒤이어 그의 동생 보두앵 1세가 왕위를 계승했다. 한편, 트리폴리의 백작 베르트랑 드 툴루즈는 강력한 현지 저항에 맞서기 위해 보드앵 1세의 지원을 받아 권력을 강화했다. 이로써 예루살렘 왕국은 라틴 국가들 가운데 가장 빠르게 우위를 차지했으며, 프랑크족이 가장 많이 정착한 중심지가 되었다.

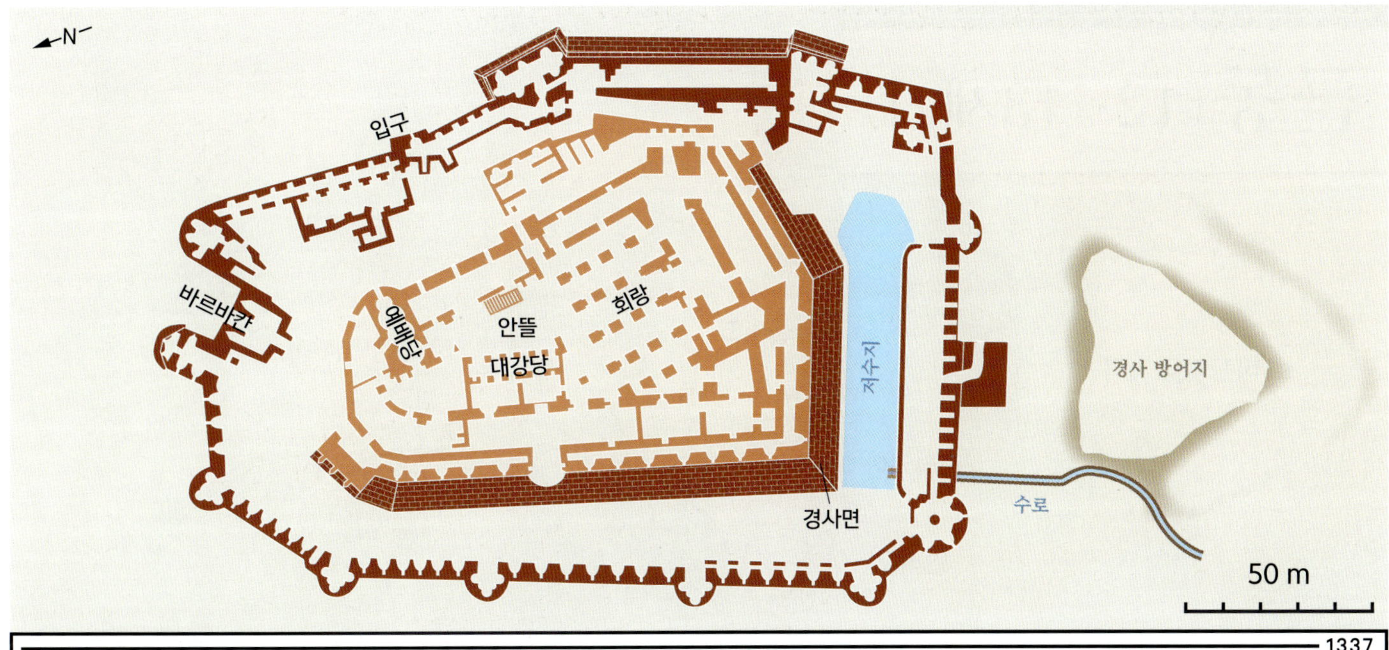

기사들의 요새

'성 요한 기사단(구호 기사단)의 요새'로 알려진 크락 데 슈발리에는 십자군이 1098년에 점령한 옛 이슬람 성채 터에 세워졌다. 1142년 트리폴리 백작이 이 요새를 요한 기사단에 양두했고, 이후 기사단은 대대적인 개조를 진행했다. 이때 중앙 뜰과 대회의실을 둘러싼 사각형 망루를 갖춘 내성벽이 새롭게 축조되었다. 12세기 말부터 13세기 초에 걸쳐 두 번째 성벽이 추가되었고, 기존의 첫 번째 성벽도 개조되어 원형 탑과 남쪽 경사면에 전진 방어 시설이 설치되었다. 이러한 확장 덕분에 크락 데 슈발리에는 난공불락의 요새로 평가받았지만, 1271년 맘루크족이 팔레스타인의 라틴 요새들을 차례로 정복하는 과정에서 결국 함락되었다. 맘루크 군대가 요새를 보강해 군사적 기능을 더욱 강화했고, 오늘날까지도 그 구조가 유지되고 있다.

12세기의 예루살렘

12세기 동안 기독교 순례자들은 예루살렘의 성묘 교회를 찾아 그리스도의 무덤 앞에서 참배했다. 프랑크족은 성묘 교회를 확장해 순례자들이 더 쉽게 방문할 수 있도록 했으며, 순례자들은 성묘 교회에서 출발해 성벽 밖의 시온산과 겟세마네 동산을 지나며 '십자가의 길'을 걸었다. 당시 프랑크인들이 성전산의 바위 돔과 알아크사 사원을 점령하고 있었다. 바위 돔은 교회로 개조되었고, 알아크사 사원은 솔로몬의 옛 성전 터로 여겨져 1120년 성전 기사단에게 넘겨졌다.

근동(12~13세기)

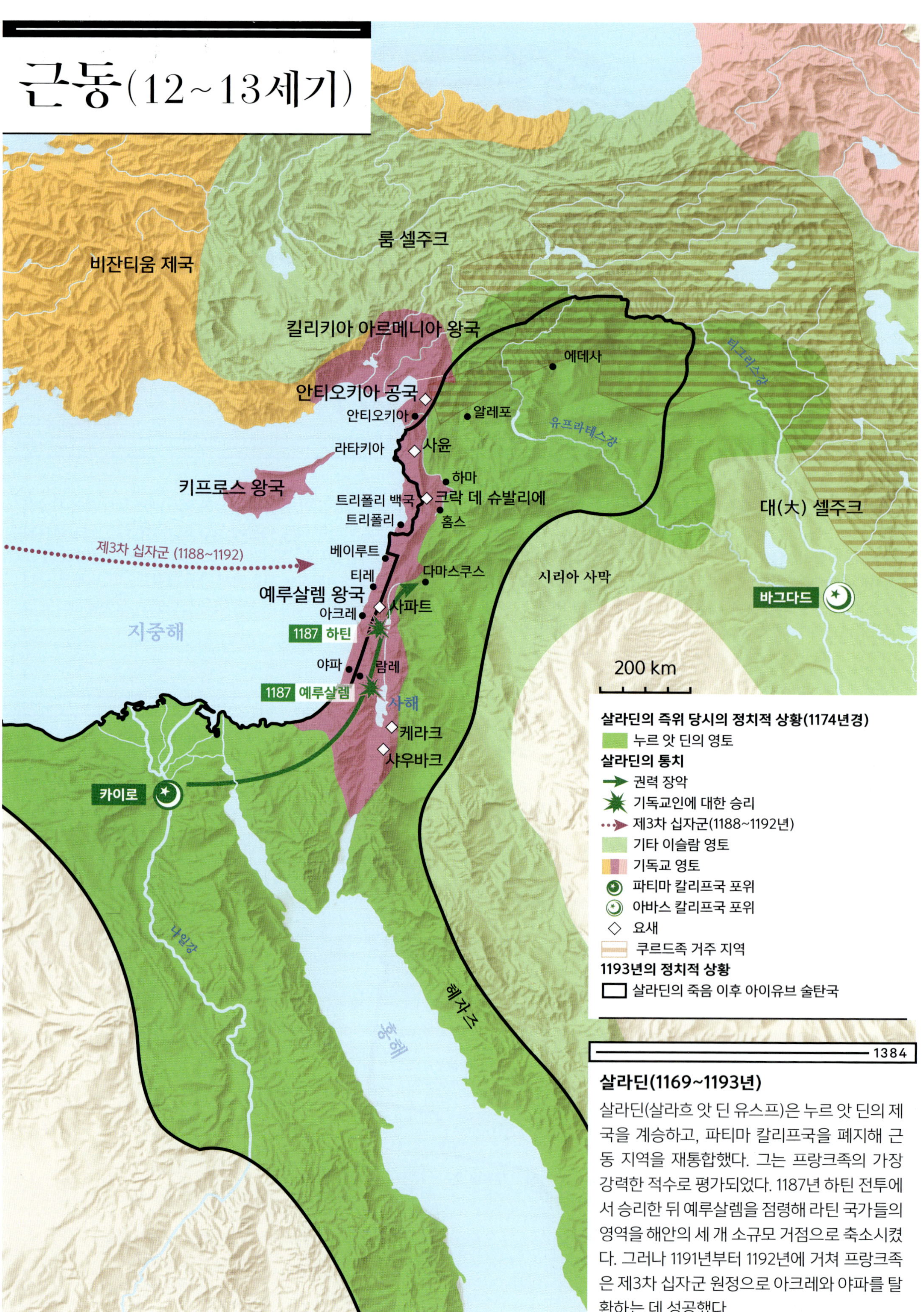

1384

살라딘(1169~1193년)

살라딘(살라흐 앗 딘 유스프)은 누르 앗 딘의 제국을 계승하고, 파티마 칼리프국을 폐지해 근동 지역을 재통합했다. 그는 프랑크족의 가장 강력한 적수로 평가되었다. 1187년 하틴 전투에서 승리한 뒤 예루살렘을 점령해 라틴 국가들의 영역을 해안의 세 개 소규모 거점으로 축소시켰다. 그러나 1191년부터 1192년에 거쳐 프랑크족은 제3차 십자군 원정으로 아크레와 야파를 탈환하는 데 성공했다.

제7차 및 제8차 십자군 전쟁 (13세기)

1248년 루이 9세는 시리아의 분쟁 소식을 접하고 에그모르트에서 십자군 원정을 시작했다. 초반에는 몇 차례 승리를 거두었지만, 결국 패배해 한동안 포로로 잡혀있었다. 1268년 그는 다시 십자군 원정을 계획했지만, 원정 도중 튀니스에서 사망했다. 이후 그의 동생인 양주 공작 샤를이 십자군을 이끌고 튀니스와 협정을 맺어 원정을 종결지었다.

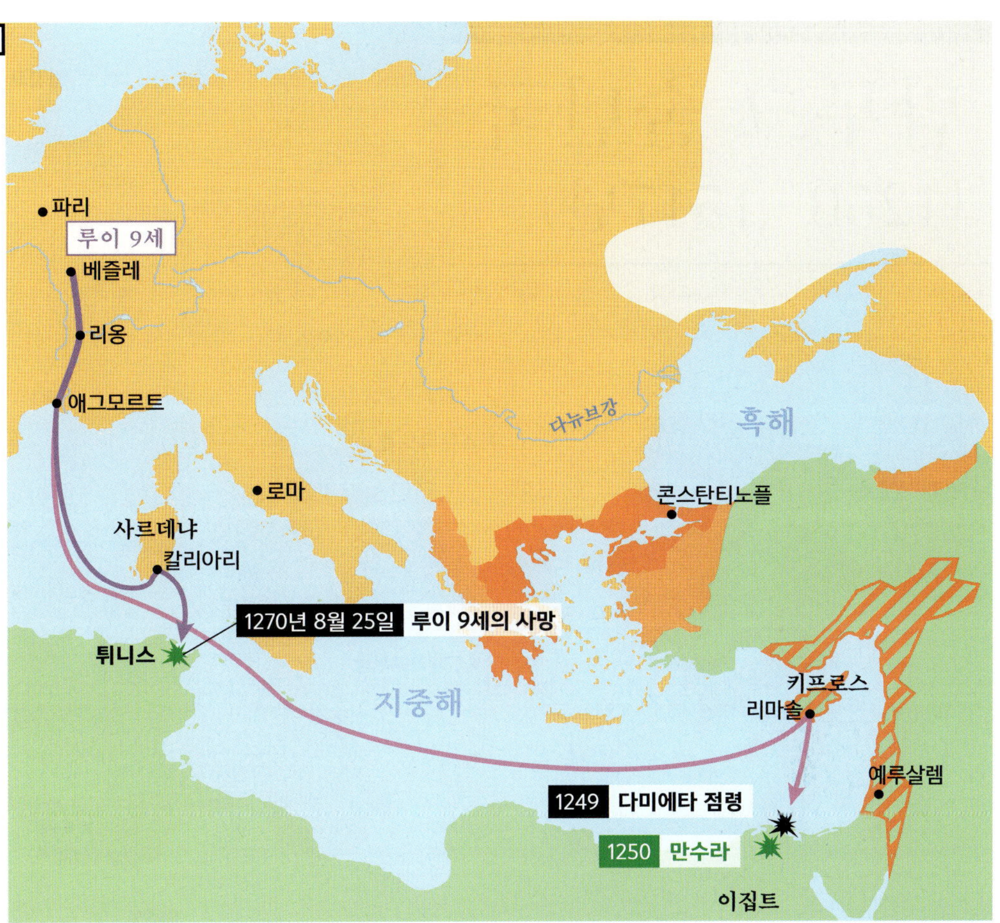

500 km

- 기독교 세계
- 1250년경 콘스탄티노플 라틴 제국
- 1250년경 비잔티움 제국
- 1250년경 이슬람 세계
- 제7차 십자군(1248~1254년)
- 제8차 십자군(1270년)
- 십자군의 승리
- 이슬람의 승리
- 동방 라틴 국가들의 최대 확장 (1099~1291년)

라틴 도시국가들의 몰락

1187년 살라딘(살라흐 앗 딘)의 하틴 전투 승리부터 1291년 아크레 함락까지 근동의 지정학적 질서는 크게 흔들렸다. 아유비드 왕조가 몰락한 뒤에는 몽골과 맘루크 사이에서 치열한 권력 다툼이 벌어졌고, 결국 맘루크가 지역의 패권을 장악했다. 이러한 혼란 속에서 다섯 차례의 십자군 원정이 이어졌지만, 라틴 국가들은 점차 세력을 잃어 마침내 역사 속에서 완전히 사라졌다.

맘루크 술탄국
(1250~1517년)

시리아-이집트의 군사 국가

맘루크 술탄국은 노예 시장에서 선발된 정예 병사들에 의해 유지되었다. 맘루크는 아랍어로 '소유된 자'를 뜻하며, 이들은 군사 훈련을 마친 후 해방되었지만 여전히 군에 대한 충성을 유지했다. 아유비드 술탄의 사망 이후, 1250년 만수라 전투에서 제7차 십자군을 격퇴한 맘루크는 이를 계기로 권력을 장악했고, 같은 해 맘루크 출신을 술탄으로 세웠다. 이후 약 50명의 맘루크 술탄 중 절반은 노예 병사 출신이었으며, 나머지는 그 후손들이었다. 맘루크 술탄국은 여러 차례 몽골의 침입을 물리치고 시리아까지 지배를 확장했으며, 오스만 제국이 등장하기 전까지 이슬람 세계에서 가장 강력한 국 가로 자리 잡았다. 이들은 레반트 지역에서 십자군 세력을 완전히 축출하고, 누비아 왕국들을 지배했으며, 킬리키아의 아르메니아 왕국을 멸망시키고, 이슬람 성지인 메카와 메디나에 대한 종주권을 확보했다. 그러나 1516년과 1517년에 셀림 1세가 이끄는 오스만 군대에 패하면서 맘루크 정권은 무너졌다. 이후에도 맘루크 노예 병사들의 전통은 이어졌고, 나폴레옹의 원정(1798~1801년) 직전까지 코카서스 출신의 맘루크들이 오스만 술탄을 대신해 이집트를 통치했다.

1250년
이집트에서 맘루크 노예 군인들이 군사 쿠데타를 통해 권력을 장악함.

1260~1277년
맘루크 술탄 바이바르스가 통치하며 맘루크 정권의 기초를 다지게 됨.

1260년
맘루크는 시리아와 팔레스타인의 아유비드 왕조까지 통치권을 확장. 그들은 레반트에서 십자군 세력의 마지막 거점을 몰아냄. 250년 동안 시리아와 이집트는 운명을 함께 함.

1262년
카이로에서 아바스 칼리프국을 복원함.

1291년
맘루크가 예루살렘 라틴 왕국의 마지막 수도인 아크레를 점령함.

1310~1341년
술탄 알나시르 무함마드의 통치 기간 동안 맘루크 술탄국이 정점에 이름.

1323년
맘루크 술탄국과 몽골 제국 간의 평화를 선언하는 알레포 조약 (트리폴리 조약)을 체결함.

1326~1453년
아나톨리아에서 오스만 제국이 형성됨.

1468~1496년
맘루크 술탄 카이트베이의 통치 시기에 오스만 제국과 경쟁하기 위해 포병대를 창설함.

1516~1517년
오스만 제국의 술탄 셀림 1세가 시리아와 이집트를 정복, 이로 인해 맘루크 술탄국이 멸망함.

비잔티움 제국의 쇠퇴 (1204~1453년)

이탈리아인과 오스만 제국 사이(13~14세기)

1204년 제4차 십자군은 베네치아 공화국의 주도 아래 목표를 변경해 콘스탄티노플을 함락하고 약탈했다. 비잔티움 제국의 폐허 위에 세워진 라틴 제국은 콘스탄티노플, 펠로폰네소스반도와 아티카 지역을 지배했다. 베네치아는 크레타를 포함한 여러 섬에 광대한 식민지를 건설하고, 해상 무역로를 장악하며 막강한 영향력을 행사했다. 한편 동로마의 그리스계 세력은 소아시아 서부로 피신해 니케아 제국을 세웠고, 1261년 미하일 8세 팔레올로고스가 제노바의 지원을 받아 콘스탄티노플을 탈환했다. 그러나 그 과정에서 막대한 부채를 지게 되었다. 14세기에 들어서서 오스만 제국이 소아시아 전역을 장악하고 발칸반도로 진출하자, 비잔티움 제국은 결국 콘스탄티노플 한 도시만 남게 되었다. 그리고 1453년, 비잔티움 제국은 마침내 오스만 제국에 의해 멸망하고 말았다.

1360~1453년, 계속되는 영토 축소

1261년부터 1453년까지 비잔티움 제국의 영토는 계속 줄어들었다. 소아시아의 대부분 지역을 튀르크족에게 빼앗기고, 발칸반도에서는 세르비아인과 불가리아인의 압박으로 영토를 잃었다. 이후 오스만 투르크가 발칸반도로 진출하면서 상황은 악화되었고, 남은 섬들마저 베네치아와 제노바의 지배를 받게 되었다.

오스만 제국
(14~17세기)

1529~1683 빈 공성전
빈
부다
헝가리
트란실바니아
몰도바
베사라비아
포돌리아
드네스트르강
베네치아
제노바
1526 모하치
다뉴브강
1521 베오그라드
왈라키아
1396 니코폴리스
보스니아
세르비아
1449 코소보
불가리아
1444 바르나
로마
코소보
발칸
소피아
디라키움
마케도니아
아드리아노폴리스
(1361~1453)
트라키아
(1453~1923)
1480 오트란토
살로니카
1354 갈리폴리
부르사
(1326~136
카라시
1571 레판토
모레아
미스트라
이즈미르
게르미얀
안탈리아
1518 알제
튀니스
몰타
지중해
로도스
튀니지
크레타
트리폴리
바르카
알렉산드리아
1517 라이다니야
카이로
이집트
알와하트

콘스탄티노플 ——— 1438

발라케르네스 문
페라 지구
성 구세주 인 코라
(카리예 자미 사원)
아드리아노폴리스 문
미흐리마 술탄 사원
정교회
총대주교청
황금 뿔 (골든 혼)
토파네 분수
갈라타 탑
아이티우스
저수지
아스파르
저수지
갈라타
아시아 연안
리키아강
파티흐
복합 단지
판토크라토르
술레이마니예
사원
레안드로스 탑
(키즈 쿨레시)
성 로마노스 문
마르키아누스 기둥
발렌스 수로교
예니 자미 사원
모키오스 저수지
셰흐자데
모스크
바예지드 2세
사원
저수지(예레바탄)
톱카프 궁전
성 이레네
테오도시우스 성벽
페게 문
휘렘 술탄
콤플렉스
랄렐리 사원
밀리온
그랜드
바자르
성 소피아
등대
블루 사원
성 안드레 드 크라사스
(코자 무스타파 파샤 사원)
콘스탄티누스 원주
(쳄베를리타쉬)
히포드롬(아트 메이다니)
황금문
1,000 m
일곱 탑 성채
(예디쿨레)
소콜루 메흐메트
파샤 모스크
비잔티움 시대의 기념물
비잔티움 저수지
오스만 시대의 기념물(15~19세기)

함께 보기 ── 유스티니아누스 **p.142**
오스만 제국의 쇠퇴 시작 **p.350**
19세기 오스만 제국의 쇠퇴 **p.444**

─1433

세계적 강대국

1326년, 오스만 제국은 비잔티움 제국령 부르사를 점령하며 역사에 등장했다. 15세기 중반에는 소아시아와 발칸반도를 장악하고, 1453년 메흐메트 2세(1451~1481년)의 지휘 아래 콘스탄티노플을 함락시켰다. 이후 수도를 콘스탄티노플(이스탄불)로 정하고, 교회를 모스크로 개조하고, 사원과 궁전을 새로 세우며 도시의 정체성을 새롭게 구축했다. 이후 술탄 셀림 1세(1512~1520년)는 이란의 사파비 왕조와의 전쟁에서 승리하고, 1517년에 시리아, 헤자즈, 이집트를 병합해 맘루크 술탄국을 멸망시켰다. 이로써 오스만 제국은 이슬람 세계 최강국으로 자리 잡았다. 그의 아들 술레이만 1세는(1520~1566년) 베오그라드(1521년)를 점령하고, 1526년 모하치 전투에서 헝가리를 정복해 제국을 크게 확장했다. 남쪽으로는 예멘과 마그레브까지 영토를 넓혔다. 셀림 2세(1566~1574년)는 튀니지, 알제리, 키프로스, 크레타를 정복해 제국의 팽창 정책을 완성했다.

술레이만 1세 시기의 제1차 빈 공방전(1529년)과 제2차 빈 공방전 실패(1532년)를 시작으로 1571년 레판토 해전에서 베네치아와 스페인 연합 함대에 패배하며 해상 패권을 잃었고, 1683년 카라 무스타파 파샤가 지휘한 두 번째 빈 공방전 실패 등으로 제국의 한계가 드러났다. 이란의 사파비 왕조와의 갈등도 계속되면서 아제르바이잔 등 변방 방어에도 어려움을 겪었다. 그럼에도 오스만 제국은 비잔티움 제국의 영토 대부분을 계승해 세계적 강대국으로 군림했으며, 당시 유럽 그 어느 국가도 이에 맞설 수 없을 만큼 강력한 힘을 가졌다.

500 km

■ 오스만 제국의 기원지
오스만 제국
■ 1360년의 오스만 제국
■ 15세기 중반의 오스만 제국
■ 16세기 초의 오스만 제국
■ 셀림 1세 (1512~1520년) 시기의 확장
■ 술레이만 1세 '대제'(1520~1566년)시기의 확장
▨ 1566년과 1683년 사이의 확장
왈라키아 속국
→ 오스만의 원정
✹ 오스만의 승리
✸ 오스만의 패배
■ 오스만 제국의 역대 수도

중세 지중해 지진

지중해의 지진 역사(990~1509년)

지중해 동부와 중부 지역은 유라시아판과 아프리카판이 만나는 경계에 위치해 지진이 빈번하게 발생하는 곳이다. 이 지역은 방대한 역사 문헌이 남아 있어 지난 4천 년에 걸친 지진 기록이 자세히 전해진다. 연대기에 언급된 지진들을 체계적으로 조사한 결과, 2천 년대 초반까지의 지진 지도를 작성할 수 있었다. 특히 지난 5세기 동안 두 대륙판의 충돌로 인한 지진 활동이 활발하게 관측되었으며, 주요 단층대 위에 자리한 중세 도시 콘스탄티노플에는 지진의 영향이 역사 곳곳에 남아 있다.

990
1354
트라키아
1010
1063~1064
1304
1327
1344
1354
1400
1438
1509
흑해
콘스탄티노플
마르마라해
북 아나톨리아 단층
레스보스
미틸리니
키오스
1384
1389
1053~1054
1091
1157
티그리스강
1157
1303
1490~1491
1508
키클라데스 제도
안티오키아
로도스
1303
1456
1490~1491
키프로스
시리아
유프라테스강
1091
1156
1457
칸디아
파포스
크레타
에게해 호
1456
1508
1350
베이루트
1053~1054
1057
1157
1303
아크레
팔레스타인
1156
1457
예루살렘
알렉산드리아
1201
1202
1050
1058
1160
이집트
카이로

유럽

러시아의 기원

루스(8~12세기)

바이킹들은 발트해와 흑해를 연결하는 지협 경로를 따라 현재 러시아 서부에 최초의 공국을 세웠다. 8세기부터 이 경로는 콘스탄티노플의 발전과 함께 교역이 활발해지며 크게 번성했다. 이 교역로를 통해 용병, 노예, 목재, 모피, 호박 등이 직물, 무기와 같은 공산품과 교환되었다. 바이킹 지도자 류리크를 중심으로 북유럽계, 슬라브계, 핀란드계 민족이 융화된 사회가 형성되었고, 이들은 스칸디나비아어로 '노 젓는 사람'이라는 뜻의 '루스'라고 불렸다. 스타라야 라도가에서 남쪽으로 진출한 바이킹들은 882년에 키이우를 점령해 수도로 삼고, 여러 부족과 도시가 공존하는 '루스 공국(키예프/키이우 루스)'을 수립했다.

이 과정에서 비잔티움 문화가 빠르게 전파되었으며, 988년 블라디미르 대공이 기독교로 개종하면서 최초의 동방 정교회가 세워졌다. 그러나 인구 밀도가 낮았던 탓에 기독교 확산은 더뎠고, 종교적 갈등 등으로 12세기에 여러 공국으로 분열되었다. 이후 노브고로드, 블라디미르, 수즈달, 모스크바 등 주요 공국들이 요새화된 도시를 중심으로 성장했으나, 튀르크계 유목민들의 침입 위험에 끊임없이 시달려야 했다. 1226년에는 동쪽에서 몽골군(러시아인들에게는 타타르인으로 알려짐)이 등장해 새로운 위협으로 떠올랐다.

타타르의 지배(13~16세기)

1237년부터 1242년까지 칭기즈칸의 손자인 바투 칸은 러시아의 여러 공국을 차례로 정복하고, 1240년에는 키이우를 비롯한 주요 도시들을 파괴했다. 이로써 러시아 공국들은 킵차크한국의 타타르 칸들의 지배 아래 놓이게 되었다. 다만, 울창한 숲으로 둘러싸인 한자 동맹 도시 노브고로드는 자치권을 유지할 수 있었다. 한편 서쪽에서는 리투아니아 대공국이 영토를 넓히며 세력을 키워갔다. 초기 모스크바는 타타르와 협력해 세금 징수를 맡았지만, 점차 독립을 모색하기 시작했다. 1380년 쿨리코보 전투에서 모스크바 대공 디미트리 1세가 몽골군을 물리치면서 러시아 공국들의 재통합이 시작되었다. 이후 1478년 이반 3세가 노브고로드를 병합했고, 그의 아들 바실리 3세는 프스코프와 랴잔을 정복했으며, 1514년에는 스몰렌스크를 점령해 리투아니아 대공국에 맞서 세력을 넓혀 갔다. 이어 '뇌제'로 불리는 이반 4세는 1552년 카잔한국과 1556년 아스트라한한국을 정복하며 러시아의 동방 확장을 주도했다.

크림반도

1101

러시아와 콘스탄티노플을 잇는 교두보

비잔티움 제국(이후 오스만 제국)이 전성기를 누리던 시기, 크림반도 남동부 해안은 중요한 거점으로 자리 잡았다. 고대 그리스에서는 타우리데, 이후에는 케르소네소스로 알려진 이 지역은 항구가 많고 기후가 온화한 산악지대로, 제국의 전략적 요충지였다. 이곳은 콘스탄티노플로 이어지는 해상 경로와 초원 지역으로 진입하는 통로를 통제하는 데 핵심적인 역할을 했으며, 특히 발트해에서 키이우를 거쳐 흑해로 이어지는 바랴크인의 교역로가 발달하면서 그 중요성이 더욱 커졌다.

1108

15세기 크림한국

13세기 말부터 15세기 초까지 우크라이나 대초원은 킵차크한국의 기마병들이 지배했다. 1420년 현지 타타르인들이 독립하면서 크림한국이 세워졌고, 크림반도 남부는 1475년 오스만 제국에 의해 정복되기 전까지 제노바 상인들의 지배를 받았다. 이후 크림한국은 오스만 제국의 보호를 받게 되었고, 킵차크한국과 크림한국이 분리되면서 모스크바 공국은 아스트라한 방면으로 더 쉽게 진출할 수 있었다.

모스크바의 부상

모스크바 대공국(14~16세기)

모스크바는 초기 킵차크한국에 공물을 바치며 번영을 도모했다. 그러나 1380년 쿨리코보 전투에서 승리하며 타타르의 지배에서 벗어나기 시작하면서 점차 러시아 민족과 정교회의 중심지로 떠올랐다. 1386년에는 폴란드와 리투아니아가 연합하면서 서부 지역이 가톨릭화되었고, 1453년 콘스탄티노플 함락 이후에는 동방 정교의 중심지로서 영토 확장에 나섰다. 이 과정에서 인구가 증가하자 농민들이 침엽수림 지대를 개간하면서 동쪽의 타타르 유목민을 밀어내는 데 중요한 역할을 했다. 이반 4세(뇌제, 1533~1584년)는 카잔한국(1552년)과 아스트라한한국(1556년)을 정복해 러시아의 영토를 크게 넓혔으며, 코사크들에게 시베리아 진출의 길을 열어주었다. 또한 자신을 모스크바의 첫 번째 차르로 선언하고, 모스크바를 '제3의 로마'로 내세우며 로마 황제의 계승자라는 정통성을 주장했다.

헝가리의 탄생

북해
발트해
포메라니아
비슬라강
엑상프로방스
파리
신성 로마 제국
엘베강
폴란드
프랑크 왕국
프라하
크라쿠프
라인강
955 레히펠트
다뉴브강
895
에스테르곰
티서강
카르파티아 산맥
아바르족
헝가리 왕국
리옹
세케슈페헤르바르
판 노 니 아 평 원
트란실바니아
899 베네티아
제노바
베네치아
크로아티아
895
다뉴브강
교황령
보스니아
로마
두브로브니크
불가르족
불가리아
지중해

대침략 p.140
신성 로마 제국 p.244
오스만 제국과 기독교 세계의 대립 p.348

서기 1000년, 유럽에 통합된 헝가리

역사적 전설과 달리, 훈족은 헝가리인의 조상이 아니다. 아틸라 왕이 이끈 훈족과 헝가리인의 조상인 마자르족은 서로 다른 민족이다. 헝가리어는 핀우그르어족에 속하며, 시베리아 서부 오비강 유역 언어들과 밀접한 연관이 있다. 헝가리인은 10세기 유럽에 정착한 마지막 초원 지대 유목민이다. 이후 러시아는 동방 기마 민족들과 맞서게 되었다. 기원전 1천 년경, 헝가리인은 볼가강 중류 지역에서 목축 생활을 이어갔지만, 8세기와 9세기 사이 불가르족에게 밀려 현재의 우크라이나로 이동했다. 이후 페체네그족의 침입을 피해 10세기에 판노니아 평원으로 이주했고, 비잔티움 제국에 용병으로 참여하며 현지 지형에 익숙해졌다. 당시 헝가리인은 약 100년 동안 쇠퇴하던 카롤링거 제국을 약탈하며 생계를 유지하기도 했다.

헝가리인은 독일, 이탈리아, 프랑스 등을 침략했으나, 955년 레히펠트 전투에서 독일의 오토 대제에게 패하며 서유럽 강국들과 충돌하게 되었다. 이 패배를 계기로 헝가리인들은 정착 생활을 시작하고, 유럽화의 길을 걷기 시작했다. 다뉴브강 유역의 농경민들과 융합했고, 로마 가톨릭으로 개종했다. 1001년에는 헝가리 왕국이 수립되었으며, 초대 국왕 이슈트반은 라틴 교회로부터 성인으로 추대되었다.

샤를 마르텔부터 피핀 3세까지

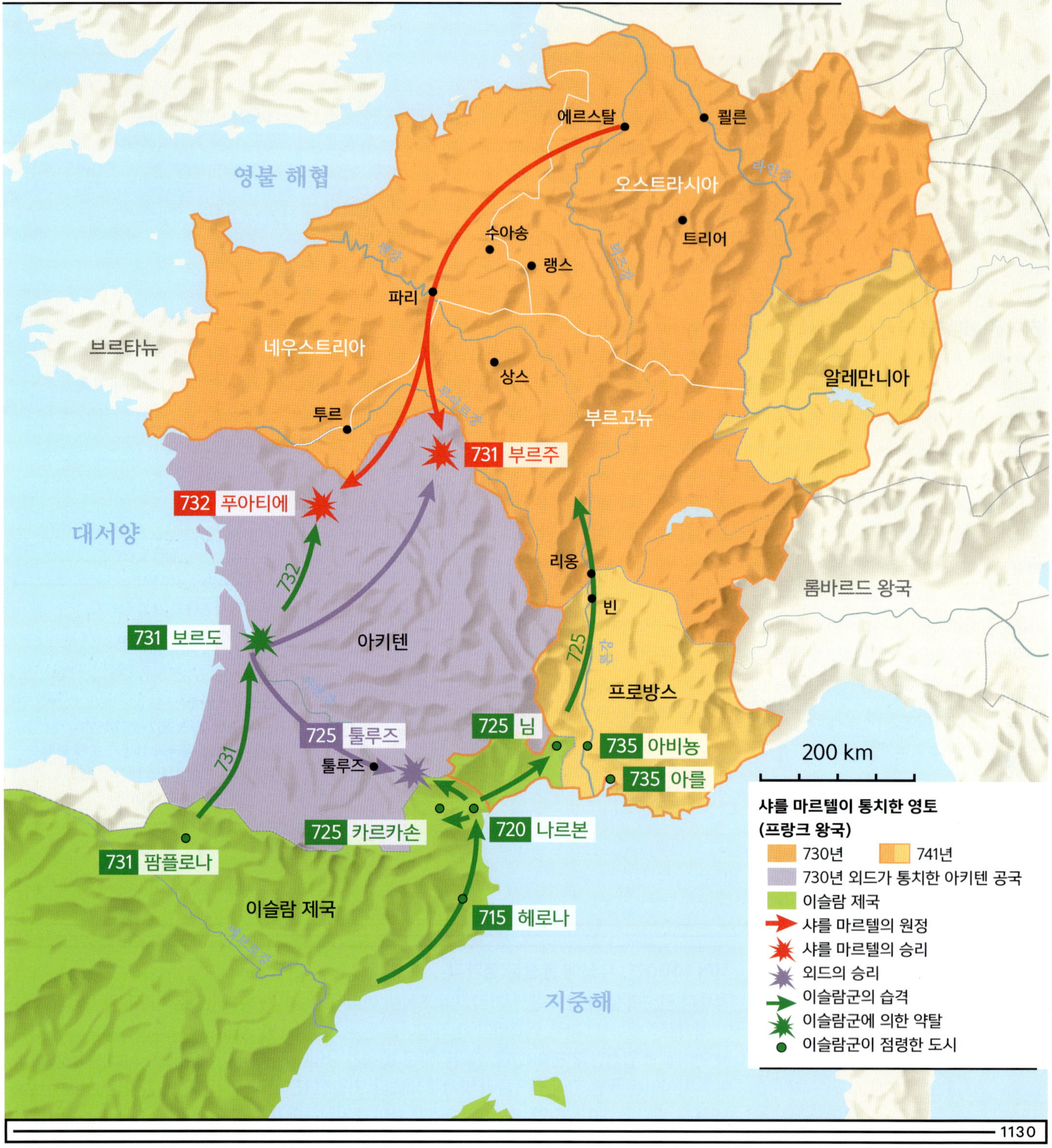

샤를 마르텔(약 688~741년)

메로빙거 왕조 말기, 프랑크 왕국의 실권은 왕이 아닌 궁재들이 장악하고 있었다. 718년부터 궁재로서 통치를 시작한 샤를 마르텔 초기에는 아키텐 공작 외드에게 자치권을 주었으나, 자신의 권력을 강화한 뒤로 침입한 이슬람 군대에 대항해 원정을 감행했다. 732년 또는 733년에 그는 투르와 푸아티에 사이에서 벌어진 전투에서 아랍군을 물리쳤고, 이 전투에서 우마이야 왕조의 지도자 압드 알라흐만 알가피키가 전사했다. 이 전투는 아랍어로 '순교자의 길'로 불리며, 무슬림 세계에서도 중요한 의미를 지닌 전투로 기록되었다. 샤를 마르텔은 전사들을 양성하기 위해 토지를 하사하며 자신의 권력 기반을 강화했다. 737년, 마지막 메로빙거 왕이 사망했을 때도 그는 새 왕을 세우지 않고 프랑크 왕국의 실질적인 통치자로 자리 잡았다. 샤를 마르텔은 741년에 사망했으며, 프랑스 왕가의 묘지인 생드니 왕립 대성당에 안장되는 영예를 누렸다.

함께 보기 ── 바바리안 왕국(야만 왕국) p.146
아랍 정복 p.160
신성 로마 제국 p.244

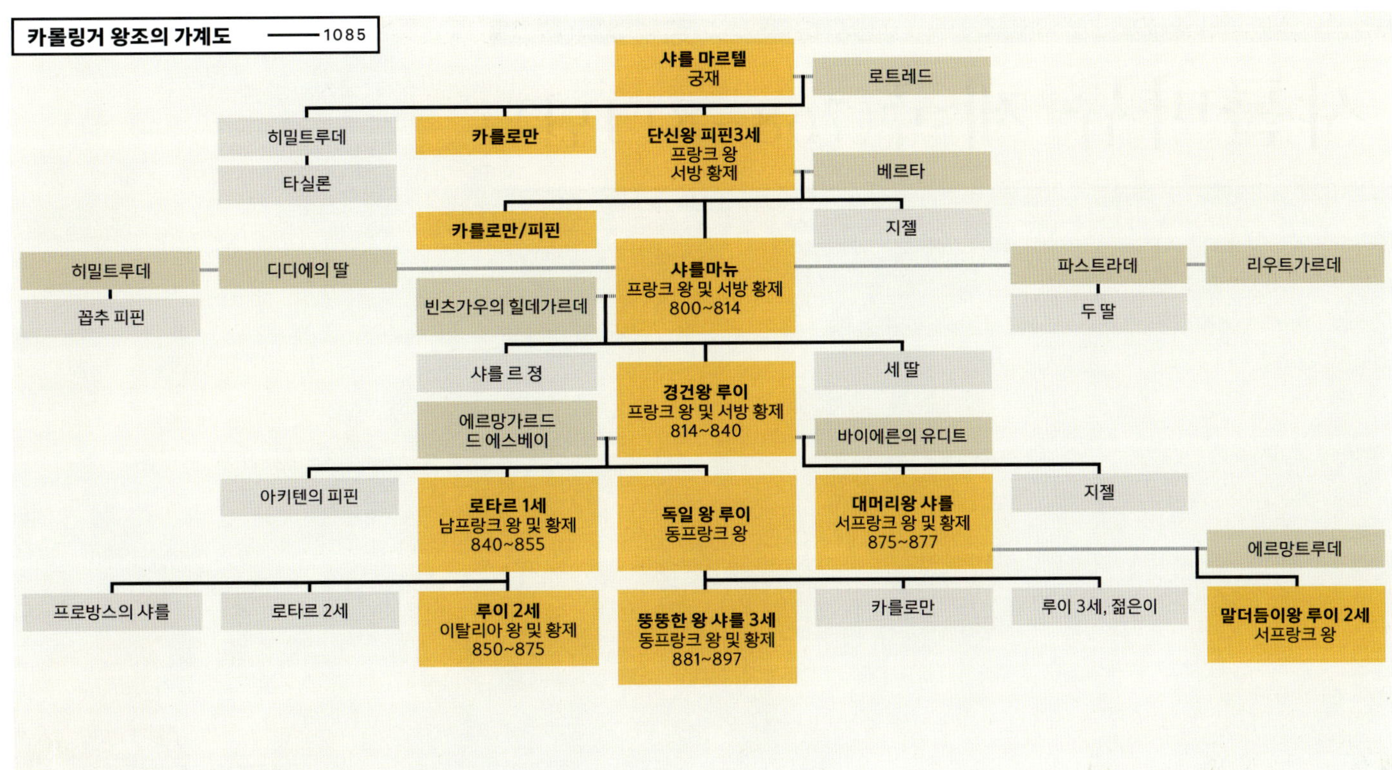

이 가계도는 프랑크 왕과 정식 부인들 사이에서 태어난 합법적인 자녀들만을 반영한 것이다. (그에게는 첩도 있었다). 실제로는 다른 자녀들 또한 존재했으며, 명예로운 지위를 누렸다.

단신왕 피핀 3세(714~768년)

샤를 마르텔의 아들이자 카롤루스 대제(샤를마뉴)의 아버지인 단신왕 피핀은 751년부터 768년까지 프랑크 왕국을 통치하며 카롤링거 왕조를 창건한 인물이다. 741년 피핀은 형제 카를로만과 함께 네우스트리아, 오스트라시아, 부르고뉴를 포함한 통합 영토를 상속받았으며, 알레마니아와 프로방스까지 영향력을 확대했다.

747년 형 카를로만이 수도원에서 은퇴하기 위해 몬테카시노로 떠나자, 피핀은 프랑크 왕국의 유일한 실권자가 되었다. 이후 751년에 왕위에 올라 셉티마니아와 아키텐을 정복하며 영토를 확장했다. 754년 피핀은 교황 스테판 2세와 동맹을 맺고 생드니 대성당에서 재차 대관식을 치렀으며, 이를 통해 피핀과 교황은 비잔티움 황제의 영향에서 벗어나 독립적인 입지를 확립하게 되었다. 또한 피핀은 755년부터 758년까지 롬바르드족과 벌인 이탈리아 전쟁을 통해 교황령의 토대를 마련하며 교회의 세속적 권력을 강화했다. 768년 피핀은 생드니에서 사망했고, 그곳에 안장되었다.

샤를마뉴 제국(768~814년)

피레네에서 엘베강까지

피레네산맥에서 엘베강에 이르는 광활한 지역에 강력한 정치 세력이 등장하면서, 루아르강과 라인강 사이를 중심으로 유럽의 기반이 마련되었다. 768년 프랑크 왕으로 즉위한 카롤루스 대제(샤를마뉴)는 774년에 롬바르드를 정복해 두 국가의 왕위를 겸하게 되었다. 800년 12월 24일 또는 25일, 그는 로마에서 교황 레오 3세에 의해 황제로 임명되어 476년 서방 로마 제국 멸망 이후 사라졌던 황제의 권위를 되살렸다.

샤를마뉴는 여러 차례 군사 원정을 통해 제국을 확장하고 강화했다. 그는 롬바르드족과 이베리아반도의 무슬림 세력(알안달루스) 특히 동쪽의 색슨족(772~804년)과 치열하게 싸우며 영토를 넓혔다. 또한 확대된 영토와 늘어난 인구를 효과적으로 통치하기 위해 언어 표준화, 교회 개혁, 학문 발전에도 힘썼다. 이러한 노력은 이른바 '카롤링거 르네상스'라 불리는 문화와 학문의 부흥으로 이어졌다. 샤를마뉴 시대의 번영은 왕실이 지원한 수도원 네트워크를 중심으로 이루어졌으며, 이 네트워크는 제국의 중요한 사회, 문화적 기반이 되었다. 그의 왕궁에는 알퀸, 에인하르트, 존 스코투스 에리우게나와 같은 뛰어난 학자들이 궁정 학교를 중심으로 집결하여 지식 공동체를 형성했고, 이는 제국 통치의 중요한 자원이 되었다. 그러나 이렇게 방대한 제국은 오래 유지되지 못했고, 843년에 분열과 함께 와해되었다.

북해
발트해
하이다부
오보드리테족
빌체족
함부르크
프리슬란트
작센
힐데스하임
마그데부르크
오데르강
엘베강
도레스타트
위트레흐트
네이메헌
라인강
파더보른
튀링겐
에르푸르트
슬라브 및 스칸디나비아 세계 방면
소랍족
쾰른
캉토빅
에르스탈
아헨
생리퀴에
아미앵
리에주
훌다
프랑크푸르트
슬라브 및 스칸디나비아
코르비
캉브레
스타블로
프림
보헤미아인
키에르지
아티니
프랑키아
잉겔하임
마인츠
모라비아인
수아송
트리어
보름스
베르베리
랭스
베르됭
메스
레겐스부르크
파리
모
생제르맹 데 프레
툴
슬로바키아인
오를레앙
상스
일레만니아
다뉴브강
라인강
람그르
뢱쇠유
프라이징
오세르
라이헤나우
잘츠부르크
비잔티움 세계 방면
부르주
바젤
생크트갈렌
아바르족
샬롱 쉬르손
브장송
취리히
바이에른
판노니아 변방
부르둔디
리옹
빈
프리울리
아퀼레이아
타랑테즈
밀라노
파비아
베로나
베네치아
포강
이탈리아
보비오
엠브랑
라벤나
프로방스
교황령
셉티마니아
아를
엑상프로방스
아니아네
리구리아해
스폴레토 공국
아드리아해
나르본
마르세유
코르시카
로마
북아프리카, 레반트 방면
티레니아해
베네벤토 공국
지중해

카롤링거 세계의 위기

200 km
843년 카롤링거 제국
위협받는 영토
바이킹의 침입과 습격
바이킹 정착 지역
919 정착 날짜
911년에 바이킹에게 할양된 영토
바이킹 공격을 네 번 이상 받은 도시
무슬림의 침입과 습격
코르도바 에미리트
마자르족의 침입
중요한 대립
침략을 피해 이동한 수도사들
북해
850
876
앵글로색슨 왕국들
런던
878 에딩턴
영불 해협
아미앵
보베
911~1204 노르망디
841 루앙
파리
885 파리
코크
대서양
브르타뉴
866 브리사르트
투르
루아르강
799 누아르무티에
939 낭트
푸아티에
서프랑크 왕국
클레르몽
보르도
가론강
툴루즈
팜플로나
에브로강
바르셀로나
토르토사
코르도바 토후국
지중해
제국의 분할 —— 1268
슬라브 왕국들
앵글로색슨 왕국들
작센
오스트라시아
튀링겐
엑상프로방스
아바르 왕국
프랑스
파리
레겐스부르크
바이에른
브르타뉴
네우스트리아
알레만니아
동프랑크 왕국
서프랑크 왕국
부르고뉴
카린티아
중프랑크 왕국
(로타링기아)
아키텐
롬바르디아
셉티마니아
프로방스
가스코뉴
교황령
에스파냐 변경
코르시카
로마
코르도바 토후국
베네벤토 공국
840년의 분할
샤를 2세
로타르
독일왕 루이
843년의 분할
샤를 2세
로타르
루이(독일왕)
봉신 영토
200 km

1311

영토의 재편성과 외부 압력

샤를마뉴 제국의 영토 통일은 840년 경건왕 루트비히(루이)의 사망으로 좌절되었다. 루이는 생전에 제국을 세 아들에게 분할 상속하려 했으나. 장남 로타르는 제국 전체의 통치권을 주장하며 동생 독일왕 루트비히와 샤를(대머리왕)을 굴복시키려 했다. 그러나 루트비히와 샤를 연합군이 841년 퐁트누아 전투에서 로타르를 물리쳤으며, 이듬해인 842년 두 형제는 스트라스부르에서 동맹을 맺어 결속을 다졌다. 결국 843년 베르됭 조약으로 제국은 동서로 분할되었고, 이후 로타르가 사망하자 그의 영토 역시 샤를과 루이 두 형제에게 분배되었다. 이로써 훗날 프랑스와 독일로 이어지는 역사의 토대가 마련되었다.

이 시기, 카롤링거 제국은 바이킹의 침략에 시달리고 있었다. 810년부터 840년경까지 '북방의 사람들'로 불리던 바이킹들은 주로 해안 지역을 약탈했으나, 이후 강 하구에 기지를 세우고 내륙으로 진출하기 시작했다. 이로 인해 수도원들이 주요 표적이 되었고, 수도사들은 피난길에 올랐으며, 주민들은 목숨을 지키기 위해 '데엔겔드(바이킹들에게 바치는 공물)'를 지불해야 했다. 카롤링거 제국의 중앙 권력은 이러한 침략에 제대로 대응하지 못했고, 주로 지역 귀족들이 중심이 되어 방어에 나섰다. 공작, 백작, 주교들은 성채와 요새를 건설해 지역 방어를 강화했고, 이는 동쪽과 남쪽에서 몰려오는 다른 침략자들에 대비하기 위한 조치이기도 했다.

900년경, 우크라이나에서 건너온 헝가리인들은 다뉴브 중부에 정착해 비잔티움 제국과 카롤링거 왕국들을 약탈했다. 그러나 955년 레히펠트 전투에서 패배한 뒤에는 점차 기독교 유럽 세계에 통합되었다. 한편, 서부 지중해를 장악하고 있던 무슬림 해적들은 '사라센 습격'을 벌이며 해안 도시들을 약탈했다. 890년부터 973년까지 라 가르드-프레네에 전진기지를 세웠고, 멀리 떨어진 지역까지 진출해 약탈을 감행했다. 이런 약탈 중 972년 사라센 해적들이 그랑 생베르나르 고개의 산기슭에서 클뤼니 대수도원장 마이울을 납치한 사건이 대표적이다.

이러한 위기 속에서 지역 귀족들, 특히 강력한 제후들은 카롤링거 왕조의 쇠퇴를 틈타 권력을 강화했다. 888년 카롤로스 대제의 직계 후손들이 단절되어 왕위가 공석이 되자, 바이킹 침입 방어 공로를 인정받은 파리 백작 외드가 귀족들의 추대로 왕위에 올랐다. 그의 가문인 로베르 가문은 이후 카페 왕조의 시조가 되었다.

11~13세기 기독교

스칸디나비아
스톡홀름
에든버러
아일랜드
퍼니스
파운틴스
리보
북해
뤼벡
말보르크
튜크스베리
세인트 알반스
웨스트민스터
함부르크
글래스턴베리
런던
캔터베리
포메라니아
영불 해협
헨트
라인강
페캉
생 바스트
쥐미에주
코르비
쾰른
엘베강
몽생미셸
르 베크
루앙
리에주
마인츠
브로츠와프
샹디니
파리
랭스
고르즈
프랑크푸르트
대서양
퐁티니
프레몽트레
마르무티에
브레벤노프
생마르탱
모리몽
프라하
퐁트브로
투르
베즐레
클레르보
히르자우
클라드루비
사자바
디종
생베니뉴
아우크스부르크
시토
빈
클뤼니
라 페르테
판논할마
산티아고 데 콤포스텔라
리옹
알프스산맥
세케
밀라노
르퓌앙블레
프루투아리아
베네치아
사가훈
생장피에드포르
무아사크
콩크
포강
제노바
톨루즈
론강
아를
자라
카르카손
생빅토르
시에나
스플리트
두에로강
마르세유
산 갈가노
피렌체
알코바사
에브로강
아드리아해
리스본
코르시카
로마
톨레도
포블렛
몬테카시노
몬테 가르가노
에스파냐
바르셀로나
발레아레스 제도
마요르카
나폴리
바리
코르도바
사르데냐
세우타
팔레르모
250 km
시칠리아
튀니스
트리폴리

팽창하는 기독교 세계
라틴 기독교 세계
11~12세기에 기독교가 된 지역
동방 기독교 세계
11~12세기에 기독교가 된 지역
국토 회복 운동(레콩키스타)
기독교 재정복 전선
이슬람 세계
무슬림 소수집단
북유럽의 복음화
십자군 원정

주요 라틴 종교 중심지
로마, 그레고리오 개혁의 중심지
대규모 순례지
주요 성지순례길
(산티아고 데 콤포스텔라)
대수도원

함께 보기 — 기독교의 확산 p.76
클뤼니와 시토회 p.212
이단의 유럽 p.220

1410

라틴 기독교 세계의 전성기

11세기부터 13세기까지 라틴 기독교는 유럽 전역에서 영향력을 넓혀나갔다. 11세기에 기독교로 개종한 스칸디나비아 왕국들은 점차 복음화가 완료되어 교구와 본당이 조직되었고, 교회 체제가 확립되었다. 이베리아반도에서는 레콩키스타(국토 재정복 운동)가 빠르게 진행되었다.

그러나 동방에서는 교황청이 비잔티움 제국의 콘스탄티노플 총대주교와 충돌했다. 1054년 콘스탄티노플 총대교주와 교황청 사절단이 서로를 파문하면서 동서 교회의 대분열이 일어났다. 이 분열은 1095년 교황 우르바노 2세가 예루살렘을 탈환하기 위해 십자군을 소집하면서 한층 깊어졌다. 특히 1204년 제4차 십자군이 콘스탄티노플을 약탈하면서 절정에 이르렀다.

이와 동시에, 교회 내에서는 그레고리오 개혁으로 교황과 성직자의 권력이 강화되었다. 이 개혁은 성직자 독신 강요(니콜라우스 금지)와 성직 매매(시몬주의) 근절에 중점을 두었으며, 교회를 세속 권력으로부터 독립시키려 했다. 또한 귀족들의 폭력과 내분을 억제하기 위해 '하나님의 평화와 휴전 운동'을 추진하여 기독교 세계의 평화를 유지하고자 했다.

이 시기에 클뤼니 수도원은 시토회, 프레몽트레회, 아우구스티노회와 같은 새로운 수도회와 경쟁하며 더욱 엄격하고 순수한 수도원 생활로의 복귀를 시도했다. 기독교 세계를 통합하는 중요한 요소 중 하나는 성지 순례였다. 특히 산티아고 데 콤포스텔라로 향하는 순례가 두드러졌으며, 12세기에 작성된 <순례자 안내서>는 투르, 베즐레, 르퓌앙블레, 아를에서 출발하는 네 가지 주요 경로를 자세히 설명하고 있다.

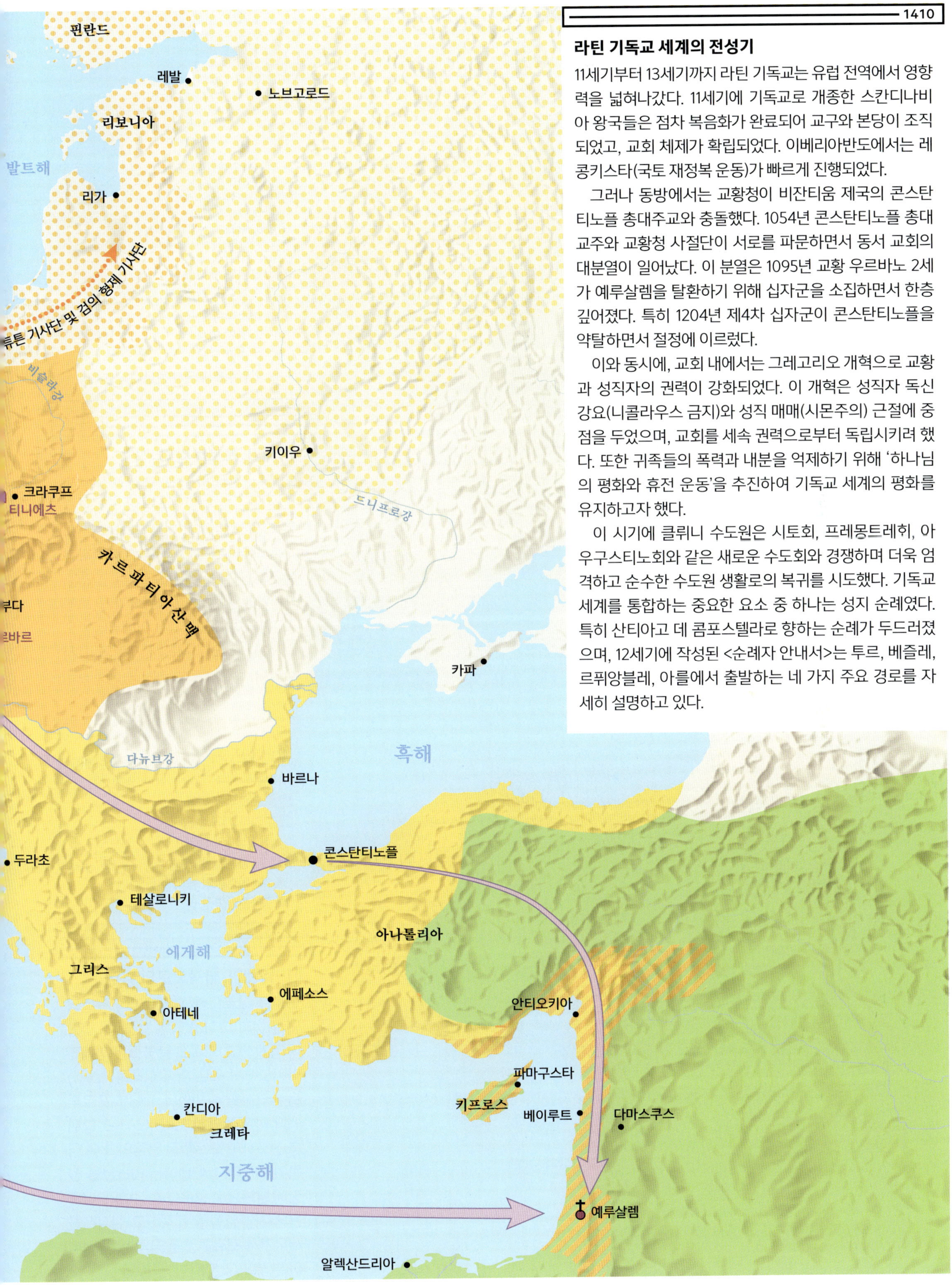

포르투갈의 기원

1289

10세기, 포르투갈의 기원

10세기 이베리아반도 북부의 작은 기독교 왕국들은 알만수르의 침략으로 큰 피해를 입었다. 이로 인해 레온 왕국의 세력이 쇠퇴하자, 포르투 백작령은 자치권을 쉽게 확보할 수 있었다. 11세기에는 갈리시아 왕국과 포르투갈 왕국이 등장하며 이베리아반도의 정치 구도가 새롭게 재편되기 시작했다.

1350

11~12세기, 남쪽으로의 확장

1031년 코르도바 칼리프국이 분열되면서 여러 타이파(작은 이슬람 국가)가 등장했고, 기독교 왕국들은 이베리아반도에서 국토 재정복(레콩키스타)을 본격화할 수 있었다. 1143년 포르투 백작 아폰수 엔히크스는 스스로 왕위를 선포하며 포르투갈 왕국의 초대 국왕이 되었다. 1147년에는 리스본을 점령해 남쪽으로 영토를 확장했다. 이후 몬데구강 남쪽을 개척하고 정착지를 세우면서 포르투갈 왕국의 남진 정책이 본격화되었다.

1249년, 포르투갈의 국경 확립

브라가 지역이 대주교구로 승격되면서 포르투갈은 종교적으로 톨레도 대주교의 통제에서 벗어났다. 12세기 말, 아폰수 1세는 남쪽으로 영토를 확장해 1165년에 에보라를 포함한 알렌테주 지역을 정복했다. 이후 지역 안정을 위해 템플 기사단은 토마르에, 아비스 기사단은 타호강 남쪽에, 산티아고 기사단은 그보다 더 남쪽에 방어선을 구축했다. 이후 산슈 1세(1185~1211년)는 무와히드 왕조의 반격에 맞서 싸웠으며, 1184년 산타렝 전투에서의 승리는 포르투갈 건국 신화를 상징하는 사건이 되었다. 13세기 초에도 기독교 세력의 남쪽으로의 확장은 계속되었고, 1212년 라스 나바스 데

톨로사 전투에서 포르투갈 군대를 비롯한 연합군이 결정적인 승리를 거두면서 이슬람 세력의 후퇴가 한층 더 빨라졌다. 1249년, 포르투갈은 파루를 점령하고 알가르브 지역을 확보하면서 오늘날의 국경을 확립했다. 1255년에는 수도를 코임브라에서 리스본으로 이전해 옛 포르투갈과 새로 정복된 남부를 연결하는 중심지로 삼았다. 이로써 포르투갈은 유럽에서 가장 오래된 국경을 지닌 국가 중 하나가 되었으며, 이후 남쪽으로 확장 시도가 있었으나 영토에 큰 변화는 없었다.

클뤼니와 시토회 (10~13세기)

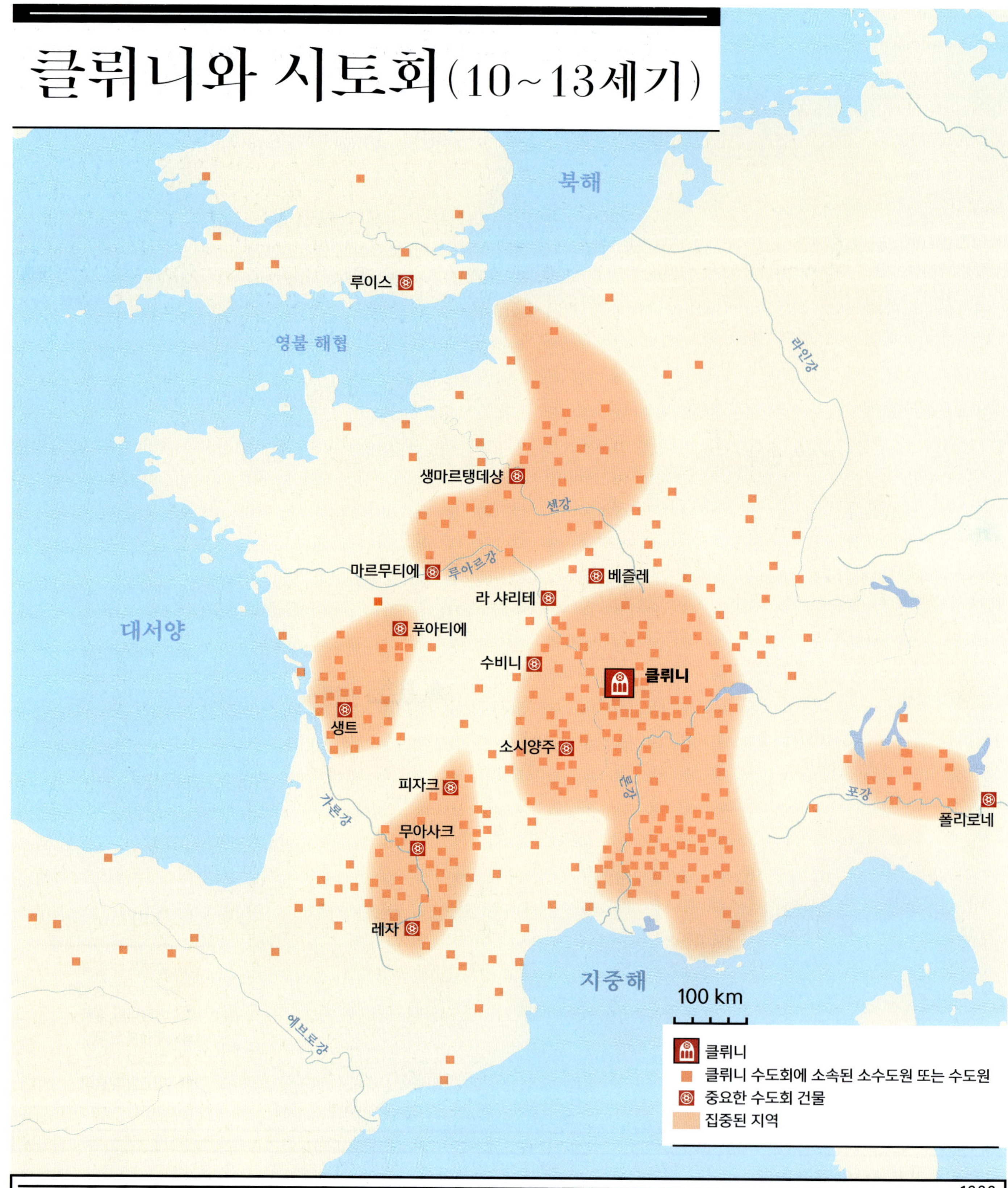

클뤼니 수도회, 유럽의 수도원 네트워크

클뤼니 수도회는 10세기 카롤링거 왕조와 교황청의 수도원 개혁 운동에 따라 909년에 설립되었다. 클뤼니 수도원은 성 베네딕트 규칙을 엄격히 따르며, 여러 수도원과 수도원장을 통합하는 조직의 중심이 되었다. 12세기까지 라틴 기독교 세계에서 중요한 역할을 했으며, 특히 그레고리오 개혁 확산에 기여했다. 교황 그레고리오 7세도 클뤼니 수도회 출신으로, 그의 이름을 딴 개혁 운동을 주도하며 교회 권위를 강화했다. 클뤼니 수도원 분포 지도는 당시 수도원의 위치와 규모를 바탕으로 역사적 기록을 재구성한 것으로 실제와 차이가 있을 수 있다. 11세기 말 클뤼니 수도회는 프랑스, 이탈리아 북부, 스페인, 독일, 잉글랜드에 수백 개의 수도원을 두었으며, 지역에 따라 규모와 밀도에 차이가 있었다. 이들 수도원은 동일한 규율에 따라 운영되었고, 13세기에는 중앙 집권적 행정과 통제 구조가 확립되며 클뤼니 수도회의 기반이 더욱 탄탄해졌다.

시토회, 모(母) 수도원과 자매 수도원들

시토회는 12세기 라틴 기독교 유럽에서 중요한 역할을 했다. 특히 엘베강을 넘어 동쪽으로 확장하는 과정에서 라틴 기독교 전파, 서유럽인의 이주, 토지 개척에 크게 기여했다. 시토회는 1098년 로베르 드 몰렘이 시토 수도원을 설립하며 시작되었고, 이후 클레르보의 베르나르(1090~1153년)의 영향으로 빠르게 성장했다. 성 베르나르는 탁월한 카리스마로 제2차 십자군을 이끌기도 했다. 시토회는 초기 청빈과 노동을 통한 엄격한 수도 생활을 강조했지만, 강력한 조직망을 통해 체계적인 관리 체제를 확보했다. 자매 수도원은 주교의 관할을 벗어나 매년 모 수도원 원장의 방문을 받고, 총회를 통해 감독을 받았다. 초기 시토 수도원과 네 곳의 주요 자매 수도원은 부르고뉴에만 위치했지만, 얼마 지나지 않아 시토회는 로마 가톨릭 세계 전역으로 빠르게 퍼져나갔다. 그 영향력은 동방의 라틴 국가들에까지 확대되었다.

로마네스크와 고딕

로마네스크 양식(10~12세기)

로마네스크와 고딕 양식의 구분은 19세기 초에 정립된 개념으로, 건축은 물론 조각과 회화 등 시각 예술 전반에 적용된다. 11세기 말에 이미 고딕 양식의 특징인 격천장 구조(교차 리브)가 등장했지만, 로마네스크 양식을 대표하는 요소로는 천정 아치(배럴 볼트)와 반원형 아치를 꼽는다. 로마네스크 양식은 고대 로마 건축 양식의 영향을 받았음에도 불구하고 라틴 기독교 사회만의 독특한 문화를 형성하며 다른 지역과 구별되는 중요한 특징으로 자리 잡았다. 로마네스크 양식의 건축물은 서유럽 전역으로 퍼져나갔고, 특히 북부 스페인과 프랑크 왕국에 세워진 대성당과 수도원에서 그 아름다움과 특징이 가장 잘 드러난다.

고딕, 프랑스 예술의 정수(12~13세기)

고딕 양식이라는 이름은 르네상스 시대의 예술가 조르조 바사리가 경멸의 의미를 담아 '프랑스 양식'이라고 칭한 데서 비롯되었다. 이 양식은 12세기 프랑스의 일드 프랑스 지역에서 처음 등장했으며, 이후 유럽 전역으로 퍼져나갔다. 고딕 양식의 가장 큰 특징은 격자 형태의 천장 구조(교차 리브)를 활용해 천장을 높이 올리고, 넓은 창문을 설치해 실내에 더 많은 빛이 들어오게 했다는 점이다. 덕분에 어둡고 무거운 느낌이었던 이전의 성당과 달리, 고딕 성당 내부는 이전보다 한층 밝고 탁 트인 공간으로 바뀌었다. 고딕 양식은 도시를 중심으로 발전했고 초기에는 프랑스 북부, 부르고뉴, 잉글랜드 남부 지역에서 활발하게 퍼졌다. 이후 빠르게 유럽 곳곳으로 확산되었으며, 16세기 초까지 이어졌다. 후기에는 '고딕 플랑부아양(Flamboyant) 양식'이라는 독특한 형태로 발전하기도 했다. 또한 13세기부터는 성당뿐 아니라 대학과 궁전 같은 대규모 건축물에도 고딕 양식이 적용되었고, 점차 일반 주택에도 영향을 미쳤다.

고딕 대성당

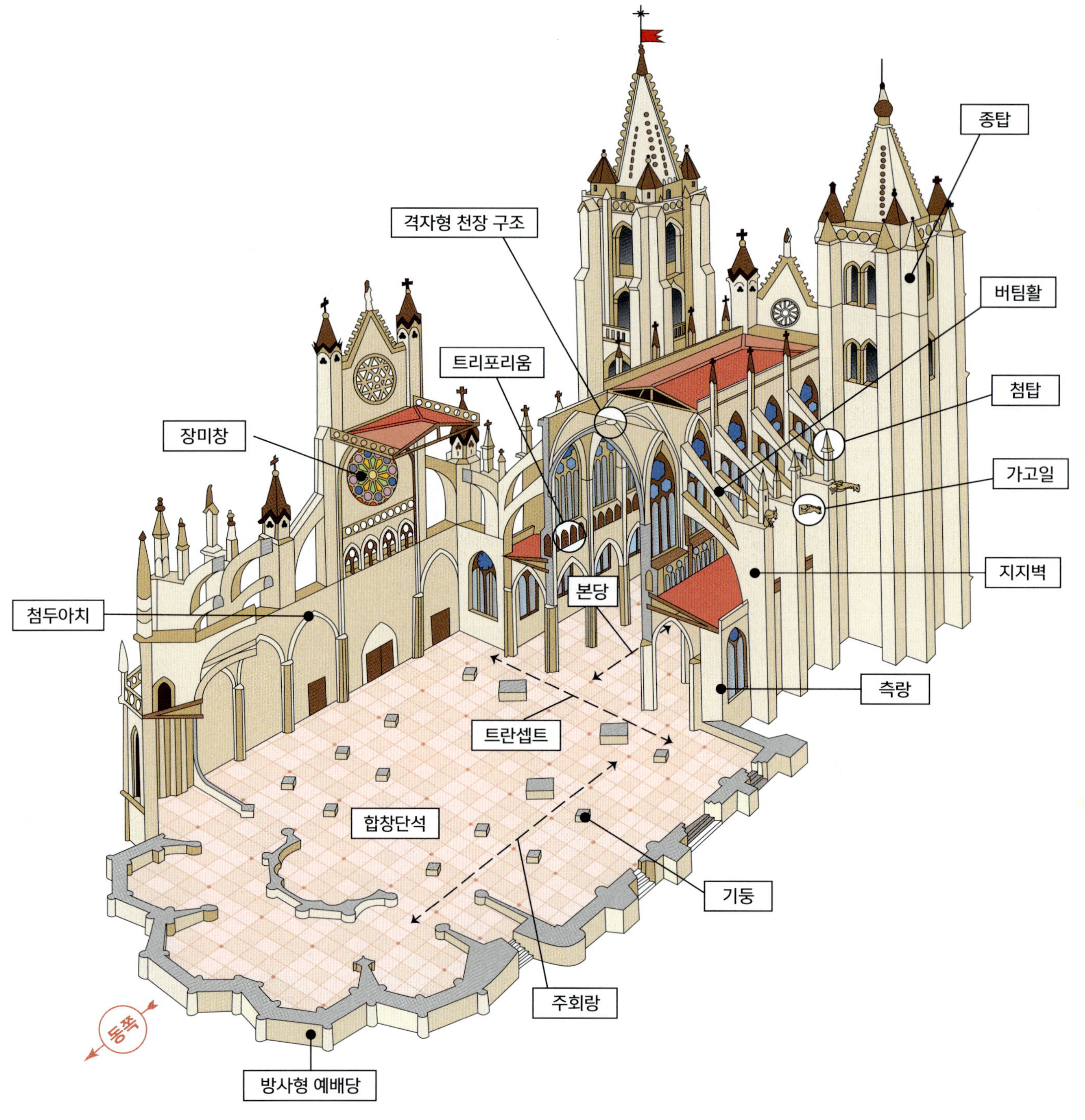

건축 혁명

고딕 양식은 12세기 프랑스의 일드 프랑스 지역에서 탄생해 이전의 로마네스크 양식과는 뚜렷하게 구별되는 새로운 건축 양식으로 자리 잡았다. 고딕 건축의 가장 큰 혁신은 격자형 천장 구조(교차 리브)와 첨두 아치의 도입이었다. 이 기술은 1130년대 상스 대성당 건축에 처음 시도되었다. 이러한 구조적 변화 덕분에 벽을 두껍게 쌓을 필요가 없어졌고, 그 대신 얇은 벽에 더 크고 넓은 창문을 낼 수 있게 되었다. 여기에 12세기 중반에 등장한 아치형 플라잉 버트레스(공중 부벽)가 건물 외부에서 무게를 지탱하면서 이

전보다 훨씬 더 높은 건축물 건설이 가능해졌다. 이러한 기술적 발전은 조각과 스테인드글라스 같은 예술 분야의 발전에도 큰 영향을 미쳤다.

13세기부터는 석재 가공 기술이 발전하면서 공사 속도가 빨라졌고, 대성당 건설에는 수백 명의 인력이 투입되었다. 현장에는 건축 감독을 비롯해 석공, 조각가, 미장공, 목수 등 다양한 분야의 장인들이 함께 작업했다. 그중에는 유럽 각지를 오가며 대성당 건축을 전문으로 맡는 숙련된 장인들도 많았다.

중세 파리

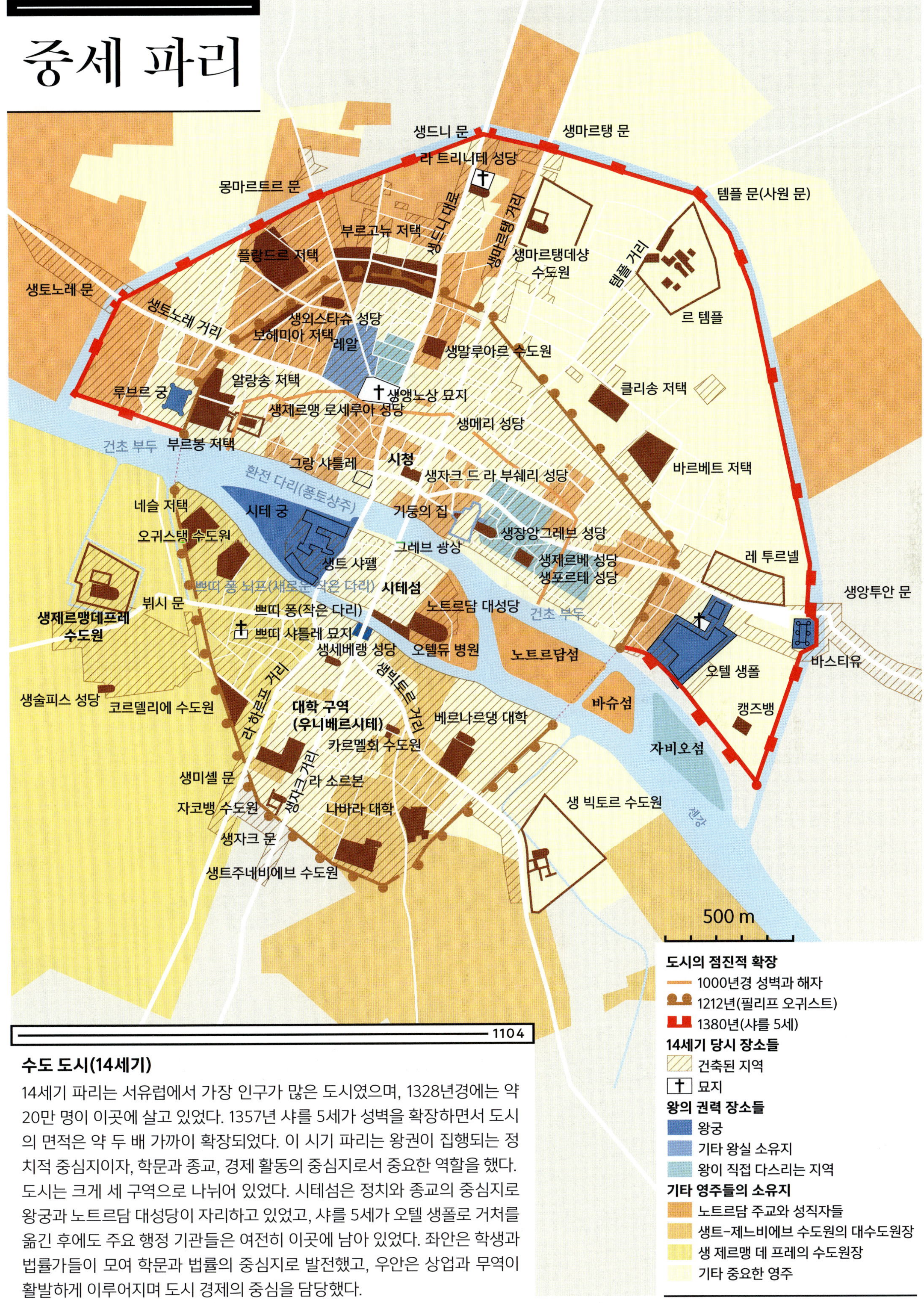

수도 도시(14세기)

14세기 파리는 서유럽에서 가장 인구가 많은 도시였으며, 1328년경에는 약 20만 명이 이곳에 살고 있었다. 1357년 샤를 5세가 성벽을 확장하면서 도시의 면적은 약 두 배 가까이 확장되었다. 이 시기 파리는 왕권이 집행되는 정치적 중심지이자, 학문과 종교, 경제 활동의 중심지로서 중요한 역할을 했다. 도시는 크게 세 구역으로 나뉘어 있었다. 시테섬은 정치와 종교의 중심지로 왕궁과 노트르담 대성당이 자리하고 있었고, 샤를 5세가 오텔 생폴로 거처를 옮긴 후에도 주요 행정 기관들은 여전히 이곳에 남아 있었다. 좌안은 학생과 법률가들이 모여 학문과 법률의 중심지로 발전했고, 우안은 상업과 무역이 활발하게 이루어지며 도시 경제의 중심을 담당했다.

대학들(12~15세기)

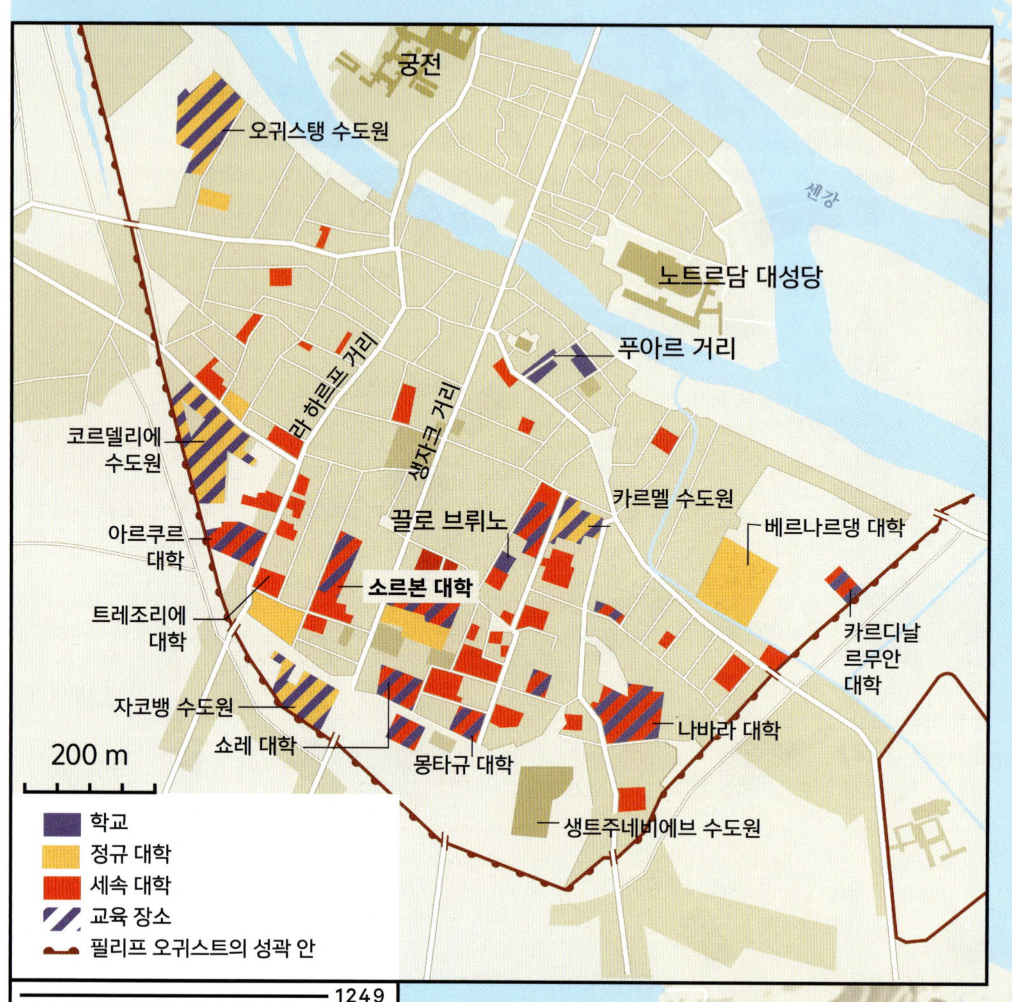

15세기의 라탱 지구

12세기 말부터 라탱 지구에는 여러 대학이 들어서기 시작했다. 처음에는 부유한 후원자들이 가난한 학생들을 위해 마련한 숙소에서 출발했지만, 점차 학문과 연구가 활발히 이루어지는 중심지로 발전해갔다. 특히 소르본 대학의 유럽 최대 규모의 도서관은 파리의 대학생들이 모두 이용할 수 있도록 개방되어 있었다. 14세기부터는 일부 대학이 단순한 기숙 공간을 넘어 정식 교육 기관으로 성장하기 시작했고, 생트 주느비에브 언덕 일대는 젊은 학생들이 모여드는 학문과 지식의 중심지로 자리 잡았다.

---1297---

중세 대학의 탄생과 성공

유럽에서 가장 오래된 대학 중 하나인 볼로냐 대학(12세기 말 설립)을 비롯한 몇몇 선구적인 사례들을 제외하면, 대부분의 대학은 13세기와 14세기에 걸쳐 설립되었다. 11세기와 12세기에 진행된 그레고리오 개혁을 통해 성직자들의 지적 수준을 높일 필요성이 제기되었고, 이를 계기로 많은 대학이 대성당 학교나 도시 학교를 바탕으로 성장하게 되었다.

이 과정에서 교수와 학생들은 스스로의 자취권을 요구했고, 그 결과 대학 공동체가 형성되었다. 초기 대학들은 공식적인 법적 지위가 미약했으나, 학문적 활동의 중요성이 증대되면서 왕과 왕자, 도시 등 세속 권력과 교황을 비롯한 교회 권력으로부터 후원을 받게 되었다. '우니베르시타스(Universitas, 대학)'라는 용어는 13세기 초부터 시용되었으며, 단순히 건물이나 기관을 뜻하는 것이 아니라 공동의 규칙과 조직을 갖춘 학문 공동체를 의미했다. 당시에는 가난한 학생들을 지원하기 위해 후원자들이 설립한 기숙사들이 있었고, 시간이 흐르면서 이러한 기숙사들이 점차 교육 기관으로 발전했다. 이들 기숙사에서는 공동 식사와 예배를 포함한 규칙적인 공동생활이 이루어졌으며, 1257년경 루이 9세의 후원을 받은 로베르 드 소르본이 파리에 세운 소르본 대학이 대표적인 예로 꼽힌다.

한편, 유럽 각지의 대학들 사이에서는 교수와 학생들의 활발한 교류가 이루어졌는데, 이는 라틴어라는 공용어 덕분에 가능했다. 파리와 볼로냐 같은 대학들은 국제적인 명성을 얻었으며, 14세기 말에는 동유럽에도 새로운 대학들이 설립되었다. 이는 각국의 세속 권력자들이 자신의 권위를 드러내고 학문적 중심지를 마련하기 위해 대학 설립에 적극적으로 나섰기 때문이었다.

이단의 유럽 (10~15세기)

─ 1173

서기 1000년부터 15세기까지의 종교적 반란들

9세기 '카롤링거 르네상스'부터 12세기 그레고리오 개혁까지, 교회는 신학과 성직자 조직을 정비하며 권위 강화를 추진했다. 그러나 이 과정에서 교회의 권위에 반발하거나 독자적인 신앙을 추구하는 분파들이 등장했다. 이들은 초기에는 주로 성직자 등 지식인 계층이나 특정 지역에 한정되었으며, 1000년경부터 일부는 교황과 그 지지자들에 의해 이단으로 규정되었다. 특히 프랑스(오를레앙, 아라스, 샹파뉴, 아키텐), 리에주, 그리고 이탈리아 북부에서 이러한 움직임이 두드러졌다. 이들이 고대 이단이나 동방 이단과 연관되었다는 주장은 주로 반대 세력에 의해 과장되거나 조작된 것으로 보인다.

11세기 말에는 이단 운동이 성직 개혁을 넘어 사회 전반으로 확산되었다. 대표적인 예가 롬바르디아의 파타리아 운동이다. 이 운동은 11세기 중반 밀라노의 하급 성직자들 사이에서 시작되어, 성직 매매(시몬주의)를 비판하며 상급 성직자들에 맞서 이탈리아 북부로 파급되었다. 때로는 교황에 맞서는 황제파와 연대해 세력을 확대하기도 했다.

한편, 10세기 불가리아에서 시작된 이원론적 이단인 보고밀파는 발칸반도 전역으로 퍼졌으며, 특히 보스니아에서 세르비아에 대항하는 정체성 형성에 기여했다. 보고밀파가 프랑스 남부의 카타리파 운동에 영향을 미쳤는지는 불확실하지만, 두 운동은 이원론적 교리 등 몇 가지 공통점을 공유했다. 카타리파는 11세기 성직 개혁에 저항하는 복음주의 운동으로 출발해 프랑스 남부뿐만 아니라 라인란트 지역(본, 쾰른, 마인츠)에서도 세력을 확장했다. 그러나 1211년 스트라스부르에서의 잔혹한 탄압을 시작으로, 1239년 몽트-에메 화형 사건 등 잇따른 탄압으로 부르고뉴, 플랑드르, 샹파뉴 등지에서 사라졌다. 카타르파의 랑그도크 지방의 툴루즈 삼각지대(알비, 카르카손, 툴루즈)를 중심으로 활동했으며, 1209년부터 1229년 알비파에 대한 십자군 전쟁은 점차 카페 왕조의 툴루즈 남부 정복전으로 바뀌었다. 이후 1240년을 전후해 카타리파는 종교재판과 탁발 수도회 활동으로 점차 쇠퇴했다.

리옹 상인 발도의 제자들인 발도파는 원래 리옹에서 시작된 복음주의 운동으로, 1183년 리옹에서 추방된 뒤 1215년 라테라노 4차 공의회에서 이단으로 규정되었다. 이후 남부 알프스, 케르시, 피에몬테로 이동했으며, 게르만족의 동방 진출과 함께 포메라니아 지역까지 전파되었다. 파타리아, 보고밀파, 카타리파, 발도파는 명확한 연관성은 없지만, 신학적으로 유사한 특징을 공유했으며 로마 교회와 비잔틴 교회 양측 모두에서 이단으로 규정돼 탄압받았다.

알비파에 대항한 십자군 (13세기)

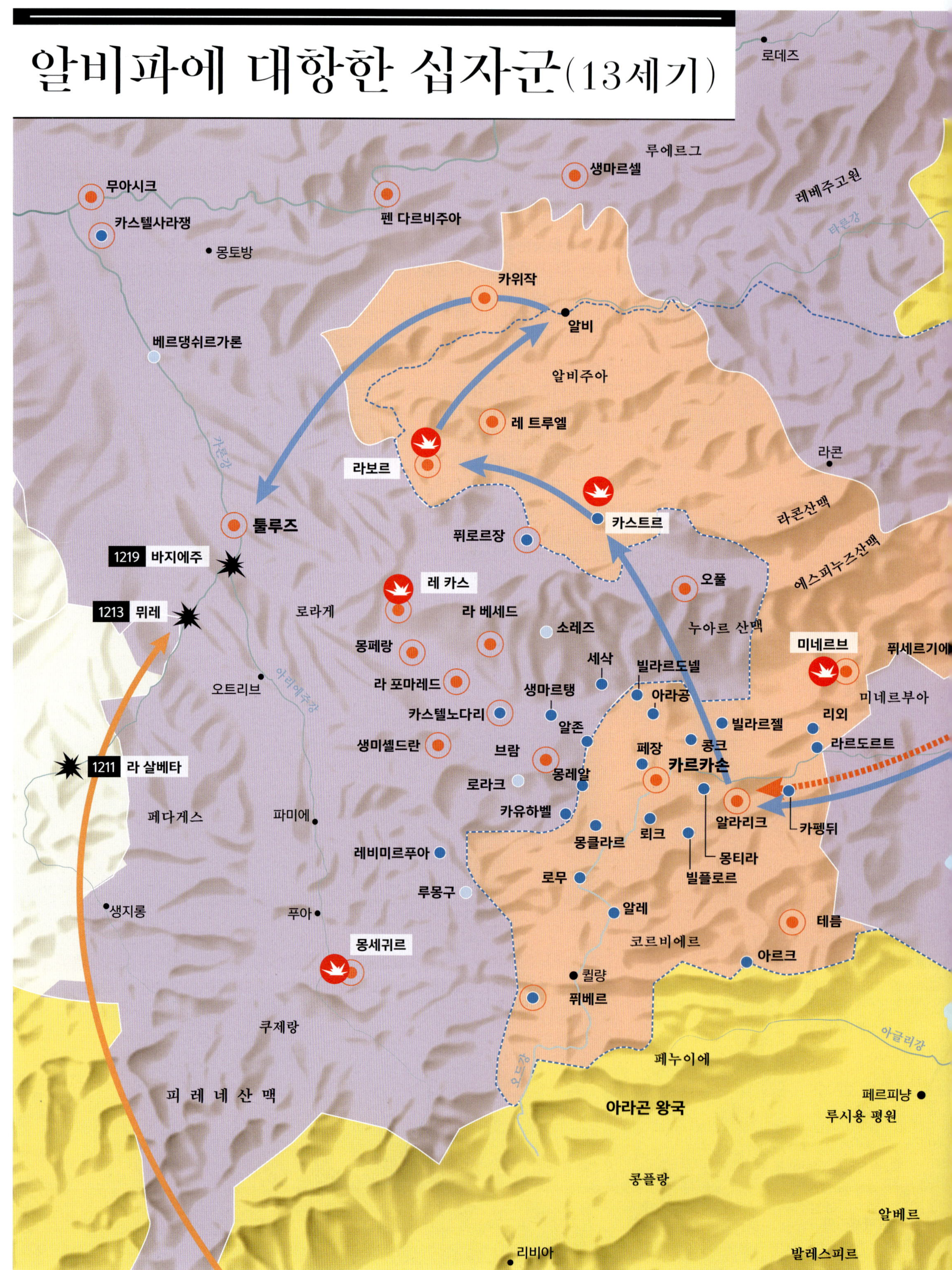

랑그도크의 프랑스 왕실 통합 과정

알비 십자군 전쟁은 기독교 세계 내부에서 벌어진 최초의 십자군 전쟁으로, 교황권과 프랑스 왕권 강화를 목적으로 시작되었다. 13세기 초 랑그도크 지역은 아라곤 왕, 툴루즈 백작, 트랑카벨 자작의 세력으로 나뉘어 있었으며 카타르파가 강력한 세력을 형성하며 교황 인노첸시오 3세의 교회 권위에 정면으로 도전했다. 1209년 교황 인노첸시오 3세는 알비 십자군을 선포했으며, 북부 제후들을 이끈 시몽 드 몽포르는 트랑카벨 자작의 영지를 정복하고 툴루즈 백작령까지 점령했다. 이에 툴루즈 백작 레몽 7세가 영토 회복을 시도했지만 실패로 끝났다.

1226년 프랑스 왕 루이 8세가 십자군을 재개하면서 전쟁은 이어졌고, 1229년 마침내 종결되었다. 레몽 7세는 툴루즈 백작 지위를 유지하는 대신, 프랑스 왕의 동생 푸아티에 백작 알퐁스 드 푸아티에와 자신의 딸의 결혼을 조건으로 받아들여야 했다. 이 결혼은 1271년 툴루즈 백작령이 프랑스 왕실에 완전히 편입되는 계기가 되었다.

종교적으로는 카타리파 탄압을 위해 1231년에서 1233년 사이에 종교재판소가 설치되었고, 도미니코회 수도사들이 주도해 이단 심문관 살해와 화형이 이어지는 등 강경한 조치가 진행되었다. 결국 13세기 말까지 카타리파는 철저히 제거되었으며, 랑그도크 지역도 아라곤 왕의 영향력에서 벗어나 프랑스 왕실에 완전히 통합되었다.

13세기 유럽의 상인들

도로 및 거점들

중세 유럽의 생산 활동은 대부분 가내 수공업 수준에 머물렀으며, 지역적으로 제한되는 경우가 많았다. 그러나 13세기에 인구가 약 6천만 명에서 8천만 명으로 증가하면서 서유럽, 특히 상류층을 중심으로 소비 수요가 폭발적으로 증가했다. 이에 따라 곡물과 포도주 생산지가 확대되었고, 생산물은 더 멀리 떨어진 시장까지 유통되기 시작했다.

유럽 내부 교역과 지중해를 통한 이슬람 세계와의 교역도 빠르게 성장했다. 이 과정에서 이탈리아 중부와 북부는 급속한 경제 성장을 이루었고, 북해 지역 역시 주요 경제 중심지로 떠올랐다. 이 두 지역을 남북으로 잇는 교역의 중심지는 프랑스 샹파뉴 박람회였다. 이러한 교역망의 거점들은 점차 금융과 수공업의 중심지로 발전했다.

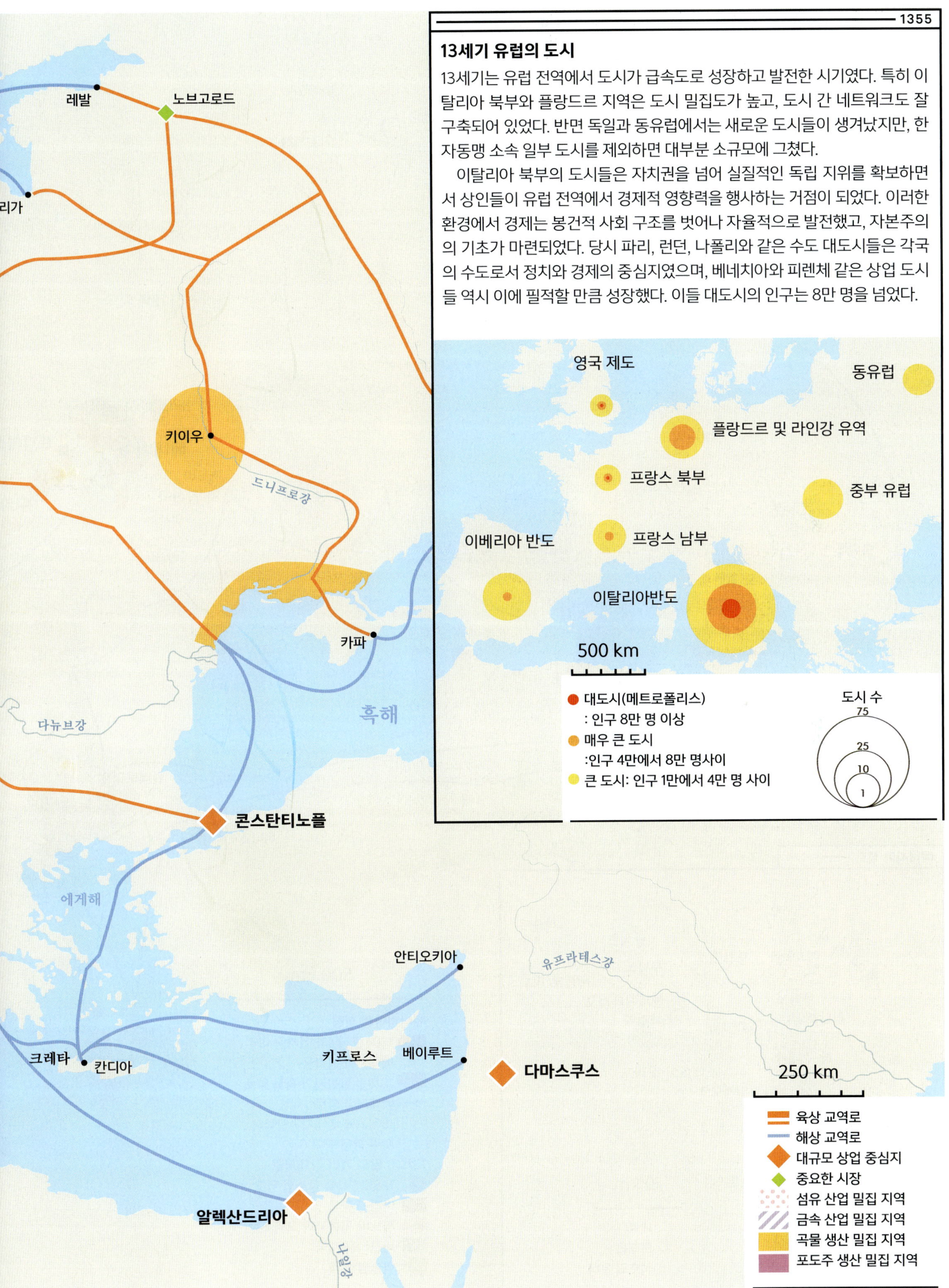

1355

13세기 유럽의 도시

13세기는 유럽 전역에서 도시가 급속도로 성장하고 발전한 시기였다. 특히 이탈리아 북부와 플랑드르 지역은 도시 밀집도가 높고, 도시 간 네트워크도 잘 구축되어 있었다. 반면 독일과 동유럽에서는 새로운 도시들이 생겨났지만, 한자동맹 소속 일부 도시를 제외하면 대부분 소규모에 그쳤다.

이탈리아 북부의 도시들은 자치권을 넘어 실질적인 독립 지위를 확보하면서 상인들이 유럽 전역에서 경제적 영향력을 행사하는 거점이 되었다. 이러한 환경에서 경제는 봉건적 사회 구조를 벗어나 자율적으로 발전했고, 자본주의의 기초가 마련되었다. 당시 파리, 런던, 나폴리와 같은 수도 대도시들은 각국의 수도로서 정치와 경제의 중심지였으며, 베네치아와 피렌체 같은 상업 도시들 역시 이에 필적할 만큼 성장했다. 이들 대도시의 인구는 8만 명을 넘었다.

지중해의 베네치아

런던
브뤼헤
앙주
신성 로마 제국
프랑스 왕국
베네치아 공화국
베네치아
트리에스
나바라
제노바
제노바 공화국
프로방스
피사
자라
포르투갈
애그모르트
아드리아해
아라곤 왕국
리스본
바르셀로나
코르시카
치비타베키아
로마
발렌시아
발레아레스 제도
나폴리
아말피
말라가
그라나다 왕국
사르데냐
나폴리 왕국
티레니아해
메리니드 왕조
팔레르모
오랑
알제
시칠리아
시라쿠
튀니스
몰타
베네치아 석호 ——— 1234
베네치아 평원
예졸로
그랑 마레
메스트레
토르첼로
부라노
몬테 습지
예졸로 리도
무라노
산트에라스모
리알토
산 미켈레
베네치아
리도 입구
라 주데카
리도
베네치아 리도
말라모코
말라모코 입구
밀레캉피
펠레스트리나
아드리아해
10 km
키오자
키오자 입구
500 km
트리폴리
베네치아의 확장
1204년 제4차 십자군 이후
베네치아 공화국
15세기 말까지의 획득 영토
베네치아 항로
15세기에 베네치아인들이
자주 머문 항구
13세기 말의 기타 강대국들
1285년 샤를 당주의 영토
아라곤 왕국
제노바 공화국과 교역소들
비잔티움 제국
이슬람 세계
대륙
모래톱
석호와 운하

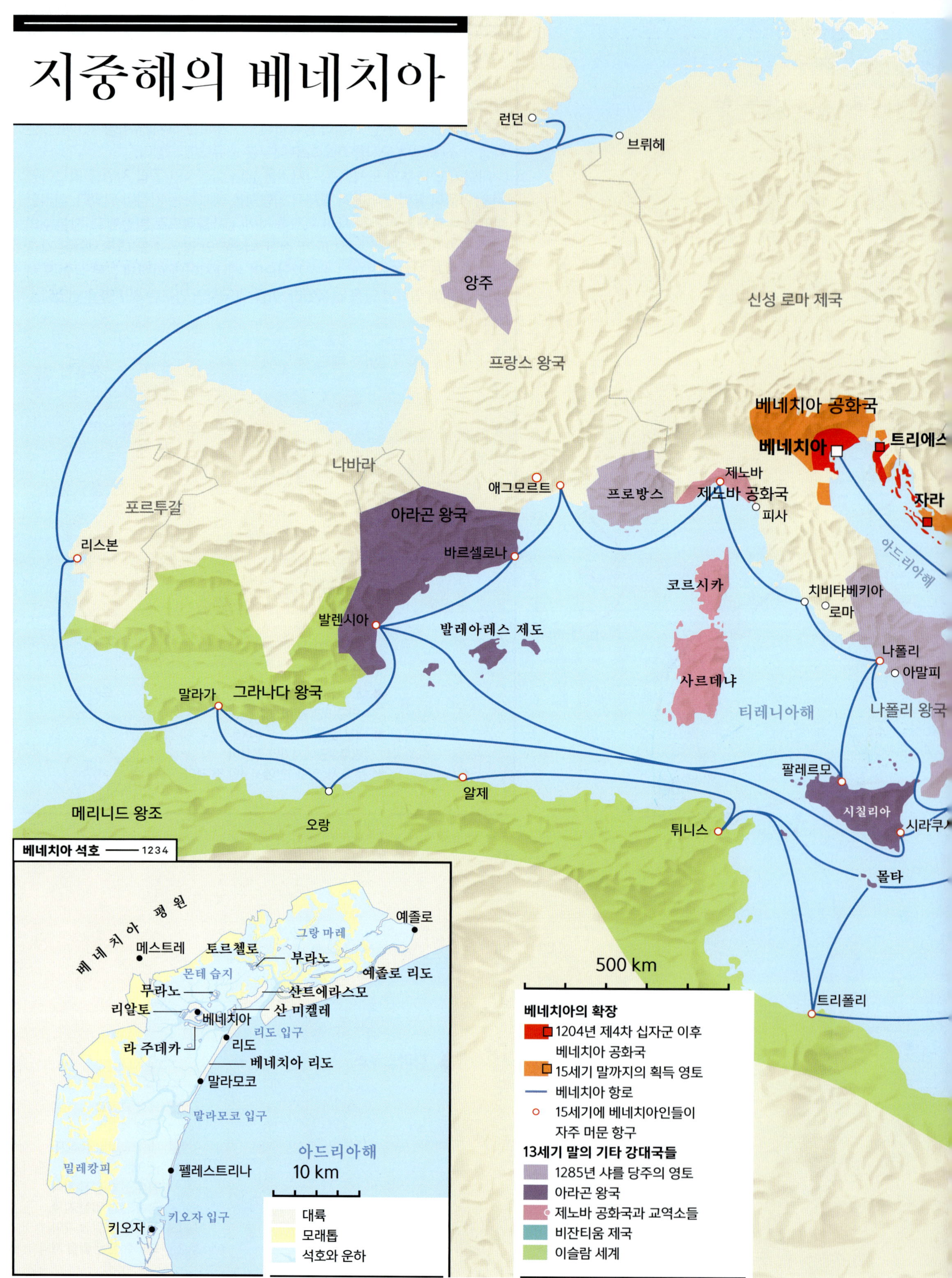

함께 보기 — 11세기 말의 지중해 p.82
루브룩과 폴로의 여행 p.90
영주들의 이탈리아 p.282

1367

베네치아의 해상 제국(12~15세기)

베네치아는 유럽과 아시아를 잇는 지중해 동서 교차로에 위치한 도시로 실크로드 서쪽 끝에서 발전한 상업 중심지였다. 제노바와 함께 레반트 지역 교역을 주도하며, 콘스탄티노플과 알렉산드리아 등 주요 도시에 자치 구역을 설치해 상업 활동을 전개했다. 베네치아는 상업 네크워크를 유지하고 확대하기 위해 주요 항구와 기항지를 장악하고, 아드리아해를 포함한 동부 지중해를 실질적으로 지배했다. 1204년 베네치아는 제4차 십자군 원정을 주도해 콘스탄티노플을 약탈한 뒤 크레타, 에비아, 코르푸 등지에 해상 제국을 건설했다. 이후 약 200여 년 동안 키프로스, 달마티아, 그리고 이탈리아 북동부의 테라페르마까지 영토를 확장했다. 또한 고급 섬유와 유리 공예 등 높은 기술력을 갖춘 산업을 독점하며 상업적 지배력을 더욱 공고히 했다.

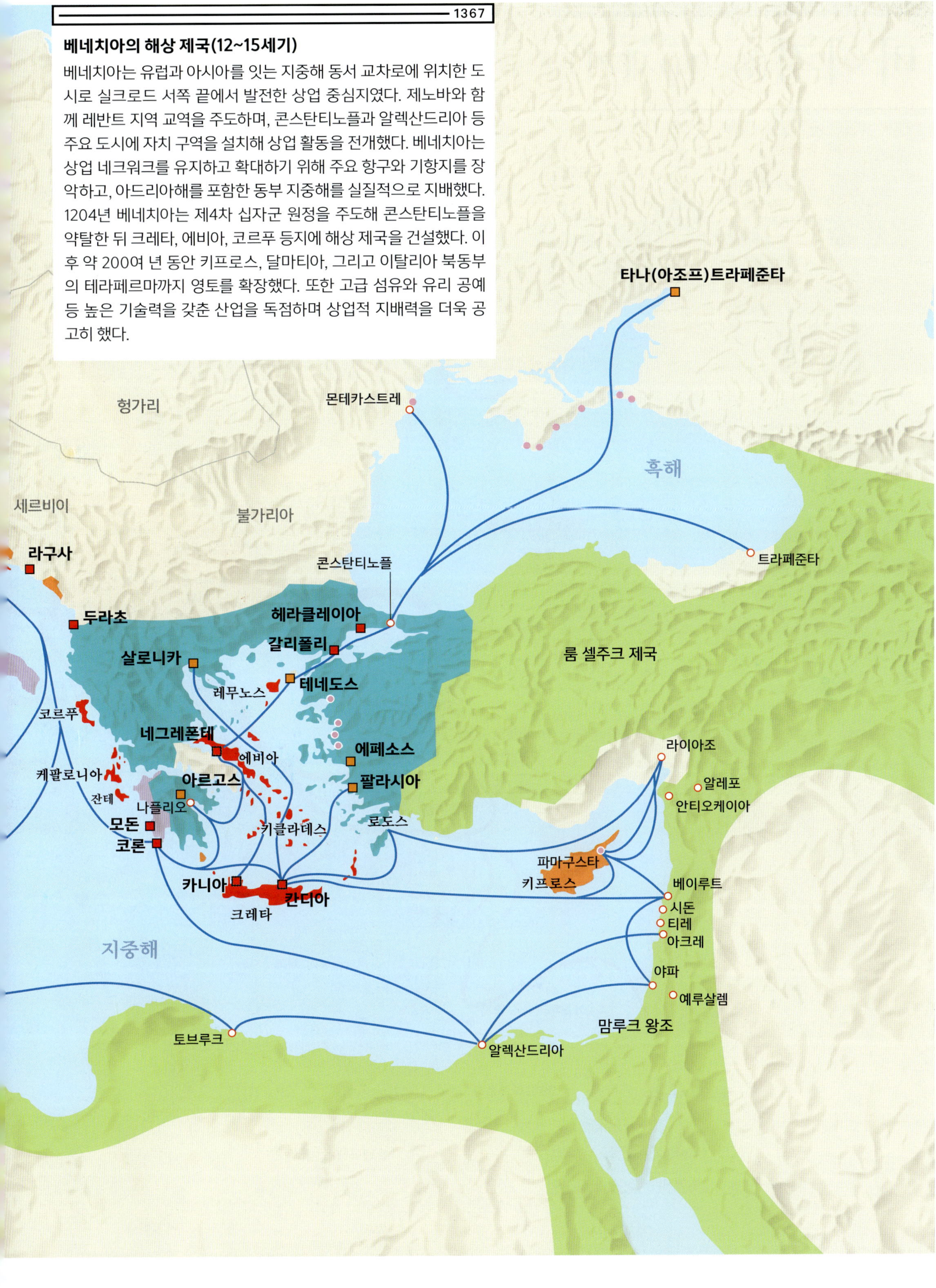

바이킹(8~10세기)

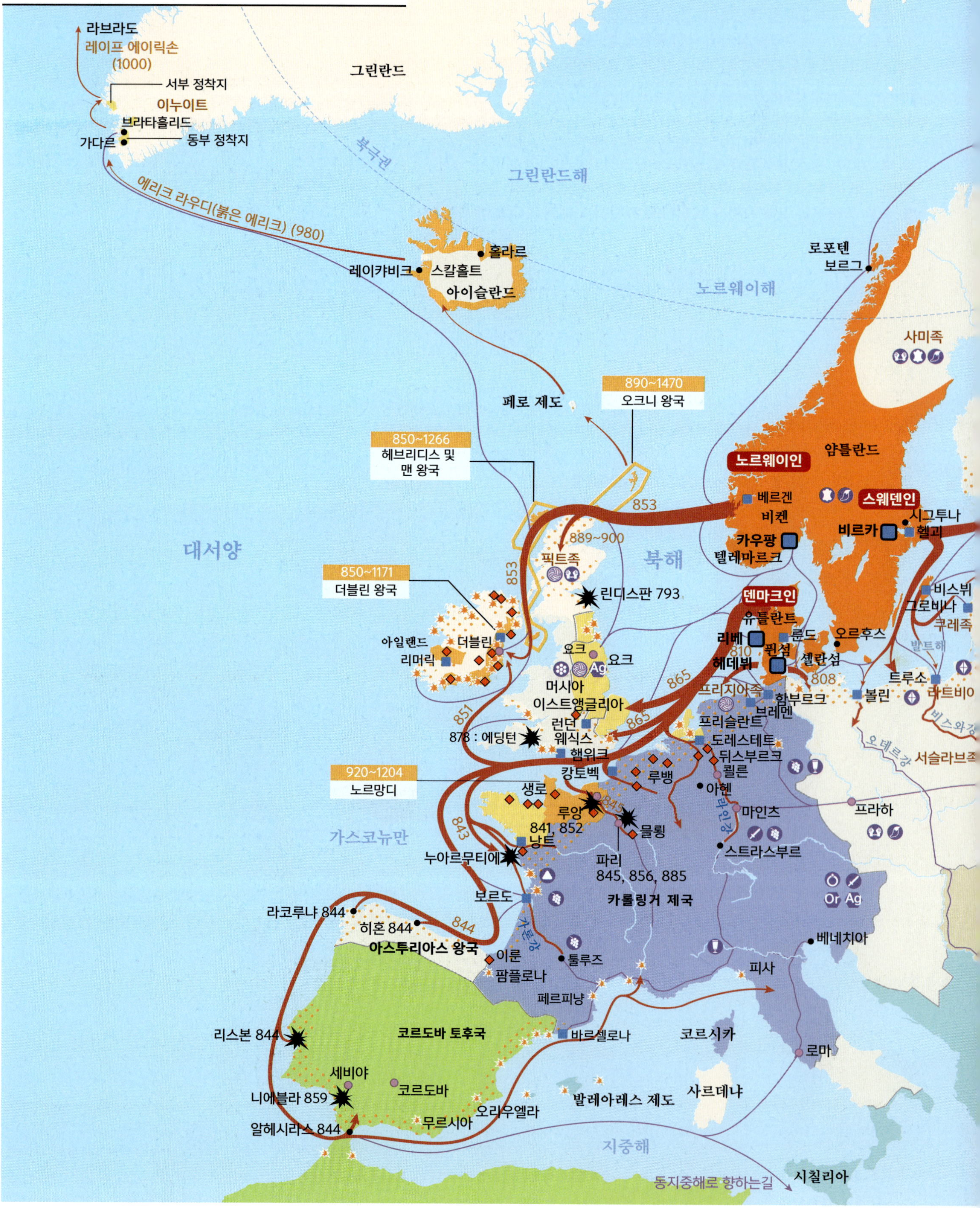
라브라도
레이프 에이릭손 (1000)
서부 정착지
이누이트
브라타흘리드
가다르
동부 정착지
그린란드
북극권
그린란드해
에리크 라우디(붉은 에리크) (980)
홀라르
레이캬비크
스칼홀트
아이슬란드
로포텐
보르그
노르웨이해
사미족
페로 제도
890~1470
오크니 왕국
850~1266
헤브리디스 및 맨 왕국
노르웨이인
얌틀란드
베르겐
비켄
카우팡
텔레마르크
스웨덴인
시그투나
비르카
헬괴
853
889~900
대서양
북해
픽트족
850~1171
더블린 왕국
린디스판 793
덴마크인
유틀란트
비스뷔
그로비나
쿠레족
아일랜드
더블린
리머릭
요크
요크
리베
헤데뷔
810
룬드
핀섬
셀란섬
오르후스
발트해
머시아
이스트앵글리아
865
프리지아족
808
함부르크
브레멘
트루소
볼린
라트비아
851
런던
웨식스
878 : 에딩턴
프리슬란트
도레스테트
뒤스부르크
쾰른
비스와강
오데르강
서슬라브족
햄위크
캉토벡
루뱅
920~1204
노르망디
생로
루앙
845
아헨
라인강
마인츠
프라하
841, 852
낭트
물룅
843
가스코뉴만
누아르무티에
파리
845, 856, 885
스트라스부르
보르도
카롤링거 제국
Or Ag
라코루냐 844
히혼 844
844
아스투리아스 왕국
가론강
이룬
툴루즈
팜플로나
베네치아
피사
페르피냥
리스본 844
코르도바 토후국
바르셀로나
코르시카
로마
세비야
코르도바
니에블라 859
오리우엘라
발레아레스 제도
사르데냐
무르시아
알헤시라스 844
지중해
동지중해로 향하는길
시칠리아

1351

300 km

해적, 탐험가, 그리고 상인들

바이킹은 8세기부터 11세기까지 스칸디나비아를 중심으로 세력을 넓혀나갔다. 초기에는 소규모 집단이 교역으로 부를 쌓거나 약탈을 목적으로 해외 원정을 떠났다('바이킹'이라는 단어 자체가 이익을 목적으로 한 원정을 뜻한다). 이들은 유럽 대륙과 연결된 넓은 강과 해상 경로를 개척하고, 헤데뷔, 리베, 비르카, 카우팡 등 주요 교역 거점을 국제 상업의 중심지로 성장시켰다.

이후 일부 무리는 더 대담해져 '노르망디(북유럽인의 땅)'와 같은 새로운 정착지를 건설했다. 동쪽으로는 발트해와 흑해를 잇는 교역로를 개척해 슬라브족과 스칸디나비아인들이 공존하는 루스 공국을 세우고, 키이우를 수도로 삼았다. 이를 바탕으로 스칸디나비아인들은 비잔티움 제국과 활발히 교류했다. 남쪽으로는 잉글랜드와 프랑크 왕국의 해안을 침략하고, 이탈리아까지 진출해 세력을 넓혔다. 바이킹의 공격으로 강력했던 카롤링거 제국도 큰 타격을 입었고, 파리도 여러 차례 포위당했다. 서쪽으로는 페로 제도, 아이슬란드, 그린란드까지 탐험하여 정착지를 마련했고, 1000년경에는 현재의 캐나다 북부에 해당하는 지역(핀란드)에 도달하기도 했다.

스칸디나비아, 영국 제도, 그리고 바이킹 시대 아이슬란드(7~10세기)

1246

스칸디나비아의 발상지

'바이킹'은 특정 지역을 가리키기보다는 교역이나 약탈을 목적으로 바다로 나서는 활동을 의미한다. 바이킹은 그 때까지 잘 알려지지 않았던 중세 스칸디나비아 사회에서 등장했다. 당시 스칸디나비아 주민 대부분은 해안과 남부 지역에 정착해 농업과 어업으로 생계를 유지하고 있었다. 7세기에 돛을 이용한 해양 기술이 발달하면서 해상 경제가 성장하고, 장거리 교역도 활발해지기 시작했다. 서양 역사학자들은 8세기 말 잉글랜드의 린디스판 수도원 습격 사건(793년)을 바이킹 시대의 시작으로 본다.

200 km

바이킹 문화권
- 잉글랜드 바이킹 공국 경계 (880년 국경)
- 오크니 왕국(900년경)
- 맨섬과 그 주변 제도들의 왕국 (900년경)
- 아일랜드의 바이킹 공국

기타 문화권
- 웨식스의 알프레드 지배 지역
- 기타 왕국 또는 공국
- □ 권력의 중심지
- 덴마크 '대군'의 상륙지
- ◆ '대군'의 주둔지

승리
- 앨프레드 웨식스의 승리
- 바이킹의 승리

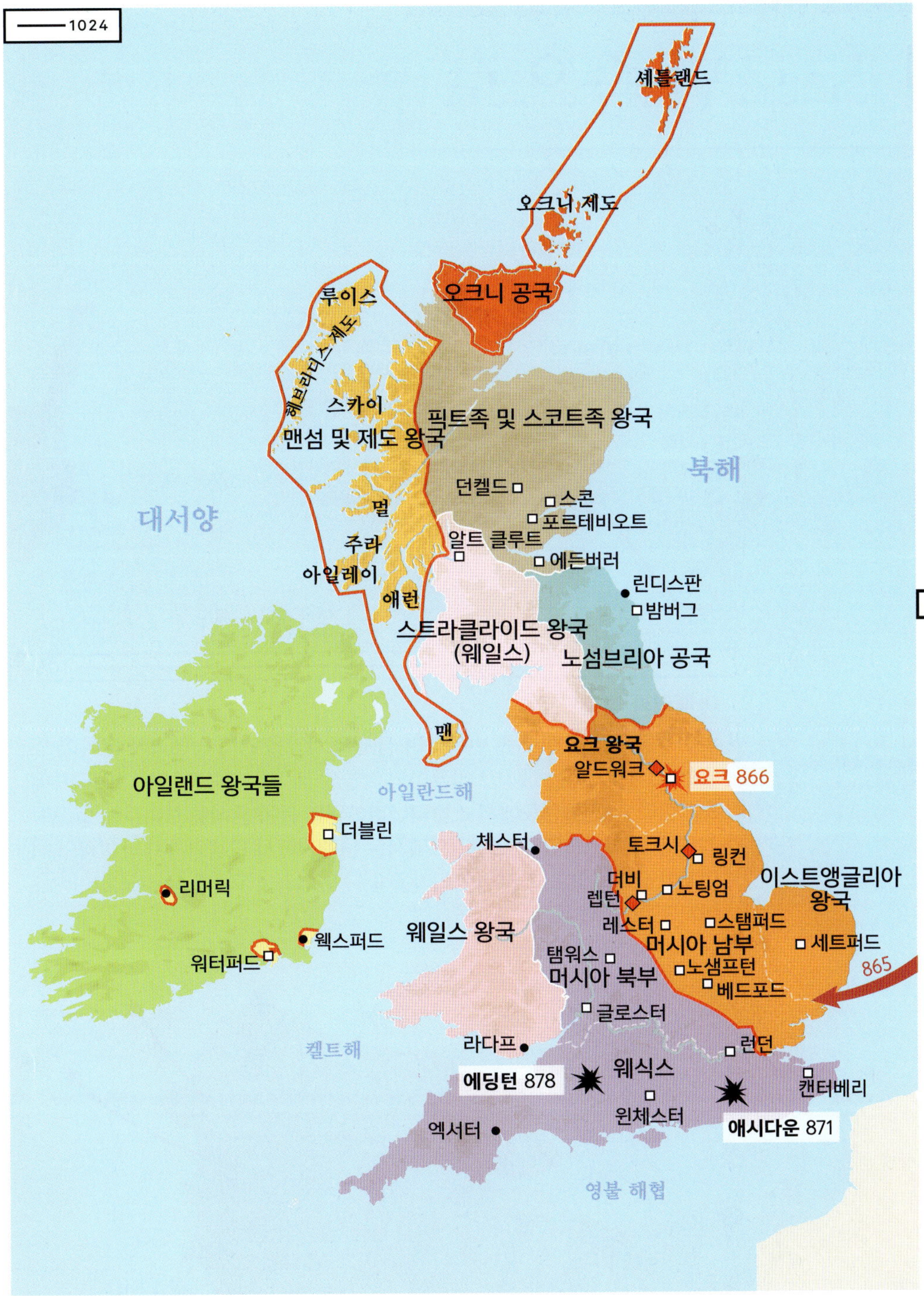

영국 제도와 아이슬란드의 바이킹

영국 제도는 바이킹의 잦은 약탈로 큰 피해를 입었고, 지역의 지배 세력도 크게 쇠퇴했다. 865년에 상륙한 '대덴마크군'은 오랜 기간 머물며 세 개의 왕국을 무너뜨렸고, 웨식스의 알프레드 대왕만이 유일하게 이들을 성공적으로 막아낼 수 있었다. 북쪽의 오크니 제도와 맨섬에 자리 잡은 공국들은 스칸디나비아와의 연계를 유지했으며, 일부 백작(야를)들은 자치권을 바탕으로 독립 세력으로 성장하기도 했다. 한편, 9세기 중반 바이킹은 아이슬란드에 도착해 섬을 식민지화하고 정착지를 세웠다.

100 km

자연환경

지형: 고도(미터 단위)
2,000
1,000
500
200
0

- 빙하
- ▲ 화산
- 초원

바이킹 정착지
- • 10세기의 주요 정착지
- ◇ 알팅의 집합 장소(930년부터)
- 동부 구역 구역(967년부터)
- ✝ 주교좌(설립 연도)
- ---- 행정구역

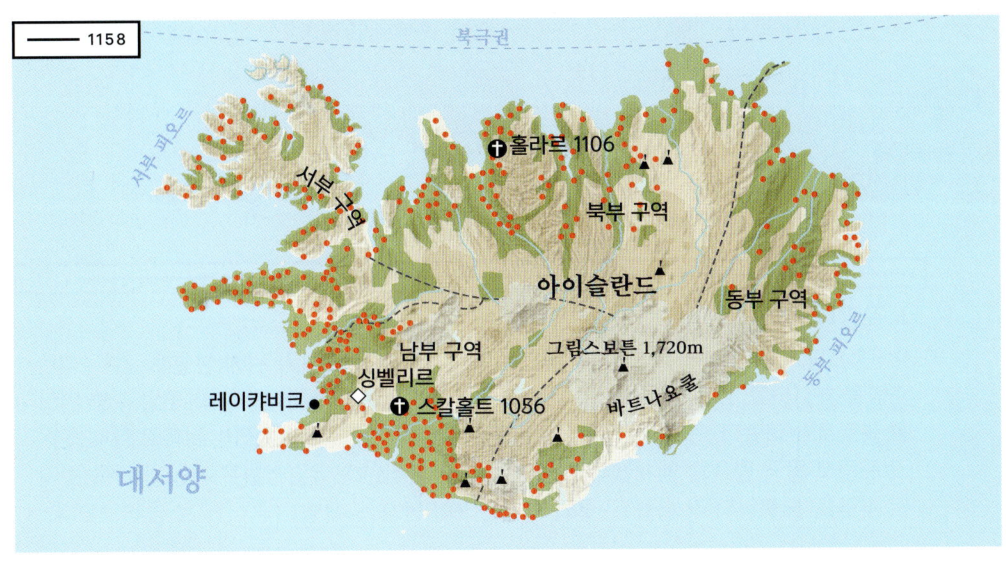

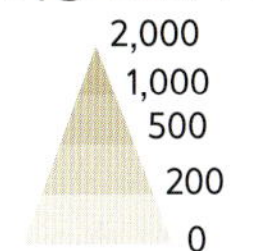

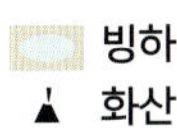

바이킹에서 노르만족으로

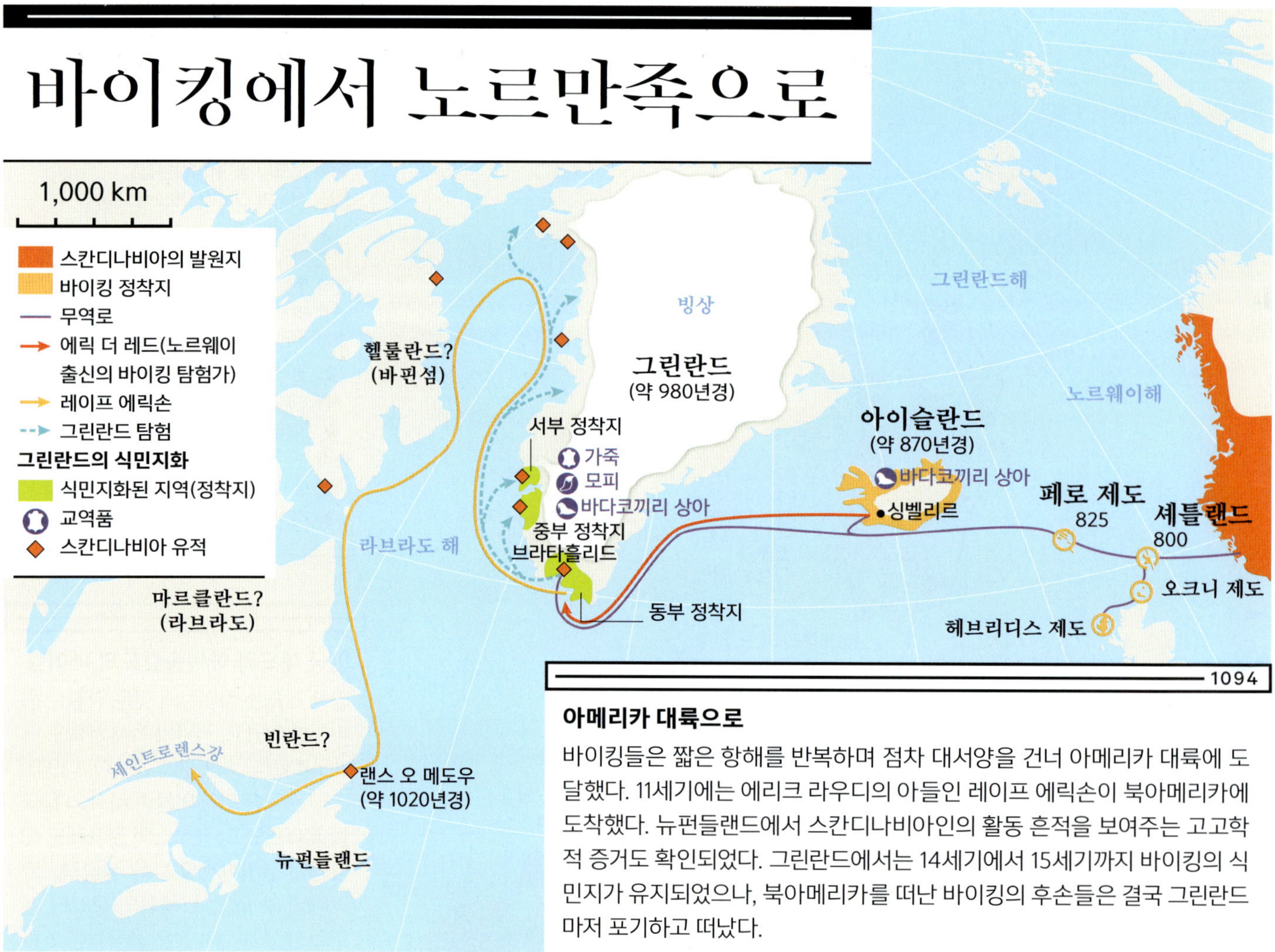

아메리카 대륙으로

바이킹들은 짧은 항해를 반복하며 점차 대서양을 건너 아메리카 대륙에 도달했다. 11세기에는 에리크 라우디의 아들인 레이프 에릭손이 북아메리카에 도착했다. 뉴펀들랜드에서 스칸디나비아인의 활동 흔적을 보여주는 고고학적 증거도 확인되었다. 그린란드에서는 14세기에서 15세기까지 바이킹의 식민지가 유지되었으나, 북아메리카를 떠난 바이킹의 후손들은 결국 그린란드마저 포기하고 떠났다.

노르망디 공국의 형성

911년 프랑크 왕국의 샤를 3세(단순왕)는 바이킹의 침입을 막기 위해 생클레르쉬르엡트 조약을 체결하고, 스칸디나비아의 지도자 롤로에게 엡트강과 바다 사이의 루앙 주변 영토를 봉토로 수여했다. 그 대가로 롤로는 왕의 봉신이 될 것을 서약했으며, 기독교 세례를 받고 프랑크 왕국 방위를 맹세했다. 노르트만이라 불리던 북유럽인들은 자신의 이름을 따 이 지역을 '노르망디'라 불렀고, 루앙 백국은 1010년경 '노르망디 공국'으로 승격되었다.

노르만 정복 (11~12세기)

잉글랜드와 지중해에서

11세기 노르망디 공작들의 권력이 안정되면서, 노르만인들은 잉글랜드와 지중해 지역으로 진출했다. 그러나 두 지역에서의 정착 양상은 크게 달랐다. 잉글랜드에서는 노르망디 공작 윌리엄 1세가 1066년 헤이스팅스 전투에서 승리해 '정복왕'이라는 칭호를 얻고, 참회왕 에드워드의 후계자로 왕위에 올랐다. 이후 수천 명의 노르만인을 잉글랜드로 이주시켜 대규모 토지를 분배하며 사회를 빠르게 재편했는데, 이는 앵글로-노르만 사회 형성과 플랜태저넷 제국의 기반이 되었다.

반면, 이탈리아에서는 중앙의 지원 없이 개인 단위의 용병 활동을 통해 정착이 이루어졌다. 초기에는 소수의 노르만 귀족들

이 비잔티움 황제와 지역 영주들의 용병으로 활동했으나, 비잔티움 제국의 약화와 자신들의 군사적 우위를 바탕으로 남부 이탈리아의 여러 지역을 점령했다. 특히 오트빌 가문의 로베르 기스카르와 그의 동생 로저는 1061년부터 1091년까지 시칠리아를 정복했고, 로저는 시칠리아에서 독자적인 왕조를 세워 1189년까지 통치했다. 한편 제1차 십자군이 시작되자 로베르 기스카르의 아들 보에몽은 1098년 안티오키아에 예루살렘 왕국과는 독립된 공국을 세웠다. 루지에로 2세(1130~1154년, 시칠리아 초대 국왕) 통치기에 시칠리아에서 아랍인, 유대인, 그리스인, 이탈리아인, 노르만인 간의 문화적 융합이 활발하게 이루어졌다.

영국 제도, 켈트족부터 윌리엄까지 (5~11세기)

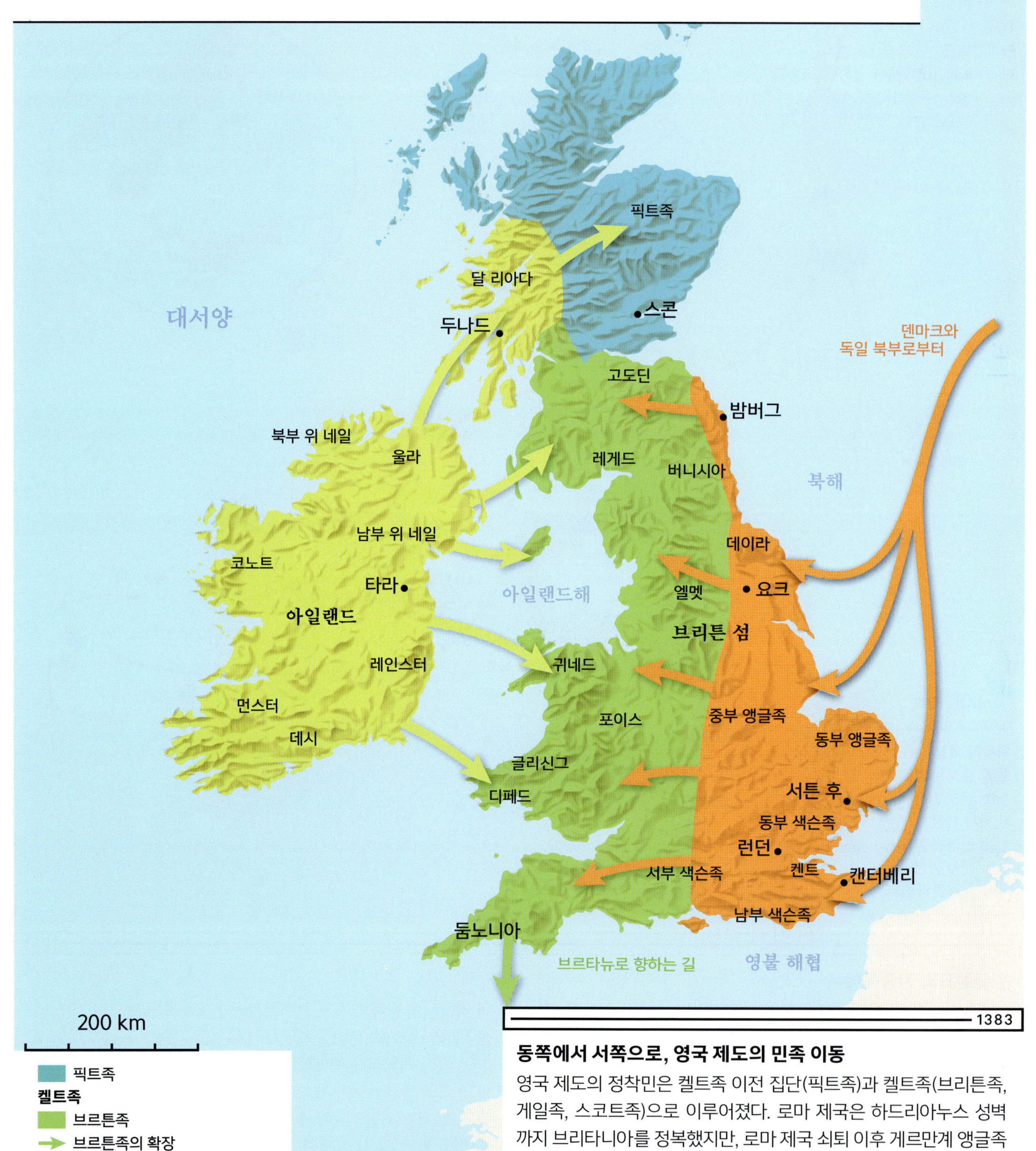

픽트족
켈트족
브르튼족
→ 브르튼족의 확장
게일족(스코틀랜드족을 포함)
→ 게일족 확장
앵글족과 색슨족(5세기)
앵글로색슨족
→ 앵글로색슨족의 확장

동쪽에서 서쪽으로, 영국 제도의 민족 이동

영국 제도의 정착민은 켈트족 이전 집단(픽트족)과 켈트족(브리튼족, 게일족, 스코트족)으로 이루어졌다. 로마 제국은 하드리아누스 성벽까지 브리타니아를 정복했지만, 로마 제국 쇠퇴 이후 게르만계 앵글족과 색슨족이 침입해 켈트족을 웨일스와 콘월 지역으로 몰아냈다. 10세기에는 웨식스 왕국이 다른 게르만 왕국들을 통합해 잉글랜드를 통일했으나, 1016년부터 1042년까지는 바이킹이 앵글로색슨 왕국을 지배했다. 한편, 아일랜드와 웨일스는 여전히 여러 작은 왕국으로 분열된 상태였다.

최초의 영국–대륙 연합 제국 (1066년)

1066년 잉글랜드는 헤이스팅스 전투에서 승리한 뒤, 수 세기 동안 유럽 대륙과 긴밀한 관계를 유지하게 되었다. 북부와 콘월 정복이 쉽지 않았음에도, 윌리엄 1세는 10년 만에 스코틀랜드 변경부터 프랑스 멘 지역까지 노르만 세력권을 확립했다. 그는 잉글랜드 전역에 성을 세우고 행정 체계를 재정비했으며, 웨일스와 스코틀랜드 접경의 일부 백작령을 제외하고 대규모 봉건 영지 형성을 억제해 중앙집권적 통치를 강화했다. 1087년 윌리엄 사망 당시, 그의 권력은 프랑스 왕과 견줄 만큼 강력해져 있었다.

플랜태저넷 왕가의 영토(1154~1453년)

헨리 2세의 제국

1150년대부터 잉글랜드의 헨리 2세는 스코틀랜드와 피레네산맥에 이르는 광대한 영토를 지배했다. 이 영토에는 잉글랜드, 노르망디, 앙주, 멘 등 세습 영지와 아키텐의 엘레오노르와의 결혼을 통해 획득한 아키텐을 비롯해, 군사 및 외교적으로 영향력을 확대하여 확보한 아일랜드, 웨일스, 브르타뉴 지역들을 포괄했다.

헨리 2세는 이를 하나의 행정 체계로 통합하려 했지만, 실제로는 여러 작위로 연결된 느슨한 연합에 불과했다. 이러한 취약성으로 인해 역사학자들은 이 영토를 '제국'이라 부르기를 주저했다. 이 불안정함은 프랑스 왕 필리프 오귀스트에게 기회가 되었고, 13세기 초 그는 헨리 2세의 후계자들과 맞서 싸워 대부분의 대륙 영토를 되찾았다. 1204년에는 노르망디, 앙주, 멘 등을 프랑스 왕국에 재통합하는 데 성공했다.

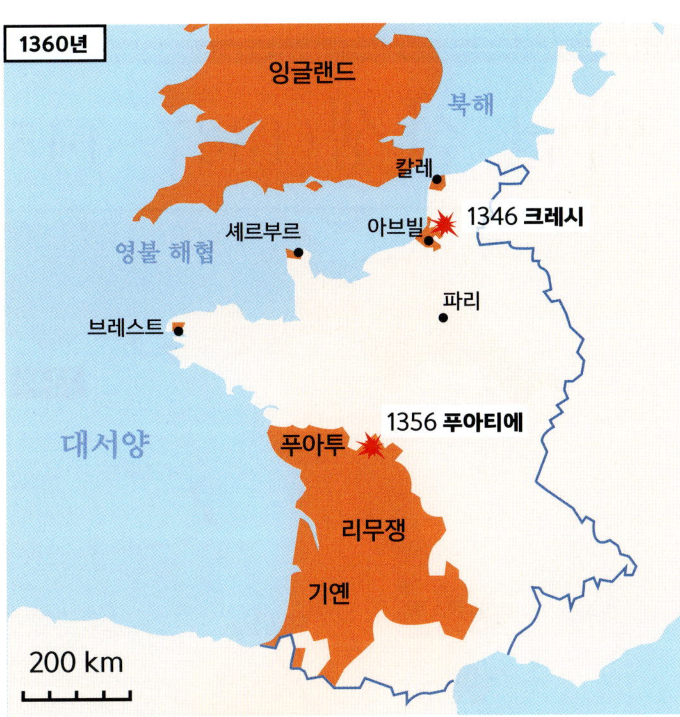

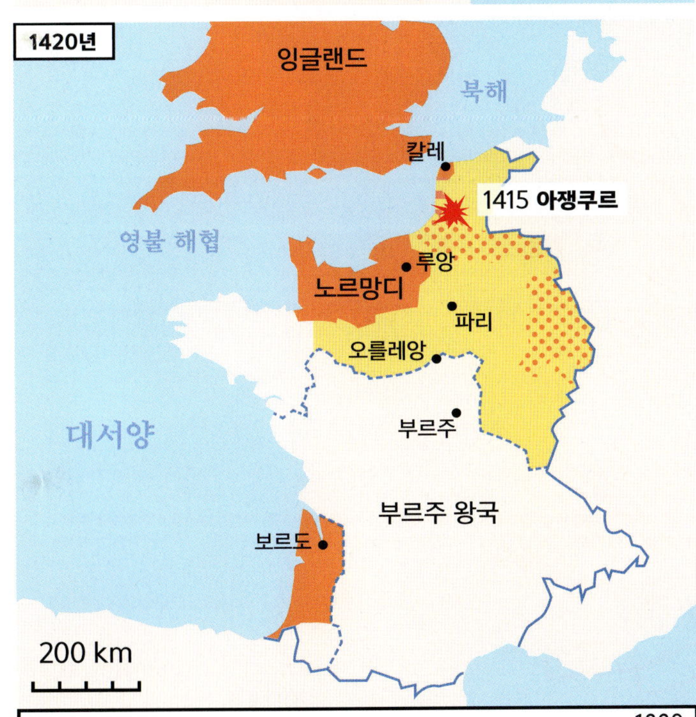

팽창과 수축

1337년 백년 전쟁이 발발했을 때, 플랜태저넷 왕조는 대륙에 발판을 유지하고 있었지만, 그 영향력은 아키텐 지역에 한정되어 있었다. 그러나 에드워드 3세(1327~1377년)가 프랑스 왕위를 주장하며 전투에서 연이어 승리하자, 대륙에서의 영향력을 다시 확대할 기회를 얻었다. 1360년 칼레 조약으로 에드워드 3세는 아키텐과 영불 해협의 주요 항구를 확보하고, 그 지배를 공식적으로 인정받았다. 이를 바탕으로 랭커스터 왕조의 헨리 5세는 과거 앵글로-노르만 연합의 재건을 시도했고, 1415년 아쟁쿠르 전투의 결정적인 승리로 그 계획을 실현할 수 있었다. 이후 잉글랜드는 프랑스 북동부 대부분을 지배했지만, 샤를 7세가 잔다르크의 지원을 받아 반격에 나서며 전세가 뒤집혔다. 백년 전쟁이 끝날 무렵, 잉글랜드가 대륙에서 보유한 영토는 칼레뿐이었고, 정복왕 윌리엄 시대의 광대한 영토는 모두 상실되었다.

백년 전쟁(1337~1453년)

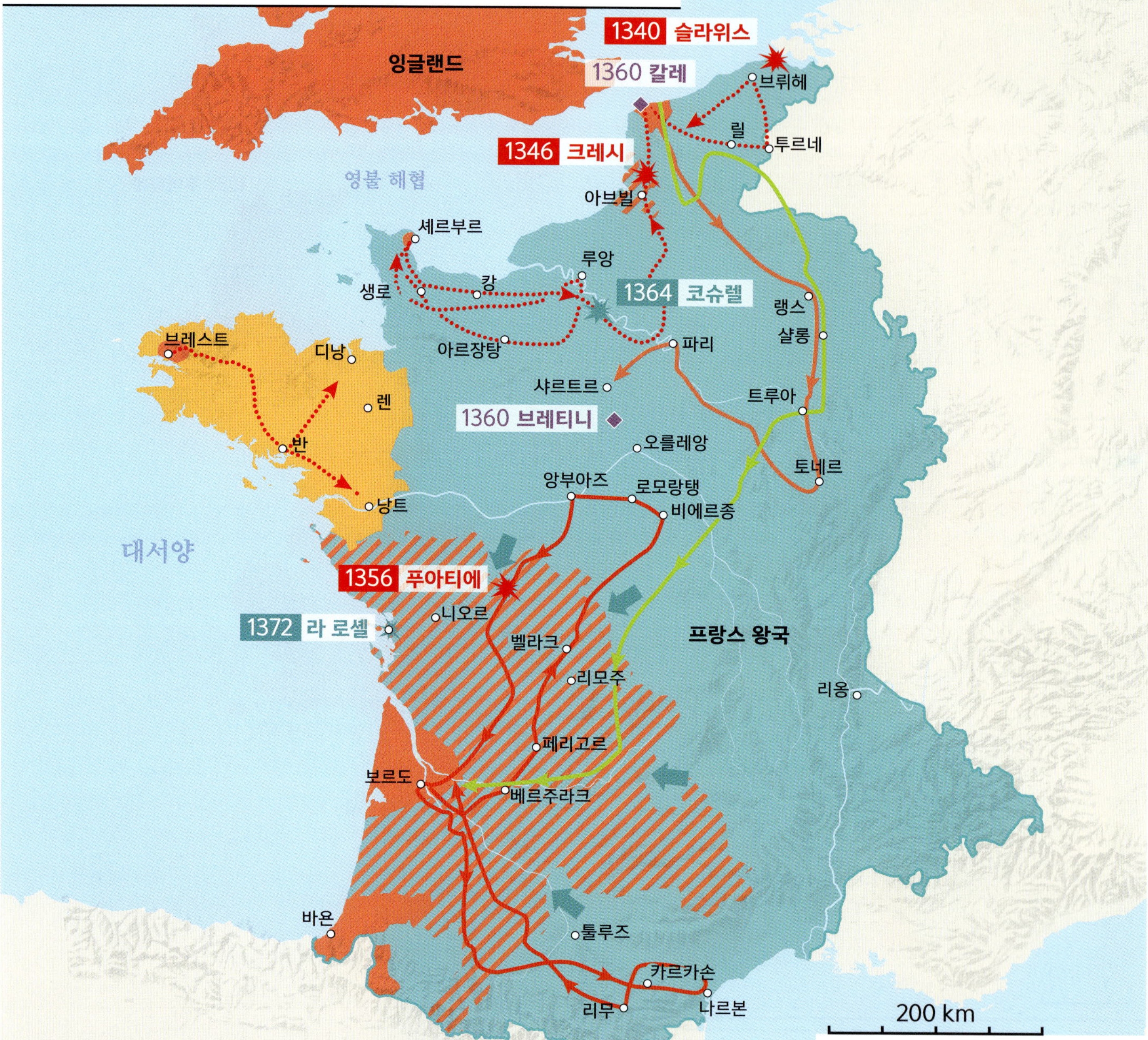

1377

잉글랜드의 정복과 프랑스의 첫 번째 재정복(1337~1380년)

1328년 프랑스 왕 샤를 4세가 후계자 없이 사망하자, 왕위 계승을 둘러싸고 사촌 필리프 드 발루아와 누이 이자벨의 아들인 잉글랜드의 에드워드 3세 사이에 논쟁이 벌어졌다. 프랑스 귀족들은 여성의 왕위 계승권을 인정하지 않았고, 결국 필리프 드 발루아가 왕위를 이어받아 필리프 6세로 즉위했다.

1337년 필리프 6세가 기옌 지방을 점령하자 에드워드 3세는 이에 반발해 프랑스 왕위를 주장하며 해안 거점을 통해 여러 차례 침공을 시작했다. 잉글랜드는 슬루이스 해전(1340년), 크레시 전투(1346년), 푸아티에 전투(1356년)에서 연달아 승리했다. 특히 푸아티에 전투에서는 프랑스의 왕 장 2세를 포로로 잡는 성과를 거두었다. 1360년 칼레 조약으로 잉글랜드의 영토는 크게 확장되었지만, 샤를 5세(1364~1380년)는 게클랭 장군과 함께 반격에 나서 잉글랜드군을 대부분 몰아냈다. 그 결과 잉글랜드가 프랑스에서 보유한 영토는 일부 항구와 축소된 기옌 지방에 불과하게 되었다.

프랑스의 패배
- 1337년 프랑스 왕국

잉글랜드 기병대의 침공:
- 1339~1346년
- 1355~1356년(흑태자)
- 1359~1360년(에드워드 3세)
- 1360 잉글랜드 소유(칼레 조약)
- 1365 장 4세 드 몽포르에게 양도된 브르타뉴 공국
- 평화

어려운 재정복
- 잉글랜드의 승리
- 프랑스의 승리
- 샤를 5세의 재정복(1369~1375년)
- 존 오브 곤트의 대규모 침공
- 샤를 5세의 사망 당시 잉글랜드 소유(1380년)

프랑스의 황폐화와 재통일(1415~1453년)

샤를 6세의 정신 질환으로 발루아 왕조의 왕권이 약화되었으며, 통치 기간 동안 왕의 동생 루이 도를레앙을 지지하는 아르마냐크와 부르고뉴파 간에 내전이 벌어졌다. 이 혼란을 틈타 1415년 잉글랜드의 헨리 5세가 프랑스를 침공해 아쟁쿠르 전투에서 프랑스군을 크게 격파했다. 1420년 트루아 조약으로 잉글랜드는 프랑스의 합법적 통치권을 획득했고, 헨리 5세의 아들이 샤를 6세의 후계자로 지정되었다. 이로 인해 프랑스는 서쪽의 잉글랜드군과 동쪽의 부르고뉴 공작의 광대한 영토 사이에 갇혀, '부르주 왕국'이라 불릴 정도로 영토가 축소되었다.

그러나 1422년 헨리 5세의 갑작스러운 사망으로 권력 공백이 생기자 샤를 7세가 반격에 나섰다. 1429년 잔다르크의 활약으로 프랑스군은 오를레앙 포위를 해제하고 파테 전투에서 승리했다. 같은 해 7월 17일 샤를 7세는 랭스 대성당에서 대관식을 거행하며 왕권을 공고히 했다. 비록 잔다르크는 1431년 루앙에서 화형당했지만, 그녀가 일으킨 반격의 기세는 이어졌다. 1435년 샤를 7세는 아라스 조약으로 부르고뉴 공작 필리프 르 봉과 화해하고, 이후 1450년 포르미니 전투와 1453년 카스티용 전투에서 승리해 잉글랜드군을 프랑스에서 완전히 몰아냈다. 이로써 잉글랜드는 칼레 지역만 남긴채, 과거의 광대한 영토를 모두 상실했다.

장미 전쟁(1455~1485년)

요크 가문의 승리(1455~1468년)

백년 전쟁 이후 혼란 속에서 랭커스터 가문(붉은 장미)은 헨리 6세를 중심으로 왕좌를 유지했지만, 그의 정신 질환과 신하들의 무능으로 왕권에 대한 비판이 커졌다. 이를 틈타 같은 플랜태저넷 왕조의 요크 가문(흰 장미)이 왕위 계승을 주장하며 정부 통제권을 요구했다. 1455년 리처드 요크 공작은 제1차 세인트 올번스 전투에서 승리해 섭정에 올랐고, 헨리 6세의 아내 앙주의 마거릿은 권력에서 배제되었다. 그러나 1459년 마거릿은 지지 세력을 규합해 반격에 나섰지만 실패했다. 1460년부터 리처드 요크 공작은 본격적으로 왕위를 노렸다. 1461년에는 그의 아들 에드워드 요크 공작이 연이은 승리를 거두며 에드워드 4세로 즉위했다. 에드워드는 왕국 내 가장 강력한 귀족인 워릭 백작의 지지를 받아 왕권을 강화했고, 랭커스터 가문의 저항을 진압하며 요크 가문이 왕좌를 완전히 장악했다. 이로써 랭커스터 가문의 세력은 약화되었고, 에드워드 4세의 안정적인 통치가 시작되었다.

랭커스터에서 튜더로

에드워드 4세와 워릭 백작의 관계는 점점 악화되었다. 그 원인 중 하나는 에드워드 4세가 랭커스트파 귀족의 미망인 엘리자베스 우드빌과 비밀리에 결혼한 사건 때문이었다.

1470년 로스코트 필드 전투에서 워릭과 클라렌스 공작의 반란이 진압되었지만, 두 사람은 프랑스로 도피해 루이 11세와 헨리 6세의 아내인 앙주의 마거릿으로부터 뜻밖의 지원을 얻었다. 이들의 도움으로 워릭 백작은 잉글랜드로 돌아와 에드워드 4세를 몰아내고, 헨리 6세를 복위시키는 데 성공했다.

이후 워릭 백작은 프랑스와 협력하여 부르고뉴 침공 계획을 세웠지만, 부르고뉴 공작 용담공 샤를이 에드워드 4세를 지원하면서 이 계획은 무산되었다. 1471년 3월 에드워드 4세가 다시 잉글랜드로 돌아오자 클래런스 공삭은 형인 에드워드 4시 편으로 돌아섰고, 양측 군대는 바닛 전투에서 격돌했다. 이 전투에서 워릭 백작이 전사한다. 이어 앙주의 마거릿이 상륙을 시도했지만, 그녀의 군대는 튜크스베리 전투에서 패배하며 헨리 6세의 아들마저 목숨을 잃고 말았다. 얼마 지나지 않아 헨리 6세도 사망하면서, 랭커스터 가문은 직계 후계자를 모두 잃게 되었다.

잉글랜드는 1483년 4월 9일 에드워드 4세가 사망할 때까지 잠시 평화를 유지했다. 그러나 에드워드 4세 사망 후, 동생 리처드 글로스터 공작이 어린 조카 에드워드 5세와 그의 동생을 납치해 런던탑에 가두었다. 이후 불가사의하게 두 왕자가 실종되는 사건이 발생한다. 이 사건으로 분노한 버킹엄 공작은 랭커스터 가문의 후계자인 헨리 튜더를 지지했으나, 반란은 실패로 끝났다. 이후 1485년 헨리 튜더는 펨브로크셔에 상륙해 지지 세력을 모은 뒤 보즈워스 전투에서 승리했다. 그는 헨리 7세로 즉위한 후 에드워드 4세의 딸 엘리자베스 요크와 결혼해 요크 가문과 랭커스터 가문을 통합하며 오랜 내전을 끝냈다. 이렇게 두 가문이 결합하면서 잉글랜드는 새로운 시대를 맞이하게 되었다.

프랑스와 신성 로마 제국 사이(10~15세기)

아를 왕국(933~1366년)

중프랑크 왕국(로타링기아)에서 기원한 아를 왕국은 손강과 론강 그리고 알프스산맥 사이의 지역을 영토로 삼았다. 1032년 아를 왕국은 신성 로마 제국에 편입되었고, 프리드리히 2세(1215~1250년)가 마지막 황제로 즉위했다. 이후 프로방스 지역의 백작들은 점차 독립 세력으로 성장했으며, 특히 앙주의 샤를(1226~1285년) 통치 시기에 자치권을 강화했다.

1312년 프랑스 왕 필리프 4세는 리옹 백작령을 병합했고, 1349년 필리프 6세는 빈의 도피네를 매입했다. 1366년 황제 카를 4세는 프로방스에 대한 종주권을 포기했으며, 1483년 마지막 백작인 '르네 왕'이 사망하면서 프로방스는 프랑스 왕실에 통합되었다.

한편, 1315년 모르가르텐 전투를 계기로 스위스 연방이 결성됐고, 아를 왕국 북부 지역은 부르고뉴 공국에 합병되었다.

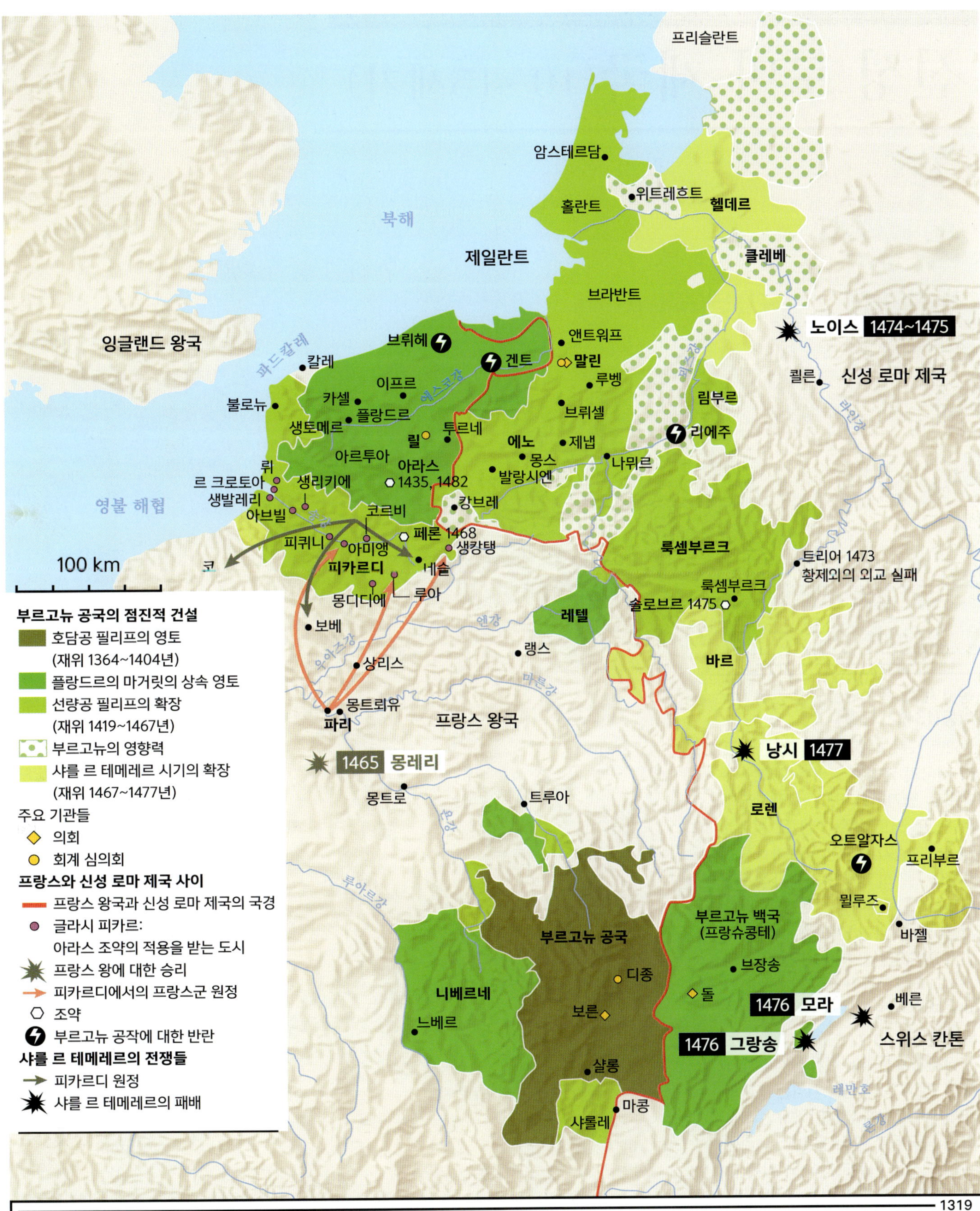

1319

부르고뉴, 미완의 왕국 (1364~1487년)

1364년, 장 2세(선량왕)의 넷째 아들 호담공 필리프가 후계자가 없던 부르고뉴 공국의 통치자가 되었다. 그는 결혼을 통해 플랑드르, 아르투아, 니베르네, 프랑슈콩테 등을 차지하며 복잡하고 광범위한 영토를 통합해 나갔다. 1475년 샤를 르 테메레르(용맹공)는 로렌을 점령하여 왕국의 영토를 연결했다.

샤를은 프랑스의 루이 11세와 대립하며 부르고뉴의 독립성을 강화하려 했고, 신성 로마 제국 내 지위를 높이며 라인강 일부를 장악하려 했다. 그러나 스위스 연방과 충돌했고, 결국 1477년에 전사했다. 샤를(용맹공) 사망 후, 그의 유일한 후계자인 딸 마리 드 부르고뉴마저 일찍 세상을 떠나자 루이 11세와 신성 로마 제국 황제 막시밀리안 1세는 1482년 아라스 조약을 체결해 부르고뉴 영토를 분할했다.

신성 로마 제국(10~15세기)

1233

독일 세계, 동쪽으로의 점진적 이동(13세기 상황)

962년, 오토 1세의 대관식은 신성 로마 제국의 출범을 알리는 중요한 사건으로 평가되고 있다. 동프랑크의 왕이었던 오토 1세는 자신을 서로마 제국의 계승자로 선언하며, 카롤루스 제국을 재건하고자 했다. 당시 동프랑크 왕국은 독일어의 방언(튜튼어)을 사용하는 다양한 민족으로 이루어져 있었고, 중앙집권 체제보다는 각지의 공작과 대주교들이 강한 권한을 가진 채 황제를 선출하는 느슨한 연합체로 발전했다.

13세기에 들어 인구가 급격히 증가했고, 제국 동쪽 변경 지역은 초기의 개척지에서 점차 안정된 게르만과 슬라브 공국들로 자리 잡았다. 이러한 동방 팽창은 기독교 전파와 함께 활발히 이루어졌으며, 이를 '동방 진출'이라 불렸다. 특히 북동부에서는 튜튼 기사단이 동유럽 지역의 기독교화를 주도했다. 한편, 서쪽에서는 스위스 연방과 훗날 네덜란드 공화국으로 발전하는 자치 공동체들이 독립성을 강화했고, 프랑스 왕국 역시 남동쪽으로 영토를 확장하며 세력을 키워갔다.

연대기

962년
오토 1세, 이탈리아에서 발트해에 이르는 신성 로마 제국의 황제로 즉위.

1032년
콘라트 2세의 부르고뉴 왕국 병합. 1033년에 왕으로 즉위하며 프랑켄 왕조를 수립함.

1077년
카노사의 굴욕과 황제 하인리히 4세의 참회, 교황 그레고리우스 7세의 파문과 폐위.

1122년
보름스 협약 체결과 성직 서임권 분쟁 해결, 교회가 주교와 수도원장을 임명하며, 교황권의 우위를 확립함.

1138년
황제 로타르 2세 사망과 콘라드 3세의 호엔슈타우펜 왕조를 수립함.

1248년
쾰른 대성당 건축 시작. 프리드리히 바르바로사 황제가 주교 라이나우드 폰 디셀에게 맡긴 동방 박사의 유해를 보관하기 위해 지어졌음.

1273년
대공위 시대(황제 자리가 공석이 된 기간) 이후 루돌프 1세의 합스부르크 왕조 개창과 대공위 시대 종료. (이 왕조는 1438년부터 1740년까지 다시 제국을 통치함)

1356년
금인척서 제정과 황제 선출 규정 확립. 같은 해 뤼베크에서 한자동맹 첫 회의 개최함.

1440년 경
구텐베르크가 마인츠에서 인쇄술 발명, <42행 성경> 출간.

호엔슈타우펜의 프리드리히 2세

프리드리히 2세의 제국(1220~1250년)

프리드리히 2세는 시칠리아 왕 로저 2세의 딸이자 오트빌 가문 출신인 콘스탄차를 통해 이탈리아 남부 대부분을 차지한 노르만 왕국 시칠리아를 상속받았다. 그는 하인리히 6세의 아들이자 붉은 수염왕으로 불리는 프리드리히 바르바로사의 손자로 독일, 아를, 이탈리아 북부를 포함한 신성 로마 제국의 황제로 선출되었다. 1220년에 황제로 즉위한 프리드리히 2세는 시칠리아를 포기하지 않았고, 이로 인해 시칠리아 왕국이 교황령을 남쪽에서 압박하는 형세가 되어 교황청에 큰 위협이 되었다.

프리드리히 2세는 황제권을 강화하고 제국 통합을 추진했으나, 이 과정에서 교황과 충돌했다. 결국 그는 교황으로부터 두 차례나 파문당했고, 이탈리아에서는 그의 지지 세력인 기벨린(황제파)과 교황을 지지하는 구엘프(교황파) 사이에 격렬한 분쟁이 벌어졌다. 1250년 프리드리히 2세가 사망한 후 제국의 권력은 쇠퇴하기 시작했다.

앙주의 샤를 1세(1246~1285년)

단명했던 지중해 제국(1246~1285년)

프랑스 왕 루이 9세의 동생인 앙주의 샤를(샤를 당주)은 1246년 프로방스와 포르칼키에의 상속인인 베아트리스와 결혼해 두 지역의 백작이 되었다. 이후 루이 9세는 샤를을 앙주와 멘 지역의 백작으로 임명하며 앙주 가문의 기반을 마련했다. 샤를은 루이 9세와 함께 제7차 십자군 원정에도 참여했다.

당시 교황 우르바노 4세와 클레멘스 4세는 이탈리아 남부에서 호엔슈타우펜 가문을 몰아내기 위해 기벨린(황제파)과 대립하던 구엘프(교황파)의 지지를 받으며 샤를에게 지원을 요청했다. 1266년 베네벤토 전투에서 샤를은 호엔슈타우펜 가문의 프리드리히 2세의 아들 만프레디를 물리쳤다. 이후 만프레디의 조카 콘라딘이 저항했으나, 결국 1268년 탈리아코초 전투에서 패배하고 처형당했다.

샤를은 형 루이 9세가 제8차 십자군을 일으켜 튀니스로 향하도록 부추겼고, 이후 루이 9세는 1270년 튀니스 성을 포위하던 중 사망했다. 샤를은 튀니스의 술탄을 가신으로 삼은 뒤 시칠리아로 돌아갔고, 277년에는 만프레디의 후계권을 주장하며 명목상 예루살렘 왕을 자처했다. 이후 발칸반도로 세력을 확장하려 했으나 아라곤 왕국의 저항에 부딪혔다.

1282년 시칠리아의 팔레르모에서 '시칠리아 만종 사건'이라 불리는 대규모 민중 반란이 일어나자 아라곤 왕 페드로 3세가 트라파니에 상륙해 시칠리아를 점령했다. 이후 샤를의 후손들은 1382년까지 프로방스의 백작으로, 1442년 아라곤이 나폴리를 점령할 때까지 나폴리의 군주로 남아 있었다.

연대기

1227년 3월 21일
루이 8세의 막내 아들 샤를 출생.

1246년
프로방스 백작, 포르칼키에 백작, 앙주와 멘 백작의 지위를 얻음.

1248년~1251년
제7차 십자군 원정에 참여.

1266년 1월 6일
시칠리아 왕으로 즉위.

1266년 8월 23일
탈리아코초 전투에서 호엔슈타우펜 가문의 마지막 후계자 콘라딘을 물리침.

1270년
제8차 십자군 원정에 참여.

1282년 3월 30일
'시칠리아 만종 사건'으로 시칠리아를 잃고 나폴리만 유지.

1285년 1월 7일
포자에서 사망.

필리프 오귀스트의 프랑스

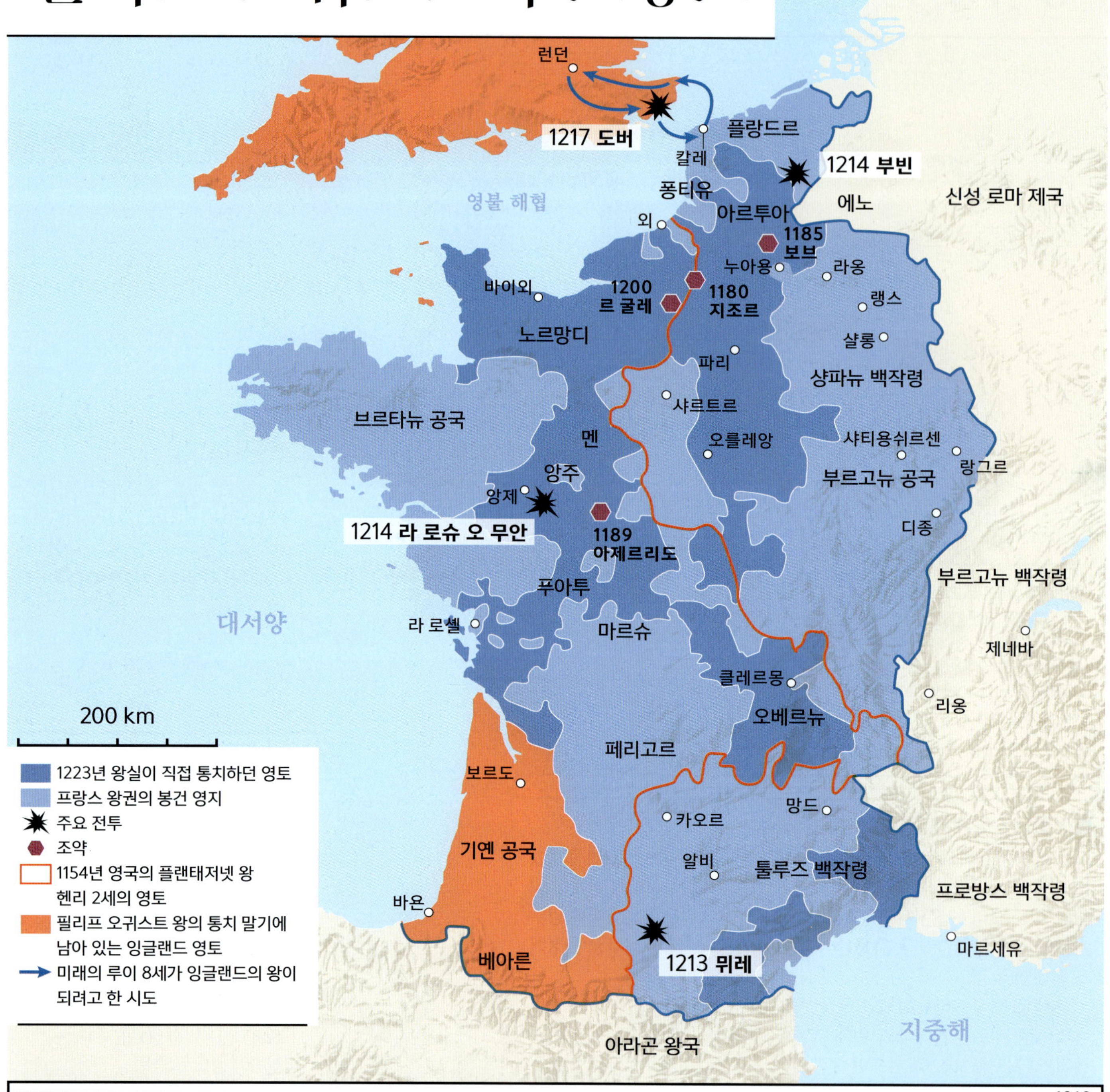

최초의 '프랑스 왕'

필리프 2세는 '오귀스트'라는 별칭으로 불리며, 프랑크인의 왕(렉스 프랑코룸) 대신 처음으로 프랑스의 왕(렉스 프란시아이)이라는 칭호를 공식화했다. 그의 재위 기간(1180~1223년)은 프랑스 왕권이 크게 강화된 시기로, 특히 강력한 귀족들의 영향력을 약화시키고 왕권을 공고히 했다. 필리프 2세는 제3차 십자군 원정 중 플랑드르 백작 필리프 1세가 사망한 틈을 이용해 북쪽으로 영토를 확장했다.

필리프 2세의 가장 큰 업적은 재위 초기에 노르망디에서 기옌에 이르는 방대한 '플랜태저넷 제국'을 해체한 것이다. 그는 헨리 2세와 엘레오노르의 아들들 사이의 갈등을 활용해 먼저 리처드 1세(리처드 사자심왕)와 전투를 벌인 뒤, 그의 동생 존(실지왕)과 전쟁을 이어갔다. 1200년부터 전쟁은 필리프 2세에게 유리하게 전개되었고, 1204년 플랜태저넷 왕가를 상대로 승리했다. 노르망디를 왕실 영토로 편입했고 베리, 앙주, 멘, 투렌도 그의 지배하에 두었다.

1214년, 필리프의 부빈 전투에서 승리한 뒤 체결한 시농 조약으로 왕권을 더욱 강화했다. 이러한 정복 덕분에 수도승 리고르드에게서 '오귀스트(위대한 자)'라는 칭호를 받았다. 필리프 2세는 새로 획득한 영토를 안정적으로 통치하기 위해 파리를 중심으로 중앙집권화를 추진했고, 지방에는 바이유와 세네샬 제도를 도입해 행정을 정비했다.

13세기 이탈리아 도시

프리드리히 2세 사망 당시의 이탈리아의 자치 도시(1250년)

이탈리아는 플랑드르와 함께 유럽에서 가장 도시화된 지역 중 하나였다. 프랑스가 대도시 중심으로 도시 네트워크가 형성된 반면, 이탈리아는 대도시와 중소도시가 밀접한 구조였다. 특히 북부 이탈리아의 4대 도시인 베네치아, 밀라노, 제노바, 피렌체는 당대 파리, 런던과 함께 유럽 최대 도시로 성장했다. 1250년경 유럽에서 인구 4만 명을 넘는 도시의 절반 이상이 이탈리아에 있었으며, 특히 토스카나와 롬바르디아 지역에는 정교한 도시 네트워크가 형성됐다. 이처럼 인구가 많고 경제적으로 발달한 도시들에서는 부유한 중산층을 중심으로 '자치 도시 체제(코뮌)'가 크게 발전했다. 이러한 현상은 특히 북부 이탈리아와 교황령 지역에서 두드러졌다.

반면, 시칠리아 왕국에서는 나폴리와 팔레르모 같은 주요 도시에 인구가 집중되었으나, 자치권은 허용되지 않았다. 프리드리히 2세는 시칠리아에서 자치 도시의 성장을 억제하고 중앙집권적 통치를 강화했다.

리투아니아(13~14세기)

1256

발트해와 흑해 사이

13세기, 가톨릭 선교사들과 군사들은 발트해 연안을 정복하기 위해 나섰다. 1201년에는 현재 라트비아 수도인 리가가 공식적으로 세워져 가톨릭 교리를 전파하는 중심지로 발전했다. 에스토니아와 리보니아(현재 라트비아의 일부)에서는 템플 기사단을 모델로 한 검의 형제 기사단이 발트 지역 주민들을 기독교로 개종시켰다.

남쪽에서는 1198년에 군사 조직으로 재편된 튜튼 기사단이 1225년부터 프로이센에 정착했다. 1236년, 사울레 전투에서 검의 형제 기사단이 이교도에게 패배하자, 튜튼 기사단이 리보니아 영토를 인수했다. 이후 프로이센과 리보니아는 식민지화되고 요새화되어, 13세기 중반부터 리투아니아 정복을 위한 전략적 기지로 활용되었다. 그러나 리투아니아인들은 튜튼 기사단의 공격에 강하게 저항했다.

14세기 말 십자군에 맞서 싸운 리투아니아 대공국은 흑해에 이르는 광대한 영토를 지닌 정치 세력으로 성장했다. 1389년 리투아니아 대공이자 폴란드의 왕이 된 요가일라가 리투아니아에 로마 가톨릭을 공식 수용했다. 이로써 리투아니아는 기독교 국가가 되었지만, 이는 외부 세력의 정복에 의한 것이 아니라 자발적인 개종이었다. 그럼에도 리투아니아와 튜튼 기사단과의 경쟁은 15세기까지 이어졌다. 두 세력은 1410년 타넨베르크 전투에서 맞붙었고, 이 전투에서 튜튼 기사단이 패하며 급격히 쇠퇴하기 시작했다.

스웨덴의 탄생(14세기)

스웨덴 왕국의 탄생과 성장

9세기 바랴크인의 원정이 시작되면서 스웨덴은 기독교화와 초기 통일 과정을 겪었다. 그러나 스웨덴에 첫 교회가 세워지고, 웁살라(우플란드)에 대교구가 설립된 것은 12세기였다. 13세기에는 베스테르예틀란드(서고틀란드 지역)의 백작을 중심으로 왕권이 형성되었고, 그 영향력이 웁살라까지 확장됐다. 1252년에는 비르예르 백작이 스톡홀름을 건설했다. 그의 손자 마그누스 에릭손은 상속을 통해 스웨덴과 노르웨이의 왕위를 차지했고, 보트니아만과 핀란드 남부의 미개척지까지 영토를 확장했다.

1332년 마그누스는 덴마크로부터 스코네 지역을 매입했지만, 1360년에 덴마크가 다시 스코네와 한자 동맹의 무역 중심지였던 고틀란드섬을 탈환했다. 이후 스코네는 1658년에 이르러서야 스웨덴 영토로 완전히 편입되었다. 1350년 마그누스 에크리손은 <일반 법전> 공포해 왕의 세금 부과 권한을 제한했는데, 이는 1215년 영국의 대헌장과 같은 역할을 했다.

한자 동맹(12~17세기)

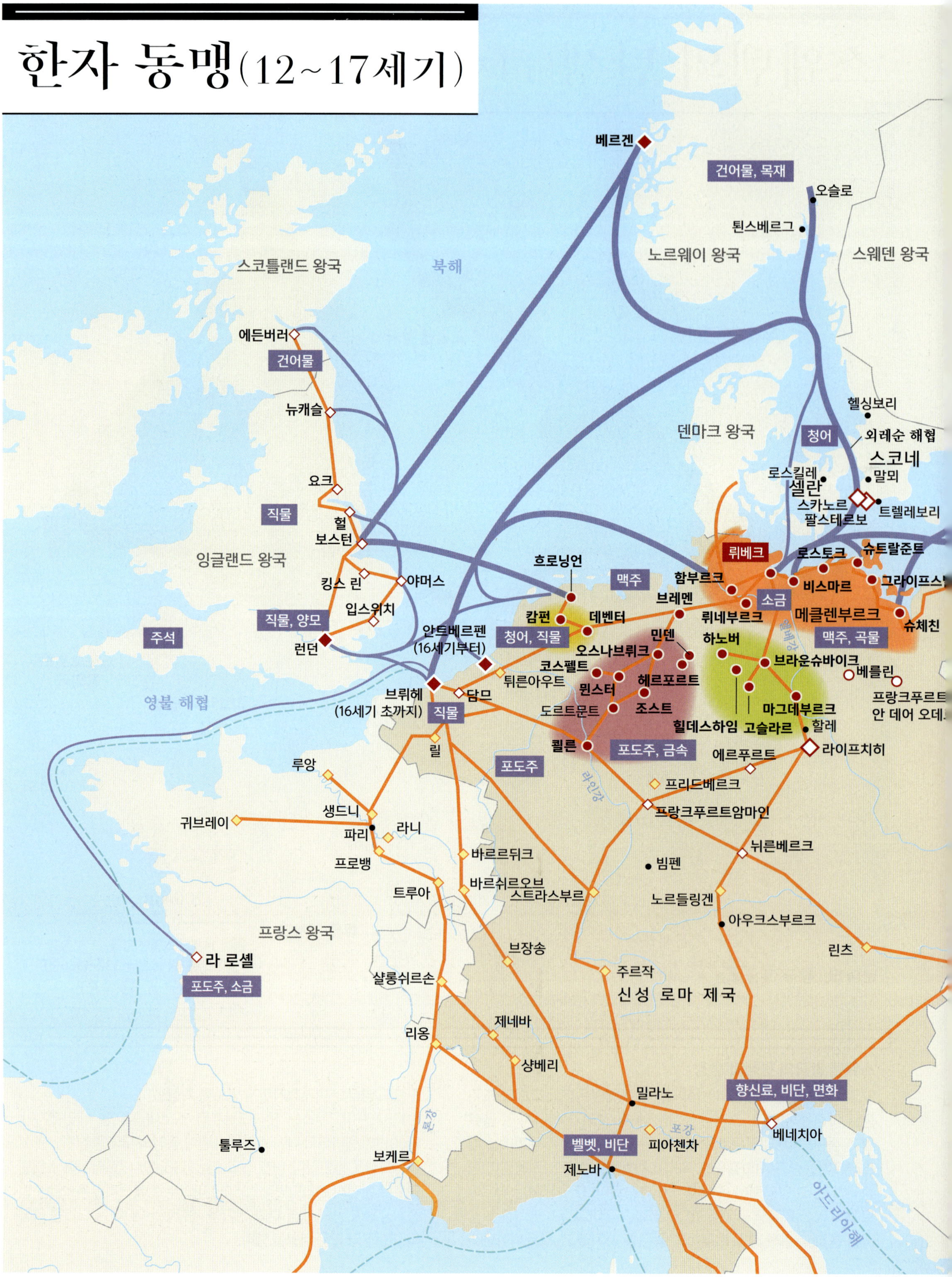
베르겐
건어물, 목재
오슬로
퇸스베르그
노르웨이 왕국
스웨덴 왕국
스코틀랜드 왕국
북해
에든버러
건어물
뉴캐슬
헬싱보리
덴마크 왕국
청어
외레순 해협
스코네
말뫼
요크
로스킬레
셀란
스카노르
팔스테르보
트렐레보리
직물
헐
보스턴
뤼베크
로스토크
슈트랄준트
잉글랜드 왕국
흐로닝언
맥주
함부르크
비스마르
그라이프스
킹스 린
야머스
브레멘
소금
입스위치
캄펀
데벤터
뤼네부르크
메클렌부르크
슈체친
직물, 양모
주석
런던
안트베르펜
(16세기부터)
청어, 직물
민덴
하노버
맥주, 곡물
오스나브뤼크
브라운슈바이크
베를린
코스펠트
헤르포르트
튀른아우트
영불 해협
브뤼헤
(16세기 초까지)
담므
뮌스터
조스트
프랑크푸르트
안 데어 오데
직물
도르트문트
마그데부르크
할레
힐데스하임
고슬라르
릴
쾰른
포도주, 금속
라이프치히
에르푸르트
루앙
포도주
라인강
프리드베르크
생드니
프랑크푸르트암마인
귀브레이
파리
라니
뉘른베르크
프로뱅
바르르뒤크
빔펜
트루아
바르쉬르오브
스트라스부르
노르들링겐
아우크스부르크
프랑스 왕국
린츠
브장송
라 로셸
주르작
포도주, 소금
샬롱쉬르손
신성 로마 제국
제네바
리옹
샹베리
향신료, 비단, 면화
밀라노
포강
베네치아
벨벳, 비단
피아첸차
툴루즈
보케르
제노바
아드리아해

함께 보기 ── 13세기 유럽의 상인들 p.224
해외 진출의 정점에 있는 서유럽 p.286
16세기 신성 로마 제국 p.362

한자 동맹, 상인들의 네트워크

한자 동맹은 발트해와 북해 연안의 상업 도시들이 결성한 상인 동맹으로, 17세기 중반까지 활발히 활동했다. 10세기부터 봉건 체제가 확립되지 않은 지역에서 상업 도시들이 늘어나면서 부유한 상인 계층이 점차 권력을 잡았다. 한자 동맹은 1250년에서 1350년 사이에 본격적인 조직을 갖추고 성장했으며, 박람회와 교역소를 통해 노브고로드에서 런던에 이르는 광대한 상업망을 형성했다. 이 과정에서 독일 상인들의 주요 활동 거점으로 자리 잡았다.

한자 동맹은 교역 특권을 확보하기 위해 군사 행동도 감행했는데, 1280년 브뤼헤 봉쇄 작전이 그 대표적인 사례였다. 설립 초기부터 뤼베크가 한자 동맹의 중심지 역할을 맡아 조직을 강화했고, 다양한 조약을 체결하며 튜튼 기사단과 협력했다. 한때는 덴마크 왕위 계승 문제에 거부권을 행사할 정도로 강력한 영향력을 가졌다.

그러나 시간이 지나면서 한자 동맹의 영향력은 약해졌다. 이는 중앙집권 국가의 성장, 대서양 교역로와의 경쟁, 그리고 자본이 많이 드는 새로운 교역 방식에 적응하지 못하면서 점차 쇠퇴했다. 1494년 모스크바가 노브고로드의 무역 거점을 폐쇄했고, 런던에 있던 한자 동맹의 거점도 점차 중요성을 잃었다.

동아시아,
남아시아,
동남아시아

크메르 제국(12~13세기)

크메르 제국(12~13세기)

크메르 제국은 수도 앙코르(당시 야소다라푸라)를 중심으로 성장했으며, 13세기 중반에 전성기를 맞이했다. 크메르 제국은 짜오프라야강과 메콩강을 따라 넓은 영토를 차지하고 동남아시아 대륙 대부분을 지배했던 강력한 제국이었다. 크메르 제국의 역사는 802년 자야바르만 2세가 자신을 차크라바르틴(세계의 군주)이라 선언하면서 시작되었다. 제국은 메콩강과 톤레사 호수에서 얻은 풍부한 수자원을 체계적으로 활용해 국력을 키웠다. 특히, 관개 시설과 수로망이 발달하면서 농업 생산성이 크게 향상되었고, 그에 따라 인구가 빠르게 늘었으며, 도시화도 활발하게 진행되었다. 현재 베트남 호찌민시에 해당하는 프레이 노코르 역시 당시에는 크메르 제국의 영토에 속해 있었다.

또한 크메르 제국은 동남아시아를 오가는 장거리 교역을 통해 막대한 부를 축적했고, 이를 바탕으로 앙코르 와트와 바이욘 사원 같은 화려하고 웅장한 건축물을 세울 수 있었다. 그러나 시간이 흐르면서 내부 갈등이 심화되고 국력도 점차 약해지기 시작했다. 결국 1431년, 이웃 국가인 수코타이 왕국(현재 태국 시암 왕국의 중심 지역)과의 전쟁에서 패배하며 멸망하고 말았다.

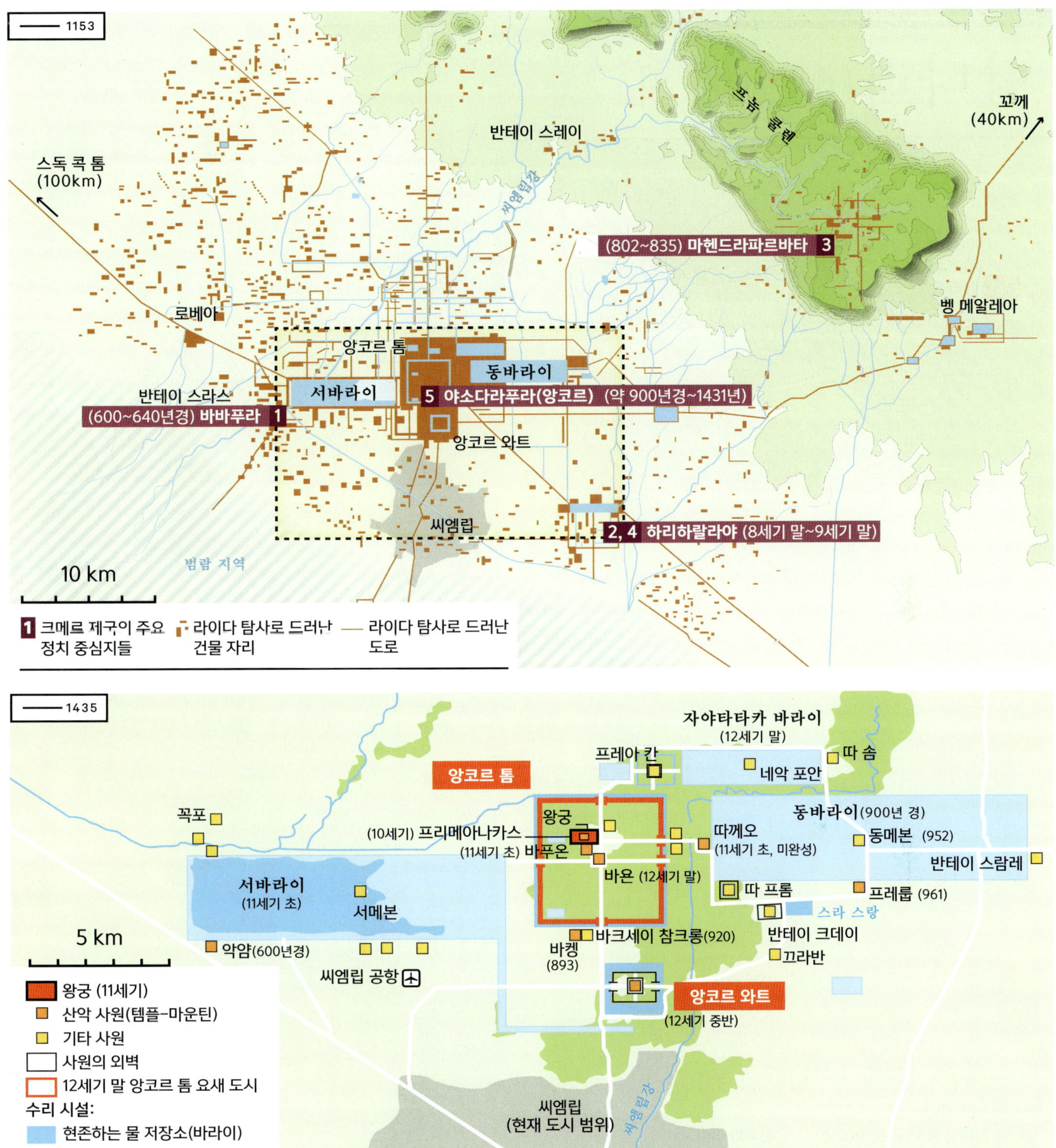

13세기 초의 앙코르 유적지

앙코르 유적지는 9세기부터 12세기 사이 크메르 제국의 왕들이 세운 수도의 흔적이 남아 있는 곳으로, 한때 찬란했던 이 도시도 16세기경에는 완전히 폐허가 되었다. 최근에는 라이다 기술을 활용한 연구를 통해, 앙코르 일대에 도로, 운하, 병원 등 다양한 기반 시설이 1,000제곱킬로미터가 넘는 넓은 지역에 걸쳐 촘촘하게 조성되어 있었다는 사실이 밝혀졌다.

13세기 말, 앙코르의 중심지였던 '앙코르 톰(대도시)'은 다섯 개의 출입문이 있는 성벽으로 둘러싸여 있었고, 성문으로 이어지는 길 양쪽에는 신과 아수라의 조각상이 줄지어 서 있어 장관을 이뤘다. 성 안에는 왕궁을 비롯해 화려한 바푸온 사원과 바이온 사원이 자리하고 있었으며, 성의 동쪽과 서쪽에는 바라이라 불리는 거대한 인공 호수가 조성되어 도시의 물을 관리하고 조절하는 중요한 역할을 했다.

앙코르 남쪽에는 크메르 제국 최대 규모의 사원인 앙코르 와트가 자리하고 있다. 1113년부터 1150년 사이 수리야바르만 2세에 의해 건립된 이 사원은, 현재 캄보디아를 대표하는 국가적 상징으로 널리 알려져 있다.

당나라(6~10세기)

당나라 시대의 중국(618~907년)
- 당나라 영토
- 당나라의 지배 지역 (645~763년)
- 당나라 보호령(659~665년)
- 742년의 도 경계
- 수도
- 부수도
- 인구 밀집 지역
- 경쟁 제국
- 우이구르 인접 민족

교역 및 교통로
- 주요 무역로(실크로드)
- 중국의 대운하
- 중국 문화권 영향 지역

전투와 정복
- 중국의 만리장성
- 제국의 평정(617~628년)

군사 원정:
- 동돌궐 정벌(623~630년)
- 서돌궐 정벌(640~712년)
- 고구려와 신라 원정(645~676년)
- 남조국 정벌(750~754년)
- 서쪽으로의 확장(7~8세기)

반란과 폭동:
- 안녹산의 난(755~63년)
- 당나라 권위에 대한 도전(755 이후)
- 변방의 반란(874~884년)
- 중국의 패배

정치적, 문화적 부흥

수나라가 혼란 속에 멸망한 틈을 타 당 고조 이연은 새로운 왕조인 당나라를 세웠다. 그는 차남 이세민(태종)의 도움을 받아 내부 반란을 진압하고, 북부 국경을 위협하던 돌궐족의 침입을 막아 안정을 되찾았다. 이후 626년, 이세민은 형을 암살하고 아버지를 강제로 퇴위시킨 뒤 스스로 황제에 올라 당 태종이 되었다.

태종 즉위 후 당나라는 본격적인 개혁의 시대에 접어들었다. 그는 새로운 행정구역 제도를 도입하고, 관료 선발과 교육 제도를 정비했으며 주변 국가에 대한 군사 원정을 통해 영토를 서쪽 튀르크족 지역까지 확장했다.

당나라는 중국 문명의 황금기로 평가된다. 이 시기에는 문학과 예술도 크게 번성했으며, 특히 두보와 이백 같은 뛰어난 시인들이 수도 장안을 중심으로 활약했다. 불교 역시 크게 발전했으며, 특히 태종의 아들인 고종의 황후이자 중국 역사상 유일한 여제인 측천무후(무측천)의 통치 아래에서 그 영향력이 더욱 커지고 번성했다. 당나라의 마지막 전성기를 이끌었던 황제인 현종은 애첩 양귀비와의 사랑 이야기로도 널리 알려져 있다. 그러나 그의 통치 후반부에 이르러 황실 권력은 점차 약화되었고, 755년 안녹산 장군이 일으킨 대규모 반란인 '안녹산의 난'으로 큰 혼란을 겪게 되었다. 757년에 반란은 진압되었지만, 이후 당나라는 군벌의 성장과 민중의 불만으로 끊임없이 흔들리며 쇠퇴의 길을 걸었다. 결국 907년 또 다른 군벌의 반란으로 당나라는 멸망했다.

중국, 송에서 몽골까지(13세기)

송나라 시기의 중국, 무역 중심지로서의 번영(약 1210~1220년)

960년 송나라는 오랜 분열의 시기를 끝내고 중국을 다시 통일하면서 새로운 번영의 시대를 열었다. 이후 북쪽에서 금나라(진)의 압박을 받으면서 남쪽으로 중심을 옮긴 남송 시대로 접어들었지만, 그럼에도 중국은 여전히 아시아 교역의 중심지로서 중요한 역할을 했다. 중앙아시아 지역으로는 중국의 비단과 차가 꾸준히 수출되었고, 그 대가로 중국은 기병대에 필요한 말을 들여왔다. 남쪽 해상에서는 양저우, 항저우, 광저우(광둥) 출신의 선원들이 인도차이나반도와 말레이 제도의 여러 나라들과 활발하게 교류했다. 이를 통해 중국은 비단, 도자기, 옻칠 제품, 종이 같은 다양한 상품을 수출했고, 사치품과 약용 식물을 비롯한 귀한 물품들을 수입했다. 이러한 활발한 무역은 도시 발전과 교역 자본 확보에 중요한 역할을 했으며 이를 바탕으로 송나라의 경제는 더욱 번성했고, 경제적 안정 속에서 예술과 문화도 함께 발전했다.

쿠빌라이의 중국(1260~1294년)

칭기즈칸의 손자인 쿠빌라이 칸은 1264년에 몽골 제국의 최고 지도자로 즉위했다. 그는 중국 문명에 깊은 관심을 보이며 제국의 동부 지역 통치에 집중했다. 중국 북부를 정복한 후, 남송으로 진격해 1271년에는 국호를 '대원'이라 선포했다. 원나라는 이후 1368년까지 이어졌다. 또한, 쿠빌라이는 제국의 수도를 몽골 고원의 카라코룸에서 대도(현재의 베이징)로 옮겼다.

이후 그는 고려를 속국 삼고 이를 발판 삼아 1274년과 1281년 두 차례에 걸쳐 일본을 침공했으나, 하카타 전투에서 모두 패배했다. 1277년에는 버마(미얀마)로 원정군을 파견했으며, 1279년에는 마침내 남송을 완전히 정복하며 중국 전역을 지배하게 되었다. 1292년부터 1293년 사이에는 자바섬을 목표로 군사 작전을 펼치기도 했다. 쿠빌라이의 통치 아래 몽골 제국은 중국을 중심으로 사상 최대 영토를 확장하며 전성기를 맞이했다.

베트남

1429

비엣족의 나라(기원전 3~2세기)

비엣족이 거주하던 홍강 삼각주 지역에는 작은 왕국인 어우락(기원전 257~207년)이 세워졌다. 이후 광동 지역의 태수가 세력을 확장하여 남비엣(기원전 207~111년)이라는 새로운 왕국을 세우고, 강대국인 중국으로부터 독립을 유지했다. 그러나 기원전 111년 남비엣은 결국 중국에 정복되었고, 이후 약 천 년간 중국의 지배를 받게 되었다.

1314

대비엣(1010년)

천 년 동안 중국의 지배를 받았던 비엣족의 왕국은 1010년 오늘날 하노이 지역을 중심으로 독립을 되찾았다. 1054년에는 '위대한 비엣족의 나라'라는 뜻의 '대비엣'을 공식 국호로 채택했다. 이후 약 300년 동안 대비엣은 중국과 몽골의 침략에 맞서 독립을 지켜냈다. 한편, 남쪽에는 인도네시아 제도에서 건너온 참족이 세운 힌두교 국가인 참파 왕국이 있었다. 말레이-폴리네시아어를 사용하는 참파는 9세기에 최대 영토를 확보하며 번성했지만, 이후 크메르족과 비엣족의 압박으로 점차 세력이 약화되었다.

1317

대비엣의 확장(1059~1780년)

대비엣은 남쪽으로 계속 영토를 확장하며 참파 왕국을 병합해 나갔다. 유교를 기반으로 한 대비엣은 인도 문화의 영향을 받은 참파와 충돌하며 세력을 넓혀갔다. 내부적으로는 여러 봉건 영주들의 대립으로 분열되기도 했으나, 중국의 침입 위협이 있을 때마다 단결해 국가의 통합을 유지했다. 17세기와 18세기에는 대비엣이 북부의 찐 가문과 남부의 응우옌 가문으로 분열되었으며, 이 시기 유럽인들은 북부를 '통킹', 남부를 '코친차이나'라고 불렀다. 이러한 내부 갈등에도 대비엣의 영토 확장은 계속되었다.

함께 보기 — 크메르 제국 **p.256**
한국 전쟁 **p.652**
베트남 전쟁 **p.672**

한국

한국의 기원

5세기부터 7세기까지 한반도에서는 불교와 한자의 전래로 중국의
영향을 받으며 고구려, 백제, 신라, 가야 4국 시대가 전개되었으며
치열한 경쟁이 이어졌다. 이후 신라가 삼국을 통일하며 한반도 최
초의 통일 왕조를 세웠고, 수도 경주에는 웅장한 건축물들이 들어
섰다. 그러나 918년에 북쪽에서 고려('코리아'의 유래)가 등장하며
새로운 시대가 열렸다. 13세기에는 몽골 제국의 지배를 받았으나,
1392년에 조선 왕조가 건국되면서 자주성을 회복하고 번영을 이어
갔다. 이후 조선은 16세기 말 일본과 만주족의 침략을 겪기 전까지
비교적 평화롭고 안정된 시기를 유지하며 독립된 국가로 발전했다.

중세 일본(1185~1600년)

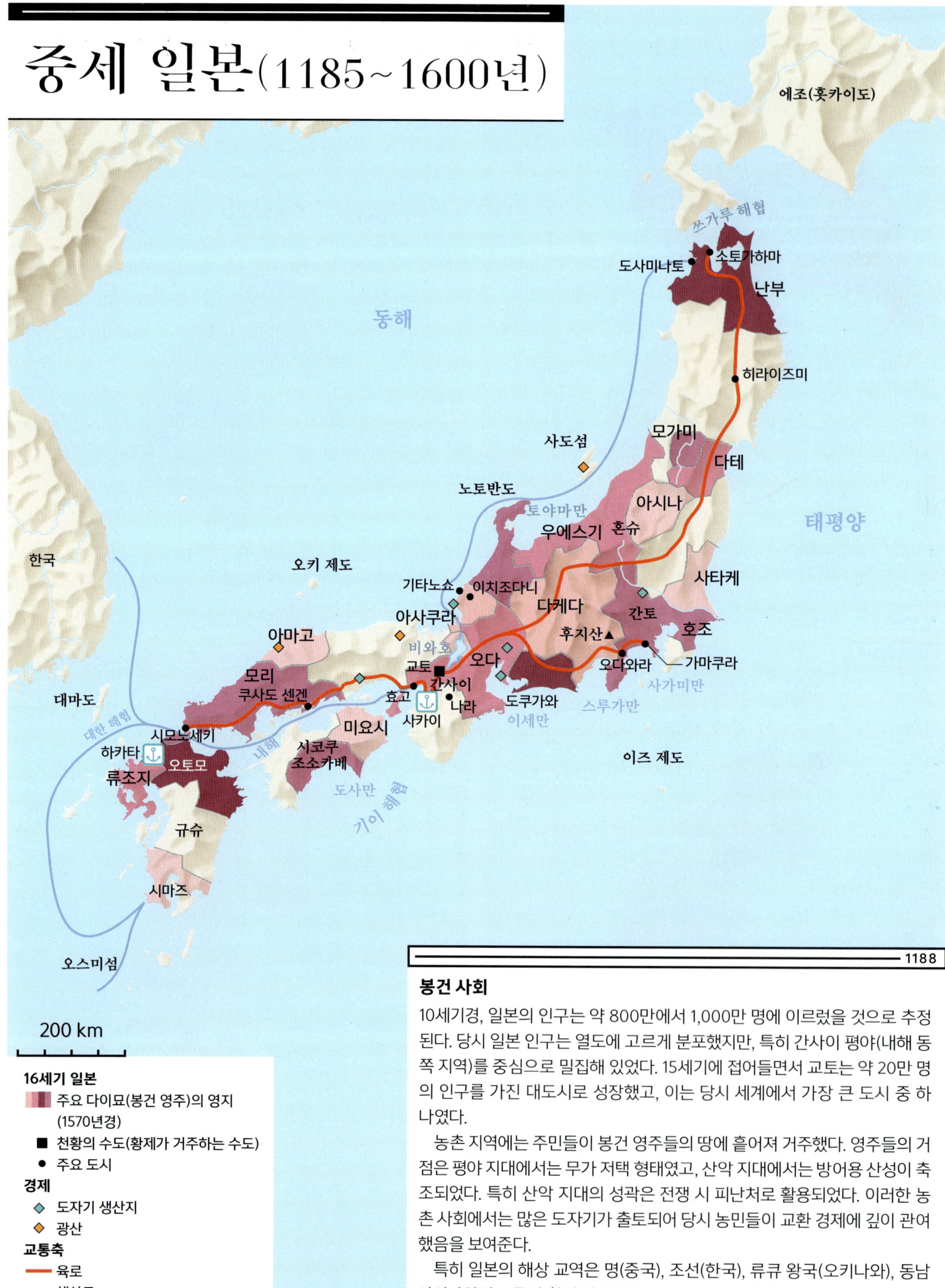

봉건 사회

10세기경, 일본의 인구는 약 800만에서 1,000만 명에 이르렀을 것으로 추정된다. 당시 일본 인구는 열도에 고르게 분포했지만, 특히 간사이 평야(내해 동쪽 지역)를 중심으로 밀집해 있었다. 15세기에 접어들면서 교토는 약 20만 명의 인구를 가진 대도시로 성장했고, 이는 당시 세계에서 가장 큰 도시 중 하나였다.

농촌 지역에는 주민들이 봉건 영주들의 땅에 흩어져 거주했다. 영주들의 거점은 평야 지대에서는 무가 저택 형태였고, 산악 지대에서는 방어용 산성이 축조되었다. 특히 산악 지대의 성곽은 전쟁 시 피난처로 활용되었다. 이러한 농촌 사회에서는 많은 도자기가 출토되어 당시 농민들이 교환 경제에 깊이 관여했음을 보여준다.

특히 일본의 해상 교역은 명(중국), 조선(한국), 류큐 왕국(오키나와), 동남아시아와의 교류가 활발해지면서 크게 발전했다. 이에 따라 사카이와 하카타 같은 항구 도시들도 성장했다.

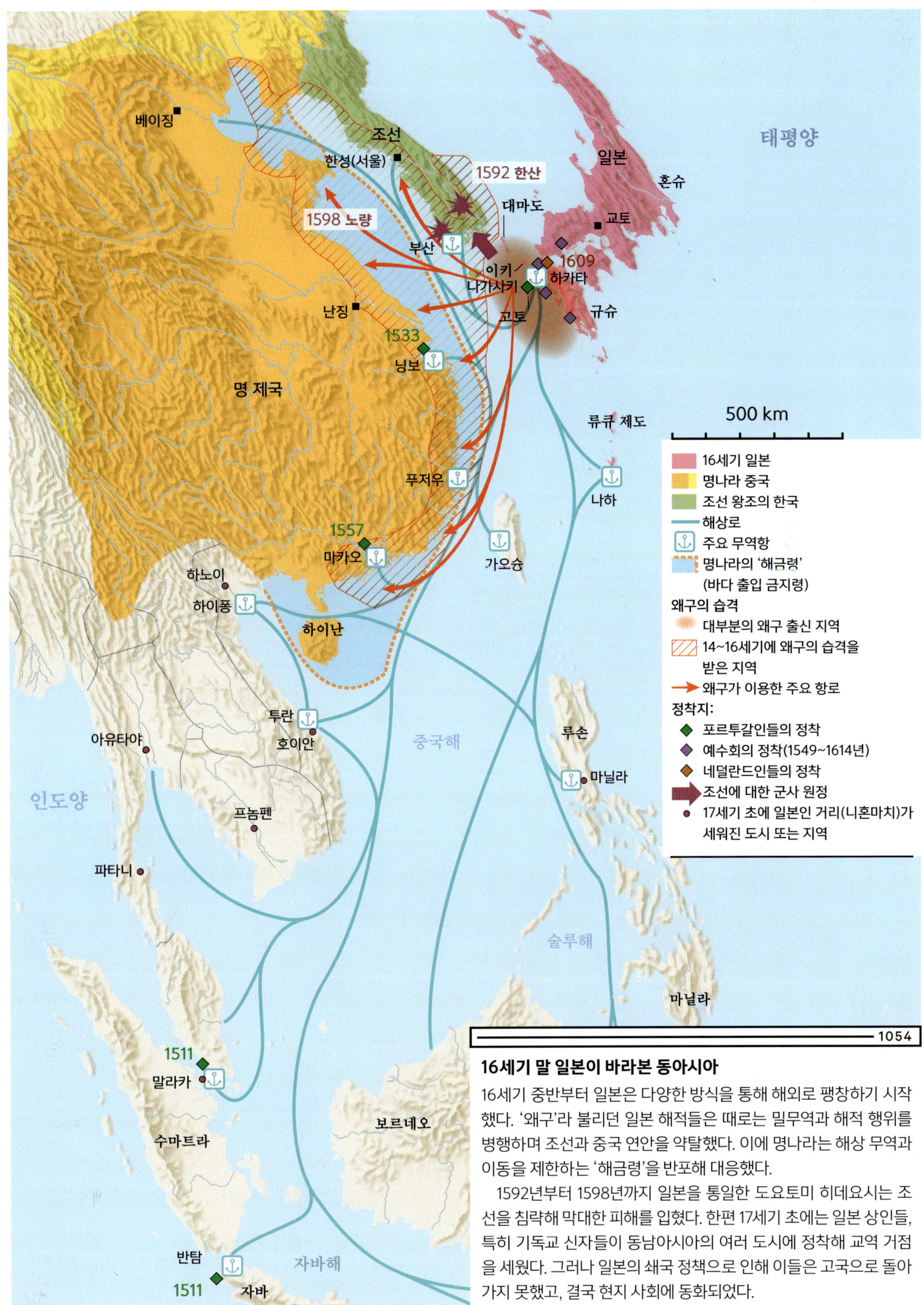

16세기 말 일본이 바라본 동아시아

16세기 중반부터 일본은 다양한 방식을 통해 해외로 팽창하기 시작했다. '왜구'라 불리던 일본 해적들은 때로는 밀무역과 해적 행위를 병행하며 조선과 중국 연안을 약탈했다. 이에 명나라는 해상 무역과 이동을 제한하는 '해금령'을 반포해 대응했다.

1592년부터 1598년까지 일본을 통일한 도요토미 히데요시는 조선을 침략해 막대한 피해를 입혔다. 한편 17세기 초에는 일본 상인들, 특히 기독교 신자들이 동남아시아의 여러 도시에 정착해 교역 거점을 세웠다. 그러나 일본의 쇄국 정책으로 인해 이들은 고국으로 돌아가지 못했고, 결국 현지 사회에 동화되었다.

6

15세기의 세계

유럽, 아시아, 아프리카와 같은 구대륙과 아메리카 대륙이 본격적으로 연결되기 직전, 흔히 '대항해 시대'라고 불리는 이 시기의 국제 정세는 매우 복잡하고 빠르게 변화하고 있었다. 유럽과 아시아, 아프리카를 잇는 교역망은 더욱 다양해졌으며, 특히 포르투갈이 아프리카를 우회하는 항로를 개척하면서 교역의 범위가 전 세계로 확장되었다. 이와 함께 대서양의 여러 섬으로 진출도 활발해졌으며, 특히 사탕수수 플랜테이션 건설이 이러한 교역 확장의 중요한 경제적 기반이 되었다. 이러한 흐름은 15세기 말 대서양을 횡단하는 새로운 항로 개척의 발판이 되었다.

한편 15세기 초 중국에서는 정화의 대함대가 원정을 떠났으며, 이는 지속되었다면 역사의 흐름을 바꾸었을지도 모를 사건이었다. 그러나 중국이 이후 해양 진출 정책을 중단하면서 결국 신항로 개척의 주도권은 유럽 국가들에게 넘어가게 되었다. 따라서 당시 급격한 사회 변화를 겪고 있던 유럽, 특히 이탈리아를 중심으로 꽃피운 르네상스 시대에 주목할 필요가 있다.

15세기의 세계화

──────── 1209

1400년의 구대륙

유라시아와 아프리카는 오랫동안 긴밀히 교류해왔다. 14세기 흑사병으로 교역이 일시적으로 위축되었지만, 이후 점차 회복되었다.

15세기에도 '비단길(실크로드)'은 여전히 티무르 제국의 통치 아래 번성했으나, 세계 교역의 중심축은 지중해와 남중국해를 잇는 인도양 교역로로 이동했다. 이 지역에서는 이슬람 상인과 인도 상인들이 교역을 주도했다.

교역망에서는 중심과 주변부의 구분이 뚜렷해졌다. 중국, 맘루크 술탄국의 이집트, 오스만 제국, 인도 등 중심지는 완제품을 판매했고, 주변부는 원자재와 노예를 공급했다. 인도는 향신료와 면직물을 수출해 서쪽과의 교역에서 이익을 얻었지만, 동쪽에서는 비단과 도자기를 수입하며 적자를 보았다.

주요 교역 거점으로는 아덴, 호르무즈(페르시아만의 중요성을 상징), 인도의 캄베이와 칼리쿠트, 그리고 인도양 최대 항구 중 하나였던 말라카가 있었다. 스와힐리 해안 지역도 이 교역망에 포함되었다. 한편, 유럽은 베네치아와 제노바 상인들을 통해 주요 교역망에 연결되었지만, 여전히 '서쪽 변방'에 불과했다. 당시 세계 경제의 중심은 아시아였으며, 이러한 흐름은 19세기 초까지 이어졌다.

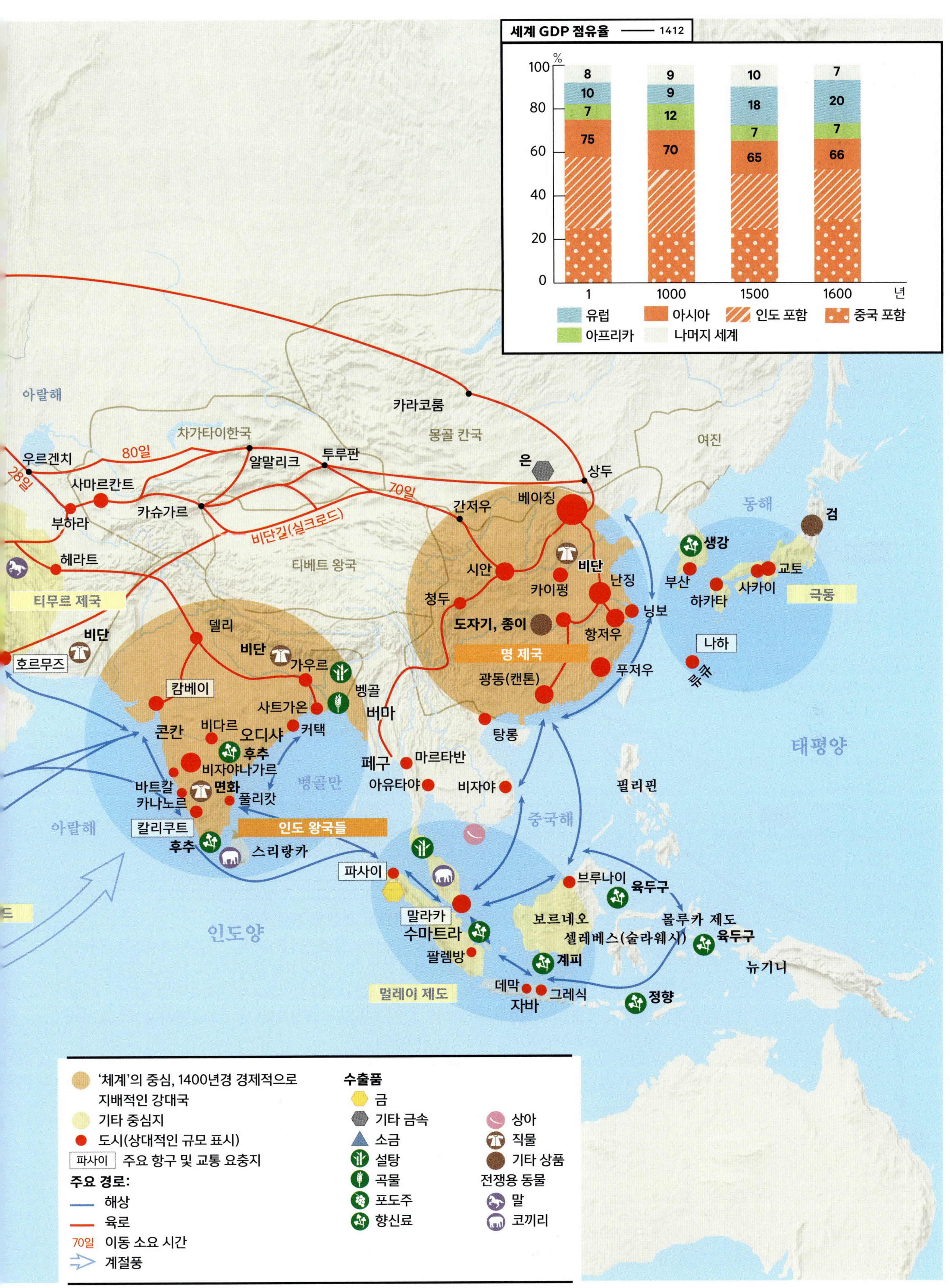
세계 GDP 점유율 ── 1412

%
100
80
60
40
20
0
8
10
7
75
9
9
12
70
10
18
7
65
7
20
7
66
1
1000
1500
1600
년

유럽
아시아
인도 포함
중국 포함
아프리카
나머지 세계

아랄해
카라코룸
몽골 칸국
차가타이한국
여진
80일
우르겐치
알말리크
투루판
은
상두
28일
사마르칸트
카슈가르
베이징
간저우
동해
검
부하라
비단길(실크로드)
생강
교토
헤라트
티베트 왕국
시안
비단
난징
부산
사카이
티무르 제국
청두
카이펑
닝보
하카타
극동
비단
델리
도자기, 종이
항저우
나하
호르무즈
비단
가우르
명 제국
푸저우
캄베이
사트가온
벵골
광동(캔톤)
콘칸
비다르
오디샤
커택
버마
탕룽
류큐
바트칼
후추
비자야나가르
페구
마르타반
필리핀
카나노르
면화
풀리캇
아유타야
비자야
중국해
아랄해
칼리쿠트
인도 왕국들
태평양
후추
스리랑카
파사이
브루나이
육두구
인도양
말라카
보르네오
몰루카 제도
수마트라
셀레베스(술라웨시)
육두구
팔렘방
계피
뉴기니
멀레이 제도
데막
그레식
정향
자바

벵골만

'체계'의 중심, 1400년경 경제적으로
지배적인 강대국
기타 중심지
도시(상대적인 규모 표시)
파사이 주요 항구 및 교통 요충지
주요 경로:
해상
육로
70일 이동 소요 시간
계절풍

수출품
금
기타 금속
소금
설탕
곡물
포도주
향신료
상아
직물
기타 상품
전쟁용 동물
말
코끼리

15세기 설탕 무역로

달콤한 갈대, 아시아에서 대서양으로 확장된 설탕 무역로

사탕수수는 습한 열대 지역에서 자라는 식물로, 원산지는 뉴기니로 알려져있다. 기원전 1000년경 인도에서 대규모 노예 노동을 기반으로 처음 재배되기 시작했다. 알렉산드로스 대왕의 원정에 참여한 그리스인들은 이곳에서 사탕수수를 처음 접하고 '달콤한 갈대'라고 불렀다. 이후 사탕수수는 메소포타미아로 퍼졌으며, 서기 초에는 아랍인들에 의해 지중해 연안에서도 재배되기 시작했다.

12세기 후반, 유럽인들은 레반트 지역에서 처음 설탕을 접했으며 이는 곧 유럽에서 가장 인기 있는 '향신료' 중 하나가 되었다. 15세기에는 유럽인들이 마데이라와 카나리아 제도(마카로네시아) 등 대서양의 여러 섬을 장악하면서 본격적인 설탕 생산이 시작되었다. 이 섬들은 기후가 온화해 '설탕의 섬'으로 주목받았으며, 유럽인들은 아랍인들이 인도에서 도입한 노예 노동 기반의 설탕 농장 시스템을 그대로 적용했다.

15세기부터 유럽에서는 잼과 설탕 절임 같은 식품이 유행하며 설탕 소비가 폭발적으로 증가했다. 그러나 인근 섬들의 생산만으로는 수요를 따라잡지 못해 기존 교역로인 모로코와 이집트에서도 여전히 설탕을 수입했다. 1493년 콜럼버스는 두 번째 항해에서 사탕수수 묘목을 배에 실어 아메리카 대륙(서인도 제도)으로 가져가 재배를 시도했다.

북해

뤼주

베네치아
노바
피사
팔레르모
시라쿠사
0세기와 1220년 시칠리아
지중해
키레나이카

전 세계 유통 —— 1062

태평양
19세기
태평양

중앙아메리카 카리브해
17~18세기

남아메리카
대서양

오세아니아

뉴기니

인도네시아
19세기

아시아

브라질
16세기

유럽

동남아시아
기원전 5세기

인도양

카나리아 제도
15세기

중동
기원전 1세기

아프리카

인도양

대서양

마스카렌 제도
17세기

사탕수수의 기원
사탕수수 재배의 확산

재배 지역
유럽의 수입

콘스탄티노플

로도스

1220 뤼지냥 왕국(키프로스)

파마구스타

칸디아
1200 크레타

베이루트
다마스쿠스
바스라 출발

알렉산드리아
8~10세기 팔레스타인

카이로

500 km

설탕 무역
생산 지역
기독교계 공급망
아랍-무슬림 공급망
1200년 크레타 생산 시작 시기

15세기 서양 요리책 속
설탕의 비중
전체 레시피의 20%
전체 레시피의 50%

정화의 항해(1405~1433년)

난징에서 아프리카 해안까지

1405년부터 1433년까지 명나라의 영락제와 선덕제는 환관 정화가 이끄는 함대를 남쪽으로 일곱 차례 파견했다. 처음 세 차례의 원정에서는 칼리쿠트까지, 네 번째 원정에서는 호르무즈까지 항해했다. 이후 남은 세 번의 원정에서는 아덴과 아프리카 해안까지 도달했다. 이 원정은 중국의 문화적 시야를 넓혔으며, 특히 아라비아 문화와의 교류가 가장 큰 영향을 남겼다. 당시 중국 도자기와 공예품에서 그 흔적을 확인할 수 있다. 그러나 이러한 대외 원정은 오래가지 못했고, 명나라의 해양 개방 정책은 일시적인 현상에 그쳤다. 그 이유는 북방 유목 민족들의 지속적인 위협 때문이었다. 1421년 명나라는 수도를 난징에서 북쪽 국경 지역인 베이징으로 옮겼고, 이후 대형 선박 건조와 해상 무역을 금지하며 다시 쇄국적 정책으로 전환했다.

함께 보기 ─── 서기 초 구대륙의 축 **p.68**
중국, 송에서 몽골까지 **p.260**
중국 청나라 **p.342**

1271~1295년
마르코 폴로의 아시아 여행.

1279~1367년
중국이 몽골 제국의 지배하에 통합되었고, 원나라로 통치됨.

1368년
명나라 건국, 몽골의 중국 지배가 종식됨.

1394년
명나라 황제가 외국 상품의 사적 판매를 금지하는 칙령을 발표함.

1405~1433년
정화의 7차례 원정.

1421년
영락제가 베이징을 새로운 수도로 정하고, 자금성 건설을 시작함.

1430년대
대외 교류 제한이 시작되어 16세기 후반까지 지속됨.

1436년
장거리 항해용 선박 건조가 중단됨.

1557년
포르투갈인들이 마카오 정착권을 획득함.

1570년
해상 무역이 합법화되며, 선주, 선원, 상인 공동체 발전에 기여함.

1583~1610년
예수회 선교사 마테오 리치가 중국에 도착해 기독교 선교 활동을 시작함.

1644년
만주족이 베이징을 점령하고 청나라 건국, 명나라는 난징(남명)으로 후퇴했으나 1662년에 멸망함.

니키틴의 여정

볼가강 상류에서 인도로, 러시아 상인 아파나시 니키틴의 여정

1466년, 아파나시 니키틴은 트베르를 떠나 볼가강을 따라 카스피해로 내려갔다. 그는 캅차크 칸국의 후예인 타타르족 칸들이 지배하는 볼가강 하류에서 해적들에게 전 재산을 약탈당했다. 그러나 포기하지 않고 남쪽으로 여행을 이어갔다. 페르시아에서 1년간 머문 뒤 호르무즈 해협을 건너 마스카트에 도착한 후 그곳에서 다시 배를 타고 북인도로 향했다.

니키틴은 인도 서해안을 따라 남쪽으로 이동한 후, 대륙 내부 여러 곳을 탐방했다. 귀국길에는 아프리카의 뿔 지역(현재의 소말리아)에 머물렀을 것으로 추측한다. 이후 페르시아를 거쳐 흑해로 돌아왔다. 그의 대장정은 <세 바다 여행기(카스피해, 인도양, 흑해)>에 기록되어 있다. 이 책은 주로 러시아어로 쓰였지만 일부 구절은 아랍어, 튀르크어, 페르시아어로 기록되어 있다. 니키틴의 여행기에는 그가 방문한 각 지역의 상품과 항구뿐만 아니라 동물, 풍경, 관습, 그리고 이슬람 문화권의 종교 생활에 대한 생생한 묘사가 담겨 있다.

중국 명나라 (1368~1644년)

명나라, 해상 개방과 육지 폐쇄 사이

1368년 주원장은 쿠빌라이 칸의 사망(1294) 이후 쇠락하던 몽골 세력에 맞서 반란을 일으켜 명나라를 세웠다. 명나라 치하에서 중국은 상업 교류와 정치적 안정 속에 인구 증가와 함께 빠른 경제 성장을 이루었다.

15세기 초, 정화의 대규모 해상 원정을 통해 남쪽과 서쪽으로 영향력을 확장하며 해양 강국으로 자리 잡았다. 그러나 잦은 일본 왜구의 연안 습격으로 큰 피해를 입었고, 북쪽에서는 유목 민족들의 위협이 지속되었다. 이를 방어하기 위해 명나라는 기존의 성벽을 보수하고 확장하여 만리장성을 정비하기 시작했다. 하지만 이러한 방어 노력에도 불구하고, 1644년 명나라는 만주족의 침입을 막지 못하고 결국 멸망했다.

티무르(1370~1405년)

전사, 황제, 그리고 건설자 티무르

티무르(타메를란)는 13세기 몽골 제국이 분열된 후 형성된 차가타이한국의 사마르칸트 출신이다. 튀르크계 이슬람교도였던 그는 정치적 혼란 속에서 1370년경 튀르크-몽골 연합체의 지도자가 되었다. 그는 사마르칸트에 칭기즈칸의 후손을 허수아비 지도자로 세우고, 자신의 권위를 강화하기 위해 칭기즈칸 혈통의 여인과 결혼했다. 티무르는 칭기즈칸의 제국을 재건하고 이슬람 신앙을 전파하며 보호하는 것을 목표로 삼았다. 그는 수많은 군사 원정과 잔인한 공격을 통해 유프라테스강에서 인더스강에 이르는 광대한 영토를 정복했다. 특히 아나톨리아에서 오스만 제국을 물리친 후 그의 명성은 유럽에까지 퍼졌고, 유럽인들은 그를 '절름발이 티무르'에서 유래한 '타메를란'이라 불렀다.

티무르는 정복한 영토를 효과적으로 통치하기 위해 아들과 손자들에게 도시와 지방을 나눠 맡겼다. 또한, 튀르크-몽골식 군사 체계와 페르시아-이슬람 전통의 행정 체제를 결합해 제국의 통치 기반을 다졌다. 그는 그는 전사이자 위대한 '에미르'로서 수도 사마르칸트를 예술과 상업의 중심지로 발전시켰고, 인도의 타지마할에 영감이 된 웅장한 묘소를 비롯한 많은 건축물을 세웠다. 티무르의 최종 목표는 중국 정복이었으나, 1405년 원정 도중 질병으로 사망하며 그의 꿈은 이루어지지 못했다.

함께 보기 ── 서기 초기, 중동의 교차로 **p.66**
칭기즈칸과 몽골 세력의 확장 **p.86**
맘루크 술탄국 **p.186**

연대기

1370년

티무르가 권력을 장악하고 튀르크–
몽골 연합을 이끌며 칭기즈칸의
제국을 재건하려는 야망을 품음.
첫 군사 원정을 호라즘과 호라산
지역에서 시작함.

1387년

이란의 이스파한을 점령하고, 대량
학살을 감행함. 이로 인해 티무르는
잔혹한 지도자로 알려짐.

1395년

티무르가 킵차크한국과의 전투에서
승리하며 킵차크 지역을 장악함.

1398년

북인도 원정을 단행하고 델리를 약탈함.

1399~1404년

근동 지역으로의 원정.
1402년, 앙카라 전투에서 오스만
제국 술탄 바예지드 1세를 포로로
잡음. 이 승리로 프랑스 왕 샤를 6세와
잉글랜드 왕 헨리 4세의 축하를 받음.

1405년

중국 원정을 준비하던 중 사망.
사마르칸트에 자신이 지은 묘소에
안장됨. 이후 그의 아들과 손자들이
티무르 제국을 계승함.

르네상스(15~16세기)

에라스뮈스, 여행하는 인문주의자

에라스뮈스는 1460년대 후반 로테르담의 평범한 가정에서 태어났다. 1492년 사제로 서품된 후 캉브레 주교의 수행 비서로 일하던 그는 파리 대학교에서 신학을 공부했다. 이후 파리에서 가정교사로 일하다 1499년 영국으로 건너가 토머스 모어와 교류했다.

그는 평생 런던, 로마, 바젤, 프라이부르크, 루뱅 등 유럽 여러 도시를 여행했다. 신학자이자 교육과 평화에 대한 사상가로도 유명했던 그는 1511년 대표작 <우신예찬>을 출간해 큰 성공을 거두었다. 이 책은 여러 차례 재출간되고 다양한 언어로 번역되었다. 또한 그는 수많은 서신을 쓰고, 교재를 집필했으며, 1516년에는 <신약 성서>의 새로운 라틴어 번역본을 출간했다. 당대 지성계에서 큰 인기를 누렸던 그는 카를 5세와 마르틴 루터를 비롯한 다양한 인물들에게 영향을 주었다. '인문주의의 왕자'라 불리던 에라스뮈스는 1536년 바젤에서 생을 마감했다.

400 km

르네상스 중심지

- 이탈리아 르네상스의 중심지
- 이탈리아 르네상스의 확산
- 플랑드르 르네상스의 중심지
- 플랑드르 르네상스의 확산
- 기타 르네상스 중심지
- 르네상스의 수도
- 인문주의의 주요 중심지
- 대표 대학

인쇄술의 확산

- 대규모 인쇄 중심지
- 기타 인쇄 중심지
- 확산

유럽의 문화

이탈리아의 예술가 조르조 바사리는 당대의 예술 활동을 표현하고자 '리나시타(Rinascita, 재생)'라는 용어를 사용했다. 이후 프랑스 역사가 쥘 미슐레가 '르네상스'를 유럽 문화 전반의 변혁을 뜻하는 포괄적 개념으로 확장했고, 이 용어는 인쇄술의 발명을 기점으로 중세에서 근대로의 전환을 상징하게 되었다. 이 변화는 고전 문헌을 비판적으로 해석하는 인문주의적 태도와, 그리스–로마 고전 문화의 재발견, 인쇄술로 인한 새로운 정보의 확산, 그리고 세계를 바라보는 새로운 인식 방식 등의 특징들을 포함한다.

이탈리아 르네상스는 13세기 말 북부 이탈리아의 도시 국가들에서 시작되었다. 이후 유럽 각국은 각기 다른 시기에 독창적인 예술과 문화를 발전시키며 서로 영향을 주고받았다. 15세기에서 16세기에 플랑드르와 독일은 종교 개혁과 함께 중요한 문화 중심지로 떠올랐다. 이처럼 활발한 문화 교류 속에서 프랑스 역시 독자적인 예술 양식을 발전시켰다.

콰트로첸토(15세기)

로디 평화 조약 이후의 이탈리아(1454년)

15세기 이탈리아는 여러 도시국가가 경쟁하며 균형을 이루고 있었으며, 이러한 경쟁 구도는 예술과 문화의 번영을 촉진하는 데 크게 기여했다. 1454년 4월 9일, 밀라노와 베네치아는 로디 평화 조약을 체결해 15세기 초부터 이탈리아반도를 불안정하게 만들었던 오랜 분쟁을 끝내고, 아다 강을 경계로 양국 간 세력 균형을 확립했다.

같은 해 8월 30일, 피렌체가 이 조약에 합류하면서 이탈리아 동맹이 형성되었고, 밀라노, 베네치아, 피렌체는 외부 침략에 대비해 공동 방위를 약속했다. 이러한 외교적 협력으로 베네치아, 밀라노, 피렌체, 교황령, 나폴리 왕국 등 이탈리아 5대 강국 사이에 오랜 권력 균형 시대가 열렸다.

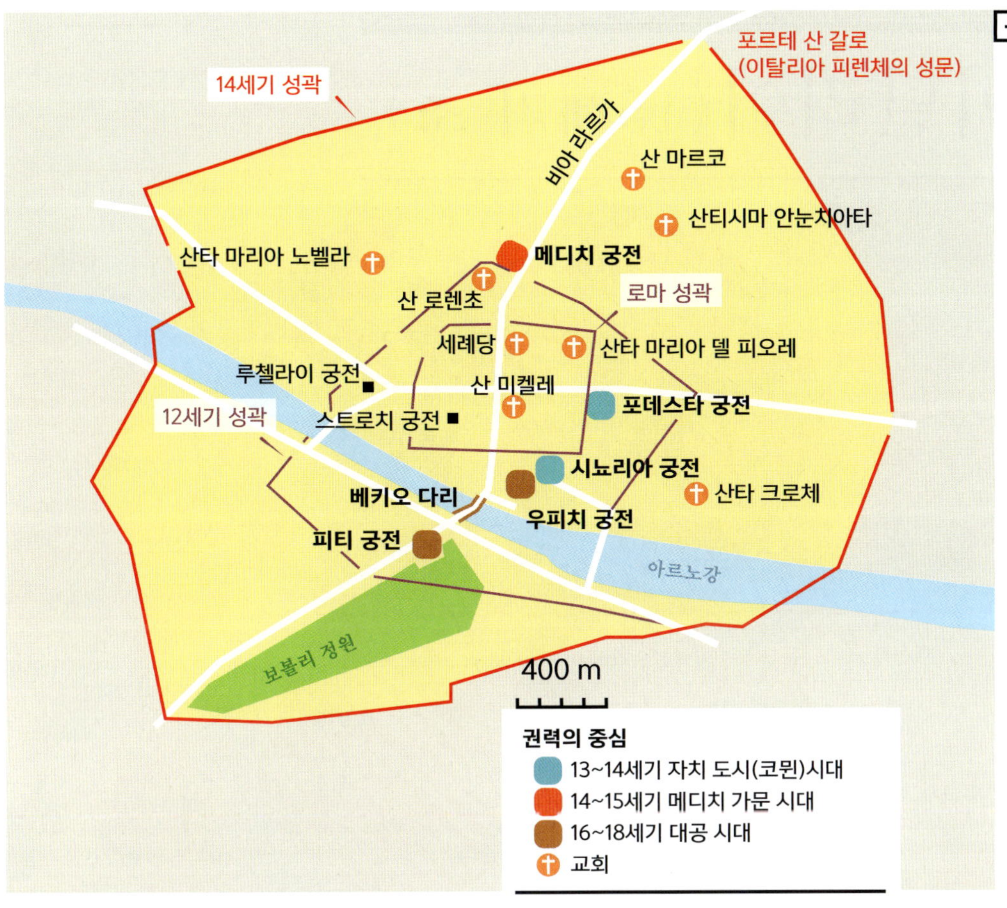

2468

메디치 가문의 피렌체 (15~16세기)

15세기 피렌체의 인구는 약 10만 명에 달했으며, 14세기 초에 지어진 성벽은 12세기보다 10배 넓게 확장되었다. 메디치 가문은 피렌체에서 권력을 확립했고, 15세기 전반에 개통된 '비아 라르가'는 피렌체 중심에서 산 갈로 문까지 이어지며, 메디치 가문이 복원한 산 마르코 수도원을 거쳐 로마냐로 연결되었다. 이 도로를 따라 메디치 가문과 유력 가문들이 궁전을 세웠다. 16세기에 접어들며, 피렌체의 아름다움은 길드 건물보다 귀족 가문의 저택들로 더욱 부각되었다.

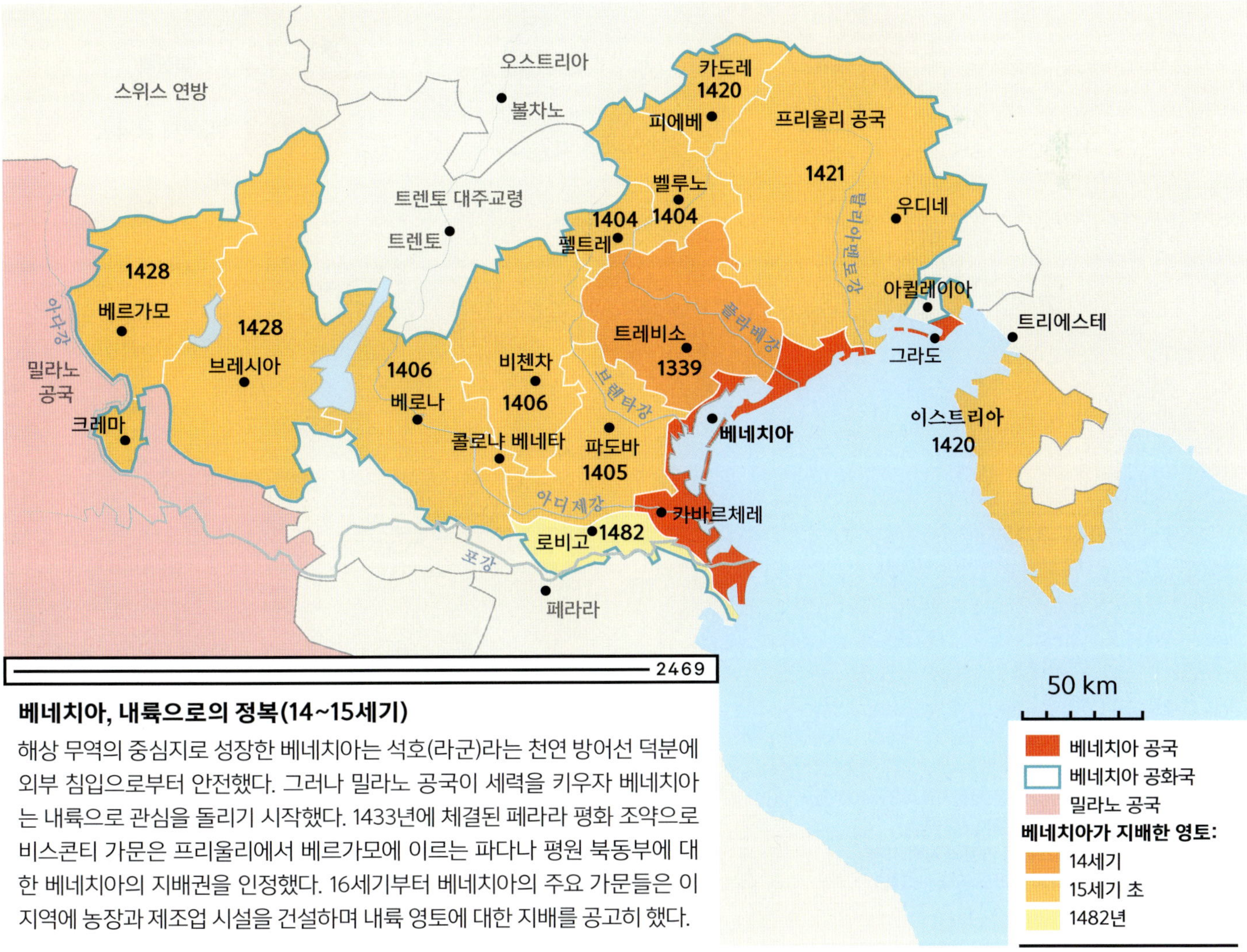

2469

베네치아, 내륙으로의 정복(14~15세기)

해상 무역의 중심지로 성장한 베네치아는 석호(라군)라는 천연 방어선 덕분에 외부 침입으로부터 안전했다. 그러나 밀라노 공국이 세력을 키우자 베네치아는 내륙으로 관심을 돌리기 시작했다. 1433년에 체결된 페라라 평화 조약으로 비스콘티 가문은 프리울리에서 베르가모에 이르는 파다나 평원 북동부에 대한 베네치아의 지배권을 인정했다. 16세기부터 베네치아의 주요 가문들은 이 지역에 농장과 제조업 시설을 건설하며 내륙 영토에 대한 지배를 공고히 했다.

영주들의 이탈리아 (15세기 초)

함께 보기 ── 지중해의 베네치아 **p.226**
이탈리아 전쟁 **p.366**
이탈리아 독립 전쟁 **p.504**

1146

밀라노 공국과 이탈리아의 군주국들

14세기 말, 밀라노는 롬바르디아 전역에서 지배력을 확립했다. 13세기부터 비스콘티 가문이 밀라노의 확장을 주도했으며, 1395년 잔 갈레아초 비스콘티가 밀라노 공작으로 즉위하면서 영토가 더욱 확장되었다. 같은 시기 사부아 공국은 알프스산맥을 넘어 피에몬테, 살루초 후작령, 니스 백작령을 합병하며 세력을 키웠다. 베네치아와 제노바는 해상과 상업 강국으로 해외 영토 확장에 집중하는 한편 이탈리아 내로는 권력 안정을 위해 방어 전략을 펼쳤다.

에밀리아와 로마냐 지역은 여러 자치국으로 나뉘어 강력한 가문들이 지배했다. 만토바는 곤자가 가문, 라벤나는 다 폴렌타 가문, 페라라는 에스테 가문, 우르비노는 몬테펠트로 가문, 리미니는 말라테스타 가문이 각각 다스렸다. 피렌체는 공화국을 표방했지만, 실질적으로는 메디치 가문이 정권을 장악하고 있었다. 1418년 서방 교회의 대분열이 끝나면서 교황령도 영토를 회복할 수 있었다.

북부와 중부가 여러 자치국과 도시국가로 나뉘어 있던 반면, 남부에는 두 왕국이 존재했다. 나폴리 왕국은 1442년까지 프랑스 앙주 가문의 지배를 받다가 이후 아라곤 가문이 통치했다. 시칠리아 왕국은 이미 1282년부터 아라곤의 통치 아래에 있었다. 한편 밀라노의 팽창주의 정책은 베네치아와의 지속적인 분쟁을 초래했으나, 대부분 베네치아가 승리했다. 1454년 로디 평화 조약으로 밀라노의 영토는 아다강 이내로 제한되었고, 이 과정에서 비스콘티 가문의 직계가 단절되었다. 밀라노는 3년간 공화정을 유지했으나, 1450년 용병 대장 콘도티에로 프란체스코 스포르차가 권력을 장악하며 새로운 통치 체제가 수립되었다. 1454년 로디 평화 이후 40년간 이탈리아는 평화와 번영을 누렸으며 르네상스가 꽃피울 수 있는 환경이 마련되었다.

1206

밀라노의 '나빌리' 운하

밀라노는 12세기부터 16세기까지 '나빌리'라 불리는 여러 운하를 건설하며 물의 도시로 발전했다. 가장 먼저 도시 중심부를 둘러싸는 내부 해자(옛 해자)가 조성되었으며, 물은 베타비아 운하를 통해 흘러나갔다. 13세기에는 '나빌리오 그란데'가 건설되어 밀라노와 티치노강을 연결했고, 밀라노 대성당 건축에 필요한 대리석 운반에 중요한 역할을 했다. 14세기에는 수문을 이용한 갑문 기술이 개발되었고, 이후 레오나르도 다 빈치에 의해 더욱 정교해져 아다강과 포강을 연결하는 데 활용되었다. 그러나 대부분의 운하는 1930년대에 사라졌다.

이탈리아, 유럽의 영향(15~18세기)

함께 보기 — 지중해의 베네치아 p.226
콰트로첸토 p.280
이탈리아 전쟁 p.366

300년 동안 이어진 이탈리아의 문화적 영향력

이탈리아는 풍부한 경제력과 동방과의 교차로라는 지리적 이점 덕분에 유럽에서 가장 매력적인 지역 중 하나로 떠올랐다. 르네상스부터 18세기까지, 이탈리아는 유럽 예술과 학문의 중심지였다. 1450년경 이탈리아 상인과 은행가들은 지중해 전역, 레반트와 북아프리카의 항구, 샹파뉴의 시장, 플랑드르 항구까지 진출하며 국제 교역을 주도했다. 이 시기, 밀라노와 피렌체 같은 강력한 도시국가들이 성장했다. 이탈리아의 번영은 상업과 도시의 발전을 기반으로 이루어졌으며, 예술가와 인문주의자들은 이슬람과 비잔티움 문화의 영향을 받아 인간과 세계에 대한 새로운 시각을 창조했다. 1469년 베네치아는 구텐베르크의 인쇄술이 도입되면서 유럽 최대의 인쇄 출판 중심지로 성장했고 이러한 영향력은 16세기까지 지속되었다. 1650년대 로마에서 시작된 바로크 양식의 확산 이후 이탈리아의 건축가, 오페라 가수, 연극단, 숙련된 장인들이 유럽 각국으로 퍼져나가며 이탈리아의 예술과 생활 방식을 전파했다. 그 결과 이탈리아는 유럽 교양인들이 선호하는 여행지로 자리 잡았다.

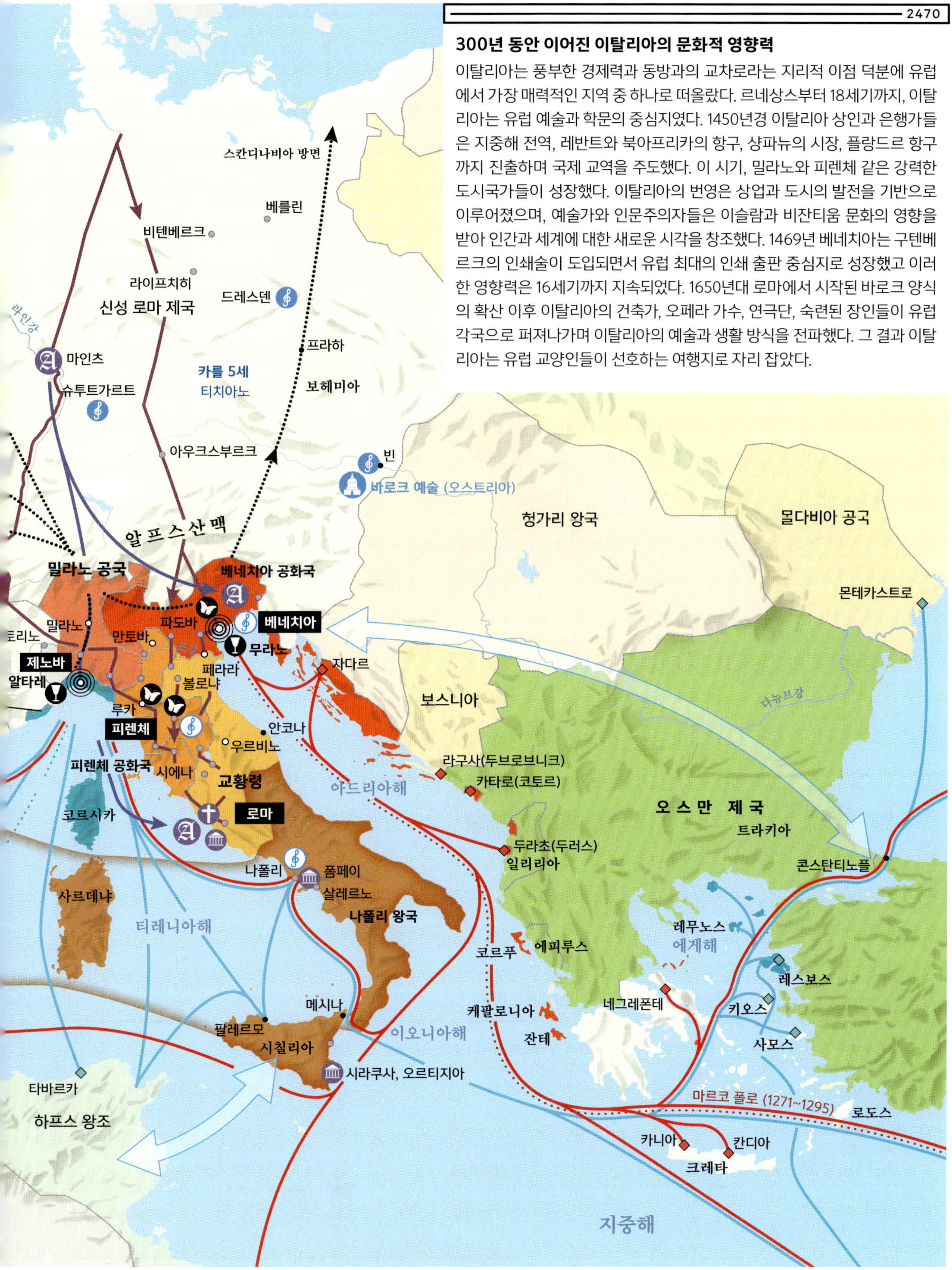

해외 진출의 정점에 있는 서유럽

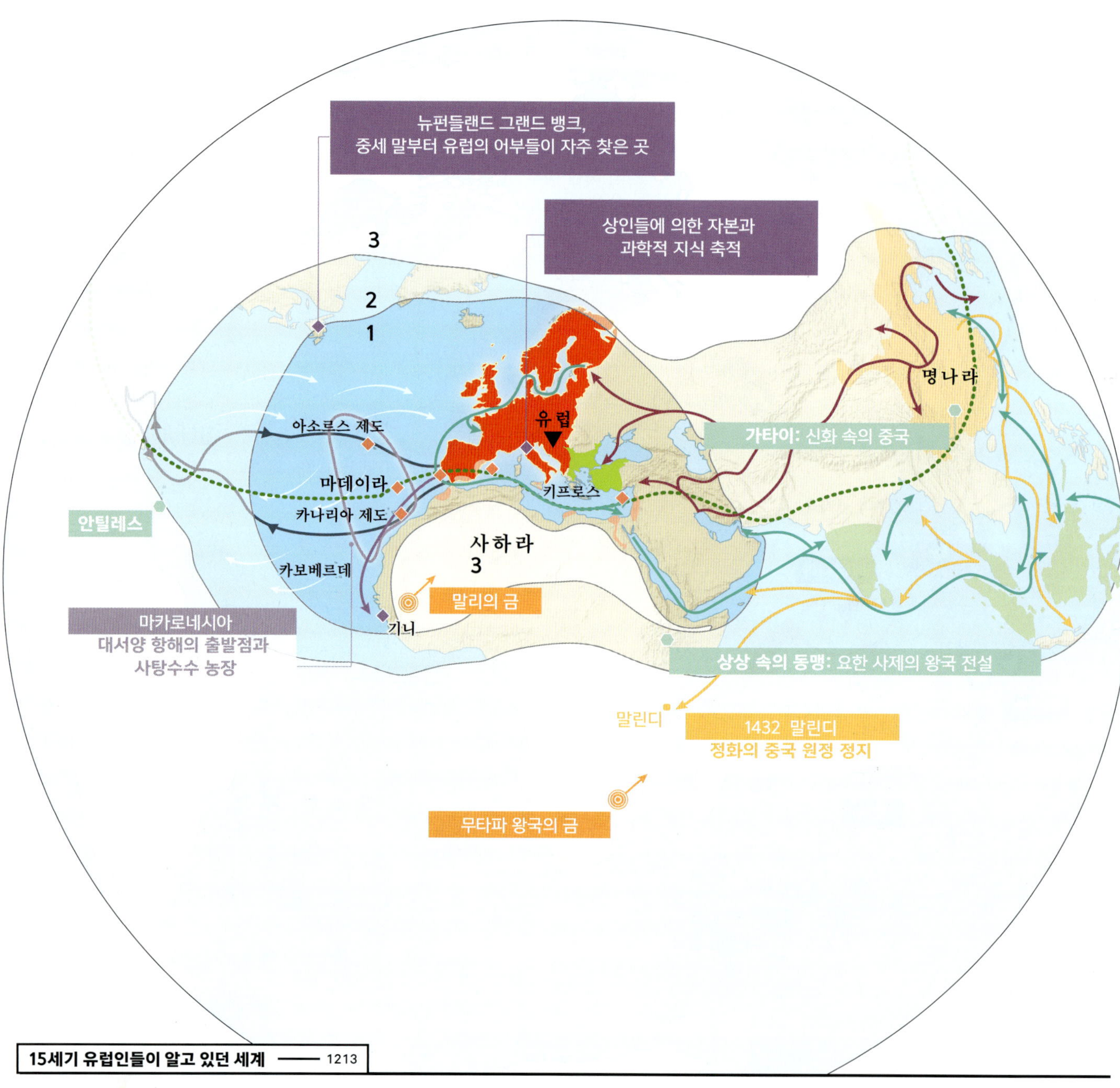

15세기 유럽인들이 알고 있던 세계 ——— 1213

1 유럽인들이 알고 있고, 지도에 표시한 세계
2 유럽인들이 단편적이거나 전설적으로만
알고 있던 세계
3 유럽인들에게 완전히 미지의 세계
구대륙 축 무역로의 기능 약화
→ 육로 '비단길(실크로드)'
→ 해상 '향신료 교역로'
우회해야 했던 오스만 제국(15세기 중반)
→ 중국의 항해
● 상상의 장소

**유럽의 온대 지역에서 재배되지 않는 것에
대한 갈망**
- - - 겨울이 없는 북방 한계 지역
향신료 생산지
◆ 유럽이 지배한 설탕 생산 섬
유럽으로 설탕을 수출하는 지역
귀금속 부족으로 인한 화폐 기근
▼ 유럽 광산의 고갈
◎ 새로운 지역에서의 금 생산

'대항해 시대'의 시작
◆ 유럽인들이 드나들던 지역
→ 포르투갈인들이 아프리카를 우회하기 시작
→ 대서양 항해 기술의 습득(해류와 무역풍)
→ 크리스토퍼 콜럼버스의 항해
(삼각 무역의 시초)
브로델에 따른 경쟁적 지정학적 구조
유럽의 세계 경제
중국의 제국적 세계

1380

식민지화의 시작

14세기 말, 흑사병 대유행 이후 유럽의 인구와 경제가 회복되면서 대외 팽창이 다시 시작되었다. 특히 남서유럽의 기독교 왕국들은 이베리아반도 남부와 마그레브로 진출하려는 움직임을 보였다. 동시에 유럽인들은 대서양의 '마카로네시아 제도(카나리아 제도, 마데이라 제도, 아조레스 제도)'로 항해를 시작했다. 이 군도는 아열대 기후 덕분에 유럽 최초의 사탕수수 플랜테이션이 되었으며, 유럽인들은 노예 노동을 이용한 플랜테이션 농장을 도입해 아메리카 식민지 경영 모델의 원형을 세웠다. 또한 대서양의 해류와 무역풍을 파악하며 원양 항해 기술을 발전시켰다.

1433년부터 포르투갈은 아프리카를 돌아 동방으로 가는 항로를 찾기 위한 탐험을 이어갔으며, 이를 통해 서유럽이 경제적으로 부상하기 시작했다. 지중해 교역은 여전히 중요했지만, 대서양을 통한 교역이 지브롤터에서 스코틀랜드까지 확장되었다. 이 시기에 이베리아반도, 플랑드르, 영국, 프랑스의 항구 도시들이 성장했으며, 북유럽과 남유럽의 항해 기술이 결합하면서 '카라벨'이라는 새로운 선박이 개발되었다. 하지만 이러한 대서양 팽창은 여전히 동방 아시아, 즉 향신료와 황금에 대한 열망을 쫓아가는 과정의 일부였다.

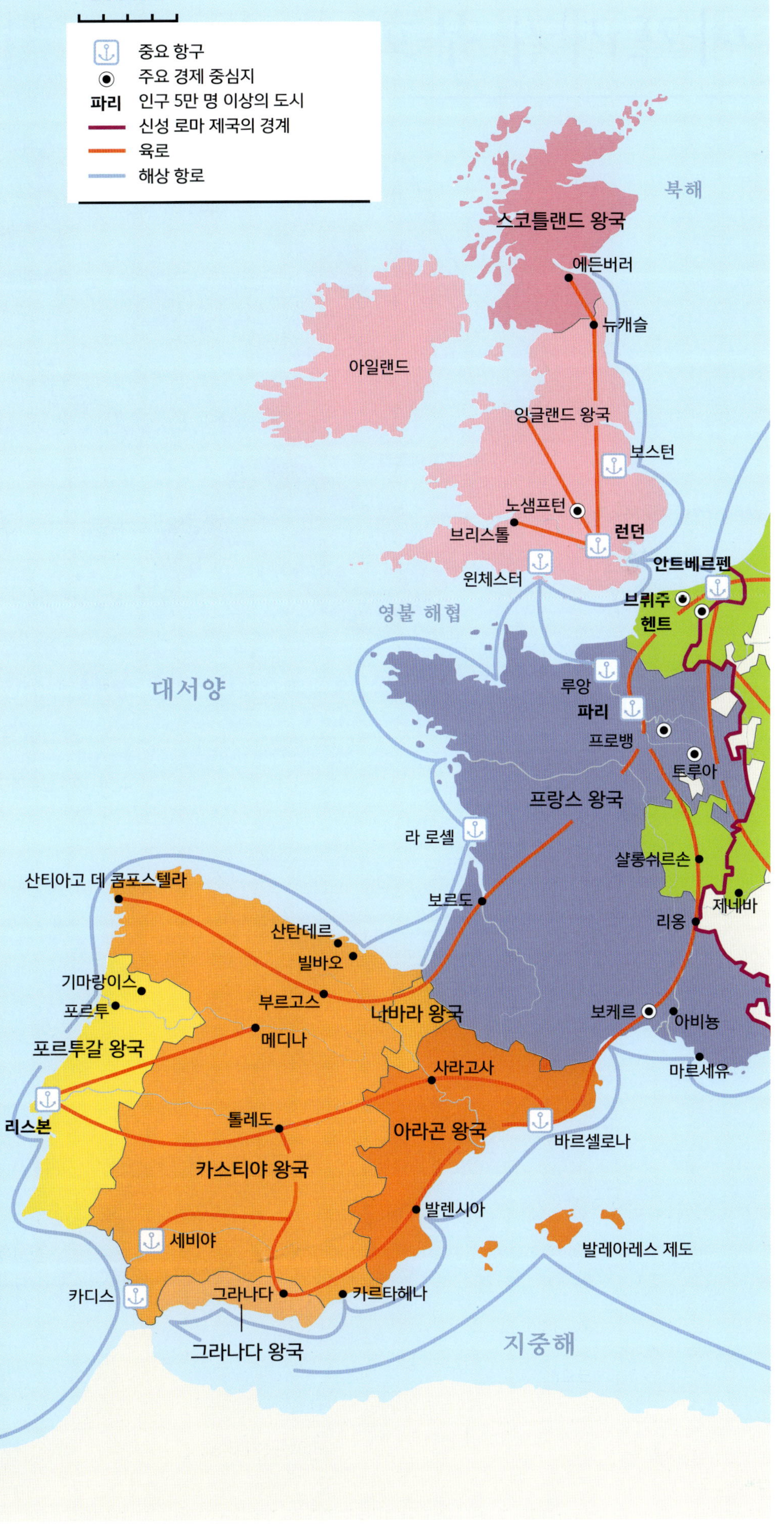

아프리카 우회 (15세기)

지중해
튀니스
1471 탕헤르
1415 세우타
텔렘센
1471 라라슈
페스
지야니드 왕조
하프시드 왕조
트리폴리
1418 마데이라
메리니드 왕조
마라케시
가다메스
카이로
1402 카나리아 제도
1434 보자도르곶
북회귀선
가트
1441 블랑코곶
타우데니
1448 아르긴
빌마
송가이 왕국
1462 카보베르데 제도
팀북투
가오
카넴 보르누
차드호
다르푸르
1444 카보베르데
1445 감비아
제네
하우사 도시국가
세네갈강
말리
나제르강
카노
나일강
1460 시에라리온
베호
베냉
우방기강
1482 사오 조르제 다 미나
콩고강
1494 페르난도 포섬
적도
1471 팜곶
1471 상투메
1497~1499
1497~1499
1482 콩고강 하구
음반자 콩고
콩고 왕국
루바
1487~1488
대서양
남회귀선
1484 코스곶
오렌지강
1488
희망봉

15세기 초, 중국의 동방 탐험과 포르투갈의 해양 탐험 시대

15세기 초, 명나라는 정화가 이끄는 함대를 여러 차례 남쪽 바다로 원정 보내 아프리카 동부 해안까지 도달하며 중국인들의 지리적 시야를 넓혔다(1405~1433년). 한편, 서쪽에서는 항해사 헨리 왕자(본명 엔히크 항해 왕자)의 후원 아래 포르투갈이 해상 탐험을 확대했다(1394~1460년). 이베리아인들에게 이러한 탐험은 레콩키스타(국토 수복 운동)의 연장선으로 여겨졌으며, 1415년 세우타 점령을 시작으로 이베리아반도 남쪽과 북아프리카로 항해를 이어갔다. 1402년부터 카스티야 왕국은 카나리아 제도를 본격적으로 식민화했으며, 동시에 포르투갈은 남쪽으로 항해를 계속했다. 1434년 질 이아네스는 보자도르곶을 넘어 기니만으로

가는 항로를 개척했고, 포르투갈은 대서양 섬들에 사탕수수 플랜테이션을 도입하여 아프리카 노예 무역을 조직화하기 시작했다. 1488년, 바르톨로메우 디아스가 희망봉에 도달하면서 포르투갈은 인도양으로 가는 새로운 항로를 개척하고, 인도양 진출의 발판을 마련했다.

당시 동아프리카 해안 지역은 스와힐리 도시국가들이 지배하고 있었으며, 이들은 동아프리카 고원 지대와 인도양을 잇는 핵심 교역 중심지였다. 1498년, 바스코 다 가마가 스와힐리 해안을 따라 항해하면서 포르투갈은 스와힐리 상인들이 구축한 인도양 교역망에 진입하게 되었다.

이슬람 교역 (7~19세기)

금, 상아 그리고 노예 무역

이슬람 세계에서는 7세기부터 장거리 노예 무역이 시작되었다. 노예들은 주로 농업, 군대, 혹은 사적인 영역(환관, 첩, 유모 등)에서 노동력으로 이용되었으며 사하라 이남 아프리카, 중앙아시아, 코카서스, 지중해 연안 지역에서 유입되었다. 이러한 노예 무역은 인도양의 고대 무역로를 부활시키고, 사하라 사막을 가로지르는 새로운 경로를 개척하면서 더욱 확장되었다.

이슬람법에 따르면, 이슬람 세계에서 태어난 사람은 자유를 보장받았기 때문에 이슬람법을 따르는 사람들을 노예로 삼는 것이 금지되었다. 따라서 노예를 확보하는 주요 경로는 전쟁과 무역이었다. 또한 이슬람 사회에서는 종종 '노예 해방'이 이루어져, 일부 노예들은 자유를 얻을 기회를 얻기도 했다.

이슬람 노예 무역(동양 노예 무역)은 대서양 노예 무역과 여러 면에서 차이가 있었다. 이슬람 노예 무역은 7세기부터 20세기 초까지 약 천 년 이상 지속되었으며, 노예들의 출신 지역도 매우 다양했다. 대서양 노예 무역이 체계적인 대규모 거래망을 통해 운영된 반면, 이슬람권의 노예 무역은 소규모 거래로 이루어져 복잡한 경로를 따라 확산되었다. 또한, 이슬람 세계에서는 노예 교역이 금, 상아 등 다른 사치품 교역과 통합된 형태로 이루어졌으며, 천 년 동안 최대 1,700만 명의 노예가 거래되었을 것으로 추정된다.

카파
시노페
흑해
체르케스
(코카서스)
카스피해
투르키스탄
튀르크인
(중앙아시아)
아나톨리아
시리아
자그로스산맥
다마스쿠스
바그다드
카이로
바스라
호르무즈
메디나
아스완
홍해
아라비아
무스카트
메카
디우
수랏
동골라
금
봄베이
나일강
인도인
누비아인
아덴
제일라
소코트라
인도양
에티오피아인
모가디슈
적도
잔지
말린디
몸바사
잔지바르
킬와
상아
모잠비크
1,000 km
15세기 이슬람 세계
경제 순환 회로
주요 경제 중심지
대규모 노예 시장
노예 도착지
노예 무역 경로
육로
해로
주요 노예 공급 지역
누비아인 민족
금 기타 상업 흐름

아즈텍인(14~16세기)

1500년경의 아즈텍 제국

유럽인들은 중앙 멕시코에서 문화적, 정치적으로 통합된 지역을 '아즈텍 제국'이라 불렀다. 이 명칭은 스페인 정복자 코르테스가 메시카(멕시코)의 종교 및 군사 최고 지도자인 틀라토아니를 유럽식으로 '황제'라고 부르면서 시작되었다. 이는 유럽인들이 낯선 아즈텍 사회를 이해하기 위해 만든 개념이었다.

멕시코-테노치티틀란을 중심으로, 텍스코코와 틀라코판이라는 두 위성 도시가 연합하여 삼중 동맹을 결성했다. 아즈텍 제국의 통제 방식은 지역마다 달랐다. 일부 지역은 철저히 예속된 반면, 다른 지역은 상당한 자율성을 유지하며 비교적 독립적인 지위를 누렸다. 아즈텍은 군사 정복을 통한 강제적 종속 또는 협상을 통한 보호국 체제로 주변 지역들을 지배했다. 이 두 방식 모두 정복된 지역을 멕시코-테노치티틀란의 정치적, 경제적 통제 아래 두었다. 피정복 지역은 '공물(테키틀)'을 바쳐 충성을 증명해야 했

으며, 아즈텍은 이들 지역의 신들을 받아들여 의례 공간을 마련해 주었다. 아즈텍 제국이 피정복 지역에 요구한 최소한의 조건은 멕시코 상인들의 자유로운 이동을 보장하는 통행권이었다. 이 통행권이 침해되면 이는 전쟁 선포로 간주되었고, 삼국 동맹의 군대가 개입했다.

아즈텍 제국 내에는 자치 지역도 존재했으며, 그중 가장 유명한 곳이 독립 공국인 틀락스칼라였다. 틀락스칼라는 아즈텍 제국과 '꽃 전쟁'이라는 의례적인 적대 관계를 유지했다. 꽃 전쟁은 제물로 바칠 포로를 확보하기 위해 정기적으로 벌어지는 제도화된 종교적 전투였다. 아즈텍의 신학적, 정치적 체제는 이러한 포로 없이 유지될 수 없었기 때문에 꽃 전쟁은 아즈텍 제국 체제를 유지하는 데 필수 요소였다.

───────────────────────────── 1086

1500년의 멕시코

멕시코-테노치티틀란은 1325년 아즈텍인들이 자신들의 신화적 기원지인 아스틀란섬을 본떠 건설한 도시였다. 이곳은 해발 2,250미터의 넓은 분지에 자리 잡았으며, 약 800제곱킬로미터 규모의 호수가 도시를 둘러싸고 있었다. 기원전 1500년경부터 이 호수 주변에는 도시들이 밀집해 있었으며, 비옥한 토지 덕분에 농업이 발달했다. 아스텍인들은 '치남파(떠있는 밭)'라고 불리는 독창적인 수상 농경지를 개발했다. 치남파는 호수 바닥에 말뚝을 박고 그 위에 수초와 진흙을 겹겹이 쌓아 올려 만든 형태의 인공 섬(밭)으로 물 위에서도 작물 재배가 가능했다.

수만 척의 통나무 카누가 호수 곳곳을 오갔으며, 말뚝을 세운 둑길이 도심과 주변 지역을 연결했다. 주요 둑길은 남쪽의 이스타팔라파, 북쪽의 테페야카크, 서쪽의 틀라코판과 연결되었으며, 도개교가 설치되어 호수 위를 자유롭게 이동할 수 있었다. 스페인 정복자 코르테스는 이 도로를 보고, 말을 탄 병사 8명이 나란히 행진할 수 있을 만큼 넓어서 감탄했다는 기록이 남아 있다. 1500년경 멕시코-테노치티틀란의 인구는 약 50만에서 100만 명으로 추정되며, 이는 당시 세계에서 가장 크고 번영한 도시 중 하나였다. 이 도시는 스페인 정복 이전 메소아메리카 문명의 정수를 상징하며, 정치, 경제, 종교의 중심지 역할을 했다.

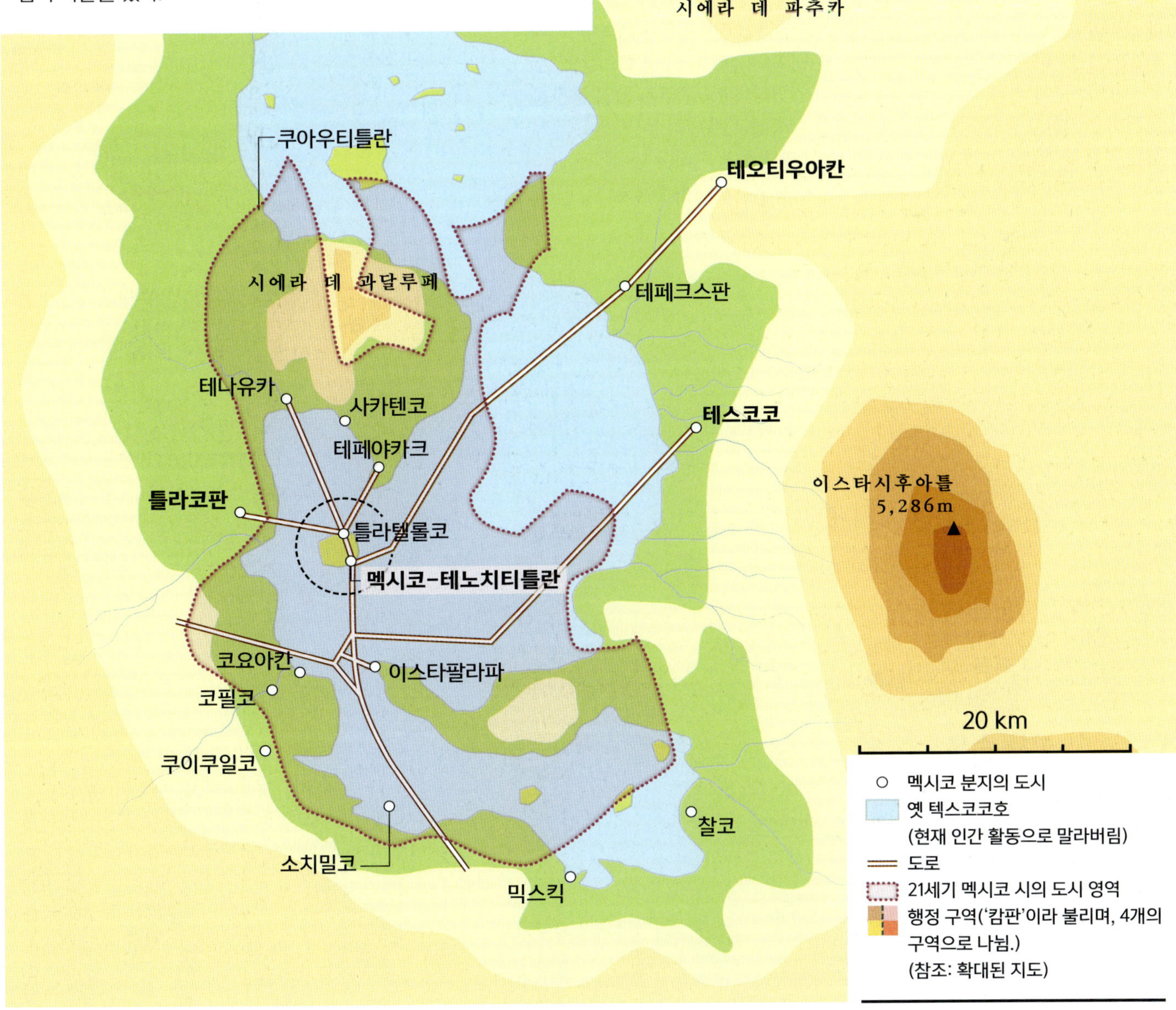

잉카 제국(약 1350~1532년)

1117

네 지역으로 이루어진 잉카 제국

'잉카'라는 용어는 단순히 태양의 아들로 불린 군주뿐만 아니라, 왕족 혈통의 귀족 계층을 의미하기도 한다. 잉카인들은 안데스 문명의 후계자로, 특히 6세기부터 10세기까지 번성한 와리 문명, 티와나쿠 문명과 깊은 연관이 있었다. 이들로부터 정교한 석조 건축 기술, 광대한 도로망, 영토 관리 체계를 계승했으며, 이를 바탕으로 잉카인들은 독자적인 제국을 발전시켰다. 신화에 따르면 1350년경 만코 카팍이 잉카 왕조를 세우고, 쿠스코를 수도로 정했다고 전해진다. 이후 잉카 제국은 급속히 확장되었으며, 이 과정에서 제국의 도로망이 핵심적인 역할을 했다. 이 도로망은 단순한 교통로가 아니라 통치 도구로 활용되었다. 도로를 따라 이동이 엄격하게 통제되었고, 일정한 간격으로 배치된 탐보라는 도로변 숙소는 군대와 관리자들에게 식량과 물자를 보급하고, 숙박을 제공했다. 잉카 군대는 말이나 마차 없이도 아마존 저지대의 숲을 넘어 현재의 브라질 아크레 지역까지 진출할 수 있었다.

신격화된 군주는 수도 쿠스코에 거주하면서 다양한 민족 집단이 거주하는 거대한 영토를 다스렸다. 16세기경, 잉카 제국은 현재 콜롬비아 남부에서 칠레 중부까지 확장되었다. 이 영토는 케추아어로 '타우안틴 수유(네 부분의 제국)'라 불렸으며, 실제로 북쪽의 친차 수유, 남쪽의 쿨라 수유, 동쪽의 안티 수유, 서쪽의 쿤티 수유, 네 지역으로 나뉘어 있었다. 잉카 군주는 농업 생산을 철저히 관리하고 공공 곡물 창고에 식량을 비축했다. 흉년이 들면, 창고에 저장된 곡물을 백성들에게 재분배하여 기근을 예방했다. 이러한 체계적인 관리 시스템은 초기 스페인 기록가들(연대기 작가)로부터 찬사를 받았다.

200 km

잉카 제국의 중심지
잉카의 신화적 기원지
'네 구역'
고고학적 자료에 따른 경계
카팍 냔, 잉카 도로망
지역 수도
기타 잉카 도시
리페 민족
스페인인의 도착
현재의 경계
현재의 도시

그란 차코
파라과이
팔코마요강
아르헨티나
팜파스
라
수크레
살타
푸카라 데 안달갈라
리페
안 데 스 산 맥
산 페드로 데 아타카마
쿨라 수유
멘도사
코피아포
안토파가스타
산티아고
칠레

쿠스코, 잉카의 수도 ——— 1123

❶ 우아카이파타 중앙 광장
❷ 부속 광장
❸ 파차쿠텍 궁전
❹ 잉카 로카 궁전
❺ 비라코차 신전
❻ 와이나 카팍 궁전
❼ 코리칸차

식사이와만
3,550 m
우아타나이강
3,500 m
툴류미유강
안티 수유
3,400 m
친차 수유
❹ ❺
❸ ❶
❻
❷
쿠시타파
3,450 m
❼
쿤티 수유
쿨라 수유
춘출강
400 m

하난: 상부 구역
후린: 하부 구역
후대의 건축물
계단식 농업

15세기 말 세계의 지정학

확장된 세계의 첫 분할 시대

1494년 통일 스페인 왕국과 포르투갈은 토르데시야스 조약을 체결하고, 교황이 중재한 자오선을 기준으로 유럽 이외의 세계를 분할했다. 그러나 당시 유럽인들은 지구의 4분의 1도 제대로 알지 못한 상태였다. 그렇지만 가톨릭 교회는 전 세계 모든 민족을 돌봐야한다는 사명 아래, 두 강대국이 유럽 바깥의 미개척지와 이교도 지역으로 진출하는 것을 적극 장려했다. 이 땅들은 발견의 원칙에 따라 주인 없는 땅으로 간주되었다. 교회의 궁극적 목표는 인도에 도달하여 무역로를 확보하고, 기독교 세력과 동맹을 맺어 이슬람 제국에 맞서는 것이었다. 이는 성지와 유라시아 지협을 장악한 이슬람 제국에 맞서기 위한 전략이었다.

15세기 말, 유럽 탐험가들은 미지의 세계를 개척하기 시작했다. 크리스토퍼 콜럼버스는 자신이 인도가 아닌 새로운 대륙에 도달했다는 사실을 인식하지 못했다. 바스쿠 다 가마는 아프리카를 돌아 인도양에 도착했지만, 그곳은 이미 해상 교역망이 형성된 지역이었다. 당시 기독교 유럽은 여전히 세계의 변방에 불과했다. 15세기 초, 명나라는 정화의 지휘 아래 홍해와 아프리카 동해안까지 대규모 해상 원정을 진행했으나, 이후 추가적인 탐사는 중단되었다. 그러나 그 시기에 국가 형태를 갖춘 유럽의 영향력은 당시 알려진 세계의 일부에 불과했다. 여전히 많은 민족이 국가 체제 없이 살아가고 있었다.

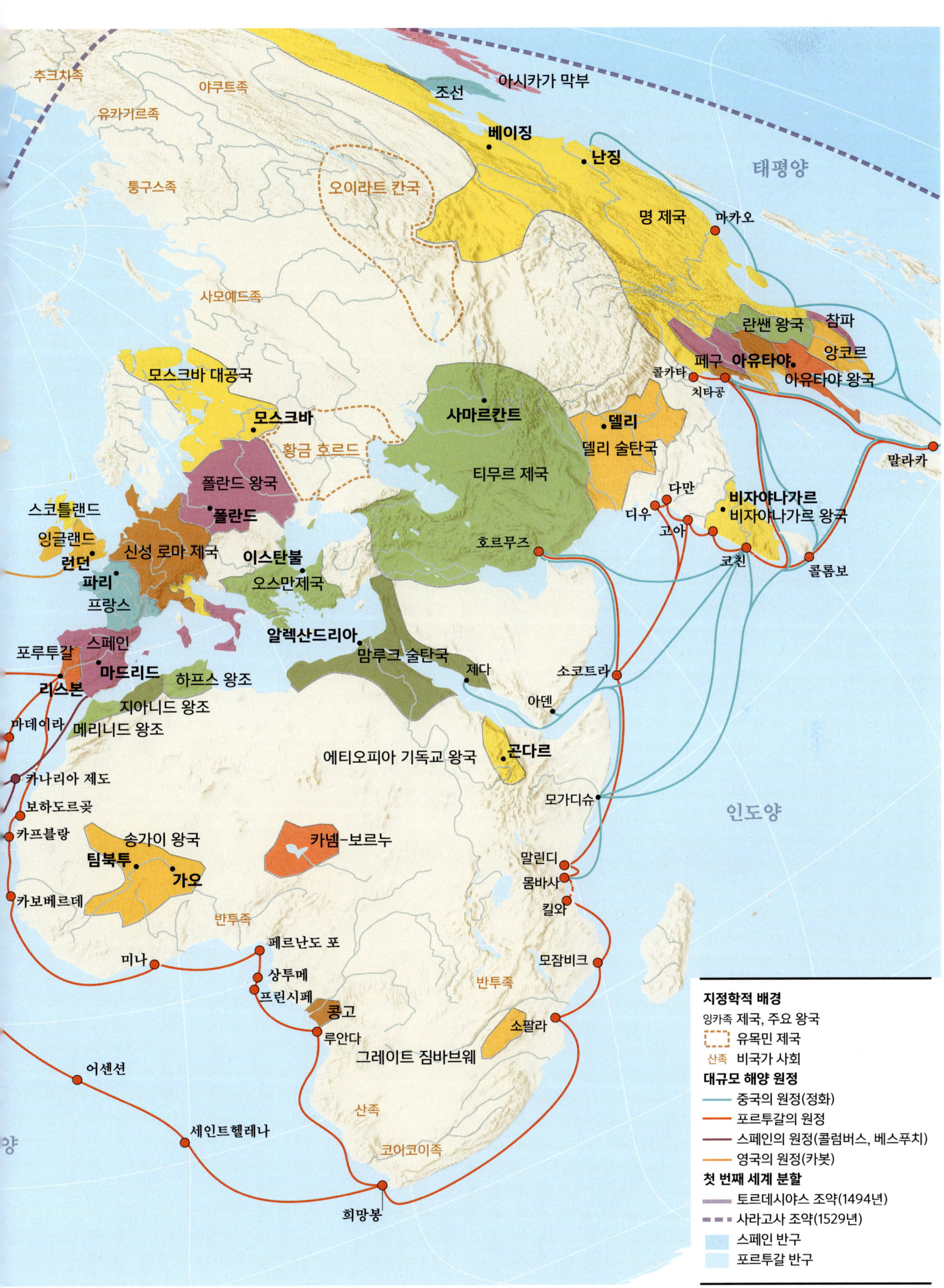
추크차족
유카기르족
야쿠트족
조선
아시카가 막부
베이징
난징
태평양
퉁구스족
오이라트 칸국
명 제국
마카오
사모예드족
란쌘 왕국
참파
페구
아유타야
앙코르
아유타야 왕국
콜카타
치타공
모스크바 대공국
사마르칸트
델리
모스크바
황금 호르드
델리 술탄국
폴란드 왕국
티무르 제국
말라카
폴란드
다만
비자야나가르
스코틀랜드
디우
비자야나가르 왕국
잉글랜드
고아
런던
신성 로마 제국
이스탄불
호르무즈
코친
파리
오스만제국
콜롬보
프랑스
포루투갈
스페인
알렉산드리아
마드리드
하프스 왕조
맘루크 술탄국
제다
소코트라
리스본
지아니드 왕조
마데이라
메리니드 왕조
아덴
카나리아 제도
에티오피아 기독교 왕국
곤다르
보하도르곶
모가디슈
카프블랑
카넴-보르누
인도양
송가이 왕국
팀북투
가오
말린디
카보베르데
몸바사
반투족
킬와
페르난도 포
미나
상투메
프린시페
콩고
모잠비크
반투족
루안다
소팔라
그레이트 짐바브웨
어센션
산족
세인트헬레나
코아코이족
양
희망봉

지정학적 배경
잉카족 제국, 주요 왕국
유목민 제국
산족 비국가 사회
대규모 해양 원정
중국의 원정(정화)
포르투갈의 원정
스페인의 원정(콜럼버스, 베스푸치)
영국의 원정(카봇)
첫 번째 세계 분할
토르데시야스 조약(1494년)
사라고사 조약(1529년)
스페인 반구
포르투갈 반구

7

유럽의 세계 정복

16~18세기

16세기에 접어들면서 진정한 의미의 세계화가 본격적으로 시작되었고, 이후 200년 동안 점차 확대되었다. 그 중심에는 유럽인들의 아메리카 대륙 정복이 있었다. 아메리카 원주민 사회는 유럽인의 도착과 함께 전염병이 퍼지면서 큰 타격을 입었고, 인구가 급격히 감소했다. 이러한 인구 붕괴를 계기로 스페인은 주요 문명권을 빠르게 식민지로 만들었으며, 뒤이어 다른 서유럽 강대국들도 아메리카 대륙으로 진출하기 시작했다.

아메리카에서 대량으로 채굴된 은은 유럽뿐만 아니라 아시아, 아프리카 전역으로도 확산되었으며, 다양한 작물과 가축이 대륙 간에 교환되었다. 특히 유럽인들은 열대 지역에서 생산되는 상품에 큰 관심을 보였고, 이는 플랜테이션 농업의 확산과 노예 무역의 급격한 증가로 이어졌다. 한편, 동인도 회사들은 아시아와 아프리카와의 교역에서 점차 종속적이고 불평등한 구조를 형성하며 유럽이 경제적 우위를 차지하는 기반을 마련했다.

그러나 18세기 중반까지 유럽의 영향력은 여전히 제한적이었고, 아시아와 아프리카 내륙 깊숙이 침투할 만큼 강력하지는 않았다. 이는 당시 아시아와 아프리카가 유럽의 세력 확장을 견제할 만한 힘을 여전히 가지고 있었기 때문이다.

해외 항로(16~19세기)

═══════════════════════ 2472

먼바다, 유럽의 도전

연안 항해의 기원은 구석기 시대로 거슬러 올라가 약 3천 년 전부터 인도양에서 본격적인 원양 항해가 시작되었다. 서기 초부터 폴리네시아인들은 태평양 전역을 탐험하고 정착지를 넓혀 나갔다. 오랫동안 세계에서 가장 활발한 해상 교역망은 인도양에 형성되어 있었으며, 계절풍(몬순)을 이용해 동서로 항해하는 데 유리한 조건을 갖추고 있었다. 태평양 서부와 지중해 역시 이러한 인도양 중심 교역로의 연장선에 위치해 있었다.

유럽인들이 대서양으로 항해를 시작한 것은 매우 이례적인 일이었다. 당시 유럽인들에게 알려진 원양 항로는 북쪽의 북대서양 항로뿐이었으며, 이 길은 8세기에서 13세기 사이에 바이킹들이 따뜻한 기후를 이용해 항해하던 경로였다. 유럽인들이 남쪽 항로를 개척하기 시작한 것은 15세기에 이르러서였다. 이들은 마데이라, 아조레스, 카나리아 제도 등 마카로네시아 지역을 탐사하며 항해 기술을 발전시켰다. 특히, 유럽인들은 대서양의 순환풍(무역풍과 편서풍)과 해류를 활용해 돌아오는 항해 방법을 익혔고, 이는 이후 콜럼버스의 아메리카 항로 개척에 중요한 기반이 되었다.

이후 유럽인들은 항로를 점차 확장해 인도양까지 진출했고, 동인도 회사들이 주도하는 주요 무역로로 발전시켰다. 하지만 먼바다를 항해하는 일은 결코 쉽지 않았다. 항해하는 기간은 길고, 막대한 비용이 들었으며, 수많은 위험이 도사리고 있었다. 대서양 북부를 건너는 데만 몇 주가 걸렸고, 중국과 유럽을 오가는 항해에는 몇 년이 필요했다. 그럼에도 불구하고 유럽인들이 이러한 도전을 멈추지 않았던 이유는 탐험을 통해 얻을 수 있는 막대한 경제적 이익과 부의 기회가 분명했기 때문이었다.

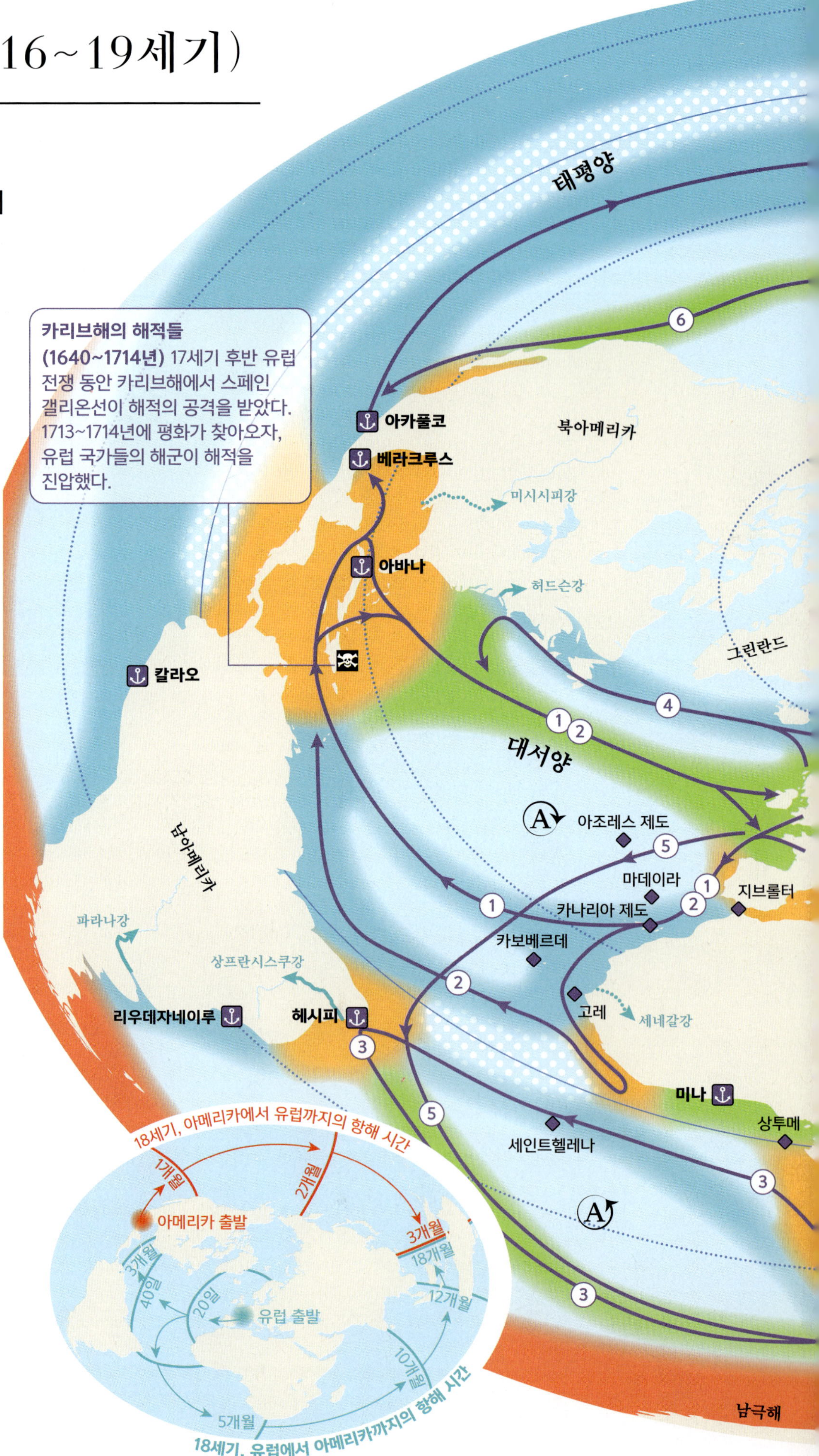

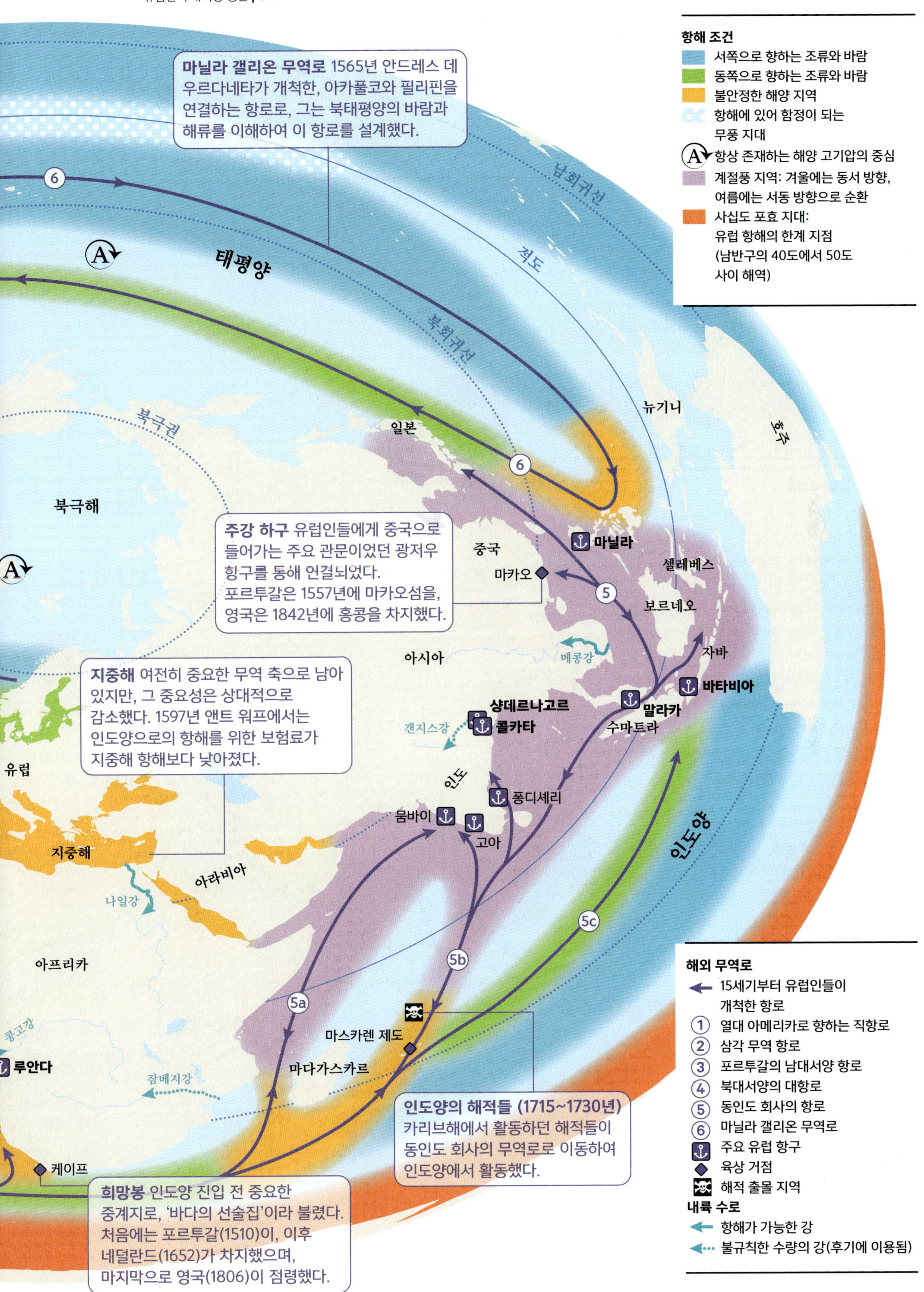
마닐라 갤리온 무역로 1565년 안드레스 데 우르다네타가 개척한, 아카풀코와 필리핀을 연결하는 항로로, 그는 북태평양의 바람과 해류를 이해하여 이 항로를 설계했다.

항해 조건
서쪽으로 향하는 조류와 바람
동쪽으로 향하는 조류와 바람
불안정한 해양 지역
항해에 있어 함정이 되는 무풍 지대
A 항상 존재하는 해양 고기압의 중심
계절풍 지역: 겨울에는 동서 방향, 여름에는 서동 방향으로 순환
사십도 포효 지대: 유럽 항해의 한계 지점 (남반구의 40도에서 50도 사이 해역)

남회귀선
적도
태평양
북회귀선
A
뉴기니
호주
일본
북극권
북극해
A
중국
마카오
마닐라
셀레베스
보르네오
자바
바타비아
말라카
수마트라
주강 하구 유럽인들에게 중국으로 들어가는 주요 관문이었던 광저우 힝구를 통해 연결되었다. 포르투갈은 1557년에 마카오섬을, 영국은 1842년에 홍콩을 차지했다.
아시아
메콩강
갠지스강
지중해 여전히 중요한 무역 축으로 남아 있지만, 그 중요성은 상대적으로 감소했다. 1597년 앤트 워프에서는 인도양으로의 항해를 위한 보험료가 지중해 항해보다 낮아졌다.
샹데르나고르
콜카타
퐁디셰리
뭄바이
고아
인도
인도양
유럽
지중해
아라비아
나일강
아프리카
콩고강
루안다
잠베지강
마스카렌 제도
마다가스카르
5a
5b
5c
5
6
인도양의 해적들 (1715~1730년) 카리브해에서 활동하던 해적들이 동인도 회사의 무역로로 이동하여 인도양에서 활동했다.
희망봉 인도양 진입 전 중요한 중계지로, '바다의 선술집'이라 불렸다. 처음에는 포르투갈(1510)이, 이후 네덜란드(1652)가 차지했으며, 마지막으로 영국(1806)이 점령했다.
케이프

해외 무역로
15세기부터 유럽인들이 개척한 항로
1 열대 아메리카로 향하는 직항로
2 삼각 무역 항로
3 포르투갈의 남대서양 항로
4 북대서양의 대항로
5 동인도 회사의 항로
6 마닐라 갤리온 무역로
주요 유럽 항구
육상 거점
해적 출몰 지역
내륙 수로
항해가 가능한 강
불규칙한 수량의 강(후기에 이용됨)

토르데시야스 조약, 세계의 첫 번째 분할
(1494년)

첫 번째 대분할 시대

15세기, 유럽인들은 동방으로 가는 새로운 항로를 찾기 위해 대규모 탐험을 시작했다. 1434년, 포르투갈은 아프리카 서해안을 따라 남하하는 항로 개척을 시작했다. 1488년에는 바르톨로메우 디아스가 아프리카 남단의 희망봉에 도달했다. 이어 1498년, 바스쿠 다 가마가 인도의 캘리컷에 도착하면서 유럽에서 동방으로 가는 항로를 완성했다. 같은 시기 스페인의 지원을 받은 크리스토퍼 콜럼버스는 서쪽 항로를 탐사하던 중 아메리카 대륙에 도착했다.

1481년 교황은 칙령을 통해 카나리아 제도 남쪽의 모든 땅을 포르투갈의 영토로 인정했고, 1493년에는 또 다른 칙령을 발표해 카보베르데 제도 서쪽 약 555킬로미터의 자오선을 기준으로 스페인과 포르투갈의 영토를 나누었다. 포르투갈의 주앙 2세는 이에 반발해 스페인의 가톨릭 공동 군주들과 협상에 나섰고, 1494년 토르데시야스 조약을 체결해 경계선을 서쪽으로 약 2,050킬로미터 더 이동시키는 데 성공했다. 이후 1500년 카브랄이 브라질을 발견하고 이를 포르투갈의 영토로 편입시키면서 포르투갈의 영향력은 남아메리카까지 확장되었다. 그러나 이러한 영토 분할에 반발한 영국, 네덜란드, 프랑스 등 다른 유럽 강국들은 차례로 해외 탐험과 정복에 나섰고, 이로 인해 본격적인 유럽 열강 간의 식민지 쟁탈전이 시작되었다.

마젤란
일본
1543
멘데스 핀토
동시베리아
마리아나 제도
태평양
뉴기니
솔로몬 제도
1568
명 제국
중국
1557 마카오
필리핀
1521
뉴기니
아시아
황금 호르드 칸국
몰루카 제도
암본
1510
셀레베스
신성 로마 제국
티무르 제국
인도 왕국들
보르네오
오스만 제국
1535 디우
다마오
1511 말라카
자바 1511
수마트라
1515 호르무즈
고아 1510
반텐
맘루크 술탄국
아라비아
콜롬보 1518
실론
1507 소코트라
코친 1502
캘리컷 1498
에티오피아
인도양
아달
아프리카
말린디
몸바사
킬와
잔지바르 1503
코모로 제도
콩고
상로렌수
(마다가스카르)
1500
드레이크
루안다 1484
모잠비크
1502
무타파
소팔라
1505
남극 대륙
희망봉
1488

주요 포르투갈 탐험
첫 원정들
바르톨로메우 디아스
(1487~1488년)
바스쿠 다 가마(1497~1499년)
페드루 알바르스 카브랄(1500년)
아폰수 드 알부케르크
(1503~1515년)
1600년경 포르투갈이 지배한 영토
(발견 연도 포함)
주요 스페인 탐험
크리스토퍼 콜럼버스
(첫 번째 항해 1492~1493년)
아메리고 베스푸치(1499년)
페르디난드 마젤란(1519~1521년)
후안 세바스티안 엘카노(마젤란
사후 1522년 최초의 세계 일주 완료)
알바로 데 멘다냐(1567년, 1595년)
페르난 멘데스 핀투(1543년)
16세기 콘키스타도르(정복자들)
1600년경 스페인이 지배한 영토
(발견 연도 포함)
주요 영국 탐험
존 캐벗(1497년)
프랜시스 드레이크
(1577~1580년 2차 세계 일주 완료)
월터 롤리(1584년)
프랑스 탐험
자크 카르티에(1534~1542년)
토르데시야스 조약(1494년)
사라고사 조약(1529년): 포르투갈과
스페인 간의 세계 분할
1600년 유럽인들에게 알려지지 않은
미지의 땅

유럽인의 대서양 횡단(1492~1616년)

크리스토퍼 콜럼버스의 네 차례 항해(1492~1504년)

1492년, 크리스토퍼 콜럼버스는 아시아로 가는 새로운 항로를 찾기 위해 첫 항해를 시작했다. 이 항해는 유럽인들이 아메리카 대륙으로 향하는 긴 여정의 출발점이 되었으며, 아메리카 원주민 사회는 유럽과의 접촉을 통해 세계 무대에 강제로 편입되는 전환점을 맞이했다. 콜럼버스는 1451년 제노바 근처에서 태어나, 어린 시절부터 선원으로 일하면서 독학으로 해양 지식과 항해술을 익혔다. 1476년에는 리스본에서 지도 제작자로 일하던 형 바르톨로메오와 합류했으며, 이후 마데이라 제도와 포르투산투섬 총독의 딸과 결혼했다. 그는 대서양의 여러 섬에서 오랜 시간을 보내며 대서양의 해류와 바람의 흐름을 익혔다.

1484년경, 콜럼버스는 서쪽으로 항해해 아시아에 도달하는(페낭을 통해 레반트에 합류) 계획을 세웠으나, 포르투갈의 주앙 2세는 자문을 맡은 학자들이 실현 가능성이 떨어진다고 판단하자 이 계획을 거부했다. 콜럼버스가 지구의 둘레를 실제보다 작게 계산했고, 아시아 대륙의 크기를 과장했기 때문이었다. 그러나 그는 포기하지 않고 스페인의 이사벨 1세 여왕을 설득해 최소한의 지원을 확보하는 데 성공했다.

1492년 8월 3일, 콜럼버스는 팔로스 데 라 프론테라에서 출발해 카나리아 제도에 잠시 정박한 뒤, 무역풍을 따라 서쪽으로 항해를 계속했다. 10월 12일, 마침내 그가 도착한 곳은 예상했던 일본이 아니라 바하마 제도의 한 섬(오늘날의 서인도 제도)이었다. 1493년, 그의 귀환 소식은 유럽 전역에 빠르게 퍼졌고, 이후에도 그는 세 차례 더 아메리카로 항해를 떠났다. 그러나 콜럼버스는 죽을 때까지 자신이 아시아에 도착했다고 믿었다.

하지만 시간이 지나면서 많은 유럽 항해자들과 학자들은 콜럼버스가 도착한 곳이 아시아가 아닌 미지의 새로운 대륙이라는 사실을 깨닫기 시작했다. 1503년에서 1504년 사이에 쓰인 아메리고 베스푸치의 <신세계(몬두스 노부스)>라는 서한에서 이 지역이 아시아가 아닌 새로운 대륙임을 명확히 밝힌다. 이로써 유럽인들에게 '신대륙'의 존재가 공식화되었다.

신대륙 탐험의 100년(1492~1616년)

불과 100년이 채 되지 않는 짧은 기간 동안 이베리아 국가들(스페인과 포르투갈), 프랑스, 영국은 아메리카 대륙 해안선 대부분을 탐사하고 발견했다. 비록 북서 항로를 통해 아시아로 가려는 시도는 성공하지 못했지만, 이 항로에 대한 탐색은 18세기 말까지도 유럽 탐험가들의 주요 관심사로 남아 있었다. 반면, 1520년 마젤란이 개척한 남서 항로는 오랫동안 활용되지 않다가 1565년에 이르러 마닐라 갤리온 교역이 시작되면서 점차 활성화되었다.

카리브해 지역을 제외하면, 초기 유럽 세력의 확장은 대부분 해안 지역에 국한되었다. 1500년 포르투갈이 브라질을 공식적으로 발견했지만, 인구와 자원이 부족해 몇몇 해안 거점만 확보했고 일부 사탕수수 플랜테이션을 시도하는 데 그쳤다. 본격적인 식민지화는 스페인의 콩키스타도르(정복자)들이 아즈텍 제국(멕시코, 1519~1521년)과 잉카 제국(페루, 1531~1533년)을 정복하면서 시작되었다. 이를 계기로 유럽의 영향력은 단순한 해안 탐험을 넘어 대륙 내부로 확장되었으며, 아메리카 대륙의 정치, 경제, 그리고 인구 구성에 돌이킬 수 없는 변화를 가져왔다.

마젤란의 세계 여행

1097

역사상 최초의 세계 일주(1519~1522년)

비록 마젤란 자신은 세계 일주를 완수하지 못했지만, 그는 역사상 최초의 세계 일주 항해를 이끈 인물이다. 포르투갈 출신이었지만 스페인 왕실의 지원을 받은 마젤란은 1519년 세비야 항구를 출발해 서쪽으로 항해하여 몰루카 제도(당시 '향신료 제도'로 불림)로 가는 서쪽 항로 개척을 목표로 삼았다. 이후 같은 경로를 따라 스페인으로 돌아오는 것이 그의 계획이었다.

1494년 토르데시야스 조약에 따라 스페인 선박은 포르투갈의 영향권에 속한 인도양에 진입할 수 없었기 때문에, 마젤란은 아메리카 대륙을 우회하는 서쪽 신항로 개척을 시도했다. 그의 함대는 스페인을 출발한 지 1년이 넘는 항해 끝에, 1520년에야 현재 그의 이름을 딴 마젤란 해협을 통과해 태평양에 도달했다. 그러나 1521년 4월 마젤란은 필리핀에서 원주민과의 전투 중 사망했다. 마젤란이 죽은 뒤에도 그의 함대는 항해를 계속 이어갔고, 약 3년 후 단 한 척의 배만이 소수의 생존자를 태우고 스페인으로 돌아왔다.

원정대
선박 수
5 4 3 2 1
237 승선 인원수
여행 단계
비극적인 사건
선박 손실
반란
원정대에서 떨어진 배의 귀환 또는 귀환 시도
투피 부족들
만난 지역 부족들과의 충돌
원정의 목표
1520년의 지정학적 상황
토르데시야스 조약선(1494년)
기상의 반대 자오선
무역 기지 및 식민지 건설 시작
포르투갈
스페인

안달루시아: 위대한 출발
프랑스
토르데시야스
사라고사
포르투갈
스페인
리스본
1517
세비야
산루카르 데 바라메다
1519년 9월 20일 출발
1522년 9월 6일 도착
카디스
21
237

포르투갈 영토
스페인 영토

대서양

아조레스 제도
마데이라 제도
카나리아 제도
아프리카

1522년 7월 9일
13명 체포
카보베르데 제도
말리 제국
카넴-보르누
기니
엘미나
페르난도 포
상투메

아즈텍 제국

태평양

남아메리카
브라질
잉카 제국
세인트헬레나

태평양 횡단은 3개월 20일 동안 진행됨
166

투피

1520년 1월 12일~2월 7일
라플라타강 탐험

1519년 12월 13일
산타루치아 해변
(리우데자네이루) 도착

1522년 5월 6일
희망봉 통과

칠레
아르헨티나
산안토니오에서 돌아옴
240

1520년 11월 28일
마젤란 해협을 빠져나옴

도전: 서쪽으로 가는 항로 탐험

1520년 5월 22일
리오 산타 크루즈만에서
산티아고 난파

테우엘체족 '파타곤'
파타고니아
57
1520년 10월 21일
통로의 발견
불의 땅
166

1520년 3월 31일~8월 24일
산훌리안에서의 겨울
1520년 4월 2일
폭동

1520년 11월 8일
57명의 선원을 태운
산 안토니오호 원정대 탈영

남극 대륙

100 km

아메리카의 정복과 인구 붕괴

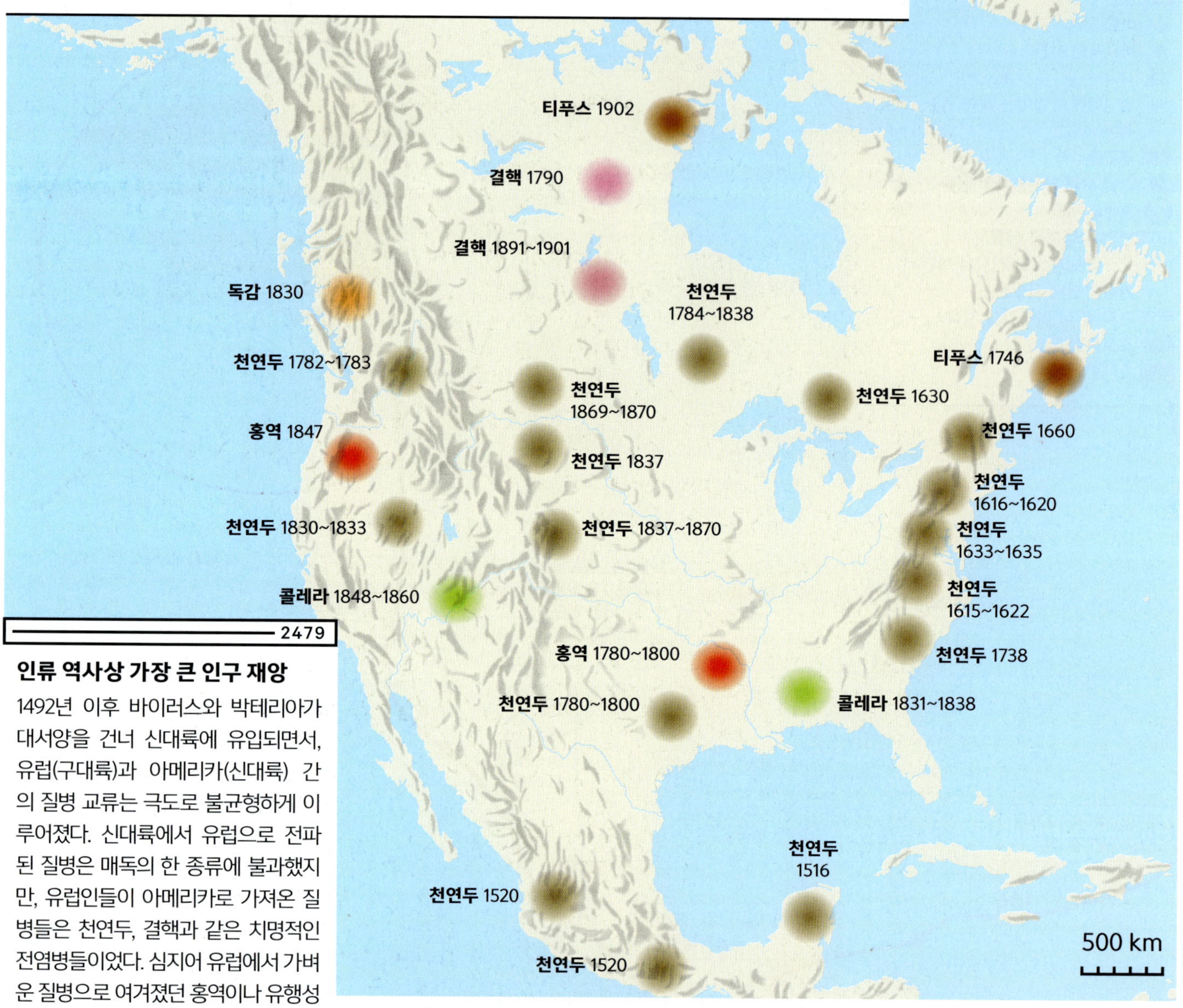

인류 역사상 가장 큰 인구 재앙

1492년 이후 바이러스와 박테리아가 대서양을 건너 신대륙에 유입되면서, 유럽(구대륙)과 아메리카(신대륙) 간의 질병 교류는 극도로 불균형하게 이루어졌다. 신대륙에서 유럽으로 전파된 질병은 매독의 한 종류에 불과했지만, 유럽인들이 아메리카로 가져온 질병들은 천연두, 결핵과 같은 치명적인 전염병들이었다. 심지어 유럽에서 가벼운 질병으로 여겨졌던 홍역이나 유행성 이하선염(볼거리)조차 아메리카 원주민들에게는 치명적이었다. 이후 아프리카 노예들이 아메리카로 강제 이주되면서 황열병까지 확산되었다.

유럽에서는 14세기 흑사병을 겪으며 사회 간의 연결성이 강화되었고, 유럽인들은 전염병의 확산을 반복적으로 경험하며 세대를 거쳐 집단 면역을 키울 수 있었다. 반면, 아메리카 원주민 사회는 외부와 단절된 경우가 많아 이러한 전염병에 대한 면역력이 거의 없었다. 그 결과 원주민들은 유입된 질병에 속수무책으로 노출되었으며, 이로 인한 인구 감소는 19세기까지 지속되었다. 16세기 말까지 아메리카 대륙에서 사망한 원주민 인구는 최대 5천만 명에 달했을 것으로 추정된다.

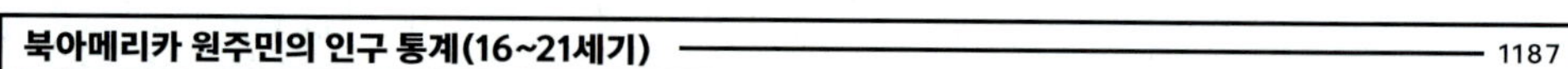

북아메리카 원주민의 인구 통계(16~21세기) ————— 1187

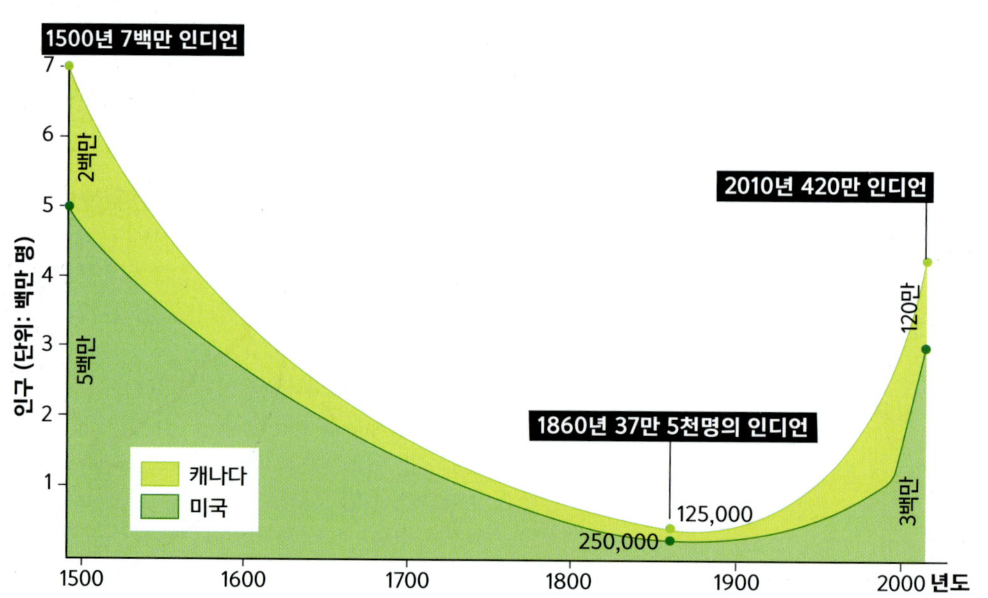

아메리카 인구의 붕괴 — 1187
7
북미 원주민 인구의 변화
(단위: 백만)
1,8
0,37
3,2
1500 1700 1860 2000
1534 : 자크 카르티에
북아메리카 -50%
(1900년까지 여러 차례 이주와 인구 감소)
유럽인의 도착
원주민에 대한 학대, 노예 제도, 전쟁 및 새로운 질병(천연두, 홍역, 독감, 흑사병 등)의 유입
1528~1536 : 알바르 누녜스 카베사 데 바카
쿠바
멕시코 -90%
1492 : 크리스토퍼 콜럼버스
대서양
히스파니올라
1519 : 에르난 코르테스
앤틸리스-카리브 - 99%
중앙아메리카 -90%
1526 : 프란시스코 피사로
아마존 지역 ?
페드루 알바르스 카브랄
태평양
잉카 영토 -90%
브라질
기타 아메리카 ?
중남미 원주민 인구의 변화
(단위: 백만)
61
2,000 km
50
유럽인들의 첫 원정
정복의 물결
스페인 1492~1514년
포르투갈 1500~1536년
스페인 1519~1521년
스페인 1532~1535년
전염병
1600년경 전염병 피해지역
-90% 아메리카 원주민 인구의 급감
9
16,5
30
1492 1650 1800 1850 1900

아메리카의 라틴화 (15~18세기)

18세기 라틴 아메리카 식민지 체제

스페인 식민지에서는 정치, 사법, 종교 권력이 서로 복잡하게 얽혀 있었으며 때로는 경쟁하기도 했다. 16세기에 누에바에스파냐 부왕령(현재 멕시코)과 페루 부왕령이 설립된 데 이어, 18세기에는 누에바그라나다 부왕령(현재의 콜롬비아, 베네수엘라)과 리오 데 라 플라타 부왕령(현재의 아르헨티나, 우루과이)이 추가되었다. 각 부왕령 아래 위치한 총사령관령은 명목상 부왕에게 종속되었지만, 실제로는 상당한 자치권을 행사했다. 스페인의 식민지 행정은 '아우디엔시아'라 불리는 법원을 중심으로 운영되었으며, 최초의 아우디엔시아는 1511년 산토도밍고에 설립되었다. 또한 종교적 관할 구역(교구)은 정치적 행정 구역과 대체로 일치했기 때문에 스페인 식민지에서는 정치와 종교가 긴밀하게 연결되어 있었다.

한편, 포르투갈의 식민지 체제는 스페인보다 더 중앙집권적이었다. 1640년 이후, 포르투갈의 식민지 총독은 '부왕'이라는 칭호를 사용하기 시작했으며, 1775년에는 브라질의 수도를 리우데자네이루로 하는 단일 부왕령으로 통합했다. 초기에는 해안 지역을 중심으로 플랜테이션 농업이 이루어졌지만, 시간이 지나면서 내륙으로 점차 진출해 선교 활동, 노예 사냥, 금광 개발 등을 통해 경제적 이익을 극대화해 나갔다.

아마존, 유럽 열강의 경쟁 무대

1541년, 프란시스코 데 오레야나는 페루에서 아마존강을 따라 내려간 최초의 유럽인으로 알려져 있다. 당시 아마존 지역에는 다양한 언어를 사용하는 원주민들이 거주하며, 어업 및 수산 채취를 비롯해 옥수수와 카사바(마니옥) 재배를 통해 자급자족 경제를 이루고 있었다. 15세기 말 토르데시야스 조약에 따라 아마존 대부분이 스페인 영토로 간주되었으나, 17세기부터 실질적인 식민지화를 주도한 것은 포르투갈이었다. 포르투갈은 다른 유럽 세력의 아마존 진출을 저지하며, 1616년 벨렝을 건설해 아마존 지역의 지배 거점으로 삼았다.

이후 포르투갈은 '원주민 하강 정책'을 시행하여 원주민들을 강제로 식민지 정착지로 이주시켰고, 반란 진압을 위한 군사 작전과 원주민 노예 매매가 이루어지면서 원주민 노예화가 본격화되었다. 일부 원주민들은 포르투갈의 식민 지배에 저항했으나, 유럽인과 아프리카 노예들로부터 전파된 전염병으로 인해 많은 원주민이 목숨을 잃었다. 그 결과 아마존 국경 지역에서는 유럽인, 아프리카인, 그리고 원주민들이 혼합된 독특한 '접경 사회'가 형성되었으며, 이 사회는 아메리카 원주민 문화의 강한 영향을 받았다.

1750년 마드리드 조약을 통해 스페인은 아마존 지역에 대한 통제권을 포기하고, 포르투갈의 지배권을 공식적으로 인정했다. 이로써 유럽 열강의 아마존에 대한 관심도 점차 줄어들었다.

아메리카, 위대한 연결(16~18세기)

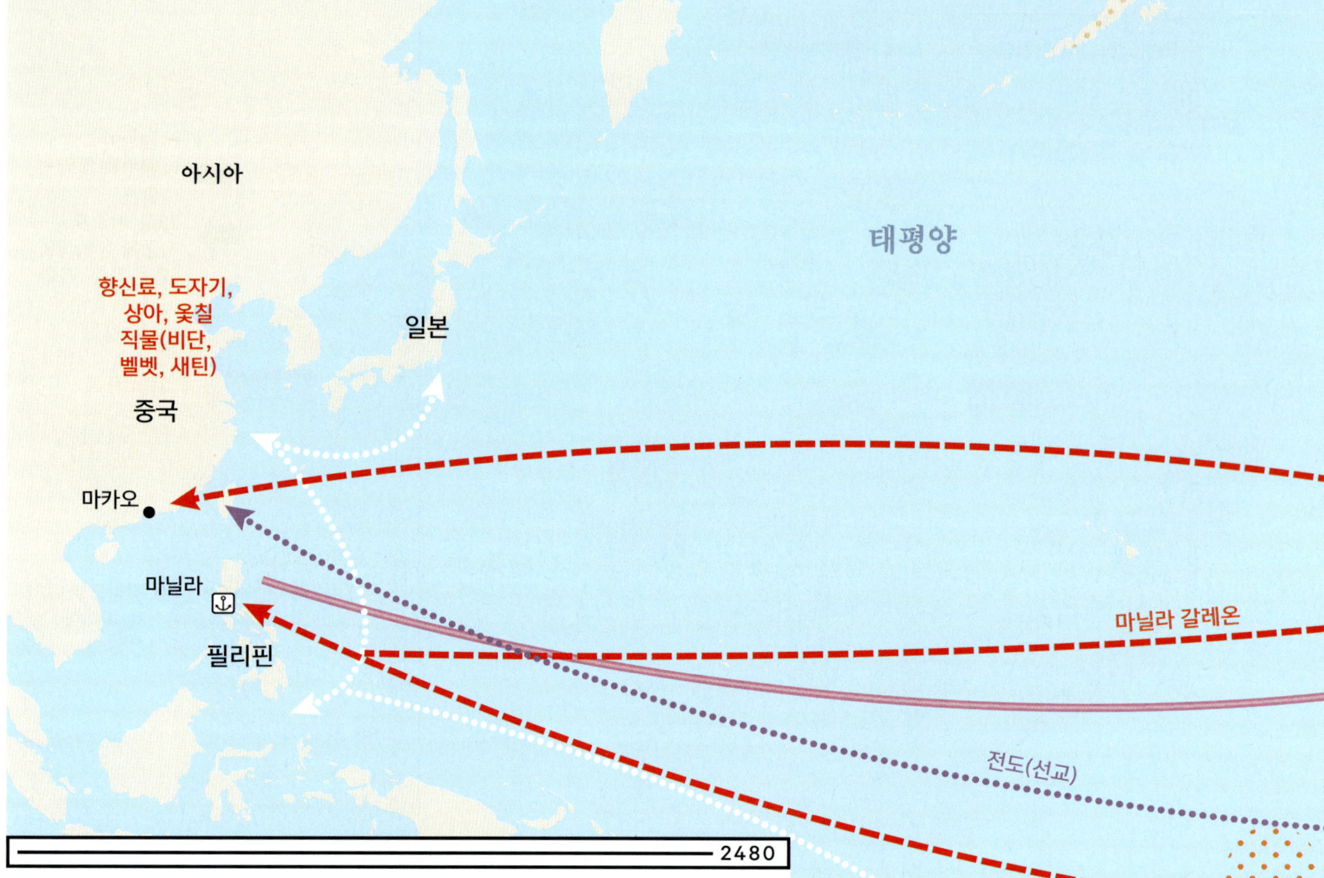

아메리카의 착취로 인한 세계 교역의 변화

유럽인들의 아메리카 정복은 세계 무역에 두 가지 중요한 변화를 가져왔다. 첫째, 아메리카에서 대량으로 채굴된 금과 은 같은 귀금속이 유입되면서 유럽을 비롯한 전 세계에서 '가격 혁명'이라 불리는 인플레이션이 발생했고, 그 결과 세계 교역이 더욱 활성화되었다. 둘째, 아메리카 대륙에서 발견된 새로운 작물들이 각 대륙으로 퍼져나가면서 전 세계의 농업과 식량 체계에 큰 변화를 일으켰다. 유럽에서는 금과 은이 매우 귀중한 화폐로 사용되었으나, 아메리카 원주민 사회에서는 화폐로 쓰이지 않았기 때문에 금과 은 그리고 이차적으로 구리와 수은이 그동안 개발되지 않고 방치되어 있었다. 결국, 유럽인들의 필요에 의해 아메리카 대륙의 광산들이 대규모로 개발되었다. 이렇게 채굴된 귀금속은 유럽의 화폐 순환을 활발하게 했으며, 세계 무역에도 중요한 영향을 미쳤다. 귀금속 대부분은 유럽을 거쳐 유통되었지만, 일부는 태평양을 건너 필리핀 마닐라로 흘러가 최종적으로 중국에 도달했다. 당시 중국은 세계에서 '은의 블랙홀'이라 불릴 만큼 많은 양의 은을 받아들였다.

또한, 유럽인들이 아메리카를 정복한 후, 밀, 사탕수수, 가축 등의 구대륙 작물과 동물이 아메리카로 빠르게 전파되었다. 유럽인들이 도입한 넓은 초원에 소를 풀어놓고 가끔 몰아 모으는 대규모 방목 방식은 아메리카의 생태 환경과 사회적 관습에 큰 변화를 가져왔다. 평원 원주민 문화는 유럽에서 들여온 무스탕(야생마)을 받아들이며 혁명적으로 변화했다. 동시에 옥수수, 감자, 고추, 카사바, 땅콩, 카카오, 토마토, 담배 같은 아메리카 원산 작물들이 전 세계로 퍼져나가며 각 지역의 농업과 식량 생산에 큰 영향을 미쳤다. 16세기부터는 일본인들이 태평양을 건너 멕시코에 도달해 유럽까지 진출하면서, 동서양 간의 교류가 더욱 활발해졌다.

알코올, 고기, 말, 무기, 섬유, 종이, 철물
잉글랜드
런던
앤트워프
프랑스
포르투갈
리스본
스페인
세비야
북아메리카
담배
아바나
아보카도, 옥수수, 고추, 토마토
은
금
멕시코
베라크루스
아카풀코
은, 수은
생도맹그
카리브해
카르타헤나
사탕수수
포르토벨로
금
카라카스
보고타
라틴어, 스페인어, 인쇄, 책
키토
남아메리카
벨렝
서아프리카
중앙아프리카
전도
금, 소금, 호박
리마
은
수은
은
브라질
헤시피
바이아
포토시
설탕, 목재
리우데자네이루
상파울루
마니옥, 옥수수, 땅콩
수은, 구리, 설탕, 염료 식물 및 약초, 옥수수, 카카오, 고추, 토마토, 목재
대서양
산티아고
부에노스아이레스
인구
유럽의 정복과 식민지화
노예 제도
전염병의 확산
상품과 물품
광산과 채석장
금과 은의 수출
상품의 흐름
담배 도입된 식물과 교환된 상품
항구
사상과 문화
복음 전파
문화적 영향력
예술품의 흐름
서신 교류

포르투갈 제국(15~16세기)

---2481

4대륙을 연결하는 네트워크 제국

15세기부터 16세기까지 포르투갈은 규모는 작지만 광범위한 교역로와 거점을 확보한 해양 제국을 구축했다. 지중해와 대서양 사이에 위치한 포르투갈은 기존 지중해 중심의 동방 교역로가 대서양의 새로운 해상 교역로로 전환되는 과정에서 중요한 역할을 했다. 포르투갈의 항로 개척과 정복 활동은 이베리아반도의 국토 재정복 운동(레콩키스타)과 십자군 전쟁의 연장선상에서 남쪽으로 영향력을 확장하려는 목표에서 비롯되었다. 하지만 인구와 경제적 자원이 제한적이었던 포르투갈은 급격한 세계화의 흐름을 오랫동안 유지하기 어려웠다.

포르투갈의 해외 확장은 1415년 모로코의 세우타 지역을 점령하면서 본격적으로 시작되었다. 이후 엔리케 항해 왕자의 후원 아래 포르투갈의 탐험가들은 아프리카 해안을 따라 남하하면서 탐사를 이어갔고, 아조레스 제도 마데이라 제도를 장악하면서 전략적 거점을 마련했다. 탐험가들은 아프리카 서해안을 따라 남하한 뒤 희망봉을 돌아 인도양으로 진출했고, 인도와 향료 제도(몰루카 제도)에 교역소를 세워 아시아 향신료 교역을 독점했다. 이러한 무역 독점은 16세기 말까지 지속되었으나, 네덜란드와 영국이 동인도 회사를 설립하고 포르투갈의 항해 기술을 습득하면서 포르투갈의 영향력은 점차 쇠퇴하기 시작했다.

한편, 포르투갈은 해양 기술을 바탕으로 브라질을 제국에 통합했다. 초기에는 브라질을 귀중한 목재인 '브라질 우드' 채취의 대상으로 삼았으나, 이후 유럽 최초의 해외 설탕 플랜테이션과 금광이 개발되면서 브라질은 포르투갈 경제 중심지로 성장했다. 이러한 무역 독점과 자원 착취 덕분에 포르투갈은 마누엘 1세 시대에 급격히 부유해졌으나, 이 번영은 오래가지 못했다.

지팡구
(일본)
마리아나 제도
사라고사 조약 (1529)
동시베리아
명 제국
중국
1557 마카오
필리핀
1521
향신료
몰루카 제도
솔로몬 제도
1568
뉴기니
암본
1510
셀레베스
호르드 칸국
아시아
후글리
콜카타
치타공
보르네오
금
1511 말라카
호주
제국
티무르 제국
인도 왕국들
1535 디우
다마오
진주
고아 1510
수마트라
자바
1511
오스만제국
1515 호르무즈
진주
콜롬보 1518
반탐
맘루크
술탄국
캘리컷 1498
실론
아라비아
코친 1502
1507 소코트라
인도양
에티오피아
아달
르누
아프리카
노예
말린디
몸바사
잔지바르 1503
코모로
콩고
킬와
노예, 상아, 금
루안다 1484
상아
모잠비크
1502
상로렌수
(마다가스카르)
1500
남극
무타파
소팔라
1505
희망봉
1488
포르투갈이 1600년경 통제한 영토
(식민지 설치 연도)
첫 원정들
바르톨로메우 디아스
(1487~1488년)
바스쿠 다 가마(1497~1499년)
페드루 알바르스 카브랄(1500년)
아폰수 드 알부케르크(1503~1515년)
포르투갈 해상 무역로
목재 수요가 높은 상품
유럽인들이 탐험하지 않은 지역

1580년경 스페인 제국

함께 보기 ── 해외 진출의 정점에 있는 서유럽 p.286
해외 항로 p.300
스페인 제국의 경쟁 p.446

───2482

1600년경, 세계적 제국으로 성장한 스페인

15세기까지 스페인은 카나리아 제도만을 지배하고 있었다. 하지만 콜럼버스의 항해를 후원한 것을 계기로, 아메리카 대륙을 포함한 광대한 제국을 건설하기 시작했다. 1494년 스페인은 토르데시야스 조약을 통해 아메리카 대륙 대부분과 극동 일부 지역(필리핀)의 소유권을 인정받았다. 스페인의 초기 식민지는 서인도 제도에서 시작되었으나, 이후 캘리포니아에서 리오 데 라 플라타강에 이르는 광대한 대륙을 정복하면서 제국의 영토를 넓혀나갔다. 거대한 영토를 효과적으로 통치하기 위해 부왕령 체제를 도입했으며, 대표적인 부왕령으로는 누에바에스파냐(1535년)와 페루(1544년)가 있었다.

아메리카 대륙에서 채굴된 사카테카스와 포토시의 금과 은, 그리고 열대 플랜테이션에서 생산된 다양한 농산물은 스페인 왕실에 막대한 재정 자원을 제공했다. 이러한 자원과 상품은 1503년 세비야에 설립된 '무역 관리소'를 통해 유럽으로 독점 수출되었고, 이를 통해 스페인은 엄청난 부를 축적할 수 있었다. 스페인은 이러한 재정적 기반을 바탕으로 유럽에서 프랑스, 오스만 제국, 영국과의 전쟁을 수행하거나, 네덜란드의 독립 전쟁을 치르는 데 필요한 강력한 군사력을 유지할 수 있었다. 또한 1580년부터 1640년까지 스페인 왕이 포르투갈 왕위를 겸임하면서, 스페인 제국은 더욱 확장되었다.

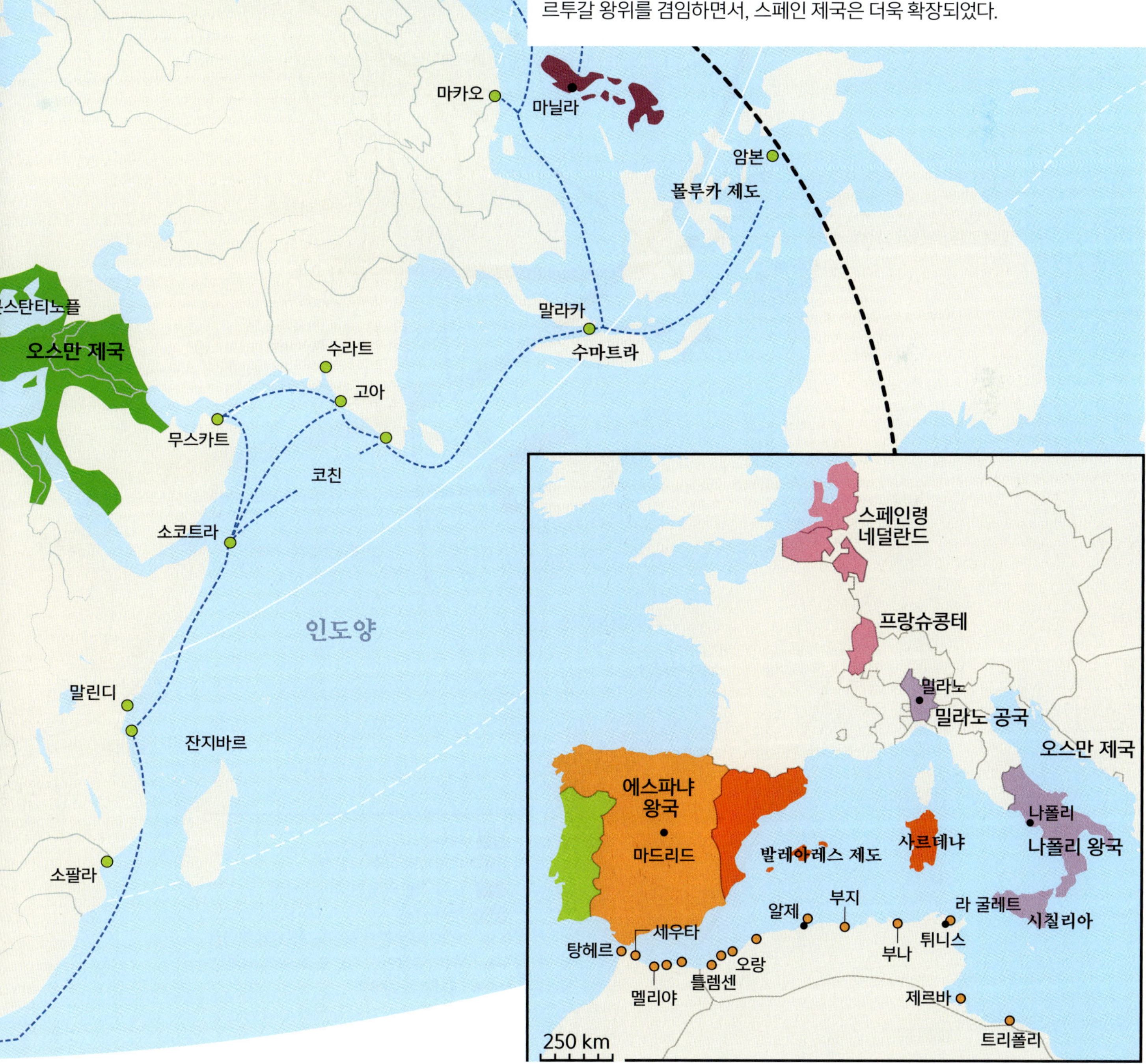

네덜란드 제국(16~18세기)

———————————————————————————————— 1178

네덜란드 해양 제국(탈라소크라시)의 황금기

1579년 위트레흐트 동맹을 통해 사실상 독립을 쟁취한 네덜란드 공화국(프로빈시어스 우니에)의 상인들은 포르투갈과 스페인이 장악하고 있던 해외 무역에 도전할 기회를 얻었다. 네덜란드는 포르투갈이 지배하던 인도양 항로를 탐험한 후, 1602년 네덜란드 동인도 회사(VOC)를 설립해 본격적으로 해양 제국을 건설하기 시작했다. 네덜란드 동인도 회사는 아시아 지역에서 무역 기지를 확장하며, 점차 포르투갈의 주요 거점(말라카, 실론, 케이프, 상투메, 세인트헬레나 등)을 점령했다. 또한 1619년 자카르타에 바타비아를 세워 동남아시아 무역의 중심지로 삼았다.

아메리카에서도 네덜란드는 강한 영향력을 행사했다. 1630년부터 1654년까지 '네덜란드 서인도 회사(WIC)'를 통해 브라질 북동부의 사탕 수수 플랜테이션을 장악하고, 퀴라소를 포함한 카리브해 여러 섬을 점령하면서 대서양 무역을 확장했다. 이 과정에서 네덜란드는 대서양 노예 무역에도 적극적으로 참여해, 약 22만 명의 아프리카인들이 네덜란드 상인들에 의해 아메리카로 강제 이송되었다. 네덜란드의 주요 정착 식민지였던 케이프는 유럽과 아시아를 연결하는 중요한 중계 기지로 발전했다. 네덜란드 항해자들은 이베리아반도의 탐험가들이 개척한 항로를 이어받아 북극 지역과 오세아니아까지 탐험하며 새로운 항로를 개척했다. 17세기 동안 네덜란드는 유럽과 아시아, 아메리카를 잇는 해상 무역을 장악하며 '네덜란드 황금기'의 경제적 기반을 마련했다. 하지만 오늘날 역사학자들은 네덜란드의 식민지 확장 과정이 잔혹한 폭력과 강제 노동으로 이루어졌다는 점을 강조하며, 이 시기를 황금기가 아닌 '철의 세기'라고 재평가하기도 한다.

덴마크와 스웨덴 제국(17~18세기)

잊혀진 식민지들

17세기 스칸디나비아 지역은 인구가 적고 투자 여력이 부족해, 당시 유럽의 제국주의 강대국들과 경쟁하기 어려웠다. 그럼에도 불구하고, 덴마크와 스웨덴은 각각 독자적인 해상 제국을 건설하기 위해 여러 시도를 했다. 덴마크는 노르웨이, 아이슬란드, 그린란드를 포함한 북대서양 지역을 이미 지배하고 있었으며, 동양의 향신료 무역에 진입하기 위해 다양한 노력을 기울였다. 1618년부터 1732년까지 덴마크는 세 차례에 걸쳐 덴마크 동인도 회사를 설립했고, 초기의 어려움을 극복한 후, 중국 광저우에 소규모 교역소를 확보했다. 또한, 1659년 아프리카 프레데릭스보르에 무역 기지를 세우고 대서양 노예 무역에 참여했으며, 서인도 제도의 세인트토마스섬을 점령했다. 1733년에는 프랑스로부터 세인트크루아를 사들여 설탕 농장을 운영하면서 아프리카 기니의 덴마크 요새들과 함께 대서양 무역망을 강화했다. 대서양 무역이 자유화된 후, 덴마크는 1775년부터 1807년까지 새로운 무역 거점을 확장하며 중계 무역의 황금기를 누렸다.

반면, 스웨덴의 식민지 활동은 덴마크만큼 성공적이지 못했다. 1638년에 북아메리카에 세운 뉴스웨덴 식민지는 곧 네덜란드 식민지인 뉴네덜란드(뉴암스테르담)에 흡수되었다. 1649년, 아칸족 왕으로부터 사들인 아프리카 가나의 코르소곶 지역도 1658년에서 1663년 사이에 덴마크와 네덜란드에 차례로 함락되었다. 스웨덴은 아시아에서도 식민지 건설을 시도했지만 성공하지 못했다. 인도 포르토노보 지역에 정착하려는 시도는 프랑스와 영국의 견제로 무산되었고, 그나마 성공한 사례는 1730년대 중국 광둥에 세운 소규모 교역소 정도였다. 또한, 스웨덴은 1784년에 프랑스 왕 루이 16세로부터 서인도 제도의 생바르텔레미섬을 할양받았으나, 큰 경제적 성과를 거두지는 못했다.

비록 스칸디나비아 국가들의 식민지 대부분이 경제적, 정치적 성공을 거두지 못했지만, 서인도 제도의 스칸디나비아 식민지들은 특히 미국 독립 전쟁 기간 동안 자유 무역항(상업 중계지)으로서 일시적인 성공을 거두었다.

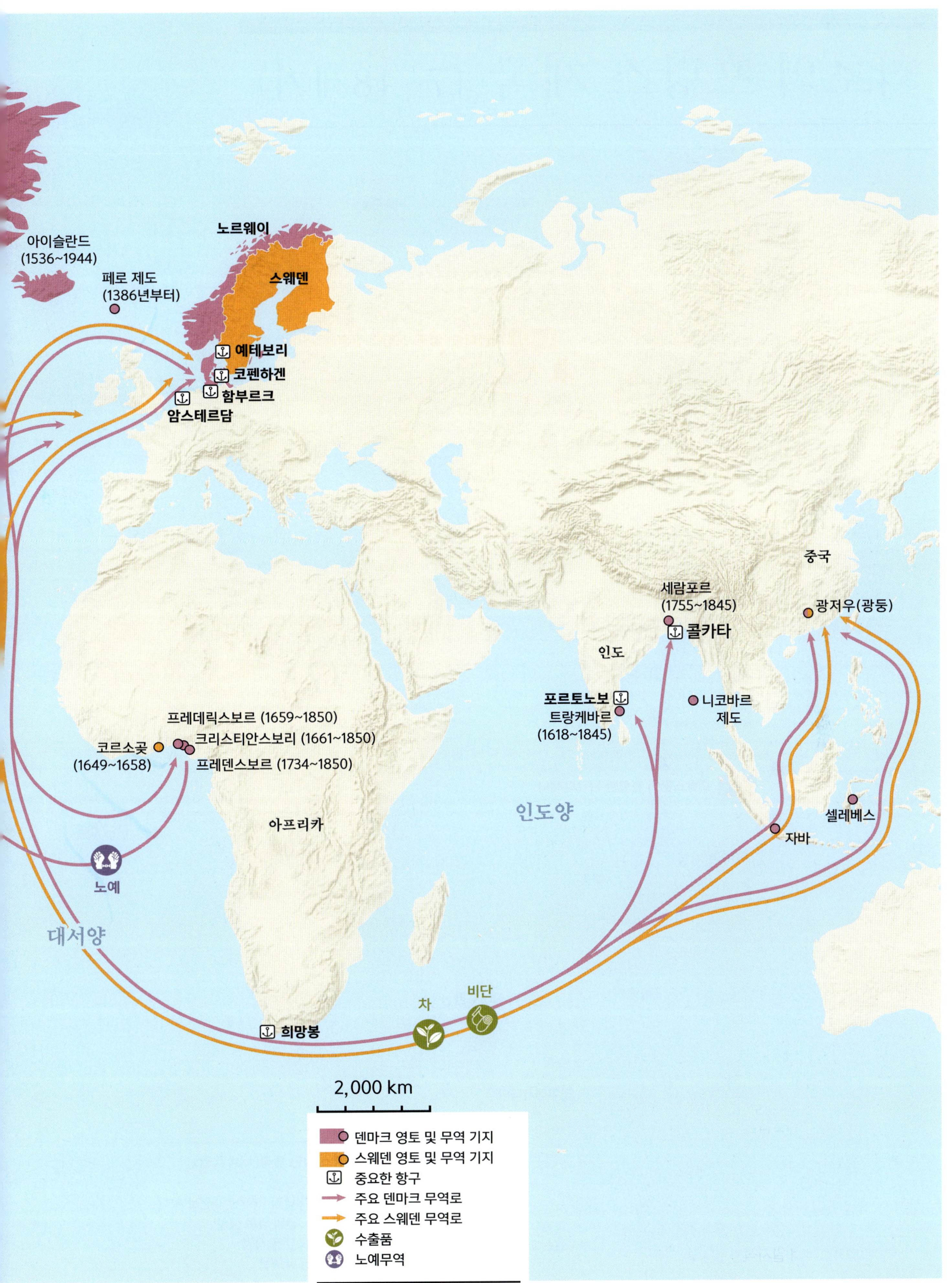
아이슬란드
(1536~1944)
페로 제도
(1386년부터)
노르웨이
스웨덴
예테보리
코펜하겐
함부르크
암스테르담
중국
세람포르
(1755~1845)
콜카타
광저우(광둥)
인도
포르토노보
트랑케바르
(1618~1845)
니코바르
제도
프레데릭스보르 (1659~1850)
크리스티안스보리 (1661~1850)
코르소곶
(1649~1658)
프레덴스보르 (1734~1850)
아프리카
인도양
셀레베스
자바
노예
대서양
차
비단
희망봉
2,000 km
덴마크 영토 및 무역 기지
스웨덴 영토 및 무역 기지
중요한 항구
주요 덴마크 무역로
주요 스웨덴 무역로
수출품
노예무역

최초의 프랑스 제국(17~18세기)

═══════════════════════════ 2483

모피, 향신료, 설탕

16세기 동안 여러 차례 식민지 개척에 실패했던 프랑스는 17세기 초 북아메리카로 눈을 돌려 본격적인 확장을 시작했다. 1608년, 샹플랭은 퀘벡을 설립하고 오대호 지역을 탐험하면서 북미 대륙에서 프랑스의 기반을 다졌다. 동시에 북미뿐만 아니라 인도에서도 세력을 확장하려 했다. 1640년대, 리슐리외 추기경의 지휘 아래 프랑스는 인도에 첫 거점을 마련했고, 1664년 콜베르가 프랑스 동인도 회사를 설립하면서 인도와 동남아시아 무역에 본격적으로 뛰어들었다. 이후 1673년, 프랑스는 인도의 퐁디셰리를 구입해 이를 인도양 무역의 중심지로 삼았다.

프랑스의 영토 확장은 카리브해에서도 계속되었다. 1678년에는 트리니다드–토바고섬을 점령했고, 1697년에는 프랑스 해적들이 정착해 있던 생도맹그 서부(현재의 아이티)를 공식적으로 양도받아 설탕 플랜테이션을 구축했다. 그러나 프랑스 제국은 7년 전쟁에서 패배하면서 큰 전환점을 맞았다. 1763년 파리 조약을 통해 프랑스는 북미의 캐나다와 미시시피 동부 지역, 그리고 인도의 대부분 영토를 영국에 넘겨주었으며 대신 설탕 생산이 가능한 몇몇 주요 섬만 유지할 수 있었다. 이로써 프랑스의 첫 번째 식민 제국은 사실상 막을 내리게 되었다.

═══════════════════════ 연대기 ═══════════════════════

1523년
프랑스의 첫 북아메리카 원정 시작.

1534~1542년
자크 카르티에가 세인트로렌스강을 따라 탐험하며 정착촌을 설립함.

1555년
니콜라 뒤랑 드 빌레가뇽, 브라질 해안(현재 리우데자네이루 지역)에 프랑스 식민지 건설, 이 식민지는 '프랑스 남극(프랑스 앙타르티크)'이라 불렸으나, 1560년 포르투갈에 의해 정복됨.

1603~1609년
1608년 사뮈엘 드 샹플랭이 퀘벡을 설립. 프랑스와 아메리카 원주민 간 동맹을 체결함.

1664년
1640년대부터 인도양에서 프랑스의 입지를 강화하기 위해 동인도 회사를 설립함.

1699년
피에르 르 무안 디베르빌이 루이 14세를 기리며 '루이지애나' 식민지를 설립함.

1713년
위트레흐트 조약 체결. 프랑스는 아카디아, 허드슨만, 뉴펀들랜드, 세인트 크리스토퍼를 영국에 양도함.

1763년
파리 조약으로 7년 전쟁 종결, 프랑스는 북아메리카 대부분의 식민지 영토를 영국에 넘기고, 인도에서의 주도권도 상실했지만 5개의 무역 기지는 그대로 유지함.

노예 무역(7~19세기)

대서양
미국
찰스턴
뉴올리언스
태평양
아바나
베라크루스
아메리카 스페인령 대륙
카리브해
카르타헤나
카라카스
가이아나
살바도르 데 바이아
브라질
리우데자네이루

지역
노예 수출 지역
노예 수입 지역
아프리카의 노예 왕국
아프리카 사하라 이남 내부에서 노예 무역이 이뤄진 지역
노예 무역 경로
동방 무역(이슬람 세계) 7세기~19세기
서방 무역(대서양~인도양) 15세기~19세기
노예 이동
노예무역에 관여한 항구
노예무역에 관여한 도시

국가별 대서양 노예 무역 참여
포르투갈 (브라질 포함) 약 465만 명
영국 약 260만 명
스페인 (쿠바 포함) 약 160만 명
프랑스 (프랑스령 서인도 제도 포함) 약 125만 명
네덜란드 약 50만 명
북미 영국 식민지와 미국 약 30만 명
덴마크 약 5만 명
기타 국가 약 5만 명

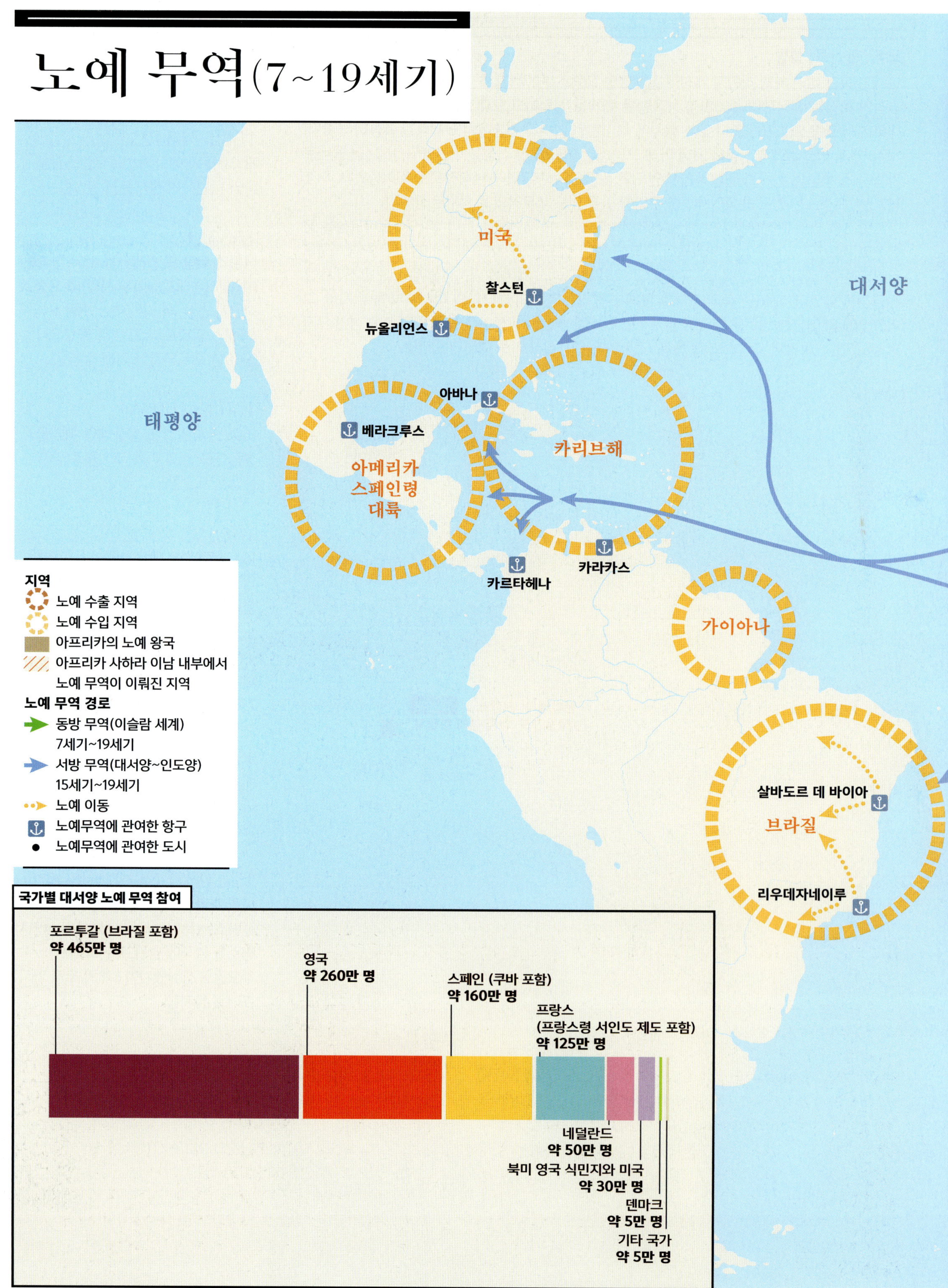

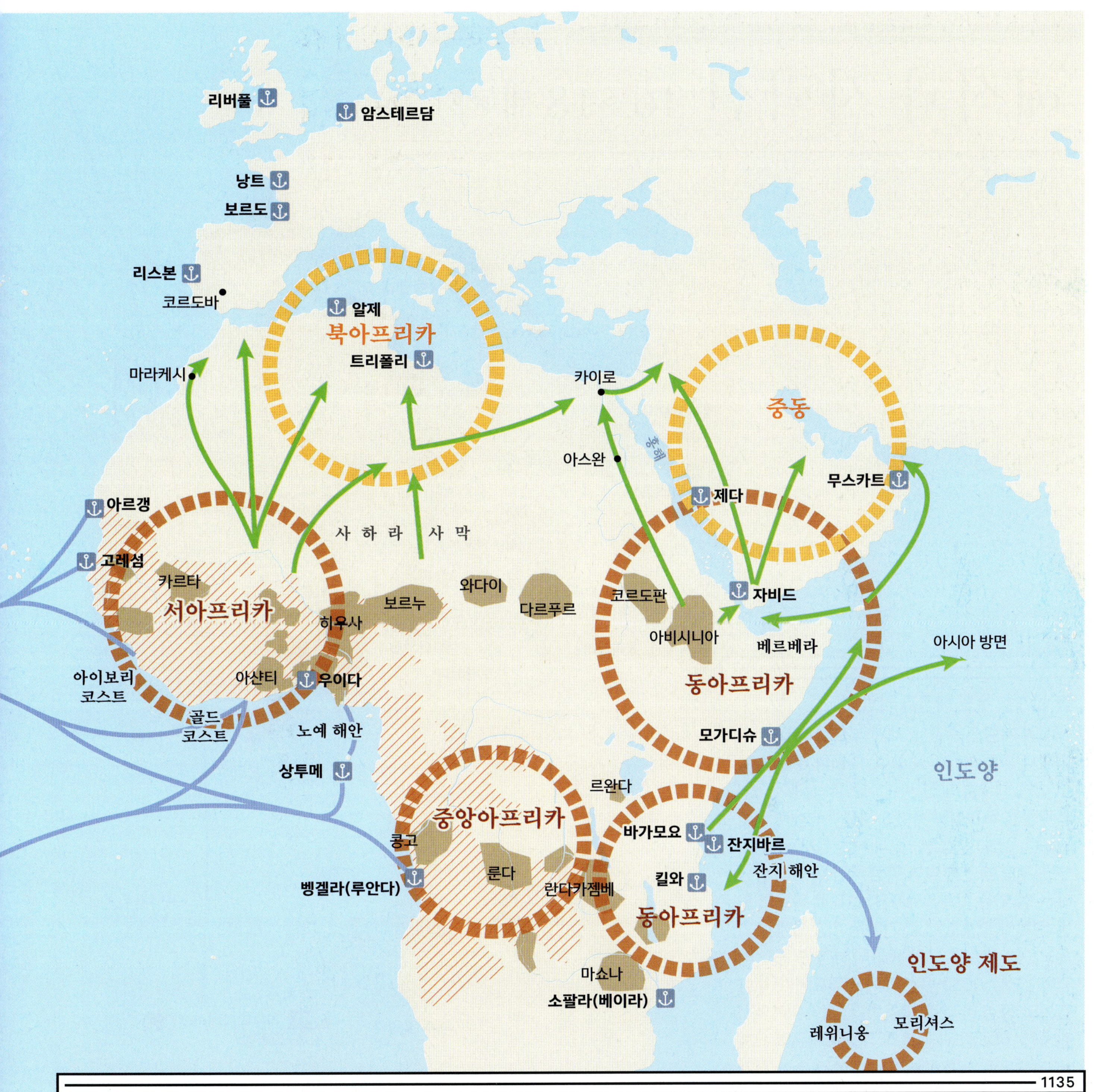

사하라 이남 아프리카의 노예 무역

사하라 이남 아프리카에서 이루어진 노예 무역은 세 가지 주요 유형으로 나뉘어 오랫동안 지속되었으며, 각각 특정한 목적과 경로에 따라 진행되었다. 첫 번째는 대서양 노예 무역으로, 15세기 중반에 시작되어 18세기에 절정에 달했다. 이 무역은 유럽 상인들이 아프리카 서해안 지역의 아프리카인들을 대서양을 건너 유럽의 대서양 섬(마데이라, 아소르스 등), 인도양 섬, 아메리카 대륙의 대규모 농장으로 이송하는 방식으로 이루어졌다. 1501년부터 1875년까지 약 1,200만 명의 아프리카인들이 이 경로를 통해 강제로 이송되었다.

두 번째는 동방 노예 무역으로, 7세기부터 시작되어 19세기까지 지속되었다. 이 무역은 사하라 사막을 넘어 북아프리카와 중동으로 아프리카인들을 이송하는 형태로 이루어졌으며, 약 1,700만 명이 이 무역의 희생자가 되었을 것으로 추정된다.

세 번째는 아프리카 대륙 내부의 노예 무역으로, 사하라 이남 아프리카 지역 사회 간에 자생적으로 이루어진 노예 거래였다. 19세기에 절정에 달했으며 약 1,200만 명이 노예로 거래되었다. 일부 연구에 따르면, 19세기 말에는 아프리카 인구의 절반 가까이가 노예 상태였을 정도로 이 무역이 광범위하게 퍼져 있었다.

각 노예 무역의 경로와 영향을 미친 지역은 다소 차이가 있었다. 대서양 노예 무역은 기니만과 중앙아프리카를 중심으로 이루어졌고, 동방 노예 무역은 사하라 사막과 열대우림 사이에 있는 광범위한 지역(대서양에서 홍해까지), 그리고 동아프리카와 중앙아프리카 지역을 중심으로 진행되었다. 아프리카 대륙 내부의 노예 무역은 대륙 전역에서 진행되었다.

해적과 사략선 (16~18세기)

전 세계를 누빈 해적과 사략선

해적과 사략선은 근대 세계의 형성과 발전 과정에서 중요한 역할을 했다. 이들의 부상은 유럽 신흥 제국들이 전 세계 상품과 노예 무역의 통제권을 두고 벌인 치열한 경쟁과 밀접하게 연관되어 있었다. 법적으로 해적(무법자)과 사략선(정부의 승인을 받아 특정 국가를 위해 활동하는 선박)은 구분되었지만, 실제로 이들의 활동 경계는 모호했다. 초기에는 지중해에서 기독교도와 무슬림 간의 충돌이 해적 활동의 배경이었으나, 1650년대 이후 카리브해가 해상 활동의 중심 무대로 떠올랐다. 자메이카에서 활동한 '잭 래컴'과 같은 해적들은 자유와 모험의 상징으로 묘사되었으나, 실상은 특정 국가의 이익을 위해 싸우는 사략선 선장인 경우가 많았다. 예를 들어, 프랑스의 사략선 선장인 뒤게-트루앵은 스페인 왕위 계승 전쟁 중 리우데자네이루를 점령하여 프랑스의 전쟁 자금 확보에 기여했다. 해적과 사략선의 황금기는 18세기 초반까지 지속되었으나, 아메리카 식민지에서 질서가 확립되면서 그들의 활동은 점차 축소되었다. 그럼에도 불구하고 국가들은 해상 전쟁이나 자국의 무역 보호를 위해 여전히 사략선의 힘을 활용했다. 이러한 경향은 나폴레옹 전쟁 시기에도 이어졌으며, 프랑스의 유명한 사략선 선장 로베르 쉬르쿠프는 나폴레옹의 후원을 받아 영국 상선을 공격하며 프랑스 해상 전투를 지원했다.

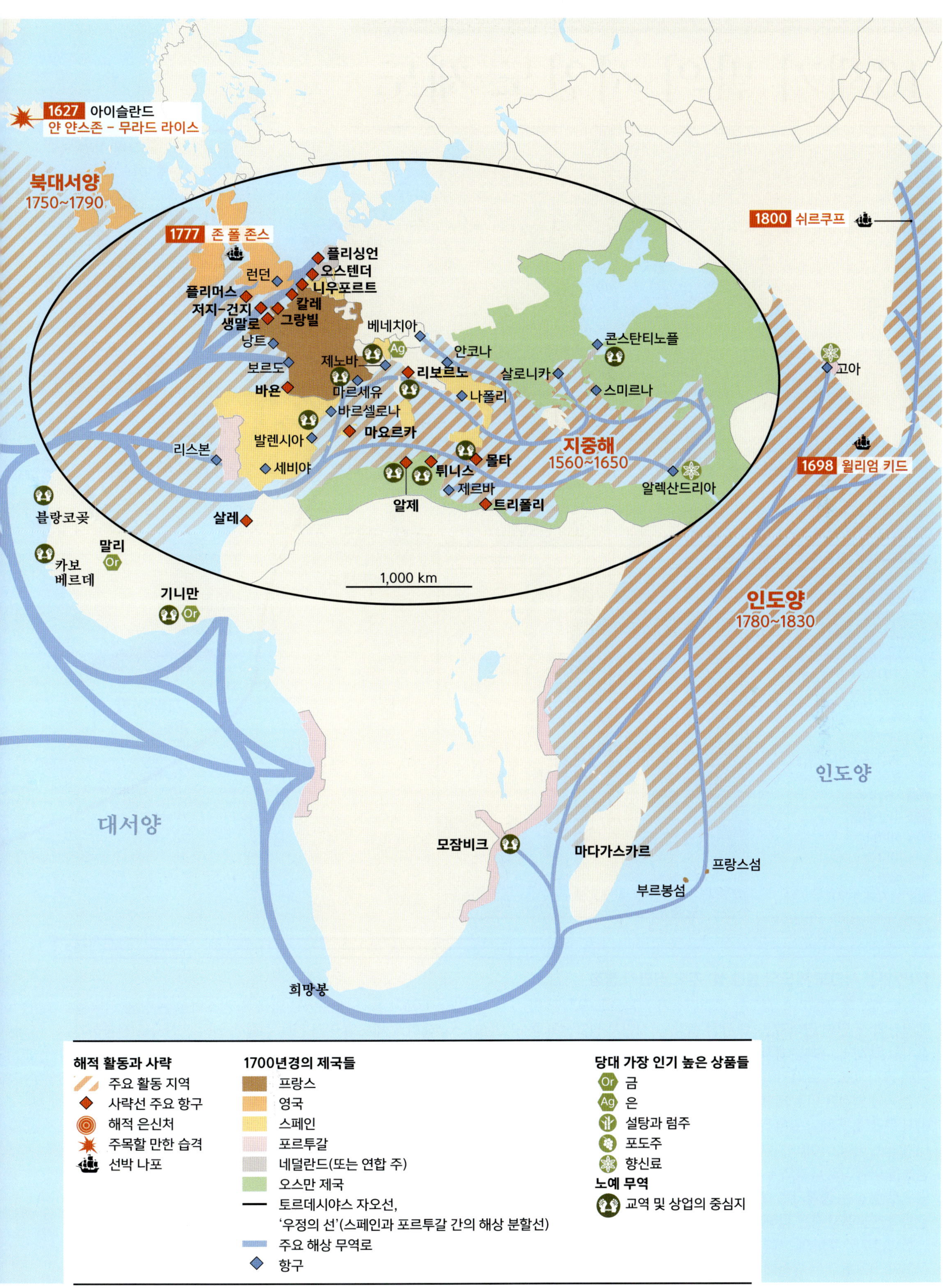
1627 아이슬란드
얀 얀스존 – 무라드 라이스
북대서양
1750~1790
1800 쉬르쿠프
1777 존 폴 존스
플리싱언
오스텐더
런던
플리머스
니우포르트
저지-건지
칼레
생말로
그랑빌
베네치아
낭트
제노바
안코나
콘스탄티노플
보르도
리보르노
살로니카
고아
바욘
마르세유
나폴리
스미르나
바르셀로나
발렌시아
마요르카
지중해
1560~1650
리스본
몰타
1698 윌리엄 키드
세비야
튀니스
블랑코곶
알제
제르바
알렉산드리아
말리
Or
살레
트리폴리
카보
베르데
인도양
1780~1830
기니만
Or
인도양
대서양
모잠비크
마다가스카르
프랑스섬
부르봉섬
희망봉
해적 활동과 사략
1700년경의 제국들
당대 가장 인기 높은 상품들
주요 활동 지역
프랑스
Or 금
사략선 주요 항구
영국
Ag 은
해적 은신처
스페인
설탕과 럼주
주목할 만한 습격
포르투갈
포도주
선박 나포
네덜란드(또는 연합 주)
향신료
오스만 제국
노예 무역
토르데시야스 자오선,
'우정의 선'(스페인과 포르투갈 간의 해상 분할선)
교역 및 상업의 중심지
주요 해상 무역로
항구

18세기 말의 서인도 제도

우엘부르 농장(과들루프, 18세기 후반) ——— 1434

——— 1184

1789년경 서인도 제도의 설탕 섬: 주요 식민지 쟁점

서인도 제도의 앤틸리스 제도는 콜럼버스가 처음으로 도착한 아메리카의 첫 번째 땅이자, 이후 유럽 열강 간 식민지 쟁탈전의 중심지가 되었다. 1494년에 체결된 토르데시야스 조약에 따라 이 지역은 공식적으로 스페인의 식민지로 지정되었지만, 스페인은 인구 부족과 엄격한 이주 제한으로 인해 모든 섬을 효과적으로 지배하지 못했다. 15세기 말부터 스페인은 히스파니올라(현재의 도미니카 공화국과 아이티), 쿠바, 푸에르토리코를 식민지화하고, 이 섬들을 아메리카 대륙의 누에바에스파냐(멕시코)와 페루의 부왕령으로 향하는 중계지로 활용했다. 반면 소앤틸리스 제도는 주로 일시적인 점령지 혹은 항해 경유지로 사용되었다.

1517년부터 쿠바와 브라질 북동부 지역에서 사탕수수 농장이 설립되었으며, 이는 유럽에서 값비싼 설탕을 생산하기 위한 목적이었다. 17세기 들어 네덜란드, 영국, 프랑스와 같은 해양 강국들이 소앤틸리스 제도의 여러 섬을 점령해 설탕 생산지로 전환하기 시작했다. 서부 히스파니올라는 원래 해적과 필리버스터의 근거지로 사용되었으나, 1665년 프랑스령으로 지정되면서 설탕 농장이 본격적으로 개발되었다. 17세기 후반부터 18세기에 걸쳐 설탕과 담배뿐만 아니라 커피와 염료용 인디고 농장도 증가하면서 이 지역의 경제적 가치는 급상승했다. 설탕 농장 운영을 위해 대규모 노동력이 필요해지자, 유럽 열강들은 아프리카 노예를 대거 이주시키기 시작했다. 대서양 노예 무역은 유럽에서 설탕과 커피 소비가 급증한 1700년에서 1840년 사이에 최고조에 달했다. 플랜테이션에서는 생산성을 극대화하기 위해 체계적으로 노동자 거주지와 생산 시설을 관리했다.

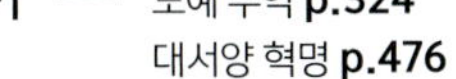

유럽 방면
대서양
토르투가섬
카프프랑세
플레인뒤노르
산토도밍고
포르토프랭스
생도맹그
히스파니올라
생도맹그
버진 제도
안길라
생마르탱
생크리스토프
네비스
앤티가
몬트세랫
푸에르토리코
과들루프
도미니카
소앤틸리스
제도
마르티니크
세인트루시아
세인트빈센트
바베이도스
카리브해
그레나다
토바고
아프리카 출신
아루바
퀴라소
보네르
200 km
트리니다드
페루 부왕령
플랜테이션 재배 구역
인디고
설탕
커피
담배
가축 사육
작물 도입 시기
17세기
18세기
19세기
소유권
프랑스령
영국령
스페인령
네덜란드령
덴마크령
밀수 무역
프랑스의 무역
노예 무역
설탕과 커피 무역

18세기 영국, 바다의 주인

—— 2484

영국과 프랑스의 세계 지배 경쟁

15세기부터 유럽 열강들은 해외 진출을 위해 치열한 경쟁을 벌였다. 초기에는 포르투갈과 스페인이 아메리카와 아프리카, 아시아에 걸쳐 식민지 제국을 구축하며 주도권을 잡았으나, 17세기에 들어 네덜란드가 강력한 해양 무역국으로 부상했다. 이후 시간이 지나면서 영국과 프랑스가 세계 패권을 놓고 본격적인 경쟁을 펼치게 되었다. 1763년 이전까지 프랑스는 캐나다에서 카리브해, 서아프리카의 세네갈, 마스카렌 제도, 그리고 인도에 이르는 방대한 영토와 무역 거점을 확보하며 영향력을 확장했다. 그러나 7년 전쟁은 영국과 프랑스가 세계 여러 지역에서 벌인 대규모 식민지 전쟁으로, 양국 간 패권 다툼의 결정적인 전환점이 되었다. 영국은 인도에서 플라시 전투와 캐나다의 아브라함 평원 전투에서 프랑스를 결정적으로 격파하며 승기를 잡았다. 그 결과, 1763년 파리 조약에서 프랑스는 캐나다와 인도의 대부분 영토(5개의 교역소 제외)를 영국에 넘겨야 했고, 대신 일부 설탕 생산 섬들과 마스카렌 제도만 유지할 수 있었다. 프랑스는 이러한 손실을 만회하기 위해 미국 독립 전쟁 동안 미국 독립군을 지원하며 영국에 타격을 입혀 양국의 세력 균형을 어느 정도 회복했다.

프랑스와 영국의 경쟁은 태평양에서도 이어졌다. 쿡(영국), 부갱빌(프랑스), 라페루즈(프랑스)와 같은 탐험가들은 태평양 무역로와 새로운 영토를 탐사하며 탐험 경쟁을 벌였다. 그러나 프랑스 혁명 전쟁과 나폴레옹 전쟁 동안 영국이 해상에서 점점 더 우위를 점하게 되었다. 영국은 1798년 아부키르 해전과 1805년 트라팔가르 해전에서 프랑스를 결정적으로 격파하며 해양 지배권을 확고히 했다. 이 시기 프랑스는 1804년 아이티 혁명으로 인해 아이티를 상실했다. 반면 영국은 나폴레옹 패배 후 1815년 빈 회의에서 프랑스로부터 모리셔스, 토바고, 세인트루시아를, 스페인으로부터 트리니다드를, 네덜란드로부터 케이프타운과 실론, 몰타를 획득했다. 이러한 영토 확장은 19세기 동안 영국이 해양을 지배하고 '팍스 브리타니카(영국의 평화)' 시대를 여는 기반이 되었다.

북아메리카 (1607~1750년)

2485

13개 식민지

1607년부터 1732년까지, 영국은 개척과 정복을 통해 북미 대서양 연안에 13개 식민지 체제를 확립했다. 이 지역에는 잉글랜드인뿐만 아니라 스코틀랜드인, 아일랜드인, 웨일스인 등이 이주했으며, 또한 독일인, 스웨덴인, 네덜란드인, 프랑스계 이주민들도 새로운 공동체 건설에 참여했다. 일부 이주민들은 종교적 박해를 피해 신대륙으로 건너왔다. 예를 들어 플리머스에 정착한 필그림 파더스, 보스턴을 설립한 청교도들, 메릴랜드의 가톨릭 신자들, 펜실베이니아의 퀘이커 교도들이 이에 속한다. 반면 경제적인 기회를 찾아 버지니아, 캐롤라이나, 뉴욕 등으로 이주한 이들도 많았다.

아메리카 원주민들은 때로는 식민지 확장의 동맹으로, 때로는 식민지 확장의 장애물로 여겨졌다. 특히 남부 지역에서는 아프리카 출신 노예들이 주요 노동력으로 사용되었다. 이처럼 북미로 이주한 영국인들은 다양한 민족적, 종교적 배경을 가진 사람들과 함께 독특한 초기 아메리카 사회를 형성해 나갔다.

함께 보기 ── 유럽인의 대서양 횡단 p.304
미국 독립 전쟁 p.450
대서양 혁명 p.476

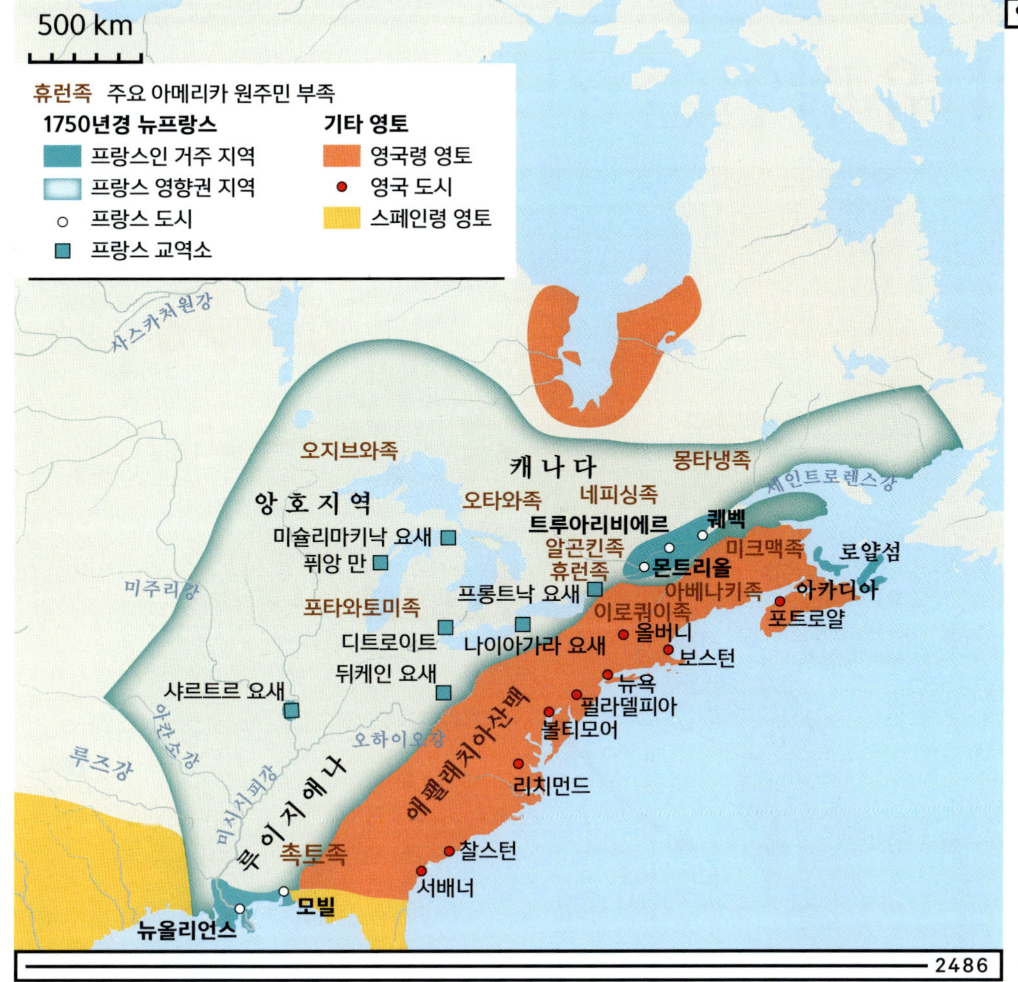

1750년경 뉴프랑스

1534년 자크 카르티에가 뉴펀들랜드와 세인트로렌스 지역을 탐험한 이후, 1608년 사뮈엘 드 샹플랭이 퀘벡을 설립하며 프랑스 식민지가 본격적으로 자리 잡기 시작했다. 정착지는 세인트로렌스 계곡을 중심으로 형성되었으나, 그 외에도 광대한 주변 지역이 포함되었다. 프랑스는 아메리카 원주민 부족들, 특히 오타와 부족과 다양한 동맹을 맺으며 모피 무역을 활성화했다. 이 무역은 주로 '쿠뢰르 데 부아(숲을 달리는 사람들)'이라 불리는 프랑스계 모피 교역상들에 의해 주도되었으며, 교역소들은 점차 서쪽으로 확장되며 설립되었다.

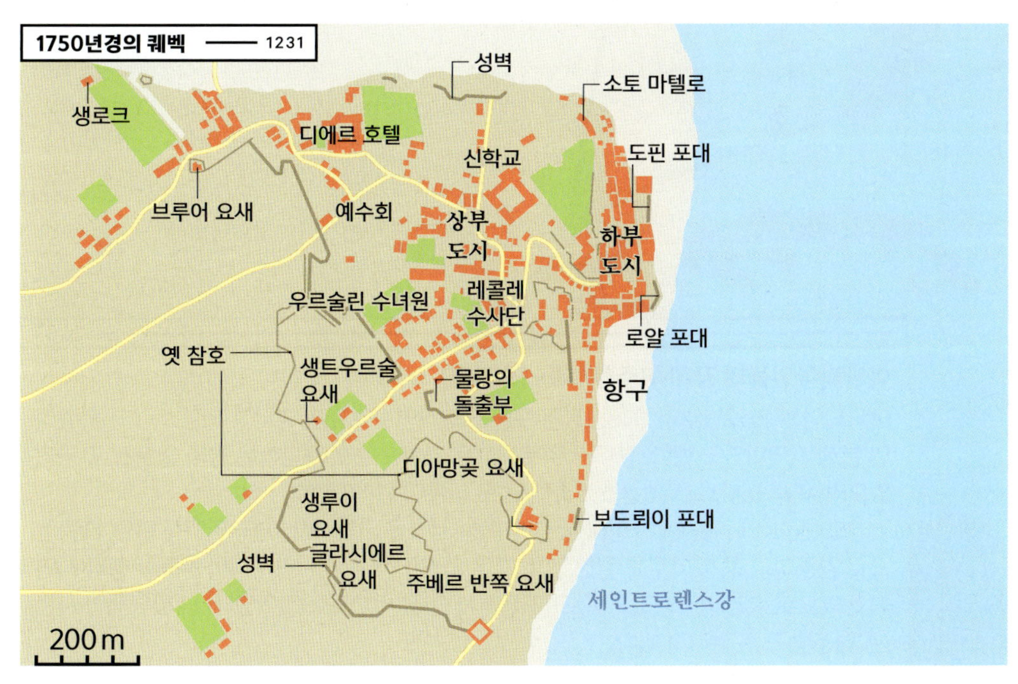

1607년

영국이 북미 첫 번째 식민지인 제임스타운을 버지니아주에 설립함.

1608년

사뮈엘 드 샹플랭이 프랑스 식민지 '퀘벡'을 설립함.

1620년

메이플라워호를 타고 온 순례자들이 플리머스에 상륙.

1624년

네덜란드인들이 뉴암스테르담(현재의 뉴욕)을 설립함.

1681년

퀘이커 교도들이 펜실베이니아에 정착. 1년 후 필라델피아가 식민지의 수도로 지정됨.

1732년

영국이 제임스 에드워드 오글소프 장군의 주도로 13번째 식민지인 조지아를 설립함.

1755년

영국군이 아카디아인들을 강제 추방함.

1763년

영국이 퀘벡주를 설립함.

북미 지역의 유럽인들 간의 경쟁 (18세기)

아카디아인들의 강제 이주(1755~1763년)

아카디아는 1632년부터 1713년까지 프랑스의 식민지였지만, 영국과 프랑스 간의 지속적인 분쟁 지역이기도 했다. 1713년 위트레흐트 조약으로 아카디아는 영국 영토로 할양되었으며, 이후 노바스코샤(신스코틀랜드)로 이름이 변경되었다.

1755년 아카디아인들이 영국 왕실에 충성 서약을 거부하자, 영국은 이를 반란 가능성으로 간주하고 강제 이주를 결정했다. 그 결과 1만 명이 넘는 아카디아인들이 영국 식민지 전역으로 강제 이주당했으며, 그 과정에서 약 절반이 목숨을 잃었다. 이 비극적인 사건은 '대추방'으로 알려져 있다.

함께 보기 ── 최초의 프랑스 제국 **p.322**
18세기 영국, 바다의 주인 **p.330**
대서양 혁명 **p.476**

2488

프랑스령 루이지애나 (1750~1803년)

루이지애나의 광대한 영토는 오대호와 멕시코만 사이에 위치한다. 1682년, 프랑스 탐험가 라살이 처음 탐사하고 프랑스 영토임을 선언했다. 1750년경, 프랑스령 루이지애나는 넓은 영토를 차지하고 있었지만, 실제로 잘 알려진 지역은 주요 강줄기를 따라 형성된 정착지들뿐이었다. 특히 해안 지역은 1718년에 설립된 뉴올리언스를 중심으로 발전한 작은 프랑스 농장 식민지와 아카디아인(훗날 '케이준'의 유래가 됨) 정착지로 발전했다. 1763년 7년 전쟁이 끝나면서 루이지애나의 영토가 분할되었다. 미시시피강의 동쪽은 영국의 지배를 받게 되었고, 서쪽은 스페인에 할양되었다. 1800년에 스페인은 루이지애나를 나폴레옹에게 반환했지만, 나폴레옹은 생도맹그(아이티) 혁명 진압 실패 이후 더 이상 이 지역을 유지힐 필요가 없다고 판단했디. 결국 1803년 나폴레옹은 루이지애나 영토 전체를 약 1,500만 달러에 미국에 매각했다.

2489

퀘벡 식민지(1763~1867년)

7년 전쟁 동안 세인트로렌스 지역의 프랑스 식민지 주민들은 영국군에 맞서 저항했으나, 1759년 퀘벡 인근 아브라함 평원 전투에서 프랑스군을 이끌던 몽칼름 장군이 패배하고 전사하면서 영국의 지배가 시작되었다. 1763년 파리 조약을 통해 뉴프랑스 영국령 퀘벡주로 변경되었고, 영토도 남쪽으로 크게 확장되었다.

이후 미국이 독립하자 많은 영국 왕당파들이 퀘벡으로 이주하면서, 프랑스어를 사용하는 가톨릭 신자들과 영어를 사용하는 왕당파들 사이에 갈등이 심화되었다. 이러한 갈등을 해결하기 위해, 1791년 영국은 퀘벡을 인구의 90퍼센트가 프랑스어를 사용하는 하부 캐나다(현재의 퀘벡)와 주로 영어를 사용하는 상부 캐나다(현재의 온타리오주)로 분리했다. 이후 1867년, 캐나다 연방이 창설되면서 퀘벡은 4개 자치령(도미니언) 주 중 하나가 되었으며, 유일한 프랑스어 사용 주로 자리 잡았다.

아프리카 (16~18세기)

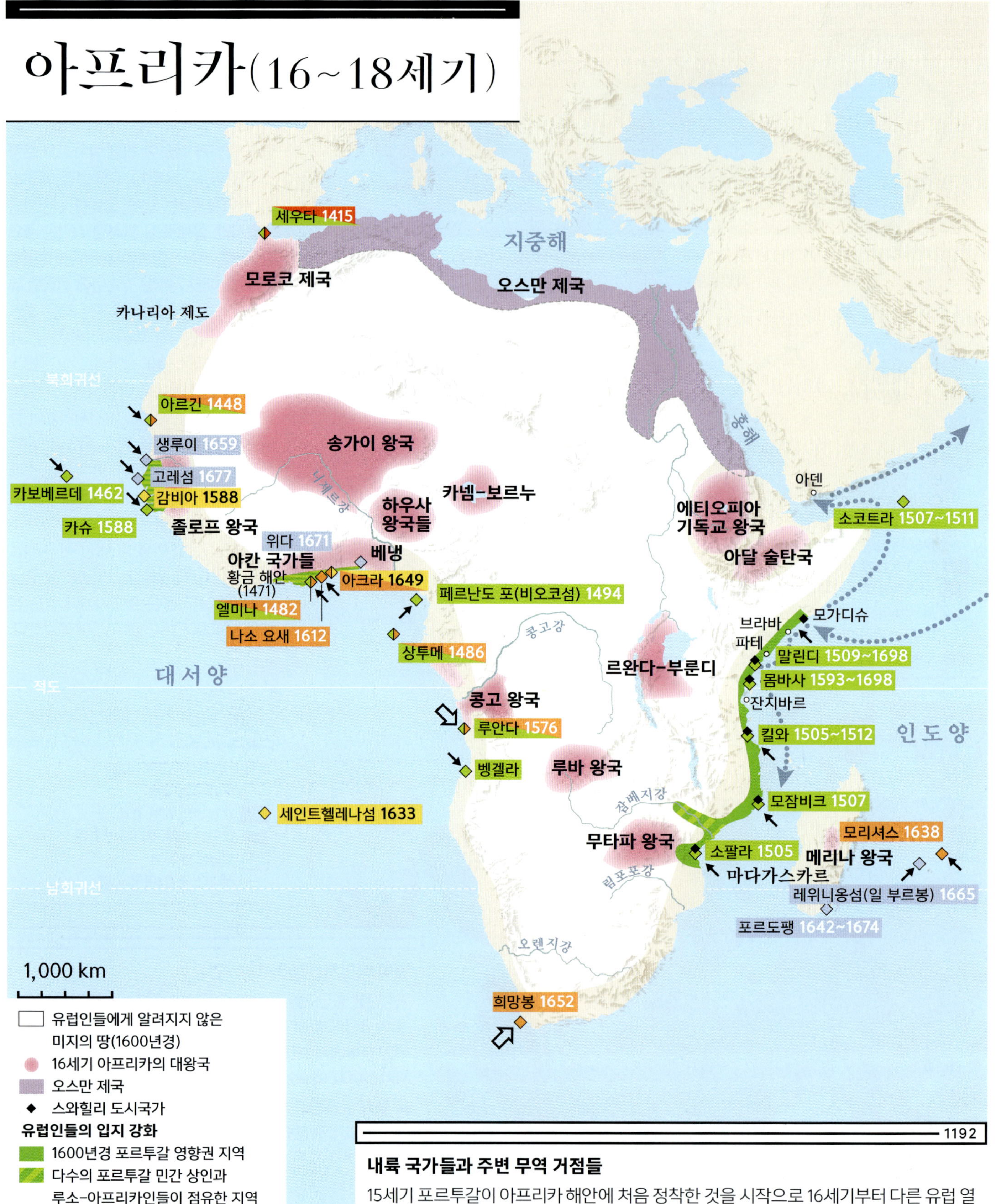

내륙 국가들과 주변 무역 거점들

15세기 포르투갈이 아프리카 해안에 처음 정착한 것을 시작으로 16세기부터 다른 유럽 열강들도 아프리카 해안에 교역소를 세우기 시작했다. 이들 무역 거점은 인도양 항로의 중계지 역할을 하면서 동시에 대서양 노예 무역의 중심지로 발전했다. 서아프리카에서는 해상 무역이 발달하면서 유럽과 직접 교역하던 해안가의 산림 지대 왕국들이 내륙의 사헬 제국들보다 더 큰 경제적 우위를 점하게 되었다. 그러나 시간이 지나면서 사하라 이남 아프리카는 점차 유럽과의 불평등한 무역 체제에 종속되었으며 노예 무역으로 인해 인구가 급감하는 등 심각한 사회적 타격을 입었다. 19세기에 들어서야 유럽인들이 아프리카 내륙 지역을 탐험하고 식민지화하기 시작했다.

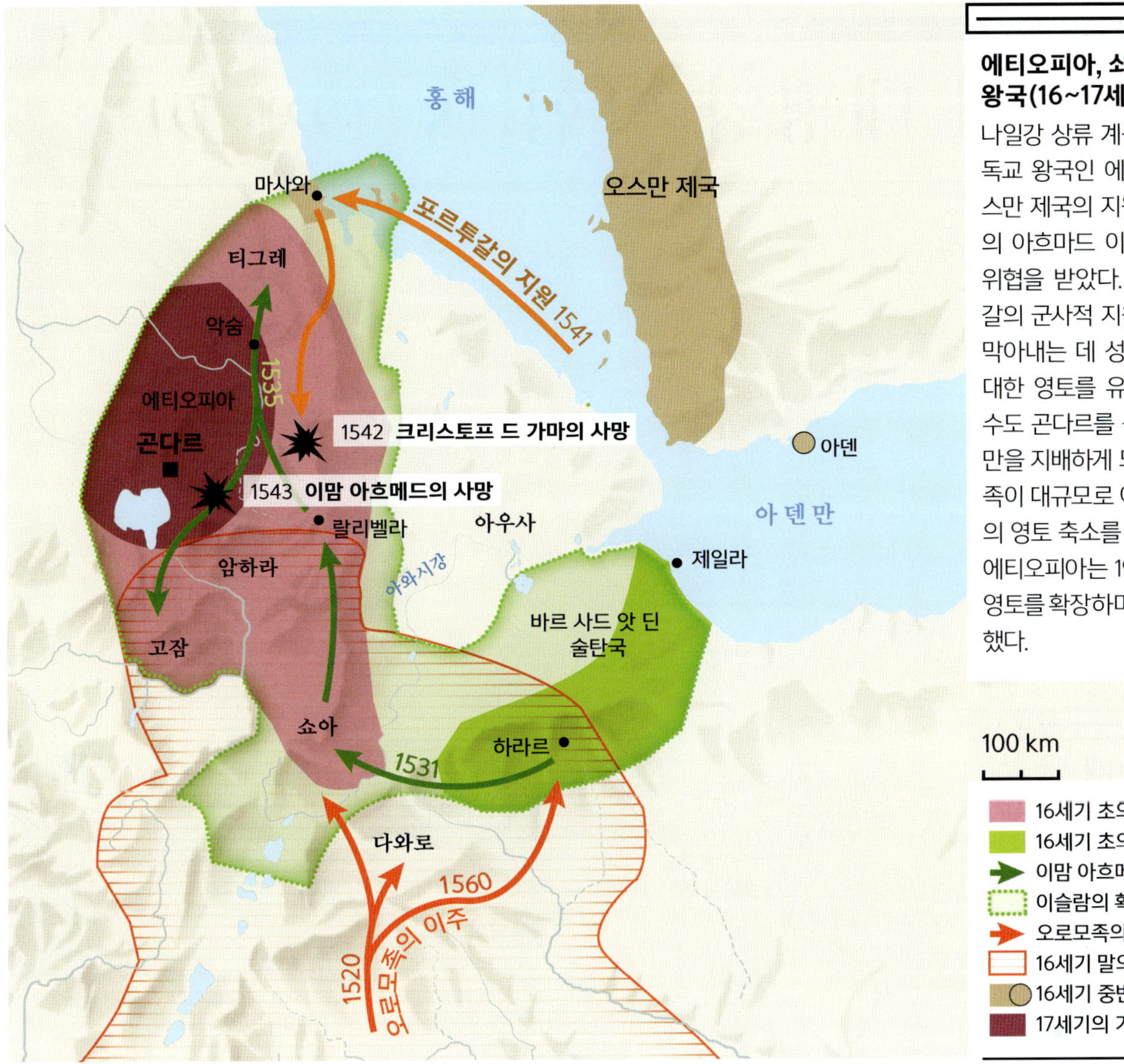

─2490─

에티오피아, 쇠퇴하는 기독교 왕국(16~17세기)

나일강 상류 계곡에 위치한 마지막 기독교 왕국인 에티오피아는 16세기 오스만 제국의 지원을 받은 아달 술탄국의 아흐마드 이븐 이브라힘 알가지의 위협을 받았다. 에티오피아는 포르투갈의 군사적 지원 덕분에 외부 침략을 막아내는 데 성공했지만, 이전처럼 광대한 영토를 유지하지 못하고 새로운 수도 곤다르를 중심으로 한 작은 지역만을 지배하게 되었다. 이 시기, 오로모족이 대규모로 이주하면서 에티오피아의 영토 축소를 틈타 세력을 확장했다. 에티오피아는 19세기에 들어서야 다시 영토를 확장하며 국력을 회복하기 시작했다.

─2491─

마다가스카르(18~19세기)

마다가스카르의 인구는 다양한 이주 집단의 유입으로 형성되었으며, 오랫동안 해안과 고원 지역에 여러 왕국이 공존했다. 19세기 초, 중앙 고원의 메리나 왕국이 베츠일레오 왕국 등을 정복하면서 마다가스카르 왕국(1817~1895년)이 수립되었고, 라다마 1세는 섬 대부분을 정복하며 통일의 기반을 닦았다.

이후 19세기 동안 프랑스와 영국은 마다가스카르에서 영향력을 확대하기 위해 경쟁했다. 그 결과, 서구 문화와 제도가 섬 전역에 퍼지면서 다양한 변화가 나타났다. 이 과정에서 기독교가 전파되었고, 라틴 문자가 도입되었으며, 초보적인 산업화와 신문 발행 같은 근대적 변화가 이루어졌다. 그러나 1895년, 프랑스는 라나발로나 3세 여왕을 폐위시키고, 결국 프랑스의 무력으로 마다가스카르는 완전히 식민지화되었다.

유럽인들의 태평양 탐험 (18~19세기)

첫 번째 과학적 탐험 시대

1513년 정복자 발보아는 태평양을 처음으로 목격한 유럽인으로 기록되었지만, 태평양이 유럽의 세계 지도에 본격적으로 등장한 것은 1520년에서 1521년 사이 마젤란의 항해 덕분이었다. 이후 약 200년 동안 태평양은 마닐라 갤리온 무역선과 드레이크, 태즈먼, 월리스와 같은 몇몇 탐험가들에 의해 간헐적으로 탐사되었지만, 여전히 베일에 싸인 바다로 남아 있었다.

1763년에서 1789년 사이, 태평양은 무역풍을 따라 동쪽에서 서쪽으로 체계적으로 탐사되기 시작했다. 이 시기의 탐험은 존 해리슨의 크로노미터(해상 시계)와 같은 정밀한 경도 측정 기술의 발전 덕분에 가능했다. 계몽주의 시대의 탐험은 '탐험가'라는 개념과 함께 '고귀한 야만인'이라는 이미지를 만들어냈으며, 당시 탐험 항해에는 항상 많은 과학자들이 동행했다. 이러한 탐사는 영국과 프랑스 간의 치열한 제국주의적 경쟁 속에서 이루어졌다.

이 시기의 가장 중요한 성과 중 하나는 고대 사람들이 믿었던 남방대륙(테라 아우스트랄리스)의 존재가 허구임이 증명된 것이다. 특히 제임스 쿡은 두 번째 항해에서 남극권을 넘어 남극 대륙 주변을 탐사하면서 여러 군도를 발견했다. 이후 19세기 초, 이러한 발견을 바탕으로 '오세아니아'라는 새로운 대륙 명칭이 탄생했다.

쿡이 발견한 호주 동부 해안(1770)
2492
뉴기니
케이프 방면
포제션섬 8월 21일
부비섬 8월 23일
이글섬 8월 12일
리자드섬 8월 11일
룩아웃 포인트 8월 10일
산호해
6월 17일~8월 3일 엔데버강
그래프턴곶 6월 9일
팜섬 6월 7일
메추라기섬(퀘일섬) 5월 29일
버스타드만 5월 23일
오스트레일리아
태평양
1770년 4월 28일~5월 5일 보타니만
뉴질랜드에서 출발
500 km
래스카
북아메리카
알래스카만
밴쿠버섬
1786
1778
캘리포니아
하와이
1779 쿡, 하와이에서 사망
대서양
남아메리카
마르키즈 제도
투아모투 제도
타히티
이스터섬
1767 라 부되즈 탐험선
1786 라 부솔과 라스트롤라브 탐험선
1769 HMB 엔데버 탐험선
파타고니아
1837
1774 HMS 리솔루션 탐험선

아시아의 유럽인(17~18세기)

2493

동인도 회사의 시대

16세기 동안 인도양 지역의 교역은 포르투갈이 독점하고 있었다. 스페인은 필리핀 북부를 점령하며 세력을 넓혔지만, 1600년경부터 영국, 네덜란드, 프랑스 등의 새로운 유럽 세력들이 등장하기 시작했다. 이들은 국가로부터 상업 독점권을 부여받은 특허 회사들로, 대표적으로 1600년에 설립된 영국 동인도 회사(BEIC), 1602년에 설립된 네덜란드 연합 동인도 회사(VOC), 그리고 1664년에 설립된 프랑스 동인도 회사가 있다. 이러한 동인도 회사들은 영토 정복보다는 교역을 통한 주주 이익 창출을 목표로 삼았으며, 새로운 무역 거점을 세우거나 기존의 포르투갈 무역 거점을 차지하는 데 주력했다.

17세기에는 네덜란드 동인도 회사가 가장 강력한 세력으로 자리 잡으며, 동남아시아의 향신료 무역을 집중적으로 장악했다. 이로 인해 네덜란드에 밀려난 영국과 프랑스는 인도 무역에 초점을 맞추게 되었다. 프랑스 동인도 회사의 퐁디셰리 총독 뒤플렉스는 초기에 인도에서 초기에 유리한 위치를 차지하기 위해 현지 병력인 세포이를 활용했지만, 영국이 1763년 7년 전쟁에서 승리하면서 벵골을 장악하자 프랑스는 인도에서 비무장 교역소만 유지할 수 있었다. 영국 동인도 회사는 중국 광저우(광둥)에 무역 거점을 설립해 차와 도자기 무역을 발전시키는 한편, 벵골에서 아편 생산을 장려해 이를 중국에 밀수출함으로써 무역 적자를 해결하려 했다. 18세기 말과 19세기에 들어서면서 동인도 회사들은 점차 사라지고, 그 자리를 식민지 통치를 강화하려는 국가들이 대신 차지하게 되었다. 이로써 본격적인 제국주의 시대가 도래했다.

불교와 유교의 전파 p.72
19세기 영국령 인도 p.422
19세기 청나라의 쇠퇴 p.436

중국 청나라(17~19세기)

1120

건륭제 시대의 대청 제국(1735~1796년)

청 왕조(1644~1911년)는 만주족이 세운 중국의 마지막 제국으로, 19세기 초까지 경제적 번영과 급격한 인구 증가를 기록하며 세계 최대 강대국 중 하나로 자리매김했다. 옹정제(1723~1735년)와 건륭제(1735~1796년)의 재위 기간 동안 중국은 경제적으로 번영을 누렸으며, 1800년경 인구가 3억 명을 넘어 전 세계 인구의 3분의 1을 차지하게 되었다. 또한 한족의 대규모 이주로 청 제국의 영향력이 중국 전역으로 확장되었다.

청나라는 러시아의 위협을 견제하며 만주, 사할린, 몽골, 티베트, 중앙아시아, 대만 등을 정복하는 등 군사 원정을 통해 영토를 확장했다. 그러나 18세기 말부터 청 제국의 권력은 점차 쇠약해지기 시작했다. 1796년, 관료 부패와 사회 불안으로 백련교의 난이 발발했으며, 이를 진압하는 데만 8년이 걸렸다.

또한 남부 지역에서 차와 같은 상품 작물 재배가 늘어나면서, 급격한 인구 증가를 감당할 식량 생산에 대한 압박이 커져갔고, 농업 경제가 불안정해졌다. 나폴레옹 전쟁 이후, 영국은 막대한 차 수입으로 인한 무역 적자를 해결하기 위해 아편을 중국에 대량 밀수출하며 압력을 강화했다. 아편 소비가 늘어나면서 중국 사회는 점점 더 취약해졌다. 청나라는 아편 밀무역을 단속하려 했지만, 결국 영국과의 갈등이 고조되면서 1840년에 제1차 아편 전쟁이 발발했다. 전쟁에서 패배한 청나라는 1842년 난징 조약을 체결했다. 이 조약은 청나라의 주권을 크게 제한한 최초의 근대적 불평등 조약이었으며, 청 제국의 쇠퇴와 외세의 침탈이 본격화되는 계기가 되었다.

500 km

청나라의 성립 초기(1644년)
건륭제의 원정
건륭제가 정복한 영토
건륭제 통치 말기의 국경(1796)
청 제국의 최대 판도와 영향권
코슈트 복속된 민족들
오늘날의 중국 국경
영국의 맥카트니 사절단(1793년)
유럽 무역 기지

함께 보기 — 중국, 송에서 몽골까지 p.260
중국 명나라 p.275
19세기 청나라의 쇠퇴 p.436

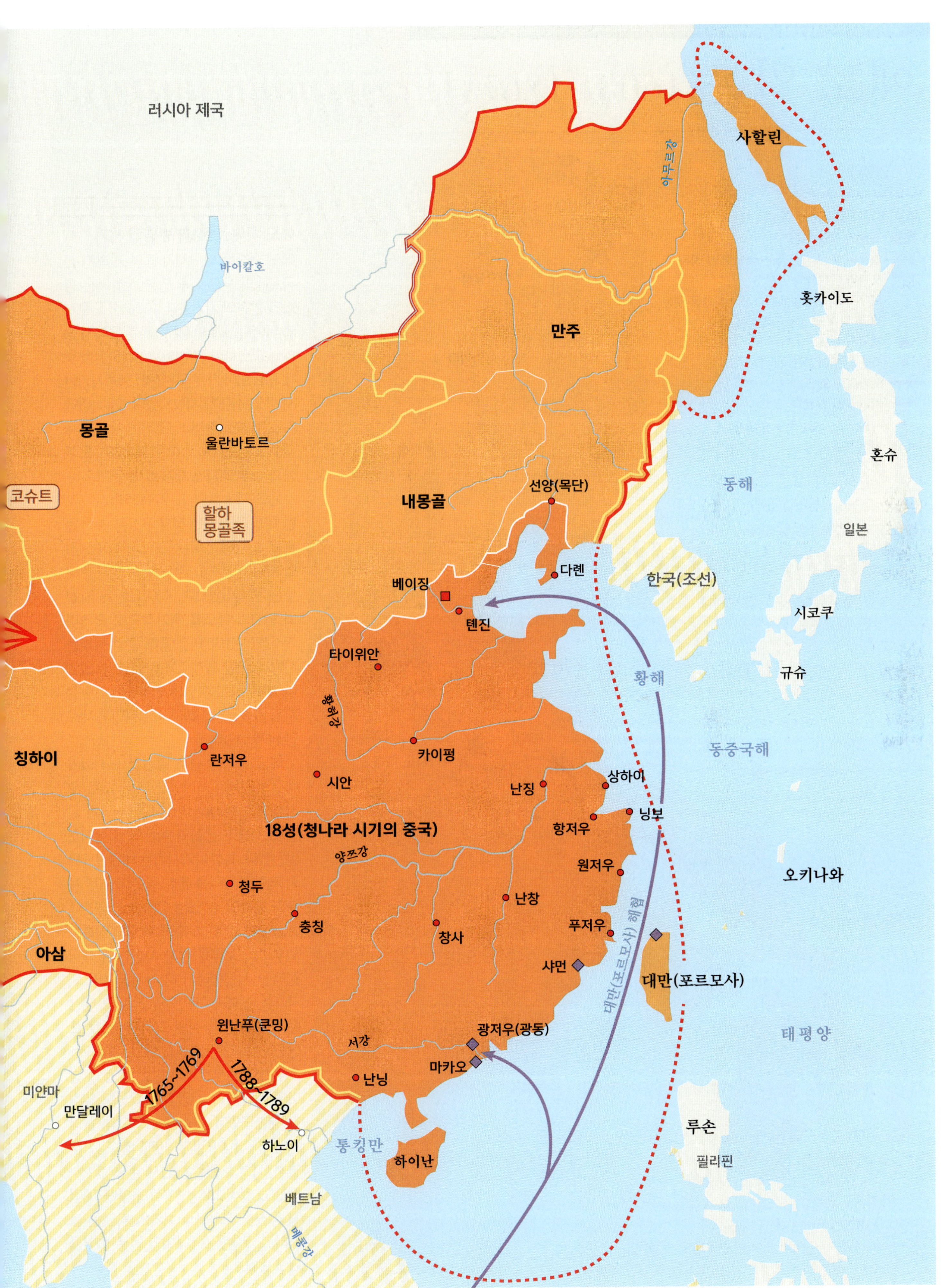

에도 일본 (1603~1867년)

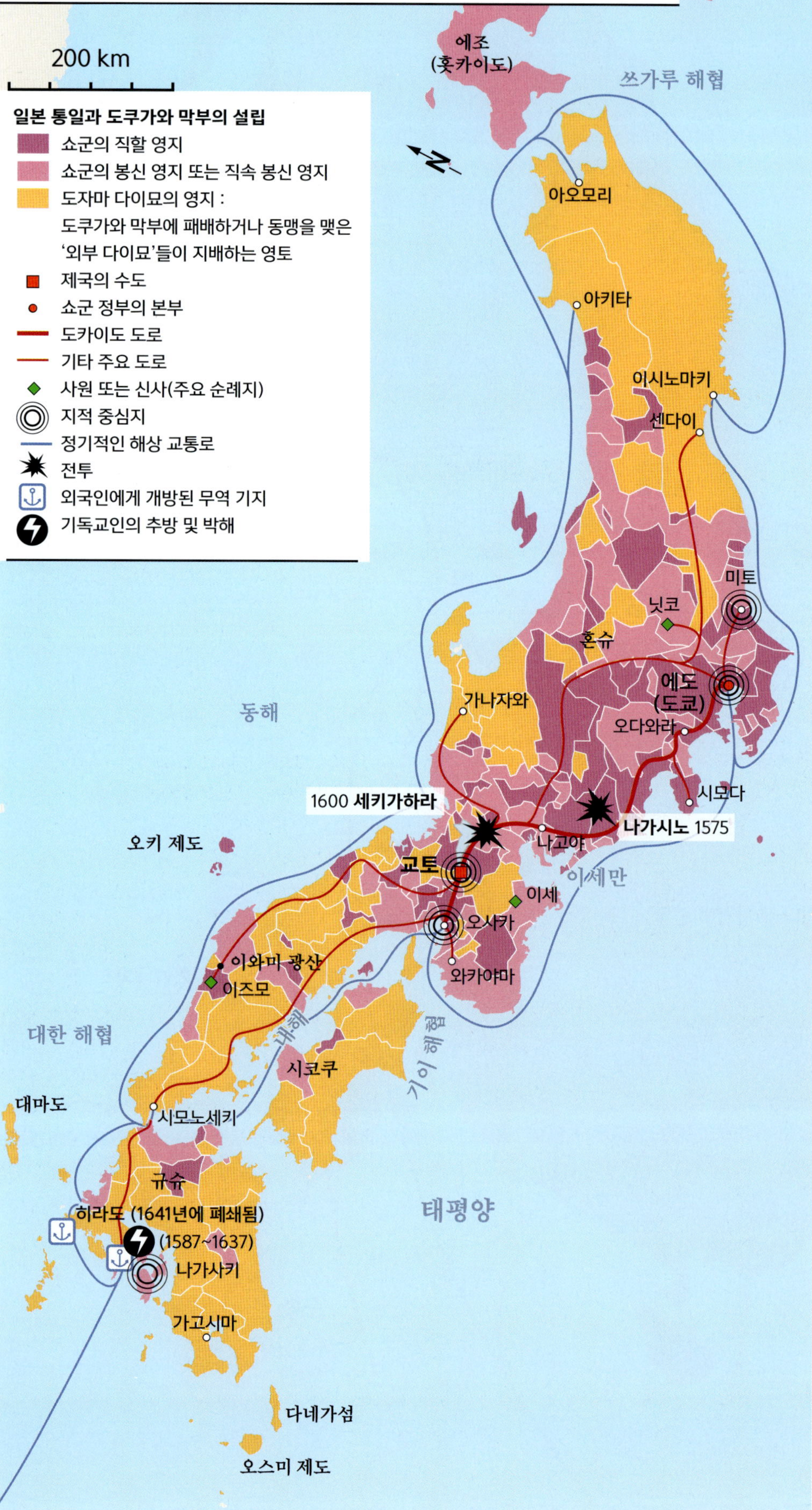

에도 시대, 안정과 번영의 시기

에도 시대는 약 3세기 동안 계속된 전국시대의 혼란 이후 일본에 찾아온 평화와 안정의 시기였다. 1600년, 도쿠가와 이에야스가 세키가하라 전투에서 승리하고 오사카 전투(1614~1615년)를 통해 도요토미 가문을 완전히 멸족시키면서 에도 시대가 시작되었다. 이후 이에야스는 에도(현재의 도쿄)에 막부를 세우고 쇼군으로서 일본을 통치하며 도쿠가와 막부의 지배 체제를 확립했다.

에도 시대 동안, 도쿠가와 막부는 '막번 체제'라 불리는 정치 구조를 통해 일본을 통치했다. 이는 중앙의 막부(쇼군)와 지방 대영주(다이묘)들이 권력을 나누는 방식이었으며, 다이묘들은 자신의 영지와 에도를 정기적으로 오가며 거주해야 했다. 이를 통해 중앙 정부는 지방에 대한 통제력을 강화할 수 있었다. 한편 교토에 있던 천황(덴노)은 정치적 권력을 상실하고 상징적인 존재로만 남게 되었다.

에도 시대는 경제 발전과 도시화가 빠르게 진행된 시기였다. 에도, 교토, 오사카뿐만 아니라 미토, 나가사키와 같은 도시들도 문화와 학문의 중심지로 발전했다. 특히 나가사키는 네덜란드와의 제한된 무역을 통해 일본이 외부 세계와 교류할 수 있는 유일한 창구였다. 1620년대부터 1640년대까지, 일본은 외부와의 교류를 점차 차단하며 쇄국 정책을 시행했다. 나가사키항만이 외국 상인들에게 개방되었으나, 그 대상은 조선과 중국 상인 그리고 네덜란드 상인으로 제한되었다. 한편 기독교는 도쿠가와 막부로부터 강한 탄압을 받아 금지되었고, 서양과의 교류도 엄격히 제한되었다. 그러나 1850년대 들어 서양 열강들이 일본에 개항을 강요하면서, 막부의 권위는 점차 흔들리기 시작했다. 결국 1867년에서 1868년 메이지 유신을 계기로 도쿠가와 막부는 붕괴하고, 일본은 근대화의 길로 접어들게 되었다.

1395

도쿠가와 시대의 경제 성장

1600년부터 1850년까지 일본의 인구는 약 1,500만 명에서 3,000만 명 이상으로 두 배 가까이 증가했다. 이 시기 각 지역의 성곽 주변에 새로운 도시들이 형성되었으며 나고야, 가나자와, 센다이와 같은 도시들이 발달했다. 18세기 초, 에도(현재의 도쿄)는 인구가 100만이 넘는 당대 세계 최대 도시로 성장했고, 교토와 오사카는 각각 약 50만 명, 나가사키는 6만 명의 인구를 기록하며 일본의 주요 도시로 자리 잡았다.

당시 다이묘(대영주)들은 대규모 농업 개간 사업을 추진하며 농업 생산량을 크게 증가시켰다. 강에 제방을 쌓아 홍수를 방지하고, 주요 계곡 지역의 농업을 안정적으로 관리하며 농업 기반을 확장했다. 이러한 발전 덕분에 일본 경제는 자급자족 단계를 넘어 전국적인 시장 경제로 전환되기 시작했다. 각 지역의 특산품이 전국적으로 유통되었으며, 특히 오사카는 '천하의 부엌'이라 불리며 쌀을 비롯한 전국 물산의 집결지로서 일본 경제의 중심지로 자리 잡았다.

또한, 14세기부터 사용되던 환어음이 도쿠가와 시대에 널리 통용되었고, 정기적인 해상 무역로가 개설되어 일본 열도 전체의 물류 이동이 원활해졌다. 이와 함께 주요 도시에서는 섬유 산업을 중심으로 수공업이 발달했으며, '근면 혁명'이라 불리는 초기 산업화가 진행되었다. 공방이 등장하고 장인들은 뛰어난 품질의 제품을 생산했다.

19세기 초, 오사카 교외에 첫 번째 제조업 공장이 설립되었고, 이들 공장에서는 농촌 출신 여성들이 대형 상인의 직조기로 면직물 등을 생산했다. 이러한 변화는 1850년 이후 서양의 영향을 받기 이전에도 일본이 섬유 산업을 중심으로 초기 산업 자본주의를 추진하고 있었음을 보여준다.

무굴과 사파비 왕조(16~18세기)

2494

메소포타미아에서 벵골만까지의 두 이슬람 제국(16~18세기)

16세기 초, 메소포타미아에서 벵골만에 이르는 광대한 지역에는 두 개의 강력한 이슬람 왕조인 이란의 사파비 왕조와 북인도의 무굴 제국이 등장했다. 사파비 왕조는 시아파로 개종한 사파비야 수피 교단에서 기원했으며, 1501년 타브리즈를 점령한 후 페르시아 전역을 장악했다. 1512년에는 우즈벡족이 중앙아시아에서 페르시아 세력을 몰아내면서, 동맹이었던 바부르가 북인도에 진출하는 계기를 마련했다. 바부르가 사망할 당시, 그의 왕국은 카불에서 비하르까지 확장되어 있었다.

사파비 왕조는 우즈벡족과 지속적인 갈등을 겪었으며, 또한 유럽 전선이 잠잠할 때마다 공격해오는 오스만 제국과도 치열하게 싸워야 했다. 아바스 1세(1588~1629년)는 서쪽에서 잃었던 영토 일부를 되찾으며 이란 역사에서 황금기를 이끌었다. 한편, 북인도의 무굴 제국은 샤자한(1627~1658년)과 아우랑제브(1658~1707년)의 통치 아래 전성기를 맞이했다. 이 시기 무굴 제국은 페르시아 문화의 영향을 크게 받았으며 건축, 예술, 행정 시스템에서 페르시아 문화가 두드러지게 나타났다.

1736년, 이란에서는 나디르 샤가 사파비 왕조를 몰아내고 아프샤르 왕조를 세웠다. 이후 1739년, 나디르 샤는 카르날 전투에서 무굴 제국의 군대를 격파했다.

카자한국
준가르 칸국
히바한국
우즈벡족
오트라르
부하라한국
히바
부하라
시르다리야강
이삭쿨호
사마르칸트
1497
안디잔, 페르가나 밸리
바부르의 출생지
카슈가르
아무다리야강
파미르
1504
발흐
흰두쿠시산맥
카불
코수드한국
티베트고원
1524
카슈미르
1522
칸다하르
아프간
라호르
인더스강
브라마푸트라강
시크족
1526 파니파트
히말라야산맥
자트
델리
아그라
러크나우
비하르
라푸트족
1527 카누아
1529 라 고그라
발루치스탄
신드
갠지스강
파트나
알라하바드
베나레스
아흐마다바드
말와
우자인
벵골
후글리
샹데르나고르
콜카타
구자라트
수랏
슈리람푸르
오리사
오만해
디우
부르한푸르
곤드와나
다만
바세인
봄베이
고다바리강
골콘다
마하라슈트라
하이데라바드
무굴 제국
마라타족
크리슈나강
벵골만
고아
비자야나가르
데칸
코로만델 해안
인 도 양
말라바르 해안
캘리컷
풀리카트
마드라스
사드라스
퐁디셰리
트란퀘바르
네가파탐
코친
타밀 지역
실론(스리랑카)

연대기

1501년
사파비 왕조 설립: 시아파로 개종한
수피교 종교 질서에서 기원한
페르시아 왕조.

1512년
사파비 페르시아의 최대 확장.

1526년
파니파트 전투: 중앙아시아 출신의
튀르크-몽골계 바부르가 갠지스강 중류
계곡을 정복하고 무굴 제국을 설립.

1542년
무굴 제국의 2대 황제 후마윤, 15년간
페르시아 샤의 궁정으로 망명. 그의
인도로의 복귀는 무굴 제국 내 페르시아
문화가 영향을 미치기 시작한 계기가 됨.

1556~1605년
바부르의 손자인 아크바르 황제 통치.

1588~1629년
샤 아바스 1세의 통치, 사파비 왕조의
전성기.

1632~1643년
아그라에 타지마할을 건설함.

1639년
카스르-이-쉬린 조약으로 페르시아-
오스만 제국 간의 국경이 이라크 동부에
확정됨.

1639~1668년
영국 동인도 회사가 마드라스, 콜카타,
봄베이의 무역소를 인수함.

1658~1707년
아우랑제브의 통치. 무굴 제국의 영토가
최대로 확장됨.

1720년
무굴 황제가 데칸 지역에 대한
마라타족의 권위를 인정.

1736년
사파비 왕조의 몰락.

1739년
페르시아 군주 나디르 샤가 델리를 약탈함.

오스만 제국과
기독교 세계의 대립(16세기)

펠리페 2세와 술레이만 대제 시대의 지중해 세계(1517~1571년)

16세기 동안 오스만 제국은 동로마 제국의 옛 영토 대부분을 회복하며 지중해에서 강력한 세력으로 자리 잡았다. 1517년, 오스만 제국은 이집트를 정복하고 맘루크 술탄국을 멸망시키면서 북아프리카와 레반트 지역을 완전히 장악했다. 1571년 베네치아는 키프로스를 잃었지만. 기독교 해적의 본거지인 크레타와 이오니아 제도의 지배권은 유지했다. 한편 제노바는 1566년에 키오스를 상실했고, 성 요한 기사단은 1522년에 로도스를 포기한 후, 1530년 몰타에 정착해 오스만 제국에 대항하는 기지로 삼았다.

16세기 들어 레반트 무역로의 중요성이 점차 감소하면서 지중해에서 가장 강력한 기독교 세력은 남부 이탈리아를 포함한 스페인 왕국이었다. 오스만 제국은 북아프리카의 트리폴리, 알제, 튀니스에 총독을 파견하며 스페인, 이탈리아, 심지어 프랑스 해안까지 공격했다. 그러나 모로코는 오스만의 통제에서 벗어나 독립을 유지했다. 바르바리 해적의 지원을 받은 오스만 제국은 북아프리카에서 스페인의 여러 거점을 몰아냈지만, 펠리페 2세는 스페인 해군을 동원해 오스만 제국의 대서양 진출을 저지하고 인도 항로를 통제했다.

1571년, 베네치아, 교황청, 그리고 스페인의 펠리페 2세가 결성한 신성 동맹은 레판토 해전에서 오스만 함대를 크게 격파하며 유럽 기독교 세력에게 사기를 북돋웠다. 그러나 오스만 제국의 지중해 해상 패권이 완전히 무너진 것은 아니었으며, 이후 오스만 제국의 주요 군사 활동은 발칸반도와 동유럽 지역으로 이동했다. 1526년 모하치 전투에서 헝가리를 점령하고, 1529년에는 빈을 포위(제1차 빈 공방전)하며 유럽 내륙으로 영향력을 확대하려 했다. 그러나 동쪽에서는 페르시아 사파비 왕조와의 끊임없는 갈등으로 인해 두 전선에서 전쟁을 치러야 했다.

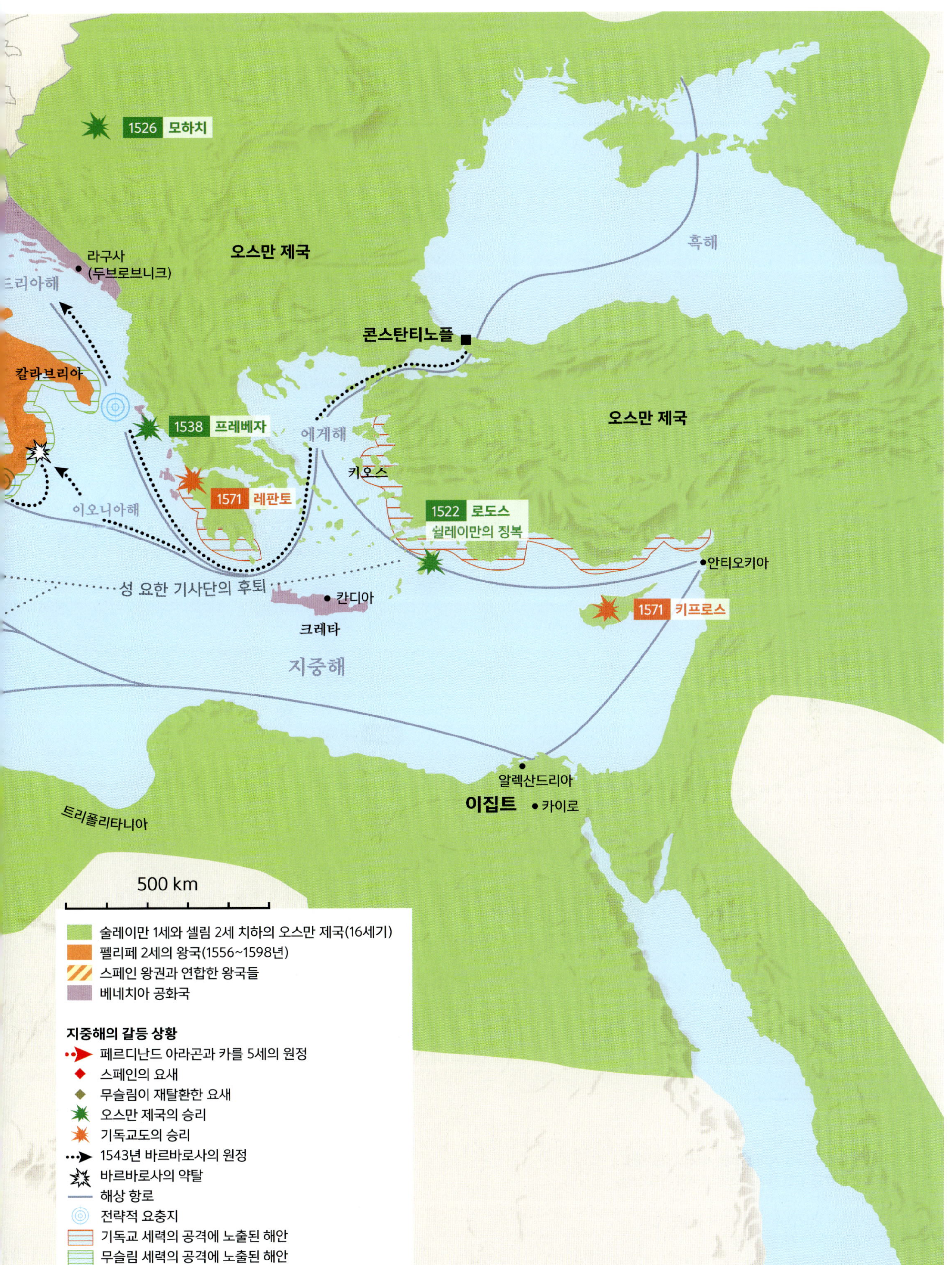
1526 모하치
오스만 제국
라구사
(두브로브니크)
아드리아해
흑해
칼라브리아
콘스탄티노플
1538 프레베자
에게해
오스만 제국
키오스
1571 레판토
1522 로도스
쉴레이만의 징복
이오니아해
안티오키아
성 요한 기사단의 후퇴
칸디아
1571 키프로스
크레타
지중해
알렉산드리아
트리폴리타니아
이집트 카이로
500 km
술레이만 1세와 셀림 2세 치하의 오스만 제국(16세기)
펠리페 2세의 왕국(1556~1598년)
스페인 왕권과 연합한 왕국들
베네치아 공화국
지중해의 갈등 상황
페르디난드 아라곤과 카를 5세의 원정
스페인의 요새
무슬림이 재탈환한 요새
오스만 제국의 승리
기독교도의 승리
1543년 바르바로사의 원정
바르바로사의 약탈
해상 항로
전략적 요충지
기독교 세력의 공격에 노출된 해안
무슬림 세력의 공격에 노출된 해안

오스만 제국의 쇠퇴 시작(1683~1830년)

함께 보기 — 오스만 제국 p.190
나폴레옹 원정 p.486
19세기 오스만 제국의 쇠퇴 p.444

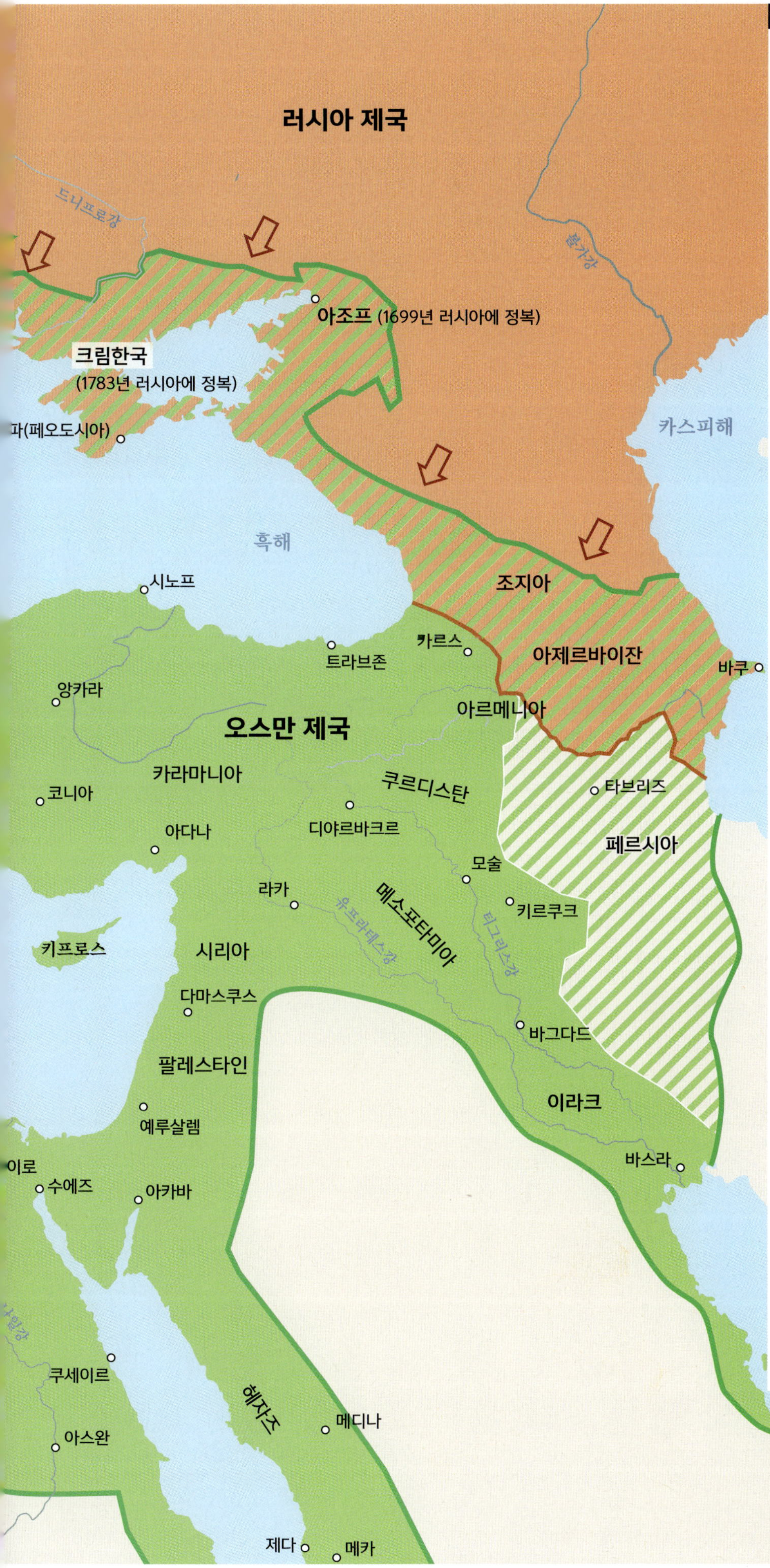

2497

세계 제국에서 병든 제국으로

16세기 말, 오스만 제국은 약 500만 제곱킬로미터에 이르는 광대한 영토를 지배하며 세계적인 제국으로 군림했다. 동쪽에서는 페르시아와의 국경이 여전히 유동적이었지만, 메소포타미아에 대한 지배는 확고했다. 북쪽으로는 헝가리, 트란실바니아, 몰다비아, 베사라비아와 같은 기독교 공국들과 크림한국 같은 이슬람 국가들을 속국으로 삼았다. 1669년에는 베네치아로부터 크레타를 탈환하며 영토를 확장하기도 했다. 그러나 1683년 제2차 빈 공방전에서 결정적인 패배를 당한 이후 오스만 제국의 쇠퇴가 시작되었으며 이는 1923년까지 지속되었다.

17세기 말, 오스트리아에 이어 러시아가 오스만 제국의 새로운 위협으로 부상했다. 러시아는 '따뜻한 바다'를 차지하기 위해 남하하기 시작했다. 또한 1697년 젠타 전투에서 오스트리아에 패배한 오스만 제국은 1699년 카를로비츠 조약을 통해 헝가리에 대한 지배권을 상실했다. 이후 1718년에는 오스트리아와 베네치아와의 4년간의 전쟁 끝에 세르비아 북부와 베오그라드를 잃었다. 1735년부터 1739년까지 이어진 전쟁에서는 일시적으로 러시아의 남하를 저지했으나, 1783년 예카테리나 2세가 크림한국을 합병하면서 흑해 북부를 상실했다. 이로써 오스만 제국의 영향력은 더욱 쇠퇴했다.

유럽이 근대화와 개혁을 추진하는 동안, 오스만 제국은 내부 개혁에 실패했다. 17세기 초부터 강력한 권력을 행사한 예니체리 군대는 보수적 성향을 띠며 개혁 시도를 저지했다. 또한 셀림 3세(1789~1807년)의 개혁 노력에도 예니체리의 강한 반발로 무산되었으며, 그 결과, 오스만 제국 내부 분열이 심화되고 쇠퇴가 더욱 가속화되었다.

1806년부터 1812년까지 오스만 제국의 루마니아 공국들이 러시아에 점령당하면서 베사라비아를 상실했고, 나폴레옹의 원정으로 잠시 프랑스의 지배를 받았던 이집트는 1805년 무함마드 알리의 통치 아래 자치권을 획득했다. 1821년 그리스 독립 전쟁이 발발했으며 1827년 나바리노 해전에서 서구 열강과 러시아의 지원을 받은 그리스 반군이 승리해, 1830년 그리스는 독립을 승인받았다. 같은 해 프랑스가 알제를 점령하며 오스만 제국의 북아프리카 통제권이 약화되었다.

8

유럽

16~18세기

유럽은 해외로 세력을 확장하는 동시에, 대륙 내에서는 여러 강대국이 서로 경쟁하며 복잡한 세력 균형을 유지했다. 종교적 갈등과 정치적 이해관계의 충돌로 인해 어느 한 국가도 유럽 전체를 지배하지 못했으며, 16세기 이탈리아 전쟁부터 프랑스 혁명 직전까지 약 300년 동안 끊임없는 패권 전쟁이 이어졌다.

16세기 초, 합스부르크 가문의 카를 5세와 그의 아들 펠리페 2세는 복잡한 왕위 계승을 통해 유럽에서 가장 광대한 영토를 확보했다. 이들은 아메리카 대륙에서 유입된 막대한 양의 은을 기반으로 권력을 강화했으나, 가톨릭 세계를 재통합하려는 시도와 합스부르크 가문의 정치적 우위를 확립하려는 시도는 결국 모두 실패하고 말았다.

17세기에 들어 프랑스는 유럽에서 인구가 가장 많고 강력한 국가로 떠올랐다. 루이 14세의 통치 아래 정치적, 군사적 영향력을 극대화하며 유럽 패권을 노렸다. 그러나 프랑스의 팽창 정책은 주변국들의 강한 견제를 불러왔고, 결국 여러 차례의 전쟁을 치르며 팽창 정책은 좌절되었다. 17세기 말에는 오스만 제국의 위협이 줄어들면서 유럽 내 세력 균형이 변화하기 시작했다. 18세기 영국은 강력한 해군을 기반으로 해상 패권을 장악했고, 동유럽에서는 프로이센과 러시아가 새로운 강대국으로 떠올랐다.

분열과 개혁(16세기)

1440

라틴 기독교 세계의 분열

중세 말기, 로마 가톨릭교회는 커다란 변화의 기로에 서 있었다. 14세기 서방 교회의 대분열로 교회의 권위는 크게 약화되었으나. 교황령 국가의 성장과 로마의 재건을 통해 다시 활기를 되찾으려 했다. 그러나 국가주의가 점차 강해지고 신자들의 요구가 변화하는 상황에서 교회는 이에 제대로 대응하지 못했고, 교회 개혁의 필요성은 점점 커져갔다. 특히, 면죄부 판매와 성직자들의 부패는 오랫동안 신자들의 불만을 키웠다. 또한 인문주의의 확산과 인쇄술의 발전은 성서를 모국어로 직접 읽고 개인적인 신앙을 추구하려는 열망을 더욱 고조시켰다.

1517년 마르틴 루터가 종교 개혁을 시작하고, 취리히에서는 츠빙글리가 로마 교회에 반기를 들면서 북유럽은 수십 년만에 로마 가톨릭교회와 단절되기 시작했다. 이러한 분열은 1530년 <아우크스부르크 신앙 고백>의 채택, 취리히, 베른, 스트라스부르 등 도시 의회 결정, 지역 종교 개혁 회의의 개최, 그리고 1534년 성공회 창설 등 다양한 형태로 나타났다.

로마 가톨릭 신앙을 지키려는 가톨릭 수호 군주들 간의 정치적 이해관계로 교회의 공식적 대응은 지연되었으며, 결국 교회가 공식적으로 개혁에 나선 것은 1545년부터 1563년까지 열린 트렌트 공의회를 통해서였다.

500 km

16세기 말 유럽의 종교적 신앙
- 가톨릭교도
- 루터교도
- 개혁교도(칼뱅주의자, 츠빙글리파)
- 성공회교도
- 후스파
- 정교회
- 무슬림

종교 개혁과 반종교 개혁의 중심지
- ◉ 주요 종교 개혁의 중심지
- ◆ 주요 개신교 대학
- ◉ 반종교 개혁의 중심지
- ◉ 기타 반종교 개혁의 중심지
- ▬ 신성 로마 제국의 경계

종교 개혁의 확산
- ‧‧‧▶ 칼뱅의 여정
- ‧‧‧▶ 루터의 여정
- ➡ 확산 경로

노르웨이
스웨덴
(1527)
웁살라
덴마크
(1536)
쿠를란트
(1561)
발트 해
북해
코펜하겐
슐레스비히
(1542)
쾨니히스베르크
네덜란드
(1560)
로스토크
포메라니아 (1534)
프로이센
(1525)
레이던
메클렌부르크
(1549)
그라이프스발트
로테르담
브라운슈바이크
(1545)
브란덴부르크 (1539)
폴란드
헤센
(1527)
안할트
(1534)
비텐베르크
마르부르크
바르트부르크
라이프치히
작센
(1527~1539)
누아용
스당
에르푸르트
아이슬레벤
레나
1521~1522
보름스
하이델베르크
보헤미아
(1576)
뷔르템베르크
(1534)
스트라스부르
튀빙겐
1538
아우크스부르크
빈
바젤
취리히
뮌헨
1541
스위스
(1571)
부다
제네바
트렌토
1536
1536
헝가리
(1562)
페라라
1510~1511
아드리아해
지중해
오스만 제국
로마

신성 로마 제국의 종교 개혁
(1517~1555년)

신성 로마 제국에서 루터교의 확산(1517년)

1520년대 초반, 루터교 종교 개혁은 독일 전역으로 빠르게 퍼져 나갔다. 루터의 저서와 성서 번역본이 수십만 부 인쇄되어 널리 보급되었으며 그림과 설교를 통해 루터의 사상이 대중에게 빠르게 전파되었다. 1524년에서 1526년 사이에 발생한 독일 농민 전쟁은 경제적·사회적 이유로 촉발된 봉기였지만, 일부 농민들은 루터의 사상에 영향을 받은 것처럼 보였고, 설교자 토마스 뮌처가 이들을 적극적으로 지지했다. 그러나 루터 자신은 농민들의 봉기를 반대했다. 이후, 루터의 개혁 운동은 더욱 체계화되었다. 1529년에는 두 개의 <교리문답서>가 작성되었고, 1530년에는 루터교 신앙을 체계적으로 정리한 <아우크스부르크 신앙 고백>이 발표되었다.

루터교는 신성 로마 제국 내에서 각 제후국을 중심으로 조직되기 시작했다. 각 제후는 루터교 신앙을 채택하고, 이를 자신의 영토 내 주민들에게 강요할 수 있는 권리를 확보했다. 이러한 변화는 1555년 아우크스부르크 회의에서 공식적으로 인정되었으며, 그 결과, 신성 로마 제국은 서로 다른 신앙을 가진 영토들이 공존하는 '모자이크' 같은 종교 구조로 변화했다.

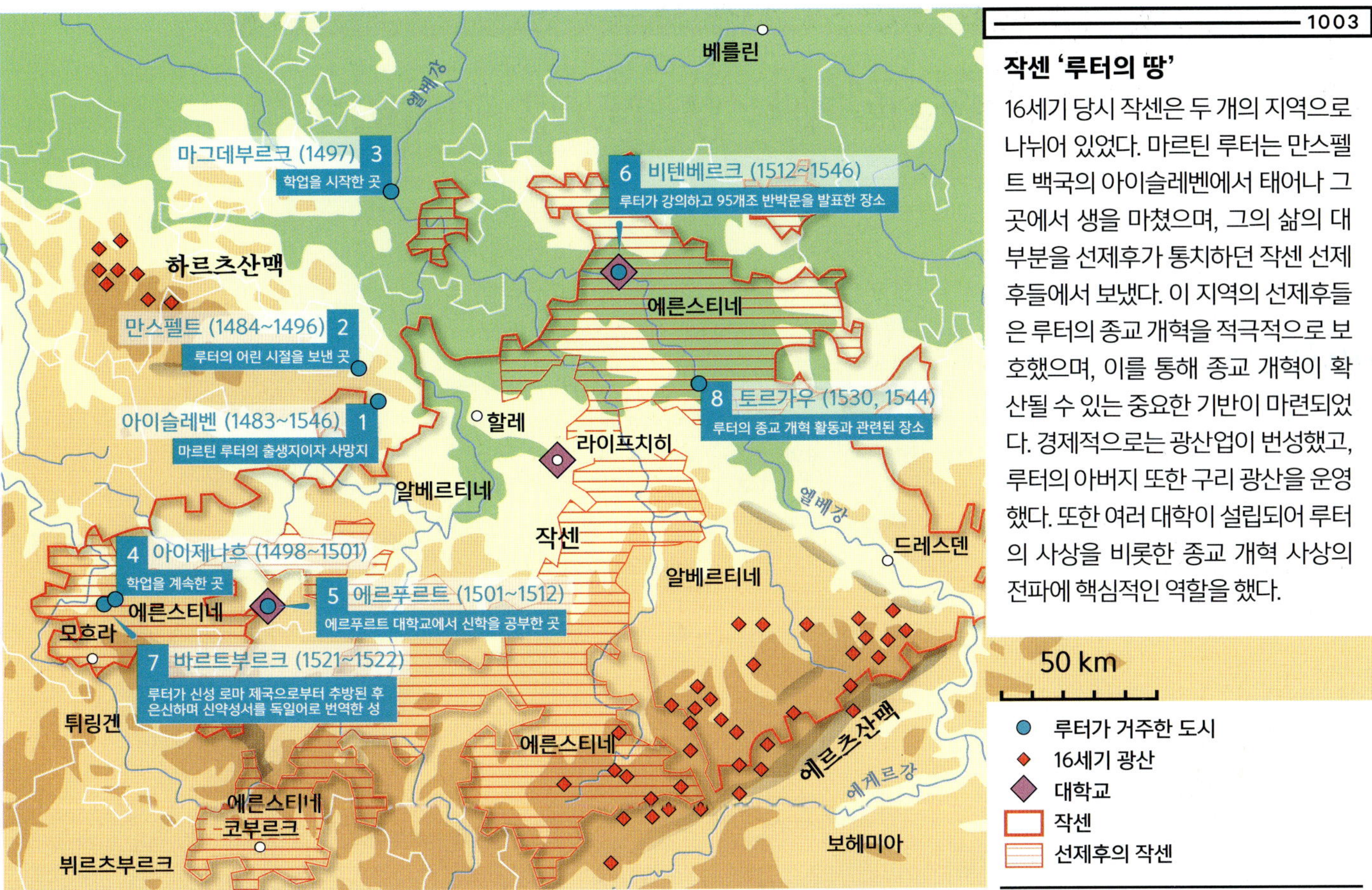

1003

작센 '루터의 땅'

16세기 당시 작센은 두 개의 지역으로 나뉘어 있었다. 마르틴 루터는 만스펠트 백국의 아이슬레벤에서 태어나 그곳에서 생을 마쳤으며, 그의 삶의 대부분을 선제후가 통치하던 작센 선제후들에서 보냈다. 이 지역의 선제후들은 루터의 종교 개혁을 적극적으로 보호했으며, 이를 통해 종교 개혁이 확산될 수 있는 중요한 기반이 마련되었다. 경제적으로는 광산업이 번성했고, 루터의 아버지 또한 구리 광산을 운영했다. 또한 여러 대학이 설립되어 루터의 사상을 비롯한 종교 개혁 사상의 전파에 핵심적인 역할을 했다.

2498

농민 전쟁(1524~1526년)

농민 전쟁은 1524년 6월 독일 남부의 슈바르츠발트(검은 숲) 지역에서 시작되었다. 이 봉기는 루터교 사상에 영향을 받은 농민들이 주도한 사회경제적 반란으로, 빠르게 신성 로마 제국 남부 전역으로 확산되었고 작센 지역까지 퍼졌다. 당시 이 지역들은 인구 밀집과 시장 경제의 발달로 인해 도시가 빠르게 성장하고 있었던 곳이었다. 루터는 초기에는 농민들의 개혁 요구에 동정적이었으나, 봉기가 격화되면서 자신을 지지하던 귀족들에게 위협이 되자 태도를 바꾸었다. 1525년, 그는 격렬한 어조로 농민들의 봉기를 비난하는 글을 발표하며 반대 입장을 명확히 했다. 농민 전쟁에는 약 30만 명이 참여했으며, 그중 약 10만 명이 전투와 진압 과정에서 목숨을 잃었다.

프랑스의 종교 전쟁(1562~1598년)

도시 :

- ● 성 바르톨로메오 축일 학살이 일어난 도시
- (8월 24일) 학살 시작 날짜

추정 피해자 수

- 3,000
- 1,000
- 50

- ◆ 산발적 폭력이 발생한 도시
- ◆ 성 바르톨로메오 축일 학살이 일어나지 않은 도시
- ◉ 개신교가 점령한 도시
- □ 왕국의 경계
- ■ 중요한 개신교 소수파가 있는 도시

1190

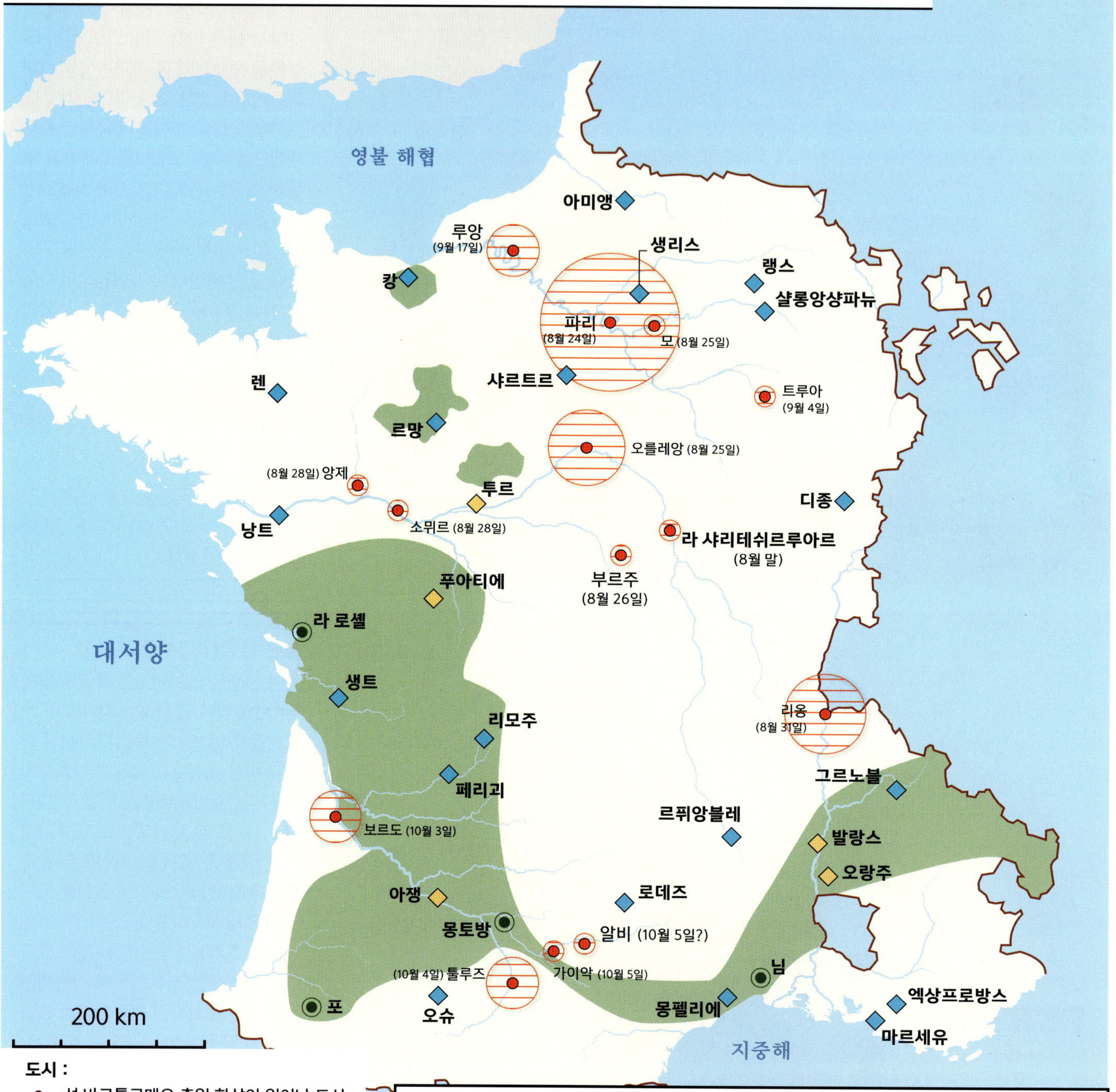

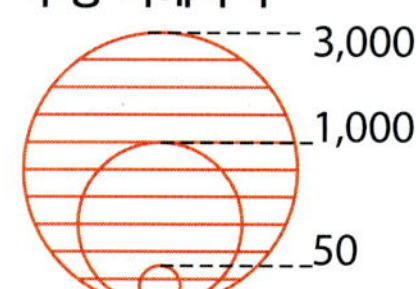

지역마다 다른 양상을 보인 성 바르톨로메오 축일의 학살

1572년 8월 24일, 파리에서 시작된 개신교도 학살(성 바르톨로메오 축일의 학살)은 파리를 넘어 프랑스 전역으로 확산되었으며, 지역마다 각기 다른 양식으로 전개되었다. 오를레앙(1562년, 1567년)이나 리옹(1562년)처럼 이전에 프랑스 개신교도(위그노)에게 점령당한 경험이 있던 지역에서는 대규모 학살이 발생했지만, 다른 지역에서는 학살을 방지하려는 시도가 이루어지기도 했다.

예를 들어, 캉에서는 당시 브르타뉴 총독인 몽팡시에 공작이 학살을 지시했음에도 불구하고, 시장인 기욤 하루이스가 이를 거부했다. 그는 일부 개신교들을 며칠간 가두어 사태를 진정시키는 등 평화를 유지하려고 했다. 이처럼 성 바르톨로메오 학살은 개신교도가 많은 지역에서만 발생한 것이 아니라 각 지역의 정치적, 사회적 상황에 따라 그 전개 양상이 매우 다양했다.

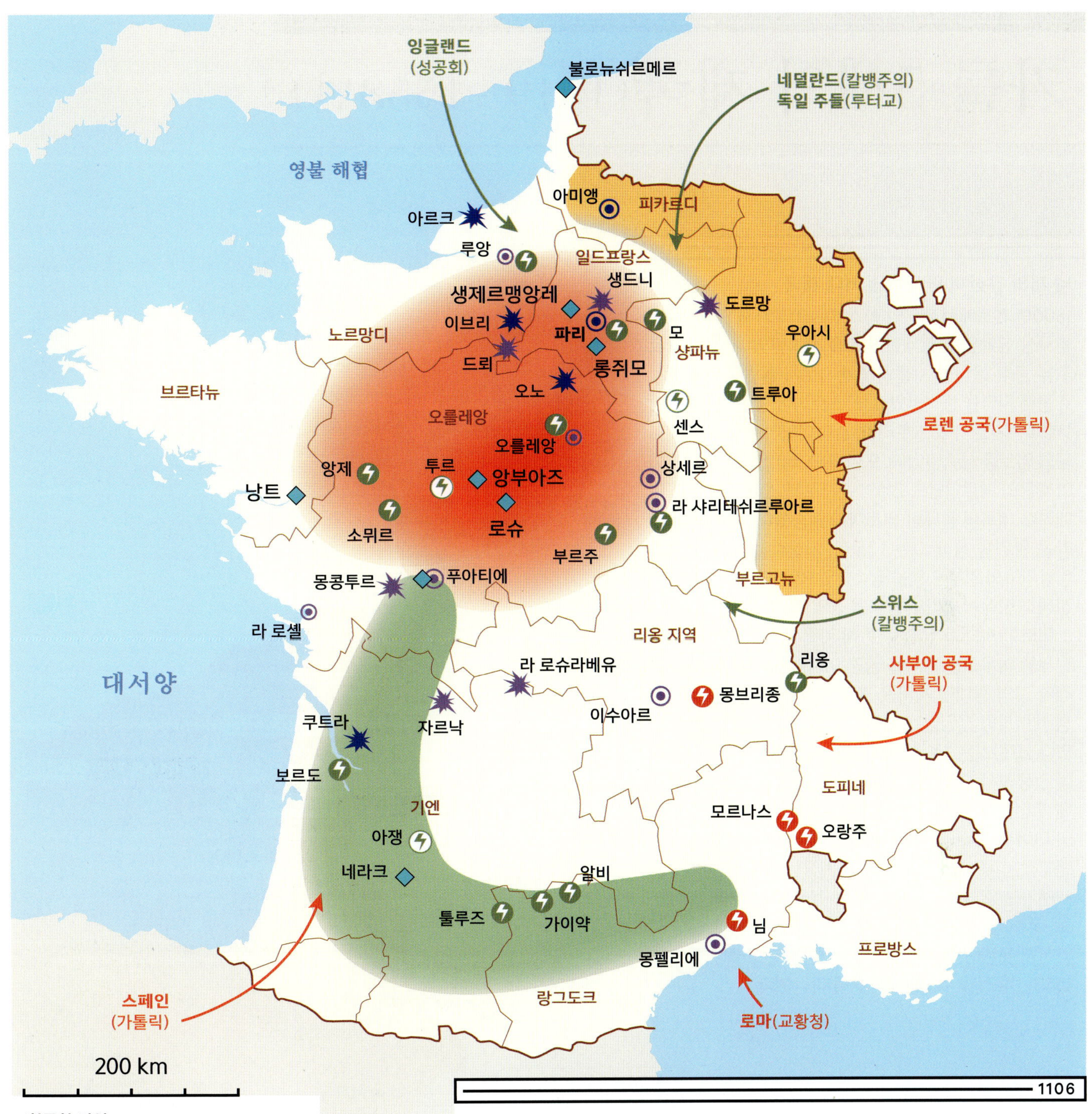

프랑스의 8차례 종교 전쟁

프랑스에 개신교가 확산되기 시작한 것은 1520년대부터였다. 그러나 1534년 '플래카드 사건' 이후, 왕권은 개신교에 대한 탄압을 더욱 강화했다. 이러한 상황 속에서 칼뱅은 망명을 떠나야 했지만, 개혁 교회들은 점차 조직을 갖추며 성장했다. 개신교는 도시뿐만 아니라 루아르강 남쪽의 농촌 지역에서도 빠르게 퍼지며 '개신교 초승달 지대'를 형성해 나갔다.

1562년부터 1598년까지 프랑스에서는 총 8차례의 종교 전쟁이 이어지며, 외세의 개입과 종교적 갈등으로 심각한 내부 위기를 겪었다. 샹파뉴와 로렌 지역은 가톨릭 동맹을 이끄는 기즈 가문의 영향력 아래 놓였고, 반면 라로셸에서 님까지 이어지는 '개신교 초승달 지대'는 확고히 자리 잡았다. 동시에 가톨릭 동맹 도시들도 각지에 존재하면서 평화는 쉽게 이루어지지 않았다.

이러한 혼란 속에서 학살이 벌어졌으며, 특히 1572년 성 바르톨로메오 축일의 대학살에서 그 잔혹함이 절정에 이르렀다. 이후 1598년, 개신교 지도자였던 나바라의 앙리가 프랑스 왕 앙리 4세로 즉위하고, 가톨릭으로 개종한 후 1598년에 낭트 칙령을 반포하여 종교적 관용을 인정함으로써 오랜 종교 갈등을 마무리했다.

카를 5세의 제국(1519~1558년)

1142

네 개의 유산이 만들어낸 거대 제국

1500년 겐트에서 태어난 합스부르크의 카를 5세는 유럽 역사상 유례없는 광대한 영토를 상속받았다. 그는 부르고뉴 공작 용담공 샤를의 증손자로서 플랑드르와 프랑슈콩테 지역을 물려받았고, 오스트리아 황제 막시밀리안 1세의 손자로서 오스트리아, 슈타이어마르크, 카린티아 등의 영토를 상속받았다. 또한, 카스티야의 이사벨 1세와 아라곤의 페르디난드 2세의 손자로서 스페인 왕국과 아메리카 대륙의 광대한 영토까지 계승했다. 더 나아가 아라곤 왕위를 통해 그는 나폴리, 시칠리아, 사르데냐 등 이탈리아의 일부 지역을 상속받았으며, 또한 이탈리아와 전쟁 과정에서 밀라노 공국을 장악했다.

이러한 막대한 유산을 통해 카를 5세는 기독교 세계 전체를 아우르는 제국을 꿈꾼 마지막 군주가 되었다. 그러나 그의 광대한 제국은 프랑스 왕국이라는 강력한 경쟁 세력과의 끊임없는 갈등으로 인해 쇠퇴를 피할 수 없었다. 프랑스는 1494년부터 1559년까지 이어진 이탈리아 전쟁에서 지속적인 군사 개입을 통해 카를 5세의 패권에 도전했다. 남쪽과 동쪽에서는 오스만 제국과의 전쟁이 이어지며 제국은 큰 부담을 안게 되었다. 더불어 1520년대에는 루터의 종교 개혁이 시작되면서 라틴 기독교 세계가 분열되었고, 카를 5세는 신성 로마 제국 내 개신교 세력과도 맞서야 했다. 결국 그는 개신교를 완전히 제압하지 못한 것에 대한 깊은 실망감을 안고 퇴위했으며, 1558년 유스테 수도원에서 생을 마감했다.

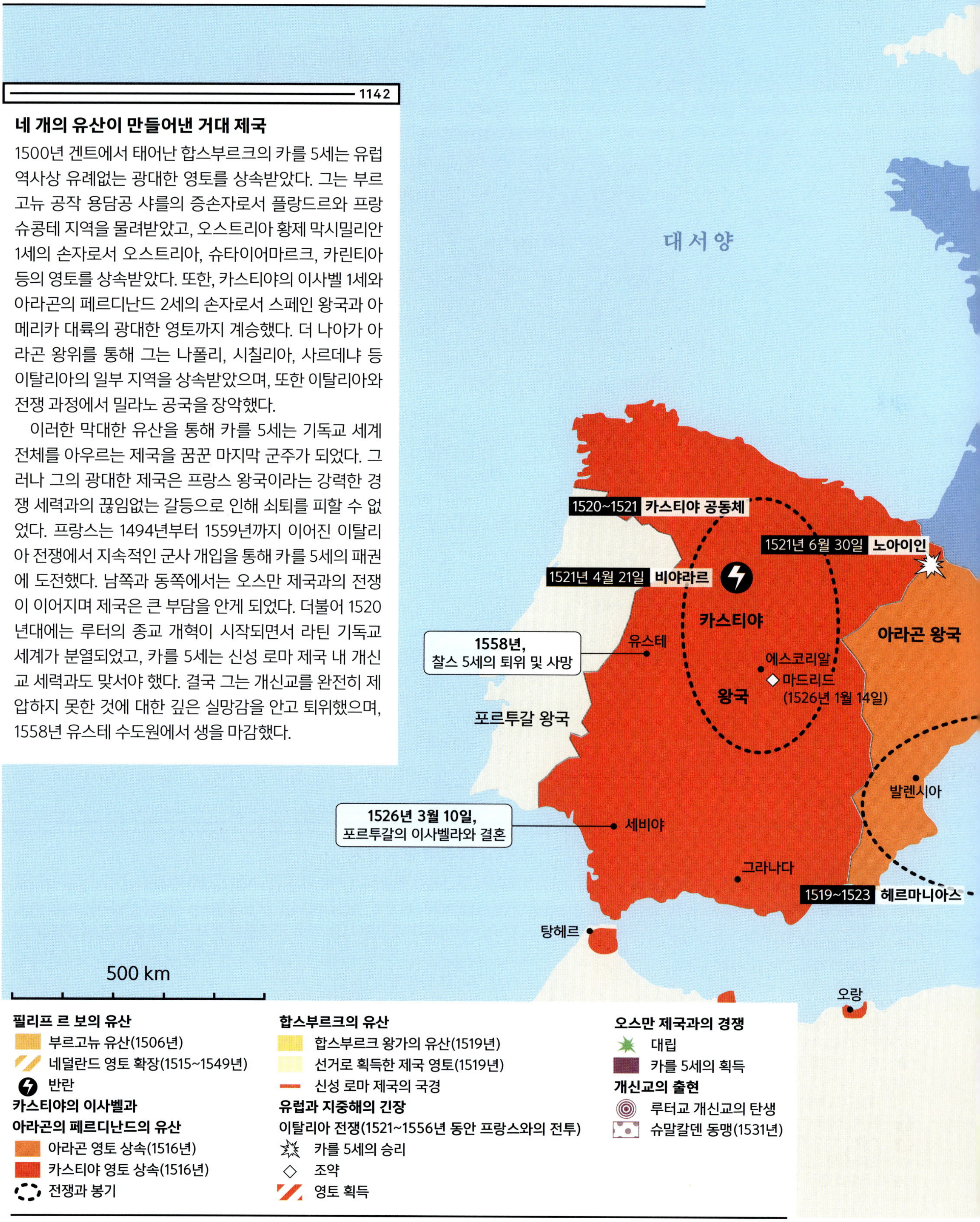

대서양
1520~1521 카스티야 공동체
1521년 6월 30일 노아이인
1521년 4월 21일 비야라르
카스티야
왕국
아라곤 왕국
1558년,
찰스 5세의 퇴위 및 사망
유스테
에스코리알
마드리드
(1526년 1월 14일)
포르투갈 왕국
발렌시아
1526년 3월 10일,
포르투갈의 이사벨라와 결혼
세비야
그라나다
1519~1523 헤르마니아스
탕헤르
500 km
오랑
필리프 르 보의 유산
부르고뉴 유산(1506년)
네덜란드 영토 확장(1515~1549년)
반란
카스티야의 이사벨과
아라곤의 페르디난드의 유산
아라곤 영토 상속(1516년)
카스티야 영토 상속(1516년)
전쟁과 봉기
합스부르크의 유산
합스부르크 왕가의 유산(1519년)
선거로 획득한 제국 영토(1519년)
신성 로마 제국의 국경
유럽과 지중해의 긴장
이탈리아 전쟁(1521~1556년 동안 프랑스와의 전투)
카를 5세의 승리
조약
영토 획득
오스만 제국과의 경쟁
대립
카를 5세의 획득
개신교의 출현
루터교 개신교의 탄생
슈말칼덴 동맹(1531년)

잉글랜드 왕국
덴마크 왕국
발트 해
북 해
1515년 1월 15일
샤를 5세의 즉위
아렘 1515-1523
함부르크
네덜란드
브레멘
폴란드 왕국
브란덴부르크
1539 겐트
안트베르펜
루터의 95개 논제
(1517)
비텐베르크
1553 테루안
브뤼셀
작센
실레지아
1553 에당
다마스 조약
(1529년 8월 3일)
프랑크푸르트
신성 로마 제국
크레피앙라누아 휴전
(1544)
트리어
마인츠
보름스 (1521)
프라하
파리
베르됭
보헤미아
메스
스트라스부르
툴
프랑스 왕국
아우크스부르크
국회 (1548)
평화 (1555)
오스트리아
바젤
바이에른
샤롤레
프랑슈콩테
빈 1529
제네바
스위스 연방
티롤
슈타이어마르크(스티리아)
부다
카린티아
1522년 4월 27일 라 비콕 전투
트렌토 공의회 (1545)
사부아
밀라노
베네치아 공화국
카르니올라
오스만 제국
아비뇽
제노바
베오그라드
루카
리구리아해
피렌체
토스카나
교황령
바르셀로나
코르시카
아드리아해
발레아레스 제도
로마
나폴리 왕국
1528 나폴리
사르데냐
오트란토
티레니아해
팔레르모
이오니아해
알제 1541
시칠리아 왕국
본
시칠리아
지중 해
튀니스

16세기 신성 로마 제국

2499

신성 로마 제국, 유럽의 독특한 권력 체제 (962~1806년)

신성 로마 제국은 카롤링거 제국이 붕괴된 후 형성된 독특한 지정학적 체제로, 962년 2월 2일 오토 1세의 대관식을 시작으로 1806년 나폴레옹 시대까지 지속되었다. 이 제국의 영토는 서유럽과 슬라브, 스칸디나비아, 마자르 지역의 경계에 걸쳐 위치하며 끊임없이 변동했다. 북해에서 이탈리아반도까지 이어지는 넓은 중간 지대에는 다양한 제후국, 교회 영지, 도시국가들이 모여 준 연방 형태로 운영되었다. 1356년 발표된 제국법 '금인칙서'를 통해 7명의 선제후로 구성된 선거단이 황제를 선출하는 체제를 확립했다. 그러나 16세기 이후, '로마인의 왕'이라는 황제 칭호는 점차 오스트리아를 중심으로 한 합스부르크 가문이 사실상 독점하게 되었다.

15세기까지 신성 로마 제국은 알프스산맥을 넘어 북부 이탈리아와 프랑스 왕국의 접경 지역까지 영토를 확장했다. 이 지역에는 '4개 강(론, 손, 뫼즈, 스헬더(에스코))'의 동쪽 지역인 아를 왕국, 로렌, 플랑드르 등의 영토가 포함되었다. 그러나 이후 변화가 일어나며 제국의 성격이 달라졌다. 프랑스가 동쪽과 북쪽으로 확장하고, 북부 이탈리아가 분리되고, 스위스와 네덜란드가 독립하면서 신성 로마 제국은 15세기부터 점차 '게르만 제국'으로 불리기 시작했다.

그럼에도 불구하고, 제국의 경계는 독일어 사용 지역과 완전히 일치하지 않았다. 예를 들어, 프로이센은 제국 영토 밖에서 왕국으로 성장했으며, 보헤미아 왕국은 제국 내에 편입된 상태로 유지되었다. 결국, 1806년 8월 6일 오스트리아의 프란츠 2세가 로마 황제 칭호를 포기하면서 신성 로마 제국은 공식적으로 해체되었다. 이는 고대 로마 황제의 마지막 계승 칭호가 완전히 사라진 역사적 사건이었다.

함께 보기 — 신성 로마 제국 **p.244**
30년 전쟁 **p.368**
30년 전쟁 이후의 유럽 **p.370**

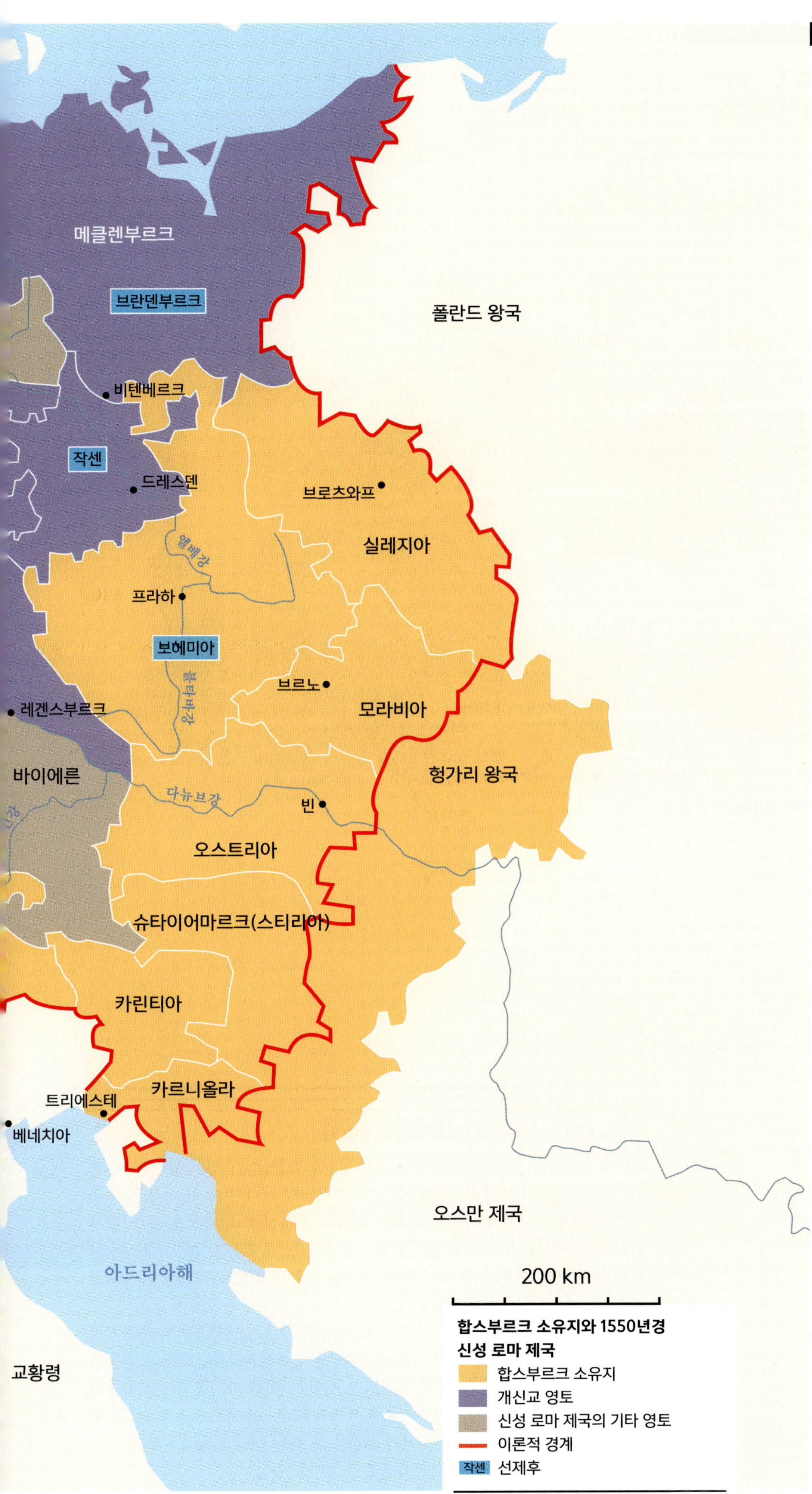

연대기

1519년
스페인의 왕 카를 5세가 신성 로마 제국의 황제로 선출됨.

1521년
보름스 회의: 루터는 카를 5세에 맞서 자신의 신념을 고수하며, 이단 철회를 거부하고 추방당함.

1524~1526년
농민 전쟁: 농노제에 반대하는 반란이 검은 숲(슈바르츠발트)에서 시작되어 스위스와 오스트리아까지 확산됨.

1525년
튜턴 기사단장인 알브레히트 폰 호엔촐레른은 개신교로 개종하고, 그의 영지는 프로이센 공국이 됨.

1555년
아우크스부르크 화의: 루터교 국가와 가톨릭 국가 간의 적대 행위를 종료. 이 화의는 '영주의 종교가 곧 국가의 종교'라는 원칙에 따라 종교적 평화를 확립함.

1618년
프라하 창문 투척 사건: 세 명의 황제 사절단이 창문 밖으로 던져지면서 30년 전쟁이 발발. 이 전쟁은 황제와 프로테스탄트 독일 국가들 간의 갈등을 중심으로 전개됨.

1648년
베스트팔렌 조약으로 30년 전쟁과 네덜란드 독립 전쟁(80년 전쟁)이 종식됨.

1685년
프랑스의 위그노(프랑스 개신교도)들이 낭트 칙령이 폐지된 후 독일로 망명함.

1740년
프리드리히 2세가 프로이센의 왕이 되어 프로이센을 유럽의 강대국으로 성장시킴.

1806년
프란츠 2세가 신성 로마 황제의 지위를 포기하며 신성 로마 제국이 해체됨.

16세기 스위스

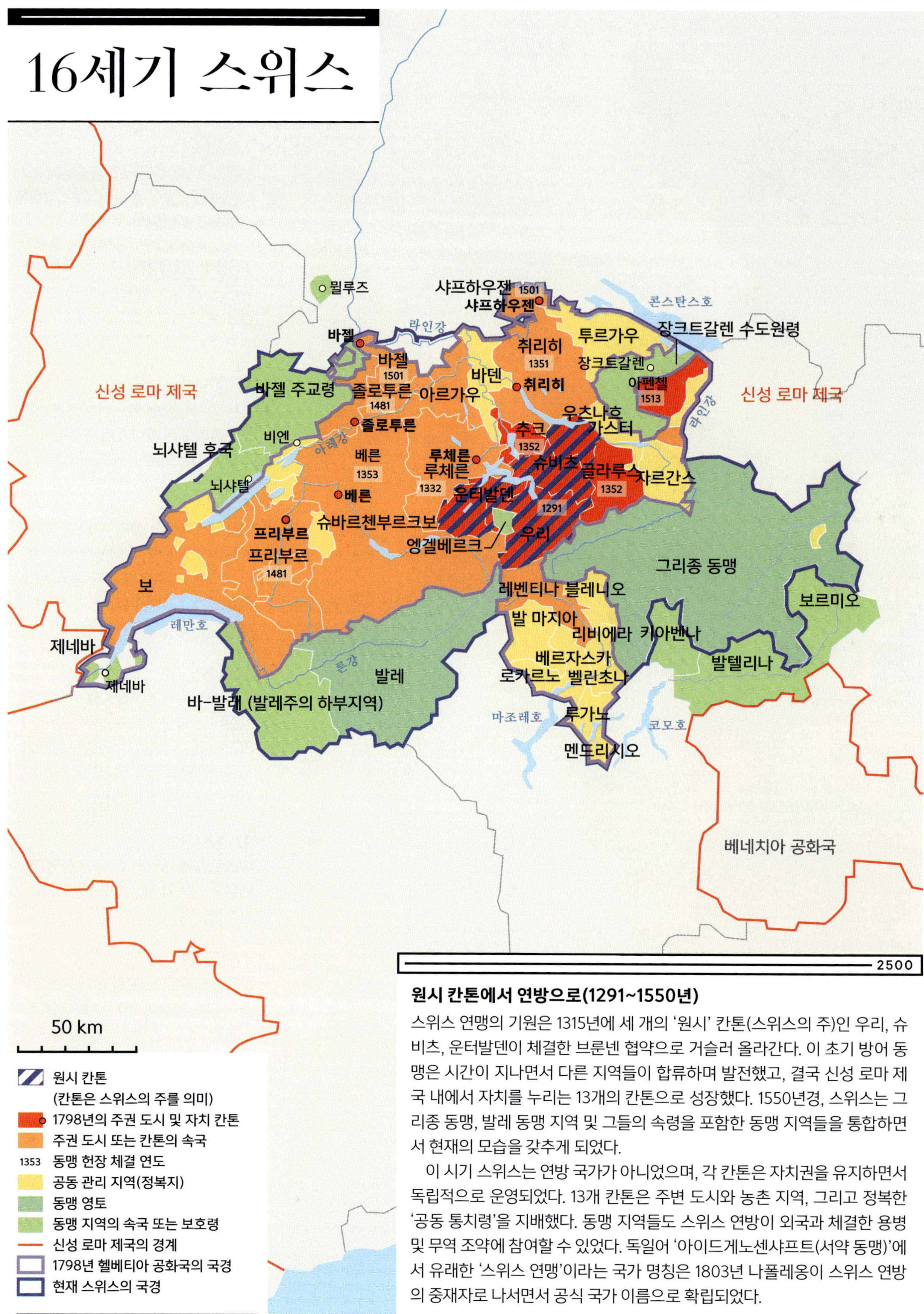

원시 칸톤에서 연방으로(1291~1550년)

스위스 연맹의 기원은 1315년에 세 개의 '원시' 칸톤(스위스의 주)인 우리, 슈비츠, 운터발덴이 체결한 브룬넨 협약으로 거슬러 올라간다. 이 초기 방어 동맹은 시간이 지나면서 다른 지역들이 합류하며 발전했고, 결국 신성 로마 제국 내에서 자치를 누리는 13개의 칸톤으로 성장했다. 1550년경, 스위스는 그리종 동맹, 발레 동맹 지역 및 그들의 속령을 포함한 동맹 지역들을 통합하면서 현재의 모습을 갖추게 되었다.

이 시기 스위스는 연방 국가가 아니었으며, 각 칸톤은 자치권을 유지하면서 독립적으로 운영되었다. 13개 칸톤은 주변 도시와 농촌 지역, 그리고 정복한 '공동 통치령'을 지배했다. 동맹 지역들도 스위스 연방이 외국과 체결한 용병 및 무역 조약에 참여할 수 있었다. 독일어 '아이드게노센샤프트(서약 동맹)'에서 유래한 '스위스 연맹'이라는 국가 명칭은 1803년 나폴레옹이 스위스 연방의 중재자로 나서면서 공식 국가 이름으로 확립되었다.

새로운 종교 지형도(16세기)

1520년경, 취리히에서 츠빙글리의 설교로 시작된 종교 개혁은 곧 칼뱅의 도시 제네바에서도 이어졌다. 도시에서는 개혁이 성공을 거두었지만, 농촌과 산악 지역의 칸톤들은 여전히 가톨릭 신앙을 고수했다. 1530년대에 들어서면서 취리히, 베른, 바젤, 샤프하우젠을 포함한 4개의 개신교 칸톤과 우리, 슈비츠, 운터발덴, 루체른, 추크, 졸로투른, 프리부르를 포함한 7개의 가톨릭 칸톤 간에 종교적 경계가 명확해졌다. 글라루스나 아펜첼과 같은 일부 지역은 종교적 입장이 불분명한 지역으로 남아 있었다. 또한, 보 지역의 공동 영지처럼 일부 지역은 베른(개신교)과 프리부르(가톨릭) 두 칸톤이 공동으로 통치하는 형태를 띠기도 했다. 이러한 종교적 분열은 스위스 내 지역 간의 더욱 심화시켰으며, 그 영향은 오늘날까지도 남아 있다.

이탈리아 전쟁(1494~1559년)

프랑스 왕들의 이탈리아 꿈

15세기 말 이탈리아의 경제적 풍요와 문화적 위상은 프랑스 왕들의 야망을 자극했고, 이탈리아의 정치적 혼란은 프랑스가 개입하기에 유리한 조건을 제공했다. 당시 유럽의 강대국이었던 프랑스는 나폴리 왕국과 밀라노 공국에 대한 옛 권리를 주장하며 총 11차례에 걸쳐 이탈리아 원정을 단행했다. 프랑스군은 일부 전투에서 승리를 거두었으나, 지속적인 성과를 내지는 못했다. 이탈리아 내 여러 공국과 유럽 강대국들 사이에는 복잡한 동맹 관계가 형성되었으며, 빈번한 변절이 일어났다. 프랑스의 원정과 약탈은 이탈리아 예술이 유럽 전역으로 확산되는 계기가 되었다. 특히 1527년 로마 약탈은 이탈리아 르네상스 문화가 다른 지역으로 퍼지는 데 영향을 미쳤다. 그러나 동시에 '나폴리의 질병'이라 불린 매독이 유럽으로 확산되는 결과를 낳기도 했다. 1515년 마리냐노 전투에서 프랑스가 승리하며 이탈리아에 대한 야망을 드러냈지만, 이후 카를 5세와의 전쟁이 유럽 전역으로 확산되면서 프랑스의 입지는 점차 약화되었다. 1525년 파비아 전투에서 프랑스가 결정적으로 패배한 후, 전투의 중심은 이탈리아에서 프랑스 북부 국경으로 옮겨갔다.

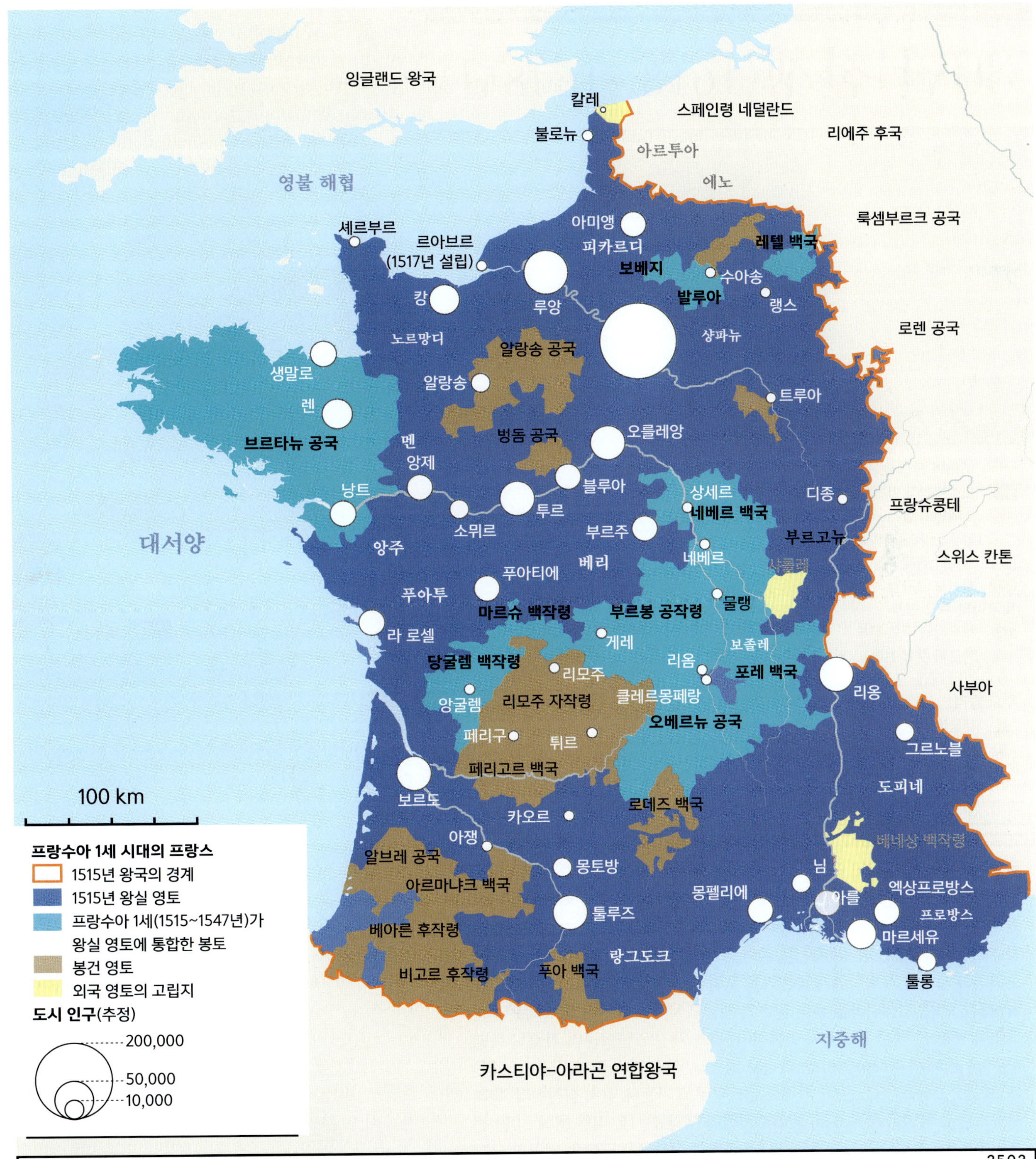

2503

16세기 프랑스, '바로크 양식의 격자무늬(피에르 구베르)'

16세기 프랑스 왕국의 영토는 여러 영지, 공국, 왕실 직할지, 그리고 세 개의 외국 월경지로 구성된 복잡한 구조를 이루고 있었다. 대표적인 공국으로는 부르봉 공작령이 있었으며, 외국 월경지로는 1558년까지 영국이 지배했던 칼레, 교황령이었던 베네상 백작령, 스페인이 통제한 샤롤레 등이 포함되었다. 당시 프랑스는 인구 1,500만 명으로 유럽 최대의 국가였으며, 대다수의 국민이 농업에 종사하는 전형적인 농업 국가였다. 도시 인구는 전체의 10퍼센트 미만이었으나, 파리는 20만 명 이상의 인구를 가진 유럽 최대 도시 중 하나였다. 리옹, 루앙, 툴루즈, 오를레앙 등의 도시도 각

각 4만 명 이상의 인구를 보유하고 있었다.

프랑수아 1세와 그의 아들 앙리 2세 치하에서 중앙 집권화가 더욱 강화되었다. 1539년 빌레르코트레 칙령을 통해 프랑스어가 행정과 법률의 공식 언어로 자리 잡았다. 프랑수아 1세는 넓은 영토와 막대한 인구 자원을 바탕으로 신성 로마 제국 황제 카를 5세에 맞서 강경한 외교 정책을 펼쳤다. 그러나 프로테스탄트 종교 개혁이 프랑스 전역으로 확산되면서 내부 혼란이 커졌고, 이로 인해 그의 정책에도 여러 제약이 따르게 되었다.

30년 전쟁(1618~1648년)

유럽을 분열시킨 30년 전쟁(1618~1648년)

30년 전쟁은 1618년 프라하에서 시작되었다. 당시 합스부르크 황제의 사절들이 종교적, 제도적 갈등 속에서 창문 밖으로 내던져지는 사건(프라하 창문 투척 사건)이 발생했는데, 이 사건을 계기로 개신교(프로테스탄트)가 우세했던 보헤미아 지역이 가톨릭 황제에 반기를 들며 전쟁이 발발했다. 전쟁은 빠르게 확산되었으며, 보헤미아를 넘어 팔츠의 개신교 세력까지 전선이 확대되었다. 그러나 1620년 백산 전투에서 보헤미아-팔츠 개신교 연합군이 가톨릭 동맹군(제국군)에게 패배하면서 큰 타격을 입었다. 이후 덴마크(1625년), 스웨덴(1630년), 프랑스(1635년)가 차례로 합스부르크 가문에 맞서 참전했다. 특히 프랑스는 스페인을 주목표로 삼으며 전쟁에 개입했는데, 이를 통해 30년 전쟁이 단순한 종교 전쟁을 넘어 유럽 내 정치적 갈등까지 포함한 대규모 국제전이었음을 보여주었다. 그럼에도 불구하고 종교적 대립은 여전히 중요한 요소로 작용했다.

30년 전쟁은 특히 긴 전쟁 기간(1618~1648년)과 극도의 잔혹성(1631년 마그데부르크 약탈)으로 인해 유럽 역사상 가장 참혹한 전쟁 중 하나로 기록되었다. 전쟁은 1648년 베스트팔렌 조약의 체결로 종결되었고, 전통적으로 프랑스와 스웨덴이 승자로 평가되지만 실질적인 영토적 이익은 제한적이었다. 프랑스는 알자스 남부의 주요 영토를 얻었고, 스웨덴은 포메라니아 일부를 획득했다. 또한 네덜란드는 스페인으로부터 독립을 공식적으로 인정받았고, 스위스 연방도 주권 국가로 승인받았다. 이로써 유럽 내 종교적 평화가 법적으로 보장되었다.

스웨덴 왕국
덴마크-노르웨이 왕국
(1625~1629)
유틀란트
발트해
슐레스비히 공국
크리스티안 4세의 개입
스웨덴의 구스타브
아돌프 개입
프로이센 공국
(브란덴부르크 종속)
홀슈타인 공국
뤼베크
포메라니아 공국
브레멘 대주교령
메클렌부르크 공국
스웨덴 전역
네덜란드
브레멘
함부르크
페르덴
1630~1632
1625~1629
브란덴부르크 후국
1631 마그데부르크
베를린
오스나브뤼크
1626 뤼터암바렌베르게
비텐베르크
브레다
뮌스터
1631 브라이텐펠트
뮌스터
1645~1648
1632 뤼첸
안트베르펜
쾰른
드레스덴
실레지아
헤센-카셀
에르푸르트
룩셈부르크 공국
작센 후국
1620 흰산 전투
마인츠
쿨름바흐
1618 프라하
트리어
뷔르츠부르크
보헤미아 왕국
팔츠
베르됭
1622 빔펜
안스바흐
1618~1623
메스
바덴-둘라흐
모라비아 변경백령
로렌 공국
뉘른베르크
1645 얀크
신성 로마 제국
군대 개입
툴
뷔르템베르크
헝가리 왕국
1648 주스마르스하우젠
바이에른 공국
빈
울름
슈바벤
뮌헨
오스트리아 대공국
프랑슈콩테
잘츠부르크
바젤
인스브루크
스위스 연방
제네바
티롤
안시
발텔리나
트렌토
사부아 공국
밀라노
밀라노 공국
베네치아
교황령
아드리아해
지중해
나폴리 왕국
로마

30년 전쟁 이후의 유럽(1648년)

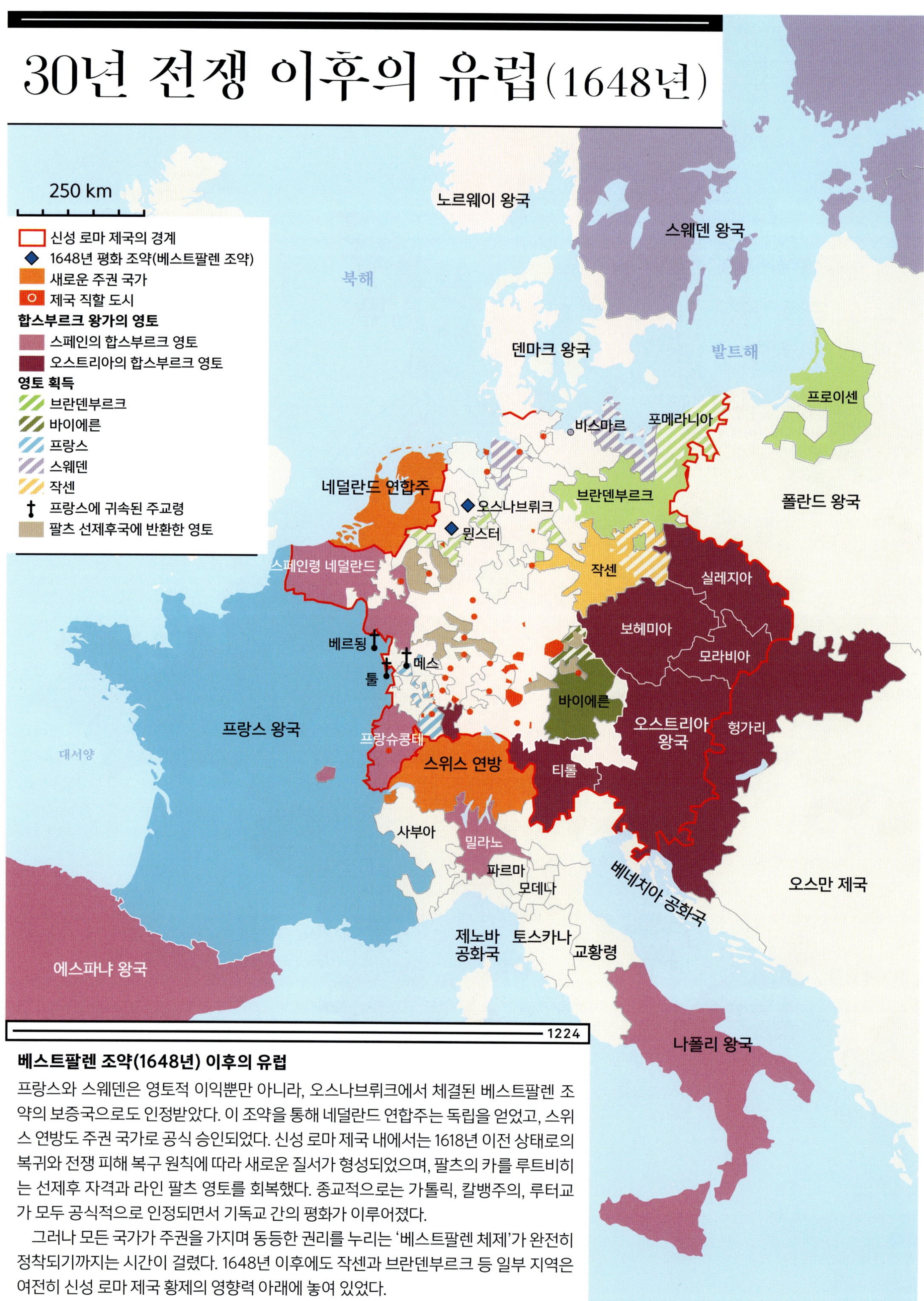

베스트팔렌 조약(1648년) 이후의 유럽

프랑스와 스웨덴은 영토적 이익뿐만 아니라, 오스나브뤼크에서 체결된 베스트팔렌 조약의 보증국으로도 인정받았다. 이 조약을 통해 네덜란드 연합주는 독립을 얻었고, 스위스 연방도 주권 국가로 공식 승인되었다. 신성 로마 제국 내에서는 1618년 이전 상태로의 복귀와 전쟁 피해 복구 원칙에 따라 새로운 질서가 형성되었으며, 팔츠의 카를 루트비히는 선제후 자격과 라인 팔츠 영토를 회복했다. 종교적으로는 가톨릭, 칼뱅주의, 루터교가 모두 공식적으로 인정되면서 기독교 간의 평화가 이루어졌다.

그러나 모든 국가가 주권을 가지며 동등한 권리를 누리는 '베스트팔렌 체제'가 완전히 정착되기까지는 시간이 걸렸다. 1648년 이후에도 작센과 브란덴부르크 등 일부 지역은 여전히 신성 로마 제국 황제의 영향력 아래에 놓여 있었다.

함께 보기 — 분열과 개혁 p.354
카를 5세의 제국 p.360
스페인 왕위 계승 전쟁 p.380

신성 로마 제국의 북서부(1648년)

신성 로마 제국의 남서부(1648년)

1309

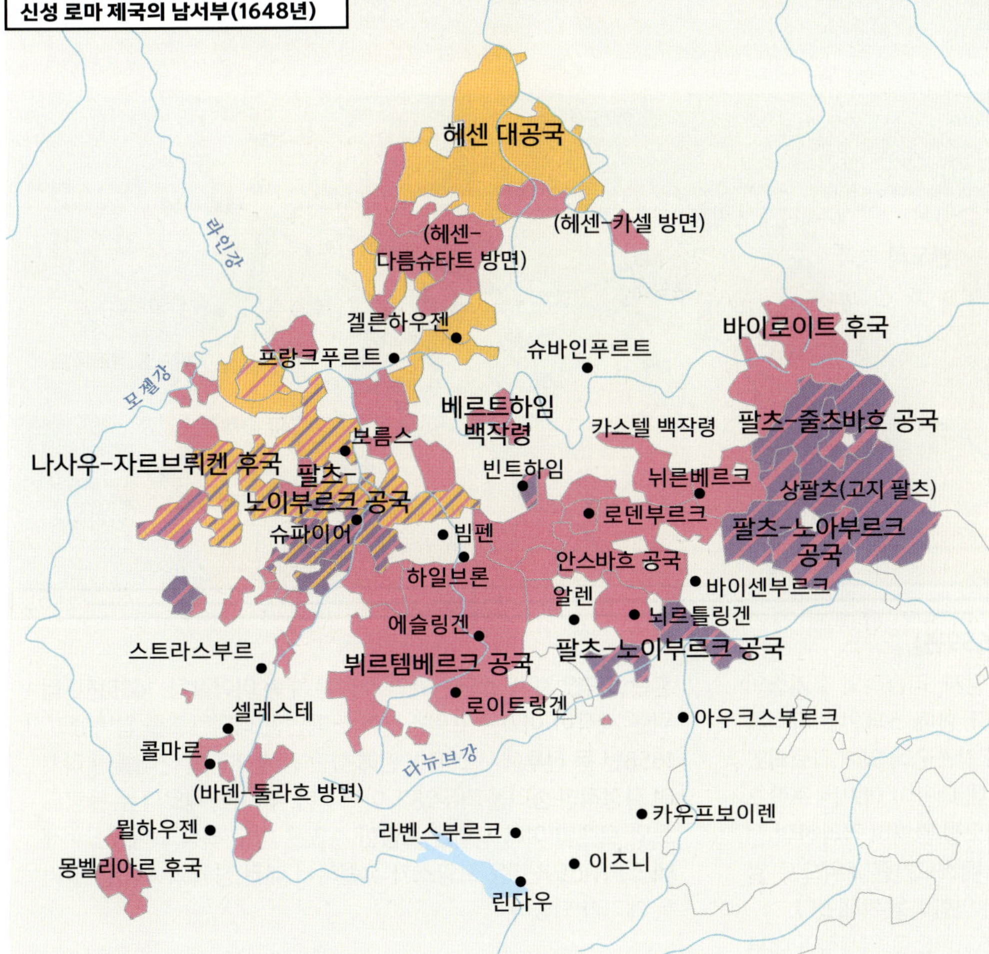

1648년, 국가들의 종교 체제

베스트팔렌 조약(1648년)은 1555년 아우크스부르크 평화 조약을 재확인하며, 기존 루터교에만 한정되었던 종교의 자유를 칼뱅주의자들에게까지 확대했다. 이로써 군주의 개종이 더 이상 신하들의 종교를 결정하는 기준이 되지 않게 되었다. 대신 1624년을 '기준 연도'로 설정해 당시의 종교적 분포가 유지되도록 했다. 이를 통해 가톨릭, 루터교, 칼뱅주의 세 교파 간의 평화로운 공존이 이루어졌다. 다만 합스부르크 가문의 영토는 이 규정에서 제외되어, 가톨릭 재전파가 진행되었다.

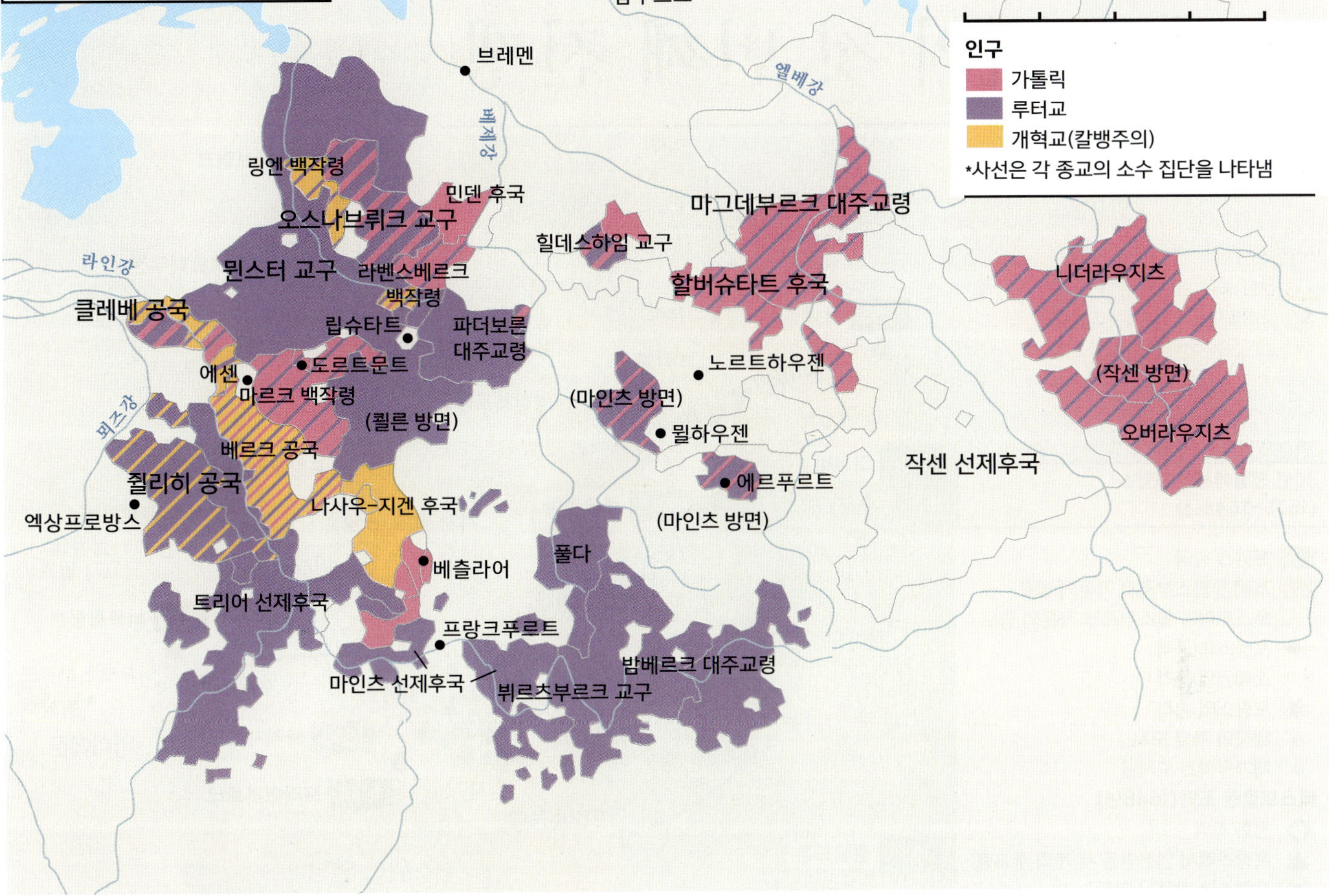

베스트팔렌 조약 이후, 각 지역의 종교 체제는 그대로 유지되었으며, 세속 권력과 종교 기관이 긴밀하게 협력하는 구조가 확립되었다. 칼뱅주의 지역에서도 세속 권력과 교회가 밀접하게 협력했다. 가톨릭 지역 역시 로마 교황청에 충성하면서 유사한 체제를 유지했다. 이처럼 1624년 당시의 종교적 상황은 독일 지역에서 20세기 중반까지도 큰 영향을 미쳤다.

루이 14세의 첫 번째 전쟁

프랑스, 스페인에 승리하다(1635~1659년)

1635년 프랑스가 30년 전쟁에 참전할 당시, 리슐리외 추기경의 주요 목표는 스페인을 견제하는 것이었다. 한때 스페인은 파리를 위협했지만, 1636년 코르비 전투에서 프랑스군에 의해 격퇴되었다. 이후 1643년 로크루아 전투에서 콩데 대공이 이끄는 프랑스군이 스페인의 정예 보병 부대인 테르시오를 완벽히 격파하며 전세를 뒤집었다. 그 후 프랑스는 1648년 베스트팔렌 조약으로 알자스 지역(데카폴)을 확보하며 동쪽으로 영향력을 확대했다.

비록 프랑스는 프롱드의 난(1648~1653년)으로 일시적인 내부 혼란을 겪었지만, 스페인과의 전쟁은 계속 이어갔다. 1655년부터 튀렌 자작이 이끄는 프랑스군이 스페인령 네덜란드를 압박했고, 1658년 됭 전투에서 스페인 편에 섰던 콩데 대공의 군대를 물리치며 결정적인 승리를 거두었다. 아르투아, 루시용, 세르다뉴, 플랑드르와 로렌의 여러 지역을 포함한 수많은 영토 획득 외에도, '피레네 조약(1659년)'은 프랑스가 유럽에서 패권 장악의 시작을 알리는 계기가 되었다.

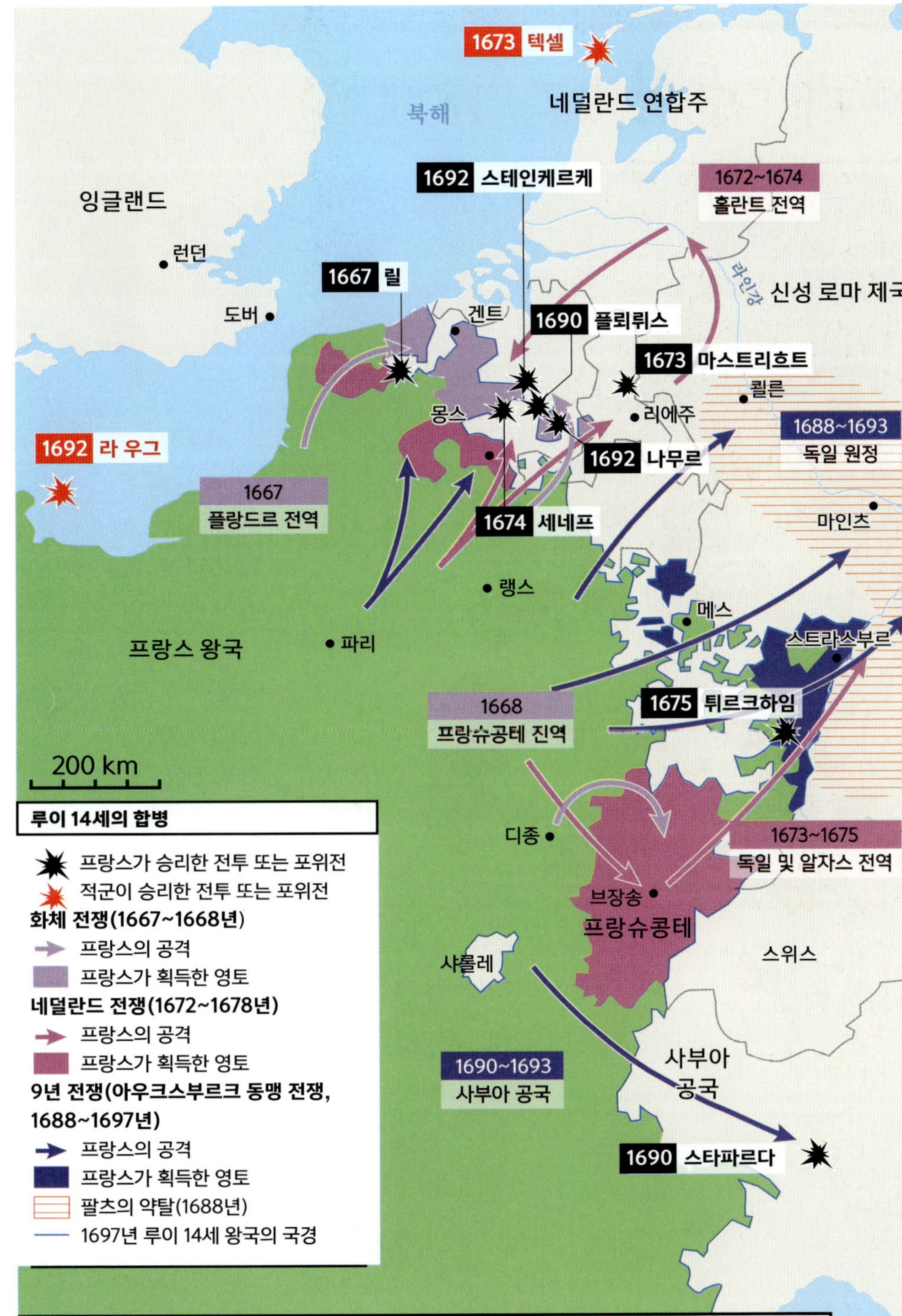

루이 14세의 초기 전쟁부터 대전환기까지(1667~1697년)

루이 14세가 이끈 전쟁들은 시간이 지날수록 점점 길어졌다. 그는 스페인의 쇠퇴를 틈타 시작된 짧은 상속 전쟁(1667년부터 1668년까지)에서 플랑드르 지역의 영토를 확보하는 성과를 거두었다. 그러나 1672년 프랑스가 네덜란드 공화국을 기습 공격하자, 유럽 각국이 이를 견제하며 첫 번째 반프랑스 대동맹이 결성되었다. 해당 전쟁은 네이메헌 조약으로 마무리되었으며, 프랑스는 프랑슈콩테를 합병하는 한편 서로 얽힌 영토의 요새를 교환해 복잡한 북부 국경선을 정비했다. 이 시기 프랑스는 유럽 패권의 절정기를 맞았으며, 루이 14세는 평화 시기에도 동쪽에서 영토를 확장하는 정책을 이어갔다.

그러나 프랑스의 팽창에 위협을 느낀 신성 로마 제국이 1688년 프랑스를 견제하며 전쟁이 다시 시작되었고, 이에 맞서 새로운 반프랑스 대동맹이 결성되었다. 1697년 레이스베이크조약으로 알자스 합병이 공식적으로 승인되었고, 라인강이 프랑스와 신성 로마 제국의 경계로 확정되었다. 그러나 프랑스는 아우크스부르크 동맹 전쟁 이후 병력과 자원이 크게 소모되면서 어려움을 겪게 되었다.

1635년
프랑스, 30년 전쟁 참전.

1636년
파리를 위협하던 스페인군이 코르비 포위전에서 패배함.

1643년 5월 19일
콩데 대공의 프랑스 기병대, 로크루아 전투에서 스페인 부대를 격파함.

1648년 10월 24일
베스트팔렌 조약 체결. 프랑스, 피녜롤(피에몬테) 영토를 힉득하고, 알자스 도시 연합

1659년 11월 7일
피레네 조약 체결. 아르투아, 세르다뉴, 루시용을 병합함.

1662년
프랑스, 영국으로부터 됭케르크 구매.

1667~1668년
상속 전쟁 발발, 엑스라샤펠 조약을 통해 플랑드르에서 영토 획득.

1672~1678년
네덜란드 전쟁.

1678~1679년
네이메헌 조약 체결. 프랑스, 프랑슈콩테 병합 및 북부 요새 교환.

1679~1684년
재통합 정책 추진.

1683~1684년
회합 전쟁, 라티스본 조약을 통해 휴전.

1688~1697년
아우크스부르크 동맹 전쟁(9년 전쟁).

1688~1689년
팔츠 약탈 작전 진행.

1690년 7월 1일
뢱상부르, 플뢰뤼스 전투에서 프랑스군이 아우크스부르크 동맹군에 승리함.

1697년 9월 21일
레이스베이크 조약 조약 체결. 프랑스, 스트라스부르와 알자스를 영구 병합하며, 라인강을 공식 국경으로 확정.

프랑스, 전선과 국경 (17~18세기)

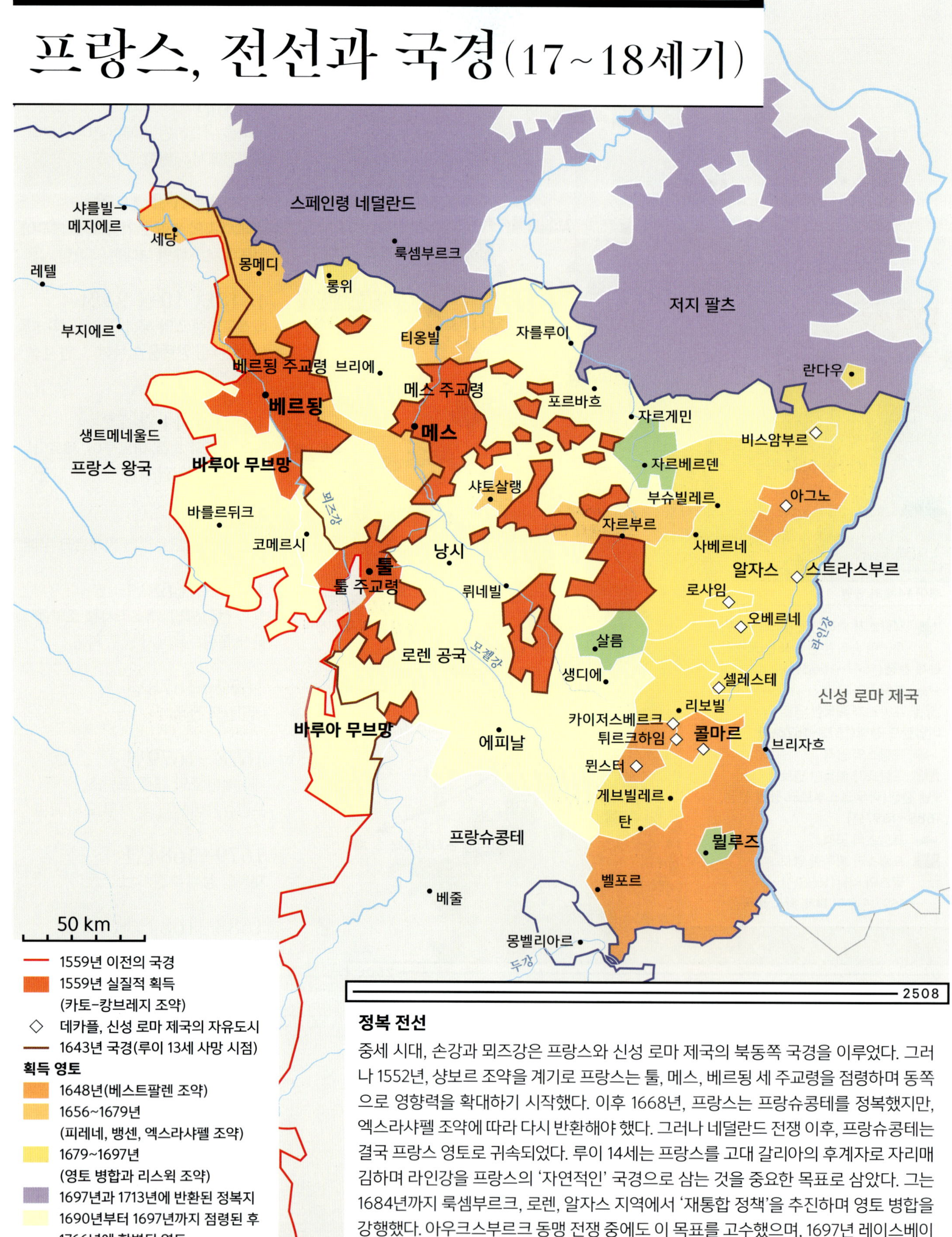

범례

정복 전선

중세 시대, 손강과 뫼즈강은 프랑스와 신성 로마 제국의 북동쪽 국경을 이루었다. 그러나 1552년, 샹보르 조약을 계기로 프랑스는 툴, 메스, 베르됭 세 주교령을 점령하며 동쪽으로 영향력을 확대하기 시작했다. 이후 1668년, 프랑스는 프랑슈콩테를 정복했지만, 엑스라샤펠 조약에 따라 다시 반환해야 했다. 그러나 네덜란드 전쟁 이후, 프랑슈콩테는 결국 프랑스 영토로 귀속되었다. 루이 14세는 프랑스를 고대 갈리아의 후계자로 자리매김하며 라인강을 프랑스의 '자연적인' 국경으로 삼는 것을 중요한 목표로 삼았다. 그는 1684년까지 룩셈부르크, 로렌, 알자스 지역에서 '재통합 정책'을 추진하며 영토 병합을 강행했다. 아우크스부르크 동맹 전쟁 중에도 이 목표를 고수했으며, 1697년 레이스베이크 조약을 통해 라인강 양쪽에서 이루어진 영토 교환에서 알자스 지역을 프랑스 영토로 확정했다. 그 후에도 프랑스의 동쪽 확장은 지속되었으며, 1766년 바르 공국과 로렌 공국은 마지막 공작의 사망과 함께 프랑스에 공식적으로 병합되었다.

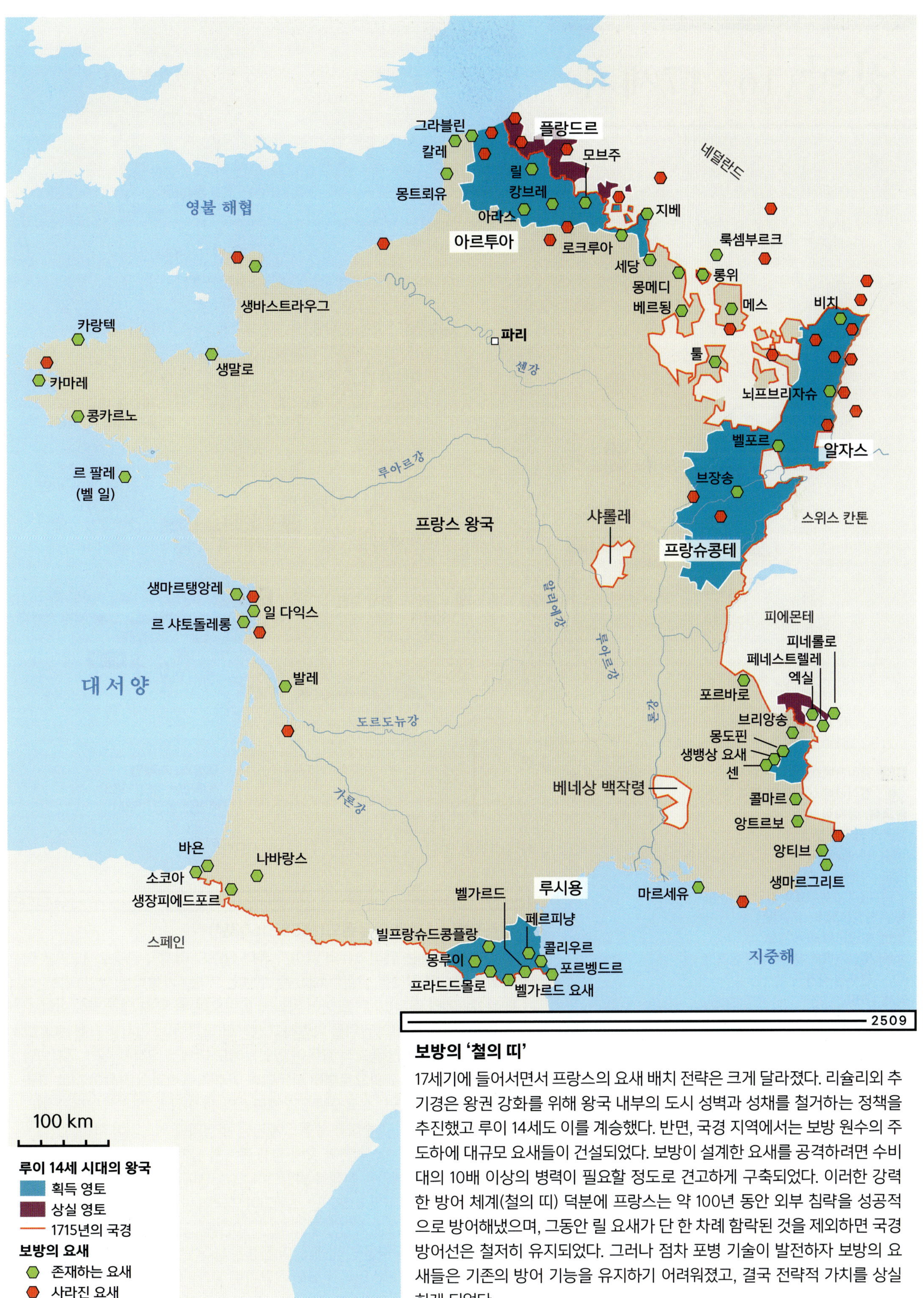

보방의 '철의 띠'

17세기에 들어서면서 프랑스의 요새 배치 전략은 크게 달라졌다. 리슐리외 추기경은 왕권 강화를 위해 왕국 내부의 도시 성벽과 성채를 철거하는 정책을 추진했고 루이 14세도 이를 계승했다. 반면, 국경 지역에서는 보방 원수의 주도하에 대규모 요새들이 건설되었다. 보방이 설계한 요새를 공격하려면 수비대의 10배 이상의 병력이 필요할 정도로 견고하게 구축되었다. 이러한 강력한 방어 체계(철의 띠) 덕분에 프랑스는 약 100년 동안 외부 침략을 성공적으로 방어해냈으며, 그동안 릴 요새가 단 한 차례 함락된 것을 제외하면 국경 방어선은 철저히 유지되었다. 그러나 점차 포병 기술이 발전하자 보방의 요새들은 기존의 방어 기능을 유지하기 어려워졌고, 결국 전략적 가치를 상실하게 되었다.

영국(16~17세기)

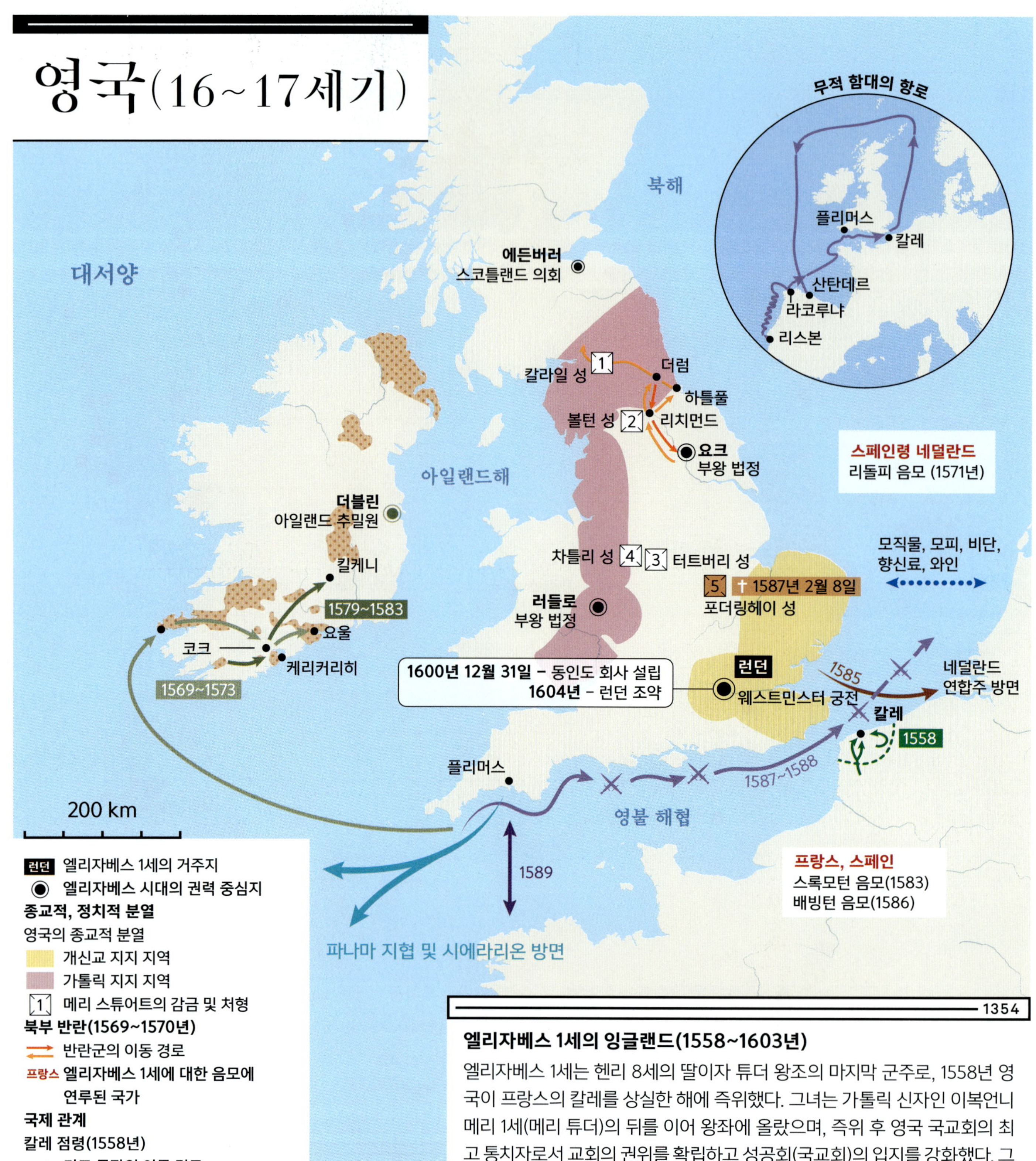

엘리자베스 1세의 거주지
엘리자베스 시대의 권력 중심지

종교적, 정치적 분열

영국의 종교적 분열

개신교 지지 지역
가톨릭 지지 지역
메리 스튜어트의 감금 및 처형

북부 반란(1569~1570년)

반란군의 이동 경로

엘리자베스 1세에 대한 음모에 연루된 국가

국제 관계

칼레 점령(1558년)

기즈 공작의 이동 경로
영국이 상실한 영토

영국−스페인 전쟁(1585~1604년)

로버트 더들리의 원정
무적함대의 이동 경로
반 무적함대

아일랜드 지배

아일랜드에서의 영국 권력 본거지
데스몬드 반란
식민지 개척(1590년경)

무역 및 탐험

대서양 노예 무역에 참여한 원정
유럽 무역 흐름

엘리자베스 1세의 잉글랜드(1558~1603년)

엘리자베스 1세는 헨리 8세의 딸이자 튜더 왕조의 마지막 군주로, 1558년 영국이 프랑스의 칼레를 상실한 해에 즉위했다. 그녀는 가톨릭 신자인 이복언니 메리 1세(메리 튜더)의 뒤를 이어 왕좌에 올랐으며, 즉위 후 영국 국교회의 최고 통치자로서 교회의 권위를 확립하고 성공회(국교회)의 입지를 강화했다. 그녀의 통치 기간 동안 종교적 갈등이 있었음에도 대체로 내적 평화가 유지되었다. 그러나 1570년 교황으로부터 파문당한 이후 가톨릭과의 긴장이 더욱 고조되었다. 결국 1587년, 스코틀랜드와 프랑스의 전 여왕 메리 스튜어트가 엘리자베스를 왕위에서 축출하려는 음모에 가담한 혐의로 체포되어 처형되었다.

엘리자베스 1세는 스페인과 오랜 경쟁 관계를 유지했다. 1585년부터 1604년까지 영국과 스페인은 전쟁을 벌였으며, 1588년에는 영국이 스페인의 무적함대를 격파했다. 그러나 1589년 스페인이 영국의 반 무적함대를 물리치며 양국 간의 갈등은 오래 지속되었다. 스페인은 아일랜드의 가톨릭 신자들을 지원하며 잉글랜드의 무역을 방해했다. 이 전쟁은 1604년 런던 조약으로 종결되었다. 이 시기는 무엇보다 영국 문화의 황금기로 평가된다. 특히 윌리엄 셰익스피어를 비롯한 위대한 작가들이 활약하며 연극 예술이 크게 발전했다.

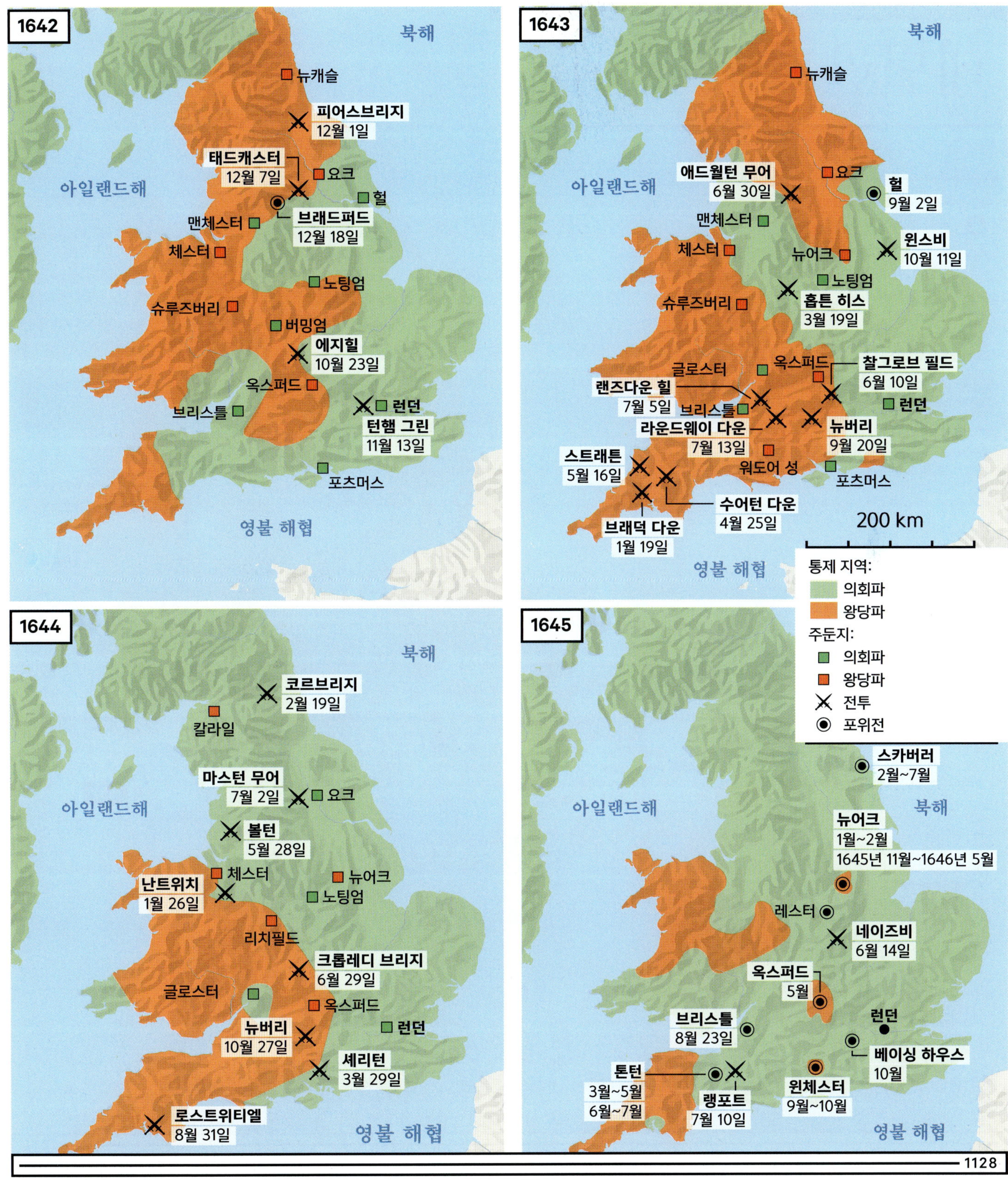

제1차 영국 혁명(1642~1652년)

메리 스튜어트의 손자인 찰스 1세는 절대 왕정을 고수하며 청교도 개혁을 탄압했기 때문에 의회와의 갈등이 점점 심화되었다. 특히 찰스 1세가 스코틀랜드의 반란을 진압하기 위해 의회에 군비 지원을 요청했으나 거부당하면서 왕권과 의회의 갈등은 더욱 격화되었다. 결국 1642년, 찰스 1세가 런던을 떠나면서 왕당파와 의회파 간의 제 1차 내전이 발발했다. 전쟁 초기에는 왕당파가 우세했으나, 올리버 크롬웰이 이끄는 신형 군대의 활약으로 전세가 역전되었다. 1644년 마스턴 무어 전투와 1645년 네이즈비 전투에서 의회파가 결정적인 승리를 거두며 왕당파를 압박했다.

1648년 찰스 1세는 스코틀랜드와 비밀 동맹을 맺고 제2차 내전을 일으켰다. 하지만 의회파는 이를 신속히 진압했고, 결국 찰스 1세는 1649년 1월 30일 처형되었다. 왕이 처형되면서 잉글랜드는 왕정을 폐지하고 크롬웰을 수반으로 하는 잉글랜드 공화정으로 전환되었다. 그러나 찰스 1세의 아들 찰스 2세가 스코틀랜드에서 왕으로 즉위하면서 세 번째 내전(1650~1652년)이 발발했다. 그러나 크롬웰의 군대가 이를 빠르게 진압하며 내전은 종결되었다.

네덜란드 (16~17세기)

네덜란드의 독립 전쟁 (1568~1648년)

1477년, 신성 로마 제국의 서부 지역은 결혼 동맹을 통해 합스부르크 가문에 귀속되었다. 그러나 약 100년 후, 훗날 네덜란드 공화국이 될 '저지대 국가'와 스페인의 국왕 펠리페 2세 사이에 갈등이 발생했다. 그 원인은 크게 두 가지로 첫째, 네덜란드 사람들은 스페인의 중앙 집권적 통치에 반발하며 높은 세금과 종교재판의 압박을 거부했다. 둘째, 개신교가 급속히 전파되면서 가톨릭을 강요하는 스페인과 종교적 갈등이 심화되었다. 1566년에서 1568년 동안 오라녜 공작 빌럼이 주도한 '거지당의 반란'이 일어났지만, 스페인의 알바 공작에 의해 진압되었다. 그러나 1572년, 해외로 도피했던 '해상 거지

당'의 지원을 받아 반란이 다시 격화되었다. 1579년, 네덜란드는 아라스 동맹과 위트레흐트 동맹으로 분열되었다. 아라스 동맹은 가톨릭을 신봉하며 스페인에 충성을 맹세한 남부 지방들로, 위트레흐트 동맹은 개신교를 지지하며 스페인으로부터 독립을 추구한 북부 지방들이 결성했다. 1581년 독립을 외치던 7개의 주들이 연합하여 네덜란드 연방 공화국을 수립했고, 오라녜-나사우 가문이 이를 보호했다. 이후 수십 년간 전투와 휴전이 반복되었으며, 결국 1648년 베스트팔렌 조약을 통해 네덜란드 공화국의 독립이 국제적으로 공식 인정되었다.

위협받는 황금기

16세기 말부터 네덜란드 연합공화국은 경제적, 문화적으로 눈부신 발전을 이루었다. 이러한 성장은 공화국의 분권화, 종교적 관용, 해양 중심의 자본주의, 그리고 '지적 실험실'로서의 명성 덕분이었다. 그러나 1672년, 루이 14세가 신흥 강대국으로 떠오른 네덜란드를 견제하기 위해 침공을 감행했다. 그의 정복은 베스트팔렌 조약(1648년) 이후에도 여전히 스페인령으로 남아 있던 남부 저지대(오늘날의 벨기에)를 둘러싼 갈등으로 확대되었다. 이후 1713년 위트레흐트 조약과 1714년 라슈타트 조약에 따라 이 남부 지역은 '오스트리아령 네덜란드'로 편입되었으며, 프랑스와의 완충 지대 역할을 하게 되었다. 훗날 이 지역은 벨기에로 발전하게 된다.

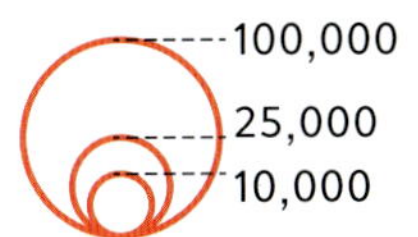

스페인 왕위 계승 전쟁(1701~1714년)

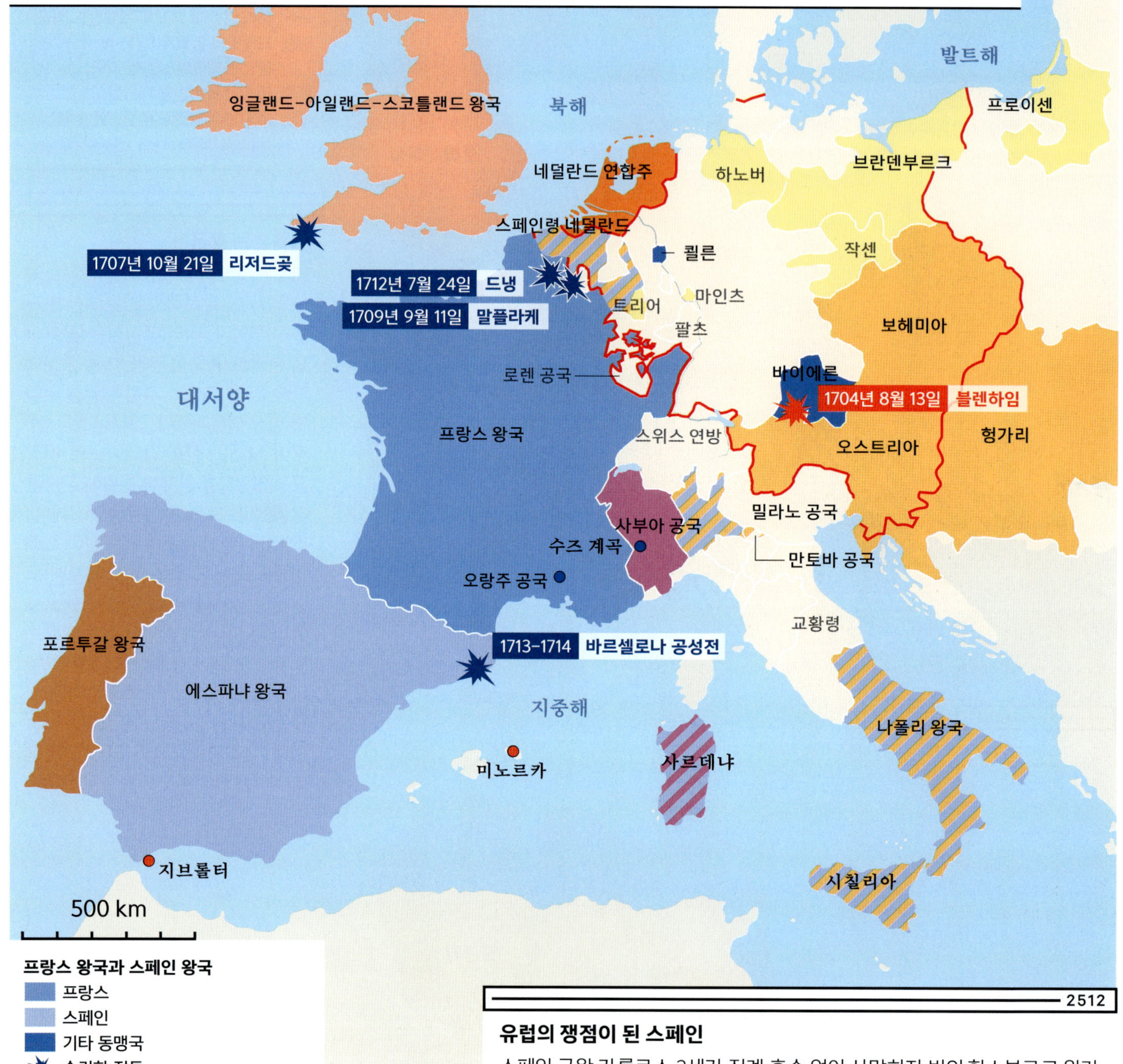

프랑스 왕국과 스페인 왕국
- 프랑스
- 스페인
- 기타 동맹국
- ✹ 승리한 전투

유럽 연합군
- 잉글랜드
- 네덜란드
- 오스트리아 합스부르크의 영토
- 사부아 공국
- 포르투갈
- 기타 동맹국
- ✹ 승리한 전투

위트레흐트 조약으로 획득한 영토
- ● 프랑스가 획득한 영토
- ● 잉글랜드가 획득한 영토
- ▨ 사부아 공국이 획득한 영토
- ▨ 오스트리아의 합스부르크가 획득한 영토

2512

유럽의 쟁점이 된 스페인

스페인 국왕 카를로스 2세가 직계 후손 없이 사망하자 빈의 합스부르크 왕가와 프랑스 왕가가 각각 스페인 왕위 계승권을 주장했다. 카를로스 2세가 임종 직전 루이 14세의 손자인 앙주 공작 필리프를 후계자로 지명하고, 필리프가 이를 받아들여 즉위하면서 프랑스는 유럽의 다른 강대국들의 강한 반발을 불러일으켰다. 이로 인해 프랑스-스페인 연합군과 유럽 연합군 간에 치열한 전쟁이 벌어졌다. 전쟁 초반에는 프랑스가 우세했지만, 연합군이 전선을 점차 프랑스 본토로까지 확장하며 프랑스를 압박했다. 1709년 겨울, 프랑스는 기근과 카미사르의 난으로 심각한 위기에 처했으나, 말플라케와 드냉 전투에서 연이어 승리하면서 전세를 뒤집을 수 있었다. 결국 1713년 위트레흐트 조약과 1714년 라슈타트 조약으로 부르봉 가문은 스페인 왕위를 유지할 수 있었지만, 스페인은 유럽 내 영토의 대부분을 상실했다. 또한 영국은 지브롤터와 미노르카를 차지했으며, 프랑스는 대부분의 국경을 지켰으나 아카디아를 할양해야 했다.

함께 보기 ── 루이 14세의 첫 번째 전쟁 **p.372**
프랑스, 전선과 국경 **p.374**
대서양 혁명 **p.476**

7년 전쟁(1756~1763년)

첫 번째 세계대전

오스트리아의 마리아 테레지아는 1742년 프로이센의 프리드리히 2세가 정복한 슐레지엔을 잃은 것을 결코 받아들일 수 없었다. 동시에, 북아메리카와 인도에서는 프랑스와 영국 간의 식민지 패권 경쟁이 더욱 격화되었다. 유럽 전선은 프로이센 주변과 하노버를 중심으로 두 개의 주요 전선으로 전개되었다. 전쟁 초반 오스트리아 합스부르크의 프리드리히 2세는 작센을 점령하고 로스바흐 전투에서 승리하며 우세를 점했지만, 이후 오스트리아, 러시아, 스웨덴의 연합군과 맞서야 했다. 1758년에서 1761년 사이, 프로이센의 상황은 심각하게 악화되었다. 그러나 1762년, 러시아 여제 엘리자베타가 사망하고, 후계자인 표트르 3세가 즉시 평화 조약을 체결하면서 프로이센은 위기를 모면할 수 있었다. 같은 시기 프랑스군은 1756년에 점령한 하노버를 방어하지 못

하고 후퇴했다.

북아메리카에서는 몽칼름 후작이 이끄는 프랑스군이 초반에는 우세를 보였으나, 영국의 지원군이 도착하면서 전세가 역전되었다. 1759년 아브라함 평원의 전투에서 영국군이 승리하며 퀘벡을 얻었고, 뿐만 아니라 필리핀과 서인도 제도의 여러 섬을 점령했다. 인도에서는 1757년 플라시 전투에서 영국이 승리를 거두며 동인도 회사가 주도권을 장악했고, 1761년에는 프랑스령 퐁디셰리까지 점령하며 영향력을 더욱 확대했다.

결국 1763년 체결된 파리 조약과 후베르투스부르크 조약에 따라 영국은 캐나다와 플로리다를 획득하고, 인도에서 주도권을 확립했다. 한편, 프로이센은 실레지아를 계속 보유할 수 있었다. 이로써 영국은 세계적인 강대국으로 자리매김하게 되었다.

사부아 공국(15~18세기)

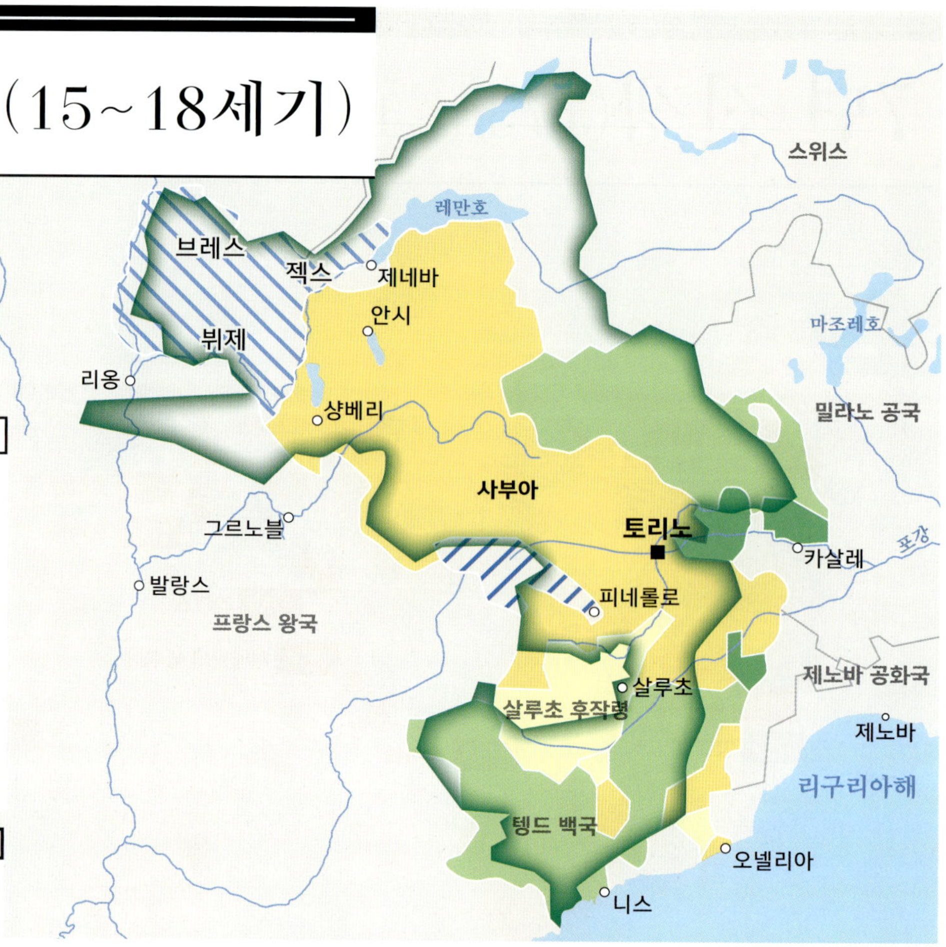

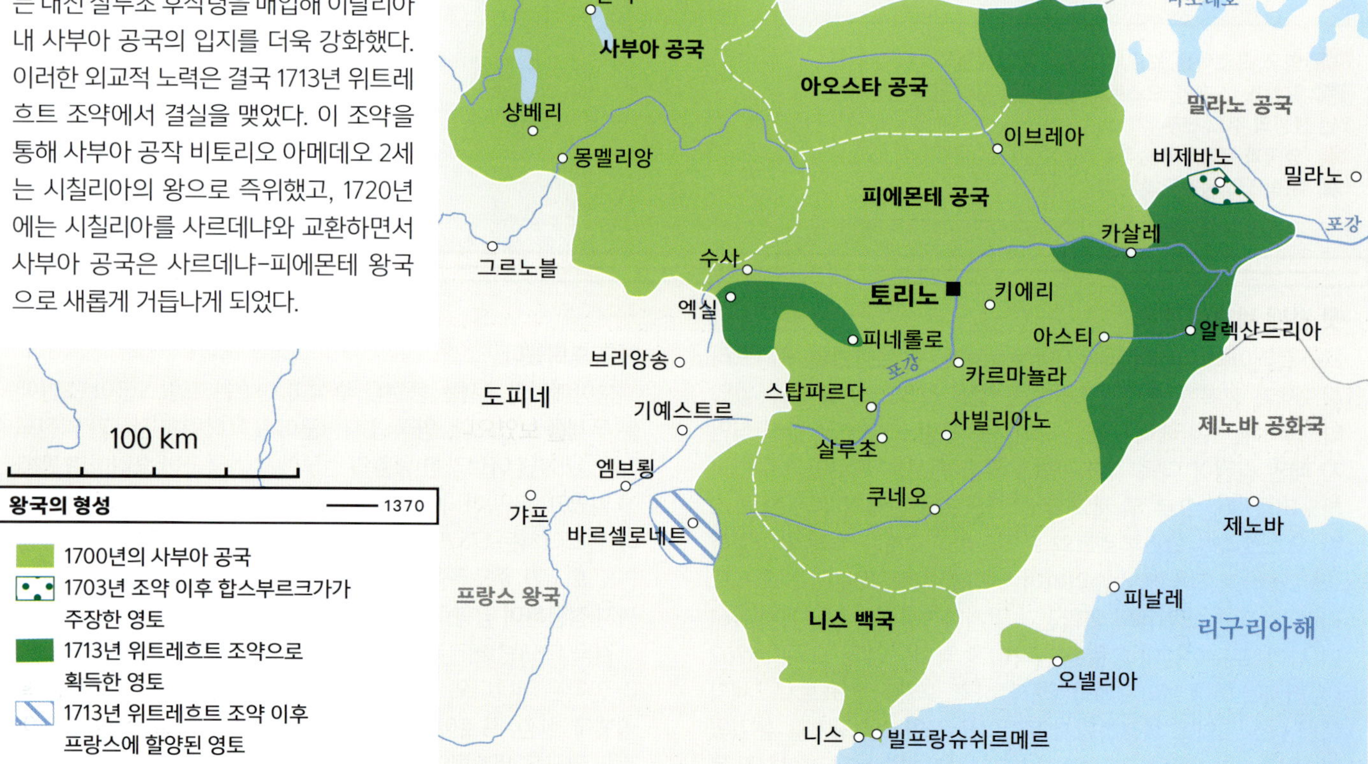

100 km

지역 국가(15~17세기) ——— 1385

- 15세기 중반의 사부아
  공국의 경계 16세기 전반기
- 사부아 공국에 남은 영토
- 1559년 사부아 공국의
  에마누엘-필리베르가 재구매한 영토
- 1601년 프랑스에 할양된 서부
  사부아와 브레스
- 1601년 매입한 살루초 후작령
- 1631년 획득한 포 계곡의 영토
- 1631년 프랑스에 할양된 영토

공국에서 왕국으로

이탈리아 전쟁 동안 독립 국가로서의 존립이 위협받았던 사부아 공국은 유럽 강대국들의 관심을 받는 전략적 요충지였다. 사부아 공작들은 프랑스와 스페인 사이에서 균형을 유지하며, 필요에 따라 번갈아 가며 동맹을 맺어 생존을 도모했다. 17세기에는 프랑스에 일부 영토를 양도하는 대신 살루초 후작령을 매입해 이탈리아 내 사부아 공국의 입지를 더욱 강화했다. 이러한 외교적 노력은 결국 1713년 위트레흐트 조약에서 결실을 맺었다. 이 조약을 통해 사부아 공작 비토리오 아메데오 2세는 시칠리아의 왕으로 즉위했고, 1720년에는 시칠리아를 사르데냐와 교환하면서 사부아 공국은 사르데냐-피에몬테 왕국으로 새롭게 거듭나게 되었다.

100 km

왕국의 형성 ——— 1370

- 1700년의 사부아 공국
- 1703년 조약 이후 합스부르크가가
  주장한 영토
- 1713년 위트레흐트 조약으로
  획득한 영토
- 1713년 위트레흐트 조약 이후
  프랑스에 할양된 영토

18세기 오스트리아

오스트리아 합스부르크 가문의 영토 확장(1713~1772년)

스페인 왕위 계승 전쟁(1713~1714년) 이후, 오스트리아는 스페인 합스부르크 가문이 지배하던 이탈리아 영토와 스페인령 네덜란드(훗날의 오스트리아령 네덜란드)를 획득하며 세력을 확장했다. 이어 1718년에는 오스만 제국과의 전쟁에서 승리하며 테메슈바르, 트란실바니아, 서부 왈라키아, 세르비아 북부를 확보했다. 그러나 1738년, 나폴리 왕국을 잃는 대신 토스카나 대공국을 획득하며 영토 조정을 거쳤다.

1740년, 마리아 테레지아는 아버지 카를 6세가 제정한 '국사조직' 덕분에 남성 후계자가 없음에도 오스트리아의 통치자가 될 수 있었다. 그녀의 남편 프란츠 1세는 신성 로마 제국 황제로 즉위했으며, 마리아 테레지아는 1780년까지 오스트리아를 통치했다. 이후 7년 전쟁에서 실레지아를 프로이센에 빼앗겼지만, 1772년 제1차 폴란드 분할을 통해 소폴란드와 갈리치아를 합병하며 오스트리아의 영토를 더욱 확장했다.

폴란드의 분할

발트해
리가
쿠를란트
리투아니아
스몰렌스크
빌뉴스(빌노)
벨라루스
민스크
러시아
그단스크(단치히)
고멜
포메라니아
바르샤바
브레스트리토프스크(브레스트)
베를린
포즈난
키이우
루블린
볼히니아
갈리치아
리비우(르보프)
크라쿠프
프라하
포돌리아
빈
부다페스트
오스트리아
1770년의 폴란드

발트해
리가
쿠를란트
리투아니아
스몰렌스크
빌뉴스(빌노)
벨라루스
민스크
그단스크(단치히)
고멜
러시아
포메라니아
바르샤바
브레스트리토프스크(브레스트)
베를린
포즈난
키이우
루블린
볼히니아
갈리치아
리비우(르보프)
크라쿠프
프라하
포돌리아
빈
오스트리아
부다페스트
1772년의 폴란드

2515

폴란드-리투아니아 공화국의 몰락 (1772년, 1793년, 1795년)

1569년, 리투아니아 대공국과 폴란드 왕국이 연합하여 탄생한 폴란드-리투아니아 연방은 18세기에 접어들면서 급격히 쇠퇴하기 시작했다. '황금의 자유'라 불린 폴란드의 독특한 정치 체제에서는 왕이 선거로 선출되었으며, 귀족들로 구성된 의회가 왕의 권력을 강하게 제한할 수 있었다. 그러나 이 체제는 오히려 국정 운영의 마비를 초래했고, 이러한 정치적 불안정을 틈타 주변 강대국들의 위협이 커졌다.

1772년, 프로이센의 프리드리히 2세는 러시아와 오스트리아 간의 충돌을 방지하기 위해 폴란드 영토와 인구의 3분의 1을 강제 분할하는 제1차 폴란드 분할을 제안했고, 폴란드 의회는 이를 마지못해 승인했다. 그 결과 러시아는 드니에프르와 드비나 사이의 지역을 확보했고, 프리드리히 2세는 브란덴부르크와 동프로이센을 연결하는 영토를 차지했으며, 오스트리아는 폴란드 분할 당시 크라쿠프를 포함한 말로폴스카 지역을 차지했다.

1792년 러시아는 타르고비차 연맹(1791년 근대 헌법에 반대하는 폴란드 귀족 연맹)을 이용해 폴란드를 침략했다. 이로 인해 1793년 제2차 폴란드 분할이 이루어졌다. 그 결과, 러시아는 우크라이나 서부와 민스크 지역을 차지하고, 프로이센은 대폴란드 북부와 자유 도시 단치히를 얻었다. 당시 오스트리아는 프랑스와 전쟁 중이었기 때문에 개입할 수 없었다.

폴란드인들은 타데우시 쿠시오슈코 지도 아래 반란을 일으켰으나, 프라가의 학살을 비롯한 러시아군의 탄압으로 결국 진압되었다. 그리고 1795년 1월 3일 러시아, 프로이센, 오스트리아는 제3차 폴란드 분할을 통해 폴란드-리투아니아 공화국의 마지막 남은 영토까지 분할하며 국가를 완전히 소멸시켰다.

러시아의 확장(16~18세기)

대륙 제국의 건설

1650년부터 1800년까지 러시아는 세계에서 가장 넓은 국가로 성장했다. 그 영토는 폴란드에서 태평양까지, 그리고 북극에서 카스피해와 흑해에 이르는 지역까지 확장되었으며 다양한 언어와 문화, 종교를 포용하는 거대한 제국이 되었다. 1725년경 러시아의 인구는 약 2천만 명에 달했으며, 이들은 모두 1712년 표트르 대제가 새 수도로 지정한 상트페테르부르크로 옮겨온 중앙 정부의 직간접적인 통제를 받았다.

1650년 이후, 러시아의 영토 확장은 이전부터 이어져 온 방향을 따랐다. 먼저 동쪽으로는 1639년에 태평양 연안에 도달했고, 서쪽으로는 스웨덴과 폴란드-리투아니아 연방을 상대로 전쟁을 벌였으며, 남쪽으로는 흑해 연안에서 오스만 제국과 충돌하며 세력을 넓혀갔다. 결국 러시아 제국은 아시아에서 먼저 영토를 확장한 뒤, 18세기 말에는 서쪽과 동쪽으로 국경을 더욱 넓히며 유럽과 아시아에 걸친 강력한 대륙 제국으로 자리매김했다.

러시아(18세기)

17세기의 러시아 차르국

1600년경, 러시아 차르국으로 승격된 모스크바 대공국(1547년)은 주변 강대국들에 의해 외교적으로 고립된 상태에 놓여 있었다. 폴란드-리투아니아 연방과 스웨덴이 러시아의 발트해 접근을 차단했으며, 남쪽에서는 크림한국이 지속적으로 위협을 가했다. 특히 1571년 타타르족이 모스크바를 함락시키며 심각한 피해를 입혔다. 1584년 이반 뇌제가 사망한 후, 러시아는 극심한 혼란기를 겪었으나 1613년에 첫 번째 로마노프 왕조가 즉위하면서 정국이 안정되었다. 이 시기 농노제가 확대되면서 많은 농민이 남부와 시베리아 변방으로 도망쳤고, 이들은 '자유인'이라는 뜻의 '코사크'로 불리며 기병, 뱃사공, 사냥꾼으로 활동하면서 러시아의 영토 확장에 기여했다.

1700년 러시아는 폴란드, 덴마크와 연합하여 대북방 전쟁을 벌였으나 스웨덴 왕 카를 12세가 덴마크군을 격파한 후, 나르바에서 러시아군을, 1701년 드비나 강변에서 폴란드군을 격퇴하고, 이어서 클리슈프에서도 승리를 거두었다. 카를 12세는 이후 모스크바로 진격하려 했으나 식량 부족으로 인해 남쪽으로 방향을 틀었고, 결국 패배하여 부상을 입은 채 오스만 제국으로 피신했다.

18세기 러시아 제국

표트르 대제(1682~1725년 차르)는 스웨덴의 카를 12세와의 전쟁에서 승리한 후, 1721년에 '황제' 칭호를 받았다. 1712년에는 발트해 연안에 건설한 상트페테르부르크로 수도를 옮기며, 러시아의 유럽 진출을 상징적으로 보여주었다. 또한 러시아 사회의 서구화를 강력하게 추진했다.

러시아의 영토 확장은 계몽 군주로 알려진 예카테리나 2세의 통치 기간(1762~1796년) 동안 더욱 가속화되었다. 1783년에 크림반도를 합병하며 남쪽으로 영토를 확장했고, 1772년부터 1795년까지 진행된 폴란드 분할을 통해 약 50만 제곱킬로미터에 달하는 광대한 영토를 확보했다. 예카테리나 2세는 표트르 대제의 개혁 정책을 계승하여 독일 이민자들을 적극적으로 받아들여 농업을 현대화하고, 특히 우랄 지역의 산업 발전을 적극 추진했다. 그 결과 18세기 말 러시아는 철, 주철, 구리 생산에서 세계 최고 수준에 도달하는 산업 강국으로 발돋움했다.

18세기의 자유사상가, 학자, 배우

유럽의 학술 아카데미(1660~1789년)

17세기 후반부터 유럽에서는 최초의 과학 아카데미들이 등장하기 시작했다. 1660년에 설립된 런던 왕립 학회는 인문주의 시대에 생겨난 과학 모임들을 제도화한 대표적인 사례로, 연구와 토론의 장을 제공하는 동시에 과학 지식의 대중화에도 중요한 역할을 했다. 18세기 유럽 전역에서는 '살롱'이 과학적 논의와 연구 주제를 다루는 중요한 장소로 활용되었다.

1666년, 프랑스의 재상 장바티스트 콜베르가 설립한 파리 왕립 과학 아카데미는 약 100명의 학자로 구성되었으며, 통신원까지 포함하면 그 규모는 두 배에 달했다. 이 아카데미는 프랑스에서 출판되는 자료 대부분을 통제하며 사실상 '과학 검열 경찰' 역할을 수행했다.

함께 보기 — 대학들 p.218
대서양 혁명 p.476
1848년, 세계적인 봄 p.502

2518

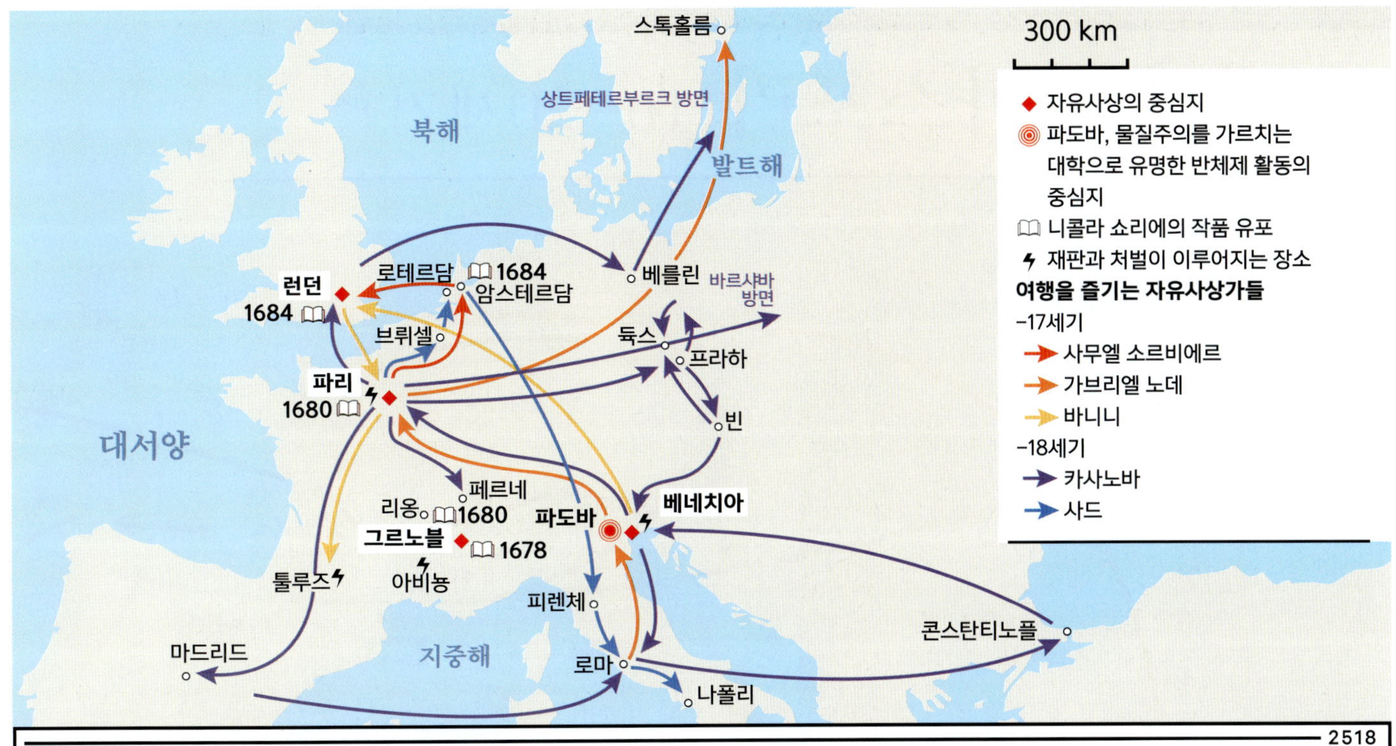

18세기 유럽의 자유사상가들

18세기 유럽에서는 파리뿐만 아니라 그르노블도 자유사상가들의 중요한 중심지로 떠올랐다. 특히 그르노블은 외설 문학의 주요 출판 중심지로, 니콜라 쇼리에가 18세기의 대표적인 에로틱 문학 작품인 <여인들의 아카데미>를 출간한 곳이기도 했다. 또한 런던, 베네치아, 암스테르담 등지에서도 자유사상가들의 모임이 활발하게 이루어졌다. 이들은 스스로를 '계몽된 자들' 또는 '깨어있는 자들'이라 칭하며 비판적 사고와 합리주의 정신을 강조했다. 그 중에는 사회적, 종교적 탄압을 피해 망명하거나 유럽의 주요 학문 도시를 탐방하며 지식을 넓힌 이들도 많았다.

2519

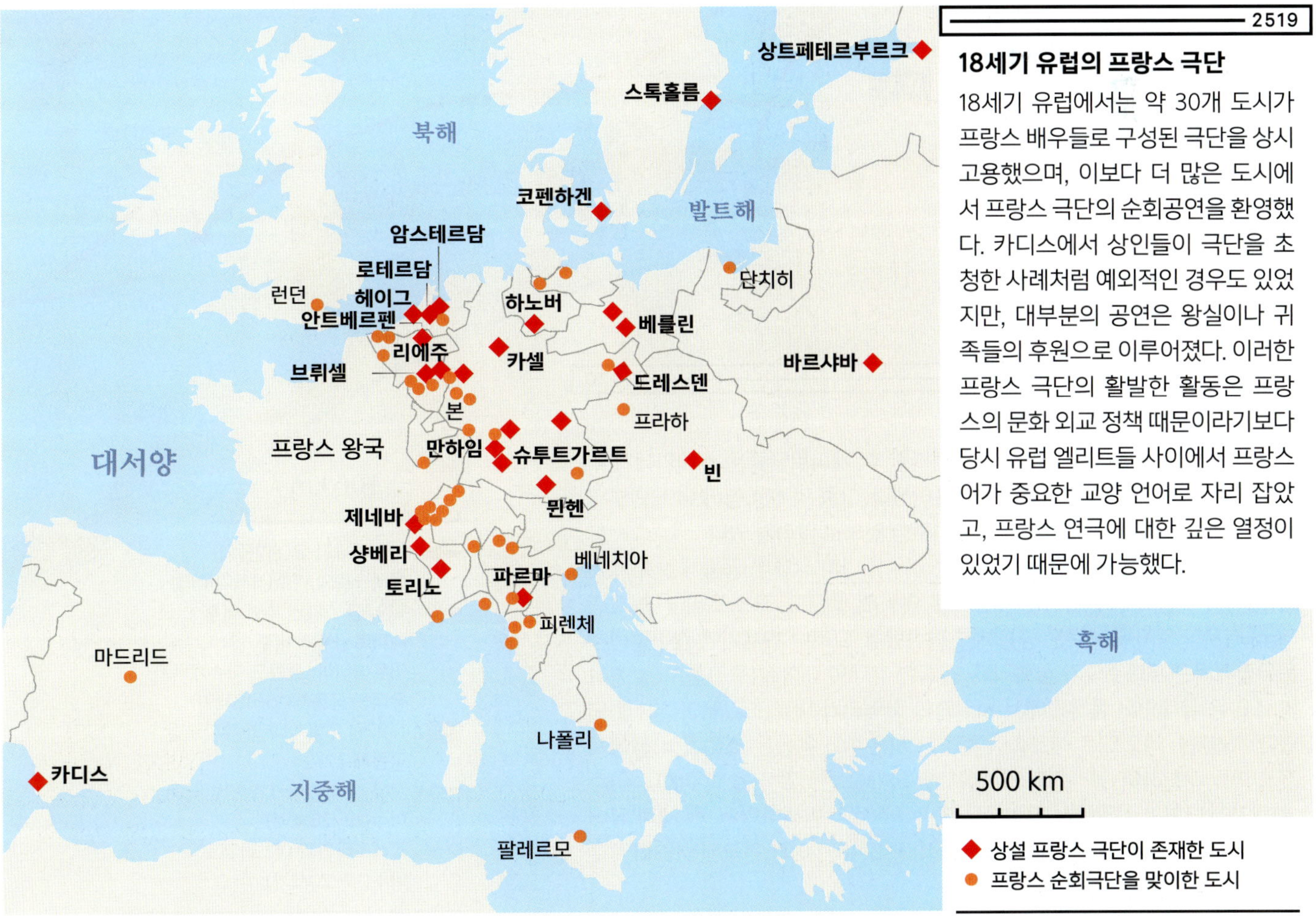

18세기 유럽의 프랑스 극단

18세기 유럽에서는 약 30개 도시가 프랑스 배우들로 구성된 극단을 상시 고용했으며, 이보다 더 많은 도시에서 프랑스 극단의 순회공연을 환영했다. 카디스에서 상인들이 극단을 초청한 사례처럼 예외적인 경우도 있었지만, 대부분의 공연은 왕실이나 귀족들의 후원으로 이루어졌다. 이러한 프랑스 극단의 활발한 활동은 프랑스의 문화 외교 정책 때문이라기보다 당시 유럽 엘리트들 사이에서 프랑스어가 중요한 교양 언어로 자리 잡았고, 프랑스 연극에 대한 깊은 열정이 있었기 때문에 가능했다.

유대인 디아스포라(16~20세기)

다섯 세기에 걸친 유대인들의 이주

가톨릭 군주들이 1492년 그라나다를 정복한 후, 세파르딤들은 스페인에서 추방되어 지중해 연안과 유럽 전역으로 흩어졌다. 그중 약 6만 명이 1492년부터 16세기 중반 사이에 오스만 제국으로 이주한 것으로 알려져 있다.

한편, 서유럽에 오랫동안 정착해 있던 아슈케나지 유대인 공동체는 15세기와 16세기에 걸쳐 동유럽으로 대규모로 이동해 폴란드, 오스트리아-헝가리 제국, 러시아 등지에 새로운 공동체를 형성했다. 그러나 19세기에 접어들면서 동유럽에서 반유대주의가 심화되고, 잔혹한 유대인 대학살(포그롬)이 발생하면서 많은 유대인이 동유럽에서 서유럽과 아메리카 대륙으로 역이주하게 되었다. 1897년, 테오도르 헤르츨이 주도한 시온주의 운동은 스위스 바젤에서 첫 회의를 개최하며, 팔레스타인에 유대인 국가를 건설할 것을 촉구했다. 이후 20세기에 나치가 독일에서 집권하고 홀로코스트가 발생하면서, 전 세계 유대인 공동체는 팔레스타인(영국 위임통치령)과 1948년 이후 건국된 이스라엘로 대거 이주하게 되었다.

함께 보기 — 유대인 공동체 p.74
유럽의 유대인 말살 p.606
중동 p.660

연대기

1492년
그라나다가 기독교 세력에 의해 정복되었으며, 가톨릭 군주들이 스페인에서 유대인 추방 칙력을 발표함. 이로 인해 1492년부터 16세기까지 약 6만 명의 세파르딤이 오스만 제국으로 이주한 것으로 추정됨.

1497년
포르투갈에서 모든 유대인들이 강제로 개종당함.

1569년
폴란드-리투아니아 연방이 결성됨. 유대인들이 국경 지역에서 새로운 도시 건설에 참여.

17세기
아메리카 대륙에 최초의 유대인 공동체가 형성됨.

1639년
암스테르담에서 포르투갈 출신 유대인 공동체가 통합됨.

1791년
프랑스 혁명으로 유대인들이 해방.

1874년
스위스에서 유대인이 해방되면서, 유럽 전역에서 유대인의 완전한 해방이 완료됨.

1881~1882년
알렉산드르 2세의 암살 이후 러시아에서 포그롬이 발생. 이에 따라 유대인들이 대규모로 미국, 서유럽, 팔레스타인으로 이주함.

1897년
테오도르 헤르츨이 시온주의 운동을 창설함.

1903~1906년
러시아와 우크라이나에서 두 번째 포그롬이 발생.

1917년
영국이 팔레스타인에 유대인 민족 국가 설립을 제안한 벨푸어 선언 발표.

게토의 이탈리아(16~18세기)

이탈리아 북부에서 유대인의 격리와 그 한계

중세 말기, 유럽 전역에서 유대인들에 대한 박해가 강화되었다. 이베리아반도와 스페인 지배하의 이탈리아 남부에서는 유대인들이 추방되거나 강제로 가톨릭으로 개종해야 했다. 이탈리아 북부에서도 유대인들은 점차 도심에서 거주할 권리를 박탈당했다. '게토'라는 용어는 베네치아의 한 구역 이름에서 유래했으며, 이는 베네치아 방언으로 '주물 공장'을 의미하는 '일 제토'에서 비롯된 말이다. 1516년부터 1797년까지 유대인들은 게토에 강제 거주해야 했으며, 외부인들의 출입은 금지되었다.

약 두 세기에 걸쳐 이탈리아 북부와 교황령 내에서 약 50개의 게토가 만들어졌고, 그중 가장 중요한 게토는 로마 게토(1555년에 설립되어 1870년에 폐지됨)와 베네치아 게토였다. 그러나 리보르노와 같은 일부 지역의 유대인 공동체는 이러한 강제적인 격리 조치에서 예외였다.

순례자들의 로마(16~17세기)

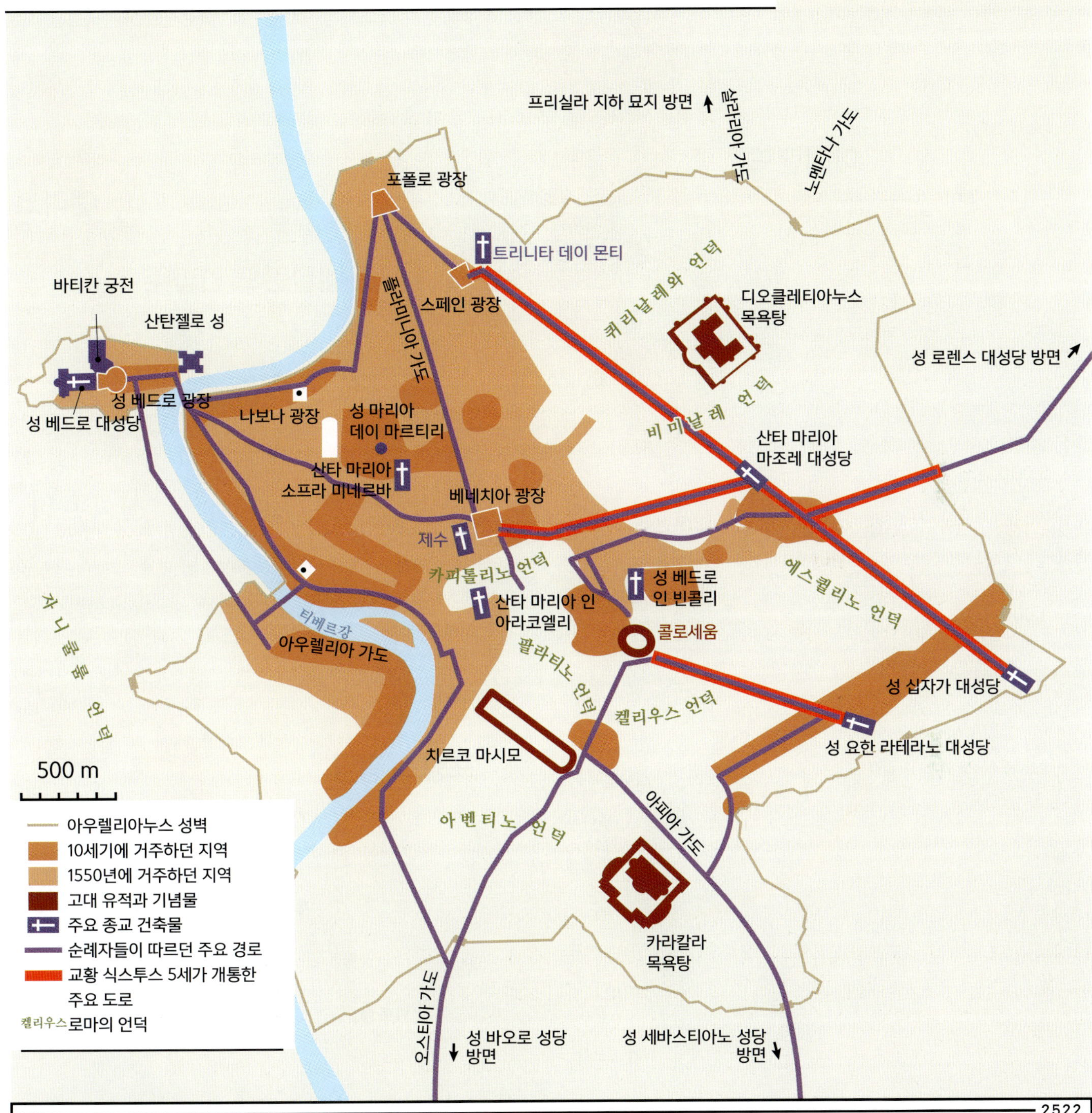

16세기의 로마 순례

중세 시대 로마는 예루살렘, 산티아고 데 콤포스텔라와 함께 서유럽 기독교의 3대 주요 순례지 중 하나였다. 1187년 예루살렘이 라틴 세력의 지배에서 벗어나면서, 로마는 더욱 중요한 순례지로 부각되었다. 로마 순례가 본격적으로 강조된 것은 1545년부터 1563년까지 열린 트리엔트 공의회 이후였다. 가톨릭 개혁이 진행되면서, 로마는 사도 베드로와 그의 후계자인 교황들이 있는 도시로서 더욱 상징적인 의미를 갖게 되었다.

순례자들은 정해진 경로를 따라 네 개의 주요 대성당(성 요한 라테라노 대성당, 바티칸의 성 베드로 대성당, 산타 마리아 마조레 대성당, 성 바오로 대성당)과 세 개의 작은 성당(예루살렘의 성 십자가 대성당, 성 로렌스 대성당, 성 세바스티아노 성당)을 방문했다. 16세기 동안 새로운 도로와 광장이 조성되었으며, 특히 교황 식스투스 5세(1585~1590년 재위)의 주도 아래 고대 유산이 재정비되었다. 그는 오벨리스크를 세우고 기념물을 복원했으며, 순례자들의 이동을 편리하게 하기 위해 직선 도로를 개설하여 도시 경관을 새롭게 정비했다. 이러한 변화는 바로크 시대 로마의 전성기를 상징하는 중요한 발전으로 이어졌다.

프랑스의 개신교도들 (16~18세기)

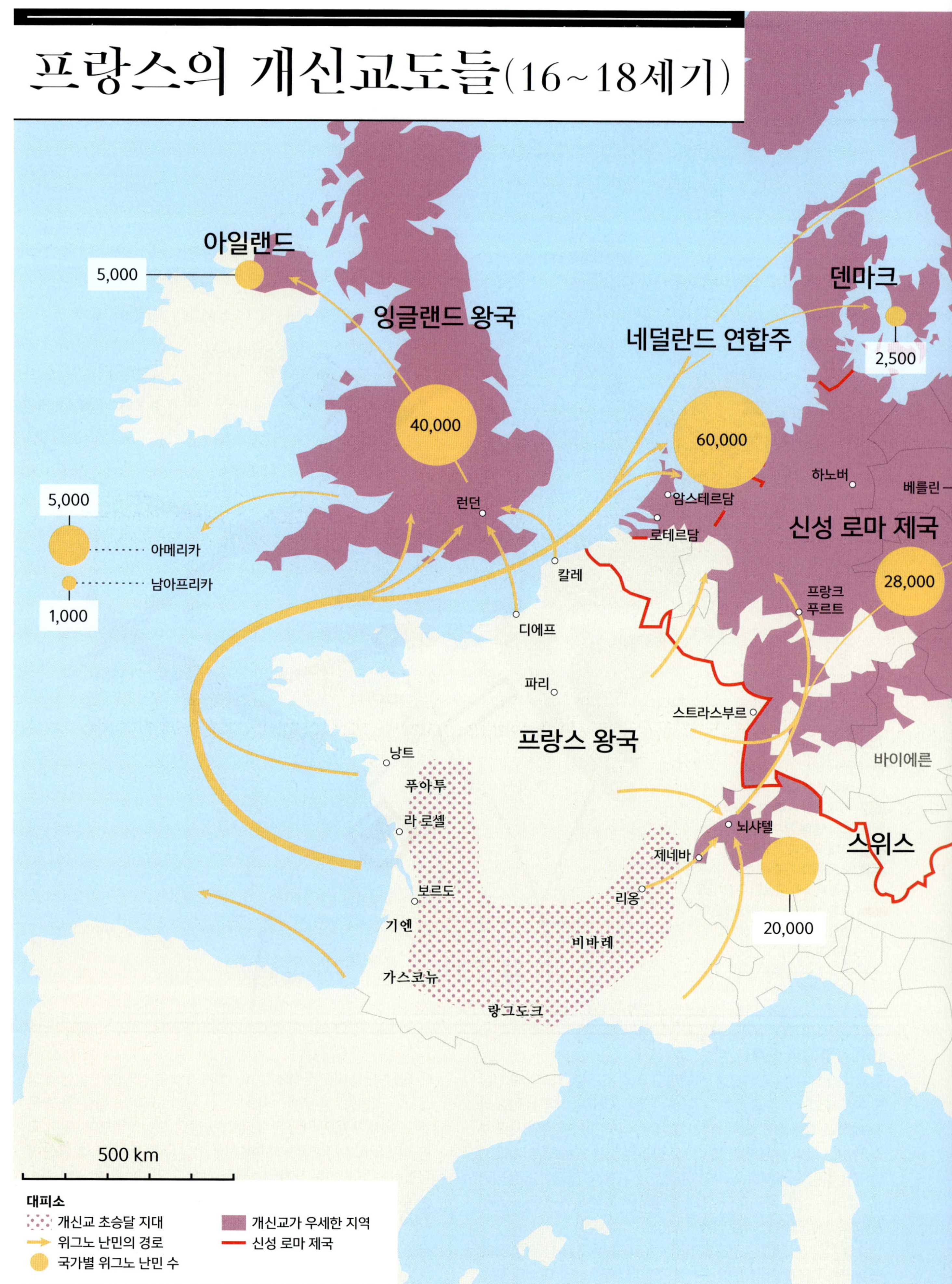

────── 2523

낭트 칙령의 철회와 그 여파

17세기 프랑스의 개혁 교회, 특히 칼뱅파 교회(위그노)는 푸아투에서 리옹에 이르는 초승달 모양의 지역에 집중되어 있었고 그 외 지역에서는 소수의 도시 중심부에만 존재했다. 1629년, 리슐리외 추기경은 알레스 조약(1629년)을 체결하여 개신교도들의 정치적, 군사적 특권을 박탈했다. 1661년부터 루이 14세는 직업 제한, 성전 파괴 등의 조치를 통해 낭트 칙령을 점차 무력화시키기 시작했다. 특히 '드라곤나드(군사적 탄압)'로 인해 많은 개신교도들이 강제 개종을 당하거나 대규모로 망명했다. 결국 1685년, 루이 14세는 퐁텐블로 칙령을 발표하여 낭트 칙령을 공식적으로 철회했다.

그러나 알자스 지역의 루터교도들은 1648년 베스트팔렌 조약에 의해 종교적 자유가 보장되었기 때문에 낭트 칙령의 영향을 받지 않았다. 1680년대부터 17세기 말까지 약 18만 명의 위그노들이 네덜란드, 영국, 스위스, 독일 등 개신교 국가로 망명해 '망명자 공동체'를 형성했다. 한편 프랑스에 남은 개신교도들은 강력한 탄압 속에서도 비밀리에 신앙을 지키려 했으며, 이를 '사막(광야 교회)'이라고 불렀다. 17세기 말, 인구 밀도가 높았던 세벤 지방의 칼뱅주의 농촌 공동체는 목사들이 추방되거나 처형당하면서 지도층을 잃게 되었다. 1702년, 한 예언을 계기로 농민과 장인들이 종교의 자유를 요구하며 무기를 들고 봉기했다. '카미자르'로 불렸던 이 반란군은 프랑스 왕실군에 의해 가혹하게 진압되었으며, 1704년 장 카발리에는 주요 지도자가 빌라르 원수에게 항복하면서 반란은 종결되었다.

카미자르 전쟁(1702~1715년) ────── 2524

9

유럽의 세계 식민지화

19세기 유럽의 인구와 경제력이 급격히 성장하면서, 유럽 열강들은 전 세계를 분할하여 지배하는 과정에 돌입했다. 처음에는 대륙 내부의 지리적 탐사로 시작되었으나, 이후 '깃발 꽂기 경쟁'이라 불리는 제국 간 경쟁이 본격화되면서 식민지 확장이 가속화되었다. 19세기 말에 이르러서는 미국과 일본 등의 신흥 강대국도 아시아 지역 지배에 가담했으며, 대부분의 지역은 유럽 및 신흥 강대국의 지배에서 벗어나지 못했다. 그러나 중국은 외세의 침략으로 내부 혼란을 겪었음에도 불구하고, 일부 지역만 식민지화되었다. 제국주의 세력 간 일부 완충 지대를 제외하면, 20세기 초 세계 대부분은 유럽 열강의 지배 아래 있었다. 그러나 외관상 강력해 보이던 제국주의 체제는 내부적으로 구조적인 문제와 모순을 안고 있었기에 실제로는 매우 취약했다.

유럽에 의해 식민지화된 세계

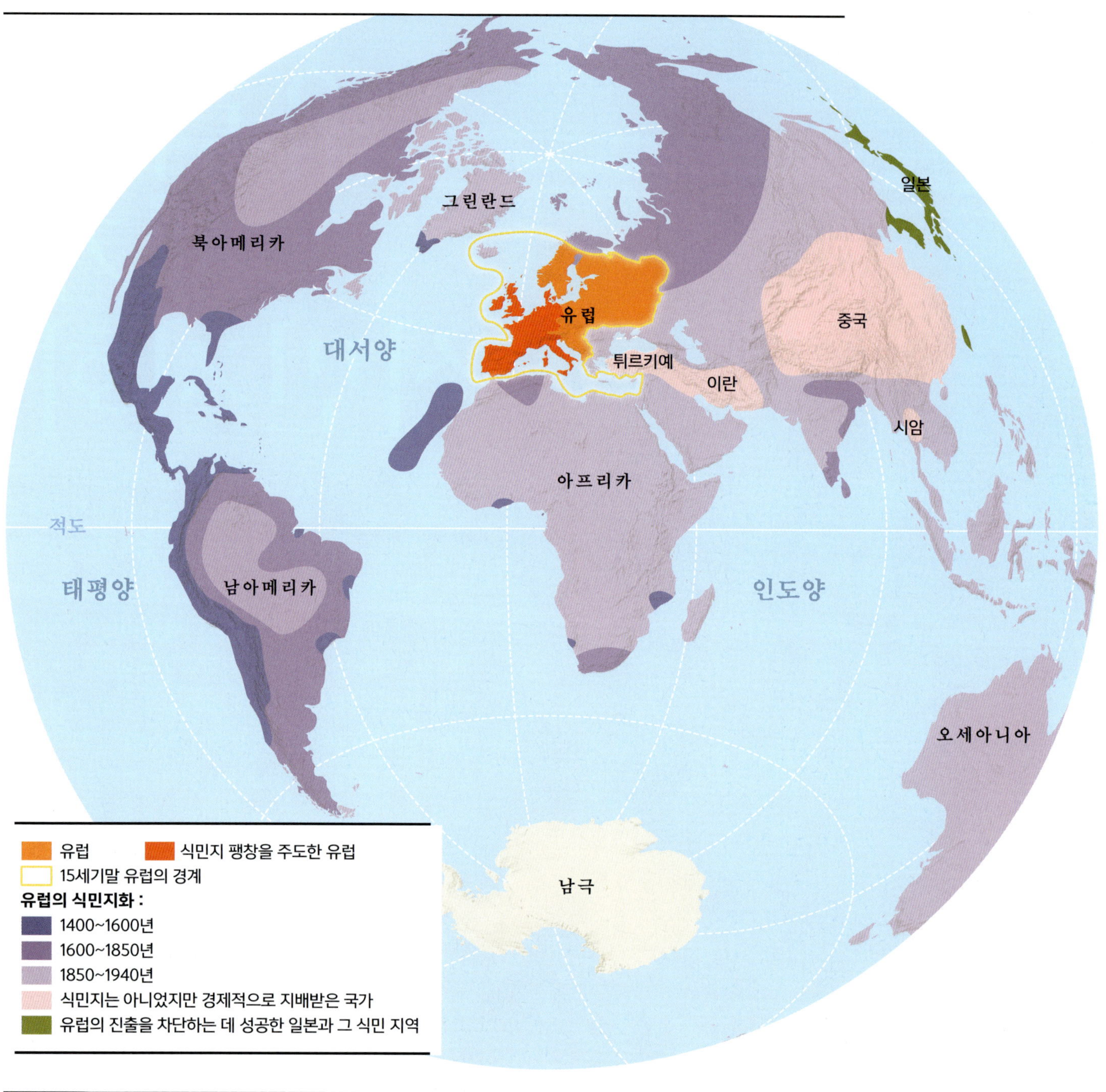

구대륙의 서쪽

유럽은 세계의 여러 지역을 식민지화하는 과정에서 전 인류를 포괄하는 새로운 지리적 질서를 구축했다. 그러나 유럽이 다른 사회들에 비해 특별한 이점을 가지고 있었던 것은 아니었다. 지리적으로 유럽은 주요 교류 축의 변방에 위치했기 때문에 오스만 제국, 이란, 인도, 중국, 일본, 그리고 아프리카 등과의 힘의 균형 속에서 오랫동안 주도권을 확보하지 못했다. 19세기 말에 이르러서야 산업화와 인구 증가로 인해 몇몇 유럽 국가들이 뚜렷한 비교우위를 얻었고, 그때부터 본격적으로 전 세계적인 식민지 확장이 이루어졌다.

그 이전까지 유럽의 영향력은 주로 아메리카 대륙, 즉 신대륙에 국한되어 있었다. 이는 아메리카가 구세계(유럽, 아시아, 아프리카)와의 연결이 적었으며, 특히 구대륙에서 전파된 전염병에 면역력이 부족해 상대적으로 식민지화가 수월했기 때문이다.

이러한 과정 속에서 유럽은 19세기 경제적 변화와 맞물려 세계의 중심에 서게 되었다. 물론 다른 문명권에서도 비슷한 확장을 시도할 가능성이 있었지만, 유럽의 결정적인 강점은 바다를 넘어 미지의 세계로 나아가 자국 내에서 고갈되었거나 얻을 수 없던 자원을 적극적으로 확보했다는 점이었다.

유럽인의 이주

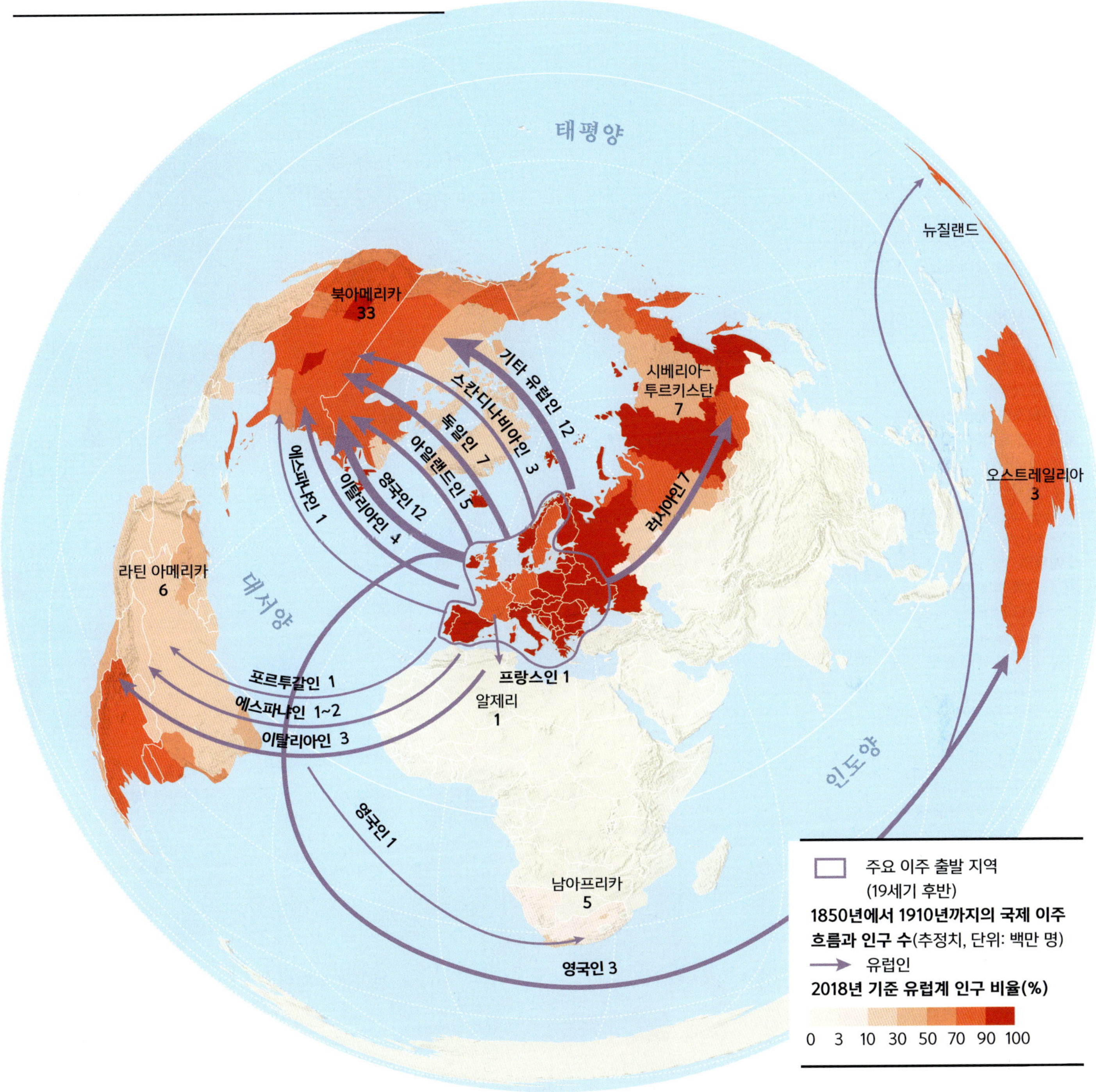

유럽 이주자 6천만 명(1820~1914년)

18세기부터 20세기 초까지 유럽의 인구는 급격히 증가해, 1700년 1억 2천만 명에서 1900년에는 4억 2천만 명으로 늘어났다. 해상 교통의 발달에 힘입어 1820년에서 1914년까지 약 6천만 명의 유럽인이 해외로 이주했다. 이들은 주로 온대 지역으로 이동했는데 이중 3,300만 명은 북미, 600만 명은 남미 남부(아르헨티나, 칠레, 우루과이, 브라질 남부), 500만 명은 남아프리카, 300만 명은 호주와 뉴질랜드로 이주했다. 이로 인해 원주민들이 대거 제거된 후 유럽계 사회가 형성되었고, 이는 오늘날 '서구'라고 불리는 지역과 대부분 일치한다.

한편, 러시아도 18세기 말 3,700만 명이었던 인구가 1914년에는 1억 7,800만 명으로 증가하는 등 유사한 인구 성장을 겪었다. 또한, 러시아 제국과 그 뒤를 이은 소련은 시베리아로 인구를 강제 이주시켰다.

1815년의 세계

제국 및 기타 강대국들의 세력권
- 청나라
- 러시아
- 영국
- 프랑스
- 포르투갈
- 오스만 제국
- 오스트리아-헝가리
- 스페인
- 네덜란드
- ○ 주요 유럽 무역 거점
- 해상 항로

노예무역
- 노예 획득 지역
- 직항 무역
- 삼각 무역

독립 국가 및 독립 연도
- 국경
1. 코르시카: 1755~1769년
2. 미국: 1783년
3. 아이티: 1804년
4. 파라과이: 1811년
5. 아르헨티나: 1816년
6. 칠레: 1818년
7. 대콜롬비아: 1821년/1831년
8. 멕시코: 1821년
9. 페루: 1821년
10. 브라질: 1822년
11. 중앙아메리카 연합주: 1823~1839년
12. 볼리비아: 1825년
13. 우루과이: 1828년
14. 베네수엘라: 1829년
15. 에콰도르: 1829년
16. 콜롬비아: 1829년
17. 그리스: 1830년

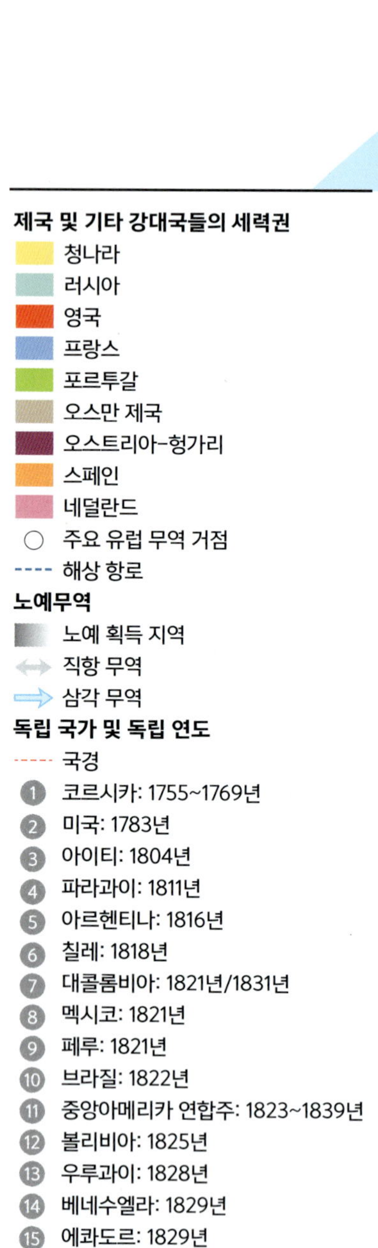

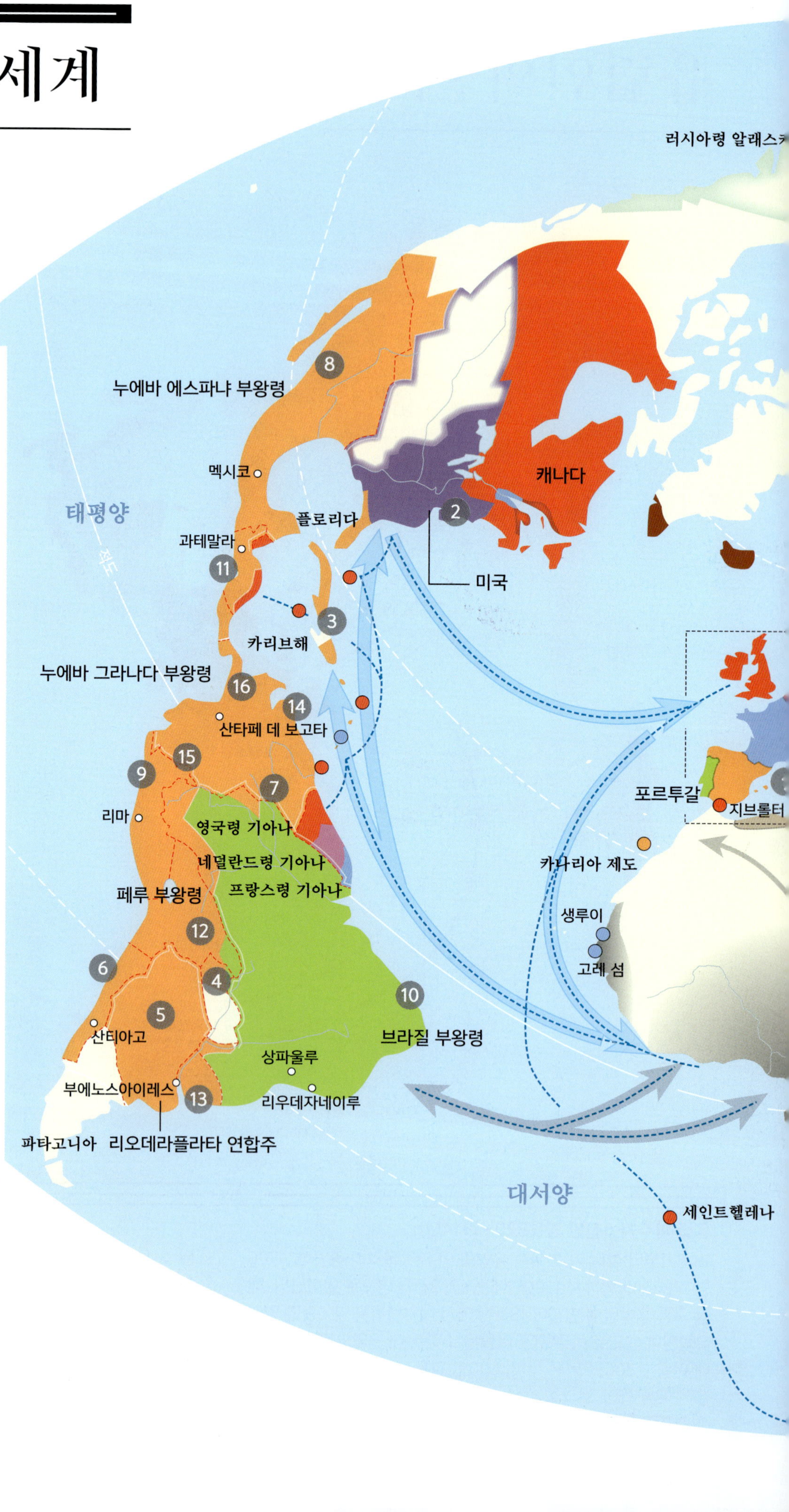

----2526

유럽이 지배한 세계

1815년의 세계는 나폴레옹 시대의 영향을 강하게 받고 있었다. 프랑스는 약 20여 년에 걸쳐 유럽 대부분을 지배했으며, 프랑스의 점령으로 본국과 단절된 스페인의 아메리카 식민지들은 독립을 향해 나아갔다. 그러나 나폴레옹은 여러 유럽 국가들과의 전투 끝에 1815년 6월 워털루 전투에서 최종적으로 패배했다. 같은 시기, 유럽 군주들은 빈 회의에서 유럽의 질서를 재편하고 있었다. 강대국들은 삼각 무역으로 활성화된 노예 무역을 종식하기로 합의했으나, 이는 점진적으로 중단되었다. 나폴레옹 전쟁의 승자인 영국은 전 세계적으로 강력한 영향력을 행사했으며, 특히 인도 항로를 장악했다. 이 항로에는 몰타, 케이프타운, 모리셔스 등 유럽 경쟁국들을 물리치고 영국이 확보한 식민지들이 포함되어 있었다.

백지 지도 시대의 종말(1800~1911년)

유럽인들의 대륙 내부 탐험

19세기 유럽인들은 대륙 내부로의 활발한 탐험을 진행했고, 주로 큰 강을 따라 이동하며 전 세계에 대한 지식을 확장했다. 서구인들의 탐험은 아메리카에서 시작해 아프리카, 아시아, 오세아니아, 그리고 남극까지 이어졌으며, 가장 마지막으로 극지방에 도달했다.

이러한 탐험 경로나 지리적 발견은 이를 주도한 인물들의 이름을 따서 명명되었으며, 주로 과학적 연구나 정복을 목적으로 이루어졌다. 때로는 이 두 목적이 혼재되기도 했다. 당시 지도 제작에서는 과학적 정확성을 기하기 위해 '미지의 영역'을 공백으로 남겨두었으나, 이러한 탐험을 통해 그 빈 공간들이 채워지며 지도가 완성되어 갔다.

1796~1806년
멍고 파크가 니제르강을 탐험함.

1800~1804년
알렉산더 폰 훔볼트가 에메 봉플랑과
중앙아메리카를 탐험함.

1804~1806년
루이스와 클라크, 동서를 횡단하며
탐험함.

1823년
클래퍼턴 원정대, 차드 호수 발견.

1828년
르네 카이예, 팀북투에 도달함.

1840년
뒤몽 뒤르빌, 남극 대륙을 탐험함.

1850~1855년
하인리히 비르트, 차드호와
니제르강을 탐험함.

1851~1856년
리빙스턴, 잠베지강 지도 작성 및
서에서 동으로 대륙을 횡단함.

1858~1862년
버튼과 스피크, 탕가니카 호수를 발견함.

1866~1868년
프랜시스 가르니에의 메콩강을 탐험함.

1862년
코스타 아제베도, 아마존강 지도 작성.

1875~1878년
사보르냥 드 브라자, 콩고 대규모
탐험을 실시함.

1890~1897년
헤딘, 투르키스탄을 탐험함.

1893~1896년
난센, 북극을 탐험함.

1909년
쿡과 피어리, 북극점에 도달함.

1911년
로알 아문센, 스캇과의 경주 끝에
남극점에 도달함.

알제리 정복(1830~1901년)

1202

알제리의 식민지화와 저항

대부분의 프랑스 제국 영토가 19세기 말에 정복된 것과 달리, 알제리는 1830년부터 식민지화가 시작되었다. 1830년 6월 14일, 프랑스군은 알제 인근 시디 페루슈에 상륙하며 정복을 시작했으며, 이 과정은 해안 지역부터 단계적으로 진행되었고 매우 폭력적이었다. 특히 1840년대 뷔조 장군이 이끈 정복 전쟁이 잔혹했다. 1847년, 알제리 서부에서 저항하던 지도자 아브드 알카디르 항복하면서 정복된 영토는 프랑스에 병합되었다. 1848년, 프랑스 제2공화국은 알제리에 세 개의 프랑스 행정구역을 설치해서 본격적인 식민 통치를 시작했다.

1850년대, 프랑스는 카빌리 지역을 통제한 후 알제리 남부까지 확장하여, 결국 프랑스 본토의 4배에 달하는 광대한 영토를 장악했다. 프랑스는 '평정 작전'이라는 명목으로 반란을 무력으로 진압했으며, 1871년 카빌리에서 발생한 모크라니 반란도 가혹하게 진압했다.

알제리의 식민지화는 수많은 유럽인이 알제리에 정착하면서 더욱 가속화되었다. 이 과정에서 현지 주민들의 토지가 강탈당했으며, 1830년대부터 시작된 토지 등록 작업은 유럽인들의 정착을 위한 기반이 되었다. 1873년 제정된 와르니에 법은 공동 소유지를 폐지하고 가족 소유지를 분할하도록 유도해, 유럽인들이 알제리 토지를 더욱 신속하게 점유할 수 있도록 했다.

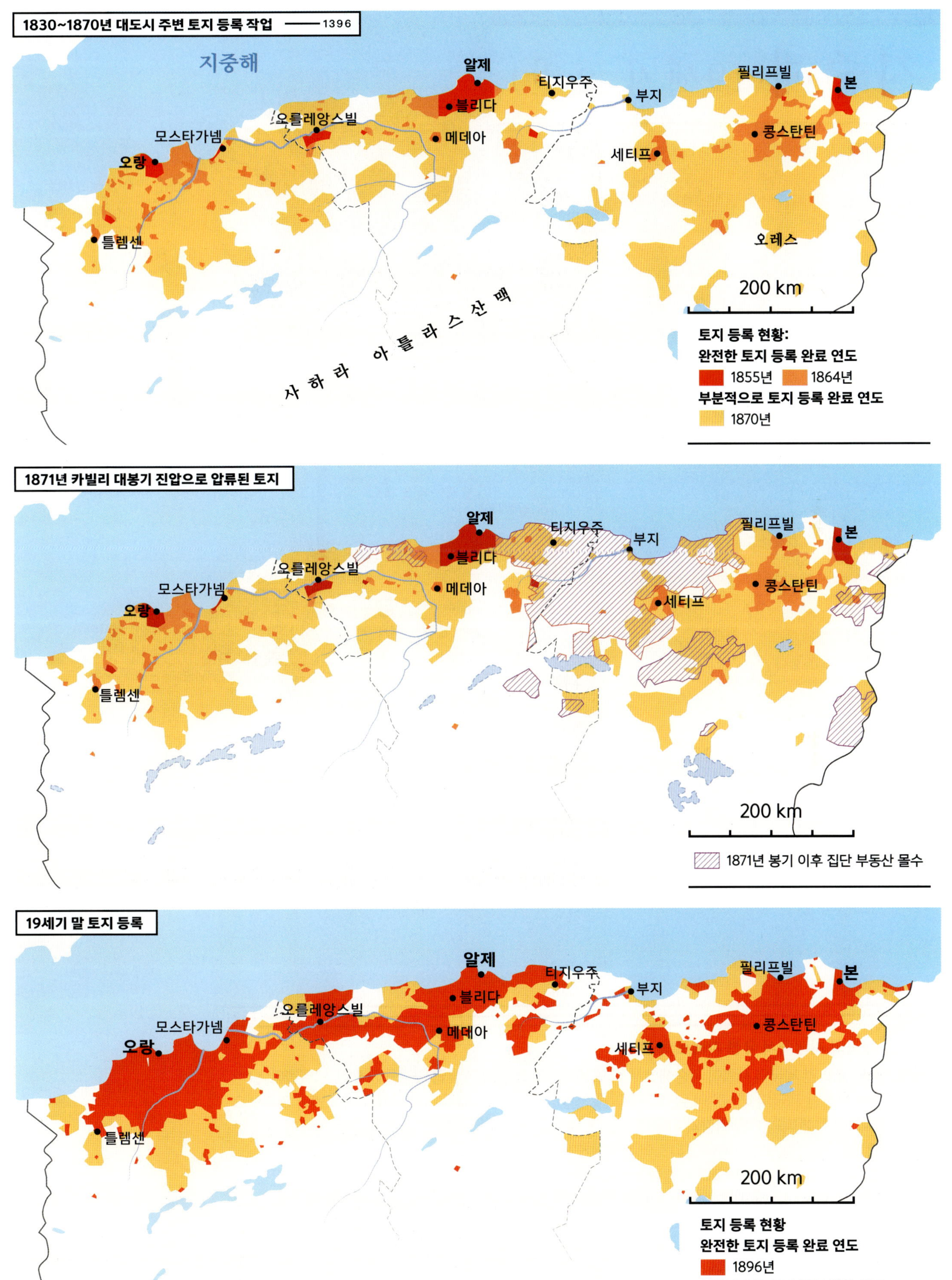
1830~1870년 대도시 주변 토지 등록 작업 —— 1396

지중해

알제
티지우주
필리프빌
본
블리다
부지
오를레앙스빌
모스타가넴
메데아
콩스탄틴
세티프
오랑
틀렘센
오레스

200 km

사하라 아틀라스 산맥

토지 등록 현황:
완전한 토지 등록 완료 연도
1855년   1864년
부분적으로 토지 등록 완료 연도
1870년

1871년 카빌리 대봉기 진압으로 압류된 토지

알제
티지우주
필리프빌
본
블리다
부지
오를레앙스빌
모스타가넴
메데아
콩스탄틴
세티프
오랑
틀렘센

200 km

1871년 봉기 이후 집단 부동산 몰수

19세기 말 토지 등록

알제
티지우주
필리프빌
본
블리다
부지
오를레앙스빌
모스타가넴
메데아
콩스탄틴
세티프
오랑
틀렘센

200 km

토지 등록 현황
완전한 토지 등록 완료 연도
1896년
부분적으로 토지 등록 완료 연도
1896년

지중해 (19세기 후반)

오스만 제국의 지배에서 유럽 지배로의 전환

19세기 동안 오스만 제국의 세력이 지중해에서 점차 쇠퇴하자 그 공백은 유럽 열강들에 의해 채워졌다. 발칸 반도에서는 오스만 제국이 해체되며 일부 지역이 독립을 얻었다. 이 지역들은 대부분 기독교인이 거주했으며, 민족주의 원칙에 따라 유럽 열강의 지원을 받았다. 예를 들어, 1820년대 그리스가 오스만 제국에 맞서 반란을 일으켰을 때, 프랑스와 영국이 그리스의 독립을 도왔다.

북아프리카에서도 오스만 제국의 지배력이 약화되자. 프랑스와 영국이 해당 지역을 식민지로 삼았다. 그러나 유럽 열강들은 이슬람교도가 대부분인 북아프리카 지역에는 민족주의 원칙을 적용하지 않고, 대신 식민지화를 우선시했다. 그 결과 알제리는 프랑스의 이주 식민지가 되었다. 프랑스가 마그레브(북서 아프리카) 지역에 집중하는 사이, 영국은 인도 항로에 주목했다. 1869년 수에즈 운하 개통으로 지중해는 세계 무역의 중요한 거점이 되었으며, 이 전략적 통로 덕분에 인도로 향하는 새로운 해상 통로가 개척되었다. 이에 따라 영국은 지브롤터, 몰타, 키프로스, 이집트 등에 해군 기지를 구축하며 항로의 안전을 최우선 과제로 삼았다.

빈
오스트리아-헝가리 제국
러시아 제국
보스니아
1878
1876 세르비아-오스만 전쟁
루마니아
1856~1878
1853~1856 크림 전쟁
알마 전투
세바스토폴
니아 1875
노비파자르 산자크
세르비아
1878
불가리아 1876
불가리아
1878
바르나
1877 러시아-오스만 전쟁
흑해
몬테네그로
1878
루멜리아
보스포루스 해협
브린디시
트라키아
테살로니키
콘스탄티노플
부르사
다르다넬스 해협
그리스
1881
이즈미르
아테네
오스만 제국
베시나
1830
1827 나바리노 해전
안탈리아
메르신
로도스(로도스섬)
이스켄데룬
라타키아
키프로스
크레타섬
트리폴리
베이루트
지중해
아크레
벵가지
자파(야파)
알렉산드리아
포트사이드
1882 알렉산드리아 폭격 사건
1869 수에즈 운하 개통
이집트
500 km

1882년의 제국
프랑스와 그 제국
영국 영토
오스만 제국
오스트리아-헝가리 제국
러시아 제국
식민지화
영국군이 점령한 영토
18세기 말의 오스만 제국
오스트리아-헝가리가 점령한 영토
무역 경로들
인도 항로
기타 해상 경로
대형 항구
전략적 통로
철도
위기와 갈등
1830 독립 연도
반오스만 반란
러시아의 공격
전투

1880년대의 아프리카

1880년의 아프리카 왕국 또는 제국
중립 선언 당시 콩고 자유국의 경계(1885년 8월 1일)
1891 국경 조정 연도
현재의 콩고민주공화국(DRC) 국경
벨기에 국왕의 직할지와 특허 회사 소유지

—— 1198

1880년, 해안 지역에 국한된 유럽의 영향력

1880년대 초까지만 해도 유럽의 아프리카 진출은 대부분 해안 지역의 무역 거점에 한정되어 있었다. 예외적으로 포르투갈령 앙골라와 모잠비크, 네덜란드령에서 영국령으로 바뀐 남아프리카, 그리고 프랑스령 알제리만이 대륙 내부까지 식민지화된 상태였다. 그러나 아프리카 대륙 내부는 여전히 유럽인들에게 거의 미지의 영역이었으며, 그곳에는 여러 왕국이 존재했다. 이러한 배경 속에서 탐험 활동이 활발히 이루어졌고 때로는 경쟁적으로 진행되었다. 영국의 스탠리는 최초로 콩고강을 탐사했고, 프랑스의 브라자는 티오 왕국의 도움을 받아 1880년 콩고강 연안에 도착해 1884년 브라자빌을 세웠다.

유럽 열강 간의 경쟁과 아프리카 내부 자원의 가치에 대한 인식이 커지자, 독일의 비스마르크 총리는 1884년 베를린 회의를 주도했다. 이 회의의 주요 목적은 아프리카 내 무역을 규제하는 것이었으며, 벨기에 국왕 레오폴드 2세가 설립한 콩고 국제 협회를 주권 국가로 인정하는 결정이 내려졌다. 이 회의에서 유일하게 국경이 확정된 지역은 콩고강 유역이었고, 몇 달 후 이 지역은 '콩고 자유국'으로 선언되면서 벨기에 국왕이 주요 수혜자가 되었다. 콩고 자유국은 콩고강 유역 전체를 차지하며, 티오 왕국, 콩고 왕국, 룬다 왕국 등 기존 아프리카 왕국들을 단절시키는 결과를 가져왔다.

1880~1935년 아프리카의 정복과 저항

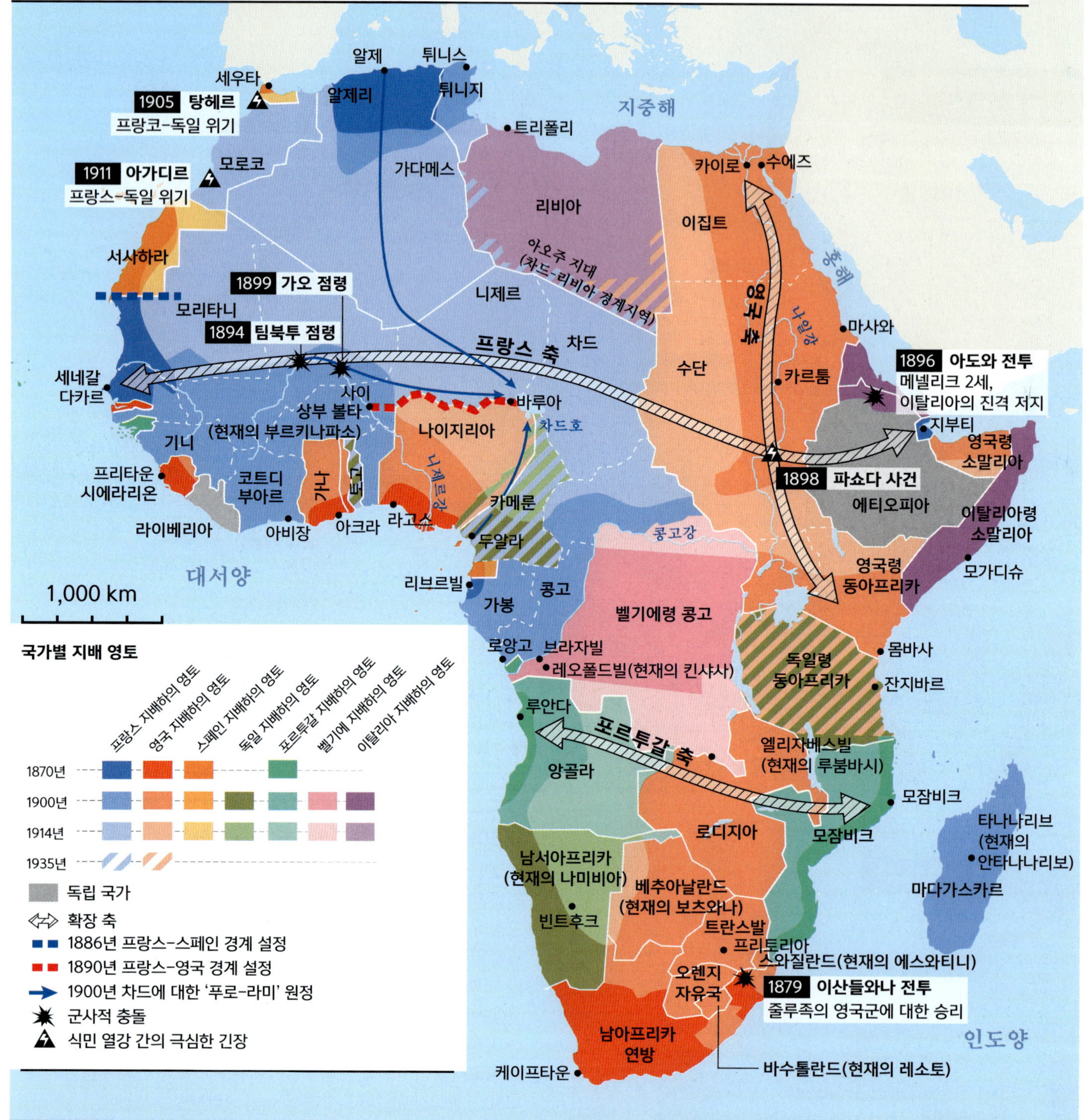

유럽 열강 간의 권력 투쟁

19세기 동안 아프리카는 육럽의 대규모 탐험과 선교 활동의 무대가 되었다. 이러한 활동은 '문명화의 사명'과 과학적 탐구라는 명분으로 정당화되었지만, 그 이면에는 경제적 동기가 강하게 자리 잡고 있었다. 유럽 열강들은 새로운 시장을 개척하고, 농업 및 광물 자원을 통제할 목적으로 아프리카에 주목했다. 1880년대부터 1914년 제1차 세계대전 발발 직전까지 식민지 확장은 급속도로 진행되었다. 베를린 회의(1884~1885년)를 기점으로, 유럽 열강들은 아프리카 영토 분할을 위한 수많은 조약을 체결했다.

프랑스와 영국 간의 경쟁은 특히 치열했다. 1898년 파쇼다 사건에서 두 나라는 충돌했는데, 이는 프랑스의 다카르-지부티 연결 계획과 영국의 카이로- 케이프타운 연결 계획이 상충한 결과였다. 이 사건은 프랑스의 외교적 패배로 끝났지만, 대신 프랑스는 사하라 지역의 광대한 영토를 확보함으로써 북아프리카와 중앙 아프리카 식민지를 연결하는 데 성공했다.

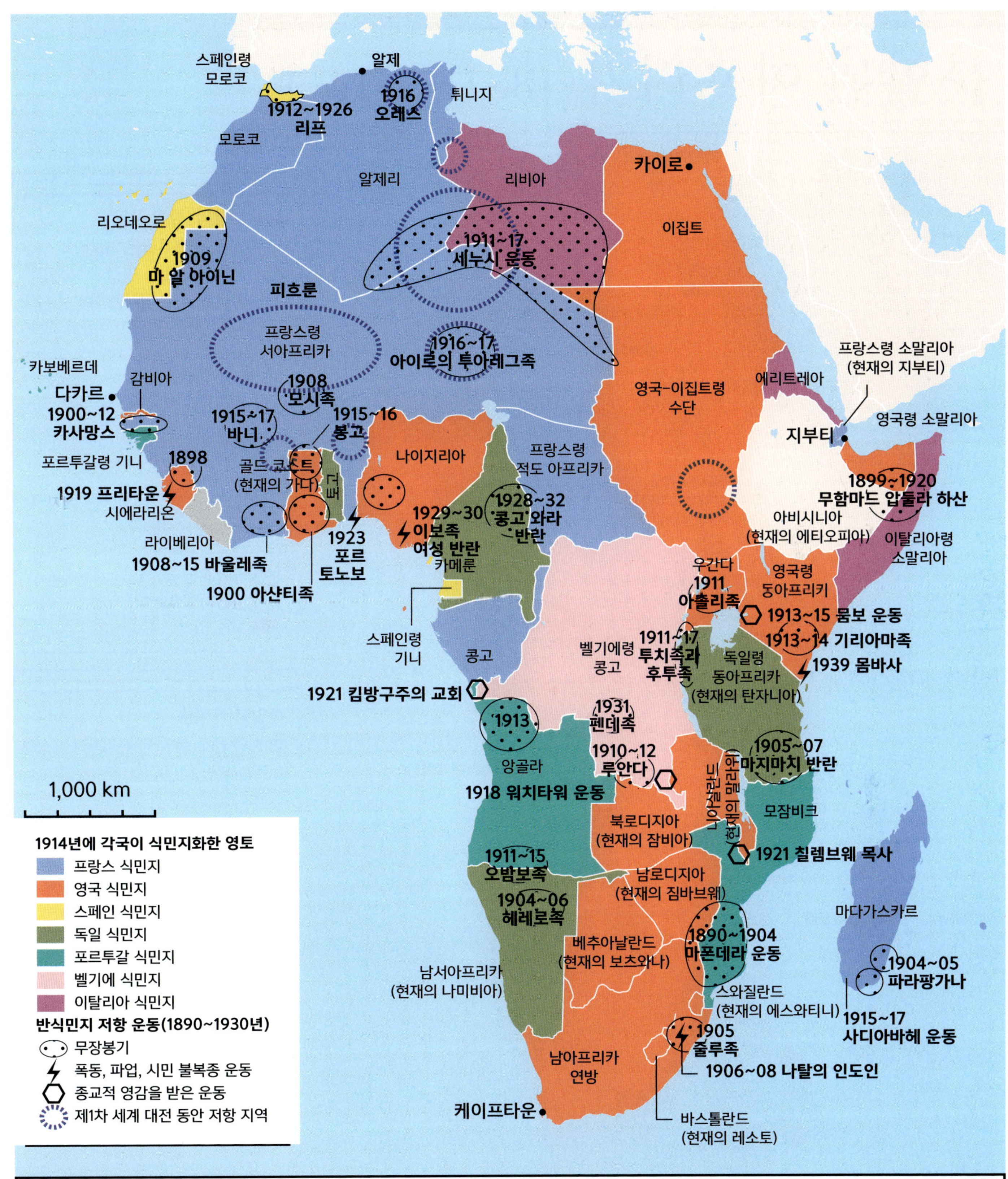

아프리카의 저항

유럽 열강이 아프리카를 정복하는 과정에서, 대부분의 아프리카 지역에서 강력한 저항 운동이 일어났다. 예를 들어, 1871년 알제리의 카빌라 지역에서는 모크라니 형제가 주도한 반란에 수만 명의 전사들이 참여해 프랑스 식민 통치에 맞서 싸웠다. 한편, 아프리카 대륙 반대편에서는 줄루족이 1879년 이산들와나 전투에서 영국군을 상대로 승리하며 강한 저항을 보여주었다.

제1차 세계대전 동안 전쟁으로 인해 식민 통치가 느슨해지자 현

지 주민들은 이를 틈타 유럽의 지배에 저항했다. 특히 프랑스 식민지였던 오트볼타(현재의 부르키나파소)와 니제르에서 반란이 발생했으며, 1916년 알제리 오레스 지역에서도 병력 징집에 반대하는 저항이 일어났다. 또한 1915년 니아살랜드(현재의 말라위)에서는 유럽 세력을 거부하는 예언자적 운동이 반란을 촉발시켰으며, 유럽의 지배에 대한 지속적인 저항이 이어졌다.

분할된 아프리카(1881~1914년)

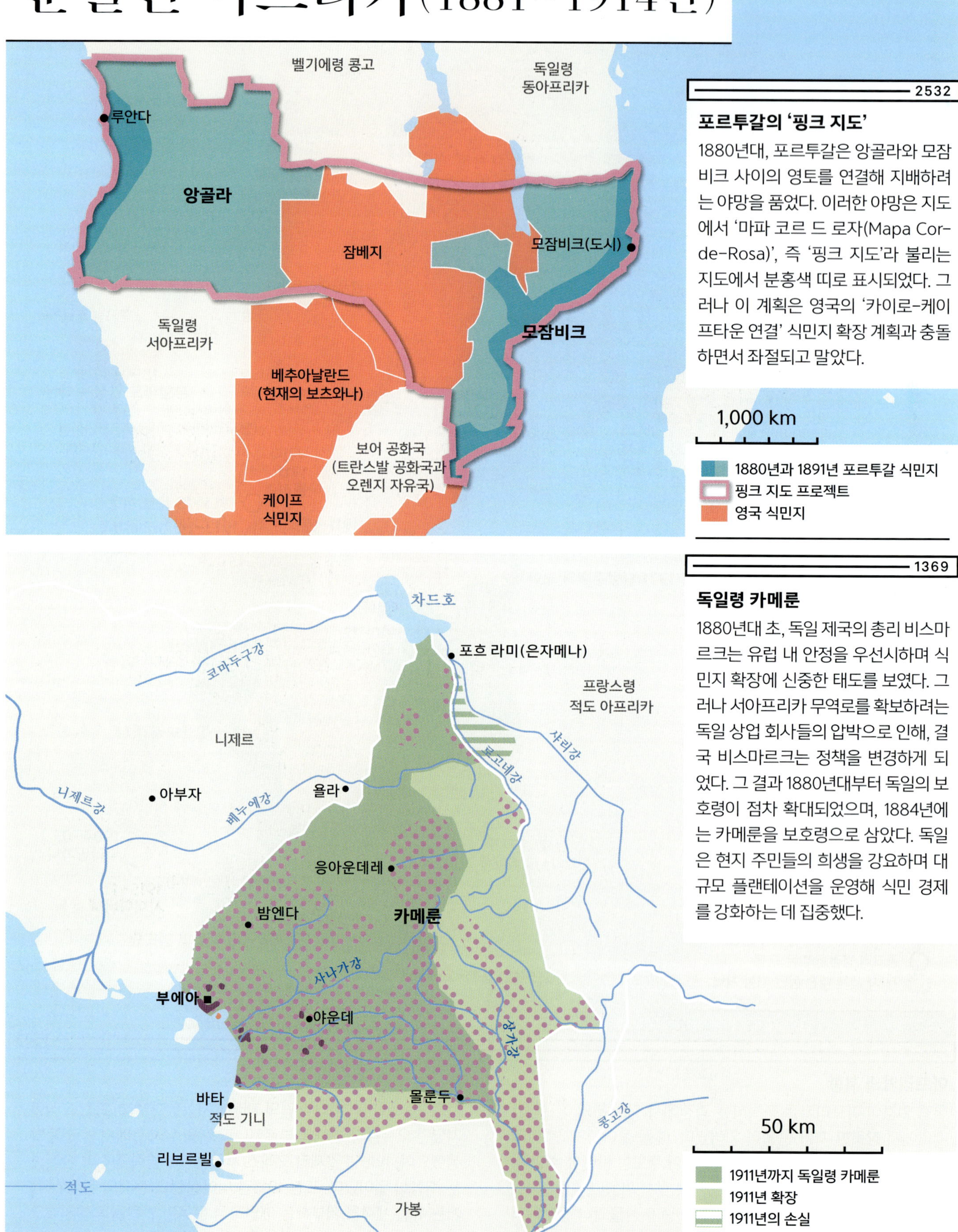

포르투갈의 '핑크 지도'

1880년대, 포르투갈은 앙골라와 모잠비크 사이의 영토를 연결해 지배하려는 야망을 품었다. 이러한 야망은 지도에서 '마파 코르 드 로자(Mapa Cor-de-Rosa)', 즉 '핑크 지도'라 불리는 지도에서 분홍색 띠로 표시되었다. 그러나 이 계획은 영국의 '카이로-케이프타운 연결' 식민지 확장 계획과 충돌하면서 좌절되고 말았다.

독일령 카메룬

1880년대 초, 독일 제국의 총리 비스마르크는 유럽 내 안정을 우선시하며 식민지 확장에 신중한 태도를 보였다. 그러나 서아프리카 무역로를 확보하려는 독일 상업 회사들의 압박으로 인해, 결국 비스마르크는 정책을 변경하게 되었다. 그 결과 1880년대부터 독일의 보호령이 점차 확대되었으며, 1884년에는 카메룬을 보호령으로 삼았다. 독일은 현지 주민들의 희생을 강요하며 대규모 플랜테이션을 운영해 식민 경제를 강화하는 데 집중했다.

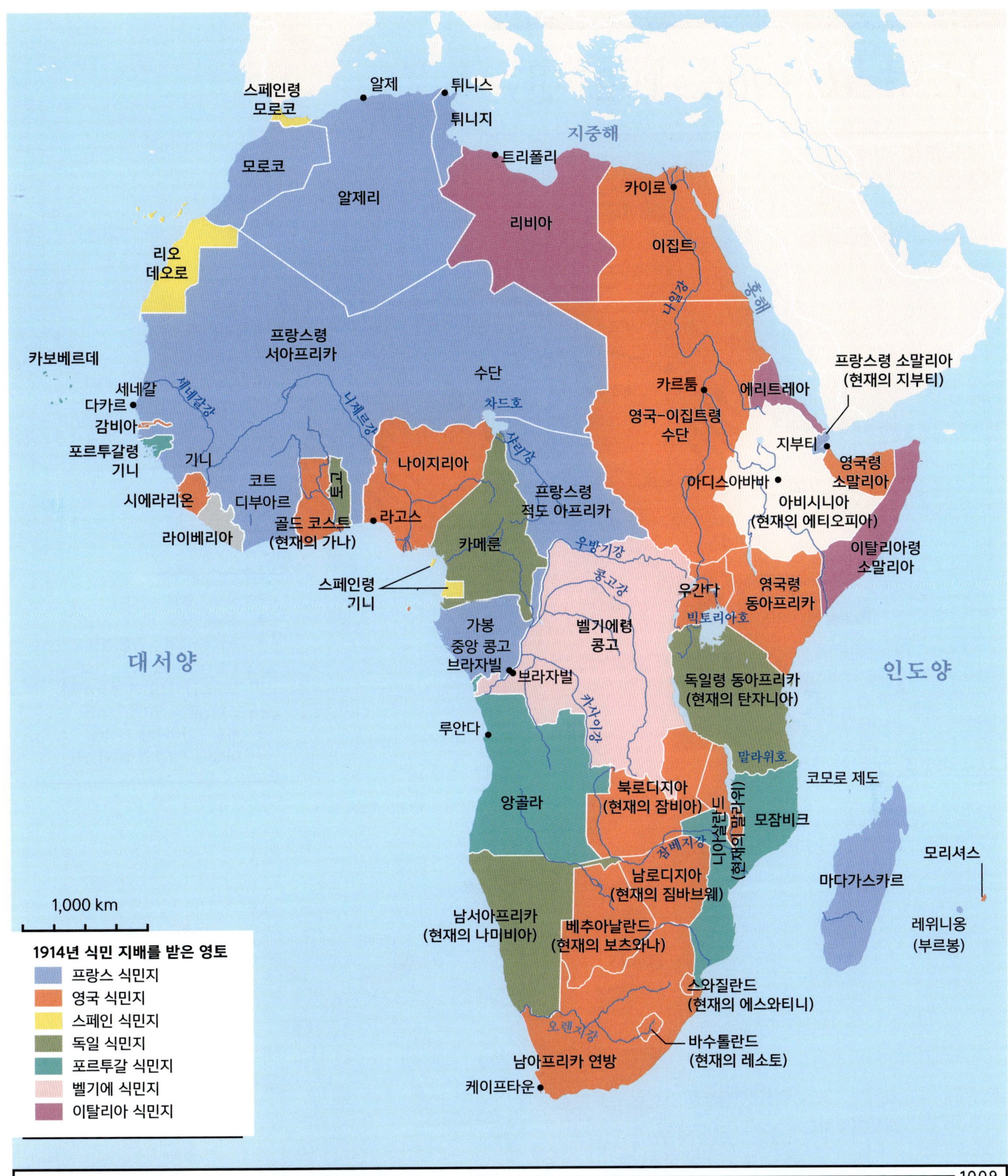

1914년, 거의 모든 지역이 식민지화된 대륙

1914년 아프리카 대륙은 에티오피아(아비시니아)와 라이베리아를 제외하고 거의 모든 지역이 유럽 열강의 식민지가 되었다. 아프리카 내의 여러 조약을 통해 결정되었으며, 1882년부터 1908년까지 프랑스와 영국 간에만 249개의 조약이 체결되었다. 그러나 식민 열강의 지배 방식은 지역마다 달랐다. 사하라 지역과 같은 일부 지역은 여전히 통제력이 약했다.

유럽인들은 아프리카 현지 인구에 비해 극소수였지만, 가톨릭과 개신교 선교사들을 앞세워 '문명화의 의무'라는 명분으로 식민 지배를 정당화했다. 식민지 행정은 현지인, 특히 통역사와 같은 중간 관리자들의 도움을 받아 경제적 착취를 체계화했으며, 강제 노동을 동원하여 인프라를 구축했다. 이 '흑인 병력'이라는 개념은 1910년 망쟁 중령의 저서 제목에서 유래한 것으로, 제1차 세계 대전이 발발할 무렵 식민 열강들은 이들을 전쟁에 대거 동원했다.

모로코(1906~1927년)

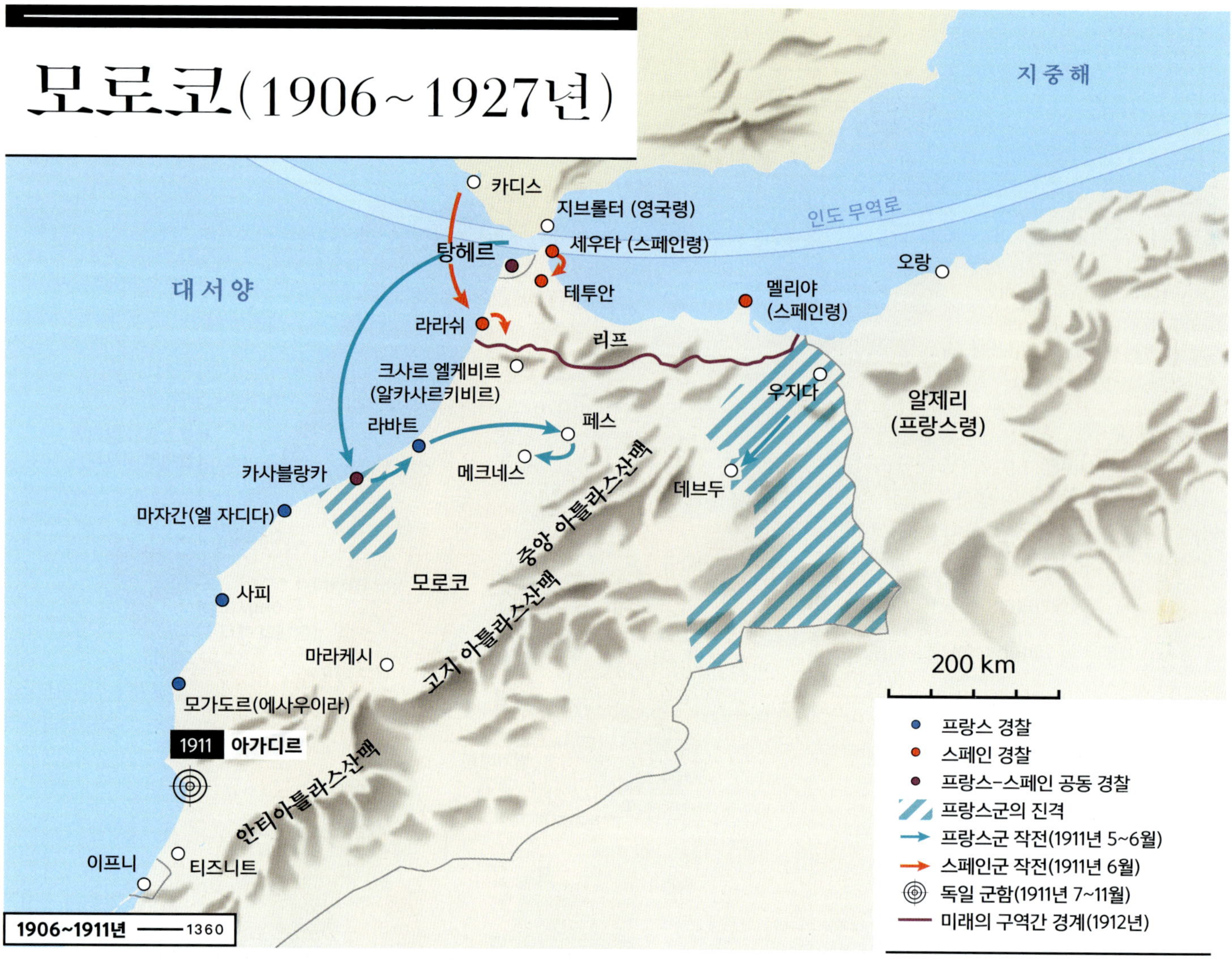

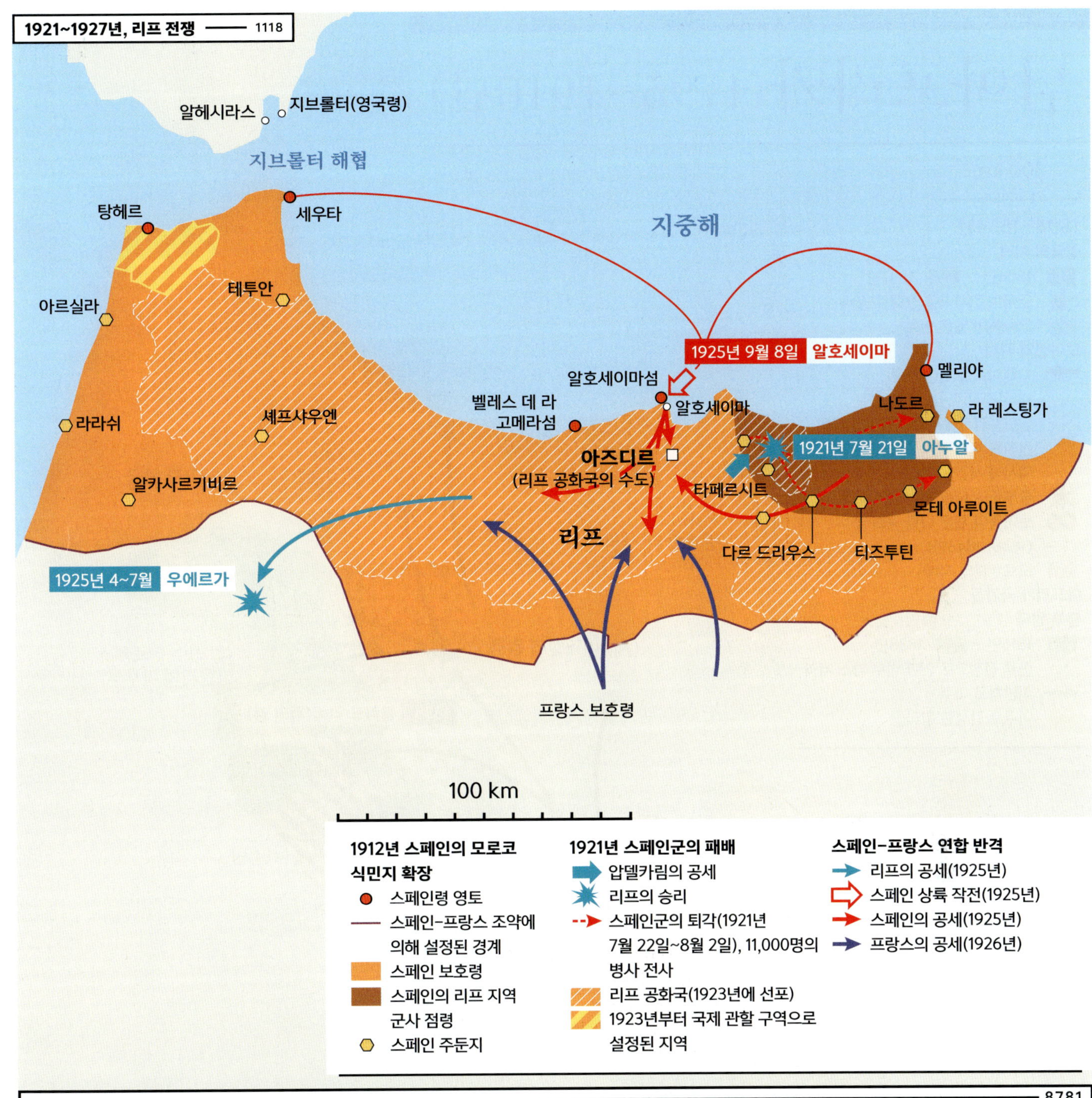

모로코의 분할과 리프 전쟁

20세기 초, 모로코는 아프리카에서 독립을 유지하고 있던 마지막 왕국 중 하나였다. 당시 프랑스는 이미 알제리를 지배하고 있었으며, 모로코에 대한 지배권을 확립하려 했다. 한편 독일도 자국의 식민지를 확장하려는 야망을 품고 있었다. 1906년부터 프랑스와 스페인은 모로코에서 경찰권을 행사하기 시작했고, 1911년에는 모로코 술탄의 요청으로 프랑스군이 수도 페스에 진입했다. 이에 반발한 독일은 군함을 아가디르에 파견하며 양국 간 긴장이 최고조에 달했으며, 이는 '아가디르 사건'으로 알려졌다. 결국 위기는 '페스 조약'으로 해결되었으며, 이 조약을 통해 프랑스는 모로코에 보호령을 수립할 수 있게 되었다. 그 대가로 독일은 중앙아프리카에서 일부 영토를 획득했다. 한편 스페인은 모로코 북부의 리프 산악 지역을 지배하게 되었다.

그러나 스페인의 리프 지역 지배는 현지 베르베르인들의 강한 저항에 부딪혔다. 1921년 리프군이 아누알 전투에서 스페인군을 상대로 승리하면서 리프 전쟁이 시작되었다. 무함마드 벤 압델카림 알카타비가 이끈 리프 저항군은 공화국 설립을 목표로 게릴라 전술을 활용했다. 특히 아누알 전투에서의 승리 후, 스페인 포로들의 몸값으로 정규군을 조직하며 유럽 열강들을 놀라게 했다.

1925년, 리프군이 프랑스 보호령 지역으로 진격하자, 스페인은 프랑스군의 지원을 받게 되었다. 스페인군은 프랑코가, 프랑스군은 페탕이 지휘하며 협력했다. 제1차 세계대전 수준의 대규모 군사 작전이 전개되었으며, 특히 알호세이마에서의 해상 상륙 작전이 중요한 전투 중 하나였다. 결국 1926년 압델카림이 항복하면서 전쟁은 종결되었다.

남아프리카 (1795~1910년)

남아프리카, 이중 식민지화(1795~1910년)

남아프리카에서는 17세기부터 정착해온 네덜란드계, 프랑스계, 독일계 식민 정착민들이 공동체를 형성했다. 훗날 '보어인'으로 불린 이들은 주로 농업에 종사하던 개신교도들이었다. 1795년 영국이 남아프리카에 진출하면서 보어인들에게 대격변이 일어난다. 영국식 통치를 강요받았고, 1833년에는 노예제가 폐지되면서 이들의 전통적인 생활 방식이 크게 흔들리게 되었다. 이에 반발한 보어인들은 북쪽과 동쪽으로 이동하는 '그레이트 트렉(대이주)'을 시작했다. 1838년, 보어인들은 블러드 리버 전투에서 줄루족을 물리친 후, 나탈 공화국(곧 영국에 병합), 트란스발 공화국, 오렌지 자유국 등의 새로운 국가를 세웠다.

19세기 후반, 남아프리카에서 다이아몬드와 금이 발견되자 영국은 다시 이 지역에 대한 야심을 드러냈다. 1850년대에 보어 공화국들의 독립을 인정했던 영국은 이 지역의 풍부한 자원을 차지하려 하면서 보어인들과 갈등을 빚었다. 결국 영국과 보어인 간에 두 차례의 전쟁이 벌어졌다. 제1차 보어 전쟁(1880~1881년)은 보어인들이 승리하며 영국의 지배를 저지했지만, 제2차 보어 전쟁(1899~1902년)은 영국이 대규모 군사력을 동원하여 승리하면서 보어 공화국들은 결국 영국의 지배를 받게 되었다. 1910년 영국은 케이프 식민지, 나탈, 그리고 보어인의 옛 영토들을 통합했다. 그 결과 '남아프리카 연방'이 수립되었으며 영국 제국의 자치령이 되었다.

함께 보기 —— 18세기 영국, 바다의 주인 **p.330**
아프리카 **p.336**
아프리카의 식민지화 및 아파르트헤이트에 반대하는 투쟁 **p.674**

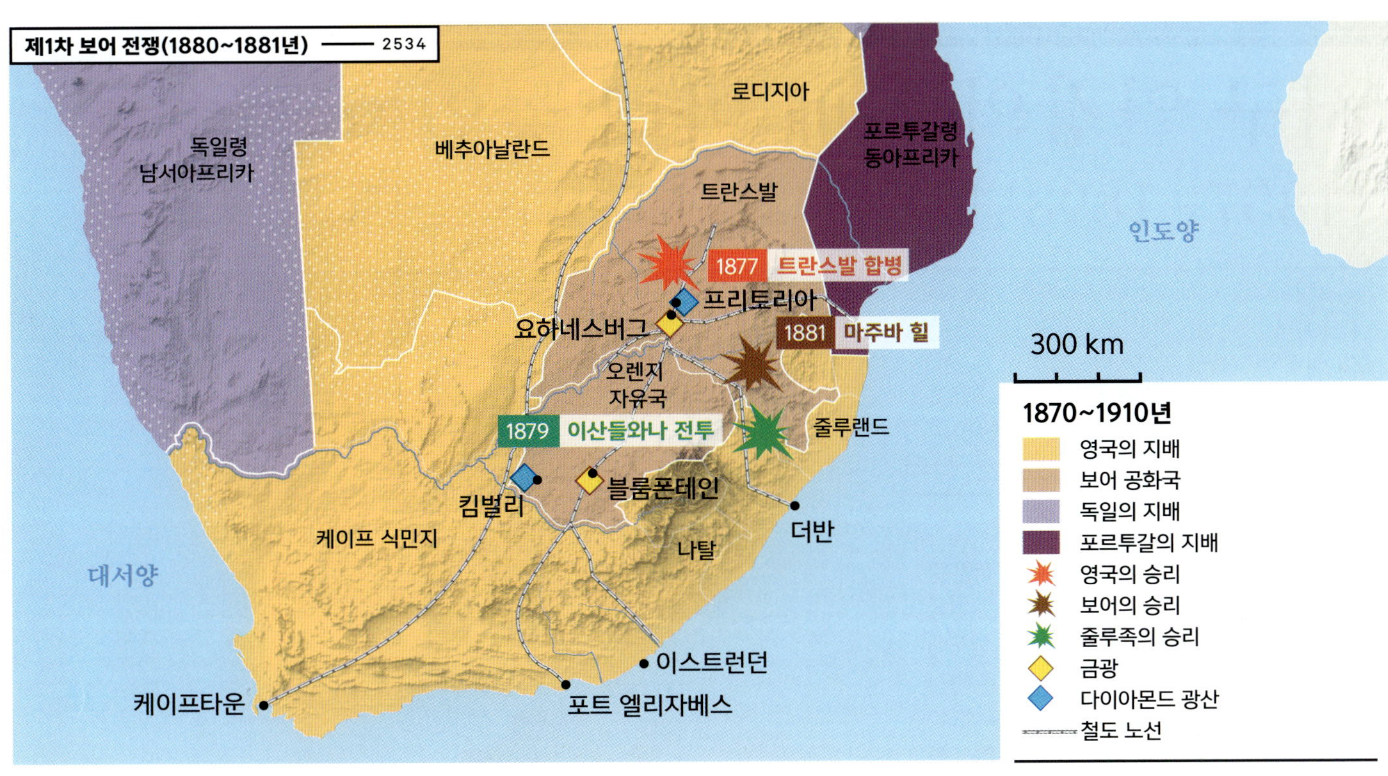

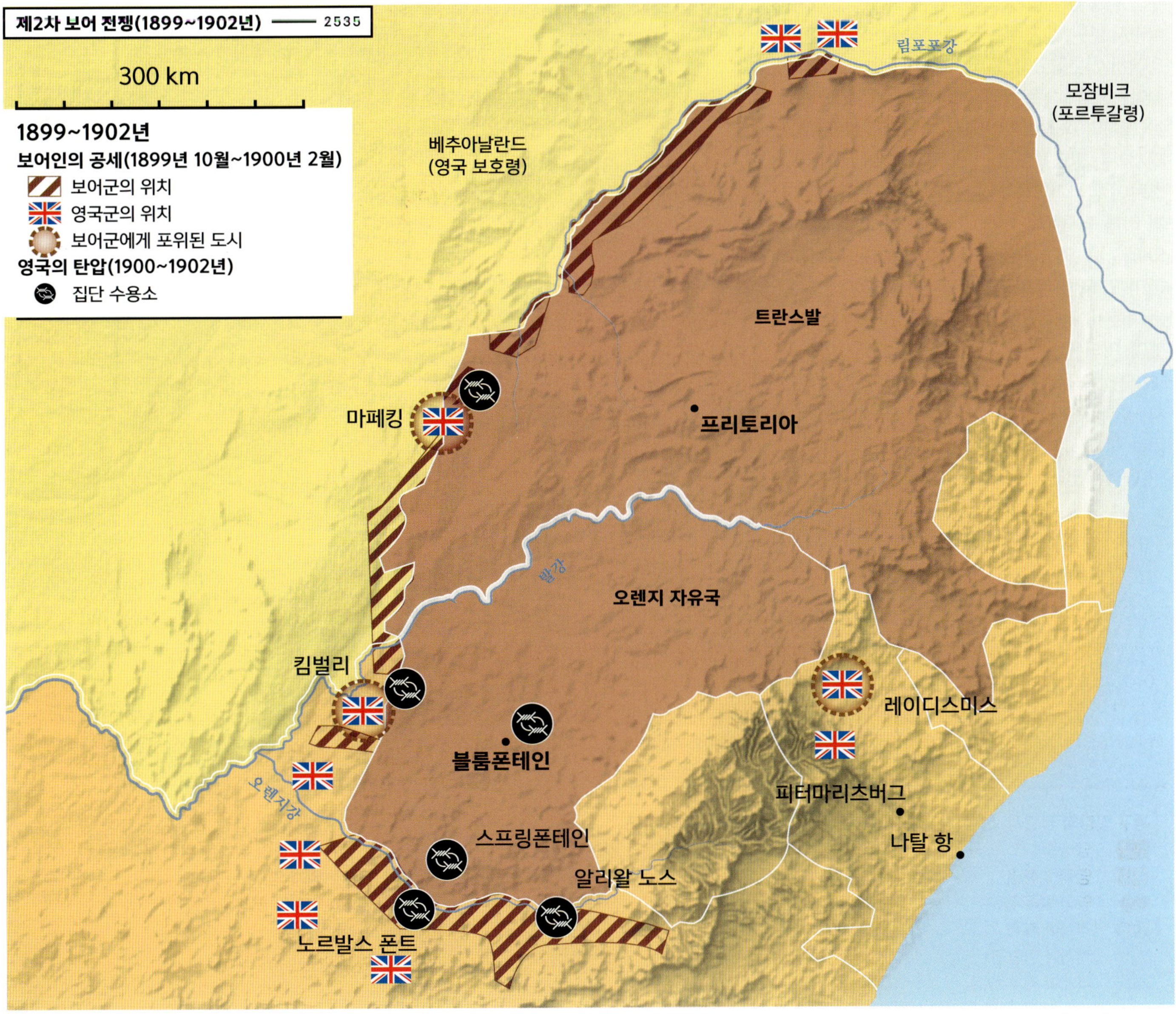

서구 열강의 지배 아래 놓인 아시아
(1857~1898년)

외세의 지배 아래에 놓인 아시아

20세기 초, 아시아의 많은 나라들이 유럽 식민 열강의 지배를 받았다. 인도와 말레이시아는 영국의 통치를 받았고, 인도차이나는 프랑스, 인도네시아는 네덜란드의 통치를 받았다. 중국은 완전한 식민지는 아니었지만, 아편 전쟁(1839~1842년, 1856~1860년) 이후 불평등 조약으로 여러 항구와 영토를 유럽 열강에 내어줘야 했다. 이러한 식민지 분할 및 지배는 유럽 열강 간의 치열한 경쟁에서 비롯되었다. 특히 19세기 동안 영국과 러시아는 '그레이트 게임'이라 불리는 전략적 경쟁을 펼치며 중앙아시아에서 영향력을 확대했다. 러시아는 인도양으로 진출하려 했지만, 아프가니스탄이 영국과 러시아 사이의 완충국 역할을 하며 이를 저지했다. 동남아시아에서는 시암(현재의 태국)이 영국과 프랑스 사이에서 독립을 유지하며 또 다른 완충국 역할을 했다. 19세기 말에는 새로운 강대국들이 아시아에 진출하기 시작했다. 미국은 1898년 필리핀을 점령했고, 일본은 1895년 중국과의 전쟁에서 승리해 대만(포르모사)을 차지했다. 일본은 서구 열강의 지배를 받지 않은 채 아시아에서 강력한 세력으로 부상한 유일한 국가였다.

서구 열강의 점령지, 영향권 및 침투 경로

- 영국령
- 영국 영향권
- 영국 침투 경로
- 러시아 제국
- 러시아 영향권
- 러시아 침투 경로
- 프랑스령
- 미국령
- 미국 침투 경로
- 포르투갈령
- 네덜란드령
- 독일령

일본

- 일본과 일본 지배하의 영토
- 일본 침투 경로

무역, 착취 및 경쟁

- 유럽과의 무역을 위한 개항
- 임차 영토
- 러시아 요새
- 전투

러시아 제국
알바지노
만주
외몽골
블라디보스토크
쿠릴 열도
동해
하코다테
황허강
포트아서(뤼순)
1894 평양
텐진
니가타
일본
웨이하이
조선(한국)
칭다오
도쿄
고베
요코하마
중국
황해
오사카
나가사키
난징
상하이
양쯔강
주지앙
충칭
원저우
동중국해
푸저우
샤먼
1885 랑선(베트남)
대만(포르모사)
마카오 홍콩
산터우
광저우완
치용저우
태평양
1898 마닐라
필리핀
인도차이나
남중국해
말레이 국가들
말레이시아
사라왁
싱가포르
보르네오
셀레베스(슬라웨시)
뉴기니
네덜란드령 동인도
티모르

연대기

1858년
인도가 영국 왕실의 직접 통치에
들어감.

1856~1860년
제2차 아편 전쟁. 영국은 중국에 국제
무역 확대, 특히 아편 무역 합법화를
강요함.

1862~1867년
프랑스 군대가 제2 제정 하에서
코친차이나와 캄보디아를 정복(1863년).

1868년
일본에서 메이지 유신이 시작됨,
일본의 쇄국 정책이 끝나고 근대화가
시작됨.

1876년
빅토리아 여왕이 인도의 황제로
신포됨.

1886년
제3차 영국– 버마 전쟁 결과, 영국이
버마(미얀마)와 말레이반도를
지배하게 됨.

1887년
프랑스의 지배 아래 코친차이나,
캄보디아, 라오스, 안남, 통킹을
통합한 프랑스령 인도차이나 연방이
창설됨.

1888년
영국이 버마, 말레이 연방, 보르네오
북부를 보호령으로 선포함.

1893년
영국과의 협정으로 아프가니스탄의
중립이 확립되며, 아프가니스탄이
러시아의 확장을 막는 완충국
역할을 함.

1895년
일본이 청일 전쟁에서 승리한 후 대만
(포르모사)을 차지함.

1898년
독일이 중국의 칭다오에 진출하고,
미국은 미국–스페인 전쟁을 통해
쇠퇴하는 스페인 제국으로부터
필리핀을 획득.

19세기 영국령 인도

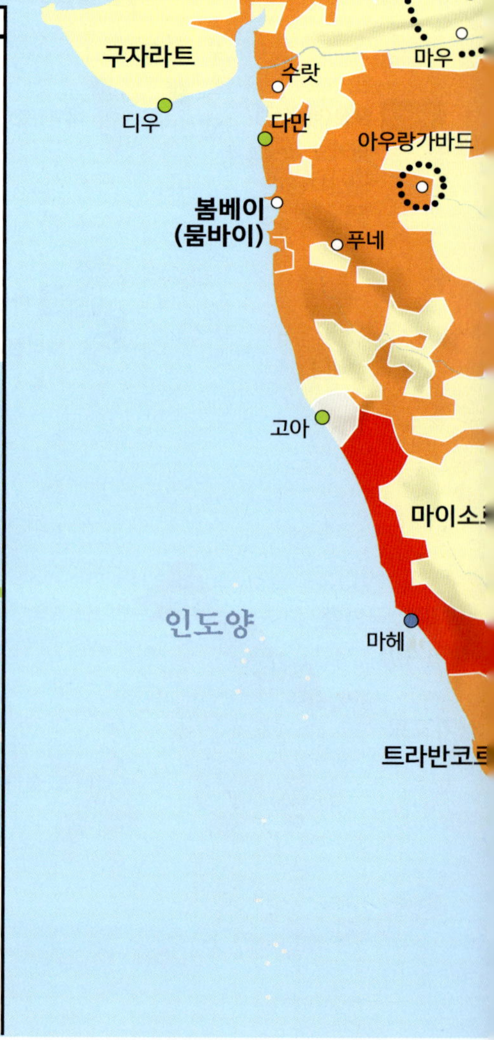

19세기 '쿨리 무역'

19세기 중반부터 약 1,500만 명의 중국인과 인도인을 포함한 아시아인들이 유럽 식민지로 이주해 노동자로 일했다. 이들은 흔히 '쿨리(Coolie)'라는 멸칭으로 불렸다. 노예제가 폐지된 이후, 쿨리들은 식민지 경제를 지탱하는 핵심 노동력이 되었다. 산업화가 진행되던 유럽은 플랜테이션과 광산에서 안정적인 원자재 공급이 필요했다. 이에 따라 아시아 노동자들이 대거 동원되었다. 그러나 쿨리들은 열악한 노동 환경에서 착취당했으며 모집, 이동, 고용 과정은 식민 열강이 철저히 통제했다. 쿨리 노동 체제는 유럽 국가들의 경제적 필요를 충족시키는 중요한 수단이 되었다.

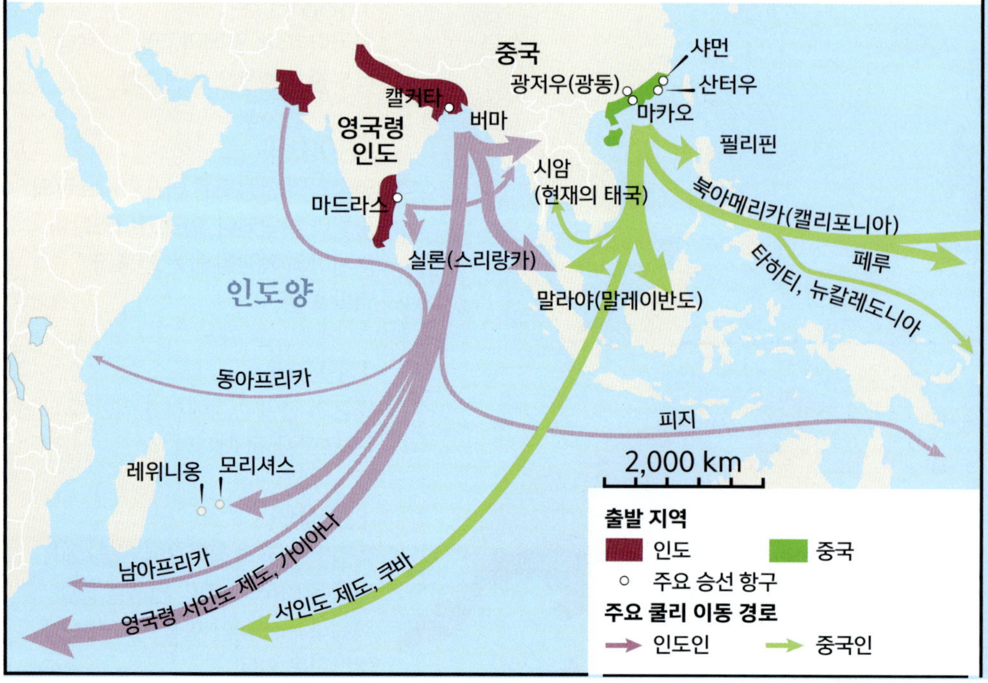

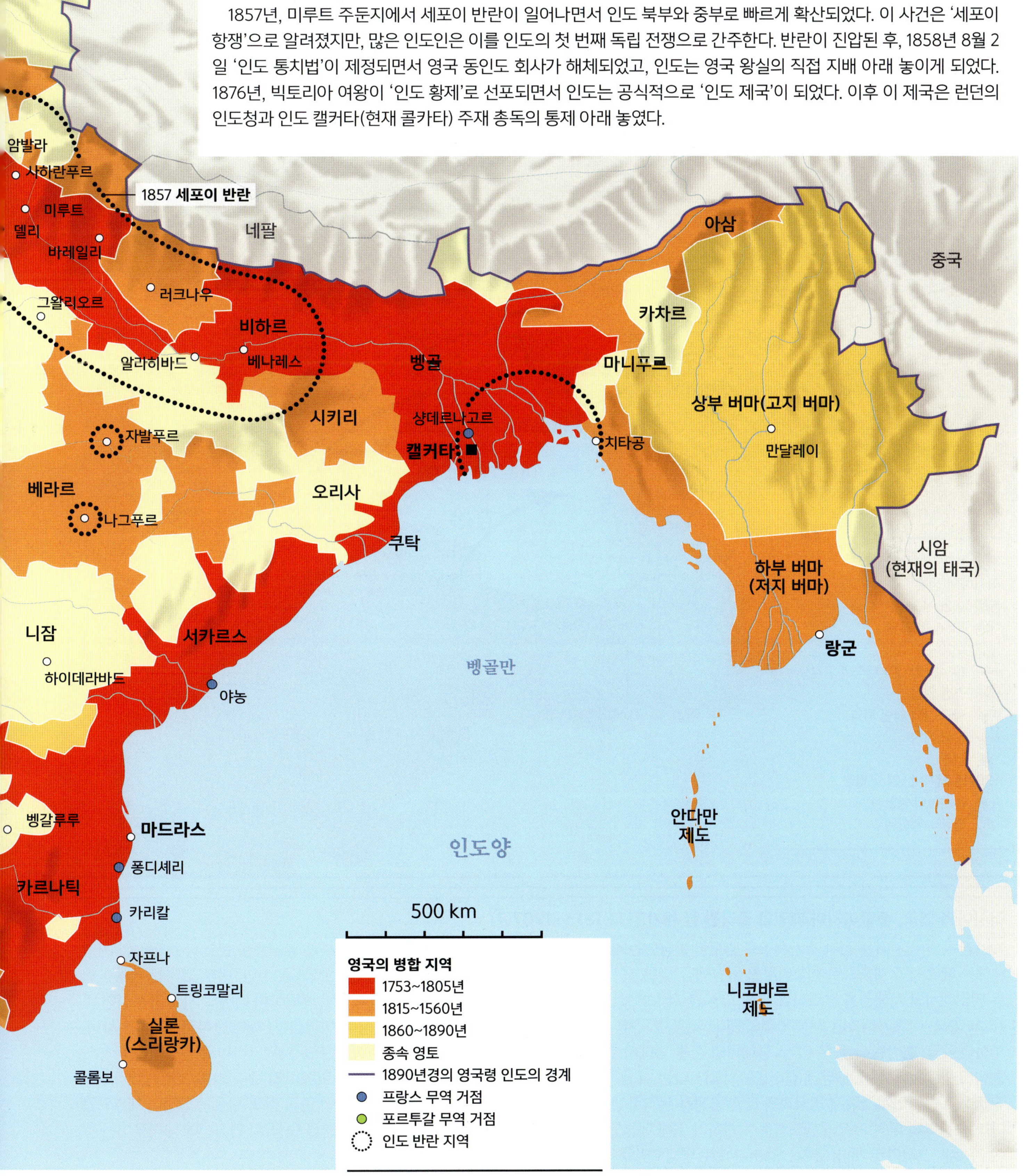

2539
동인도 회사에서 인도 제국으로(1753~1877년)
18세기 중반, 영국 동인도 회사는 인도 아대륙에서 프랑스를 몰아내고 지배력을 확대했다. 프랑스는 인도에서 대부분의 세력을 잃고 몇몇 상업 거점만 유지했으며, 1600년에 설립된 동인도 회사는 단순한 상업 기관에서 강력한 영토 세력으로 변모했다. 1818년 마라타 전쟁에서 마라타 제국이 패배하자, 영국은 인도 전역에서 지배권을 확립했다. 이후 영국 동인도 회사는 인도 영토의 약 2/3를 직접 통치하고, 나머지 1/3은 현지 왕자들을 통해 간접 통치하며 지배를 강화했다. 또한 '세포이'라 불리는 인도인 병사들을 대거 모집해 군사력을 유지했다.
1857년, 미루트 주둔지에서 세포이 반란이 일어나면서 인도 북부와 중부로 빠르게 확산되었다. 이 사건은 '세포이 항쟁'으로 알려졌지만, 많은 인도인은 이를 인도의 첫 번째 독립 전쟁으로 간주한다. 반란이 진압된 후, 1858년 8월 2일 '인도 통치법'이 제정되면서 영국 동인도 회사가 해체되었고, 인도는 영국 왕실의 직접 지배 아래 놓이게 되었다. 1876년, 빅토리아 여왕이 '인도 황제'로 선포되면서 인도는 공식적으로 '인도 제국'이 되었다. 이후 이 제국은 런던의 인도청과 인도 캘커타(현재 콜카타) 주재 총독의 통제 아래 놓였다.

라다크
암발라
사하란푸르
1857 세포이 반란
미루트
델리
바레일리
그왈리오르
러크나우
네팔
아삼
중국
비하르
알라히바드
베나레스
뱅골
카차르
시키리
마니푸르
상부 버마(고지 버마)
샹데르나고르
캘커타
치타공
만달레이
자발푸르
베라르
오리사
나그푸르
쿠탁
하부 버마
(저지 버마)
시암
(현재의 태국)
니잠
서카르스
벵골만
하이데라바드
야농
랑군
벵갈루루
마드라스
안다만
제도
인도양
퐁디셰리
카르나틱
카리칼
500 km
자프나
니코바르
제도
트링코말리
실론
(스리랑카)
콜롬보

영국의 병합 지역
1753~1805년
1815~1560년
1860~1890년
종속 영토
1890년경의 영국령 인도의 경계
프랑스 무역 거점
포르투갈 무역 거점
인도 반란 지역

중앙아시아, 그레이트 게임 (19세기)

러시아와 영국, 중앙아시아 패권을 둘러싼 한 세기 경쟁(1813~1907년)

19세기 동안 러시아는 점차 코카서스로 영토를 확장했는데, 1813년에는 페르시아 제국으로부터 바쿠를 탈환했다. 같은 시기 영국은 인도에서의 지배권을 강화하기 위해 1839년부터 1842년까지 제1차 영국-아프가니스탄 전쟁에 개입했다. 이란, 아프가니스탄, 부하라한국, 히바한국 등은 이 두 강대국의 충돌 속에서 갈등의 중심지가 되었다. 1860년대에 접어들면서 러시아는 더 남쪽으로 진출하며 중앙아시아에서 영국과의 패권 경쟁을 본격화했다. 두 나라는 전략적 무역 거점인 인도양을 차지하기 위해 대립했는데, 이 경쟁은 '그레이트 게임(Great Game)'으로 명명되었다.

1895년, 아프가니스탄에서의 영향권을 분할하는 협정이 체결되면서 긴장이 일시적으로 완화되었지만, 이후 경쟁은 극동쪽으로 확대되었다. 중국의 세력이 쇠퇴하며 티베트 지배 가능성이 열렸고, 이를 둘러싼 협상이 이어졌다. 1903년부터 1904년 사이, 영국의 프랜시스 E. 영허즈번드가 수도 라싸로 원정대를 파견하며 티베트에 대한 영향력을 확대하려 했다. 이후 1907년, 파리에서 열린 협상을 통해 러시아와 영국 간의 새로운 협정이 체결되었으며, 이는 1904년 합의된 '영불 협상'의 연장선에서 이루어진 것이었다.

함께 보기 ── 태평양의 항해자들 **p.40**
유럽인들의 태평양 탐험 **p.338**
아시아의 유럽인 **p.340**

태평양의 식민지화

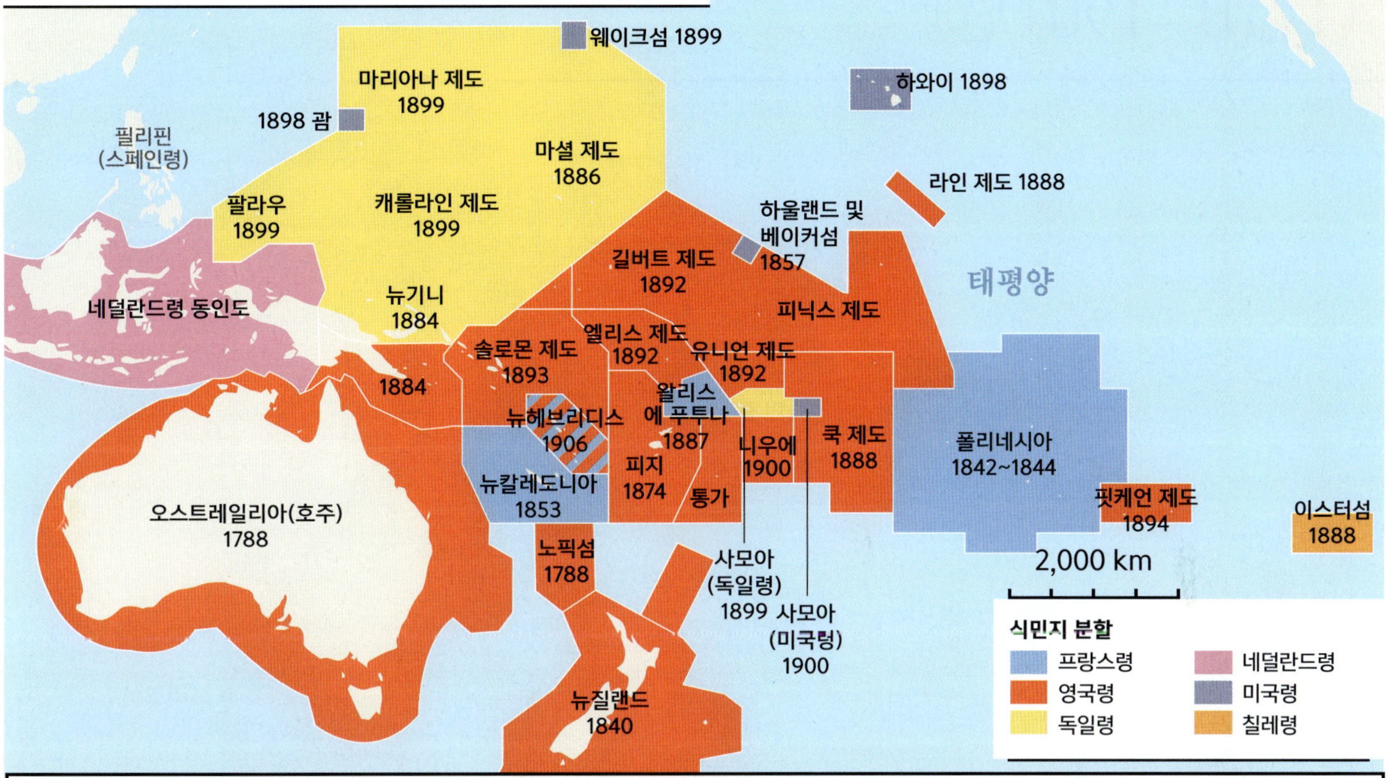

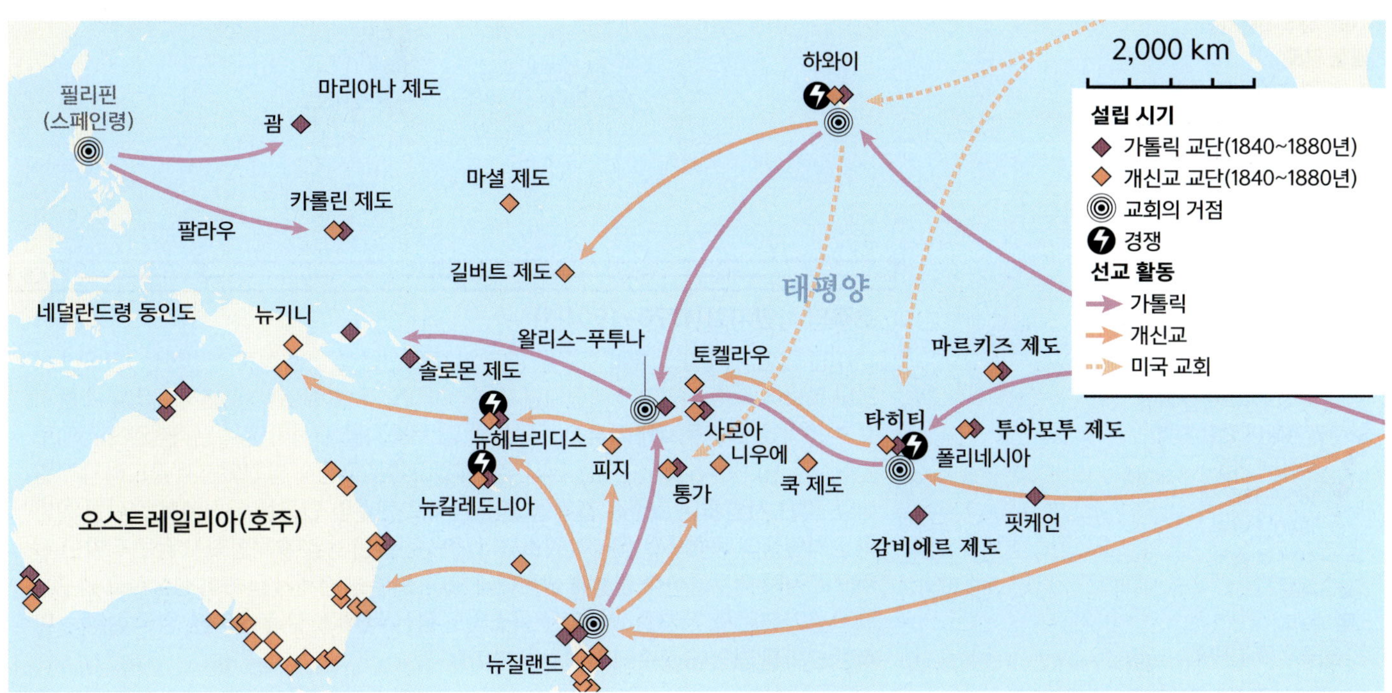

식민지 개척자, 죄수, 선교사들

18세기부터 유럽인들은 태평양 지역을 본격적으로 탐험하기 시작했다. 특히 영국의 제임스 쿡은 1769년부터 1779년까지 태평양에 여러 섬의 지도를 작성하며 중요한 역할을 했다. 19세기에는 프랑스 탐험가 뒤몽 뒤르빌과 뒤프티 투아르 역시 태평양 탐험에서 두각을 나타냈다. 1787년, 영국이 호주에 죄수 식민지를 설립하면서 유럽 세력의 태평양 확장이 급속히 진행되었다. 1840년에는 뉴질랜드가 영국의 식민지가 되었고, 1842년에는 프랑스가 마르키즈 제도와 타히티에 보호령을 수립했으며, 1863년에는 뉴칼레도니아에 죄수 식민지를 설립했다. 1870년 이후, 아시아 시장이 성장하면서 태평양 지역의 식민지화는 더욱 가속화되었다. 독일은 영국과 프랑스가 차지하지 않은 사모아와 마셜 제도를 점령했고, 미국은 괌과 하와이를 합병했다.

호주와 뉴질랜드의 식민지화
(1770~1901년)

호주의 식민지화(1770~1901년)

1770년 탐험가 제임스 쿡이 호주를 영국 영토로 선언했지만, 실제 식민화는 1788년 시드니 코브에 죄수 식민지가 설립되면서 본격화되었다. 호주는 1868년까지 죄수 수용지로 사용되었으며, 동시에 자유 이주민들이 양 목축지를 개척하면서 본격적인 정착지로 변모하기 시작했다. 1851년에는 뉴사우스웨일스에서 금광이 발견되면서 골드러시가 일어나, 많은 사람들이 호주로 몰려들었다. 반대로 원주민 인구는 유럽에서 전파된 질병과 정착민들의 폭력으로 급격히 감소했다. 원주민들은 농업에 적합하지 않은 척박한 지역으로 강제 이주당하며 힘겹게 생존해야 했다. 호주의 경제가 급속히 성장하고 인구가 크게 증가하면서, 자치를 요구하는 목소리도 점점 커졌다. 결국 1901년, 영국 정부는 이러한 변화를 반영해 호주에 자치권을 부여했다.

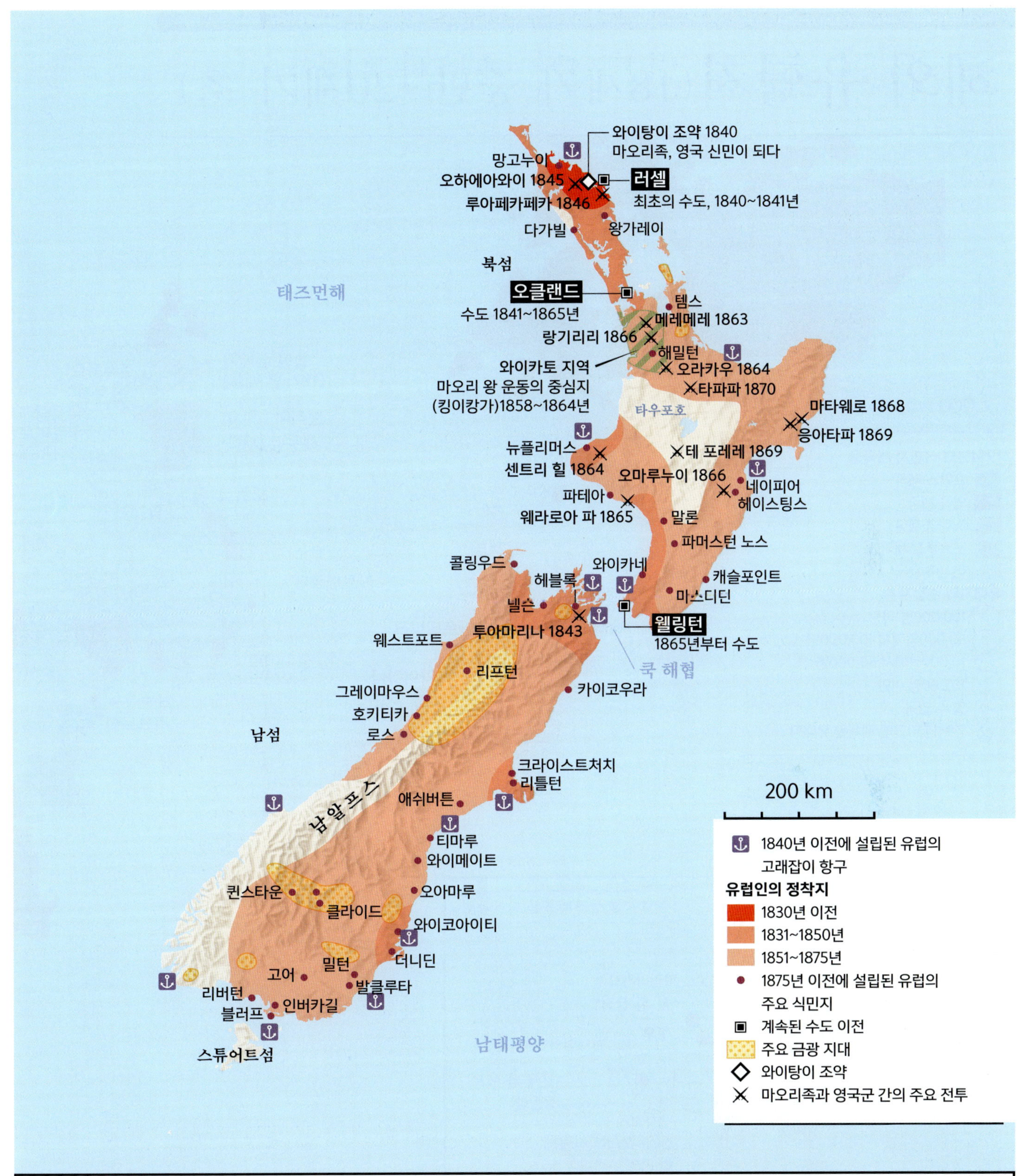

뉴질랜드의 식민지화(1772~1881년)

1792년부터 유럽과 미국의 포경업자, 물개 사냥꾼, 그리고 상인들이 뉴질랜드 북섬에 정착하기 시작했다. 이들 초기 이주민들과 마오리족 간의 갈등이 커지자 마오리족은 영국 정부의 개입을 요청했다. 그 결과 1840년에 와이탕이 조약이 체결되었다. 이 조약은 마오리족의 토지 권리를 보장하는 대신 영국의 주권을 인정하는 내용을 담고 있었다. 그러나 이주민들이 조약을 위반하면서, 1843년부터 1848년까지 제1차 뉴질랜드 전쟁이 발발했다. 이후

1860년대에는 하우하우라는 종교 운동을 중심으로 한 게릴라 전쟁이 이어졌으며, 1881년에 공식적으로 평화가 선언되었을 때는 마오리족이 대부분의 토지를 상실한 후였다.

19세기 후반에는 영국에서의 이민이 급증했다. 특히 1861년 뉴질랜드 남섬에서 금이 발견되면서 이민 물결이 더욱 거세졌고, 저렴한 해운 요금, 양 목축지 제공, 그리고 높은 임금 등도 이민을 촉진하는 주요 요인이 되었다.

해외 유형지 (18세기 중반~20세기 초)

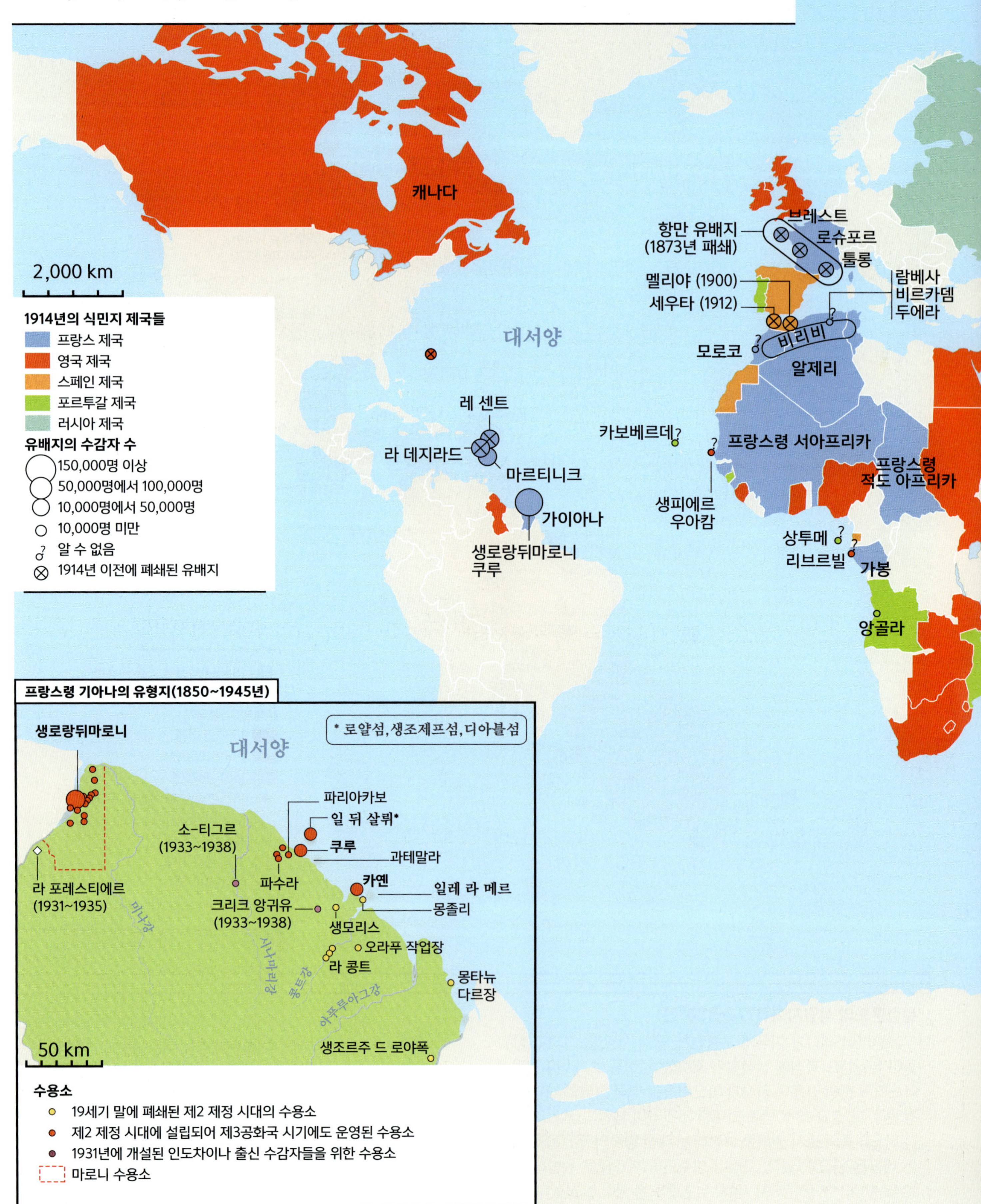

─── 2540

유배지로 사용된 식민지

식민지 개척은 새로운 죄수 수용지를 마련하고, 강제 노동을 통해 정복된 땅을 개발하는 방식으로 이루어졌다. 영국에서는 18세기 중반부터 19세기 중반까지 유배형이 활발히 시행되었고, 이 기간 동안 약 16만 2천 명의 영국 죄수들이 호주의 보터니만으로 이송되었다.

프랑스는 19세기 중반부터 유배 제도를 도입해 죄수들을 주로 프랑스령 기아나의 생로랑뒤마로니쿠루로 보냈다. 일부 죄수들은 형기를 마친 후에도 가이아나에 정착해야 했는데, 이는 프랑스가 가이아나를 이민 식민지로 발전시키려는 계획의 일환이었다. 그러나 가이아나의 높은 사망률과 열악한 생활 환경으로 인해 이 계획은 1867년에 중단되었다. 그 후에도 '식민지 원주민'으로 분류된 죄수들은 여전히 기아나로 보내졌지만, 나머지 죄수들은 1857년에 프랑스 식민지가 된 뉴칼레도니아로 이송되었다. 이곳에서도 강제 노동이 이루어졌으며, 식민지 발전과 죄수들의 갱생이라는 명목상의 역할이 부여되었다.

1938년 프랑스 달라디에 정부는 유배형을 공식적으로 폐지했지만, 제2차 세계대전으로 인해 시행이 지연되었다. 마지막 유배자 약 2천 명은 1945년에서 1953년 사이에 프랑스령 가이아나에서 프랑스로 송환되었다.

1914년의 식민지 제국들

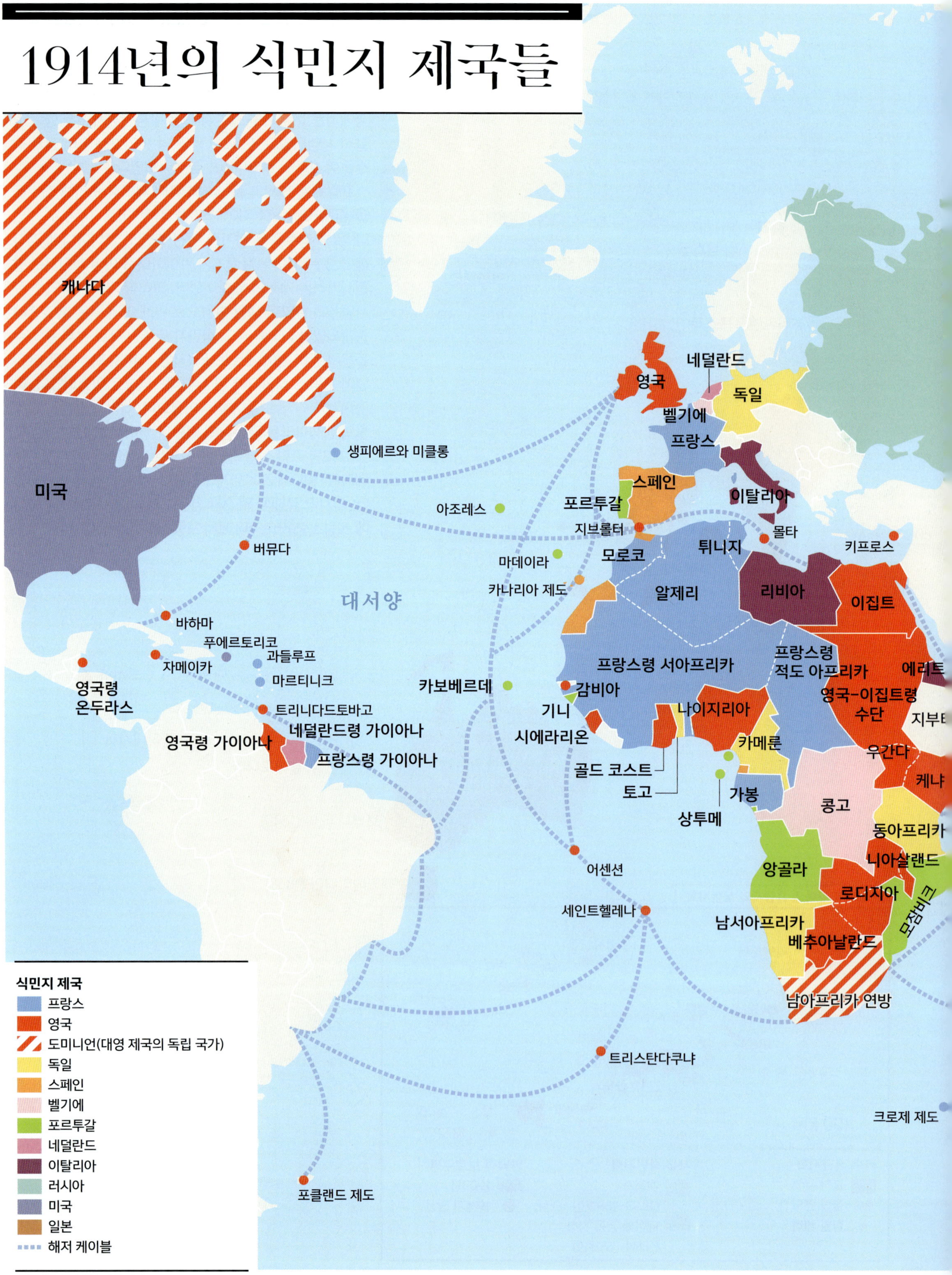

식민지 제국

- 프랑스
- 영국
- 도미니언(대영 제국의 독립 국가)
- 독일
- 스페인
- 벨기에
- 포르투갈
- 네덜란드
- 이탈리아
- 러시아
- 미국
- 일본
- 해저 케이블

함께 보기 ── 유럽에 의해 식민지화된 세계 p.400
1914년 세계의 지정학적 상황 p.532
1939년의 식민지 제국 p.586

─── 2541

세계의 분할

제1차 세계대전 직전, 유럽의 강대국들은 방대한 식민 제국을 통해 아프리카, 오세아니아, 아시아 대부분과 일부 아메리카 지역을 지배하고 있었다. 그중에서도 대영 제국은 약 3,300만 제곱킬로미터의 영토와 4억 5천만 명의 인구를 가진 가장 거대한 제국이었고, 프랑스 제국은 1,100만 제곱킬로미터의 영토와 5천만 명의 인구를 통치하는 두 번째로 큰 규모의 제국이었다.

영국은 이 광대한 식민지를 기반으로 세계 해양을 지배했으며,

17세기부터 모든 대륙의 해안에 식민지와 전략적 군사 거점을 구축했다. 또한 전 세계에 해군 기지를 설립해 함선의 보급과 정비를 지원했고, 해저 전신 케이블 네트워크를 구축해 전 세계적인 통신망을 형성했다.

이러한 식민지 분할은 유럽 강대국들 간의 협정과 협상을 통해 이루어졌으며, 각국은 지도상의 대부분을 서로 나누어 가지면서 정치적, 경제적, 군사적 지배력을 확대하고 경쟁을 벌였다.

20세기 초의 세계화

미국
56억 달러

멕시코
17억 달러

캐나다
38억 달러

러시아
34억 달러

남아메리카
41억 달러

아프리카
21억 달러

샌프란시스코
은, 구리, 금

미국

목재, 모피

허드슨만

그린란드

러시

멕시코

은, 코치닐

아카풀코

멕시코만

뉴올리언스

시카고

캐나다 (영국령)

면화, 담배

필라델피아

보스턴

뉴욕

아이슬란드

상트페테르부르크

모스크바

아바나 쿠바
설탕, 커피,
카카오, 담배

뉴펀들랜드

글래스고

1898 미서 전쟁

목재

리버풀 맨체스터
버밍엄
런던
파리

함부르크
베를린

파나마 운하 콜론

대서양

빈

제조품

콘스탄티노플

에콰도르

콜롬비아

베네수엘라

아소르스 제도(포르투갈령)

마르세유

오스만 제국

페루

칼라오

영국령 가이아나
네덜란드령 가이아나
프랑스령 가이아나

아프리카
21억 달러

마데이라
(포르투갈령)

지브롤터
(영국령)

알제

수에즈 운하

알렉산드리아

카나리아 제도
(스페인령)

알제리
(프랑스령)

몰타

볼리비아

은, 주석,
구리, 석탄

브라질

리오 데 오로
(스페인령)

1905, 1911
모로코에서의
프랑스–독일 위기

와인, 밀, 올리브 오일

밀, 설탕

이집트
(영국령)

리비아
(이탈리아령)

수단
(영국령)

발파라이소

칠레

아르헨티나
양모

파라과이

프랑스령
서아프리카

1857~1860 엘 하지 오마르

땅콩, 야자유

프랑스령
적도 아프리카

1898
파쇼다 사건으로
영국–프랑스 위기

커피, 카카오, 설탕, 면화,
목재, 다이아몬드, 고무

바이아

라이베리아

1882~1898 사모리 투레

나이지리아
(영국령)

마젤란 해협

몬테비데오

리우

부에노스아이레스

우루과이

혼곶

포클랜드 (영국령)

기니만

카메룬
(독일령)

1905 마지마지

커피, 카카오, 상아,
야자유, 고무

벨기에령
콩고

앙골라
(포르투갈령)

1899~1902
보어 전쟁

독일령 서아프리카

1905 헤레로

다이아몬드, 금

케이프타운

희망봉

지배 강국들

- 주요 유럽 강대국
- 기타 유럽 강대국
- 식민지 경쟁
- 신흥 경쟁 강국

지배받는 지역

- 식민지 도미니언
  (영국 제국 내에서 자치권을 가진 국가를 의미)
- 유럽의 조차지
- 부분적으로 유럽의 문화적, 경제적 영향을 받는 지역
- 식민지화에 대한 반대

세계화된 교역

- 주요 해상로
- 전략적 통로
- 인구 100만 이상의 항구 도시
- 대륙 횡단 철도
- 해저 전신 케이블
- 양모 유럽으로 수입된 상품
- 제조품 유럽에서 수출된 상품

해외 투자

- □ 1억 달러
- 영국
- 독일
- 프랑스
- 미국
- ◇ 세계 박람회(1851~1910년)

함께 보기 —— 해외 진출의 정점에 있는 서유럽 p.286
백지 지도 시대의 종말 p.404
1914년 세계의 지정학적 상황 p.532

—— 2542

1914년 이전의 글로벌 네트워크

1914년을 앞둔 세계는 상품, 자본, 정보, 그리고 인구 이동이 활발했던 시기였다. 19세기 동안 교통과 통신이 발달하고, 광대한 식민 제국이 형성되면서 대륙 간 무역과 교류가 크게 활성화되었다. 이러한 변화는 유럽과 북대서양 지역이 세계의 중심지로 자리 잡았음을 보여준다. 특히 영국은 방대한 제국을 기반으로 세계 패권을 장악했으며, 런던과 파리에서 열린 세계 박람회는 이들 국가의 국제적 위상을 뚜렷이 부각시켰다. 그러나 이 시기, 미국은 이미 신흥 경쟁 강국으로 부상하며 유럽 열강과 경쟁하기 시작했다.

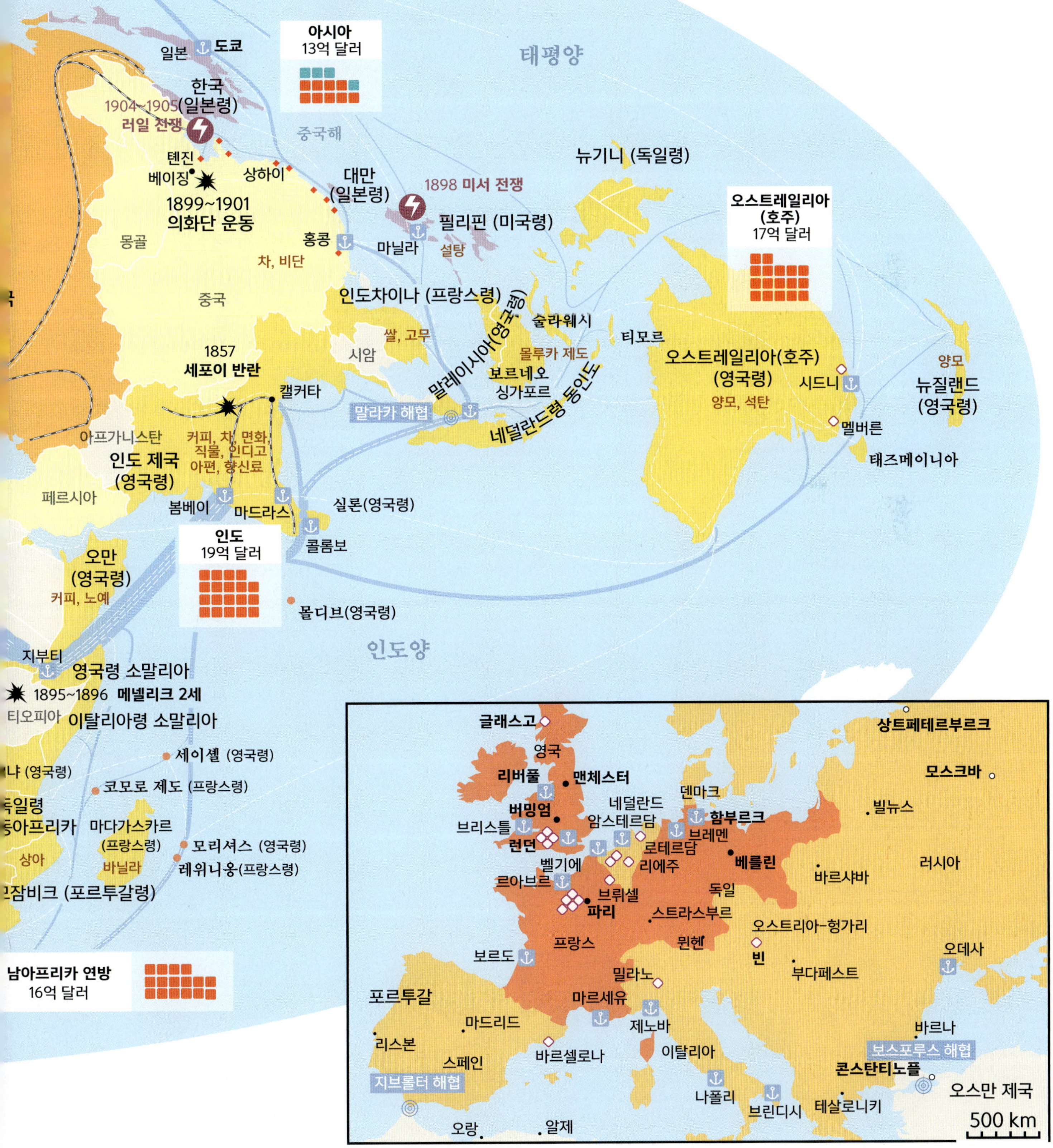

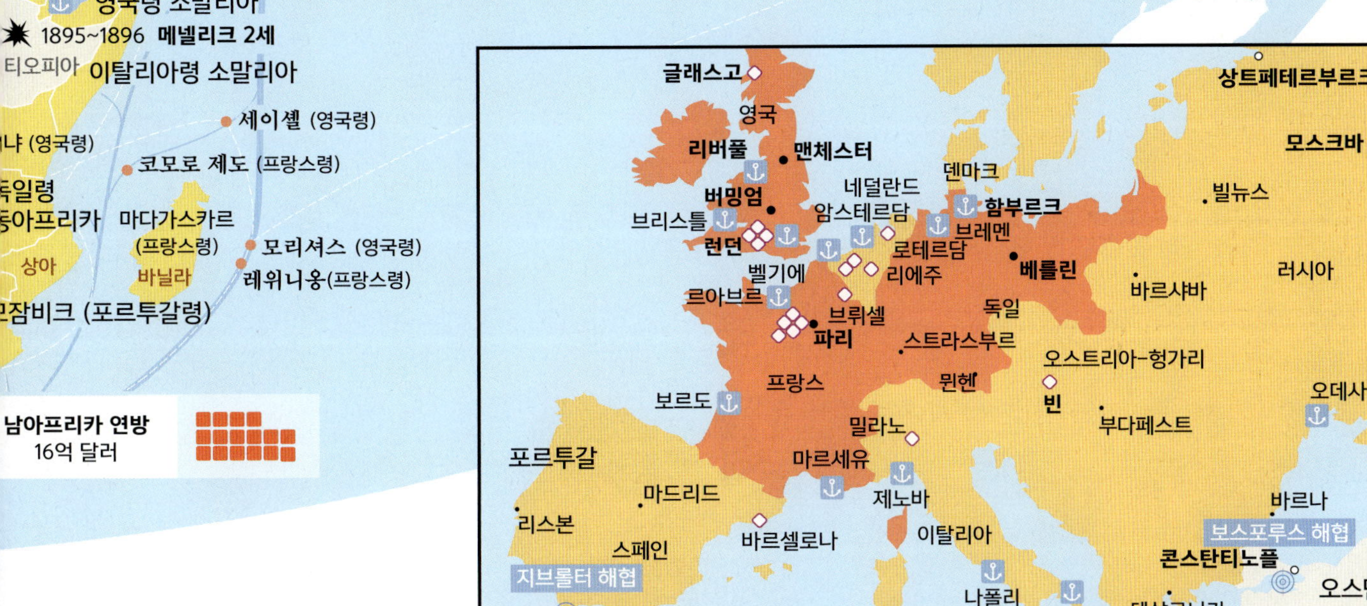

10

유럽 이외의 강대국들

18세기 후반~19세기

유럽은 해외로 세력을 확장하면서도, 대륙 내에서는 여러 강대국이 서로 경쟁하며 복잡한 세력 균형을 유지했다. 종교적 갈등과 정치적 이해관계가 충돌하면서 어느 한 국가도 유럽 전체를 지배하지 못했으며, 16세기 이탈리아 전쟁부터 프랑스 혁명 직전까지 약 300년 동안 끊임없이 크고 작은 전쟁이 지속되었다.

16세기 초, 합스부르크 가문의 카를 5세와 그의 아들 펠리페 2세는 복잡한 왕위 계승을 통해 유럽에서 가장 광대한 영토를 차지했다. 이들은 아메리카 대륙에서 유입된 막대한 양의 은을 바탕으로 권력을 강화했으나, 가톨릭 세계의 종교적 통일과 합스부르크 가문의 패권을 확립하려는 시도는 결국 모두 실패하고 말았다.

17세기에 들어 프랑스는 유럽에서 가장 인구가 많고 강력한 국가로 떠올랐다. 루이 14세의 통치 아래 정치적, 군사적 영향력을 극대화하며 유럽 패권을 노렸다. 그러나 프랑스의 팽창 정책은 주변국들의 강한 견제를 불러왔고, 결국 여러 차례의 전쟁을 치르며 좌절되었다. 17세기 말에는 오스만 제국의 위협이 줄어들면서 유럽 내 세력 균형은 새로운 양상을 띠게 되었다. 18세기 영국은 강력한 해군을 바탕으로 해상 패권을 장악했고, 동유럽에서는 프로이센과 러시아가 새로운 강대국으로 떠올랐다.

19세기 청나라의 쇠퇴

19세기 중국의 외세 개입과 국력 쇠퇴 (1839~1895년)

19세기 들어 청나라의 국력이 약해지고, 경제적으로 어려워지자 외세의 개입이 본격화되었다. 대표적인 사례가 아편 전쟁이다. 전쟁에서 패배한 청나라는 1842년 난징 조약과 1858년 톈진 조약을 체결할 수밖에 없었다. 중국인들은 이 조약들을 '불평등 조약'이라 불렀다. 이후 유럽 열강은 중국 내 16개 항구에 조계지를 설치했고, 영국은 홍콩섬을 할양받았다. 러시아도 북방에서 영향력을 확대하며 아무르강 북쪽 영토를 확보했다. 외세의 압박이 거세지는 가운데, 청나라는 1851년부터 1864년까지 이어진 '태평천국의 난'이 발발하여 내부적으로도 심각한 위기에 처했다.

1895년 청일 전쟁에서 일본에 패배한 청나라는 조선에 대한 종주권을 상실하고 대만(포르모사)을 할양했다. 이후 외세의 간섭에 대한 반발이 점점 거세졌고, 마침내 1900년 의화단 운동으로 폭발했다. 그러나 외국 공사관을 포위하며 벌어진 '베이징 55일 공방전'이 실패로 끝나면서, 청나라는 더욱 쇠퇴의 길을 걷게 되었다.

아편 무역 — 1214

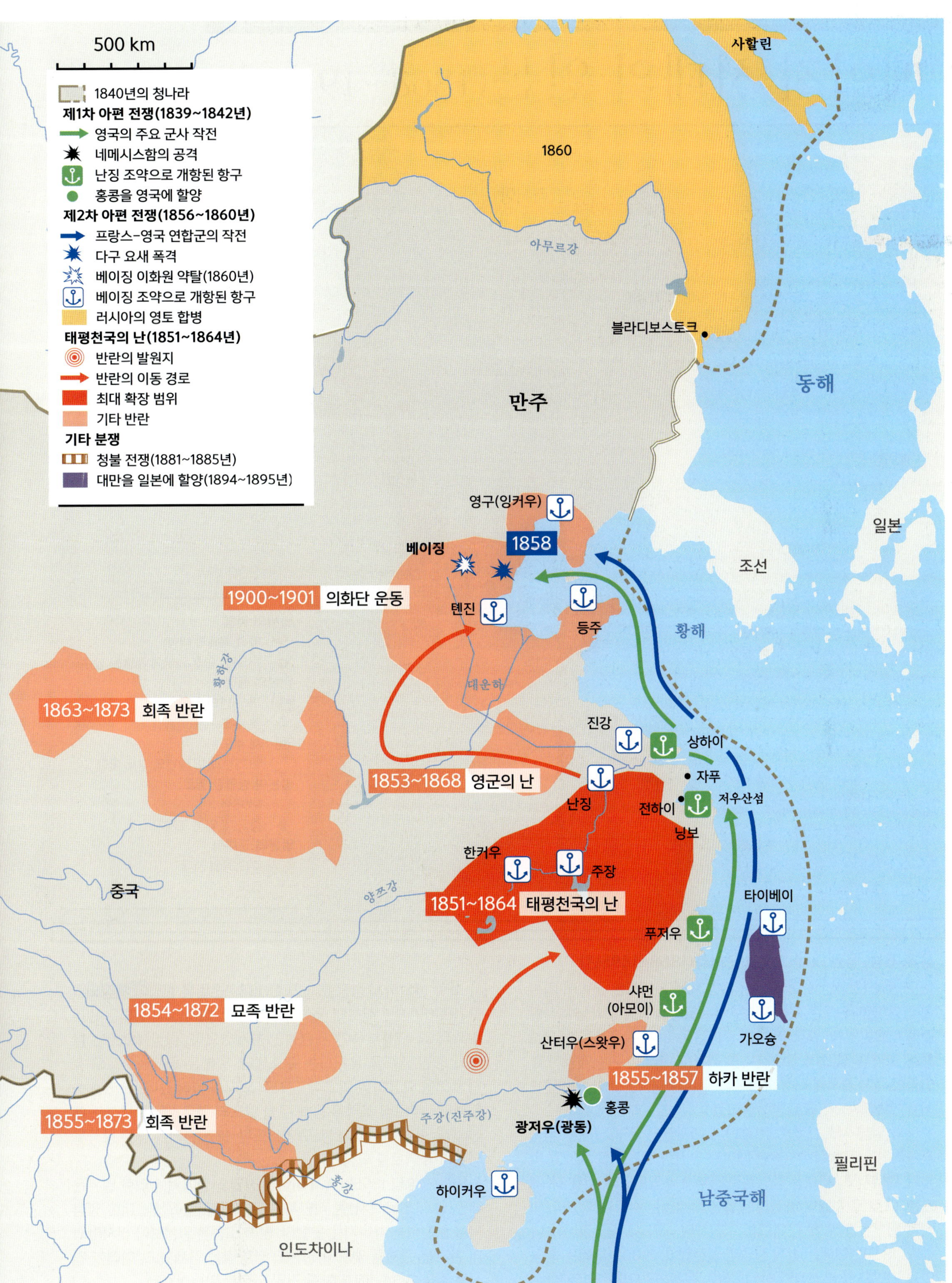
500 km
1840년의 청나라
제1차 아편 전쟁(1839~1842년)
영국의 주요 군사 작전
네메시스함의 공격
난징 조약으로 개항된 항구
홍콩을 영국에 할양
제2차 아편 전쟁(1856~1860년)
프랑스–영국 연합군의 작전
다구 요새 폭격
베이징 이화원 약탈(1860년)
베이징 조약으로 개항된 항구
러시아의 영토 합병
태평천국의 난(1851~1864년)
반란의 발원지
반란의 이동 경로
최대 확장 범위
기타 반란
기타 분쟁
청불 전쟁(1881~1885년)
대만을 일본에 할양(1894~1895년)
사할린
1860
아무르강
블라디보스토크
동해
만주
일본
조선
영구(잉커우)
1858
베이징
1900~1901 의화단 운동
톈진
등주
황해
1863~1873 회족 반란
대운하
진강
상하이
1853~1868 영군의 난
자푸
난징
전하이
저우산섬
닝보
한커우
주장
중국
양쯔강
1851~1864 태평천국의 난
타이베이
푸저우
1854~1872 묘족 반란
샤먼
(아모이)
가오슝
산터우(스왓우)
1855~1857 하카 반란
1855~1873 회족 반란
주강(진주강)
홍콩
광저우(광둥)
필리핀
하이커우
홍강
남중국해
인도차이나

메이지 시대의 일본(1868~1912년)

강제 개방, 정권 교체 그리고 근대화(1858~1895년)

1853년과 1854년 사이에 미국 페리 제독이 이끄는 군함이 일본에 입항하면서, 도쿠가와 막부는 서구 열강과 통상 조약을 체결할 것을 강요받았다. 결국 1858년 일본은 주요 서구 국가들과 '우호 통상 조약'을 맺으며 요코하마를 비롯한 여러 항구를 개방하고, 외국 조계지 설치를 허용해야 했다. 그러나 이러한 조약들은 일본에는 '불평등 조약'으로 받아들여졌다.

이후 일본 사회가 정치적 혼란에 빠지면서 막부 체제는 점차 흔들리기 시작했다. 1868년 메이지 유신을 계기로 도쿠가와 막부가 무너지고, 새로운 중앙집권 정부가 수립되었다. 같은 해에 도는 '도쿄'로 지명이 바뀌면서 일본의 새로운 수도가 되었다. 이 시기 일본은 빠르게 근대화를 추진하며 국가 체제를 정비해 나갔다. 1880년대에는 방직 산업이 발전했고, 1900년부터는 중공업을 기반으로 본격적인 산업혁명이 전개되었으며, 1910년대에

는 화학 산업까지 성장했다. 또한 1889년 일본 헌법이 제정되었고, 1890년에는 최초의 국회가 출범했다. 하지만 이 헌법은 민주주의적 요소가 부족한 제한적인 체제였으며, 실질적으로는 황제가 강한 권력을 유지하는 구조였다. 일본은 국제적으로도 점차 세력을 확장하며 외교적, 군사적 입지를 넓혀 갔다. 1875년 상트페테르부르크 조약을 통해 쿠릴 열도의 영유권을 확보하는 대신, 사할린을 러시아에 양도했다. 또한, 1879년에는 류큐 왕국을 병합하며 영토를 확장했다.

1894년부터 1895년까지 이어진 청일 전쟁에서 승리한 일본은 대만(당시 포르모사)을 식민지로 편입했지만, 조선에 대한 영향력을 완전히 장악하지는 못했다. 당시 조선은 일본보다 러시아와 더 가까운 관계를 맺으며 일본의 영향력을 견제했고, 이러한 긴장은 결국 1904년에 발발한 러일 전쟁으로 이어졌다.

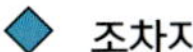

러시아-유럽의 영향력

◆ 조차지
러시아 세력권
러시아 철도
⚓ 러시아 항구

일본의 팽창

1895년의 일본
1901~1905년 일본의 공세
일본의 승리

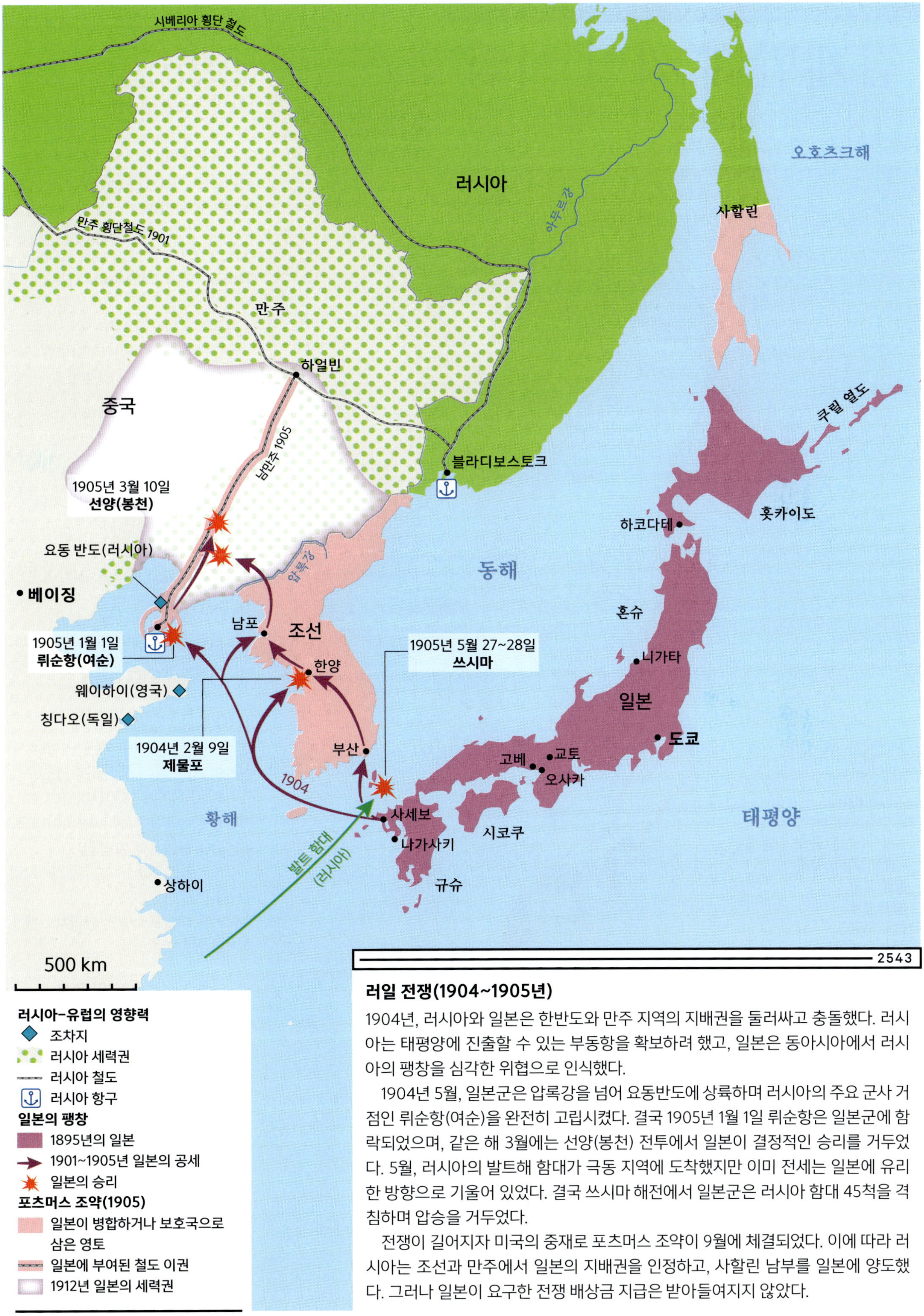

포츠머스 조약(1905)

일본이 병합하거나 보호국으로 삼은 영토
일본에 부여된 철도 이권
1912년 일본의 세력권

러일 전쟁(1904~1905년)

1904년, 러시아와 일본은 한반도와 만주 지역의 지배권을 둘러싸고 충돌했다. 러시아는 태평양에 진출할 수 있는 부동항을 확보하려 했고, 일본은 동아시아에서 러시아의 팽창을 심각한 위협으로 인식했다.

1904년 5월, 일본군은 압록강을 넘어 요동반도에 상륙하며 러시아의 주요 군사 거점인 뤼순항(여순)을 완전히 고립시켰다. 결국 1905년 1월 1일 뤼순항은 일본군에 함락되었으며, 같은 해 3월에는 선양(봉천) 전투에서 일본이 결정적인 승리를 거두었다. 5월, 러시아의 발트해 함대가 극동 지역에 도착했지만 이미 전세는 일본에 유리한 방향으로 기울어 있었다. 결국 쓰시마 해전에서 일본군은 러시아 함대 45척을 격침하며 압승을 거두었다.

전쟁이 길어지자 미국의 중재로 포츠머스 조약이 9월에 체결되었다. 이에 따라 러시아는 조선과 만주에서 일본의 지배권을 인정하고, 사할린 남부를 일본에 양도했다. 그러나 일본이 요구한 전쟁 배상금 지급은 받아들여지지 않았다.

집게발에 끼인 시암
(18~20세기)

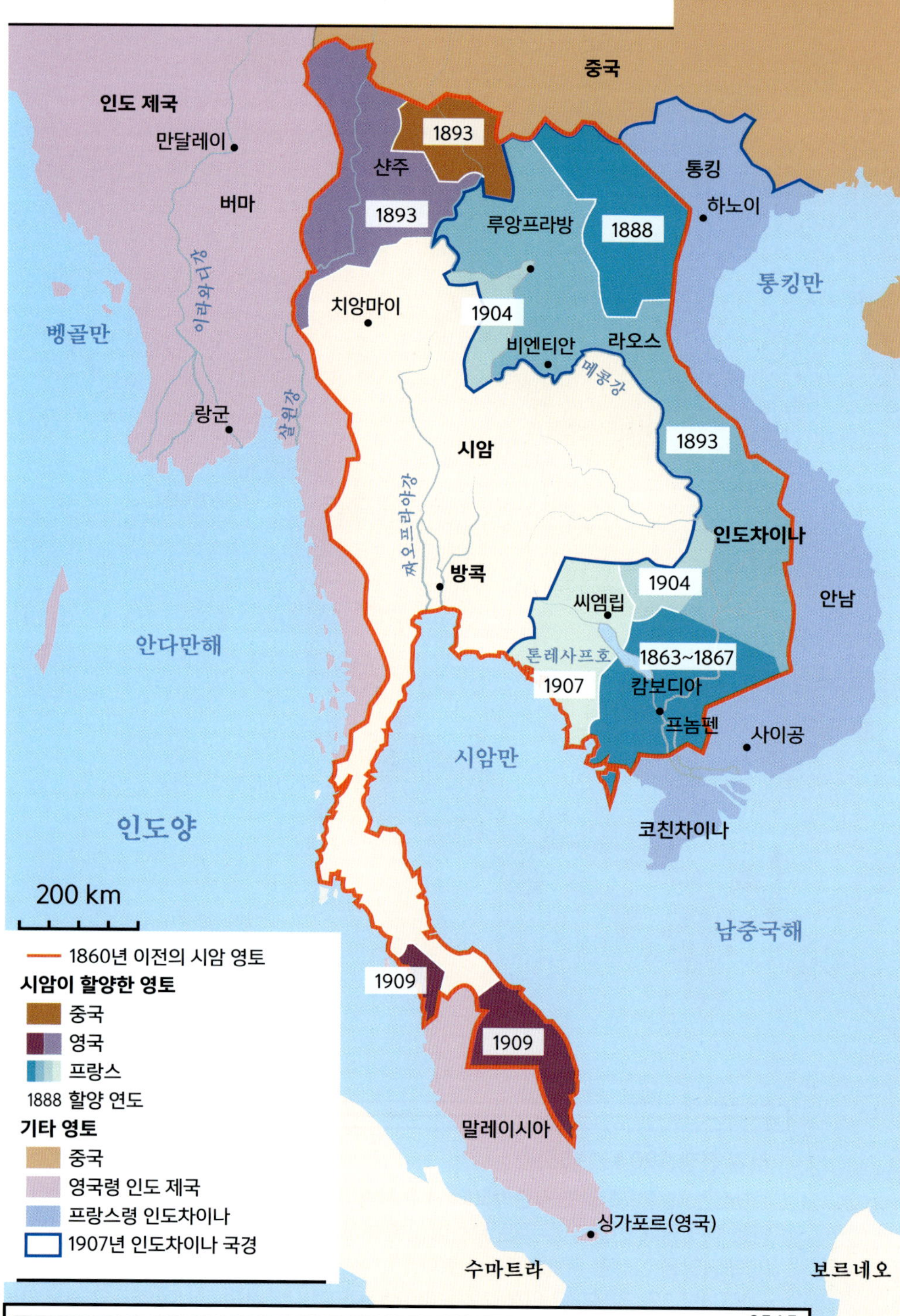

시암의 후퇴와 저항(1826~1909년)

19세기 동안 시암(현재의 태국)은 동쪽의 베트남이나 서쪽의 버마(현재의 미얀마)와 달리 유럽 열강의 식민지 지배를 받지 않았다. 그러나 강대국들의 압박 속에서 일부 영토를 양도해야 했으며, 기존의 확장 정책도 포기할 수밖에 없었다. 그 결과, 시암은 라오스와 캄보디아의 광대한 영토를 프랑스에 양도할 수밖에 없었고, 이 지역들은 베트남과 함께 프랑스령 인도차이나에 편입되었다. 하지만 시암은 끝까지 독립을 유지했고, 동남아시아에서 영국과 프랑스 세력권 사이의 완충 지대 역할을 하게 되었다.

함께 보기 ── 고대 에티오피아 p.150
중동의 석유 p.582
아시아의 탈식민지화 p.666

예외가 된 에티오피아
(15~20세기)

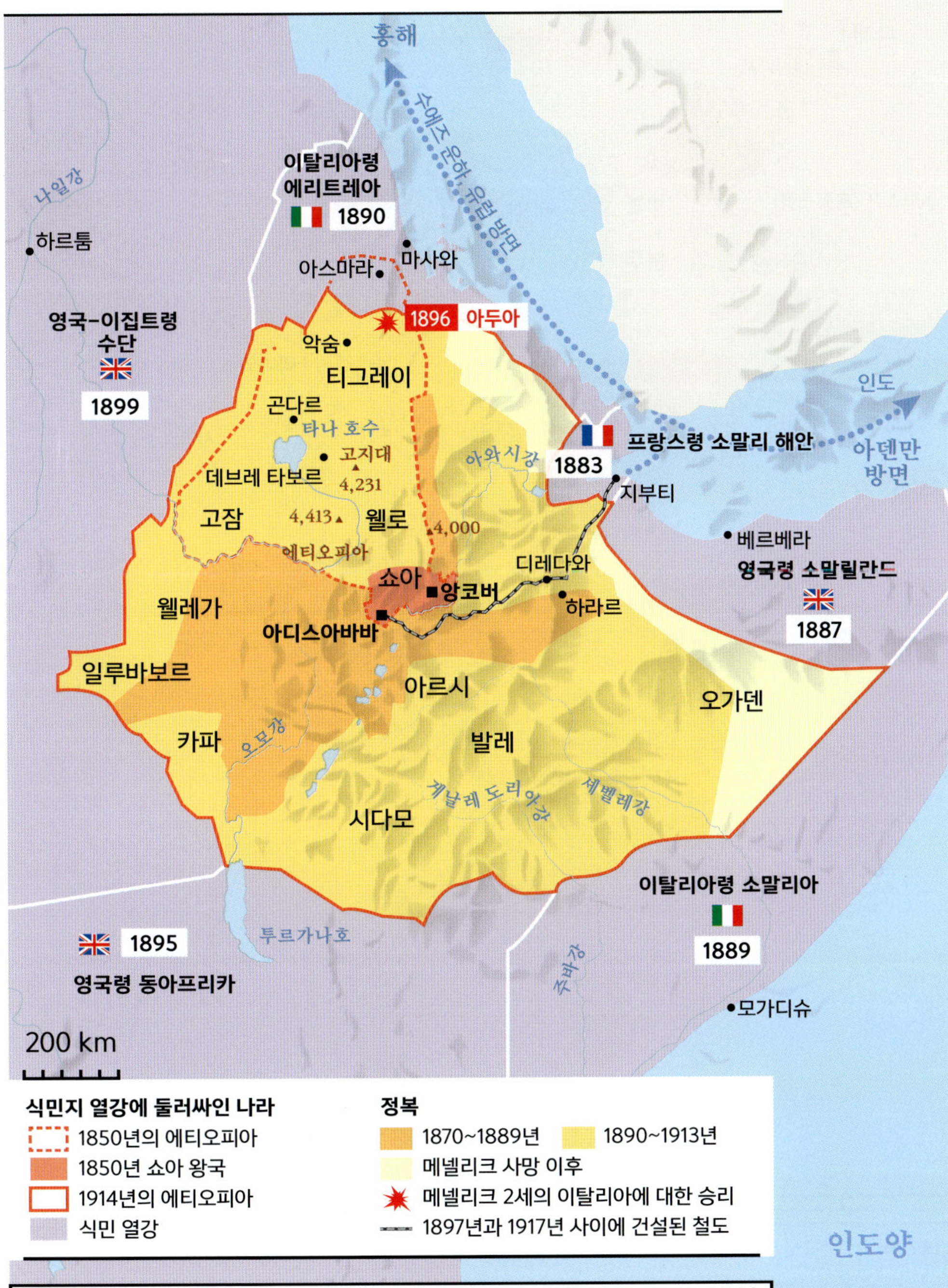

메넬리크 2세 시대의 에티오피아 확장(1870~1914년)

유럽 열강이 아프리카를 점차 식민 지배하던 시기에도, 에티오피아는 라이베리아와 함께 독립을 유지한 몇 안 되는 국가였다. 1889년에 즉위한 '왕 중의 왕' 메넬리크 2세는 열강의 압박 속에서도 국가의 주권을 지키며 영토를 확장해 나갔다. 당시 프랑스는 1883년 소말리 해안(현 지부티)에 거점을 마련했고, 이탈리아는 에리트레아를 점령했으며, 영국은 아덴만 연안을 장악하며 에티오피아를 포위해 나갔다. 그러나 1896년 아두아 전투에서 메넬리크 2세가 이탈리아군을 격파하며 국제적으로 강한 지도자로 널리 알려지게 되었다. 그의 통치 동안 에티오피아는 주변 지역을 정복하며 영토를 꾸준히 확장해 나갔다.

서아프리카 (18~20세기)

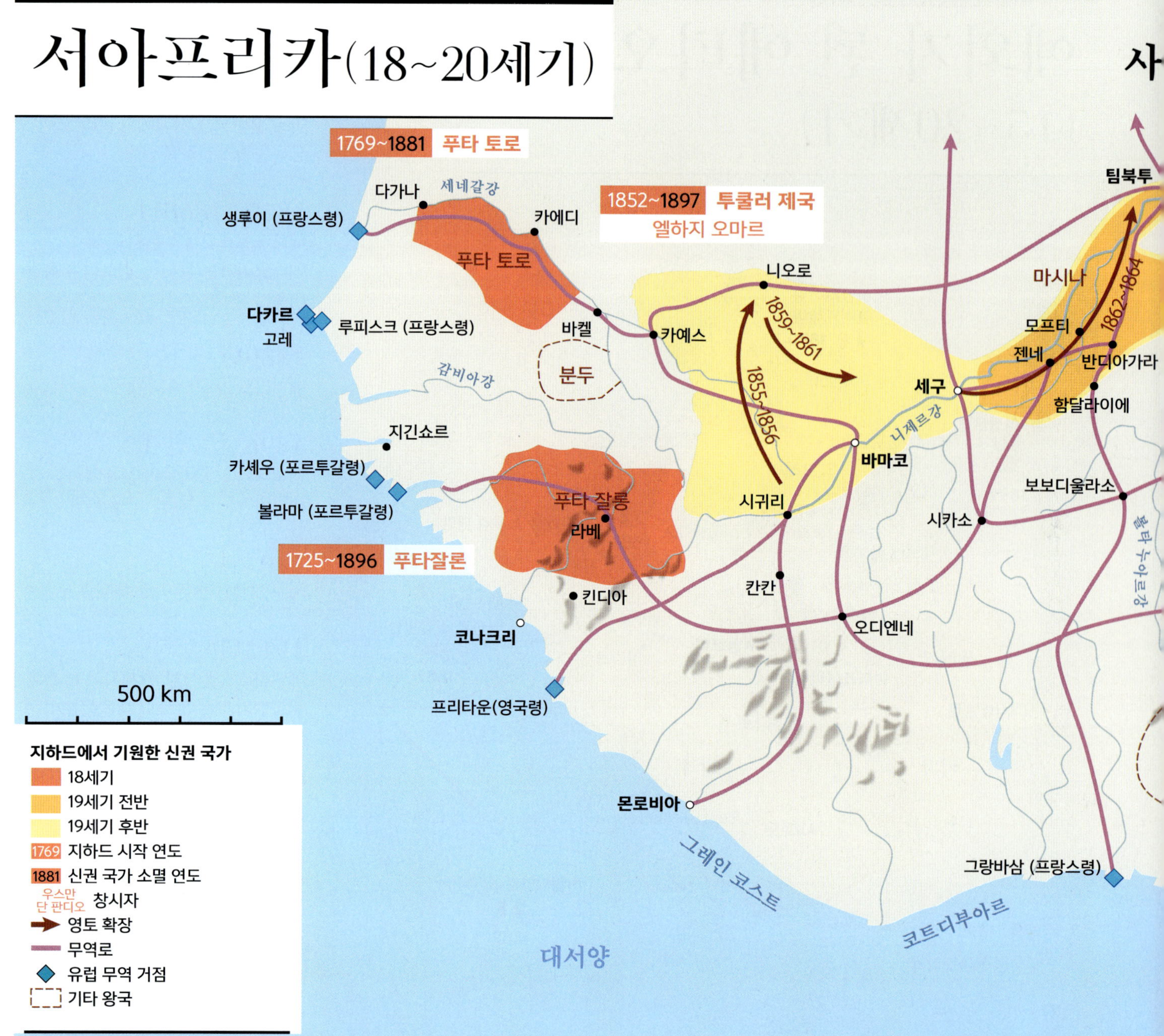

성전에서 탄생한 제국들(1725~1803년)

19세기 동안 사하라와 사헬 지역은 100년 넘게 지속된 성전(지하드)의 영향으로 많은 변화를 겪었다. 이 전쟁들은 지역 사회와 기존 국가 구조를 근본적으로 뒤흔들었으며, 결과적으로 새로운 이슬람 제국들이 탄생하는 계기가 되었다.

이 지역에서는 오랜 세월 동안 이슬람교도와 비이슬람교도가 공존해 왔지만, 일부 이슬람 세력은 기존 사회 질서를 거부하고 통치자들에 반기를 들었다. 그들은 이슬람의 순수성이 훼손되었다고 비판하며, <코란>과 이슬람 경전의 가르침으로 돌아가야 한다고 주장했다. 이러한 개혁 운동을 주도한 대표적인 인물은 두 명의 이슬람 학자였다. 1804년, 오스만 단 포디오는 현재의 나이지리아 하우사랜드에서 지하드를 이끌며 풀라니 제국인 소코토 칼리프국을 세웠다. 그는 기존 하우사 왕국들의 통치를 부정하고, 이슬람 율법(샤리아)을 바탕으로 한 새로운 국가를 건설했다.

같은 시기, 서쪽에서는 엘하지 오마르가 수천 명의 제자와 함께 말린케족 지역과 세네갈강 상류 지역을 점령한 후, 제국의 중심을 니제르강 계곡으로 옮겼다. 그러나 프랑스군(루이 페데르베 장군)의 강한 압박으로 세네갈을 포기할 수밖에 없었다. 이렇게 탄생한 두 제국에서는 새로운 통치 세력이 정치적, 경제적, 사회적 개혁을 단행했다. 특히 노예제의 기준이 새롭게 정의되었으며, 비이슬람교도(이교도)만을 대상으로 한 노예제가 시행되었다.

2548
유럽인들의 팀북투 탐험

1796년과 1806년, 스코틀랜드 탐험가 멍고 파크는 런던 아프리카 협회의 지원을 받아 니제르강 유역을 탐사하고 팀북투를 찾아 나섰다. 그러나 두 번째 원정에서 팀북투 근처를 지나면서도 이를 인식하지 못했고, 결국 니제르강에서 익사하고 말았다. 1826년, 또 다른 스코틀랜드 탐험가 알렉산더 랭은 팀북투에 도착하는 데 성공했지만, 투아레그족에게 암살당했다. 1828년, 프랑스 탐험가 르네 카이에는 세네갈에서 출발해 팀북투에 도착했으며, 살아서 돌아온 최초의 유럽인이 되었다.

19세기 오스만 제국의 쇠퇴

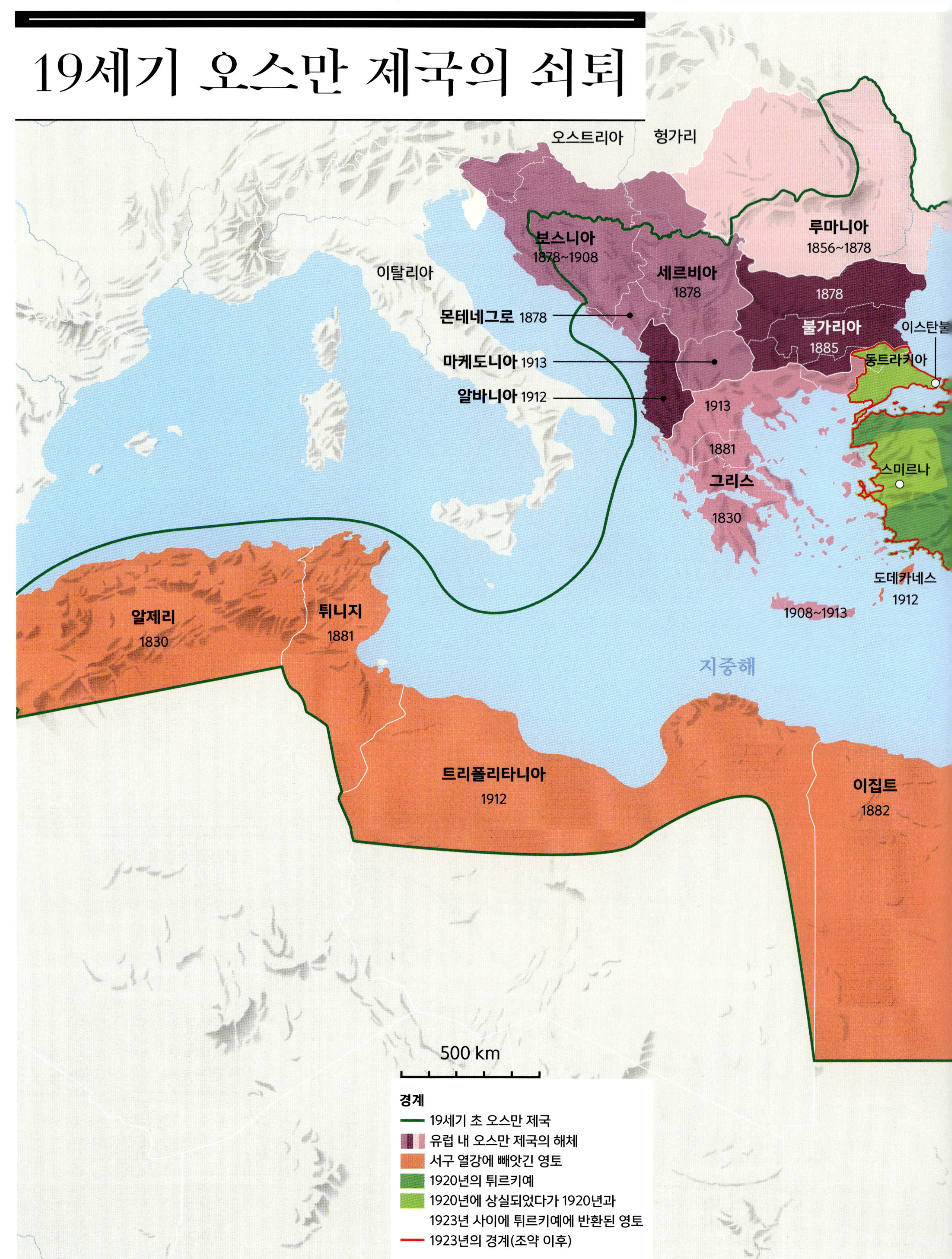

──2549──

오스만 제국의 쇠퇴와 몰락(1830~1923년)

19세기 초반까지만 해도 오스만 제국은 지중해 지역에서 광범위한 영토를 지배하고 있었다. 그러나 유럽 열강의 제국주의 확장과 민족주의 운동의 확산 속에서 점차 영토를 상실하며 쇠퇴해 갔다. 1830년 그리스의 독립을 시작으로, 1878년 베를린 조약 이후 발칸반도의 대부분이 오스만 제국의 지배에서 벗어났다. 세르비아, 불가리아, 루마니아, 몬테네그로가 독립했으며, 키프로스는 영국에, 테살리아는 그리스에 양도되었다. 또한 보스니아–헤르체고비나는 오스트리아–헝가리의 지배를 받게 되었다.

북아프리카에서도 오스만 제국의 지배력이 급격히 축소되었다. 이집트는 무함마드 알리(1805~1848년)의 통치 아래 사실상 독립했으며, 1882년 영국에 점령되었다. 1830년 프랑스는 알제리 정복을 시작했고, 1881년 튀니지를 보호국으로 만들었다. 1912년에는 트리폴리타니아(현 리비아)가 이탈리아의 지배하에 들어갔다.

쇠퇴하는 오스만 제국은 차르 니콜라이 1세의 표현대로 '유럽의 병자'로 불리며 점점 더 해체의 위기에 직면했다. 결국, 제1차 세계대전 이후 1920년 세브르 조약이 체결되면서 오스만 제국의 해체가 공식화되었다. 이 조약에 따라 아랍 지역은 프랑스와 영국의 통치 아래 놓였으며 시리아, 이라크, 트란스요르단(현 요르단), 팔레스타인은 국제 연맹의 위임통치령이 되었다. 또한 해협의 비무장화와 독립된 쿠르드 및 아르메니아 국가의 창설이 계획되었으나, 3년 후인 1923년, 로잔 조약을 통해 무스타파 케말이 이끄는 튀르키예 공화국이 동트라키아, 스미르나 지역, 그리고 아르메니아, 쿠르드 지역 일부를 회복했다.

스페인 제국의 경쟁(1780~1830년)

안데스 지역의 반란 (1780~1782년)

1780년부터 1782년까지, 안데스산맥 지역은 스페인 식민 지배에 저항하는 대규모 반란으로 큰 혼란을 겪었다. 반란의 배경에는 18세기 후반 스페인 식민 정부가 시행한 개혁 정책이 있었다. 이 정책은 세금 인상과 함께, 유럽인과 원주민 사이에서 태어난 혼혈(메스티소)의 법적 지위를 강등하여 원주민으로 분류하고, 이들에게도 세금을 부과하는 조치였다. 이러한 개혁에 불만이 고조되면서 반란은 농촌과 도시를 가리지 않고 빠르게 번졌다. 반란군은 주로 메스티소로 구성되었지만, 물라토(흑인과 백인의 혼혈)와 일부 크리올(아메리카 태생 유럽인)도 가담하면서 수만

명이 무기를 들고 봉기했다. 이 반란에서 원주민 지도자인 카시케들이 중요한 역할을 했다. 차얀타 지역의 추장인 토마스 카타리는 가혹한 식민 지배에 가장 먼저 강력히 저항한 인물이었다. 또한 페루 북부와 중부에서는 메스티소 출신의 투팍 아마루 2세, 로드리게스 형제, 그리고 투팍 카타리가 지도자로 활약했다. 1782년 7월 스페인군이 반란을 완전히 진압하면서 저항은 종식되는 듯 보였다. 그러나 이 반란은 식민지 사회 내부의 구조적 취약성과 내적 분열을 여실히 드러낸 사건이었다.

──────────── 2551

라틴 아메리카 독립(1815~1830년)

18세기 후반부터 라틴 아메리카에서는 스페인의 지배에 대한 저항이 점차 거세졌다. 초기에는 주로 과중한 세금에 대한 반란이었지만, 19세기 초 나폴레옹이 이베리아반도를 점령하면서 스페인과 식민지 간의 연결이 끊어지자, 독립운동이 본격화되었다. 이후 스페인 부르봉 왕가가 왕권을 회복하자 독립을 위한 독립운동가들의 투쟁은 더욱 격렬해졌다. 베네수엘라 카라카스 출신의 젊은 혁명가 시몬 볼리바르는 해방군을 이끌고 연전연승을 거두며, 1824년 아야쿠초 전투에서 결정적인 승리를 거두었다. 같은 시기에 호세 데 산 마르틴은 페루의 해방을 이끌며 독립운동을 주도했다.

1826년, 볼리바르는 파나마 회의를 주최하여 독립한 국가들을 하나의 연방으로 통합하려 했으나, 내부 분열과 영국 등 외세의 견제로 무산되었다. 결국 1830년, 볼리바르가 사망하면서 '대콜롬비아' 연방은 베네수엘라, 콜롬비아, 에콰도르로 분열되며 해체되었다.

아메리카의 노예 제도 폐지 (1791~1888년)

▲ 아이티 혁명과 독립(1791~1804년)

18세기 말, 프랑스의 식민지 생도맹그(현재의 아이티, 히스파니올라섬 서부)는 프랑스 식민 경제의 중심지로 전체 식민지 무역의 3분의 2를 차지하고 있었다. 이곳에서는 약 50만 명의 아프리카계 노예들이 설탕과 커피 농장에서 혹독한 노동에 시달렸다. 1791년 8월 22일 프랑스 혁명의 영향을 받아 섬 북부에서 약 2,000명의 노예가 자유를 부르짖으며 봉기했다. 이 봉기는 곧 남부와 서부의 농촌 지역으로 빠르게 퍼져나갔으며, 유색 자유민들도 법적 평등을 요구하며 이에 동참했다.

1793년 8월과 9월 생도맹그에서 노예 해방이 선포되었고, 프랑스 전체 식민지에서의 노예제 폐지는 1794년 몽타뉴파가 이끄는 국민공회에 의해 공식적으로 선언되었다. 이후 해방 노예 출신의 투생 루베르튀르는 프랑스 공화국군을 이끌며 스페인과 영국군을 섬에서 몰아내고 섬 전역을 장악했다. 1801년 투생 루베르튀르는 생도맹그의 자치권을 보장하는 헌법을 선포했다. 그러나 1802년 나폴레옹은 프랑스군을 파견해 섬을 재점령하고 노예제를 부활시키려 시도했다. 투생 루베르튀르가 항복했음에도 불구하고, 나폴레옹 군대는 1803년 11월 18일 베르티에르 전투에서 결정적으로 패배했다. 그 결과 1804년 생도맹그는 '아이티'라는 국호를 선언하며 독립 국가가 되었다.

2553

▶ 한 세기에 걸쳐 이뤄진 노예제 폐지

노예제 폐지 투쟁은 주로 노예들이 직접 저항하며 이루어졌고, 18세기 말부터 점차 퍼져 나갔다. 영국과 프랑스에서는 노예제 폐지를 요구하는 운동이 활발하게 전개되었다.

1793년 생도맹그에서 노예 해방이 선언되었으며, 1794년 프랑스 혁명 정부가 식민지 전역에서 노예제를 공식적으로 폐지했다. 그러나 1802년 나폴레옹이 노예제를 부활시켰다. 영국은 1833년 점진적인 노예제 폐지를 결정했으며, 스웨덴(1847년), 프랑스와 덴마크(1848년), 네덜란드(1863년)가 뒤를 이었다. 미국에서는 남북전쟁의 주요 쟁점 중 하나가 노예제 폐지였으며, 결국 1865년 미국 전역에서 노예제가 공식적으로 폐지되었다. 다만, 이미 18세기 말부터 일부 북부 주에서는 노예제가 폐지된 상태였다. 스페인령 아메리카에서는 독립 과정과 함께 19세기 전반기에 단계적으로 노예제가 폐지되었다. 브라질은 1888년 아메리카 대륙에서 마지막으로 노예제를 폐지한 국가가 되었다.

함께 보기 — 노예 무역 p.324
18세기 말의 서인도 제도 p.328
라틴 아메리카의 권위주의와 민주주의 p.684

미국 독립 전쟁(1775~1783년)

2554

광대한 전쟁터와 8년간의 독립 전쟁

1763년 이후, 영국과 아메리카 식민지 사이의 관계는 점차 불안정해졌다. 영국이 새로운 세금을 부과하자 식민지 주민들은 '자유의 아들들'과 같은 저항 단체를 조직했다. 그들은 1773년 '보스턴 차 사건'을 일으키며 영국 배에 실려 있던 차를 바다에 던저 저항했다. 결국 1775년, 렉싱턴 전투에서 독립군이 영국군과 맞서 승리를 거두면서 전쟁이 본격적으로 시작되었다. 이후 보스턴 포위전이 전개되었다.

1776년 7월 4일, 13개 식민지 대표들은 '미국 독립 선언'을 채택하고 공식적으로 독립을 선언했다. 새롭게 탄생한 미국 공화국은 전쟁에서 승리하기 위해 프랑스에 지원을 요청했다. 당시 프랑스는 7년 전쟁에서 영국에 패배한 뒤 복수를 노리고 있었고, 처음에는 라파예트 후작과 같은 몇몇 프랑스인들이 개인적으로 독립군을 지원하는 수준에 그쳤다. 그러나 1777년 10월 17일 새러토가 전투에서 영국군이 패배하자, 프랑스는 미국과 공식적인 동맹 조약을 체결하고 대규모 군대를 파병했다. 프랑스의 지원은 독립 전쟁의 향방을 결정짓는 결정적인 요인이었다. 결국 1781년 10월 19일 요크타운 전투에서 영국군이 항복하면서 전쟁은 사실상 끝이 났다. 이후 1783년 파리 조약이 체결되면서 영국은 미국의 독립을 공식적으로 승인했다. 한편, 영국 왕실을 지지했던 수많은 왕당파가 캐나다로 이주했다.

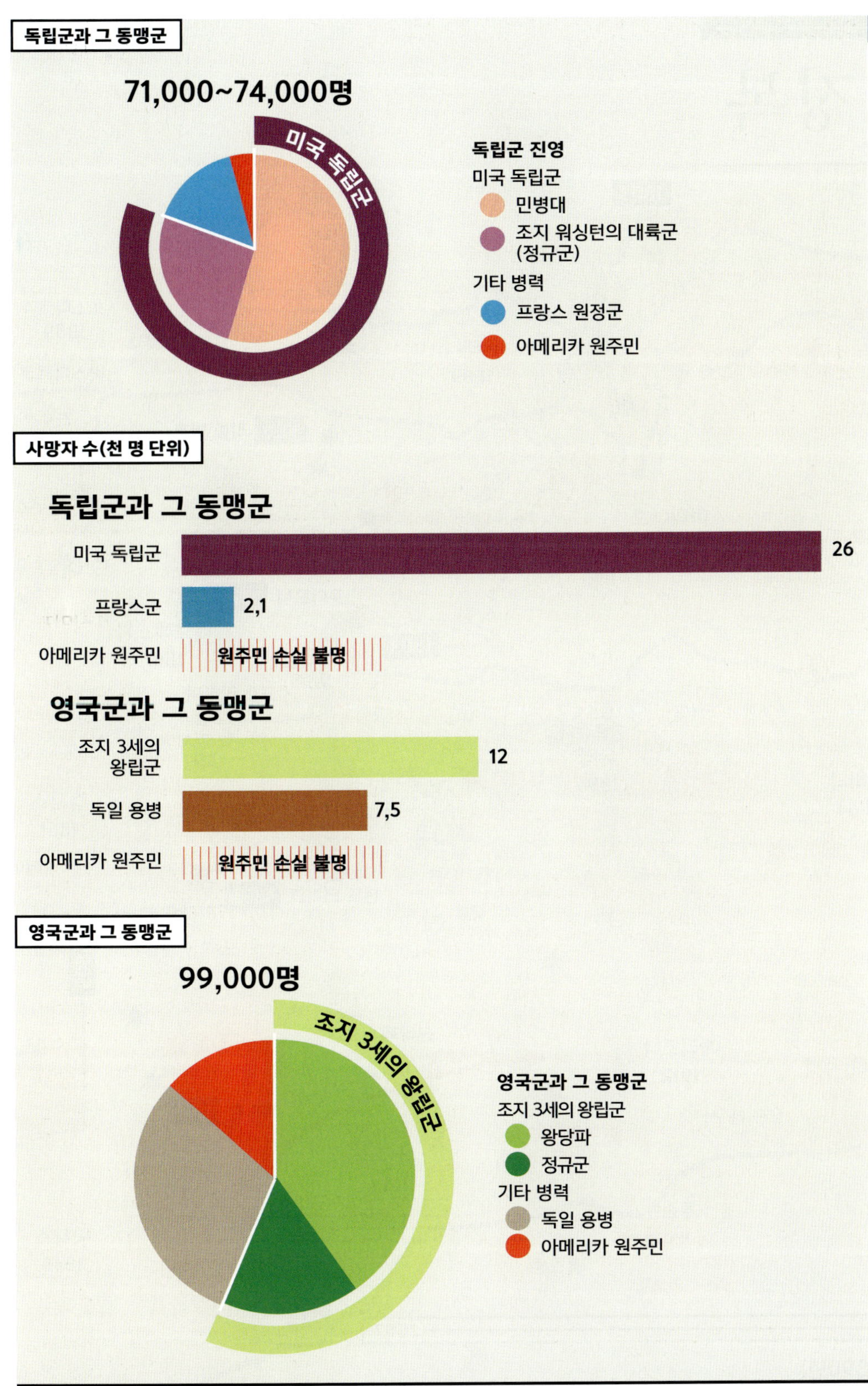

병력 규모와 전쟁 피해

미국의 독립 전쟁은 정치적으로 중요한 의미를 지닌 대규모 전쟁이었지만, 당시 유럽에서 벌어진 전쟁들과 비교하면 상대적으로 적은 병력이 동원되었다. 독립군 측에서는 조지 워싱턴이 급히 조직한 대륙군이 최소 5,000명에서 많게는 1만 8천명 규모였다. 여기에 각 주에서 모집된 민병대와 함께 프랑스에서 파견된 11,000명의 원정군이 합류했다. 반면, 영국군의 병력은 훨씬 더 많았다. 영국 왕립군은 약 16,000명의 정규군을 보유하고 있었으며, 영국에 충성을 맹세한 식민지 주민인 왕당파(로열리스트) 민병대의 규모는 그 두 배에 달했을 것으로 추정된다. 또한, 영국은 약 3만 명의 독일 용병을 고용해 전투에 투입했다. 게다가 독립군과 영국군 모두 아메리카 원주민 부족들과 동맹을 맺고 전투에 참여시켰다.

미국, 서부 정복

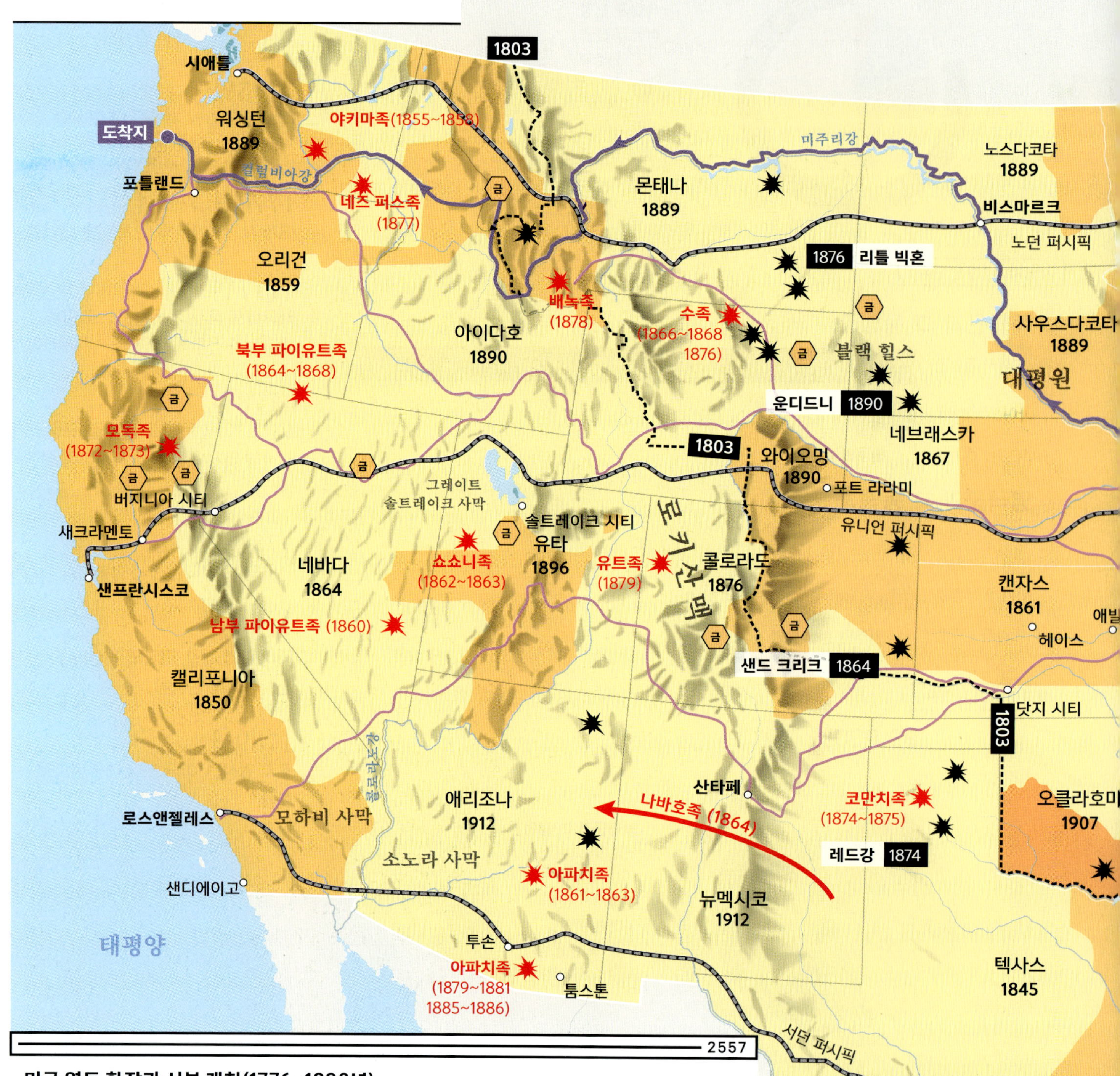

미국 영토 확장과 서부 개척(1776~1890년)

1776년 독립을 선언했을 당시, 미국은 영국의 13개 식민지로 이루어진 나라였다. 그러나 시간이 지나면서 점차 영토를 확장하며 국경을 넓혀 나갔다. 1803년 루이지애나, 1819년 플로리다, 1845년 텍사스, 1846년 오리건, 1848년 캘리포니아, 1867년 알래스카 등을 차례로 획득하며 미국의 영토는 크게 확대되었다.

이러한 확장은 '명백한 운명', 즉 미국이 북아메리카 대륙 전역으로 영향력을 확대해야 한다는 신념을 바탕으로 정당화되었다. 영토가 넓어지면서 서부로 향하는 사람들의 이동도 활발해졌다. 1820년대부터 모피 사냥꾼, 군대, 정착민, 상인들이 서부로 이동했으며, 특히 1848년 캘리포니아에서 금이 발견되면서 대규모 서부 이주가 본격적으로 이루어졌다. 1869년 대륙횡단철도가 개통되면서 동서 해안 간 이동이 훨씬 수월해졌다. 결국 1890년, 미국 인구조사국은 '프런티어(미개척지)의 종말'을 선언하며, 더 이상 인구 밀도가 낮은 개척지 구역이 존재하지 않음을 공식적으로 발표했다.

1783
슈피리어호
미네소타
1858
미시간
위스콘신
1848
세인트폴
휴런호
메인
1820
버몬트
1791
뉴햄프셔
미시간간호
미시간
1837
온타리오호
보스턴
매사추세츠
로드아일랜드
코네티컷
산티 수족
(1862)
아이오와
1846
미시시피강
이리호
뉴욕시
뉴욕
오마하
시카고
쇼니족
(1811~1813)
오하이오
1803
펜실베이니아
뉴저지
필라델피아
델라웨어
워싱턴
대서양
미주리강
일리노이
1818
출발지
1783
인디애나
1816
웨스트버지니아
1863
버지니아
메릴랜드
인디펜던스
세인트루이스
켄터키
1792
노스캐롤라이나
미주리
1821
체로키족 (1837)
미시시피강
아칸소
1836
테네시
1796
사우스캐롤라이나
크리크족 (1832)
세미놀족
(1832)
크리크족
(1813~1814)
조지아
칙소족과 촉토족
(1830~1832)
미시시피
1817
앨라배마
1819
1819
플로리다
1845
1783
루이지애나
1812
뉴올리언스
휴스턴
1803
세미놀족
(1817~1818
1835~1842
1855~1858)
멕시코만

250 km

미국 영토의 확장
1776년 이전
1776~1820년
1820~1860년
1860년 이후
서부 개척 경계선
텍사스
1845 주 연방 가입 연도

서부 개척
탐험대
루이스와 클라크(1804~1806년)
동서 교통로
주요 이주로 (트레일)
철도
Or 금광

인디언 전쟁
원주민(인디언)의 주요 봉기
미군과 원주민 간의 주요 전투
주요 강제 이주

미국과 멕시코의 대결(1821~1848년)

스페인의 캘리포니아 개척과 미국의 영토 확장

1769년, 스페인 국왕은 뉴스페인의 북쪽 국경을 강화하기 위해 상부 캘리포니아 지역까지 통치권을 확장하기로 결정했다. 이 확장 정책은 스페인 군대와 프란체스코회선교사들이 주축이 되어 진행되었다. 태평양 연안을 따라 21개의 선교소가 세워졌으며, 이곳에서 수천 명의 아메리카 원주민들이 농사를 짓고 가축을 기르며 땅을 개척했다. 1821년, 멕시코가 독립하면서 상부 캘리포니아는 멕시코 영토로 편입되었지만, 수도 멕시코시티와 지리적으로 멀리 떨어져 있어 중앙 정부의 통제력이 미치기 어려웠다. 이 때문에 상부 캘리포니아는 점점 미국의 관심 대상이 되었다. 특히, 1845년 텍사스 합병 이후, 미국은 이 지역을 차지하려는 야심을 본격적으로 드러냈다. 결국 1846년 멕시코-미국 전쟁(1846~1848년)이 발발했으며, 전쟁에서 패배한 멕시코는 1848년 과달루페 이달고 조약을 통해 상부 캘리포니아와 뉴멕시코를 미국에 할양해야 했다. 그 후, 1848년 캘리포니아에서 금이 발견되면서 역사적인 '골드러시'의 막이 올랐다.

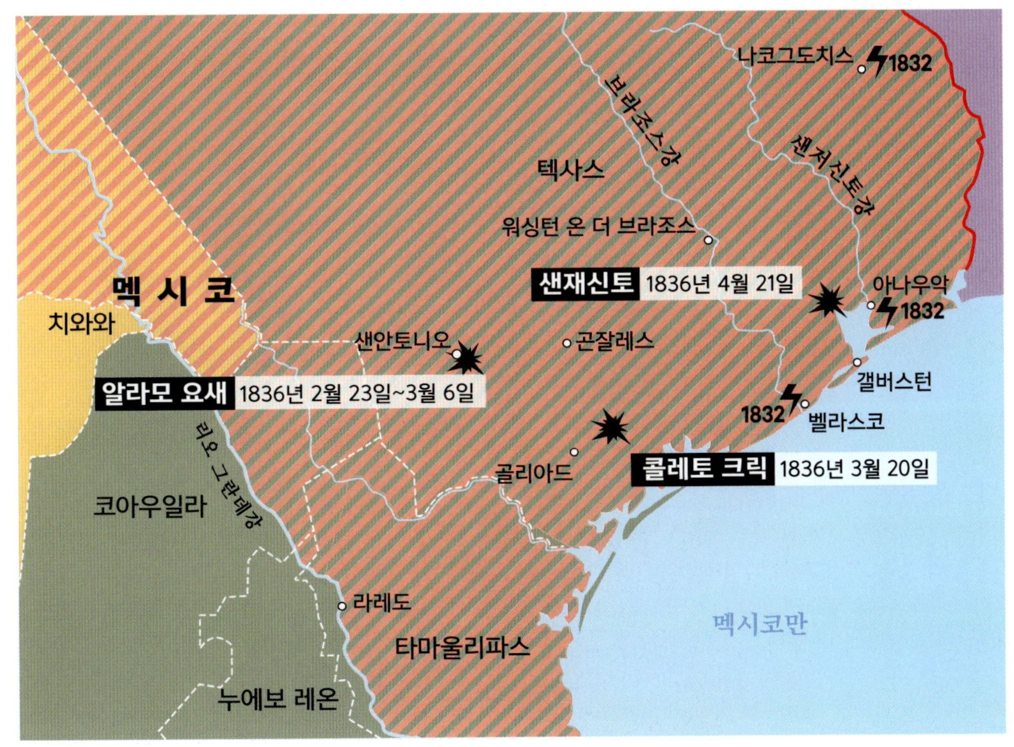

텍사스 혁명과 알라모 전투

1836년 텍사스는 멕시코의 영토였지만, 북미 출신 이주민들이 다수를 차지했고 이들이 독립을 요구하며 반란을 일으켰다. 이 사건이 바로 '텍사스 혁명'이다. 멕시코군 총사령관 안토니오 로페스 데 산타 안나 장군은 반란을 진압하기 위해 6,000명의 병력을 이끌고 텍사스군을 포위했다. 그의 군대는 샌안토니오에 위치한 프란치스코회 선교소였던 알라모 요새를 공격했다. 이곳에서는 데이비 크로켓을 비롯한 텍사스군이 최후의 저항을 펼쳤다. 13일간의 치열한 전투 끝에, 1836년 3월 6일 멕시코군이 알라모 요새를 함락시키면서 독립군은 전멸했다. 그러나 알라모 요새 포위전은 샘 휴스턴이 이끄는 텍사스군이 전열을 정비할 시간을 벌어주는 중요한 계기가 되었다. 결국 1836년 4월 21일, 샌저신토 전투에서 텍사스군이 멕시코군을 기습 공격해 승리하면서 전세가 역전되었다. 패배한 산타 안나 장군은 포로로 잡혀 조약에 서명했고, 이로써 텍사스는 멕시코로부터 사실상의 독립을 쟁취했다

코만치 제국(18~19세기)

2559

코만치족과 북아메리카의 말 문화

스페인 정복자들이 북아메리카에 들여온 말들 가운데 일부는 야생화되어 머스탱이 되었는데, 이는 북아메리카 원주민 사회 특히 코만치족의 삶에 큰 변화를 가져왔다. 코만치족은 18세기 초 독립적인 부족으로 등장했으며, 원래는 쇼쇼니족의 일파였으나 분리되어 플랫강 유역에 살고 있었다. 이후 들소를 따라 아칸소강과 레드강 유역으로 이동해 정착했고, 이 과정에서 말을 길러 거래하던 푸에블로족과 유트족을 만났다. 당시 멕시코인들은 이들을 '코만치'라고 불렀는데, 이는 유트족 언어로 '적'을 의미했다. 코만치족은 뛰어난 승마 실력을 바탕으로 급속히 세력을 확장하며 지역의 경제적, 지정학적 판도를 뒤흔들었다. 말을 이용한 효율적인 들소 사냥 덕분에 식량이 풍부해졌고, 인구도 급격히 증가했다. 또한 전쟁과 포로 교환을 통해 다른 부족 출신 구성원들을 흡수하면서 공동체를 강화했다.

코만치족의 번영은 그들이 확보한 전략적 위치와도 연관이 깊다. 미시시피강 서쪽 대초원과 멕시코 북부를 아우르는 영역을 지배했던 그들은 미국 동부와 리오그란데강 남쪽을 연결하는 주요 경로를 장악했다. 이를 바탕으로 멕시코 식민지 깊숙한 곳까지 기습 공격을 감행하며 영향력을 넓혀갔다. 그러나 미국의 서부 개척이 본격적으로 진행되면서 코만치 사회는 점차 위기에 몰렸다. 남북 전쟁 동안 잠시 숨 돌릴 시간을 얻었으나, 결국 1870년대에 이르러 '코만체리아(코만치족의 영토)'는 미국과의 격렬한 충돌 끝에 역사 속으로 사라지고 말았다.

수족(18~19세기)

1008

끊임없이 이동하는 제국, 수족

17세기만 해도 수족은 미시시피강 상류의 호수 지역에
거주하던 여러 원주민 부족 중 하나에 불과했다. 그러나
주요 세력이었던 라코타족을 중심으로 많은 부족이 점
차 서쪽으로 이동하면서 다른 부족들을 몰아내거나 복
속시키며 세력을 넓혀 갔다. 18세기에 접어들면서 수족
은 미주리강 유역에서 확고한 패권을 구축하고 교역의
중심 세력으로 자리 잡았다. 그들의 강력한 지배력은 우
수한 승마 기술과 프랑스 요새와의 교역을 통해 일찍이
확보한 총기 사용 능력에서 비롯되었다. 그러나 수족은
단순한 전사들의 집단에 그치지 않고, 아메리카들소 사
냥과 교역을 바탕으로 한 유목 제국을 건설했다.

19세기까지 수족의 영토는 광범위하게 확장되었으며,
이는 아메리카들소 무리의 이동 경로와 블랙 힐스라는
신성한 땅을 장악하는 기반이 되었다. 그러나 이러한 수
족의 존재는 서부 개척을 추진하던 미국에게 큰 걸림돌
이 되었다. 수족은 오랫동안 미국의 서부 확장에 강력히
저항했으며, 1876년 리틀 빅혼 전투에서 크레이지 호스
와 시팅 불의 지휘 아래 미국군을 상대로 결정적 승리를
거두었다. 이 전투는 수족의 강한 저항 정신을 보여주는
상징적 사건으로 남아 있다.

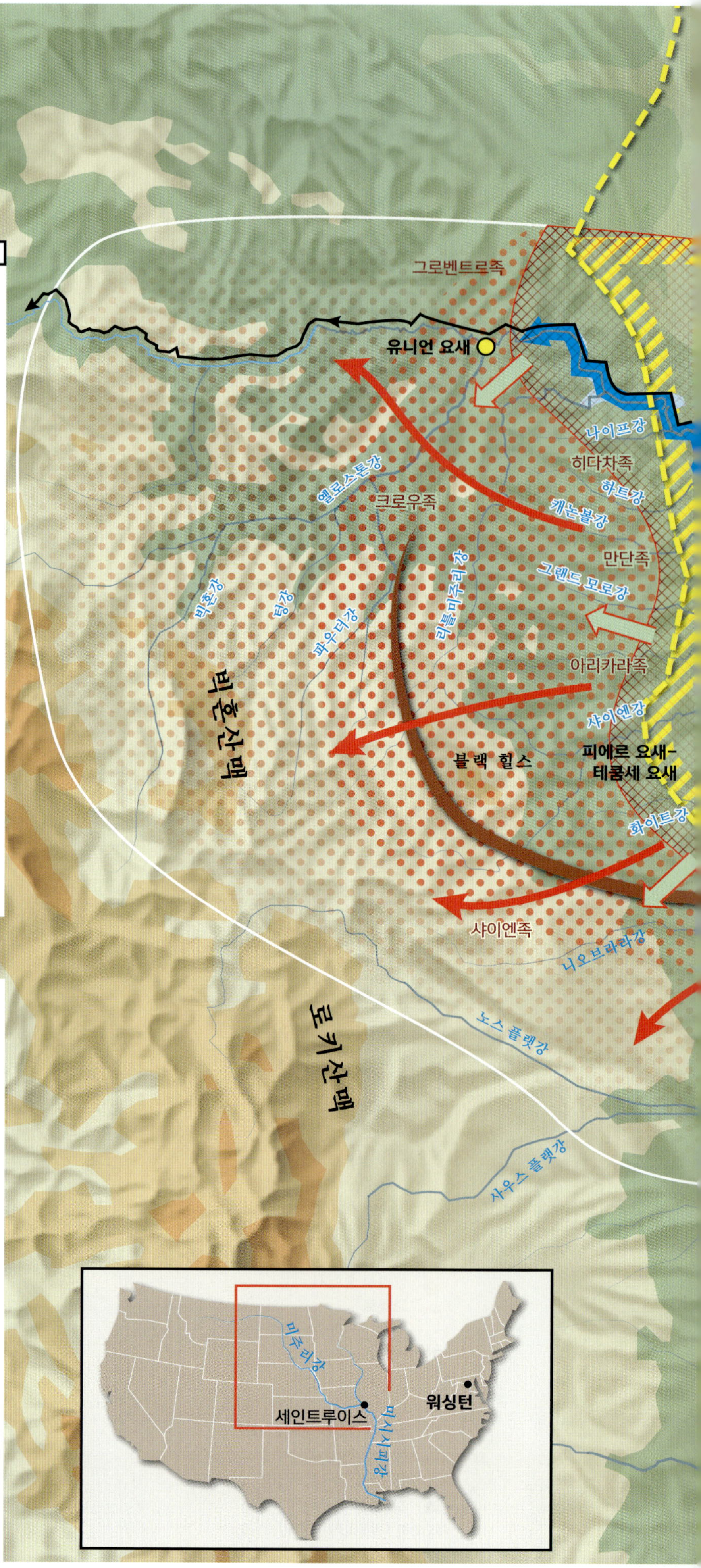

200 km

17세기, 원래의 거주지
라코타족 일곱 불의 부족
밀랙스호 지역(유럽인과의 교역 및 부족 회합 장소)
요새 및 조약 장소(프랑스와 이후 미국과의 조약)
뉴프랑스의 경계
아이오와족 부족
수족 확장의 세 단계
18세기 초~18세기 중반, 미주리강으로의 확장
수족이 주도한 공격
상업 흐름(허드슨 만으로부터의 모피와 말, 무기 교역)
미주리 강 축선 통제(18세기 중반)
사건
1803년 루이지애나를 미국에 매각
19세기, 대평원에서 로키산맥으로 이동
주요 조약
미주리에서 로키산맥으로 이어지는 들소 사냥 경로
루이스와 클라크 탐험(1804)
고도(미터)

0   200   500   1,000   2,000   3,000

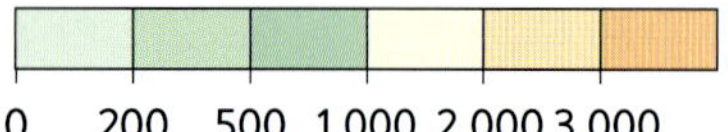

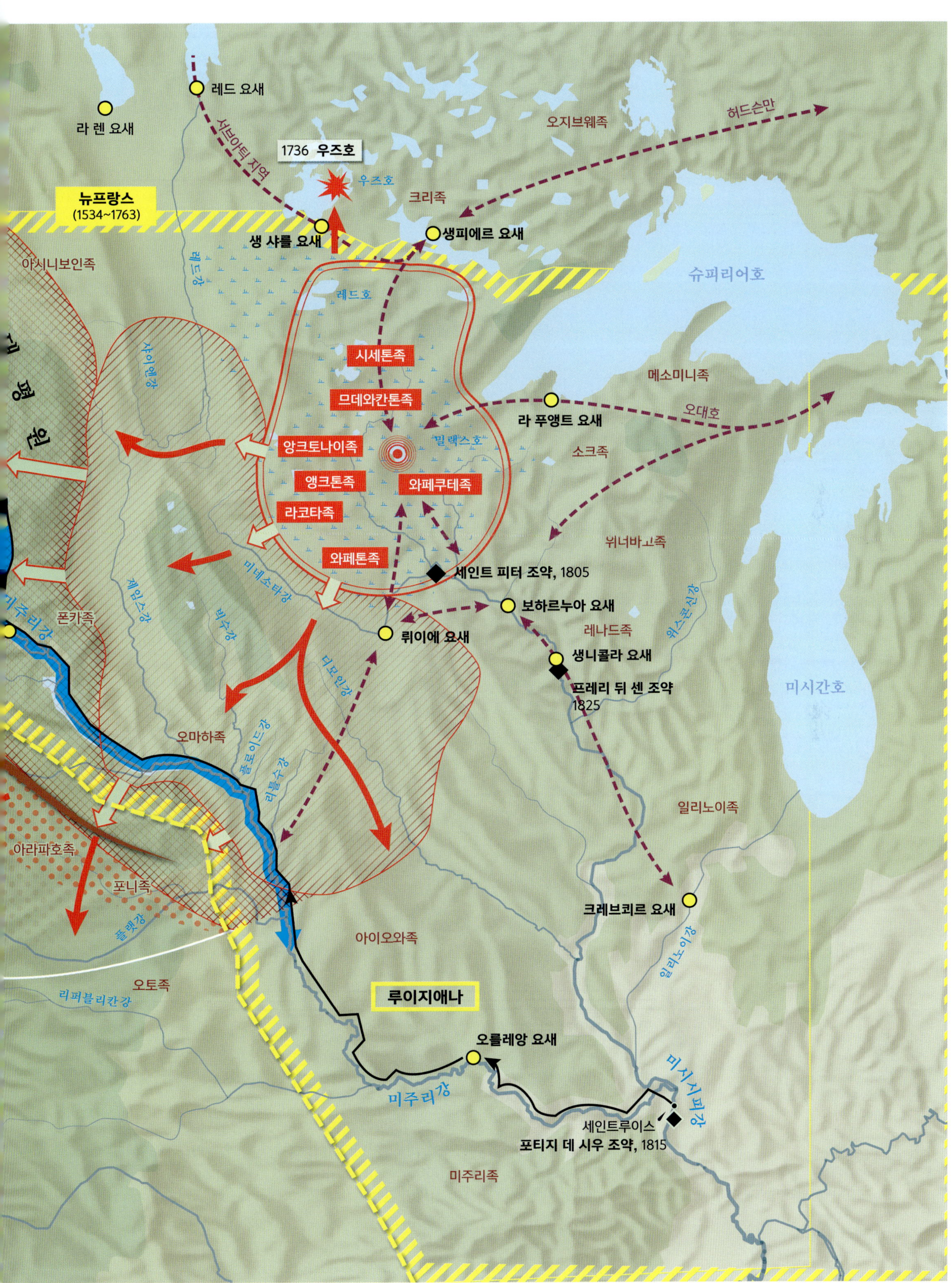
레드 요새
라 렌 요새
서브이텍 지역
1736 우즈호
우즈호
오지브웨족
크리족
허드슨만
뉴프랑스
(1534~1763)
생 샤를 요새
생피에르 요새
슈피리어호
아시니보인족
레드강
레드호
메소미니족
시세톤족
라 푸앵트 요새
오대호
샤이엔강
므데와칸톤족
앙크토나이족
밀랙스호
소크족
앵크톤족
와페쿠테족
라코타족
미네소타강
와페톤족
위너바고족
세인트 피터 조약, 1805
기주리강
폰카족
셰인강
수강
미주리강
보하르누아 요새
레나드족
뤼이에 요새
생니콜라 요새
프레리 뒤 센 조약
1825
미시간호
오마하족
크고롤라인강
미포인강
위스콘신강
일리노이족
아라파호족
플랫강
포니족
크레브쾨르 요새
오토족
리퍼블리칸강
아이오와족
일리노이강
루이지애나
오를레앙 요새
미주리강
미시시피강
세인트루이스
포티지 데 시우 조약, 1815
미주리족

서부 정복에 직면한 아메리카 원주민 (19세기)

영토를 빼앗긴 원주민들

1840년 약 1,700만 명이었던 미국의 인구는 1910년 9,200만 명으로 폭발적으로 증가했다. 이 기간에 유럽에서 건너온 수많은 이민자가 미시시피강을 건너 서부로 진출했고, 동부에서 온 개척자들 역시 영토를 확장해 나가며 서부로 향했다. 1850년대까지 원주민 사회는 미주리강을 따라 이동하는 모피 사냥꾼이나 상인들과 주로 교역했다. 이 경로는 태평양 해안으로 이어지는 주요 통로로, 루이스와 클라크 탐험대도 이 길을 따라 이동했다. 그러나 1865년 남북 전쟁이 끝난 후부터 1890년 '프런티어의 종말'이 선언될 때까지, 서부 지역의 충돌과 폭력이 끊이지 않았다. 특히 수족을 비롯한 원주민 부족들은 자신들의 영토를 지키기 위해 끝까지 저항했다. 이 시기의 역사는 흔히 서부 영화의 주요 소재가 되었지만, 대부분 승자의 관점에서 서술되었다. 미국 정부는 원주민과 체결한 조약을 무시했고, '인디언 전쟁'이라 불리는 갈등이 곳곳에서 이어졌다. 결국 원주민들은 척박하고 좁은 '보호 구역'으로 내몰렸다.

────── 1290

리틀 빅혼 전투(1876년)와 원주민의 최후 저항

1876년, 수족과 샤이엔족은 자신들의 신성한 땅 '블랙 힐스'를 지키기 위해 연합했다. 이곳은 그들에게 영적인 의미가 있는 성스러운 땅이자 생존의 터전이었지만, 금이 발견되면서 미국 개척자들의 탐욕의 대상이 되었다. 이에 따라 원주민들과 미국군 사이의 긴장은 극에 달했고, 결국 리틀 빅혼 전투로 이어졌다. 이 전투에서 원주민 진영은 시팅 불이 이끄는 약 1,800명의 전사가 집결했고, 크레이지 호스와 같은 뛰어난 전략가들이 전투를 이끌었다. 반면 미국군은 조지 암스트롱 커스터 중령이 지휘하는 제7 기병대 소속 600여 명의 병사로 구성되어 있었다. 커스터는 병력을 세 개의 대대로 나누어 원주민 진영을 양쪽에서 공격하고 퇴로를 차단하는 전략을 세웠다. 그러나 그의 예상과 달리 원주민 전사들은 기동력과 전투력을 발휘하며 강하게 맞섰고, 순식간에 미국군을 압도했다. 결국 제7 기병대는 참패했고, 이 전투에서 커스터를 포함한 267명의 병사가 전사했다. 리틀 빅혼 전투는 원주민 저항의 정점을 보여준 역사적 승리였지만, 전쟁의 흐름을 바꾸지는 못했다. 충격을 받은 미국 정부는 즉각 강력한 보복 작전을 개시했고, 결국 원주민 부족들은 무장 해제된 채 보호 구역에 강제 이주 및 수용되었다.

────── 2560

캐나다에서의 원주민과 메티스의 반란(1869~1885년)

18세기 프랑스인과 원주민 사이에서 태어난 메티스(Métis) 공동체가 현재 매니토바호 남쪽 지역에 정착하면서 해당 지역을 '프레리'라 불렀다. 19세기 중반에 이르러 프랑스어를 사용하고 가톨릭 신앙을 따르던 메티스들은 당시 캐나다 서부를 지배하던 허드슨 베이 회사의 통치에 반발하기 시작했다. 마침 캐나다 연방 정부도 허드슨 베이 회사의 영토를 인수하려고 했기에 메티스들은 자신들의 권리를 지키기 위해 투쟁에 나섰다. 1869년부터 1870년까지 이어진 루이 리엘이 주도한 레드강 봉기는 결국 메티스들의 권리를 인정한 매니토바주의 설립으로 이어졌다.

그러나 얼마 지나지 않아 1885년, 사스캐처원주의 바토슈에서 벌어진 두 번째 저항은 캐나다 정부군에 의해 철저히 진압되었고, 메티스들의 자치권 투쟁은 결국 좌절로 막을 내렸다.

19세기 이후 아메리카 원주민

캐나다

메인
버몬트
뉴햄프셔
매사추세츠
로드아일랜드
코네티컷
뉴욕
뉴저지
델라웨어
컬럼비아 특별구
매릴랜드
펜실베이니아
오하이오
웨스트 버지니아
버지니아
워싱턴
몬태나
노스다코타
위스콘신
미시간
오리건
아이다호
와이오밍
사우스다코타
미네소타
아이오와
네브래스카
일리노이
인디아나
켄터키
테네시
노스캐롤라이나
사우스캐롤라이나
유타
네바다
콜로라도
캔자스
미주리
아칸소
캘리포니아
애리조나
뉴멕시코
오클라호마
미시시피
조지아
앨라배마
텍사스
루이지애나
플로리다
대서양
태평양
멕시코

500 km

원주민 인구 비율 (단위: %)
50% 30% 15% 2.5% 0%

현재의 인디언 보호 구역
연방 관할
주(州) 관할

2561

인디언 보호 구역

19세기 미국의 서부 개척이 본격화되면서 원주민 부족들은 점차 자신들의 땅을 빼앗기게 되었다. 금과 같은 천연자원의 개발, 도시 건설, 철도 개통 등이 원주민의 토지를 잠식하고 분열시켰다. 게다가 들소 개체 수의 급감, 전염병 확산, 알코올의 유입까지 겹치면서 원주민들의 생활 기반은 크게 무너졌고, 결국 저항의 힘도 점점 쇠퇴했다. 이러한 상황 속에서 미국 정부는 원주민들을 특정 구역에 거주시키기 위해 전국적으로 '보호 구역'을 설치했다. 보호 구역의 규모는 지역마다 큰 차이가 있었다. 예를 들어, 나바호족 보호 구역은 뉴멕시코, 애리조나, 유타 3개 주에 걸쳐 넓은 영토를 차지하고 있었다. 반면, 롱아일랜드의 시네콕족 보호 구역이나 코네티컷의 피쿼트 보호 구역처럼 면적이 극히 작은 곳도 있었다. 특히 피쿼트족 보호 구역은 몇몇 특정 가문의 혈통을 근거로 최근 재건된 사례다.

보호 구역 간의 경제적 격차 또한 극심하다. 예를 들어 사우스다코타의 파인 릿지 보호 구역은 극심한 빈곤에 시달리지만, 나바호족 보호 구역처럼 광물 자원 등 풍부한 천연자원을 보유한 곳도 있었다. 하지만 이러한 자원에도 불구하고 보호 구역 내 원주민들의 평균 소득은 여전히 낮은 수준에 머물러 있었다.

대부분의 보호 구역은 연방 정부의 관할 아래 있지만, 일부는 해당 주 정부가 관리하기도 했다. 오늘날 보호 구역은 '자치권을 일부 가진 종속 주권 국가'로 인정되며, 자체적인 부족 정부를 운영하면서 제한적 자치권을 행사하고 있다. 또한 보호 구역은 원주민들의 구전 역사, 가족 관계, 전통 신앙과 문화를 계승하는 중요한 공간으로 기능하고 있다.

1452

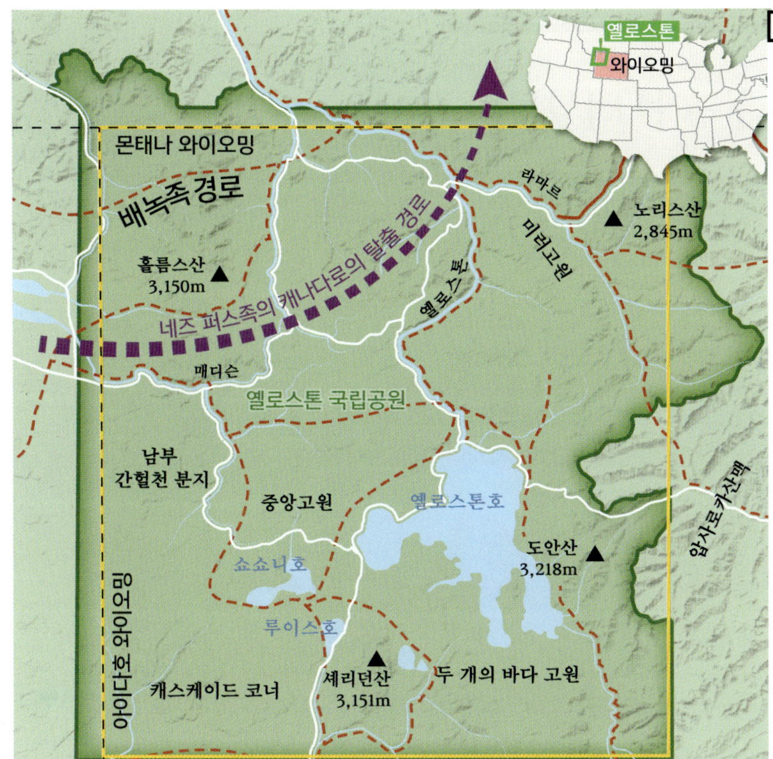

국립공원과 원주민의 영토 상실

1872년, 옐로스톤 국립공원이 미국 최초의 국립공원으로 지정되었다. 이 공원은 와이오밍주 북부의 화산 고원 지대에 조성되었으며, 초기 공원의 경계는 80만 헥타르가 넘는 직사각형 형태였다. 이후 지형에 맞춰 경계가 조정되었지만, 미국 정부는 이곳을 '황무지' 즉 사람의 손길이 닿지 않은 원시적인 자연 그대로의 공간으로 보호하려 했다. 그러나 이 땅은 이미 오래전부터 아메리카 원주민들이 살아온 터전이었다. 공원 내부에는 여러 부족이 오랫동안 이용한 길이 남아 있어 그들의 삶의 흔적을 그대로 보여준다. 하지만 국립공원이 조성되면서 원주민들은 자신들의 고향에서 쫓겨나야 했으며, 일부 부족들은 정부의 강요로 보호 구역으로 내몰렸다. 이에 반발한 일부 원주민들은 자유를 찾아 캐나다로 도피하려 했으나, 결국 미국의 압박 속에서 자유롭게 살아갈 땅을 잃고 말았다.

100 km

국립공원 경계
1872년 2020년
옛 인디언 경로 현재의 도로

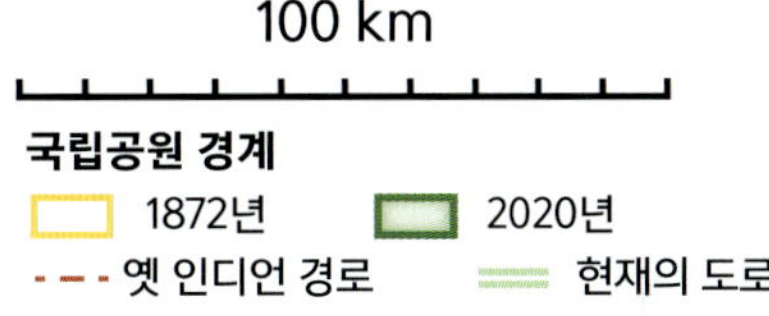

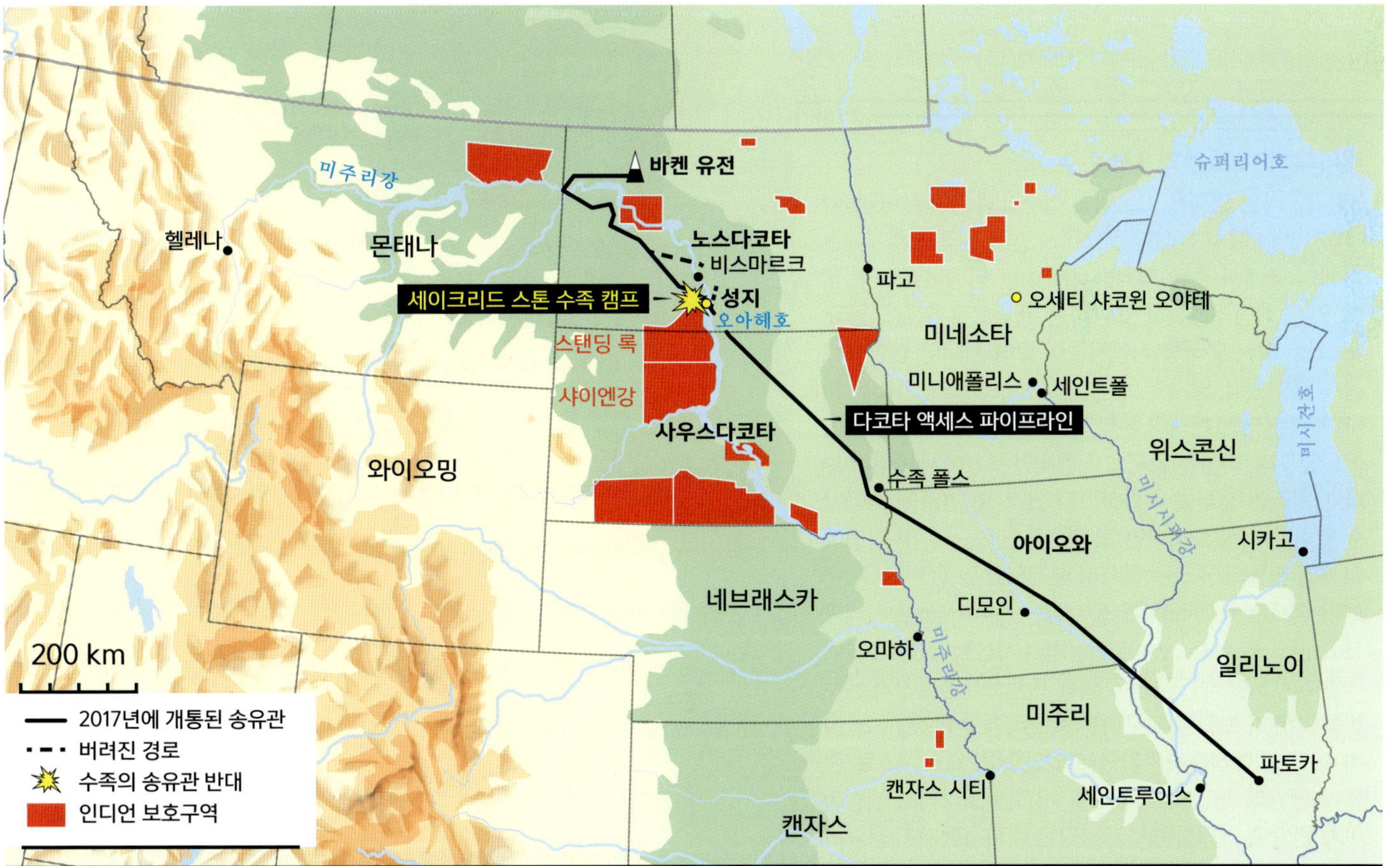

1320

송유관을 반대하며 세워진, 티피(2016~2017년)

2016년, 도널드 트럼프 대통령은 노스다코타 유전 지대에서 일리노이까지 연결하는 송유관 건설 프로젝트를 재추진했다. 원래 송유관은 비즈마크시를 통과하도록 계획되었지만. 노선이 변경되면서 스탠딩 록 수족 보호 구역과 인접한 지역을 지나게 되었다. 이에 수족을 중심으로 한 원주민 공동체는 송유관 건설에 강력히 반대하며 대규모 시위와 야영지(티피)를 건설했다. 이들은 평화적인 점거 시위를 통해 건설을 저지하려 했지만, 정부의 강경 진압에 직면해야 했다. 이번 시위는 1960년대와 1970년대 아메리카 원주민 인권운동의 연장선에서 이루어진 투쟁이었다. 원주민들은 '물은 생명이다'라는 구호 아래, '어머니 대지'와 성스러운 장소 보호와 수질 오염 방지, 화석 연료 사용 반대 등 환경 보호를 동시에 주장하며 저항했다.

캐나다의 탄생 (1867~1949년)

캐나다의 10개 주와 3개 준주

'캐나다'라는 명칭은 이로쿼이 어족의 휴런어 단어인 '카나타(마을)'에서 유래한 것으로 보인다. 원래 17세기에는 현재의 퀘벡시 주변 지역을 가리키는 명칭이었으나. 점차 인근 식민지들까지 포함하는 개념으로 확장되었다. 1867년, 여러 영국령 식민지들이 모여 캐나다 연방으로 공식 출범했다. 당시 뉴브런즈윅, 노바스코샤, 그리고 캐나다주(현재의 퀘벡과 온타리오로 분할됨)가 하나로 통합되었으며, 이들은 영국의 직접적인 통치에서 벗어나 보다 자치적인 정부를 수립하고자 했다. 협상 끝에 캐나다는 영국 자치령(도미니언)의 지위를 얻었으나, 이 과정에서 원주민들의 권리는 철저히 배제되었다. 한편, 1670년부터 허드슨 베이 회사가 통치하던 캐나다 서부 지역은 1870년 이후 점차 연방에 편입되기 시작했다. 특히 루이 리엘이 주도한 레드강 봉기 이후 프랑스어권 주민과 원주민들의 권리 보장을 요구하는 목소리가 높아졌고, 그 결과 1870년 매니토바주가 신설되었으며, 노스웨스트 준주가 연방에 편입되었다. 이후 1871년 브리티시 컬럼비아가 연방에 가입하면서 캐나다는 대서양에서 태평양까지 영토를 확장했다. 1898년 유콘 준주가 노스웨스트 준주에서 분리되었고, 1905년에는 앨버타와 서스캐처원이 주로 승격되었다. 그리고 1999년, 약 한 세기 만에 다시 분할이 이루어져 누나부트 준주가 신설되었다. 뉴펀들랜드는 1949년 주민 투표를 통해 캐나다 연방에 가입하며 열 번째 주가 되었다. 캐나다는 공식적으로 독립 국가가 되었지만, 여전히 영국 국왕을 국가 원수로 하는 입헌군주제를 유지하고 있다.

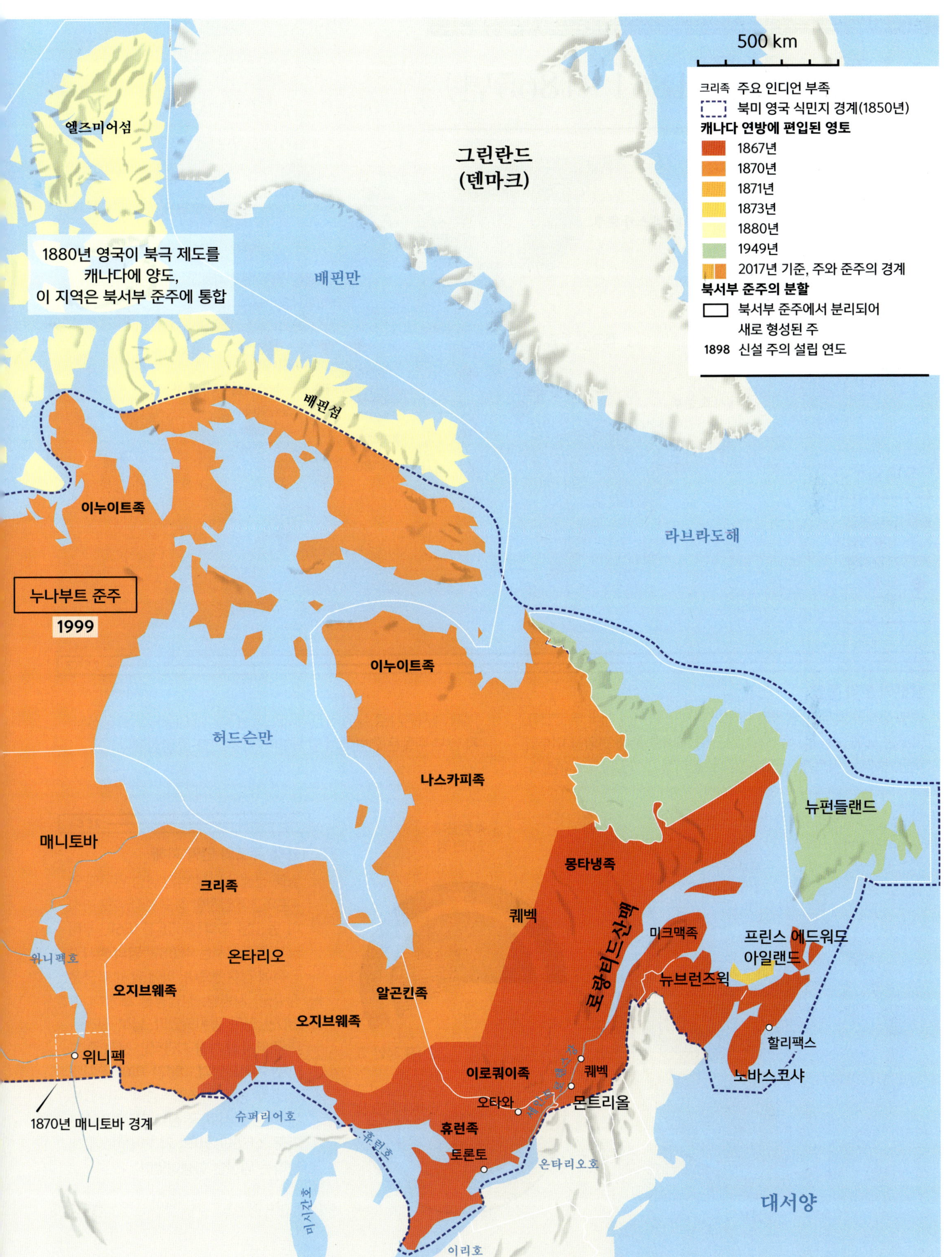
500 km
크리족 주요 인디언 부족
북미 영국 식민지 경계(1850년)
캐나다 연방에 편입된 영토
1867년
1870년
1871년
1873년
1880년
1949년
2017년 기준, 주와 준주의 경계
북서부 준주의 분할
북서부 준주에서 분리되어
새로 형성된 주
1898 신설 주의 설립 연도
엘즈미어섬
그린란드
(덴마크)
1880년 영국이 북극 제도를
캐나다에 양도,
이 지역은 북서부 준주에 통합
배핀만
배핀섬
이누이트족
라브라도해
누나부트 준주
1999
이누이트족
허드슨만
나스카피족
뉴펀들랜드
매니토바
몽타냉족
크리족
퀘벡
온타리오
미크맥족
프린스 에드워드
아일랜드
오지브웨족
알곤킨족
뉴브런즈윅
위니펙호
애팔래치아산맥
오지브웨족
위니펙
할리팩스
이로쿼이족
퀘벡
노바스코샤
1870년 매니토바 경계
오타와
몬트리올
슈퍼리어호
휴런족
토론토
온타리오호
미시간호
대서양
휴런호
이리호

남북 전쟁(1861~1865년)

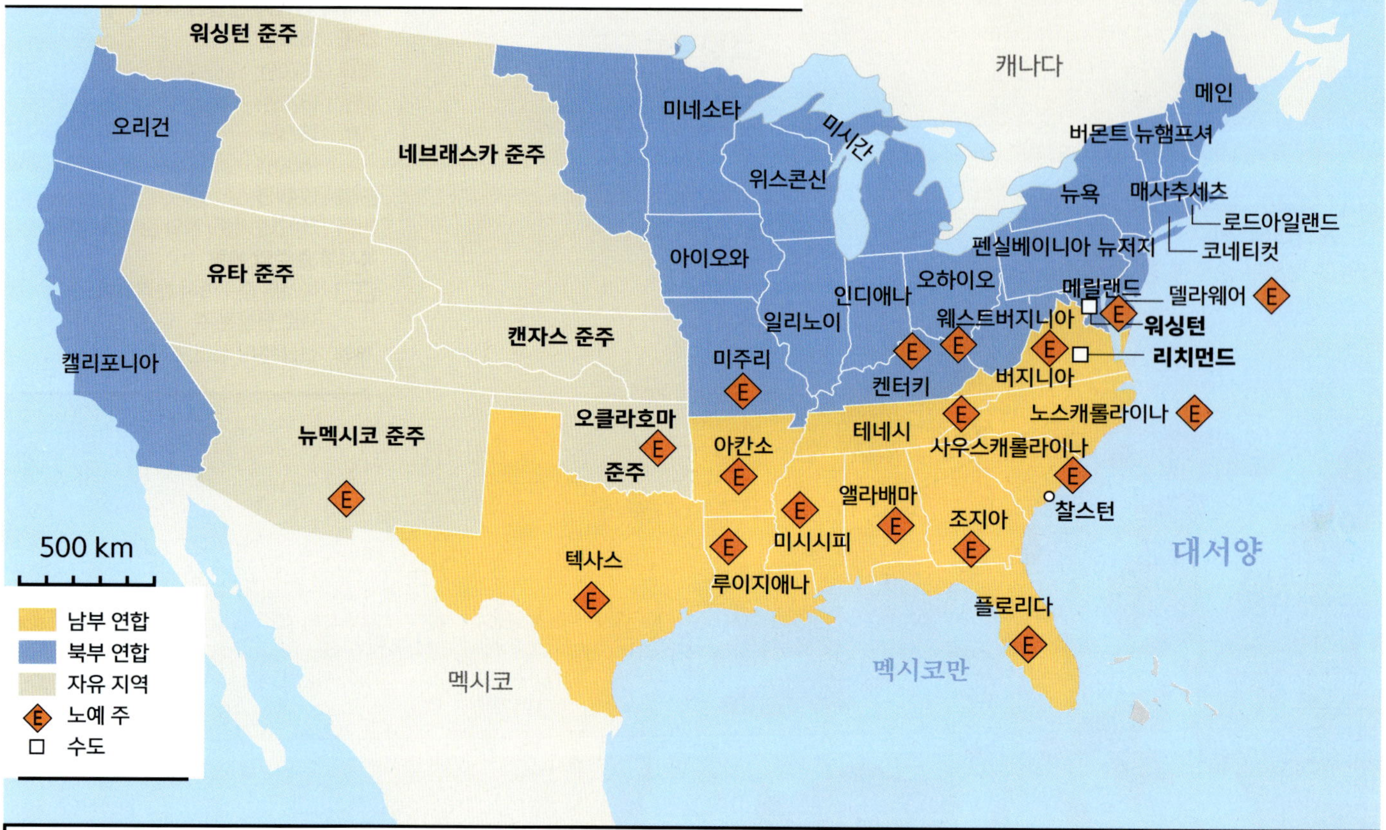

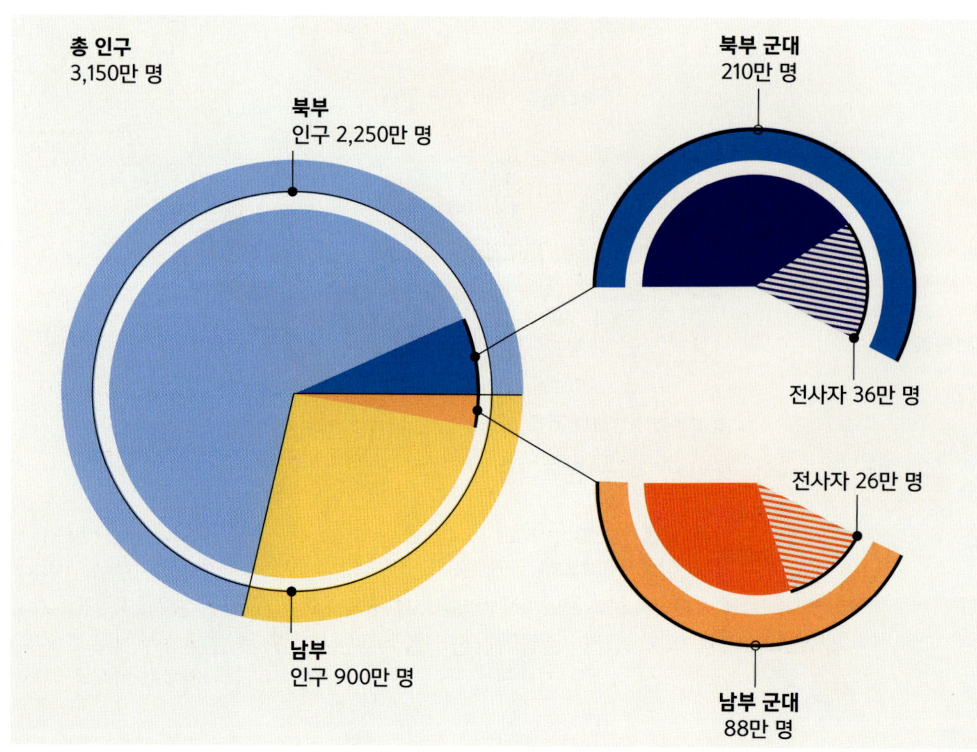

2563

남부의 분리 독립

남북 전쟁을 앞두고, 남부와 북부의 경제적 차이는 매우 뚜렷했다. 남부는 노예 노동을 기반으로 한 면화 재배를 통해 번영을 이루었지만, 북부는 빠르게 산업화 시대로 접어들고 있었다. 1860년, 노예제 폐지론자로 잘 알려진 에이브러햄 링컨이 대통령으로 당선되자 남부 주들은 연방에서 탈퇴하며 '남부 연합'을 결성했다.

2564

군대 규모와 인명 피해

남북 전쟁은 남부 백인 남성 인구의 약 4분의 3이 참전할 정도로 대규모 병력이 동원된 총력전이었다. 1861년부터 남부 연합에서는 약 88만 명의 병사가 전쟁에 참여했으며, 이에 맞서 북군은 정규군, 지원병, 징집병을 포함해 총 210만 명이 동원되었다. 남북 전쟁은 미국 역사상 가장 치명적인 전쟁 중 하나로 기록되었다. 4년간 이어진 치열한 전투 동안 약 62만 명이 사망했는데, 이는 당시 미국 전체 인구(1860년 기준 3,150만 명)의 약 2퍼센트에 해당하는 엄청난 희생이었다.

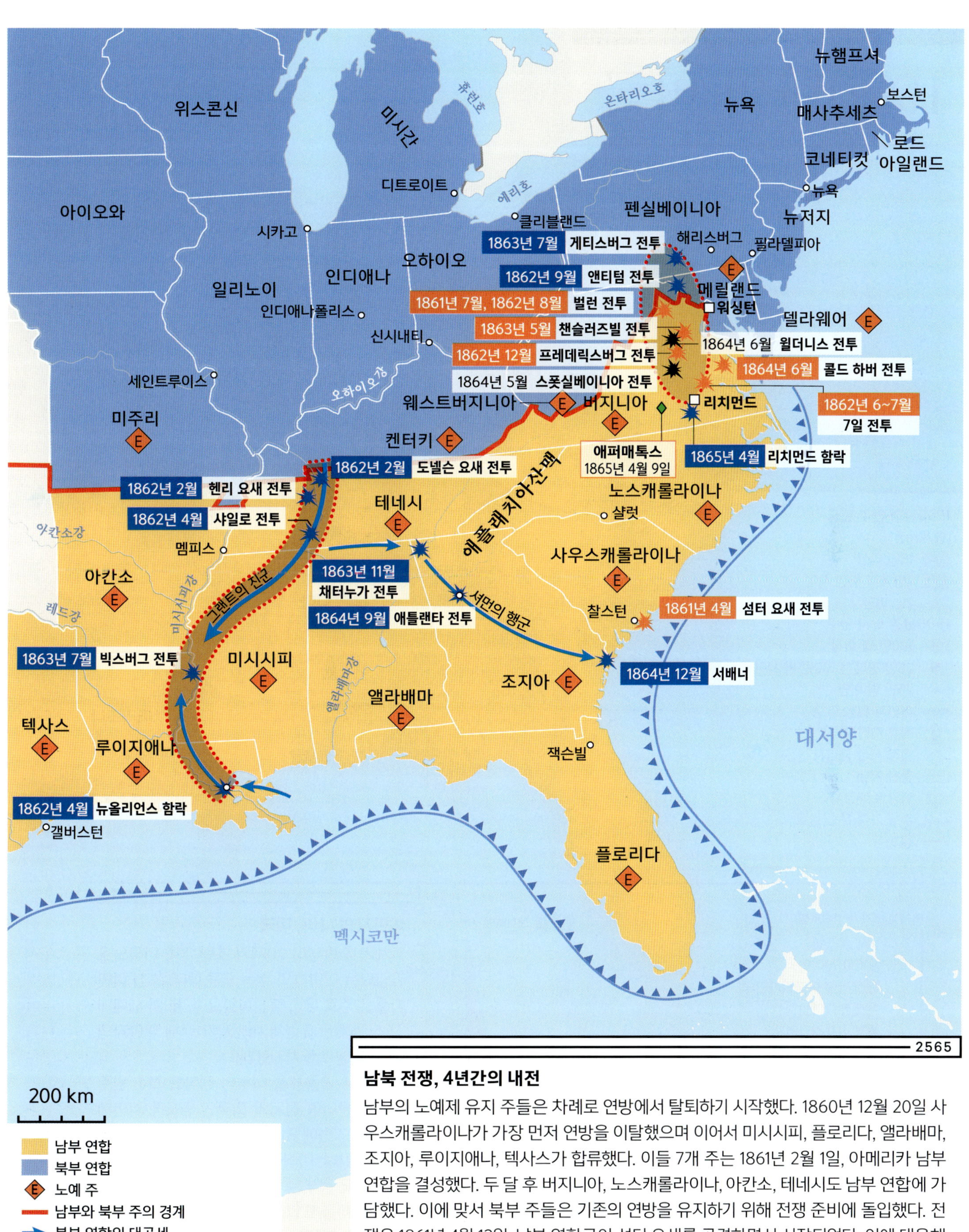

200 km

남북 전쟁, 4년간의 내전

남부의 노예제 유지 주들은 차례로 연방에서 탈퇴하기 시작했다. 1860년 12월 20일 사우스캐롤라이나가 가장 먼저 연방을 이탈했으며 이어서 미시시피, 플로리다, 앨라배마, 조지아, 루이지애나, 텍사스가 합류했다. 이들 7개 주는 1861년 2월 1일, 아메리카 남부 연합을 결성했다. 두 달 후 버지니아, 노스캐롤라이나, 아칸소, 테네시도 남부 연합에 가담했다. 이에 맞서 북부 주들은 기존의 연방을 유지하기 위해 전쟁 준비에 돌입했다. 전쟁은 1861년 4월 12일, 남부 연합군이 섬터 요새를 공격하면서 시작되었다. 이에 대응해 링컨 대통령은 남부를 '반란 지역'으로 선포하고, 남부 해안을 봉쇄하는 조치를 내렸다. 이후 전쟁은 미국 남동부 전역으로 확산되었고, 대규모 전투가 연이어 벌어졌다. 1863년, 게티즈버그 전투에서 북군이 결정적인 승리를 거두면서 전황은 점차 북부에 유리하게 전개되었다. 결국 1865년 4월, 로버트 E. 리 장군이 애퍼매턱스 코트하우스에서 항복하며 전쟁은 북부의 승리로 끝났다.

1900년의 미국

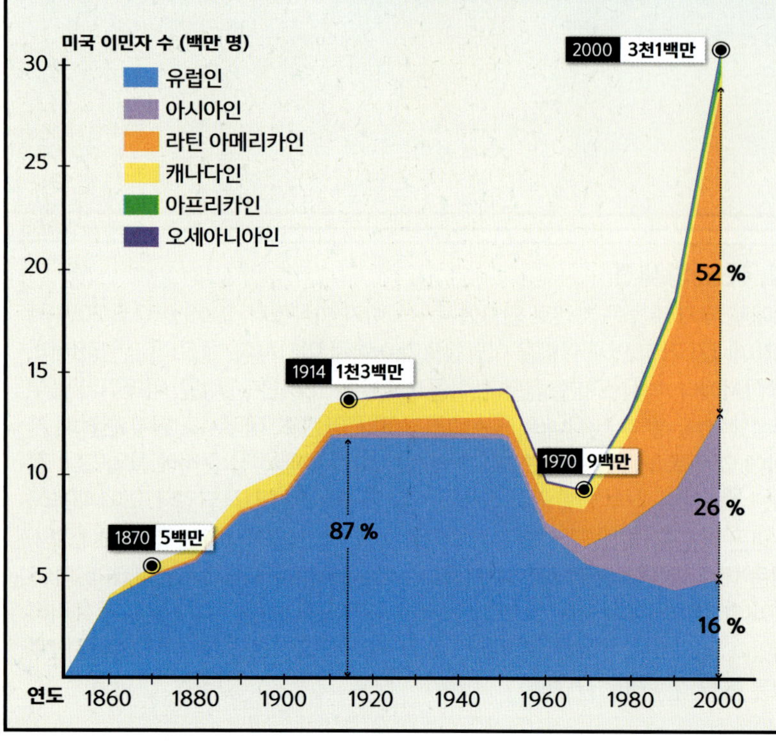

1900년경 인구 밀도
(명/km²)
- 18명 이상
- 2명에서 18명 사이
- 2명 미만

1900년경 도시 인구
- ◉ 100만 명 이상
- ● 25만 명에서 100만 명 사이
- ● 25만 명 미만
- ← 이민자 입항 항구
- 석유 매장지
- 철강 생산 중심지
- 광산 지대
- 철광석 매장지
- 주요 가축 운송 경로
- 철도

이민자의 나라, 미국

19세기 후반부터 20세기 초반까지, 미국으로 유입되는 이민자의 수는 급증했다. 초기 이민자들은 주로 유럽 출신이었으며, 제1차 세계대전 직전에는 유럽계 이민자가 전체 이민자의 약 90퍼센트를 차지했다.

이들은 공동체를 이루며 정착했으나, 원주민들의 반이민 정서와 외국인 혐오에 직면해야 했다. 그럼에도 그들은 점차 미국 사회에 동화되어 갔다. 이러한 사회적 긴장을 완화하기 위해 미국 정부는 이민자 수를 제한하는 국가별 할당제를 도입하거나, 특정 국적의 이민을 금지하는 정책을 시행했다. 대표적인 사례로 1882년 제정된 '중국인 배척법'은 중국인의 미국 이민을 공식적으로 금지한 법안이었다. 제1차 세계대전 이후, 미국으로 유입되는 이민자들의 출신 지역은 점차 유럽 외 지역으로 확대되며 다양해지기 시작했다.

도금 시대, 전례 없는 성장의 시대

20세기 초, 미국은 남북 전쟁 이후 시작된 경제, 사회 분야에서 발전의 정점에 도달했다. 1870년부터 1916년까지 미국의 국내 총생산은 90억 달러에서 600억 달러로 급증했으며, 산업 생산량은 영국, 독일, 프랑스의 생산량을 모두 합친 것보다 많을 정도로 폭발적인 성장세를 보였다. 인구 또한 1865년 3,570만 명에서 1914년 약 1억 명으로 증가했다.

하지만 이 시기에는 세 차례의 경제 불황(1873년, 1893년, 1907년)과 극심한 사회적 불평등(1894년 실업자 시위)도 존재했다. 마크 트웨인과 찰스 더들리 워너는 이 시대를 황금 시대가 아닌, 겉만 화려하고 속은 부패했다는 의미의 '도금 시대'라고 풍자했다.

이 도금 시대를 대표하는 상징으로는 전국적으로 확장된 철도망, 존 D. 록펠러의 스탠더드 오일 같은 산업 거물들의 등장, 그리고 발명가 토머스 에디슨의 혁신적인 기술 발전이 있다. 또한, 미국 정부는 높은 관세 정책을 통해 자국 산업을 보호하고 경제 성장을 촉진했다. 미국은 1876년 필라델피아 박람회와 1893년 시카고 박람회에서 산업화, 도시화, 문화적 발전을 이룬 강대국으로서의 위상을 세계에 과시했다.

20세기 초 미국 제국주의

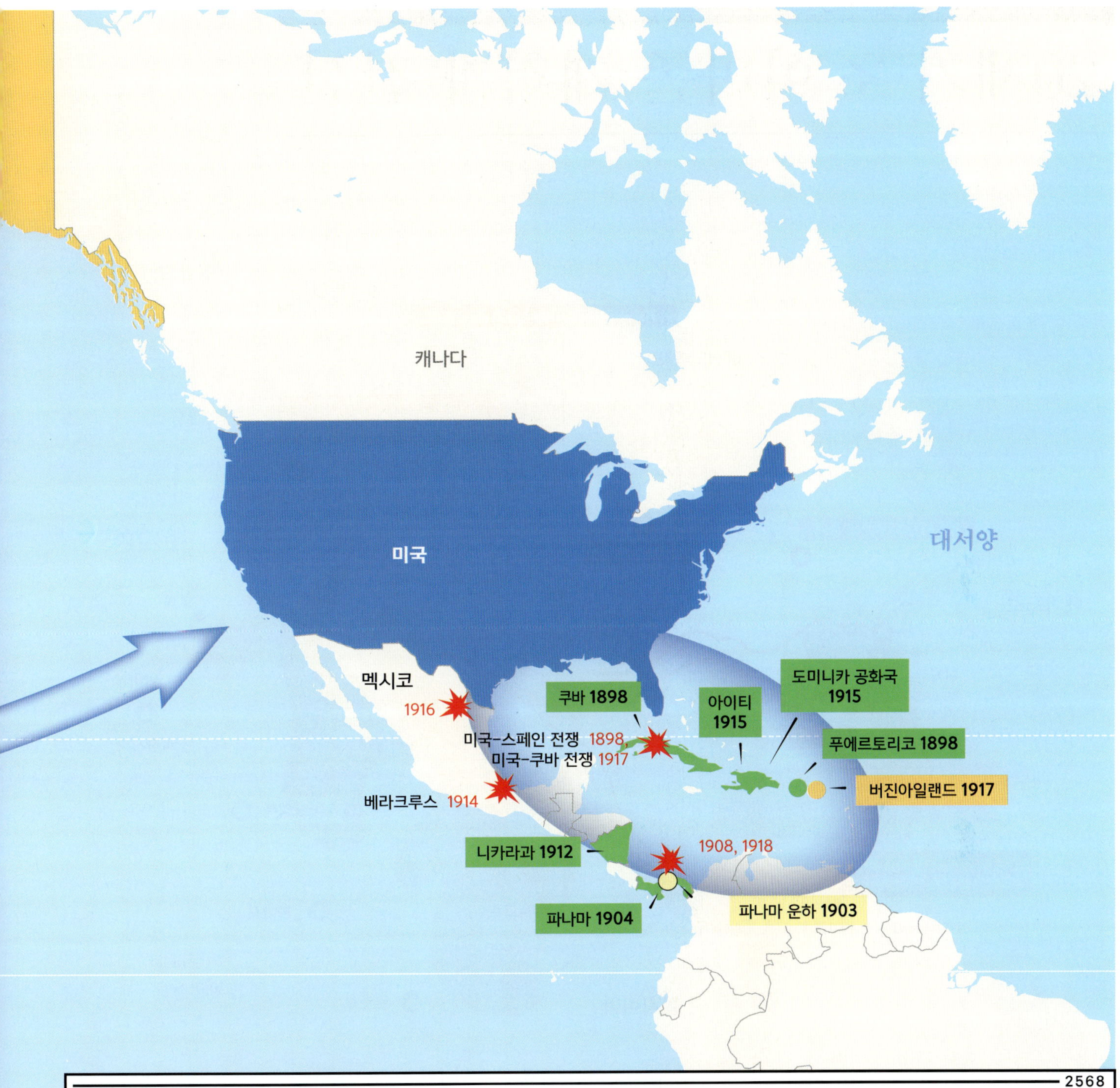

미국의 개입주의적 외교 정책(1898~1915년)

미국은 대영제국과 같은 식민 제국을 보유한 적은 없었으나, 20세기 초반 강력한 확장주의 정책을 펼치며 여러 지역에서 영향력을 행사했다. 19세기 동안 미국의 외교 정책은 '먼로 독트린(1823)'에 따라 "유럽은 유럽인들의 것, 아메리카는 아메리카인들의 것"이라는 구호로 요약되며 유럽과의 정치적 연루를 피하는 전통적인 고립주의를 유지했다. 그러나 19세기 말부터 미국의 외교 정책은 점차 개입주의로 변화하며 카리브해와 태평양 지역에서 제국주의적인 행보를 보이기 시작했다.

1898년 쿠바 전쟁(미국-스페인 전쟁)에서 승리한 미국은 스페인으로부터 필리핀, 푸에르토리코, 괌을 할양받았으며, 쿠바는 공식적으로 독립을 얻었으나 사실상 미국의 보호국이 되었다. 20세기 초 미국은 카리브해 지역에서 영향력을 더욱 강화했으며 시

어도어 루스벨트 대통령은 미국이 아메리카 대륙에서 '국제 경찰' 역할을 수행해야 한다고 주장하며, 이른바 '곤봉 정책(빅 스틱)'을 천명했다. 이에 따라 1903년 파나마 운하 건설을 위한 지역을 확보하고 사실상 지배했다. 1912년 니카라과, 1915년 아이티에 군사 개입을 감행했고, 이에 따라 카리브해는 사실상 '미국의 호수'로 전락하며 미국의 패권 아래 놓이게 되었다.

태평양에서도 미국의 확장은 계속되었으며 캘리포니아 출신의 포경업자, 선교사, 농장주들의 요구에 따라 1898년 하와이 제도를 공식적으로 합병했고, 1899년 베를린 조약에 따라 사모아 제도를 독일과 나누면서, 미국은 아시아로 향하는 해상 루트를 따라 여러 전략적 거점을 확보했다.

20세기 초 아마존 개척자 전선

변방에서 전략적 요충지로

1745년, 프랑스 탐험가 샤를 드 라 콩다민은 아메리카 원주민들이 오랫동안 사용해 온 천연고무에 대한 과학적 기록을 남겼다. 이후 1839년, 고무를 강화하는 가황 공법이 개발되면서 고무의 활용도가 크게 확장되었다. 이전까지 주목받지 못했던 아마존 지역은 야생 고무나무(헤베아 나무)의 유일한 자생지이다. 1890년대 들어 타이어와 케이블 제조를 위한 고무 수요가 폭발적으로 증가하면서 수출이 급증했다. 이에 따라 생산이 가속화되었으며, 엄청난 경제적 이익을 차지하기 위해 각국 정부가 국경 분쟁을 벌이는 과정에서, 원주민 공동체는 큰 희생을 치러야 했다.

1860년부터 1910년 사이, 브라질 아마존 지역의 인구는 4배로 증가했고, 마나우스는 '세계 고무 수도'로 성장하며 도시화가 가속화되었다. 하지만 이러한 번영 이면에는 마데이라-마모레 철도 건설 과정에서 수천 명의 노동자가 목숨을 잃는 참사가 발생했으며, 원주민 노동 착취 문제가 국제적으로 큰 논란을 일으켰다.

멕시코 혁명(1910~1917년)

분파 간의 전쟁

멕시코는 1876년부터 멕시코 혁명 직전까지 포르피리오 디아스 장군의 통치 아래 있었다. 인구와 경제가 급성장하는 가운데 대농장주와 외국 기업이 장악한 수출용 농업이 확대되었으며, 이는 대다수의 토지 없는 농민들의 희생을 바탕으로 이루어졌다. 시간이 지나면서 디아스의 권력에 대한 비판은 점점 거세졌고, 자유주의 엘리트들조차 반발하기 시작했다.

이때 프란시스코 마데로가 주도한 반정부 운동이 점차 전국으로 퍼져 나갔으며, 그는 1910년 6월 체포된 후에도 무장 봉기를 촉구하며 멕시코 혁명의 불씨를 지폈다. 결국 디아스는 이듬해 대통령직에서 물러났다. 그러나 1911년 11월 당선된 마데로 대통령은 1913년 2월 암살되었고, 우에르타 장군이 권력을 장악했다. 하지만 그는 곧 세 개의 혁명군에 의해 축출되었다.

혁명 세력은 지역별로 세력을 형성하며 멕시코를 삼분했다. 해안 지역에서는 카란사와 그의 장군 오브레곤이 1만 5천 명의 병력을 보유하고 있었고, 북부에서는 판초 비야가 4만 명의 군대를 이끌며 가장 강력한 세력을 형성했다. 남부에서는 사파타가 2만 명의 무장 농민을 이끌며 활동했다.

1915년 카란사의 군대와 비야, 사파타 연합군 사이에 치열한 전투가 벌어졌으며, 4월 오브레곤 장군이 비야군을 격파했고, 사파타의 군대는 멕시코시티에서 축출되었다. 1915년 9월, 미국은 카란사 정부를 공식 승인했고, 그는 1917년 새로운 헌법을 제정했으나 혁명 과정의 폭력은 여전히 계속되었다. 사파타는 1919년, 판초 비야는 1923년에 각각 암살당했다.

11

유럽의 역사

1789~1914년

유럽 열강이 식민지 쟁탈전을 벌이며 세계 각지를 지배하던 시기, 유럽 내부에서도 치열한 경쟁과 갈등이 이어졌다. 종교적 대립은 점차 완화되었지만, 민족주의의 부상으로 각 민족의 정체성이 두드러졌다. 이는 국가별 언어의 확립 등 민족 단위의 통합과 근대적 '민족 국가' 수립으로 이어졌으나, 역설적으로 영토 분쟁을 격화시키는 원인이 되었다. 대서양 혁명의 영향을 받은 정치적 민주주의와 경제적 자유주의가 유럽 전역으로 확산되며 국가 독립과 민주 개혁에 대한 열망을 불러일으켰다. 1789년 프랑스 혁명으로 시작된 혁명의 물결은 나폴레옹 시대를 거쳐 빈 회의에서 잠시 균형을 되찾는 듯했지만, 결국 한계에 부딪혔다. 20세기로 접어들며 유럽은 전쟁의 그림자가 점차 짙어지는 긴장 국면에 접어들었다.

대서양 혁명(1770~1830년)

잇따른 혁명들(1770~1830년)

1950년대, 역사학자 자크 고드쇼와 로버트 파머는 18세기 말의 혁명들을 '대서양 혁명'이라는 개념으로 묶을 것을 제안했다. 이 개념은 기존 역사 해석에 새로운 시각을 더했다.

첫째, 시간적 재구성이다. 7년 전쟁(1756~1763년) 종전이 중요한 분기점이 되었으며, 전쟁으로 인한 막대한 비용 부담이 대영제국의 재정 위기를 초래했고, 이는 곧 미국 독립 혁명(1776년)으로 이어졌다.

둘째, 대서양을 사상과 인물이 자유롭게 오가는 공간으로 조명한다. 영국 출신 사상가 토머스 페인은 미국 혁명가들에게 영향을 주었으며, 이후 1792년 프랑스에서 국회의원으로 활동하며 프랑스 혁명에도 참여했다.

셋째, 기존 역사 서술에서 배제되었던 새로운 주체들의 역할을 강조한다. 오늘날 노예와 유색인 자유민의 혁명적 기여가 재조명되고 있으며, 대서양 북부뿐만 아니라 다른 지역도 혁명의 일부로 포함되었다. 특히 생도맹그(현재의 아이티)에서 일어난 노예 봉기(1791~1804년)는 아이티 독립으로 이어졌으며, 대서양 사회 전반에 큰 영향을 미친 사건으로 인정받고 있다.

그러나 각 지역의 혁명 시기는 서로 다르게 전개되었다. 스페인 제국 내에서 1760년부터 1770년까지의 반란은 주로 조세 저항에 기반했으며, 정치적 독립을 향한 움직임은 나폴레옹이 이베리아반도를 점령하면서 본격화되었다. 이후 독립을 주도했던 이들(리베르타도레스)이 남아메리카와 중앙아메리카를 누비며 독립 투쟁을 이끌었다.

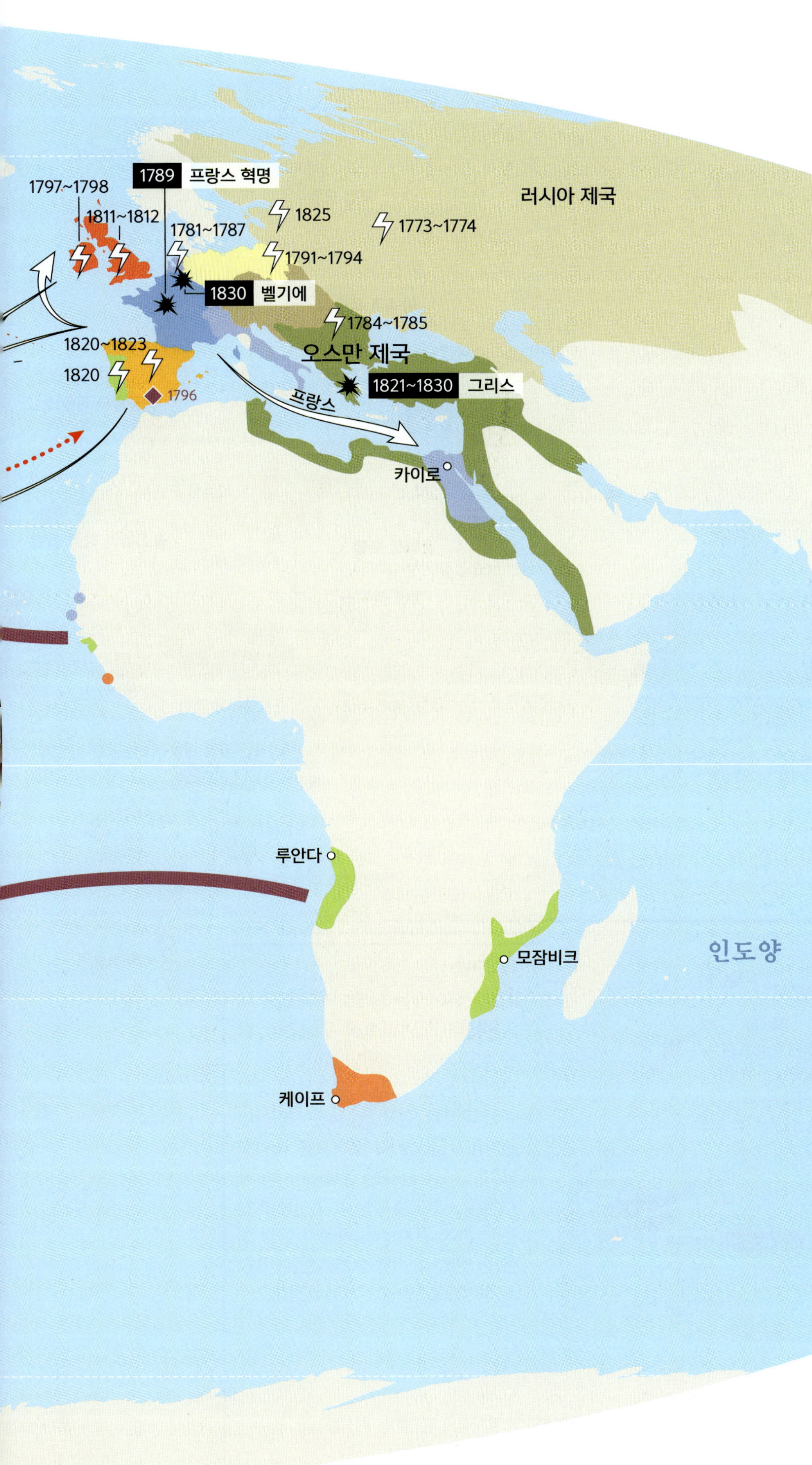

1755~1769년
코르시카 공화국이 수립됨.

1762년
장 자크 루소의 <사회 계약론> 출간.

1763년
7년 전쟁 종전, 식민지 주민에 대한
세금 부담이 증가됨.

1776년 7월 4일
필라델피아에서 미국이 독립을 선언함.

1789년 7월 14일
파리에서 바스티유 감옥 습격 사건이
발생함.

1789년 8월 26일
베르사유에서 '인간과 시민의 권리
선언'을 발표함.

1791년 8월 14일
아이티 혁명(노예 봉기)이 시작됨.

1793년 8월 29일
생도맹그에서 노예제가 폐지됨.

1804년 1월 1일
생도맹그가 원주민 명칭인 '아이티'로
독립을 선언함.

1808년 5월 10일
조제프 보나파르트의 왕위 계승으로
본국과 식민지 간 단절이 초래됨.

1809년
아메리카 대륙에 있는 스페인 식민지의
독립 전쟁이 시작됨.

1814년
스웨덴– 노르웨이 전쟁, 노르웨이가
자치권을 획득함.

1818~1826년
라틴 아메리카 국가들의 잇단 독립.

1830년
시몬 볼리바르 사망, 대콜롬비아 해체됨.

파리, 혁명의 극장(1789~1795년)

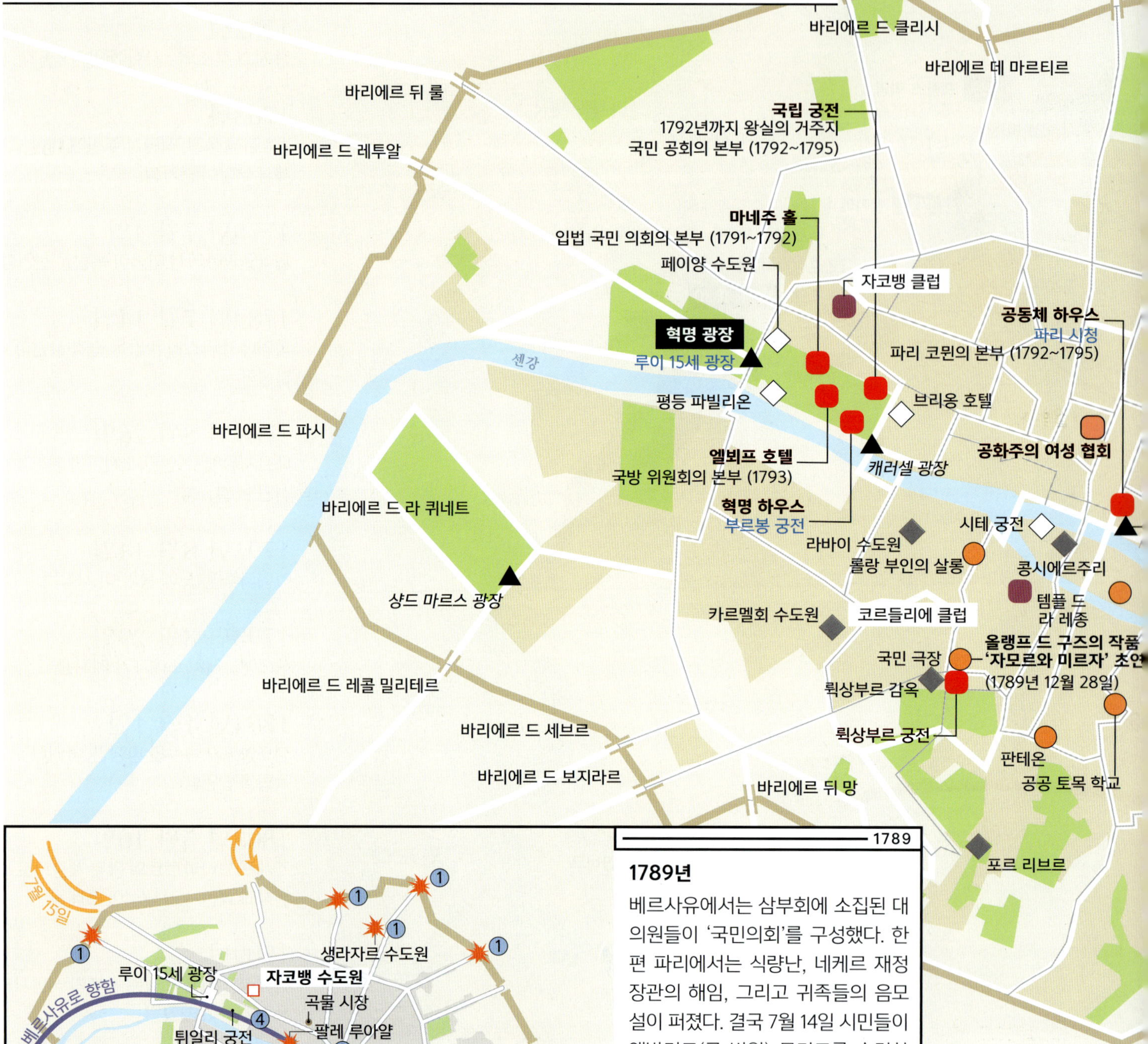

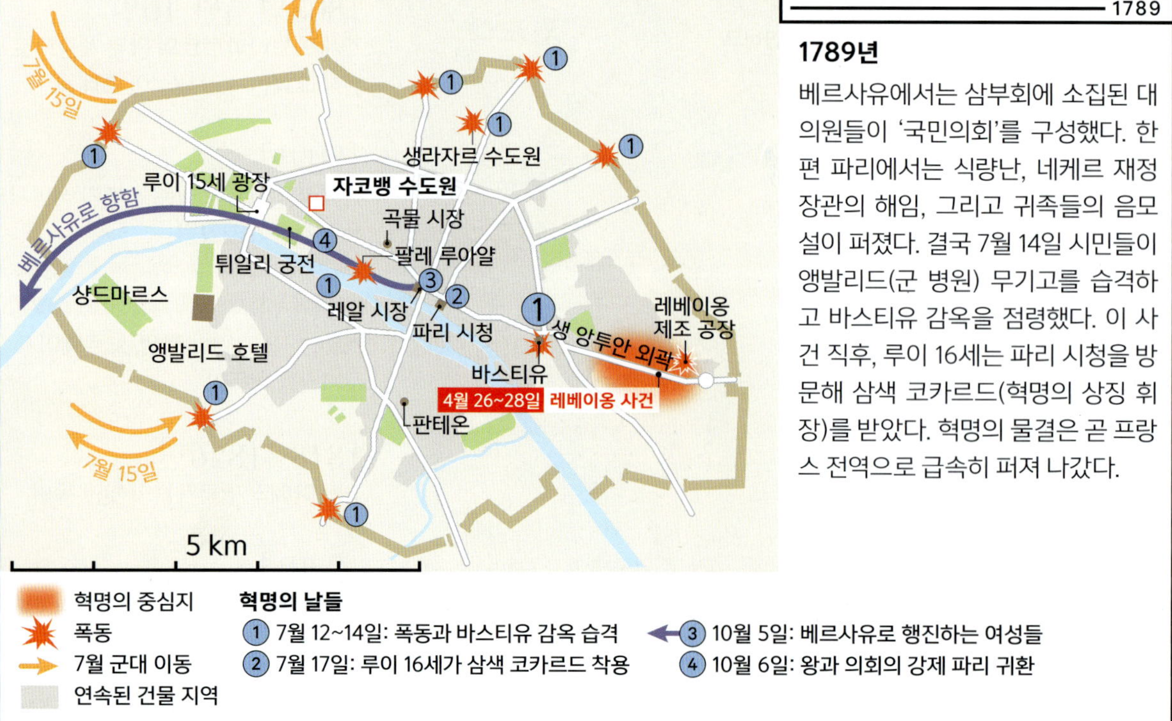

1789

1789년

베르사유에서는 삼부회에 소집된 대의원들이 '국민의회'를 구성했다. 한편 파리에서는 식량난, 네케르 재정 장관의 해임, 그리고 귀족들의 음모설이 퍼졌다. 결국 7월 14일 시민들이 앵발리드(군 병원) 무기고를 습격하고 바스티유 감옥을 점령했다. 이 사건 직후, 루이 16세는 파리 시청을 방문해 삼색 코카르드(혁명의 상징 휘장)를 받았다. 혁명의 물결은 곧 프랑스 전역으로 급속히 퍼져 나갔다.

혁명의 중심지
폭동
7월 군대 이동
연속된 건물 지역

혁명의 날들

① 7월 12~14일: 폭동과 바스티유 감옥 습격
② 7월 17일: 루이 16세가 삼색 코카르드 착용
③ 10월 5일: 베르사유로 행진하는 여성들
④ 10월 6일: 왕과 의회의 강제 파리 귀환

함께 보기 ── 1830년의 혁명 **p.500**
1848년, 세계적인 봄 **p.502**
파리 코뮌 **p.510**

국민공회와 상퀼로트

1789년부터 1795년까지 파리에서는 열두 차례의 혁명적인 봉기가 일어났으며, 특히 1792년 여름부터 상퀼로트(혁명을 주도한 민중 세력)가 주도적인 역할을 하기 시작했다. 1792년 8월 10일 위기감 속에서 파리의 민병대가 튀일리궁을 습격하고, 루이 16세를 폐위시킨 뒤 탕플 탑에 유폐했다. 이후 확대된 참정권을 바탕으로 구성된 국민공회는 9월 22일 공화국 수립을 선포했다.

1793년 1월 21일, 루이 16세의 처형으로 왕정과의 단절이 확고해졌다. 이어서 5월 31일과 6월 2일, 급진파의 압력으로 국민공회는 온건파(지롱드파) 의원들을 체포했다. 이 사건으로 불만을 품은 지방 연방주의자들의 반란이 일어났으며, 결국 '공포 정치'가 시작되었다. 공포 정치 시기에는 혁명재판소와 로베스피에르의 권력이 절정에 달했으나, 그가 처형된 후, '테르미도르 국민공회'가 출범했고, 이어서 '총재정부'가 들어섰다.

1789년 5월 5일
베르사유에서 삼부회(성직자, 귀족, 평민으로 구성된 대표자 회의)가 소집됨.

1789년 7월
7월 9일 국민의회가 스스로를 '제헌의회'로 선포함. 7월 14일 파리 시민들이 앵발리드 무기고와 바스티유 감옥을 습격함. 농촌 지역에서 '대공포(농민 반란)'가 발생함.

1789년 8월
특권, 십일조, 봉건제도 폐지를 선언. 8월 26일 '인간과 시민의 권리 선언'을 발표.

1791년 6월 20~21일
루이 16세의 바렌느 도주 사건이 발생함.

1791년 9월 3일
헌법 채택.

1792년 4월 20일
입법의회가 오스트리아에 전쟁을 선포함.

1792년 8월 10일
튀일리궁 습격.

1792년 9월 2~6일
파리에서 1,000명의 죄수 학살 사건이 발생함.

1792년 9월 21일
국민공회의 첫 회의 개최. 22일에 제1공화국이 출범함.

1793년 1월 21일
루이 16세가 처형됨.

1793년 3월 10일
혁명재판소가 설립됨.

1793년 5월 31일
국민공회에서 자코뱅파(몽타뉴파)가 상퀼로트의 지원을 받아 지롱드파를 축출함.

1793년 3월~1794년 7월
'공포 정치' 시기, 일반 안전 위원회와 공안위원회를 설립함.

1794년 7월 27일
(테르미도르 9일)
'테르미도르의 반동'으로 로베스피에르 체포, 다음 날인 28일에 처형됨.

1795년 10월 26일
공화국 3년 헌법에 따라 총재정부가 수립됨.

모든 전선에서의 혁명 (1792~1796년)

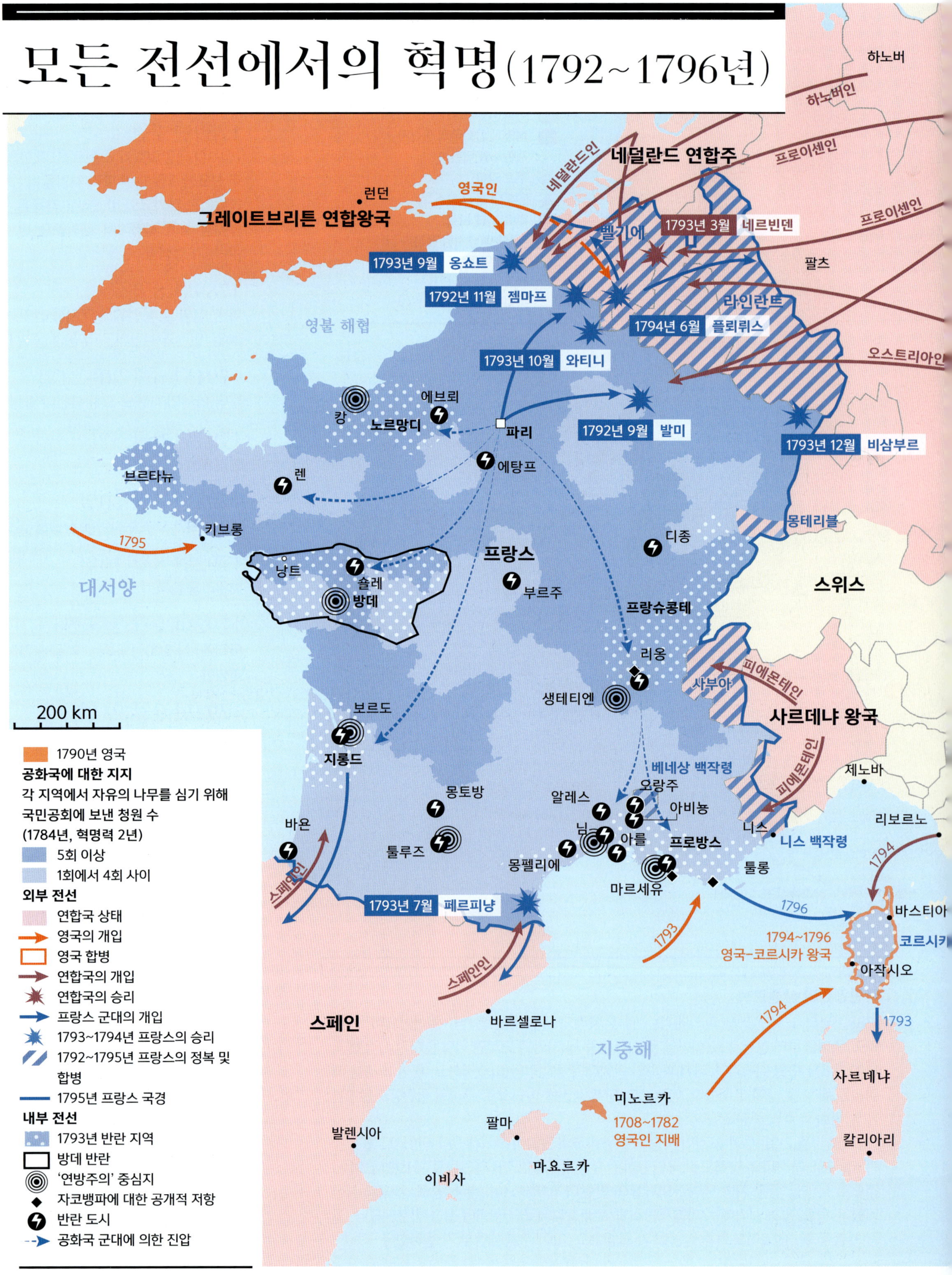

200 km

범례

1790년 영국

공화국에 대한 지지
각 지역에서 자유의 나무를 심기 위해
국민공회에 보낸 청원 수
(1784년, 혁명력 2년)
5회 이상
1회에서 4회 사이

외부 전선
연합국 상태
영국의 개입
영국 합병
연합국의 개입
연합국의 승리
프랑스 군대의 개입
1793~1794년 프랑스의 승리
1792~1795년 프랑스의 정복 및
합병
1795년 프랑스 국경

내부 전선
1793년 반란 지역
방데 반란
'연방주의' 중심지
자코뱅파에 대한 공개적 저항
반란 도시
공화국 군대에 의한 진압

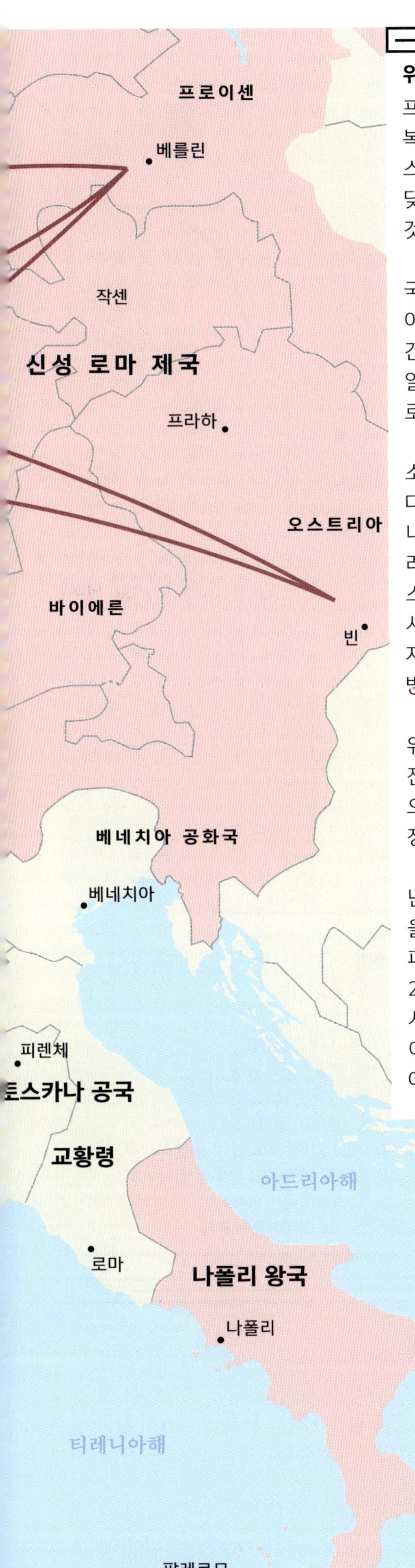

— 2570

위기에 처한 공화국

프랑스의 외부 세력들이 루이 16세의 권력을 회복시키려 하자, 1792년 4월 20일 입법의회는 오스트리아에 선전 포고를 했다. 외교적 난관에 부딪힌 공화주의자들은 혁명의 성과를 수호하는 것을 최우선 목표로 삼았다.

이후 프로이센이 참전했고, 1792년 7월 11일 '조국이 위기에 처했다'라는 입법의회의 공식 선언이 내려졌다. 이어서 8월 10일 튀일리궁 습격 사건이 발생하며 프랑스 왕정이 무너졌다. 9월 20일 발미 전투에서 프랑스군이 오스트리아–프로이센 연합군을 격퇴하며 첫 승리를 거두었다.

다음 날인 9월 21일, 새로 선출된 국민공회가 소집되었고, 9월 22일 공화국이 공식 선포되었다. 이후 프랑스군은 연승을 이어가며 사부아, 니스, 마인츠, 벨기에 등을 차례로 정복했다. 그러나 1793년 1월, 루이 16세의 처형으로 영국과 스페인이 반프랑스 동맹에 가담하게 된다. 이어서 1793년 봄, 30만 명 규모의 징집령이 내려지자 이에 반발한 방데, 브르타뉴, 프랑스 남부 지방에서 대규모 반혁명 봉기가 일어났다.

이러한 대외 전쟁과 내전의 위기에 대응하기 위해 1793년 4월 6일 공안위원회가 설립되었다. 전국 곳곳에서 반혁명 폭동이 일어났지만, 한편으로는 '자유의 나무 심기 운동'이 퍼지며 혁명 정신을 기리는 시민 공동체가 형성되었다.

반혁명의 불길은 코르시카에도 번졌다. 1793년 4월 2일, 국민공회는 코르시카 총사령관 파올리 장군을 '공화국의 적'으로 선포했다. 이에 파올리 장군은 영국에 도움을 요청했고, 1794년 2월 영국군이 생플로랑에 상륙하여 '영국–코르시카 왕국'을 수립했다. 그러나 1796년, 영국군이 철수하면서 코르시카는 다시 프랑스의 통치 아래 놓이게 되었다.

— 연대기 —

1792년 4월 20일
프랑스가 프로이센과 오스트리아에 전쟁을 선포함.

1792년 7월 11일
입법의회가 '조국 위기'를 선언함.

1792년 7월 25일
브라운슈바이크 선언 발표, 오히려 파리 시민들을 자극함.

1792년 8월 10일
튀일리궁 습격, 루이 16세와 가족이 국민의회로 피신 후 템플 감옥에 갇힘.

1792년 9월 20일
프랑스군이 발미 전투에서 결정적 승리를 거둠.

1792년 9월 21일
루이 16세가 입법의회로 피신 후 탕플 탑에 유폐됨.

1793년 1월 21일
루이 16세 처형. 영국과 스페인이 반프랑스 동맹에 합류함.

1793년 4월 6일
공안위원회 창설. 국경 전선 패배로 징병 논란이 발생함.

1793년 여름
6월 2일 지롱드파 몰락 이후 여러 도시에서 연방주의 반란이 발생함.

1793~1796년
방데를 비롯한 여러 지역에서 반란이 지속됨.

1794년 봄
혁명군이 결정적 승리를 거둠. 공포 정치가 극에 달한 가운데 로베스피에르가 실각하고 처형됨. 국민공회는 전쟁을 계속함.

1795년 브뤼메르 13일 (10월 5일)
왕당파의 반란을 나폴레옹 보나파르트가 진압함. 이후 5인의 총재가 이끄는 총재정부가 수립됨.

혁명의 확장(1792~1800년)

이탈리아 원정(1796~1797년, 1800년)

1795년 공화국 3년 헌법 도입으로, 프랑스는 '총재정부'라는 새로운 체제를 수립했다. 이 중도 성향의 공화정은 민족 해방을 명분으로 정복 전쟁을 적극적으로 추진했다. 1796년 봄, 카르노는 독일과 오스트리아를 직접 공격할 계획을 세웠고 이탈리아 원정은 이를 위한 교란 작전으로 구상되었다. 당시 이탈리아반도는 여러 개의 작은 국가들로 분열되어 있었으며, 오스트리아가 롬바르디아 지역을 지배했다.

수적 열세에도 불구하고, 젊은 장군 나폴레옹 보나파르트가 이끄는 프랑스군은 연승을 거두며 세력을 확장했다. 그 결과 프랑스는 '자매 공화국' 체제를 확대했다. 1797년 캄포포르미오 조약을 통해 오스트리아는 오스트리아령 네덜란드(현재의 벨기에)를 프랑스에 할양해야 했으며, 이 승리는 나폴레옹에게 막대한 명성을 안겨주었다. 그러나 1798년 교황령 정복과 1799년 나폴리 왕국 점령으로 인해 유럽 각국의 반발이 거세졌고, 결국 프랑스군은 이탈리아에서 후퇴해야 했다.

1799년 쿠데타로 권력을 장악하고 제1통령이 된 나폴레옹은 예비군을 이끌고 알프스를 넘어 오스트리아군과 다시 맞섰다. 1800년 마렝고 전투에서 승리를 거두며 프랑스는 다시 이탈리아를 장악했다.

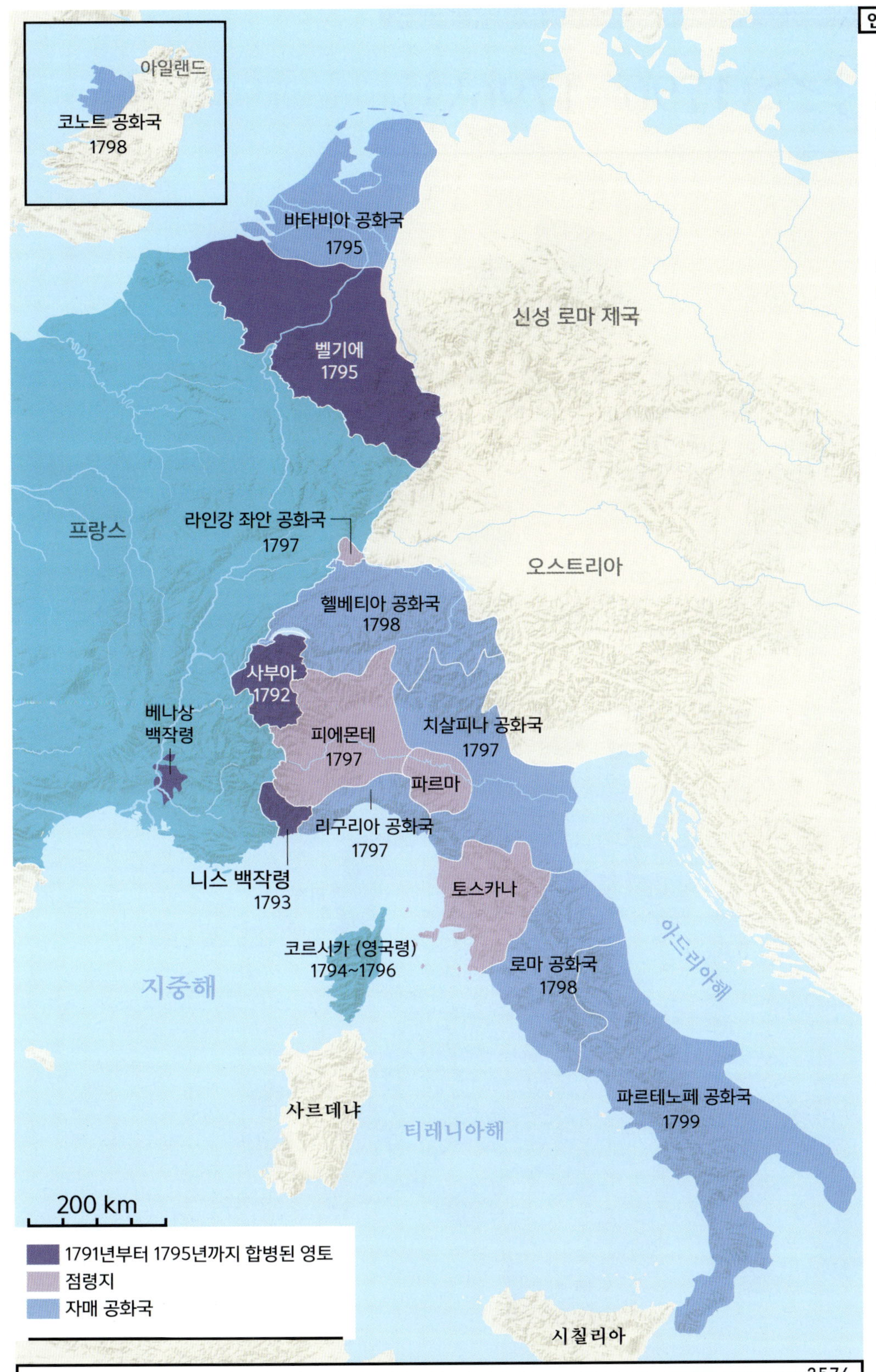

자매 공화국(1795~1799년)

프랑스 혁명군은 연이은 승리를 통해 1792년 사부아 공국, 1793년 니스 백작령과 모나코 공국, 1795년 벨기에를 차례로 합병했다. 또한 1795년 바타비아 공화국(현재의 네덜란드) 수립 이후, 총재정부의 승인 아래 1797년 치살피나 공화국과 리구리아 공화국, 1798년 로마 공화국과 헬베티아 공화국, 1799년 파르테노페 공화국 등 5개의 자매 공화국을 추가로 설립했다. 이들 공화국은 프랑스 혁명 체제를 모델로 설립되었으며, 무거운 세금 부담에도 불구하고 각각 독자적인 공화주의 체제를 발전시켰다. 특히 이탈리아 애국자들 사이에서는 이탈리아반도의 통일을 요구하는 움직임이 일어났다. 총재정부가 기대했던 '영광스러운 평화'는 실현되지 못했지만, 이러한 자매 공화국들은 프랑스를 보호하는 완충 지대 역할을 했다. 그러나 점차 정권은 군부의 영향력 아래 놓이게 되었다.

분열된 프랑스(1790~1796년)

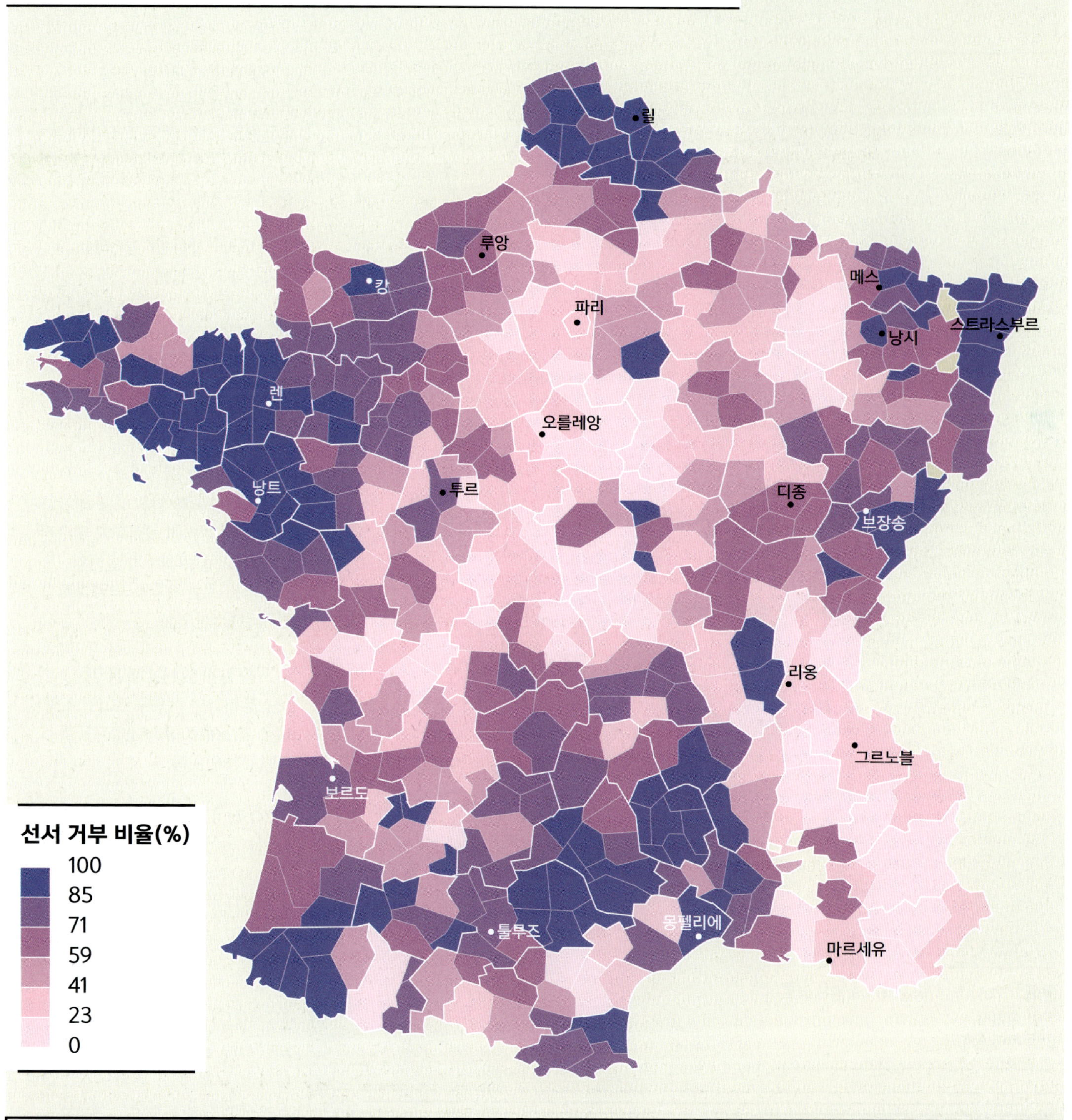

2476

성직자 민사 기본법과 프랑스의 분열(1790~1791년)

1790년 7월 12일, 프랑스 의회는 '성직자 민사 기본법'을 제정하여 가톨릭교회를 국가 개혁의 일부로 편입했다. 이에 따라 종교 행정 구역은 국가 행정 구역과 일치하도록 조정되었고, 성직자(사제)들은 교황의 임명이 아닌 시민들의 투표로 선출되도록 규정되었다.

같은 해 11월, 새로운 법령에 따라 모든 성직자는 새로운 체제에 대한 충성 서약을 해야 했다. 이 조치는 성직자 사회를 둘로 분열시켰다. 서약에 동의한 성직자들은 '선서파'라 불렸고, 이를 거부하며 교황에 대한 충성을 유지한 성직자들은 '비선서파'라 불렸다.

위의 지도는 미국 역사학자 티모시 태켓이 1986년에 제작한 것으로, 1791년 당시 프랑스가 혁명을 둘러싸고 심각하게 분열되었음을 보여준다. 성직자들의 태도는 단순한 개인적 신념을 넘어, 해당 지역 신도들의 생각을 반영하며 나아가 혁명에 대한 전반적인 입장까지 드러냈다.

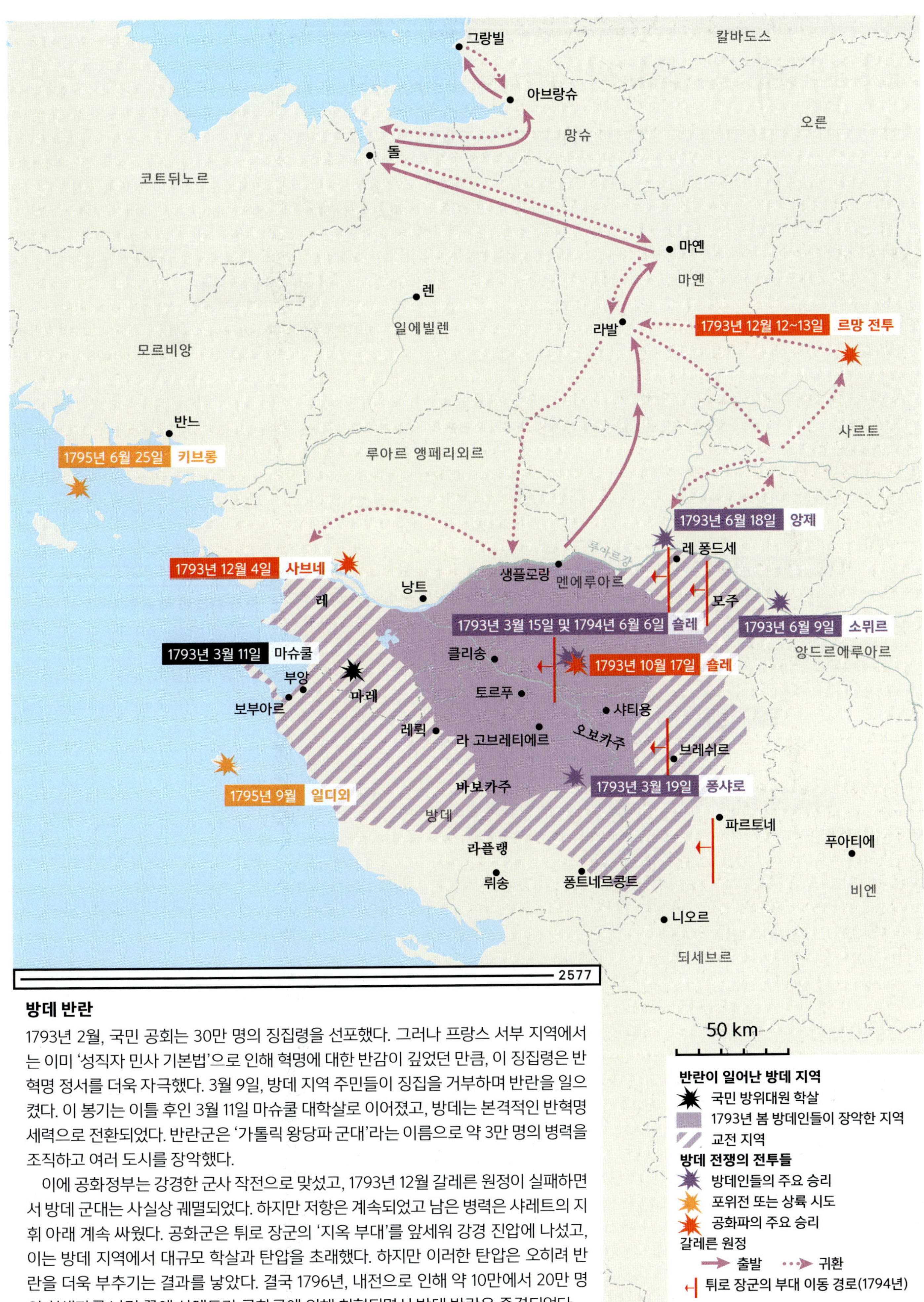

방데 반란

1793년 2월, 국민 공회는 30만 명의 징집령을 선포했다. 그러나 프랑스 서부 지역에서는 이미 '성직자 민사 기본법'으로 인해 혁명에 대한 반감이 깊었던 만큼, 이 징집령은 반혁명 정서를 더욱 자극했다. 3월 9일, 방데 지역 주민들이 징집을 거부하며 반란을 일으켰다. 이 봉기는 이틀 후인 3월 11일 마슈쿨 대학살로 이어졌고, 방데는 본격적인 반혁명 세력으로 전환되었다. 반란군은 '가톨릭 왕당파 군대'라는 이름으로 약 3만 명의 병력을 조직하고 여러 도시를 장악했다.

이에 공화정부는 강경한 군사 작전으로 맞섰고, 1793년 12월 갈레른 원정이 실패하면서 방데 군대는 사실상 궤멸되었다. 하지만 저항은 계속되었고 남은 병력은 샤레트의 지휘 아래 계속 싸웠다. 공화군은 튀로 장군의 '지옥 부대'를 앞세워 강경 진압에 나섰고, 이는 방데 지역에서 대규모 학살과 탄압을 초래했다. 하지만 이러한 탄압은 오히려 반란을 더욱 부추기는 결과를 낳았다. 결국 1796년, 내전으로 인해 약 10만에서 20만 명의 희생자를 남긴 끝에 샤레트가 공화군에 의해 처형되면서 방데 반란은 종결되었다.

나폴레옹 원정(1798~1803년)

2578

군사 원정과 학술 탐사

1798년, 프랑스 총재정부는 영국을 견제하고 인도 무역로를 차단하기 위해 이집트 원정을 감행했다. 이 작전은 나폴레옹 보나파르트의 지휘 아래 진행되었으며, 프랑스 역사상 가장 대규모로 이루어진 해외 원정이었다. 프랑스군은 3만 5천 명 이상의 병력과 35척의 함선을 동원했으며, 특히 수많은 학자와 과학자들이 동행했다. 이 원정은 단순한 군사 작전을 넘어, 학술 탐사의 성격도 지니고 있었다.

1798년 8월 나폴레옹은 이집트 학술원을 설립하고, 이를 수학자 가스파르 몽주가 이끌도록 했다. 이 원정은 고대 이집트 문명을 연구하는 중요한 계기가 되었으며, 1799년 7월 프랑스 장교가 로제타석을 발견하는 획기적인 성과를 거두었다. 이 석판에는 기원전 196년에 제정된 법령이 세 가지 문자(이집트 상형문자, 민중 문자, 그리스어)로 새겨져 있었으며, 20여 년 후 이집트 상형문자(히에로글리프) 해독의 결정적 단서가 되었다.

이집트 원정은 고대 문명 연구 발전을 이끌었을 뿐만 아니라, 유럽 열강이 이집트의 문화유산을 경쟁적으로 수집하고 반출하는 계기가 된, 문화 제국주의의 시발점이기도 했다.

▲ 이집트 원정(1798년): 군사 작전

1798년 5월 19일, 나폴레옹 보나파르트가 이끄는 프랑스 함대가 툴롱을 출항했다. 넬슨 제독이 지휘하는 영국 해군의 추격을 따돌린 프랑스군은 알렉산드리아에 상륙한 뒤 카이로로 진격했다. 그러나 8월 1일, 아부키르 해전에서 프랑스 함대가 궤멸되면서 고립된 상태로 전투를 이어갔다. 그럼에도 프랑스군은 이집트 델타 지역을 계속 정복하며 오스만 제국군과 맞서 팔레스타인까지 진격했다. 하지만 1799년 5월 생장다크르 포위전에서 패배하면서 공세가 좌절되었다. 결국, 1801년 프랑스군은 이집트에서 철수하며 원정은 실패로 끝났다.

▼ 보댕 원정: '잊혀진' 탐험

1800년, 프랑스 탐사선 지오그리프호와 나튀랄리스트호가 오스트레일리아를 향해 출항했다. 이 원정은 해양 탐험가 니콜라 보댕이 지휘했으며, 나폴레옹 보나파르트의 지원을 받았다.

이 탐험에는 동물학자 프랑수아 페롱을 비롯한 여러 학자가 참여했으며, 이를 통해 유럽의 지리, 생물학, 인류학 지식이 크게 확장되었다. 또한 탐사단이 수집한 자료는 프랑스 자연사 박물관의 연구 발전과 소장품 확대에 기여했다. 이 탐험 기록은 1807년에 출판되었으며, 이후 쥘 베른을 비롯한 여러 작가에게 깊은 영감을 주었다.

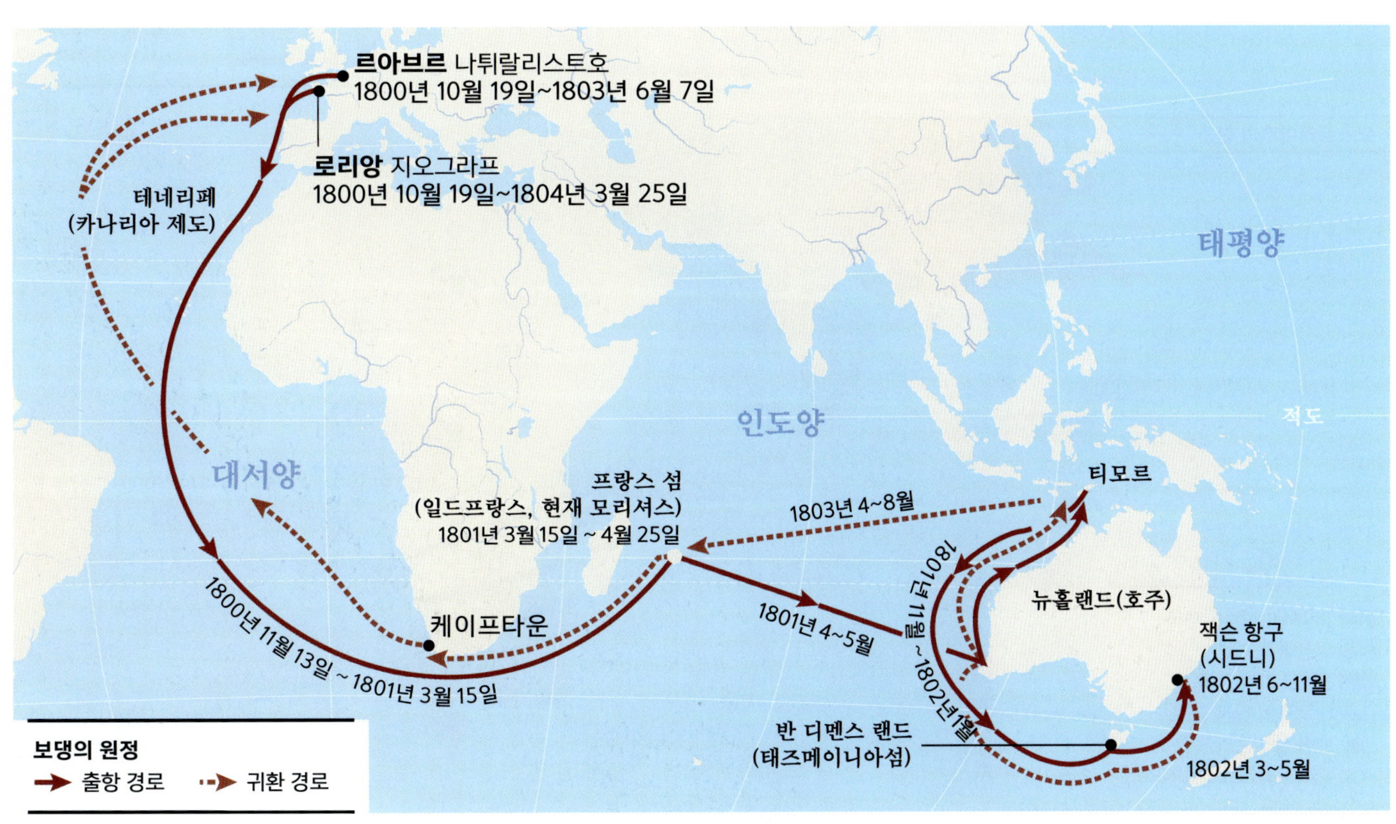

트라팔가와 아우스터리츠(1805년)

2579

'대규모 침공 계획'의 종말

1803년 영국은 브레스트, 로슈포르, 툴롱 항구를 봉쇄하며 프랑스 해군을 압박했다. 이에 맞서 나폴레옹 보나파르트는 대규모 함선 건조를 추진하며 해군 재건에 박차를 가했다. 그의 목표는 영국 본토 상륙, 즉 대규모 침공 계획의 실현이었다.

1805년 3월, 빌뇌브 제독이 툴롱에서 출항했으나, 넬슨 제독의 집요한 추격으로 영국 해협에 접근하지 못하고 지중해로 퇴각할 수밖에 없었다. 이에 따라 나폴레옹의 계획은 무산되었고, 그는 크게 분노했다. 이후 트라팔가르 해전에서 프랑스-스페인 연합 함대는 넬슨의 변칙적인 전술에 말려들어 사실상 전멸했다.

오스트리아로의 진군 — 2580

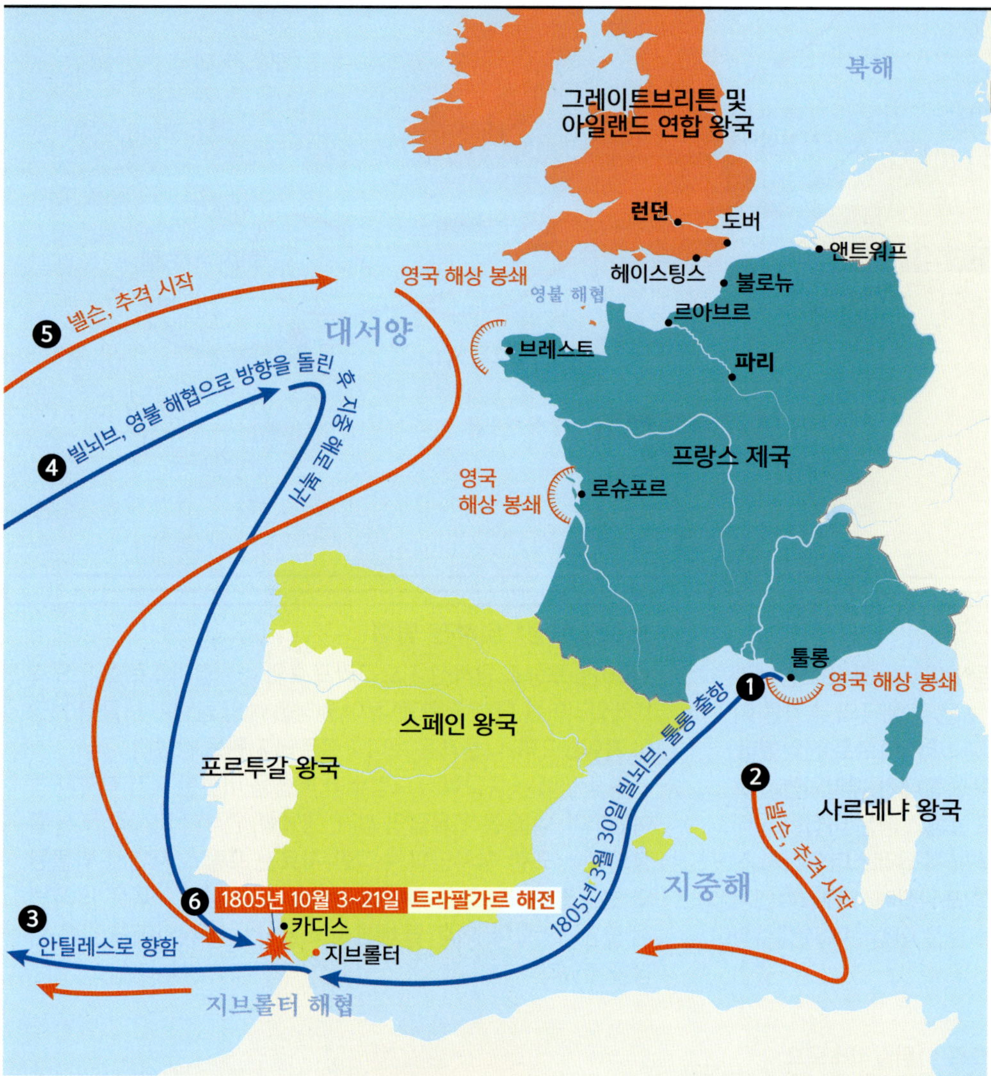

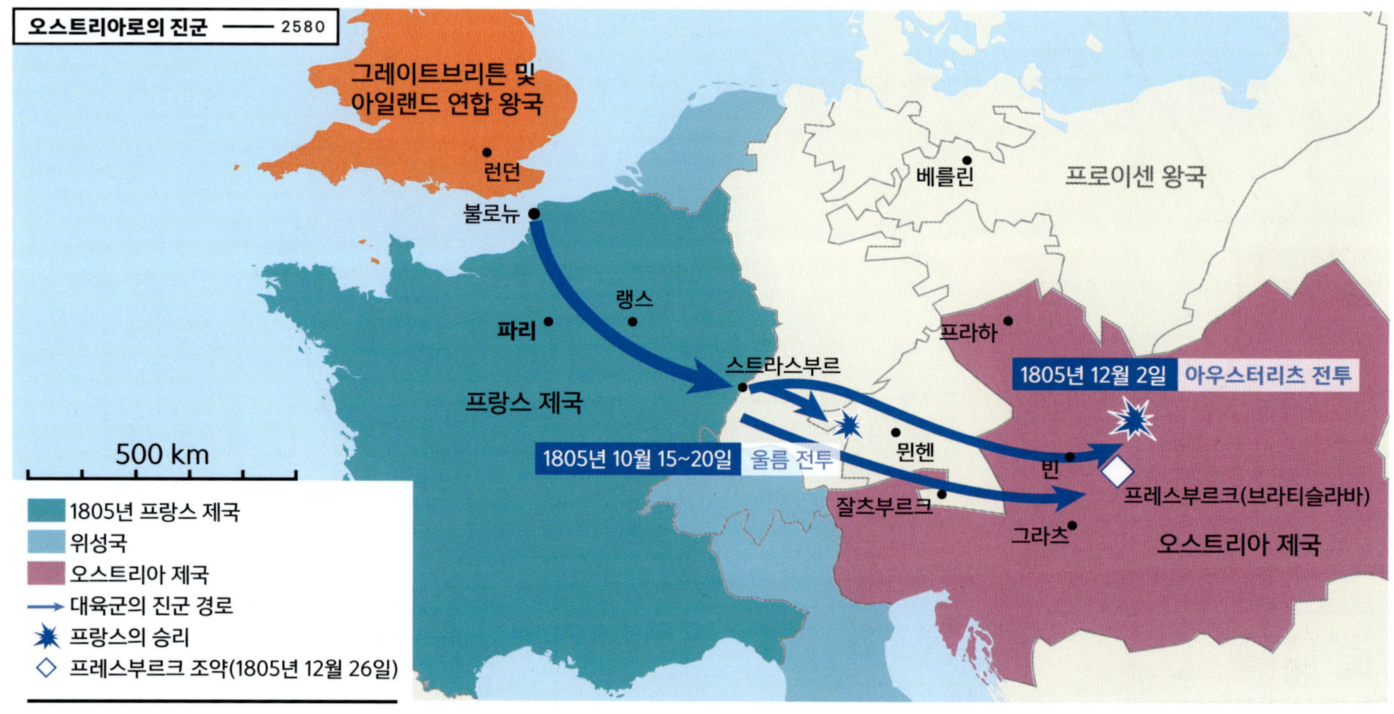

1805년 12월 2일, 아우스터리츠 전투

나폴레옹은 영국 침공 계획이 무산되자, 대신 영국의 동맹국인 오스트리아를 공격 대상으로 삼았다. 트라팔가르 해전이 벌어진 바로 그 날, 나폴레옹은 독일 내륙에서 울름을 점령하며 첫 승리를 거두었다. 이후 프랑스군은 오스트리아로 진격해, 빈을 점령한 뒤 모라비아로 북상했다.

12월 1일, 러시아-오스트리아 연합군이 프라첸 고지에 방어선을 구축했다. 나폴레옹은 적군을 프라첸 고지에 집중시킨 후, 남쪽으로 유인하는 전략을 세웠다. 이를 위해 다부 장군이 맡은 남부 전선 방어를 느슨하게 만들어 부크스회덴 원수를 유인했다(1). 전투가 시작되고 오스트리아-러시아 연합군이 남쪽 늪지대로 이동하는 순간, 장군 란과 뮈라가 북쪽에서 공격을 개시했다(2). 동시에 슐트 장군이 나폴레옹, 베르나도트와 함께 방어가 약해진 프라첸 고지를 장악했다(3, 4, 5). 북스회우덴의 군대는 프랑스군에 의해 측면과 후방이 포위되었으며(7), 저물녘이 되자 프랑스 대군(그랑다르메)은 완벽한 승리를 거두었고, 러시아군은 퇴각할 수밖에 없었다.

이 승리 이후 다부 장군과 슐트 장군이 북스회우덴을 협공하여 배후에서 압박했다. 12월 26일에 체결된 프레스부르크 조약에 따라 오스트리아는 제3차 대프랑스 동맹에서 이탈하며 상당한 영토를 상실했다.

화강암 덩어리

2582

<민법전>의 확산

제1통령 나폴레옹 보나파르트는 10년간의 혁명으로 혼란에 빠진 국가를 재정비하고자 했다. 법체계를 통일하려는 구상은 이전부터 있었지만, 이는 <민법전>을 통해 마침내 실현되었다.

이 법전은 결혼을 시민적 계약으로 규정하는 등 프랑스 혁명의 평등 정신을 보장하는 동시에 여성을 아버지와 남편의 권위 아래 두어 가부장적 질서를 강화하고, 국가의 권위를 확립하는 보수적 요소도 포함했다. 1804년 3월 21일에 공포된 <민법전>은 나폴레옹의 정복을 따라 유럽 전역으로 전파되었다.

2583

지방 행정관(프레페) 제도

1802년 나폴레옹 보나파르트는 한 연설에서 '화강암 덩어리'라는 표현을 사용하며 프랑스 재건을 위한 행정 제도들을 강조했다. 그중에서도 지방 행정관 제도는 중앙집권적 행정 체계 확립에 핵심이었다. 1800년에 도입된 이 제도는 각 지방에서 국가를 대표하는 역할을 했다. 제국 전성기에는 134개의 지방 단체들이 존재했으며, 중앙 정부의 정책을 지방에 하달하여 집행하고 국가 권위를 강화하는 역할을 했다. 옆의 지도에서는 프랑스 국경 밖의 '신 프랑스인'들이 프랑스의 중앙집권적 국가 체제를 확립하는 데 중요한 역할을 했음을 보여준다.

스페인 원정

스페인인의 저항(1808~1814년)

1807년, 프랑스는 영국에 대한 대륙 봉쇄령을 강제하기 위해 포르투갈을 침공했다. 이를 위해 주노 장군이 이끄는 프랑스군이 스페인을 지나 리스본을 점령했다. 1808년 봄 프랑스군은 스페인을 본격적으로 침공했으며, 국왕 카를로스 4세를 강제로 퇴위시키고 그의 아들 페르디난드 7세를 망명시켰다. 이후 나폴레옹은 형인 조제프를 스페인 왕위에 앉혔다. 스페인 내부의 일부 친프랑스파는 나폴레옹에게 협력했지만, 대다수는 프랑스군에 맞서 저항 운동을 조직했다.

1808년 5월 2일과 3일 마드리드에서 일어난 반란은 프랑스군에 의해 잔혹하게 진압되었다. 같은 해 바일렌 전투에서 프랑스군이 패배하고, 영국군이 개입하면서 포르투갈을 상실하는 등 프랑스의 상황은 점점 불리해졌다. 이에 나폴레옹이 직접 스페인으로 출정해 12월 마드리드에 입성했다. 그러나 1809년 초, 오스트리아와의 전쟁이 재개될 조짐을 보이자 그는 스페인을 떠날 수밖에 없었다.

이후 스페인에서는 게릴라전이 격화되었고, 1809년부터 영국군이 본격적으로 개입하면서 프랑스군은 점점 밀려났다. 1813년, 웰링턴 장군이 이끄는 연합군이 프랑스군을 스페인에서 몰아냈고, 1814년 4월 10일 툴루즈 전투에서 프랑스가 패배하며, 나폴레옹의 발목을 잡았던 이 전쟁은 막을 내렸다.

나폴레옹 시대의 유럽(1811~1812년)

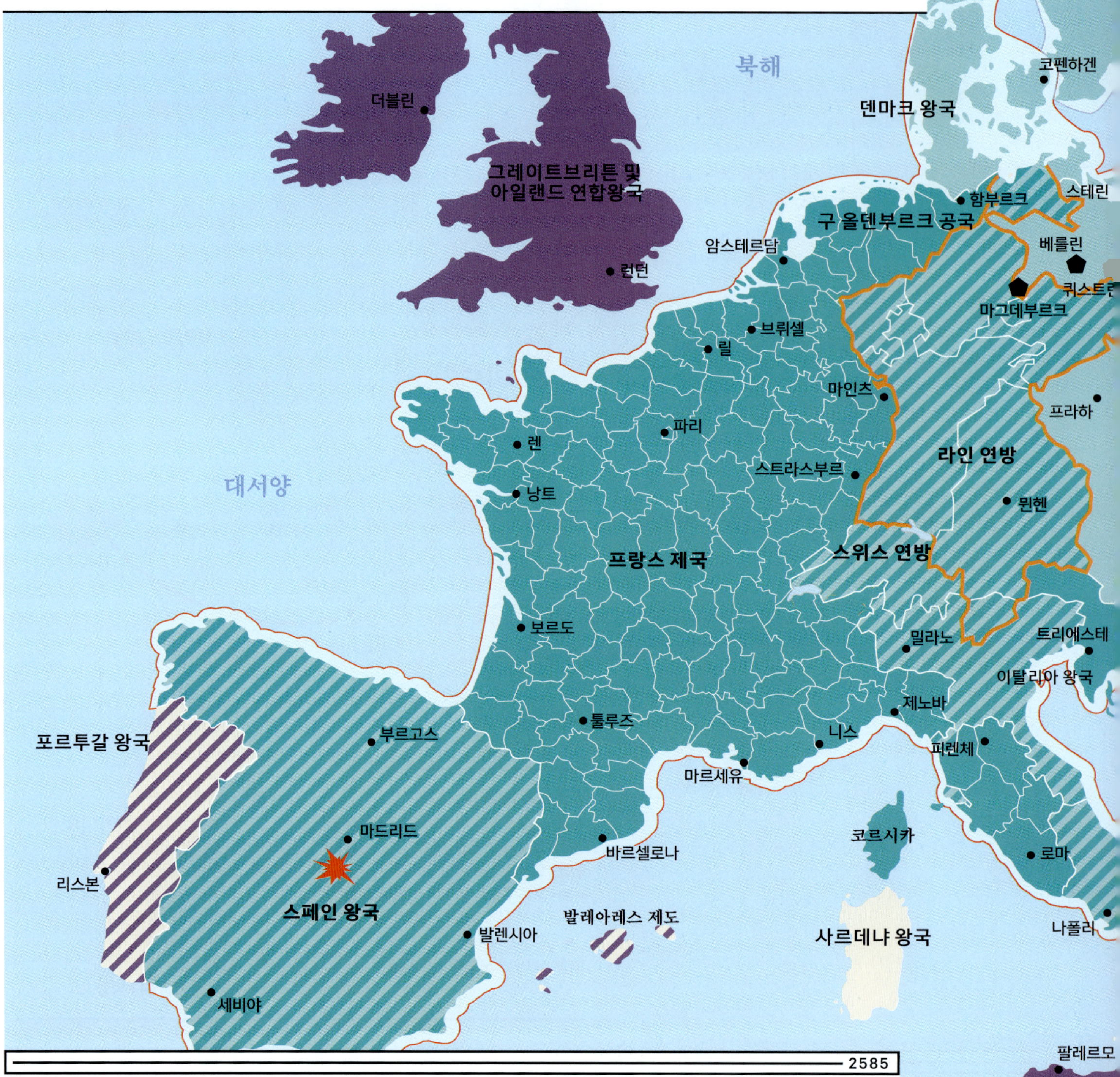

프랑스의 지배

1812년 초, 나폴레옹은 유럽 대부분을 지배하며 권력의 정점에 올랐다. 당시 프랑스 제국의 인구는 약 4천만 명에 달했으며, 이들은 모두 나폴레옹의 직접적인 통치 아래 있었다. 프랑스는 발트해에서 로마에 이르는 134개의 지방 행정 구역(데파르트망)을 보유하고 있었으며, 여기에 카탈루냐의 4개 지방도 포함되었다. 또한, 1806년에 창설한 '라인 동맹'과 같은 위성국들을 통제하며 유럽 전역에 영향력을 확대했다.

나폴레옹은 자신의 형제들과 측근들을 여러 국가의 왕으로 임명했다. 형 조세프는 스페인 왕, 동생 제롬은 베스트팔렌 왕, 그리고 매제인 뮈라는 나폴리 왕에 즉위시켰다. 또한 나폴레옹은 프로이센, 오스트리아, 러시아 등 전쟁에서 패배한 국가들과 동맹을 맺으며 지배 체계를 더욱 공고히 했다. 특히 영국을 고립하고 압박하기 위해 '대륙 봉쇄령'을 시행했으며, 1807년 틸지트 평화조약 이후 러시아 황제도 이에 동참하도록 강요받았다. 그러나 1812년 러시아 원정이 시작되면서 나폴레옹의 유럽 지배는 정점을 지나 쇠퇴하기 시작했다.

1796~1797년

제1차 이탈리아 원정. 아르콜레 전투 (1796년 11월 15~17일)와 리볼리 전투 (1797년 1월 13~14일)에서 승리함.

1798~1799년

이집트 원정. 마멜루크에 대한 피라미드 전투(1798년 7월)에서 승리함.

1799년

브뤼메르 18일 쿠데타(11월 9일)로 총재정부 종료. 보나파르트가 제1통령이 됨.

1800년

제2차 이탈리아 원정. 마렝고 전투(6월 14일) 승리함.

1804년

프랑스 제국 선포(5월 18일). 나폴레옹이 황제로 즉위함(12월 2일).

1805년

독일 원정. 울름 전투(10월 15~20일)와 아우스터리츠 전투(12월 2일)에서 승리함. 트라팔가르 해전(10월 21일)에서 패배함.

1806년

라인 동맹 체결(7월). 프로이센 원정에서 예나~아우어슈테트 전투(10월 14일) 승리. 대륙 봉쇄령 시작됨(12월).

1807년

폴란드 원정. 아일라우 전투(2월 8일)와 프리틀란트 전투(6월 14일) 승리함. 틸지트 조약 체결함(7월).

1808년

스페인 점령과 프랑스에 대한 스페인 저항 운동 시작함.

1809년

오스트리아 원정. 바그람 전투(7월 5~6일) 승리함.

1812년

러시아 원정(6월~12월).

러시아 원정 (1812년)

쿠를란트
리가 ❺
7월 28일
맥도널드가 리가를 향해
진격하여 곧 포위를 시작함
드리사
❻ 7월 28일
나폴레옹 비텝스크 입성
❶ 6월 24~27일
대육군 네만강 건넘
❷ 6월 28일
나폴레옹 빌나 입성
맥도널드
네만강
틸지트
바클레이 드 톨리
8월 17~18일 폴로츠크 전투
쾨니히스베르크
(칼리닌그라드)
코브노(카우나스)
나폴레옹
비텝스크
베레지나강
11월 27~29일 베레지나강 전투
빌뉴스
프로이센
12월 8~12일
대육군 잔존 병력
빌뉴스로 후퇴
스투디안카
보리소프
보아르네
민스크
❸ 7월 8일
다부 민스크 입성
그로드노
제롬
7월 23일
바그라티온
치차고프
12월 12~13일
대육군 잔존 병력 네만강 넘어 철수
9월 19일
치차고프와 토르마소프의
군대 통합
바르샤바
8월 12일 고로데치나 전투
슈바르첸베르크
프리피야트 습지
바르샤바 대공국
토르마소프
키이우

─2586─

공격에서 퇴각까지, 참혹한 6개월간의 원정

1812년, 프랑스 제국은 인구 4천만 명을 자랑하며 나폴레옹의 지휘 아래 전성기를 누리고 있었다. 프랑스는 영국을 제외한 모든 주변 국가와 평화를 유지했고, 러시아 또한 1807년 틸지트 조약에 따라 영국과의 교역을 중단할 것을 약속했다. 그러나 러시아가 대륙 봉쇄령을 제대로 준수하지 않자, 나폴레옹은 영국을 고립시키기 위해 러시아에 대한 군사 개입을 단행했다.

오스트리아와 프로이센을 동맹국으로 끌어들인 나폴레옹은 1812년 6월 68만 명 규모의 대군을 조직했다. 그는 압도적인 병력과 화력으로 적을 제압하는 대규모 공격 작전을 계획했지만, 과거의 신속한 기동성과 정교한 전술을 발휘하기에는 군대의 규모가 너무 비대해져 작전 수행이 어려웠다. 6월 24일, 프랑스 대육군은 러시아 영토로 진군하며 적을 포위하려 했지만, 러시아군은 후퇴하며 '초토화 전략'을 펼쳤다. 동시에 코사크 기병대와 파르티잔은 프랑스군의 측면을 공격했다. 지나치게 넓어진 전선, 비대한 조직에 따른 지휘 통제의 어려움, 통신 두절, 보급 문제까지 겹치면서 프랑스군은 심각한 어려움에 직면했다. 결국, 프랑스군은 지친 상태로 모스크바에 도착했지만 결정적인 승리를 거두지 못한 채 쇠약해져 있었다. 모스크바가 불탄 후, 나폴레옹에게 남은 것은 후퇴하는 것뿐이었다.

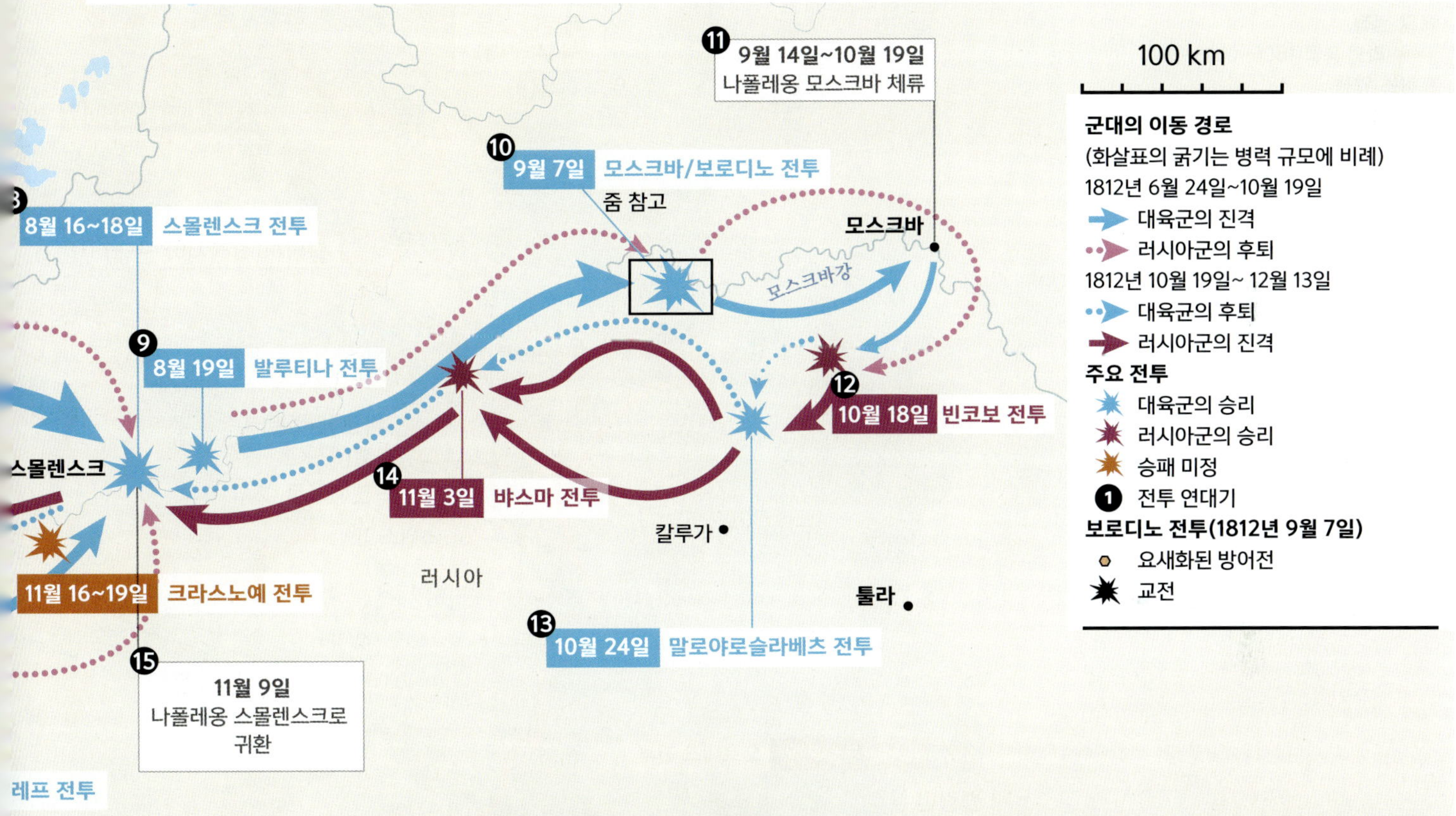

나폴레옹의 마지막 원정
(1813~1815년)

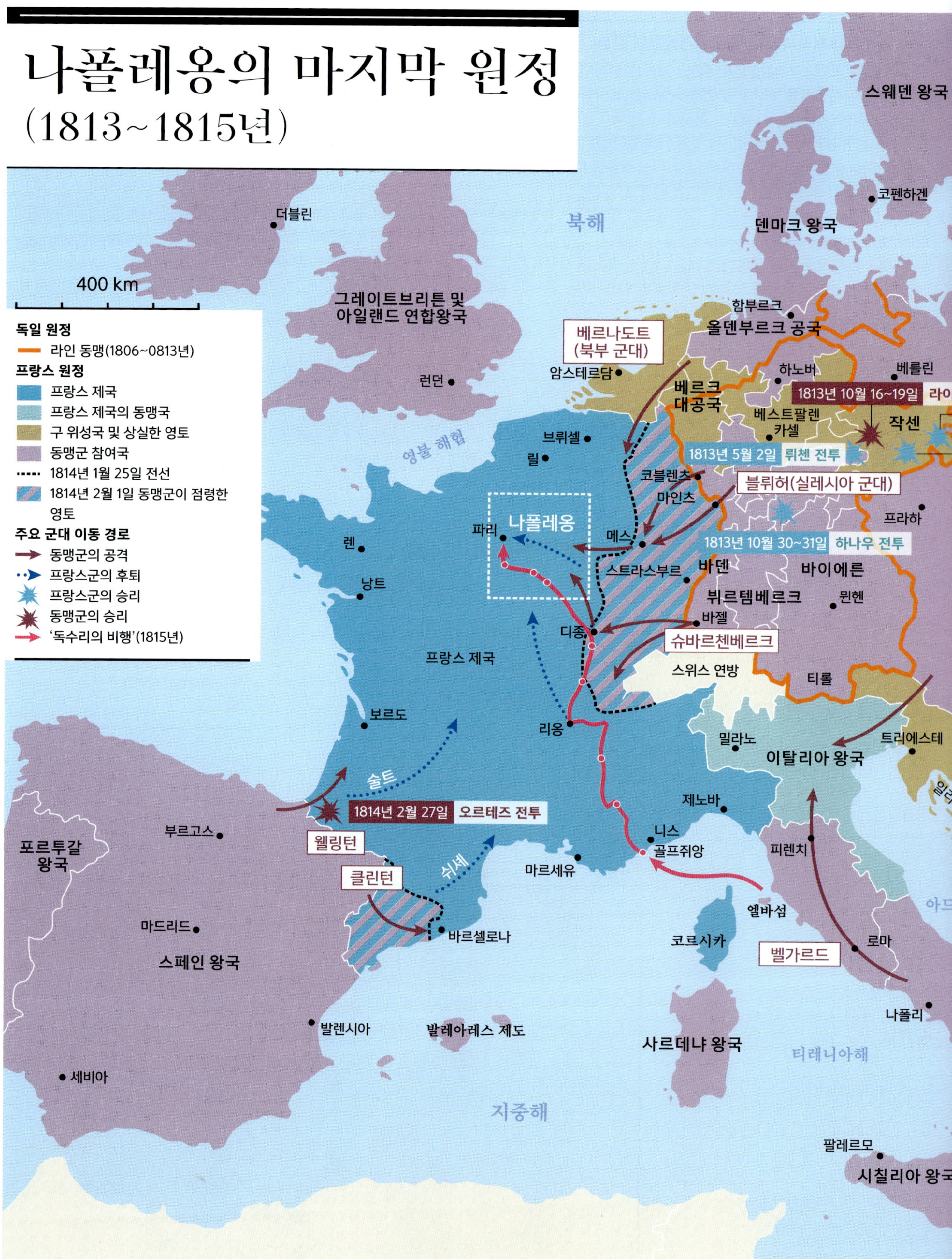

───────────── 2587

두 번의 퇴위

1806년, 나폴레옹은 독일 국가들을 프랑스의 영향권 아래 두기 위해 '라인 동맹'을 체결했다. 그러나 1812년 러시아 원정을 실패하자 동맹국들은 점차 프랑스를 떠나기 시작했다. 1813년 10월 8일 바이에른 국왕이 라인 동맹을 탈퇴하고 연합군에 가담했으며, 이어 뷔르템베르크의 프리드리히를 비롯한 소국들도 합류했다.

1813년 10월 16일부터 19일까지 벌어진 '라이프치히 전투'에서 연합군이 결정적 승리를 거두며 나폴레옹은 사실상 모든 동맹을 잃었다. 이 승리는 프랑스 침공의 발판이 되었다. 1813년 12월 말 이미 영국, 포르투갈, 스페인 연합군이 남쪽 국경을 넘어섰고, 다른 연합군은 북쪽과 동쪽에서도 프랑스를 공격했다. 나폴레옹은 총 18만 6천 명의 병력을 보유했으나 대부분이 경험이 부족한 '마리-루이즈 징집병'이었다. 1814년 1월부터 전황은 연합군에 유리하게 전개되었고, 3월 25일 페르샹프누아즈 전투 승리로 파리로 가는 길이 열렸다. 결국 3월 31일 파리가 함락되었고 나폴레옹은 퇴위한 뒤 엘바섬으로 유배되었다.

그러나 1815년 3월 나폴레옹은 엘바섬을 탈출해 파리로 향했고, 이를 '독수리의 비행'이라 불렀다. 3월 20일, 나폴레옹이 파리에 입성하자 루이 18세는 전날 벨기에로 망명했다. 이에 맞서 영국과 프로이센이 새로운 연합군을 조직했다. 6월 프랑스군은 벨기에로 진격하여 미셸 네 장군은 영국군을 저지했고, 나폴레옹은 리니 전투에서 프로이센군과 교전해 승리했다. 블뤼허 원수의 프로이센군은 와브르로 후퇴했고, 영국군은 워털루로 이동했다.

1815년 6월 18일, 폭우로 인해 진흙탕이 된 워털루에서 전투가 시작되었다. 프랑스군은 승리를 확신하며 영국군을 공격했지만, 영국군은 끝까지 방어선을 유지했다. 오후가 되자 프로이센군이 전장의 동쪽에 도착해 프랑스군을 측면에서 공격했다. 저녁 무렵 플랑스누아는 결국 프로이센군에게 함락되었고, 나폴레옹은 영국군의 중앙을 돌파하려 했으나 프로이센군의 지원으로 실패했다. 이 공격이 좌절되자 프랑스군은 무너졌고, 나폴레옹은 1815년 6월 22일 두 번째이자 마지막으로 퇴위했다.

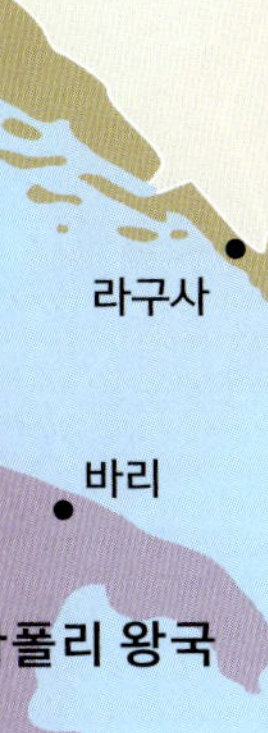

워털루, 최후의 전투 (1815년) ───── 2588

1830년의 혁명

혁명의 소용돌이에 휩싸인 유럽

1830년 7월 27일부터 29일까지 파리에서 벌어진 '영광의 3일'이라 불리는 7월 혁명은 1832년 콜레라 창궐 이전까지 유럽 전역에 연이은 혁명의 물결을 촉발했으며, 파리가 그 도화선 역할을 수행했다.

1830년 7월 25일, 샤를 10세는 '4개의 칙령'을 발표하며 헌정 질서를 무너뜨리는 사실상의 친위 쿠데타를 감행했다. 이 칙령은 언론의 자유 제한, 하원 해산, 선거권 축소 등을 포함하여 산업 및 상업 부르주아 계층의 권리를 침해하는 내용이었다. 이에 시민들이 반발하며 거리로 나섰다. 자유주의 성향의 엘리트들은 혁명을 계획했고, 노동자와 장인 계층이 혁명을 주도하면서 결국 루이 필리프 1세가 '프랑스 국민의 왕'으로 즉위했다.

혁명의 불길은 프랑스에만 머물지 않았다. 국민적 주권과 공공의 자유를 열망하던 시민들은 1815년 빈 회의에서 확립된 기존 질서에 도전했다. 이 체제는 '정통성'의 원칙 아래 군주들의 연대와 정치적 안정을 기반으로 형성되었다. 8월 브뤼셀에서 봉기가 일어났고, 독일 연방과 스위스에서도 유사한 운동이 전개되었다. 폴란드는 러시아의 지배에 저항했지만 1831년 9월 러시아군에 의해 가혹하게 진압되었고, 이탈리아에서도 혁명이 일어났으나 결국 진압되었다. 영국과 이베리아반도에서도 소요가 잇따랐으며, 유럽을 넘어 브라질과 서인도 제도에서도 반란이 발생했다. 이 모든 혁명 운동의 공통된 요구는 '자유'였다. 개인의 자유, 언론의 자유, 그리고 헌법적 권리 보장의 요구가 유럽 전역에서 끊임없이 울려 퍼졌다.

―2587―

두 번의 퇴위

1806년, 나폴레옹은 독일 국가들을 프랑스의 영향권 아래 두기 위해 '라인 동맹'을 체결했다. 그러나 1812년 러시아 원정을 실패하자 동맹국들은 점차 프랑스를 떠나기 시작했다. 1813년 10월 8일 바이에른 국왕이 라인 동맹을 탈퇴하고 연합군에 가담했으며, 이어 뷔르템베르크의 프리드리히를 비롯한 소국들도 합류했다.

1813년 10월 16일부터 19일까지 벌어진 '라이프치히 전투'에서 연합군이 결정적 승리를 거두며 나폴레옹은 사실상 모든 동맹을 잃었다. 이 승리는 프랑스 침공의 발판이 되었다. 1813년 12월 말 이미 영국, 포르투갈, 스페인 연합군이 남쪽 국경을 넘어섰고, 다른 연합군은 북쪽과 동쪽에서도 프랑스를 공격했다. 나폴레옹은 총 18만 6천 명의 병력을 보유했으나 대부분이 경험이 부족한 '마리-루이즈 징집병'이었다. 1814년 1월부터 전황은 연합군에 유리하게 전개되었고, 3월 25일 페르샹프누아즈 전투 승리로 파리로 가는 길이 열렸다. 결국 3월 31일 파리가 함락되었고 나폴레옹은 퇴위한 뒤 엘바섬으로 유배되었다.

그러나 1815년 3월 나폴레옹은 엘바섬을 탈출해 파리로 향했고, 이를 '독수리의 비행'이라 불렀다. 3월 20일, 나폴레옹이 파리에 입성하자 루이 18세는 전날 벨기에로 망명했다. 이에 맞서 영국과 프로이센이 새로운 연합군을 조직했다. 6월 프랑스군은 벨기에로 진격하여 미셸 네 장군은 영국군을 저지했고, 나폴레옹은 리니 전투에서 프로이센군과 교전해 승리했다. 블뤼허 원수의 프로이센군은 와브르로 후퇴했고, 영국군은 워털루로 이동했다.

1815년 6월 18일, 폭우로 인해 진흙탕이 된 워털루에서 전투가 시작되었다. 프랑스군은 승리를 확신하며 영국군을 공격했지만, 영국군은 끝까지 방어선을 유지했다 오후가 되자 프로이센군이 전장의 동쪽에 도착해 프랑스군을 측면에서 공격했다. 저녁 무렵 플랑스누아는 결국 프로이센군에게 함락되었고, 나폴레옹은 영국군의 중앙을 돌파하려 했으나 프로이센군의 지원으로 실패했다. 이 공격이 좌절되자 프랑스군은 무너졌고, 나폴레옹은 1815년 6월 22일 두 번째이자 마지막으로 퇴위했다.

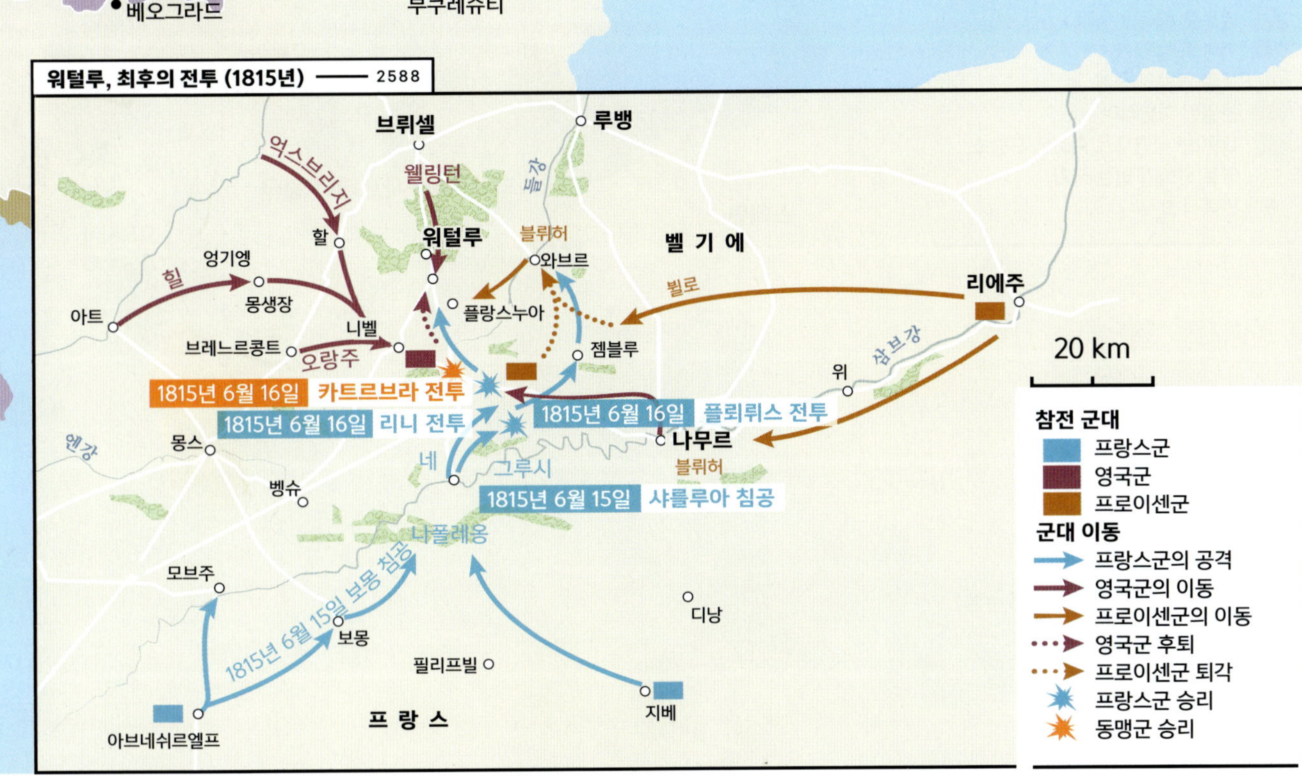

빈 회의 (1815년)

스페인-노르웨이
연합 왕국
북해
덴마크 왕국
코펜하겐
헬골란트 (영국령)
하노버 왕국
베를린
그레이트브리튼 및
아일랜드 연합왕국
암스테르담
아일랜드
네덜란드 왕국
프로이센 왕국
벨기에인
런던
브뤼셀
튀링겐
작센
영불 해협
팔츠
바이에른 왕국
파리
250 km
프랑스 왕국
스위스 연방
티롤
1815년의 유럽
국제 국경
사부아
밀라노
주요 승전국
(영토 확장 포함)
토리노
룸바르디아
베네치아
러시아 제국 신성 동맹 창설 국가
이탈리아인
프로이센 왕국
니스 백작령
파르마
러시아 제국
모데나
오스트리아 제국
영국
기타 유럽 국가들
토스카나
영토를 획득한 국가
교황령
기타 독일 국가
독일 연방의 경계
피에몬테-사르데냐 왕국
분열된 이탈리아
코르시카
(프랑스령)
로마
1790년 국경으로 축소된 프랑스
영토 변화가 없는 국가
스페인
민족적 요구
나폴리
티레니아해
지브롤터 (영국령)
지중해
몰타 (영국령)

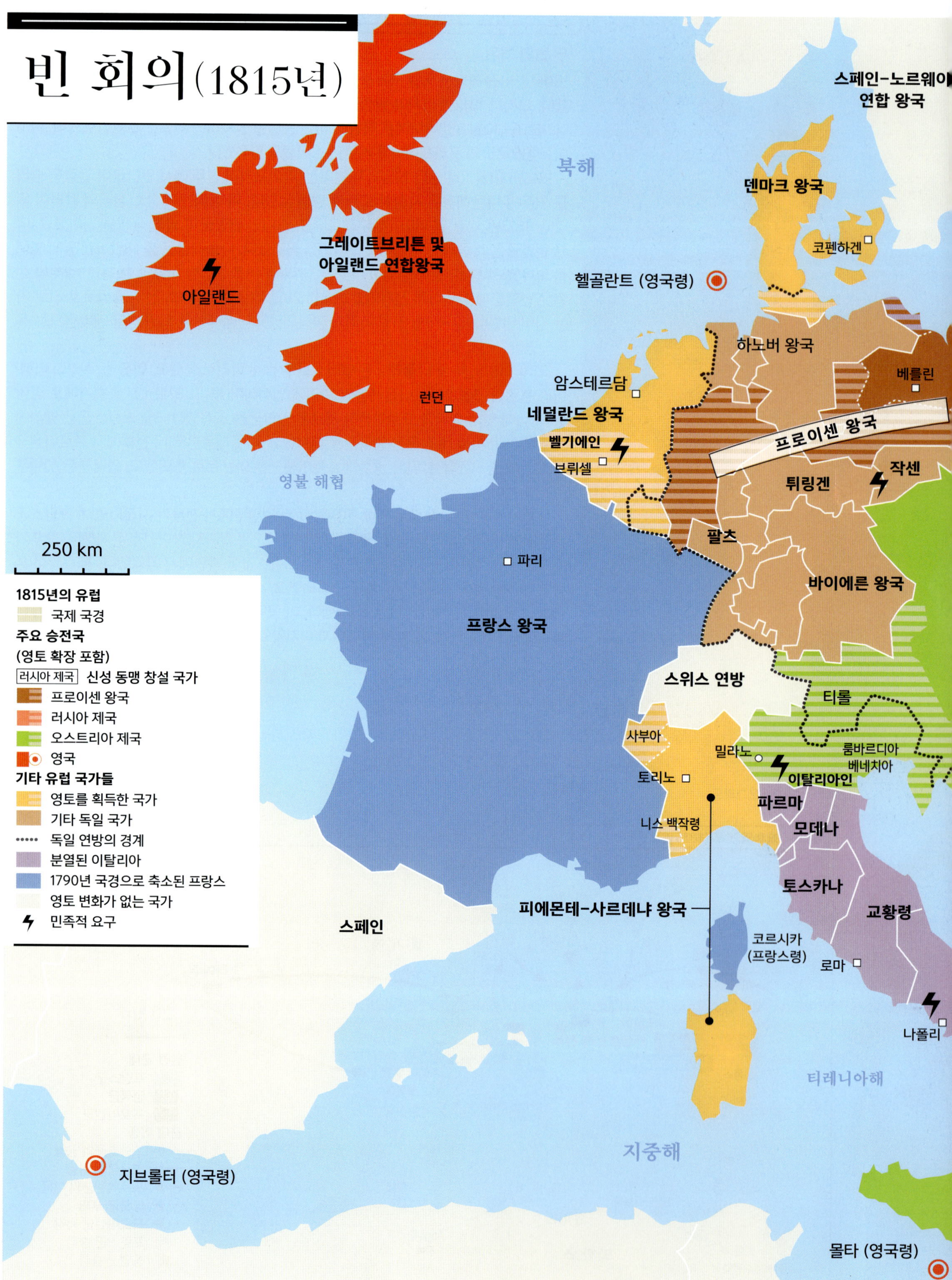

2589

유럽의 새로운 질서

나폴레옹의 첫 번째 퇴위 이후, 1814년 9월부터 1815년 6월까지 유럽 강대국들이 빈에서 회의를 개최했다. 이 회의는 영국, 프로이센, 오스트리아, 러시아 등 나폴레옹 전쟁의 승전국들이 주도했으며 목표는 나폴레옹 시대 이후 유럽의 세력 균형을 재정립하고 대륙의 안정성을 보장하는 것이었다. 1815년에 체결된 빈 조약은 유럽의 국경을 새롭게 조정했다. 프로이센, 러시아, 오스트리아는 서쪽으로 영토를 확장했으며 폴란드는 다시 분할 점령되었고, 이탈리아는 여러 개의 작은 국가로 나뉘었다. 영국은 주요 해상 항로를 따라 전략적 거점을 확보했다. 프랑스는 1790년의 국경선으로 축소되었으며, 1815년 가을, 사부아 지역마저 상실하며 국력이 크게 위축되었다.

빈 회의는 보수적인 성격이 강했으며, 유럽 각국의 민족적 열망을 억누르고 군주제 질서를 강화했다. 그러나 동시에 국제 외교의 새로운 시대를 열었으며, 국가 간 협력을 통한 '평화 유지'라는 개념을 도입했다. 특히 라인강의 자유로운 항해를 보장하기 위해 설립된 '라인강 중앙 위원회'는 초국경적 협력의 새로운 모델로 자리 잡았다.

1830년의 혁명

혁명의 소용돌이에 휩싸인 유럽

1830년 7월 27일부터 29일까지 파리에서 벌어진 '영광의 3일'이라 불리는 7월 혁명은 1832년 콜레라 창궐 이전까지 유럽 전역에 연이은 혁명의 물결을 촉발했으며, 파리가 그 도화선 역할을 수행했다.

1830년 7월 25일, 샤를 10세는 '4개의 칙령'을 발표하며 헌정 질서를 무너뜨리는 사실상의 친위 쿠데타를 감행했다. 이 칙령은 언론의 자유 제한, 하원 해산, 선거권 축소 등을 포함하여 산업 및 상업 부르주아 계층의 권리를 침해하는 내용이었다. 이에 시민들이 반발하며 거리로 나섰다. 자유주의 성향의 엘리트들은 혁명을 계획했고, 노동자와 장인 계층이 혁명을 주도하면서 결국 루이 필리프 1세가 '프랑스 국민의 왕'으로 즉위했다.

혁명의 불길은 프랑스에만 머물지 않았다. 국민적 주권과 공공의 자유를 열망하던 시민들은 1815년 빈 회의에서 확립된 기존 질서에 도전했다. 이 체제는 '정통성'의 원칙 아래 군주들의 연대와 정치적 안정을 기반으로 형성되었다. 8월 브뤼셀에서 봉기가 일어났고, 독일 연방과 스위스에서도 유사한 운동이 전개되었다. 폴란드는 러시아의 지배에 저항했지만 1831년 9월 러시아군에 의해 가혹하게 진압되었고, 이탈리아에서도 혁명이 일어났으나 결국 진압되었다. 영국과 이베리아반도에서도 소요가 잇따랐으며, 유럽을 넘어 브라질과 서인도 제도에서도 반란이 발생했다. 이 모든 혁명 운동의 공통된 요구는 '자유'였다. 개인의 자유, 언론의 자유, 그리고 헌법적 권리 보장의 요구가 유럽 전역에서 끊임없이 울려 퍼졌다.

파리의 3일 혁명(7월 혁명)

1830년 7월, '영광의 3일' 동안 파리 곳곳에 수백 개의 바리케이드가 세워졌다. 시민 봉기군은 마르몽 원수가 지휘하는 샤를 10세의 군대와 격렬한 전투를 벌였다. 1830년 7월 29일 시민들이 튀일리 궁을 공격하자 샤를 10세는 파리를 탈출할 수밖에 없었다.

특히 7월 25일에 발표된 생클루 칙령의 직접적인 대상이었던 자유주의 성향의 의원들은 공화정 수립을 막기 위해 루이 필리프를 왕으로 추대하고 새로운 입헌군주제를 수립했다. 이로써 부르봉 왕조가 몰락하고, 오를레앙 왕가가 그 자리를 대신하게 되었다.

1848년, 세계적인 봄

파리, '민중의 봄'의 중심지(1848년 2월)

1846년부터 유럽 전역에서 경제 위기가 확대되었고, 1815년 빈회의 이후 확립된 보수적 군주제에 대한 반발이 거세졌다. 혁명의 불길은 1846년 폴란드의 크라쿠프 봉기에서 시작되어, 1847년 스위스의 존더분트 전쟁을 거쳐, 1848년 1월 팔레르모까지 번졌다. 특히 1848년 2월 프랑스 혁명이 촉발되면서 유럽 전역으로 혁명의 물결이 퍼져나갔으며, 이는 '민중의 봄'이라 불리는 혁명의 시대를 열었다.

이 혁명은 이탈리아 반도의 소국들, 오스트리아 제국, 독일 연방, 그리고 스페인 등으로 퍼져 나갔으며, 각국의 혁명 세력은 헌법 제정과 시민의 권리를 요구했다. 특히 오스트리아에서는 민족 자결권 요구가, 독일과 이탈리아에서는 국가 통일 운동이 혁명적 요구와 결합했다.

이러한 흐름 속에서 파리에서는 2월 혁명을 계기로 제2공화국이 수립되면서 유럽 혁명의 중심지로 부상했다. 파리에는 유럽 각지에서 온 언론인, 문인, 노동자들이 몰려들었으며, 카를 마르크스를 비롯한 수많은 혁명가가 박해를 피해 망명하거나 거점을 마련하며 활발한 정치 활동을 전개했다.

함께 보기 ── 파리, 혁명의 극장 **p.478**
빈 회의 **p.498**
독일 통일을 향하여 **p.506**

파리, 1848년 2월 혁명의 무대

1848년 2월 22일 선거 개혁을 요구하는 연회가 금지되자 분노한 파리 시민들이 콩코르드 광장으로 집결했다. 다음 날, 루이 필리프 국왕이 소집한 국민 위병이 오히려 시위대와 연대하면서 혁명은 더욱 격화되었다. 2월 23일 저녁 카퓌신 대로에서 시위대를 향한 군대의 발포로 희생자들의 시신을 실은 수레가 거리를 도는 '시신 행진'이 이어지자 시민들의 분노가 극에 달했다. 다음 날인 2월 24일 군중이 튀일리궁으로 몰려가자 루이 필리프는 퇴위하고, 같은 날 파리 시청에서는 프랑스 제2공화국이 선포되었다.

혁명의 결과 온건 공화주의자들(라마르틴, 르드뤼-롤랭)이 주도하는 임시정부가 수립되었다. 민중의 요구에 따라 급진적 사회 개혁을 지지하던 '라 레포므르' 계열 인사들이 정부에 합류했으며, 노동자 대표인 루이 블랑은 노동자위원회의 위원장으로 임명되었다. 제2공화국은 2월 27일 정치범에 대한 사형을 폐지했으며, 4월 27일 노예제를 폐지했다. 또한 실업자 구제를 위해 '국가 작업장'을 설립했다.

4월에는 남성 보통선거를 통해 제헌의회가 구성되었으나, 의회는 보수파와 온건파 공화주의자들이 다수를 차지했다. 결국 국가 작업장이 비효율적이고, 비용이 과다하다는 이유로 폐쇄되자 분노한 노동자들은 6월 22일부터 26일까지 무장봉기를 일으키며 바리케이드를 세웠다. 그러나 카베냐크 장군이 이끄는 정부군의 강경 진압으로 봉기는 진압되었고, 이는 민중과 공화국 정부 간의 심각한 갈등을 초래했다.

이탈리아 독립 전쟁(1848~1860년)

오스트리아와의 전쟁

1848년부터 1849년까지 이어진 전쟁은 독립을 위한 혁명과 국제적 갈등이 얽힌 복합적인 충돌이었다. 특히, 사르데냐-피에몬테 왕국은 토스카나 등 다른 이탈리아 국가들과 연합하여 롬바르디아와 베네치아를 지배하는 오스트리아와 맞서 싸웠다. 이탈리아 전역에서 온 자원병이 피에몬테 정규군에 합류했으며, 피에몬테 국왕 카를로 알베르토가 이를 이끌었다. 그러나 1849년 3월 20일, 결정적으로 패배하자 왕위를 내려놓았다.

같은 해에 공화국이 수립된 베네치아, 피렌체, 로마에서도 다시 전투가 벌어졌으나 빈 회의(1815년)에서 확립된 질서가 다시 강제로 복원되었다. 1849년 6월부터 8월까지 프랑스군이 로마 공화국을 무너뜨리는 등 외세의 개입으로 공화국 세력이 진압되면서 제1차 독립 전쟁은 실패로 돌아갔다. 그러나 1859년, 비토리오 에마누엘레 2세와 카부르가 이끄는 피에몬테는 나폴레옹 3세의 프랑스와 동맹을 맺어 '제2차 이탈리아 독립 전쟁'에서 승리하며 다시 반격에 나섰다.

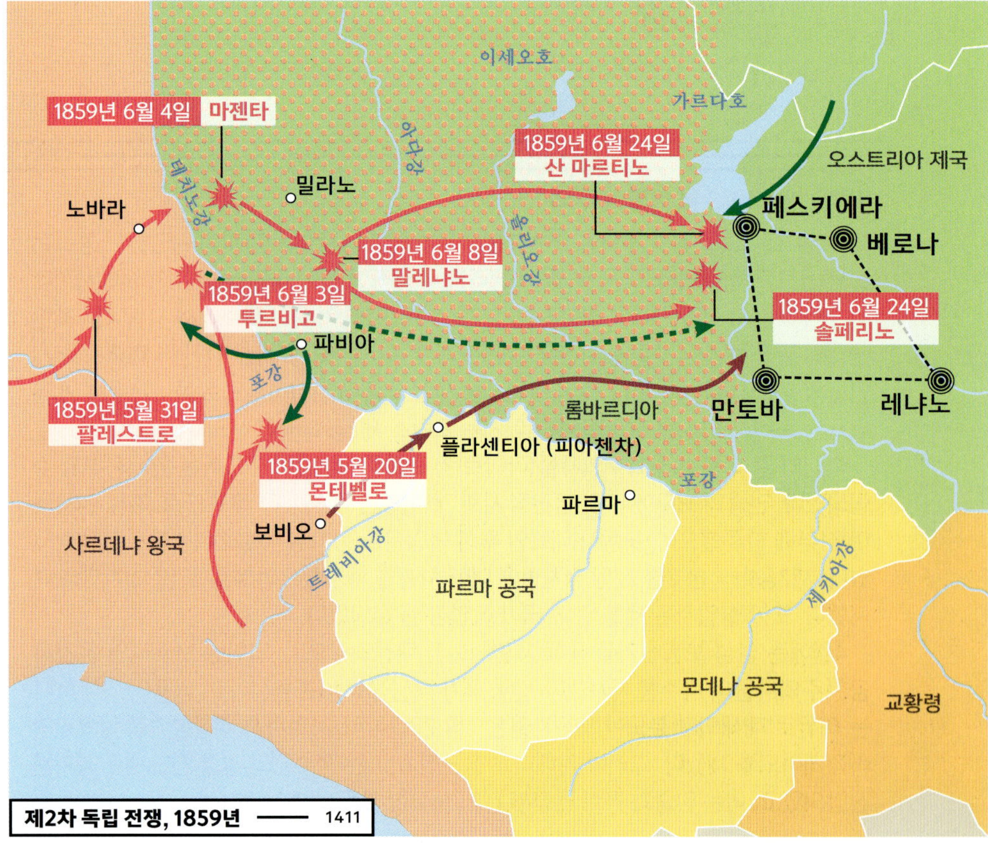

이탈리아의 통일, 리소르지멘토

프랑스와 방위 동맹을 맺은 카부르는 1859년부터 오스트리아를 자극하는 공격적인 전략을 펼쳤다. 그는 망명자들로 구성된 자원병 부대를 조직하며 긴장을 고조시켰고, 결국 오스트리아가 전쟁을 선포하도록 유도했다. 이에 프랑스는 피에몬테를 지원하기 위해 군대를 파견했다. 프랑스군과 피에몬테 연합군은 마젠타 전투에서 승리하며 전세를 유리하게 이끌었다. 6월 24일 피에몬테군은 산마르티노에서, 프랑스군은 솔페리노에서 오스트리아군과 치열한 전투를 벌였다. 전쟁이 격화되자 나폴레옹 3세는 오스트리아 황제 프란츠 요제프와 협상을 진행했고, 피에몬테를 배제한 채 7월 11일 '빌라프랑카 휴전 조약'을 체결했다. 이 협정으로 롬바르디아는 피에몬테에 양도되었고, 그 대가로 니스와 사부아는 프랑스에 공식적으로 병합되었다.

독일 통일을 향하여

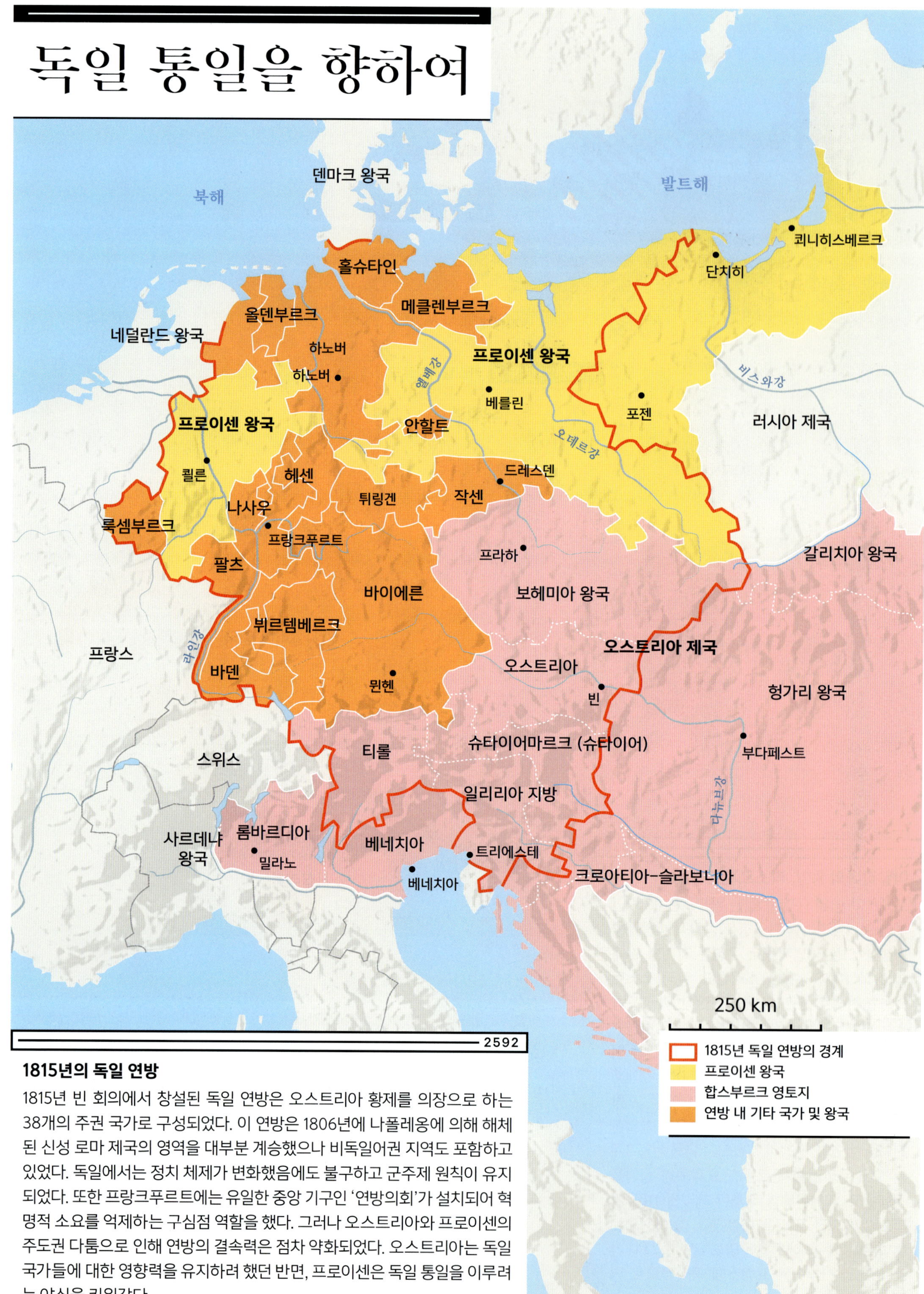

1815년의 독일 연방

1815년 빈 회의에서 창설된 독일 연방은 오스트리아 황제를 의장으로 하는 38개의 주권 국가로 구성되었다. 이 연방은 1806년에 나폴레옹에 의해 해체된 신성 로마 제국의 영역을 대부분 계승했으나 비독일어권 지역도 포함하고 있었다. 독일에서는 정치 체제가 변화했음에도 불구하고 군주제 원칙이 유지되었다. 또한 프랑크푸르트에는 유일한 중앙 기구인 '연방의회'가 설치되어 혁명적 소요를 억제하는 구심점 역할을 했다. 그러나 오스트리아와 프로이센의 주도권 다툼으로 인해 연방의 결속력은 점차 약화되었다. 오스트리아는 독일 국가들에 대한 영향력을 유지하려 했던 반면, 프로이센은 독일 통일을 이루려는 야심을 키워갔다.

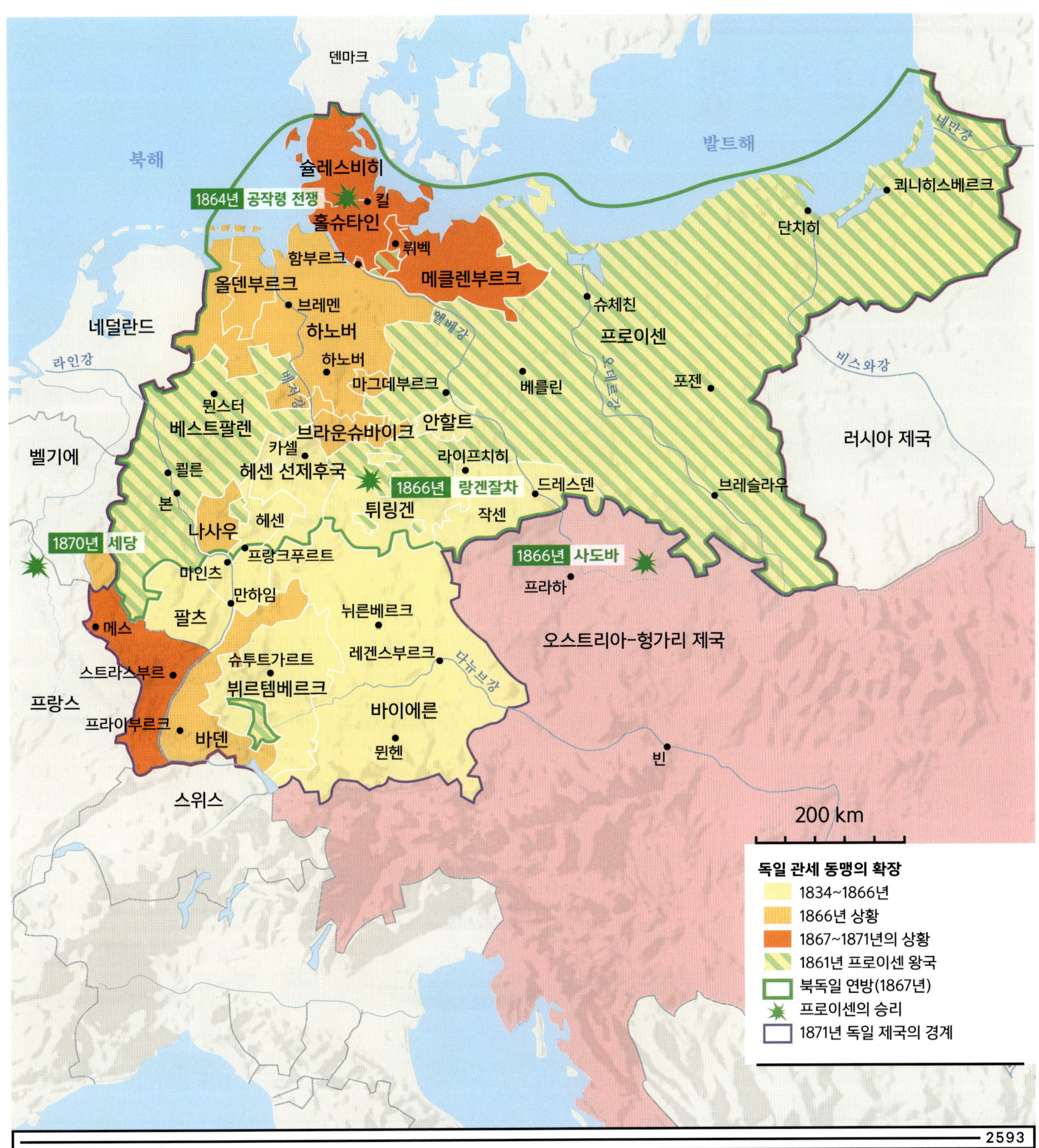

관세 동맹에서 독일 제국까지(1834~1871년)

1834년, 프로이센 주도로 독일 국가들 사이에 관세 및 무역 동맹이 창설되었다. 이는 경제적 이익을 공유하는 공동 시장을 조성하는 것이 목표였다. 관세 동맹이 성공적으로 운영되면서 점차 확대되었고, 특히 북부 지역(하노버, 메클렌부르크, 슐레스비히홀슈타인)이 추가로 가입하면서 오스트리아를 제외한 '소독일주의' 원칙에 따른 경제적 통합이 이루어졌다.

오스트리아의 배제는 1866년 프로이센-오스트리아 전쟁에서 프로이센이 랑겐잘차 전투(6월 27~28일)와 사도바 전투(7월 3일)에서 승리하면서 더욱 확고해졌다. 이에 따라 독일 연방은 해체되었다.

비스마르크의 주도 아래 1867년 북독일 연방이 창설되었으며, 프로이센을 중심으로 작센 왕국과 21개의 소규모 국가들이 참여하며 독일 통일의 핵심 세력이 되었다. 1870년 프로이센은 독일 남부 국가들을 통합하기 위해 프랑스와 전쟁을 벌였다. 전쟁에서 프로이센이 승리하며 독일 통일이 마무리되었고, 1871년 독일 제국이 공식적으로 선포되었다. 새롭게 탄생한 독일 제국은 기존 관세 동맹의 영역을 대부분 계승하고 알자스-로렌을 추가로 편입했다. 단, 관세동맹의 일원이었던 룩셈부르크 대공국은 제국에서 제외되어 중립국으로 남았다.

1870년 전쟁

프랑스–독일 전쟁(1870~1871년)

1870년 비스마르크는 오스트리아를 배제하고 프로이센을 중심으로 북부 독일 국가들을 통합한 뒤, 프랑스와의 전쟁을 통해 독일 통일을 완성하려 했다. 당시 프랑스에서는 나폴레옹 3세 주변의 강경파가 전쟁을 주장하고 있었다. 결국 프랑스와 독일의 전쟁은 7월 19일에 시작되었으며, 프랑스군은 준비 부족과 혼란스러운 지휘로 인해 몇 주 만에 연속적인 패배를 겪었다.

맥마흔 원수가 지휘하는 프랑스군은 샬롱으로 퇴각했지만, 로렌 군대와의 합류에 실패했고, 바젠 원수와 그의 병력은 메스에서 포위되었다. 나폴레옹 3세는 북쪽으로 진격하여 메스로 가려 했으나 9월 1일 스당 전투에서 참패하며 프로이센에 항복했다.

9월 4일 파리에서 공화국이 선포되었고, 새로 수립된 국민방위정부 전쟁을 계속하기로 했다. 파리가 포위되자 강베타는 열기구를 타고 파리를 탈출해 투르에서 새로운 군대를 조직했다. 그러나 프랑스군은 일부 지역에서 소규모 승리를 거두었을 뿐, 전세를 뒤집지 못했다. 포위된 파리에서는 식량 부족과 혹독한 겨울 날씨로 인해 시민들의 불만이 고조되었고, 결국 1871년 1월 28일 프랑스는 휴전 협정에 서명했다. 5월 10일 프랑크푸르트 조약이 체결되면서 알자스와 모젤 지역이 독일에 병합되었다. 이에 앞서 1871년 1월 18일, 프로이센의 빌헬름 1세가 베르사유에서 독일 제국 황제로 선포되며 독일 통일의 대업을 마무리했다

뫼즈강
벨기에
독일
독일 제2군
마인츠
독일 제1군
1870년 9월 1일 스당
룩셈부르크
트리어
독일 제3군
1870년 8월 30일 보몽
1870년 8월 18일~10월 27일
제2군단
슈파이어
1870년 8월 4일 비삼부르
1870년 8월 18일 그라블로트, 생프리바
베르됭
메스
포르바흐 1870년 8월 6일
랭스
바젠
라인 제1군단
1870년 8월 16일 마르슬라투르
프뢰슈빌레르-베르트 1870년 8월 6일
살롱
맥마흔
툴
낭시
스트라스부르
1870년 8월 15일~9월 28일
트루아
에피날
알자스
쇼몽
프라이부르크
1870년 11월 19일 샤티용쉬르센
랑그르
1870년 11월 3일~1871년 2월 18일
브줄
벨포르
부르고뉴
에리쿠르 1871년 1월 15~17일
디종
브장송
빌레르섹셀 1871년 1월 9일
스위스
프랑슈콩테
퐁탈리에
보주군
(가리발디 장군)
동부군
(부르바키 장군)
보주군
교황의 주아브병
식민지 병사
인도적 지원
기타 외국인 자원병

연대기

1870년 7월 19일
프랑스가 프로이센에 전쟁을 선포함.

1870년 8월 16일
스트라스부르 포위 공격 시작함.

1870년 8월 20일
바젠 원수는 18만 명의 병력과 함께 메스로 후퇴함.

1870년 9월 1~2일
스당에서 프랑스군이 패배하고 나폴레옹 3세는 프로이센군에 포로가 됨.

1870년 9월 4일
프랑스 국방정부 수립 및 공화국 선포함.

1870년 9월 19일
파리 포위 공격을 시작함.

1870년 10월 7일
강베타는 열기구를 타고 파리를 떠남(9일 투르에 도착).

1871년 1월 18일
프로이센의 빌헬름 1세가 베르사유에서 독일 황제로 선포됨.

1871년 1월 28일
파리의 항복. 국민의회 선거 실시를 골자로 하는 휴전 협정에 서명함.

1871년 2월 8일
왕당파와 평화주의자가 다수를 차지하는 프랑스 국회의원 선거 시행.

1871년 3월 18일~5월 28일
파리 시민들의 대포 반납 거부 및 봉기. 동시에 파리에서 도시 자치 단체인 '코뮌'이 수립됨.

1871년 5월 10일
프랑크푸르트 조약으로 프랑스는 알자스와 모젤을 할양함.

1873년 1월 9일
나폴레옹 3세가 영국 망명 중 사망함.

파리 코뮌(1871년)

파리, 코뮌의 무대
(1871년 3월 18일~5월 28일)

1870년 9월 4일, 나폴레옹 3세가 스당 전투에서 패배한 후 프랑스 공화국이 선포되었다. 그러나 전쟁은 국방정부 아래 계속되었고, 포위된 파리에서는 혁명의 열기가 고조되었다. 1792년부터 1793년에 이어 일부 시민들은 파리 코뮌의 부활을 꿈꿨다. 그러다 아돌프 티에르가 이끄는 임시 정부가 독일과 굴욕적인 휴전 협정을 체결하자 파리 시민들의 분노는 폭발했다.

파리와 티에르 정부 간의 긴장이 고조되었고, 정부는 파리에 배치된 군사력을 해체하려 했다. 1871년 3월 18일 정부가 벨빌과 몽마르트르 고지에 배치된 227문의 대포를 철수시키려 하자 시민들이 저항하며 봉기가 시작되었다. 정부는 베르사유로 피신했고, 이 과정에서 국민 방위군 중앙위원회는 선거를 조직하여 '코뮌 평의회'를 수립했다.

파리 코뮌은 급진적인 사회주의적, 반종교적 개혁 정책을 추진했다. 한편 티에르 정부는 베르사유에서 군대를 재편했고, 몇 주간의 전투 끝에 5월 21일 파리에 진입하면서 '피의 주간'이 시작되었다. 코뮌 세력은 후퇴하며 주요 건물들을 불태우고 인질을 처형했다. 베르사유 정부군은 항복한 코뮌 대원(연맹병)들을 즉결 처형하며 강경 진압을 감행했다. 코뮌 진압 과정에서 1만에서 2만 명이 사망했으며, 군사재판을 통해 1만 3천 명이 유죄 판결을 받았다. 이 중 4,600명은 뉴칼레도니아로 유형을 떠났다.

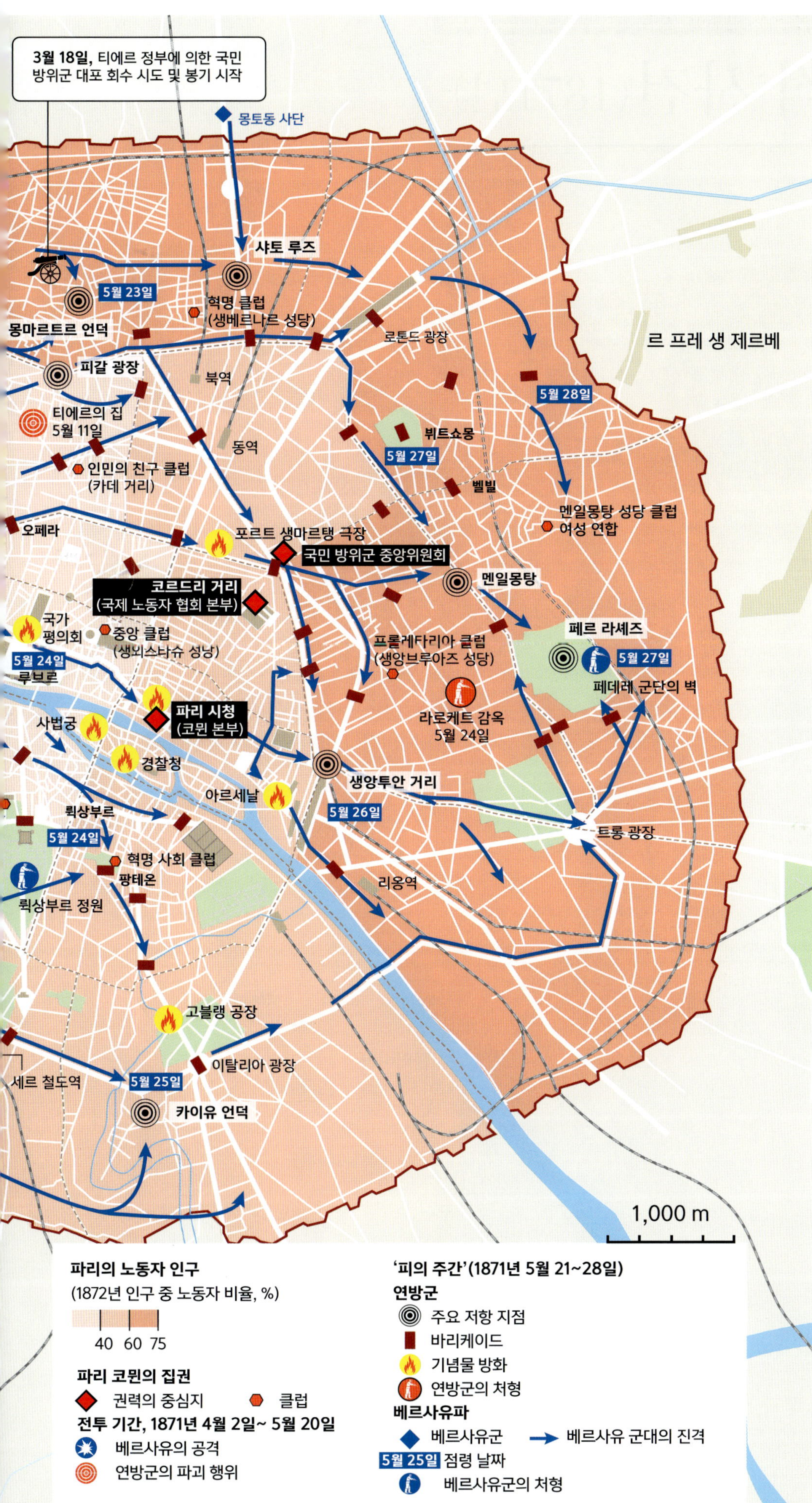

1870년 9월 19일

프로이센 군대가 파리 포위를 시작함. 10월 7일 강베타가 열기구를 타고 파리 탈출. 10월 민중 봉기에도 불구하고 국민 투표에서 국방 정부에 대한 신뢰가 재확인됨.

1871년 1월 5일

프로이센군의 파리 폭격이 시작됨. 같은 날 밤, 코뮌 수립을 촉구하는 '붉은 포스터'가 파리 전역에 게시됨.

1871년 3월 18일

1월 28일 파리 항복 이후, 정부가 몽마르트르 대포를 회수하려 했으나 실패함. 진압군이 시민들에게 동화되자, 티에르와 정부는 파리를 버리고 베르사유로 철수함.

1871년 3월 28일

파리 시청에서 '파리 코뮌'이 공식 선포됨. 코뮌은 징병제와 상비군 폐지, 임대료 면제, 정교분리 등 급진적인 사회 개혁 조치를 시행함.

1871년 5월 21~28일 (피의 주간)

맥마흔 장군의 베르사유 정부군이 파리에 진입함. 코뮌 지지자들은 튀일리 궁전과 시청 등에 방화하며 저항했으나, 5월 28일 페르라셰즈 공동묘지에서 147명의 연방군이 처형되면서 코뮌은 진압됨.

1876~1880년

총선에서 공화파가 의회 다수를 차지하며 제3공화국 체제가 안정됨. 1879년 3월 3일, 코뮌 가담자에 대한 부분 사면 법안이 통과됨. 1880년 7월 11일, 대사면 법안이 통과되어 남성 541명과 여성 9명이 석방됨.

코뮌, 세계적 사건(1871년)

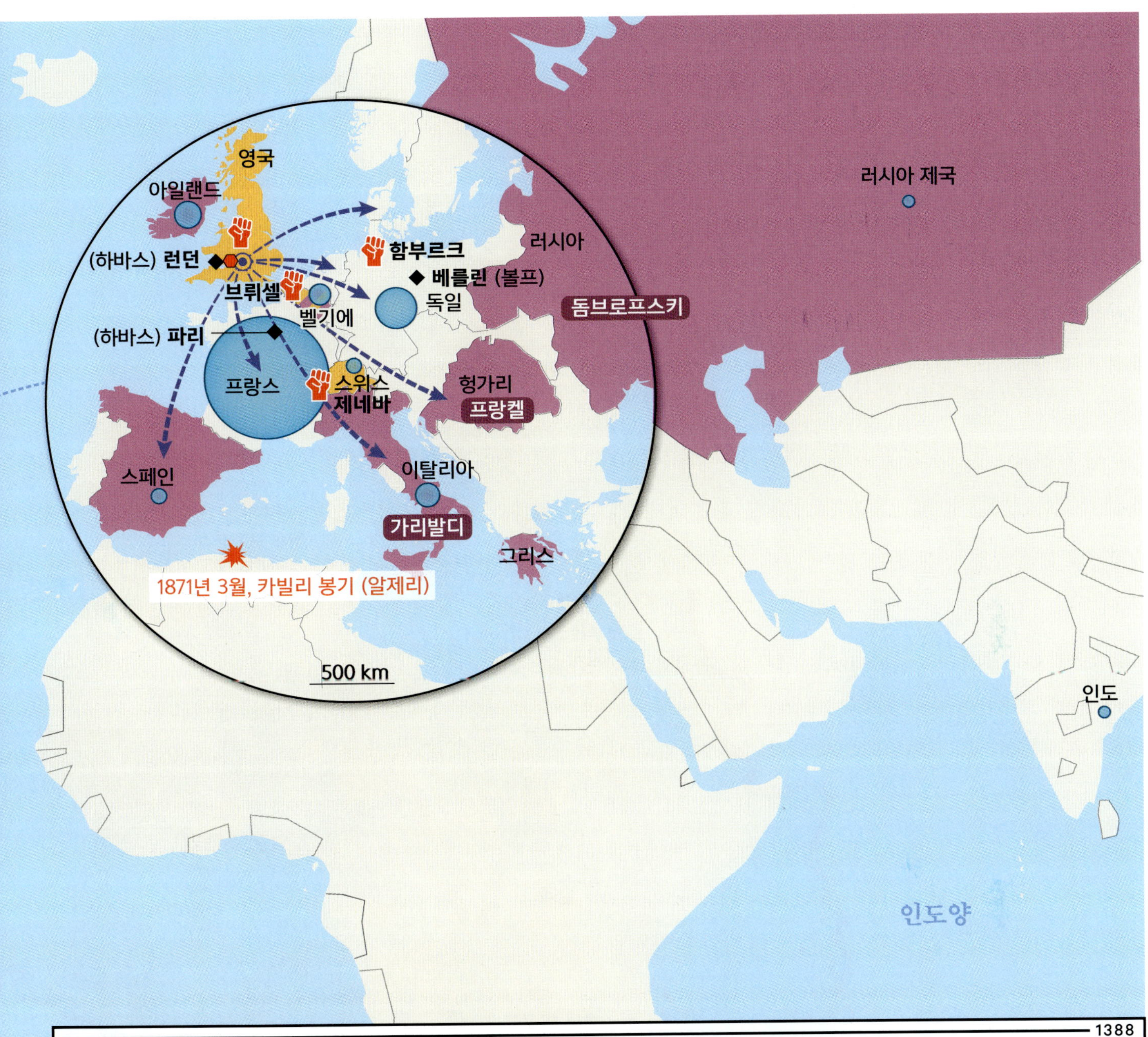

1388

전 세계를 열광시킨 봉기

1870년에서 1871년 사이, 파리는 72일 동안 지속된 혁명적 자치 정부 '파리 코뮌'의 중심지였다. 이보다 짧은 기간이었지만, 다른 도시에서도 유사한 봉기가 발생했다. 가장 먼저 리옹과 마르세유(첫 번째 마르세유 코뮌)에서 혁명이 일어났으며, 이후 마르세유(두 번째 코뮌), 생테티엔, 나르본 등지에서도 코뮌의 정신을 계승하는 혁명적 움직임이 이어졌다. 이 사건들은 프랑스 내부는 물론 국제적으로도 큰 영향을 미쳤다.

1870년부터 1871년까지 이어진 전쟁과 그 이후 일어난 파리 혁명에는 다양한 국적의 혁명가들이 참여했다. 그중에는 헝가리 출신의 레오 프랑켈, 폴란드 출신의 돔브로프스키와 브로블레프스키를 비롯해 독일과 이탈리아인 혁명가들도 함께했다. 한편 당시 베르사유에는 코뮌 소식을 실시간으로 취재하여 전 세계로 보도하는 기자들이 몰려들었다. 파리 코뮌이 던진 정치적, 사회적 질문들은 격렬한 논쟁을 불러일으켰다. 민주주의 정부의 본질, 사회계급 간의 관계, 혁명과 그 진압 과정에 발생한 폭력 문제 등이 주요 쟁점이었으며, 특히 '피의 주간' 동안 논쟁이 더욱 격해졌다.

각국의 반응은 정치적 상황에 따라 달랐다. 예를 들어, 대서양 횡단 케이블로 파리 코뮌 소식을 빠르게 접한 미국의 민주당은 코뮌에 동조했지만, 공화당은 반대했다. 한편, 알제리에서는 프랑스 본토에서 벌어진 혁명의 소식이 1871년 봄 카빌리 지역의 봉기에 영향을 미쳤다.

코뮌 진압 후 많은 혁명가가 추방되거나 망명했다. 약 4,600명은 프랑스 유형지 '뉴칼레도니아'로 유배되었으며, 일부는 영국, 스위스 등 유럽 각국과 미국, 아르헨티나, 칠레로 망명했다. 당시 런던에 본부를 둔 '국제노동자협회(AIT)' 역시 파리 코뮌에 깊은 관심을 보였다. 일부에서는 국제노동자협회가 코뮌 혁명의 배후 세력이라는 비난을 제기했지만, 국제노동자협회는 오히려 코뮌을 적극적으로 지지하며 이를 혁명의 상징으로 만들었다. 카를 마르크스는 <프랑스 내전>(1871)에서 코뮌을 찬양했으며, 이 글은 여러 언어로 번역되어 널리 배포되었다. 심지어 1917년 러시아 혁명이 파리 코뮌보다 오래 지속되자, 레닌이 기뻐하며 춤을 추었다는 일화도 전해진다.

1871년 독일 제국

스웨덴 왕국
덴마크 왕국
코펜하겐
북해
슐레스비히
홀슈타인
메클렌부르크 대공국
함부르크
올덴부르크
올덴부르크 대공국
하노버주
네덜란드 왕국
오스나브뤼크
하노버
마그데부르크
베를린
리페
안할트 공국
발데크
카셀
라이프치히
브뤼셀
쾰른
드레스덴
작센 왕국
벨기에
튀링겐주
헤센 대공국
프랑크푸르트
룩셈부르크
자르브뤼켄
마인츠
프라하
알자스-모젤
뷔르템베르크 왕국
바이에른 왕국
스트라스부르
슈투트가르트
프랑스
호엔촐레른
지마링겐
뮌헨
바덴 대공국
취리히
스위스

─ 1437 ─

독일 제국의 탄생과 통합 과정

1871년 1월 18일, 프로이센 국왕 빌헬름 1세는 베르사유 궁전의 거울의 방에서 '독일 황제'로 즉위했다. 그는 1년 전(1870년) 스당 전투에서 프랑스군을 격파하며 승리를 거두었고, 그 결과 독일 제국이 탄생했다. 같은 해 5월 10일에 체결된 프랑크푸르트 조약에 따라 알자스와 로렌(모젤) 지역이 독일 영토로 편입되었다.

한때 적대 관계에 있던 프로이센과 북독일 연방의 동맹국들, 그리고 1866년 사도바 전투에서 패배했던 작센과, 남독일의 바이에른 및 뷔르템베르크 왕국이 1870년 프랑스를 상대로 연합하여 싸운 결과, 새로운 독일 제국이 탄생했다. 이는 오스트리아를 배제한 '소독일주의'의 승리를 의미했다. 하지만 프로이센이 19세기 초부터 주장해 온 '독일 민족국가'의 건설은 결코 간단한 과제가 아니었다.

첫째, 군주제적 정통성과 민주적 정당성의 조화가 과제였다. 황제는 왕조적 권위를 상징했고, 베를린의 제국 의회는 민주적 정당성을 가져야 했다. 제국 의회 의원들은 남성 보통선거로 선출됐지만, 황제가 임명한 수상(재상, Chancellor)인 오토 폰 비스마르크는 제국 의회가 아닌 황제의 신임에 의해서만 임명·유지되는 구조였다.

둘째, 독일 제국은 다양한 영토로 구성된 연방 국가였다. 총 22개의 독립된 주와 3개의 자유 도시(함부르크, 브레멘, 뤼베크)가 존재했으며, 각 주는 연방 의회(분데스라트)에 대표를 파견했다. 그러나 시간이 지나면서 제국의 중앙 정부의 권력이 점차 강화되었고 결국 황제, 수상, 그리고 제국 의회가 제2 제국의 정책을 결정하는 핵심 기구로 자리 잡았다.

마지막으로, 제국 내 다양한 민족과 문화 차이를 조정해야 했다. 독일 제국에는 독일인 외에도 폴란드인, 알자스인, 덴마크인 등 소수 민족이 공존했다. 통합을 위해 법률, 화폐, 도량형 단위의 표준화가 필수적으로 추진되었으며, 1893년에는 독일 전역의 표준 시간도 통일되었다.

오스트리아-헝가리(1867~1914년)

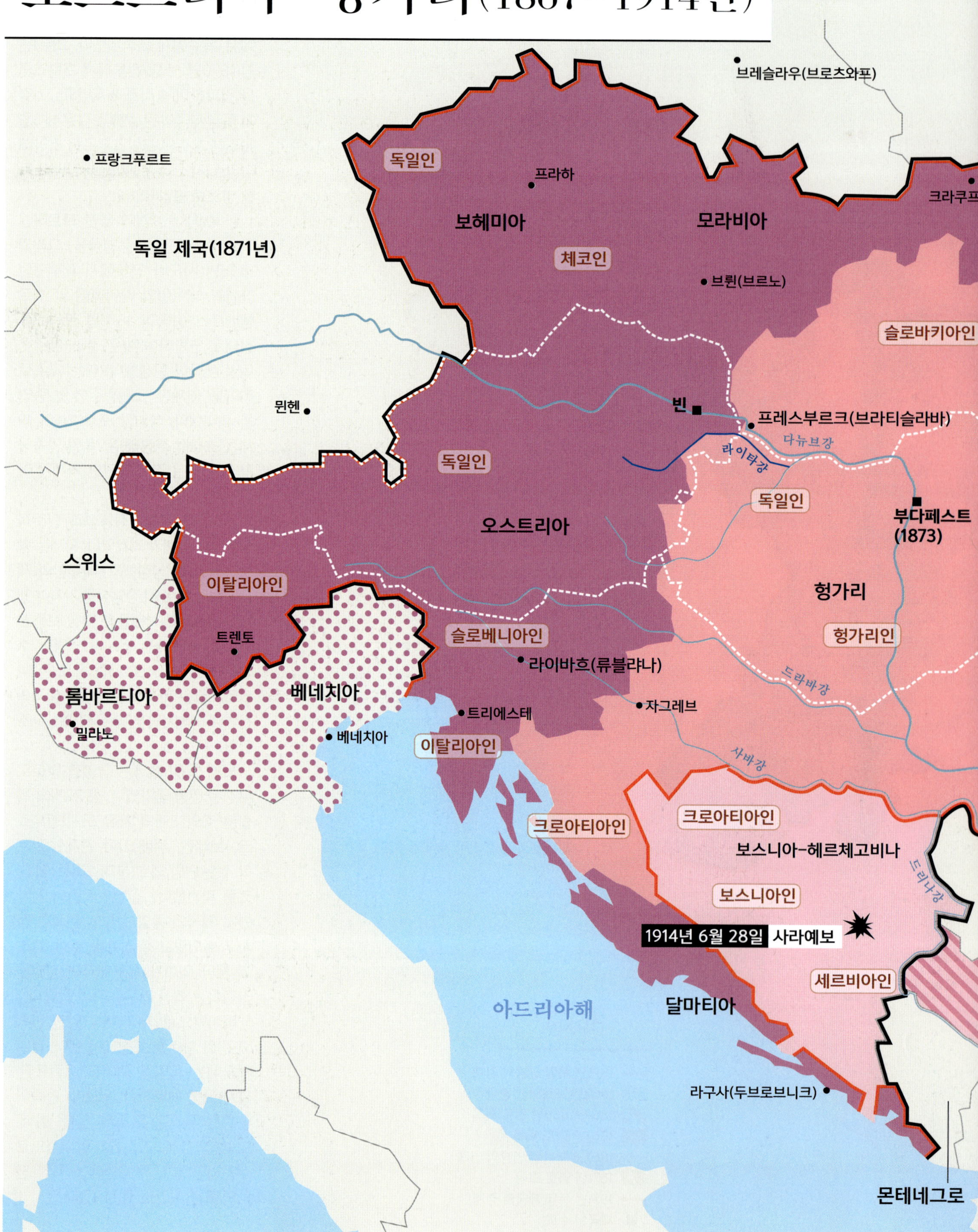

─ 2595

이중 군주제와 소수민족 문제

오스트리아 제국은 1848년 체코, 헝가리, 이탈리아의 혁명을 진압하는데 성공했지만 점차 쇠퇴했다. 1859년에 롬바르디아, 1866년 베네치아를 잃으며 영토가 축소되었다. 1867년 이러한 위기 속에서 오스트리아 황제 프란츠 요제프 1세와 헝가리 대표 데아크 페렌츠와 줄러 안드라시 백작이 '대타협'을 맺어 오스트리아-헝가리 제국을 수립했다. 이 타협에 따라 제국은 라이타강을 경계로 두 개의 자치 영역으로 분할되었다. 서쪽 치슬라이타니아(오스트리아령)는 빈에 위치한 오스트리아 정부가, 동쪽 트란스라이타니아(헝가리 왕국)는 부다페스트에 위치한 헝가리 정부가 통치했다. 그러나 프란츠 요제프 1세가 여전히 양국의 군주로 군림했다.

다민족 국가였던 오스트리아-헝가리 제국은 특히 슬라브 민족과 루마니아 민족의 독립 요구에 맞서 헝가리가 통치하는 동부 지역에서는 강압적인 '마자르화(헝가리 동화 정책)'를 추진했다. 1878년 베를린 회의에서 오스트리아-헝가리는 보스니아-헤르체고비나와 노비파자르 산자크에 대한 군사 점령권을 획득했다. 이후 1908년과 1909년에 거쳐 보스니아를 공식적으로 합병하며 세르비아와 러시아를 비롯한 국제 사회의 강한 반발을 불러일으켰다.

제1차 세계대전 직전, 합병된 보스니아의 중심 도시 사라예보에서 오스트리아-헝가리 제국의 황태자가 세르비아 민족주의자에 의해 암살되었다. 이 사건은 결국 제1차 세계대전의 직접적인 발단이 되었다. 제1차 세계대전이 끝난 후, 1919년 생제르맹 조약과 1920년 트리아농 조약을 통해 오스트리아-헝가리 제국은 해체되었다. 그 결과 패배한 이중 군주제의 붕괴와 더불어 여러 신생 국가들이 탄생했다.

19세기 발칸반도의 독립

그리스 독립 전쟁(1821~1830년)

1821년, 400년 가까이 오스만 제국의 지배를 받아온 그리스인들이 봉기했고, 이듬해인 1822년 에피다우로스에서 독립을 선언했다. 이 사건으로 그리스 독립 전쟁이 공식적으로 시작되었다. 이 투쟁은 바이런, 샤토브리앙 등 유럽 자유주의와 기독교 세력의 관심을 끌었으며, 특히 1822년 키오스섬 대학살은 유럽 사회에 큰 충격을 주었다. 이로 인해 프랑스, 영국, 러시아가 그리스 독립을 지원하게 되었다.

1827년 나바리노 해전에서 영-프-러 연합 함대가 오스만-이집트 함대를 궤멸시키며 승기를 잡았다. 이후 1830년 그리스는 오스만 제국에서 독립한 첫 국가가 되었다. 이는 1815년 빈 체제의 보수적 원칙에 균열을 내고, 민족주의와 자유주의가 승리한 최초의 중요한 전환점이었다.

1878년, 새롭게 그려진 발칸반도 지도

1870년대 발칸반도에서 오스만 제국의 지배에 맞선 봉기가 이어졌다. 이러한 혼란을 틈타 1877년 러시아가 불가리아를 지원하며 개입했고, 1878년 3월 3일 오스만 제국에 산스테파노 조약 체결을 강요해 대불가리아를 수립했다. 이에 따라 러시아의 영향력이 확대되었으나, 영국과 오스트리아-헝가리의 반대로 같은 해 6월 베를린 회의에서 조약이 수정되었다. 이로써 발칸반도의 국경이 재조정되었고, 대불가리아는 해체되어 불가리아 자치 공국이 설립되었다. 1885년 오스만 제국의 속주였던 동루멜리아가 불가리아에 합병되었고, 세르비아와 몬테네그로의 독립이 공식적으로 인정되었다. 루마니아는 추가로 다뉴브강 삼각주 지역을 획득했으며, 오스만 제국은 보스니아-헤르체고비나와 노비파자르에 대한 행정권을 오스트리아-헝가리에 넘겼다. 오스만 제국은 발칸반도의 일부 영토를 잃었지만, 여전히 알바니아부터 트라키아, 마케도니아까지의 영토를 지배했다. 특히, 살로니카는 유대인, 튀르크인, 그리스인이 공존하는 도시로 이후 청년 튀르크당 운동의 중심지가 되었다.

발칸 전쟁 (1912~1913년)

발칸반도의 연합과 분열

1912년 세르비아, 불가리아, 그리스, 몬테네그로는 오스만 제국을 유럽에서 몰아내기 위해 '발칸 동맹'을 결성했다. 러시아는 크림 전쟁에서 실패했으나, 보스포루스 및 다르다넬스 해협 통제권 장악을 목표로 이들을 지원했다. 1912년 10월 발칸 동맹군이 오스만 제국을 공격하면서 제1차 발칸 전쟁이 발발했다.

1913년 봄, 병력과 전략에서 압도적 우위를 보인 발칸 동맹군이 오스만 제국을 상대로 승리를 거두었고, 전쟁 후 영토 분할 과정에서 세르비아가 가장 많은 이익을 얻었다. 이에 불만을 품은 불가리아가 세르비아를 기습 공격하면서 1913년 6월 25일 제2차 발칸 전쟁이 시작되었다.

이 전쟁에서 불가리아는 세르비아-그리스 연합군은 물론, 중립을 깨고 참전한 루마니아, 그리고 잃었던 영토를 되찾기 위해 개입한 오스만 제국과도 맞서 싸워야 했다. 제2차 발칸 전쟁의 결과로 오스만 제국은 트라키아 일부를 되찾았고, 루마니아는 도브루자 지역을 획득했으며, 마케도니아는 세르비아와 그리스가 나누어 가졌다. 결국 불가리아는 패배하며 제1차 발칸 전쟁에서 획득했던 영토의 상당 부분을 상실하고 말았다.

1912~1913년, 제1차 발칸 전쟁
루마니아
■ 부쿠레슈티
도브루자
베오그라드
다뉴브강
바르나
노비파자르
세르비아
소피아
불가리아
흑해
몬테네그로
코소보
마리차강
플로브디프
체티네 ■
슈코더르
쿠마노보
키르크킬리세
스코페
에디르네
(아드리아노폴리스)
차탈자
모나스티르
(비톨라)
트라키아
룰레부르가즈
콘스탄티노플
두러스
알바니아
마케도니아
기아니차
발로나
테살로니키
사란타포로
오스만 제국
비자니
코르푸
에피루스
그리스
에게해
■ 아테네
이오니아해
200 km

제2차 발칸 전쟁 이후 발칸반도(1913년)
■ 베오그라드
루마니아
■ 부쿠레슈티
도브루자
다뉴브강
바르나
노비파자르
세르비아
불가리아
몬테네그로
코소보
■ 소피아
흑해
체티네 ■
마리차강
스코페
티라나
에디르네 (아드리아노플)
모나스티르 (비톨라)
트라키아
콘스탄티노플 ■
알바니아
마케도니아
테살로니키
오스만 제국
코르푸
그리스
에게해
■ 아테네
지중해
200 km

연대기

1912년 5월
오스만 제국에 대항해 세르비아,
불가리아, 그리스, 몬테네그로가 군사
동맹을 체결, '발칸 동맹'을 결성함.

1912년 10월 18일
발칸 동맹군이 오스만 제국을
공격하며 제1차 발칸 전쟁이 발발함.

1912년 10월 24일
불가리아군이 키르크킬리세 전투에서
오스만 제국을 상대로 승리함.

1913년 1월 23일
청년 튀르크당이 콘스탄티노플에서
권력을 장악함.

1913년 3월 26일
불가리아군, 5개월간의 포위 공격 끝에
아드리아노플(현재의 에디르네)을
점령함.

1913년 4월 23일
몬테네그로와 세르비아군이 7개월간의
포위 공격 끝에 알바니아 북부의
슈코더르를 점령함.

1913년 5월 30일
전쟁이 종료됨(주로 공성전으로
진행됨). 오스만 제국은 대부분의 유럽
영토를 상실함.

1913년 6월 16일
영토 분배에 불만을 품은 불가리아가
이전 동맹국인 세르비아와 그리스를
기습 공격하며 제2차 발칸 전쟁이
발발함.

1913년 7월 10일
중립을 지키던 루마니아가 불가리아를
상대로 참전함.

1913년 7월 19일
오스만 제국, 불가리아의 전력 공백을
틈타 아드리아노플(에디르네)을
재점령함.

8월 10일
부쿠레슈티 조약 체결로 제2차 발칸
전쟁 종료 및 발칸반도의 국경이
재조정됨.

러시아 제국(1796~1914년)

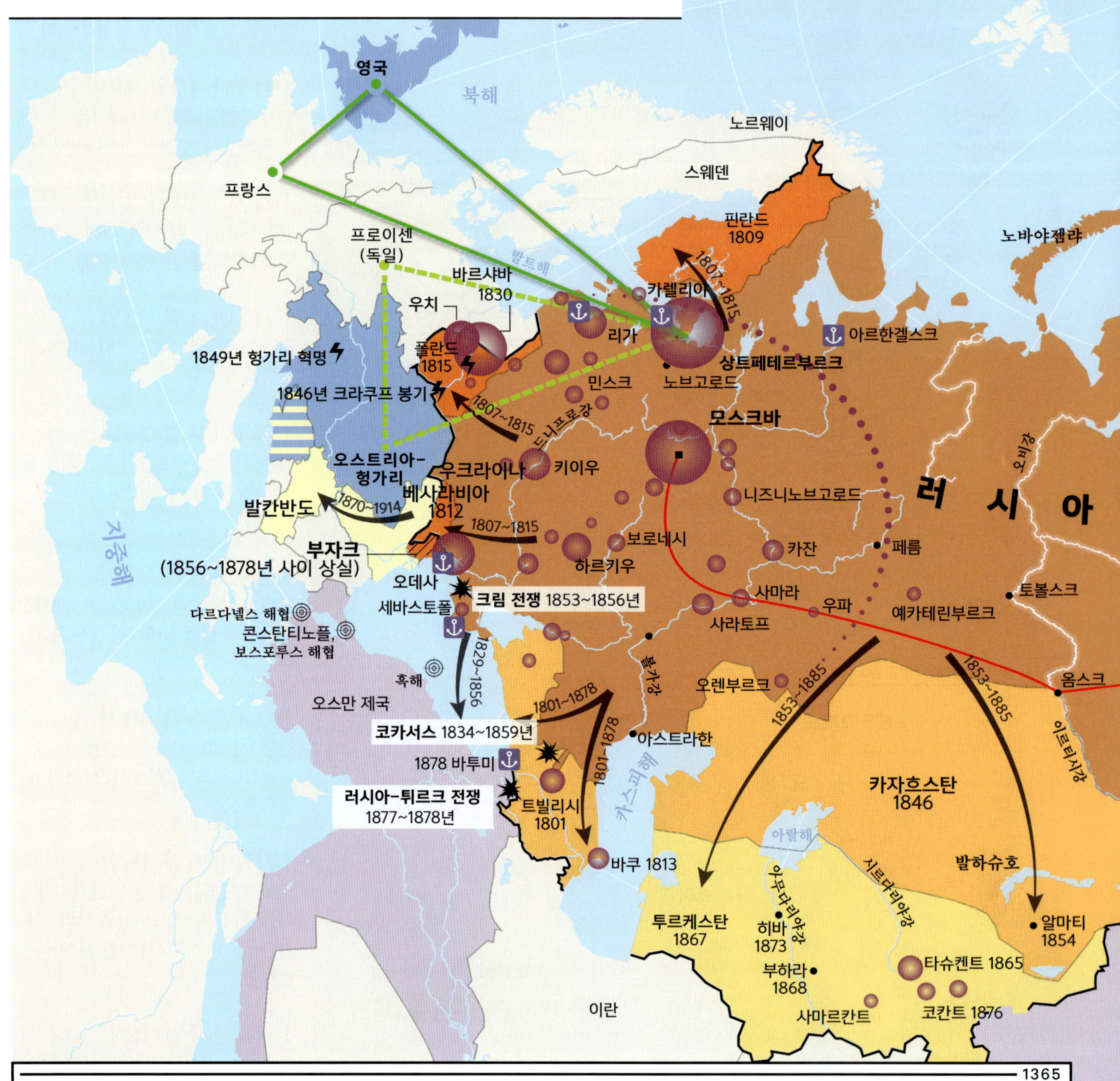

2,200만 제곱킬로미터의 거대 제국, 러시아 제국

러시아 제국은 예카테리나 2세의 통치 동안 흑해로의 진출에 성공했다. 1783년, 그녀는 오스만 제국의 쇠퇴를 틈타 크림반도를 병합하고, 세바스토폴이라는 군항을 건설했다. 이후 1815년 빈 회의에서 러시아는 베사라비아와 핀란드를 획득했으며, 폴란드 대부분을 지배하게 되었다.

1830년대부터 러시아 제국은 캅카스(코카서스) 지역으로 점차 영토를 확장했다. 30년 동안 러시아에 저항하던 체첸 지도자 이맘 샤밀은 1859년 마침내 항복했다. 러시아의 팽창은 중앙아시아에서도 계속되었으며 이에 대한 반발도 거셌다. 1830년과 1863년,

폴란드는 러시아의 지배에 저항했으나 진압당했다. 1847년에는 최초의 우크라이나 민족주의 운동도 러시아에 의해 탄압되었다.

1914년 러시아의 마지막 황제 니콜라이 2세는 약 2,200만 제곱킬로미터에 달하는 광대한 영토와 1억 3천만 명 이상의 인구를 지닌 거대 제국을 다스리고 있었다. 이 광활한 영토를 연결하기 위해 1891년부터 1916년까지 약 9,000킬로미터에 이르는 시베리아 횡단철도가 건설되었으며, 이는 모스크바와 블라디보스토크를 잇는 대동맥이 되었다.

함께 보기 — 러시아의 확장 p.386
소련 건설 p.574
1991년 이후 러시아와 그 이웃 국가들 p.694

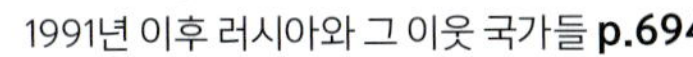

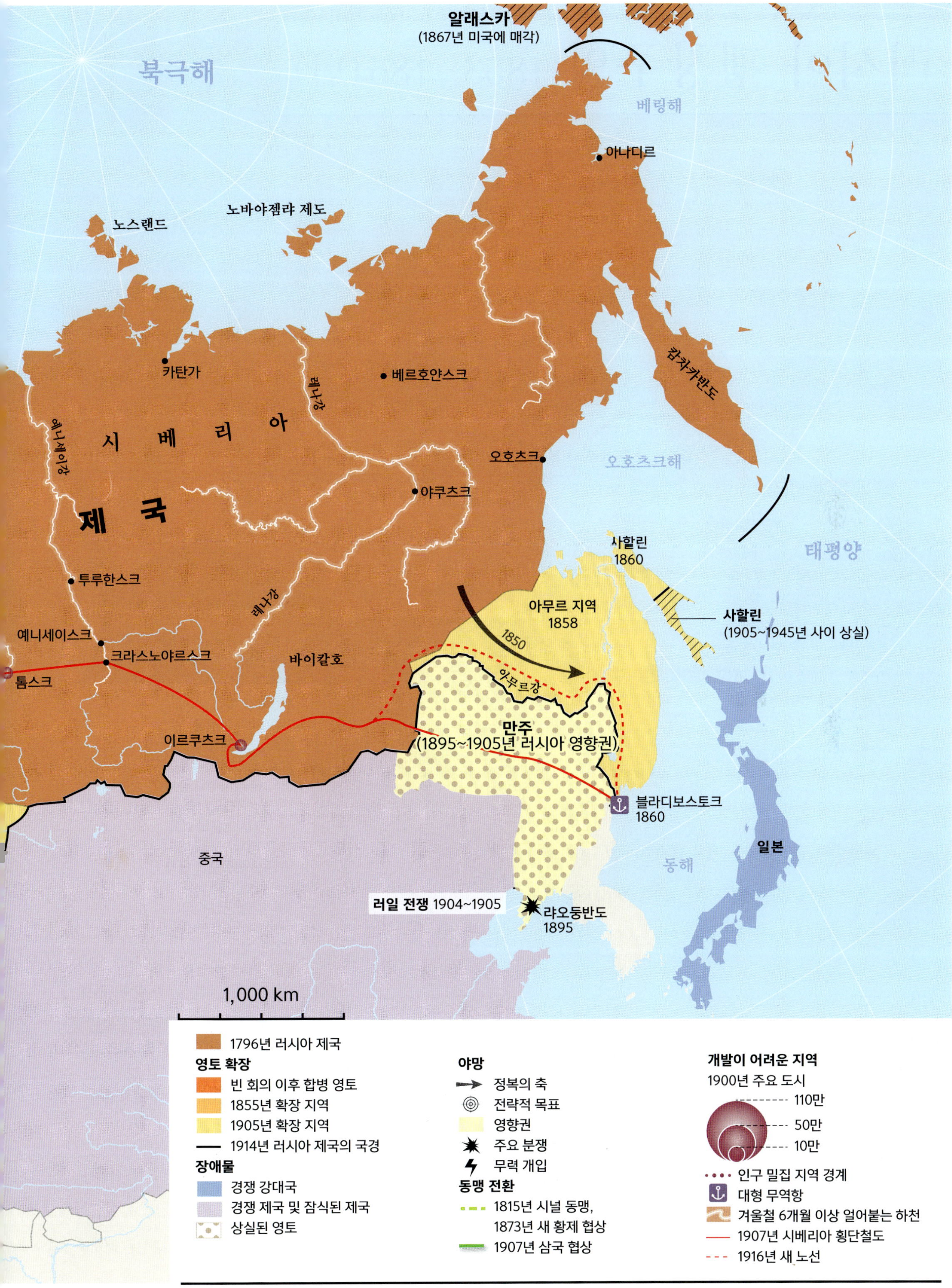

러시아 팽창주의 (1853~1861년)

1856년 크림 전쟁과 러시아의 패배

1783년, 예카테리나 2세의 통치 아래 크림반도가 러시아의 지배 하에 들어가며 군항 세바스토폴이 건설됐다. 러시아는 흑해 장악과 콘스탄티노플 정복을 목표로 삼았다. 그러나 반세기 후인 1853년, 니콜라이 1세가 오스만 제국을 공격하며 전쟁이 발발했다. 러시아군은 몰다비아와 왈라키아를 점령한 뒤 시노페 해전에서 오스만군을 격파했다. 러시아의 팽창을 경계한 프랑스와 영국이 1854년 참전하자 러시아군은 크림반도로 후퇴했다. 세바스토폴은 1년 동안 포위당하며 격렬한 폭격을 받았고, 많은 민간인이 희생되었다. 1855년 9월 11일, 세바스토폴이 함락되며 러시아는 항복했다.

1856년 3월 30일 체결된 파리 조약은 오스만 제국의 영토 보전을 약속하고 흑해와 해협을 중립화하며 러시아의 다뉴브강 하구 영토와 남부 베사라비아를 박탈했다. 그러나 크림반도는 여전히 러시아 영토로 남았다. 이 전쟁은 막대한 인명 피해를 초래하며 러시아의 남진 정책에 타격을 줬고, 귀족과 농노로 구성된 러시아군의 낙후성을 드러냈다.

함께 보기 — 러시아의 확장 p.386
19세기 오스만 제국의 쇠퇴 p.444
1991년 이후 러시아와 그 이웃 국가들 p.694

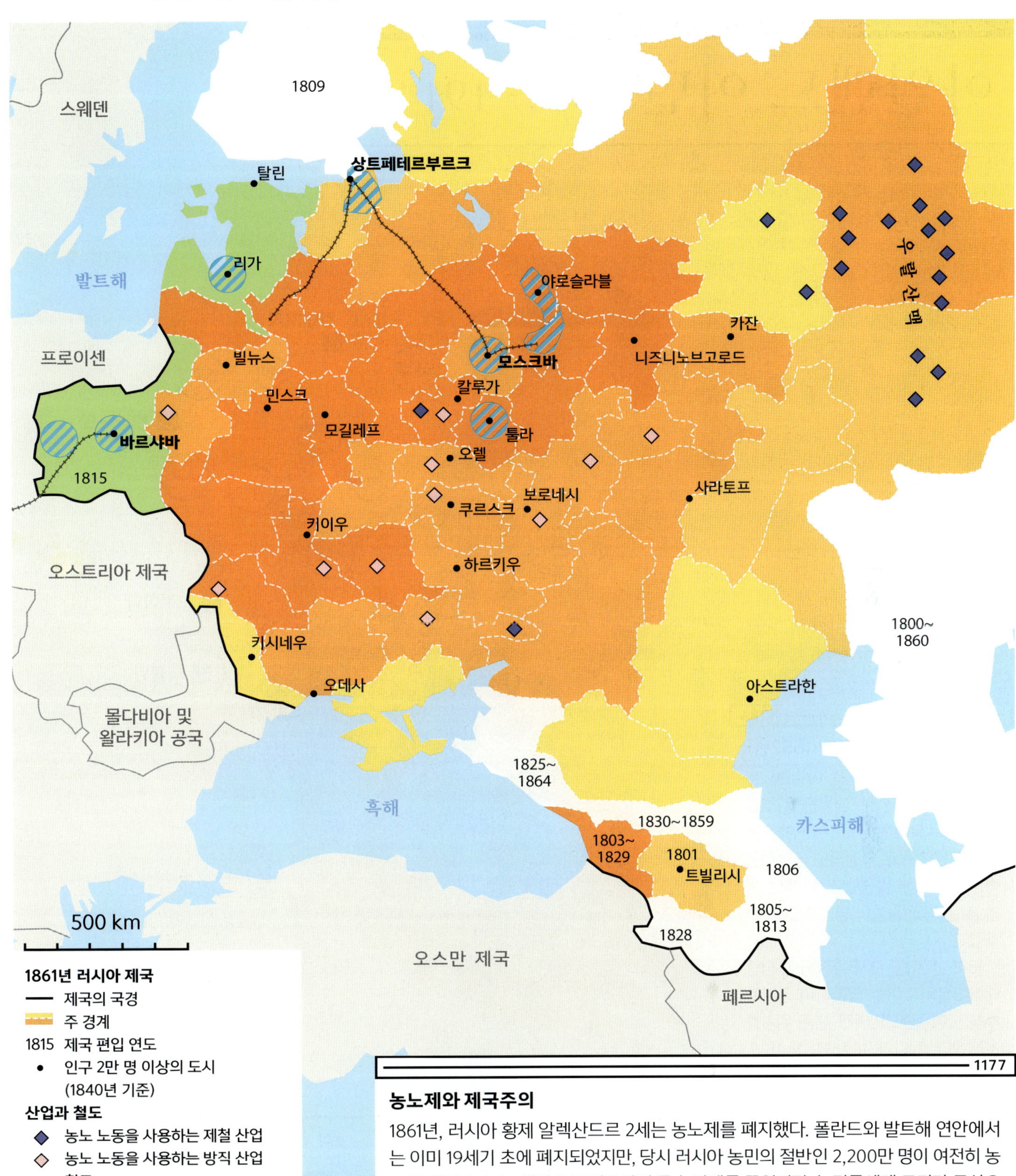

1861년 러시아 제국

— 제국의 국경
주 경계
1815 제국 편입 연도
● 인구 2만 명 이상의 도시
(1840년 기준)

산업과 철도

◆ 농노 노동을 사용하는 제철 산업
◇ 농노 노동을 사용하는 방직 산업
┼┼┼ 철도
자유 노동이 주를 이루는 산업 지역

러시아 제국의 농노제

이미 농노제에서 해방된 농민들이
지주에게 반발한 지역

1859년 각 주 인구 대비 농노 비율

50 %
25 %
10 %

주요 농노 인구가 없는 지역 또는
비조사 지역

1177

농노제와 제국주의

1861년, 러시아 황제 알렉산드르 2세는 농노제를 폐지했다. 폴란드와 발트해 연안에서는 이미 19세기 초에 폐지되었지만, 당시 러시아 농민의 절반인 2,200만 명이 여전히 농노 상태였다. 농노 해방으로 지주와의 종속 관계를 끊었지만, 농민들에게 토지가 무상으로 제공되지는 않았다. 농민들은 토지를 분배받는 대가로 장기간에 걸쳐 막대한 '상환금'을 갚아야 했기 때문에 이에 대한 경제적 부담으로 반발이 컸다.

이 개혁은 경제적 비효율성과 도덕적 문제를 해결하기 위해 추진되었다. 농노들은 토지가 없어 경작에 소극적이었고, 이는 농업 생산성을 저하시켜 국가 경제에 악영향을 미쳤다. 또한 러시아 정교회를 믿는 국민이 동족을 억압하는 것은 도덕적으로 부당하다는 인식이 널리 퍼져 있었다.

1856년 크림 전쟁에서 영국과 프랑스에 패한 러시아는 유럽 열강과 경쟁하기 위해 내부 개혁이 필요했다. 알렉산드르 2세의 결정은 당시 유럽 등지에서 일던 노예제 폐지 흐름과도 맞물려 있었으며, 농노제는 점차 노예제와 다를 바 없는 제도로 인식되었다.

아일랜드 이민 (1830~1914년)

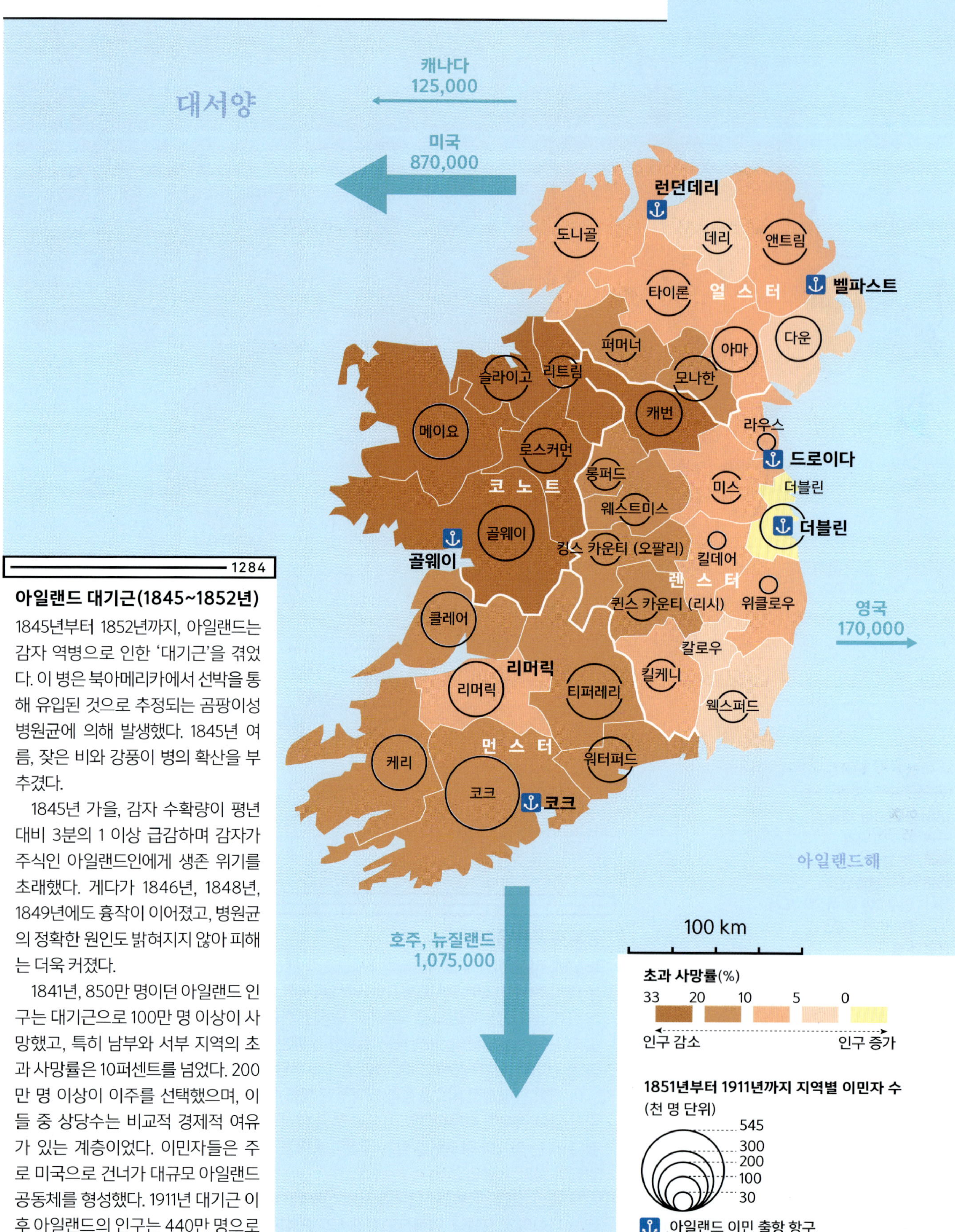

1284

아일랜드 대기근(1845~1852년)

1845년부터 1852년까지, 아일랜드는 감자 역병으로 인한 '대기근'을 겪었다. 이 병은 북아메리카에서 선박을 통해 유입된 것으로 추정되는 곰팡이성 병원균에 의해 발생했다. 1845년 여름, 잦은 비와 강풍이 병의 확산을 부추겼다.

1845년 가을, 감자 수확량이 평년 대비 3분의 1 이상 급감하며 감자가 주식인 아일랜드인에게 생존 위기를 초래했다. 게다가 1846년, 1848년, 1849년에도 흉작이 이어졌고, 병원균의 정확한 원인도 밝혀지지 않아 피해는 더욱 커졌다.

1841년, 850만 명이던 아일랜드 인구는 대기근으로 100만 명 이상이 사망했고, 특히 남부와 서부 지역의 초과 사망률은 10퍼센트를 넘었다. 200만 명 이상이 이주를 선택했으며, 이들 중 상당수는 비교적 경제적 여유가 있는 계층이었다. 이민자들은 주로 미국으로 건너가 대규모 아일랜드 공동체를 형성했다. 1911년 대기근 이후 아일랜드의 인구는 440만 명으로 급감했다.

영국의 산업 혁명

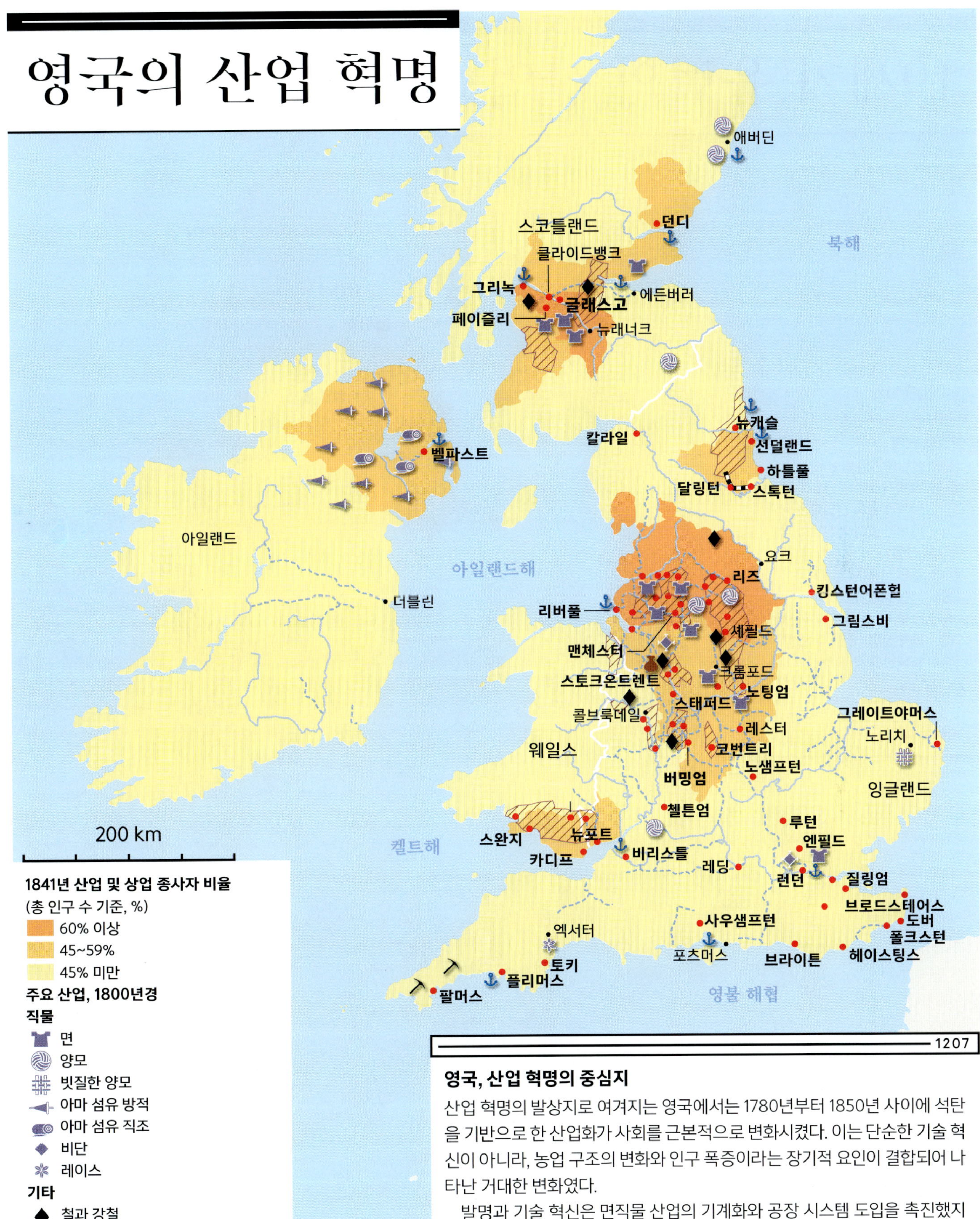

1841년 산업 및 상업 종사자 비율

(총 인구 수 기준, %)

- 60% 이상
- 45~59%
- 45% 미만

주요 산업, 1800년경

직물

- 면
- 양모
- 빗질한 양모
- 아마 섬유 방적
- 아마 섬유 직조
- 비단
- 레이스

기타

- 철과 강철
- 주석 광산
- 조선업
- 도자기
- 주요 석탄 생산지
- 1831년 운하망
- 1825년 스톡턴-달링턴 철도
- 1811년경 급성장한 도시

영국, 산업 혁명의 중심지

산업 혁명의 발상지로 여겨지는 영국에서는 1780년부터 1850년 사이에 석탄을 기반으로 한 산업화가 사회를 근본적으로 변화시켰다. 이는 단순한 기술 혁신이 아니라, 농업 구조의 변화와 인구 폭증이라는 장기적 요인이 결합되어 나타난 거대한 변화였다.

발명과 기술 혁신은 면직물 산업의 기계화와 공장 시스템 도입을 촉진했지만, 산업화의 혜택이 영국 전역이나 모든 산업 분야에 균등하게 퍼진 것은 아니었다. 리버풀, 맨체스터, 리즈, 글래스고와 같은 주요 산업 도시는 성장했지만, 소규모 작업장과 수공업도 여전히 중요한 역할을 했다.

증기 기관의 보급은 산업 생산력을 획기적으로 끌어올린 결정적인 요인이었다. 1870년 영국은 세계 인구의 단 2퍼센트에 불과했지만, 전 세계 산업 생산량 중 23퍼센트를 차지하며 경제 강국으로 자리 잡았다.

19세기 유럽의 산업화

스코틀랜드
글래스고
에든버러
뉴캐슬
랭커셔
리버풀
맨체스터
요크셔
버밍엄
미들랜드
카디프
영국
웨일스
런던
북해
네덜란드
로테르담
암스테르담
에센
앤트워프
루르
왈로니아
벨기에
노르
르아브르
자르
파리
로렌
오를레앙
투르
프랑스
바젤
스위스
르크루조
생테티엔
리옹
롬바르디아
루아르
피에몬테
밀라노
토리노
보르도
빌바오
바스크 지방
툴루즈
알레스
마르세유
제노바
영불 해협
대서양
포르투갈
두에로강
타호강
에브로강
스페인
바르셀로나
지중해
200 km
산업화 단계
산업혁명의 발상지
19세기 중반의 산업화된 국가
19세기 말의 산업화된 국가
19세기 말의 저산업화 국가
대규모 산업
주요 산업 지대
석탄 생산지
직물
금속 산업
화학 산업
주요 항구
1914년 국경
철도망 연결
1840   1850   1880

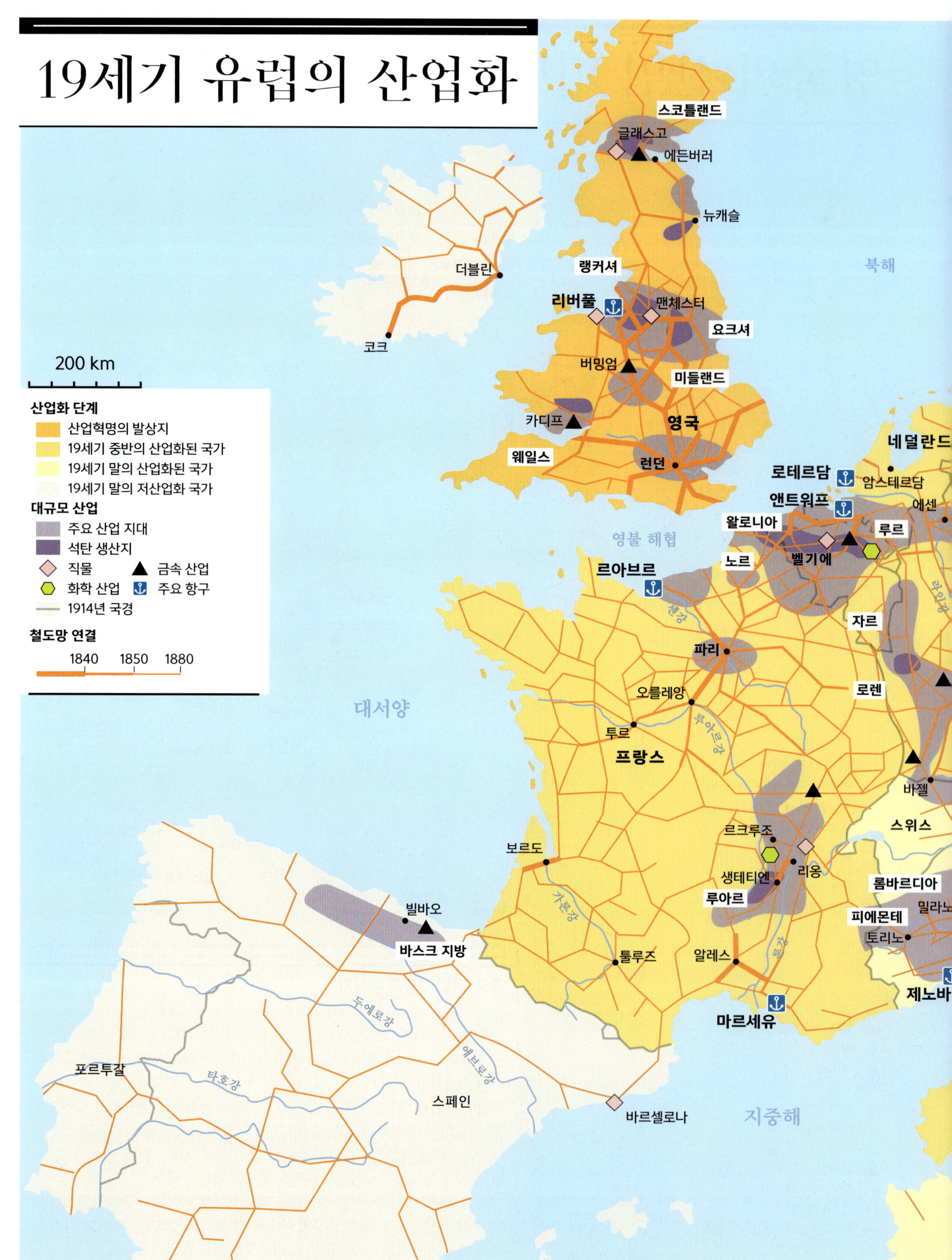

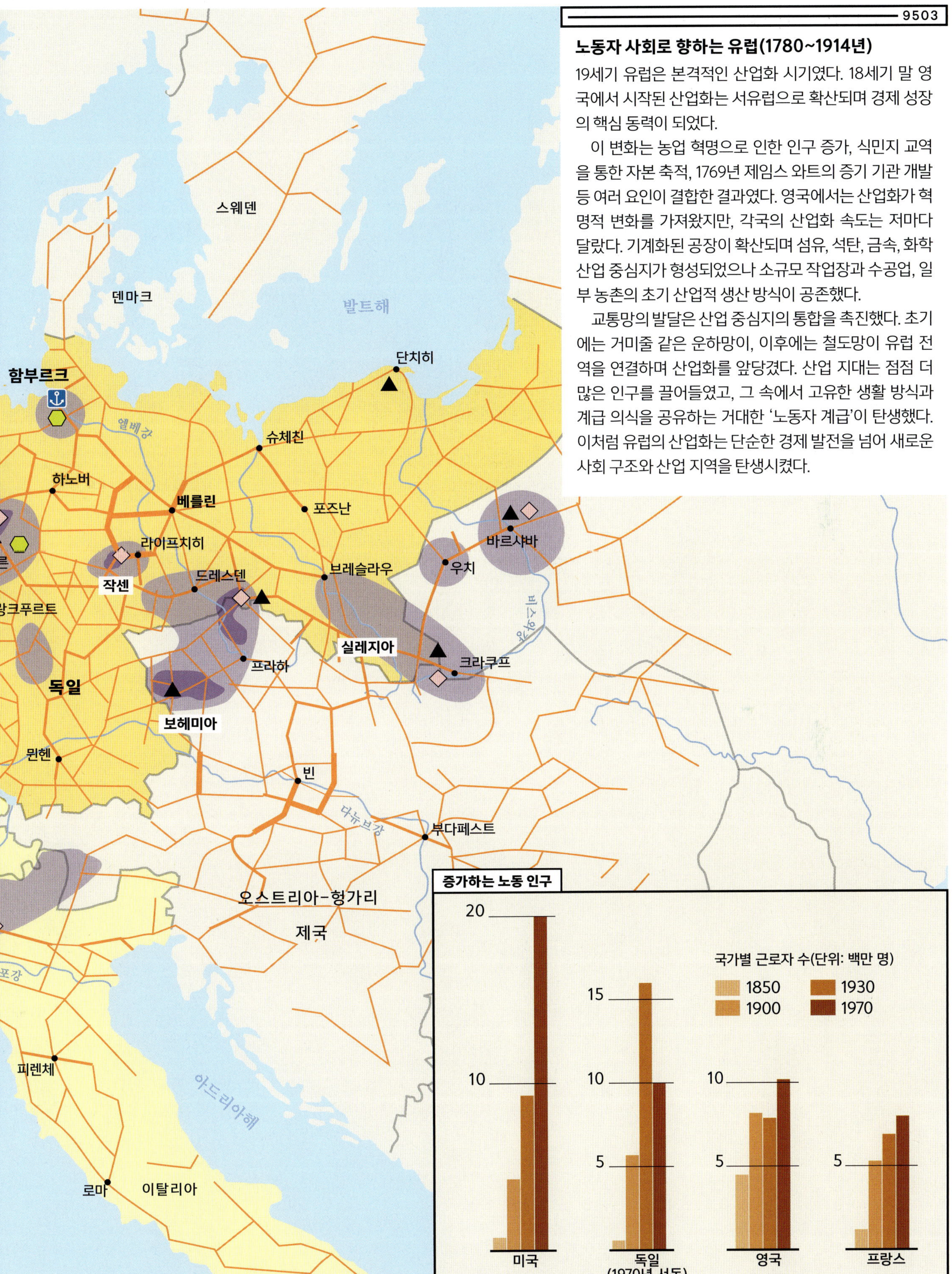

---9503

노동자 사회로 향하는 유럽(1780~1914년)

19세기 유럽은 본격적인 산업화 시기였다. 18세기 말 영국에서 시작된 산업화는 서유럽으로 확산되며 경제 성장의 핵심 동력이 되었다.

이 변화는 농업 혁명으로 인한 인구 증가, 식민지 교역을 통한 자본 축적, 1769년 제임스 와트의 증기 기관 개발 등 여러 요인이 결합한 결과였다. 영국에서는 산업화가 혁명적 변화를 가져왔지만, 각국의 산업화 속도는 저마다 달랐다. 기계화된 공장이 확산되며 섬유, 석탄, 금속, 화학 산업 중심지가 형성되었으나 소규모 작업장과 수공업, 일부 농촌의 초기 산업적 생산 방식이 공존했다.

교통망의 발달은 산업 중심지의 통합을 촉진했다. 초기에는 거미줄 같은 운하망이, 이후에는 철도망이 유럽 전역을 연결하며 산업화를 앞당겼다. 산업 지대는 점점 더 많은 인구를 끌어들였고, 그 속에서 고유한 생활 방식과 계급 의식을 공유하는 거대한 '노동자 계급'이 탄생했다. 이처럼 유럽의 산업화는 단순한 경제 발전을 넘어 새로운 사회 구조와 산업 지역을 탄생시켰다.

12

서구가 지배한 세계

1914~1989년

1914년에 시작된 전 세계적 대립의 시대는 1989년 냉전이 끝날 때까지 지속되었다. 1914년부터 1919년까지 그리고 1937년부터 1945년까지 이어진 두 차례의 세계대전은 총력전, 폭력의 산업화, 전례 없는 규모의 인명 피해를 초래했다. 제2차 세계대전은 결국 핵무기 사용으로 종결되었다.

이 전쟁들은 유럽의 세력을 위축시키는 동시에 미국의 급부상을 이끌었고, 소련을 중심으로 한 공산권 진영이 형성되며 '냉전'이라는 새로운 세계 질서가 구축되는 계기가 되었다. 또한, 기존 식민 제국들의 해제를 가속하며 국제 사회에 큰 변화를 가져왔다.

이 시기 세계 인구는 약 네 배로 증가했고, 산업화는 전 세계로 빠르게 퍼졌다. 그러나 사회 내부와 국가 간 빈부 격차는 더욱 심화되었고, 1970년대부터 화석연료 사용이 폭발적으로 증가하며 인류는 전례 없는 지구 환경 위기를 인식하기 시작했다.

1914년 세계의 지정학적 상황

— 2602 —

동맹 체제와 제국주의

제1차 세계대전 발발 직전, 세계는 두 개의 거대 군사 동맹으로 양분되어 있었다. 먼저 삼국 동맹(1882년, 1912년 갱신)은 독일, 오스트리아-헝가리, 이탈리아로 구성된 방어 동맹이었다. 이에 맞선 삼국 협상은 프랑스-러시아 동맹(1893년), 영불 협상(1904년), 영러 협약(1907년)을 기반으로 영국, 프랑스, 러시아가 결성한 군사 협력 체제였다.

강대국들은 식민지를 바탕으로 세력을 확장했으며, 특히 영국은 약 3,300만 제곱킬로미터의 영토와 4억 5천만 명의 인구를 보유한 세계 최대의 제국이었다. 유럽 열강이 전 세계적으로 식민지 지배를 확대하면서, 동맹 체제는 유럽 내 갈등을 넘어 세계적 대립 구도로 이어졌다.

1914년 여름, 전쟁이 발발하자 중립국들도 전쟁에 휘말렸다. 독일군의 침공을 받은 벨기에는 중립을 유지하지 못했으며, 1917년 미국이 협상국 측에 합류하며 본격 참전했다.

유럽 대전 (1914~1918년)

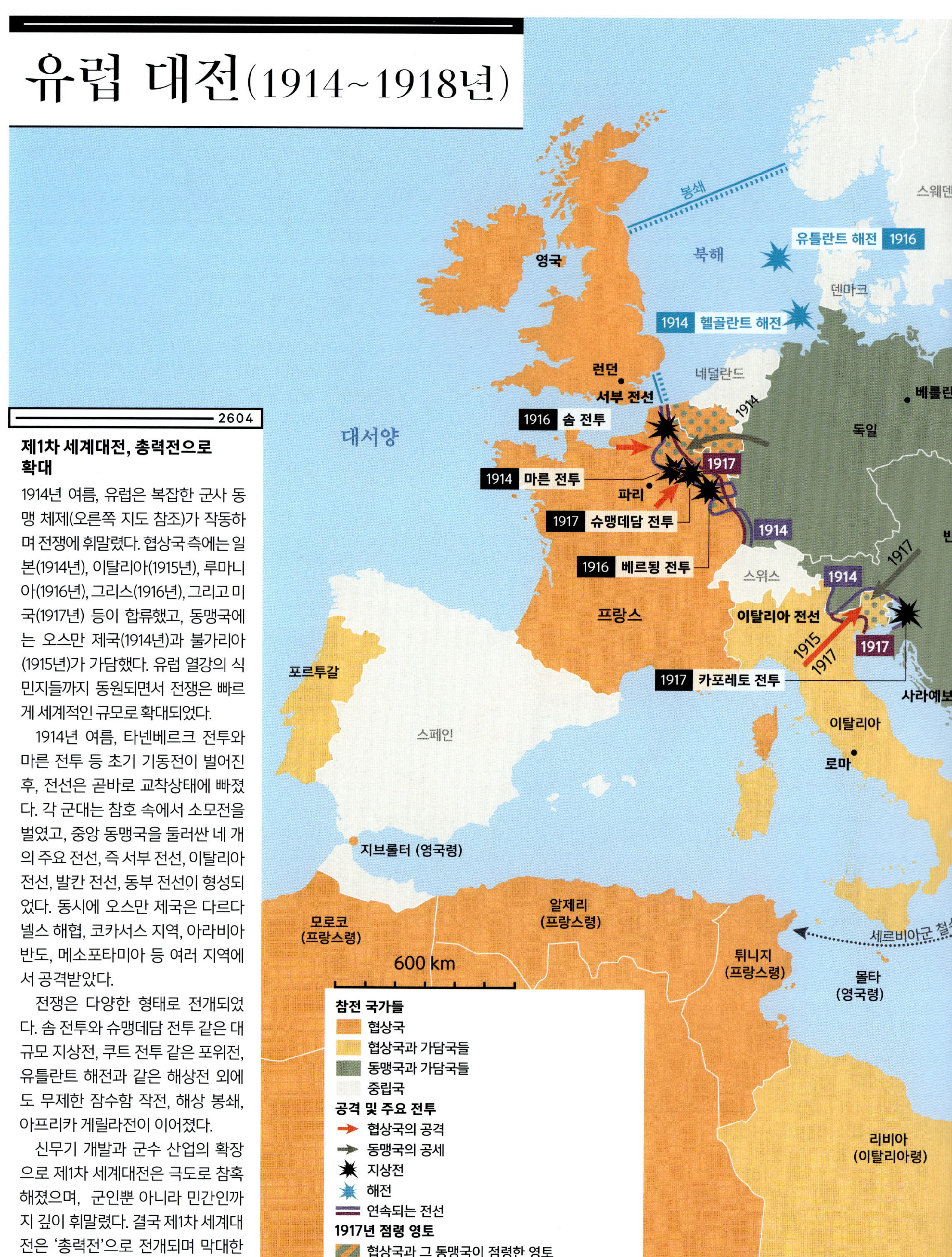

2604

제1차 세계대전, 총력전으로 확대

1914년 여름, 유럽은 복잡한 군사 동맹 체제(오른쪽 지도 참조)가 작동하며 전쟁에 휘말렸다. 협상국 측에는 일본(1914년), 이탈리아(1915년), 루마니아(1916년), 그리스(1916년), 그리고 미국(1917년) 등이 합류했고, 동맹국에는 오스만 제국(1914년)과 불가리아(1915년)가 가담했다. 유럽 열강의 식민지들까지 동원되면서 전쟁은 빠르게 세계적인 규모로 확대되었다.

1914년 여름, 타넨베르크 전투와 마른 전투 등 초기 기동전이 벌어진 후, 전선은 곧바로 교착상태에 빠졌다. 각 군대는 참호 속에서 소모전을 벌였고, 중앙 동맹국을 둘러싼 네 개의 주요 전선, 즉 서부 전선, 이탈리아 전선, 발칸 전선, 동부 전선이 형성되었다. 동시에 오스만 제국은 다르다넬스 해협, 코카서스 지역, 아라비아 반도, 메소포타미아 등 여러 지역에서 공격받았다.

전쟁은 다양한 형태로 전개되었다. 솜 전투와 슈맹데담 전투 같은 대규모 지상전, 쿠트 전투 같은 포위전, 유틀란트 해전과 같은 해상전 외에도 무제한 잠수함 작전, 해상 봉쇄, 아프리카 게릴라전이 이어졌다.

신무기 개발과 군수 산업의 확장으로 제1차 세계대전은 극도로 참혹해졌으며, 군인뿐 아니라 민간인까지 깊이 휘말렸다. 결국 제1차 세계대전은 '총력전'으로 전개되며 막대한 피해를 초래했다.

2603

1914년의 동맹 체제
제1차 세계대전 직전, 프랑스, 러시아, 영국은 삼국 협상을 결성했다. 이는 1893년 체결된 프랑스–러시아 동맹, 1904년의 영불 협상, 그리고 1907년의 영러 협약을 기반으로 한 동맹이었다. 이에 맞서 독일, 오스트리아–헝가리, 이탈리아는 1882년부터 삼국 동맹(또는 트리플리체)을 유지하며 긴밀히 결속했다.

영국
러시아 제국
독일
프랑스
오스트리아–헝가리 제국
이탈리아
500 km

상트페테르부르크
모스크바
러시아 제국
1914 마주르호 전투
리투아니아
1915
1917
1917
1914 타넨베르크 전투
바르샤바
폴란드
동부 전선
1914
1914
갈리치아
1915
1916 브루실로프 공세
트리아–헝가리
1916
1916
베오그라드
1915
914
루마니아
부쿠레슈티
세르비아
소피아
불가리아
1915
발칸 전선
1916
1917
1916
1915
그리스
아테네
콘스탄티노플
1915 다르다넬스 전투
오스만 제국
흑해
1914~1916
코카서스 전선
아르메니아
1914
1917
카스피해
페르시아
도데카네스 제도
(이탈리아령)
키프로스
(영국령)
지중해
바그다드
1917
1917
1915 쿠트 전투
메소포타미아
1914
1915
예루살렘
1917
중동 전선
1915
1914
이집트
(영국령)

1916년

스웨덴
발트해
봉쇄
북해
영국
5월 유틀란트 해전
7~11월 솜 전투
프랑스
200,000명 피해
(67,000명 사망)
영국
430,000명 피해
(200,000명 사망)
독일
437,000명 피해
(170,000명 사망)
벨기에
서부 전선
대서양
프랑스
2~12월 베르됭 전투
프랑스
378,000명 피해
(163,000명 사망)
독일
370,000명 피해
(142,000명 사망)
가스코뉴만
포르투갈
(3월 9일 참전)
리가
동부 전선
리투아니아
3~4월 나로치호 전투
덴마크
단치히
빌뉴스
마주르호
베를린
바르샤바
브레스트리토프스크
독일
폴란드
렘베르크 (리비우)
갈리치아
오스트리아–헝가리
빈
부다페스트
5~6월 트렌티노 공세
이탈리아 전선
고리치아
3~12월 이손초 전투
베네치아
9월 공세
몰다비아
카르파티아
산맥
베오그라드
보스니아
사라예보
부쿠레슈티
이탈리아
코르시카
몬테네그로
세르비아
코소보
불가리아
1월 17일 몬테네그로 항복
발칸 전선
9~11월 모나스티르 전투
9월 공세
테살로니키
코르푸
그리스
에게해
아테네
티레니아해
시칠리아
몰타
(영국령)
지중해
12월
동부군, 아테네 봉쇄
크레타
1916년의 아프리카
이집트
(영국령)
프랑스령
서아프리카
프랑스령
적도 아프리카
기니
(포르투갈령)
나이지리아
(영국령)
토고
야운데
아프리카
3월 카메룬 항복
벨기에령
콩고
영국령
동아프리카
3월
5월 키갈리
4월
9월 다르에스살람
대서양
앙골라 (포르투갈령)
모잠비크
(포르투갈령)
독일령
남서아프리카
남아프리카 연방
(영국령)
인도양
리비아
1,000 km

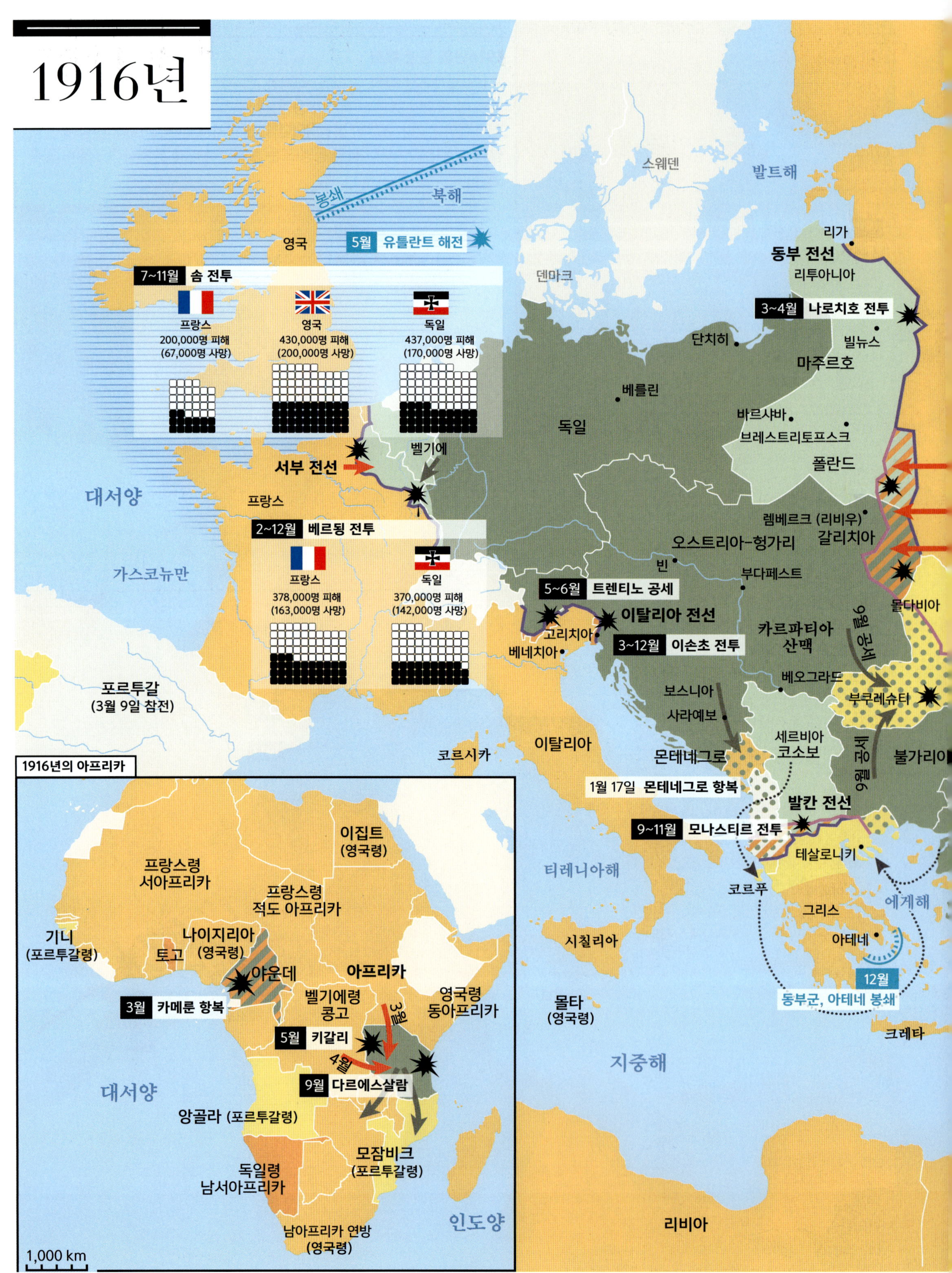

함께 보기 ── 베르됭 전투 p.542
솜 전투 p.545
전쟁 중의 아프리카 p.620

1916년, 총력전의 해

1916년은 대규모 전투와 화력 증강으로 제1차 세계대전이 본격적인 총력전 양상을 띤 해였다. 서부 전선에서는 '베르됭 전투의 해'가 치열하게 전개되었다. 독일군이 2월에 공격을 개시한 이후 이 전투는 12월까지 이어졌으며, 그 강도와 지속 기간은 전례 없는 수준이었다. 7월 시작된 솜 전투에서도 프랑스와 영국 연합군이 대대적인 공세를 펼쳤다. 그러나 승패 없이 전투가 끝나며 사망자, 부상자, 실종자를 포함해 총 120만 명의 막대한 인명 피해가 발생했다. 해상에서도 격전이 벌어졌다. 1916년 5월, 유틀란트 해전에서 영국 함대는 전함 14척과 6,000명 이상의 병사를 잃었다.

동부 전선에서는 브루실로프 공세로 러시아군이 일시적으로 영토를 회복했지만, 독일군 저항으로 전선은 교착 상태에 빠졌다. 8월 협상국 측에 합류한 루마니아는 독일, 불가리아 등 동맹국의 공격을 받아 12월 수도 부쿠레슈티를 빼앗겼다.

중동과 아프리카에서도 전투가 이어졌다. 소아시아에서는 1월 다르다넬스 전투에서 오스만군이 연합군을 격퇴하며 연합군을 철수시켰지만, 이후 동부 지역에서는 에르주룸을 잃었다. 4월 이라크에서는 인도 병사로 이루어진 영국군이 쿠트 알아마라에서 포위되었고, 아프리카 동부에서는 독일군 레토포르베크 장군이 영국군과 남아프리카 연합군과 소모전을 벌였다. 카메룬의 독일군은 장기간 저항했으나 2월 결국 항복했다.

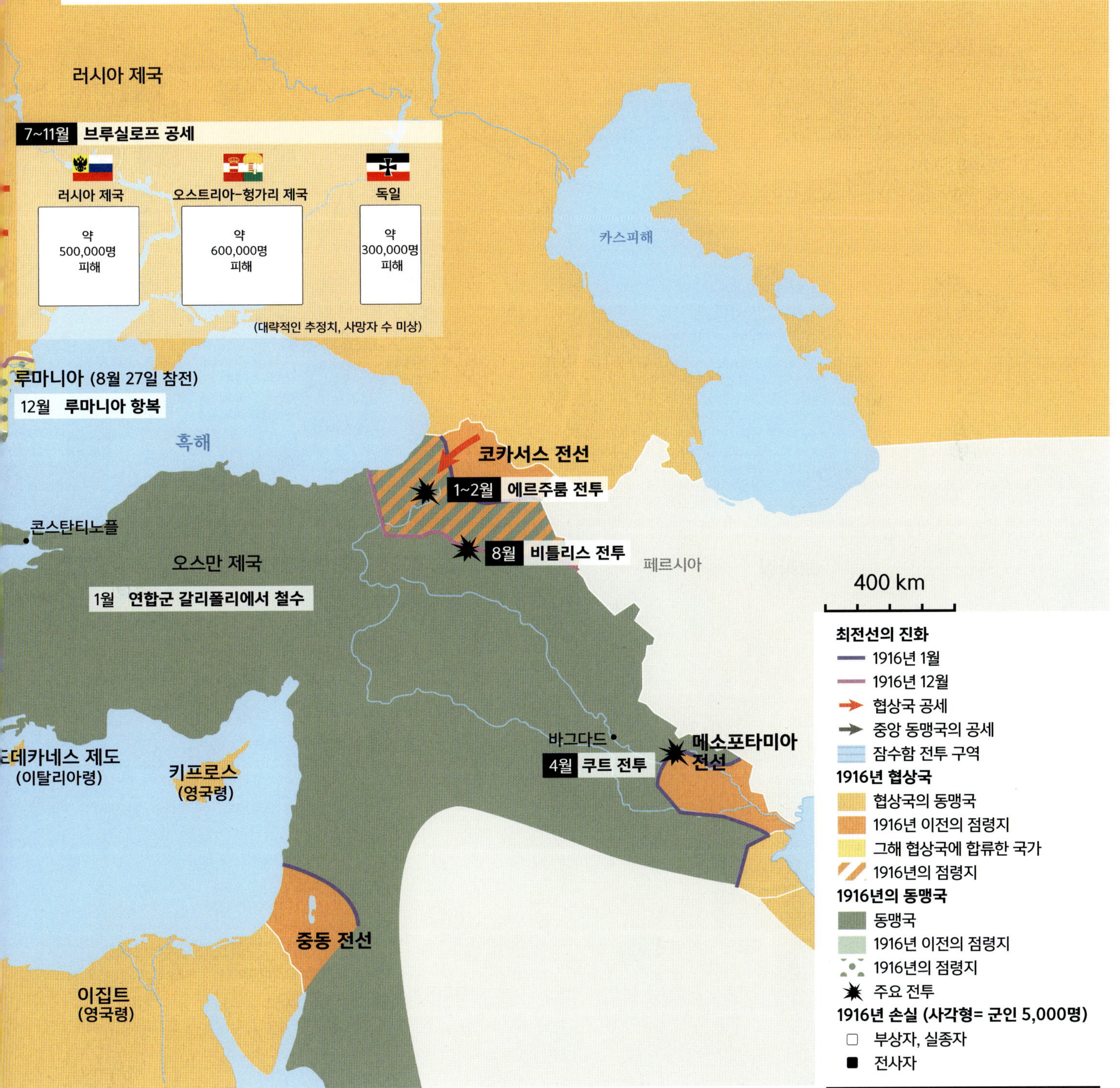

세계적 규모로 확산된 전쟁 (1917~1918년)

전 세계로 번지는 전쟁

유럽에서 시작된 전쟁은 점차 전 세계로 퍼져나갔다. 유럽 열강은 식민지에서 병력을 징집하며 전쟁을 확대했다. 1857년 아프리카 정복을 목적으로 창설된 세네갈 저격병 부대는 1914년 8월 전쟁 초기부터 유럽 전선에 투입되었으며 1916년 말까지 약 4만 명이 60개 대대로 편성되어 참전했다.

그러나 식민지에서의 강제 징집은 많은 반발을 불러일으켰고, 일부 지역에서는 이에 저항하는 봉기가 발생했다. 이를 해결하기 위해 식민 열강은 현지 엘리트 계층과 협력하며 주민들의 생활 여건 개선을 약속했다. 특히 프랑스 총리 클레망소가 임명한 블레즈 디아뉴 의원은 징집에 응한 병사들에게 프랑스 시민권을 부여하겠다고 약속했지만, 실제로 시민권을 받은 사람은 극소수에 불과했다.

한편, 유럽 외의 국가들도 전쟁에 참전했다. 일본은 1914년 협상국 측에서 참전했고, 미국은 1917년 4월부터 본격적으로 전쟁에 참전했다. 브라질을 비롯한 일부 라틴 아메리카 국가들도 전쟁에 참여하며 전쟁의 범위는 더욱 확대되었다.

전쟁의 주요 무대는 유럽의 서부 및 동부 전선이었지만, 오스만 제국(다르다넬스, 코카서스, 중동), 아프리카(카메룬, 독일령 동아프리카, 독일령 남서아프리카)에서도 격렬한 전투가 벌어졌고, 해상에서도 치열한 교전이 이어졌다. 1914년, 코로넬 해전에서 독일 해군이 영국 해군을 격파했으나 곧이어 포클랜드 해전에서 영국이 독일을 무찌르며 전세를 뒤집었다. 이에 독일군은 본격적으로 '무제한 잠수함 작전'을 개시했다.

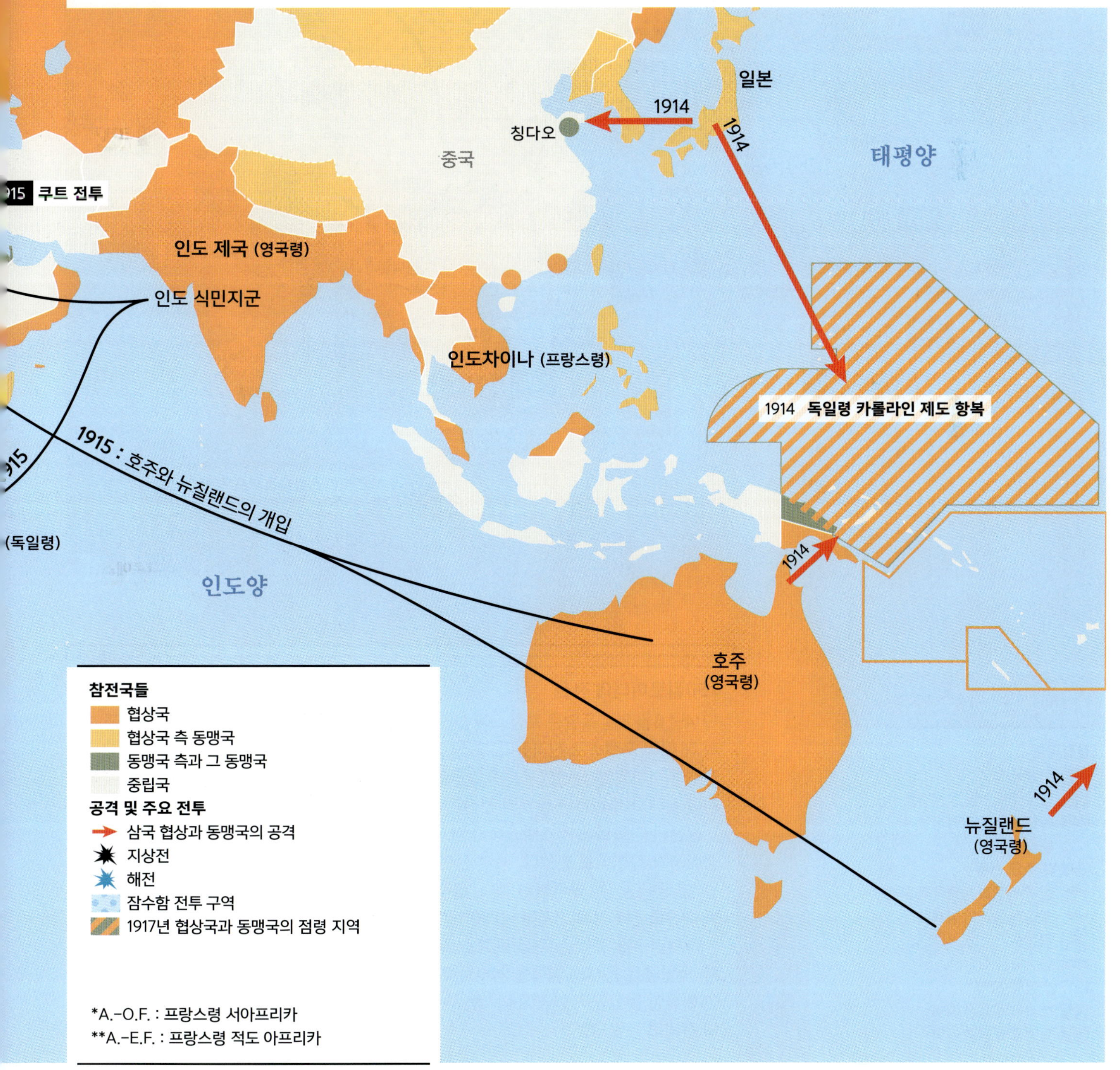

서부 전선 (1914~1918년)

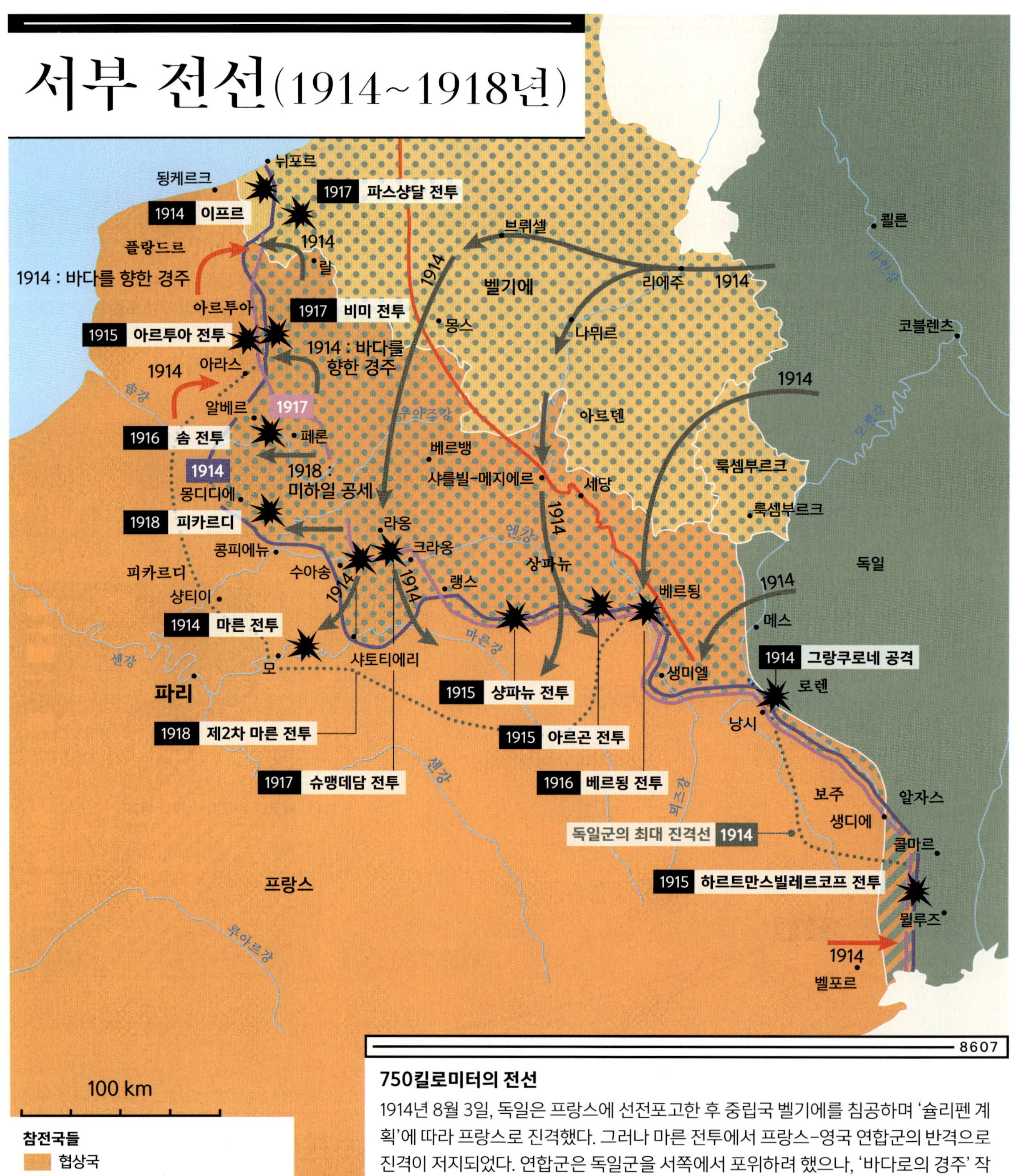

750킬로미터의 전선

1914년 8월 3일, 독일은 프랑스에 선전포고한 후 중립국 벨기에를 침공하며 '슐리펜 계획'에 따라 프랑스로 진격했다. 그러나 마른 전투에서 프랑스-영국 연합군의 반격으로 진격이 저지되었다. 연합군은 독일군을 서쪽에서 포위하려 했으나, '바다로의 경주' 작전이 실패하며 1914년 말부터 전선이 고착되었다.

전선은 이프르에서 스위스까지 약 750킬로미터에 걸쳐 형성되었고, 프랑스의 산업 중심지가 전쟁터로 변했다. 서부 전선은 장기적인 소모전에 돌입했고, 양측은 참호전을 벌이며 전선을 돌파하려 했다. 하지만 베르됭 전투, 솜 전투, 그리고 슈맹데담 전투 등 대규모 전투가 이어지며 막대한 인명 피해만을 남겼다.

1918년 3월, 브레스트-리토프스크 평화 조약으로 러시아가 동부 전선에서 이탈하자, 독일군은 동부의 병력을 서부로 이동시키며 대규모 공세를 감행했다. 그러나 미국이 합류한 연합군이 반격에 나서면서 전세가 역전되었고, 1918년 가을 서부 전선에서의 전쟁이 종결되었다.

동부 전선(1914~1918년)

불안정한 동부 전선

1914년 8월 1일, 러시아를 향한 독일의 선전포고로 러시아군 병력이 투입되었지만, 타넨베르크 전투에서 러시아가 독일에 패배하며 진격이 좌절되었다. 서부 전선과 달리 동부 전선은 끊임없이 움직이는 기동전이 펼쳐졌고, 전선이 계속 이동했다.

1917년부터 러시아군은 중앙 동맹국의 공세에 밀려 점점 수세에 몰렸다. 결국 1918년 3월 3일, 볼셰비키 정부는 브레스트-리토프스크 조약을 체결하며 전쟁에서 공식적으로 철수했다. 그러나 동부 전선에서의 전투는 완전히 끝나지 않았고, 이후 1921년까지 러시아-폴란드 전쟁이 이어졌다.

베르됭 전투(1916년 2~12월)

1916년 베르됭, 끝없는 전투

1916년 2월 21일 전선이 교착 상태에 빠진 가운데, 독일군은 폴켄하인 장군의 지휘 아래 베르됭에 대한 대규모 공세를 개시했다. 이에 맞서 프랑스군은 2월 25일부터 조프르 장군의 명령을 받은 페탱 장군이 방어 작전을 지휘했다.

당시 프랑스군은 바르르뒤크와 베르됭을 잇는 주요 보급로인 '신성한 길'을 통해 병력과 물자를 지속적으로 공급하며 전선을 사수했다. 페탱은 병사들의 사기를 유지하기 위해 부대를 체계적으로 교체하는 전략을 채택했고, 병력 손실이 3분의 1을 넘으면 새로운 부대로 교체했다. 이 덕분에 프랑스군은 효율적으로 전투를 지속할 수 있었지만, 독일군은 같은 병력으로 싸워야 했다.

8월부터 프랑스군이 점차 주도권을 잡기 시작했고, 12월에는 독일군에게 빼앗긴 모든 지역을 완전히 탈환하며 독일군에 큰 타격을 입혔다.

약 10개월간 이어진 이 전투에서 프랑스군 약 37만 8천 명, 독일군 약 37만 명이 전사하거나 부상을 입었다. 베르됭을 끝까지 지킨 프랑스군의 저항은 전쟁의 상징적인 신화가 되었으며, 베르됭 전투는 프랑스 전쟁사에서 특별한 의미를 갖게 되었다.

플라바
빌드방쇼몽
아잔에수마잔
2월 21일
그레미유
2월 21일
2월 21일
2월 21일
2월 21일 코르 숲
레르브부아
뫼즈강 지역
보몽
오른쪽 강둑
오른
모쿠르쉬르오른
루브몽
12월 18일
포아브르고지
베종보
12월 15일 베종보
오드로몽 숲
아술 숲
두오몽
나우 숲
2월 25일 두오몽 요새
티오몽
아르도몽 숲
보드방담루
23일 프루아드테르
10월 24일
프루아드테르 고지
당루
플뢰리
당루 포대
아보쿠르
7월 14일
7월 11일 수빌 요새
6월 7일 보 요새
벨빌 고지
타반
생미셸
에익스
베르됭
와트로빌
독일군
병력 (5~6월)
포병
포탄
60만 명 (전투병력 25만 명 포함)
경포: 555문
중포: 654문
박격포: 200문
3천만 발
오디오몽
프랑스군
병력 (5~6월)
포병
포탄
55만 명 (전투병력 25만 명 포함)
경포: 564문
중포: 289문
박격포: 8문
2천3백만 발

연대기

1916년 2월 21일
독일군이 뫼즈강 우안에서 공격 시작.
코르 숲에서 프랑스군 생존자들이
적의 진격을 저지하는 데 성공함.
프랑스군은 나흘 만에 6~8킬로미터를
밀려남.

2월 25일
페탱이 뫼즈강 좌안을 포함한 베르됭
전선의 지휘관으로 임명됨. 독일군이
두오몽 요새를 점령함.

3월 6~13일
뫼즈강 좌안에서 독일군 공세가
시작됨. 코르보 숲에서 며칠간 치열한
공격과 반격이 이어짐.

4월 9일
독일군이 모르-옴의 북쪽 정상부를
점령함.

5월 1일
니벨이 페탱을 이어 베르됭 제2군
사령관이 되고, 페탱은 중앙군 집단
사령관으로 임명됨.

6월 2~7일
독일군이 보 요새를 포위함.
프랑스군은 일주일간 저항하다가 결국
항복함.

6월 23일
독일군이 대규모 공격을 감행하지만
프루아드테르 보루에서 저지됨.

7월 11일
독일군이 수빌 요새 점령에 실패한다.
폴켄하인은 솜 전투에 우선순위를
두며 베르됭에서는 엄격한 방어 전술을
명령함.

10월 24일
니벨과 망장의 지휘 아래 잃었던
영토를 되찾기 위한 반격이
시작되었고, 몇 주 만에 두오몽과 보
요새가 수복됨.

12월 15일
프랑스군이 베종보를 되찾기 위해
최후의 공격을 감행함.

다르다넬스 해전 (1915~1916년)

난공불락의 해협 (1915년 1~12월)

1915년, 연합군은 다르다넬스 해협에서 오스만 제국을 공격해 수도 콘스탄티노플로 가는 항로를 열고자 했다. 그러나 견고한 요새와 해저 지뢰로 방어 태세를 갖춘 이 해협을 돌파하는 것은 쉽지 않았다.

1월부터 폭격 작전이 시작되었고, 3월에는 해군 공격이 이어졌다. 이후 영국, 프랑스, 호주‒ 뉴질랜드 연합군(안작)이 5개 해안에 상륙 작전을 감행하고 8월에도 추가 상륙을 시도했으나, 오스만군의 강력한 저항에 막혀 진격에 실패했다. 결국, 이 전투는 막대한 인명 피해를 남긴 채 1915년 12월 연합군의 철수로 마무리되었다.

솜 전투(1916년)

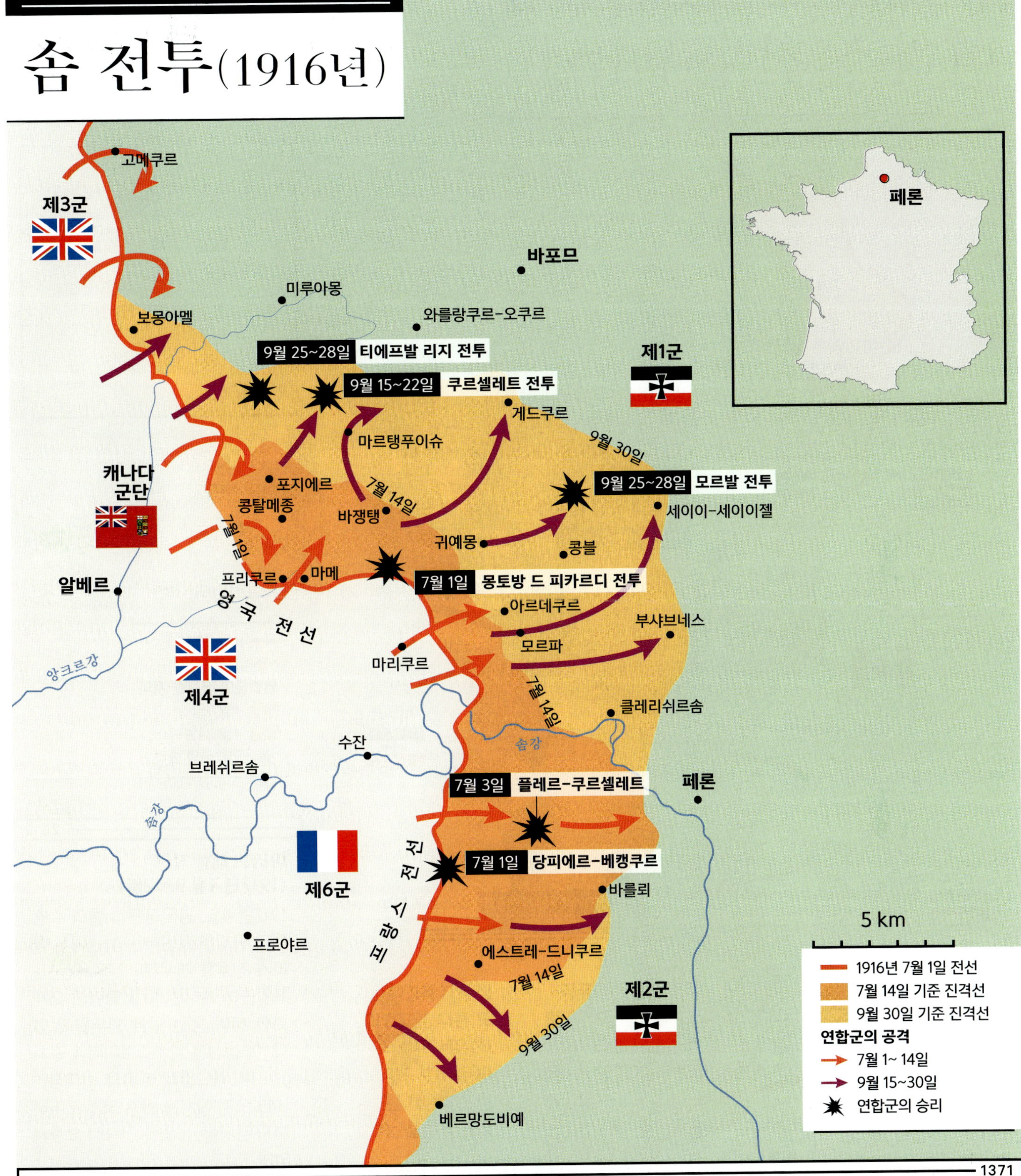

헛된 희생, 1916년 7월 1일부터 11월 18일까지

1915년 12월, 연합군은 솜 전선에서 대규모 공세를 계획했다. 그러나 1916년 6월 24일부터 집중 폭격이 시작됐지만, 7월 1일 공세 개시 당시 독일군의 방어력은 여전히 견고했다. 특히 첫날 영국군은 2만 명이 전사하며 영국군 역사상 최악의 단일 전투일을 기록했다. 전투는 끝없는 공격과 소모전으로 이어졌고, 시간이 지나며 목표조차 불분명해졌다. 9월에는 전차가 전투에 처음 투입됐지만, 가을철 악천후로 연합군은 결국 공세를 중단했다. 승자도, 실질적인 영토 확보도 없었다.

이 전투에서 총 120만 명의 사상자가 발생했는데, 영국군 42만 명, 프랑스군 19만 5천 명, 독일군 65만 명이 전사하거나 부상당했다. 프랑스에서는 '승리한 방어전'으로 평가된 베르됭 전투가 더욱 중요하게 기억됐으나, 솜 전투는 영국 역사상 가장 긴 전투이자 막대한 희생을 초래한 실패한 공세로 남았다.

아라스 전투(1917년)

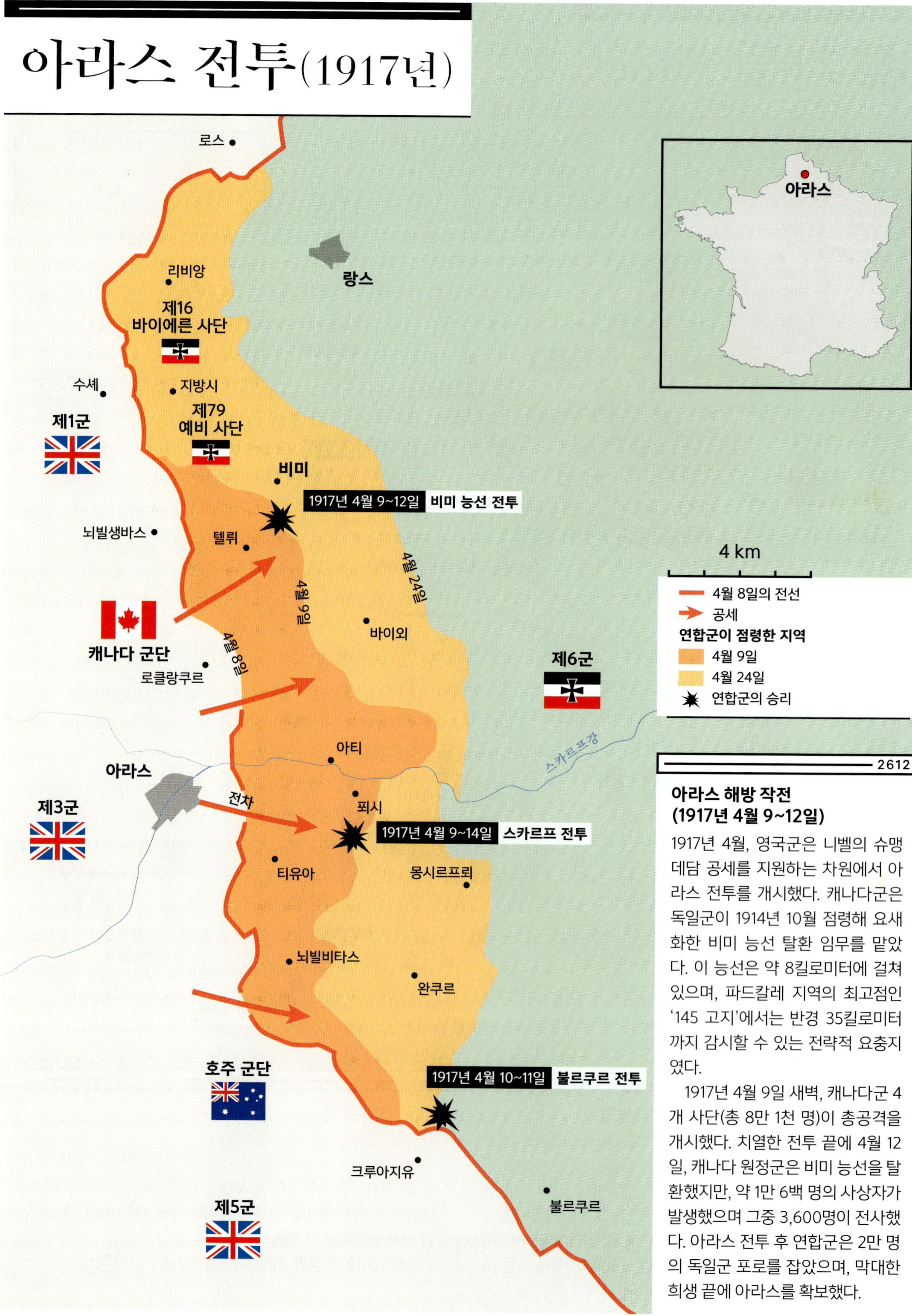

2612

아라스 해방 작전 (1917년 4월 9~12일)

1917년 4월, 영국군은 니벨의 슈맹데담 공세를 지원하는 차원에서 아라스 전투를 개시했다. 캐나다군은 독일군이 1914년 10월 점령해 요새화한 비미 능선 탈환 임무를 맡았다. 이 능선은 약 8킬로미터에 걸쳐 있으며, 파드칼레 지역의 최고점인 '145 고지'에서는 반경 35킬로미터까지 감시할 수 있는 전략적 요충지였다.

1917년 4월 9일 새벽, 캐나다군 4개 사단(총 8만 1천 명)이 총공격을 개시했다. 치열한 전투 끝에 4월 12일, 캐나다 원정군은 비미 능선을 탈환했지만, 약 1만 6백 명의 사상자가 발생했으며 그중 3,600명이 전사했다. 아라스 전투 후 연합군은 2만 명의 독일군 포로를 잡았으며, 막대한 희생 끝에 아라스를 확보했다.

함께 보기 — 캐나다의 탄생 p.464
1918년의 공세 p.550

카포레토 전투(1917년)

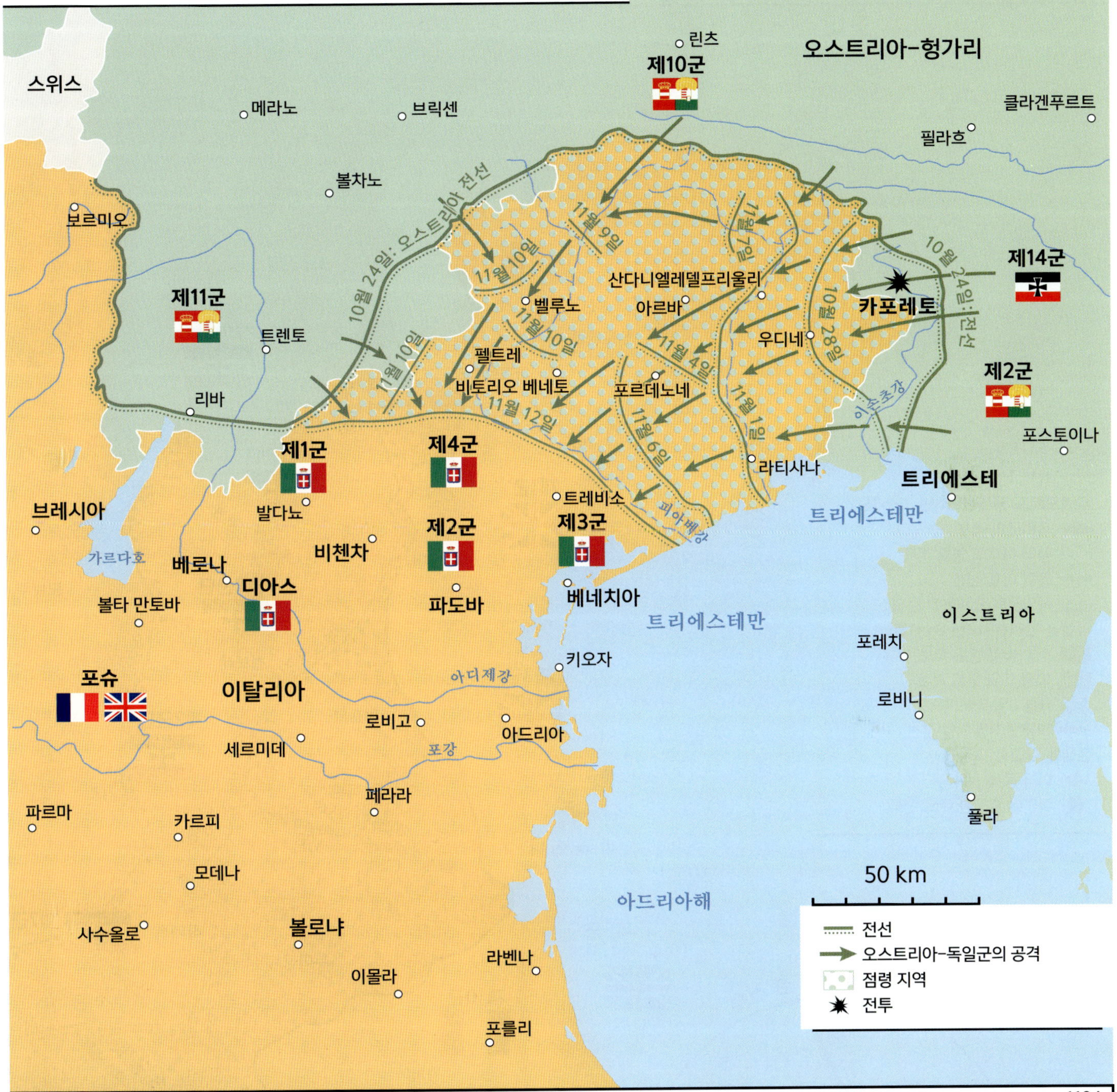

1134

이탈리아군의 대패(1917년 10월 24일~11월 12일)

이탈리아는 1915년 5월 23일 연합군 측으로 참전한 후, 이손초강 전선을 중심으로 공세를 펼쳤다. 초기에는 일부 승리를 거뒀지만, 1915년 말 전선이 교착 상태에 빠졌다. 1917년, 러시아 혁명으로 동부 전선의 압박이 줄어들자 독일-오스트리아군은 동부 전선의 병력을 이탈리아 전선으로 이동시킬 수 있었고, 카포레토(오늘날 슬로베니아의 코바리드)에서 대규모 공세를 준비했다.

10월 24일, 독일의 폰 벨로우 장군이 지휘하는 독일-오스트리아 연합군이 본격적인 공격을 개시했다. 이손초강에 구축된 두 개의 교두보를 돌파해 이탈리아군을 포위하며 대규모 항복을 유도했다. 이 공세로 이손초강 전선은 완전히 무너졌고, 이탈리아군은 광대한 영토와 막대한 군수 장비를 버린 채 후퇴해야 했다. 결국 130킬로미터를 물러나 피아베강까지 밀려났다.

이 전투에서 이탈리아군은 약 3만 1천 명의 사상자를 기록했으며, 30만 명이 포로로 잡혔다. 또한 약 30만 명이 전투를 포기하고 전장을 이탈했다. 이 패배로 보셀리 정부가 붕괴되었고, 새 총리로 오를란도가 임명되었으며 참모총장 카도르나는 디아츠로 교체되었다.

카포레토에서의 대패는 일부 역사학자들 사이에서 '조직적인 전투 거부(사실상의 항명)'로 평가되기도 한다. 오늘날 '카포레토'라는 단어는 이탈리아에서 '참혹한 패배'의 상징으로 여겨진다.

미국의 참전(1917~1918년)

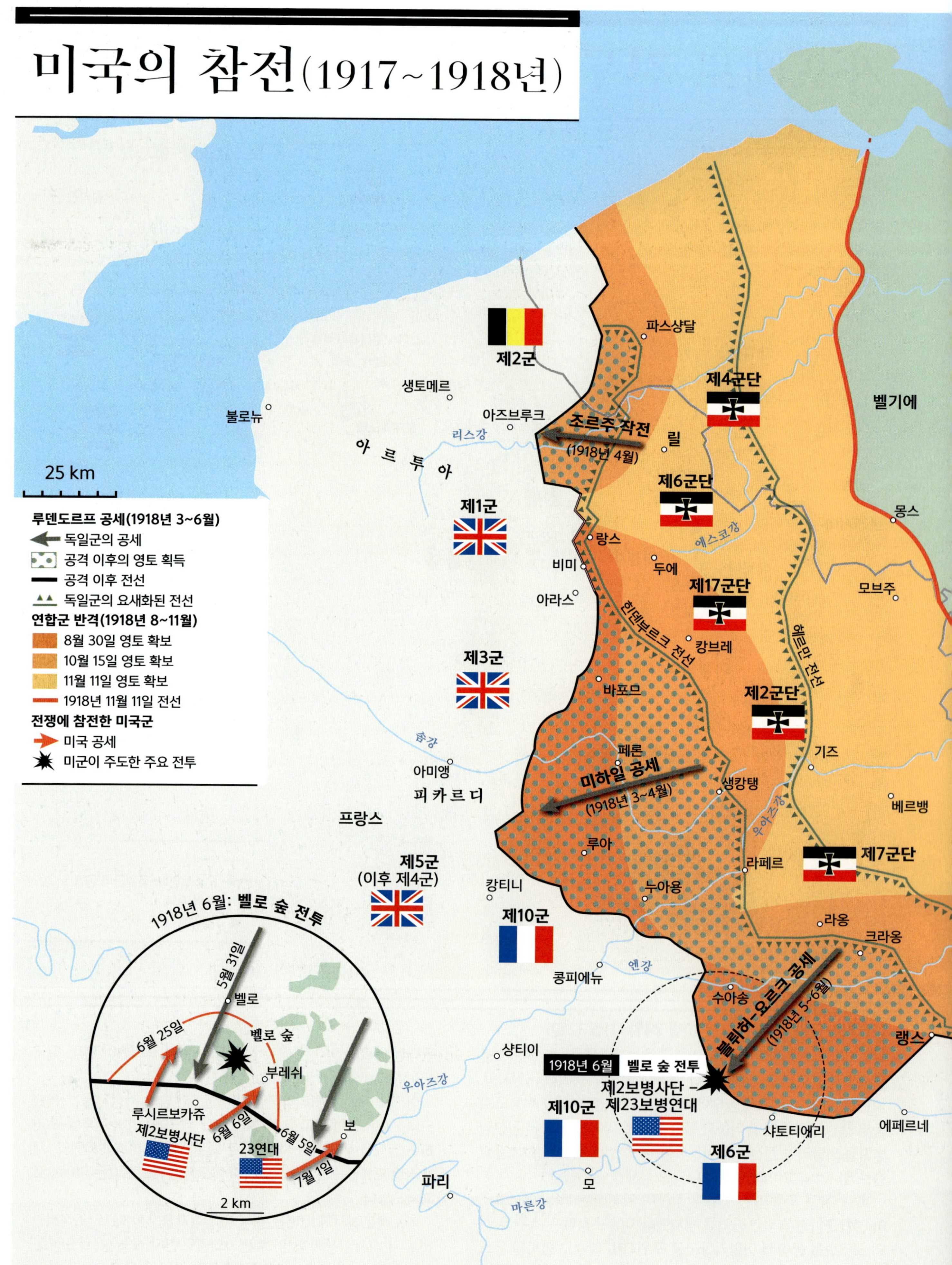

2613

결정적 개입(1917년 4월 5일~1918년 11월 11일)

1917년 4월 6일, 미국 의회는 찬성 373표, 반대 50표로 독일에 대한 선전포고를 가결했다. 1917년 1월, 불과 몇 달 전까지만 해도 '비개입주의(먼로 독트린)'를 내세우던 윌슨 대통령은 독일의 무제한 잠수함전 재개와 독일-멕시코 동맹을 제안한 '치머만 전보 사건'으로 인해 참전을 결정했다.

미국은 징병제를 도입해 정규군과 지원병을 포함한 총 480만 명의 병력을 동원했다. 군대에는 아프리카계 미국인과 아메리카 원주민 병사들도 포함됐으나, 군 내부의 인종 분리 정책과 차별은 여전했다. 20세기 초 필리핀 획득과 하와이 병합을 통해 국제 무대에 등장한 미국의 참전은 오랫동안 유지해온 고립주의와 먼로 독트린(1823년)의 원칙을 깨는 전환점이 됐다.

당시 독일은 러시아와의 전쟁을 끝내고 동부 전선의 병력을 서부 전선으로 이동시키던 중이었다. 1918년 봄, 독일은 '미하엘 작전'으로 대규모 공세를 감행했지만, 1917년 참전 이후 오랜 훈련을 받아온 미군이 연합군 반격을 지원하면서 전세가 역전되기 시작했다. 1918년 7월 1일 기준, 서부 전선에는 독일군 350만 명, 연합군은 400만 명이 배치됐으며 그중 미군은 78만 5천 명이었다.

전투 경험 부족과 작전상의 미숙함으로 미군 5만 3천 명이 전사했지만, 벨로 숲 전투와 생미엘 전투에서 승리하며 전쟁의 흐름을 바꿨다. 미군 총사령관 퍼싱 장군은 미군을 연합군 지휘 체계에 통합하는 것을 거부하고 독립적인 작전 지위를 요구했다. 이를 통해 미국은 독자적인 승리를 강조하며 전후 평화 협상에서 발언권을 행사할 수 있었다.

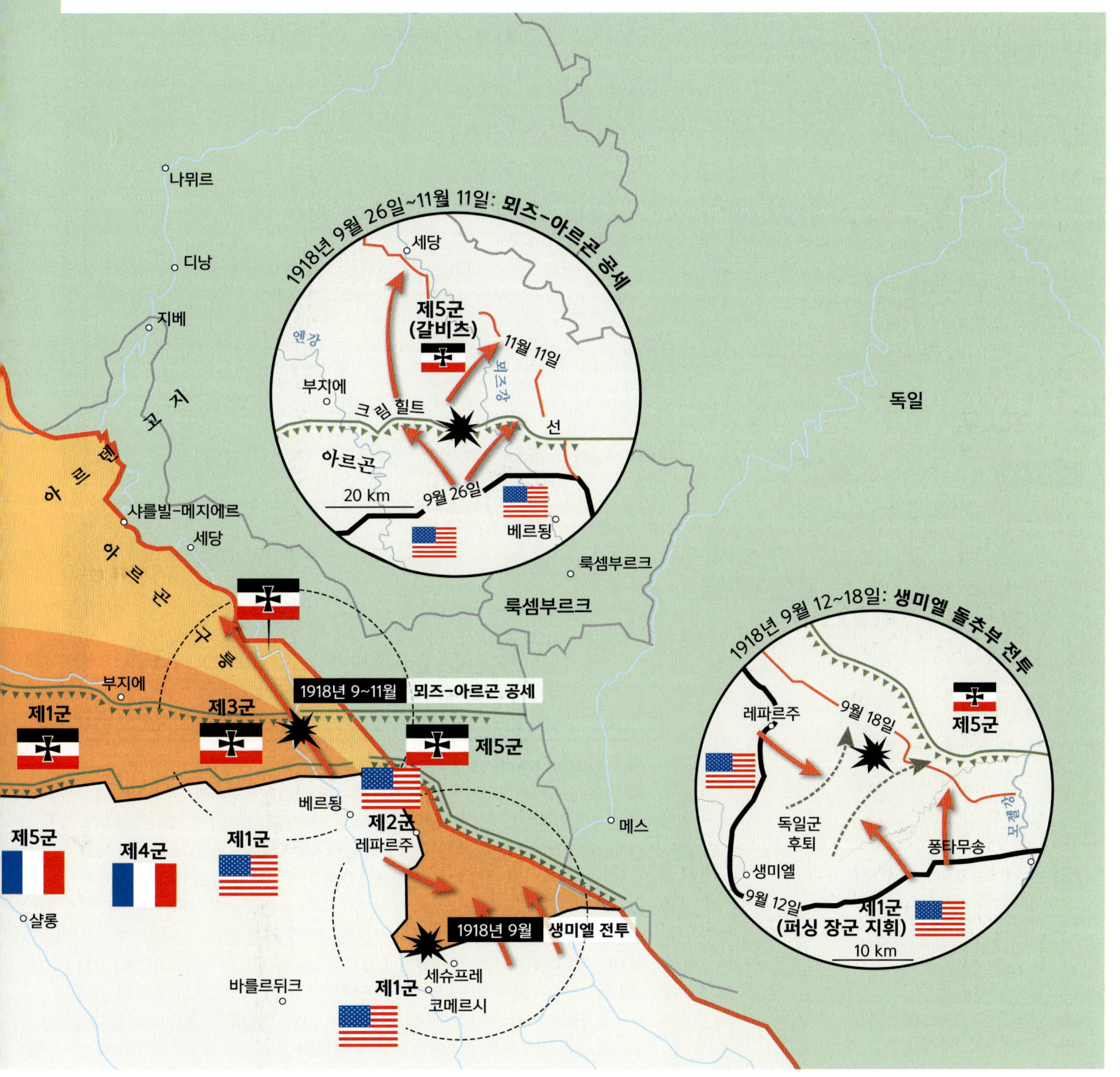

1918년의 공세

서부 전선의 마지막 공세

1918년 3월 21일, 독일군은 북해에서 랭스에 이르는 광범위한 전선에서 대규모 공세를 개시했다. 이 공세는 다섯 개의 작전으로 구성되었으며, 그중 핵심은 '미하엘 작전'이었다. 독일군은 브레스트-리토프스크 평화 조약으로 동부 전선에서 철수한 병력을 서부 전선으로 이동시켜 공세를 강화했다. 초기에 독일군은 상당한 성공을 거두었지만 점차 진격이 둔화되었고, 결국 1918년 7월 독일군의 공세는 완전히 좌절됐다. 7월 18일 연합군은 랭스 인근에서 반격을 개시해 제2차 마른 전투를 벌였고, 8월 8일에는 아미앵 전투가 이어졌다. 9월 8일 독일군은 연합군의 반격으로 1916년부터 1917년 겨울 동안 구축한 힌덴부르트 방어선 뒤로 후퇴할 수밖에 없었다. 10월, 연합군이 총공세를 펼치며 프랑스 영토 대부분과 벨기에 일부 지역을 탈환했다.

비토리오 베네토 전투(1918년)

이탈리아의 복수(1918년 10월 24일~11월 4일)

1918년 6월, 오스트리아-헝가리군은 북부 전선과 피아베강에서 대규모 공세를 감행했지만, 이탈리아군에 저지당하며 막대한 손실을 입었다. 카포레토 전투 이후, 프랑스와 영국군이 이탈리아 방어를 지원하며 전선을 안정시켰다.

한편, 오스트리아-헝가리 황제가 평화 협상을 시도하는 가운데, 이탈리아는 승리를 확정 짓기 위해 최후의 공세를 준비했다. 1918년 10월 말, 오스트리아-헝가리 제국이 내부 분열로 붕괴 조짐을 보이자 세르비아인, 크로아티아인, 슬로베니아인, 체코슬로바키아인, 폴란드인, 헝가리인들이 각각 독립을 선언했다. 이런 혼란 속에서 카포레토 전투가 벌어진 지 정확히 1년이 되는 1918년 10월 24일, 디아츠 장군은 비토리오 베네토에서 대규모 공세를 개시했다. 초반에는 이탈리아-프랑스-영국 연합군이 피아베강을 건너는 데 어려움을 겪었지만, 10월 28일 마침내 돌파에 성공했다. 반면, 오스트리아-헝가리군 내부에서는 탈영과 항명이 속출하며 사실상 전선이 붕괴했다. 이탈리아군은 단 일주일 만에 오스트리아 영토 깊숙이 진격하며 압박을 가했고, 약 30만 명의 오스트리아군을 포로로 잡았다. 결국 11월 1일 오스트리아-헝가리 제국은 휴전을 요청했다. 11월 3일에 정전 협정이 체결되고 다음날 공식 발효되었다. 비토리오 베네토 전투의 승리는 연합군과 오스트리아-헝가리 제국 간의 전쟁을 종식시켰으며, 오스트리아-헝가리 제국의 해체를 확정 짓는 중요한 계기가 되었다.

전쟁으로 황폐해진 서부 전선(1918~1935년)

황폐해진 영토, 파괴된 경제

제1차 세계대전은 수백만 명의 목숨을 앗아갔을 뿐만 아니라 광대한 지역을 황폐화시켰다. 서부 전선에서는 포격과 지뢰로 숲과 농경지가 초토화되었으며, 포탄 폭발로 일부 지역의 지형 자체가 변형되었다. 전쟁의 피해는 도시와 마을에도 심각한 영향을 미쳤고 일부 지역은 완전히 사라져 재건조차 불가능했다. 슈맹데담의 크라옹 마을이 대표적인 사례였다.

프랑스의 산업 중심지도 전쟁으로 막대한 손실을 입었다. 광산, 교통 기반 시설, 공장 등이 전투 중 파괴되었거나, 독일군이 후퇴하며 의도적으로 파괴했다.

1919년 베르사유 조약은 독일에게 전쟁 책임을 물어 연합국에 배상금을 지급하도록 명시했다. 이를 위해 연합군은 '공장 및 광산 감시를 위한 연합군 위원회'를 창설해 독일이 물자로 배상금을 지급하도록 관리, 감독했다. 또한, 풍부한 석탄 자원을 보유한 자르 탄전 지역이 1935년까지 프랑스의 관할 아래 놓이며 배상 과정에 활용되었다.

전쟁 중의 아프리카(1914~1918년)

식민지군

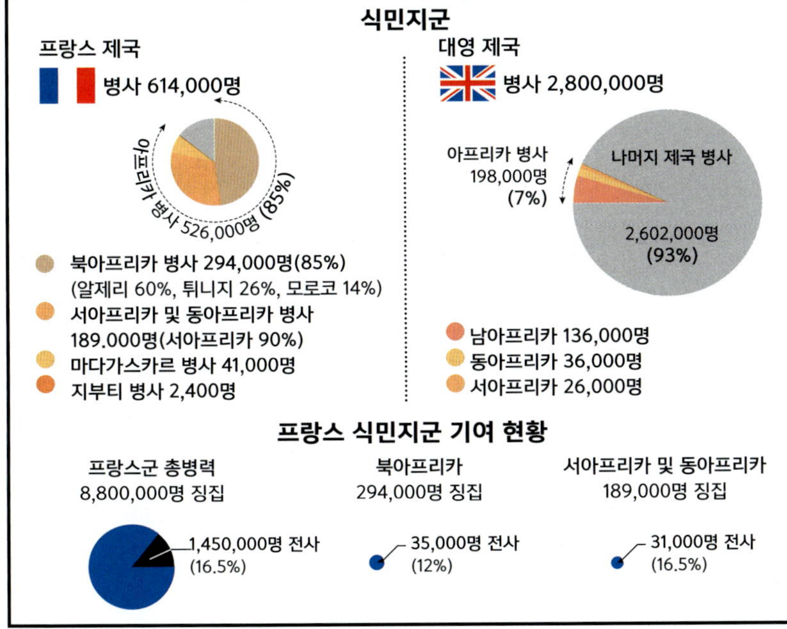

징집과 전투

1914년, 프랑스는 처음으로 식민지 병력을 유럽 전선에 동원했으며, 이는 샤를 망쟁이 주도한 '흑인 부대' 정책의 일환이었다. 그러나 서아프리카 식민지에서는 강제 징집에 대한 반발로 여러 지역에서 반란이 발생했다.

식민지 병사들의 전사율은 프랑스군 평균과 비슷했지만, 1918년에는 이들이 최전선에 배치되면서 사상자가 급격히 증가했다. 이는 프랑스 본토 군인의 희생을 줄이기 위해 식민지 병력을 우선 투입하는 정책 때문이었다.

아프리카 대륙도 제1차 세계대전의 주요 전장이 되었다. 연합군은 독일 식민지를 점령하고, 교통로와 주요 자원을 확보하려 했다. 토고는 빠르게 항복했지만, 독일령 남서아프리카와 카메룬에서는 치열한 저항이 이어졌다. 특히 독일령 동아프리카에서는 전쟁이 장기화하며 격렬한 전투가 계속되었다.

아르메니아 대량 학살

아르메니아 인구

6개의 동부 빌라예트(아르메니아 역사 지역의 서부)

킬리키아(옛 소아르메니아 지역)

오스만 제국 외부의 아르메니아인 인구

강제 이주 및 학살

주요 강제 이주 행렬의 출발지

주요 학살 지역

익사 사건이 발생한 주요 지역

주요 저항 장소

강제 이주 행렬이 따라간 주요 경로

강제 이주의 축과 수용소

남북 축(킬리키아–마안)

유프라테스강 라인

바그다드 철도 축

알레포 강제 이주 대상자를 담당하는 이암 부서

주요 임시 수용소

강제 수용소

추방된 이주민들이 배치된 지역

전쟁 중 오스만 제국

오스만 제국의 국경

1914~15년 오스만 제국의 공격

오스만 제국의 패배

러시아의 공세 (1915년 5월)

러시아군의 후퇴(1915년 8월)

1918년 오스만 제국의 공세

오스만 제국 내 학살과 강제 추방(1915년 1월~1916년 10월)

1908년 정권을 잡은 청년 튀르크당(통일진보 위원회)은 튀르크 민족 중심의 국가 건설을 추진하며, 비튀르크계 주민들을 배제하려 했다. 1914년 11월 오스만 제국이 중앙 동맹국 측에 참전하자 오스만 제국 내 아르메니아인들은 내부의 적이자 러시아와 연계된 배신자로 낙인 찍혔다.

1915년 3월, 오스만 정부는 아르메니아인들을 조직적으로 박해하고 학살하기로 결정했다. 처음에는 징집된 아르메니아 병사들이 처형되었고, 이후 지식인과 엘리트층이 제거되었으며, 마지막으로 아르메니아 민족 전체가 강제 추방과 학살의 대상이 되었다.

당시 오스만 제국에 거주하던 약 200만 명의 아르메니아인 중 3분의 2 이상이 희생된 것으로 추산된다. 생존자 중 일부는 러시아령 코카서스로 망명했고, 다른 이들은 프랑스 위임통치령이 된 시리아와 레바논으로 피신했다.

1915년 1~2월
제3군 소속 아르메니아 병사들이 무장 해제된 후 대부분 살해되고, 일부는 강제 노역에 동원된 뒤 수개월 내 처형됨.

1915년 3월 20~25일
오스만 정부가 아르메니아 인구의 제거를 결정함.

1915년 3~4월
대량 학살의 시작. 징집된 아르메니아 병사와 지식인들이 강제 이주되거나 처형됨.

1915년 4월 24일
콘스탄티노플을 포함한 여러 도시에서 수백 명의 아르메니아 정치인, 지식인, 성직자들이 체포됨.

1915년 5월 13일
여성, 어린이, 노인을 시리아와 메소포타미아의 불모지(사막)로 강제 이주시키기로 공식 결정됨. 장기간의 행군에서 살아남은 이들은 수용소에 감금됨.

1915년 6~8월
제국 전역에서 죽음의 행진이 절정에 달함. 8월 이후 동부 6개 빌라예트에서는 더 이상 어린이, 여성, 노인이 남아 있지 않으며, 이주 대상자의 15~20퍼센트만이 최종 목적지에 도달함.

1915년 8월
알레포에 이암(이주민과 부족 이주국)의 산하 부서가 설립되어 강제 이주민을 관리하고 수용소 운영을 담당함.

1916년 3~10월
수용소에 남아 있던 생존자들에 대한 2차 학살이 자행됨.

중동에서의 작전(1916~1918년)

아라비아의 로렌스

1914년, 영국 귀족의 서자로 태어난 토머스 에드워드 로렌스는 영국 육군 참모본부에서 지도 제작자로 근무하기 시작했다. 당시 오스만 제국은 아나톨리아에서 이집트에 이르는 광대한 영토를 지배하고 있었지만, 아랍 민족주의의 저항과 영국의 개입으로 지배력이 흔들리고 있었다. 영국은 키프로스, 메소포타미아, 페르시아만에서 영향력을 행사하며, 1914년에는 이집트를 공식 보호령으로 삼고 군사적으로 점령했다.

오스만 제국이 제1차 세계대전에서 독일 및 오스트리아-헝가리와 동맹을 맺으며 참전하자 영국과의 대립이 불가피해졌다. 이에 영국 해군 장관 처칠은 오스만 제국을 약화시키기 위한 전략을 모색했다.

1916년 10월, '아라비아의 로렌스'로 알려진 로렌스는 카이로의 영국 정보부로 재배치되었으며, 오스만 제국에 반기를 든 메카의 샤리프 후세인을 지원하기 위해 헤자즈로 파견됐다. 그는 아랍 부족과 영국군 간 협력을 조율하는 연락 장교로 활동하며, 후세인의 아들 파이살 왕자와 함께 게릴라전을 수행했다. 1917년 7월 아카바 항구를 점령했고, 같은 해 12월에는 예루살렘에 입성했다. 1918년 10월 31일, 무드로스 휴전 협정이 체결되면서 오스만 제국은 전쟁에서 철수했다. 이후 로렌스는 영국으로 돌아가 아랍의 독립을 옹호하는 활동을 이어갔다.

함께 보기 — 19세기 오스만 제국의 쇠퇴 **p.444**
세브르에서 로잔까지, 튀르키예의 탄생 **p.560**
제1차 아랍-이스라엘 전쟁 **p.658**

영국 위임통치하의 팔레스타인(1920~1948년)

—1021

19세기에 들어 팔레스타인은 오스만 제국, 유럽 열강, 현지 아랍 주민, 그리고 시오니즘(시온주의) 운동 세력 간의 치열한 갈등과 경쟁의 중심지가 되었다. 영국은 팔레스타인을 수에즈 운하 방어를 위한 전략적 요충지로 여기며, 1917년 벨푸어 선언을 통해 이곳에 유대인의 '민족적 고향'을 건설하는 방안을 공식적으로 제시했다. 그러나 1917년 영국군이 예루살렘을 점령한 후 계엄령이 선포되면서 1916년에 제정된 사이크스-피코 협정에 따른 국제적 논의가 차질을 빚었고, 1918년 설립된 시온주의 위원회의 활동도 제한되었다. 긴장이 고조된 가운데, 1920년 4월 산레모 회의에서 프랑스와 영국은 오스만 제국의 아랍 지역을 나누어 각각 위임통치하기로 결정했다.

1920년 7월, 허버트 새뮤얼 경이 공식 승인 전에 이미 팔레스타인의 첫 행정 책임자로 부임했다. 이후 20여 년 동안 영국은 유대인과 아랍인 간의 평화로운 공존을 도모했으나, 결국 실패로 끝났다.

사이크스 – 피코 협정에서 위임통치까지
(1916~1920년)

프랑스-영국의 중동 분할 계획

19세기 초부터 쇠퇴하던 오스만 제국은 제1차 세계대전에서 동맹국(독일, 오스트리아-헝가리) 측에 가담했다. 이에 프랑스와 영국은 오스만 제국의 영토를 두고 경쟁을 벌였다. 1915년부터 두 나라는 오스만 제국의 패배를 예상하며 아랍 지역 영토 분할을 협상하기 시작했다. 몇 달간의 논의 끝에 1916년 5월 16일, 프랑스 외교관 프랑수아 조르주-피코와 영국 국회의원 마크 사이크스가 비밀 협정을 체결했다.

이 협정에서 두 나라는 아랍 국가들을 하심가에게 맡겨 독립시키되, 북부 지역(구역 A)은 프랑스가, 남부 지역(구역 B)은 영국이 통제하기로 합의했다. 또한, 영국은 메소포타미아 남부(적색 구역)를 프랑스는 시리아 해안 지역과 킬리카아(청색 구역)를 직접 통치하기로 했다. 마지막으로 팔레스타인 지역은 '갈색 구역'으로 지정해 열강 공동 관리 구역으로 남겨두었다.

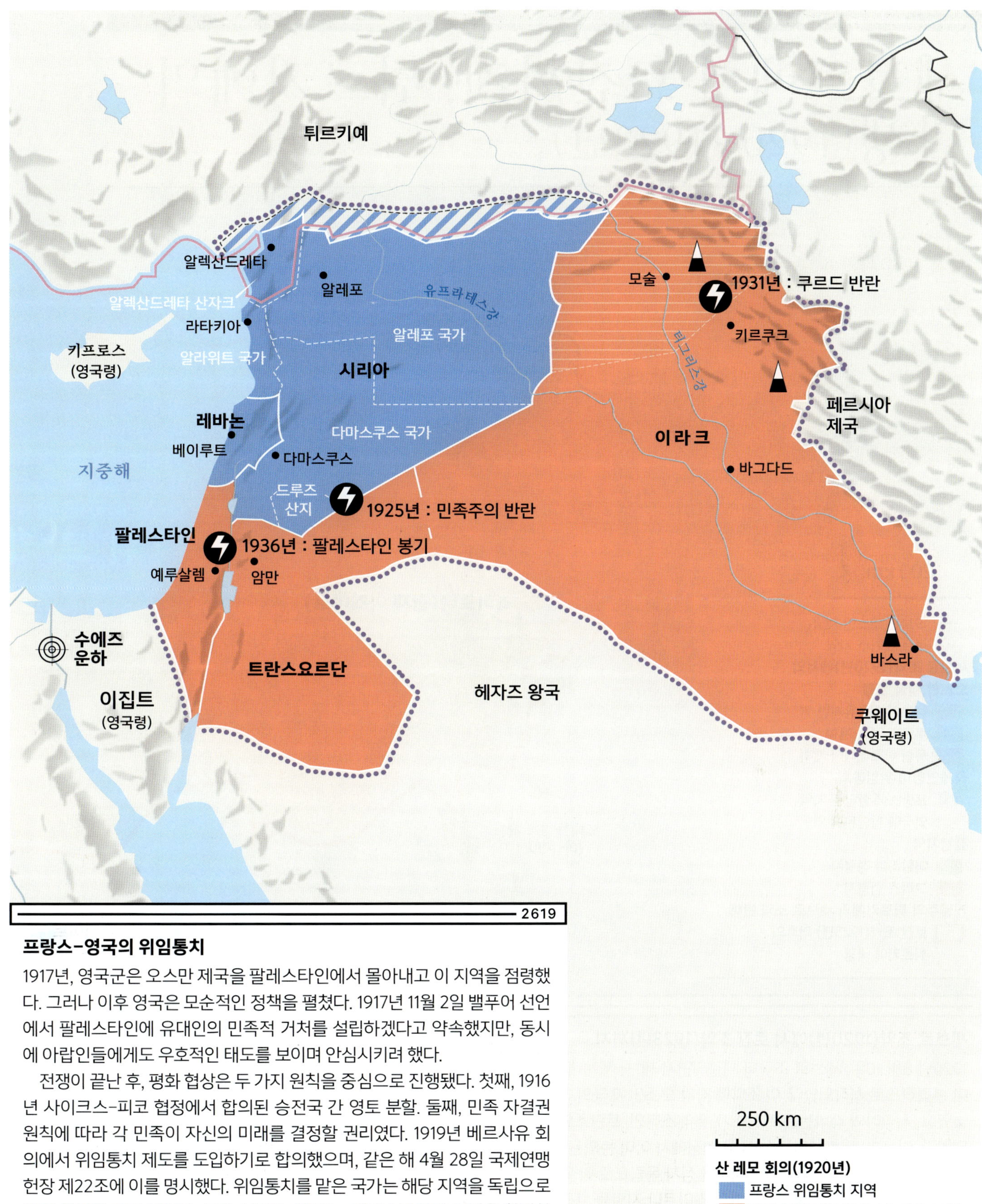

프랑스-영국의 위임통치

1917년, 영국군은 오스만 제국을 팔레스타인에서 몰아내고 이 지역을 점령했다. 그러나 이후 영국은 모순적인 정책을 펼쳤다. 1917년 11월 2일 밸푸어 선언에서 팔레스타인에 유대인의 민족적 거처를 설립하겠다고 약속했지만, 동시에 아랍인들에게도 우호적인 태도를 보이며 안심시키려 했다.

전쟁이 끝난 후, 평화 협상은 두 가지 원칙을 중심으로 진행됐다. 첫째, 1916년 사이크스-피코 협정에서 합의된 승전국 간 영토 분할. 둘째, 민족 자결권 원칙에 따라 각 민족이 자신의 미래를 결정할 권리였다. 1919년 베르사유 회의에서 위임통치 제도를 도입하기로 합의했으며, 같은 해 4월 28일 국제연맹 헌장 제22조에 이를 명시했다. 위임통치를 맡은 국가는 해당 지역을 독립으로 이끌 책임을 지게 되었다. 이후 시리아, 레바논, 팔레스타인의 국경을 확정하기 위한 논의가 계속되었다.

1920년 4월 19일부터 26일까지 열린 산레모 회의에서는 대(對)오스만 제국 강화 조약(이후 세브르 조약)의 초안이 마련되었다. 그 결과, 오스만 제국의 옛 아랍 영토는 영국과 프랑스가 나누어 위임통치하기로 했으며, 세 개의 위임통치령이 설립되었다. 팔레스타인, 트란스요르단, 이라크는 영국이 시리아와 레바논은 프랑스가 위임받아 통치하게 되었다.

세브르에서 로잔까지, 튀르키예의 탄생 (1920 ~ 1923년)

세브르 조약(1920년)에서 로잔 조약(1923년)까지

1920년 8월 10일, 세브르 조약이 체결되면서 제1차 세계대전에서 패한 오스만 제국의 영토 분할이 본격적으로 시작되었다. 이 조약에 따라 오스만 제국의 아랍 영토는 국제연맹의 위임통치 아래 놓였고, 시리아와 레바논은 프랑스가, 팔레스타인, 트란스요르단, 이라크는 영국이 위임통치하게 되었다. 이는 1916년 사이크스-피코 협정에서 이미 논의된 내용이었다. 영국과 프랑스는 국제 연맹의 위임통치 원칙에 따라 해당 지역을 점차 독립으로 이끌 책임을 맡았다.

또한, 오스만 제국은 동트라키아와 스미르나 지역을 그리스에 할양, 주요 해협의 비무장화, 오스만 제국의 군대를 해체해야 했다. 더불어 조약에서는 쿠르드 자치 지역과 독립 아르메니아 국가의 수립도 명시했다. 그러나 무스타파 케말이 이끄는 튀르키예 민족주의 세력이 이에 강력히 반발하며 군사적으로 대응했고, 튀르키예군이 승리를 거두면서 사실상 무효화되었다.

1923년 7월, 로잔 조약이 체결되며 세브르 조약의 내용이 대폭 수정됐다. 이 조약으로 튀르키예는 아르메니아 및 쿠르드 지역에 대한 주권과 그리스 점령지도 되찾았으며, 국제적으로 무스타파 케말이 이끄는 앙카라 정부의 국가적 정통성을 인정받았다. 이후 1923년 10월 29일, 튀르키예 공화국이 공식적으로 선포되었다.

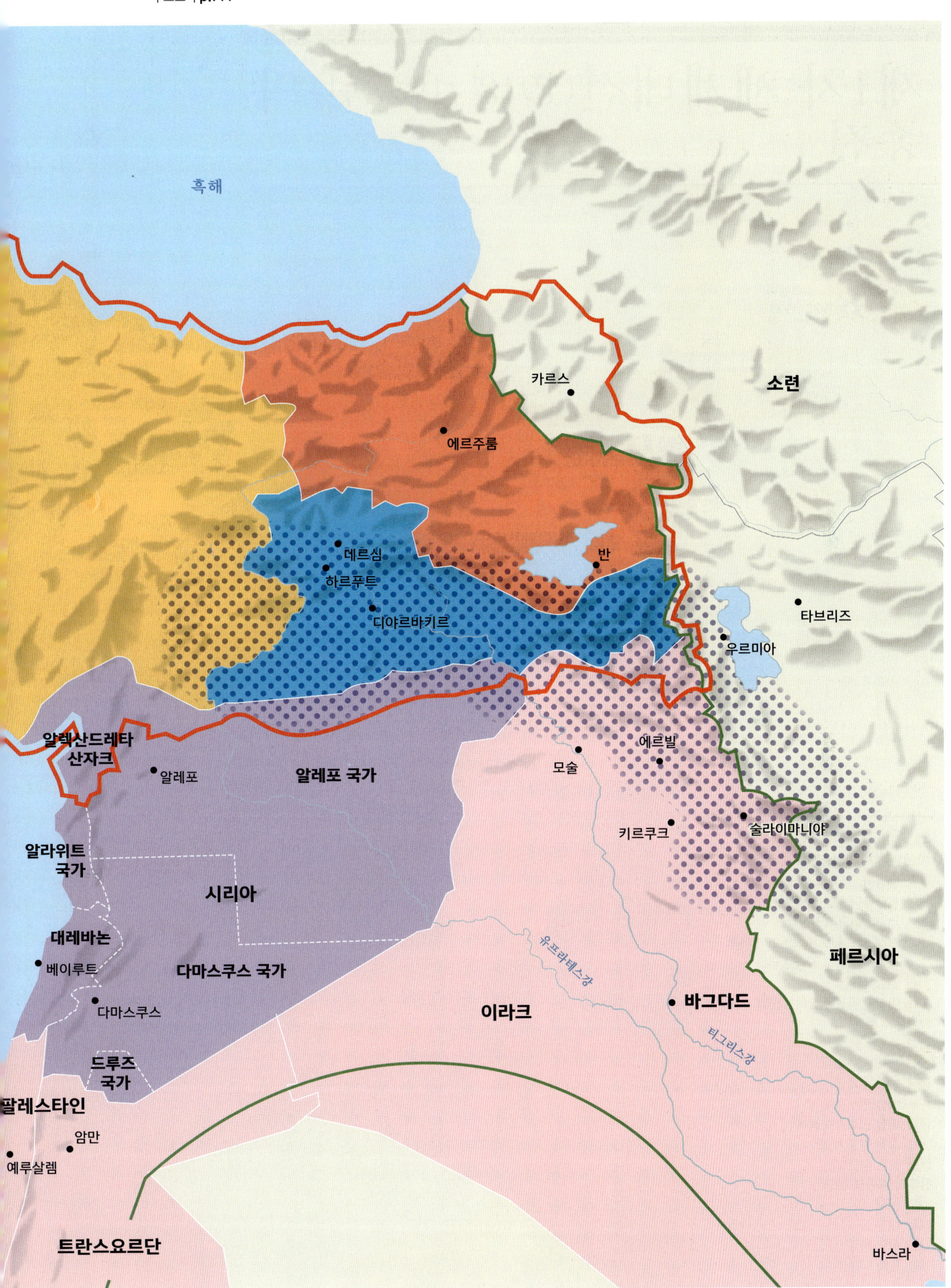
흑해
소련
카르스
에르주룸
데르심
하르푸트
반
디야르바키르
타브리즈
우르미아
알렉산드레타
산자크
알레포
알레포 국가
모술
에르빌
알라위트
국가
키르쿠크
술라이마니야
시리아
대레바논
베이루트
다마스쿠스 국가
유프라테스강
페르시아
다마스쿠스
바그다드
이라크
티그리스강
드루즈
국가
팔레스타인
암만
예루살렘
트란스요르단
바스라

제1차 세계대전(1918~1923년)의 종전

함께 보기 — 1918년의 공세 p.550
전쟁으로 황폐해진 서부 전선 p.552
1930년대 유럽 p.594

─── 2626 ───

끝나지 않는 전쟁(1918~1923년)

1918년, 독일군의 대규모 춘계 공세 이후 협상국이 모든 전선에서 우위를 되찾았고, 이에 따라 동맹국들과 연이어 휴전 협정을 맺었다. 불가리아(9월 29일, 살로니카), 오스만 제국(10월 30일, 무드로스), 오스트리아–헝가리 제국(11월 3일, 파도바), 그리고 독일(11월 11일, 레통드)이 차례로 항복했다.

그러나 전쟁이 끝난 뒤에도 유럽은 새로운 질서를 재편하며 평화 체제를 구축해야 했고, 곳곳에서 새로운 갈등이 발생했다. 독일에서는 1919년 스파르타쿠스단 봉기로 정치적 혼란이 이어졌고, 아일랜드에서는 독립 전쟁이 전개되었으며, 러시아에서는 내전이 계속됐다. 소비에트–폴란드 전쟁과 그리스–튀르키예 전쟁도 이어졌다.

한편, 미국 대통령 윌슨이 주장한 '민족 자결권'의 원칙은 식민지 민족주의 운동을 자극했다. 그 결과, 1919년 한국의 3·1 운동을 비롯해 여러 지역에서 독립운동이 발생했으며, 국제연맹 위임통치 지역에서 반식민지 저항이 확산되었다.

전후 경제와 사회적 어려움 속에서 불안정한 상황은 더욱 심화됐다. 제1차 세계대전은 막대한 인적, 물적 피해를 초래했을 뿐만 아니라, 전쟁의 폭력성이 전후 정치와 사회에 깊은 영향을 미쳤다. 역사학자 조지 L 모스는 이를 '전쟁의 잔혹성 내면화'라고 설명했으며, 패전국들은 영토 상실과 함께 굴욕감 속에서 새로운 국제 질서에 대한 적개심을 키워갔다. 이러한 감정은 이후 긴장과 갈등을 촉발하는 요인이 되었다.

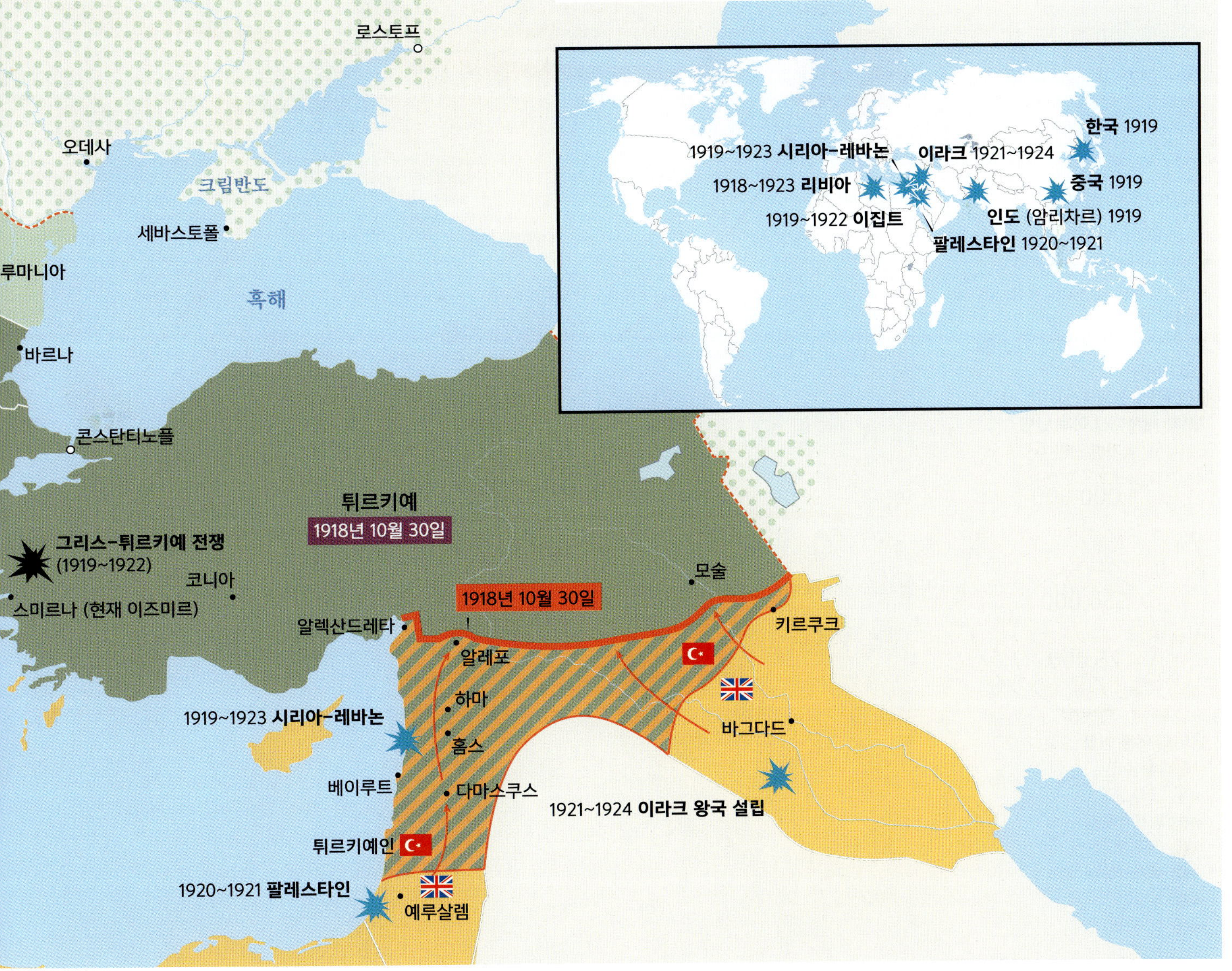

수백만 명의 유럽 난민(1918~1923년)

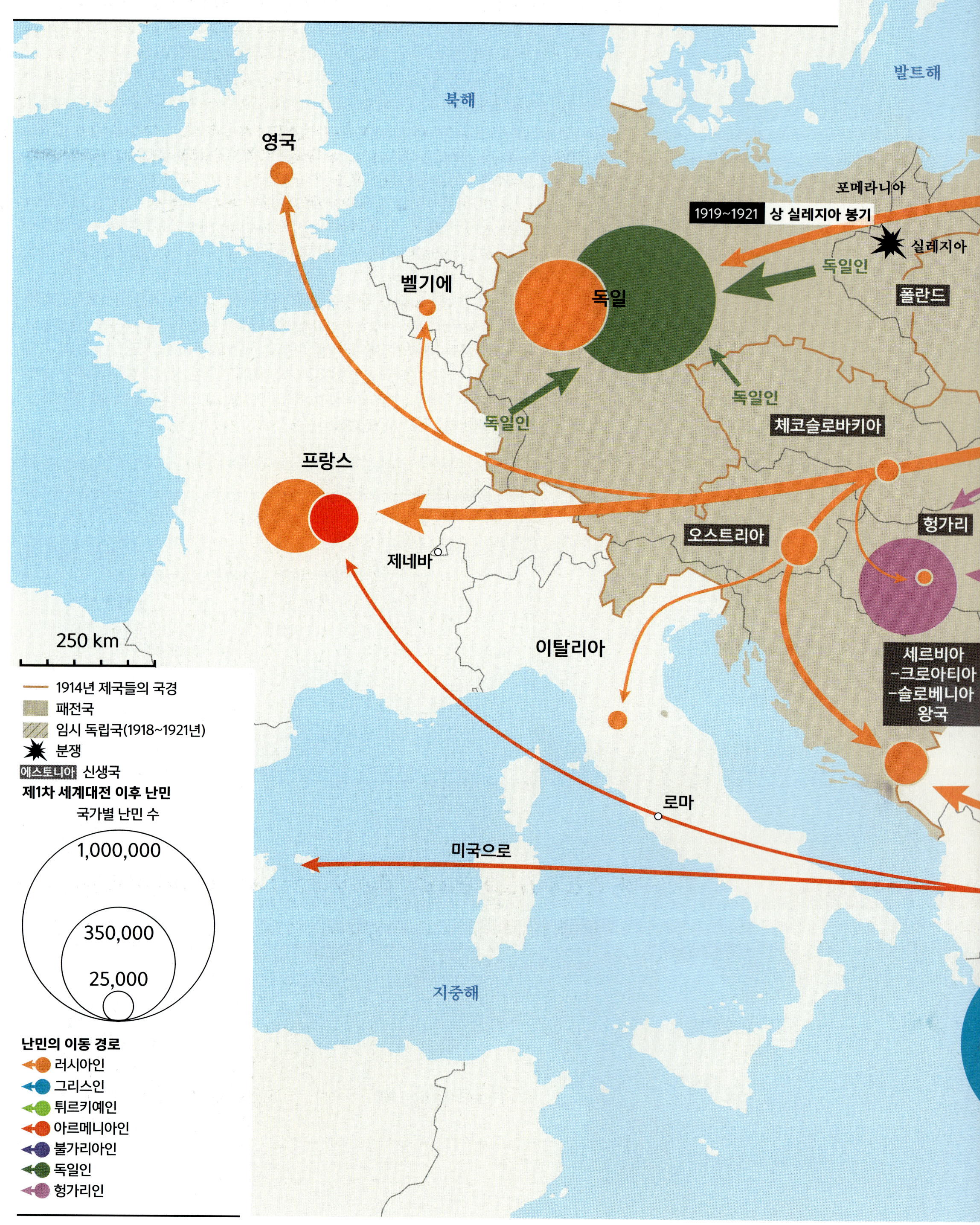

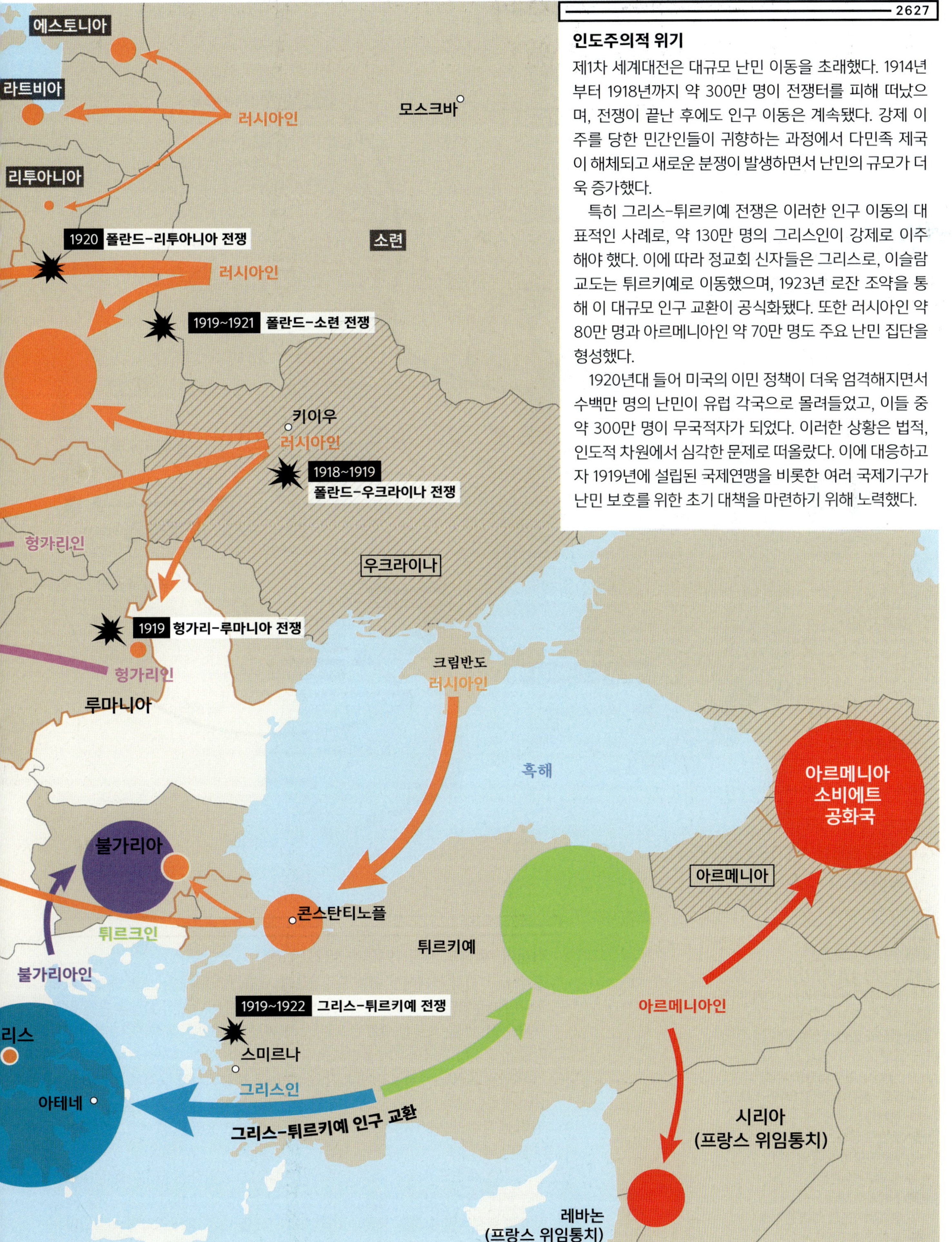

2627

인도주의적 위기

제1차 세계대전은 대규모 난민 이동을 초래했다. 1914년부터 1918년까지 약 300만 명이 전쟁터를 피해 떠났으며, 전쟁이 끝난 후에도 인구 이동은 계속됐다. 강제 이주를 당한 민간인들이 귀향하는 과정에서 다민족 제국이 해체되고 새로운 분쟁이 발생하면서 난민의 규모가 더욱 증가했다.

특히 그리스-튀르키예 전쟁은 이러한 인구 이동의 대표적인 사례로, 약 130만 명의 그리스인이 강제로 이주해야 했다. 이에 따라 정교회 신자들은 그리스로, 이슬람교도는 튀르키예로 이동했으며, 1923년 로잔 조약을 통해 이 대규모 인구 교환이 공식화됐다. 또한 러시아인 약 80만 명과 아르메니아인 약 70만 명도 주요 난민 집단을 형성했다.

1920년대 들어 미국의 이민 정책이 더욱 엄격해지면서 수백만 명의 난민이 유럽 각국으로 몰려들었고, 이들 중 약 300만 명이 무국적자가 되었다. 이러한 상황은 법적, 인도적 차원에서 심각한 문제로 떠올랐다. 이에 대응하고자 1919년에 설립된 국제연맹을 비롯한 여러 국제기구가 난민 보호를 위한 초기 대책을 마련하기 위해 노력했다.

폴란드(1918~1921년)

2628

러시아–폴란드 전쟁(1919년~1921년 3월)

폴란드는 제1차 세계대전 이후 독립을 되찾았고, 1919년 6월 28일 베르사유 조약이 체결되면서 서쪽 국경이 확정되었다. 폴란드는 단치히 회랑을 통해 발트해로 연결되는 통로를 확보했고, 단치히(현 그단스크)는 '자유 도시'로 선언되었다. 그러나 조약에서는 폴란드의 동쪽 국경을 명확히 규정하지 않았다.

1919년, 폴란드는 우크라이나군을 격퇴하고 동갈리치아 지역을 점령했다. 그러나 폴란드의 영토 확장 정책은 볼셰비키의 구상과 충돌했다. 볼셰비키는 '유럽 공산주의 연방(트로츠키의 전략)'을 수립하고 독일 혁명 세력과 연대하려 했다.

1920년, 폴란드 지도자 피우수트스키는 내전으로 약해진 러시아를 상대로 반격을 개시했다. 같은 해 8월, 폴란드군은 바르샤바 전투에서 러시아군을 격퇴하며 결정적인 승리를 거뒀다. 이후 1921년 3월 18일 리가 조약이 체결되면서, 폴란드는 18세기 당시의 동부 국경 일부를 회복할 수 있었다.

러시아와 국경 재편 (1918~1922년)

2629

방역선

1918년 3월 3일 브레스트-리토프스크 조약이 체결되면서 소비에트 정부는 우크라이나, 폴란드, 핀란드, 발트 3국을 포함한 옛 러시아 제국 영토 76만 제곱킬로미터를 상실했다. 이에 따라 소비에트 러시아 주변부에는 우크라이나의 마흐노 정권과 같은 새로운 국가들이 등장했다.

한편 볼가강 유역, 돈강 지역, 키이우 평원 등에서는 반볼셰비키 세력인 백군이 공산 정권을 상대로 공격을 개시했다. 1918년 8월부터 프랑스, 영국, 캐나다 등 서방 국가들은 러시아의 전쟁 이탈을 문제 삼고 볼셰비키 혁명을 차단하기 위해 '방역선' 전략을 추진했다.

그러나 1920년까지 볼셰비키가 승리를 거두며 우크라이나, 크림반도, 조지아, 투르키스탄, 동아시아 지역을 다시 소비에트의 통제 아래 두었다.

제1차 세계대전 종전 후 유럽 (1919년)

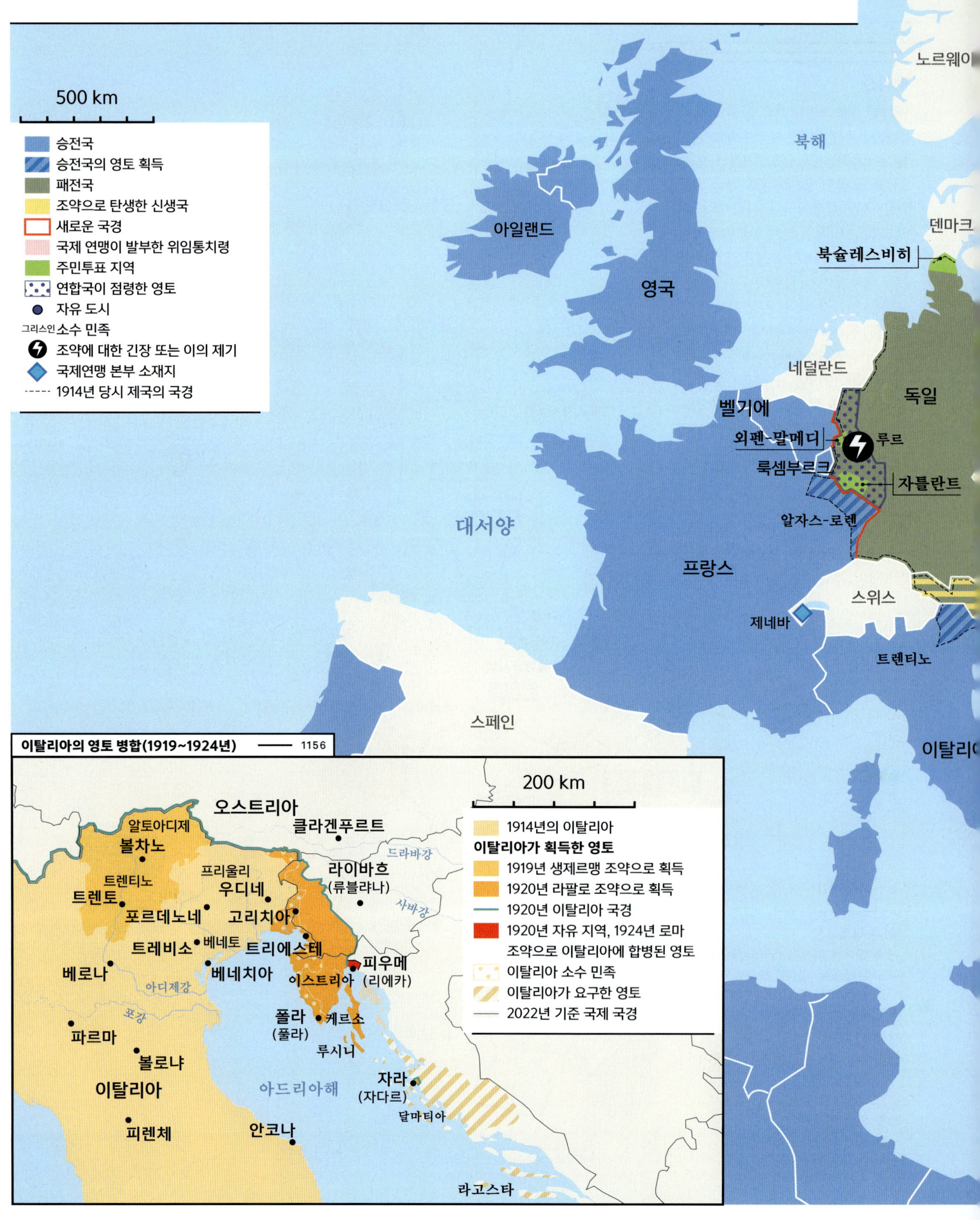

이탈리아의 영토 병합(1919~1924년) — 1156

2630

새로운 유럽 지도 (1918~1924년)

제1차 세계대전은 유럽의 정치 지형을 재편한 일련의 평화 조약으로 마무리됐다. 브레스트-리토프스크 조약(1918년), 베르사유 조약(1919년), 로잔 조약(1923년) 등 약 15개의 조약이 체결되며 새로운 국경이 형성되고, 신생 독립국들이 등장했으며, 국제 질서의 새로운 원칙들이 대두되었다.

패전국들은 영토를 승전국에 양도해야 했다. 알자스-로렌 지역은 프랑스로 복귀되었고, 중동에서는 위임통치령이 설정되는 등 직·간접적인 방식으로 영토가 재편됐다.

미국 대통령 윌슨이 제시한 '민족 자결주의' 원칙은 패전국 영토 재편 과정에서 일부 반영되었지만, 모든 민족에게 공평하게 적용되지는 않았다. 체코인과 슬로바키아인은 독립을 얻었으나, 약 300만 명의 헝가리인은 새 국경 밖으로 밀려났다.

승전국 내부에서도 민족 자결 원칙을 둘러싼 논란이 있었다. 이탈리아는 기대한 만큼 영토를 확보하지 못하자 이를 '잘려나간 승리'라고 부르며 강한 불만을 표출했다.

새롭게 그려진 유럽 지도는 여러 갈등과 불만을 초래했다. 그러나 제1차 세계대전 이후 전쟁 재발을 막기 위한 집단 안보 원칙이 새롭게 제시되었고, 국제연맹이 창설되어 스위스 제네바에 본부를 두고 활동을 시작했다.

아일랜드 독립(1921년)

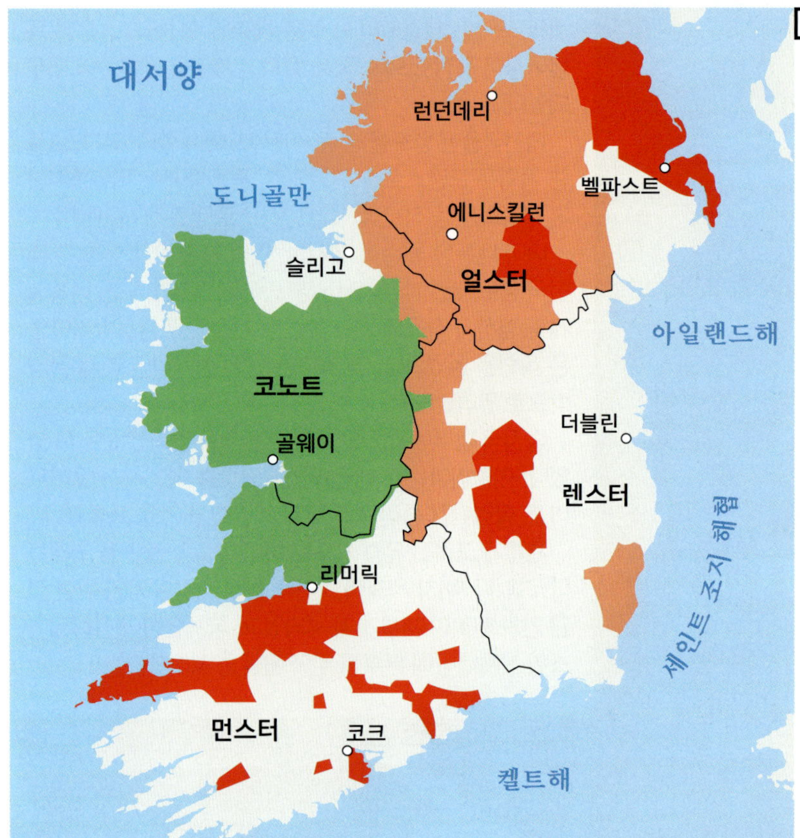

—1194

아일랜드 토지 몰수와 식민지화

1541년 이후 아일랜드는 영국 국왕의 통치 아래 놓였다. 1580년경 먼스터 지역에서 영국 정착민을 위한 첫 번째 '플랜테이션' 정책이 시행되며, 영국인을 위해 아일랜드인의 토지를 몰수했다. 1590년대, 얼스터 지역의 아일랜드인들은 가톨릭 국가인 스페인과 동맹을 맺고 반란을 일으켰다. 이에 대응해, 영국 왕실은 추가 반란을 막기 위해 얼스터 지역의 가톨릭 아일랜드인들의 토지를 몰수하고, 대신 영국과 스코틀랜드 출신의 개신교 정착민들을 이주시켰다. 1641년 아일랜드 반란 이후 크롬웰은 아일랜드 내 영국의 지배를 강화하기 위해 가톨릭 아일랜드인들을 서부의 척박한 땅으로 강제 이주시켰다. 18세기에 접어들며 아일랜드 가톨릭인들의 사회적 지위는 더욱 하락했고, 법적·사회적 차별로 인해 자유가 크게 제한되었다. 결국 아일랜드는 사실상 영국의 첫 번째 식민지로 전락했다.

200 km

- 1590년경 플랜테이션 정책 시행
- 1607년 이후
- 크롬웰(1649~1658년) 치하에서 강제 이주된 아일랜드인들에게 할당된 토지
- 2018년 기준 아일랜드 지방 경계

더블린 부활절 봉기(1916년) —1137

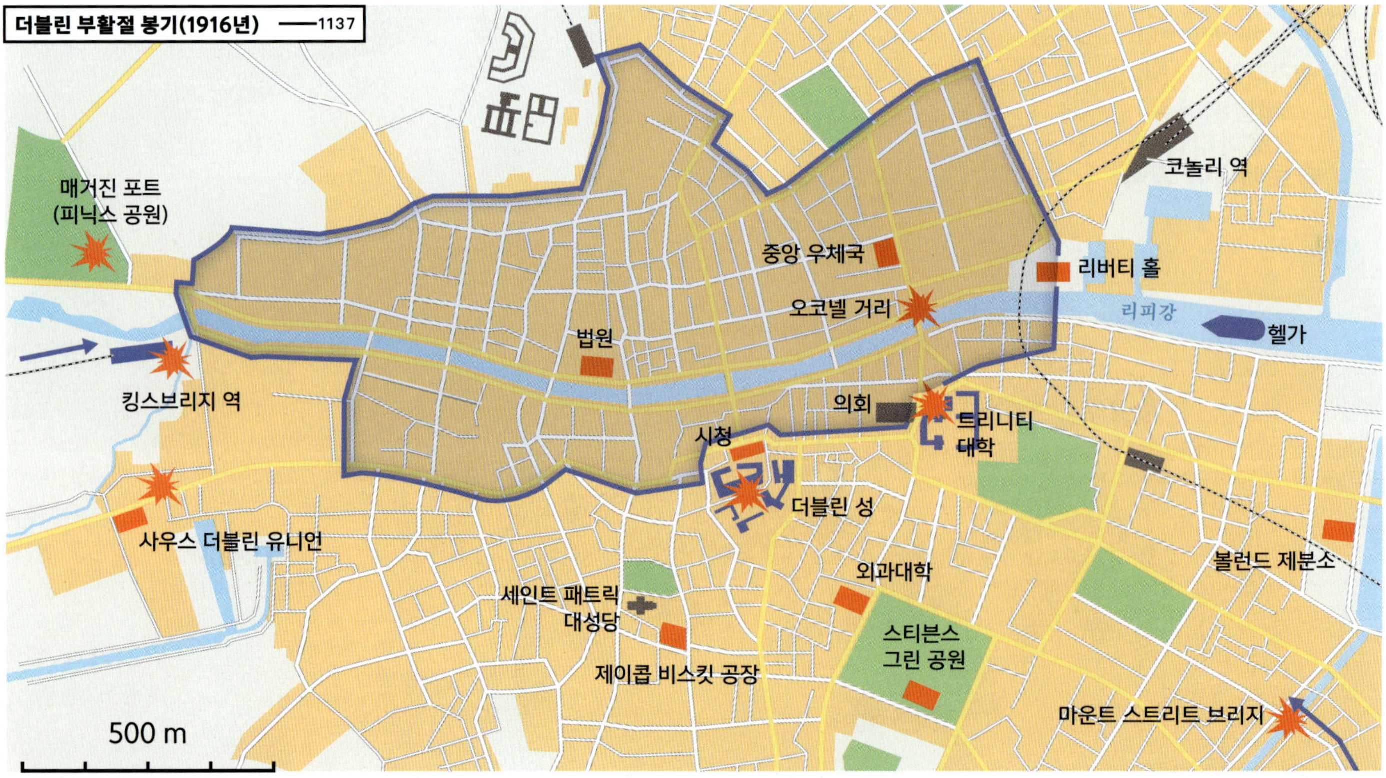

500 m

1916년 4월 24~29일, 더블린

- 아일랜드 반군이 점령한 건물
- 반군과 영국군 간의 전투
- 영국군이 점령한 요새
- 영국군 지원
- 함선
- 영국군이 설치한 경계선

'홈 룰(자치)' 운동, 독립 전쟁 그리고 내전(1914~1923년)

1800년 '통합법' 제정으로 아일랜드는 영국과 병합되었고, 아일랜드 의원들은 런던 의회에서 자치권을 요구하며 '홈 룰(자치)' 운동을 전개했다. 1914년 영국 의회에서 홈 룰 법안이 통과되었지만, 제1차 세계대전 발발로 시행이 보류됐다. 이런 상황에서 1916년 4월 24일, 더블린의 급진 세력이 '부활절 봉기'를 일으켰다. 반란군은 더블린 중앙 우체국에서 아일랜드 공화국을 선포했지만, 영국 행정 본부인 더블린성을 점령하지 못했다. 결국 4월 29일, 마이클 콜린스와 에이먼 데 발레라를 포함한 반란군은 영국군에 항복했다. 영국군은 반란을 강경 진압했지만, 이에 대한 반발로 아일랜드인의 여론은 반란군을 지지하는 입장으로 돌아섰다.

1919년 1월, 아일랜드 의원들은 다시 한 번 더블린에서 아일랜드 공화국을 선포했다. 이에 영국은 군대를 파견하면서 아일랜드 독립 전쟁이 시작되었다. 1921년 12월, 아일랜드 공화군(IRA)을 이끌던 콜린스가 영국-아일랜드 조약을 체결하며 전쟁은 종결되었다. 조약에 따라 아일랜드 남부는 영국 연방 내로 수립되며, 아일랜드 자유국으로 남았다. 반면, 개신교도가 다수를 차지하던 북아일랜드는 영국령으로 유지되었다. 그러나 발렐라와 그의 지지자들은 이 조약을 거부했고, 1922년 아일랜드 내전을 일으켰다. 이 내전으로 약 3,000여 명이 사망하며 독립 전쟁보다 더 많은 희생자가 발생했다. 콜린스도 내전 중 목숨을 잃었다. 결국 아일랜드 자유국 정부가 승리하며 전쟁은 끝났다. 이후 아일랜드 자유국은 점차 안정을 찾았고, 1949년 마침내 아일랜드 공화국이 공식적으로 수립되면서 완전한 독립을 이루었다.

레닌의 귀환(1917년 3~4월)

취리히에서 페트로그라드까지, 레닌의 귀환

블라디미르 일리치 울리야노프, 즉 레닌은 1900년부터 유럽 각지를 떠돌며 망명 생활을 하고 있었다. 1917년 2월 혁명으로 차르가 퇴위했을 때 그는 스위스에 머물고 있었는데, 페트로그라드(현재 상트페테르부르크)의 소식을 듣고 즉시 귀환을 결심했다. 전쟁 중인 유럽을 가로지르는 것은 쉽지 않았지만, 그는 독일 정부의 비밀 지원을 받아 '봉인 열차'를 이용할 수 있었다. 1917년 3월 27일 취리히에서 출발한 그는 기차와 배를 타고 약 4,000킬로미터를 이동한 끝에 4월 3일 러시아의 수도 페트로그라드에 도착했다. 며칠 후, 4월 테제를 발표하며 임시정부를 강하게 비판하고 전쟁 지속을 규탄했다. 이후 몇 주 동안 그는 볼셰비키 내부에서 지지를 확보하며 세력을 확장했고, 마침내 1917년 10월 혁명을 주도하며 권력을 장악했다.

러시아 내전(1918~1921년)

2625

모든 전선에서 싸운 볼셰비키

1917년 10월 혁명으로 권력을 장악한 볼셰비키는 초기에 옛 러시아 제국의 중심부인 모스크바 주변의 좁은 지역만 통제했다. 새 정권은 독일과 단독 강화 조약을 체결했지만, 반혁명 세력인 백군과 과거 협상국의 무력 개입에도 맞서야 했다.

연합군의 위협은 주로 해상에서 발생했지만, 1918년 트로츠키가 '붉은 군대'를 창설하며 전세를 뒤집었다. 결국 1922년, 소비에트 사회주의 공화국 연방(소련)이 공식적으로 출범했다.

소련 건설 (1922~1956년)

소련의 팽창

1917년 10월 혁명 이후, 유럽은 볼셰비키 정권이 차르 제국의 광대한 영토를 계승한 새로운 러시아로 부상하는 것을 경계했다. 그러나 볼셰비키 정부는 초기부터 여러 난관에 직면했다. 구 러시아 제국 내 비러시아 민족들이 독립을 선언했으며 1918년 1월에는 내전이 발발했고, 같은 해 3월 브레스트-리토프스크 조약으로 새로운 국경이 형성되었다.

1920년대에 접어들며 볼셰비키는 우크라이나와 크림반도를 포함한 여러 지역을 다시 장악했다. 이에 서방 국가들은 공산주의 확산을 막기 위해 소련 서쪽에 '방역선'을 구축했으며 이 방어선에서 폴란드가 핵심적인 역할을 맡았다. 1921년 확정된 국경은 우크라이나와 벨라루스 소수 민족을 포함했다.

소련은 주변국들의 적대적 태도에 대응하며 인접국 내정에 적극 개입했다. 1939년 8월 독소 불가침 조약 (리벤트로프-몰로토프 협정)의 비밀 조항을 통해 폴란드를 비롯한 서쪽 지역에서 영향력을 확대했고, 제2차 세계대전 기간 중 베사라비아와 동갈라치아 등 여러 지역을 병합했다. 이러한 영토 확장은 대규모 유혈 사태와 강제 이주를 동반했다. 새롭게 편입된 영토는 '소비에트 사회주의 공화국 연방'의 일부가 되었으며, 국경은 계속 변화했다. 1922년 4개 공화국으로 시작한 소련은 1956년 총 15개 공화국으로 재편되었다.

1922년
러시아, 남코카서스, 우크라이나, 벨라루스 4개 소비에트 공화국이 연방으로 결합하며 소비에트 사회주의 공화국 연방(URSS)을 창설함.

1926~1927년
폴란드 내 쿠데타 가능성과 영국 및 프랑스와의 외교 관계 악화로 인해 소련이 국경 경계를 강화함.

1930년대
일본이 만주를 점령하고(1932년) 히틀러가 독일에서 집권하면서 소련은 국경 통제를 강화함.

1939년 8월 23일
독일과 리벤트로프-몰로토프 협정을 체결하며 서부 국경 부근의 국가에 대한 세력권 분할. 9월부터 소련군이 동부 폴란드에 진입. 1920년대 '방역선' 해체를 시작함.

1940년 4월
1921년 폴란드 패배에 대한 보복으로 카틴 숲 학살을 자행. 25,000여 명의 폴란드인(군인과 민간인)을 처형함. 소련은 1990년에야 책임을 인정함.

1944년 9월
루블린에 있는 친공산주의 정부와 체결한 3차례 협정을 통해 약 150만 명이 폴란드로 강제 이주함.

1945년 6월 29일
체코슬로바키아 대통령 에드바르드 베네시가 체코-소련 조약을 통해 카르파티아 루테니아를 소련에 할양함.

소련의 기근(1921~1933년)

1933년, 우크라이나에서 서시베리아까지의 기근과 저항

1931년부터 1933년 사이, 소련의 여러 지역이 극심한 기근에 시달리며 약 600만 명이 아사했다. 특히 우크라이나에서는 약 400만 명이 사망했으며, 이 참사는 훗날 '홀로도모르'로 알려졌다. 대기근의 주요 원인은 1930년부터 스탈린 정권이 추진한 급진적인 농업 집단화 정책이었다. 정부는 도시 노동자 식량 공급과 해외 수출을 위해 농민들에게서 대량의 곡물을 강제 징발했고, 이에 따라 전국적으로 반발과 저항이 일어났다. 강제 징발로 인해 농민들은 생존을 위한 식량마저 확보하기 어려웠다. 1932년 기준, 집단 농장 농가의 75퍼센트가 연간 100킬로그램 미만의 곡물을 배급받았는데, 이는 1920년대 평균 소비량인 300킬로그램에 훨씬 못미치는 수준이었다. 기근은 1931년 봄, 카자흐스탄에서 먼저 시작되었다. 많은 유목민이 강제 정착과 가축 몰수에 반발하며 고향을 떠났다. 1932년 봄, 서시베리아와 카자흐스탄의 흉작으로 인해 우크라이나, 쿠반, 볼가 지역의 식량 부족은 더욱 심해졌다.

이에 스탈린 정권은 강제 징발을 더욱 강화하며, 목표량을 채우지 못한 지역을 가혹하게 탄압했다. 해당 지역에서는 생필품과 식량 공급이 차단되었으며, 가혹한 벌금과 처벌이 부과되었고, 농민들은 마지막으로 남겨둔 식량마저 몰수당했다. 특히, 다음 해 파종을 위해 보관해야 할 씨앗용 곡물까지 강제 징발되면서 기근은 더욱 악화되었다. 굶주린 농민들은 이미 배급제가 시행 중이던 도시로 탈출을 시도했지만 특별 경비대가 이를 차단하며 기근 지역을 탈출하는 농민들을 체포했다. 많은 이들은 결국 '굴라크(GULAG, 강제 노동 수용소)'로 추방되었다.

굴라크(1929~1953년)

굴라크, 거대한 강제 수용소 체계

'굴라크'는 좁은 의미로는 1930년 소련에서 설립된 교정 노동 수용소 관리 총국을 의미한다. 그러나 넓은 의미에서는 소련 전역의 척박한 지역에 설치된 모든 강제 노동 수용소 체제를 가리킨다. 최초의 수용소는 1918년에 설립되었지만, 스탈린의 통치기에 본격적으로 확장됐다. 수용 대상은 농업 집단화에 반대한 농민, 정치적 경쟁자, 지식인, 소수 민족뿐만 아니라 사소한 범죄로 처벌받은 일반 시민까지 포함됐다. 25년 동안 약 1,900만 명이 굴라크 수용소에 수감됐으며, 이 중 약 600만 명이 강제 이주당했다. 이는 소련인 6명 중 1명에 해당하는 수치였다. 수용자의 약 9퍼센트가 사망했으며, 주요 사망 원인은 질병, 굶주림, 혹독한 강제 노동, 극한의 기후였다.

사우디아라비아의 형성

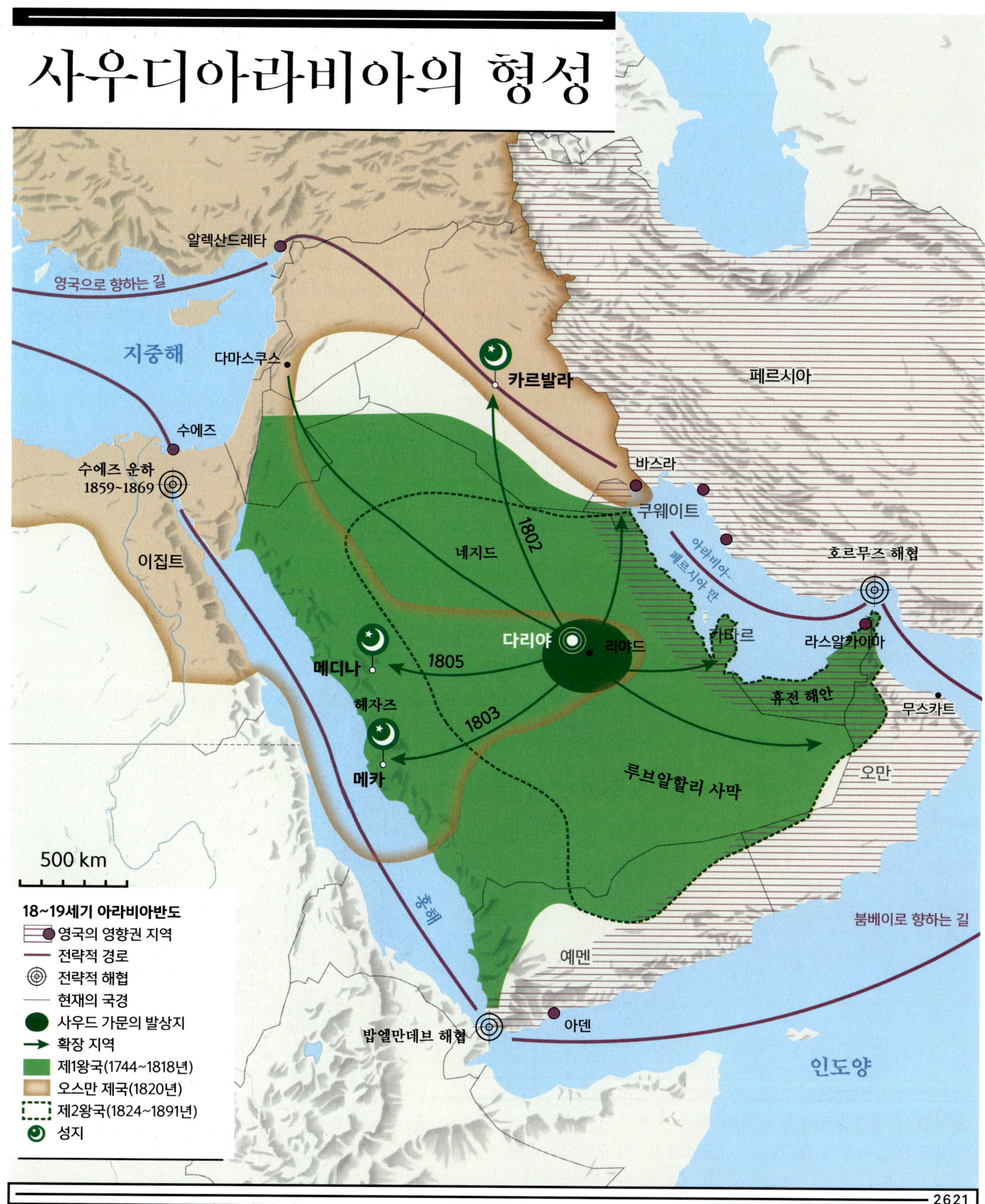

초기 사우드 왕국(1744~1891년)

18세기, 아라비아반도는 오스만 제국의 지배 아래 있었지만, 광활한 사막 지역에 대한 통제력은 미약했다. 1744년, 다리야의 아미르 무함마드 이븐 사우드는 이슬람의 순수성을 회복해야 한다고 주장한 설교자 무함마드 이븐 압둘 알와하브와 동맹을 맺었다. 이를 계기로 사우드 부족은 정복 전쟁을 시작했고, 결국 광대한 왕국을 세우는 데 성공했다. 그러나 19세기 초, 오스만의 술탄은 아라비아반도를 되찾기 위해 이집트군을 동원했다. 이후 1824년, 이집트군이 물러난 뒤 사우드 가문은 폐허 위에서 두 번째 사우드 왕국을 세웠지만, 1891년 다시 오스만 제국의 지배를 받았다.

한편, 영국은 인도로 향하는 주요 무역로를 보호하기 위해 아라비아반도에 개입하기 시작했다. 특히 '해적 해안'으로 불리던 페르시아만 연안에서 영향력을 확대해 나갔다.

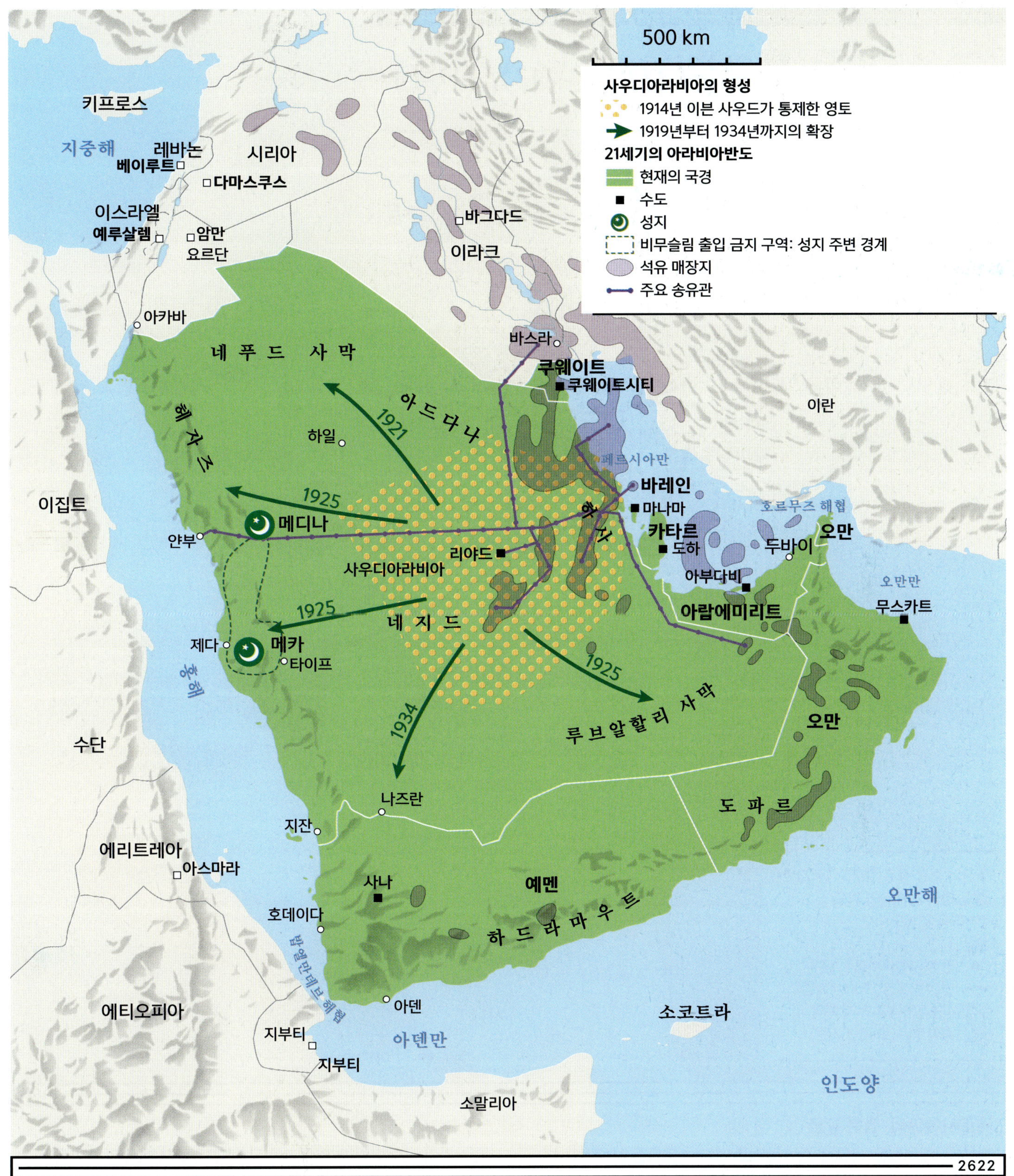

2622

이븐 사우드 왕국에서 사우디아라비아로(1932년)

20세기 초, 압둘아지즈 이븐 사우드는 정복 활동을 재개하며 네지드 지역에 사우디 제3왕국을 세웠다. 1914년 사우드 왕국은 오스만 제국으로부터 공식 국가로 승인 받았고, 1920년대에는 하심가가 지배하던 헤자즈 지역을 병합하며 메카와 메디나를 포함한 이슬람 성지를 장악했다. 결국 1932년 이러한 정복을 기반으로 사우디아라비아 왕국이 공식적으로 선포되었다.

1930년대에 들어 대규모 석유 매장지가 발견되면서 국제적인 관심이 집중됐다. 이후 미국은 사우디아라비아에서 석유 채굴권을 확보하며 강한 영향력을 행사하기 시작했다. 1944년에는 아라비안 아메리칸 오일 컴퍼니(아람코, Aramco)가 설립되었다. 그러나 1970년대, 사우디 정부는 자원 국유화 정책을 시행하며 아람코를 국가 소유로 전환했고, 이후 사우디 아람코로 재편됐다. 오늘날, 사우디아라비아는 아라비아반도의 경제 강국으로 자리 잡았으며, 1960년대와 1970년대에 영국의 지배에서 벗어난 주변국들에도 강력한 경제적, 정치적 영향력을 미치고 있다.

중동의 석유 (1920~1960년)

페르시아만의 '검은 황금'

제1차 세계대전은 석유가 전략적으로 얼마나 중요한 자원인지 분명히 보여주었다. 이미 1908년 페르시아(현재의 이란)에서 유전을 발견한 영국은 전쟁 이후 이라크까지 영향력을 확대하며 석유 패권을 강화했다.

한편, 미국의 석유 기업들도 아라비아반도에서 석유 채굴권 확보하기 위해 치열하게 경쟁했다. 그 결과, 바레인(1930년)을 시작으로, 사우디아라비아(1933년), 쿠웨이트(1934년), 카타르(1935년), 그리고 트루셜 코스트(휴전 해안으로 현재 아랍에미리트, 1938~1939년)의 유전 개발권이 이른바 '세븐 시스터즈'로 불리는 7대 석유 기업에 배정되었다. 여기에는 미국 기업 5곳, 영국계 브리티시 페트롤리엄(BP)과, 영국-네덜란드계 합작 기업인 셸(Shell)이 포함되었다. 이들 기업은 대규모 투자와 유전 개발을 조건으로 유리한 계약을 체결했으며, 수익 극대화를 위해 카르텔 형태의 상호 협력 체제를 구축했다. 1944년, 미국의 5대 석유 기업이 아라비안 아메리칸 오일 컴퍼니를 설립했다. 이는 마샬 플랜의 흐름 속에서 석탄을 대체할 주요 에너지원으로 석유를 부상시키려는 전략의 일환이었다.

1956년 수에즈 위기에도 불구하고, 석유 산업은 아라비아반도 내 현대적 인프라를 구축하는 계기가 되었다. 또한 팔레스타인, 레바논, 아랍 지역 노동자들이 유입되며 경제적 활력을 불어넣었고, 석유 수익은 현지 지배층에게 막대한 부를 안겨주었다.

에티오피아 정복(1935~1936년)

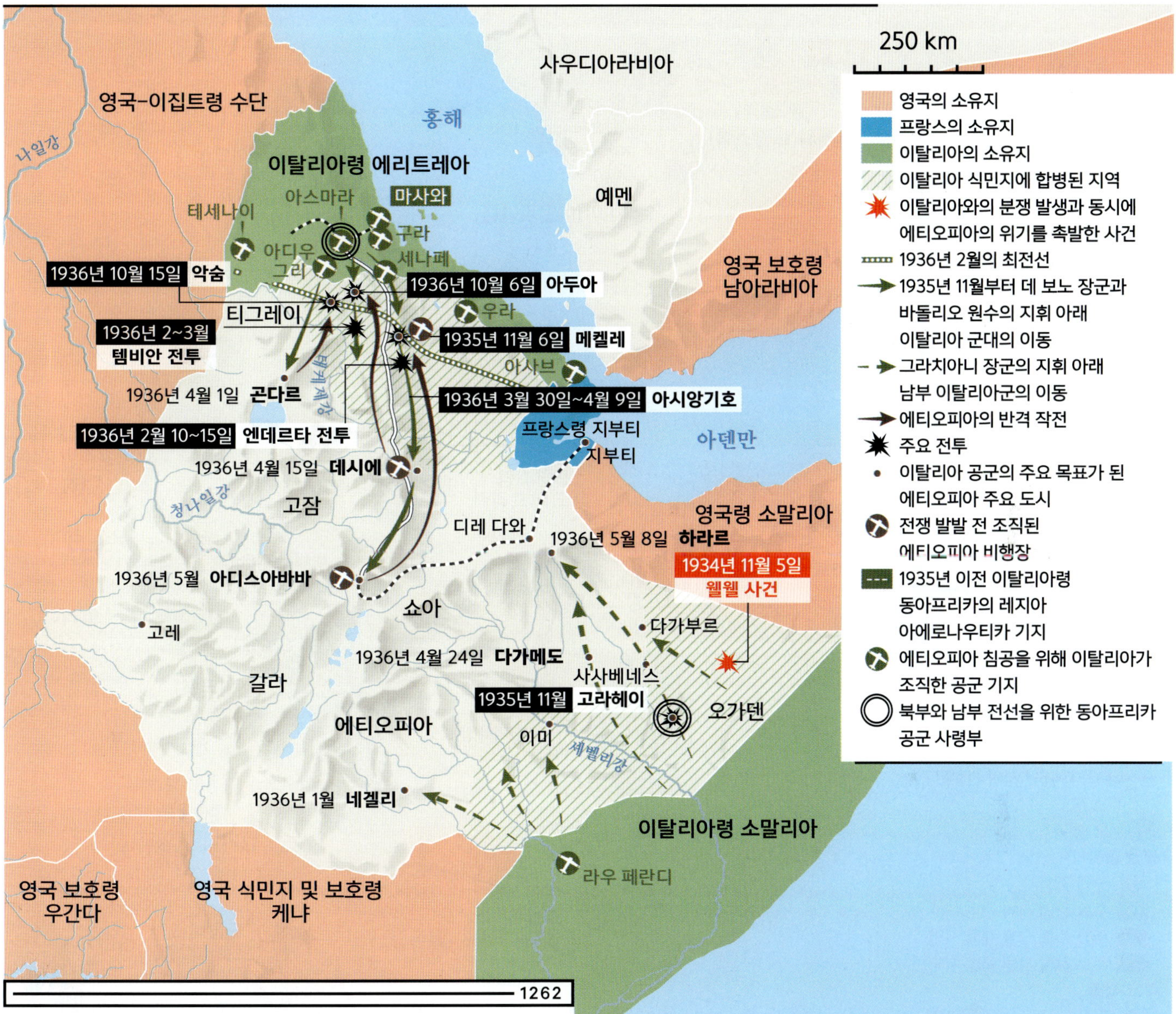

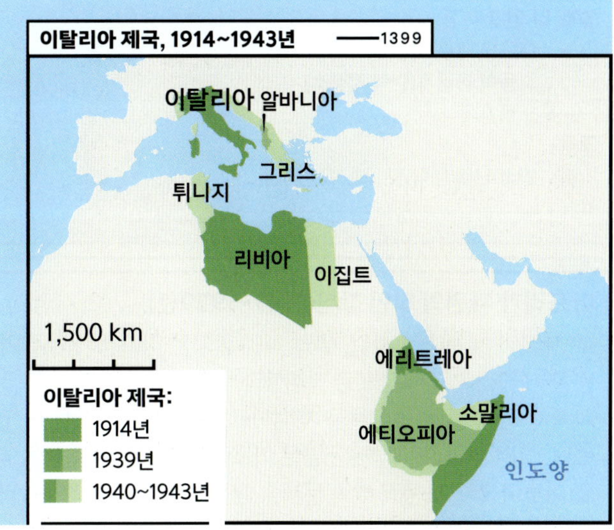

파시스트 제국주의와 에티오피아 전쟁

이탈리아는 1935년 10월 3일 에티오피아를 침공했으며, 1936년 5월 5일 정복을 완료하고 '이탈리아 제국'의 출범을 선언했다. 이 전쟁은 이탈리아인의 해외 이주를 위한 식민지 건설, 자원 수탈,그리고 이탈리아인의 인종적 우월성을 과시하려는 파시스트 정권의 신념에 따라 추진되었다. 초기 작전은 데 보노 장군이 지휘했으며, 이후 피에트로 바돌리오가 지휘권을 이어받았다. 전쟁 과정에서 무솔리니는 화학 무기 사용을 승인하며 무차별적인 공격을 감행했다. 1937년 2월 19일, 이탈리아 총독 그라치아니를 겨냥한 암살 시도가 발생하자, 이에 대한 보복으로 아디스아바바에서 대규모 학살이 벌어졌다.

한동안 이탈리아의 에티오피아 정복은 부당한 침략으로 여겨졌지만, 식민지 주민들에게 미친 영향은 오랫동안 과소평가되었다. 그러나 오늘날 이 전쟁은 이탈리아 파시즘의 인종차별적 정책의 전환점이자, 제2차 세계대전에서 파시스트 정권이 민간인을 상대로 펼친 공포 정치의 전조로 재평가되고 있다.

아프리카 착취 (1919~1939년)

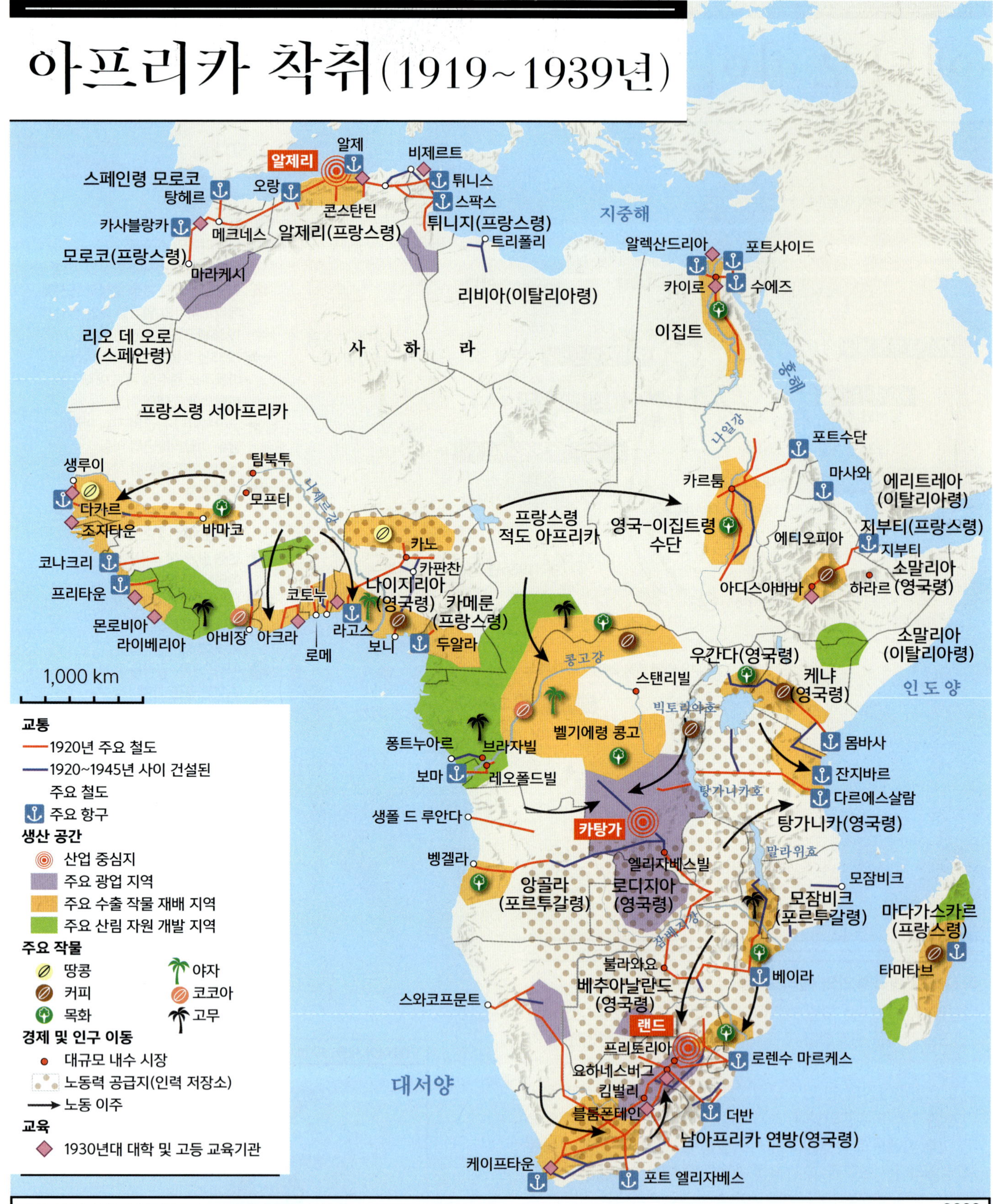

아프리카 자원의 식민 착취(1919~1939년)

두 차례의 세계대전 사이, 유럽 식민 열강은 아프리카 대륙의 자원을 체계적이고 대규모로 착취했다. 유럽인들은 교통 인프라를 구축하고, 수출용 농작물을 재배하고, 광산을 개발하는 데 집중했다. 그러나 이러한 경제 개발은 아프리카 원주민의 희생을 담보로 이루어졌다. 노동력 부족 문제를 해결하기 위해 강제 징용과 강제 노동이 광범위하게 자행되었다. 반면 유럽 식민 열강은 이른바 '문명화 사명'이라는 명분 아래 학교와 병원을 건설하며 식민 지배를 정당화했다.

이 시기, 식민 지배의 긍정적 영향을 강조하는 선전이 대대적으로 이루어졌다. 그러나 이러한 이상적인 이미지는 아프리카 주민들이 직면한 현실과는 거리가 멀었다.

프랑스령 인도차이나(1930년)

─────────────── 2633

인도차이나, 자원 착취를 위한 식민지 (1887~1939년)

프랑스의 인도차이나 식민지화는 1850년대에 시작되었다. 1887년 캄보디아, 라오스, 안남, 코친차이나, 톤킨을 통합한 인도차이나 연방 설립으로 본격화되었다.

프랑스의 식민 통치 목표는 자원 수탈이었으며, 특히 메콩강 삼각주에서의 쌀 증산이 핵심이었다. 이에 따라 한 세기 동안 경작 면적이 10배 이상 늘어났다. 또한, 인도차이나는 고무(헤베아) 플랜테이션, 차와 커피 생산, 광물 자원 공급을 위한 중요한 경제적 거점이었다. 프랑스는 인도차이나를 자국민 정착을 위한 식민지가 아닌, 경제적 수탈형 식민지로 운영했다. 이를 위해 대규모 기반 시설 개발이 추진되었으며, 대표적으로 1936년 하노이와 사이공을 잇는 '인도차이나 횡단 철도'가 완공되었다. 인도차이나의 경제는 프랑스에 원자재와 농산물을 수출하기 위한 식민지 경제 체제를 기반으로 운영되었다. 그러나 인도차이나의 교역 대상은 프랑스에 국한되지 않았으며, 중국과 일본도 주요 교역국으로 부상했다. 특히 쌀, 석탄, 수공예품은 지역 내 교역을 활성화하는 핵심 품목이었다.

200 km

식민지 기관
── 프랑스령 인도차이나 경계
--- 행정 경계
통킹 프랑스 보호령
코친차이나 프랑스 식민지
■ 행정 수도

자원 착취
⬡ 광산
쌀 수출 품목
■ 벼농사 지역
■ 고무나무 플랜테이션
■ 기타 플랜테이션

── 철도
⚓ 주요 항구
◆ 파스퇴르 연구소
◆ 고고학적 유적지

1939년의 식민지 제국

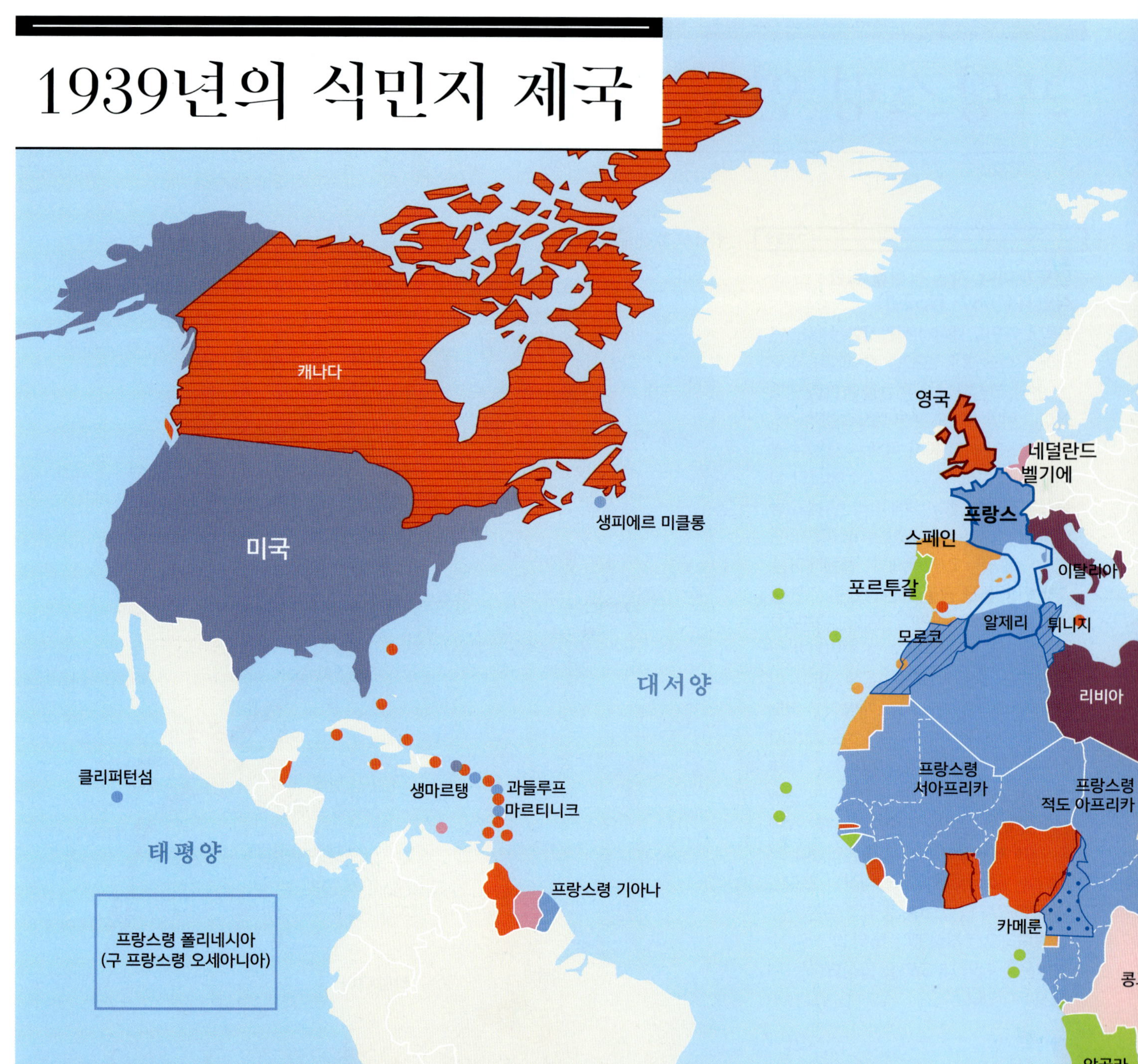

식민 제국의 전성기

제2차 세계대전 발발 직전, 식민 제국들은 역사상 가장 넓은 영토를 지배하고 있었다. 제1차 세계
대전 이후, 연합국은 독일의 옛 식민지와 오스만 제국의 아랍 지역을 국제연맹의 위임통치령이라
는 명분으로 편입하며 영향력을 확대했다. 1936년 이탈리아가 에티오피아를 점령하면서 아프리
카 대륙 대부분이 식민지화되었다.

이 시기, 식민주의를 미화하는 강력한 선전 활동이 이루어졌다. 1931년 개최된 프랑스 식민지 박
람회에서는 식민 지배가 가져온 이른바 '문명화 사명'을 강조하며 대대적인 선전이 진행되었고, 5
월부터 11월까지 약 800만 명의 관람객을 유치하며 큰 성과를 거두었다.

하지만 시간이 지나면서 유럽 열강의 식민지 지배에 대한 회의와 저항이 거세졌다. 제1차 세계
대전 동안 식민지 현지인들이 전쟁에 동원되면서 자치 및 독립에 대한 기대가 높아졌고, 미국의 윌
슨 대통령이 제창한 '민족자결주의'가 이러한 열망을 더욱 부추겼다. 또한, 제1차 세계대전은 유럽
열강이 더 이상 절대적인 힘을 가진 존재가 아님을 보여주었다. 이에 따라 인도, 북아프리카를 비
롯한 여러 지역에서 독립운동(민족주의 운동)이 본격적으로 일어났으며, 식민 지배에 대한 저항
이 점점 강해졌다.

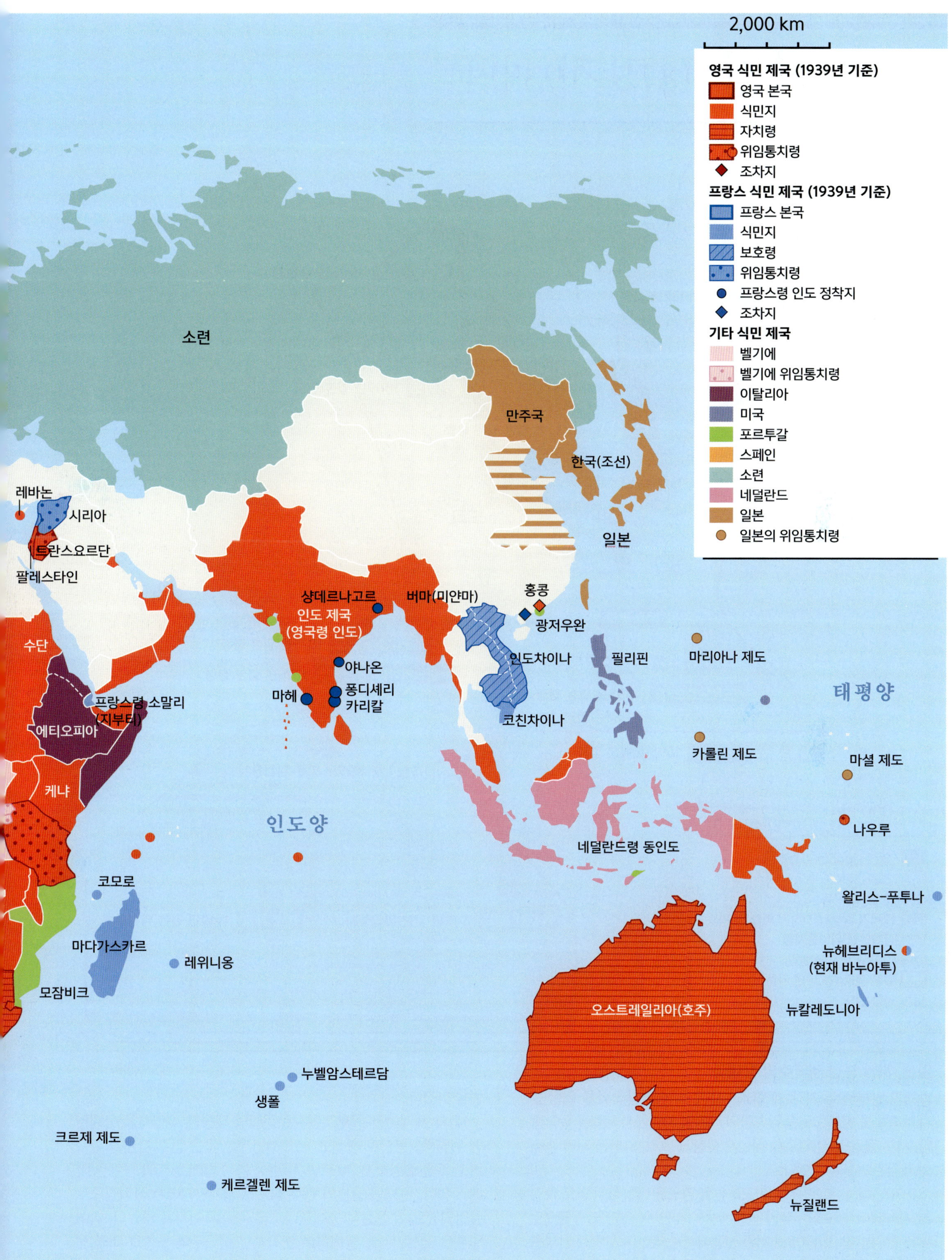
2,000 km

영국 식민 제국 (1939년 기준)
영국 본국
식민지
자치령
위임통치령
조차지
프랑스 식민 제국 (1939년 기준)
프랑스 본국
식민지
보호령
위임통치령
프랑스령 인도 정착지
조차지
기타 식민 제국
벨기에
벨기에 위임통치령
이탈리아
미국
포르투갈
스페인
소련
네덜란드
일본
일본의 위임통치령

소련
만주국
한국(조선)
일본
레바논
시리아
트란스요르단
팔레스타인
수단
프랑스령 소말리
(지부티)
에티오피아
케냐
샹데르나고르
인도 제국
(영국령 인도)
버마(미얀마)
홍콩
광저우완
야나온
마헤
퐁디셰리
카리칼
인도차이나
코친차이나
필리핀
마리아나 제도
태평양
카롤린 제도
마셜 제도
인도양
나우루
코모로
네덜란드령 동인도
왈리스-푸투나
마다가스카르
레위니옹
뉴헤브리디스
(현재 바누아투)
모잠비크
뉴칼레도니아
오스트레일리아(호주)
누벨암스테르담
생폴
크로제 제도
케르겔렌 제도
뉴질랜드

일본 확장(1875~1933년)

일본, 지역 중심 제국주의 강대국

19세기 말부터 두 차례 세계대전 사이, 일본은 산업화를 위한 원자재 확보를 명분으로 동아시아와 태평양 지역에서 세력을 확장했다. 서구 열강의 전 지구적 식민지 확장과 달리, 일본은 지역 중심의 제국주의를 추구했다.

1870년대, 일본은 쿠릴 열도와 류큐 열도를 병합하며 영토 확장을 시작했다. 1895년, 청일 전쟁에서 승리한 뒤 대만을 중국으로부터 할양받았고, 1905년 러일 전쟁에서 승리하며 사할린 남부를 차지했다. 같은 해, 일본은 조선을 보호국으로 삼고 식민지화의 기반을 다졌다.

제1차 세계대전 이후, 일본은 독일의 태평양 식민지를 국제연맹 위임통치령으로 관리했다. 1931년 일본군은 만주 사변을 일으켜 만주를 점령하고, 1932년 '만주국'을 수립해 일본의 영향권 아래 두었다. 1933년 일본의 만주 침공은 국제연맹에서 공식적으로 규탄되었으나, 실질적인 제재나 처벌은 이루어지지 않았다. 이에 일본은 국제연맹을 탈퇴하며 본격적인 군국주의 노선과 대륙 팽창을 추진했다.

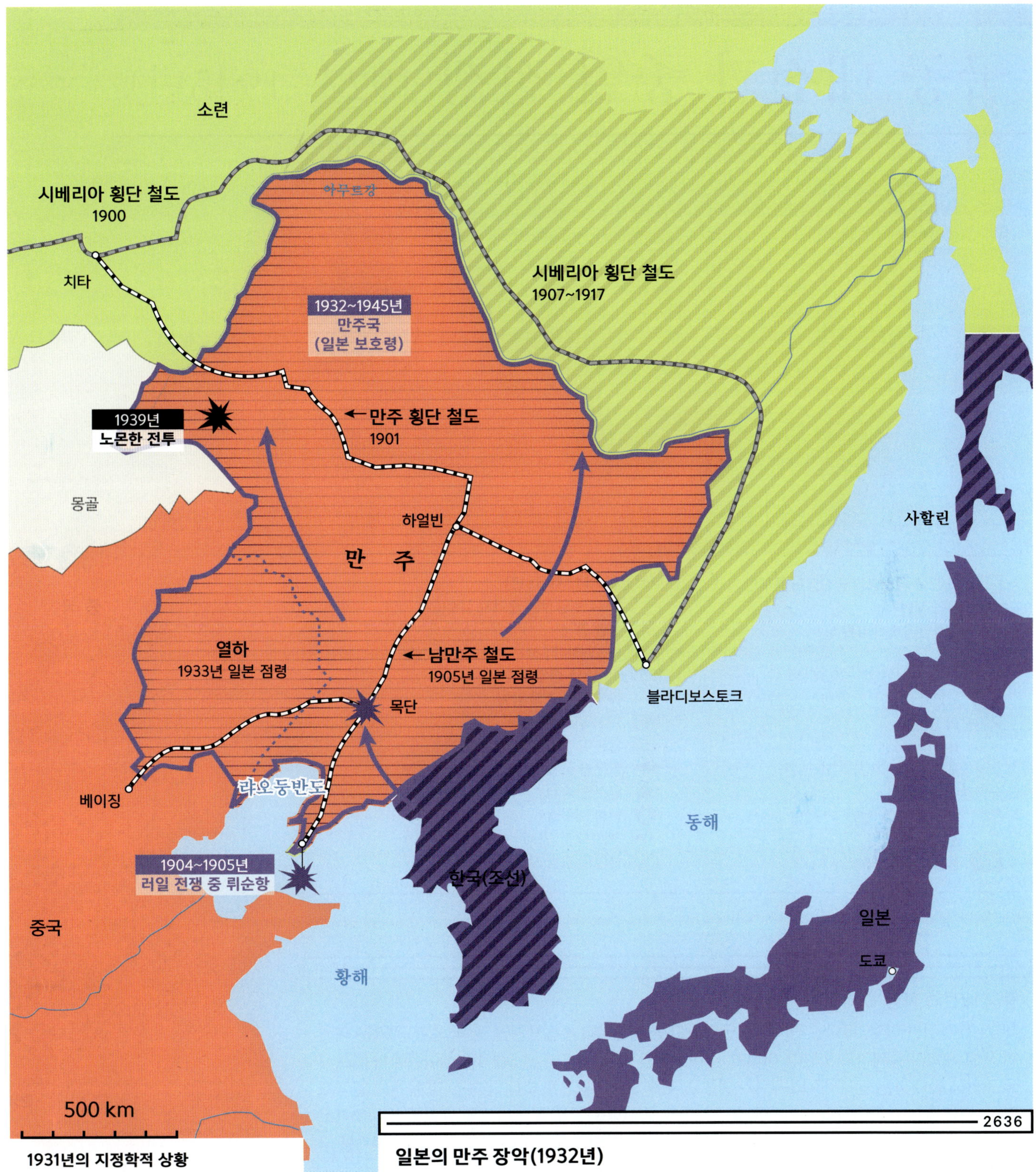

1931년의 지정학적 상황

- 소련: 19세기 러시아 병합 영토 포함
- 일본: 1905년 병합 영토 포함
- 중국: 침략 대상

일본의 만주 침공(1931~1932년)

- 일본군 공세 (1931~1932년) 만주 지역에서 군사 작전 전개
- 만주국: 1932년 일본에 의해 설립된 괴뢰국
- 1933년 열하 병합: 일본의 추가 영토 확장
- 일본의 승리: 만주 점령 성공
- 소련군에 의한 일본의 패배

일본의 만주 장악(1932년)

19세기 말, 만주 지역은 러시아와 일본이 치열하게 경쟁한 전략적 요충지였다. 1895년 청일 전쟁에서 승리한 일본은 랴오둥반도(남부 만주)를 할양받았지만, 유럽 열강의 압박으로 철수할 수밖에 없었다. 이후 러시아는 뤼순항(여순)에 해군 기지를 건설해 남만주를 자국의 세력권 아래 두는 데 성공했다.

1904년 5월 일본은 다시 러시아와 전쟁을 벌였고, 1905년 러일 전쟁에서 승리하며 만주를 자국의 영향권 아래 두는 데 성공했다. 1931년 일본은 만주 사변을 일으켜 만주를 침공했으며, 이듬해인 1932년, 괴뢰국인 '만주국'을 수립해 사실상 일본의 보호국으로 만들었다. 이후 북쪽 국경에서 일본군과 소련군 간의 긴장이 고조되며 국경 충돌이 빈번해졌다. 결국 1939년, 노몬한 전투에서 일본 육군이 러시아에 패배함으로써 일본의 '북진 정책'은 사실상 좌절되었다

국공 내전과 중일 전쟁 (1927~1945년)

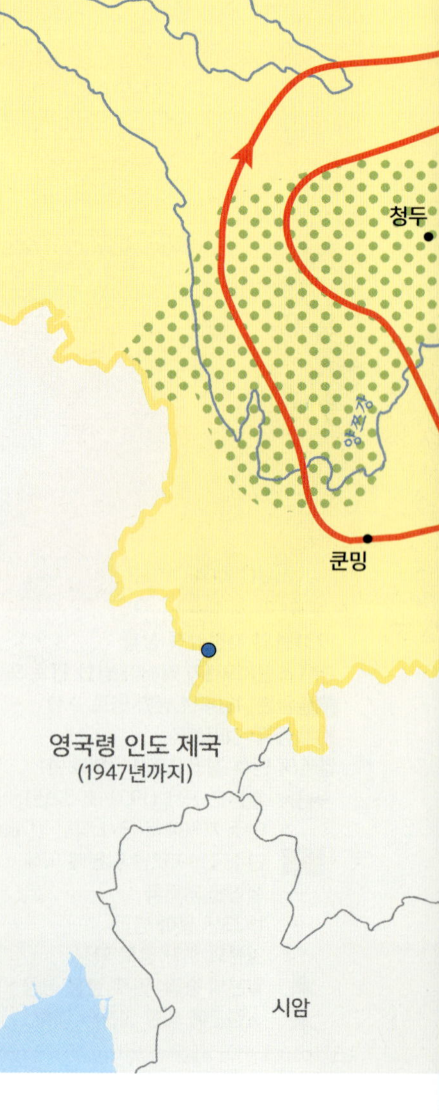

중국 내전과 혁명, 그리고 대일 전쟁

제1차 세계대전 이후, 1912년 청나라가 멸망하고 중화민국이 수립됐지만, 중국 일부 지역은 여전히 군벌 세력이 통제하고 있었다. 이러한 정치적 혼란 속에서, 1919년 5월 4일 베이징에서 베르사유 조약에 반대하는 반제국주의 시위가 열렸고, 이후 5·4 운동으로 확대되었다. 이 운동의 영향으로, 1912년 창설된 국민당과 1921년에 결성된 중국 공산당은 군벌과 외세에 맞서 공동 투쟁하기로 합의했다. 그러나 1927년, 국민당의 지도자 장제스는 공산당과 결별하며 상하이 노동자 봉기를 무력으로 진압했다.

공산당 세력은 중국 남부와 중부 산악지대로 퇴각해 장시성에 근거지를 마련하고, 마오쩌둥의 지휘 아래 '중화 소비에트 공화국'을 수립했다. 이에 국민당군은 공산당 포위 작전을 펼쳤고, 공산당은 1934년 '대장정'이라 불리는 대규모 철수를 감행했다. 약 9만 명의 공산당원들이 출발해 1년 동안 1만 킬로미터를 행군했으며, 생존자는 8000명에 불과했다. 이들은 산시성 옌안에 도착해 항전을 이어갔다.

한편, 1931년 일본이 만주를 침공하며 북중국으로 세력을 확장했고, 제2차 세계대전의 전초전이 시작되었다. 이에 대응해 1937년 국민당과 공산당은 제2차 국공 합작(항일 연합전선)을 결성했고, 국민당은 소련의 지원을 얻기 위해 공산당과 협력했다. 같은 해 상하이 전투가 벌어졌으며, 장제스의 국민당 정부는 일본군의 압박을 피해 수도를 난징으로 옮겼다. 그러나 일본군은 난징까지 진격해 도시를 점령했고, 그 과정에서 '난징 대학살'로 불리는 끔찍한 대규모 학살을 자행했다.

소련
만주국
(1932-1945)
몽골 내륙
목단
동해
한국
일본 제국
황허강
웨이하이
베이징
1937년 7월 8일
칭다오
황해
산시
옌안
1940
카이펑
시안
1944
1937년 12월 난징
상하이 1937년 11월 26일
1937
우한
충칭
동중국해
중화 소비에트 공화국(1931~1934)
루이진
대만(포르모사)
광저우
홍콩(영국령) 1941년 12월 25일
1941
마카오
광저우완
태평양
하이난
필리핀
남중국해
인도차이나
(프랑스령)
1937
1931

독일 제국의 확장(1935~1939년)

히틀러의 팽창주의 정책

독일은 제1차 세계대전 패배로 많은 영토를 상실했다. 그러나 1933년에 집권한 히틀러는 자신이 주창한 제3제국(독일 제국)의 영토를 확장하려는 야망을 감추지 않았다. 1935년 국제연맹의 위임통치 종료 후, 주민 투표를 통해 자르 지역이 독일에 재편입되었다. 이어서 1936년 3월 7일, 독일군은 베르사유 조약에 따라 비무장 지대로 지정된 라인란트에 진격하며 첫 번째 군사적 도발을 감행했다.

히틀러는 더 나아가 1938년 3월 오스트리아를 강제 병합했다. 이후 이 병합(안슐루스)은 국민투표를 통해 정당화되었다. 같은 해 9월, 히틀러는 독일계 주민이 다수 거주하는 체코슬로바키아의 수데텐란트 합병을 요구했다. 영국과 프랑스는 이를 저지하지 못했고, 뮌헨 회담을 통해 히틀러의 요구를 수용했다. 그 결과 10월 1일, 독일 국방군은 수테텐란트를 합병했다.

불과 6개월 만에 체코슬로바키아는 해체되었고, 폴란드는 테셴 지역을, 헝가리는 슬로바키아 남부를 차지했다. 1939년 3월, 독일은 보헤미아-모라비아 지역을 보호령으로 편입했으며, 슬로바키아는 독일의 위성국가로 전락했다.

스페인 내전 (1936~1939년)

스페인 내전

1936년 7월 17일과 18일, 그해 2월 총선에서 집권한 스페인 인민 전선(좌파 연합) 정부는 군부 쿠데타의 위협을 받으며 내전에 휘말렸다. 스페인은 두 진영으로 분열되었는데, 한쪽은 프랑코 장군이 이끄는 쿠데타 세력(푸치스트), 다른 한쪽은 노동자당과 노동조합이 주축이 된 공화주의자들이었다. 전세는 점차 프랑코군(프랑키스트)에게 유리하게 흘러갔고, 공화주의자들은 계속 영토를 상실했다. 결국 1939년 3월 28일, 마드리드가 함락되면서 전쟁은 종결되었다.

총 50만 명이 사망한 이 참혹한 전쟁은 단순한 내전이 아니라 국제적인 이념 대리전의 성격을 띠었다. 프랑코주의자들은 이탈리아 파시스트 정권, 포르투갈, 나치 독일의 적극적인 군사 지원을 받았고, 공화주의자들은 소련의 원조와 반파시스즘 성향의 '국제여단'의 지원을 받으며 싸웠다.

1930년대 유럽

1245

유럽의 권위주의 정권 확산(1920~1938년)

제2차 세계대전 발발 직전, 유럽은 의회 민주주의 국가와 권위주의 정권으로 양분됐다. 이탈리아에서는 무솔리니가 산업 자본가와 지주 계급의 지지를 받아 1921년에 국가 파시스트당(PNF)를 창당했다. 그는 1922년 10월 '로마 진군'을 통해 권력을 장악하고, 1924년 마테오티 암살 사건과 1925년 '초법적 조치'를 통해 파시스트 독재 체제를 확립했다.

중앙유럽과 동유럽에서도 권위주의 정권이 확산됐다. 1920년 헝가리에서는 호르티 제독이 섭정으로 권위주의 정권을 세웠고, 1926년 폴란드에서 필수드스키 원수가 군사 쿠데타로 의회 민주주의를 중단시키고 독재 정권을 수립했다. 루마니아에서는 1938년 3월, 극우 파시스트 운동인 철위대의 세력이 확장되자 카를 2세 국왕이 왕권을 강화하며 정권을 장악했다.

이베리아반도에서도 권위주의 정권이 등장했다. 포르투갈에서는 1926년 다 코스타 장군이 쿠데타를 일으켜 독재 체제를 수립했고, 1928년 살라자르가 권력을 이어받았다. 스페인에서는 1923년 프리모 데 리베라 장군이 의회 체제를 종식하고 독재 정권을 수립했지만, 1930년에 실각했다. 이후 스페인은 공화국이 되었지만, 1936년 프랑코 장군이 군사 반란을 일으키며 스페인 내전이 발발했다. 독일에서는 경제 위기와 바이마르 공화국에 대한 불신 속에서 1932년 나치당이 총선에서 승리했다. 1933년 히틀러가 총리에 임명된 후 전권을 장악하며 독일을 나치 체제로 전환했다.

300 km
전쟁과 팽창주의
스페인 내전
주요 프랑코주의자 공세
반란군 주둔지
공화파 난민 이동 경로
난민 캠프
1939년 2월 전선
프랑코주의 지원 국가들
독일의 팽창주의
국민투표에 의한 자르 지역의 합병 (1935년)
라이히 병합
1938 병합 연도와 나치 확장의 방향
라인란트 재군비(1936년)
뮌헨 회담(1938년)
보헤미아-모라비아 보호령(1939년)
1939년 기준 라이히의 국경
이탈리아의 팽창주의
이탈리아의 야욕
이탈리아군 침공
1938년의 체제
의회 체제
소련 체제
파시스트와 나치 체제
우파 권위주의 체제
1917 권위주의 체제 도입 연도
주요 국제 동맹과 협정
폴란드와 동맹을 맺은 국가들 (1939년 4월 기준)
로마-베를린 축(1936년 11월)
독일-소련 불가침 조약(1939년 8월)
코민테른(반공) 협정 서명국
독일-소련 조약으로 설정된 폴란드 분할선
노르웨이
오슬로
스웨덴
스톡홀름
핀란드
헬싱키
탈린
에스토니아
1933
발트해
덴마크
코펜하겐
리가
라트비아
1934
리투아니아
1926
카우나스
모스크바
소련
1917~1922
베를린
독일
1933
1935
바르샤바
폴란드
1926
1938
프라하
체코슬로바키아
빈
오스트리아
1933
부다페스트
헝가리
1920
루마니아
1938
부쿠레슈티
베른
스위스
이탈리아
1922
피우메
베오그라드
유고슬라비아
1929
소피아
불가리아
1934
이스탄불
튀르키예
1923
코르시카
로마
1939
티라나
알바니아
1924
코르푸
그리스
1936
에게해
사르데냐
1935
아테네
시칠리아
에티오피아
로도스 (이탈리아령)
키프로스 (영국령)
지중해
크레타
튀니지 (프랑스 보호령)
몰타 (영국령)
리비아(이탈리아령)

폴란드와 발트해 연안 국가 침공
(1939~1940년)

나치 독일과 소련, 동유럽을 분할하다

1939년 3월과 4월, 나치 독일과 소련은 동유럽 분할을 위한 물밑 협상을 시작했으며, 이는 8월 23일 독일–소련 불가침 조약을 통해 공식화되었다. 1939년 9월 1일, 독일은 폴란드를 침공해 수도 바르샤바를 포위했고, 9월 17일 소련군도 동쪽에서 공격을 개시하며 양면 협공이 이루어졌다. 당시 프랑스는 폴란드와 군사 지원 협정을 맺고 있었으나, 결국 실질적인 개입을 하지 않았다. 대신 폴란드 망명 정부를 받아들였으며, 1940년 프랑스–독일 정전 협정 체결 이후 폴란드 정부는 런던으로 이동했다. 하지만 10월 6일 폴란드 전역에서 독일과 소련의 승리로 끝났다. 1940년 봄, 소련은 카틴 숲에서 수천 명의 폴란드 장교들을 학살했다. 이 학살은 스탈린의 명령에 따라 이루어졌으며, 훗날 소련과 폴란드 관계에 깊은 상처를 남겼다.

같은 해, 소련은 발트 3국(에스토니아, 라트비아, 리투아니아)을 점령했다. 이 지역은 18세기 러시아 제국에 정복되었으나, 1918년 독립을 선언한 바 있었다. 그러나 1939년 독일–소련 불가침 조약의 비밀 조항에 따라 소련의 영향권에 포함되었고, 1940년 결국 소련에 합병되었다. 그러나 1941년, 독일이 소련과의 조약을 파기하고 침공하면서 발트 3국은 독일군의 지배를 받게 되었다. 이후 1944년, 소련이 다시 이 지역을 재점령하면서 발트 3국은 소련 일부로 재편되었고, 각각 소비에트 공화국으로 강제 편입되었다.

전격전 (1940년 5~6월)

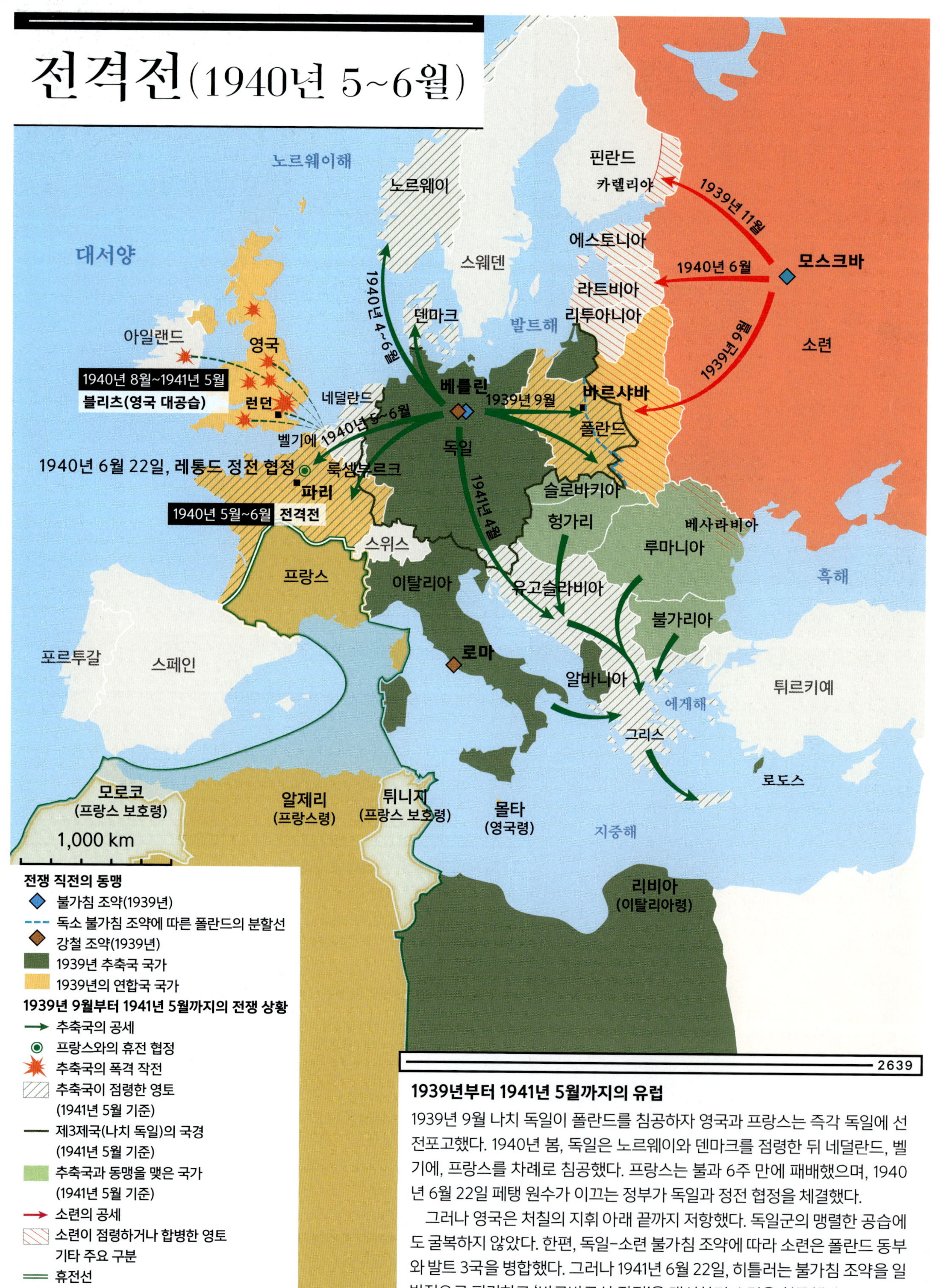

전쟁 직전의 동맹

◆ 불가침 조약(1939년)

– – – 독소 불가침 조약에 따른 폴란드의 분할선

◆ 강철 조약(1939년)

■ 1939년 추축국 국가

■ 1939년의 연합국 국가

1939년 9월부터 1941년 5월까지의 전쟁 상황

→ 추축국의 공세

◉ 프랑스와의 휴전 협정

✹ 추축국의 폭격 작전

▨ 추축국이 점령한 영토
(1941년 5월 기준)

— 제3제국(나치 독일)의 국경
(1941년 5월 기준)

■ 추축국과 동맹을 맺은 국가
(1941년 5월 기준)

→ 소련의 공세

▨ 소련이 점령하거나 합병한 영토
기타 주요 구분

═══ 휴전선

▢ 비시 정부가 통제하는 영토

1939년부터 1941년 5월까지의 유럽

1939년 9월 나치 독일이 폴란드를 침공하자 영국과 프랑스는 즉각 독일에 선전포고했다. 1940년 봄, 독일은 노르웨이와 덴마크를 점령한 뒤 네덜란드, 벨기에, 프랑스를 차례로 침공했다. 프랑스는 불과 6주 만에 패배했으며, 1940년 6월 22일 페탱 원수가 이끄는 정부가 독일과 정전 협정을 체결했다.

그러나 영국은 처칠의 지휘 아래 끝까지 저항했다. 독일군의 맹렬한 공습에도 굴복하지 않았다. 한편, 독일-소련 불가침 조약에 따라 소련은 폴란드 동부와 발트 3국을 병합했다. 그러나 1941년 6월 22일, 히틀러는 불가침 조약을 일방적으로 파기하고 '바르바로사 작전'을 개시하며 소련을 침공했다.

독일군의 서부 공세(1940년 5월 10~28일)

1940년 5월 10일, 독일군은 서부 전선에서 대규모 공세를 시작했다. 페도르 폰 보크가 지휘하는 B 집단군은 네덜란드와 벨기에를 공격했고, 게르트 폰 룬트슈테트가 이끄는 A 집단군은 에리히 폰 만슈타인의 작전에 따라 아르덴 숲을 관통하며 진격했다. 당시 아르덴 지역은 험준한 지형으로 인해 기갑 부대의 이동이 어렵다고 여겨졌지만, 독일군은 이를 성공적으로 돌파했다. 이에 맞서 연합군은 딜 계획에 따라 벨기에에 병력을 배치했지만, 독일군은 이를 역이용해 프랑스 북부와 벨기에에 집결한 연합군을 포위하는 '낫질 작전'을 실행했다. 결국, 독일군은 단 며칠 만에 영불 해협까지 진격하며 연합군의 방어선을 붕괴시켰다.

독일의 노르웨이 점령 작전

1940년 4월, 독일은 스웨덴산 철광석 수송로 확보를 위해 전략적 요충지인 노르웨이를 침공했다. 특히 나르비크 항구는 철광석 운송의 핵심 거점이었다. 영국-프랑스 연합군은 노르웨이군을 지원하며 반격을 시도했다. 하지만 트론헤임 인근 작전이 실패해 나르비크 지역으로 작전 방향을 전환했다. 5월 28일, 연합군은 나르비크를 점령하는 데 성공했지만, 전선이 붕괴되어 작전을 지속할 수 없었다. 결국 6월 8일, 연합군은 노르웨이에서 철수했다.

동부의 전쟁 (1941년 6월~1943년 2월)

바르바로사 작전

1941년 6월 22일, 나치 독일은 독일-소련 불가침 조약을 일방적으로 파기하고 소련을 기습 침공했다. 바르바로사 작전이라 불리는 이 공격에서 독일군은 약 400만 명의 병력, 3,300대의 전차, 5,000대의 항공기를 동원해 대대적인 공세를 펼쳤다. 히틀러는 이 전쟁이 단기간에 끝날 것이라고 예상했지만 전황은 예상대로 흘러가지 않았다. 독일군의 기습에 소련군은 초기 대응에 실패하며 혼란에 빠졌다. 독일군은 7월 1일 민스크를 점령한 뒤, 9월에는 레닌그라드를 포위하고 키이우를 함락시키며 수만 명의 소련군을 포로로 잡았다. 그러나 혹독한 겨울 날씨와 소련군의 조직적인 저항, 시베리아에서 온 증원군 투입으로 인해 독일군은 모스크바 앞에서 진격을 멈출 수밖에 없었다.

1942년 여름, 독일군은 다시 공격을 개시하며 코카서스 지역으로 진격했다. 목표는 카스피해의 유전 확보였다. 독일군은 7월에 남쪽에서 세바스토폴 해군 기지를 점령했고, 동쪽으로는 볼가강에 도달했다. 이후 전투의 중심은 스탈린그라드로 옮겨졌고, 돈강과 볼가강 사이에서 수십만 병력이 치열한 전투를 벌였다. 처음 몇 달간은 독일군이 우세했지만, 소련군의 강력한 반격이 시작되면서 결국 1943년 2월, 독일군은 스탈린그라드에서 패배하고 철수할 수밖에 없었다.

폴란드와 발트해 연안 국가 침공 p.596
레닌그라드 p.610
소련의 역공세 p.630

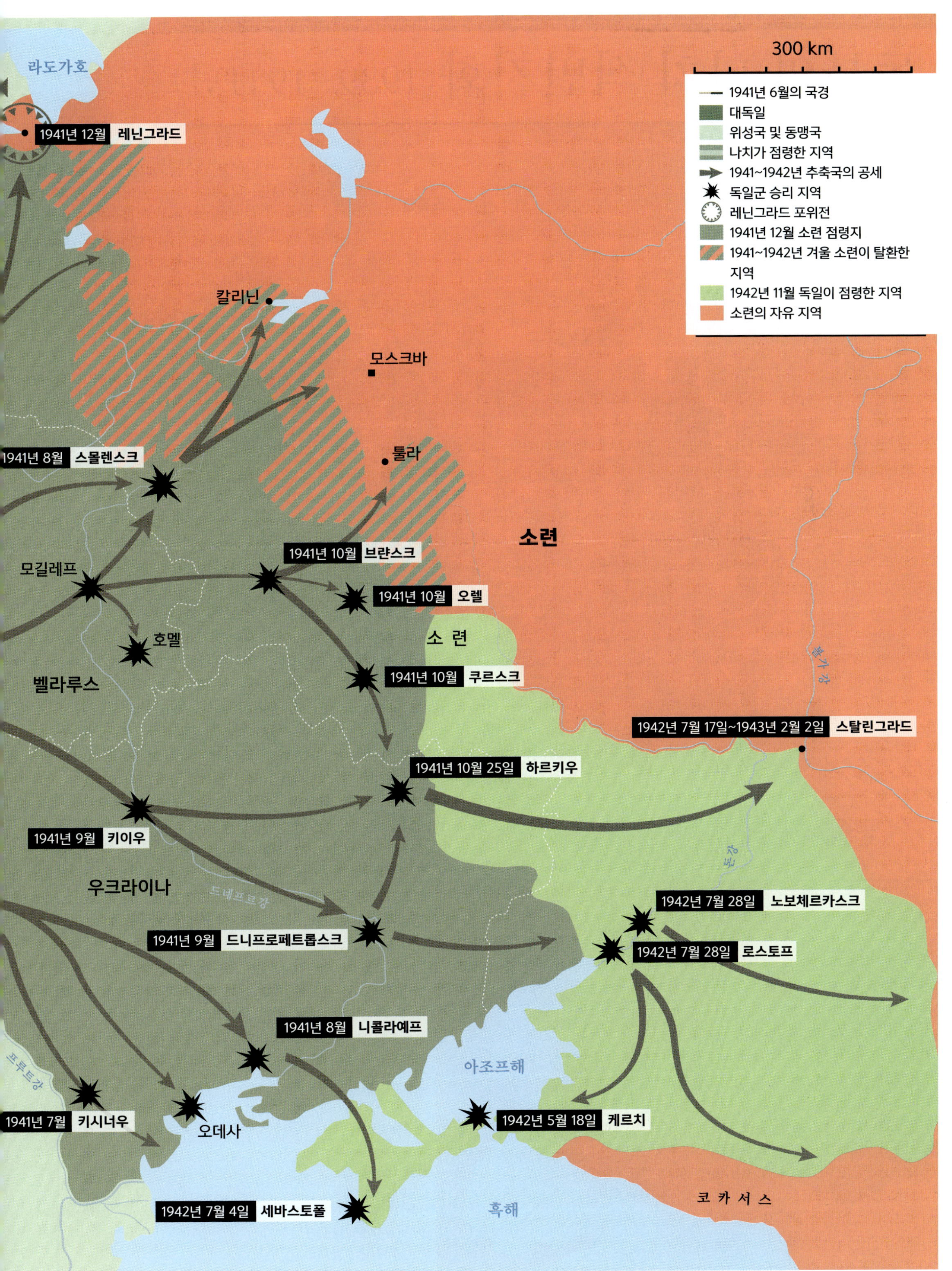

동부의 나치 식민지화(1939~1941년)

죽음의 부대, 아인자츠그루펜의 학살(1941년)

1941년 바르바로사 작전에는 나치 독일의 SS(친위대)로 구성된 특수 부대 '아인자츠그루펜'이 독일군과 함께 이동했다. 이들은 유대인을 포함한 수백만 명을 총살하며 대규모 학살을 자행했다. 이 끔찍한 만행은 '총탄에 의한 홀로코스트'로 알려져 있다. 특히 아인자츠그루펜 D는 코카서스 국경까지 진격하며 유대인 공동체를 조직적으로 말살했다.

동부의 나치 식민지화 및 인종 정책

1939년 9월 나치 독일이 폴란드를 침공한 후, 폴란드는 독일과 소련에 의해 분할되었고, 소련은 이어서 발트 3국(에스토니아, 라트비아, 리투아니아)까지 점령했다. 하지만 1941년 6월, 독일이 바르바로사 작전을 개시하며 소련을 공격하면서 동유럽의 정세는 급변했다. 독일군은 점령 지역을 효율적으로 통제하기 위해 행정 기관을 설치하고 본격적인 식민화 정책을 추진했다. 수천 명의 독일인, 심지어 여성들까지 점령지로 이주해 행정 업무를 맡으며 독일 점령지 통치에 동원되었다. 바르바로사 작전은 단순한 군사 정복이 아니라, 나치의 '레벤스라움(생활 공간)' 확장과 인종 청소 실행을 위한 것이었다. 이에 따라 아이자츠그루펜이라 불리는 특수 부대가 독일군을 따라 이동하며 수십만 명의 유대인을 조직적으로 학살했다.

　1939년 폴란드 점령 이후, 유대인을 격리하기 위해 조성된 '게토'는 점령지 전역으로 확산되었다. 1941년 독일의 소련 침공 이후, 전쟁은 단순한 정복을 넘어 학살과 말살의 단계로 변질되었고, 이는 나치가 계획한 '최종 해결'을 본격화하는 계기가 되었다.

연대기

1941년 6월 22일
나치 독일, 바르바로사 작전(소련 침공)을 시작함.

1941년 9월 8일
레닌그라드 포위전을 시작함.

1941년 9월 말
독일군이 키이우를 점령함.

1941년 12월
모스크바 전투에서 독일군 패배, 블리츠크리크(전격전) 종결. 겨울에 소련군의 반격이 시작됨.

1942년 6월 30일
소련에서 독일군의 공세가 시작됨.

1942년 8월 25일
스탈린그라드 공방전이 시작됨.

1942년 11월 19일
스탈린그라드에서 소련이 반격을 시작함.

1943년 1월 31일
스탈린그라드에서 독일군 파울루스 장군이 항복함. 2월 2일 스탈린그라드 전투가 종결됨.

1943년 7월 5일~8월 23일
쿠르스크 전투.

1943년 11월 6일
키이우의 해방.

1944년 1월 27일
레닌그라드 포위전이 종결됨.

1944년 봄~여름
소련 영토의 완전 해방.

1944년 9월 19일
핀란드, 휴전 체결.

1945년 1월 12일
독일에 대한 소련의 대공세가 시작됨.

1945년 4월 20일
베를린 전투가 시작됨.

1945년 4월 25일
소련군과 미국군, 엘베강에서 합류함.

1945년 5월 2일
독일이 베를린에서 항복함.

강제 수용소와 학살 수용 시설 (1941~1945년)

여섯 곳의 학살 수용소

나치 정권은 1933년부터 반대 세력을 탄압하기 위해 강제 수용소를 운영하기 시작했다. 전쟁이 진행되면서 수용소의 수는 급격히 증가했으며, 1944년 독일 본토에만 20개의 강제 수용소와 수백 개의 부속 캠프가 운영되고 있었다. 나치는 '유대인 문제의 최종 해결책'의 일환으로 폴란드 점령지에 대규모 '절멸 수용소'를 건설했다. 유럽 전역에서 기차로 이송된 유대인과 로마니(집시)인들을 조직적으로 학살하기 위해 만들어진 이 시설들은 철저한 계획 아래 운영되었다. 대표적인 학살 수용소로는 헤움노(1941년 12월 개설), 벨제크(1942년 개설), 소비보르, 트레블링카(1942년 개설) 등이 있으며 마이다네크와 아우슈비츠-비르케나우는 강제 노동 수용소 겸 절멸 수용소 기능을 동시에 수행한 대규모 시설이었다.

이들 시설 중 대부분은 1943년 봄 벨제크 폐쇄부터 1947년 7월 마이다네크의 폐쇄되기까지 차례로 운영이 중단되었다. 이후 아우슈비츠가 학살 작전의 중심이 되며 유대인 학살(홀로코스트)은 더욱 조직적으로 진행되었다.

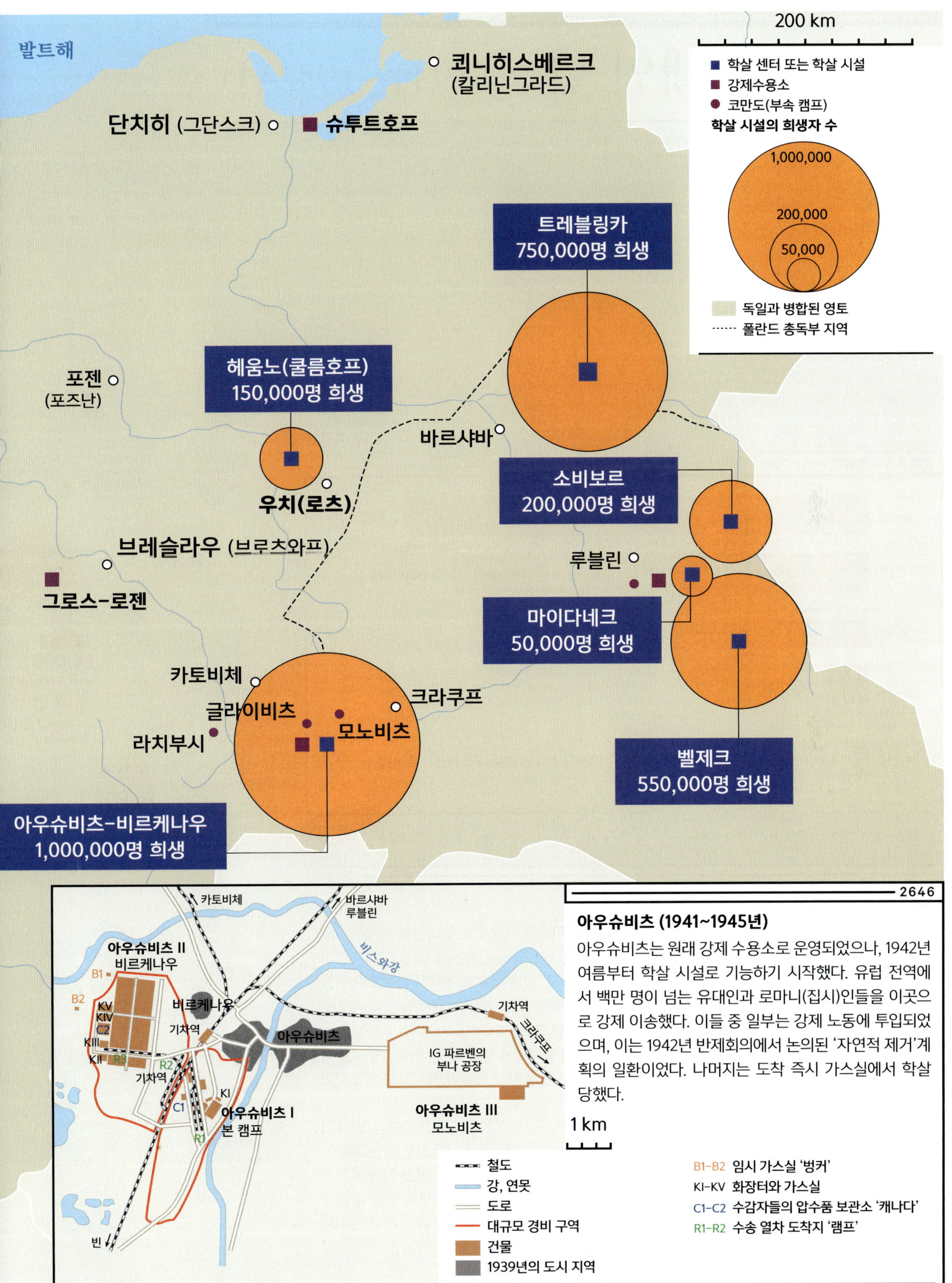

아우슈비츠 (1941~1945년)

아우슈비츠는 원래 강제 수용소로 운영되었으나, 1942년 여름부터 학살 시설로 기능하기 시작했다. 유럽 전역에서 백만 명이 넘는 유대인과 로마니(집시)인들을 이곳으로 강제 이송했다. 이들 중 일부는 강제 노동에 투입되었으며, 이는 1942년 반제회의에서 논의된 '자연적 제거'계획의 일환이었다. 나머지는 도착 즉시 가스실에서 학살당했다.

유럽의 유대인 말살(1941~1945년)

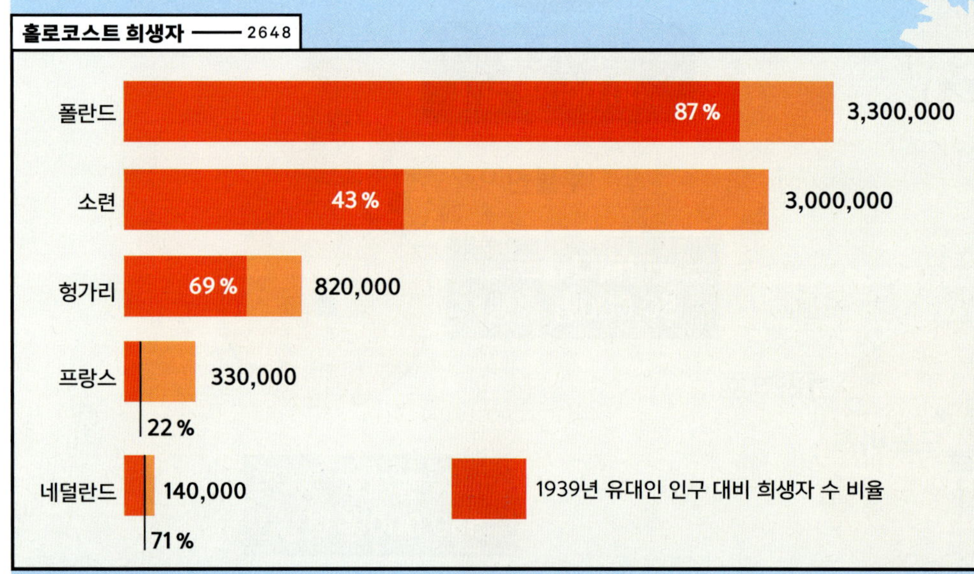

'최종 해결책'으로 가는 길

1933년 히틀러 집권 이후, 나치 정권은 철저한 반유대주의 이념을 바탕으로 유대인을 체계적으로 박해하기 시작했다. 유대인들은 열등한 집단으로 간주되었으며, 독일 민족 공동체 통합을 위협하는 존재로 낙인찍혔다. 이러한 박해는 전쟁 중에도 계속되었고, 결국 대규모 조직적 학살로 이어졌다. 1939년부터, 유대인들은 폴란드의 게토로 강제 이주되었다. '도시 감옥'의 강제 노동과 극도로 열악한 생활 환경은 사실상 소극적 학살 방식이었다. 1941년 여름, 바르바로사 작전이 시작되자, 아인자츠그루펜(특별행동대)은 동부 전선에서 수십만 명의 유대인을 총살하며 대규모 학살을 자행했다. 같은 시기, 헤움노 절멸 수용소에서는 가스를 이용한 대량 학살 기술이 처음으로 시도되었고, 이후 본격적으로 실행되었다.

　1942년 1월 20일, 나치 SS(친위대) 보안본부(RSHA) 본부장 라인하르트 하이드리히는 '반제회의'를 소집해. 조직적인 유대인 학살 계획인 '유대인 문제의 최종 해결책'을 구체적으로 논의했다. 처음에는 '라인하르트 작전'의 일환으로 폴란드 유대인이 주된 표적이 되었으며, 이를 위해 벨제크(1942년 3월 개설), 소비보르(1942년 5월 개설), 트레블링카(1942년 7월 개설) 등의 절멸 수용소가 세워졌다. 이후 1942년 여름부터 나치의 점령하에 홀로코스트는 유럽 전역으로 확대되었으며, 유대인들은 강제 수용소나 학살 시설로 강제 이송되었다. 그 결과, 제2차 세계대전 동안 약 500만에서 600만 명의 유대인이 학살당했다.

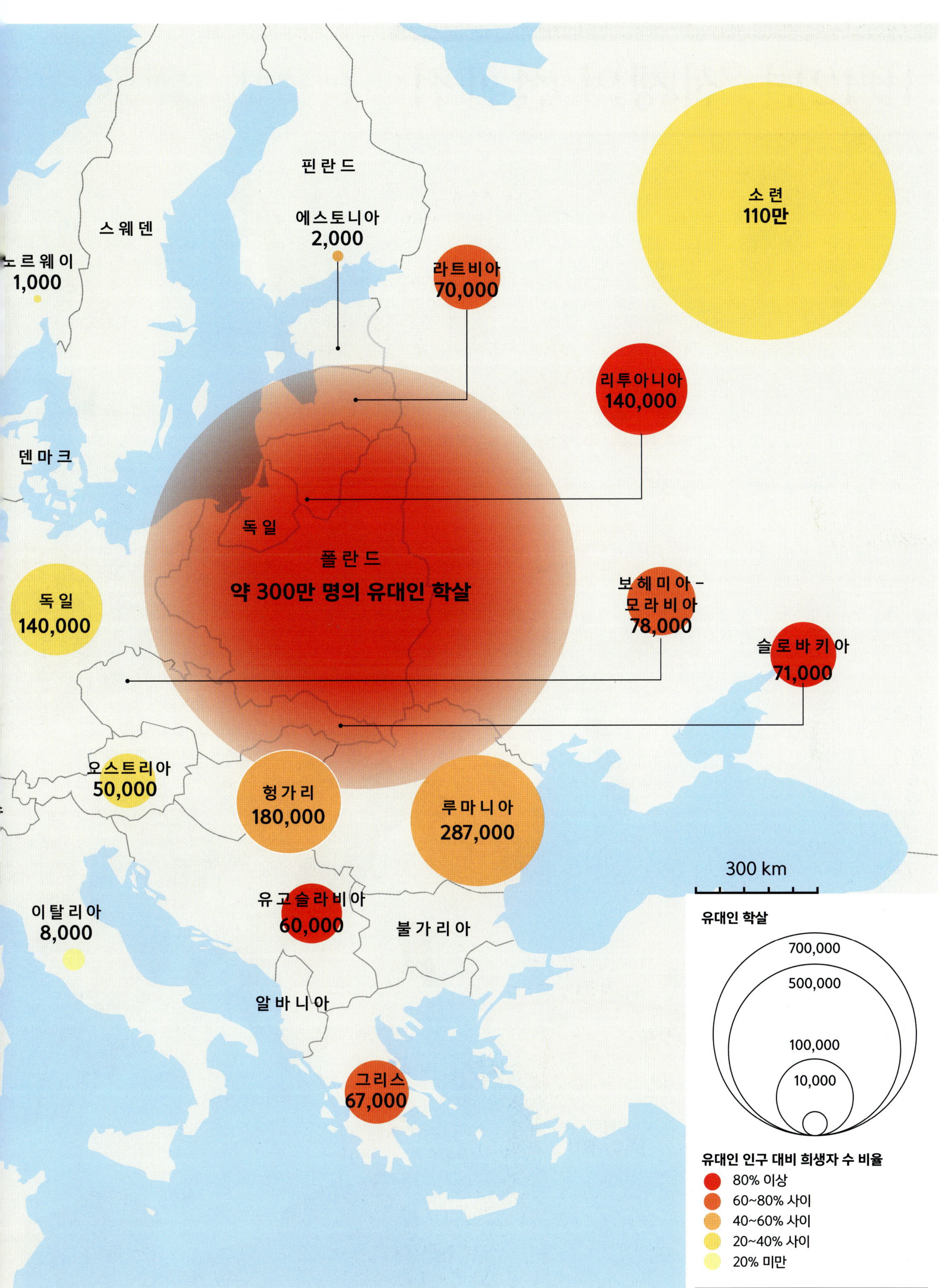
핀 란 드
스 웨 덴
에스토니아
2,000
노 르 웨 이
1,000
라트비아
70,000
소 련
110만
리투아니아
140,000
덴 마 크
독 일
폴란드
약 300만 명의 유대인 학살
보 헤 미 아 –
모 라 비 아
78,000
독 일
140,000
슬 로 바 키 아
71,000
오스트리아
50,000
헝 가 리
180,000
루 마 니 아
287,000
이 탈 리 아
8,000
유고슬라비아
60,000
불 가 리 아
알 바 니 아
그 리 스
67,000
300 km
유대인 학살
700,000
500,000
100,000
10,000
유대인 인구 대비 희생자 수 비율
80% 이상
60~80% 사이
40~60% 사이
20~40% 사이
20% 미만

1942년, 전쟁의 전환점

────── 2651

추축국 지배하의 유럽

1942년 나치 독일은 유럽 대륙 대부분을 점령하고 있었다. 1939년 폴란드를 침공한 후, 일부 지역을 독일 본토로 직접 편입했으며, 1940년에는 북유럽과 서유럽을 공격하며 '전격전'이라 불리는 빠른 전술을 펼쳤다. 이 과정에서 노르웨이, 덴마크, 네덜란드, 벨기에, 그리고 프랑스 북부가 독일군의 통제에 들어갔다. 1941년 4월, 이탈리아 파시스트 군대가 그리스군의 저항에 막히자 독일군이 유고슬라비아와 그리스를 침공하고 점령했다. 두 달 뒤인 6월, 독일은 소련과의 불가침 조약(1939년 8월 체결)을 깨고 소련을 침공했다. '바르바로사 작전'이 시작되며 동부 전선에서의 대규모 전쟁이 벌어졌다.

이 무렵, 유럽에서 추축국에 맞서 싸우는 나라는 영국과 소련뿐이었다. 영국은 1940년 독일의 대규모 공습을 막아내는 데 성공했고, 소련은 독일군과 치열한 전투를 벌이고 있었다. 1941년 12월 일본의 진주만 기습 공격으로 미국이 참전하며 연합군 진영에 합류했다. 또한, 독일에 점령된 국가들의 망명 정부와 그들의 군대도 연합군에 가담했다. 1942년은 추축국의 팽창이 최고조에 달했던 해였지만, 동시에 전쟁의 분수령이 되기도 했다. 1942년 11월, 연합군은 엘알라메인 전투에서 독일군의 이집트와 수에즈 운하 장악 시도를 저지했다. 또한 '횃불 작전'을 통해 북아프리카에 상륙하며 독일군을 압박했다. 동부 전선에서는 소련군이 스탈린그라드에서 대규모 반격을 개시했으며, 결국 1943년 2월 독일군이 후퇴하면서 전세는 연합군 쪽으로 기울기 시작했다.

레닌그라드(1941~1944년)

레닌그라드 포위전(1941년 9월 8일~1944년 1월 27일)

1941년 6월 22일, 독일군은 바르바로사 작전을 개시하며 소련을 침공했다. 그해 9월 초, 독일군과 핀란드군은 볼셰비키 혁명의 심장부인 레닌그라드를 포위하며 도시를 완전히 고립시켜 굴복시킬 계획이었다. 포위망이 완성되기 전 많은 민간인이 대피했지만, 약 250만 명의 주민이 여전히 도시 안에 갇혀 극심한 고통을 겪었다. 독일군은 지속적인 공습으로 도시를 압박했다. 소련군은 라도가호를 가로지르는 유일한 보급로인 '생명의 길'을 통해 주민들에게 보급품을 지원했지만, 겨울철에는 독일군의 폭격으로 얼음이 깨지고, 여름철에는 수송선이 침몰하며 보급로가 자주 차단되었다. 그 결과, 100만 명 이상이 기아, 질병, 혹한으로 사망했다. 1944년 1월 27일, 소련군이 반격을 개시하며 마침내 레닌그라드를 해방했다.

스탈린그라드 (1942~1943년)

스탈린그라드 전투(1942년 7월 17일 ~ 1943년 2월 2일)

1942년 봄, 소련군은 케르치반도, 하르코프, 세바스토폴에서 잇따라 패하며 큰 타격을 입었다. 이러한 가운데 7월 17일 스탈린그라드에서 독일군과 소련군 간의 치열한 전투가 시작되었다. 전투 초반에는 독일군이 연승을 거두며 돈강을 넘어 진격했다. 8월 말에는 독일군이 스탈린그라드 코앞까지 도달했지만, 9월 말 볼가강 인근에서 소련군의 저항에 가로막혀 더 이상 나아가지 못했다. 11월, 소련군은 대규모 반격을 개시하며 독일군을 북쪽과 남쪽에서 동시에 공격했다. 이 전략으로 독일군을 포위망에 가두는 데 성공했고, 단 3주 만에 독일군은 완전히 고립되었다. 결국 1943년 2월 2일, 독일군은 항복했다.

전쟁 중의 프랑스(1940~1945년)

전쟁 중 프랑스의 협력과 저항

1940년 5월 독일군이 프랑스를 침공하자 당시 총리였던 폴 레노가 사임했다. 그 뒤를 이어 정권을 잡은 페탱 원수가 6월 22일, 독일과의 휴전 협정을 체결했다. 이후 프랑스는 독일 점령 지역과 이른바 '자유 지대'로 나뉘었고, 새 정부는 자유 지대 내의 비시로 이전했다. 1940년 7월 10일, 국민의회는 페탱 정부에 전권을 부여하며, 새 헌법 제정 권한을 승인했다. 이는 제3공화국의 종말을 의미하며, 프랑스는 공식적으로 프랑스 국가라는 명칭을 사용하게 되었다. 1940년 10월, 페탱 정부는 독일과의 협력(콜라보라시옹) 정책을 본격적으로 추진했다. 국민적 지지를 받던 페탱은 절대적인 권력을 행사하며 '국가 혁명'을 명목으로 프랑스에 위해를 가한다고 판단되는 유대인, 집시, 공산주의자, 일부 외국인, 그리고 제3공화국의 전 지도자들을 탄압하기 시작했다. 그 결과, 프랑스 전역에 강제 수용소가 급증하게 되었다. 그러나 이러한 상황 속에서도 저항 운동(레지스탕스)은 점차 조직적으로 발전했다. 1940년 6월 18일, 드골 장군은 런던에서 연설을 통해 군 지도자들과 식민지 총독들에게 독일에 맞서 계속 싸울 것을 촉구했다. 이에 따라 8월, 차드의 총독 펠릭스 에부에가 자유 프랑스에 합류한다.

프랑스 내부에서는 1940년 가을부터 다양한 저항 조직이 결성되었으며, 1941년 독일이 소련을 침공한 이후 프랑스 공산당(PCF)도 저항 운동에 가담했다. 1943년, 장 물랭은 국민 저항 평의회(CNR)를 창설해 흩어진 저항 세력을 통합하고 활동을 조율했다. 이후 1944년에 결성된 프랑스 국내군은 프랑스 해방 과정에서 중요한 역할을 수행했다.

아시아 태평양 전쟁(1931~1945년)

함께 보기 — 일본 확장 p.588
일본의 만행 p.618
냉전 속의 아시아 p.655

== 2656 ==

만주에서 히로시마까지

1931년, 일본은 경제 불황과 군부의 세력 확장을 배경으로 만주를 침공하며 본격적인 팽창 정책을 시작했고, 이는 1945년까지 이어졌다. 이후 1930년대 내내, 일본군은 만주를 거점으로 중국 북부로 진격했으며, 점차 동남아시아와 태평양 지역으로 세력을 확장해 나갔다.

1941년 12월, 일본군은 미국의 하와이 진주만을 기습 공격하며 미국을 전쟁에 끌어들였다. 이어 홍콩, 싱가포르, 필리핀, 말레이시아, 네덜란드령 동인도를 차례로 점령하며 동남아시아 대부분을 장악하거나 일본의 동맹국으로 만들었다. 그러나 1942년 6월, 미드웨이 해전에서 참패하면서 일본의 태평양 공세는 좌절된다.

1944년부터 1945년까지, 미국은 태평양 전선에서 반격을 강화하며 일본군이 점령한 지역을 차례로 탈환했다. 동시에 일본 본토의 주요 도시들은 미군의 폭격을 받았다. 결국, 1945년 8월 6일과 9일 미국은 일본의 무조건 항복을 받아내기 위해 히로시마와 나가사키에 원자폭탄을 투하했다. 같은 시기, 소련도 만주에서 일본군을 공격하며 전쟁에 참전했다. 결국, 1945년 8월 15일 일본은 연합국에 무조건 항복을 선언했다.

1941년 12월 7일, 진주만

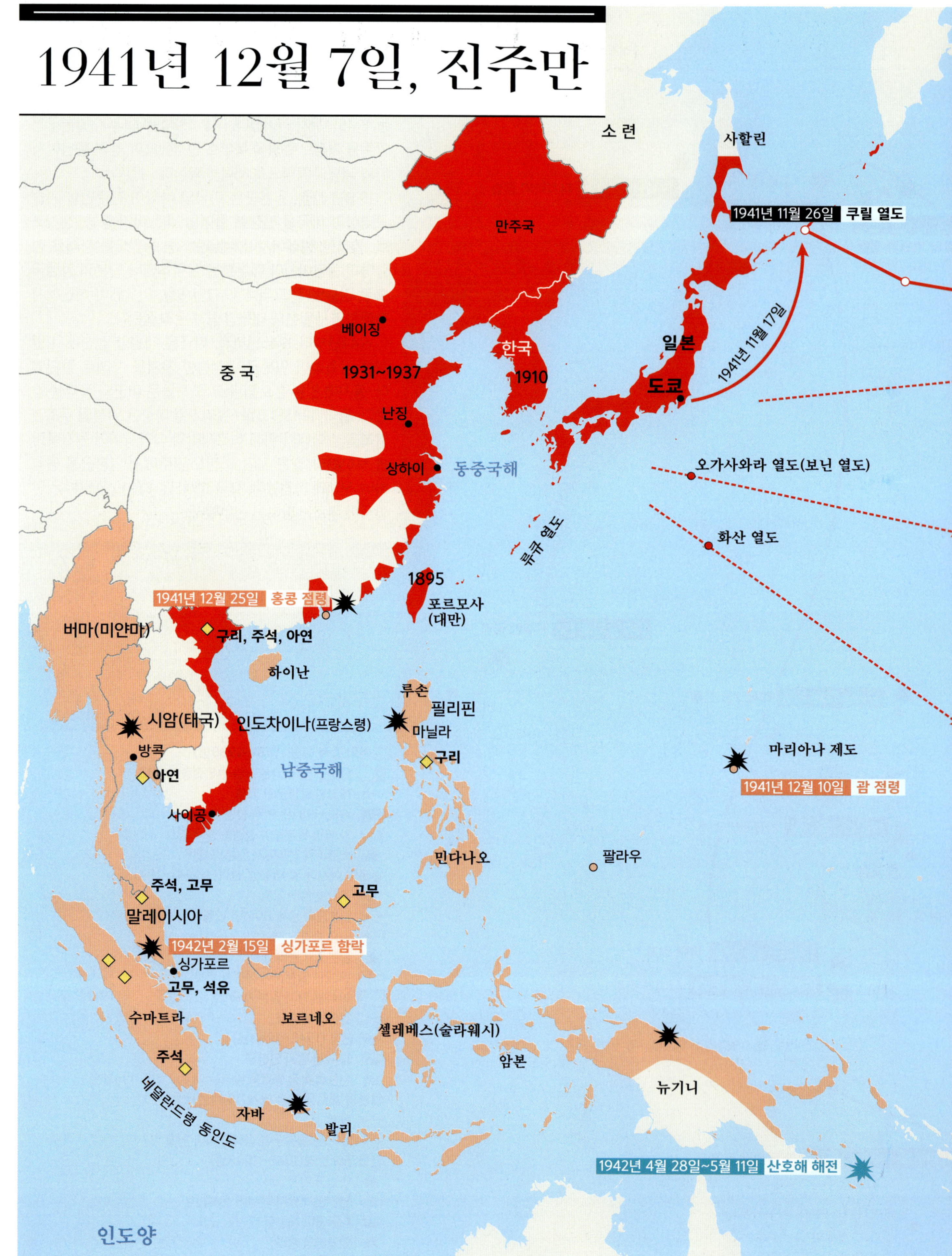

함께 보기 — 세계적 규모로 확산된 전쟁 **p.538**
일본 확장 **p.588**
1942년, 전쟁의 전환점 **p.608**

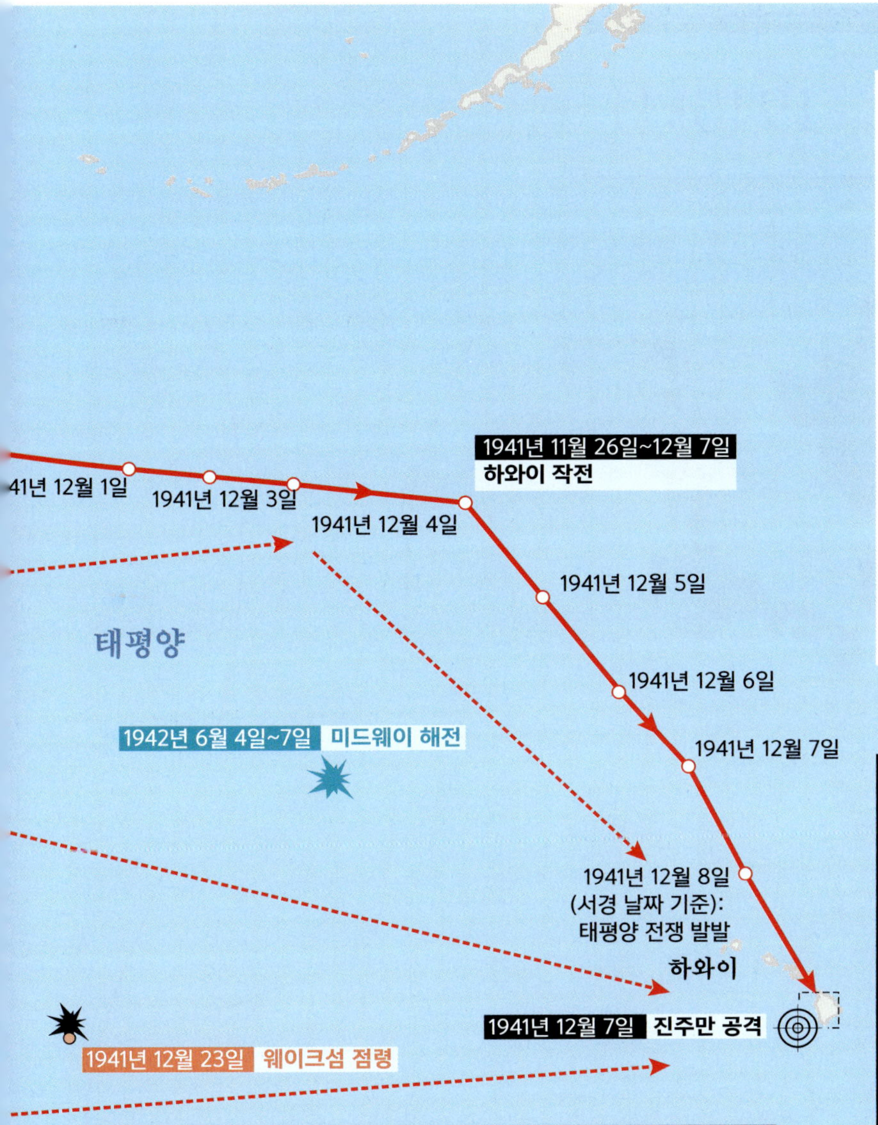

1265

잘못된 계산

중일 전쟁의 수렁에 빠진 일본은 전쟁 물자를 확보하기 위해 영국과 네덜란드의 식민지 정복을 계획했다. 그러나 이를 실행하기 위해서는 먼저 태평양에 주둔한 미국 함대의 주요 기지인 진주만을 무력화해야 했다. 이 작전은 대담하고 위험한 도전이었다. 일본 함대는 항공 공습을 감행하기 위해 6,000킬로미터에 달하는 긴 항로를 항해해야 했다.

1941년 11월 17일, 일본은 항공모함 6척, 급유함 8척, 순양함과 전함으로 구성된 대규모 함대를 출항시켜 쿠릴 열도의 집결지로 이동시켰다. 이어 11월 26일, 일본군 함대는 12일간의 항해에 돌입했다. 항공모함들은 호위함들과 함께 두 줄로 나란히 전진했고, 그 뒤를 급유함들이 따랐다.

12월 1일 일본 정부는 최종 공격 명령을 내렸다. 이에 따라 1941년 12월 7일 일본군은 두 차례에 걸쳐 진주만을 기습 폭격했다. 그러나 결과는 기대에 미치지 못했다. 미 해군의 일부 함선만 손상되었고, 가장 중요한 전략 자산이었던 미국의 항공모함 3척은 당시 진주만에 정박해 있지 않아 피해를 면했다.

일본은 이 공격이 미국의 고립주의를 강화할 것이라 기대했지만, 결과는 정반대였다. 전쟁 선포 없이 이루어진 기습 공격에 분노한 미국 국민들은 강하게 단결했고, 루스벨트 대통령의 지도 아래 결속하며 일본과의 전면전을 결의하게 되었다.

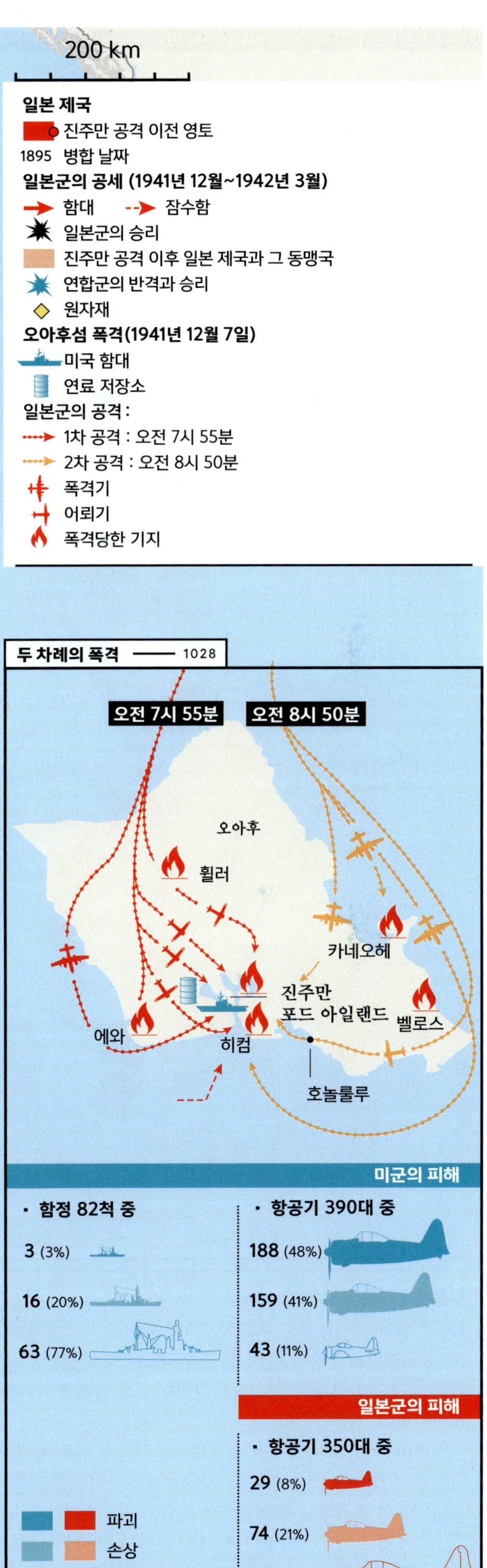

일본의 만행 (1931~1945년)

소련
만주국
하얼빈
선양
베이징
타이위안
톈진
한국
뤄양
중국
난징
우한
상하이
일본
도쿄
동중국해
버마
(영국령)
창사
광저우
오키나와
만달레이
포르모사(대만)
태평양
랑군
홍콩
하이난
시암
필리핀
루손
방콕
남중국해
마닐라
인도차이나
(프랑스령)
레이테
사이판
사이공
괌
민다나오
팔라우
쿠알라룸푸르
말레이시아
(영국령)
추크
메단
수마트라
보르네오
술라웨시
뉴기니
라바울
자카르타
세마랑
솔로몬 제도
수라바야
티모르
자바
네덜란드령 동인도
인도양
오호츠크해
베링해
사할린

2657

1,000 km

일본이 통제한 영토
1937년
전쟁 중 일본의 최대 확장 영토
'위안소'(군사 문서와 증언에
따른 위치)

일본군과 '위안부'

제2차 세계대전 동안 일본이 아시아 전역으로 지배를 확대하는 과정에서, 일본 당국은 군을 위한 '위안소'를 조직적으로 설치했다. 이 시설들은 전선이 이동할 때마다 함께 옮겨졌으며, 일본군에 의해 강제로 동원된 젊은 여성들이 조직적인 성폭력을 당했다.

이른바 '위안부'로 알려진 피해 여성들의 수는 수만에서 수십만 명에 이르는 것으로 추정되며, 대부분이 14세에서 18세 사이의 소녀들이었다. 한국, 중국, 동남아시아 등지에서 강제 납치와 이동이 이루어졌으며, 이는 일본 당국에 의해 조직적이고 체계적으로 자행되었다. 당시 일본 정부는 이를 정당화하며 체계적으로 운영했다. 2015년, 일본 정부는 이러한 범죄에 대한 국가의 책임을 공식적으로 인정했다.

2658

인체 실험에 사용된 화학 무기

1930년대, 일본군은 '731부대'라는 이름으로 생물학 및 화학 무기 개발 프로그램을 추진했다. 이 과정에서 생체 실험이 이루어졌으며, 살아 있는 전쟁 포로 및 민간인을 대상으로 잔혹한 인체 실험이 자행되었다. 1937년, 일본군은 주요 연구 시설을 만주의 핑방 지역에 세웠으며, 이후 중국과 싱가포르 등지에도 추가 실험 시설을 설치했다. 일본군은 다양한 기후 조건에서 무기의 효과를 시험하고, 해당 지역에서 군사적 거점을 확보하기 위해 이 실험을 진행했다.

1,000 km

2659

죽음의 철도

1942년 2월, 일본은 싱가포르를 점령한 후, 버마(현재의 미얀마)에서 영국군, 중국군과 싸우는 자국 군대에 보급품을 안정적으로 수송하기 위해 철도 건설을 추진했다. 이에 따라 1941년부터 계획했던 랑군(현재의 양곤)과 방콕을 잇는 철도 건설을 강행했다.

그러나 이 철도의 전략적 중요성을 빠르게 인식한 미국과 영국의 지속적인 공습이 1945년까지 감행했다. 특히 콰이강의 철교를 집중적으로 폭격하며 일본군의 보급로를 차단하려 했다. 결국, 이 철도는 전쟁에서 실질적인 역할을 하지 못하고, 건설 과정에서 9만 명 이상이 목숨을 잃었다.

100 km

전쟁 중의 아프리카(1940~1945년)

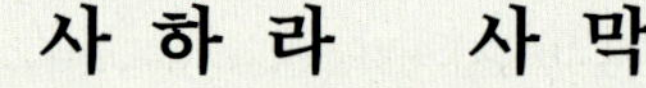

식민지 질서의 동요

제2차 세계대전은 아프리카의 식민지 질서를 크게 뒤흔들었다. 프랑스 식민 제국은 분열되었으며, 프랑스령 서아프리카와 북아프리카에서는 비시 정권이 권력을 유지했지만, 프랑스령 적도아프리카와 카메룬에서는 1940년 8월 비시 정권이 무너지고 자유 프랑스군이 첫 승리를 거두었다.

한편, 영국은 1941년부터 아프리카에서 점차 영향력을 확대해 나갔다. 이탈리아와 비시 정권이 패배하면서 에티오피아, 에리트레아, 이탈리아령 소말리아, 리비아, 그리고 마다가스카르까지 영국의 통제 하에 들어갔다. 전쟁이 끝난 후, 식민지 국경 대부분은 전쟁 이전 상태로 복구되었지만, 식민 체제는 큰 타격을 입었다.

함께 보기 ── 전쟁 중의 아프리카 **p.620**
1942년, 전쟁의 전환점 **p.608**
프로방스 상륙 **p.627**

2661

북아프리카에서의 제2차 세계대전

1940년, 전쟁은 아프리카로 확산되었다. 이탈리아군은 리비아에서 공격을 개시했으며, 9월 중순 영국군은 약 100킬로미터 정도를 후퇴할 수밖에 없었다. 그러나 12월, 영국군이 반격에 나서 리비아 영토의 절반을 점령하고 10만 명 이상의 이탈리아군을 포로로 잡으며 전세를 뒤집었다. 이에 히틀러는 1941년 2월 롬멜 장군과 그의 '아프리카 군단'을 파견해 영국군을 격퇴했다.

1942년 6월부터 북아프리카 사막에서의 전투는 더욱 격렬해졌으며, 여름 내내 공세와 반격이 반복되었다. 몽고메리 장군의 영국군과 롬멜 장군의 독일군이 치열하게 맞섰다. 1942년 10월 23일부터 11월 3일까지 이어진 엘알라메인 전투는 전쟁의 중요한 전환점이 되었고, 이후 전세는 연합군에게 유리하게 전개되었다.

같은 시기, '횃불 작전'이 개시되며 서부 전선이 새롭게 열렸다. 1942년 11월 8일, 아이젠하워 장군이 지휘하는 10만 명의 미군이 알제리와 모로코에 상륙했다. 이에 맞서 롬멜은 튀니지로 후퇴하며, 몽고메리의 전차 부대를 저지하기 위해 마레트 방어선을 구축했다. 또한 독일군과 이탈리아군이 저항을 지속할 수 있도록 튀니지와 이탈리아를 연결하는 해상 및 공중 보급로를 조직했다. 그러나 1943년 봄, 영미 연합군이 포위망을 점점 좁혀오면서, 결국 1943년 5월 13일 추축군이 항복하게 된다. 한편 알제리에서는 1943년 6월 드골 장군이 '프랑스 해방 국가위원회'의 수장으로 취임했으며, 이 조직은 이후 프랑스 임시 정부로 발전하게 되었다.

전쟁 중의 지중해(1941~1944년)

제2차 세계대전과 지중해

지중해 지역은 제2차 세계대전의 중요한 전략적 요충지로, 이곳에서 수많은 전투가 벌어졌다. 발칸반도에서 이탈리아군이 패배하자, 독일군이 개입할 수밖에 없었다. 1941년 4월, 독일은 유고슬라비아와 그리스를 침공했으며, 이는 소련 침공(바르바로사 작전)을 앞두고 남쪽 방어선을 안정시키려는 전략의 일환이었다. 한편, 추축국은 수에즈 운하를 장악해 영국의 영향력을 약화시킬 계획을 세웠다. 이를 위해 1942년 2월 창설된 아프리카 군단을 포함한 병력을 리비아와 이집트 전선에 투입했다. 그러나 1942년 11월 3일, 제2차 엘알라메인 전투에서 영국군에 패배하면서 이 계획은 무산되었다.

　같은 시기, 연합군은 1942년 11월 8일 '햇불 작전'을 실행하며 알제리와 모로코에 상륙했다. 이후 북아프리카를 완전히 장악한 연합군은 1943년 7월 10일 시칠리아 상륙 작전을 개시하고 이탈리아 본토로 진격했다. 마침내 1943년 9월 이탈리아를 항복시켰다. 1944년 8월, 미국의 패치 장군과 프랑스의 장 드 라트르 드 타시니 장군이 이끄는 연합군이 프랑스 남부 프로방스에 상륙하며 전세는 더욱 유리하게 전개되었다. 이 작전으로 마르세유 항구를 탈환했으며, 두 달 전 노르망디 상륙 작전으로 시작된 프랑스 해방을 더욱 앞당길 수 있었다.

200 km

1942년 11월,
추축국과 단독으로 맞선 영국
추축국 세력
추축국의 동맹국
추축국의 정복지
추축국의 최대 확장
추축국의 공세
경쟁이 치열했던 지역
1942년 10월 당시 대영제국
영국의 동맹국
영국의 정복지
영국의 승리
1943~1944년, 연합군의 진격
연합군의 공세
연합군의 상륙 작전
연합군의 승리
연합군에 합류한 영토
연합군이 탈환한 영토(1943년 말)
마키(저항 세력)
1944년 말 전선

라트비아
리투아니아
모스크바
소련
폴란드
1943년 2월 2일 스탈린그라드 전투
헝가리
루마니아
1944년 8월 20일
유고슬라비아
1941년 4월 6~17일
불가리아
알바니아
1년 4월 7~12일
그리스
1941년 4월 6~23일
흑해
이란
튀르키예
1944년 10월 4일 키티라 해방
시리아 (프랑스령)
1941년 7월 8~11일:
영국의 침공
키프로스 (영국령)
레바논 (프랑스령)
이라크
1941년 4월 18~30일:
영국의 침공
팔레스타인 (영국령)
트랜스요르단
(영국령)
1941년 11월 27일, 1942년 6월 21일
토브룩 전투
벵가지
수에즈
1942년 11월 3일 엘알라메인 전투
이집트

이탈리아 해방(1943~1945년)

이탈리아 내전, 1943~1945년

1943년 7월 25일, 이탈리아 파시즘 최고위원회는 무솔리니를 총리 직에서 해임시켰다. 이어 9월 8일, 비토리오 에마누엘레 3세 국왕이 연합군과 휴전 협정을 일방적으로 발표하자, 독일군이 즉각 이탈리아를 점령하면서 이탈리아는 분열과 내전의 혼란에 빠졌다.

이탈리아 남부는 1943년 7월 시칠리아 상륙 작전과 1944년 1월 안치오 상륙작전을 거쳐 연합군의 통제 아래 놓였다. 그러나 북부와 중부 이탈리아는 무솔리니가 세운 '이탈리아 사회공화국(RSI 살로 공화국)'과 독일군이 장악하며 격렬한 전투가 이어졌다. 특히 독일군이 점령한 북부 지역은 극심한 탄압과 강압적인 통치에 시달렸다.

1944년 6월 4일, 미군이 로마를 해방시켰지만 무솔리니는 여전히 살로 지역을 중심으로 제한된 영토를 통제하고 있었다. 그러나 그 지역에서도 폭력과 혼란이 계속되었다. 결국, 1945년 4월 25일 국가해방위원회(CLN)가 전국적인 봉기를 일으키며 이탈리아의 주요 도시들이 해방되었다.

1070

군사정부에서 이탈리아 정부로

1943년, 비토리오 에마누엘레 3세 국왕이 이끄는 이탈리아 왕국은 남부 풀리아 지역 일부를 통치했으며, 그 외 지역은 연합군 군사정부의 관할 아래 놓였다. 이후 연합군은 행정권을 점진적으로 이탈리아 왕국 정부에 이양했으며, 당시 왕세자였던 움베르토 왕자가 왕국의 섭정으로서 이를 주도했다. 한편, 북부에서는 독일군이 퇴각하면서 민간인을 대상으로 한 무차별적인 탄압이 자행되었다. 이에 맞서 이탈리아 저항군(레지스탕스)은 여러 지역에서 '파르티잔 공화국'이라 불리는 임시 해방구를 수립했다. 그러나 왕당파부터 공산주의자까지 다양한 정치 세력 간의 이념적 갈등이 심각했다.

또한, 북부 주요 도시와 로마에서는 대규모 노동자 파업이 잇따라 발생하며 사회적 긴장이 더욱 고조되었다. 이러한 혼란 속에서 이탈리아의 전후 정치 질서가 점차 형성되어 갔다. 1945년 말 이탈리아 전역이 연합군 군정에서 이탈리아 정부로 행정권이 이양되었으며, 1946년 6월 2일 국민투표를 통해 왕정이 폐지되고 이탈리아 공화국이 공식적으로 수립되었다.

노르망디 상륙

2663

오버로드 작전

1943년, 북아프리카와 이탈리아에서 연이어 승리한 연합군은 독일군을 상대로 프랑스 해안을 통한 대규모 작전을 준비했다. 이 작전은 '오버로드 작전'이라 불리며, 1943년 11월에 최종 승인되었다.

1944년 6월 5일, 연합군은 독일군의 측면을 기습하기 위해 약 2만 명의 공수부대원을 적진 후방에 투입했다. 그리고 6월 6일, 영국군과 미군을 포함한 연합군이 노르망디 해안에 상륙했다. 상륙 지점은 유타, 오마하, 골드, 주노, 소드 해변으로 지정되었다. 이번 작전에는 사상 최대 규모의 전력이 동원되었다. 7천 척의 함선과 7천 대의 항공기의 지원 아래, 아이젠하워 장군이 이끄는 5개 사단이 노르망디 해안에 투입되었다. 독일군의 강한 저항에도 불구하고, 연합군은 노르망디 전역에서 전투를 개시했다.

프로방스 상륙

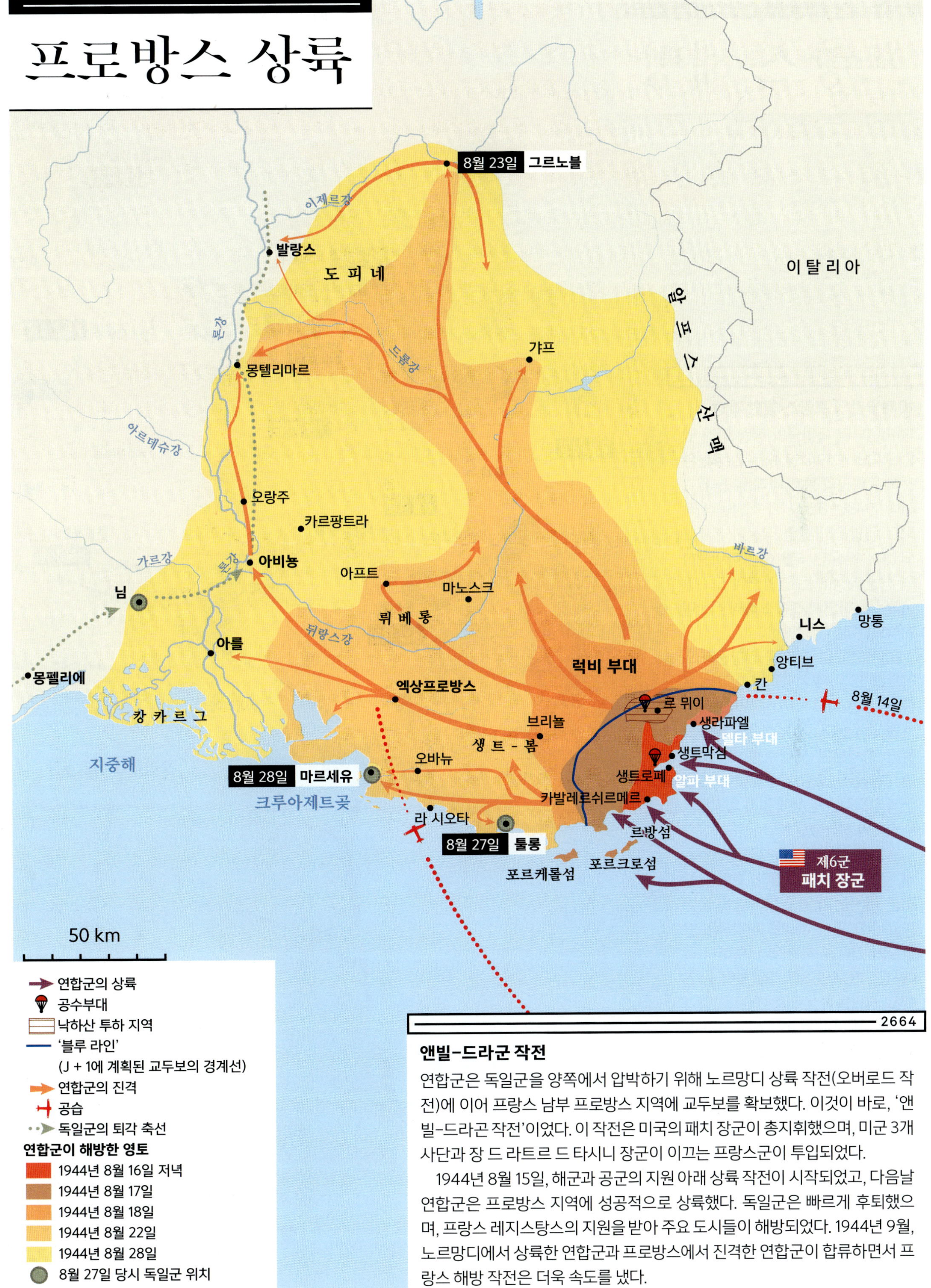

앤빌-드라군 작전

연합군은 독일군을 양쪽에서 압박하기 위해 노르망디 상륙 작전(오버로드 작전)에 이어 프랑스 남부 프로방스 지역에 교두보를 확보했다. 이것이 바로, '앤빌-드라곤 작전'이었다. 이 작전은 미국의 패치 장군이 총지휘했으며, 미군 3개 사단과 장 드 라트르 드 타시니 장군이 이끄는 프랑스군이 투입되었다.

1944년 8월 15일, 해군과 공군의 지원 아래 상륙 작전이 시작되었고, 다음날 연합군은 프로방스 지역에 성공적으로 상륙했다. 독일군은 빠르게 후퇴했으며, 프랑스 레지스탕스의 지원을 받아 주요 도시들이 해방되었다. 1944년 9월, 노르망디에서 상륙한 연합군과 프로방스에서 진격한 연합군이 합류하면서 프랑스 해방 작전은 더욱 속도를 냈다.

프랑스 해방

10개월간의 프랑스 해방 과정

1940년부터 독일군의 점령 아래 있던 프랑스는 1942년 모든 영토가 완전히 독일군의 통제 아래 놓였다. 그러나 1943년 코르시카 해방을 시작으로 연합군의 탈환 작전이 본격화되었다. 1944년 6월 6일, 아이젠하워 장군이 이끄는 연합군이 노르망디에 상륙하면서 프랑스 해방 작전이 시작되었다.

8월 15일, 영국–미국 연합군과 드 라트르 드 타시니 장군이 이끄는 프랑스 제1군(자유 프랑스군)이 프로방스에 상륙했다. 이 부대에는 알제리 출신 병사들이 대다수를 차지했으며, 여성들도 포함되어 있었다. 연합군의 압도적인 공세에 밀려 독일군은 후퇴하기 시작했다.

프랑스 해방 과정에서 레지스탕스의 활약은 결정적이었다. 프랑스 저항군 마키는 독일군의 후방을 교란하고 주요 기반 시설을 파괴하며 연합군의 진격을 지원했다. 특히 파리에서는 1944년 8월 19일부터 25일까지 시민들이 주도한 대규모 봉기가 일어났으며, 르클레르 장군이 지휘하는 자유 프랑스 제2기갑사단이 이를 지원하면서 수도가 해방되었다.

1944년 여름이 끝날 무렵, 프랑스 대부분 지역이 해방되었으며, 독일군의 마지막 거점인 알자스와 대서양 연안 일부만 남아 있었다. 이후 1944년 11월부터 1945년 3월까지, 미군과 프랑스군이 공동 작전을 펼쳐 독일군의 저항을 완전히 무력화하며 알자스 전역을 해방했다.

네덜란드
앤트워프
브뤼셀
벨 기 에
리에주
나뮈르
룩셈부르크
에센
뒤셀도르프
쾰른
비스바덴
마인츠
만하임
랭스
베르됭
샬롱앙샹파뉴
메스
낭시
스트라스부르
9월 15일
11월 23일
센강
마른강
트루아
합류
9월 12일
몽바르
오세르
콜마르
밀루즈
디종
보느
브장송
롱르소니에
마콩
오요낙스
쥐라
글리에르
(1944년 3월 전사)
안시
빌프랑슈쉬르손
9월 3일 리옹
비엔
샹베리
8월 23일
그르노블
발랑
베르코르
브리앙송
몽무셰산
세벤느
몽텔리마르
갸프
아비뇽
님
몽펠리에
엑상프로방스
8월 28일 마르세유
8월 27일 툴롱
8월 15일
드라군 작전
지중해
스 위 스
이 탈 리 아
니스
코르시카 해방
(1943년 9월~10월)

알자스 해방
포르바크
사레게민
1945년 3월 15일: 전선 돌파
비치
비셍부르
아겐노
사베르네
뤼네빌
슈트루토프-나츠바일러
(강제 수용소)
에르스테인
1944년 11월 23일 스트라스부르
독 일
바카라
생디에
셀레스타
에피날
1945년 2월 2일 콜마르 해방
제라르메
1945년 1월 20일: 전선 돌파
새 프랑스군이 담당한 전선
루파크
1944년 11월 21일 뮐루즈 해방
벨포르
몽벨리아르
40 km
스 위 스

진격 방향
미군의 진격 축
프랑스군의 진격 축
1944년 11월 13일 기준 미군이 점령한 지역
1944년 11월 14일 기준 프랑스군이 점령한 지역

연합군이 해방한 날짜
1944년 11월 23일
1944년 12월 4일
1945년 2월 9일
1945년 3월 20일

100 km

프랑스의 해방
연합국
1945년 2월 15일 기준 연합군에 의해 해방된 영토
전선:
1944년 7월 31일
1944년 8월 26일
1944년 9월 15일
1945년 2월 15일
독일군 저항 거점
독일군 요새(대서양 방벽)
1945년 2월 15일 기준 추축국의 통제 지역
연합군의 진격 축
독일군의 후퇴 축
독일군의 역공세
(1944년 12월~ 1945년 1월)
주요 관목 지역
민간인 인질 학살

소련의 역공세
(1942~1945년)

스탈린그라드에서 베를린까지, 소련의 역공세

1942년 11월, 소련군의 대규모 반격이 시작되면서 전쟁의 흐름이 결정적으로 바뀌었다. 이어 1943년 2월 2일, 독일군의 파울루스 원수가 스탈린그라드 전투에서 항복하며 독일군은 치명적인 타격을 입었다. 1943년 여름, 쿠르스크 전투에서 독일군과 소련군이 격돌했다. 특히 7월 12일에는 역사상 최대 규모의 전차전이 벌어졌다. 이어 11월, 소련군이 키이우를 탈환했고, 1944년 1월에는 900일간 지속된 레닌그라드 포위전이 마침내 해제되었다.

이후 소련군은 동유럽을 거쳐 독일 본토로 진격했으며, 1945년 1월 독일을 향한 대규모 공세를 개시했다. 베를린 공방전은 1945년 4월 20일 시작되었고, 불과 며칠 만에 도시는 함락되었다. 마침내 1945년 5월 8일, 독일군의 카이텔 원수가 베를린에서 무조건 항복 문서에 서명하며 유럽 전선의 전쟁이 공식적으로 종결되었다. 이로써 소련은 동유럽과 중앙유럽에서 강력한 영향력을 행사하게 되었다.

2667

베를린 함락(1945년 4월 20일~5월 2일)

1945년 3월, 아이젠하워 장군은 베를린을 최우선 군사 목표에서 제외했지만, 소련은 제3제국의 수도인 베를린 점령을 중요한 목표로 삼았다. 베를린은 이미 1943년부터 이어진 영국과 미국 연합군의 공습으로 크게 파괴된 상태였다. 1945년 4월 20일, 소련군이 본격적인 공격을 개시하면서 베를린 전투가 시작되었다.

1944년 가을, 독일은 총동원령을 선포하며 모든 베를린 시민을 전쟁에 동원했다. 베를린 방어는 바이들링 장군이 맡았지만, 그의 병력은 약 13만 명에 불과했다. 반면, 소련군은 주코프 원수가 이끄는 동부군과 코네프 원수가 이끄는 남부군을 포함해 약 250만 명의 병력으로 베를린을 포위했다.

12일간의 치열한 전투 끝에, 4월 30일 히틀러가 스스로 목숨을 끊은 날 소련군이 독일 국회의사당(라이히슈타크) 돔 위에 소련군 깃발을 게양하며 승리를 선언했다. 결국, 5월 2일, 바이들링 장군과 소련군 추이코프 장군이 항복 문서에 서명하면서 베를린 전투는 공식적으로 종료되었다. 이 과정에서 약 12만 명의 독일군이 전사했으며, 베를린은 완전히 폐허가 되었다. 또한, 소련군은 점령 과정에서 대규모 약탈과 민간인 대상 범죄를 저질렀다.

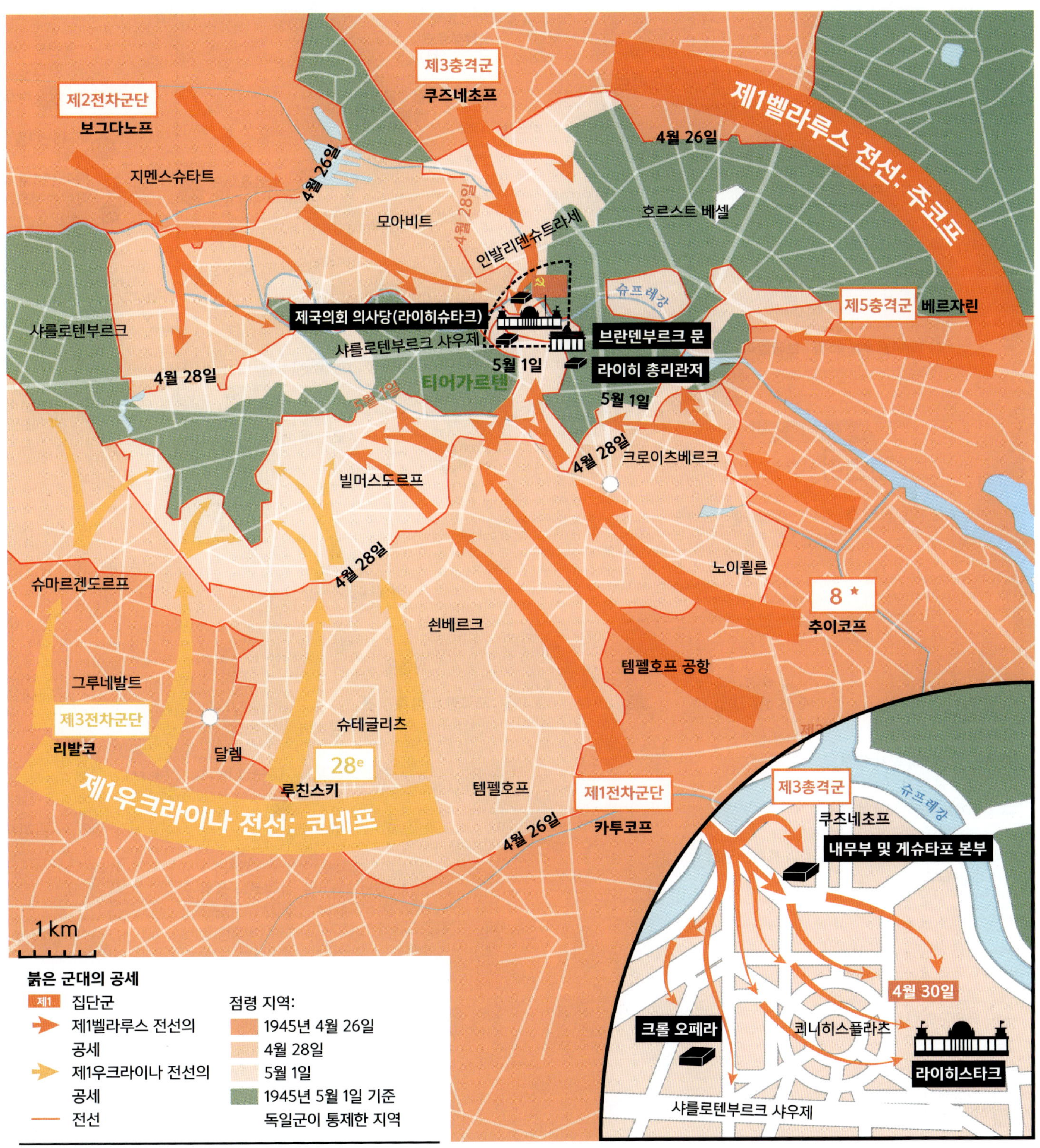

독일 제국의 몰락(1945년 5월 8일)

조여오는 포위망

연합군은 1944년부터 유럽에서의 점령지를 차례로 탈환하기 시작했다. 6월에는 영국-미국 연합군이 로마를 탈환했고, 서부 전선에서는 노르망디 상륙 작전(암호명 '오버로드 작전')과 함께 프랑스 해방 작전이 개시되었다. 동시에 동부 전선에서는 스탈린이 바그라티온 작전을 개시하며 독일군을 동서 양면에서 압박했다. 7월에는 소련군이 민스크와 빌뉴스를 점령한 후 바르샤바 인근까지 진격했다. 이에 맞춰 폴란드 저항군은 수도에서 봉기를 준비했다.

서부 전선에서는 브르타뉴 해방 이후, 아이젠하워 장군이 연합군을 두 방향으로 분할 배치했다. 몽고메리 장군이 이끄는 병력은 북쪽으로, 브래들리 장군의 부대는 동쪽으로 각각 진격했으며 프로방스에 상륙한 연합군과 8월에 합류할 수 있었다.

그러나 독일군은 서부와 동부 모두에서 강력히 저항했으며, 연합군이 최종 승리를 거두기까지 수개월이 더 걸렸다. 1945년 1월, 소련군이 우크라이나와 폴란드를 공격했고, 3월에는 몽고메리 장군이 라인강을 넘어 독일로 진격했다. 4월 25일, 베를린 전투가 한창인 가운데 동부의 소련군과 서부의 연합군이 엘베강에서 합류하면서 독일군의 마지막 저항이 무너졌다. 마침내 1945년 5월 8일, 독일은 무조건 항복을 선언했다.

수용소 해방(1944~1945년)

── 2669

강제 수용소의 해방과 생존자 구조

1944년 7월, 소련군이 루블린-마이다네크 수용소에 진입했으며, 11월에는 미국과 프랑스군이 슈트루토프 수용소를 발견했다. 그러나 이는 완전한 의미의 '해방'이 아니었다. 대부분의 수감자들이 이미 철수한 상태였기 때문이었다. 1945년 1월 27일, 소련군이 아우슈비츠 수용소에 도착했을 때 약 7,000명의 생존자가 남아 있었다. 그러나 그보다 열흘 전, 나치군은 대다수의 수감자들을 강제로 이동시키며 소위 '죽음의 행진'으로 내몰았다. 이 과정에서 기아, 탈진, 처형 등으로 수많은 희생자가 발생했다.

강제 수용소에서 탈출한 생존자들의 증언을 바탕으로, 영국과 미국 연합군은 1945년 4월과 5월에 이어 오르드루프, 노르트하우젠, 부헨발트, 베르겐-벨젠, 다하우, 마우트하우젠 등의 수용소를 해방했다. 철도 위에 방치된 화물 열차 안에서도 수많은 희생자의 시신이 발견되었다.

그러나 수용소가 해방되었다고 해서 생존자들이 곧바로 안전을 보장받은 것은 아니었다. 발진티푸스 등 전염병 확산을 우려해 일부 수용소는 격리 조치되었으며, 연합군은 혼란스러운 상황 속에서 구조 활동을 체계적으로 진행하는 데 어려움을 겪었다. 이와 함께 강제 수용소의 참혹한 실상을 세상에 알리려는 노력도 이루어졌다. 연합군은 군인들에게 수용소 실태를 직접 목격하게 했으며, 인근 지역 주민들도 수용소를 강제로 방문하게 했다. 부헨발트, 베르겐-벨젠, 다하우 등의 수용소를 방문한 기자들은 충격적인 현장을 기록했고, 1945년 4월 19일부터 영국 언론을 통해 처음으로 이러한 실상이 공개되었다.

유럽의 난민과 인구 이동(1944~1948년)

전쟁 후 강제 이주된 1,200만 명의 독일인

제2차 세계대전이 끝나면서 대규모 인구 이동이 발생했는데, 그 중심에는 독일인들이 있었다. 1944년, 소련군이 동부 전선에서 밀고 들어오자 독일 동부 지역에 거주하던 독일인들은 대거 서쪽으로 피난길을 올랐다. 전쟁이 끝난 후 체코슬로바키아, 루마니아, 유고슬라비아, 헝가리 등지에 살던 독일계 소수 민족들도 현지 주민들에 의해 강제 추방되었다. 이 과정에서 약탈과 린치는 물론, 1945년 7월 우스티 학살과 같은 대규모 학살로 수만 명이 희생되었다.

1945년 7월 17일부터 8월 2일까지 열린 포츠담 회담에서 승전 연합국은 독일인들의 강제 이주를 공식적으로 승인했다. 이에 따라 폴란드, 체코슬로바키아, 헝가리에 남아 있던 독일인들은 독일로 강제 송환되었으며, 연합군이 이러한 인구 이동을 감독했다. 총 1,200만 명에 달하는 독일인들이 강제로 이주되었으며, 이 과정에서 이들의 재산은 보상 없이 몰수되었다. 또한 소련과 폴란드, 헝가리와 체코슬로바키아 등 여러 국가 간에도 인구 교환이 이루어졌는데, 이는 단일 민족 국가를 만들려는 의도에서 추진되었다.

핀란드
헬싱키
카렐리야
레닌그라드
탈린
에스토니아
모스크바
라트비아
리가
리투아니아
빌뉴스
벨라루스
민스크
소 련
서벨라루스
-프로이센
폴란드
바르샤바
하르키우
드네프르강
크라쿠프
키이우
우크라이나
동갈리치아
루테니아
부코비나
몰도바
아조프해
오데사
부다페스트
베사라비아
헝가리
루마니아
흑해
부쿠레슈티
베오그라드
다뉴브강
도브루자
유고슬라비아
불가리아
소피아
알바니아
티라나
그리스

500 km

1945년의 국경
승전국들
서방 진영
승전국
연합군으로 전환된 이전 추축국
1945년 5월 8일 해방된 국가
소련
1939년의 소련
1945년 여름 소련이 병합한 지역
붉은 군대가 주둔한 해방 국가
붉은 군대의 최대 진격선
발칸반도
내부 저항 세력에 의해 해방된 국가
패전국들
패전국
점령된 독일과 오스트리아
영국군 점령 지역
프랑스군 점령 지역
미국군 점령 지역
소련군 점령 지역
점령지의 경계
분할된 도시
폴란드, 유고슬라비아, 불가리아가 병합한 영토
폴란드
유고슬라비아
불가리아
수백만 명의 인구 이동
인구 이동(단위 백만 명)
1,000,000
500,000
100,000
독일인
1945년 붉은 군대에 의해 추방
1945년부터 1948년 강제 추방
독일인 학살
발트 3국인
폴란드인
소련인
체코인

우크라이나(1921~2021년)

논란 속의 존재, 우크라이나의 역사

1991년, 소련이 붕괴하면서 독립한 우크라이나는 오랜 역사적 변화를 거쳐 형성된 국가였다. 이 지역은 16세기부터 18세기까지 폴란드-리투아니아 연합의 지배를 받았으며, 이후 러시아 제국과 오스트리아-헝가리 제국의 영향권 아래 놓였다. 제1차 세계대전이 끝나고 우크라이나는 독립을 시도했으나, 1919년 볼셰비키군이 대부분의 지역을 점령하면서 그 노력은 좌절되었다. 또한, 평화 조약을 통해 새롭게 등장한 폴란드가 서부 우크라이나 지역을 차지하면서 독립은 더욱 어려워졌다. 1921년 폴란드-소련 전쟁이 끝나고 서쪽의 갈리치아와 볼히니아 지역은 폴란드에 귀속되었고, 나머지 지역은 소련의 우크라이나 소비에트 사회주의 공화국(SSR)으로 편입되었다.

제2차 세계대전 중, 1939년 독일-소련 불가침 조약에 따라 소련은 폴란드 일부를 병합하며 영토를 확장했다. 이후 루마니아와 체코슬로바키아의 일부 지역도 소련의 지배 아래 들어갔다.

1954년, 소련 지도자 니키타 흐루쇼프는 크림반도를 우크라이나(SSR)에 편입시켰다. 그러나 2014년, 러시아가 크림반도를 강제 합병하면서 돈바스 지역에서 무력 충돌이 발생했다. 이 분쟁은 2022년, 러시아가 우크라이나 전역을 침공하면서 전면전으로 확대되었다.

함께 보기 ── 소련 건설 **p.574**
19세기 발칸반도의 독립 **p.518**
유고슬라비아의 해체 **p.702**

유고슬라비아

어려운 통합, 유고슬라비아의 형성과 붕괴

제1차 세계대전 이후, 1918년 '세르브인 크로아트인 슬로벤인 왕국'이 수립되었으며, 1929년에 '유고슬라비아 왕국'으로 이름이 변경되었다. 그러나 1941년, 니치 독일이 유고슬라비아를 침공하면서 국가는 해체되었고, 이 과정에서 크로아티아의 우스타샤 세력이 독일의 지원을 받아 독립을 선언했다. 이에 따라 유고슬라비아는 내전의 소용돌이에 휘말렸다.

1945년, 공산주의 지도자 티토는 소련의 지원을 받아 승리하고 6개의 공화국으로 구성된 '유고슬라비아 사회주의 연방공화국'을 수립했다. 그러나 1948년, 티토는 스탈린과 결별하고, 노동자 자주 관리와 비동맹 운동을 추진하며 독자적인 사회주의 체제를 도입했다.

1970년대부터 정치적 위기가 심화되자, 티토는 각 공화국에 더 많은 자치를 부여하여 위기를 봉합하려 했다. 하지만 1980년 5월 4일 티토가 사망하면서 그의 통합 정책은 구심점을 잃었다. 결국, 동유럽 공산권 붕괴와 소련 해체, 그리고 민족주의의 대두 속에서 유고슬라비아는 1990년대 초부터 해체되기 시작했으며, 1992년 공식적으로 소멸했다.

독일 분할 (1945~1949년)

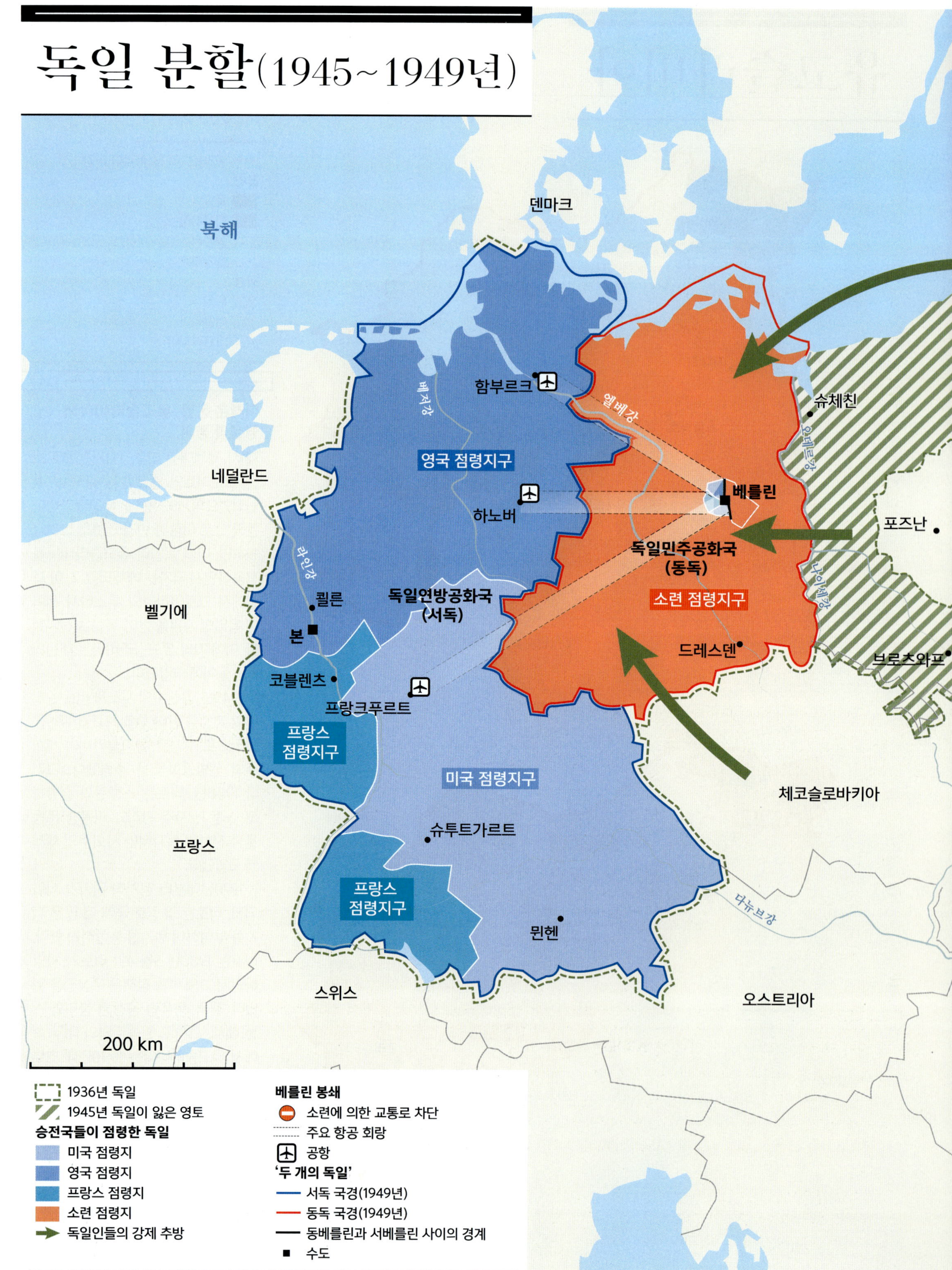

냉전의 중심, 베를린

1945년 2월, 연합국은 얄타 회담에서 전쟁 후 베를린을 분할 관리하기로 합의했다. 이후 포츠담 회담을 거치며 독일과 베를린은 승전국들인 소련, 미국, 영국, 프랑스 4개국의 분할 점령 구역으로 나뉘었다. 베를린은 소련의 점령 지역 한가운데 위치했으며, 특히 미국, 영국, 프랑스가 관할하는 서베를린은 철의 장막 너머 공산권 속 '서방의 섬'과 같은 거점이 되었다.

1948년 6월, 서방 연합국이 자신들의 점령 지역에서 도이치 마르크 화폐 개혁을 단행하자, 이에 반발한 소련이 서베를린으로 가는 모든 도로와 철도를 차단하며 베를린 봉쇄를 단행했다. 그러자 서방국들은 즉각 베를린 공수 작전을 전개하며 이에 대응했다. 매일 수백 대의 비행기가 테겔, 가토, 템펠호프 공항으로 식량, 원자재, 필수 물자를 실어 날랐다. 이 작전 덕분에 서베를린은 소련의 봉쇄 속에서도 버틸 수 있었고, 결국 1949년 5월 소련은 봉쇄를 해제했다. 그러나 이 사건은 독일과 베를린의 분단을 돌이킬 수 없게 만든 계기가 되었다.

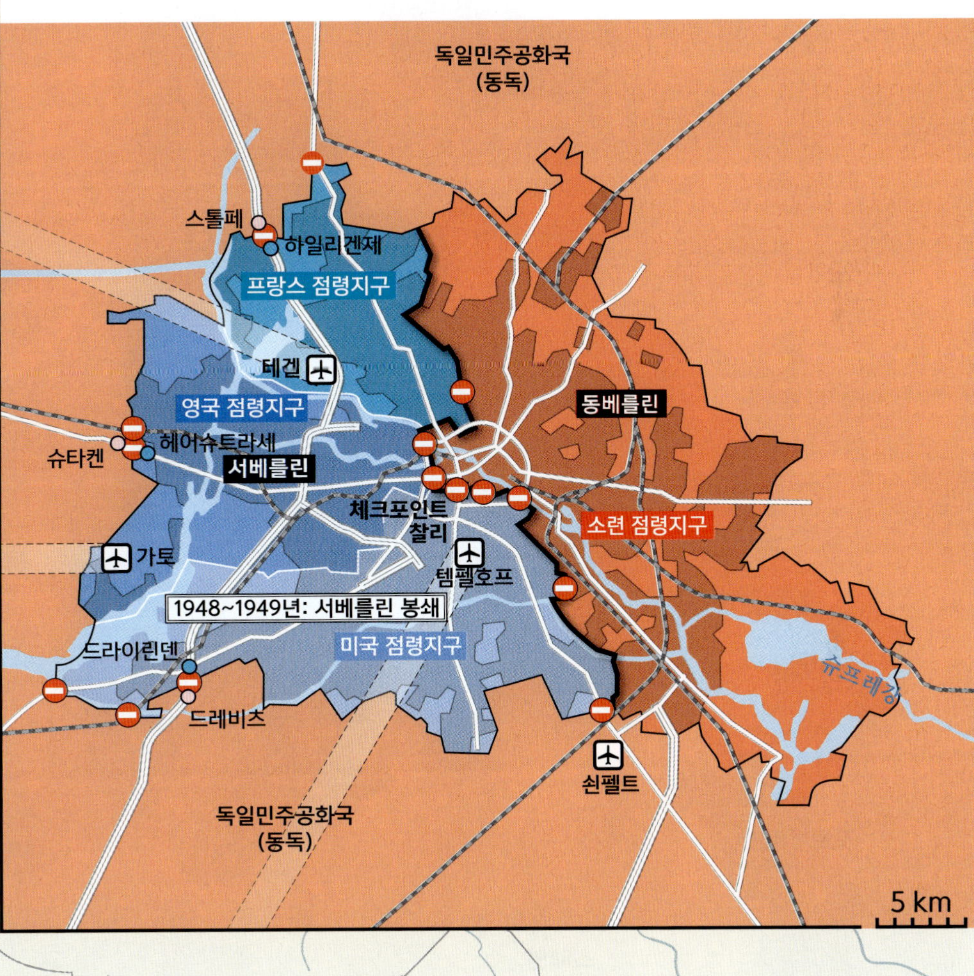

네 개의 점령 지구에서 두 개의 공화국으로(1945~1949년)

1945년 5월 8일, 독일이 항복한 후 오데르-나이세 선을 기준으로 일부 영토가 폴란드에 할양되었으며, 이 과정에서 대규모 인구 이동이 발생했다. 같은 해 여름, 포츠담 회담에서 4대 승전국(미국, 영국, 프랑스, 소련)은 독일 전역을 4개의 점령지로 분할하기로 합의했다.

서방 점령 지역에서는 민주주의 사회 재건과 함께 탈나치화가 추진되었으며, 뉘른베르크 재판(1945~1946년)이 그 과정에서 상징적인 역할을 했다. 한편, 1948년 6월부터 1949년 5월까지 계속된 서베를린 봉쇄는 독일의 분단을 더욱 가속화하는 계기가 되었다. 이에 서방 연합국(미국, 영국, 프랑스)은 자신들의 점령 지역을 하나의 국가로 통합하는 움직임을 본격적으로 추진했다. 그 결과, 1949년 5월 본을 수도로 하는 독일 연방 공화국(서독)이 수립되었다.

이에 맞서 같은 해 10월, 소련의 지원 아래 동베를린을 수도로 하는 독일 민주 공화국(동독)이 동부 지역에 창설되면서, 독일은 두 개의 국가로 분단되었다.

둘로 나누어진 유럽
(1945~1955년)

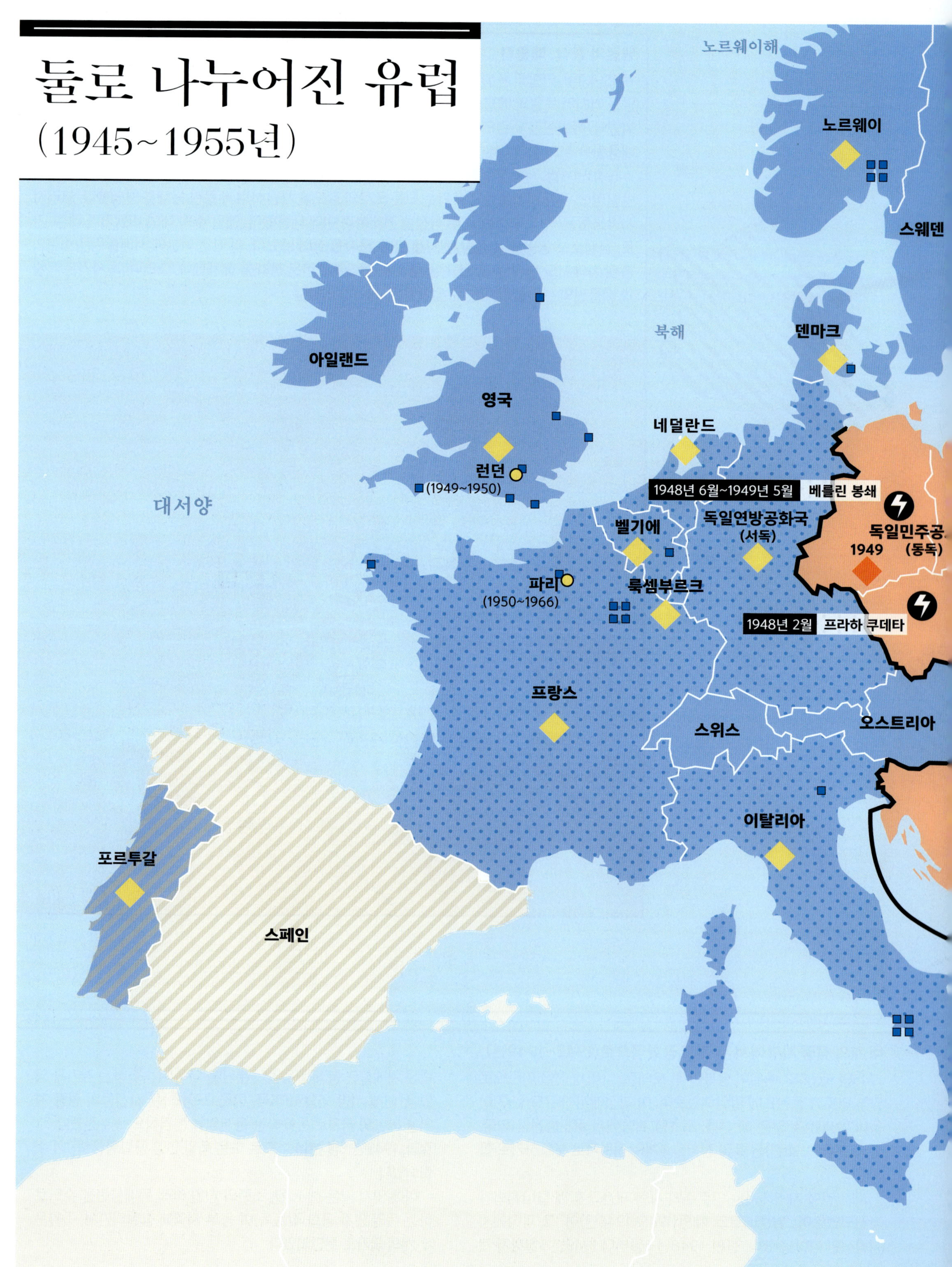

유럽을 가로지른 '철의 장막'

제2차 세계대전이 끝나고 중부 및 동 유럽에서 소련군이 해방시킨 국가들은 소련의 영향권에 편입되었고, 이에 따라 공산주의 정권이 수립되었다. 1945년과 1949년 사이, 유럽은 두 개의 진영으로 분리되었으며, 이를 경계로 '철의 장막'(처칠, 1946년 연설)이라는 개념이 형성되었다. 동유럽에서는 소련이 공산권 국가들(소련 블록)을 지배했고, 서유럽에서는 미국의 강력한 지원을 받은 국가들이 미국의 영향권에 들어갔다. 미국은 공산주의 확산을 막기 위해 봉쇄 정책(마셜 플랜, 1947년 6월)을 채택했으며, 1947년 마셜 플랜을 통해 서유럽 국가들에 대규모 경제적 지원을 제공했다.

독일은 처음에 4개의 점령 구역으로 나뉘었다가, 1949년 서독(독일연방공화국, FRG)과 동독(독일민주공화국, GDR)으로 분단되었으며, 이로 인해 독일은 '철의 장막'이 가로지르는 핵심 지역이 되었다.

냉전이 본격화되면서 미국과 소련의 관계는 급격히 악화되었고, 특히 1948년부터 1949년까지 이어진 베를린 봉쇄는 냉전의 시작을 알리는 첫 번째 심각한 위기였다. 이후 미국과 서방국들은 1949년 북대서양조약기구(나토, NATO)를 창설했고, 이에 맞서 소련과 동유럽 국가들은 1955년 바르샤바 조약기구(WTO)를 창설하면서 유럽의 분단은 더욱 고착화되었다.

냉전 시대의 세계(1947~1991년)

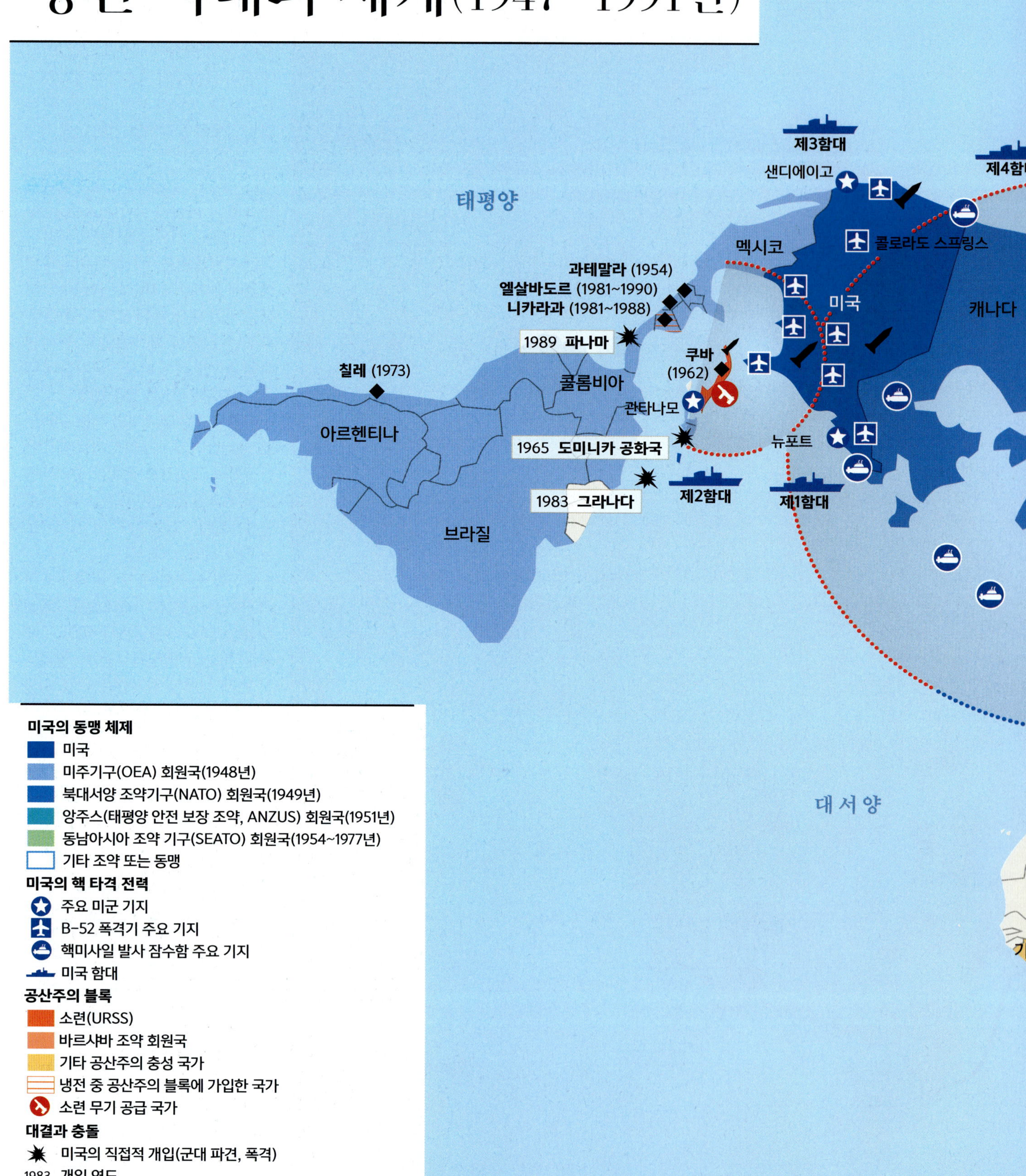

미국의 동맹 체제
- 미국
- 미주기구(OEA) 회원국(1948년)
- 북대서양 조약기구(NATO) 회원국(1949년)
- 앙주스(태평양 안전 보장 조약, ANZUS) 회원국(1951년)
- 동남아시아 조약 기구(SEATO) 회원국(1954~1977년)
- 기타 조약 또는 동맹

미국의 핵 타격 전력
- 주요 미군 기지
- B-52 폭격기 주요 기지
- 핵미사일 발사 잠수함 주요 기지
- 미국 함대

공산주의 블록
- 소련(URSS)
- 바르샤바 조약 회원국
- 기타 공산주의 충성 국가
- 냉전 중 공산주의 블록에 가입한 국가
- 소련 무기 공급 국가

대결과 충돌
- 미국의 직접적 개입(군대 파견, 폭격)
- 1983 개입 연도
- 미국의 간접적 개입(정치적 압력, 쿠데타 지원, 군사 지원)

핵 대결
- 미사일 발사 기지
- 미국 미사일 사거리
- 소련 미사일 사거리

2768

양극화된 세계

제2차 세계대전 이후, 승전국인 미국과 소련의 관계는 급격히 악화되었고 이는 곧 '냉전'으로 이어졌다. 1947년 월터 리프먼이 대중화한 '냉전'이라는 용어는 직접적인 군사 충돌 없이도 국가들이 자신들의 패권과 안보를 확보하기 위해 위협, 선전, 대리전을 활용하며 대립하는 상황을 의미한다.

미국과 소련은 전 세계적 영향력을 확대하기 위해 경제 및 군사적 지원을 강화하고 동맹을 결성하며 치열한 경쟁을 벌였다. 냉전은 단순한 군사적 대립을 넘어 이념적 경쟁으로 확대되었으며, 양측은 정치·경제 체제가 상대보다 우월하다는 사실을 증명하려 했다. 이러한 경쟁은 군비 확장, 우주 개발 경쟁, 그리고 스포츠 대결 등 다양한 분야에서 나타났다. 1980년대에 들어 미국이 결정적인 우위를 점하게 되었고 결국 1991년, 소련이 붕괴하면서 냉전은 종식되었다.

핵 확산

노바야제믈랴 제도
(소련령)
러시아
영국
벨라루스
카푸스틴 야르
리라
세메이
프랑스
우크라이나
카자흐스탄
세이오테스
로프 노르
중국
이스라엘
이란
북한
알제리
이라크
리비아
레간(프랑스령)
파키스탄
인도
대 서 양
인 도 양
크리스마스섬
(영국령)
몬테벨로 아일랜즈
(영국령)
에뮤
마라링가
남아프리카 공화국

NPT(핵확산방지조약)) 서명국
1968년 NPT에 따라 핵무기 보유가
허용된 국가
핵무기를 보유하지 않은 국가
NPT 서명국 중 핵무기 개발 또는
보유 의혹이 있는 국가

NPT 비서명국
핵무기 프로그램을 포기한 국가
NPT 비서명국 중 핵무기를
보유했거나 보유 의혹이 있는 국가
NPT를 탈퇴한 국가
1945년 이후 핵실험 장소

1945년부터 1980년 사이 대기권 핵실험
(폭발력, 메가톤 단위)
200
100
10
1

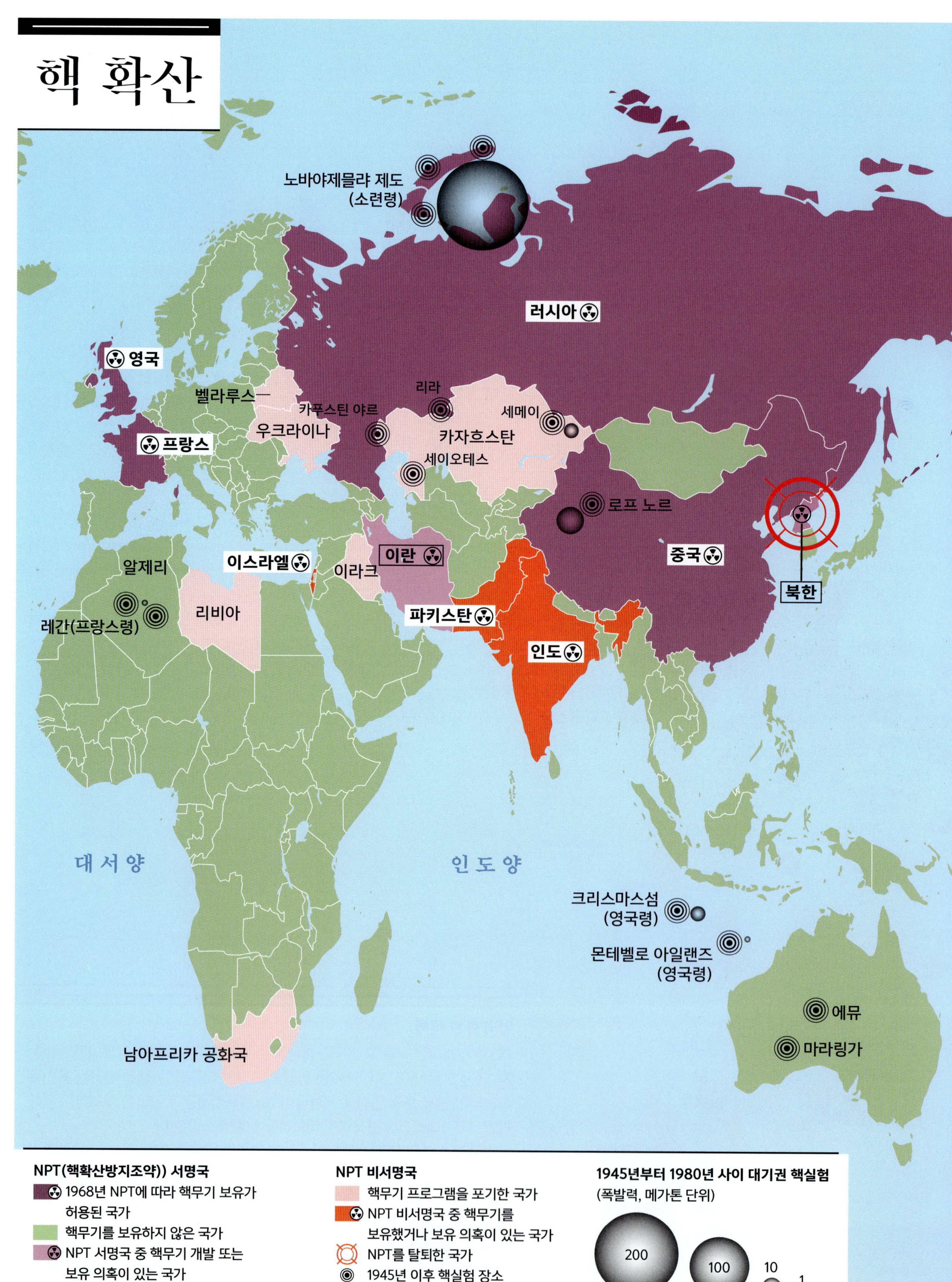

1381

알류샨 열도 (미국령)

네바다

미국

비키니섬 (미국령)

에니웨톡

태 평 양

무루로아 환초 (프랑스령)

브라질

아르헨티나

세계의 핵무기(1968~2019년)

1968년, 냉전이 한창이던 시기 핵 확산을 방지하기 위해 40개국이 '핵확산방지조약(NPT)'을 채택했다. 당시 핵무기를 보유한 국가는 미국(1945년), 소련(1949년), 영국(1952년), 프랑스(1960년), 중국(1964년) 등 5개국뿐이었으며, 이들 간의 '공포의 균형'이 형성되었다.

NPT 조약에 따르면, 핵무기를 이미 보유한 5개국(현재 유엔 안보리 상임이사국)만을 '핵보유국'으로 인정하며, 이들의 책임은 다른 국가들의 핵 개발을 막는 것이었다. 반면, 조약에 가입한 비핵국가들은 핵 개발을 공식적으로 포기하겠다고 약속했다.

이후, 많은 국가들이 NPT에 가입했다. 특히, 우크라이나, 벨라루스, 카자흐스탄은 소련 붕괴 이후 NPT에 가입했다. 그러나 일부 국가는 NPT 체제 밖에서 핵무기를 개발했는데, 인도(1974년)와 파키스탄(1998년)이 그 대표적인 사례다. 또한, 이스라엘은 공식적으로 인정하지 않았지만, 핵무기를 보유한 것으로 간주된다.

한편, 이란과 북한은 핵 개발 의혹을 받아왔다. 특히 북한은 2003년 NPT 탈퇴 이후 수차례 핵실험을 감행하며 국제 사회의 깊은 우려를 불러일으켰다.

중국 국공 내전(1945~1949년)

공산당, 국민당: 중국 내전의 전개

1927년 시작된 중국 공산당과 국민당(국민정부) 간의 내전은 1934년부터 1935년까지 공산당이 산시성으로 후퇴한 '대장정'을 초래했다. 그러나 1937년, 일본이 중국을 침략하자 양측은 항일 통일전선(국공합작)을 결성하며 일시적으로 내전을 중단했다.

1945년 8월, 일본의 패망과 동시에 협상이 결렬되면서 내전이 본격적으로 재개되었다. 국민당과 공산당은 각각 미국과 소련의 지원을 받아 본격적인 전투를 시작했으며, 1946년 봄 내전이 다시 격화되었다. 당시 국민당은 더 많은 병력과 우수한 무기를 보유하고 있었고, 주요 도시를 장악하고 있어 군사적으로 우위를 점했다. 그러나 권위주의적 통치와 경제 위기 해결 실패로 인해 국민당 정부에 대한 도시 중산층의 지지가 점점 약화되었다.

반면, 공산당은 농촌을 기반으로 조직을 강화하며 대중적 지지를 확보했다. 전쟁을 통해 세력을 확장하고 내부 규율을 강화하며 단결력을 유지했다. 그 결과, 1947년부터 전세가 역전되었고, 1949년에는 국민당 정부가 타이완(대만)으로 철수했다. 같은 해 10월 1일, 마오쩌둥은 중화인민공화국의 수립을 선언했다. 그러나 1912년 청나라가 몰락했을 때처럼, 신장 등 최근 중국에 편입된 지역들에서 독립운동이 일어났다. 특히 신장 지역의 봉기는 강력히 진압되었으며, 1912년에 독립을 선언했던 티베트도 1950년 공산당 정부에 의해 다시 점령되었다.

함께 보기 ── 일본 확장 **p.588**
국공 내전과 중일 전쟁 **p.590**
21세기 중국과 세계 **p.728**

1937~1945년

중국 공산당과 국민당은 일본의 침략에 맞서 국공합작을 통해 통일전선을 결성함. 이 시기 공산당은 농촌 기반을 강화하며 세력을 확장한 반면, 국민당은 부패와 경제난으로 국민의 신뢰를 잃고 점차 약화됨.

1945년 8월

일본이 항복하면서 내전이 재개됨. 국민당과 공산당은 충칭에서 협상을 시도했으나 결렬됨. 미국과 소련은 각각 국민당과 공산당을 지원하며 갈등을 심화시킴.

1945년 9월

몽골족이 내몽골인민공화국(내몽골)을 잠시 설립했으나, 단명에 그침.

1946년 봄

본격적인 국공 내전이 다시 재개됨.

1947년 4월

내몽골 공산주의 세력이 중국 공산당과 통합하며, 공산당의 세력 확장이 가속화됨.

1949년 10월 1일

마오쩌둥은 중화인민공화국의 설립을 선포하며, 베이징 톈안먼 광장에서 승리를 선언함. 한편, 국민당의 장제스(장개석)가 타이완으로 퇴각하여 중화민국 정부를 유지함.

1949년 10월

공산당 정부는 1944년 신장에서 설립된 동투르키스탄 공화국을 침공하고 합병함. 이후 신장에서 한족 동화정책(중국화)이 시작되었으며, 이는 1950년부터 지역 내 불안을 야기함.

1950년 10월

중국 인민해방군은 티베트를 침공했고, 이듬해 티베트는 공식적으로 중국에 통합됨. 이에 티베트 망명 정부는 인도로 피신하며 독립 운동을 지속함.

1949년 이후 중국의 세력

— 1138

중국, 국제적 위상을 되찾다

중국 공산당 정권은 반세기 동안 분열, 외세의 점령, 내전과 영토 재통합의 과정을 거치고 1949년부터 1950년까지 국경을 안정시켰다. 이후 중국의 영토는 큰 변화 없이 유지되었다. 1911년에 독립한 외몽골과 국민당이 철수한 대만을 제외하면, 현재의 중화인민공화국 국경은 청나라(1644~1912년) 시기의 영토와 거의 동일하다.

그러나 신장과 티베트 등 일부 지역에서는 독립운동이 이어지며 내부 불안이 계속됐다. 이에 대응해 중국 정부는 강제적인 중국화 정책(한족 동화정책)과 강력한 탄압 정치를 펼쳤다. 특히, 라오가이(강제 노동 수용소) 체제를 활용해 반체제 세력을 통제했다.

냉전이 본격화되자 중국은 여러 국제 분쟁에 개입했다. 한국 전쟁(1950~1953년)과 베트남 전쟁(1955~1975년)에 참전하며 공산주의 진영을 지원했다. 또한 1962년 인도와의 국경 분쟁, 1969년 소련과의 무력 충돌, 1979년 베트남 침공 등으로 주변국과의 긴장 관계를 형성했다. 특히 대만과 남중국해 영유권 문제로 지속적인 외교 갈등을 초래했다.

그러나 1997년 홍콩 반환과 1999년 마카오 반환은 19세기 서구 열강의 지배로 인한 굴욕을 씻어내는 역사적 사건이었다. 이를 계기로 중국은 반세기 만에 국제 사회에서 강대국으로서의 위상을 다시 확립했다.

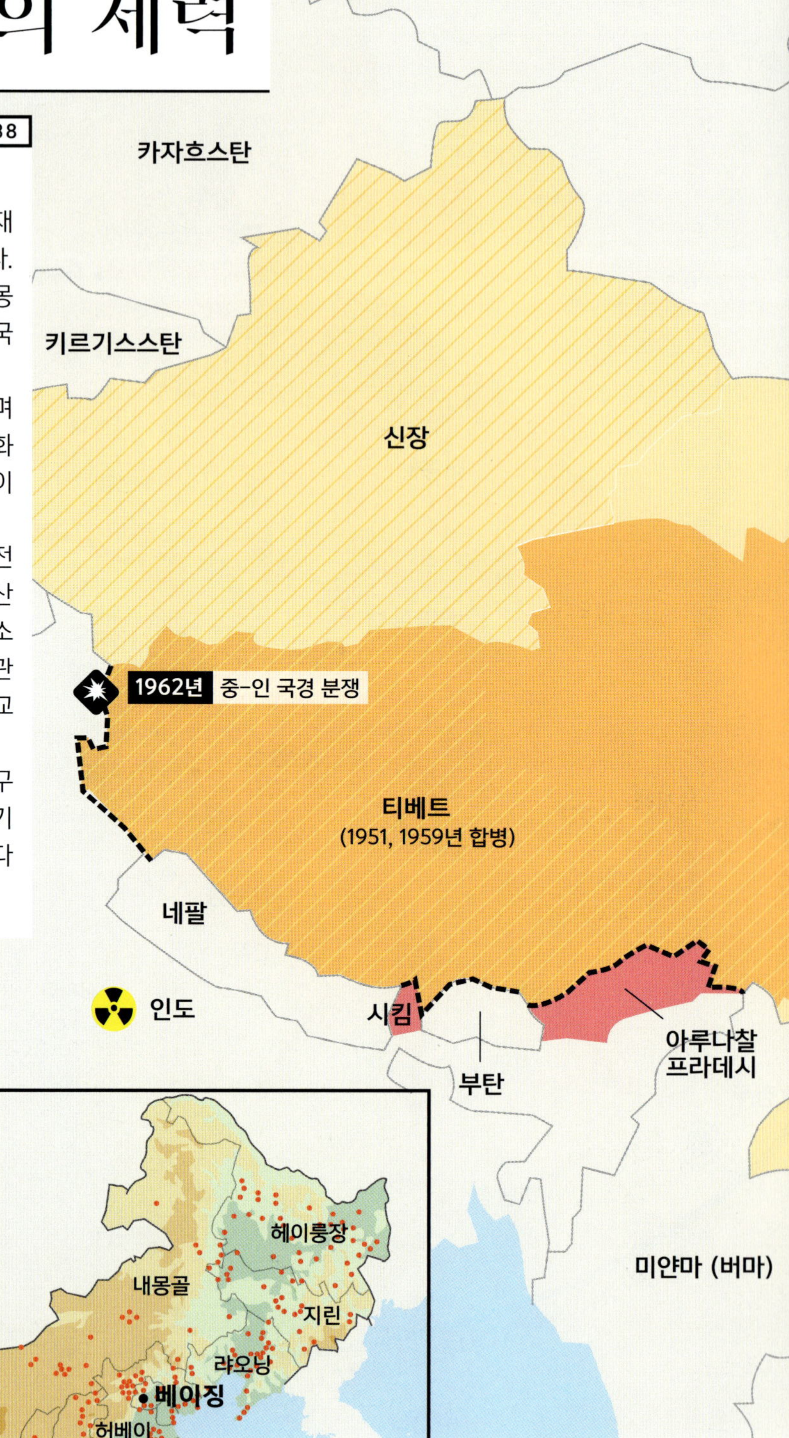

중국의 강제 수용소 체제 — 1012

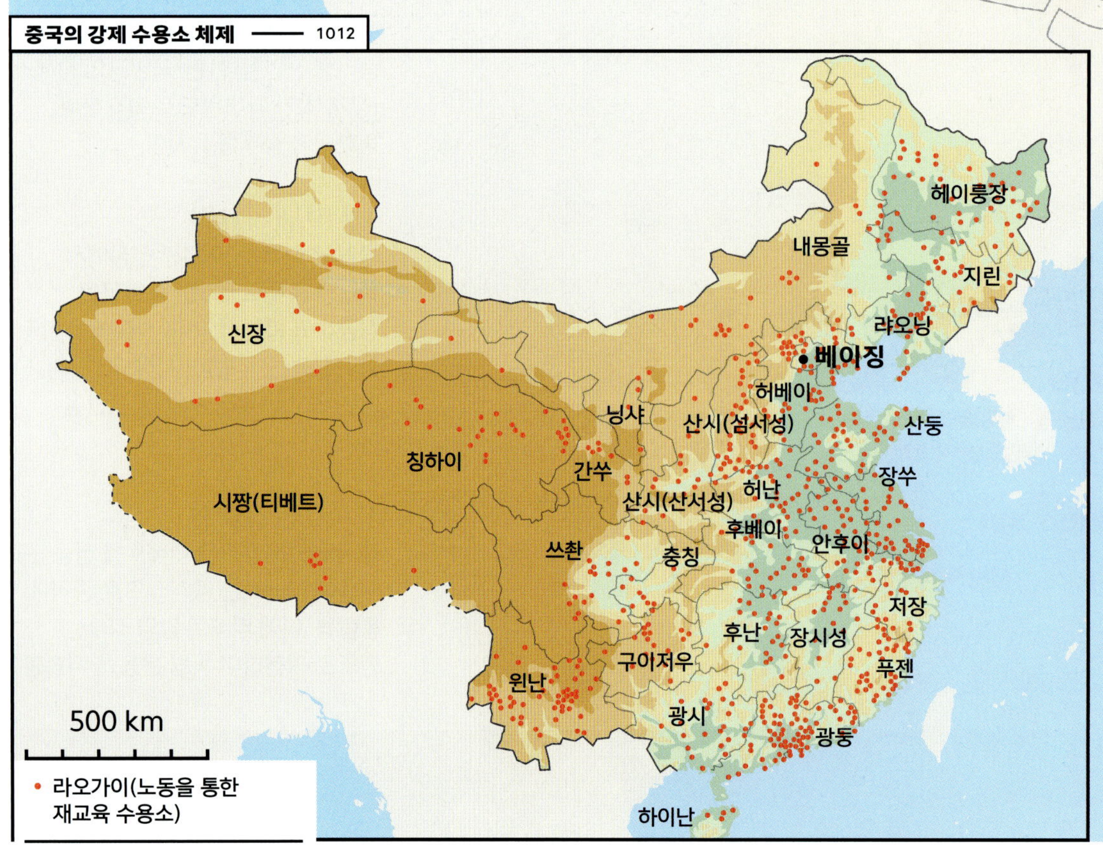

19세기 청나라의 쇠퇴 **p.436**
굴라크 **p.578**
21세기 중국과 세계 **p.728**

한국 전쟁 (1950~1953년)

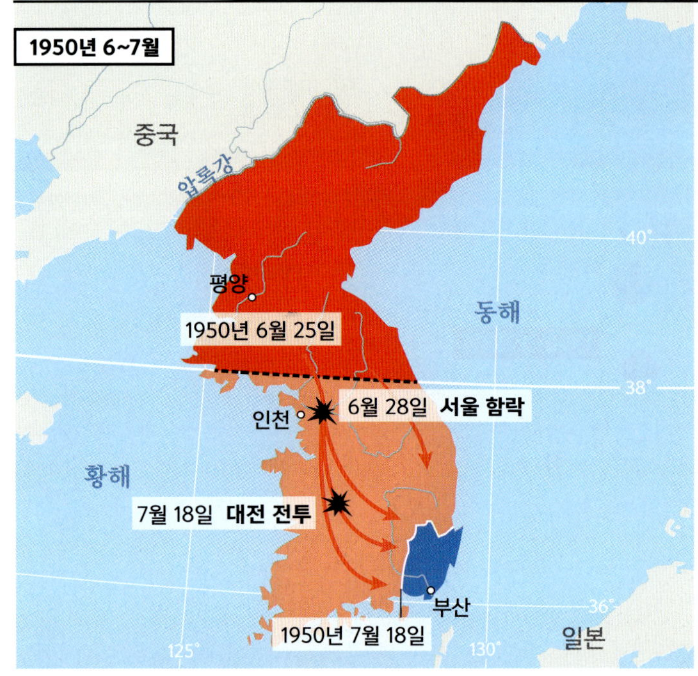

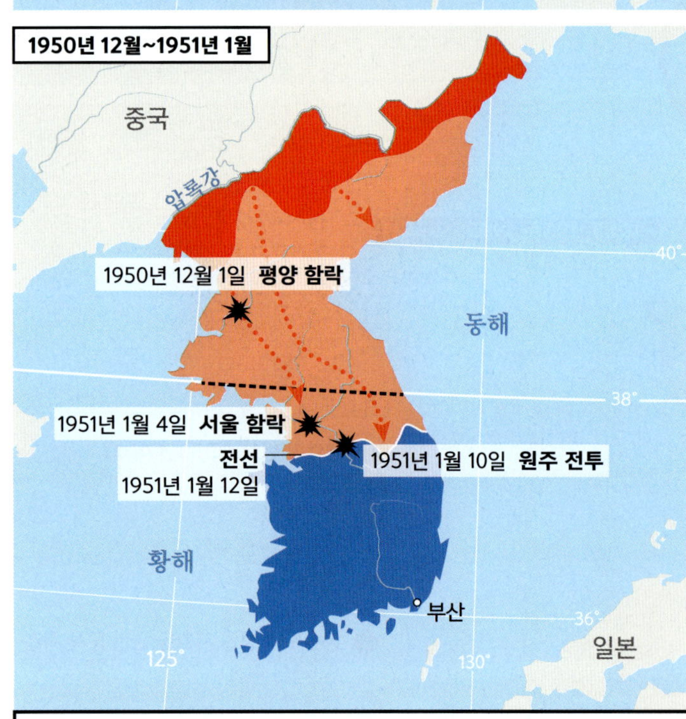

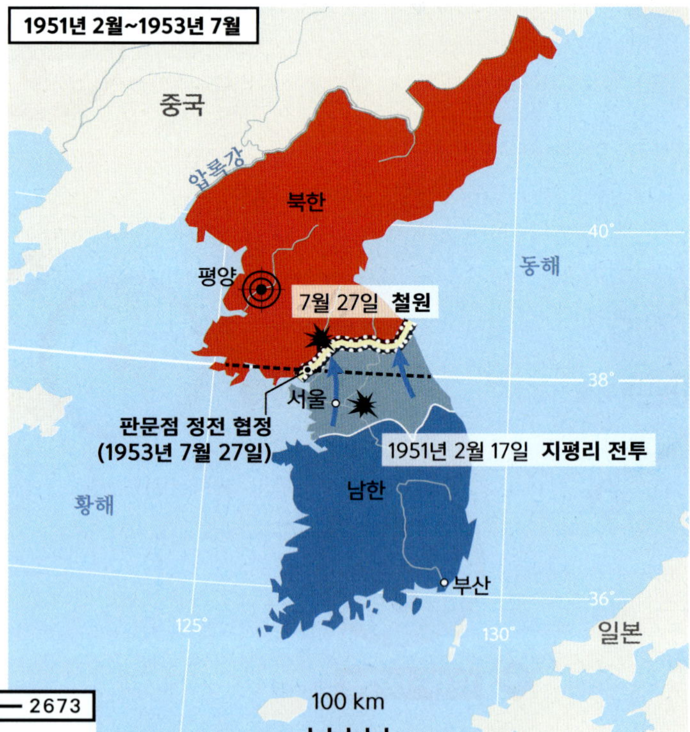

38선으로의 회귀

1945년 일본이 패망한 후, 소련과 미국은 한반도를 38도선을 기준으로 나누어 각각 점령했다. 이후 1948년, 북쪽에는 조선민주주의인민공화국(북한), 남쪽에는 대한민국(남한)이 수립됐다.

1950년 6월, 북한군이 남침하며 한국 전쟁이 발발했다. 이에 미국을 중심으로 한 유엔군이 개입해 남한을 지원했고, 반격을 통해 전선은 북한 지역까지 확대되었다. 그러나 중국군의 참전과 북한군의 반격으로 전선은 다시 38도선 부근으로 고착됐다. 1953년 7월 27일, 정전 협정 체결은 미국과 소련 중심의 냉전 구도 속에서 한반도의 두 국가 체제를 사실상 공인하는 결과를 낳았으며, 비무장지대(DMZ)가 설치되는 계기가 되었다.

──────── 2674

두 개의 한국, 남북한 관계
(1953~2019년)

1953년 정전 협정 이후, 남북한은 길이 250킬로미터, 폭 4킬로미터의 비무장지대(DMZ)를 경계로 분단 상태를 유지했다. 그러나 1998년부터 2008년까지 남북 협력 정책이 활성화되면서 경제 및 관광 교류가 활발해졌다.

1998년 남한의 현대 아산 그룹이 비무장지대 북쪽의 금강산 관광 프로그램을 개설해 바닷길을 통한 북한 방문을 추진했다. 또한 남북 공동 경제 협력 단지인 '개성 공단' 사업도 전개했다. 이 사업은 남한의 자본과 북한의 노동력으로 운영됐다.

2002년에는 1953년 이후 처음으로 남북 철도가 연결되었고, 2003년에는 도로가 개방되면서 두 개의 주요 통행로가 마련됐다. 1998년부터 2008년까지 약 200만 명의 관광객과 50만 명의 사업 관련 방문객이 남북을 오갔다.

그러나 2008년, 금강산 관광객 피격 사망 사건으로 금강산 사업이 전면 중단됐다. 이에 앞서 2월에 출범한 이명박 정부의 출범과 북한의 강경 정책으로 남북 관계는 경색되었고, 경제 및 인적 교류도 크게 줄었다.

냉전 속의 아프리카

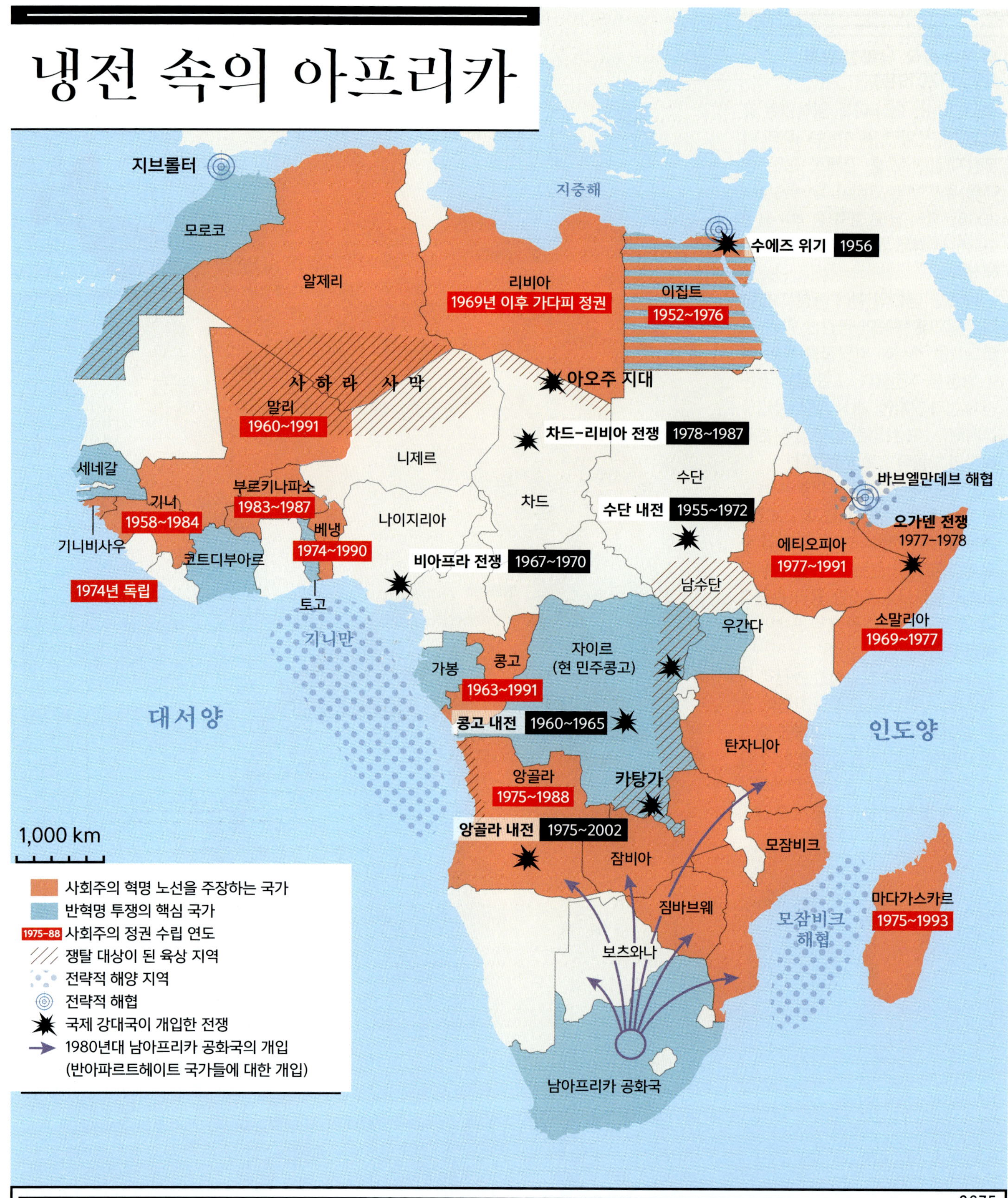

냉전 시대의 아프리카(1960~2002년)

1960년대, 식민 제국이 해체되면서 아프리카는 냉전의 중요한 전장이 되었다. 서방 진영은 공산주의 확산을 막기 위해 모부투 정권(자이르, 1965~1997년)같은 권위주의 정권을 비롯해, 포르투갈의 식민 통치와 남아프리카공화국의 인종차별 정책까지 적극 지원했다. 반면, 소련을 중심으로 한 동구권은 아프리카에서 영향력을 확대하고자 여러 국가에 무기와 군사 지원을 제공하며 적극 개입했으며, 특히 이집트와는 긴밀한 관계를 유지했다.

이러한 냉전 대립은 아프리카에서 대리전 형태로 나타났다. 대표적인 사례로는 자이르 분쟁(1960~1965년), 비아프라 전쟁(1967~1970년), 앙골라 내전(1975~2002년)이 있다. 특히 앙골라 내전에서는 공산주의 세력인 앙골라 해방인민운동(MPLA)이 동구권의 무기 지원과 쿠바 병력 5만 명의 도움을 받아 싸웠고, 반공 세력인 사빈비의 앙골라 완전독립민족연합(UNITA)은 서방 진영의 지원을 받으며 오랜 내전을 이어갔다.

냉전 속의 아시아

2676

아시아에서의 공산주의 확산 (1949~1979년)

1949년 중국에서 마오쩌둥의 승리로 아시아에서 공산주의 확산이 본격화되었다. 냉전 초기 중국은 소련의 주요 동맹국이었지만, 1950년대 후반 양국 관계가 악화되면서 소련과 결별하고 독자적인 공산주의 노선을 걷기 시작했다. 한편, 아시아에서는 공산주의와 자본주의 진영 간의 군사 충돌이 잇따랐다. 1950년 한국 전쟁이 발발했으며, 인도차이나에서는 베트남 공산주의 세력인 비엣민과 프랑스의 전쟁이 발발했고 이후 1965년부터는 미국과의 전쟁으로 번진다.

1975년은 아시아에서 공산주의 확산이 정점에 달한 해였다. 사이공 함락으로 베트남 공산 정권이 국가를 통일했으며, 캄보디아에서는 크메르 루즈가, 라오스에서는 파테트 라오가 공산 정권을 수립했다.

1956년의 중동

수에즈 위기(1956년)

1950년대 미국은 자국의 석유 이권을 보호하고, 소련의 영향력 견제와 동시에 이스라엘을 지원하기 위해 중동에서의 영향력을 확대했다. 이를 위해 1949년 시리아에서 후스니 알자임의 쿠데타를 지원했고, 1953년 이란에서 모사데그 정부 전복에 관여했으며, 1955년에는 튀르키예(1952년 나토 가입), 이라크, 파키스탄, 이란, 영국 간의 바그다드 조약 체결을 주도했다.

이에 맞서 일부 중동 국가들은 아랍 세계의 단결로 미국의 영향력을 견제하고, 국제적으로 신생 독립국들과 협력을 모색했다. 이를 상징적으로 보여주는 사건이 1955년 인도네시아에서 열린 반둥 회의였다. 이 회의는 '제3세계'의 등장을 알리는 중요한 계기가 되었으며, 특히 아랍 민족주의를 내세운 이집트의 나세르 대통령의 국제적 위상을 높였다. 이집트는 소련과 협력하며 무기를 지원받았고, 이에 반발한 서방 국가들은 아스완 댐 건설 자금 지원을 철회했다. 이에 맞서 1956년 나세르 대통령은 서방 열강이 오랫동안 운영하던 전략적 요충지인 수에즈 운하를 국유화했다. 그러자 프랑스와 영국은 이스라엘과 공조해 군사 개입에 나섰다. 이스라엘군은 시나이반도를 거쳐 이집트를 침공했고, 프랑스와 영국군은 수에즈 운하 인근에 상륙해 '무스케타 작전'을 전개했다. 프랑스군과 영국군은 군사적으로 일정 성과를 거두었지만, 미국과 소련의 강한 외교적 압박으로 인해 결국 철수할 수밖에 없었다. 이 사건 이후 중동에서 프랑스와 영국의 영향력은 크게 약화된 반면, 미국과 소련은 주도권을 더욱 강화하는 계기를 마련했다.

1956년, 수에즈 위기 ── 2677
지중해
가자
포트사이드
포트푸아드
이스라엘
엘아리시
엘 칸타라
이집트
이스마일리아
수에즈 운하
비르 가프가파
시나이반도
수에즈
나크할

100 km

1956년 군사작전(10월 29일~11월 6일)
이스라엘 기갑부대의 진격(10월 29일)
이스라엘과 이집트에 대한 프랑스-영국 최후통첩
이집트 공군기지 폭격(10월 31일)
프랑스-영국 공수부대 투입(11월 5일)
프랑스-영국 상륙 작전(11월 6일)
프랑스-영국군이 점령한 지역(11월 6일)
이집트군의 철수
유엔군의 배치 지역(1957년)

카스피해

이라크
(1932)

이란

아프가니스탄

쿠웨이트

파키스탄

바레인
카타르

트루셜 주
(영국령)
(1971)

오만
(영국령)

사우디아라비아 (1932년 건국)

500 km

미국의 봉쇄 정책
나토 회원국
바그다드 조약 서명국
사우디 1945년 이후 미국의 기타 주요 동맹국
범아랍주의와 비동맹 운동
아랍연맹 창설국
비동맹 운동의 선도 국가
반둥회의 참가국(1955년)
(1918) 독립 연도
중동의 석유
주요 유전 지역
송유관
해상 경로
석유 수출항

아덴 보호령
(영국령)

예멘
(1918)

아라비아해

제1차 아랍–이스라엘 전쟁(1948~1967년)

2680

전쟁에서 전쟁으로

이스라엘 건국 직전, 영국 위임통치령이었던 팔레스타인에는 약 130만 명의 아랍인과 63만 명의 유대인이 함께 살고 있었다. 19세기 말부터 유대인 이민이 급격히 증가했으며, 이는 시온주의 운동, 유럽 내 반유대주의 확산, 그리고 영국의 유대 민족 국가 건설 지원 등의 영향 때문이었다.

1947년 11월 29일, 유엔은 팔레스타인을 유대 국가와 아랍 국가로 분할하고, 예루살렘을 국제 관리 하에 두는 분할안을 채택했다. 1948년 5월 14일 유대인 측은 이 분할안을 받아들여 이스라엘 건국을 선포했다. 하지만 주변 아랍 국가들이 분할안을 거부하고, 바로 다음 날 이스라엘을 공격하면서 제1차 중동 전쟁이 발발했다.

전쟁 끝에 이스라엘은 아랍 국가들을 물리치고, 유엔 분할안보다 약 6,000제곱킬로미터 더 넓은 영토를 확보했다. 1949년 휴전 협정에 따라 '그린 라인'이 새로운 경계선으로 설정되었으며, 이 과정에서 요르단은 서안 지구와 동예루살렘을 점령했고, 이집트는 가자 지구를 통치하게 되었다. 한편 팔레스타인인들은 독립 국가를 잃고 난민이 되어 흩어지게 되었다. 후에 이 사건은 '나크바(대재앙)'로 불린다. 이후 1967년 제3차 중동 전쟁(6일 전쟁)에서 이스라엘은 서안 지구, 골란고원, 시나이반도, 가자 지구, 동예루살렘을 점령하며 중동에서의 군사적 우위를 확고히 했다.

—— 2681

중동의 지도를 바꾼 6일 전쟁

1967년 6월 5일 이스라엘은 시리아, 이집트와 극심한 갈등 속에서 제3차 중동전쟁(6일 전쟁)을 개시했다. 이는 1948년과 1956년에 이어 세 번째로 벌어진 이스라엘–아랍 전쟁이었다. 당시 시리아는 이스라엘이 자국의 바트당 정권을 전복하려 한다고 의심했고, 이집트는 시나이반도에서 군사적 압박을 가했다. 이집트의 나세르 대통령은 1956년부터 주둔하던 유엔 평화유지군의 철수를 요구하며 압박 수단으로 병력을 배치했지만, 이는 이스라엘에게 전쟁의 명분이 되었다.

6월 5일 이스라엘군은 남쪽의 시나이반도, 동쪽의 요르단강 서안, 북쪽의 골란고원을 향해 전면 공격을 개시했다. 특히 아랍 국가들의 공군은 지상에서 거의 전멸했으며, 6월 10일까지 이집트, 시리아, 요르단은 완패했다. 이들 국가는 중화기 전력의 70퍼센트 이상을 잃고 병력 2만여 명이 전사한 반면, 이스라엘군 전사자는 760명에 불과했다. 이번 패배로 아랍 국가들의 정치적 기반이 크게 흔들렸으며, 특히 이집트의 나세르 정권이 심각한 타격을 입었다. 전쟁 직후, 이스라엘의 영토는 1949년 '그린 라인' 경계를 기준으로 4배나 확대되었다. 이스라엘은 시나이반도, 가자 지구, 서안 지구, 골란고원을 점령하고, 동예루살렘을 공식적으로 합병했다. 이 전쟁으로 약 50만 명 이상의 팔레스타인인이 난민이 되어 주변국으로 밀려났다. 같은 해 11월, 유엔 안전보장이사회는 결의안 242호를 채택해 이스라엘의 점령지 철수를 요구하며 영토 확장을 규탄했다.

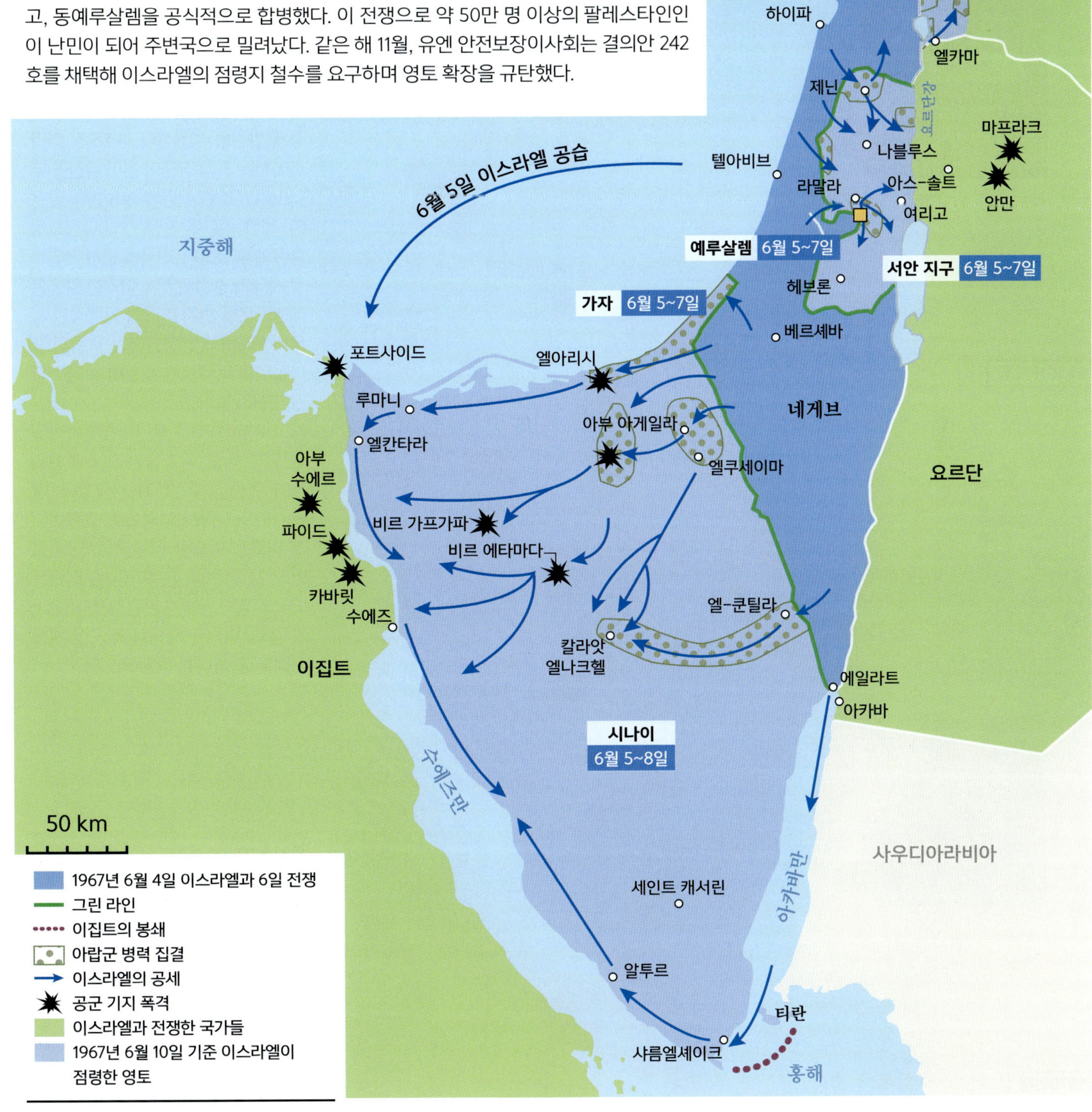

중동(1960~1970년대)

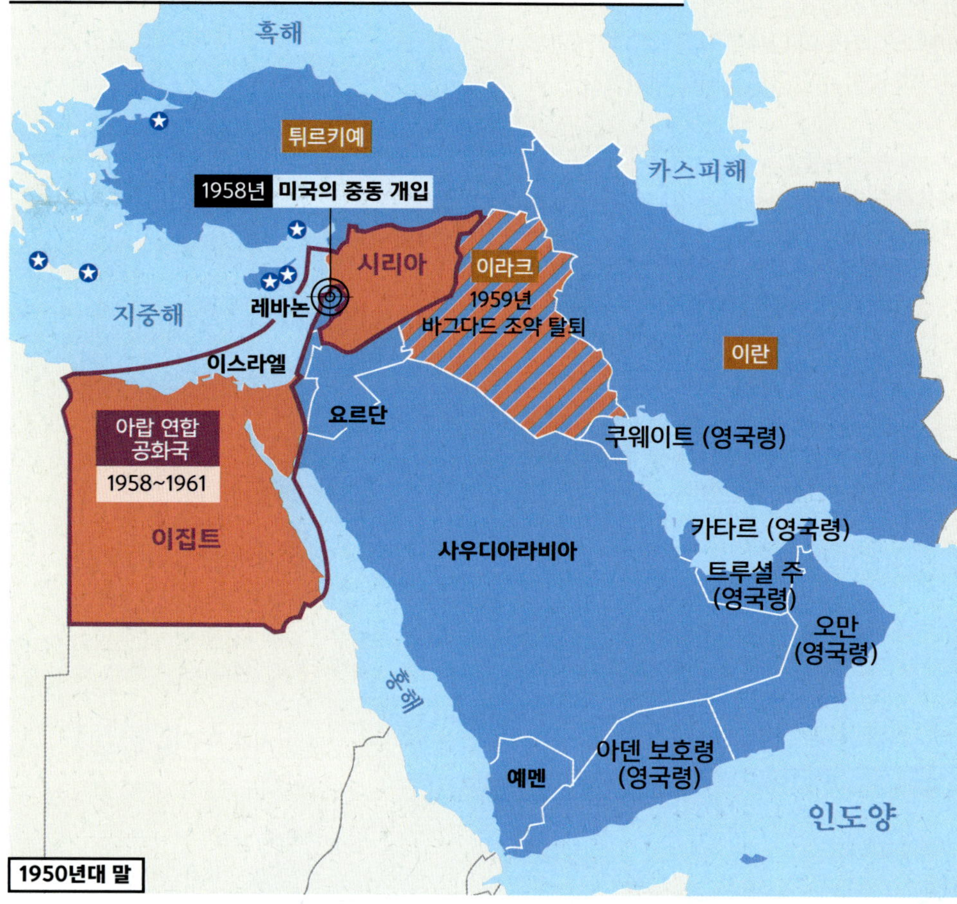

1306

양쪽 진영 사이에서의 아랍 세계

1950년대 후반, 아랍 세계는 냉전의 여파로 두 진영으로 갈라졌다. 이집트와 시리아는 아랍연합공화국(UAR)을 결성하고, 소련과 협력해 군사력 강화와 경제 발전을 추진했다. 1958년, 이라크에서는 카심 장군이 친미 왕정을 무너뜨리고 소련 진영에 합류했다. 같은 해, 레바논은 두 진영 간의 대립으로 혼란에 빠졌으나, 미국의 군사 개입으로 사태가 종결되었다. 이러한 갈등은 예멘으로도 번져 미국의 동맹국인 사우디아라비아가 지원하는 왕당파와, 이집트의 나세르가 후원하는 공화파 간 내전이 벌어졌다.

그로부터 20년 후, 미국과 가까워진 일부 아랍 국가들은 이스라엘과 평화 협상을 추진하기 시작했다. 반면, 1979년 이란 혁명으로 호메이니가 이끄는 이슬람 공화국이 친미 성향의 샤 정권을 전복하면서, 이란은 미국의 영향권에서 완전히 벗어났다. 그 결과, 미국은 중동에서 오랜 핵심 동맹국 중 하나를 잃게 되었다.

500 km

주요 조약과 연합

■ 미국의 동맹국
■ 소련의 동맹국
이란 바그다드 조약(1955년)
□ 아랍연합공화국(1958~1961년)
동맹과 군사기지 :
★ 미국 군사 기지
☭ 소련 군사 기지

전쟁과 외교

1973년 10월 6일, 이집트와 시리아는 이스라엘의 대속죄일(욤키푸르)에 맞춰 기습 공격을 감행하며 욤키푸르 전쟁이 발발했다. 이스라엘군은 초반에 크게 밀려 후퇴했지만, 곧 반격에 나서 전세를 뒤집었다. 10월 22일, 미국과 소련의 개입으로 유엔 안전보장이사회 결의안 338호가 채택되면서 휴전이 이루어졌다. 이 전쟁의 여파로 아랍 산유국들은 원유 가격을 4배로 인상하며 제1차 석유 파동을 일으켰다. 전쟁의 충격이 국제 사회로 확산되자, 중동 평화를 위한 외교 협상의 필요성이 절실해졌다.

1977년 11월 19일, 이집트의 사다트 대통령이 적대국이던 이스라엘의 예루살렘을 전격 방문해 이스라엘의 생존권을 인정하는 대가로 1967년 점령지에서의 완전 철수를 요구하는 파격적인 행보를 보였다. 이후 1978년 캠프 데이비드 협정이 체결되면서 이스라엘은 시나이반도를 이집트에 반환하기로 합의했다. 그러나 가자 지구와 요르단강 서안 지구의 팔레스타인 자치 문제는 여전히 해결되지 않은 채 남아 있었다.

이집트와 이스라엘의 외교적 화해는 시리아와 팔레스타인 해방 기구(PLO)의 강한 반발을 불러왔으며, 이집트는 아랍연맹에서 축출돼 1989년이 되어서야 복귀할 수 있었다. 사다트 대통령은 1981년 이슬람 극단주의자들에게 암살당했다.

한편, 1970년대는 팔레스타인 민족주의가 다시 부활한 시기였다. 1969년 팔레스타인 해방 기구의 지도자가 된 야세르 아라파트는 점령지에서 무장 저항을 주도했으며, 팔레스타인 저항 운동은 국제 테러 활동으로도 확대되었다. 대표적으로 1972년 뮌헨 올림픽에서는 '검은 9월단'이 이스라엘 선수 11명을 인질로 잡고 살해하는 사건이 발생했다. 1970년, 요르단에서 축출된 팔레스타인 해방 기구는 레바논으로 근거지를 옮겨 무장 투쟁을 이어갔으며, 이는 레바논의 불안을 가중시켜 결국 1975년 레바논 내전으로 이어졌다.

분단된 키프로스 (1959~2019년)

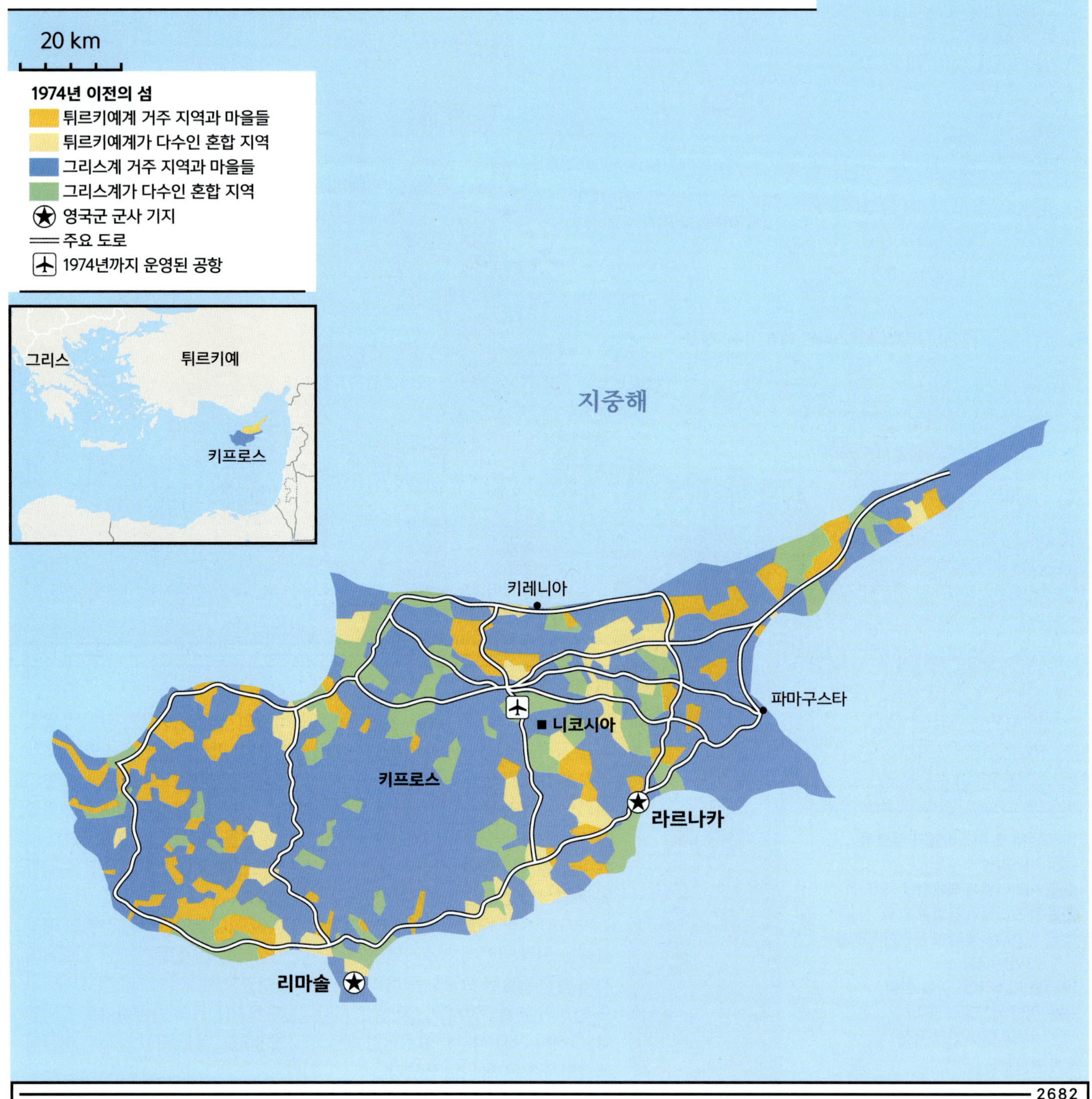

독립에서 분단까지(1959~1974년)

1571년부터 오스만 제국의 지배를 받았던 키프로스는 1878년 영국에 점령되었으며, 1914년 11월 오스만 제국이 제1차 세계대전에 참전하자 영국에 의해 공식적으로 합병되었다. 1959년, 키프로스가 독립한 후에도 영국은 여전히 섬 남부 해안 지역에 군사 기지를 유지하며 중동으로 통하는 전략적 요충지를 확보했다.

　새롭게 수립된 키프로스 공화국은 그리스계 다수와 튀르키예계 소수 간 권력 분점을 보장하는 헌법을 도입했으나, 곧 두 공동체 간의 긴장은 점차 고조되었다. 1974년 7월 15일, 마카리오스 대통령이 쿠데타로 축출되었고, 그리스 군사 정권의 지원을 받은 친에노시스(키프로스의 그리스 편입) 세력이 정권을 장악했다. 이에 대응해 튀르키예는 '아틸라 작전'을 개시해 군대를 섬 북부 키레니아에 상륙시켰다. 튀르키예군은 섬 북부를 점령했으며, 이는 훗날 튀르키예계의 분리 독립 선언의 군사적 기반이 되었다. 이 과정에서 수만 명의 그리스계 키프로스인이 남쪽으로 피난을 떠났다. 이후 180킬로미터 길이의 군사 분계선(유엔 완충지대, '그린 라인')이 섬의 남북을 가로지르게 되었으며, 수도 니코시아 역시 둘로 나뉘었다. 1983년, 북키프로스 튀르키예 공화국이 독립을 선언했으나, 튀르키예만 이를 공식적으로 인정했다.

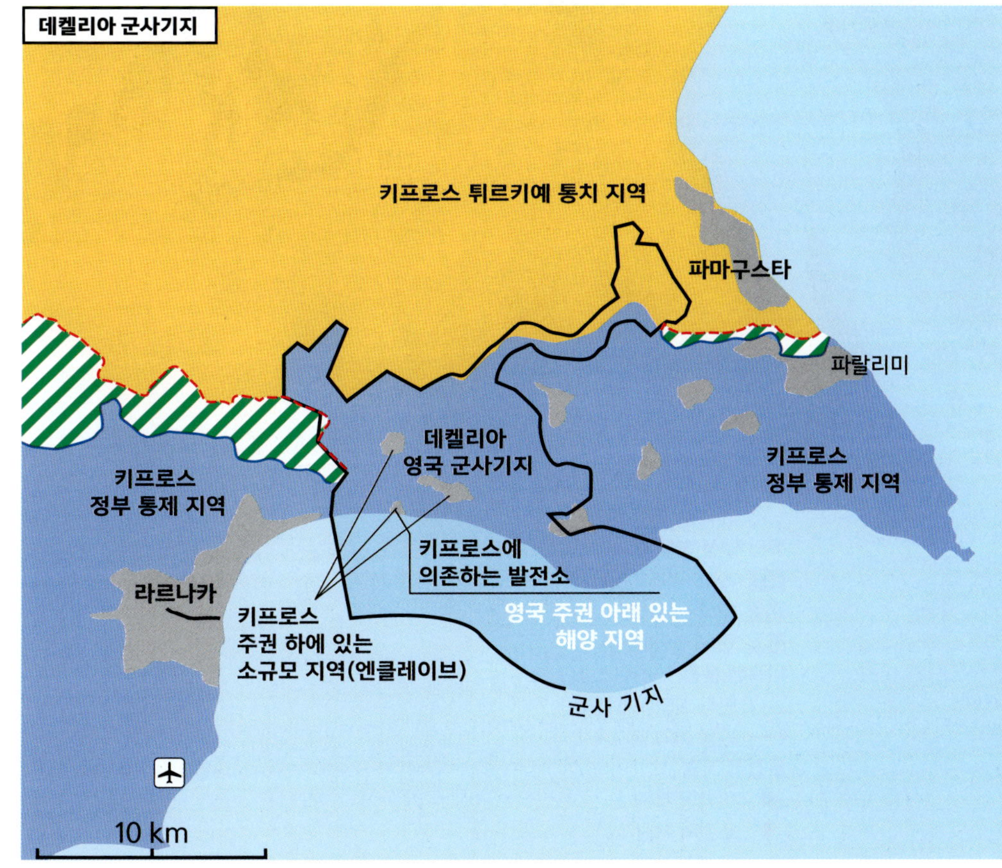

기지 안의 작은 영토들

1960년 8월 16일 키프로스 공화국, 그리스, 튀르키예, 영국은 키프로스 독립 협정을 체결했다. 이 협정에 따라, 키프로스가 독립한 이후에도 섬 남부의 아크로티리와 데켈리아 두 군사 기지(섬 전체 면적의 3퍼센트)는 영국의 주권 아래 남게 되었다. 키프로스는 해당 기지 주변 해역에 대한 영유권 주장 역시 포기해야 했다.

그러나 데켈리아 기지 내부에는 그리스계 키프로스인 거주 마을들과 발전소가 '영토 안의 영토(엔클레이브)' 형태로 존재해, 복잡한 상황이 벌어졌다. 게다가 데켈리아 기지는 사실상 섬의 남북을 가르는 유엔 완충 지대(그린 라인)와 직접 맞닿아 있어, 지정학적으로 더욱 복잡한 구조를 형성하고 있다.

비동맹(1955년)

튀르키예
모로코
튀니지
알제리
리비아
이집트
이란
이라크
아프가니스탄
파키스탄
중국
북한
일본
남한
대만
모리타니
말리
니제르
차드
수단
에리트레아
예멘
사우디
아라비아
세네갈
부르키나파소
기니
가나
나이지리아
중앙아프리카
공화국
에티오피아
소말리아
라이베리아
코트
디부아르
카메룬
우간다
케냐
콩고
가봉
콩고
민주 공화국
탄자니아
앙골라
잠비아
짐바브웨
나미비아
보츠와나
남아프리카
공화국
마다가스카르
인도
미얀마 (버마)
라오스
베트남
캄보디아
필리핀
실론 (현재 스리랑카)
말레이시아
인 도 네 시 아
파푸아뉴기니
반둥
대서양
인도양
1940년 독립 국가
독립 달성 연도
1945~1955년
1955~1965년
1965~1990년
비동맹 운동
반둥 회의(1955년)
반둥 회의 참가국
우선적 지원
미국의 지원
소련의 지원

반둥의 꿈

냉전이 이어진 반세기는 탈식민지화의 시대이기도 했다. 오랫동안 유럽 식민주의에 반대하던 미국은 1954년 디엔비엔푸 전투에서 프랑스가 패배한 후, 프랑스를 대신해 베트남에 개입하기 시작했다. 한편, 공산주의 인터내셔널(코민테른)은 1920년 레닌의 '민족 및 식민지 문제에 관한 안건' 채택 이후, 반식민 투쟁의 선봉에 섰다. 그러나 1950년대 중반, 소련이 동유럽에서 행사하는 영향력을 또 다른 형태의 식민 지배로 규탄하는 목소리도 나오기 시작했다. 이러한 상황 속에서, 한국 전쟁이 막 끝나고 베트남 전쟁이 시작되려던 시점, 아시아의 신생 독립국들은 냉전 양대 진영의 논리를 벗어나 독자적인 길을 모색했다. 1955년 4월 18일부터 24일까지 인도네시아 반둥에서 열린 '아시아-아프리카 회의(반둥 회의)'는 이러한 비동맹주의 흐름의 중요한 첫걸음이 되었다. 미국과 소련이라는 두 강대국 없이 진행된 이 회의에는 29개국이 참여했으며, 이는 훗날 '제3세계'의 등장을 예고하는 계기가 되었다.

그러나 회의에는 마오쩌둥의 중국을 비롯해 냉전 양대 진영에 속한 여러 국가들도 참석하며, 냉전의 긴장이 여전히 드러났다. 그럼에도 반둥 회의는 상징적인 성공을 거두었으며, 최종 성명을 통해 아시아와 아프리카에서의 탈식민지화 투쟁의 중요성을 강조했다. 당시 아시아에서는 일부 식민지가 남아 있었고, 아프리카에서는 이제 막 탈식민지화가 시작되던 시기였다.

아시아의 탈식민지화
(1945~2002년)

아시아의 독립

제2차 세계대전 이후, 아시아의 식민지들은 차례로 독립을 쟁취했다. 아시아의 탈식민지화는 1차 세계대전과 2차 세계대전 사이에 고조된 민족주의 운동에서 비롯되었으며, 아프리카보다 더 이른 시기에 진행되었다.

당시 국제 정세는 식민 지배를 받던 민족들의 해방을 촉진하는 방향으로 흐르고 있었다. 전쟁으로 유럽 열강의 세력이 약해졌고, 네덜란드령 동인도(인도네시아), 인도차이나, 버마(미얀마), 말레이시아 등에서 일본이 강력한 반식민주의 선전을 펼치며 유럽 식민 통치의 취약성을 드러내고 그 정당성을 약화시켰다.

전쟁이 끝난 후, 유럽 국가들은 식민지 지배를 회복하려 했으나, 전쟁 전과 같은 통치력을 유지하기는 어려웠다. 게다가 전쟁의 승자인 미국과 소련은 반식민주의를 표방하며 1945년에 창설된 유엔을 통해 독립 운동을 지지했다. 유럽 열강의 철수 방식은 국가마다 달랐으며, 일부 지역에서는 독립 과정 중 무력 충돌이 발생하기도 했다. 또한, 몇몇 국가들은 독립 후에도 국경 분쟁이 이어지며 새로운 갈등에 직면했다.

연대기

1945년

대만과 한국이 일본의 점령에서 해방됨.
일본이 점령했던 서구 열강의 식민지
(버마, 말레이시아, 인도차이나,
인도네시아, 필리핀)는 본국으로 반환됨.

1947년

인도와 파키스탄이 독립을 달성함.
카슈미르를 둘러싼 첫 번째 인도-
파키스탄 전쟁이 발발함.

1949년

인도네시아가 독립을 이룸.

1953~1954년

베트남, 캄보디아, 라오스의 독립.
베트남은 남북으로 분단됨.

1957년

말라야 연합(영국 보호령)와 말라카, 페낭
(해협 식민지)이 독립함. 1963년에는
싱가포르, 사바, 사라왁(보르네오 북부)
이 합류해 말레이시아가 형성됨.

1965년

싱가포르가 말레이시아에서 분리
독립함. 제2차 인도-파키스탄 전쟁이
발발함.

1971년

세 번째 인도-파키스탄 전쟁과
방글라데시의 독립.

1975년

인도네시아가 포르투갈의 식민지였던
동티모르를 침공함. 공산주의 베트남이
통일됨.

1984년

영국 보호령이었던 브루나이 술탄국의
독립.

1997년

홍콩이 영국으로부터 중국에 반환됨.

1999년

마카오가 포르투갈로부터 중국에
반환됨.

2002년

동티모르가 독립을 이룸.

인도-파키스탄, 독립과 분할(1947~1971년)

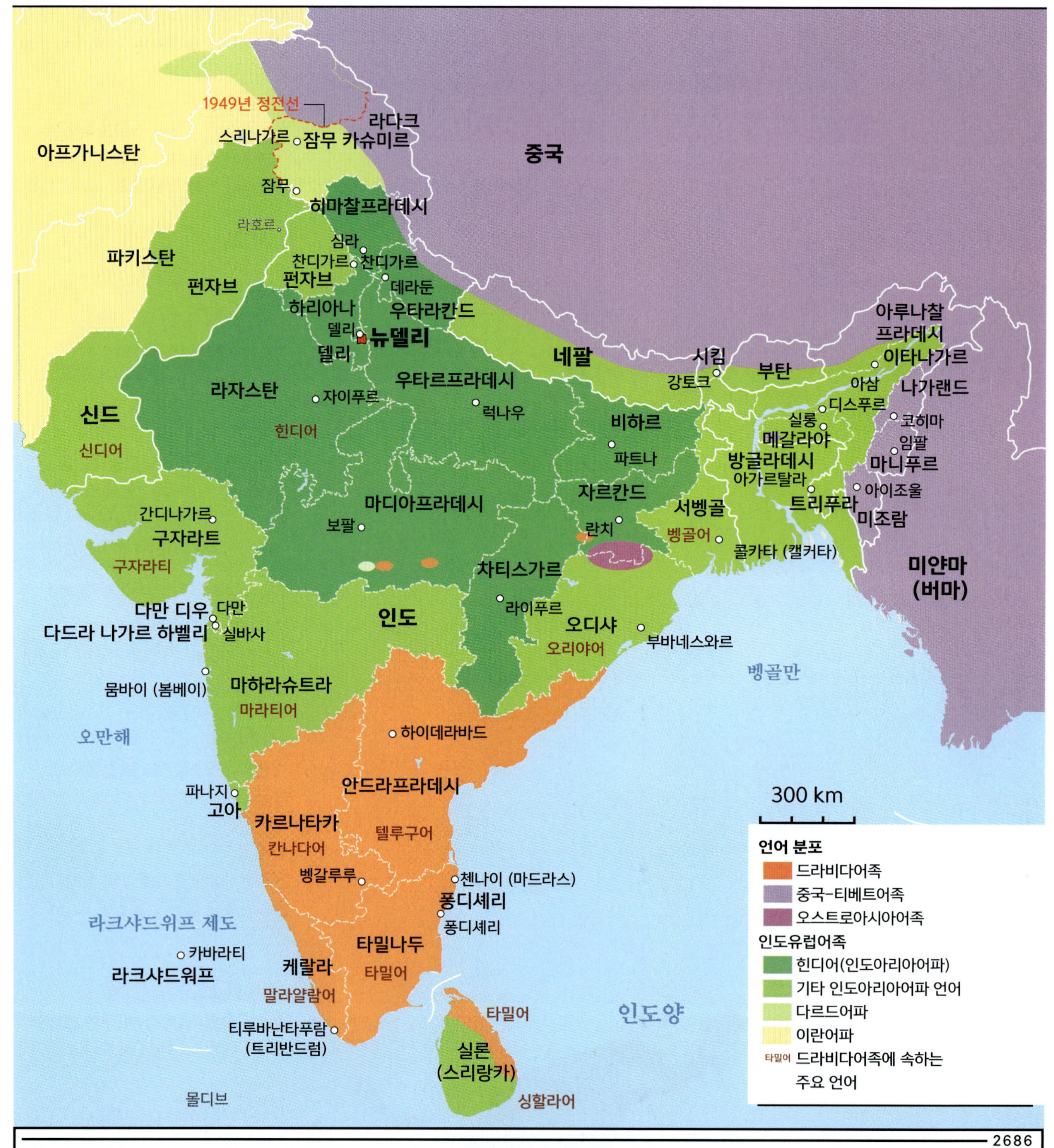

언어의 모자이크, 인도

세계에서 중국에 이어 두 번째로 인구가 많은 인도는 하나의 언어로 통일되지 않은, 복잡한 '언어의 모자이크' 국가이다. 인도의 언어는 크게 두 계통으로 나뉘며, 북부에서는 산스크리트에서 유래한 인도유럽어족의 언어를, 남부에서는 드라비다어족의 언어를 사용한다.

북부에서 널리 쓰이는 힌디어는 인도 독립 당시 연방 공식 언어로 지정되었다. 그러나 힌디어를 모국어로 사용하는 인구는 전체의 약 40퍼센트에 불과하며 대부분의 인도인은 여러 언어를 구사하는 다언어 사용자이다. 결국 이런 갈등 속에서 영국 식민 지배의 유산인 영어는 1963년부터 공식 보조 언어로 지정되었으며, 오늘날 힌디어와 함께 행정 및 공공 분야에서 널리 사용되고 있다.

─────────────────────────────────────── 2687

인도 분할

영국령 인도는 힌두교도가 다수였지만, 거대한 이슬람 공동체 역시 공존하고 있었다. 이러한 종교적 다양성은 영국과의 독립 협상을 더욱 복잡하게 만들었고, 결국 1947년 인도와 파키스탄 두 개의 국가가 탄생했다. 인도는 네루가, 파키스탄은 알리 진나가 초대 지도자가 되었으며, 파키스탄은 동파키스탄과 서파키스탄으로 나뉘었다. 이후 1971년, 동파키스탄이 방글라데시로 독립하면서 파키스탄으로부터 완전히 분리되었다.

이러한 탈식민지화 과정은 유례없는 대규모 인구 이동을 초래했다. 수백만 명의 난민이 인도와 파키스탄 국경을 넘어 이동했으며, 종교적 충돌로 수십만 명이 희생된 것으로 추정한다.

특히 카슈미르 지역은 양국 간 긴장의 중심지였다. 이 지역은 주민 다수가 무슬림이었으나, 당시 통치자는 힌두교도였다. 인도와 파키스탄은 모두 카슈미르의 영유권을 주장하며 대립했고, 결국 1948년 전쟁으로 이어졌다.

인도차이나의 독립 (1945~1954년)

프랑스 식민 지배의 종말 (1945~1954년)

1945년 여름 인도차이나를 점령하고 있던 일본이 패망하자, 당시 혁명가이자 정치가였던 호찌민은 베트남 민주 공화국의 수립을 선언했다. 그는 베트남 독립을 목표로 비엣민(베트남 독립 동맹회)을 이끌었는데, 이 조직은 1930년에 창설된 인도차이나 공산당을 기반으로 결성되어 제2차 세계대전 동안 무장 투쟁을 전개하며 독립 항쟁을 이어갔다.

전쟁이 끝난 후, 프랑스는 다시 인도차이나를 식민 지배하려 했지만, 1946년부터 호찌민이 이끄는 비엣민군과의 충돌이 격화되면서 베트남 독립 전쟁, 이른바 '제1차 인도차이나 전쟁'이 본격적으로 전개되었다. 비엣민은 홍강 삼각주(북부), 통킹 산악지대, 안남(중부) 일부, 그리고 종려 초원과 카마우반도(남부) 등지에서 거점을 확보하며 세력을 확장했다. 1950년부터는 중국의 지원을 받으며 군사력이 더욱 강화되었다. 한편, 프랑스 원정군은 한정된 병력으로 북부와 남부를 오가며 전투를 벌였으나, 1954년 5월 디엔비엔푸 전투에서 결정적으로 패배하며 비엣민의 통킹 지역 장악을 막지 못했다. 다만, 주요 도시와 홍강 삼각주 일부, 해안 지역은 여전히 프랑스가 통제하고 있었으며, 중부 지역에서도 후에 일대는 프랑스의 영향력 아래에 있었다. 남부에서는 비엣민의 세력이 비교적 약한 상태였다.

함께 보기 —— 프랑스령 인도차이나 p.585
냉전 속의 아시아 p.655
21세기 중국과 세계 p.728

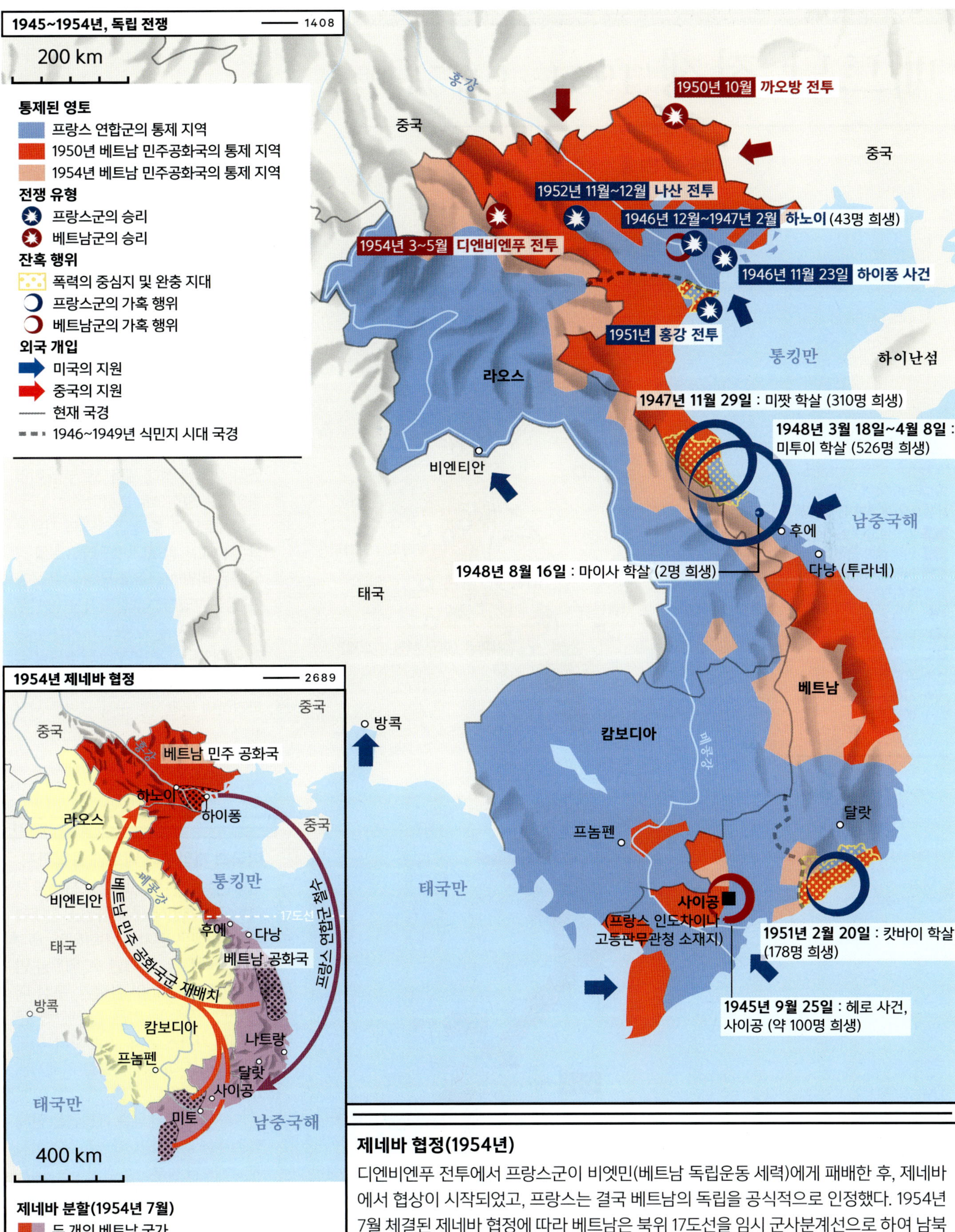

제네바 협정(1954년)

디엔비엔푸 전투에서 프랑스군이 비엣민(베트남 독립운동 세력)에게 패배한 후, 제네바에서 협상이 시작되었고, 프랑스는 결국 베트남의 독립을 공식적으로 인정했다. 1954년 7월 체결된 제네바 협정에 따라 베트남은 북위 17도선을 임시 군사분계선으로 하여 남북으로 잠정 분단되었다. 북쪽에는 공산주의 체제의 베트남 민주공화국이, 남쪽에는 기존의 베트남국이 자리 잡았으며 이는 곧 미국의 지원을 받는 베트남 공화국으로 이어졌다. 또한 라오스와 캄보디아 역시 이 협정을 통해 독립을 승인받았으며, 프랑스와 비엣민은 각자의 군대를 철수하기로 합의했다. 이로써 1954년을 기점으로 프랑스령 인도차이나는 역사 속으로 사라졌지만, 베트남의 분단은 냉전 체제 속에서 또 다른 전쟁의 불씨가 됐다.

베트남 전쟁 (1954~1975년)

긴장 고조(1954~1964년)

베트남이 잠정 분단된 후, 남베트남은 미국의 지원을 등에 업은 친미 성향의 응오딘지엠 대통령이 정권을 장악했다. 그러나 이에 반대하는 세력은 '민족해방전선(FNL)'을 결성하고, 지엠 정권을 전복하기 위한 게릴라전을 벌였다. 이들은 적대 세력으로부터 비엣콩이라는 명칭으로 불렸다.

북베트남과 중국 공산당의 지원을 받은 FNL은 캄보디아와 라오스를 경유하는 비밀 보급로를 통해 군수 물자를 공급받았다. 이에 미국은 공산주의 확산 저지를 명분으로 개입을 점차 확대했다. 1961년부터 남베트남 정부에 무기를 제공하고, 군사 고문단을 파견하며 본격적인 군사 지원을 시작했다.

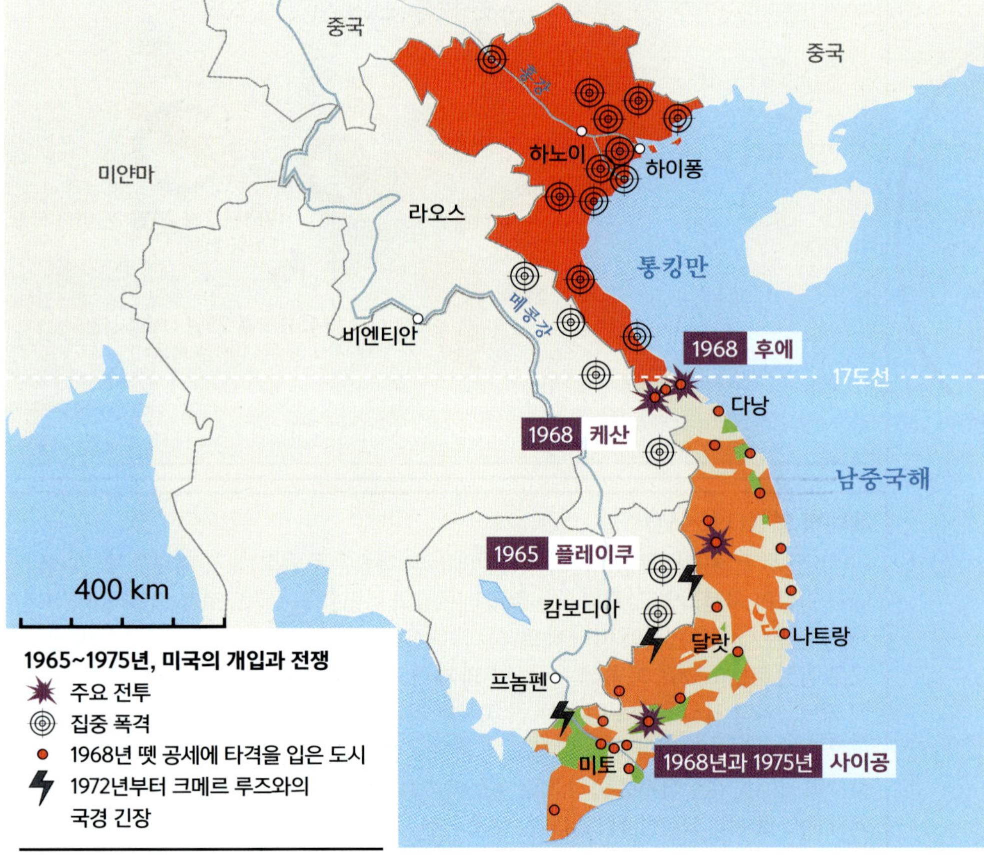

미국의 개입부터 베트남 통일까지

미국은 1965년부터 베트남 전쟁에 본격적으로 개입해 군사 작전을 전개했지만, 전쟁은 점차 장기화되며 교착 상태에 빠졌다. 1968년 초, 베트남 민족해방전선(FNL)이 감행한 '구정 대공세(뗏 공세)'는 미군과 남베트남군에 의해 가까스로 저지되었으나, 미국 내 반전 여론이 결정적으로 거세지는 계기가 되었다.

1968년 당선된 닉슨 대통령은 단계적 철수를 추진하며, 미군 철수와 동시에 남베트남 정부군을 강화하는 '베트남화' 정책을 실시했다. 1973년 파리 평화협정이 체결되면서 미국은 공식적으로 전쟁에서 손을 뗐고, 1975년 북베트남군이 사이공을 점령하면서 30년간 이어진 베트남 전쟁이 끝나고 베트남은 공산주의 정권 하에 통일을 이루게 되었다.

캄보디아(1975~1999년)

크메르 루즈의 집단 학살 정권

베트남 전쟁으로 인해 캄보디아는 심각한 불안정 상태에 빠졌고, 이를 틈타 많은 베트남 공산주의자들이 캄보디아로 이동해 저항 운동을 조직했다. 1970년, 론 놀이 쿠데타를 일으켜 시아누크 국왕을 축출하고 정권을 장악하면서 캄보디아는 내전에 돌입했다. 결국, 1951년에 결성된 공산주의 세력인 크메르 루즈가 1975년에 승리했다.

공산주의 지도자 폴 포트가 이끄는 크메르 루즈는 프놈펜을 점령한 후, 도시 주민들을 농촌으로 강제 이주시켰다. 폴 포트가 추진한 '킬링필드'로 알려진 극단적인 원시 공산주의 혁명 과정에서 캄보디아 인구의 약 4분의 1이 목숨을 잃는 대참사가 발생했다. 이 잔혹한 정권은 1979년 베트남군의 개입으로 무너졌지만. 크메르 루즈의 무장 저항은 이후 20년 가까이 계속되었다.

아프리카의 식민지화 및 아파르트헤이트에 반대하는 투쟁(1945~1993년)

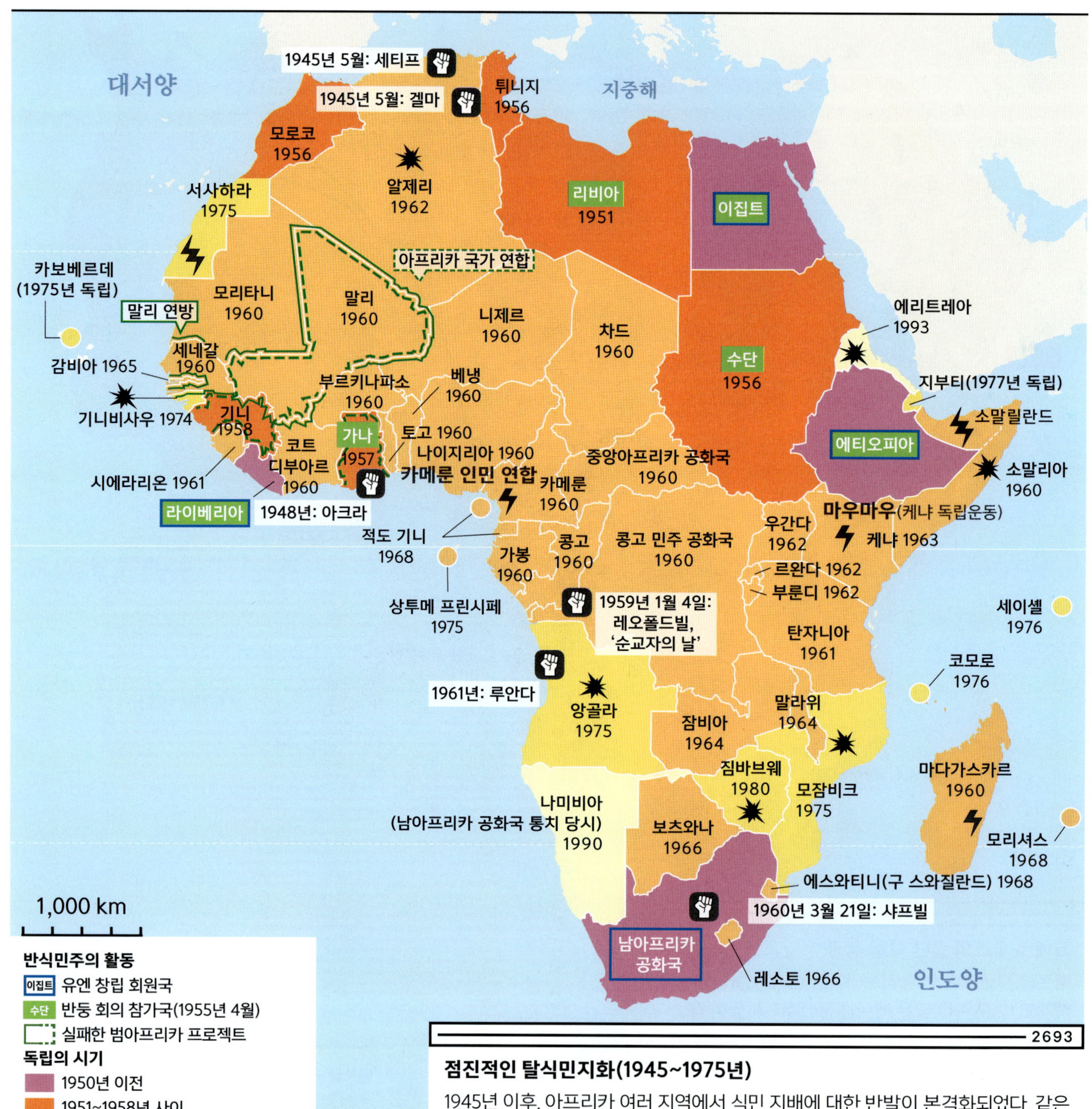

점진적인 탈식민지화(1945~1975년)

1945년 이후, 아프리카 여러 지역에서 식민 지배에 대한 반발이 본격화되었다. 같은 해 창설된 유엔(UN)은 독립을 요구하는 국가들에게 중요한 외교적 무대를 제공했으며, 특히 소련이 이러한 움직임을 적극적으로 지지했다. 1955년에 열린 반둥 회의는 비동맹 운동의 출발점이 되었을 뿐만 아니라, 제3세계가 국제 사회에서 영향력을 확대하는 계기가 되면서 아프리카의 탈식민지화 운동도 더욱 탄력을 받았다.

이러한 흐름 속에서 1956년 튀니지, 모로코, 수단이 독립했으며, 특히 1960년을 정점으로 대부분의 아프리카 국가들이 식민 통치에서 벗어났다. 그러나 일부 국가는 독립을 쟁취하기 위해 수년간의 무장 투쟁을 벌여야 했다. 한편, 포르투갈의 식민지였던 앙골라와 모잠비크는 1975년에 이르러서야 독립을 이루었다.

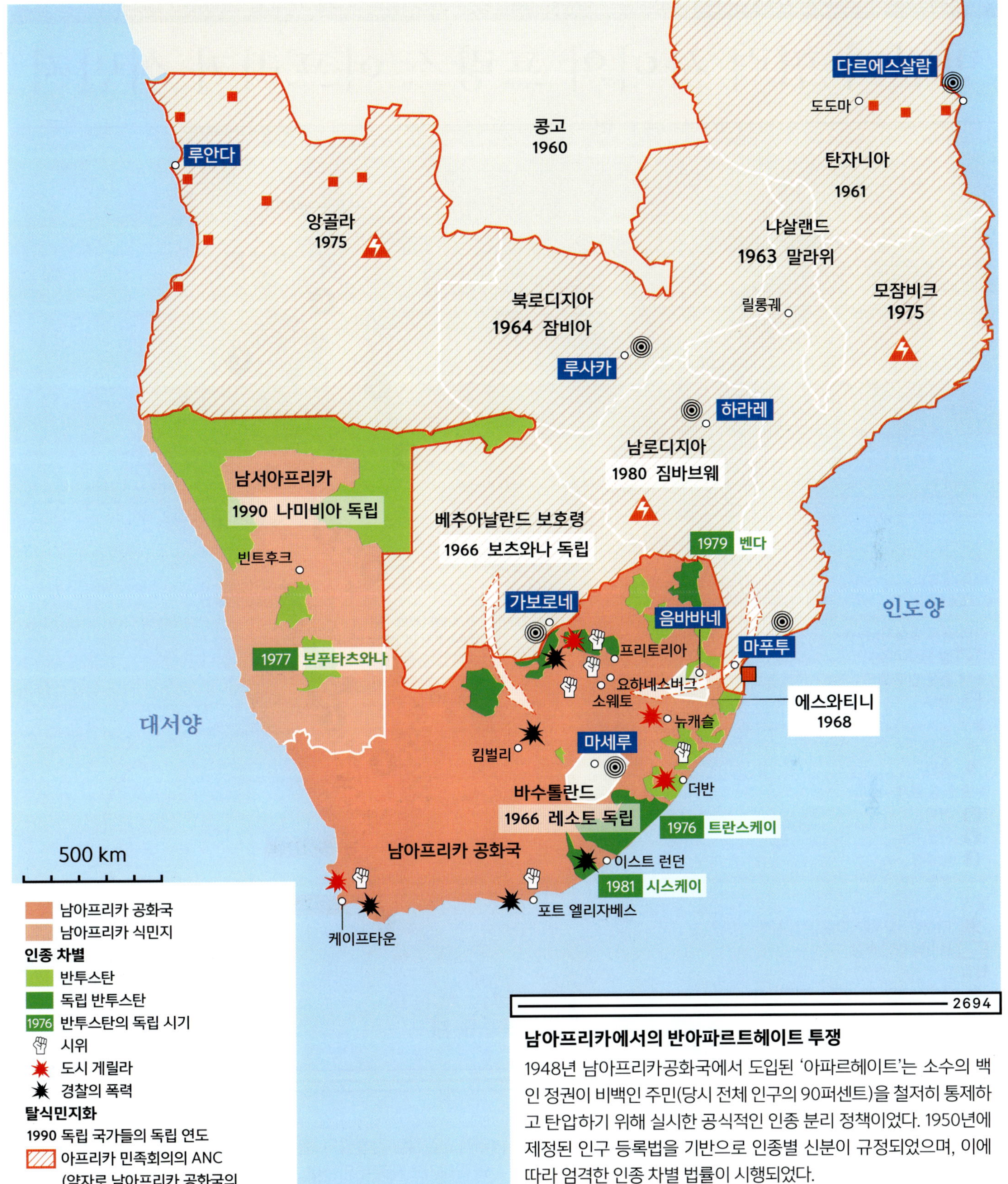

남아프리카에서의 반아파르트헤이트 투쟁

1948년 남아프리카공화국에서 도입된 '아파르헤이트'는 소수의 백인 정권이 비백인 주민(당시 전체 인구의 90퍼센트)을 철저히 통제하고 탄압하기 위해 실시한 공식적인 인종 분리 정책이었다. 1950년에 제정된 인구 등록법을 기반으로 인종별 신분이 규정되었으며, 이에 따라 엄격한 인종 차별 법률이 시행되었다.

공간적으로도 비백인들은 도시 외곽의 타운십(도시)이나 반투스탄이라 불리는 격리 지역으로 강제 이주당했다. 이에 맞서 1912년에 창설된 아프리카 민족회의(ANC)는 넬슨 만델라를 중심으로 아파르트헤이트 철폐 투쟁을 전개했다. 특히 1960년 아프리카 민족회의가 남아프리카 공화국에서 불법화된 이후, 주변국들의 적극적인 지원을 받으며 반아파르트헤이트 운동은 남부 아프리카 전역으로 확산되었다. 이러한 지속적인 저항 끝에 1991년, 마침내 아파르트헤이트 정책이 공식적으로 폐지되었다.

반란과 협력 사이의 프랑스 아프리카 식민지

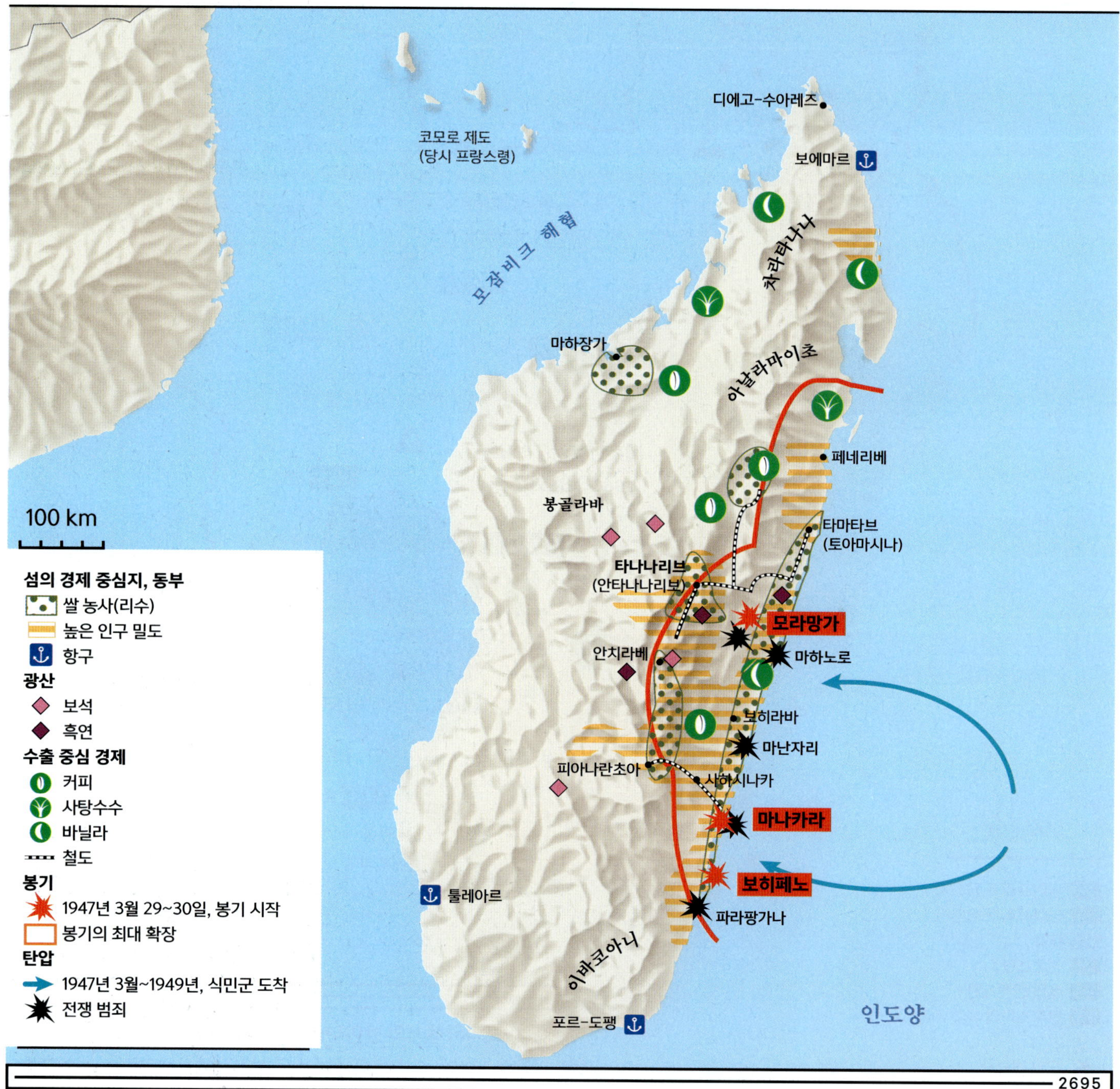

1947년 마다가스카르 봉기

19세기 말, 프랑스는 갈리에니 장군을 앞세워 마다가스카르를 무력으로 점령한 뒤 이 섬을 식민지로 편입시켰다. 프랑스 당국은 원주민법과 강제 노동 제도를 도입해 마다가스카르 주민들을 철저히 통제하며 식민 통치를 더욱 강화했다.

그러나 제2차 세계대전 이후, 프랑스의 식민 통치에 대한 반발이 점차 거세졌다. 전쟁으로 경제가 심각한 혼란에 빠지고, 노동력 착취가 더욱 극심해지면서 주민들의 불만이 커졌다. 프랑스 제헌의회에 선출된 마다가스카르 대표들은 1946년 2월, 마다가스카르 민주개혁운동(MDRM)이라는 민족주의 정당을 결성하며 독립운동의 기반을 마련했다. 그러나 같은 해 말, MDRM의 주요 지도자들이 체포되면서 상황은 더욱 긴박해졌고, 마다가스카르 전역에 긴장감이 감돌았다. 결국, 1947년 3월 29일과 30일, 수백 명의 마다가스카르 주민들이 프랑스 식민 당국에 대항해 도시, 군사기지, 식민지 농장 등을 습격하며 대규모 무장 봉기를 일으켰다. 반란은 빠르게 확산되어 4월 중순에는 강제 노동과 징발 등 식민 지배 피해가 가장 컸던 동부 해안 지역 10개 행정 구역에서 더욱 격렬한 저항이 벌어졌다. 이에 프랑스 식민 당국은 강경 진압을 결정하고, 무차별적인 총격, 포로를 비행기에서 내던지는 처형, 대량 학살 등 잔혹한 탄압 작전을 감행했다. 이 과정에서 약 4만 명의 마다가스카르 주민이 목숨을 잃었으며, 이들 중 상당수는 프랑스군의 공격을 피해 도망치던 중 굶주림과 질병으로 사망했다.

─────── 2696

잊혀진 카메룬 전쟁 (1948~1960년)

과거 독일의 식민지였던 카메룬은 제1차 세계대전 이후 국제연맹의 위임통치령으로 지정되어 영국과 프랑스의 지배 아래 놓였다. 1945년 이후에는 유엔 신탁통치령으로 전환되었으며, 프랑스령 카메룬은 프랑스 연합의 준자치 영토로 편입되었다.

전쟁이 끝난 후, 카메룬에서는 독립을 요구하는 목소리가 점점 커지기 시작했다. 특히 두알라와 야운데 같은 주요 도시를 중심으로 독립운동이 확산되었다. 1948년, 루벤 움 니오베가 창설한 카메룬 인민 연합(UPC)은 프랑스의 식민 통치에 맞서 독립 투쟁을 주도했다 이 운동은 점차 바시와 바밀레케 지역으로 확산되었으나, 프랑스 당국은 이를 강경 탄압했다.

1960년, 카메룬이 독립을 달성한 이후에도 상황은 쉽게 안정되지 않았다. 새 정부를 이끈 아흐마두 아히조 대통령과 UPC 간의 무력 충돌은 독립 이후에도 내전의 형태로 계속되었다.

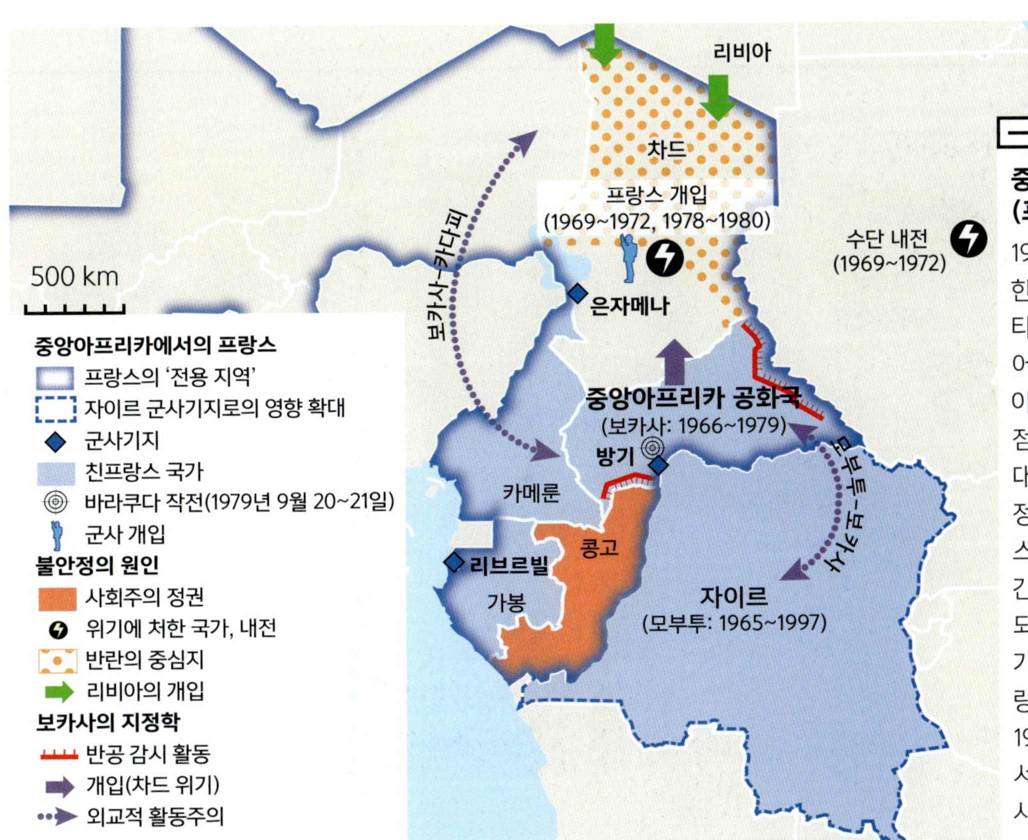

─────── 2697

중앙아프리카와 프랑사프리크, (프랑스령 아프리카)

1960년 중앙아프리카공화국이 독립한 후, 1966년 장베델 보카사가 쿠데타로 정권을 장악했다. 1970년대에 들어 중앙아프리카 공화국은 프랑스의 아프리카 정책에서 중요한 전략적 거점이 되었으며, 프랑스는 옛 식민지에 대한 영향력을 유지하기 위해 보카사 정권과 긴밀한 관계를 맺었다. 특히 지스카르 데스탱 프랑스 대통령 재임 기간 동안 양국의 밀월 관계는 더욱 강화되었다. 그러나 1970년대 후반, 보카사가 리비아의 카다피와 가까워지자 프랑스가 그를 견제하기 시작했다. 결국 1979년, 프랑스군은 이웃 국가 차드에서 '바라쿠다 작전'을 감행하여 보카사 정권을 전복시켰다.

알제리의 독립(1945~1962년)

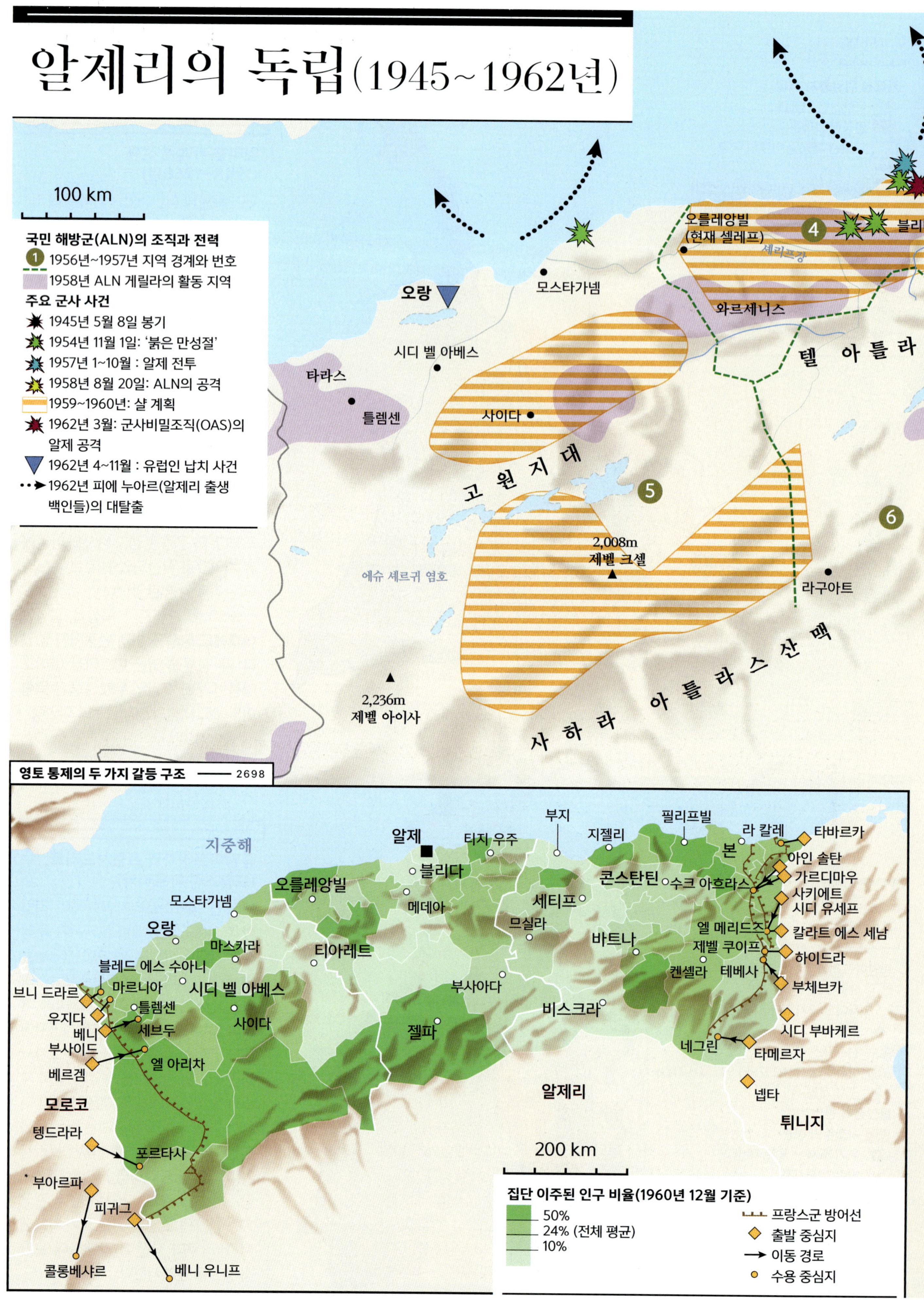

8년 전쟁(1954~1962년)

1954년 11월 1일, 세티프와 겔마에서 발생한 반프랑스 시위 이후 거의 10년 만에, 알제리 민족해방전선(FLN)이 일련의 테러 공격을 감행하며 알제리 독립을 요구했다. 당시까지 프랑스 당국에 거의 알려지지 않았던 FLN의 무장 투쟁은 알제리 독립 전쟁의 시작을 알렸으며, 이 전쟁은 이후 8년간 지속되었다.

프랑스는 이 전쟁을 공식적인 '전쟁'으로 인정하지 않고, 갈등의 심각성을 축소하기 위해 '알제리 사태'라고 표현했다. 하지만 전쟁의 양상은 매우 복잡했다. 알제리 독립을 주장하는 세력은 FLN과 알제리 민족운동으로 나뉘었으며, 프랑스군은 알제리 내 친프랑스 세력인 하르키스의 지원을 받으며 이에 맞섰다.

FLN은 산악 지대에서 게릴라전을 전개하는 한편, 1957년 1월부터는 수도 알제에서 본격적인 도시 테러전(알제 전투)을 벌였다. 이에 맞서 프랑스군은 대규모 수색 작전과 즉결 처형을 단행했으며, 특히 알제 전투 당시 조직적인 고문을 자행하며 강경 진압에 나섰다. 1958년, 프랑스로 복귀한 샤를 드골 장군은 1959년에 알제리의 자결권(알제리가 독립 여부를 스스로 결정할 권리)을 지지한다고 선언했다. 그러나 그의 정책은 알제리에 거주하던 유럽계 주민인 피에 누아르와 일부 프랑스군 고위 장성들의 강한 반발을 불러일으켰다. 이에 따라 1961년 비밀군사조직(OAS)이 결성되었고, FLN과 프랑스 정부 간의 협상을 무산시키기 위해 연쇄 테러를 감행했다. 1962년 3월 19일, 프랑스와 FLN 간의 휴전 협정이 체결되었지만, 그 후에도 폭력 사태는 계속되었다. 결국 알제리에 거주하던 프랑스계 주민(피에 누아르)과 프랑스에 협력했던 하르키스 상당수가 알제리를 떠나 프랑스로 이주하면서 전쟁은 마무리되었다.

1945년 5월
세티프와 겔마에서 민족주의 봉기가 발생. 프랑스 당국의 강경 진압으로 다수 사망함.

1954년 11월 1일
붉은 제성절: 알제리 민족해방전선(FLN)이 다수의 테러를 감행하며 알제리 전쟁이 시작됨.

1955년 8월
콘스탄틴 지역에서 봉기 발생.

1956년
프랑스 정부, 징집병을 알제리로 파병, FLN이 수맘 회의를 개최함.

1957년
알제 전투: 1월부터 10월까지 진행된 FLN과 프랑스군의 주요 충돌 멜루자 학살이 발생함.

1958년
5월 13일 : 알제에서 군중 시위와 함께 공공구국위원회 창설. 샤를 드골 장군이 위기 속에 권력에 복귀, 이어서 6월 알제에 방문함.

1959년 9월
드골은 알제리인의 자결권을 인정함.

1960년 1월 24일~2월 1일
알제에서 바리케이드 주간 발생.

1961년
2월: OAS(비밀군사조직) 설립.
4월: 알제리 문제로 장군들의 쿠데타 발생.
10월 17일: 파리에서의 알제리인 대규모 시위 중 프랑스 경찰의 폭력 진압으로 다수 사망함.

1962년 2월 8일
파리 샤론 지하철역에서 OAS에 반대하는 시위 도중 경찰과 충돌로 8명 사망함.

1962년 3월 18일
에비앙 협정 체결, 다음 날인 3월 19일부터 휴전 시작.

1962년 7월 5일
알제리가 독립을 공식 선언함.

파리의 알제리 전쟁 (1954~1962년)

1205

1961년 10월 17일, 파리

알제리 전쟁 동안 프랑스 본토가 직접적인 전장은 아니었지만, 전쟁의 여파가 미치는 중요한 사건들이 여러 차례 발생했다. 대표적으로 알제리 민족해방전선(FLN)과 알제리 민족운동(MNA)간의 충돌, 알제리 민족 해방군(ALN)의 석유 시설 공격, 프랑스 경찰을 겨냥한 폭탄 테러 등이 이어지면서 긴장이 고조되었다.

1961년 8월, 프랑스 당국이 알제리인들에 대한 대대적인 단속과 가택 수색을 강화하자, 이에 반발한 FLN은 프랑스 경찰을 겨냥한 테러 공격을 재개했다. 이러한 상황에서 당시 파리 경찰청장이었던 모리스 파퐁은 파리에 거주하는 '알제리 출신 프랑스 무슬림'을 대상으로 야간 통행 금지령을 선포했다. 그러나 이에 반발한 FLN은 남녀노소 수만 명의 알제리인들이 참여하는 평화적인 시위를 조직했다. 1961년 10월 17일, 파리 도심에서 열린 이 시위는 프랑스 경찰의 무자비하고 강압적인 진압에 부딪혔다. 공식 발표에 따르면 이날 사망자는 6명이었지만, 실제로는 40명에서 200명에 이르는 시위대가 총에 맞거나 센강에 던져져 목숨을 잃은 것으로 추정된다. 당시 2만~3만 명의 시위대 중 1만 2천여 명이 체포되어 수용소에 감금되었으며, 이후 며칠 동안 참혹한 진실을 담은 엘리 카간의 사진과 공산당 기관지 <뤼마니테>의 보도가 검열되었다. 이 사건은 오랫동안 공식적으로 인정되지 않았으나, 2012년 프랑수아 올랑드 대통령이 '알제리인들이 겪은 유혈 탄압'이었다고 공식적으로 인정하면서 비로소 다시 조명되었다.

1962년 2월 8일 샤론역 시위

1961년 4월 21일 군부 쿠데타 발생 후, 프랑스 정부는 국가 비상사태를 선포했다. 이후 비밀군사조직(OAS)의 연이은 테러 공격에 대한 분노가 커지면서, 이를 규탄하는 시민들의 시위가 곳곳에서 일어났다. 1962년 2월 8일, 프랑스 공산당(PCF), 노동총연맹(CGT), 그리고 여러 노동조합은 바스티유 광장에서 평화적인 집회를 열 것을 촉구했다. 그러나 당시 경찰청장이었던 모리스 파퐁은 모든 시위에 대한 강경 진압을 지시했다. 그날 저녁 시위대는 보마르셰 대로에서 경찰의 공격을 받았고, 가장 격렬한 충돌은 볼테르 대로에서 발생했다. 일부 시위대는 샤론 지하철역으로 피신했지만, 경찰은 이들을 무차별적으로 구타했다. 그 결과 8명이 현장에서 사망했으며, 그중 3명은 여성이었다. 이후 병원으로 이송된 부상자 중 1명이 추가로 숨지면서 총 9명이 목숨을 잃었고, 가장 어린 희생자는 15세 소년이었다. 또한 이날 충돌로 250명 이상이 부상을 입었다. 당시 프랑스 정부는 군부를 안심시키기 위해 공산주의 세력에 대한 강경한 태도를 유지하고자 했으며, 이에 따라 경찰의 과잉 진압을 오랫동안 은폐하며 사건을 외면했다.

라틴 아메리카의 게릴라와 혁명 (1953~1990년)

라틴 아메리카의 혁명 물결(1959~1979년)

1952년 쿠바에서 미국의 지원을 받은 바티스타가 독재 정권을 수립하자, 이에 맞서 피델 카스트로를 중심으로 무장 반대 세력이 결집하기 시작했다. 1953년 7월 26일 몬카다 병영 공격이 실패로 끝나면서 카스트로와 그의 동료들은 체포되었고, 이후 석방된 뒤 망명 생활을 거쳐 1956년 그란마호를 타고 쿠바에 상륙했다. 그들은 시에라 마에스트라 산악 지대로 후퇴해 본격적인 게릴라전을 시작했다.

1958년, 카밀로 시엔푸에고스와 에르네스토 체 게바라가 이끄는 두 개의 반군 부대가 산을 내려와 섬을 가로지르는 진군에 성공했고, 1959년 1월 마침내 수도 아바나에 입성했다. 바티스타는 망명길에 올랐고, 카스트로는 권력을 장악한 뒤 기존 헌법을 폐지했다. 이후 미국과의 관계는 급격히 악화되었으며, 특히 1961년 4월 미국 CIA가 쿠바 망명자들로 구성된 군대를 동원해 피그만(Bay of Pigs) 침공을 시도했으나, 작전은 실패로 끝났다. 이 사건을 계기로 카스트로는 '사회주의 혁명'을 공식 선언하며 소련과 더욱 긴밀한 관계를 구축했다.

쿠바 혁명의 성공은 라틴 아메리카 전역에서 군사 독재에 저항하는 혁명 운동을 촉진했다. 1966년, 쿠바 혁명에서 중요한 역할을 했던 아르헨티나 출신 혁명가 체 게바라는 볼리비아에서 게릴라전을 이끌었으나, 작전에 실패하며 1967년 10월 8일 체포되어 다음 날인 10월 9일 처형되었다. 이후 브라질에서는 그를 기념해 1960년대 말 '10월 8일 혁명 운동(MR-8)'이 결성되었다.

1970년, 페루에서는 아비마엘 구스만이 극좌 무장 단체 '빛나는 길'을 조직했으며, 이들은 1990년대까지 격렬한 게릴라전을 전개했다. 1970년 칠레에서는 '혁명 좌파 운동(MIR)'이 살바도르 아옌데 대통령을 지지하며 사회주의 개혁을 추진했지만, 1973년 9월 11일 아우구스트 피노체트가 쿠데타로 정권을 장악했다. 니카라과에서는 1979년 7월, 산디니스타 세력이 독재 정권을 무너뜨리고 권력을 장악했으나, 1980년대 미국의 지원을 받은 콘트라 반군과 치열한 내전을 벌였다. 결국, 1990년 대선에서 다니엘 오르테가가 패하면서 라틴 아메리카에서 사회주의 혁명 노선은 점차 쇠퇴했다. 한편, 콜롬비아에서는 '콜롬비아 무장혁명군(FARC)'이 정부에 맞서 싸우며 많은 농민들을 혁명 운동에 동참시켰다.

함께 보기 — 스페인 제국의 경쟁 p.446
20세기 초 미국 제국주의 p.470
세계 속의 미국 p.726
683
미국
멕시코
멕시코만
ACNR(1968~1972):
혁명적 민족 시민 협회
쿠바 (1959년 혁명 이후)
과테말라
군사 독재
(1954~1985)
벨리즈
아이티
뒤발리에 가문 독재
(1957~1986)
대서양
가난한 자들의 정당
(1967~1974)
온두라스
군사 독재
(1963~1982)
도미니카 공화국
J. 발라게르 통치
(1963~1978)
FAR
(반군 무장 세력,
1962~1996)
1979~1990
엘살바도르
코스타리카
니카라과
소모사 가문 통치
(1937~1979)
베네수엘라
MIR
(혁명 좌파 운동, 1960~1988)
파나마
군사 독재
(1968~1990)
콜롬비아
FARC
(콜롬비아 혁명군,
1964~)
ELN
(민족 해방군, 1964년 창설)
가이아나
수리남
에콰도르
군사 독재
(1963~1966, 1972~1979)
1968~1975
브라질
군사 독재
(1964~1985)
ALN
(민족 해방 행동, 1968~1971)
페루
F. 모랄레스 베르무데스 통치
(1975~1980)
빛나는 길
(1980~1990)
1952~1964
아라과이아 반란
(1967~1974)
태평양
ELN
(민족 해방군, 1966~1967)
볼리비아
H. 반저 통치
(1971~1978)
파라과이
A. 스트로에스너 통치
(1954~1989)
몬토네로스
(1970~1979)
칠레
A. 피노체트 군사 독재
(1973~1990)
아르헨티나
군사 독재
(1966~1973, 1976~1983)
투파마로스 (1965~1976)
우루과이
군사 독재
(1973~1985)
1,000 km
1970~1973
ERP
(인민 혁명군, 1970~1977)
국가 안보 체제 또는 군사 독재
국가 통치 기간 및 유형,
주요 지도자 이름
혁명적이거나 개혁적인 정부가 집권한
국가들
날짜 집권 기간
멕시코의 권위주의 일당 체제 정당:
제도혁명당
1966년 볼리비아에서 체 게바라가
혁명 거점을 설치
(혁명 기지: 포코)
게릴라전
ELN 주요 혁명 운동
민주주의 또는 준민주주의
독립을 달성한 국가들
1215

라틴 아메리카의 권위주의와 민주주의
(1930~1990년)

라틴 아메리카의 독재와 포퓰리즘(1930~1990년)

1930년대 라틴 아메리카의 여러 국가에서 권위주의 정권이 등장하며 독재 체제가 확산되었다. 중앙아메리카와 카리브해 지역에서는 군부와 독재자들이 정권을 장악해 강압적인 통치를 펼쳤고, 브라질과 아르헨티나에서는 노동자 계층과 도시 중산층의 지지를 기반으로 한 지도자들이 등장해 포퓰리즘 정권을 구축했다. 1930년에는 '가난한 자들의 아버지'라 불린 제투리우 바르가스가 브라질에서 쿠데타로 정권을 장악했다. 이후 그는 1937년부터 1945년까지 강력한 권위주의 체제인 '에스타두 노보'를 구축했다. 1946년에는 후안 페론이 아르헨티나 대통령으로 당선되면서 또 다른 형태의 포퓰리즘 정권이 등장했다. 1960년대 이후, 라틴 아메리카에서는 군사 정권이 급격히 증가했다. 칠레에서는 1973년 피노체트 장군이 쿠데타를 일으켜 아옌데 대통령을 축출하고 군사 독재 체제를 수립했다. 이후 1975년부터는 미국의 지원을 받은 군사 정권들이 '콘도르 작전'이라는 공동 작전을 수행하며 반체제 인사들을 조직적으로 탄압하고 제거했다.

함께 보기 ── 스페인 제국의 경쟁 **p.446**
20세기 초 미국 제국주의 **p.470**
세계 속의 미국 **p.726**

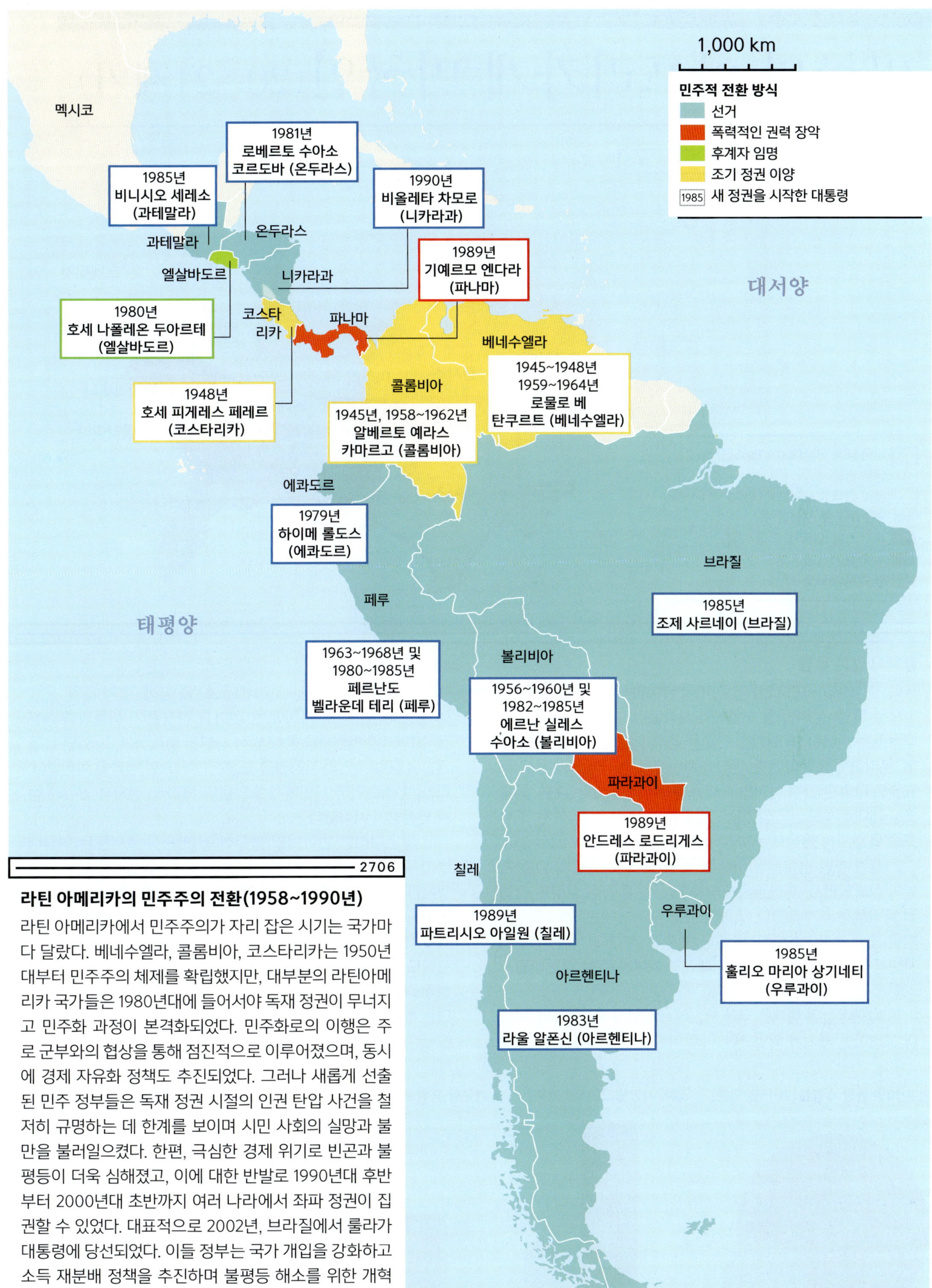

라틴 아메리카의 민주주의 전환(1958~1990년)

라틴 아메리카에서 민주주의가 자리 잡은 시기는 국가마다 달랐다. 베네수엘라, 콜롬비아, 코스타리카는 1950년대부터 민주주의 체제를 확립했지만, 대부분의 라틴아메리카 국가들은 1980년대에 들어서야 독재 정권이 무너지고 민주화 과정이 본격화되었다. 민주화로의 이행은 주로 군부와의 협상을 통해 점진적으로 이루어졌으며, 동시에 경제 자유화 정책도 추진되었다. 그러나 새롭게 선출된 민주 정부들은 독재 정권 시절의 인권 탄압 사건을 철저히 규명하는 데 한계를 보이며 시민 사회의 실망과 불만을 불러일으켰다. 한편, 극심한 경제 위기로 빈곤과 불평등이 더욱 심해졌고, 이에 대한 반발로 1990년대 후반부터 2000년대 초반까지 여러 나라에서 좌파 정권이 집권할 수 있었다. 대표적으로 2002년, 브라질에서 룰라가 대통령에 당선되었다. 이들 정부는 국가 개입을 강화하고 소득 재분배 정책을 추진하며 불평등 해소를 위한 개혁을 시도했다.

미국의 아프리카계 미국인(20~21세기)

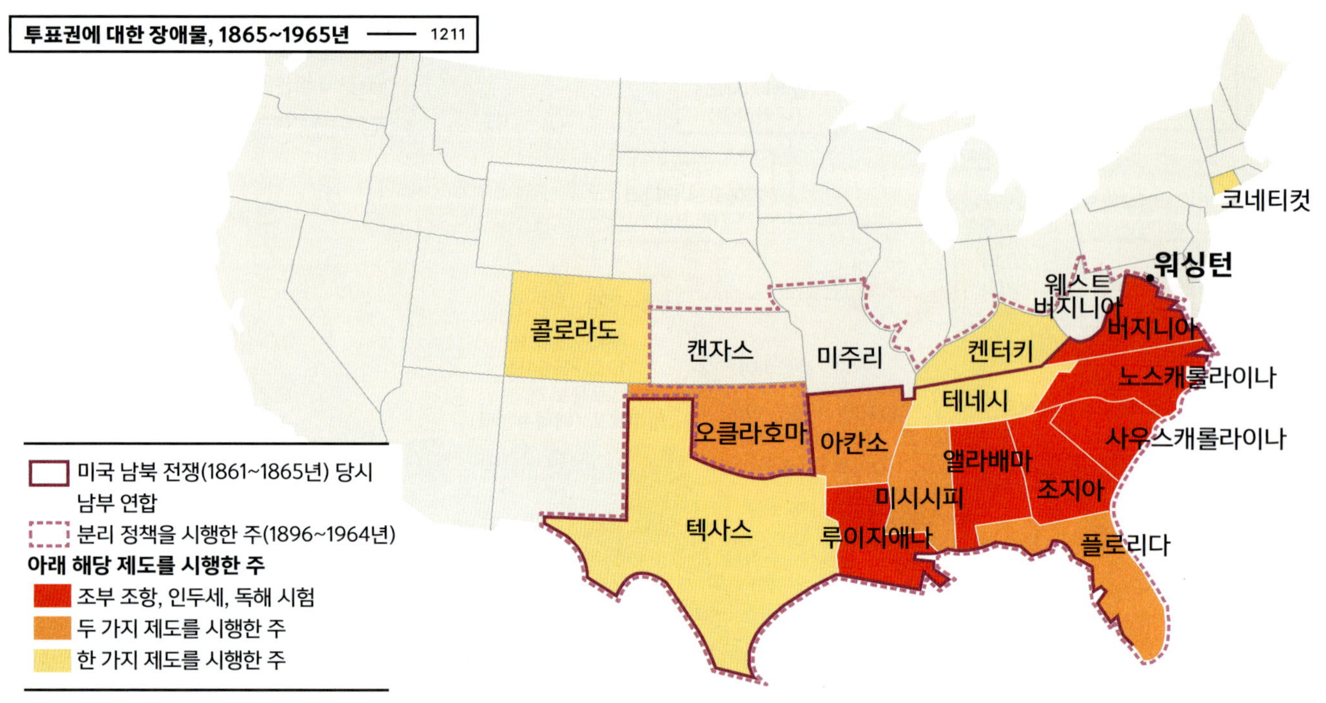

끝나지 않은 투쟁

남북 전쟁(1861~1865년) 이후, 미국 남부의 여러 주에서는 점차적으로 '인종 분리법'을 도입하기 시작했다. 1896년, 미국 연방 대법원은 플레시 대 퍼거슨 판결을 통해 이를 합헌으로 인정하며 '분리하되 평등하다'는 원칙을 확립했다. 동시에, 흑인들의 투표권도 다양한 법적 장치와 폭력을 통해 박탈되었다. 예를 들어, 조상 대대로 투표권이 없었던 사람들을 선거에서 배제하는 '조부 조항'을 만드는 방식으로 흑인의 참정권을 원천적으로 제한했다.

20세기 초반 남부뿐만 아니라 북부에서도 사실상의 인종 차별이 심화되면서, 흑인들은 노예제 폐지 이후 가장 심각한 사회적 불평등을 겪게 되었다. 이에 대응해 1909년에는 '전미 유색인 지위 향상 협회(NAACP)'와 같은 단체가 설립됐고, 많은 흑인이 차별을 피해 북부로 이동하는 '대규모 북부 이주'를 감행하면서 정치적 영향력을 확대해 나갔다.

1930년대 뉴딜 정책은 국가 차원에서 흑인의 처우를 조금이나마 고려하는 계기가 되었으며, 이후 마틴 루터 킹을 중심으로 한 '시민권 운동(1950년대~1970년대 초)'과 함께 '블랙 파워' 운동이 전개되면서 미국 사회에 큰 변화를 가져왔다. 이들의 투쟁은 결국 1964년 민권법을 통해 법적 차별을 철폐하고, 1965년 투표권법을 통해 흑인의 참정권을 보장하는 중요한 성과를 이루었다. 이를 계기로 미국 사회에서 흑인들의 사회적, 정치적 권리가 점차 인정받기 시작했다.

그러나 이러한 변화에도 불구하고, 인종적 불평등은 여전히 뿌리 깊이 박혀 있었다. 일부 흑인이 중산층과 상류층으로 진입했지만 소득 격차와 높은 실업률, 그리고 신선식품 접근성이 낮은 푸드 데저트나 양질의 의료 사각지대 문제, 경찰 폭력 등의 문제가 여전히 심각하게 남아 있었다. 2020년 5월 25일, 조지 플로이드 사망 사건으로 촉발된 '흑인의 생명도 소중하다(Black Lives Matter)' 운동은 미국이 여전히 인종 차별 시대에 살고 있다는 현실을 다시금 상기시켰다.

인구 10만 명당 수감률(2015년 기준)

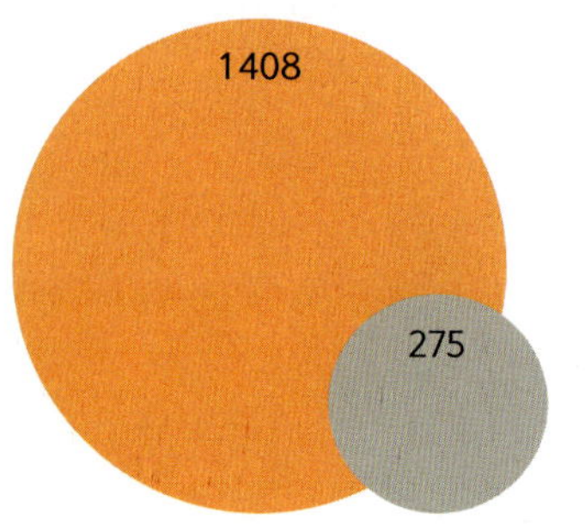

영아 사망률(2015년 기준)

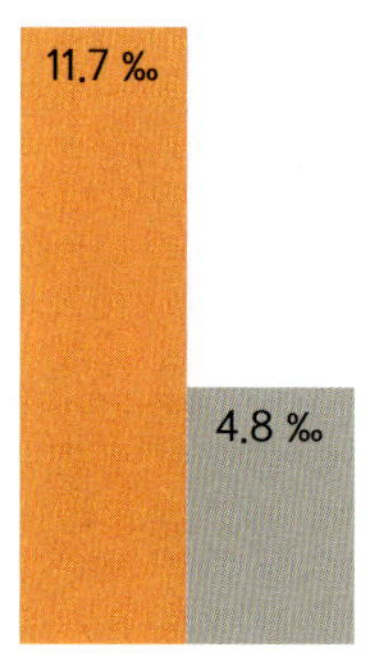

가구당 중위소득(2018년 기준)

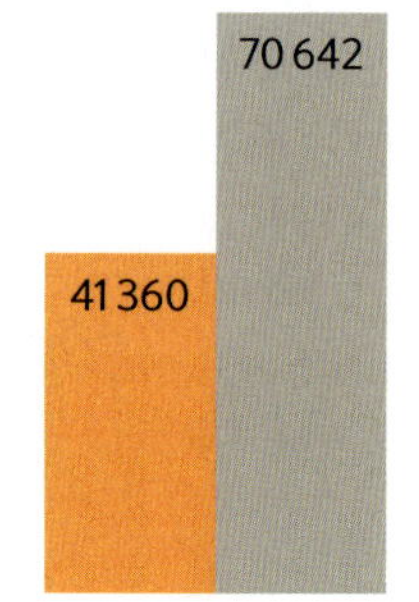

실업률(2020년 기준)

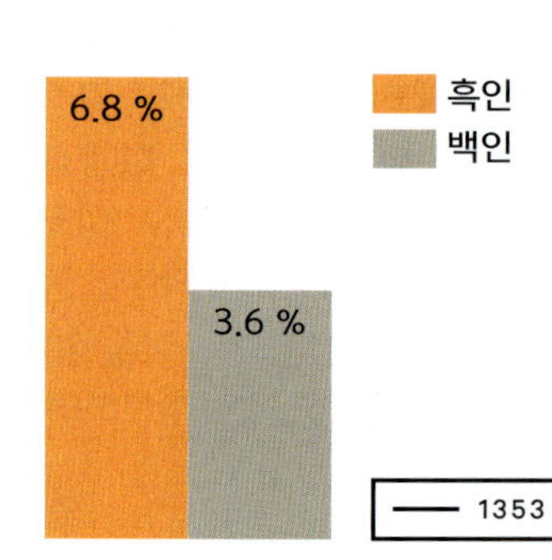

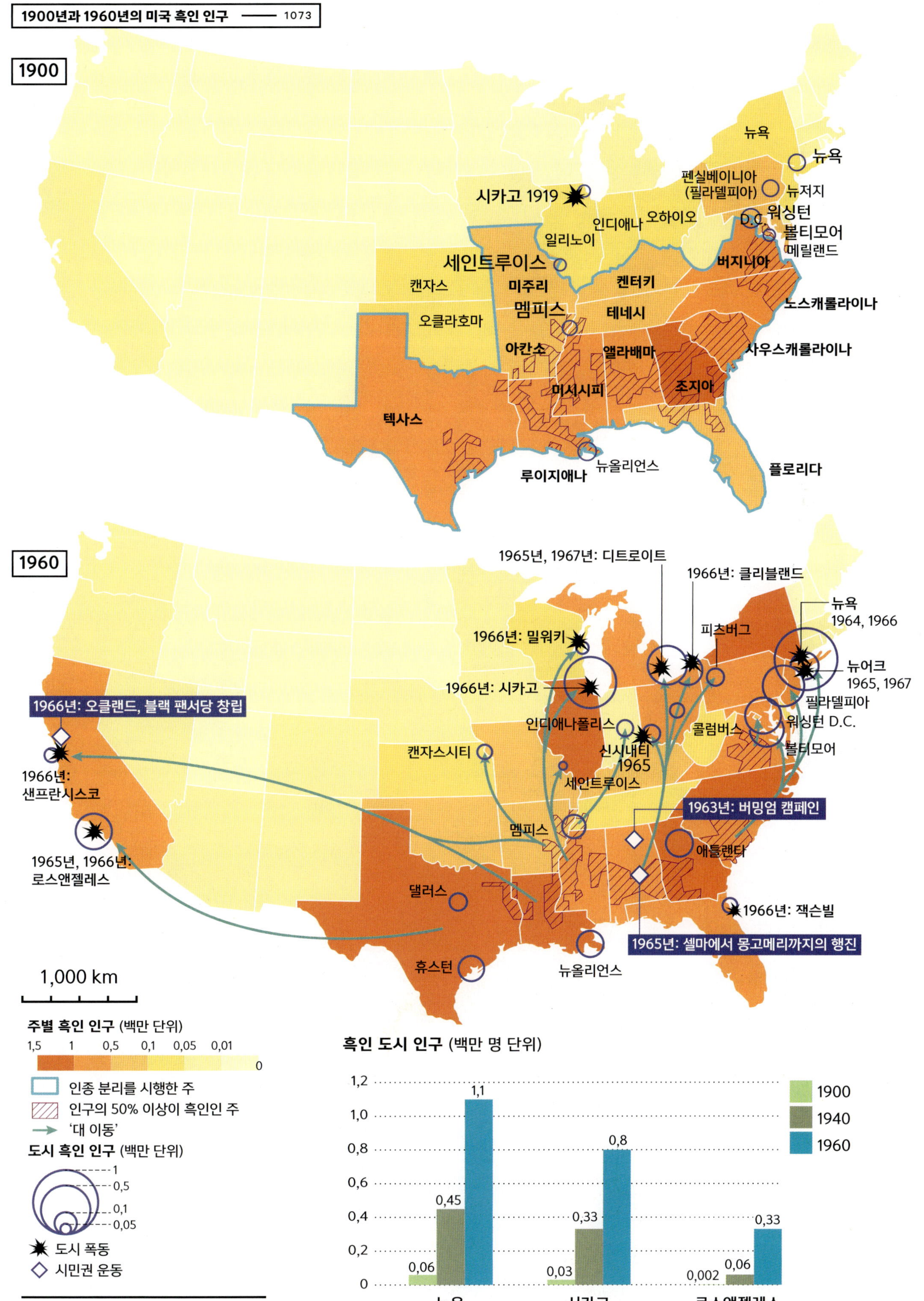
1900년과 1960년의 미국 흑인 인구 —— 1073

1900

뉴욕
뉴욕
펜실베이니아
(필라델피아)
뉴저지
시카고 1919
워싱턴
D.C.
볼티모어
인디애나
오하이오
메릴랜드
일리노이
버지니아
세인트루이스
캔자스
미주리
켄터키
노스캐롤라이나
멤피스
테네시
오클라호마
사우스캐롤라이나
아칸소
앨라배마
조지아
텍사스
미시시피
루이지애나
뉴올리언스
플로리다

1960

1965년, 1967년: 디트로이트
1966년: 클리블랜드
뉴욕
1964, 1966
1966년: 밀워키
피츠버그
1966년: 시카고
뉴어크
1965, 1967
1966년: 오클랜드, 블랙 팬서당 창립
인디애나폴리스
필라델피아
워싱턴 D.C.
1966년:
샌프란시스코
캔자스시티
신시내티
1965
콜럼버스
볼티모어
세인트루이스
1965년, 1966년:
로스앤젤레스
멤피스
1963년: 버밍엄 캠페인
애틀랜타
댈러스
1966년: 잭슨빌
휴스턴
뉴올리언스
1965년: 셀마에서 몽고메리까지의 행진

1,000 km

주별 흑인 인구 (백만 단위)
1,5   1   0,5   0,1   0,05   0,01   0

인종 분리를 시행한 주
인구의 50% 이상이 흑인인 주
'대 이동'

도시 흑인 인구 (백만 단위)
1
0,5
0,1
0,05

도시 폭동
시민권 운동

흑인 도시 인구 (백만 명 단위)

1,2
1,0
0,8
0,6
0,4
0,2
0

1900
1940
1960

1,1
0,45
0,06
뉴욕

0,8
0,33
0,03
시카고

0,33
0,06
0,002
로스앤젤레스

13

1989년 이후의 세계

1989~2023년

냉전 종식과 소련 붕괴가 곧 '역사의 종말'을 의미하는 것은 아니었다. 냉전 이후 한동안 미국이 유일한 초강대국으로서 세계 질서를 주도하는 듯했다. 그러나 오늘날 중국이 강력한 경쟁자로 부상하며 기존 질서에 도전하고 있고, 유럽연합의 정치, 경제적 통합 심화와 인도의 급격한 성장이 맞물려 세계는 점차 다극화 체제로 전환되고 있다.

그러나 이러한 변화는 국제 사회의 불안정성을 증대시키며, 곳곳에서 테러 공격과 지역 분쟁이 끊이지 않고 있다. 오늘날 세계 질서는 그 어느 때보다 복잡하고 예측하기 어렵다. 혼란을 가중시키는 요인은 다양하다. 이슬람주의의 확산, 각국에서 부상하는 정체성 정치, 일본과 유럽을 중심으로 한 선진국들의 고령화 및 자국 우선주의 경향, 미국 내 정권 교체로 인한 불확실성, 중국의 내부 문제와 점점 공격적으로 변하는 대외 정책, 그리고 사하라 이남 아프리카 지역의 지속적인 빈곤 등은 국제 협력을 저해하는 주요한 걸림돌로 작용하고 있다.

그럼에도 불구하고, 인류가 직면한 가장 시급한 과제는 기후 위기 극복과 지구 환경의 회복이다. 기후 변화와 환경 문제는 개별 국가의 노력만으로 해결할 수 없는 글로벌 과제이며, 이를 해결하기 위해서는 국제적인 협력과 공동 대응이 필수적이다. 시간이 흐를수록 그 필요성은 더욱 절박해지고 있다.

소련 위성국들의 종말(1980~1990년)

철의 장막이 걷히다

1980년대 후반, 동유럽 국가들은 저마다의 속도로 철의 장막을 걷어내기 시작했다. 폴란드에서는 이미 1980년 자유 노조 연합인 '솔리다르노시치, 연대)'가 창설되어 저항의 구심점이 되었다. 특히 1989년 2월부터 4월까지 열린 '원탁회의'는 공산 정권과 야권이 협상하는 중요한 계기가 되었으며, 이는 민주화로 나아가는 결정적인 전환점이 되었다. 헝가리에서도 1989년 2월 다당제(다원주의 정치 체제)가 공식 승인되었으며, 같은 해 오스트리아와의 국경이 개방되었다.

이외의 다른 동유럽 공산권 국가들에서는 1989년 11월 9일 베를린 장벽 붕괴가 결정적인 계기가 되면서 훨씬 급격한 변화가 일어났다. 장벽이 무너진 다음 날(11월 10일), 불가리아에서는 공산당 지도자 토도르 지브코프가 사임하며 체제 전환이 본격화되었다. 11월 17일, 체코슬로바키아에서는 비폭력 민주 혁명인 '벨벳 혁명'이 시작되었다.

독일의 통일

독일 통일 이후의 통합과 불평등

1989년 11월 9일 베를린 장벽 붕괴로 1949년부터 분단됐던 독일은 1990년 10월 3일 공식적으로 통일되었다. 이듬해인 1991년, 베를린이 다시 독일의 수도로 지정되면서 새로운 시대가 열렸다. 통일 후 동독 경제를 시장 경제로 전환하기 위해 독일 정부는 '신탁관리청(트로이한트안슈탈트)'이라는 기관을 설립해 수천 개의 동독 국영 기업을 민영화했다. 그러나 이 과정에서 많은 기업이 경쟁력을 잃고 도산하면서 대규모 실업 사태가 발생했고, 이에 따라 많은 동독 주민들이 일자리를 찾아 서독으로 대거 이주했다. 독일 정부는 동독 지역의 인프라 복구와 산업 구조 재건을 위해 막대한 재정을 투입하고, 사회복지 혜택을 동독 주민들에게 확대 적용했지만, 이러한 노력에도 불구하고 동서독 간의 경제적, 사회적 격차는 여전히 과제로 남아 있다.

소련 붕괴 (1990~1991년)

소련에서 독립국가연합(CIS)으로

1990년부터 1991년 사이, 15개 공화국으로 이루어진 소련은 내부에서 고조되는 민족주의와 민주화 요구의 압박 속에서 해체되기 시작했다. 1985년 집권한 고르바초프는 경제 개혁(페레스트로이카)과 정치적 개방(글라스노스트)을 통해 소련을 개혁하려 했지만, 언론 자유와 표현의 확대는 오히려 민족주의적 요구와 독립운동을 촉진하는 결과를 낳았다. 동유럽 공산권이 무너지면서, 소련 내부에서도 독립 움직임이 가속화되었다. 특히 발트 3국(리투아니아, 에스토니아, 라트비아)이 독립운동의 선두에 섰고, 1990년 3월과 5월 차례로 독립을 선언했다. 이어 같은 해 6월 12일, 러시아 공화국 의회도 러시아의 주권을 공식 선포하며 독립 움직임에 동참했다. 1991년 1월, 소련군이 리투아니아의 독립을 저지하기 위해 개입하자, 고르바초프는 새로운 연방 체제를 구축하기 위한 국민투표를 추진했다. 그러나 1991년 3월 국민투표는 발트 3국뿐만 아니라 아르메니아, 조지아, 몰도바에서도 참여를 거부했으며, 이는 소련의 해체를 더욱 앞당기는 계기가 되었다. 1991년 8월 19일 결정적으로 보수파 공산주의 세력이 쿠데타를 시도했으나 실패로 끝났고, 이후 여러 공화국이 앞다투어 독립을 선언했다. 결국, 12월 8일 벨라루스의 벨라베자 숲에서 체결된 '벨라베자 조약'과 이후 이를 확대한 '알마아타 선언'으로 독립국가연합(CIS)이 공식 출범하면서 소련은 역사 속으로 사라졌다.

1991년 이후 러시아와 그 이웃 국가들

1053

복잡한 이웃 관계

소련 붕괴 이후, 러시아는 구소련 공화국들과의 관계를 유지하려 했다. 이를 위해 1991년 12월 8일 러시아, 우크라이나, 벨라루스 정상은 '벨라베자 조약'을 체결하며 '독립국가연합(CIS)'을 창설했다. 이어 같은 해 12월 21일, 알마아타 정상회담에서 8개 공화국이 추가로 합류하며 CIS는 더욱 확대되었다. 반면, 발트 3국(에스토니아, 라트비아, 리투아니아)은 러시아와 거리를 두고 서방과의 관계 강화를 선택하며 독자적인 길을 걸었다. 2003년 국민투표에서 세 나라 모두 유럽연합 가입을 찬성했고, 이듬해 공식 가입했다.

한편, 2002년 러시아는 구소련 국가들과의 안보 협력을 강화하기 위해 집단안보조약기구(CSTO)를 결성했다. 이 기구에는 러시아를 비롯해 벨라루스, 아르메니아, 카자흐스탄, 키르기스스탄, 타지키스탄이 참여했다.

그러나 러시아와 주변국 간의 관계는 점점 더 긴장 상태로 치달았다. 특히 구소련 국가 내 러시아계 소수 민족의 존재는 주요 갈등 요소가 되었으며, 러시아는 이를 명분으로 '분리주의 지역'인 트란스니스트리아(몰도바), 돈바스(우크라이나), 압하지야 및 남오세티아(조지아)를 적극적으로 지원하며 영향력을 행사했다.

2014년, 러시아가 우크라이나의 크림반도를 합병하며 양국 관계가 급격히 악화되었다. 같은 해 돈바스 지역에서 친러 분리주의자들과 우크라이나 정부군 간의 전쟁이 발발하면서 긴장은 극에 달했다. 그리고 2022년 2월 24일, 러시아군이 우크라이나를 전면 침공했다.

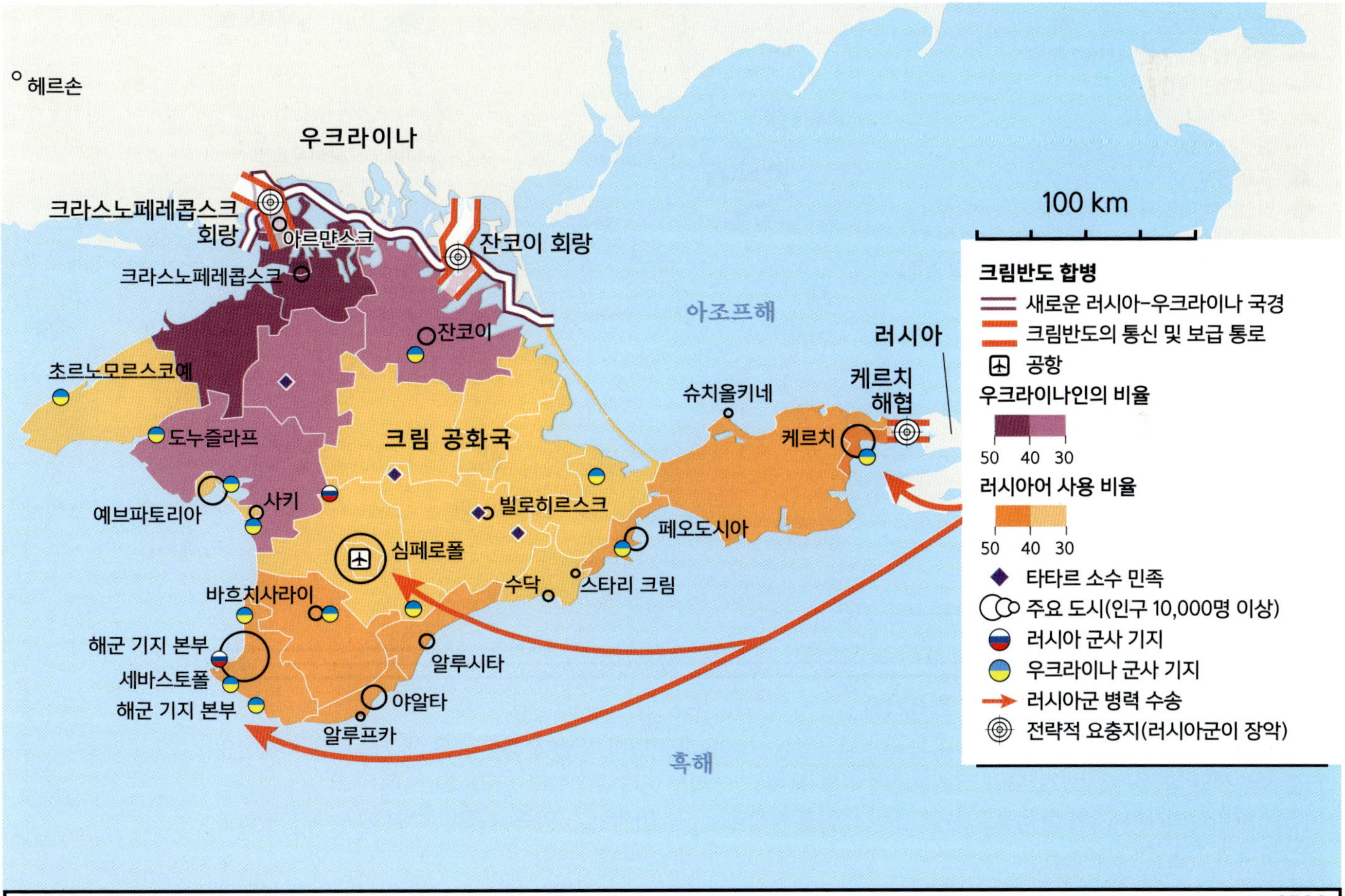

러시아-우크라이나 위기

1991년, 러시아에서 오랫동안 '소러시아'로 불려왔던 우크라이나가 독립을 선언했다. 독립 이후 우크라이나는 크림반도에 대한 주권을 주장하면서도 일정한 자치를 허용했다. 또한, 러시아와의 협정을 통해 구소련의 흑해 함대를 분할하고, 1783년 예카테리나 2세가 크림반도를 정복한 뒤 설립한 세바스토폴 항구를 러시아가 임대할 수 있도록 했다.

그러던 중 2014년 2월, 키이우에서 대규모 반정부 시위가 발생해 친러 성향의 빅토르 야누코비치 대통령이 축출되었고, 이를 계기로 러시아군이 크림반도를 즉각 점령했다. 이후 2014년 3월, 국제사회가 인정하지 않은 주민투표가 실시된 직후 러시아는 크림반도를 공식적으로 합병했다. 이 움직임은 러시아계 주민이 많은 우크라이나 동부 지역으로 확산되었고, 돈바스 지역에서 분리주의 세력이 등장하면서 우크라이나 정부군과 러시아의 지원을 받는 반군 간의 충돌로 이어졌다. 한편, 이러한 군사적·정치적 위기의 이면에는 우크라이나를 경유하는 러시아산 천연 가스관 문제가 주요 갈등 요인 중 하나로 자리하고 있다.

우크라이나 전쟁, 300일간의 전투
(2022년 2~12월)

우크라이나의 놀라운 저항(2022년 2~12월)

2022년 12월 20일, 러시아의 우크라이나 침공이 시작된 지 300일이 지났다. 이번 전쟁은 같은 해 2월 24일 러시아의 기습적인 전면 침공으로 발발했으며, 크렘린궁은 이를 '특수 군사 작전'이라 규정했다. 블라디미르 푸틴 러시아 대통령은 우크라이나의 '비나치화'를 목표로 하며, 돈바스 접경 지역에서 러시아계 소수 민족이 '집단 학살'을 당하고 있다고 주장하며 침공을 정당화했다.

2014년 러시아가 크림반도를 강제 합병한 이후, 우크라이나 정부와 친러 분리주의 세력, 그리고 러시아 간의 분쟁은 돈바스 지역에서 계속되었다. 2022년 2월 전면전이 시작되자 러시아군은 우크라이나 동부와 북부 접경 지역을 중심으로 공격을 감행했다. 침공 이틀 만에 러시아군은 수도 키이우 외곽까지 진격했고, 3월 3일에는 남부의 전략적 요충지인 헤르손을 점령했다. 그러나 3월 24일, 우크라이나군은 키이우 외곽에서 러시아군의 진격을 저지하는 데 성공했고, 3월 28일부터 북부 지역에서 대대적인 반격을 개시했다. 이후 4월부터 우크라이나군은 점령지를 차례로 탈환해 나갔다. 유럽연합과 미국은 마리우플 전투를 비롯한 러시아의 무차별 공격을 강하게 규탄했다. 5월 23일 한 러시아 병사가 전쟁 범죄 혐의로 첫 유죄 판결을 받았다. 한편 부차, 이지움, 크라마토르스크 등 여러 지역에서 민간인 학살이 발생한 사실이 확인되었다. 9월 6일, 우크라이나군은 하르키우와 헤르손에서 대규모 반격을 개시했고, 결국 11월 11일 러시아군은 헤르손에서 철수해 드니프로강 동쪽으로 후퇴했다. 유럽 각국은 직접적인 참전 대신 무기 지원과 난민 수용을 통해 우크라이나를 돕고 있으며, 전쟁은 해를 넘겨 장기전의 양상으로 접어들었다.

벨라루스
러 시 아
고멜
브랸스크
세메니우카
쇼스트카
쿠르스크
보로네시
돈강
체르노빌
반키우
체르니히우
코노톱
4월 1일
빌로필랴
수미
벨고로드
보우찬스크
호스토멜
부차
키이우
토로스티아네츠
오흐티르카
9월 6일
마카리우
이르핀 2월 27일~3월 28일
쿠피안스크
9월
스바토베
루한스크
우 크 라 이 나
2월 24일~5월 하르키우
발라클리야
폴타바
3월 7일~4월 1일, 9월 9일~10일 이지움
리만
세베르도네츠크 5월~6월
체르카시
드니프로강
크레멘추크
9월 6일
슬로뱐스크
루한스크
9월 11일
크라마토르스크
바흐무트 5월 17일부터 현재
드니프로페트로우스크
(현 드니프로)
호를리우카
마키이우카
키로보흐라드
도네츠크
유즈누크라인스크
크리비리흐
자포리자
마린카
도네츠크
다비디브
브리드
니코폴
자포리자
오리히우
훌랴이폴레
봄노바카
로스토프나도누
3월 25일
미콜라이우
11월 17일
헤르손
자포리자
마리우폴 2월 24일~5월 20일
멜리토폴
노바 카호우카
베르디안스크
오데사
헤르손 2월 24일~3월 2일, 8월 29일~11월 11일
아조프해
6월 30일
뱀섬
크림반도
케르치
크라스노다르
세바스토폴
흑해

유럽 연합을 향하여 (1951~2016년)

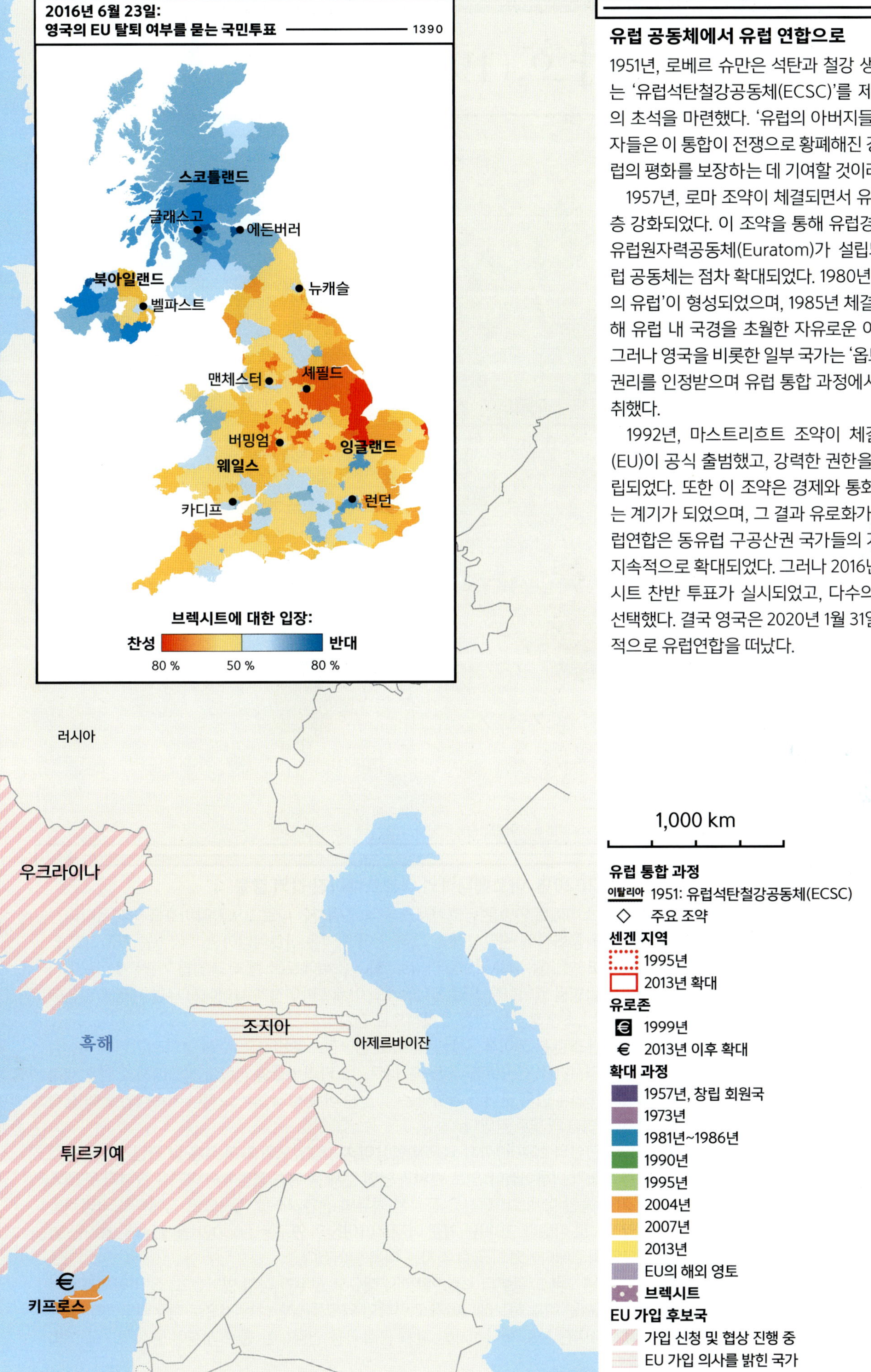

── 1084

유럽 공동체에서 유럽 연합으로

1951년, 로베르 슈만은 석탄과 철강 생산을 공동 관리하는 '유럽석탄철강공동체(ECSC)'를 제안하며 유럽 통합의 초석을 마련했다. '유럽의 아버지들'이라 불리는 창립자들은 이 통합이 전쟁으로 황폐해진 경제를 재건하고 유럽의 평화를 보장하는 데 기여할 것이라 믿었다.

1957년, 로마 조약이 체결되면서 유럽 경제 통합이 한층 강화되었다. 이 조약을 통해 유럽경제공동체(EEC)와 유럽원자력공동체(Euratom)가 설립되었으며, 이후 유럽 공동체는 점차 확대되었다. 1980년대 말까지 '12개 국의 유럽'이 형성되었으며, 1985년 체결된 셍겐 조약을 통해 유럽 내 국경을 초월한 자유로운 이동이 가능해졌다. 그러나 영국을 비롯한 일부 국가는 '옵트아웃(적용 제외)' 권리를 인정받으며 유럽 통합 과정에서 독자적인 입장을 취했다.

1992년, 마스트리흐트 조약이 체결되면서 유럽연합(EU)이 공식 출범했고, 강력한 권한을 가진 기관들이 설립되었다. 또한 이 조약은 경제와 통화의 통합을 추진하는 계기가 되었으며, 그 결과 유로화가 도입됐다. 이후 유럽연합은 동유럽 구공산권 국가들의 가입을 받아들이며 지속적으로 확대되었다. 그러나 2016년 영국에서는 브렉시트 찬반 투표가 실시되었고, 다수의 영국인이 탈퇴를 선택했다. 결국 영국은 2020년 1월 31일을 기점으로 공식적으로 유럽연합을 떠났다.

나르고노-카라바흐 (1988~2020년)

1988~2020년, 아르메니아와 아제르바이잔 간의 갈등

1921년, 소비에트 연방은 남코카서스 지역에 위치한 나르고노카라바흐를 아제르바이잔 소비에트 공화국에 편입시켰다. 그러나 이 지역은 아르메니아인이 다수를 차지하고 있었다. 1988년 2월, 나르고노카라바흐 '최고 소비에트(소련 최고 입법 기관)'가 아르메니아와의 합병을 결의하자, 아르메니아계와 아제르바이잔계 사이에서 유혈 사태가 발생했다. 그러나 소련 정부는 이를 효과적으로 진압하지 못했다.

1991년 소련 붕괴 이후, 갈등은 곧바로 전면전으로 번졌고, 수천 명의 민간인이 피난길에 올랐다. 1994년, 아르메니아군이 나르고노카라바흐를 점령한 상태에서 휴전 협정이 체결되었으며, 양측 군대가 대치하는 '휴전선'이 형성되었다. 그러나 지속적인 평화 정착은 이후 협상 과제로 남았다.

1994년부터 2020년까지 외교적 협상이 지속되었으며 특히 석유 및 천연가스 수송로 관련 논의가 이루어졌다. 영토 반환과 난민 문제 등 핵심 쟁점에서 이견을 좁히지 못했다. 이 기간 동안 아제르바이잔은 풍부한 석유와 천연가스를 기반으로 경제력과 국방력을 비약적으로 키웠다. 2019년 기준 아제르바이잔의 인구는 1,000만 명에 달해, 300만 명 규모인 아르메니아와의 국력 격차는 더욱 벌어졌다.

2020년 9월 27일부터 11월 9일까지 대규모 전투가 다시 벌어졌고, 결국 아제르바이잔이 1994년 이후 아르메니아가 점령했던 영토를 탈환하는 것으로 마무리되었다. 또한 아제르바이잔 본토와 나히체반 자치 공화국을 연결하는 통로 개설이 공식적으로 합의되었다.

나토(NATO)의 확장(1990~2022년)

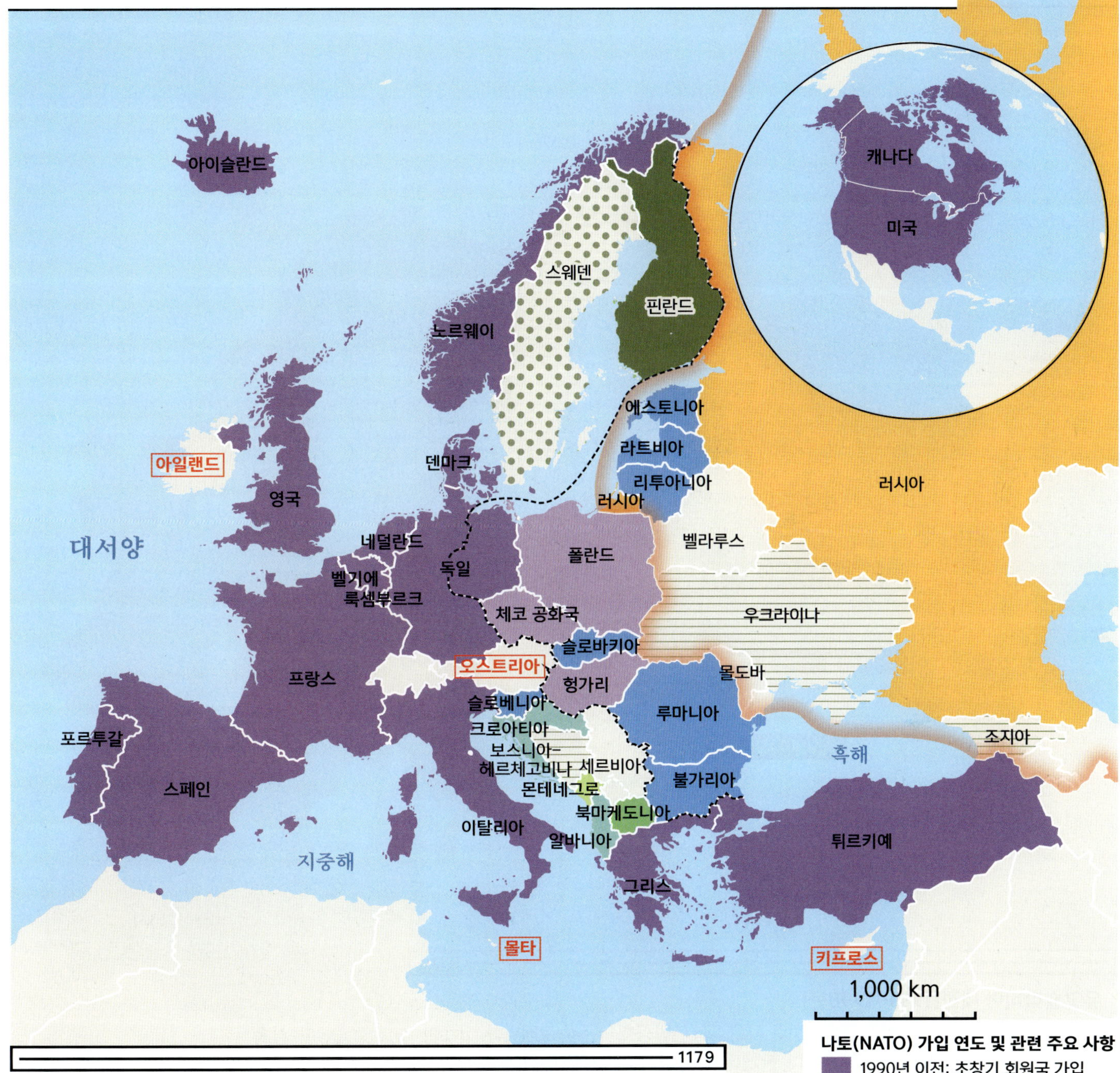

북대서양조약기구, 31개 회원국

북대서양조약기구(NATO)는 1949년, 유럽과 북미 12개국이 결성한 정치-군사 동맹으로 출범했다. 1990년 소련 붕괴 이후 나토는 과거 소련의 영향권에 있던 동유럽 및 중앙유럽 국가들을 회원국으로 받아들였다. 이에 따라 러시아와 나토 간 협정이 체결되었으며, 2002년 출범한 나토-러시아 평의회는 새로운 회원국 영토에 나토 군대를 주둔시키지 않기로 합의했다. 그러나 2014년 러시아가 우크라이나 크림반도 강제 합병 이후, 이 원칙은 파기되었다.

2022년 2월, 러시아-우크라이나 전쟁이 발발하면서, 핀란드와 스웨덴의 나토 가입 절차가 신속히 추진되었다. 특히 러시아와 1,340킬로미터의 국경을 맞대고 있는 핀란드는 2023년 4월 4일 나토의 31번째 회원국이 되었고, 이어 스웨덴도 회원국으로 정식 가입했다. 한편, 2017년부터 2019년까지 나토 가입을 추진해 온 우크라이나는 2022년 9월 30일, 신속 가입 절차를 공식 요청했다.

유고슬라비아의 해체 (1991~2008년)

유고슬라비아 내전(1991~1998년)

제2차 세계대전 이후 탄생한 유고슬라비아 사회주의 연방공화국은 슬로베니아, 크로아티아, 보스니아-헤르체고비나, 세르비아, 몬테네그로, 마케도니아 등 여섯 개 공화국으로 이루어진 다민족 국가였다. 그러나 1991년, 유고슬라비아 연방이 붕괴되기 시작했다. 각 공화국은 민족주의적 열망을 바탕으로 독립을 추진했으며, 이에 맞서 세르비아는 연방 유지를 강력히 주장하며 저항했다.

1991년 6월, 슬로베니아와 크로아티아가 독립을 선언하자, 유고슬라비아 연방군이 크로아티아에 군사 개입을 단행하며 내전이 발발했다. 이어서 마케도니아가 1991년 9월 독립을 선언했고, 보스니아는 1992년 3월 국민투표를 통해 독립을 결정했다. 이에 유고슬라비아 군대와 보스니아 내 세르비아계 민병대가 무력 개입하면서 보스니아 전쟁이 본격화되었다.

유럽연합과 유엔이 휴전 중재에 나섰지만 실패했고, 민간인 학살과 전쟁 범죄가 급증했다. 결국 1995년 나토가 군사 개입에 나섰고, 같은 해 11월 21일, '데이턴 평화 협정'이 체결되면서 보스니아 전쟁은 끝이 났다. 그러나 내전은 1998년 코소보로 확산되었으며, 알바니아계 분리주의 세력과 세르비아군 간의 무력 충돌이 계속되었다.

함께 보기 —— 발칸 전쟁 p.520
유고슬라비아 p.639
소련 붕괴 p.692

---1340---

끝나지 않는 사라예보 포위전
(1992~1995년)

보스니아 내에서 세르비아계 주민들은 보스니아인, 크로아티아인과 함께 국가의 주요 구성 민족을 이루고 있었다. 그러나 이들은 보스니아의 독립을 반대하며 무장 민병대를 조직했고, 갈등이 격화되면서 수도 사라예보는 처참한 전장이 되었다. 1992년 4월, 세르비아군은 도시 외곽 고지대에 진지를 구축하고 사라예보를 포위했다. 도시를 향한 지속적인 폭격과, 마르칼레 시장 등 민간인 구역을 겨냥한 무차별 포격으로 대규모 학살이 자행되었다. 이 포위전은 1995년 가을, 나토의 군사 개입으로 마침내 끝이 났다.

---2711---

새롭게 탄생한 7개국
(1991~2008년)

슬로베니아와 마케도니아는 유고슬라비아 연방에서 별다른 충돌 없이 탈퇴했지만, 크로아티아와 보스니아에서는 세르비아와의 전쟁이 발발했다. 전쟁이 끝난 후, 보스니아는 두 개의 행정 구역으로 분할되었다. 하나는 보스니아-헤르체고비나 연방(주로 보스니아계와 크로아티아계 중심), 다른 하나는 보스니아 세르비아 공화국(스릅스카 공화국, 세르비아계 중심)이었다.

한편, 세르비아의 영토였던 코소보는 새로운 화약고가 되었다. 세르비아인들은 코소보를 '세르비아 민족의 요람'으로 여겼지만, 인구의 다수를 차지한 알바니아계 주민들은 독립을 강력히 요구했다. 1998년, 유고슬라비아군(2003년 이후 '유고슬라비아' 명칭은 공식적으로 폐지됨)과 코소보 해방군(KLA)간의 무력 충돌이 본격화되었다. 이후 나토가 개입하면서 전쟁이 종결되었고, 유엔의 관리하에 놓여 있던 코소보는 2008년 독립을 선언했다. 이 과정에서 몬테네그로도 2006년 독립을 선언하며 유고슬라비아 연방은 완전히 해체되었다.

1990년 이후 걸프 지역의 긴장

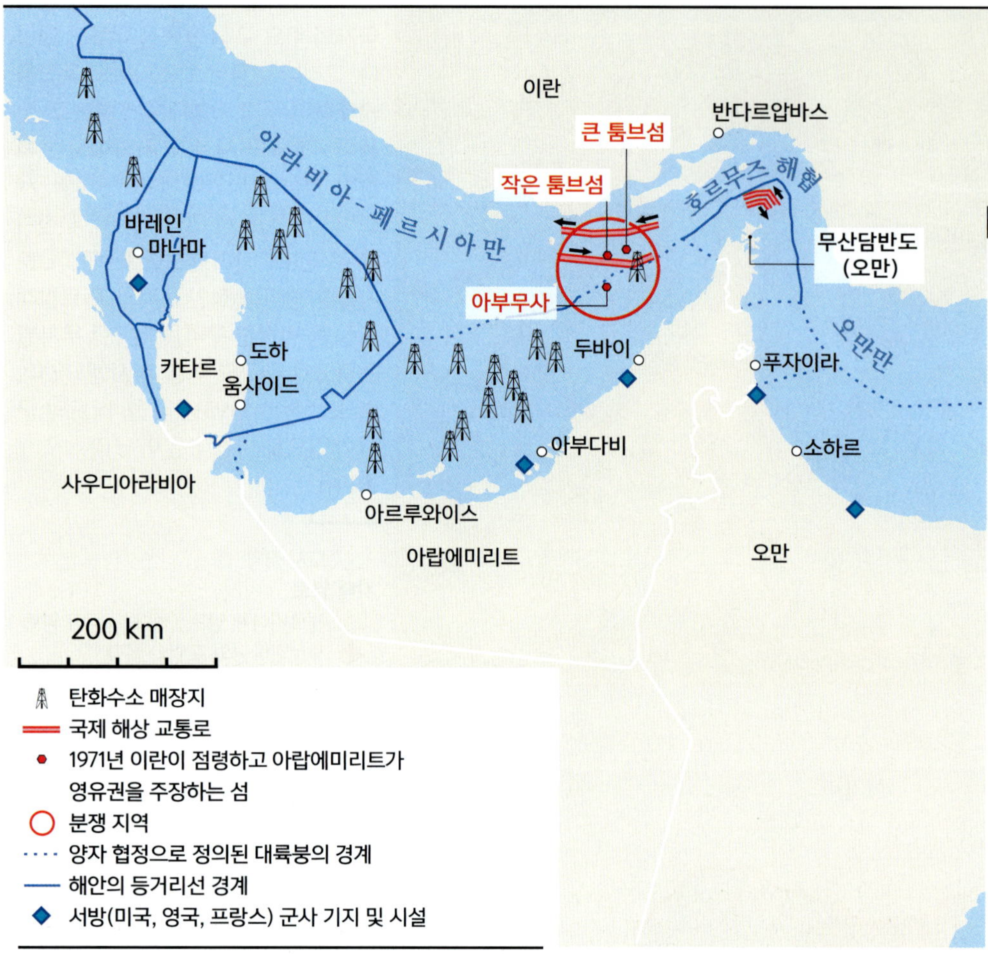

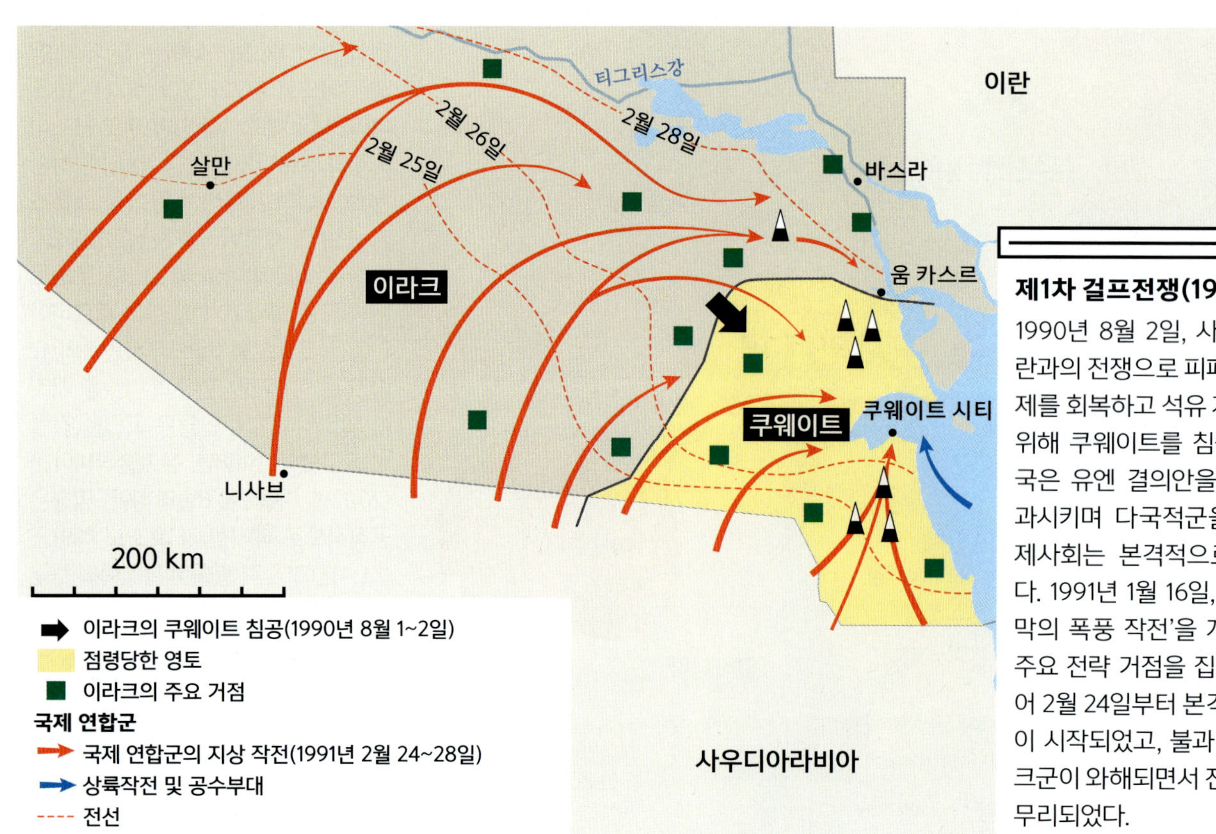

이란
반다르압바스
큰 툼브섬
작은 툼브섬
아라비아-페르시아만
호르무즈 해협
바레인
마나마
무산담반도
(오만)
아부무사
오만만
도하
카타르
움사이드
두바이
푸자이라
아부다비
소하르
사우디아라비아
아르루와이스
아랍에미리트
오만
200 km
탄화수소 매장지
국제 해상 교통로
1971년 이란이 점령하고 아랍에미리트가 영유권을 주장하는 섬
분쟁 지역
양자 협정으로 정의된 대륙붕의 경계
해안의 등거리선 경계
서방(미국, 영국, 프랑스) 군사 기지 및 시설

2712

아라비아-페르시아만

아라비아반도와 아시아 대륙을 연결하는 걸프만(아라비아-페르시아만)은 전략적으로 매우 중요한 지역이다. 이곳에는 풍부한 석유와 천연가스 자원이 매장되어 있으며, 세계 주요 원유 수송로로 활용되고 있다. 특히 호르무즈 해협은 해상 교통이 집중되는 핵심 항로다.

인접 국가들은 자원의 효율적 활용을 위해 석유수출국기구(OPEC) 등 다양한 협력체를 구성해 왔으나, 주도권을 둘러싼 치열한 경쟁과 갈등은 여전하다. 특히 미국과 이란 사이의 긴장이 고조되면서 군사 개입이 잦아지고 있어, 이 지역의 안보 상황은 여전히 세계 경제의 가장 불안한 뇌관으로 남아 있다.

티그리스강
이란
2월 26일
2월 28일
2월 25일
살만
바스라
이라크
움 카스르
쿠웨이트
쿠웨이트 시티
니사브
200 km
사우디아라비아
이라크의 쿠웨이트 침공(1990년 8월 1~2일)
점령당한 영토
이라크의 주요 거점
국제 연합군
국제 연합군의 지상 작전(1991년 2월 24~28일)
상륙작전 및 공수부대
전선

2713

제1차 걸프전쟁(1991년 1~2월)

1990년 8월 2일, 사담 후세인은 이란과의 전쟁으로 피폐해진 이라크 경제를 회복하고 석유 자원을 확보하기 위해 쿠웨이트를 침공했다. 이에 미국은 유엔 결의안을 주도적으로 통과시키며 다국적군을 결성했고, 국제사회는 본격적으로 대응에 나섰다. 1991년 1월 16일, 다국적군은 '사막의 폭풍 작전'을 개시해 이라크의 주요 전략 거점을 집중 공습했다. 이어 2월 24일부터 본격적인 지상 작전이 시작되었고, 불과 나흘 만에 이라크군이 와해되면서 전쟁은 빠르게 마무리되었다.

제2차 걸프전쟁(2003년 4월)

2003년, 조지 W. 부시 대통령은 '악의 축'과의 전쟁을 명분으로 내세워 이라크를 침공했다. 미국은 사담 후세인 정권이 대량 살상 무기를 보유하고, 알카에다를 지원하고 있다는 혐의를 제기했다. 그러나 유엔 안전보장이사회에서 프랑스가 이에 반대하며 결의안 채택을 저지하자, 미국은 독자적으로 '선제적 전쟁'을 감행했다.

2003년 봄, 미군은 대규모 공습과 함께 지상군을 투입하며 빠르게 진격했고, 4월 9일 바그다드가 함락되었다. 이후 5월 부시 대통령은 '임무 완료'를 선언하며 공식적으로 전투 종료를 발표했다. 같은 해 12월에는 사담 후세인은 체포되어 재판을 거친 뒤 2006년에 처형되었다.

그러나 2004년부터 이라크 내 테러 공격이 급증하고 이슬람 무장 세력의 게릴라전이 확산되면서 나라 전체가 장기간 혼란에 빠졌다. 미국의 일방적인 군사 개입은 유럽을 비롯한 국제사회에서 거센 반발을 불러일으켰다.

오슬로 이후 이스라엘과 팔레스타인 영토(1993년)

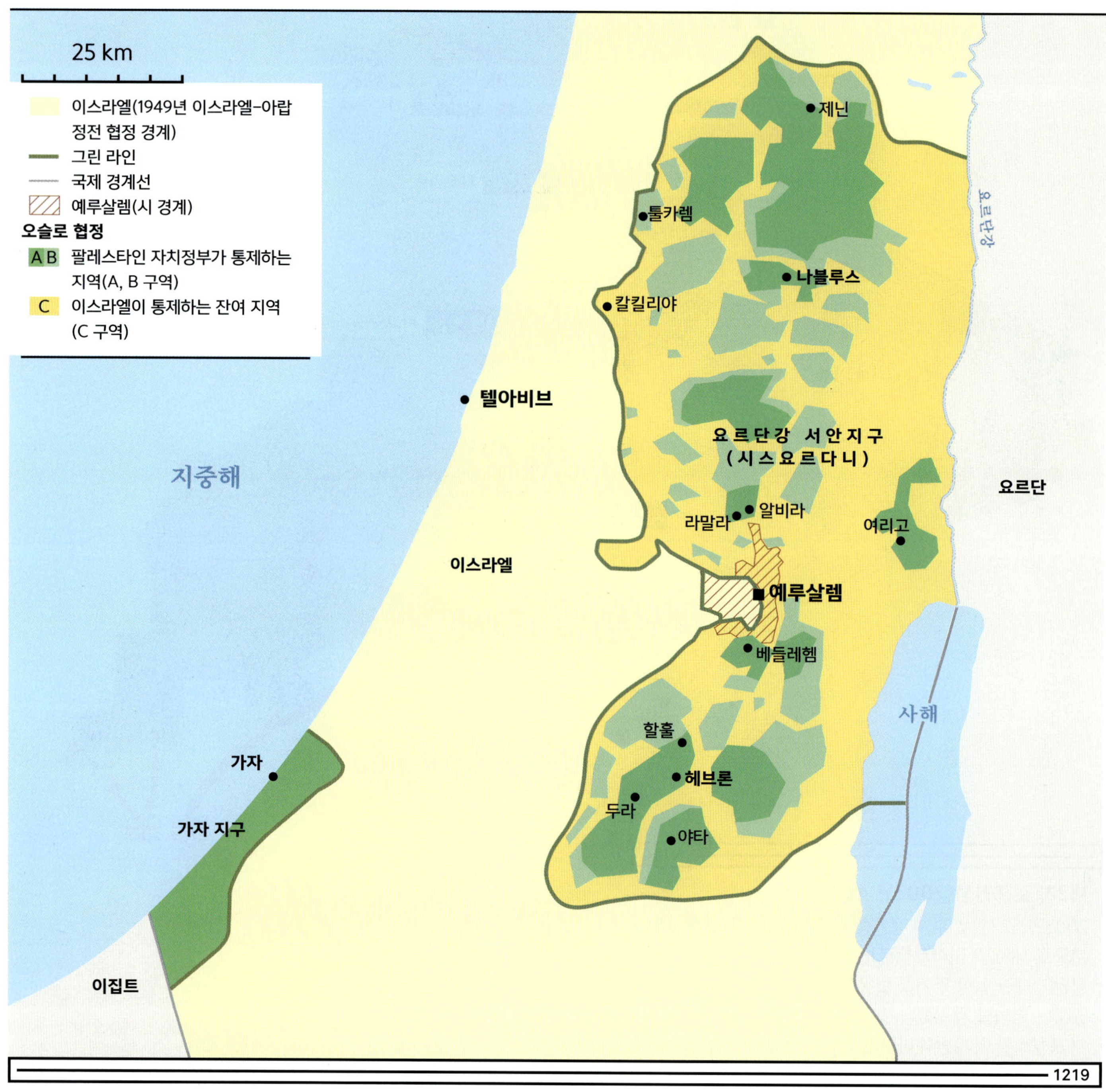

오슬로 협정(1993~1995년)

1967년부터 이스라엘은 요르단강 서안, 동예루살렘, 골란고원, 가자 지구를 점령하고 1980년대 내내 정착촌 건설을 강행했다. 이에 반발한 팔레스타인인들은 1987년 첫 번째 민중 봉기인 '1차 인티파다'를 일으켰고, 양측의 긴장은 최고조에 달했다.

이런 상황 속에서 팔레스타인 해방기구(PLO) 의장 야세르 아라파트와 이스라엘 총리 이츠하크 라빈은 평화 협상을 시작했다. 상호 인정을 바탕으로 한 이 협상은 1993년과 1995년에 체결된 오슬로 협정으로 이어졌으며, 이를 통해 팔레스타인 자치정부(PA)가 설립되었다. 그러나 가자 지구와 요르단강 서안 대부분은 여전히 이스라엘의 통제 아래 남아 있었다. 이 협정은 양측의 극단주의 세력으로부터 강한 반발을 샀다. 하마스는 1947년 유엔 분할안(두 국가 해법)을 거부하며, 이스라엘의 소멸을 주장했다. 그럼에도 불구하고 폭력 사태는 계속되었고, 1994년에는 한 이스라엘 정착민이 헤브론에서 팔레스타인인 29명을 학살하는 사건이 발생했다. 1995년 11월 4일, 팔레스타인과의 평화 협상에 반대하던 이스라엘 극단주의자에 의해 이츠하크 라빈 총리가 암살되면서, 평화 프로세스는 심각한 위기에 직면했다.

이루지 못한 평화(1996년 이후)

이츠하크 라빈 총리 암살 이후, 이스라엘에서는 보수 성향의 베냐민 네타냐후가 총리로 취임했다. 그는 팔레스타인과의 관계에서 강경한 안보 정책을 내세우며 정착촌 건설을 계속 추진했다. 2000년, 제2차 인티파다가 발발하면서 팔레스타인 무장 세력의 자살 폭탄 테러와 이스라엘군의 공습이 이어지는 등 폭력 사태가 더욱 격화되었다.

이에 2002년, 총리가 된 아리엘 샤론은 요르단강 서안과 이스라엘을 가르는 '분리 장벽(보안 장벽)' 건설을 결정했다. 그러나 이 장벽은 1949년 정전 협정선(그린 라인)을 따르지 않고, 일부 이스라엘 정착촌을 포함하도록 건설되면서 논란이 되었다. 이후에도 요르단강 서안에서의 정착촌 확장은 계속되었다.

한편, 가자 지구에서는 2005년 이스라엘 정부가 정착민 철수를 결정했으나, 2007년 하마스가 이 지역을 장악한 이후 이스라엘과의 갈등이 심해졌고, 긴장은 여전히 지속되고 있다.

예루살렘

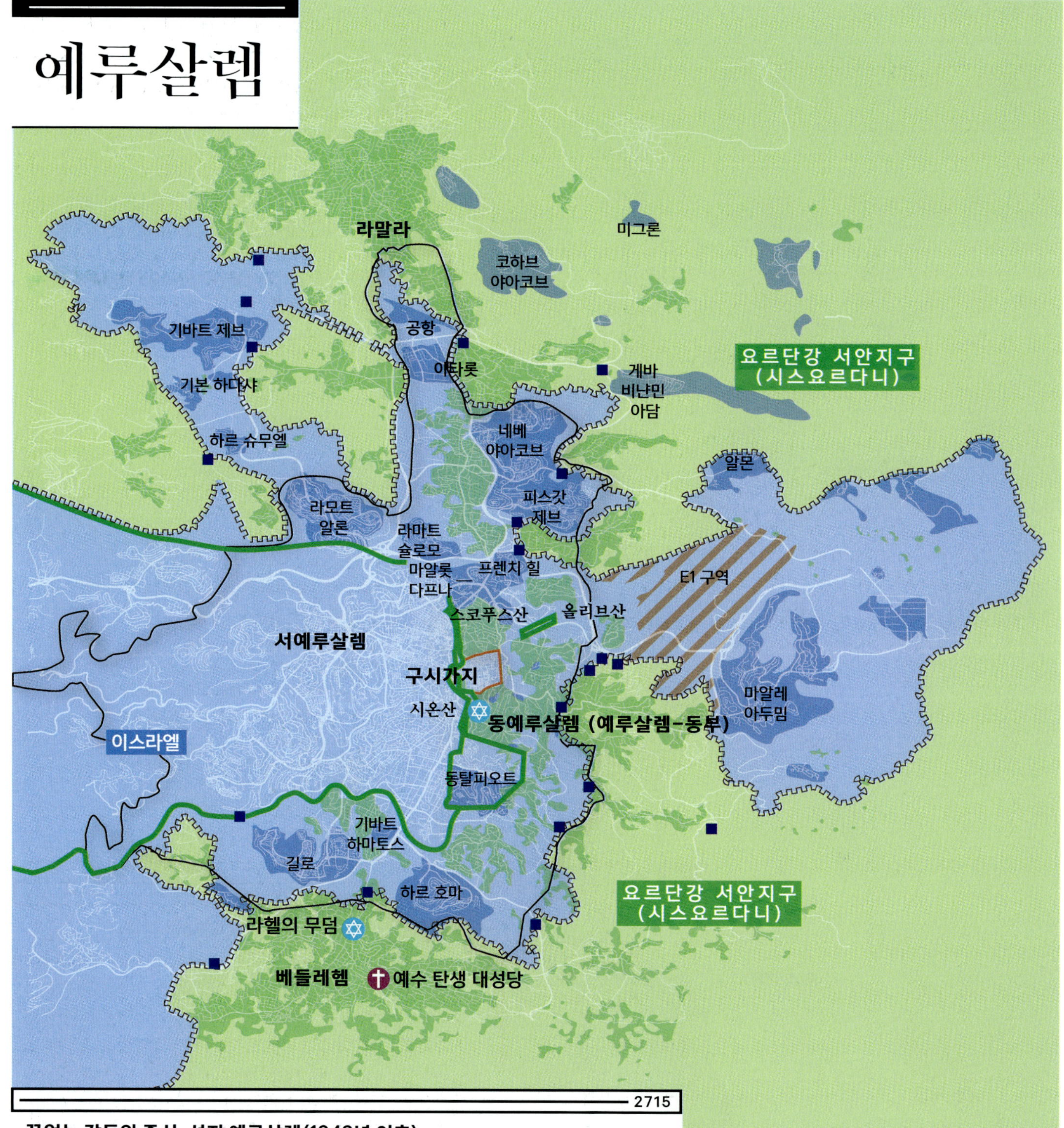

끝없는 갈등의 중심, 성지 예루살렘(1949년 이후)

1947년 유엔 분할안은 유대교, 기독교, 이슬람교 모두에게 성지인 예루살렘을 '국제 관리 구역으로 두는 방안을 제시했다. 그러나 1948년 1차 중동 전쟁 이후, 예루살렘은 휴전선(그린 라인)을 기준으로 서예루살렘(이스라엘)과 동예루살렘(요르단)으로 동서가 분단되었다.

1967년 3차 중동 전쟁(6일 전쟁)에서 승리한 이스라엘은 동예루살렘을 점령하고 이를 자국 영토로 합병했다. 이어 1980년에는 이스라엘은 예루살렘을 '분할할 수 없는 수도'로 공식 선언했다. 이후 동예루살렘에서는 이스라엘의 정착촌 건설이 본격적으로 진행되었고, 팔레스타인 지역은 점차 축소되었다. 2000년대에 들어 요르단강 서안과 동예루살렘 사이에 '안보 장벽'이 건설되면서, 동예루살렘은 서안 지구와 물리적으로 단절된 채 이스라엘 정착촌에 포위된 섬처럼 고립되었다. 예루살렘은 여전히 이스라엘과 팔레스타인 간 갈등의 중심지이며, 2017년 당시 미국 대통령인 도널드 트럼프가 미국 대사관을 텔아비브에서 예루살렘으로 이전하면서 긴장은 더욱 고조되었다.

함께 보기 — 중동에서의 작전 p.556
제1차 아랍-이스라엘 전쟁 p.658
중동 p.660

팔레스타인(2023년)

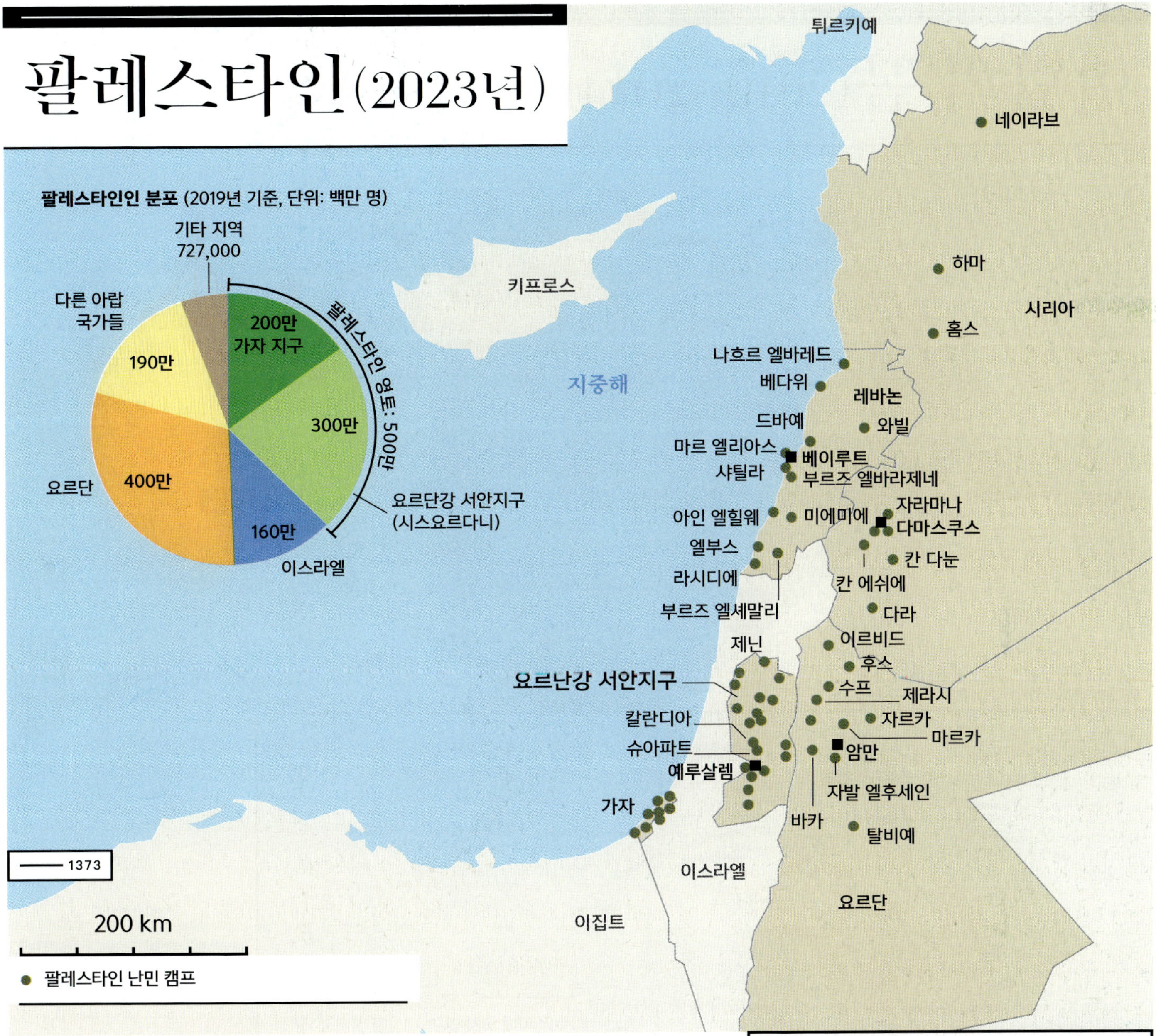

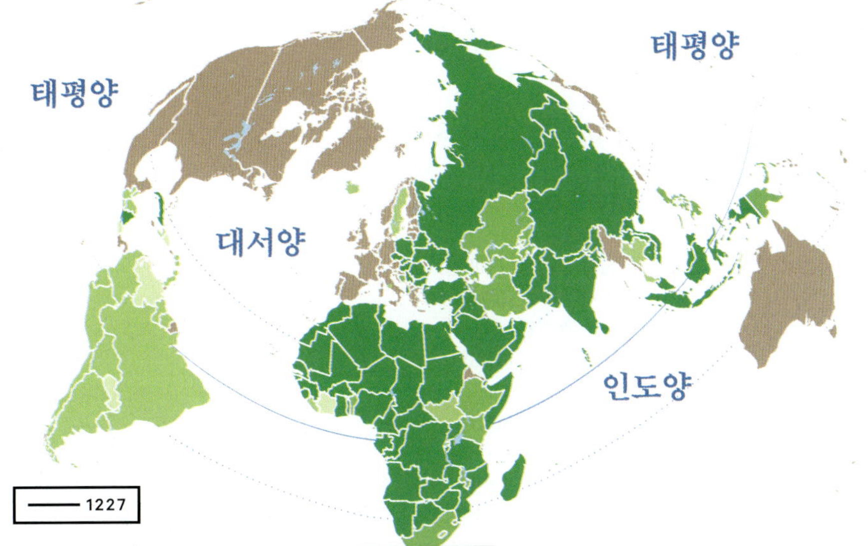

흩어진 팔레스타인 인구

현재 전 세계에는 1,300만 명 이상의 팔레스타인인이 살고 있다. 이 중 약 500만 명이 요르단강 서안과 가자 지구를 포함한 팔레스타인 자치지역에 거주하고 있다. 나머지 약 600만 명 이상은 주변 아랍 국가로 흩어졌으며, 요르단에 약 400만 명, 시리아에 63만여 명, 레바논에 40만여 명이 살고 있는 것으로 추산된다.

이들 중 상당수는 '유엔 팔레스타인 난민 구호사업국(UNRWA)'이 운영하는 난민 캠프에서 생활하고 있는데, 예를 들어 요르단에는 230만 명의 팔레스타인 난민이 등록되어 있다.

팔레스타인 자치 정부(PA)는 1993년 오슬로 협정을 통해 공식적으로 인정받았으며, 야세르 아라파트에 이어 마흐무드 압바스가 이를 이끌고 있다. 또한 팔레스타인 자치 정부는 유엔에서 팔레스타인의 국가 승인 문제를 지속적으로 제기해 왔으며, 2012년에는 유엔 비회원 참관국 지위를 획득했다.

아랍의 봄(2010~2014년)

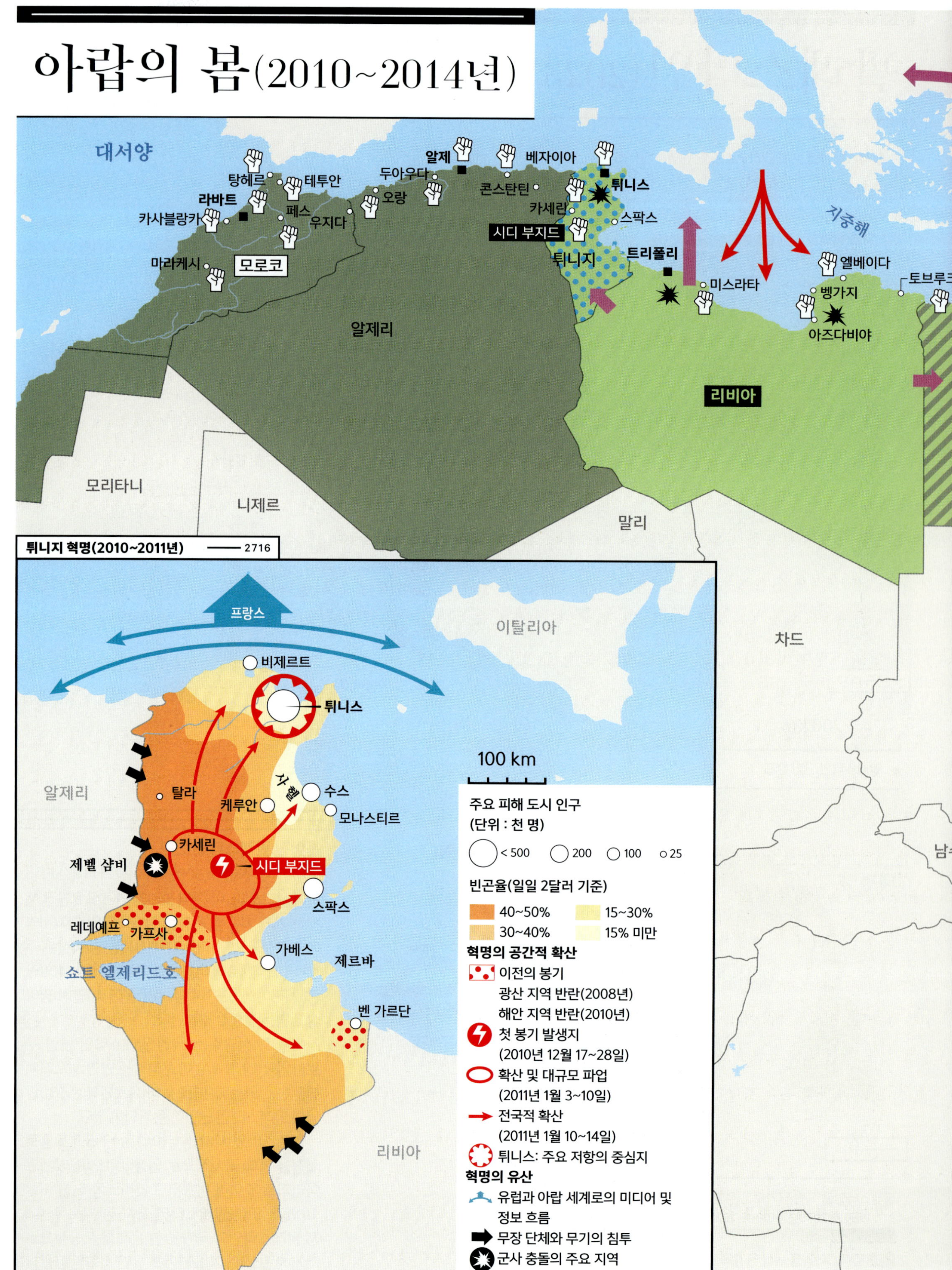

아랍의 봄, 혁명의 물결

2010년 12월, 튀니지에서 시작된 아랍의 봄 혁명은 북아프리카와 중동 전역으로 확산됐다. 특히 무함마드 부아지지의 분신 사건은 혁명의 도화선이 되었으며 이를 계기로 대규모 시위가 촉발되었다. 시민들은 민주주의와 사회 개혁을 요구하며 수십 년간 권력을 유지해 온 독재 정권에 맞섰다. 그러나 각국의 상황은 크게 달랐다. 시위의 규모, 정부의 탄압 수준, 외세의 개입 정도, 이슬람주의 세력의 영향력, 그리고 혁명의 결과 등이 나라마다 다르게 전개되었다. 튀니지, 이집트, 예멘, 리비아에서는 독재 정권이 무너졌지만, 바레인과 시리아에서는 강력한 외부 세력의 지원과 가혹한 탄압 속에서 기존 정권이 권력을 유지했다. 반면, 모로코, 오만, 요르단, 사우디아라비아 등 일부 국가는 반정부 시위를 무력화하기 위해 제한적인 개혁을 단행했다.

일부 국가에서는 아랍의 봄 이후 장기적인 내전과 불안정이 이어졌다. 시리아에서는 초기 반정부 시위가 다자간 전쟁으로 확산되었으며, 리비아에서는 국제사회의 개입으로 카다피 정권이 무너졌지만, 이후 국가가 분열되면서 장기간의 혼란에 빠졌다. 이 두 나라에서는 이슬람 무장 세력들이 상당한 지역을 장악하며 갈등을 더욱 심화시켰다. 한편, 예멘에서는 2011년 반정부 시위로 살레 대통령이 축출되었으나 불과 3년 만에 내전이 발발했다.

2010년 12월 17일
튀니지 시디부지드에서 청년 무함마드 부아지지의 분신으로 '아랍의 봄' 봉기가 시작됨. 이 사건은 아랍 세계 전체로 퍼지는 혁명의 도화선이 됨.

2011년 1월 25일
이집트 타흐리르 광장을 중심으로 대규모 반정부 시위가 시작됨. 그 결과 호스니 무바라크 대통령이 2월 11일 사임함.

2011년 2월 14일
바레인에서 반정부 저항 운동이 시작됨.

2011년 3월 15일
시리아 남부 다라에서 바샤르 알 아사드 정권에 반대하는 첫 시위가 발생함. 정부의 강경 진압으로 몇 주 만에 시리아 내전으로 확산됨.

2011년 3월 17일
유엔 결의안 1973호에 따라 리비아 민간인 보호를 위해 카다피군에 대한 공습이 승인됨. 이 공습은 리비아 내 반정부 시위 지원을 목적으로 함.

2011년 6월 3일
예멘의 살레 대통령이 테러로 부상을 입고 사우디아라비아로 이송되어 치료를 받음. 이후 권력 이양에 합의함.

2011년 10월
튀니지에서 이슬람주의 정당인 엔나흐다가 혁명 과정에서 합법화된 뒤 선거에서 승리하며 주요 정치 세력이 됨. 리비아에서는 북대서양조약기구 (NATO)의 지원을 받은 국가 과도위원회(CNT)가 승리하고, 카다피가 사망함.

2012년 6월 17일
이집트에서 무슬림형제단 출신의 모하메드 모르시가 대통령으로 당선됨. 그러나 이후 통치에 대한 반발로 대규모 시위가 재발했고, 1년 뒤 군부에 의해 축출됨.

시리아(2011~2019년)

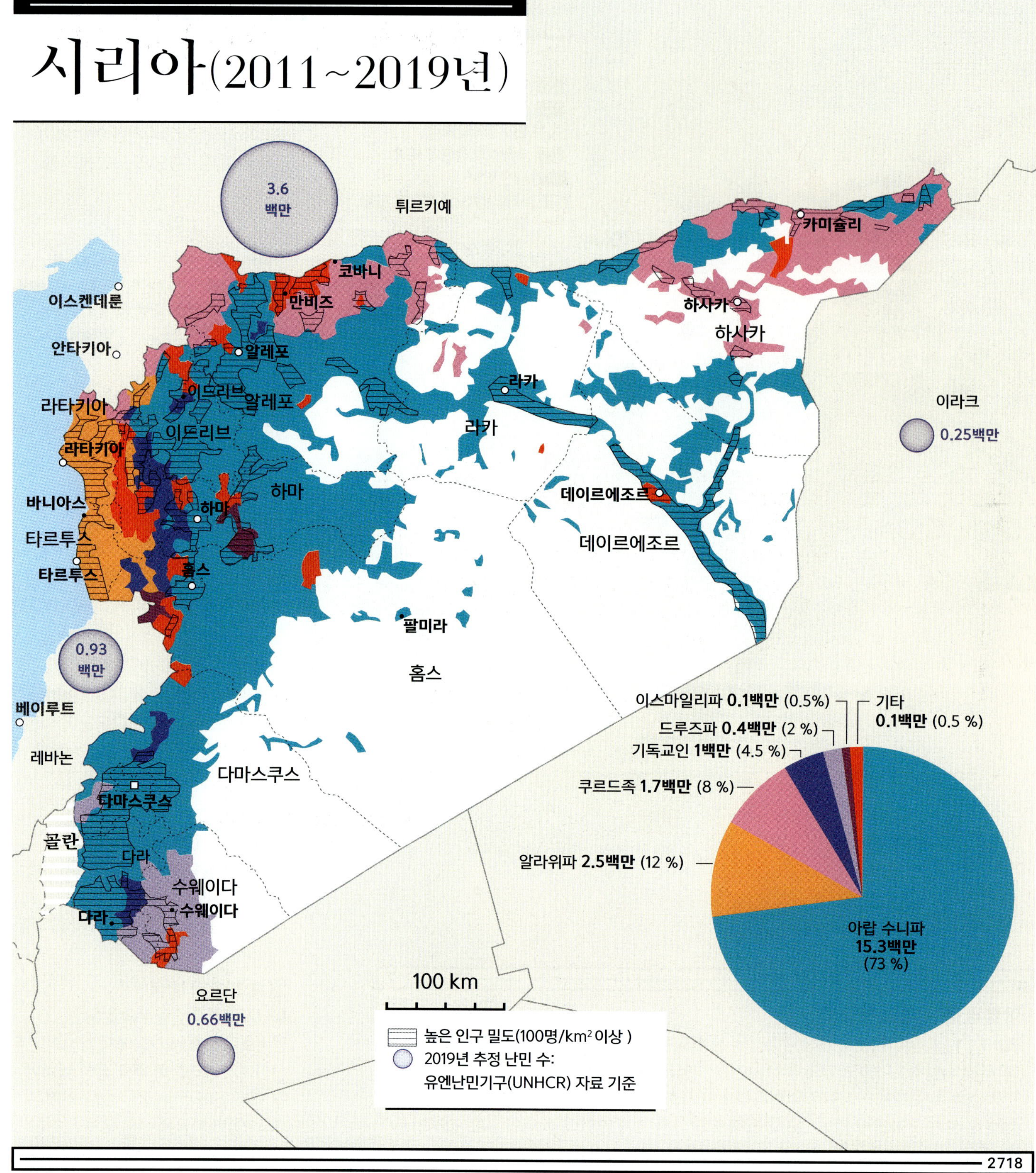

다양한 민족과 종교가 공존하는 시리아

2011년에 내전이 발발하기 직전의 시리아 인구는 2,100만 명이 넘었다. 지중해, 북아프리카, 메소포타미아, 중앙아시아를 잇는 교차로에 위치한 시리아는 역사적으로 다양한 문화와 민족이 뒤섞이며 다채로운 사회를 형성해 왔다. 시리아에는 수니파 무슬림, 알라위파, 시아파, 드루즈파, 기독교인, 쿠르드족 등 여러 종교, 민족 집단이 공존하고 있었다. 프랑스 위임통치령 시기에는 종교와 지역에 따라 '분할 통치'가 이루어졌으나, 1944년 창설된 바트당은 시리아를 하나의 범아랍 세속 국가로 통합하는 것을 목표로 삼았다.

1970년, 하페즈 알아사드가 정권을 장악한 이후 소수파인 알라위파가 국가 권력을 장악했다. 반면, 시리아 인구의 약 70퍼센트를 차지하는 수니파 무슬림 중 상당수는 정부에 반대하며 반군 세력에 가담했으나 종교적 정체성과 정치적 성향이 항상 일치하는 것은 아니었다.

2018년 기준, 시리아의 인구는 1,700만 명 이하로 급감했다. 유엔난민기구(UNHCR)에 따르면 2019년까지 약 560만 명의 시리아인이 주변국으로 피난했으며, 내전으로 수십만 명이 목숨을 잃었다.

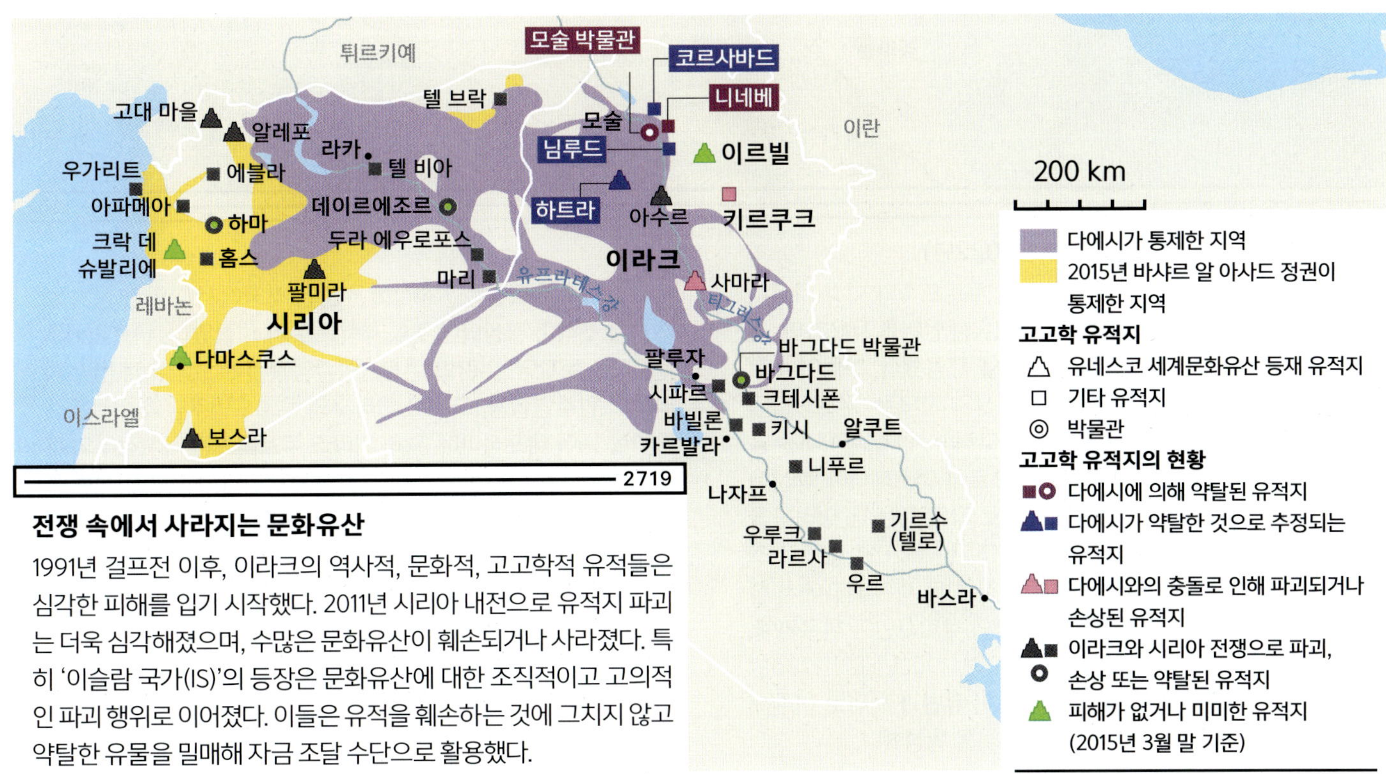

내전에서 국제적 위기로(2011~2019년)

2011년, 바샤르 알아사드 정권에 반대하는 시위가 정부의 강경 탄압으로 이어지면서 시리아 내전이 본격적으로 시작되었다. 내전은 자유 시리아군(FSA), 쿠르드족 민병대(YPG), 알누스라 같은 살라피 지하디스트 단체, 그리고 시리아 정부군 등 다양한 세력이 뒤엉킨 복잡한 충돌로 확산되었다. 각 세력은 서로 다른 외부 국가의 지원을 받으며 전쟁을 더욱 늪으로 빠트렸다.

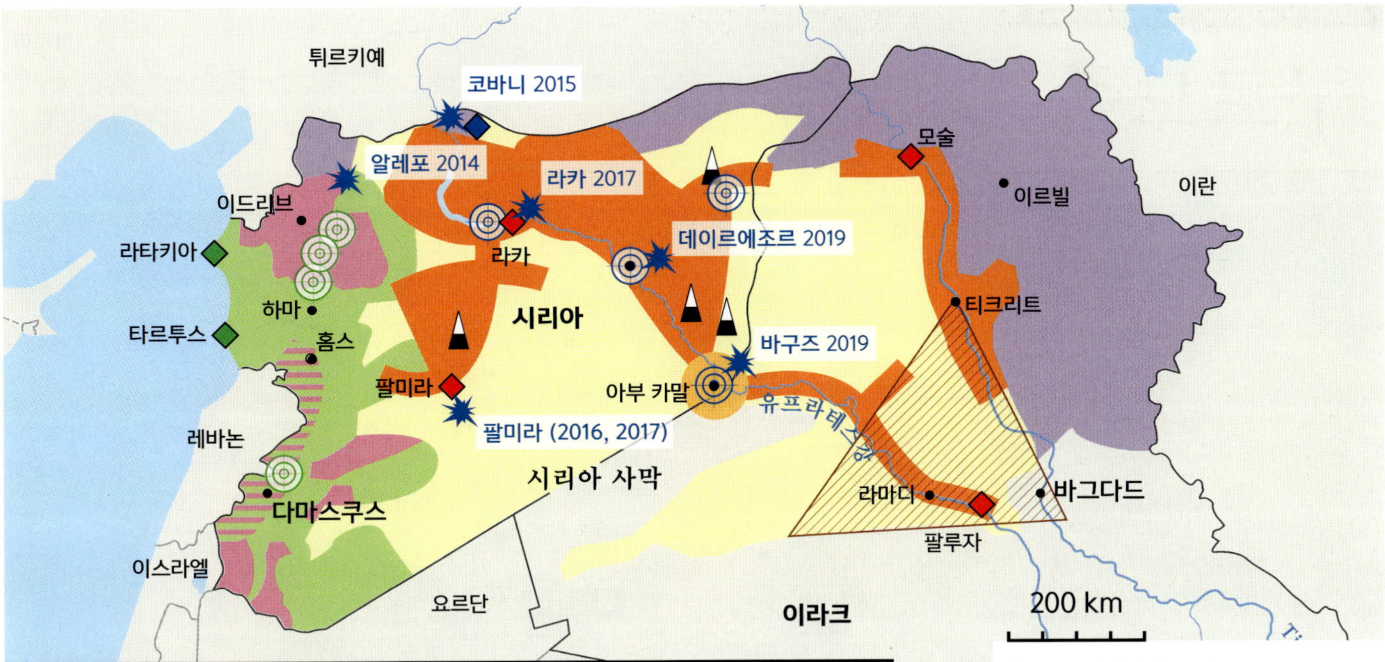

이런 혼란 속에서, '이슬람 국가(IS, 다에시)' 지하디스트 무장 단체가 급부상했다. 이들은 2003년 미국의 이라크 침공 이후 불안정해진 이라크에서 세력을 키웠고, 시리아 내전이 격화되자 이를 발판 삼아 세력을 확장하며 이라크와 시리아의 광범위한 지역을 장악했다. 이에 대응해 2014년, 미국이 주도하는 아랍-서방 연합군이 '이슬람국가(IS)' 소탕 작전을 개시했다. 결국 2019년, 다에시의 마지막 거점들이 함락되면서 조직은 사실상 붕괴되었다.

전쟁 속에서 사라지는 문화유산

1991년 걸프전 이후, 이라크의 역사적, 문화적, 고고학적 유적들은 심각한 피해를 입기 시작했다. 2011년 시리아 내전으로 유적지 파괴는 더욱 심각해졌으며, 수많은 문화유산이 훼손되거나 사라졌다. 특히 '이슬람 국가(IS)'의 등장은 문화유산에 대한 조직적이고 고의적인 파괴 행위로 이어졌다. 이들은 유적을 훼손하는 것에 그치지 않고 약탈한 유물을 밀매해 자금 조달 수단으로 활용했다.

쿠르드족

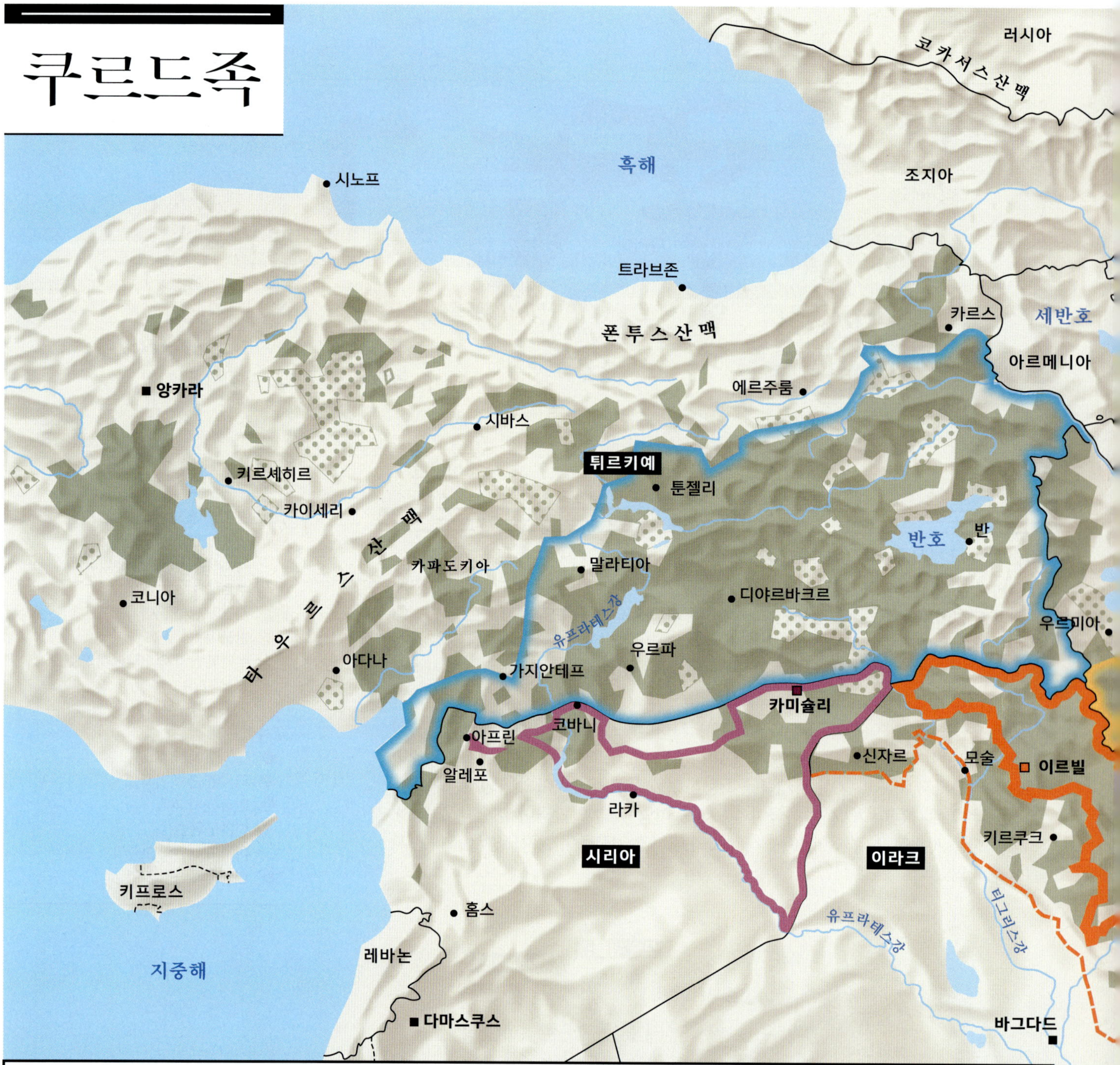

러시아
코카서스산맥
조지아
흑해
시노프
트라브존
카르스
세반호
아르메니아
폰투스산맥
에르주룸
앙카라
시바스
튀르키예
툰젤리
반호
반
키르셰히르
카이세리
카파도키아
말라티아
디야르바크르
우르미아
코니아
유프라테스강
우르파
아다나
가지안테프
카미슐리
아프린
코바니
신자르
모술
이르빌
알레포
라카
키르쿠크
시리아
이라크
키프로스
홈스
유프라테스강
레바논
지중해
다마스쿠스
바그다드
1301

실현되지 못한 쿠르디스탄(1920~2022년)

10세기경, 아랍 지리학자들은 지도에 '쿠르드족의 나라(쿠르디스탄)'를 표시했다. 당시 쿠르드족은 고유한 언어를 사용하며, 전쟁에 능한 전사로서 여러 제국에 병력을 제공했다. 그들이 주로 거주한 지역은 메소포타미아 북부의 산악 지대로, 쿠르드족의 정체성이 어느 정도 확립되어 있었다. 그러나 제1차 세계대전 당시, 쿠르드족은 오스만 제국의 일원으로서 아르메니아 학살에 가담했다. 이후 독립적인 정치 세력으로 자리 잡는 데 어려움을 겪으면서, 쿠르드족의 독립국가 수립 요구는 1920년 세브르 조약과 1923년 로잔 조약을 통해 이루어진 중동 재편 과정에서 철저히 배제되었다. 현재 약 3,500만 명의 쿠르드인이 튀르키예, 이란, 시리아, 이라크에 걸쳐 살고 있으며, 1960년대와 1980년 튀르키예 군부 쿠데타 이후 많은 이들이 유럽과 북미로 이주해 상당한 규모의 디아스포라(이산 공동체)를 형성했다.

쿠르드족은 오랫동안 정착해온 중동 각국에서 다양한 정치 및 준군사 조직이 결성되어 주요 세력으로 자리 잡았다. 튀르키예의 쿠르드노동자당, 이란의 쿠르드민주당과 쿠르드자유생명당, 시리아의 민주연합당, 그리고 이라크의 쿠르드민주당과 쿠르드애국연합 등이 대표적이다. 특히 이라크 쿠르디스탄 자치정부의 쿠르드 민병대는 강력한 군사력을 보유하고 있다. 시리아에서는 로자바 지역이 사실상의 자치권을 행사하고 있으며, 시리아 내전 중 쿠르드 민병대가 이 지역을 '민주적 연방체'로 선언했다. 그러나 이후 튀르키예군과 시리아 자유군의 연합 공격을 지속적으로 받으며 긴장이 고조되고 있다. 한편, 이라크 쿠르디스탄 자치정부는 2017년 독립을 위한 비공식 국민투표를 실시했으며, 92.73퍼센트라는 높은 찬성률을 기록했다.

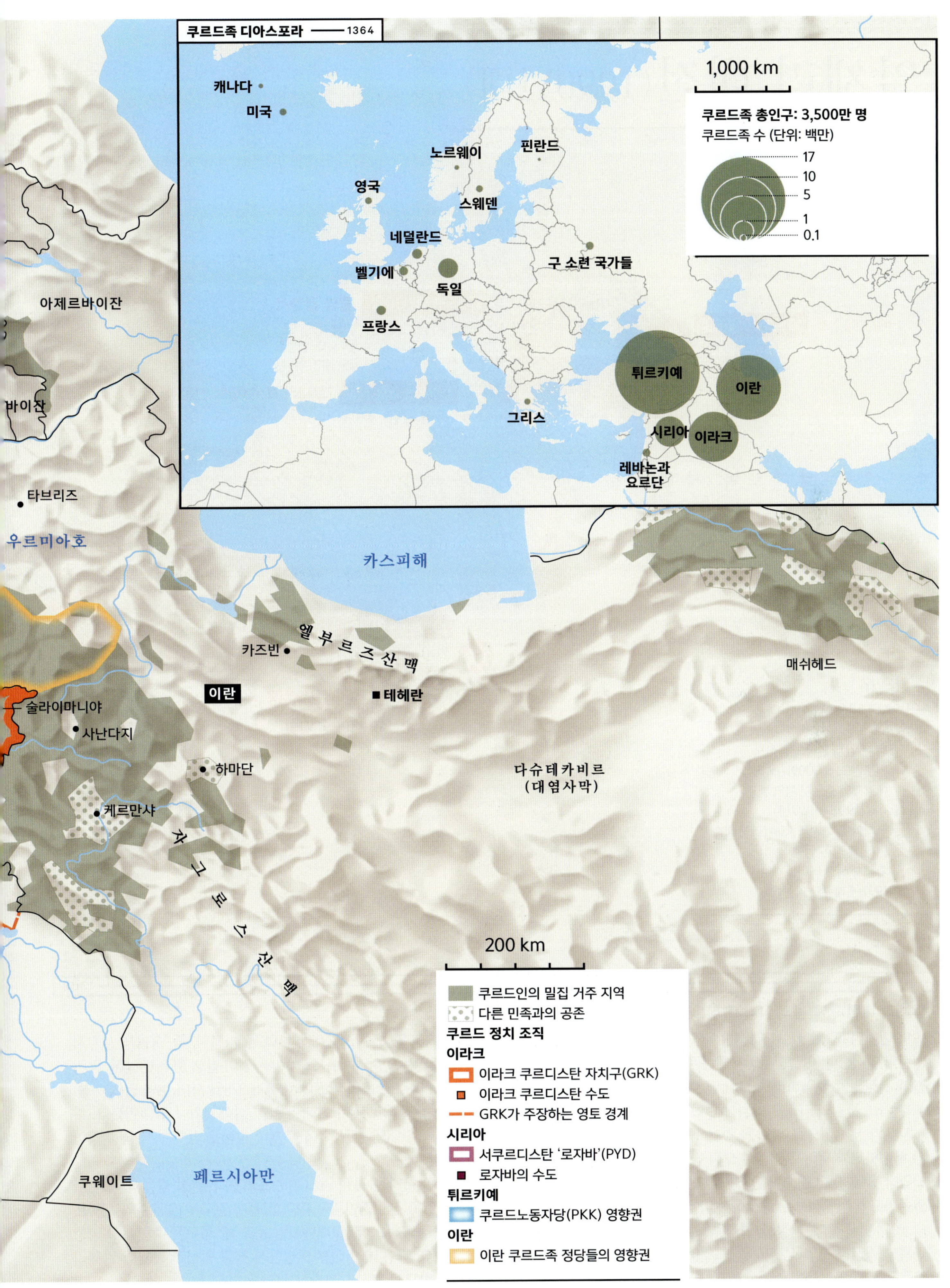
쿠르드족 디아스포라 ──1364

1,000 km

쿠르드족 총인구: 3,500만 명
쿠르드족 수 (단위: 백만)
17
10
5
1
0.1

캐나다
미국
노르웨이
핀란드
영국
스웨덴
네덜란드
벨기에
독일
구 소련 국가들
프랑스
그리스
튀르키예
이란
시리아
이라크
레바논과
요르단

아제르바이잔
바이잔
타브리즈
우르미아호
카스피해
카즈빈
엘부르즈 산맥
매쉬헤드
이란
술라이마니야
사난다지
테헤란
하마단
다슈테카비르
(대 염사막)
케르만샤
자그로스 산맥
200 km

쿠웨이트
페르시아만

쿠르드인의 밀집 거주 지역
다른 민족과의 공존
쿠르드 정치 조직
이라크
이라크 쿠르디스탄 자치구(GRK)
이라크 쿠르디스탄 수도
GRK가 주장하는 영토 경계
시리아
서쿠르디스탄 '로자바'(PYD)
로자바의 수도
튀르키예
쿠르드노동자당(PKK) 영향권
이란
이란 쿠르드족 정당들의 영향권

알제리 내전 (1990년대)

알제리 내전과 '죽음의 삼각지대'

1990년대, 알제리에서는 이슬람주의 세력과 군부 간의 치열한 내전이 벌어졌다. 이슬람주의자들은 수니파 이슬람 공화국을 수립하고 정권을 장악하려 했으나 군부는 기존 정권을 유지하고, 석유·가스 자원의 이권을 독점하려 했다.

사태가 본격적으로 악화된 것은 1992년, 국가최고위원회 의장 무함마드 부디아프가 연설 도중 경호원에게 암살당하면서부터였다. 이후 무장 이슬람 단체(GIA)는 정부군뿐만 아니라 민간인들까지 무차별적으로 공격하며 나라를 극심한 혼란에 빠뜨렸다. 이에 맞서 군대, 경찰, 정보기관도 이슬람 반군을 소탕한다는 명목으로 강경 진압 작전을 펼쳤고, 이 과정에서 국민들에게 새로운 공포를 조성했다.

특히 1997년, 수도 알제 남부와 동부 지역, 즉 '죽음의 삼각지대'로 불리는 곳에서 대규모 학살 사건이 발생했다. 벤탈하, 라이스, 베니 메수스 등의 마을에서 불과 3개월 사이 수백 명의 여성, 아이, 노인들이 GIA에 의해 무참히 살해되거나 불태워졌다. 주민들은 군부대의 방관 속에 무방비 상태로 끔찍한 비극을 겪어야 했다.

내전이 끝나는 과정 역시 혼란스러웠다. 무장 충돌과 폭력 사태는 2000년대 중반까지 이어졌으며, 결국 이슬람주의 세력은 정권을 장악하는 데 실패했지만 문화적, 종교적 측면에서 영향력을 확대했다. 내전 이후 이슬람식 생활 방식과 규율이 알제리 사회 전반으로 확산되며 깊은 영향을 미쳤다.

사헬의 지하디즘 (2012~2022년)

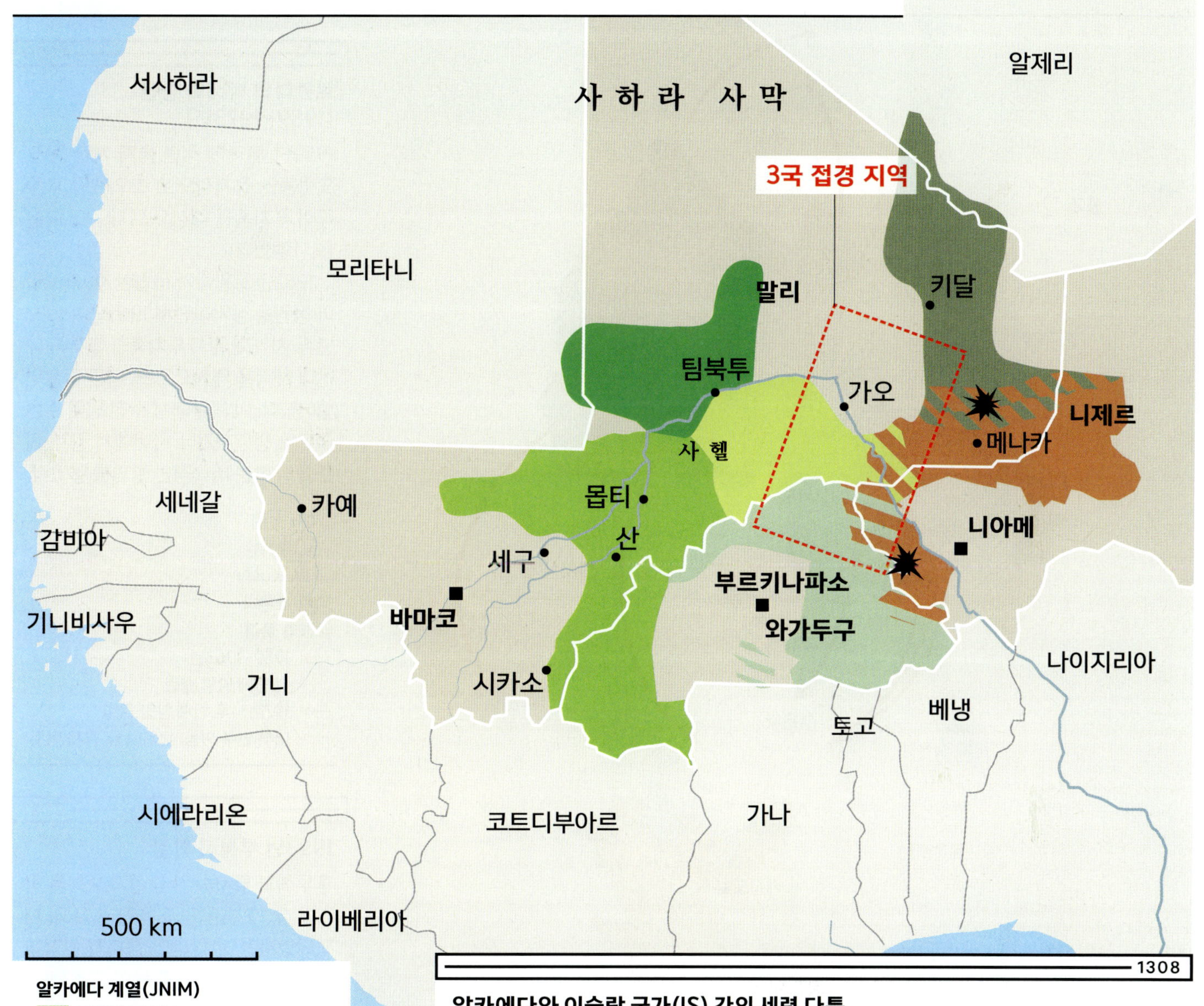

알카에다 계열 (JNIM)
- 카티바 마시나
- 툼북투 에미르국
- 카티바 세르마
- 안사룰 이슬람
- 안사르 에딘

다에시/IS 계열 (EIS)
- 사헬 이슬람 국가 (EIGS)
- 분쟁 지역
- ✸ JNIM-EIGS간 충돌

알카에다와 이슬람 국가(IS) 간의 세력 다툼

지난 30년간, 여러 지하디스트(이슬람 성전주의) 단체들이 사하라와 사헬 지역에 자리 잡으려 해왔다. 대부분 외국 출신 전투원들로 구성된 이들은 소코토 칼리프국이나 마시나 제국 같은 과거 이 지역에 존재했던 이슬람 국가들의 영광을 내세워 자신들의 정당성을 주장하며 지역 사회에 침투했다. 2012년, 알제리 기반의 알카에다 북아프리카 지부(AQMI, 아크미)와 사헬 지역 무장 단체인 '서아프리카 통일과 성전을 위한 운동(MUJAO, 무자오)'이 말리 북부를 장악하면서 혼란은 극에 달했다. 이에 대응해 프랑스는 2014년부터 2022년까지 '바르칸 작전'을 수행하며 군사 개입을 단행했다.

현재 말리에서는 두 개의 주요 지하디스트 세력이 충돌하고 있다. 하나는 알카에다 연계 조직인 '이슬람과 무슬림 지원 그룹(JNIM)'이고, 다른 하나는 이슬람 국가(IS)의 사헬 지부인 '대사하라 이슬람 국가(ISGS, EIGS)'이다. 이들은 특히 말리, 부르키나파소, 니제르 세 나라의 접경 지역인 '3개국 접경 지대'에서 치열한 전투를 벌이고 있다.

한편, 말리에서 2020년부터 2021년까지 연이어 군부 쿠데타가 발생한 이후, 새 정권은 지하디스트 세력을 진압하기 위한 군사 작전을 강화했다. 그러나 2022년 2월 프랑스가 철군을 발표한 이후, EIGS는 빠르게 세력을 재정비하며 말리 북동부에서 우위를 점하고 있다. 반면 JNIM은 말리 수도 바마코까지 위협하며 세력을 확장하고 있는 상황이다.

르완다와 부룬디 (1959~1994년)

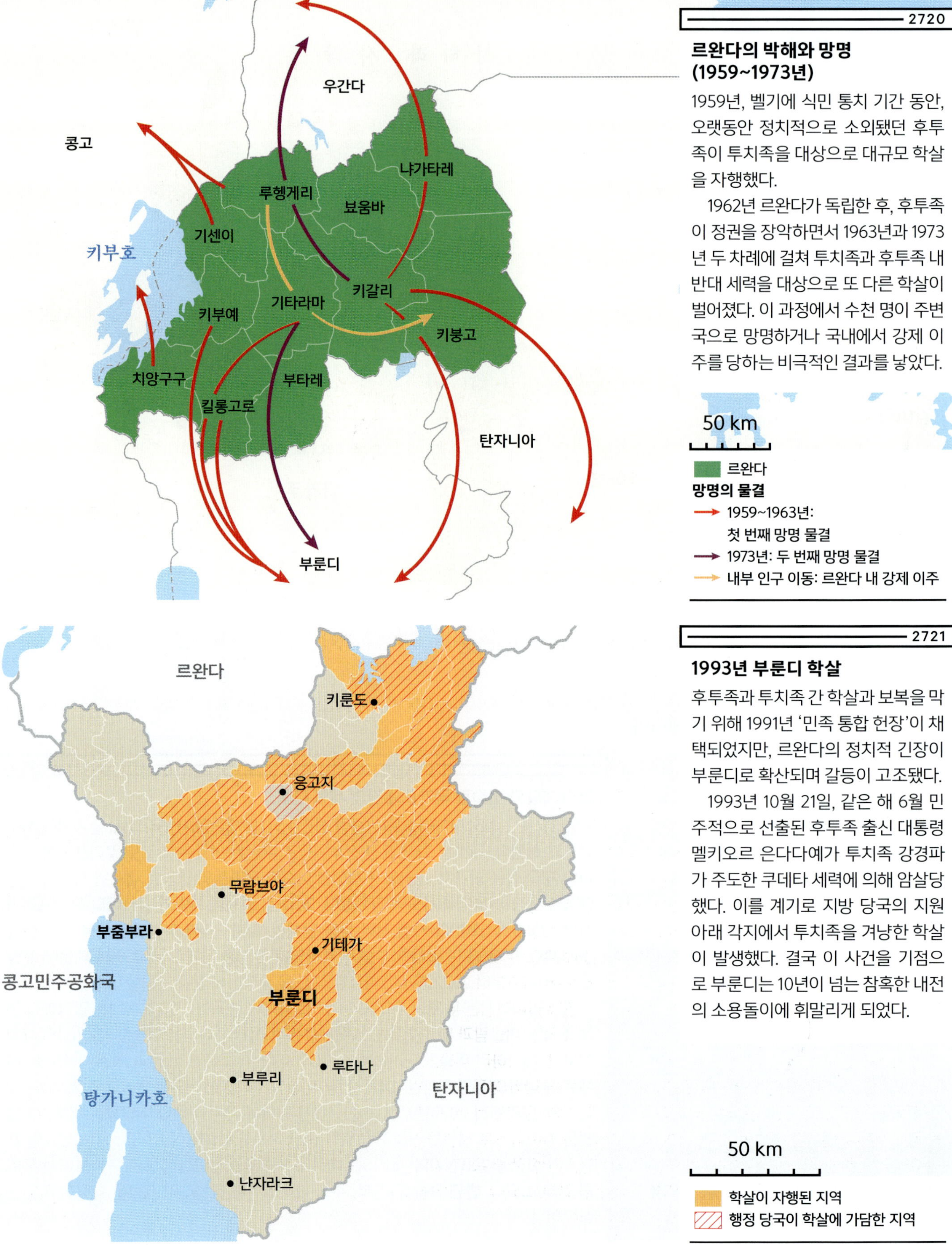

르완다의 박해와 망명 (1959~1973년)

1959년, 벨기에 식민 통치 기간 동안, 오랫동안 정치적으로 소외됐던 후투족이 투치족을 대상으로 대규모 학살을 자행했다.

1962년 르완다가 독립한 후, 후투족이 정권을 장악하면서 1963년과 1973년 두 차례에 걸쳐 투치족과 후투족 내 반대 세력을 대상으로 또 다른 학살이 벌어졌다. 이 과정에서 수천 명이 주변국으로 망명하거나 국내에서 강제 이주를 당하는 비극적인 결과를 낳았다.

1993년 부룬디 학살

후투족과 투치족 간 학살과 보복을 막기 위해 1991년 '민족 통합 헌장'이 채택되었지만, 르완다의 정치적 긴장이 부룬디로 확산되며 갈등이 고조됐다.

1993년 10월 21일, 같은 해 6월 민주적으로 선출된 후투족 출신 대통령 멜키오르 은다다예가 투치족 강경파가 주도한 쿠데타 세력에 의해 암살당했다. 이를 계기로 지방 당국의 지원 아래 각지에서 투치족을 겨냥한 학살이 발생했다. 결국 이 사건을 기점으로 부룬디는 10년이 넘는 참혹한 내전의 소용돌이에 휘말리게 되었다.

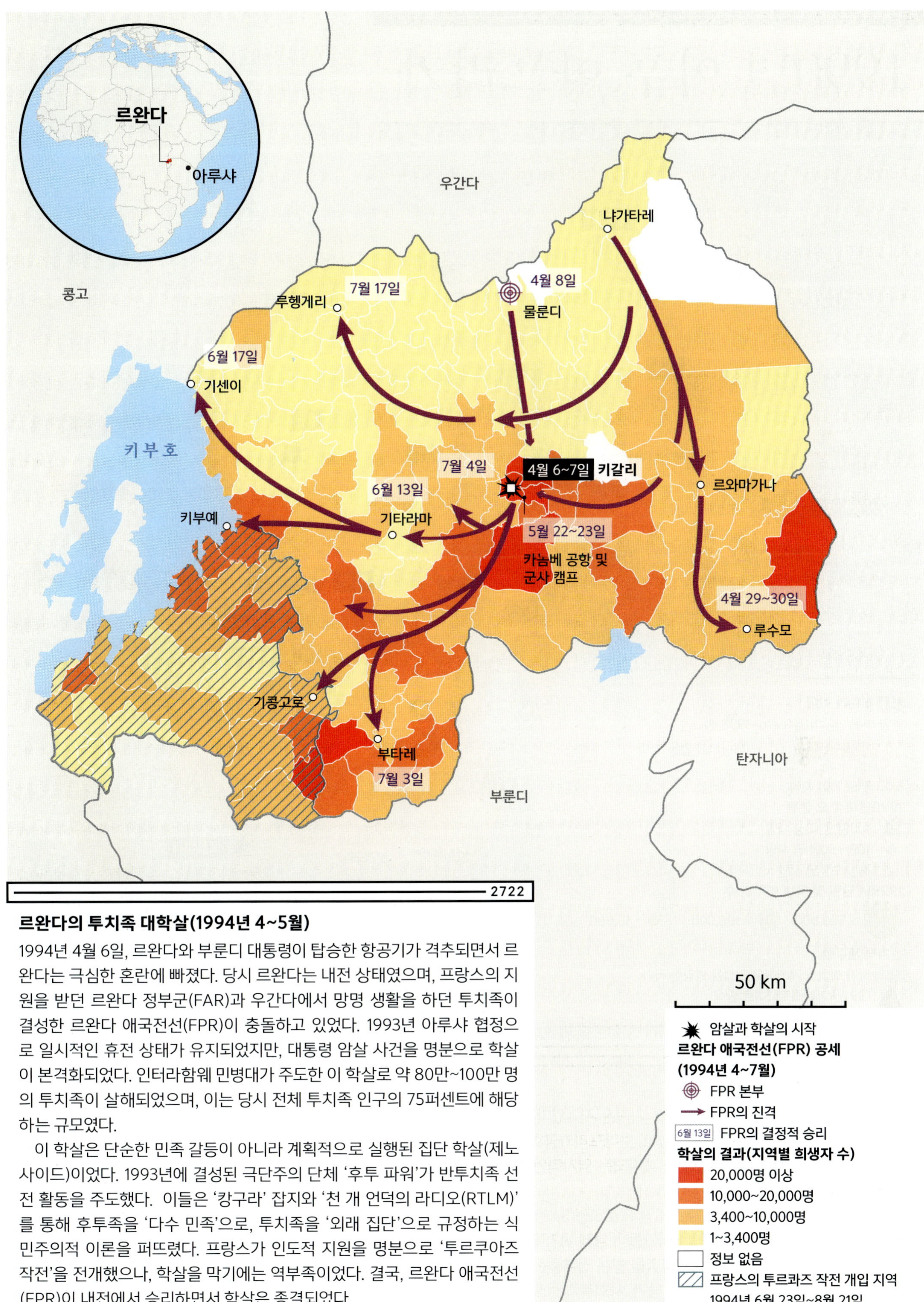

르완다의 투치족 대학살(1994년 4~5월)

1994년 4월 6일, 르완다와 부룬디 대통령이 탑승한 항공기가 격추되면서 르완다는 극심한 혼란에 빠졌다. 당시 르완다는 내전 상태였으며, 프랑스의 지원을 받던 르완다 정부군(FAR)과 우간다에서 망명 생활을 하던 투치족이 결성한 르완다 애국전선(FPR)이 충돌하고 있었다. 1993년 아루샤 협정으로 일시적인 휴전 상태가 유지되었지만, 대통령 암살 사건을 명분으로 학살이 본격화되었다. 인터라함웨 민병대가 주도한 이 학살로 약 80만~100만 명의 투치족이 살해되었으며, 이는 당시 전체 투치족 인구의 75퍼센트에 해당하는 규모였다.

이 학살은 단순한 민족 갈등이 아니라 계획적으로 실행된 집단 학살(제노사이드)이었다. 1993년에 결성된 극단주의 단체 '후투 파워'가 반투치족 선전 활동을 주도했다. 이들은 '캉구라' 잡지와 '천 개 언덕의 라디오(RTLM)'를 통해 후투족을 '다수 민족'으로, 투치족을 '외래 집단'으로 규정하는 식민주의적 이론을 퍼뜨렸다. 프랑스가 인도적 지원을 명분으로 '투르쿠아즈 작전'을 전개했으나, 학살을 막기에는 역부족이었다. 결국, 르완다 애국전선(FPR)이 내전에서 승리하면서 학살은 종결되었다.

1990년 이후 아프리카

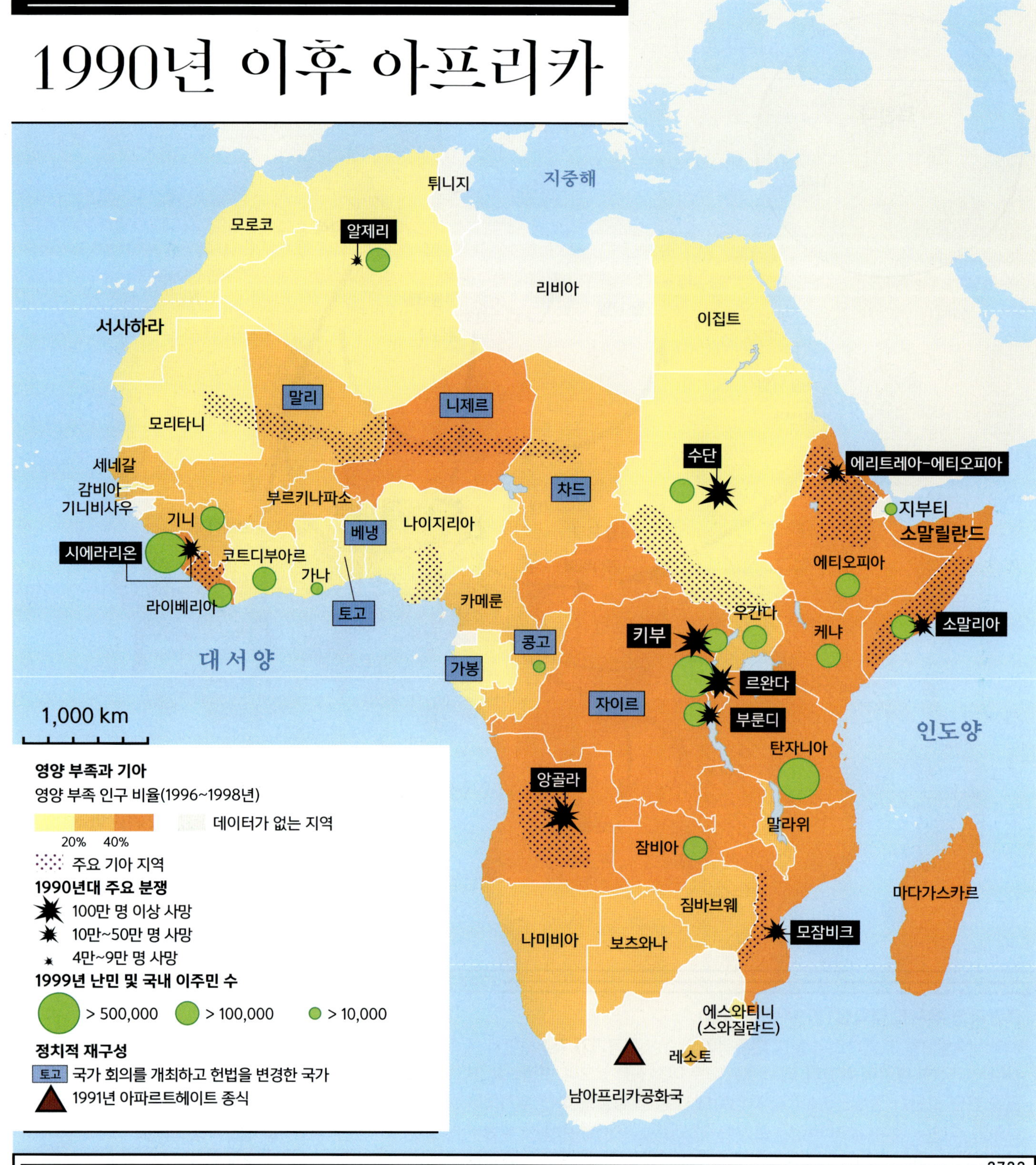

아프리카, 1990년대의 분쟁

1990년대는 아프리카에 중대한 변화를 가져온 시기였다. 냉전이 종식되면서 일부 분쟁이 마무리되었고, 남아프리카공화국에서 아파르트헤이트(인종 분리 정책)가 폐지되는 역사적인 전환점을 맞이했다.

그러나 국제통화기금(IMF)의 '구조조정 프로그램(SAP)'이 본격적으로 시행되면서 많은 아프리카 국가들이 경제 위기에 직면했다. 원자재 가격 하락으로 재정적 압박을 받은 정부들은 대규모 차입을 감행했으며, 그 결과 실업률 증가, 사회복지 정책 약화로 빈곤과 불평등이 가속화되었다. 이로 인해 농촌 인구의 도시 유입, 생활 수준 하락, 사회적 갈등 증가 등의 문제가 나타났다. 또한, 일부 지역에서는 전쟁과 극심한 가뭄이 겹치며 대규모 기근이 발생해 식량 위기가 악화되었다. 이 시기 아프리카에서 발생한 분쟁은 천연자원 확보 경쟁, 영토 및 정치적 갈등, 이슬람 극단주의 세력의 확산 등 다양한 원인에서 비롯되었다. 이러한 분쟁들은 대규모 난민 사태를 초래했으며, 이는 난민 수용국과 경유국들의 불안정을 더욱 심화시키는 악순환을 낳았다. 이 같은 위기 상황 속에서 유엔, 비정부기구(NGO), 그리고 자원 확보 등 자국의 전략적 이익을 노린 열강들의 개입도 점차 증가했다.

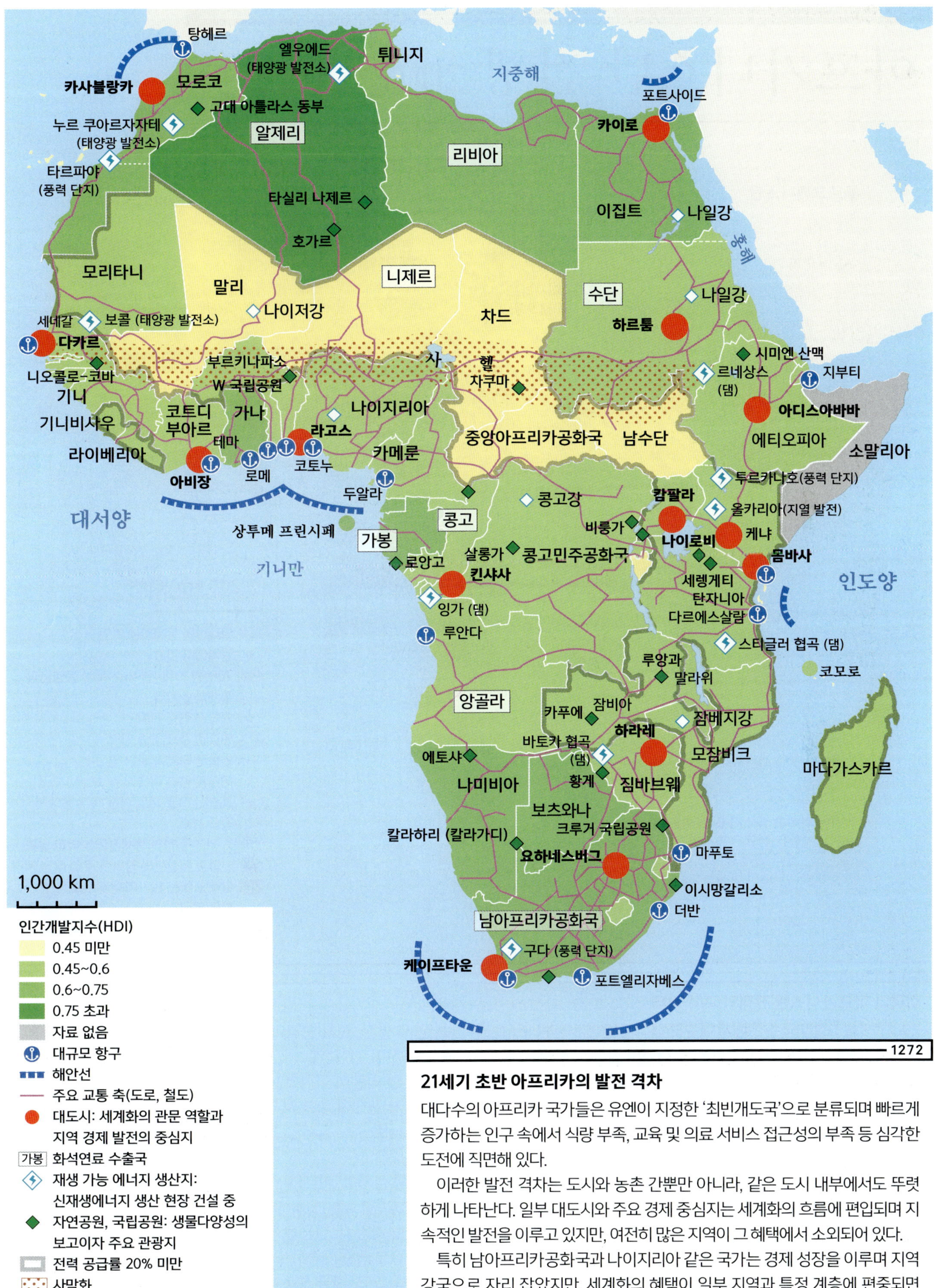

인간개발지수(HDI)

- 0.45 미만
- 0.45~0.6
- 0.6~0.75
- 0.75 초과
- 자료 없음
- 대규모 항구
- 해안선
- 주요 교통 축(도로, 철도)
- 대도시: 세계화의 관문 역할과 지역 경제 발전의 중심지
- 가봉 화석연료 수출국
- 재생 가능 에너지 생산지: 신재생에너지 생산 현장 건설 중
- 자연공원, 국립공원: 생물다양성의 보고이자 주요 관광지
- 전력 공급률 20% 미만
- 사막화
- 수력발전 가능성

21세기 초반 아프리카의 발전 격차

대다수의 아프리카 국가들은 유엔이 지정한 '최빈개도국'으로 분류되며 빠르게 증가하는 인구 속에서 식량 부족, 교육 및 의료 서비스 접근성의 부족 등 심각한 도전에 직면해 있다.

이러한 발전 격차는 도시와 농촌 간뿐만 아니라, 같은 도시 내부에서도 뚜렷하게 나타난다. 일부 대도시와 주요 경제 중심지는 세계화의 흐름에 편입되며 지속적인 발전을 이루고 있지만, 여전히 많은 지역이 그 혜택에서 소외되어 있다.

특히 남아프리카공화국과 나이지리아 같은 국가는 경제 성장을 이루며 지역 강국으로 자리 잡았지만, 세계화의 혜택이 일부 지역과 특정 계층에 편중되면서 '성장 속의 불평등'이 심화되고 있다.

아프가니스탄 전쟁 (2001~2022년)

미국과 아프가니스탄 전쟁의 교착 상태

2001년 9월 11일 미국 본토에서 대규모 테러가 발생한 직후, 조지 W. 부시 대통령은 아프가니스탄을 '테러와의 전쟁'의 첫 번째 목표로 지목했다. 당시 탈레반 정권(1996~2001년)은 오사마 빈 라덴과 알카에다 훈련 캠프를 보호하고 있었다. 이에 미국은 2001년 말, '항구적 자유 작전'을 개시해 불과 몇 주 만에 탈레반 정권을 붕괴시켰으며, 국경을 넘어 파키스탄으로 도주한 알카에다 잔당을 추적했다. 그러나 미국과 나토(NATO) 연합군은 아프가니스탄 전역을 완전히 장악하지 못했다.

서방의 지원으로 수립된 하미드 카르자이 정권(2001~2014년)은 극심한 부패와 무능으로 국민적 신뢰를 얻는 데 실패했다. 그 사이 탈레반 반군은 2006년부터 아편 밀매로 자금을 조달하며 게릴라전을 강화했고, 전투는 더욱 치열해졌다.

이에 버락 오바마 행정부는 아프가니스탄 주민들의 지지 확보, 경제 발전, 현지 군경의 역량을 강화하는 것을 목표로 정책을 전환하며 점진적인 미군 철수를 계획했다. 그러나 2011년 5월 2일, 빈 라덴이 파키스탄에서 사살된 이후, 서방 국가들의 여론은 점차 전쟁에 대한 지지를 잃어갔고, 결국 2011년부터 2014년까지 나토 주도 국제안보지원군(ISAF)은 전투 임무를 종료하고 철수했다.

전쟁이 장기화되면서 미국은 결국 탈레반과 협상할 수밖에 없었다. 2020년 2월 '도하 협정(미국-탈레반 평화 협정)'에 따라 미국은 14개월 내 철군을 약속했다. 하지만 2021년 5월 아프가니스탄 정부군은 파죽지세와 같은 탈레반의 대공세를 막지 못하고 붕괴되었고, 결국 8월 15일 수도 카불이 함락되면서 미국의 아프가니스탄 개입은 완전한 실패로 끝났다.

함께 보기 — 중앙아시아, 그레이트 게임 p.424
세계 속의 미국 p.726

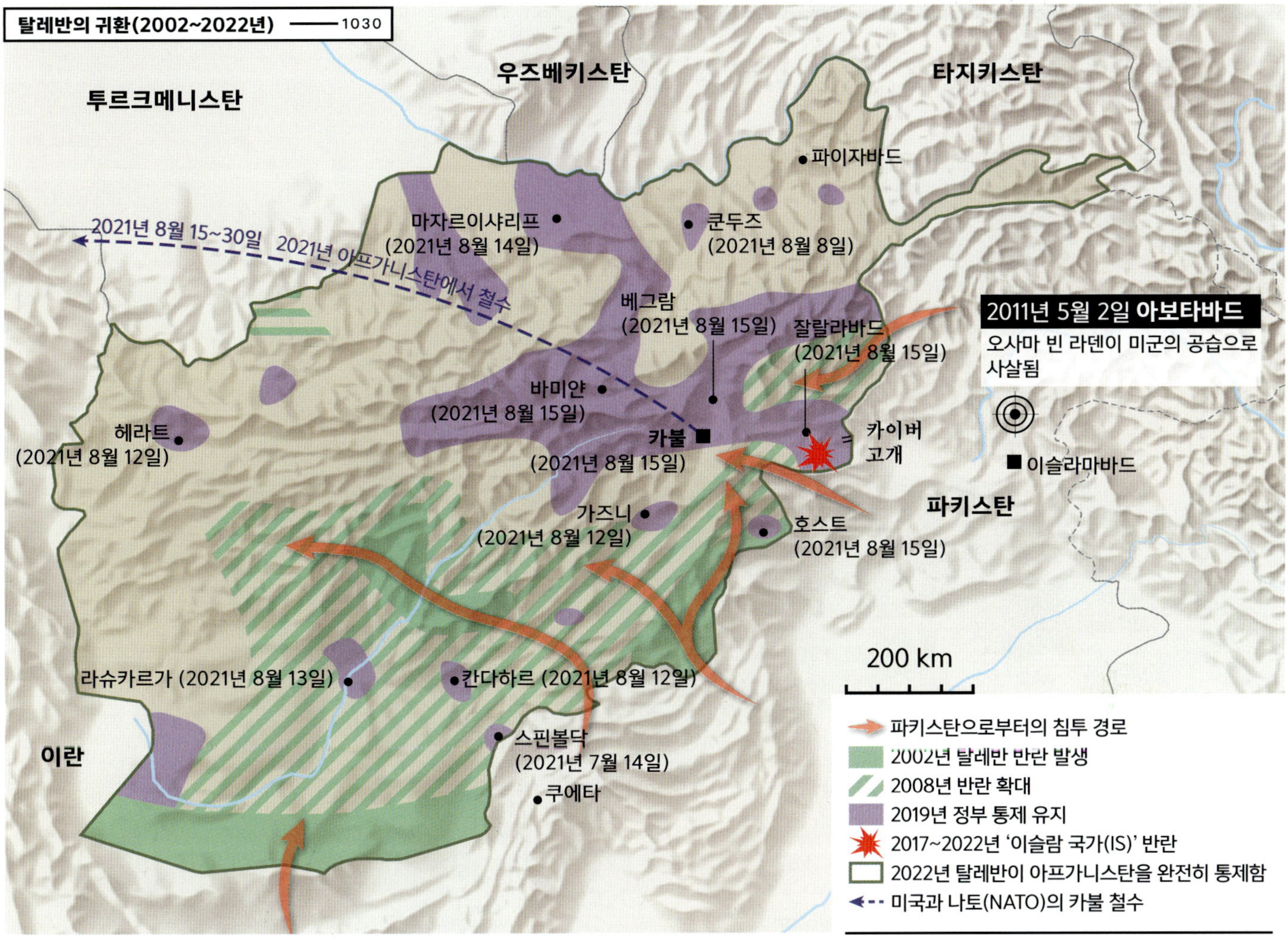

탈레반의 귀환(2002~2022년) ——1030

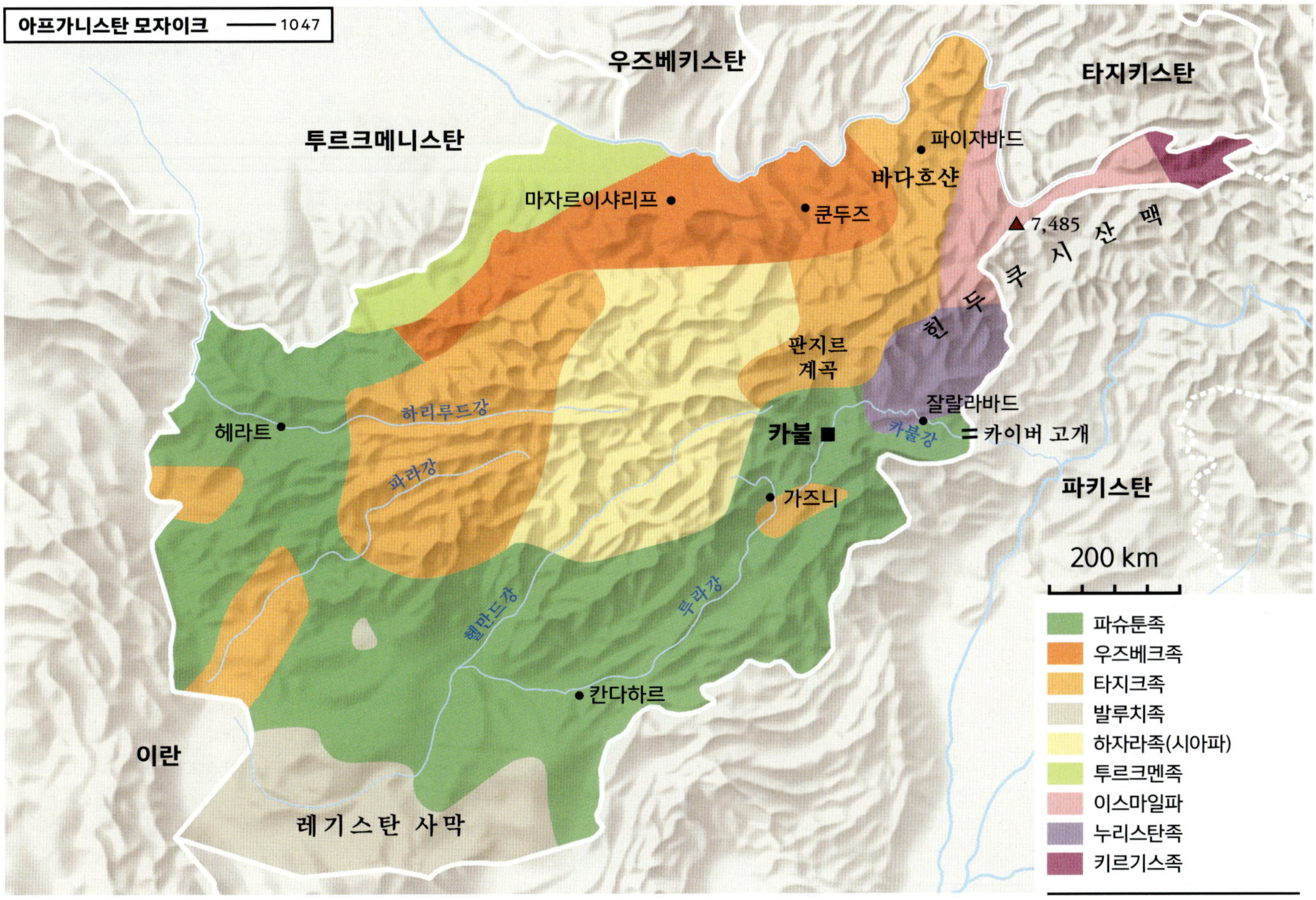

아프가니스탄 모자이크 ——1047

1979년 이후 이란

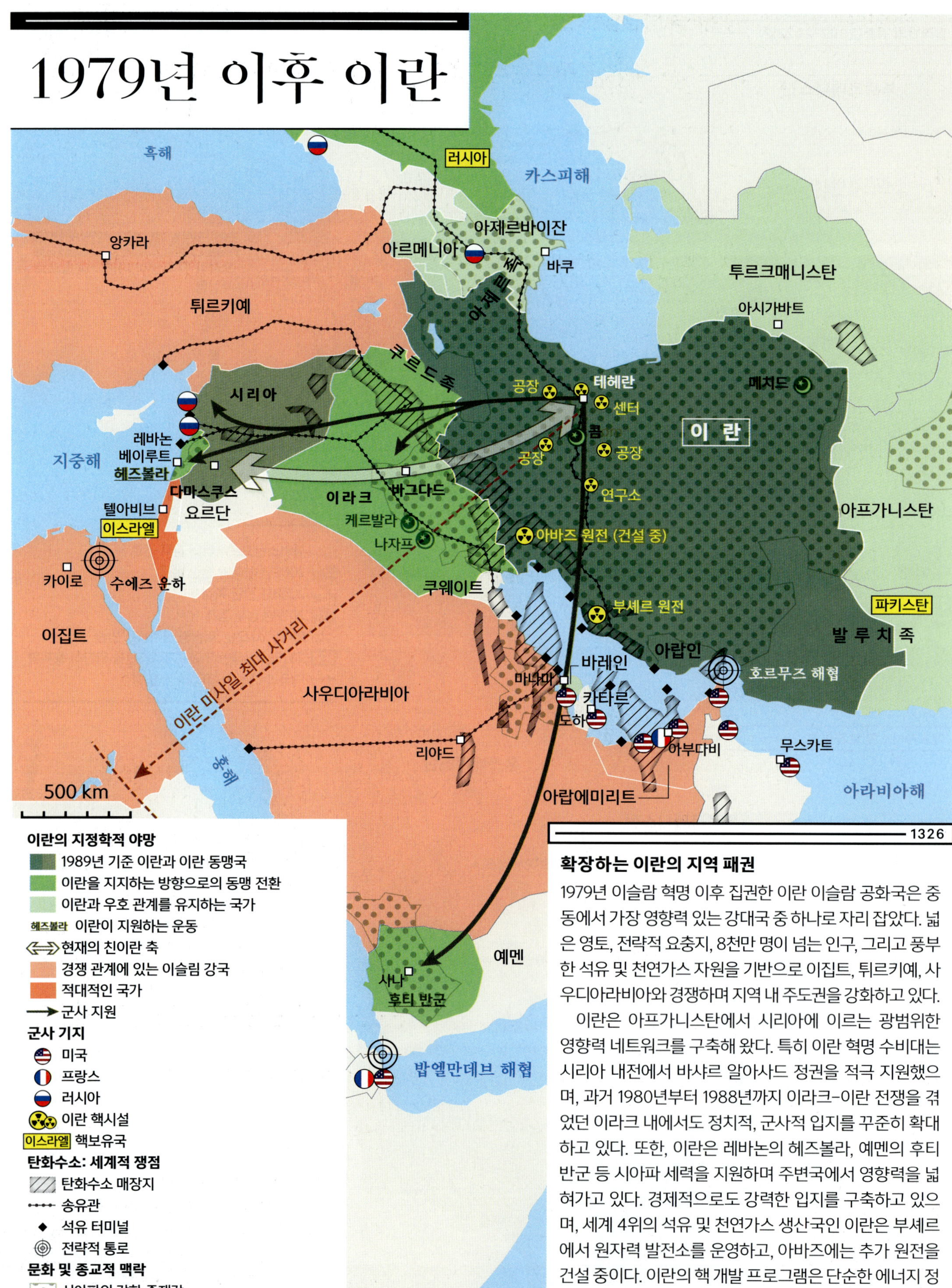

이란의 지정학적 야망

- 1989년 기준 이란과 이란 동맹국
- 이란을 지지하는 방향으로의 동맹 전환
- 이란과 우호 관계를 유지하는 국가
- **헤즈볼라** 이란이 지원하는 운동
- ⟺ 현재의 친이란 축
- 경쟁 관계에 있는 이슬림 강국
- 적대적인 국가
- → 군사 지원

군사 기지
- 미국
- 프랑스
- 러시아
- 이란 핵시설
- **이스라엘** 핵보유국

탄화수소: 세계적 쟁점
- 탄화수소 매장지
- 송유관
- ◆ 석유 터미널
- ◎ 전략적 통로

문화 및 종교적 맥락
- 시아파의 강한 존재감
- 시아파 성지
- 아랍인 이란 내 주요 소수민족

확장하는 이란의 지역 패권

1979년 이슬람 혁명 이후 집권한 이란 이슬람 공화국은 중동에서 가장 영향력 있는 강대국 중 하나로 자리 잡았다. 넓은 영토, 전략적 요충지, 8천만 명이 넘는 인구, 그리고 풍부한 석유 및 천연가스 자원을 기반으로 이집트, 튀르키예, 사우디아라비아와 경쟁하며 지역 내 주도권을 강화하고 있다.

이란은 아프가니스탄에서 시리아에 이르는 광범위한 영향력 네트워크를 구축해 왔다. 특히 이란 혁명 수비대는 시리아 내전에서 바샤르 알아사드 정권을 적극 지원했으며, 과거 1980년부터 1988년까지 이라크-이란 전쟁을 겪었던 이라크 내에서도 정치적, 군사적 입지를 꾸준히 확대하고 있다. 또한, 이란은 레바논의 헤즈볼라, 예멘의 후티 반군 등 시아파 세력을 지원하며 주변국에서 영향력을 넓혀가고 있다. 경제적으로도 강력한 입지를 구축하고 있으며, 세계 4위의 석유 및 천연가스 생산국인 이란은 부셰르에서 원자력 발전소를 운영하고, 아바즈에는 추가 원전을 건설 중이다. 이란의 핵 개발 프로그램은 단순한 에너지 정책을 넘어 체제 생존과 지역 패권 달성을 위한 핵심적인 전략 수단으로 자리 잡고 있다.

중국: 위구르족 박해(2010년 이후)

신장 위구르 자치구, 반인륜 범죄와 '집단 학살'의 위험

신장 위구르 자치구는 중국 내 5개 자치구 중 가장 넓은 지역으로 위구르족, 카자흐족 등 튀르크계 이슬람 소수민족이 주로 거주하는 곳이다. 이 지역은 우라늄, 석유, 천연가스 등 풍부한 천연자원을 보유하고 있으며, 전 세계 면화 생산량의 20퍼센트를 차지하는 등 경제적으로 중요한 역할을 한다. 또한 러시아, 파키스탄, 인도, 몽골, 아프가니스탄 등 8개국과 국경을 맞대고 있어 지정학적으로 핵심 요충지다.

1990년대부터 2010년대까지 신장 지역에서는 급진 이슬람 세력과 '동투르키스탄 독립운동' 관련 분리주의 단체 개입이 의심되는 테러 사건이 다수 발생했다. 이를 명분으로 중국 정부는 신장의 무슬림 소수민족을 강도 높게 감시하고, 한족의 이주를 장려하며 문화, 정치, 언어적 동화를 강요하는 강력한 '한족화' 정책을 추진하고 있다.

현재 약 100만 명에 달하는 위구르족, 카자흐족 남녀와 어린이들이 '재교육 수용소(정치범 수용소)'에 강제 수용된 것으로 추정된다. 중국 정부는 이러한 시설의 존재를 부인하거나 축소하고 있지만, 위성 사진을 통해 수용소가 확인되고 있다. 생존자 및 인권 단체들의 증언에 따르면 강제 노동, 성폭력, 그리고 불임 시술 강요 등 심각한 인권 침해가 이루어지고 있다. 이에 대해 유엔과 유럽의회는 2022년 이후 신장에서 벌어지는 탄압을 '반인륜 범죄'로 규정하며, '집단 학살' 위험이 크다고 강력히 경고하고 있다.

세계 속의 미국(1990~2022년)

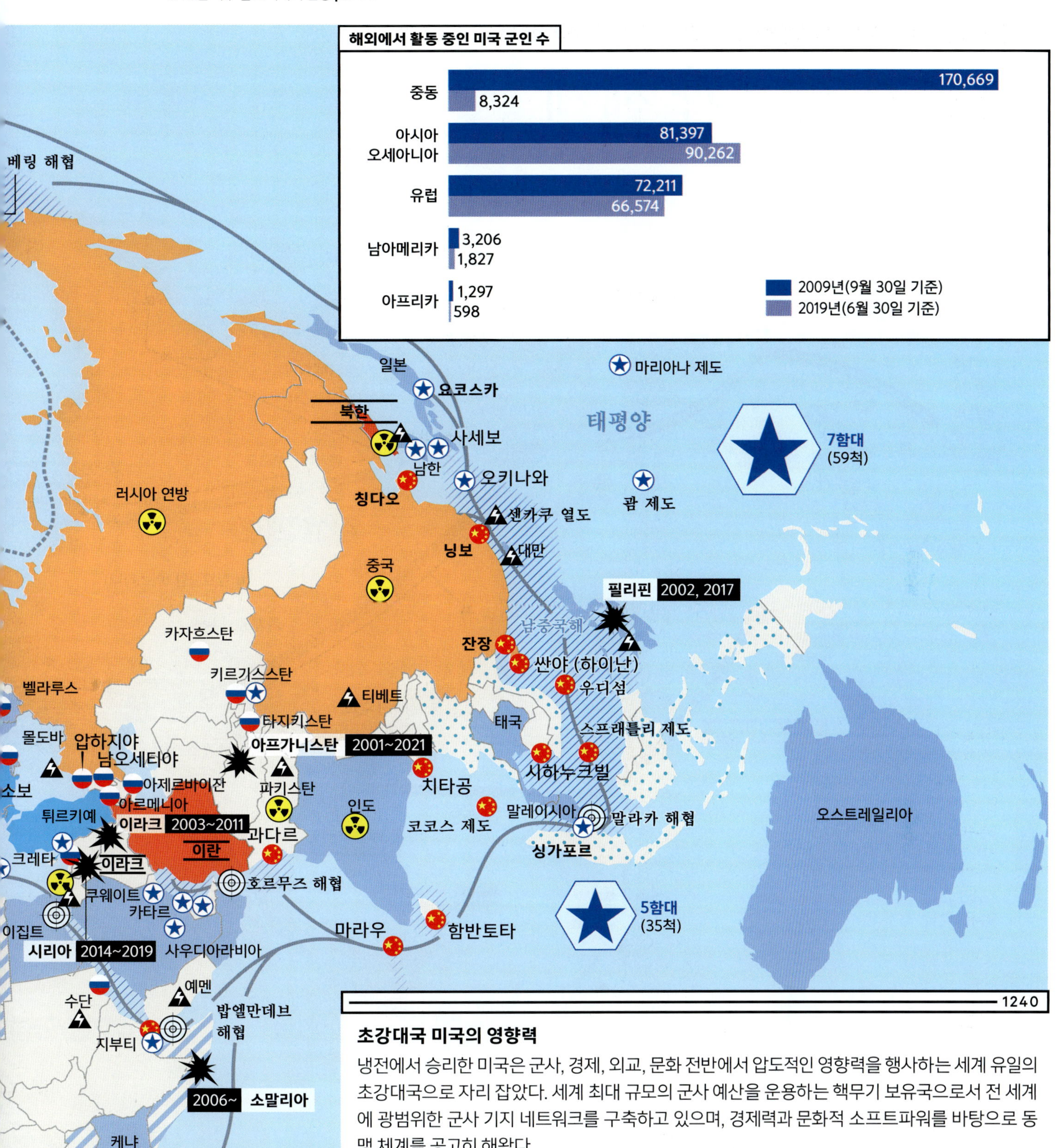

초강대국 미국의 영향력

냉전에서 승리한 미국은 군사, 경제, 외교, 문화 전반에서 압도적인 영향력을 행사하는 세계 유일의 초강대국으로 자리 잡았다. 세계 최대 규모의 군사 예산을 운용하는 핵무기 보유국으로서 전 세계에 광범위한 군사 기지 네트워크를 구축하고 있으며, 경제력과 문화적 소프트파워를 바탕으로 동맹 체계를 공고히 해왔다.

1990년대와 2000년대, 미국은 여러 국제 분쟁에 적극 개입했다. 조지 W. 부시 대통령은 냉전 이후 미국의 가치와 체제가 승리했다는 신념 아래, 국제 질서의 수호자를 자처했다. 그러나 이러한 패권적 지위는 2001년 9.11 테러(사망자 3,000명)로 심각한 도전에 직면했다. 알카에다가 배후로 지목된 이 테러 이후, 부시 대통령은 '악의 축'과의 전쟁을 선포하며 2001년 아프가니스탄 침공, 2003년 이라크 전쟁을 감행했다. 그러나 미국의 일방적인 군사 개입은 국제 사회로부터 점점 더 큰 비판을 받게 되었다. 이후 버락 오바마 대통령(2008~2016년)은 다자 외교로 정책 방향을 전환했으나, 트럼프 대통령(2017~2021년)은 '미국 우선주의'를 내세우며 자국 중심 정책을 펼쳤다.

미국은 중동 개입을 점차 줄이는 한편, 2014년에는 이슬람 국가(IS, 다에시)격퇴를 위한 국제 연합군을 주도했다. 그러나 최근 전략적 초점을 중동에서 아시아 태평양 지역으로 이동시키며, 새로운 외교, 군사 전략을 모색하고 있다.

21세기 중국과 세계

대서양
유럽연합
러시아
로테르담
함부르크
파리
베를린
바르샤바
프라하
폴란드
마드리드
제노바
트리에스테
이탈리아
팔레르모
발칸반도
이스탄불
피레우스
아르한겔스크
보르쿠타
서시베리아
모스크바
카잔
예카테린부르크
중국-몽골-러시아
시베리아 횡단 철
노보시비르스크
중국-유럽 회랑
악튜베
누르술탄 (아스타나)
카자흐스탄
호르고스
우즈베키스탄
알마티
우루무치
타슈켄트
사마르칸트
키르기스스탄
신장
중국-중동 회랑
테헤란
고르간
카슈가르
(2014)
중국-파키스탄 회랑
이슬라마바드
이란
파키스탄
포트수단
수단
과다르
카라치
중국-방글라데시-인도
인도
캘커타
남수단
인도양
아디스아바바
지부티
주바
중국-동
캄팔라
에티오피아
키갈리
케냐
스리랑카
부줌부라
나이로비
몸바사
몰디브
콜롬보
함반토타

──────────────────────────────── 2724

중국의 팽창주의 (2013년 이후)

2013년, 시진핑 중국 주석은 카자흐스탄을 방문한 자리에서 '신실크로드' 프로젝트를 공식 발표했다. 이 계획은 과거 유라시아 대륙을 연결했던 실크로드를 연상시키지만, 실제로는 광범위한 인프라 개발과 무역 확대를 목표로 하는 대규모 경제 전략이다.

중국은 육상과 해상을 연결하는 교통로를 구축하여 수출 시장을 다변화하고 건설 산업의 해외 진출을 도모하고 있다. 이를 위해 물류 거점과 생산 시설을 확충하는 한편, 국가 간 광섬유 네트워크를 연결하는 '디지털 실크로드' 사업도 병행하고 있다.

1980년대 이후 중국의 개방 정책은 연안 지역을 중심으로 진행되었으며, 경제특구와 대형 항만 개발을 통해 빠른 성장을 이뤘다. 그러나 최근에는 내륙 지역으로 경제 성장을 확산하려는 움직임이 두드러지며, 특히 중앙아시아가 핵심 전략 지역으로 떠오르고 있다. 이러한 흐름 속에서 중국은 상하이협력기구(SCO)를 통해 러시아 및 중앙아시아의 옛 소련 국가들과 협력을 강화하는 동시에, 인도양에서도 군사, 경제적 영향력 확대를 추진하고 있다. '진주 목걸이 전략'의 일환으로 여러 항만 운영권을 확보하고, 주요 해상 요충지에 군사 기지를 건설하는 등 적극적인 행보를 보이고 있다. 마지막으로, 중국은 북극 지역에도 주목하며 '빙상 실크로드' 구상을 통해 북극권 자원 개발과 항로 개척에 적극적으로 나서고 있다.

적극적인 외교

- 중국
- 상하이 협력 기구(SCO) 회원국
- ⊗ 북극 이사회 회원국(Arctic Council) 또는 참관 국가
- 아시아 태평양 경제 협력체(APEC) 회원국

'신실크로드'(육상과 해상 경로를 결합한 프로젝트)

육상 경로
- 6개 주요 경제 회랑
- 고속도로
- 철도
- 파이프라인
- ▲ 석유, 가스 자원지

해상 경로
- ○ 경제특구(설립 연도 포함)
- 해상 실크로드 벨트
- 중국이 소유하거나 임차한 항구
- 중국 선박 지원 시설
- ···· 북극 항로 프로젝트
- 지정학적 위치와 갈등
- '신실크로드'의 중심 국가
- '신실크로드'에 반대하는 국가
  미국의 동맹국으로 형성된 포위망

1991년 이후 국경

1991~2011년, 27개의 신생 국가 탄생

1991년 이후 27개국이 유엔에 가입했으며, 2011년 남수단이 가입하면서 유엔 회원국 수는 193개국이 되었다. 이 시기 가장 큰 변화는 1991년 소련 붕괴로 인해 15개국이 독립한 것이다. 여기에는 소련의 지위를 승계한 러시아를 비롯해, 발트 3국(에스토니아, 라트비아, 리투아니아), 벨라루스, 우크라이나, 몰도바, 그리고 남코카서스 3국(아르메니아, 조지아, 아제르바이잔), 중앙아시아 5개국(우즈베키스탄, 투르크메니스탄, 카자흐스탄, 타지키스탄, 키르기스스탄)이 포함된다. 한편으로 체코슬로바키아는 1989년 공산 정권 붕괴 이후 1993년, '벨벳 이혼'이라 불리는 평화로운 과정을 거쳐 체코와 슬로바키아로 깨끗하게 갈라섰다.

반면, 유고슬라비아 연방은 민족주의 갈등 속에서 폭력적인 해체 과정을 거쳤다. 1991년부터 2008년 사이 7개의 독립국(슬로베니아, 크로아티아, 보스니아 헤르체고비나, 몬테네그로, 북마케도니아, 세르비아, 코소보)이 탄생했으며, 그 과정에서 유혈 충돌이 이어졌다. 그러나 코소보는 많은 국가가 독립을 인정했음에도 불구하고, 세르비아와 이를 지지하는 러시아의 반대로 아직 유엔 회원국이 되지 못하고 있다. 유엔 가입을 위해서는 안보리 15개국 중 9개국 이상의 찬성과 상임이사국(미국, 러시아, 중국, 프랑스, 영국)의 만장일치, 그리고 총회 3분의 2 이상의 찬성이 필요하기 때문이다. 또한 유엔 총회에서 전체 회원국의 3분의 2 이상이 찬성해야 최종적으로 가입이 승인된다.

현재 유엔 회원국 지도를 보면, 국제적으로 완전히 인정받지 못한 국가들도 존재한다. 대표적인 사례로 팔레스타인, 서사하라, 대만 등을 들 수 있다. 또한, 민족주의를 기반으로 한 독립운동이 세계 곳곳에서 일어나면서, 영토와 국경을 둘러싼 갈등이 더욱 심화되고 있다.

1991 카자흐스탄
1991 우즈베키스탄
1991 키르기스스탄
1991 타지키스탄
1991 투르크메니스탄
카슈미르
아프가니스탄
파키스탄
네팔
부탄
중국
아루나찰프라데시
인도
쿠릴 열도
북한
남한
센카쿠 열도
대만
태평양
1993 에리트레아
남예멘
투모자
니제르
냉
앵글로폰 카메룬
비오코
(적도 기니)
2011 남수단
에티오피아
소말릴란드
소밀리아
잔지바르
(탄자니아)
카빈다
(앙골라)
방가부미
(방글라데시)
타밀
(스리랑카)
아체
인도양
태국
캄보디아
파라셀 제도
1994 팔라우
스프래틀리 제도
방사모로
말레이시아
필리핀
빈나나오
인도네시아
남몰루카
서파푸아
2002 동티모르
1991 마셜 제도
1991 미크로네시아
1999 나우루
부건빌
(파푸아뉴기니)
2000 투발루
누벨칼레도니
(프랑스)

1991 라트비아
1991 에스토니아
1991 리투아니아
스코틀랜드
(영국)
북아일랜드
러시아
1991 러시아
1991 벨라루스
1993 체코
플랑드르
(벨기에)
1993 슬로바키아
1991 우크라이나
1991 카자흐스탄
1991 슬로베니아
1991 몰도바
노보로시야
인민공화국
1991 크로아티아
트란스니스트리아
크림반도
남오세티야
바스크 지방
1992 보스니아 헤르체고비나
2006 세르비아
압하지야
체첸
코소보
1991 조지아
카탈루냐
스페인
코르시카
바티칸
2006 몬테네그로
1991 북마케도니아
1991 아르메니아
나고르노카라바흐
1991 아제르바이잔
북키프로스
시리아
이라크
쿠르디스탄
레바논
이스라엘
이라크
팔레스타인
500 km

연결된 세상

편중된 세계 정보망, 해저 케이블

전 세계 인터넷 및 데이터 통신의 90% 이상은 해저 케이블을 통해 이루어진다. 수천 미터 깊이의 심해에 설치된 이 케이블들은 대륙 간 빠르고 안정적인 데이터 전송을 가능하게 하는 핵심 인프라다. 오늘날 해저 케이블은 초단타 매매 같은 금융 거래부터 글로벌 통신, 클라우드 서비스에 이르기까지 현대 경제 활동의 필수 요소이자 세계화의 물리적 기반이 되고 있다.

최초의 해저 케이블(전신 케이블)은 1866년 대서양을 가로질러 유럽과 미국 동부 해안을 연결하면서 시작되었으며, 이후 기술 발전에 따라 전송 속도, 용량, 안정성이 비약적으로 향상되었다. 현재 전 세계적으로 400개 이상의 해저 광케이블이 존재하며, 주요 네트워크는 미국, 유럽, 동아시아를 중심으로 구축되어 있다.

미국, 유럽, 동아시아가 글로벌 데이터 네트워크의 중심 허브 역할을 하는 반면, 일부 국가는 주변국의 해저 케이블 인프라에 의존해야 하므로 데이터 주권 침해나 보안 문제로 이어질 수 있다. 또한 해저 케이블은 자연재해, 테러, 도·감청 등의 위협에 취약하다. 이에 따라 각국은 해저 케이블을 국가 안보와 직결된 중요한 전략적 자산으로 인식하고 있으며, 정부와 기업들은 이를 보호하기 위한 대응책을 강화하고 있다.

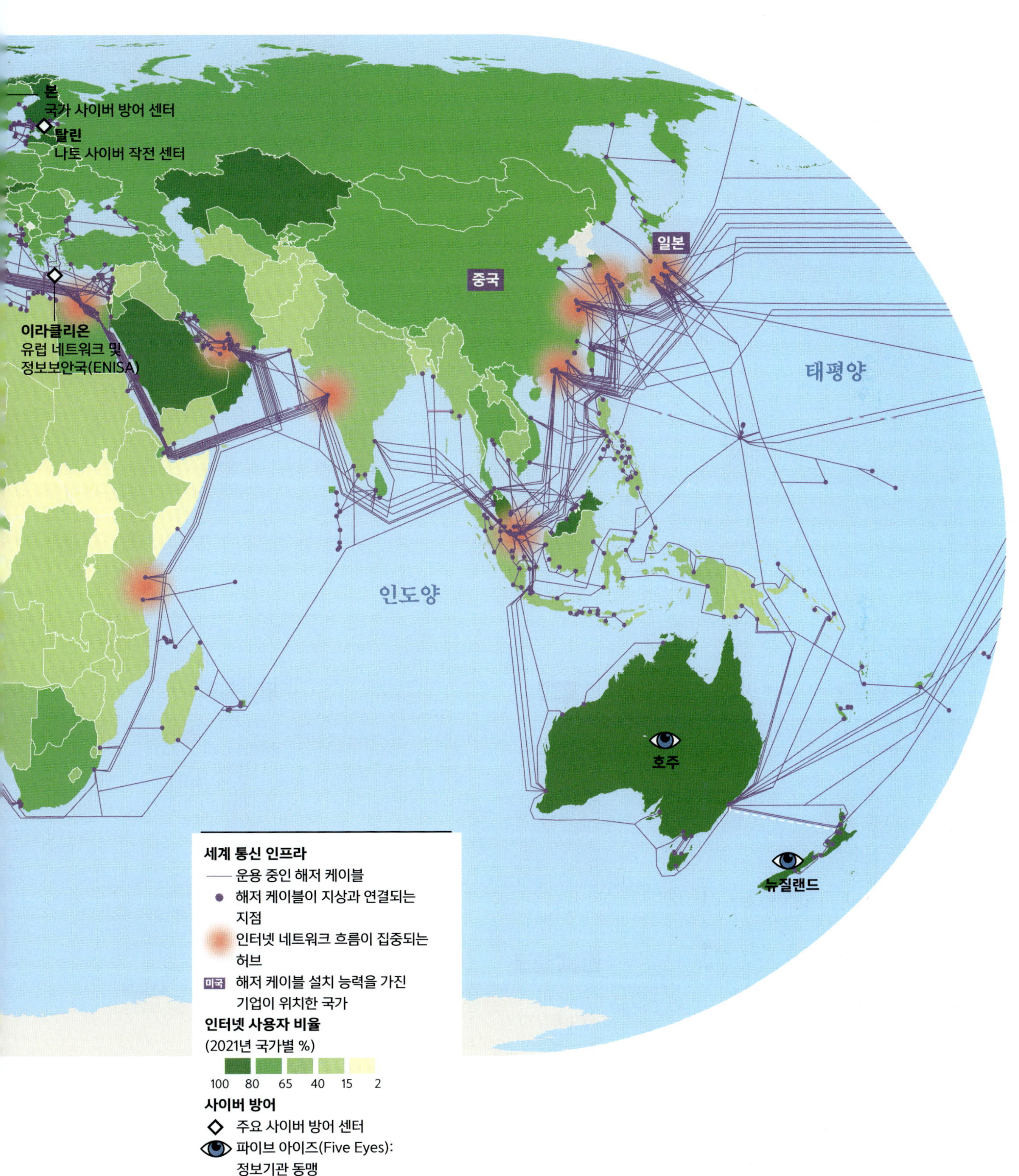
본
국가 사이버 방어 센터
탈린
나토 사이버 작전 센터
이라클리온
유럽 네트워크 및
정보보안국(ENISA)
중국
일본
태평양
인도양
호주
뉴질랜드

세계 통신 인프라
운용 중인 해저 케이블
해저 케이블이 지상과 연결되는 지점
인터넷 네트워크 흐름이 집중되는 허브
미국 해저 케이블 설치 능력을 가진 기업이 위치한 국가
인터넷 사용자 비율
(2021년 국가별 %)
100 80 65 40 15 2
사이버 방어
주요 사이버 방어 센터
파이브 아이즈(Five Eyes): 정보기관 동맹

21세기의 인구통계학적 과제

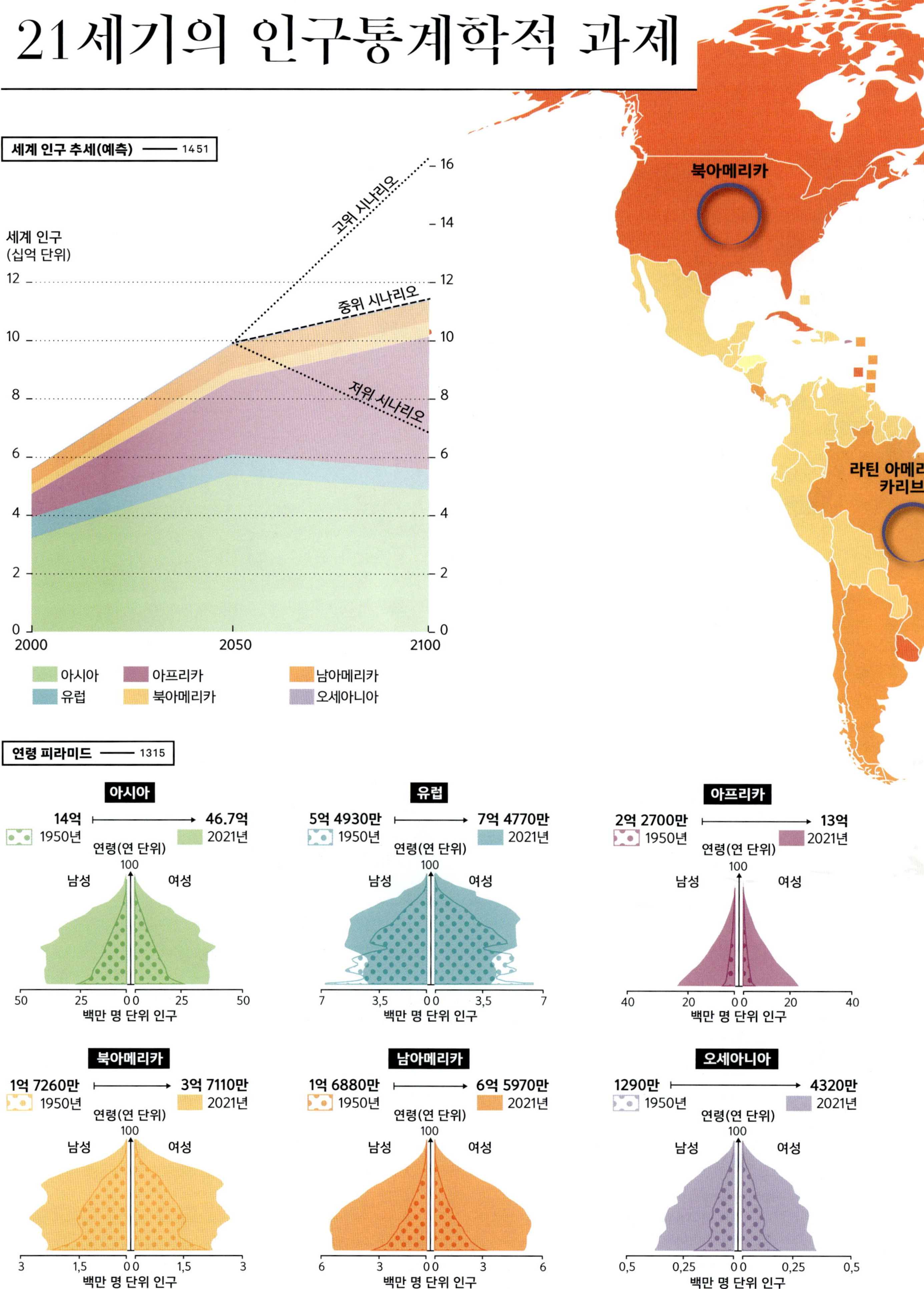

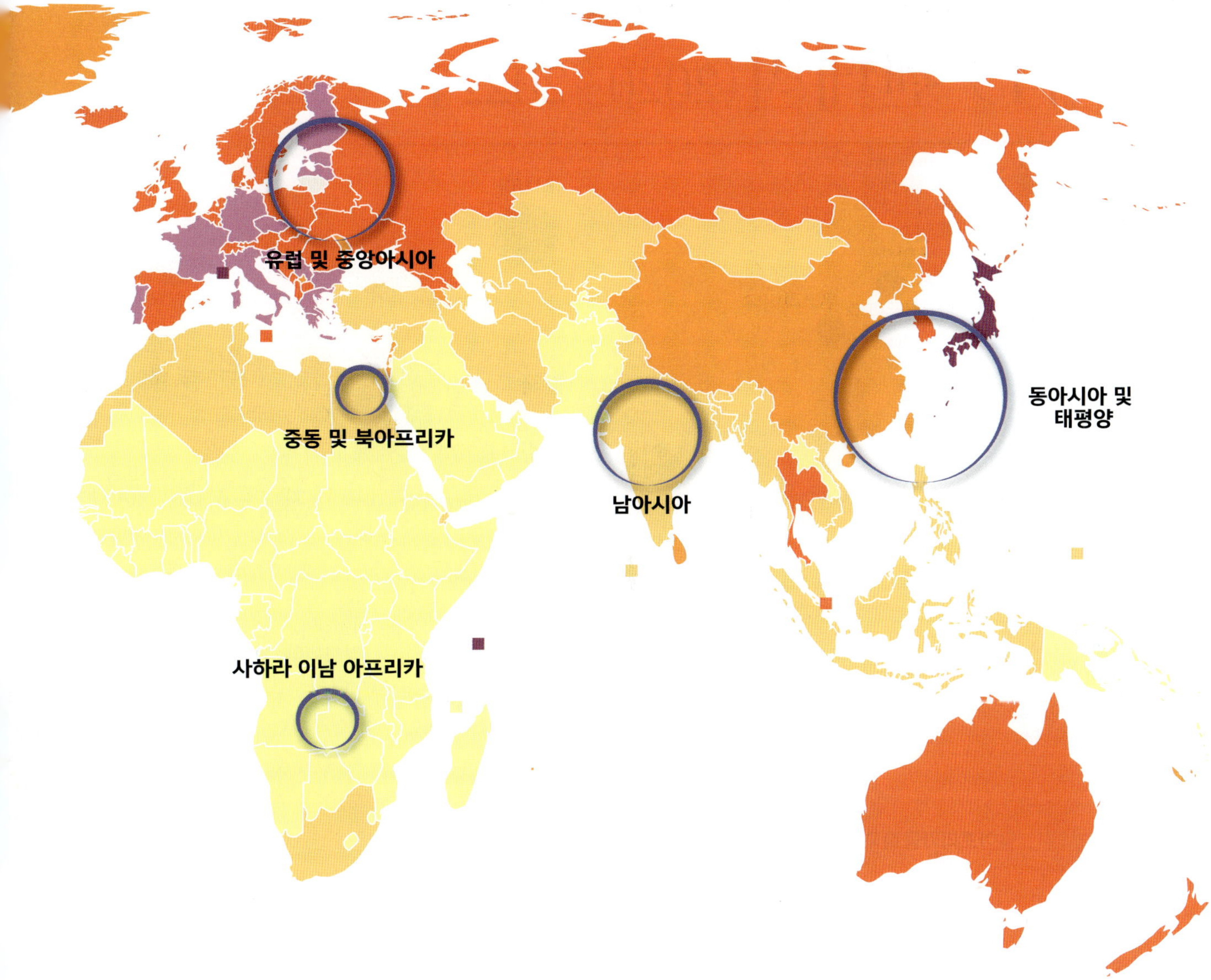

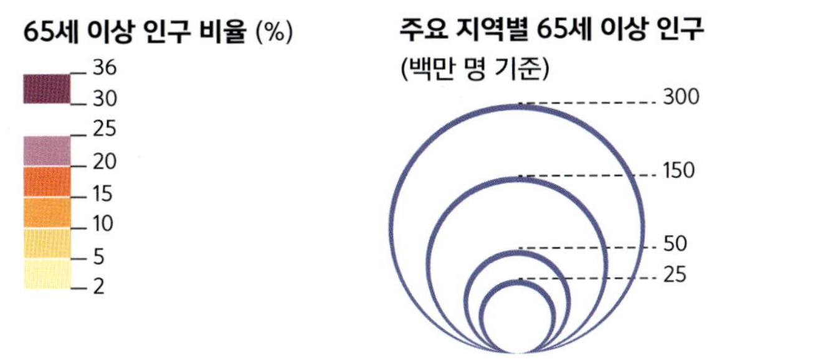

급격한 인구 변화와 고령화 사회로의 전환

세계 인구는 1800년 약 10억 명에서 2022년 80억 명으로 증가했으며, 2050년에는 약 100억 명에 이를 것으로 예상된다. 과거에는 인구 증가가 완만하게 이루어졌지만, 최근 몇 세기 동안 전례 없는 급격한 증가가 나타났다. 이러한 변화의 핵심은 '인구 전환'이다. 이는 출산율과 사망률이 모두 높은 사회에서 점차 둘 다 낮아지는 사회로 변화하는 과정을 뜻한다. 18세기 서유럽에서 시작되어 경제 성장, 의료 발전, 사회적 변화와 함께 전 세계로 확산되었다.

현재 세계 인구는 여전히 증가하고 있으나, 그 속도는 확연히 둔화되고 있다. 아프리카는 여전히 높은 출산율을 유지하며 향후 인구 증가의 중심이 될 것으로 전망되지만, 그 외 많은 국가에서는 출산율이 인구 유지를 위한 최소한의 기준인 '인구 대체 수준(2.1명)' 밑으로 떨어지고 있다.

이와 동시에 평균 기대 수명의 증가와 출산율 감소가 맞물리면서 전체 인구에서 고령층이 차지하는 비율이 급격히 늘어나고 있다. 특히 인구 전환이 늦게 시작된 국가일수록 고령화 속도가 더욱 빠르게 진행되는 경향을 보인다. 이러한 대규모 인구 변화를 효과적으로 관리하기 위해 각국은 연금 제도 개혁, 의료 시스템 개선 등 고령화 사회에 대비한 지속 가능한 정책 마련을 국가적 과제로 삼고 있다.

코로나19 팬데믹 (2020~2022년)

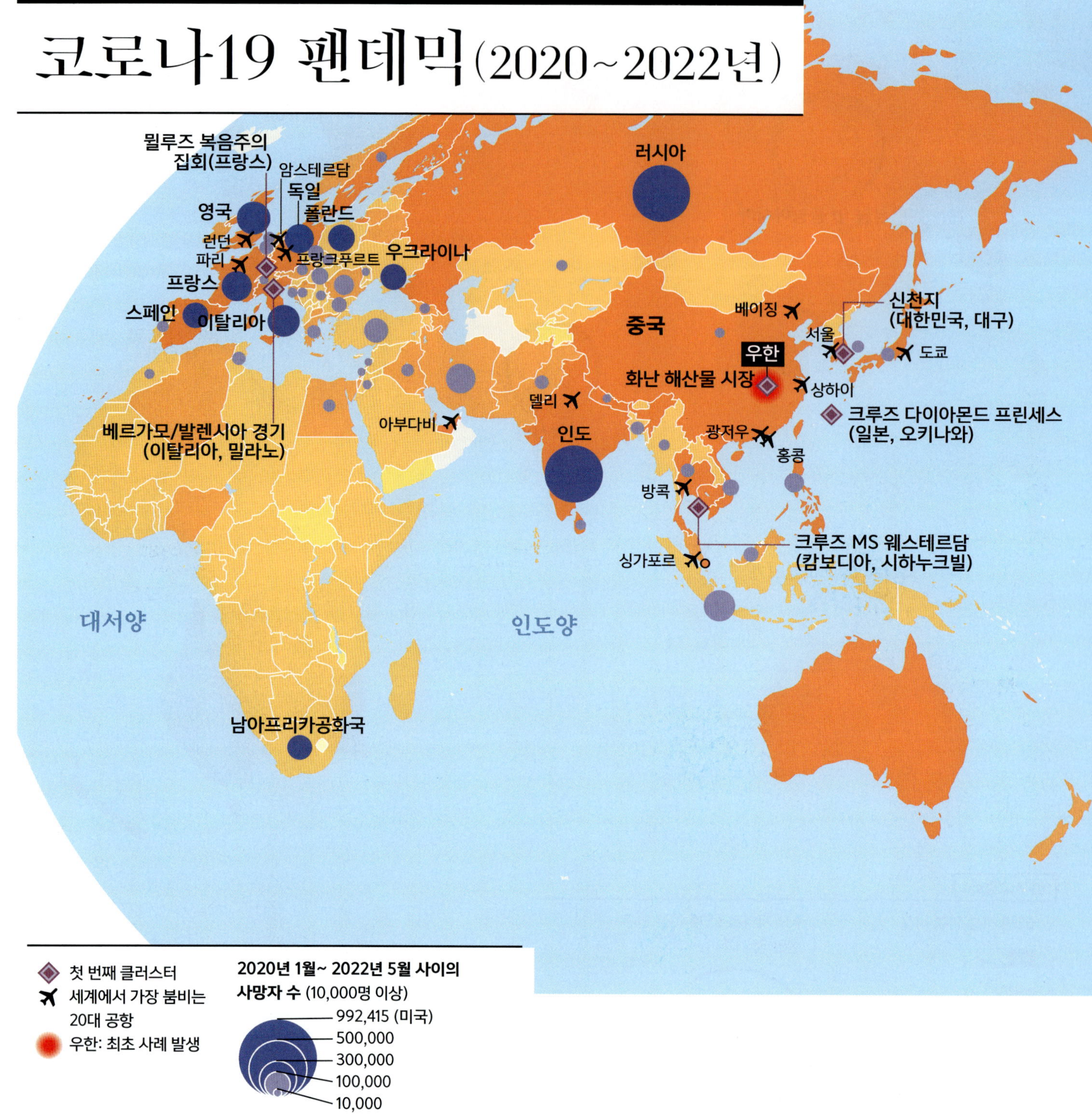

실시간으로 진행된 팬데믹

20세기 들어 의학의 발달과 위생 환경 개선으로 감염병은 효과적으로 통제되는 듯했으나, 현대 사회의 환경 변화와 세계화는 새로운 바이러스의 출현과 전파 속도를 가속화했다. 2020년 코로나19 팬데믹은 보건, 사회, 경제, 그리고 국제 질서에 큰 충격을 주었다. 14세기 흑사병, 1918년 스페인 독감에 비유되었지만, 코로나19는 이전과 다른 양상을 보였다.

바이러스는 빠르게 식별되었으며, 과학 연구가 급속히 진행되면서 임상 및 역학적 대응과 백신 개발도 신속하게 이루어졌다. 각국은 실시간으로 데이터를 분석, 공유하며 팬데믹 대응 방식을 혁신해 나갔다. 그러나 국가별 사망 원인 판별 기준과 보고 체계의 격차로 인해 통계의 정확성에는 한계가 있었다. 유럽과 아메리카 지역의 피해는 비교적 상세히 집계된 반면, 아프리카와 아시아의 피해는 과소평가되었다. 이를 보완하기 위해 초과 사망률(특정 기간 동안 실제 사망자 수와 과거 평균 사망자 수 비교)이 활용되었으며, 실제 팬데믹 사망자는 공식 집계보다 훨씬 많을 가능성이 높다는 분석이 나왔다. 공식 보고된 코로나19 사망자는 약 670만 명이지만, 초과 사망률을 기준으로 하면 실제 사망자는 1,600만에서 2,800만 명에 이를 것으로 추산된다.

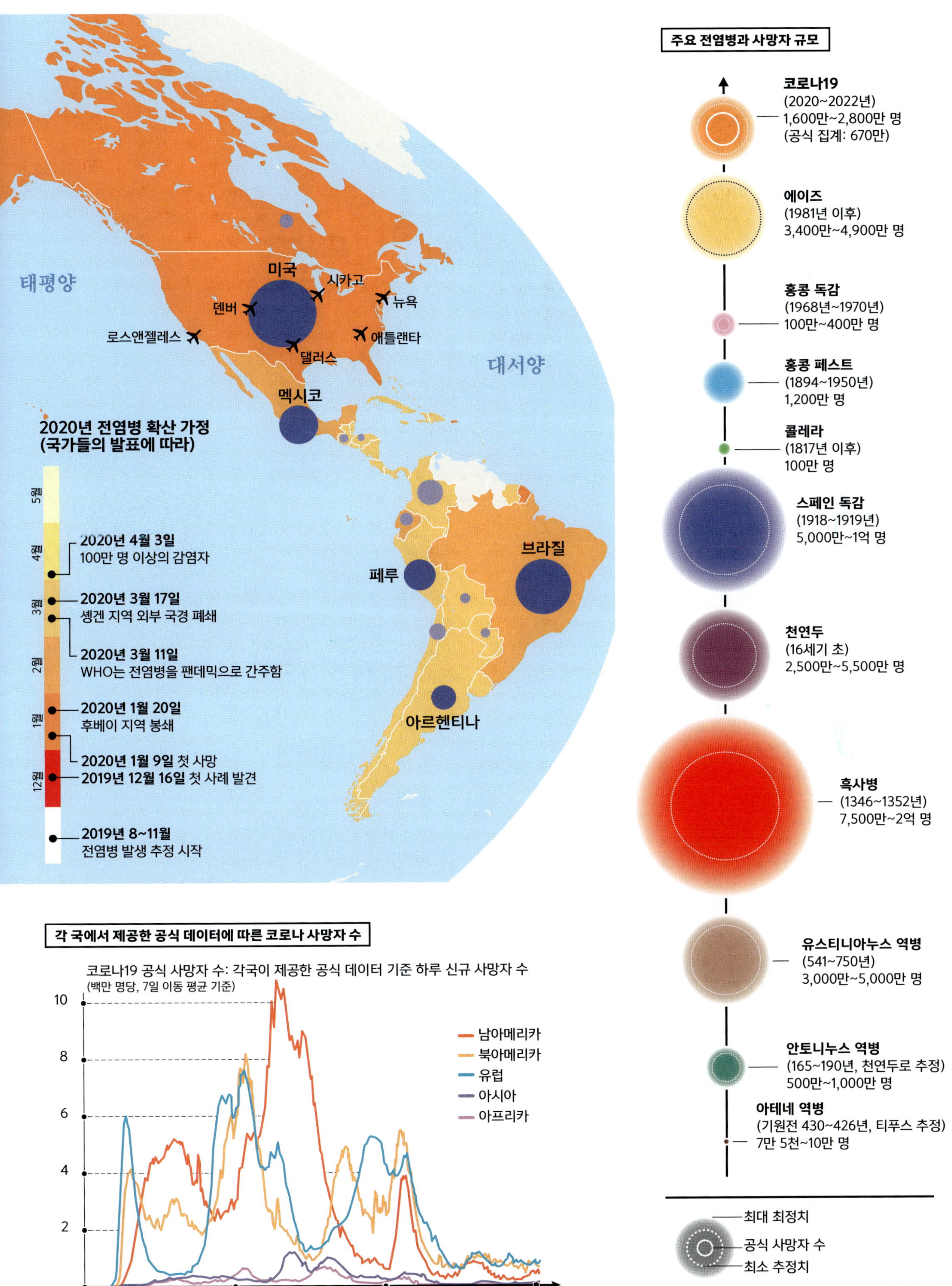

태평양
대서양

미국
시카고
덴버
뉴욕
로스앤젤레스
애틀랜타
댈러스
멕시코
브라질
페루
아르헨티나

2020년 전염병 확산 가정
(국가들의 발표에 따라)

5월
4월
3월
2월
1월
12월

2020년 4월 3일
100만 명 이상의 감염자

2020년 3월 17일
솅겐 지역 외부 국경 폐쇄

2020년 3월 11일
WHO는 전염병을 팬데믹으로 간주함

2020년 1월 20일
후베이 지역 봉쇄

2020년 1월 9일 첫 사망
2019년 12월 16일 첫 사례 발견

2019년 8~11월
전염병 발생 추정 시작

주요 전염병과 사망자 규모

코로나19
(2020~2022년)
1,600만~2,800만 명
(공식 집계: 670만)

에이즈
(1981년 이후)
3,400만~4,900만 명

홍콩 독감
(1968년~1970년)
100만~400만 명

홍콩 페스트
(1894~1950년)
1,200만 명

콜레라
(1817년 이후)
100만 명

스페인 독감
(1918~1919년)
5,000만~1억 명

천연두
(16세기 초)
2,500만~5,500만 명

흑사병
(1346~1352년)
7,500만~2억 명

유스티니아누스 역병
(541~750년)
3,000만~5,000만 명

안토니누스 역병
(165~190년, 천연두로 추정)
500만~1,000만 명

아테네 역병
(기원전 430~426년, 티푸스 추정)
7만 5천~10만 명

최대 최정치
공식 사망자 수
최소 추정치

각 국에서 제공한 공식 데이터에 따른 코로나 사망자 수

코로나19 공식 사망자 수: 각국이 제공한 공식 데이터 기준 하루 신규 사망자 수
(백만 명당, 7일 이동 평균 기준)

10
8
6
4
2

남아메리카
북아메리카
유럽
아시아
아프리카

2020
2021
2022

기후 변화와 이재민

기후 변화로 인한 사회적 취약성과 불평등

온실가스 배출 증가로 인한 지구 온난화는 오늘날 인류의 가장 시급한 이슈다. 그러나 기후 변화는 단순한 기온 상승에 그치지 않는다. 해수면 상승, 태풍의 강도 증가, 가뭄의 심화, 영구동토층의 해빙 등 다양한 형태로 우리 삶을 위협하고 있다. 어떤 재난은 폭우처럼 갑작스럽게 닥치지만, 사막화처럼 점진적으로 진행되어 장기적이고 치명적인 영향을 미치기도 한다.

국제개발연구재단(Ferdi)은 기후 변화에 대한 각 지역의 취약성을 평가하기 위해 '물리적 취약성 지수'를 개발했으며, 국가별로 기후 변화의 영향이 크게 다름을 보여준다. 모든 사회가 기후 변화에 효과적으로 적응할 수 있는 것은 아니며, 특히 해안 지역에 인구와 경제활동이 집중되면서 취약성이 더욱 커지고 있다.

기후 변화로 인해 전 세계적으로 인구 이동이 증가하고 있지만, 그 규모를 정확히 측정하기는 어렵다. 국제이주감시센터에 따르면, 2021년 자연재해로 인해 약 600만 명이 거주지를 떠났으며, 이는 장기적인 기후 변화로 인한 이주를 포함하지 않은 수치다. 대부분의 이주는 국경을 넘기보다 국가 내에서 이루어지며, 특히 아시아와 아프리카가 가장 큰 타격을 입고 있다. 더 나아가 해수면 상승으로 국토 전체가 수몰될 위기에 처한 태평양 도서 국가들은 국가의 존립 자체가 위협받는 생존의 기로에 서 있다.

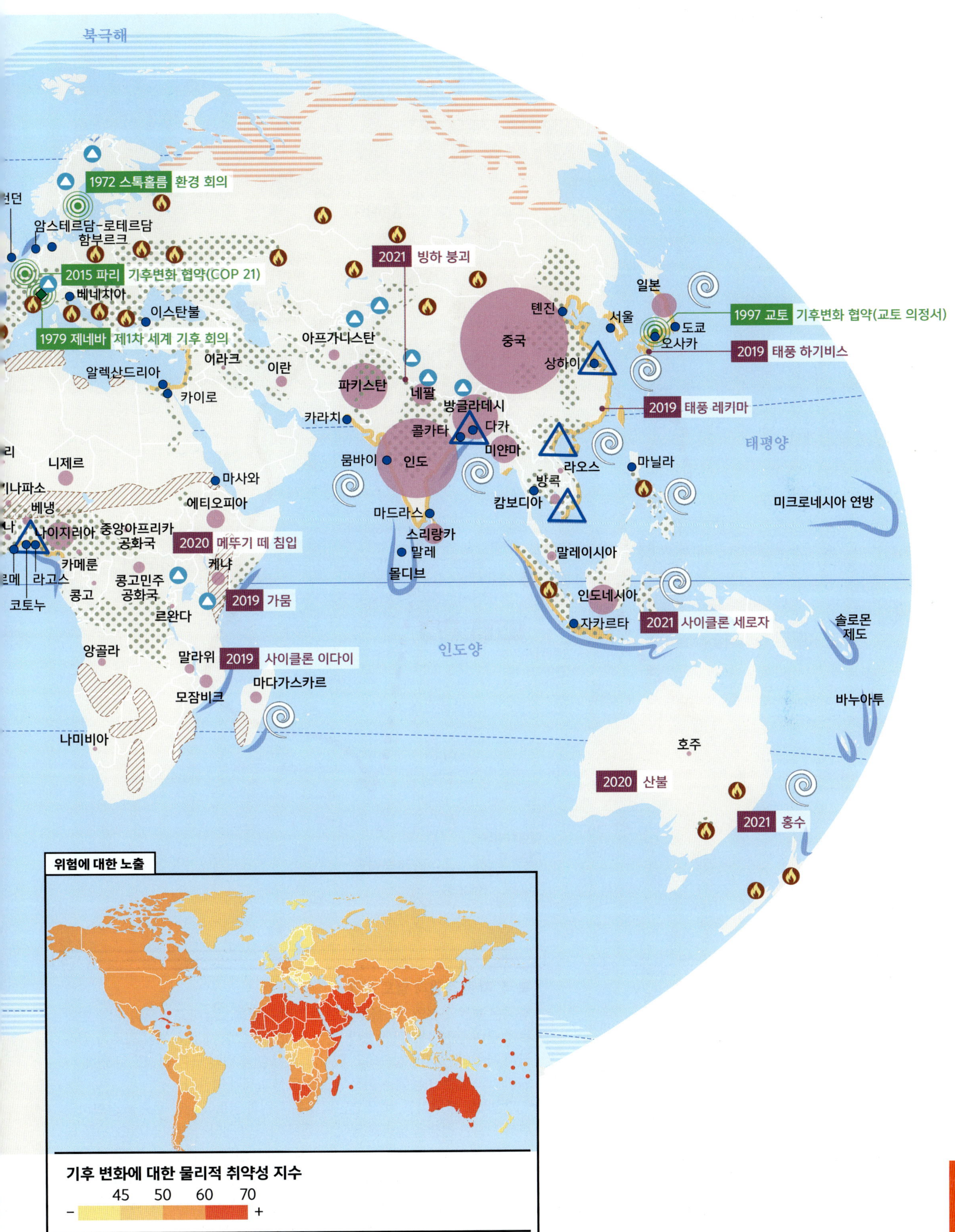
북극해
1972 스톡홀름 환경 회의
암스테르담-로테르담
함부르크
런던
2015 파리 기후변화 협약(COP 21)
베네치아
1979 제네바 제1차 세계 기후 회의
이스탄불
아프가니스탄
2021 빙하 붕괴
톈진
중국
서울
일본
1997 교토 기후변화 협약(교토 의정서)
도쿄
오사카
2019 태풍 하기비스
상하이
2019 태풍 레키마
태평양
알렉산드리아
어라크
이란
카이로
파키스탄
네팔
방글라데시
다카
미얀마
방콕
라오스
마닐라
미크로네시아 연방
니제르
카라치
콜카타
인도
뭄바이
마드라스
스리랑카
말레
몰디브
말레이시아
리
나파소
베냉
나이지리아
중앙아프리카
공화국
2020 메뚜기 떼 침입
케냐
카메룬
콩고
콩고민주
공화국
르완다
2019 가뭄
인도네시아
자카르타
2021 사이클론 세로자
솔로몬
제도
메
라고스
코토누
앙골라
말라위
2019 사이클론 이다이
마다가스카르
인도양
모잠비크
나미비아
바누아투
호주
2020 산불
2021 홍수
위험에 대한 노출
기후 변화에 대한 물리적 취약성 지수
45   50   60   70
−   +

북극과 남극(1959년 이후)

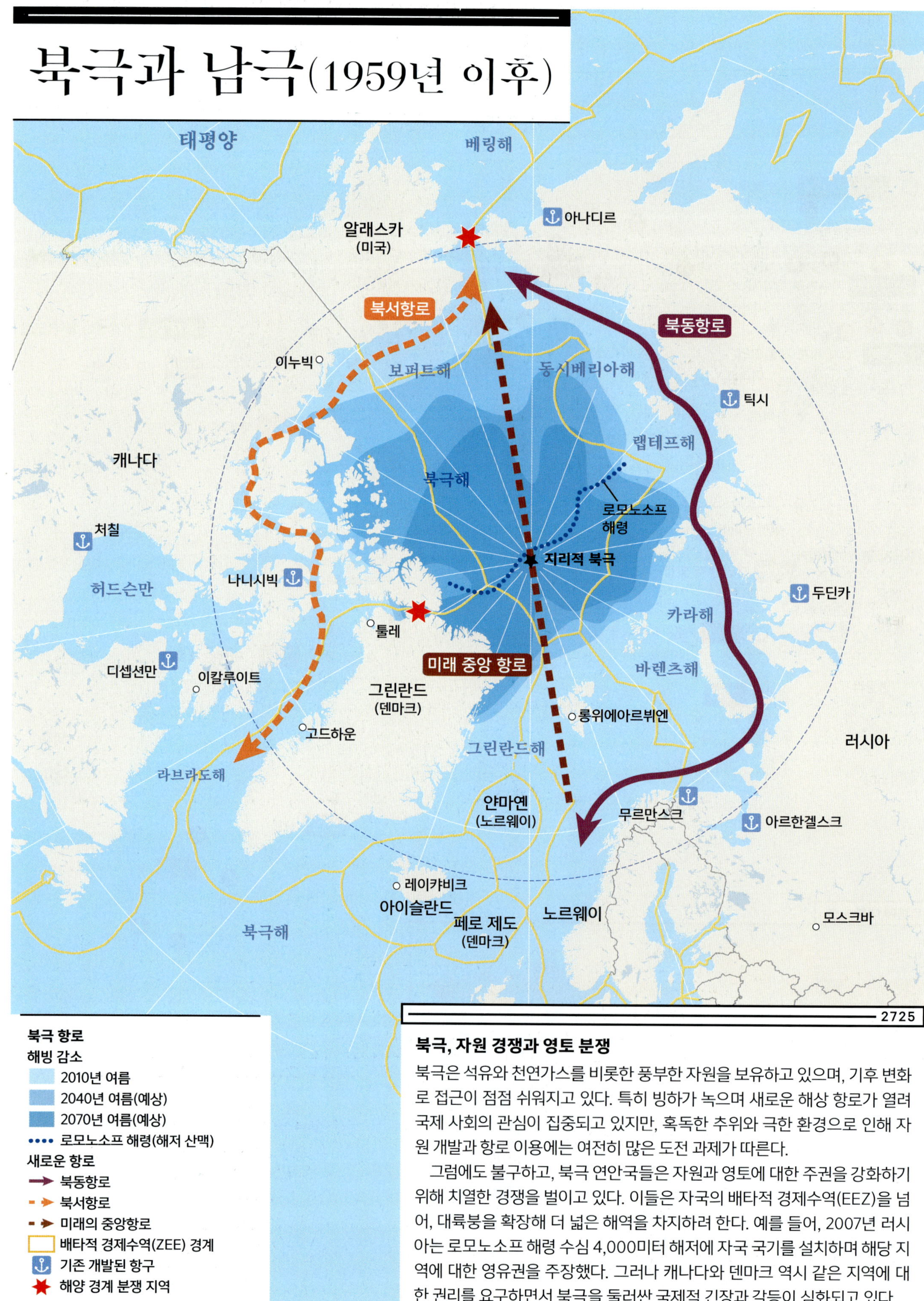

북극 항로

해빙 감소

- 2010년 여름
- 2040년 여름(예상)
- 2070년 여름(예상)
- ···· 로모노소프 해령(해저 산맥)

새로운 항로

- → 북동항로
- → 북서항로
- → 미래의 중앙항로
- ☐ 배타적 경제수역(ZEE) 경계
- ⚓ 기존 개발된 항구
- ★ 해양 경계 분쟁 지역

북극, 자원 경쟁과 영토 분쟁

북극은 석유와 천연가스를 비롯한 풍부한 자원을 보유하고 있으며, 기후 변화로 접근이 점점 쉬워지고 있다. 특히 빙하가 녹으며 새로운 해상 항로가 열려 국제 사회의 관심이 집중되고 있지만, 혹독한 추위와 극한 환경으로 인해 자원 개발과 항로 이용에는 여전히 많은 도전 과제가 따른다.

그럼에도 불구하고, 북극 연안국들은 자원과 영토에 대한 주권을 강화하기 위해 치열한 경쟁을 벌이고 있다. 이들은 자국의 배타적 경제수역(EEZ)을 넘어, 대륙붕을 확장해 더 넓은 해역을 차지하려 한다. 예를 들어, 2007년 러시아는 로모노소프 해령 수심 4,000미터 해저에 자국 국기를 설치하며 해당 지역에 대한 영유권을 주장했다. 그러나 캐나다와 덴마크 역시 같은 지역에 대한 권리를 요구하면서 북극을 둘러싼 국제적 긴장과 갈등이 심화되고 있다.

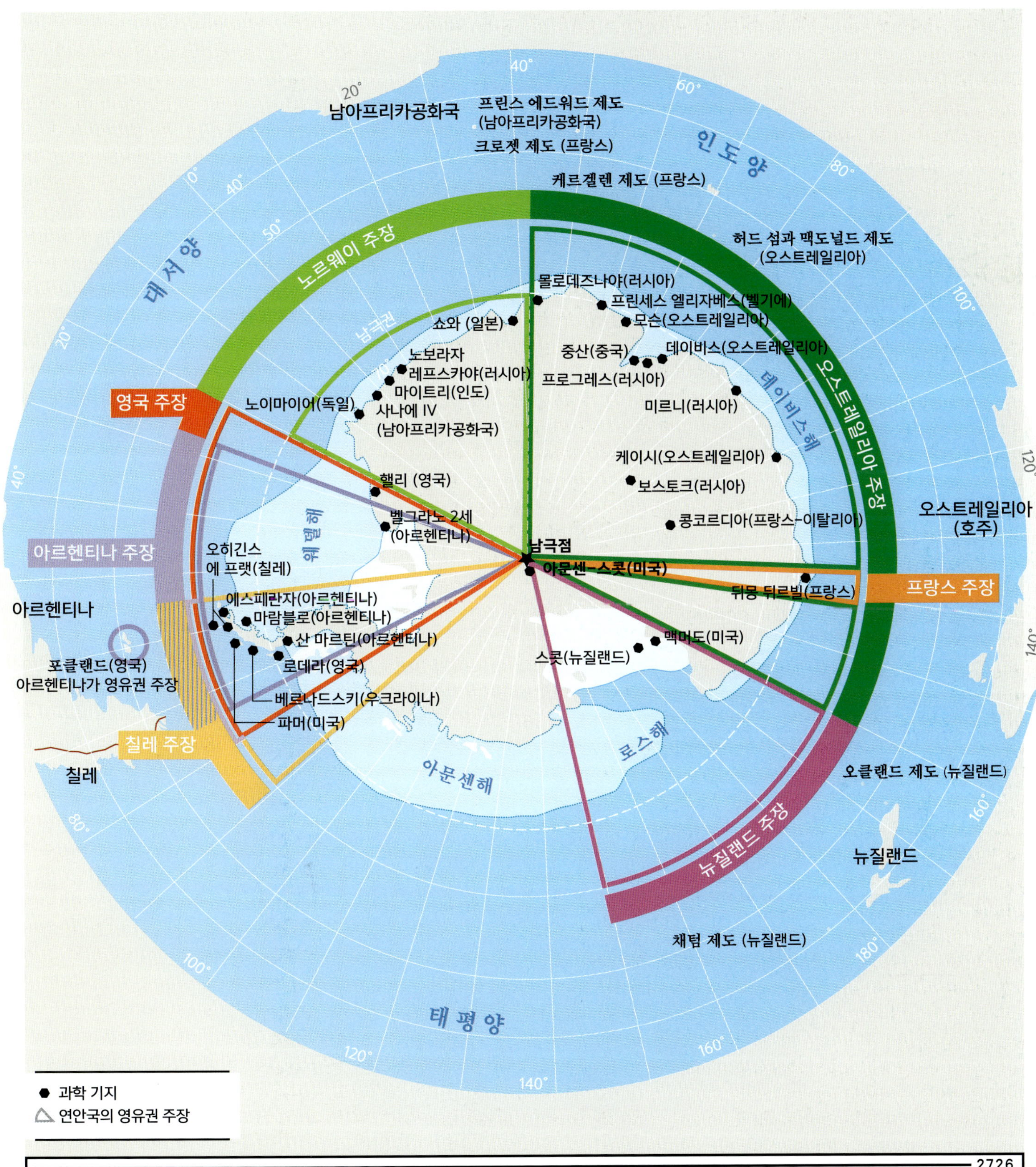

남극 대륙, 국제 공동 관리 지역

북극이 대륙으로 둘러싸인 바다인 것과 달리, 남극은 바다로 둘러싸인 거대한 대륙이다. 남극점을 중심으로 남극권 안쪽에 자리 잡은 이 대륙은 인도양, 대서양, 태평양과 접하고 있다. 면적은 약 1,400만 제곱킬로미터에 이르는 광활한 얼음 땅이지만, 국제법상 어느 한 국가의 소유도 아니다. 이러한 원칙은 1959년 체결된 '남극조약'에 따라 확립되었다. 당시 12개국이 서명한 이 조약을 통해 남극은 과학 연구를 위한 국제 공동 관리 지역으로 지정되었으며 군사 활동은 전면 금지되었다.

이후 야생 생태계 보호와 환경 보존을 위한 협약들이 추가되었고, 1991년 '마드리드 의정서'를 통해 남극은 '평화와 과학을 위한 자연 보호 구역'으로 공식 지정되었다. 이에 따라 과학적 연구 목적을 제외한 모든 광물 자원 탐사 및 채굴이 금지되었으며 어업, 사냥, 관광 활동 또한 엄격한 규제를 받고 있다. 마지막으로, 조약에는 남극 영유권을 주장하는 7개국의 영토 요구를 동결하는 조항이 포함되어 있다.

감사의 말
참고 문헌
찾아보기

감사의 말

<지도로 보는 세계의 역사>는 레 아렌 출판사와 발레리 아난, 기욤 말로리, 필리프 메나가 만나, 21세기 지도책의 새로운 지평을 열고자 하는 공동의 열망 속에서 탄생했습니다.

야심에 찬 이 프로젝트가 결실을 맺을 수 있었던 것은 크리스티앙 그라탈루프의 헌신 덕분입니다. 작업 초기부터 깊은 열정과 따뜻한 배려로 이끌어 주신 그의 노고에 진심으로 감사드립니다. 또한, 편집과 학문적 측면에서 깊이 있는 통찰로 이 작업에 기여해 주신 파트리크 부셰롱께도 감사의 뜻을 전합니다.

이번 개정판은 샬롯 베카르-루셋의 세심한 지휘 아래 완성도를 더욱 높일 수 있었습니다. 또한, 프로젝트를 성공적으로 조율해 주신 베르틸 콤마르께도 깊이 감사드립니다.

<역사L'Histoire> 잡지의 방대한 지도 데이터를 기반으로 한 이번 작업은 편집장 엘로이즈 콜렙카의 탁월한 전문성과 지칠 줄 모르는 열정을 마주하는 일이었습니다. 지도 선정부터 최종 검토까지 모든 과정에 함께해 주신 그녀에게 깊은 감사를 전합니다.

지도 한 장이 완성되기까지 수정과 조정, 또는 새롭게 제작하는 데 많은 시간과 노력이 필요했습니다. 프로젝트가 확장됨에 따라 지도 제작팀도 함께 커졌습니다. 이들의 헌신이 없었다면 불가능했을 것입니다. 지도 선정과 편집을 맡아준 프레데릭 미오토, 마리-소피 푸팽, 뤼실 듀가스트, 그리고 팀의 원활한 협업을 이끈 아나이스 모로, 케빈 리셰, 엘리나 모팽, 쥐스틴 베르제롱께 깊이 감사드립니다. 이 책은 그들의 노력으로 완성된 결과물이므로, 자부심을 느끼길 바랍니다.

지도 제작이 완료된 후에는 <역사L'Histoire> 편집팀과 저명한 역사학자들의 면밀한 검토를 거쳤습니다. 이 과정에 기여해 주신 <역사L'Histoire> 팀, 제랄딘 수드리, 아리안 마티외, 위게트 뫼니에-슈뱅, 올리비에 토마, 니나 타피에, 로르 말로, 마르탱 데셰, 톰 루이께 깊이 감사드립니다. 또한, 지도 해설 작업에 참여해 주신 잔 바르니코와 안 마리 제랭-그라탈루프께도 감사드립니다.

21세기에 지도책 제작은 효과적인 디지털 기술 활용이 필수입니다. 디지털 인터페이스를 설계하고, 독자들이 각 지도를 PDF로 다운로드할 수 있도록 구현해 준 베르트랑 클레르, 올리비에 토마, 줄리아 벨로, 그리고 이 모든 과정을 조율한 뤼실 듀가스트에게 깊이 감사드립니다.

이 책이 세상에 나올 수 있었던 것은 출판사 모든 팀원의 헌신 덕분입니다. 디자인을 담당한 퀸틴 리즈와 뱅상 레베르, 교정을 맡아 준 이자벨 파칼레, 사라 아누, 카미유 데시지에, 그리고 색인 정리를 담당한 마르탱 부라와 잔 드 바렌께 감사드립니다. 또한 실무 지원을 맡아 준 장-베르트랑 테즈와 'fabulous' 팀, 특히 알렉산드라 테넨바움과 마리-베어드 스미스의 기여에도 깊은 감사를 전합니다.

마지막으로, 책을 만드는 것만큼 중요한 것은 널리 알리는 일입니다. 이를 위해 애써 주신 이자벨 마자스키와 그녀의 팀에게 진심으로 감사드립니다.

참고 문헌

지도

J. F. Ade Ajayi, M. Crowder, Atlas historique de l'Afrique, editions du Jaguar, 1992.

J. –M. Albert, Petit Atlas historique du Moyen 헬e, Armand Colin, 2006.

F. Argounes, S. Mohamed–Gaillard, L. Vacher, Atlas de l'Océanie, Autrement, 2022.

B. Arthur, F. Morphies (dir.), Atlas of indigenous Australia, MacQuarie Library Pty.Ltd, 2019.

F. Balanche, Atlas du Proche–Orient, PU Paris Sorbonne, 2011.

E. Barnavi, Histoire universelle des juifs, Hachette, 1992.

P. –Y. Beaurepaire et S. Marzagalli, Atlas de la Révolution française. Un basculement mondial. 1770–1894, Paris, Autrement, deuxieme edition, 2016.

P. –Y. Beaurepaire, Atlas de l'Europe moderne, Autrement, 2019.

R. Belzacq, F. Miotto, M.–S. Putfin, Atlas de France, Gisserot, 2011.

R. Belzacq, F. Miotto, M.–S. Putfin, Atlas du monde, Gisserot, 2018.

D. Ben Yahmed, N. Houstin, Atlas de l'Afrique, Editions du Jaguar, 2009.

A. Bernard (dir.), Grand Atlas des explorations, Universalis, 1991.

J. Bertin, J. Devisse, D. Lavallee, J. Nepote, O. Buchsenschutz, Atlas historique de l'humanité, Hachette, 1987, reed. La Martiniere, 2004.

P. Boniface et H. Vedrine, Atlas géopolitique du monde global, Armand Colin/Fayard, 2020.

P. Boucheron, Histoire mondiale de la France, Paris, Le Seuil, 2017.

R. Brunet, D. Eckert, V. Kolossov, Atlas de la Russie et des pays proches, Reclus–La Documentation francaise, 1995.

P. Cabanes, Petit Atlas historique de l'Antiquité grecque, Armand Colin, 1999.

A. Cattaruzza, P. Sintes, Atlas géopolitique des Balkans, Autrement, 2016.

G. Chaliand, M. Jan, J.–P. Rageau, Atlas historique des migrations, Seuil, 1994.

G. Chaliand, J.–P. Rageau, Géopolitique des empires, Arthaud, 2010.

D. Cohen, A. Destemberg, A. Dusserre, A. Houte, Nouvel Atlas de l'histoire de France, Autrement, 2016.

J. Cornette (dir.), Atlas de l'Histoire de France, 481–2005, Belin, 2012.

O. Dabene, Atlas de l'Amérique latine, Autrement, 2011.

S. Denoix et H. Renel, Atlas des mondes médiévaux musulmans, CNRS Editions, 2022.

W. Devos, R. Geivers, Atlas historique, Erasme, 1996.

C. Didelon, C. Grasland, Y. Richard (dir.), Atlas de l'Europe dans le monde, La Documentation francaise, 2008.

M. Dorigny, Atlas des premières colonisations, Autrement, 2013.

M. Dorigny, B. Gainot, Atlas des esclavages, Autrement, 2017.

G. Duby (dir.), Grand Atlas historique, Larousse, 1987, reed. 2007.

G. Duby (dir.), Atlas historique Duby. Toute l'histoire du monde en plus de 300 cartes, Larousse, 2022.

M. Falkus, J. Gillingham, Historical atlas of Britain, Granada, 1981.

B. Faugere, N. Goepfert, Atlas de l'Amérique précolombienne, Autrement, 2022.

F. –X. Fauvelle, I. Surun (dir.), Atlas historique de l'Afrique, Autrement, 2019.

M. Gilbert, The Routledge Atlas of British History, Londres et New York, Routledge, 5e edition, 2011.

C. Grataloup, G. Fumey (dir.), L'Atlas global, Les Arenes, 2014, reed. 2016.

F. Hayt (dir.), Atlas d'histoire, de Boeck, 2012 (32e ed.).

J. Haywood, R. Boyer, Atlas des Vikings, Autrement, 1995.

J. Helie, Petit Atlas historique des temps modernes, Armand Colin, 2000.

D. P. Hupchick, H. E. Cox, Les Balkans, Atlas historique, Economica, 2001.

D. Jordan, A. Wiest, Atlas de la Seconde Guerre mondiale, Histoire et Collections, 2013.

J. –F. Klein, P. Singaravelou, M. –A. de Suremain, Atlas des empires coloniaux. XIXe–XXe siècles, Autrement, 2012.

X. Laborde et D. Papin, Mappemondes : un voyage dans le temps pour raconter le monde contemporain, Armand Colin, 2023.

G. Lachenal et G. Thomas, Atlas historique des épidémies, Autrement, 2023.

A. Livesey, Atlas de la Première Guerre mondiale, Autrement, 1994.

M. Nouschi, Petit Atlas historique du XXe siècle, Armand Colin, 2008.

P. K. O'Brien, Philip's Atlas of World History, Londres, Philip's, 2007.

D. Papin, Atlas géopolitique de la Russie, Les Arenes, 2022.

D. Papin et B. Tertrais, L'Atlas des frontières, Les Arenes, 2021 (nelle ed.).

H. Park, Mapping the Chinese and Islamic Worlds. Cross–Cultural Exchange in Pre–Modern Asia, Cambridge University Press, 2012.

C. Poirier-Coutansais (dir.), La Terre est bleue, Les Arenes, 2015.

F. Salmon, Atlas historique des États-Unis de 1783 à nos jours, Armand Colin, 2008.

K. Santon, L. McKay, Atlas historique du monde, Parragon, 2006.

O. Sassi, M. Aycard, Atlas historique de la Méditerranée, Presses de l'Universite Saint-Joseph-Fayard, 2009.

J. Schwartzberg, A Historical Atlas of South Asia, University of Chicago Press, 1979.

R. Scoccimarro, Atlas du Japon, Autrement, 2018.

A. Sellier et J. Sellier, Atlas des peuples d'Europe centrale, La Decouverte, 1991, reed. 2007.

A. Sellier et J. Sellier, Atlas des peuples d'Europe occidentale, La Decouverte, 1995, reed. 2011.

A. Sellier et J. Sellier, Atlas des peuples d'Orient. Moyen-Orient, Caucase, Asie centrale, La Decouverte, 1993, reed. 2004.

J. Sellier, Atlas des peuples d'Asie méridionale et orientale, La Decouverte, 2001, reed. 2008.

J. Sellier, Atlas des peuples d'Afrique, La Decouverte, 2003, reed. 2011.

J. Sellier, Atlas des peuples d'Amérique, La Decouverte, 2006, reed. 2013.

C. Somaglino, Atlas de l'Égypte ancienne, Autrement, 2020.

H. -E. Stier, E. Kirsten, H. Quirin, W. Trillmich, G. Czybulka (dir.), Grosser Atlas zur Weltgeschichte, Westermann, 1968, reed. 1997.

B. Tertrais, D. Papin, L'Atlas des frontières, Les Arenes, 2016.

H. Tertrais, Atlas des guerres d'Indochine, Autrement, 2004.

A. de Tocqueville, Atlas des cités perdues, Arthaud, 2014.

P. Vallaud (dir.), Atlas historique de la Méditerranée, Fayard, 2009.

P. Vidal-Naquet (dir.), Histoire de l'humanité, Hachette, 3e ed. 1992.

A. Virmani, Atlas historique de l'Inde, Autrement, 2012.

O. Wattel, Petit Atlas historique de l'Antiquité romaine, Armand Colin, 1998. Grande Atlante Storico del Mondo, La Repubblica, 1997. L'Histoire du monde par les cartes, Larousse, 2019.

잡지

<Atlas de France>, Les Atlas de L'Histoire, 2013.

<Atlas de la Mediterranee>, Les Atlas de L'Histoire, 2010.

<Atlas des Afriques>, Les Atlas de L'Histoire, 2016.

<Atlas des Ameriques>, Les Atlas de L'Histoire, 2012.

<Atlas des mondes de l'Asie>, Les Atlas de L'Histoire, 2014.

<Atlas Histoire>, Le Monde diplomatique, 2010.

<Atlas des civilisations>, La Vie-Le Monde (hors-serie), 2015.

<Atlas des empires>, La Vie-Le Monde (hors-serie), 2019.

<Atlas des mondialisations>, La Vie-Le Monde (hors-serie), 2011.

<Atlas des migrations>, La Vie-Le Monde (hors-serie), 2009.

<Atlas des minorites>, La Vie-Le Monde (hors-serie), 2011.

<Atlas des peuples>, La Vie-Le Monde (hors-serie), 2018.

<Atlas des villes>, La Vie-Le Monde (hors-serie), 2013.

<Histoire des Ameriques>, La Vie-Le Monde (hors-serie), 2018.

<Histoire de l'Homme>, La Vie-Le Monde (hors-serie), 2017.

<Histoire de l'Occident>, La Vie-Le Monde (hors-serie), 2016.

<Histoire du Proche-Orient> La Vie-Le Monde (hors-serie), 2018.

<La nouvelle Histoire du monde>, Les Grands dossiers des Sciences Humaines, hors-serie L'Histoire n°3, 2015.

기타 다른 작품

D. Armitage et S. Subrahmanyam, The Age of Revolutions in Global Context, c. 1760-1840, Basingstoke et New York, Palgrave Macmillan, 2010.

P. Bairoch, De Jéricho à Mexico, Gallimard, 1985.

M. Balard, J.-P. Genet, M. Rouche, Le Moyen Âge en Occident, Hachette, 2003.

J. -C. Bas, L'Europe à la carte, Le Cherche-Midi, 2009.

G. Baudelle, Géographie du peuplement, Armand Colin, 2016.

P. Beaujard, Les Mondes de l'océan Indien, Armand Colin, 2012.

J. Bentley, The Oxford Handbook of World History, Oxford University Press, 2013.

C. Bernand, S. Gruzinski, Histoire du Nouveau Monde, Fayard, 1991.

P. Boucheron (dir.), Histoire du monde au XVe siècle, Fayard, 2009.

E. Bouda, De l'utilité des empires, Armand Colin, 2005.

L. Boulnois, La Route de la soie, Olizane, 2001.

J. Bright, A History of Israel, SCM, 1972.

F. Braudel, Civilisation matérielle, économie, capitalisme (XVe-XVIIIe siècle), Armand Colin, 1979.

F. Braudel, La Méditerranée et le monde méditerranéen à l'époque de Philippe II, Armand Colin, 1949.

F. Braudel, Grammaire des civilisations, Arthaud, 1987.

M. Bruneau, L'Eurasie, CNRS Editions, 2018.

M. Bruneau, Peuples-mondes dans la longue durée, CNRS Editions, 2022.

J. Burbank, F. Cooper, Empires, Payot, 2011.

P. Butel, Histoire de l'Atlantique, Perrin, 1997.

E. Carreira, I. Muzart-Fonseca dos Santos, Éclats d'empire portugais, Maisonneuve et Larose, 2003.

L. et F. Cavalli-Sforza, Qui sommesnous?, Albin Michel, 1994.

G. Chaliand, Les Empires nomades,

Perrin, 1998.

P. Chaunu, L'Expansion européenne, PUF, 1995.

D. Chaussende, Histoire de la Chine ancienne et impériale, Presses Universitaires de France, collection <Que sais-je ?>, 2022.

M. Christol, D. Nony, Rome et son empire, Hachette, 2011.

E. H. Cline (dir.), The Oxford Handbook of the Bronze Age Aegean, Oxford University Press, 2012.

C. Coquery-Vidrovitch, Histoire des villes d'Afrique noire, Albin Michel, 1993.

B. Cunliffe, La Gaule et ses voisins, Picard, 1993.

Q. Deluermoz, Commune(s), 1870-1871. Une traversée des mondes au XIXe siècle, Paris, Le Seuil, collection <L'univers historique>, 2020.

J. Diamond, De l'inégalité parmi les sociétés, Gallimard, 2000.

R. Dion, Histoire de la vigne et du vin en France, Flammarion, 1977 (1re ed. 1959).

P. Dockes, Le Sucre et les larmes, Descartes & Cie, 2009.

A. Ducellier, M. Kaplan, B. Martin, F. Micheau, Le Moyen Âge en Orient, Hachette, 2006.

S. Duffy, The Concise History of Ireland, Gill and Macmillan, 2005.

F. -X. Fauvelle, Le Rhinocéros d'or, Alma, 2013.

V. Gelezeau, K. de Ceuster, A. Delissen (dir.), Bordering Korea, Routledge, 2013.

M. Godelier, Quand l'Occident s'empare du monde (XVe-XXIe siècle), 2023.

M. Goya, Les Vainqueurs. Comment la France a gagné la Grande Guerre, Tallandier, 2018.

C. Grataloup, Lieux d'Histoire, Reclus, 1976.

C. Grataloup, L'Invention des continents, Larousse, 2009.

C. Grataloup, Faut-il penser autrement l'histoire du monde ?, Armand Colin, 2011.

C. Grataloup, Introduction à la géohistoire, Armand Colin, 2015.

C. Grataloup, Géohistoire de la mondialisation, Armand Colin, derniere ed. 2015.

O. Grenouilleau, Les Traites négrières, Gallimard, 2004.

J. Guilaine, La Mer partagée, Hachette, 1994.

P. Hamalainen, L'Empire comanche, Anacharsis, 2012.

P. Haski, Géopolitique de la Chine, Eyrolles, 2018.

C. Higounet, Les Allemands en Europe centrale et orientale au Moyen Âge, Aubier, 1989.

A. Hopkins, Globalization in World History, Norton & Cie, 2002.

R. Lebeau, Les Grands Types de structures agraires dans le monde, Armand Colin, 1994.

P. Lemarchand (dir.), L'Afrique et l'Europe, Complexe, 1994.

V. Liberman, Strange Parallels, Cambridge University Press, 2003.

M. Lombard, Espaces et réseaux au Moyen Âge, Mouton, 1972.

D. Lombard, Le carrefour javanais. Essai d'histoire globale, Ed. de l'EHESS, 2004.

J. McClellan, Science Reorganized, Columbia University Press, 1985.

V. Magalhaes Godinho, Les Découvertes, Autrement, 1990.

J. -L. Margolin, C. Markovits, Les Indes et l'Europe, Gallimard, 2015.

E. M'Bokolo, Afrique noire. Histoire et civilisations, Hatier-AUF, 2004.

N. Mingasson et al., L'Aventure des pôles, Larousse, 2017.

C. Nicolet, L'Inventaire du monde, Fayard, 1988.

J. Osterhammel, La Transformation du monde, Nouveau Monde ed., 2017.

P. Pelletier (dir.), Géopolitique de l'Asie, Nathan, 2006.

X. de Planhol, Les Fondements géographiques de l'histoire de l'islam, Flammarion, 1968.

A. Prost, G. Krumeich, Verdun 1916, Tallandier, 2015.

A. Reid, Southeast Asia in the Age of Commerce, 1450-1680, Yale University Press, 1993.

A. Reynaud, Une géohistoire. La Chine des Printemps et des Automnes, Reclus, 1993.

M. Schiavon, Weygand, l'intransigeant, Tallandier, 2018.

P. -F. Souyri, Moderne sans être occidental. Aux origines du Japon aujourd'hui, Gallimard, 2016.

A. Sumpf, La Grande Guerre oubliée, Perrin, 2017.

L. Testot et N. Wallenhorst, Vortex : faire face à l'Anthropocène, Payot, 2023

G. Teulie, Histoire de l'Afrique du Sud, Tallandier, 2019.

P. Verley, L'Échelle du monde, Gallimard, 1997.

I. Wallerstein, Le Système du monde, du XVe siècle à nos jours, Flammarion, 1992.
Beyond the Horizon, Somogy, 2012. Les Grands Explorateurs, Larousse, 2006.
Grand Larousse encyclopédique en 10 volumes, ed. 1960.

매뉴얼

A. Alcoberro (dir.), Historia del Mon contemporani, Teide, 2002.

A. Alcoberro (dir.), Historia, Teide, 2003.

M. Chevallier, X. Lapray, Histoire 2de, Hatier, 2014.

M. Chevallier, X. Lapray, Histoire 1re, Hatier, 2014.

S. Cote (dir.), Histoire 1re, Nathan, 2011.

S. Cote (dir.), Histoire Terminale, Nathan, 2012.

J. Marseille (dir.), Histoire 2de, Nathan, 1987.

찾아보기 (인물, 제도, 민족)

가

가라만테스족 68, 132
가리푸나족 46
가말 압델 나세르 656, 659, 660
가비오엥족 472
가오타이산(문화) 110
가즈니 왕조 78, 175
간무 천황 108
갈라티아인 55, 62
갈리아민 55, 129, 138
갈바 황제 132
건륭제 황제 342
검은수염 326
검의 형제 기사단 208, 244, 250
게르마니쿠스 장군 135
게르만족 68, 132, 140
게르트 폰 룬트슈테트 599
게오르기 주코프 631, 632, 633
게일족 234
게툴리족 68, 132
게프하르트 폰 블뤼허 장군 496
게피드족 142
겐세리크 140, 146
고드프루아 드 부용 180, 182
고르 왕조 78
고르가베족 46
고트족 146, 149
곤드족 46
곤자가(가문) 283
공자 72, 111
과나하타베이족 37
과라니족 46, 296
과미비아노족 46
과자자라족 472
교황 그레고리오 8세 181
교황 레오 3세 204
교황 식스투스 5세 395
교황 우르바누스 2세 180
교황 인노첸시오 3세 90, 181, 222
구티족 97
구호기사단(종교단체) 183
국민당(중국) 590, 648

나

나가세나 116
나가족 46
나르세스 142, 149
나바라의 앙리(앙리 4세) 359
나바호족 32, 452, 455, 462
나바호족/디네족 46
나사우의 마우리 378
나스르 왕조 171
나우아족 32, 46, 473
나이만족 86
나체즈족 32
나탈의 인도인(반란) 413
나투프(문화) 26
나파타인 103
나폴레옹 1세(나폴레옹 보나파르트) 402, 447, 448, 476, 482, 486, 488, 490, 492, 494, 496
나폴레옹 3세 505, 508, 510
나흐티갈 410
남비콰라족 46
네네츠족 43, 46
네덜란드인 344
네로 128
네메시스 호(선박) 436
네부카드네자르 2세 97
네스토르 마흐노 567

굽타 제국 117
귀스타브 폴 클뤼제레 512
귀위크 86
그랑다르메 489
그로벤트르족 458
그리스인 56, 60
그위친족 46
글로스터의 리처드 241
기리야마족(반란) 413
기벨린파 246, 247
기예르모 엔다라 685
기즈 가문 359
기즈 공작 376
기후 변화에 관한 정부간 협의체(IPCC) 738

다

네스토리우스 145
네안데르탈인 18
네우스트리아 202
네즈 퍼스족 46, 452, 463
넬슨 만델라 675
노로돔 시아누크 673
누비아인 103
누에르족 46
눙족 46
느헤미야 124
니제르강 172
니콜라 보댕 487
니콜라이 1세(러시아) 444, 524
니콜라이 2세(러시아) 522, 573
니키타 흐루쇼프 638

다니엘 오르테가 682
다니족 46
다르다넬스(전투) 534
다리우스 3세 64
다에시 713, 717, 726
다우니족 127
다이라 가문(일본) 108
다이묘 344
다코타족 46
다키아족 55
다테 가문(일본) 264
다폴렌타(가문) 283
단순왕 샤를 232
당 왕조 175, 258
대 카토 130
대만 원주민 47
대머리왕 샤를 203
데니소바인 18
데스몬드 376
데아크 페렌츠 516
데이비 크로켓 455
데이비드 리빙스턴 404, 410
덴무 천황 108
도곤족 173
도나투스 76

도널드 트럼프 **463, 708, 726**
도르셋(문화) **43**
도리스인 **118**
도쿠가와 가문 **344**
독일왕 루트비히(루이) **203, 206**
돌간족 **43**
동고트족 **142, 148**
동인도회사 **300, 340**
동족 **46**
동티모르 **666**
두보(시인) **258**
두이먼산-페르쟈허(문화) **110**
둠노니아족 **138**
뒤발리에 가문 **684**
드라군(작전) **627**
드루즈족 **712**
드와이트 D. 아이젠하워 **620, 626, 631**
딕슨 덴햄 **410**
딩카족 **46**
따이족 **46**

라

라 레포르므(신문) **503**
라기드 왕조(프톨레마이오스 왕조) **62, 64**
라나발로나 3세 **337**
라다마 1세 **337**
라사로 카르데나스 **684**
라오니우포(문화) **110**
라우리키족 **138**
라울 알폰신 **685**
라이스트뤼고네스(신화적 민족) **118**
라인하르트 하이드리히 **606**
라자르 카르노 **482**
라칸돈족 **46**
라코타족 **46**
라코타족(수족) **458**
라틴 동맹 **129**
라틴족 **127**
라파누이족 **46**
라파엘 트루히요 **684**
람세스 1세 **101**
람세스 2세 **100**

랭커스터(가문) **240**
레굴루스 **130**
레닌(블라디미르 일리치 울리야노프) **572, 664**
레모비키족 **138**
레몽 7세 **222**
레오폴드 2세(벨기에) **410**
레옹 강베타 **508, 510**
레옹 프랑켈 **512**
레우키족 **138**
레이몽 드 생질 **180**
레이프 에릭손 **232**
레타이족 **62, 126**
레프 트로츠키 **566, 573**
렉소비이족 **138**
렌딜레족 **46**
렌카족 **46**
로데리크 **148**
로돌포 그라치아니 **583**
로마노프 왕조 **388**
로물로 베탕쿠르 **685**
로물루스 아우구스툴루스 **140**
로버트 E. 리 **467**
로버트 더들리 **376**
로버트 오하라 버크 **426**
로버트 파머(역사가) **476**
로버트 피어리 **404**
로베르 니벨 **542, 546**
로베르 드 몰렘 **213**
로베르 드 소르봉 **218**
로베르 쉬르쿠프 **326**
로베르 슈만 **698**
로베르 왕조 **206**
로베르토 디 리돌피 **376**
로베르토 수아소 코르도바 **684**
로알 아문센 **404**
로저 2세(시칠리아) **246**
로타르 1세 **203**
로타르 **206**
로토파고이(신화적 민족) **118**
로페 데 아기레 **311**
로힝야족 **46**
롤로 **232**
롬바르드족 **134, 142, 146, 203**

루돌프 1세(합스부르크) **244**
루리차족 **46**
루벤 움 니오베(음포돌) **677**
루시(오스트랄로피테쿠스) **18**
루오라웨트란족 **43**
루이 11세 **243**
루이 13세 **374**
루이 14세 **372, 374, 379**
루이 16세 **478, 480**
루이 18세 **496**
루이 2세(이탈리아 왕) **203**
루이 7세(프랑스) **181**
루이 8세 사자왕 **222**
루이 9세 **84, 185, 218**
루이 경건왕 **203, 206**
루이 니콜리 디부 **489**
루이 리엘 **461, 464**
루이 블랑 **503**
루이 앙투안 드 부갱빌 **330, 338**
루이 조셉 드 몽칼름 **381**
루이 페데르브 **508**
루이 필리프 **500, 503**
루이마리 튀로 **485**
루이스 이나시우 룰라 다 실바 **685**
루자허(문화) **110**
루홀라 호메이니 **660**
룸 셀주크 왕조 **84, 182**
뤼지냥(왕조) **270**
류리크 왕조 **196**
류리크 **196**
류큐족 **46**
르 나시오날(신문) **503**
르네 뒤게트루앵 **326**
르네 카이예 **404, 410**
르네-로베르 카블리에 드 라살 **335**
르페브르 데타플 **278**
리구리아인 **62, 127, 138**
리수족 **46**
리슐리외(추기경) **375**
리족 **46**
리처드 3세 **241**
리처드 네빌 **241**
리처드 사자심왕 **180, 248**

750

리처드 요크 240
리처드 프랜시스 버튼 404
리파인족 46
링곤족 138

마

마 알 아이닌 413
마그누스 에릭손 251
마닐라 갈레온 300
마론파 교회 145
마르가레테 부버-노이만 578
마르두크(신) 96
마르마족 46
마르시족 134
마르켈루스 128
마르코 폴로 88, 90
마르코만니족 134
마르쿠스 아우렐리우스 132
마르쿠스 안토니우스 132
마르틴 루터 278, 354, 357
마사이족 46
마수파족 173
마시니사 130
마야족 32, 34, 46
마오리족 42, 46, 427
마오쩌둥 590, 648, 655
마우리아 왕조 115
마운드 빌더 33
마운드 빌더스(문화) 33
마이다네크 634
마이울 206
마이클 콜린스 571
마자르족 200
마지마지(반란) 413
마카리오스 3세 662
마카오 666
마쿠시족 46
마크 사이크 558, 560
마크 트웨인 468
마틴 루터 킹 686
마푸체족 46, 296
마흐무드 압바스 709
막시밀리앙 로베스피에르 478
만단족 458
만사 무사 173

만시족 43
만주족 46, 275, 342
만코 카팍 294
말더듬이 왕 루이 2세 203
말라테스타(가문) 282
말리크 카푸르 78
말린케족 173
맘루크 84, 183, 185, 186
매튜 페리(사령관) 438
매튜 플린더스 426
먀오족 46
멍고 파크 404, 410
메난드로스 1세(밀린다) 116
메넬라오스 118
메넬리크 1세 151
메넬리크 2세 432, 441
메노미니족 458
메디치(가문) 281, 282
메로빙거 왕조 202
메르키트족 86
메리 스튜어트 376, 377
메리 튜더 376
메리나족 336
메리웨더 루이스 404, 452, 458, 460
메사피족 127
메스칼레로족 454
메티스족 46
메흐메트 2세 190
멘카우레 98
멘투호테프 99
멜라네시아인 40
멜카이트 교회 145
멜키오르 은다다예 718
명 왕조 265, 272, 275
모가미 가문(일본) 264
모리 가문(일본) 264
모리나족 138
모리스 파퐁 680
모부투 세세 세코 654
모세 104
모시족 413
모압족 104
모자비테족 46
모크라니 반란 406
모하비족 454
모호크족 46

몬테펠트로(가문) 282
몽골족 46, 84, 86, 174, 185, 186, 275
몽무셰(마키) 613
몽족 46
몽케 86, 88
몽타뉴파 478
묘족 46
무라비트 왕조 170, 172
무라족 311
무사 케이타 1세 80
무스타파 케말 아타튀르크 560
무아마르 카다피 677, 710
무와탈리 100
무와히드 왕조 84, 170, 211
무자오(MUJAO) 717
무장 이슬람 단체(GIA) 716
무적함대 376
무함마드 모사데그 656
무함마드 부디아프 716
무함마드 부아지지 710
무함마드 알리 444, 350
무함마드 이븐 압둘 알와하브 580
무함마드 투글루크 78
무함마드 158, 160, 176
문다족 46
문두루쿠족 311
문두스 149
므데와칸톤족(수족) 458
미겔 프리모 데 리베라 594
미노아 문명 119
미셸 네 496
미스키토족 46
미시시피 문화 33
미워크족 454
미주리족 458
미케네 문명 118
미크맥족 46
미클로시 호르티 594
미하일 8세 팔레올로고스 188
미하일 고르바초프 692
믹스텍족 34, 46, 50
밀라노의 암브로시우스 77
밀레투스의 헤카테우스 55
밀린다팡하 116

바

바다 민족 60
바랴크인 198, 251
바르니에 법 406
바르바로사(작전) 600, 602, 606
바르톨로메우 디아스 289, 302, 314
바를람 샬라모프 578
바밀레케족 677
바사족 677
바샤르 알아사드 713, 724
바스쿠 다 가마 289, 302, 314
바스크족 148
바실리 3세 197
바실리 추이코프 631
바실리오스 2세 178
바예지드 1세 276
바오산(문화) 110
바오타(문화) 110
바이바르스 84, 186
바이족 46
바이킹 196, 206, 228, 230, 231, 232, 234,
300
바카족 46
바투 197
바트와족 46
반달족 77, 140, 146
반투족 44, 46, 296
발도파 220
발레리 브로블레프스키 512
발레리 지스카르 데스탱 677
발카르인 574
발트인 574
방데 반란군 485
백훈족 117
버나드 몽고메리 620, 626, 632
버락 오바마 722, 726
베냐민 네타냐후 707
베네티족 127
베누스티아노 카란사 473
베니토 무솔리니 441, 583, 594, 624
베르베르족 46, 162
베르킨게토릭스 139
베르트랑 뒤 게클랭 238
베스트팔렌 조약 244
베스파시아누스 132

베자족 46
벨로바키족 138
벨리사리우스 142, 149
벨제크 634
보로로족/워다베족 46
보어인 418
보이이족 55
볼가 불가르족 196, 200
볼스키족 127
볼케족 55
볼케족/ 텍토사지족 138
볼케족/아레코미키족 138
부글레족 46
부농족 46
부레족 173
부르고뉴인 239
부르군트족 140, 146
부르봉 왕조 500
부르봉콩데 공 루이 2세 372
부민 174
부시닝게족 46
부이족 46
북대서양조약기구(NATO) 695, 701, 722,
726, 732
북주 왕조 174
불가르족 175
불로뉴의 보두앵 182
붉은 에리크 228, 232
붓다(부처) 72
브루티움족 127
브룩테르족 134
브르타뉴족 146
브리튼족 234
블라디미르 푸틴 696
블라디미르 196
블랙 파워 686
비니시오 세레소 685
비르예르 망누손 251
비밀군사조직(OAS) 681
비비스케족 138
비센테 핀손 311
비스콘티 가문 281
비스콘티(가문) 282
비엣민 670
비엣족 262
비텔리우스 132

비토리오 에마누엘레 3세 625
비토리오 에마누엘레 오를란도(올란도) 624
비투리게족 138
비투스 베링 338
비틀리스(전투) 536
비티니아인 121
빅토르 야누코비치 695
빅토르 파스 에스텐소로 684
빅토리아 422
빅토리아노 우에르타 473
빌럼 바렌츠 318
빌족 46
빌헬름 1세(독일/프로이센) 508
빌헬름 카이텔 630

사

사담 후세인 705
사도 토마스 76
사디아바헤 운동 413
사라센족 206
사르곤(아카드) 97
사르데냐족 127
사르마티아인 62, 132, 146
사만 왕조 174
사모리 투레 410, 432
사무드라굽타 117
사뮈엘 드 샹플랭 322, 332
사미족 43, 46
사바 왕국 103
사바족 103
사부아의 비토리오 아마데오 2세 382
사비니족 127, 134
사산 왕조 152, 174
사우드 왕조 580
사카(스키타이) 66, 132
사타케 가문 264
사투족 46
사투크 174
사파라족 46
사파비 왕조 190
사포텍족 34, 46, 473
산디니스타 682
산족 44, 46, 296
산톤족 138
살라딘 181, 184

살루비족 138
살바도르 아옌데 682
살비우스(트리폰) 136
삼니움족 126, 129, 137
삼부루족 46
새뮤얼 월리스 338
색슨족 68, 134, 140, 146, 234
샘 휴스턴 455
샤론 678
샤를 10세 500
샤를 1세(앙주의 샤를) 84, 185, 247
샤를 3세(뚱보) 203
샤를 7세(프랑스) 239
샤를 드골 613, 620, 678
샤를 드니 부르바키 508
샤를 마르텔 202
샤를 마리 드 라 콩다민 472
샤를 망쟁 553
샤를마뉴 203, 204
샤밀(이맘) 522
샤위족 46
샤이엔족 32, 46, 454, 458, 461
샨족 46
샬르 모리스 680
샬만에세르 3세 103
샹파뉴의 백작 티보 3세 181
서고트족 140, 146, 148
서위 왕조 174
선량공 필리프 243
선량왕 장 2세 238
성 아우구스티누스 77
성 콜롬비누스(성인) 146
세계보건기구(WHO) 736
세논족 55
세누시 운동 413
세르레탄족 138
세르비아인 176, 188
세르비우스 툴리우스 128
세미놀족 452
세바스티앵 르 프레스트르 드 보방 375
세소스트리스 3세 98
세이렌(신화적 존재) 118
세일리시족 46
세쿠 아마두 442
세파르딤 392
셀레우코스 왕조 62, 64

셀레우코스 62
셀림 1세 186, 190
셀림 2세 190
셀림 3세 350
셀주크 왕조 174
셀주크 174
셰누족 46
셰이크 엘 모크라니 413
소말리족 46
소모사 가문 684
소코토 칼리프국 173
소크라테스 60
소크족 458
소티아테족 138
솔로몬 왕조 151
솔로몬 104, 151
송 왕조 260
쇼쇼니족 32, 46, 454, 456
수 왕조 174, 258
수리야바르만 2세 257
수베데이 88
수시오네족 138
수에비족 140, 146
수족 46, 296, 452, 454, 458, 460
순자타 케이타 80
술레이만 1세 대제 190
슈아르족 46
슐루족 46
스벤 폰 헤딘 404
스코트족 234
스키리족 146
스키타이족 54, 62, 120
스키피오 아프리카누스 130
스파르타인 122
스파르타쿠스 136
스파르타쿠스단 562
슬래비족 46
슬로바키아인 568
시리아 정교회 145
시마즈 가문 264
시몬 볼리바르 476
시바 여왕 151
시세톤족(수족) 458
시아그리우스 146
시진핑 728
시카네족 127

시쿨레족 127
시토회 208
시팅 불 458, 461
신 왕조 112
싼싱두이(문화) 110

아

아가멤논 118
아글라브 왕조 160
아난다 랑가 풀레 340
아데나(문화) 33
아돌프 티에르 510
아돌프 히틀러 592, 594, 600, 606, 631
아디바시족 46
아라비아반도 66, 152
아라비안 아메리칸 오일 컴퍼니 582
아라와크족 32, 296
아라칸족 46
아라파트(사우디아라비아 성지) 160
아라파호족 46, 458
아람족 104
아랍족 78, 558
아레코미키족 54
아렌트족 46
아르마냐크파 239
아르만도 디아스 547, 551
아르메니아인 182, 554, 564
아르미니우스 132
아르타크세르크세스 1세 124
아르타크세르크세스 2세 124
아리엘 샤론 707
아리카라족 458
아마고 가문 264
아말라순타(여왕) 149
아메리고 베스푸치 296, 302, 305
아메리카 원주민 32, 34, 36
아멘호테프 1세 101
아멘호테프 4세(아크엔아텐) 101
아모리족 97
아몬(신) 101
아바르족 176
아바스 왕조 160, 164, 170, 174
아벨(오스트랄로피테쿠스) 18
아부 바크르 159
아브라함 160

아비마엘 구스만 682
아사쿠라 가문 264
아샤닌카족 46
아서 밸푸어 559
아서 웰링턴 491, 496
아소카 대왕 72, 115, 117
아수리니족 472
아슈르바니팔 97, 102
아슈케나지 유대인 392
아스맛족 46
아시리아인 56, 103
아우구스토 피노체트 684
아우구스투스 132
아우렐리아누스 394
아우세타니족 138
아유비드 왕조 185
아이누족 46
아이르의 투아레그족 413
아이마라족 46, 296
아이오와족 458
아이올로스 118
아이퀴족 129
아일리우스 갈루스 66
아제르족(아제리인) 574, 724
아즈텍족 46
아체족 46
아촐리족 413
아추아르족 46
아카디아인 333, 334
아카족 46
아칸족 320
아케메네스 왕조 58, 124
아크미(이슬람 마그레브 알카에다, AQMI)
717
아키텐의 엘레오노르 236, 248
아키텐족 138
아타바스칸족 43
아타아투키족 138
아테나 120
아테나(여신) 120
아테니온 136
아테리아족 106
아톤(신) 100
아트레바테족 138
아틸라 140, 146, 148
아파나시 니키틴 274

아파르족 46
아파치족 32, 46, 452, 454, 455
아폰수 1세(엔히크스) 211
아폰수 드 알부케르크 302, 314
아프리카 군단 620
아프리카 민족회의(ANC) 675
아흐마두 아히조 677
아흐마드 이븐 이브라힘 알가지 337
아흐모세 1세 100
안다만족 46
안드레스 로드리게스 685
안드리아남푸아니메리나 337
안록산 258
안와르 사다트 661
안토니누스 왕조 132
안토니오 라포소 타바레스 311
안토니오 로페스 데 산타 안나 455
안토니오 살라자르 594
안톤 이바노비치 데니킨 573
안티고노스 왕조 64
알곤킨 어족 46
알곤킨족 32, 296
알나시르 무함마드 186
알누스라 전선 713
알두스 마우타우스 278
알라리크 2세 148
알라리크 140, 146
알라위파/알라위트(왕조) 712
알라칼루프족 32
알란족 140, 146
알레만족 146
알렉산더 고든 랭 442
알렉산더 패치 627
알렉산더 폰 훔볼트 404
알렉산드로스 대왕(알렉산더) 62, 64, 124
알렉산드르 1세(러시아) 489
알렉산드르 솔제니친 578
알렉산드르 헤르첸 502
알렉상드르 르드뤼롤랭 503
알류트족 46
알리 압둘라 살레 710
알만수르 168
알만수르(알안소르) 166, 210
알바(공작) 378
알바로 데 멘다냐 302
알바로 오브레곤 473

알베르토 예라스 685
알비주아파 222
알비파(이단) 222
알우마리 173
알제리 민족운동 680
알제리 민족해방군 680
알제리민족해방전선 680
알카에다 705, 717, 722, 726
알카히나 162
알퐁스 라마르틴 503
알프레도 스트로에스네르 684
알프레드 대왕 231
알프레드 샹지 508
알프레드 폰 슐리펜 540
암다 시온 80
암몬족 104
암바르족 138
암비아니족 138
입둘 가림 기심 660
압둘라 하산 413
압드 알라흐만 알가피키 202
압드 카데르 406
앙그리바리족 134
앙리 2세 367
앙리 드 튀렌(앙리 드 라 투르 도베르뉴 튀렌 자
작) 372
앙리 지로 599
앙주 왕조 84
앙주의 마거릿 240
앙크토나이족(수족) 458
애버리지니족(원주민) 46
앤서니 배빙턴 376
앵글로-코르시카 왕국 480
앵글족 134, 234
앵크톤족(수족) 458
야기에워 (요가일라) 250
야노마미족 46
야세르 아라파트 661, 706, 709
야오족 46
야요이(문화) 108
야쿠트족 46, 296
야키족 473
얀 얀스존(무라드 레이스) 326
양귀비(양옥환) 258
에노의 보두앵 6세 181
에돔인 104

에두아르 달라디에 428
에드바르드 베네시 574
에드워드 3세(잉글랜드) 238
에드워드 5세 241
에드워드 요크 240
에라스뮈스 278
에르난 실레스 수아소 683
에르난 코르테스 292
에르네스토 체 게바라 682
에르빈 롬멜 599, 620
에리히 루덴도르프 548
에리히 폰 만슈타인 599
에리히 폰 팔켄하인 542
에메 봉플랑 404
에멜리안 푸가체프 389
에밀리아노 사파타 473
에밀리오 데 보노 583
에벤족 46
에벤키족 46
에부로비케스족 138
에브게니아 긴즈부르크 578
에브로네스족 138
에사르하돈 103
에스테(가문) 282
에우제니오 3세 181
에이먼 데 발레라 571
에이브러햄 링컨 467
에자나 76, 150
에즈라 124
에트루리아인 55, 126, 129, 130
에티엔 맥도널드 494
에티오피아인 121
엔히크 왕자 289, 314
엘뤼자트족 138
엘리 카간 680
엘리미족 127
엘리자베스 1세(잉글랜드) 376
엘리자베스 우드빌 241
엘하지 오마르 442
엠마누엘 필리베르 드 사부아 382
엠베라족 46
연대노조(솔리달노시치) 690
영군(청나라 영군의 난) 436
영락제 272
예루살렘의 보두앵 1세 182
예수 77

예수회(종교단체) 265
예카테리나 2세(러시아) 350, 386, 389, 522, 524, 695
오고니족 46
오고타이 86
오구즈족 175
오네오타(문화) 33
오네이다족 46
오논다가족 46
오도아케르 146
오디세우스 118
오로린(호미닌) 18
오로모족 46, 337
오를레앙 왕조 500
오마 브래들리 632
오마하족 458
오밤보족 46, 413
오사마 빈 라덴 722
오스트로네시아인 40, 46
오스트리아의 마리아 테레지아 381, 383
오스트리아의 막시밀리안 360
오시스메족 138
오시프 만델스탐 578
오지브와족 32
오지브웨족 458, 464
오타와족 334
오토 1세 244, 362
오토 3세 대제 200
오토 폰 비스마르크 410, 414, 508, 514
오토 132
오토미족 32, 34, 46
오토족 458
오트빌의 콘스탄차 246
올랭프 드 구주 478
올리버 크롬웰 377
올멕족 34
와리(문화) 294
와이나 카팍 294
와페톤족(수족) 458
왈피리족 46
외눈박이 안티고노스 64
외드 드 아키텐 202
외드(파리 백작) 206
외젠 드 보아르네 494
외젠 카베냐크 503
요시프 브로즈 티토 639

요쿠트족 454
요크(가문) 240
요하네스 구텐베르크 244, 284
요하네스 프로벤 278
욜루족 46
우넬레족 138
우드로 윌슨 548, 562, 568
우마이야 왕조 160, 164, 172, 202
우비에족 138
우스만 단 포디오 442, 476
우스타샤 639
우시페테족 134
우시피에누스족 138
우와족 46
우청(문화) 110
우크바 162
우토아즈텍어족 46
울리히 츠빙글리 365
움브리아인 129
워치타워 운동(망루 운동) 413
원 왕조 261
원주민 46
월지족 68, 116
월터 롤리 302
월터 리프먼 644
웨이잉쯔(문화) 110
웨이팡(문화) 110
위구르족 46, 174, 258, 725
위너바고족 458
위촐족 46
위치족 46
윌리엄 루브룩 84, 90
윌리엄 셔먼 467
윌리엄 셰익스피어 376
윌리엄 올브라이트 104
윌리엄 존 윌스 426
윌리엄 클라크 404, 458
윌리엄 키드 326
유누스 136
유대인 606
유럽인 300, 401
유마족 454
유수프 이븐 타슈핀 170
유스티니아누스 176, 178
유엔 팔레스타인 구호사업국(UNRWA) 709
유엔(UN) 709

유제프 클레멘스 피우수츠키 594
유카텍족 46
유트족 46, 296, 454, 456
유틀란트 해전 536
유피크족 46
율리시스 S. 그랜트 467
율리우스 카이사르 132, 138, 374
율리우스-클라우디우스 왕조 132
음부티족 46
응가베족 46
응오딘지엠 672
응우옌 왕조 262
의화단(반란) 436
이고롯족 46
이누이트족 32, 43, 46, 296, 464
이누족 46
이누피아크족 46
이드리스 왕조 164
이로쿼이족 32, 46, 296, 464
이명박 653
이반 3세 197, 199
이반 4세 뇌제 199, 388
이반 코세프 631
이반족 46
이백(시인) 258
이베리아인 55
이보족 413
이븐 바투타 173
이븐 사우드 581
이븐 알카탑 오마르 159
이사벨 데 카스티야 304, 360
이세민(태종) 258
이슈타르(신) 96
이스칸데르(알렉산드로스) 64
이연(고조) 258
이오시프 스탈린 574, 576, 578, 632
이조족 46
이족 46
이츠하크 라빈 706
이탈리아인 55
이텔멘족 43
인푸센족 46
일리노이족 458
일리리아인 55, 62
일칸 왕조 84, 90
일투트미시 78

잉구시인 574
잉카족 50

자

자그웨 왕조 151
자라 야콥 151
자야바르만 256
자이안족 46
자코모 마테오티 594
자코뱅 클럽 478, 482
자크 고드쇼(역사학자) 476
자크 라피트 500
자크 로시 578
자크 카르티에 302
잔 갈레아초 비스콘티 282
잔다르크 237, 239
장 4세 드 몽포르 238
장 드 라트르 드 타시니 627
장 란 489
장 마론 144
장 물랭 612
장 앙리 돔브로프스키 512
장 카발리에 396
장 칼뱅 354, 359, 365
장건(역사가) 70
장바티스트 드 로샹보 450
장바티스트 베르나도트 489, 496
장바티스트 베시에르 489
장바티스트 주르당 483
장베델 보카사 677
장앙도슈 쥐노 491
장제스 590, 648
장프랑수아 드 라페루즈 330, 338
잭 래컴 326
전미 유색인 지위 향상 협회(NAACP) 686
정복왕 윌리엄 233, 235
정화 272, 275, 286, 289, 296
제2 기갑사단 628
제논 149
제롬 보나파르트 492, 494
제르마족 410
제베 86
제임스 몬로 548
제임스 쿡 330, 338
젠기 181

젤고베족 46
조르조 바사리 279
조르주 클레망소 538
조몬(문화) 108
조선 왕조 263
조선족 46
조아킴 뮈라 489, 492
조제 사르네이 685
조제프 갈리에니 676
조제프 보나파르트 491
조제프 조프르 542
조제프 프랑수아 뒤플렉스 340
조지 H. W. 부시 726
조지 L. 모스 562
조지 W. 부시 705, 722, 726
조지 고든 바이런 518
조지 마셜 642
조지 배스 426
조지 워싱턴 451
조지 플로이드 686
존 D. 록펠러 468
존 로렌스 그래튼 460
존 오브 곤트 238
존 왕(실지왕) 248
존 조셉 퍼싱 548
존 칠렘브웨 413
존 카보트 302
존 폴 존스 326
존 해닝 스피크 404, 410
존 해리슨 338
좡족 46
주 왕조 110, 258
주니족 46
주세페 가리발디 505, 512
주세페 마치니 502
주세페 피오렐리 137
주앙 2세(포르투갈) 302
주원장 275
줄러 안드라시 516
줄루족 413
줄리어스 마골린 578
쥘 뒤몽 뒤르빌 404
쥘 미슐레 279
쥘 베른 487
지롱드파 478
지리드 왕조 82, 171

지오반니 다 피안 델 카르피네 90
진 왕조 110
진시황 110, 112
질 에아네스 289
질베르 드 라파예트 450, 476
짜끄리 왕조 440
찐 왕조 262

차

차가타이 88
차모로족 46
찬드라굽타 117
찰스 1세 스튜어트 377
찰스 2세 잉글랜드 377
찰스 더들리 워너 468
찰스 버튼 404
찰스 콘월리스 450
참족 262
참회왕 에드워드 233
청 왕조 340, 342, 436
체로키족 32, 296, 452
체르케스인 290
체첸인 574
체코인 568
초촐족 46
촐라 왕조 260
추마시족 454
추흐족 46
축치족 46, 296
측천무후 258
치파야족 46
치페위안족 46
침시안족 46
칭기즈칸(테무진) 86, 88, 261

카

카나크족 46
카니슈카 117
카둥구레 마폰데라 413
카라 무스타파 파샤 190
카라모종족 46
카라칼라 128, 132
카라한 왕조 175
카렌족 46

카렐리야족 43
카롤 2세(루마니아) 594
카롤링거 왕조 203, 206
카르누트족 138
카를 5세 360, 366
카를 아우구스트 비트포겔(역사가) 27
카를 필리프 폰 슈바르첸베르크 494, 496
카를로 알베르토 504
카를로만 202
카를로스 4세 에스파냐 491
카를루크족 175
카리브디스와 스킬라(괴물) 118
카무니족 127
카밀로 시엔푸에고스 682
카빌족 46
카산드로스(디아도코이, 후계자들) 64
카야포족 46, 311, 472
카이키나 134
카이킬리우스 메텔루스 130
카이트베이 186
카자흐족 46, 576, 725
카친족 46
카타리파 220, 222
카페 왕조 206
칼레브 150
칼리나고족 37, 46
칼립소 118
칼미크인 574
캄비세스 2세 124
캅시안(문화) 106
캐도(문화) 33
케노마니족 138
케다르족 103
케레이트족 46, 86
케우트론족 138
케추아족 32, 46
케크치족 46
켈트족 62, 138
켈티베리아족 55, 62
코기족/카가바족 46
코니아 188
코랴크족 46
코르들리에파 478
코리오솔리테족 138
코만치족 32, 46, 456
코미인 43

코사족 418
코이산족 44
코이코이족 296
콘라트 3세 181
콘스탄티누스 144
콜차크 573
콥트교(교회) 145
콩고-와라(반란) 413
콩베네족 138
콰키우틀족 46
쿠나족 46
쿠라이시족 159
쿠르드노동자당(PKK) 714
쿠르드인 184, 560, 574, 712, 714
쿠리족 46
쿠마라굽타 1세 117
쿠만족 198
쿠빌라이 칸 88, 90, 261, 275
쿠샨 제국 116
크레이지 호스 458
크로아티아인 176
크로우족 46, 458
크리스토퍼 콜럼버스 284, 296, 300, 302,
304, 316, 328
크리족 46, 458, 464
크림 타타르족 695
크메르 루주 672, 673
크메르족 46
크세르크세스 1세 124
클라우디우스 128
클래런스 공작 241
클레르보의 베르나르 181, 213
클레오파트라 132
클로비스 146
클로타르 2세 147
클뤼니회 208
키르기스인 175
키르케 118
키메리아인(신화적 민족) 118
키앙족 46
키야트-보르지기드 86
키오와족 454
키이우의 블라디미르 178
키체족 46
키클롭스(거인) 118
킴브리족 136

킵차크족 175

타

타데우시 코시우슈코 385
타라스크족 473
타라후마라족 46, 473
타란토의 보에몽 180, 182
타란토의 보에몽 233
타르수스의 바울 77
타리크 이븐 지야드 168
타밀족 730
타이노족 37
타이족 46
타이주트족 86
타타르족 86, 197, 274, 574
타히티족/마오히족 46
탈레반 722
탕구트족 261
태평천국 난(반란군) 436
터스카로라족 46
테세우스 120
테오도로스 2세 441
테오도르 헤르츨 392
테오도리크 1세 148
테오도시우스 2세 144
테우엘체족 306
테이아 149
테티 98
텍토사게족 55
템플 기사단(종교 기사단) 183
토가족 46
토도르 지브코프 690
토레스 해협 제도민 46
토마 뷔조 406, 681
토마스 카타리 446
토머스 모어 278
토머스 에디슨 468
토바족 46
토토낙족 34, 46
토틸라 149
톨레베족 46
톨텍족 34
투론족 138
투르카나족 46
투마이 18

투반테스족 134
투부족 46
투생 루베르튀르 448, 476
투아레그족 46
투치족 413, 718
투카노족 46
투탕카멘 101
투트모세 1세 101
투트모세 3세 101
투팍 아마루 2세 446, 476
투피남바족 296, 311
투피족 32, 46
툴레(문화) 43
툴루즈의 베르트랑 182
퉁구스족 43, 46, 296
튀르크족 174
튜더 왕조 240, 376
튜튼 기사단 208, 244, 250
트라야누스 128
트라키아인 55, 121
트레비르족 138
트리노반테스족 138
트리폰(살비우스) 136
틀리초족 46
틀링깃족 43, 46
티그레족 46
티글라트-필레세르 3세 56
티무르 왕조 268, 276
티무르(타메를란) 276
티베트족 46
티쿠나족 46

파

파라팡가나(반란) 413
파렌틴틴족 472
파르크(콜롬비아 무장 혁명군, FARC) 682
파리시족 138
파스칼 파올리 480
파울 폰 레토포르베크 536
파울 폰 힌덴부르크 550
파이살(에미르) 556
파이아키아인(신화적 민족) 118
파이유트족 46, 454
파차쿠텍 294
파트리스 드 맥마흔 508

파트리시오 아일윈 685
파티마 왕조 167, 166, 172, 180
파푸아족 46
판초 비야 473
팔레스타인 자치 정부 709
팔레스타인 해방기구(PLO) 661, 706, 709
팔레스타인인 661, 709
팔리스커족 127
팔츠 선제후 카를 루트비히 370
페니키아 문화 58
페니키아인 56, 58, 104
페도어 폰 보크 599
페드루 알바르스 카브랄 314
페드루 테세이라 311
페르난 멘데스 핀투 302
페르난도 드 마젤란 302, 306
페르난도 벨라운데 테리 685
페르낭 브로델 286
페르디난드 7세(에스파냐) 491
페르디난드 아라곤 360
페르디난드 포슈 547
페르디난트 폰 리히트호펜 70
페르시아인 105, 120, 124
페리클레스 60, 120
페슈메르가 705
페체네그족 175
페피 2세 98
펜데족 413
펠리페 2세 에스파냐 378
펠족 46
포니족 46, 454, 458
포담공 필리프 242
포로스 64
포르투갈의 아폰수 1세 211
포르투갈인 275, 288
포르피리오 디아스 473
포모족 454
포세이돈(신) 120
포카스 152
폰카족 458
폴 포트 673
폴리네시아인 300
표트르 1세 대제 386, 389, 390
표트르 3세 러시아 381
표트르 크라스노프 572
푸난족 46

푸로-라미 원정대(아프리카 독립운동 조직) **412**
푸아티에의 알퐁스 **222**
푸에블로족 **456**
풀헨시오 바티스타 **682**
프란시스 가르니에 **404**
프란시스코 데 오레야나 **311**
프란시스코 마데로 **473**
프란시스코 모랄레스 베르무데스 **684**
프란시스코 프랑코 **593, 594**
프란체스코 스포르차 **282**
프란체스코회(종교 질서) **454**
프란츠 1세(오스트리아) **383**
프란츠 2세(오스트리아) **362**
프란츠 요제프 1세(오스트리아) **505, 516**
프랑드르의 마거릿 **242**
프랑수아 1세(프랑스) **367**
프랑수아 아실 바젠 **508**
프랑수아 아타나즈 드 샤레트 **485**
프랑수아 올랑드 **680**
프랑수아 조르주피코 **558, 560**
프랑수아 조제프 폴 드 그라스 **450**
프랑수아 페롱 **486**
프랑수아르네 드 샤토브리앙 **518**
프랑스 공산당(PCF) **613**
프랑스 레지스탕스 국민위원회 CNR(국민저항위원회) **613**
프랑스군 **613**
프랑크인/프랑크족 **203, 204**
프랑크족 **140, 146, 203**
프랜시스 E. 영허즈번드 **424**
프랜시스 드레이크 **302, 338**
프랜시스 스록모턴 **376**
프랭클린 D. 루스벨트 **616**
프레더릭 쿡 **404**
프리기아인 **121**
프리드리히 2세(프로이센) **385**
프리드리히 2세(호엔슈타우펜) **246, 247**
프리드리히 바르바로사 **244**
프리드리히 빌헬름 북스회우덴 **489**
프리드리히 파울루스 **630**
프리드리히 파울루스 **602**
프리드리히 폰 뷔르템베르크 **496**
프리드요프 난센 **404**
프톨레마이오스(디오도코이) **62**
플라미니우스 **128**

플라비우스 왕조 **132**
플라케민 (문화) **32**
플랜태저넷 왕조 **236**
플랜태저넷 **236**
피그말리온 **58**
피그미족 **44, 46**
피델 카스트로 **682**
피로스 **129**
피안키 **56, 102**
피에 누아르 **678**
피에르 드 빌뇌브 **488**
피에르 발도 **220**
피에르 사보르냥 드 브라자 **404, 410**
피에즈족 **46**
피에트로 바돌리오 **583**
피켄티니족 **127**
피트잔자트자라족 **46**
피핀 단신왕 **203**
픽트족 **76**
픽트족 **146, 234**
필리포스 2세(마케도니아) **64**
필리프 2세 오귀스트 **236, 248**
필리프 6세 **238**
필리프 르클레르 드 오트클로크 **620, 628**
필리프 페탱 **542**

하

하 왕조 **110**
하니족 **46**
하드리아누스 **128, 132**
하룬 알 라시드 **164**
하르키스 **678**
하마스 **706**
하미드 카르자이 **722**
하밀카르 **58, 130**
하스드루발 **130**
하스모니 왕조 **105**
하심 왕조 **558, 581**
하와이 원주민 **46**
하우하우(예언 운동) **427**
하이다족 **46**
하이르 앗딘 바르바로사 **678**
하이메 롤도스 **685**
하인리히 드 벨가르드 **496**
하인리히 바르트 **404**

하인리히 슐리만(고고학자) **118**
하일레 셀라시에 **441**
하자르족 **175**
하카(반란) **436**
하트셉수트 **101**
하페즈 알아사드 **712**
한(왕조) **72, 110, 112**
한니발 **58, 62**
한무제 **112**
한자 동맹 **244**
한티족 **46**
할슈타트(문명) **138**
함마니드 왕조 **82**
함무라비 **96**
합스부르크(왕조) **360, 370, 378, 380, 383**
헌종(당나라) **258**
헝가리인 **200**
헤라클리우스 **152, 176**
헤레로족 **413**
헤로도토스(역사가) **55**
헤르니케스족 **129**
헤즈볼라 **724**
헨리 2세(플랜태저넷) **236**
헨리 5세 **237**
헨리 모건 **326**
헨리 모턴 스탠리 **410**
헨리 튜더 **241**
헬무트 바이들링 **631**
헬베티이족 **138**
혁명 좌파 운동(MIR) **682**
현종(당나라) **258**
호노리우스 **148**
호레이쇼 넬슨 **487, 488**
호메로스 **56, 60, 118**
호모 게오르기쿠스 **18**
호모 나레디 **18**
호모 사피엔스 **18**
호모 에렉투스 **18**
호모 플로레시엔시스 **18**
호모 하빌리스 **18**
호세 나폴레온 두아르테 **685**
호세 데 산마르틴 **447, 476**
호숙(문화) **110**
호스로 2세 **152**
호엔슈타우펜 만프레디 **247**
호엔슈타우펜 콘라딘 **247**

호족 46

호찌민 670, 673

호프웰(문화) 33

호피족 46

화족 46

황금 호르드(칸국) 88

황소 258

횃불 작전(제2차 세계대전 북아프리카 상륙작
전) 620, 622

후세인(메카의 샤리프) 556

후스니 알자임 656

후안 세바스티안 엘카노 302

후안 페론 685

후이족 46

후지와라(왕조) 108

후투족 413, 718

후티 반군 724

훈족 140, 146

훌라구 88

훌리오 마리아 상기네티 685

휴 클래퍼턴 404, 410

휴런족 32, 464

흑태자 238

히다차족 458

히브리어 50

히타이트족 96, 100

힉소스족 101

힐랄족 170

힘바족 46

힘야르 왕조 158

기타

V. 고든 차일드 27

찾아보기 (장소)

가

가고시마 108

가나 왕국 172

가나 제국 80

가나 320, 664

가나자와 344

가데스 56

가론강 138

가르디마우 678

가릴리아노 전투 366

가마쿠라 108, 264

가브리스탄 27

가산 왕국 145, 158

가수르 27

가스코뉴 203

가야 263

가에타 전투 505

가오 구 시가지 172

가오 80, 172, 412, 717

가오-사네 유적지 173

가오슝 265, 436

가우가멜라 전투 64

가우라 27

가이아나 472

가이약 학살 358

가자 지구 706, 709

가자 52, 64, 97, 101, 104, 124, 658, 660, 706

간다라 115, 116, 124

간사이 108, 264

간웨리왈라 114

간자 554

간저우 258

간토 평야 108

갈라타(콘스탄티노폴리스) 190

갈리시아(Galicie) 210

갈리아 벨기카 139

갈리아 키살피나 132, 134

갈리아 76, 132, 134, 138, 140, 374

갈리치아 383, 566, 638

갈리폴리 전투 190, 544

갈리폴리 188, 536

갈릴리 658

감비아 288, 336, 410, 412

개성 전투 263

개성 652

갠지스 계곡 436

갠지스강 68, 116

건지섬 326

걸프 전쟁 704

게드로시아 115, 124

게르니카 593

게르마니아 132

게르만 왕국(야만 왕국) 146

게제르 26, 104

게티즈버그 전투 466

겔마 674

겟세마네 동산 183

고구려 왕국 258

고구려 263

고다 278

고딘 테페 26

고라헤이 전투 583

고레섬 324, 336, 381

고려 263

고베 438

고아 92, 300, 314

고이아스 472

고이토 전투 504

고잠 151

고창 258

고틀란드섬 251

곤다르 337, 410

곤도코로 410

골드 해변 626

골드코스트 410, 412

골든 혼(콘스탄티노폴리스) 144, 190

골란 706

과달라하라 전투 593

과달라하라 454

과달레테강 전투 148, 160, 168

과달루페 이달고 조약 454

과달카날 전투 614

과들루프 326, 328, 381

과테말라 총독령 310

관세 동맹 507

관타나모 682

괌 전투 614, 616

광둥성 92

광저우 258, 260, 262, 300, 320, 436, 438, 650

괼죽호 554

교토 72, 264, 344, 438, 738

교황령 84, 246, 280, 282, 284, 504

구대륙(구세계) 66, 68, 268, 400

구르가 치야 27

구르니아 119

구스타비아 320

구아우 68

구자라트 274

굴라크 578

귀르스 612

규슈 108, 264, 438

그라나다 왕국 226

그라나다 168, 170, 392

그라니코스 전투 64

그라블로트 전투 508

그랑빌 326

그랑송 전투 243

그레이트 짐바브웨(도시) 172

그레이트브리튼 230, 526

그레코-박트리아 왕국들 115

그로스-로젠 604, 634

그리스 56, 58, 60, 118, 120, 350, 444, 476, 500, 512, 518, 520, 534, 560, 583, 662, 701

그린 라인 706, 708

그린란드 43, 228, 232, 730, 740

그바비리 107

근동 26, 107, 182, 184, 276

글래스고 527

글로스터 377

금(金) 제국 86, 260

금강산 653

기나이 108

기네 54

기니만 290, 326, 410

기니비사우 674

기르디 칼라 27

기르수 27
기브온 전투 538
기브온 104
기아나 428
기엔 238, 248
기자 98, 101
기혼 샘 105
길르앗 라못 104
길버트 제도 425
까오방 전투 670

나

나가노 108
나가르 27
나가사키 265, 344, 438, 614
나가시노 전투 344
나고르노카라바흐 694, 700, 730
나고야 344, 438
나니시빅 740
나라 108, 264
나로치호 전투 536
나르니아 129
나르바 전투 388
나르보(나르본) 134
나르보넨시스 속주(로마) 138
나르본 76, 77, 138, 147, 202, 204, 512
나르비크 599
나무르 378
나미비아 674
나바라 왕국 168
나바라 287
나바리노 해전 350, 518
나부르크 92
나블루스 182, 658
나사우-자르브뤼켄 공국 371
나사우-지겐 공국 371
나산 전투 670
나소 요새 336
나스카 36
나우루 730
나우크라티스 121
나이지리아 412

나일강 98, 100, 102, 412, 414, 104, 150, 441
나자레 658
나자프 705, 724
나즈란 150, 158
나탈 공화국 418
나탈 418
나파타 101, 102
나폴리 왕국 366
나폴리 74, 137, 149, 224, 246, 249, 280,
284, 326, 360, 366, 383
나하 265
나히체반 574, 700
낙소스 60
난부 가문(일본) 264
난징 조약 342, 436
난징 72, 265, 272, 275, 436, 438, 590
난트위치 전투 377
날레디 18
남극 조약 740
남극 404, 740
남극점 740
남로디지아(짐바브웨) 412, 675
남북 전쟁 686
남비엣 262
남서 아프리카 412, 553
남섬(뉴질랜드) 427
남아메리카 36
남아프리카 공화국 396, 418, 674
남아프리카 연방 412
남아프리카 44
남예멘 660, 730
남오세티야 694
남조 왕국 258
남중국해 436, 650
남코카서스 574
낭시 전투 243
낭트 칙령 358, 396
낭트 74, 139, 206, 326
내몽골 648
냐미나 173
네게브 사막 658
네덜란드 연합주 244, 318, 370, 378, 396
네덜란드 제국 318, 402, 420, 430

네덜란드 278, 378, 602, 701
네덜란드령 동인도 425, 666
네덜란드령 신대륙 320
네라크 칙령 359
네르빈덴 전투 480
네브라 54
네브래스카주 460
네악 포안 257
네이메헌 조약 372
네이메헌 204
네이즈비 전투 376
네지드 145, 580
네켄 99
네푸드 사막 26, 52
넥 전투 544
넬킨다 66, 68
노네바켄 230
노던 준주 426
노라 56
노량 해전 263
노르망디 공국 232
노르망디 전투 626
노르망디 206, 228, 235, 248
노르웨이 왕국 84
노르웨이 251, 320, 701, 740
노몬한 전투 589
노바스코샤 334
노바티아 왕국 186
노보로시야 730
노브고로드 92, 196, 386
노비파자르 산자크 516, 519
노섬브리아 235
노스다코타주 460, 462
노스캐롤라이나 332
노이스 전투 243
노이에 브렘 604
노트르담 대성당(파리) 217
노팅엄 377
뇌르틀링겐 전투 372
누나부트 464
누만시아 130
누메아 428
누미디아 134

누비아 99, 101, 102, 150, 172
누아르무티에 147, 206
누에바그라나다 부왕령 310
누에바에스파냐 부왕령 310, 316, 326, 404
뉘른베르크 전범재판 640
뉘른베르크 181
뉴기니 270, 425, 616
뉴멕시코 454
뉴버리 전투 377
뉴사우스웨일스주 426
뉴스웨덴 320
뉴어크 공방전 376
뉴어크 377
뉴올리언스 332
뉴욕 326, 332, 468, 512
뉴질랜드 20, 40, 42, 401, 425, 427, 544, 740
뉴칼레도니아 425
뉴펀들랜드 232, 322, 332, 334, 464
뉴프랑스 333, 334
뉴햄프셔 332
뉴헤브리디스 425
느베르 214
니가타 438
니네베 전투 152, 176
니네베 27, 52, 97, 105, 713
니더라우지츠 371
니스 백국 282, 382, 505
니스 482
니아니 173
니옹 138
니우포르트 326
니제르 717
니제르강 80, 404, 410
니즈니노브고로드 386
니카이아(니스) 58, 60, 127
니케아 전투 181
니케아 제국 188
니케아 145, 152, 175, 181
니코메디아 140, 152
니코바르 제도 320
니코시아 662
니코폴리스 전투 190
니푸르 27, 96
님 132
님루드 713

닝보 265

다

다게스탄 574
다구 436
다뉴브강 76, 132
다라 전투 152
다르다넬스 해전 538, 544
다르다넬스 해협 522, 524
다르에스살람 536, 538
다르푸르 술탄국 410
다르푸르 106, 172, 288
다마스쿠스 전투 556
다마스쿠스 52, 101, 104, 158, 181, 713
다맛 왕국 150
다미에타 전투 185, 186
다미에타 84
다슈르 98
다윈 426
다카르 410, 412
다코타 액세스 파이프라인 463
다클라 99
다키아 왕국 132
다키아 134
다퉁 72
다하우 604, 634
닥스 139
단다나칸 전투 175
단치히(그단스크) 566, 596
달마티아 134, 226, 568
당 제국 70
당피에르-베캉쿠르 전투 545
대구 736
대만(포르모사) 40, 438, 588, 648, 650, 655, 664, 666
대서양 228, 300, 304, 476
대영 제국 330, 381, 402, 418, 420, 422, 428, 430, 558, 586
대월 256, 262
대콜롬비아 446
대평원 458
대한민국(남한) 650
더블린 왕국 228
더블린 376, 570
데라 전투 556

데르베 76
데번 54
데브레 베르한 151
데이르에즈조르 713
데이턴 평화 협정 702
데카풀(알자스) 372
데칸고원 114
데켈리아 전투 123
데켈리아 663
덴마크 식민 제국 320
덴마크 왕국 84
덴마크 320, 701, 740
델 라마드 27
델로스 121
델리 술탄국 272
델리 276
델피 55
도거뱅크 해전 538
도네츠크 696
도라-미텔바우 604, 634
도르망 전투 359
도릴라이온 전투 181
도브루자 519, 520, 568
도카이도 344
도쿄 438, 588, 616
도쿠가와(다이묘) 264
도피네 382
도하 협정 722
도하 724
도호쿠 108
독립국가연합(CIS) 692
독일 식민 제국 412, 420, 430
독일 연방 500, 506, 514
독일 414, 506, 508, 512, 514, 592, 594, 596, 600, 602, 608, 632, 640, 701
독일령 동아프리카 412
돈강 611
돈바스 638, 694, 696
돌궐 제국 174
돌라비라 114
동남아시아 256, 265
동독(독일 민주 공화국) 640, 690
동로마 제국 146, 148, 159
동방 라틴 국가 180
동부 지중해 99
동양 302

동중국해 420
동즈엉 72
동투르키스탄 공화국 648
동해 438
두딘카 740
두라-유로포스 68
두랑고 454
두샨베 722
두알라 677
두에로강 210
두오몽(베르됭) 542
둔쿨 99
둔황 70, 112, 174, 258
뒨 전투 372
드냉 전투 380
드니프로강 198, 696
드라고원 106
드랑시 612
드레스덴 전투 496
드레파나 해전 130
드레헴 96
드렌터 378
디라키움 전제 공국 188
디라키움 142
디엔비엔푸 전투 670
디엔비엔푸 전투 114, 670
디트로이트 687
디트로이트 686
따거오 256

라

라 가르드 프레네 206
라 렌 요새 458
라 로셸 공방전 359
라 로셸 286
라 로슈-라베유 전투 358
라 로슈-오-무안 전투 236
라 샤리테쉬르루아르 학살 및 공방전 358
라 우그 해전 373
라 튀르비 132
라 페르테 213
라 포르스 감옥 478
라 푸앵트 요새 458
라가시 52, 97
라고스 410

라구사 224, 226
라구아트 전투 406
라도가호 610
라라미 요새 460
라라슈 288
라르나카 662
라르사 27, 96
라마트 라헬 104
라무 288
라벤나 76, 146, 149
라벤스브뤼크 604, 634
라벤타 34
라슈타트 조약 378
라스 나바스 데 톨로사 전투 84, 169, 170, 211
라스타 151
라싸 424
라오스 72, 585, 644, 655, 664, 670
라운드웨이 다운 전투 376
리이디니야 진두 190
라이베리아 410, 412, 415, 664
라이셰보 92
라이스 716
라이타강 516
라이프치히 전투 496
라인 연방 492
라인강 76, 132, 138, 372, 374
라인란트 592
라카 713
라케다이몬(스파르타) 118
라코니아 122
라타키아 582
라탱 지구(파리) 218
라텐 55
라트비아 574, 596, 692, 701
라틴 국가 182, 185
라틴 아메리카 310, 682, 684
라틴 제국(콘스탄티노폴리스) 84, 185, 186
라파누이(이스터섬) 40
라파스 446
라팔로 조약 568
라플라타강 306
락타리우스산 전투 149
락타리우스산 142
란쌍 왕국 256
란쌍 256
란저우 112

란저우 258
랄리벨라 151
람라 160
람비티에코 34
랑그르 139
랑디 224
랑바레네 410
랑야 111
랜들 요새 460
랜즈다운 힐 전투 377
랭스 139, 147, 214
랭포트 전투 377
랴오둥 522
랴오둥반도 588
랴잔 196, 386
러들로 376
러셀 427
러시아 제국 424, 522, 524
러시아 86, 196, 350, 386, 388, 392, 396, 402, 494, 500, 512, 522, 524, 541, 638, 646, 692, 694, 696, 740
런던 224, 240, 278, 286, 326, 376, 512, 527
레겐스부르크 180, 206
레그니차 전투 84, 86
레기온 전투 129
레기온 62
레냐노 504
레닌그라드 / 상트페테르부르크 600, 610, 630
레드강 반란 461
레드강 454, 456
레드호 458
레랭 제도 77
레메델로 54
레밀 612
레바논 559, 562, 568, 582, 656, 658, 660, 709
레반트 24, 52, 226
레베다에 200
레소토 674
레오폴드빌 674
레온 왕국 168
레우케 코메 68
레이 전투 175
레이 174

레이(테헤란) 64, 124
레이던 378
레이스베이크 조약 372, 374
레통드 562
레티아 134
레판토 해전 190
레히펠트 전투 200, 206
렉싱턴 전투 450
렌 139
렌스터 570
렘베르크 전투 541
렙티스 마그나 58, 68
로가르단 27
로데즈 139
로도스 60, 64, 68, 77, 120
로디 전투 482
로디 280, 282
로디지아 419
로렌 242, 374
로렌타이드 빙상 22
로리앙 487
로마 공화국 483
로마 제국 140
로마 조약 698
로마 55, 58, 62, 74, 82, 84, 126, 128, 130, 134, 146, 148, 204, 206, 208, 218, 249, 278, 366, 394, 594
로마니 전투 538
로마-베를린 추축 594
로모노소프 해령 740
로셀레 126
로슈포르 488
로스바흐 전투 381
로스앤젤레스 686
로스트위티엘 전투 377
로자바 714
로잔 조약 564, 568, 714
로제타 486
로즈버드 전투 460
로크루아 전투 372
로크리 전투 130
로키산맥 458, 460
로타링기아 206, 242
로테르담 278, 378
로페 410
론 파인 전투 544

론강 138, 242
론세스바예스 168
롬바르드 왕국 176
롬바르디아 203, 282, 504, 516
롭부리 72
롱쥐모 칙령 359
뢰번 전투 232
루그두눔(리옹) 132
루마니아 444, 519, 534, 568, 594, 638, 701
루멜리아 519
루바 왕국 410
루바 318
루뱅 278, 378
루베이데 26
루브르 궁전(파리) 217
루블린-마이다네크 634
루스 196, 199, 228
루시용 372
루아르강 138
루아르의 성들 284
루아페카페카 전투 427
루안다 410, 412, 674
루앙 학살 및 공방전 358
루앙 232, 286
루이지애나 322, 334, 458, 476
루테니아 638
루한스크 696
룩셈부르크 공국 374
룩소르 99, 102
룬다 왕국 410
룬드 251
룸 셀주크 술탄국 84
룸 셀주크 제국 226
룸 술탄국 174, 182
룽먼 72
룽청 112
뤄양 전투 258
뤄양 112
뤼순(포트아서/여순) 439
뤼이에 요새 458
뤼첸 전투 496
뤽상부르 궁전 478, 502
뤽상부르궁(파리) 500
류조지 가문 264
류큐 제도 265, 438, 588

르 탕플 감옥 478
르망 전투 485
르망 139
르아브르 487
르완다 336, 718
리가 196, 251, 386, 494, 522
리날도네 54
리노 요새(포트 리노) 460
리노콜루라 68
리마 310, 326
리마솔 181, 662
리모주 139
리미니 149
리버풀 527
리베 228, 230
리보니아 199, 250
리보르노 326, 394
리볼리 전투 482
리브르빌 410
리브몽쉬르앙크르 138
리비아 412, 583, 664, 677, 710
리스강 548
리스본 74, 210, 224, 286, 492
리야드 582
리양 전투 258
리에주 주교후국 378
리에주 220
리오 데 라 플라타 부왕령 310
리오그란데강 454
리오데오로 412
리옹 조약 382
리옹 학살 358
리옹 76, 147, 180, 185, 204, 214, 242, 500
리우데자네이루 310, 326, 738
리저드곶 해전 380
리즈 527
리지외 138, 232
리키아 134
리투아니아 84, 197, 250, 574, 596, 692, 701, 730
리틀 빅혼 전투 452, 458, 460
리파리 제도 130
리파리 해전 130
리히트 98
릭수스 56
린쯔 68

릴 379
릴본 139
링팡 112

마

마가다 왕국 68, 115
마그데부르크 대주교령 371
마그레브 162, 164, 172
마나마 710
마나우스 311, 472
마나카라 676
마네주(홀) 478
마닐라 전투 616
마닐라 265, 300, 304, 312, 338
마다가스카르 20, 40, 80, 326, 336, 553, 676
마다오 80
마다인 살레 158
마데이라 제도 270, 286, 304, 314, 324
마데이라강 472
마데이라-마모레 철도 472
마드라스(첸나이) 72
마드리드 조약 311
마드리드 74, 491, 492, 593
마라냥 472
마라논강 472
마라케시 전투 84
마라케시 170, 172
마라톤 전투 120
마레트 방어선 620
마렝고 전투 482
마르게리트 봉기 406
마르살라 504
마르세유 204, 326, 512
마르크 백국 371
마르클란드 232
마르티니크 326, 328, 381
마른 전투 534, 540, 550
마리 97
마리냐노 전투 366
마리아나 제도 306, 425, 588
마리엔베르더 568
마리우폴 전투 696
마모레강 472
마사와 150, 172

마살리아(마르세유) 58, 60, 134
마세루 675
마셜 제도 425, 588, 730
마슈쿨 학살 485
마스카라 406
마스카렌 제도 330
마스턴 무어 전투 377
마스트리흐트 조약 698
마스트리흐트 378
마시나 제국 442
마우레타니아 카이사리엔시스 134
마우레타니아 팅기타나 134
마우트하우젠 604, 634
마운드빌 33
마이다네크 604
마인츠 278, 362
마자파히트 272
마젠타 전투 504
마젤란 해협 326
마주르호 전투 534, 541
마즈구나 98
마카 124
마카로네시아 270, 286, 300
마카사르 39
마카오 265, 300, 340
마케도니아 62, 64, 77, 123, 132, 140, 444, 520, 639, 702
마쿠리아 왕국 76, 172, 186
마타웨로 전투 427
마투 그로수 472
마투라 116
마풍구브웨 172
마피아-쿠아 288
마하라카 66
마헨드라파르바타 257
마헹게 전투 553
마흐디국 410
마흐디야 162, 164
만리장성 112, 258
만수라 전투 185, 186
만수라 84
만주 횡단 철도 589
만주 342, 436, 438, 522, 589, 590, 648
만주국 589, 614
만지케르트 전투 175
만토바 전투 482

만토바 504
만힝 92
말라위호 410
말라카(도시) 318
말라카 56, 58, 78, 265, 268, 275, 300
말라하 유적지 26
말레냐노 전투 504
말레이시아 664, 666
말리(도시) 173
말리 술탄국 173
말리 제국 80
말리 326, 717, 730
말리아 119
말린디 172, 286, 336
말린디-게디 289
말메디 568
말플라케 전투 380
맘루크 술탄국 186, 296
맘루크 제국 84
매켄지 통로 22
맨 왕국 228, 231
맨체스터 376, 527
머러셰슈티 전투 541
머시아 235
메가라 60, 122
메넬라이온 119
메데아 406
메디나 186, 556, 580
메디네트 엘 파이윰 98
메디아 왕국 124
메디아 124
메레메레 전투 427
메로에 왕국 66, 68, 102, 107, 132, 150
메르브 68, 174
메르사 가우아시스 99
메르카 289
메리나 왕국 336
메멜 568
메세니아 122
메소포타미아 24, 26, 52, 56, 64, 96, 102, 158, 556, 714
메스 139, 370, 374, 508
메스키아나 전투 162
메시나 해협 118
메시나 92, 181
메이둠 98

메카 66, 92, 158, 160, 186, 556, 580
메켈레 전투 583
메콩강 256, 404, 441, 585
멕시코 305, 308, 312, 454, 456, 476
멕시코시티 34, 292, 310, 454
멘 235, 236, 247, 248
멜라네시아 40
멜로스 전투 123
멜버른 426
멤피스 98, 100, 102, 121, 124
명 제국 272, 275, 296
명량 해전 263
모 학살 358
모가디슈 172, 288, 336
모나스티르 전투 536
모나코 482
모데나 공국 504
모데나 500
모라 전투 538, 553
모라망가 676
모로코 170, 336, 412, 416, 553
모르가르텐 전투 242
모르나스 학살 358
모르도비아 574
모르발 전투 545
모르-옴(베르됭) 542
모리몽 213
모리셔스섬 336, 486
모술 704, 713
모스크바 대공국 98
모스크바 92, 196, 199, 274, 386, 388, 494, 522, 574, 576, 600
모스크바-볼가 운하 578
모스타가넴 406
모실붐 66
모이시아 속주(로마) 134
모잠비크 항구 336
모잠비크 326, 410, 412, 674
모젤 514
모치카 36
모크 전투 378
모크라 596
모하치 전투 190
모헨조다로 52
모히 전투 84, 86
몬카다 682

몬타나라 전투 504
몬태나주 460, 462
몬테 알반 34
몬테네그로 444, 520, 639, 702, 730
몬테레이 454
몬테벨로 전투 504
몬테카시노 전투 622
몬테카시노 203
몬트리올 333, 335, 738
몰도바 190, 574, 692, 730
몰루카 제도 306, 730
몰룬두 414
몰타 58, 326, 408, 486
몸바사 172, 289, 336, 410, 412
몹티 717
몽고메리 687
몽골 제국 84, 86, 88, 92, 256, 261
몽골 342, 346
몽레리 전투 243
몽마주르 214
몽멜리앙 382
몽벨리아르 공국 371
몽브리종 학살 359
몽생미셸 208, 215
몽세귀르 222
몽스 378, 732
몽코르네 전투 599
몽콩투르 전투 359
몽토방-드-피카르디 전투 545
몽펠리에 공방전 358
몽펠리에 218
몽포콩 전투 206
뫼즈강 374, 599
무굴 제국 340
무라비트 제국 164
무르만스크 740
무슈 554
무스카트 290, 582, 724
무아사크 214
무와하드 칼리파국 164
무자(모카) 66, 68
무지리스 66, 68
무타파 왕국 286, 288, 336
물룬디 719
뭄바이 300
뮈레 222

뮌스터 조약 370, 372
뮌스터 571
뮌헨 회담 592
뮌헨 74
뮐루즈 374, 736
므깃도 52, 104
므자브 전투 406
므자브 406
미국 332, 404, 432, 450, 452, 454, 456, 462, 466, 468, 476, 512, 532, 548, 616, 644, 646, 656, 660, 686, 701, 722, 726, 740
미네소타주 460, 462
미네소타강 458
미델뷔르흐 378
미드 요새(포트 미드) 732
미드웨이 해전 616
미디안 땅 104
미루트 422
미르보 전투 236
미르보-쉬르-베즈 138
미스라타 710
미스트라 188
미슬리야 동굴(고고학 유적지) 18
미시간호 458
미시시피 계곡 33
미시시피 24, 334
미시시피강 상류 458
미시시피강 458
미주리강 460
미주리주 458, 460
미칼레곶 해전 60, 120
미칼레소스 123
미케네 60, 118
미크로네시아 730
미토 344
미티자 평야 716
미틸리니 192
미합중국 연합 466
민다나오 730
민스크 협정 692, 695
민스크 383, 386, 600
밀라노 공국 366
밀라노 76, 140, 146, 249, 278, 280, 282, 284, 360, 624
밀레토스 전투 120

밀레토스 64
밀워키 687

바

바그다드 전투 556
바그다드 조약 656, 660
바그다드 철도 554
바그다드 84, 86, 92, 160, 164, 166, 175, 186, 276, 290, 704
바그람 전투 492
바니 412
바닛 전투 241
바다호스 169
바라와 289
바레인 582, 656, 704, 710, 724
바르 공국 374
바르나 전투 190
바르바리콘 66
바르바리쿰 68
바르샤바 대공국 490
바르샤바 조약 642, 690
바르샤바 500, 522, 566, 596, 632
바르셀로나 공성전 380
바르셀로나 92, 168, 224, 287, 326, 593
바르셀로네트 382
바르칸 작전 717
바마코 717
바미안 72
바바푸라 257
바베이도스 326
바벨탑 96
바브엘만데브 해협 66, 581
바브엘우에드 716
바빌로니아 124
바빌론 52, 64, 66, 96, 100, 105
바사르 107
바수톨란드 412
바스라 160, 290, 582, 704
바스크 지방 730
바욘 사원 257
바욘 326
바우첸 전투 496
바위 돔 183
바이마르 594
바이에른 514

바이외 232
바이칼호 386
바일렌 전투 491
바자 72
바젤 278
바쿠 522, 700
바크세이 참크롱 257
바타비아 공화국 483
바타비아 300, 318
바토슈 전투 460
바티칸 395
바퐁 전투 508
바푸온 사원 257
바하리야 99
바하마 304
바하칼리포르니아반도 473
바흐무트 696
박세이 18
박트라 66, 116
박트리아 64, 68, 124
반 디멘스 랜드(태즈메이니아) 426
반 139
반달 왕국 146
반둥 회의 656, 664, 674
반제 회의 606
반탐 265
반호 554
발강 418
발단딘 722
발데크 514
발라클라바 전투 524
발랑스 74
발랑시엔 378
발레아레스 제도 58
발렌시아(스페인) 360
발미 전투 480
발칸반도 54, 176, 247, 408, 518, 520
발트해 54, 228, 250
발흐 276
밤베르크(대교구) 371
밤부크 172
밤엔다 414
방글라데시 666, 668
방글라데시 669
방데 480, 485
방사모로 730

배턴루지 454
백제 263
백해-발트해 운하 578
뱅센 조약 374
버마 440, 616, 618, 664, 666
버밍엄 376, 527
버지니아 332
베그람 722
베냉 336
베네수엘라 총독령 310
베네수엘라 472, 476
베네치아 84, 90, 178, 181, 188, 200, 226, 278, 280, 282, 284, 326, 390, 394
베니 메수스 716
베니 하산 99
베들레헴 708
베라크루스 312, 454
베레지나강 494
베로나 140, 504
베르가모 280
베르겐 92
베르겐-벨젠 604, 634
베르네 214
베르뇌유 전투 239
베르됭 전투 204, 374, 534, 536, 540, 542
베르됭 370
베르사유 조약 552, 559, 566, 568, 592
베르사유 508
베르셰바 104
베르크 공국 371
베르트하임 백국 371
베르티에르 전투 448
베르헌오프좀 전투 378
베르헌옵좀 92
베르호얀스크 386
베를린 조약 444
베를린 회의 410, 412, 516, 518
베를린 514, 602, 630, 640, 690
베리 248
베링 육교 22, 43
베사라비아 190, 350, 518, 522, 524, 568, 574
베스테르예틀란드 251
베스트팔렌 조약 372, 374, 378, 396
베오그라드 전투 190
베오그라드 92, 181

베이루트(비루타) 56, 58, 60, 99, 582, 661
베이싱 하우스 공방전 377
베이이 전투 129
베이이 126, 129
베이징 92, 265, 272, 275, 436, 438, 648, 650
베자이아(부지) 406
베종보(베르됭) 542
베즐레 180, 184, 208, 214, 242
베지에 222
베추아날란드 412
베툴로니아 126
베트남 전쟁 644, 672
베트남 262, 440, 650, 664, 672
베티카 속주(로마) 134
베티카 132, 134
벤다 675
벤탈하 716
벨기에 제국 412, 414, 430
벨기에 378, 482, 500, 512, 532, 550, 701
벨기에령 콩고 412
벨라루스 692, 730
벨렝 310, 472
벨로 숲 전투 548, 550
벨치테 전투 593
벨파스트 527, 570
벨포르 508
벵겔라(루안다) 324, 336
벵골 117, 340
보 성채(베르됭) 542
보로디노/모스크바 전투 494
보로로족 472
보르게뷔 230
보르누 왕국 410
보르누 336
보르도 학살 359
보르도 326
보름스 74, 180, 204, 244, 356
보마 410
보베 139
보비아눔 전투 129
보스니아 헤르체고비나 516, 518, 639, 702
보스코레알레 137
보스턴 326, 450
보스트라 134
보스포루스 해협 524

보이오티아 122
보자도르곶 288
보즈먼 로드 460
보즈워스 전투 241
보케르 224
보타니만 426
보트니아만 251
보푸타츠와나 675
보헤미아 362
보헤미아-모라비아 보호령 592, 602
보히페노 676
본 732
본곶 해전 622
본곶 130
볼가 불가르(칸국) 86
볼가강 200, 576, 600
볼가르 92
볼로냐 218, 278, 500, 624
볼루빌리스 134
볼리비아 472, 476
볼린 196
볼스바르트 378
볼턴 성 376
볼테라 126
볼티모어 326
볼히니아 638
부랴티야 574
부룬디 336, 720
부르고뉴 백국 242
부르고뉴 202
부르군트 공국 242
부르군트 왕국 146
부르디갈라(보르도) 134
부르봉 궁 503
부르봉섬(레위니옹) 326, 336
부르사 190, 276
부르주 전투 202
부르주 학살 358
부르주 237, 239
부르키나파소 717, 730
부셰르 724
부에노스아이레스 310
부에아 414
부이예 전투 148
부자크 522, 638
부줌부라 718

부차 696
부코바르 702
부코비나 638
부하라 160, 174, 522
부하라한국 424
부헨 99
부헨발트 604, 634
북극 이사회 728
북극 386, 740
북극점 740
북대서양 326
북로디지아(잠비아) 412, 675
북마케도니아 701
북방 전쟁 386
북섬(뉴질랜드) 427
북아메리카 32
북아일랜드 571
북아프리카 58
북예멘 660
북오세티야 574
북한 646, 650, 664
북해 224
불가리아 왕국 176, 178, 196, 220, 228
불가리아 444, 518, 520, 534, 690, 701
불로뉴(군영) 488
불로뉴쉬르메르 칙령 359
불치 126
뷔르츠부르크 교구 371
뷔르템베르크 공국 370
뷔르템베르크 514
뷔제이 382
브라가 211
브라마푸트라강 116
브라반트 243, 378
브라운슈바이크 500
브라질 부왕령 310
브라질 270, 302, 304, 310, 314, 318, 326, 472, 476, 512, 538
브라타흘리드 232
브란덴부르크 362, 370
브래덕 다운 전투 377
브래드퍼드 전투 377
브레다 공방전 378
브레멘 92
브레스 382
브레스트 488

브레스트-리토프스크 조약 574
브레스트-리토프스크 541, 568
브로큰힐 426
브루나이 666
브루네테 전투 593
브룬넨 협약 364
브뤼셀 74, 278, 378, 500, 512
브뤼헤 220, 224
브르타뉴 206
브리사르트 전투 206
브리스틀 377, 527
브리엘 378
브리자흐 전투 372
브리즈번 426
브리타니아섬 132
브리튼 제도 234
브린디시 68
브장송 139
블라디보스토크 436, 438, 522
블라이비스 27
블랑코곶 288, 326
블랙 힐스 458, 460
블러드 리버 전투 418
블루 모스크(콘스탄티노폴리스) 190
블루피쉬 동굴 22
블리다 전투 406
블리다 406, 678
비르 하케임 전투 620
비르카 196, 228, 230
비미 능선 546
비미 전투 540
비미날레 언덕 128
비브락테 138
비블로스 52, 56, 58, 60, 99, 100
비비 410
비삼부르 전투 480
비스마르크 462
비스뷔 196
비스코 54
비시 608, 612
비아프라 654
비오코(적도 기니) 730
비옥한 초승달 지대 24, 26, 52
비와호 264
비자야나가르 왕국 272, 296
비잔티움 제국 82, 144, 149, 152, 160, 176,

178, 180, 182, 184, 196, 198, 226
비잔티움 60, 68, 144, 180, 188
비첸차 전투 504
비첸차 218
비텐베르크 354
비토리오 베네토 전투 551
비티니아 132
빅토리아주 426
빅토리아호 404, 410
빅혼강 458
빈(오스트리아) 180, 350
빈 전투 190
빈 회의 402, 498
빈란드 232
빌라드 알수단 172
빌레르섹셀 전투 508
빌레르코트레 칙령 367
빌마 172
빌주베르 138
빌카밤바 294
빌카수아만 294
빙어 172

사

사구 111
사군툼 공방전 130
사나 150, 158, 582, 710
사나가강 414
사라고사 168
사라예보 516, 702
사라이 92
사렙타 104
사르나트 72
사르데냐 왕국 382, 504
사르데냐 58, 127, 130, 162, 360
사마라 160, 164
사마르칸트 70, 86, 92, 124, 160, 174, 276,
522
사마리아 52, 104
사말루트 전투 486
사모스 60
사모아 제도 425
사바 왕국 66, 150
사보이아 공국 366, 382
사보이아 282, 504

사브네 전투 485
사비 263
사산 제국 145, 152, 158
사쓰마 438
사우디아라비아 580, 582, 656, 660, 704,
724
사우바도르(바이아) 310, 326
사우스다코타주 460, 462
사우스캐롤라이나 332
사울레 전투 250
사이공 585, 655, 670
사이티스 100
사카라 98, 101
사카이 108, 264
사카테카스 316, 454
사키에트 678
사타바하나 왕국 116
사하라 사막 45, 66, 80, 106, 164, 290, 412,
414
사하라 이남 아프리카 410
사하라 172
사할린섬 342, 438, 522, 589
사해 658
사헬 지대 24, 290, 717
사훌 23
산 레모 회의 559
산 로렌소 34
산 마르시알 전투 491
산 블라스 454
산 스테파노 조약 519
산 페드로 데 아타카마 294
산나이 마루야마 108
산둥성 92, 648
산루이스포토시 454
산마르티노 전투 504
산시성 92
산시성 648
산치 72
산타렝 전투 211
산타페 데 보고타 310
산타페 454
산터우 436
산토리니 119
산티아고 데 콤포스텔라 168, 208
산티아고 데 쿠바 310
산호해 해전 614

산후안강 34
살라 56
살라망카 전투 491
살라망카 218
살라미스(키프로스) 56, 60, 64, 76
살라미스 해전 120
살라히야 전투 486
살레 326
살로 공화국 624
살로나 76, 146
살로니카 326, 518
살루초 후국 282, 382
살페트리에르 감옥 478
삼각 지대 716
삼사트 호육 27
삿포로 438
상(上)이집트 98
상가 107
상부 캘리포니아 454
상세르 공방전 359
상스 215
상투메 288, 318, 336
상트페테르부르크 조약 438
상트페테르부르크(페트로그라드) 386, 388, 522, 572
상파울루 310
상하이 436, 438, 590, 650
새러토가 전투 450
샌드 크리크 전투 452, 456, 460
샌안토니오 455
샌재신토 전투 455
샌프란시스코 454, 687
샌호세 454
생 바르텔레미섬 320
생 베르트랑 드 코맹주 138
생 샤를 요새 458
생 장섬 334
생 피에르 요새 458
생도맹그 322, 328, 448, 476
생드니 수도원 203
생레미 147
생로 626
생로랑 드 라 카브르리스 92
생로랑뒤마로니 428
생루이(세네갈) 336, 381
생리키에 147

생말로 326
생메르에글리즈 626
생미엘 전투 548, 550
생장다크르 전투 486
생장드롱 전투 372
생제르맹 조약 516
생제르맹앙레 칙령 359
생클레르 쉬르 엡트 조약 232
생테티엔 512
생트펠라지 감옥 478
생플로랑(코르시카) 480
샤다드 27
샤롤레 367
샤르트르 215
샤리강 106
샤먼(아모이) 436
샤위야 평야 270
샤이엔강 보호구역 460, 462
샤프빌 674
샬럿아말리에 320
샬롱 쉬르손 147, 204
샹드 마르스 478
샹베리 382
샹파뉴 정기 박람회 224
서고트 왕국 142, 146
서독(독일 연방 공화국) 640, 690
서사하라 674, 730
서스캐처원 464
서아프리카 24, 172
서오스트레일리아주 426
서울 652
서하 제국 86, 260
선양 439
선양(봉천) 439
섬터 요새 467
성묘 교회 183
성스러운 길(베르됭 보급로) 542
성스러운 땅(수족 캠프) 462
세 232
세게르스타드 54
세나트 66
세네갈 170, 410
세네갈 173
세네갈강 80, 106
세디만 전투 486
세라비트 엘 카뎀 99

세람포르 320
세르다뉴 372
세르비아 383, 444, 518, 520, 639
세르비아-크로아티아-슬로베니아 왕국 568
세바스토폴 386, 522, 524, 600
세베로도네츠크 696
세벤산맥 396
세부 306
세브르 조약 559, 560, 714
세비야 74, 168, 306, 316, 326
세우타 288, 290, 314, 336
세인트 올번스 전투 240
세인트 크루아섬 320
세인트 토마스섬 320
세인트 피터 조약 458
세인트로렌스강 322, 333, 334
세인트루이스 454, 460
세인트헬레나섬 318, 336
세켐 104
세키가하라 전투 344
세티프 406, 674, 678
센강 138
센다이 344
센카쿠 제도 588
셀레우키아 66, 159
셀레우키아-크테시폰 159
셀주크 제국 82, 182, 184
셈나 99
셉티마니아 148, 203
셰리턴 전투 377
셰틀랜드 제도 232
솅겐 구역 698
솅겐 조약 698
소그디아나 64, 70, 115, 124, 174
소드 해변 626
소렌토 127
소련 574, 576, 586, 588, 596, 600, 602, 608, 614, 630, 636, 638, 642, 650, 656, 660, 692, 700
소르본(파리) 217, 218
소말리아 24, 583, 674, 720
소말릴란드 674, 730
소뮈르 전투 485
소뮈르 학살 359
소바 76, 150
소비보르 604, 606, 634

소시에테 제도 40
소아시아 121, 176, 178
소코토 칼리파국 410, 717
소코트라 290, 336
소팔라 172, 336
소피아 181
손강 242
솔로몬 왕국 151
솔로몬 제도 425
솔룬토 56
솔리냐크 204
솔페리노 전투 504
솜 전투 534, 536, 540, 545
송가이 왕국 288, 296, 336
송가이 제국 80
송나라 86, 111
쇼무테페 슐라베리 26
쇼아 410
숄레 전투 485
수니온곶 120
수단 654, 664, 720
수렌툼(소렌토) 137
수리남 472
수메르 50
수베틀라 전투 162
수빌(베르됭) 542
수사(페르시아) 27, 52, 64, 66, 68, 124, 382
수아송 전투 140
수어턴 다운 전투 377
수에비 왕국 142, 146
수에즈 운하 432, 559, 580
수에즈 위기 654, 656
수에즈 582
수즈달 196
수코타이 왕국 256
수코타이 72
순다 23
술라웨시 제도 340
술바만 544
슈맹데담 전투 534, 540, 546, 552
슈바르츠발트 357
슈샤(슈시) 700
슈코더르 520
슈트루토프-나츠바일러 604, 634
슈파이어 74, 180
슈피리어호 458

슐레스비히 568
슐레스비히-홀슈타인 514
스네크 378
스당 전투 506, 508
스리랑카 666, 668
스리위자야 260
스미르나 175, 326, 560
스미스 요새 460
스와질란드 412, 674
스와힐리 세계 289
스웨덴 식민 제국 320
스웨덴 왕국 84, 386
스웨덴 251, 388, 396, 492
스위스 연방 243, 244, 364, 370
스위스 364, 366, 396, 500, 502
스카버러 공방전 377
스칸디나비아 196, 228, 232, 320
스칼홀트 231
스코네 251
스코틀랜드 287, 698, 730
스코페 전투 178
스키크다(필리프빌) 406
스타라야 라도가 196
스타파르다 전투 373
스탈린그라드 전투 600, 608, 611, 630
스태퍼드 전투 235
스탠딩 록(보호 구역) 460, 462
스탬퍼드 브리지 전투 235
스테인케르케 전투 373
스테파나케르트 700
스톡홀름 251
스트라스부르 204, 220, 372, 374
스파르타 121, 122
스페인 제국 316, 402, 412, 415, 430, 446
스페인 302, 312, 316, 476, 491, 512, 593, 701
스페인령 기니 413
스페인령 네덜란드 370, 376
스페인령 모로코 412
스폴레토 129
스피나 126
스피로 33
스핀 볼다크 723
슬로바키아 592, 701, 730
슬로베니아 639, 701, 702, 730
시나이반도 102, 104, 656, 658, 661

시나이산(모세산) 104
시노페 60, 76, 524
시데 64
시돈 52, 56, 58, 60, 64, 77, 97, 100, 121
시드니 426
시디 부바케르 678
시디 부지드 710
시디 브라힘 전투 406
시디 유세프 678
시디 페루슈 406
시라쿠사 공방전 130
시라쿠사 전투 123
시라쿠사 58, 60, 68, 76, 121, 123, 127
시리아 사막 26, 52
시리아 62, 152, 164, 190, 556, 558, 560, 562, 568, 582, 656, 658, 660, 710, 712, 714, 724
시모노세키 108, 344, 438
시모다 438
시베리아 횡단 철도 589
시베리아 402, 522, 576
시부에네 172
시스케이 675
시안(장안) 70, 72, 110
시암 256, 272, 400, 440
시에나 224, 278
시에라 마에스트라(쿠바) 682
시에라리온 288, 412, 720
시온 산의 성모 마리아 교회 183
시온산 105, 182
시와 오아시스 64
시와 290
시질마사 163
시칠리아 58, 60, 123, 127, 130, 141, 160, 164, 233, 246, 247, 360, 504, 624
시카고 468, 687
시코쿠 108, 264, 438
시킴 650
시테섬(파리) 217
시토 213
시파르 52
신(新) 실크로드 728
신게티 173
신드 114
신라 256, 263
신바빌로니아 제국 124

신성 로마 제국 82, 84, 242, 244, 286, 296, 356, 362, 370, 378
신시내티 687
신자르산맥 26
신장 342, 648, 650, 725
실레지아 383
실로 104
실로암 못 105
실론 318
실비투크 34
실크로드 70, 258, 268, 286
싱가포르 전투 616
싱가포르 614, 619, 666
싱벨리즈 231, 232
싱안 112
쑤저우 438
쓰시마 해전 439
쓰촨성 436

아

아가데즈 172, 410
아가디르 416
아가테 56
아게르스보리 230
아고라(아테네) 120
아그드 138
아그라 92
아나디르 740
아나톨리아 24, 52, 56, 60, 100, 190, 276, 436
아냐델로 전투 366
아누라다푸라 68
아다강 280, 282
아달 336
아덴 보호령 656, 660
아덴 66, 150, 268, 272, 290, 336, 582
아델 289
아두아 전투 583
아둘리스 150, 66, 76
아드 데키뭄 전투 142
아드라르데스이포가스 산지 106, 173
아드리아노폴리스 전투 146
아드리아노폴리스 188, 520
아드리아해 226
아디스아바바 441

아라곤 169, 287
아라도스(바레인) 704
아라비아 52, 160, 556
아라비아반도 66, 164
아라스 전투 546
아라스 조약 239
아라스 139, 220, 378
아라코시아 115
아랍 세계 710
아랍 연합 공화국 660
아랍에미리트 704, 724
아랍-페르시아만 582
아레오파고스(아테네) 120
아레초 58, 126, 129
아루나찰프라데시 655
아루샤 협정 719
아르고스 119
아르곤 전투 540
아르기누사이 해전 123
아르긴 288, 336
아르데슈 554
아르덴 전투 632
아르메노이 119
아르메니아 68, 132, 140, 178, 554, 560, 568, 574, 692, 700, 724
아르수프 전투 181
아르와드 56, 58, 60
아르카디아 122
아르콜레 전투 482
아르크 전투 359
아르투아 전투 540
아르투아 243
아르한겔스크 386, 522, 740
아르헨티나 476, 512
아를 68, 214, 242, 246
아를의 생장-생피에르 147
아리카 294
아리카메두 68
아마라바티 72
아마조나스 472
아마조니아 24
아마존강 36, 310, 404, 472
아메리카 22, 32, 302, 304, 308, 312, 324, 332, 334, 396, 476
아무르강 436, 522
아문 해전 261

아미앵 공방전 358
아미앵 550
아바나 682
아바스 칼리파국 164
아벤티노 언덕 128
아부 라와시 98
아부 살라비크 27
아부 아게일라(르피딤?) 104
아부다비 704, 724
아부시르 98
아부키르 전투 486
아부키르 330
아불 56
아브라함 평원 전투 335, 381
아브빌 237
아비뇽 92, 214
아비도스 60
아비시니아 412
아샨티 왕국 410
아샨티 제국 324
아소르스 제도 314
아수르 105
아수아드 26
아순시온 326
아슈르 52, 96
아스완 99, 102, 656
아스칼론 104
아스타라바드 276
아스투리아스 왕국 168
아스트라한 199, 276, 388
아스티 382
아시나 264
아시리아 제국 96, 100, 124
아시아 속주(로마) 132
아시아 70, 614, 655, 666
아시앙기호 전투 583
아시우트 99, 101
아오모리 344
아오스타 공국 382
아오테아로아(뉴질랜드) 40, 42
아우다고스트 172
아우슈비츠-비르케나우 604, 634
아우스터리츠 전투 488, 492
아우어슈테트 전투 492
아우크스부르크 동맹 372, 374
아우크스부르크 화의 370

아우크스부르크 244, 356
아유타야 왕국 296
아유타야 256
아이고스 포타모스 해전 123
아이르 106
아이슬란드 습격 326
아이슬란드 228, 230, 232, 320
아이오와주 460, 462
아이유브 술탄국 164
아이코나 137
아이티 37, 328, 330, 448, 476
아인 수크나 99
아인 잘루트 전투 84, 186
아일랜드 231, 234, 236, 287, 376, 396,
512, 526, 527, 562, 570
아자라 574
아자와드 173
아쟁 학살 359
아쟁 139
아쟁쿠르 전투 237
아제르바이잔 190, 574, 700, 730
아조프해 696
아즈텍 제국 292, 296
아체 730
아초파 34
아카디아 322, 333
아카르나니아 123
아카바 전투 556
아카바만 656
아카이아 134, 247
아카풀코 312
아칸 왕국들 336
아칸소강 456
아케타톤(텔엘아마르나) 101
아코(아크레) 56, 101
아퀸쿰 134
아퀼레이아 전투 140
아퀼레이아 134
아크라 336
아크레 전투 180
아크레 182, 184, 192, 472
아크로이논 176
아크로티리(산토리니) 119
아크로폴리스(아테네) 120
아키타 344
아키텐 134, 237

아테네 60, 66, 76, 119, 120, 122, 124
아틀라스산맥 106
아티니 204
아티카 122, 188
아프가니스탄 424, 656, 664, 722, 724, 726
아프리카 속주(로마) 132, 134, 140
아프리카 44, 80, 106, 172, 288, 290, 412,
553, 584, 586, 620, 654, 674, 676, 717,
720
아흐와즈 582, 724
악숨 왕국 150, 152
악숨 전투 583
악숨 66, 68, 76, 150, 159, 172
악티움 해전 132
안나바(본) 406
안남 258, 585, 670
안데스산맥 24, 36, 294
안롱벵 673
안시(Anneny) 382
안시성 전투 258
안작만 544
안치라베 676
안치오 상륙 작전 622
안코나 326
안탈리아 181
안트베르펜 215, 278, 287, 378
안티수유 294
안티오키아 공국 182
안티오키아 피시디아 77
안티오키아 62, 70, 77, 134, 140, 145, 152,
180, 182, 184, 192, 233
안티폴리스 58
알가르브 211
알라르코스 전투 169, 171
알라모 요새 455
알랄리아 60
알래스카주 468
알래스카 386, 522
알레리아 126
알레만니아 203
알레산드리아 델 피에몬테 382
알레시아 134, 138
알레포(Aleppo) 52, 105, 182, 276, 554,
712
알레포 전투 556
알렉산드리아 마르기아네 64

알렉산드리아 아라코시아 64, 115
알렉산드리아 아레이아(헤라트) 64
알렉산드리아 에스카테(호젠트) 64
알렉산드리아 오피에네 64
알렉산드리아 전투 132, 152, 486
알렉산드리아 카르마니아 64
알렉산드리아 코카서스(베그람) 64
알렉산드리아 프로프타시아 64
알렉산드리아 62, 64, 66, 68, 77, 132, 140,
144, 226, 326
알렌슈타인 568
알렌테주 211
알리즈생트렌 139
알마 전투 524
알마티 522
알바니아 519, 583, 690
알바라신 169
알바세테 593
알바이신(그라나다) 171
알비 학살 359
알비 220, 222, 248
알아즈하르 모스크 167
알아크사 모스크 183
알안달루스 160, 170
알와 왕국 172
알와 80
알울라(데단) 158
알자스 374, 508, 514, 628
알자스-로렌 568
알제 전투 190
알제 74, 290, 326, 406, 416, 512, 620,
678, 681, 716
알제리 전쟁 680
알제리 350, 401, 406, 408, 412, 416, 444,
512, 678, 681, 716, 720
알카세르 두 살 56
알크마르 378
알타이 68, 174
알프스산맥 242, 282
알함브라 궁전(그라나다) 171
암만 582, 658, 661
암스테르담 320, 378, 392
암피폴리스 전투 123
암하라 151
압데라 60
압록강 439

압사로카산맥 462
압하지야 574, 694, 730
앙골라 410, 412, 654, 720
앙그리바리 성벽 134
앙제 전투 484
앙제 학살 358
앙제 139
앙주 236, 247, 248
앙카라 전투 276
앙카라 276, 560
앙코르 와트 257
앙코르 톰 257
앙코르 72, 256, 585
앙키라 132
앙트르몽 138
앙티브 138
애드월턴 무어 전투 377
애들레이드 426
애시다운 231
애팔래치아산맥 32, 332
앤틸리스 제도 330
앨리스 스프링스 426
앨리스 요새 460
앨리스섬 468
앨버커키 454
야랑 112
야르무크 전투 159, 160, 176
야르칸드 70
야소다라푸라(앙코르) 257
야스리브(메디나) 158
야운데 677
야운데 414
야쿠츠크 386
야쿠티야 574
야파 전투 181
야파 181, 182, 184
양시칠리아 왕국 505
양저우 260
양쯔강(장강) 112
어우락 262
얼스터 570
에가테스 제도 130
에가테스 해전 130
에게해 118, 123
에그모르트 185
에노 243

에데사 백국 182
에데사 134, 180, 184
에도(도쿄) 108, 344
에든버러 376
에딩턴 231
에레트리아 전투 120
에레트리아 60
에르데니주 72
에르메스곶 해전 130
에르메스곶 130
에르스탈 202, 204
에르주룸 444, 536, 554, 560, 714
에르푸르트 370
에리두(Eridou) 96
에리두(Eridu) 27, 52
에리쿠르 전투 508
에리트레아 412, 415, 430, 440, 583, 664, 674, 720
에메리타 아우구스타(메리다) 132
에보라 211
에부소스 56
에브뢰 139, 232
에수크 173
에슈누나 27
에스퀼리노 언덕 128
에스토니아 250, 386, 574, 596, 692, 701, 730
에우리메돈 56
에인절 마운드 33
에일라트 658
에조(홋카이도) 264, 344
에지힐 전투 377
에콰도르 476
에크노무스곶 해전 130
에크바타나(하마단) 64, 68, 105, 124
에텔쾨즈 200
에트루리아 56, 58, 126, 129, 134
에티스 122
에티오피아 24, 150, 288, 336, 410, 583, 586, 664
에페소스 60, 68, 76, 100, 121, 124, 145, 181
에페이로스 62, 128, 188
엑바타나 52
엑상프로방스 138
엑스라샤펠 조약 374
엑스라샤펠 204, 206, 278

엔네디 106
엔데르타 전투 583
엔코미 68
엔크하위젠 378
엘 알라메인 608, 620
엘 쿰 27
엘 티그레 34
엘람 왕국 124
엘레아 60
엘레판티네섬 101, 124
엘로라 72
엘리스 제도 425
엘미나 336
엘베강 632
엘비스탄 186
엘테케 전투 103
엠포리온 60
엠푸리에스 138
영국 제국 424
영국 476, 527, 560, 570, 620, 632, 634, 644, 646, 656, 663, 741
영국령 동아프리카 412
영국령 소말리아 412
영국-이집트령 수단 412
예나 전투 492
예니세이스크 386
예루살렘 전투 152, 184, 556
예루살렘 52, 68, 76, 82, 84, 97, 100, 104, 134, 140, 145 158, 175, 180, 182, 192, 208, 247, 706, 708
예리코 24, 26, 99, 104
예멘 152, 158, 582, 656, 660, 710
예카테린부르크 522
예테보리 320
옌안 590
옐로스톤 국립공원 463
오가사와라 열도 616
오고웨강 410
오넬리아 382
오노 전투 358
오논강 86
오누바 56
오다 264
오다와라 108, 344
오데르-나이세 선 640
오데사 522

오디세이(신화적 경로) 118
오라니엔부르크-작센하우젠 604
오라두르 쉬르글란 628
오라카우 전투 427
오랑 406, 678
오랑주 공국 380
오랑주 학살 358
오랑주 132, 138
오레스 봉기 406
오레스 163, 412, 678
오렌부르크 386
오렌지 자유국 419
오르두 발릭 175
오르테즈 전투 496
오를레앙 요새 458
오를레앙 학살 358
오를레앙 278
오를레앙스빌 406
오리건 길 460
오리건 452, 454
오마나(오만) 66
오마루누이 전투 427
오마하 해변 626
오마하 460
오만 582, 656, 660, 704, 724
오모강 계곡 18
오버라우지츠 370
오버레이설 378
오버로드 작전 626, 628
오사카 344
오스나브뤼크 조약 370, 372
오스만 제국 190, 198, 296, 350, 386, 408,
444, 486, 518, 520, 522, 524, 532, 534,
554, 556, 558, 560, 580
오스텐더 326
오스트레일리아 23, 38, 425, 426, 740
오스트리아 84, 350, 370, 478, 482, 488,
504
오스트리아-헝가리 516, 518, 551
오슬로 협정 706
오슬로 92
오아후섬 616
오이라트 칸국 296
오크니 왕국 231
오클랜드 427, 687
오키나와 614

오트란토 전투 190
오트란토 149
오트볼타 413
오플론티스 137
오하에아와이 전투 427
오하이오 계곡 33
오호츠크 386
옥수스강 64
옥스퍼드 218, 376
온타리오 334
올리브산 105
올림피아 122
올버니 426
올비아 60, 62
옹갈 전투 176
와리 36
와시트 160
와이미리-아트로아리족 472
와이오밍주 460, 462, 468
와이카토(뉴질랜드) 427
와이탕이 조약 427
와카야마 344
와티니 전투 480
왈라키아 190, 350, 524
왈라타 172
왈랄데 107
왈리스 푸투나 제도 425
외 전투 232
요루바 왕국 410
요르간 테페 27
요르단 656, 658, 660, 709
요르단강 서안지구 658, 661, 706, 708
요르단강 658
요코하마 438
요크 231, 376
요크턴 전투 450
욤키푸르 전쟁 661
우가리트 50, 52
우가이르 27
우간다 412
우네티체 54
우드무르티야 574
우디야나 72
우라 100
우랄산맥 388
우루과이 512

우루무치 725
우루크 27, 52, 97, 100
우르 27, 52, 96
우르미아 554
우마이야 칼리파국(코르도바) 164
우마이야 칼리파국 164, 176
우방기강 410
우자인 116
우즈베키스탄 574, 692
우즈호 458
우치 522
우카얄리강 472
우크라이나 전쟁 696
우크라이나 386, 522, 568, 574, 576, 638,
692, 694, 696, 701, 730
우티카 56, 58, 134
우한 736
운남 고개 262
운디느니 학살 452, 460
울란바토르 72
울루루 39
울름 전투 488, 492
움마 27
움브리아 129
웁살라 218, 251
워도어 성 377
워싱턴 468
워털루 전투 402, 496
월라세아 23
웨라로아 파 전투 427
웨스트민스터 궁 376
웨이크섬 전투 614, 616
웨이크섬 425
웨이허강 110
웨일스 235
웰링턴 427
위나라 111
위스트르암 626
위트레흐트 조약 318, 322, 334, 378, 380,
382
위트레흐트 220, 378
위푸 112
윈강 72
윈난성 436
윈스비 전투 377
윈체스터(공방전) 377

유고슬라비아 594, 608, 622, 625, 636, 639, 690, 702
유니언 요새 458
유다 왕국 56
유다 104
유대 134
유라시아 728
유럽 경제 공동체 EEC 698
유럽 석탄 철강 공동체(ECSC) 642, 698
유럽 연합 698
유럽 원자력 공동체 698
유럽 54, 74, 84, 218, 224, 228, 278, 286, 300, 354, 368, 370, 400, 528, 534, 564, 568, 594, 608, 642, 701
유로존 698
유스테 360
유카탄반도 455
유콘 464
유타 해변 626
유프라테스 96
유프라테스강 26, 52, 554
은수카 107
응아운데레 414
응쿠나(브라자빌) 410
이디스타비스오 전투 134
이라크 164, 444, 560, 562, 568, 582, 656, 660, 664, 712, 714, 724, 726
이란(페르시아) 24, 164, 276, 400, 424, 646, 656, 660, 664, 704, 714, 724
이르쿠츠크 386
이링 112
이브리 전투 359
이비사섬 58
이산들와나 전투 412, 418
이손초 전투 536
이수스 전투 64
이수아르 공방전 358
이스라엘 왕국 56
이스라엘 104, 392, 646, 656, 658, 660, 706, 708, 724
이스마일리아 656
이스탄불 560
이스터섬 40, 425
이스트로스 60
이스파한 175, 276
이슬리 전투 406

이시노마키 344
이식쿨호 92
이신 96
이오니아 120, 123
이오지마 전투 614
이와미 광산 344
이지움 696
이집트 원정 487
이집트 24, 50, 52, 56, 58, 64, 98, 100, 102, 124, 152, 164, 172, 180, 190, 330, 408, 410, 412, 444, 486, 654, 656, 658, 660, 664, 710, 724
이켄 99
이키토스 472
이타카 118
이탈리아 126, 128, 130, 132, 146, 148, 246, 249, 280, 282, 284, 366, 394, 482, 504, 512, 532, 534, 551, 560, 568, 586, 594, 624
이탈리아령 소말리아 412
이탈리카(세비야) 134
이토와 33
이프르 540
이프리키야 160, 162, 170
이화원(약탈) 436
인더스강 52, 64, 116, 276
인도 24, 64, 72, 78, 116, 268, 274, 276, 322, 330, 340, 381, 422, 424, 436, 646, 650, 664, 666, 668
인도네시아 664
인도네시아 666
인도양 268, 289, 326
인도차이나 전쟁 655, 670
인도차이나 436, 585, 666, 670
인디펜던스(미주리주) 454
일드프랑스(모리셔스) 358, 486
일라훈 98
일리노이주 462
일리리아 62
일리파 전투 130
일본 24, 72, 108, 260, 312, 344, 400, 436, 438, 538, 586, 588, 614, 616, 618, 644, 652, 664
잉글랜드 왕국 84
잉글랜드 228, 230, 234, 240, 278, 287, 380, 396, 488, 527

잉카 제국 36, 294, 296
잉칼락타 294
잉커우 436

자

자그레브 전투 84
자그로스산맥 96, 124
자라 공방전 181
자라 226
자르 552, 592
자르낙 전투 359
자마 전투 130
자메이카 326
자바섬 320
자우예트 알아리얀 98
자이르 654
자크로스 119
자파르 66, 150
자푸 436
작센 357, 362, 370, 500, 506, 514
잔트폰테인 전투 538, 553
잔지바르 80, 172, 290, 336, 410, 730
잘라카 전투 169, 170
잘랄라바드 722
잘파 100
잠베지강 404
장미 전쟁 240
장시성 650
장쑤성 648
장안 174, 258
장안 68
잭슨항(시드니) 487
저우산섬 436
저장성 92
저지섬 326
제나라 111
제네바 협정 671
제네바 354, 562, 568, 738
제노바 전투 382
제노바 92, 188, 224, 226, 282, 304, 326, 624
제다 158
제르고비 138
제르바섬 56, 326
제벨 샴비 710

제벨 아루다 27
제벨 앗실실라 99
제벨 이르후드(고고학 유적지) 18
제일라 172
제임스타운 332
젝스 지방 382
젠네 80, 173
젠타 전투 350
젬데트 나스르 27
젬마프 전투 480
젬블루 전투 599
조나라 111
조선 263
조지아(미국) 332
조지아(코카서스) 692, 730
조지아 574
졸로프 336
주강 300
주니가드 117
주나라 111
주노 해변 626
주데이르조-다로 114
주블랭 139
주장 436
줄루 왕국 418
중국 제국 386
중국 24, 50, 70, 110, 112, 174, 258, 260, 264, 268, 275, 300, 312, 340, 342
중도 공방전 86
중동 52, 152, 556, 582, 656, 658, 660, 708, 724, 726, 728
중앙아메리카 50
중앙아시아 24, 70, 174, 290, 342, 424
중앙아프리카 677
쥐미에주 147
쥘리히 공국 370
지 111
지구대 18
지로프트 52
지반 봉기 406
지부티 410, 412, 414, 441, 553, 674
지브롤터 148, 168, 408
지중해 54, 56, 58, 60, 62, 68, 74, 76, 82, 142, 176, 192, 226, 268, 270, 290, 300, 408, 622
지크프리트선 598

진나라 111
진주만 공격 614, 616
짐바브웨(모노모타파) 80, 674
짐바브웨 왕국 172

차

차가타이 88
차드호 80, 106, 172, 404, 412, 677
차빈 데 우안타르 36
차틀리 성 376
찬찬 36
찰그로브 필드 전투 377
찰스턴 습격 326
참파 256, 262, 296
처칠 740
청 제국 402, 424
청두 112, 648
체첸 공화국 574
체첸 730
체코 730
체코 701
체코슬로바키아 592, 636, 638, 690
초(楚) 왕국 111
추눅 바위르 전투 544
추바시야 574
추코트카반도 386
충칭 648
취리히 364, 572
취푸 72
치반체 34
치살피나 공화국 483
치슬라이타니아 516
치와와 455
치첸이트사 34
친차 수유 294
칠레 총독령 310
칠레 476, 512, 741
칭다오 438, 588
칭하이 648

카

카나리아 제도 270, 288, 302, 304, 306
카네시(네사) 100
카넴 왕국 172

카넴 336
카넴-보르누 80, 288, 296
카노 172, 410
카놈베 719
카데시 전투 100
카드모스산 전투 181
카디스 287
카라 키타이 칸국 86
카라메 전투 661
카라바야 326
카라샤르 258
카라카스 326
카라칼파크스탄 574
카라코룸 86, 88, 90, 261
카라쿰 사막 52
카랄 36
카랑탕 139
카레 139
카렐리야 386, 522, 574
카롤링거 제국 206, 228
카르가 오아시스 99
카르눈툼 68
카르마니아 124
카르모나 169
카르발라 580
카르스 560
카르카르 전투 103
카르카손 220, 222
카르케미시 97, 100, 105
카르타고 56, 58, 60, 62, 68, 77, 127, 130, 132, 134, 140, 142, 146, 148
카르타헤나 데인디아스(인도) 326
카르타헤나/카르타고 노바(스페인) 130, 134, 404
카르파티아산맥 54
카리브해 34, 270, 300, 326
카리아 124
카마리나 전투 130
카메룬 412, 414, 536, 538, 553, 584, 620, 677
카미나 전투 538, 553
카바 160
카바르디노-발카리야 공화국 574
카보베르데 제도 288, 302, 305, 306, 326, 336
카불 115

카비라 27
카빈다 730
카빌리 전투 406
카빌리 512, 678
카사망스 412
카살레 382
카세린 고개 620
카셀 139
카슈가르 70, 112, 174, 258
카슈미르 669
카스텔피다르도 전투 505
카스티야 왕국 84
카스티야 169, 287
카스티용 전투 237
카스피해 274, 386, 522, 700
카옌 326, 428
카오르 139
카우팡 228, 230
카이로 74, 92, 98, 160, 166, 172, 184, 290, 486
카이로네이아 전투 64
카이르완 163, 164, 172, 290
카이사레아 카파도키아 76
카이사르아우구스타(사라고사) 132
카이펑 전투 261
카이펑 86
카일리우스 언덕 128
카자흐 스텝 68
카자흐스탄 522, 574, 576, 692, 694, 728, 730
카잔한국 199
카타르 582, 656, 660, 704, 724
카타반 왕국 150
카탈라우눔 평원 전투 146, 148
카탈루냐 730
카탕가 410, 654
카토-캉브레지 조약 374
카트완 전투 174
카티가라 68
카틴 574, 596
카파 92
카파도키아 64, 66, 134
카파제 27
카푸아 127, 128
카피사 66
카피톨리노 언덕 128

카필라바스투 72
카하마르카 294
카호키아 33
칸나에 전투 130, 178
칸다하르 124
칸디아 181, 270
칸쿤 34
칼라일 성 376
칼라일 376
칼라크물 34
칼라타피미 전투 505
칼라트 에스 세남 678
칼레 237, 238, 326, 367, 376
칼렌베르크 전투 350
칼리안 68
칼리쿠트 268, 272, 302, 314
칼미키야 574
칼카강 전투 84, 86, 197
칼케돈 60, 76, 145, 152
칼키스 60
캄베이 268
캄보디아 256, 440, 585, 644, 664
캄차카반도 386
캄포포르미오 조약 482
강 626
캉브레 278
캉토빅 147, 204
캐나다 332, 334, 462, 740
캐롤라인 제도 425
캔버라 426
캔자스주 460
캘리포니아 436, 452, 468
케다 68
케르마 66, 99, 101, 102
케르소네소스 198
케르치 해협 695
케마흐 554
케이프타운 318, 330, 418
케임브리지 92, 218
케팔로니아 123
코노트 570
코로넬곶 해전 538
코르 99
코르도바 토후국 206, 228
코르도바 160, 164, 168, 170, 172, 210
코르보 숲(베르됭) 542

코르브리지 전투 377
코르비 전투 372
코르빌로 138
코르소곶 320
코르쇠유 139
코르시카 58, 60, 126, 130, 730
코르키라 60, 123
코르토나(에트루리아) 126
코르푸 226
코린토스 60, 64, 76, 118, 120, 122
코만체리아(코만치 제국) 456
코모로 제도 302
코모스 56
코미 공화국 574
코세다그 전투 84, 186
코소보 190, 639, 702, 730
코슈렐 전투 238
코스 77
코스곶 288
코스타리카 476
코임브라 210, 218
코친차이나 262
코친차이나 670
코카서스 152, 274, 276, 290, 424, 522, 538, 600, 700
코칸트 522
코크 376
코트디부아르 730
코판 34
코펜하겐 320
콘라트 181
콘스탄츠 278
콘스탄티노플 약탈 181
콘스탄티노플 74, 76, 82, 92, 140, 142, 145, 146, 152, 160, 174, 176, 178
콘야 전투 190
콘월 235
콜랴수유 294
콜로라도주 460
콜로라도 454
콜로세움 128
콜롬비아 472, 476
콜리마강 386
콜카타 320
콤포스텔라 82
콥토스(쿠프트) 68

콩고 왕국 336, 410
콩고 288
콩고 412
콩고강 404, 410
콩고국 410
콩시에르주리 478
콩코르드 광장 503
콩크 208
콩타 브네생 366
콩피에뉴 612
콰이강 619
쾰른 76, 180, 220, 244, 362
쿠루페디온 전투 64
쿠르디스탄 714, 730
쿠르반 호육 26
쿠르스크 전투 630
쿠르타토네 전투 504
쿠릴 열도 588, 616
쿠바 총독령 310
쿠바 37, 304, 326, 328, 644
쿠반 576
쿠샨 제국 68, 116
쿠스코 36, 294, 446
쿠스토차 전투 504
쿠시 왕국 102
쿠시나가라 72
쿠웨이트 582, 656, 660, 704, 724
쿠차 70, 112, 258
쿠탕스 232
쿠트 알아마라 534, 536
쿠트 전투 538, 556
쿠트노 전투 596
쿠트라 전투 358
쿠프라 오아시스 620
쿡 제도 425
쿤티수유 294
쿨리코보 전투 197, 199
쿰비 살레(유적지) 172
퀘벡 322, 332, 334, 381, 464, 730
퀴라소 328
퀴리날레 언덕 128
퀸즐랜드주 426
크노소스 56, 119
크니도스 56
크라마토르스크 696
크라방 전투 239

크라스노야르스크 386
크라야 27
크라온 552
크라이스트처치 427
크라쿠프 전투 84
크라쿠프 502, 522
크락 데 슈발리에 182, 184
크런데일 54
크레브쾨르 요새 458
크레시 전투 237, 238
크레타섬 52, 54, 58, 60, 160, 188, 226
크로마뇽 18
크로아티아 639, 701, 702, 730
크로토네 56, 129
크롭레디 브리지 전투 377
크리스티안스보리 320
크림 전쟁 520, 524
크림반도 386, 388, 522, 638, 694, 696
크림한국 190, 198
크메르 제국 256, 260, 262
크산텐 134
크테시폰 전투 538
크테시폰 174
클라겐푸르트 568
클레르몽 206
클레르몽페랑 139, 180
클레르보 213
클레베 공국 370
클레이디온 전투 178
클로비스 22
클뤼니 206, 212, 214
클리블랜드 686
클리슈프 전투 388
키갈리 536, 718
키레나이카 132, 160
키레네 134
키레니아 662
키르기스스탄 574, 692
키르쿠크 582, 705
키르크킬리세 전투 520
키리바시 730
키부호 718
키브롱 전투 484
키브롱 480
키비시 18
키시 52, 97

키이우 전투 196
키이우 196, 198, 386, 600, 630, 638
키지코스 해전 123
키질쿰 사막 52
키클라데스 제도 120
키토 294
키티라섬 122
키티온 60
키프로스 52, 56, 58, 60, 101, 182, 184, 226, 286, 444, 556, 730
킨샤사(레오폴드빌) 410
킬리키아 아르메니아 175
킬리키아 97, 100, 124, 134, 554
킬와 172, 289, 336
킵차크한국 197, 198
킵차크한국 90

타

타가스테 전투 77
타가스테 77
타그뎀트 406
타기나이 전투 142, 149
타긴 전투 406
타나나리브 337, 676
타나이스 62
타넨베르크 전투(1410년) 250
타넨베르크 전투 534, 541
타니스 52, 101
타라 712
타라고나 76
타렌툼 전투 129
타로스 56
타르 사막 114
타르수스 52, 77, 121
타르퀴니아 58
타르투스 582
타림 174
타메르자 678
타바르카 77, 678
타보라 전투 553
타보르산 전투 486
타브리즈 186, 276
타슈켄트 68, 522
타실리 나제르 106
타우리데(크림반도) 198

타이게토스산 122
타이마 52
타이베이 72, 436
타지키스탄 574, 692
타케다 172
타크루르 왕국 172
타클라마칸 사막 70, 112, 258, 725
타타르스탄 574
타파파 전투 427
타헤르트 163
타후다 전투 162
타흐트 술레이만 전투 152
타히티 40
탁실라 68, 116
탈라베라 전투 491
탈라스 전투 78, 160, 258
탈리아코초 전투 247
탈린 732
탕가 전투 538, 553
탕가니카호 410
탕헤르 163, 288
태드캐스터 전투 377
태즈메이니아 23, 38, 426, 486
태평양 40, 300, 306, 326, 338, 425, 438, 614, 616
터트버리 성 376
턴햄 그린 전투 377
테 포레레 전투 427
테그다우스트 유적 173
테네레 사막 106
테노치티틀란(멕시코) 292
테라 페르마 226
테라 60
테라마레 54
테루안 138
테루엘 전투 593
테르모필레 전투 120
테르미트 107
테르트리 전투 206
테베(그리스) 119, 120, 122
테베(이집트) 101
테살로니키 76, 188
테살리아 123
테셴 592
테스코코 293
테오티우아칸 34

테케다 172
테쿰세 요새 458
테헤란 724
텍사스 454
텍셀 해전 373
텔 단 104
텔 브라크 27
텔 셰이크 하산 27
텔아비브 582, 658
템비안 전투 583
톈산산맥 70
톈진 조약 436
톈진 438
토고 412, 538
토라보라 722
토레스 해협 39
토르데시야스 조약 306, 311
토르데시야스 302, 316
토르토사 169
토르투가섬 326, 328
토리노 382
토마르 211
토메밤바 294
토볼스크 386
토브룩 전투 620
토스카나 249, 505
토이토부르크 숲 전투 132
토켈라우 제도 425
톤레사프호 256
톤턴(공방전) 377
톨레도 148
톰스크 386
톱카프 궁전 190
통가 제도 425
통킹 262, 585
투란(다낭) 264
투렌 248
투루판 70
투르 압딘 26
투르 206, 214
투르뉘 214
투르비고 전투 504
투르크메니스탄 574, 692
투르키스탄 404
투르판 174
투바 공화국 574

투아마리나 전투 427
투아모투 제도 425
투투브 27
툴 374
툴라 34
툴루즈 92, 214, 220, 222
툴루즈(학살) 491
툼베스 294
튀니스 162, 184, 290, 326, 710
튀니지 412, 444, 553, 583, 710
튀라스 60
튀르키예 400, 444, 562, 568, 656, 660, 662, 664, 714, 724
튀링겐 514
튀일리 궁 478, 480, 502
튜크스베리 전투 241
트라스테베레 128
트라시메노호 130
트라키아 124, 519, 560, 568
트라팔가르 해전 488, 492
트라팔가르 330
트라페준타 제국 186, 188
트란스니스트리아 694, 730
트란스라이타니아 516
트란스발 418
트란스옥시아나 174
트란스요르단 558, 560, 568, 582, 658
트란스케이 675
트란실바니아 350
트랑케바르 320
트레블링카 604, 606, 634
트레비아 전투 130
트레스 사포테스 34
트렌턴 전투 450
트렌토 354
트렌티노 전선 536
트렐레보리 230
트로이 118
트론헤임 599
트루소 196
트루아 조약 238
트루아 74, 224
트루아리비에르 333, 334
트리나키아(태양의 섬) 118
트리니다드 토바고 322, 328
트리아농 조약 516

트리어 선제후국 370
트리어 68, 76, 180, 362
트리에스테 226, 624
트리카마룸 전투 142
트리폴리(리비아) 326
트리폴리 백국 182
트리폴리 56, 290
트리폴리타니아 444
트베리 274
트빌리시 700
틀라코판 292
틀락스칼라 292
틀렘센 전투 406
틀렘센 163, 290
티그리스강 26, 96, 52, 160
티도레 306
티란 해협 659
티레 52, 56, 58, 60, 100, 182
티로스 122
티롤 370
티르차 104
티린스 60, 119
티말라 68
티모르 487
티무르 제국 276, 296
티무르 토후국 272
티베스티 410
티베트 24, 72, 112, 258, 648, 650, 655
티시트 173
티에라 델푸에고 302
티오 왕국 410
티옹빌 204
티와나쿠 36
티지우주 407
티칼 34
티크리트 704
티티카카호 294
틱시 740
틸지트 조약 492, 494
팀북투 80, 172, 404, 410, 412, 442, 717
팅기스 56

파

파간 왕국 256
파간 72, 260

파나마 운하 432
파나마 326, 644
파도바 218, 278
파라과이 476
파라스 76
파라프라 오아시스 99
파루카바드 27
파르마 공국 504
파르마 500
파르테노페아 공화국 482
파르테논 신전 120
파르티아 제국 132
파르티아 124
파리(학살 및 공방전) 358
파리 조약 322
파리 코뮌 510, 512
파리 76, 92, 139, 206, 214, 217, 218, 278,
288, 500, 502, 508, 680
파리아 294
파미르 68
파비아 전투 366
파사르가다에 124
파셀리스 60
파쇼다 412, 432
파스샹달 전투 540
파스트렝고 전투 504
파이스토스 119
파이스툼 60, 129
파이윰 98
파인 리지-로즈버드 보호구역 460
파일린 673
파차카마크 294
파카리탐보 294
파키스탄 646, 656, 664, 666, 668, 722,
724
파타 지역 660, 709
파탈리푸트라(파트나) 115, 116
파티마 칼리파국 82, 164
파포스 60, 192
파푸아뉴기니 666
파푸아뉴기니 664
판노니아 134, 200
판문점 652
판테온(로마) 128
판티카파이온 60
팔라우섬 425

팔라티노 언덕 128
팔레 루아얄(파리) 500
팔레르모 56, 130, 149, 164, 249
팔레리이 126
팔레스타인 105, 392, 444, 486, 556, 558,
560, 568, 582, 658, 661
팔레스타인국 709
팔레스트로 전투 504
팔로스 데 라 프론테라 304
팔루르 68
팔루자 705
팔미라 68, 100, 103, 134, 712
팔츠 362, 374
팔츠-노이부르크 공국 371
팜파스 294
퍼스 426
펀자브 52, 116, 175
펀자브 668
펑후 제도 438, 588
페니키아 64, 96, 121
페드라 푸라다(고고학 유적지) 22
페로 제도 232, 320, 730
페루 부왕령 310, 326
페루 316, 436, 472, 476
페루자 126, 129
페르 라셰즈(파리) 510
페르가나 70
페르가몬 62, 76
페르난도 포 336
페르세폴리스 64, 66, 68, 124
페르시아 전쟁 60, 120
페르시아 제국 58, 90, 122, 124, 176
페르시아 152, 274, 276, 386, 436
페르피냥 전투 480
페르피냥 372
페름 386
페리괴 139
페스 160, 172, 290, 416
페스키에라 504
페잔 45, 106
페코스강 454
페터먼 전투 460
페트라 66, 68, 134
페트로그라드(상트페테르부르크) 576
페트로폴리스 조약 472
펜로 전투 378

펜실베이니아 332
펠라 64, 124
펠로폰네소스반도 122, 188
펠루시움 56
평양 652
평양 68, 258
포더링헤이 성 376
포돌리아 190
포르도팽 332, 336, 340
포르미니 전투 237, 239
포르칼키에 247
포르토 노보 320
포르토벨로 326
포르투 210
포르투갈 제국 314, 412, 414, 420, 428, 430, 586
포르투갈 168, 210, 287, 302, 314, 392, 402, 476, 491, 594
포르투갈령 기니 412
포메라니아 514
포추올리 77
포츠담 회담 636, 640
포츠머스 376
포카이아 60, 188
포클랜드 제도 741
포클랜드 해전 538
포토시 312, 316, 326
포트사이드 656
포티다이아 전투 123
포티다이아 121, 123
포티지 데 시우 조약 458
폰투스 에우크시노스(흑해) 121
폴란드 왕국 84, 250
폴란드 74, 196, 198, 296, 383, 384, 386, 388, 392, 500, 522, 566, 574, 592, 594, 596, 606, 638, 690, 701
폴란드-리투아니아 199, 250
폴렌티아 전투 77, 140
폴리네시아 40, 425
폴타바 전투 388
폼페이 137
퐁디셰리 322, 340, 381
퐁샤로 전투 484
퐁트누아 전투 204, 381
퐁티니 212
푀르 138

푸난 68
푸노 294
푸루샤푸라(페샤와르) 116
푸스타트(카이로) 160, 167
푸아티에 전투 160, 202, 236, 238
푸아티에 206, 215
푸앵트누아르 410
푸에르토리코 326, 328
푸저우 265, 436
푸젠성 92
푸젠성 648
푸카라 데 안달갈라 294
푸타 잘롱 410
푸투마요강 472
풀리아 625
퓌르카트 230
프놈펜 265, 673
프라네커 378
프라이부르크 전투 372
프라이부르크 278
프라첸 고지 489
프라티슈타나 115
프라하 180, 690
프랑슈콩테 370, 372, 374
프랑스 식민 제국 322, 402, 412, 416, 420, 428, 430, 532, 558, 586, 676
프랑스 왕국 84
프랑스 82, 236, 242, 287, 322, 358, 370, 374, 476, 500, 508, 512, 562, 612, 628, 646, 701, 741
프랑스령 기아나 472
프랑스령 서아프리카 412
프랑스령 소말리 해안 441
프랑스빌 410
프랑크 왕국 202, 206, 228
프랑크푸르트 조약 508
프랑크푸르트암마인 383
프레데릭스보르 320
프레덴스보르 320
프레리 뒤 셴 조약 458
프레스부르크 조약 489
프레이 노코르(호찌민) 256
프레트발 전투 236
프로방스 202, 242, 247, 366, 627
프로이센 250, 381, 383, 506, 514
프로폰티스(마르마라해) 144

프루아드테르(베르됭) 542
프리기아 124
프리슬란트 132, 378
프리울리 280
프리타운 410
프리토리아 419
프리틀란트 전투 492
프스코프 196
프톨레마이스 테론 66
플라시 전투 330, 381
플라타이아이 전투 120
플라타이아이 122
플랑드르 235, 243, 372, 730
플랜태저넷 영토 236
플랫강 456
플레르-쿠르셀레트 전투 545
플로리스바드 18
플로센뷔르크 604, 634
플뢰뤼스 전투 372, 480
플리머스(아메리카) 332
플리머스 326, 376
플리싱언 326
피그스만 682
피네롤 382
피닉스 제도 425
피데나이 129
피라미드 전투 486, 492
피-람세스 101
피레네 조약 372
피렌체 224, 249, 278, 280, 282, 284, 624
피사 126, 249
피스코 326
피아나란초아 676
피아베강 551
피어스브리지 전투 377
피에르 요새 458
피에몬테 공국 382
피에몬테 282, 504
피에몬테-사르데냐 왕국 504
피에솔레 149
피우메 568
피테쿠세 60
핀란드 251, 522, 602, 701
필 커니 요새 460
필라델피아(소아시아) 188
필라델피아 332, 468

필로스 해전 123
필로스 119
필리피 전투 132
필리피(빌립보) 77
필리핀 제도 40, 306, 312, 316, 340, 381, 425, 616, 664, 666
핏케언섬 40, 425
핑방 619

하

하(下)이집트 101
하기아 소피아(대성당) 144, 190
하나우 전투 496
하노버 381, 500, 514
하노이 전투 671
하노이 258, 262, 585, 648
하드라마우트 사막 158
하드라마우트 왕국 150
하드루메툼 77
하드리아누스 방벽 234
하라르 151
하란 52, 97
하르키우 696, 522
하르툼 441
하르트만스빌레르코프 전투 540
하를럼 378
하리하랄라야 257
하마 52, 97, 100
하마단 175
하미 70
하부바 카비라 27
하세크 호육 27
하와이 제도 20, 40, 425, 616
하우사 도시국가 288
하우사 왕국들 336
하이난섬 262
하이델베르크 18, 218
하이드라 680
하이커우 436
하이파 558, 658
하이퐁 전투 670
하자르 왕국 228
하지 피루즈 26
하초르 104
하치네비 테페 27

하카타 전투 261
하카타 108, 264
하코다테 438
하투사 100
하트라 712
하틴 전투 181, 184
한(漢) 왕국 및 제국 110
한국 전쟁 644, 652, 655
한국 72, 108, 263, 264, 436, 438, 562, 588, 652, 666
한단 111
한산도 해전 263
한성(서울) 263, 265
한커우 436
할랄산(시나이?) 104
할슈타트 55
함부르크 224, 320, 512
항가이산맥 86
항저우 72, 260, 438
향신료 길 286
향신료곶 68
허난성 92
허난성 648
허드슨만 458
허드슨만 322
허페이 112
헐 전투 377
헝가리 왕국 84
헝가리 190, 200, 350, 383, 522, 592, 594, 690, 701
헤그라 68
헤데뷔 228, 230
헤라클레스의 기둥(지브롤터) 118
헤라트 64, 276, 722
헤론폴리스(수에즈) 66, 68
헤르손 696
헤르쿨라네움 137
헤브론 104, 182, 706
헤브리디스 왕국 228
헤센 대공국 370
헤센 500
헤움노(쿨름호프) 604, 606, 634
헤이그 조약 483
헤이그 378
헤이스팅스 전투 233, 235
헤이안(교토) 108

헤자즈 190, 556, 580
헤카톰필로스(샤루드) 68
헨트 378
헬괴 196
헬데를란트 378
헬레나 광산 460
헬레스곶 544
헬레스폰트 프리기아 124
헬룰란드 232
헬베티아 공화국 483
혁명 광장 478
호가르 산지 45, 106
호라산 52, 174, 276
호라즘 제국 86
호라즘 276
호르무즈 해협 268, 272, 274, 290, 704, 724
호바트 426
호탄 70, 112, 174
혼슈 108, 264, 438
홀라르 231
홀란트 243, 372, 378
홈스 100, 178, 186
홉튼 히스 전투 377
홋카이도 108, 438
홍강 262
홍콩 전투 616
홍콩 300, 436, 590, 650, 666
홍해 66, 99, 101, 150
화산열도 588
황해 438
황허강 110
효고 108
후베이성 736
후아라 98
후에 258, 585, 670
후지산 108, 264
후허하오터 258
훠이 전투 258
휴전국 582, 656, 660
흐로닝언 378
흑해 196, 198, 274, 386, 522, 524, 576
희망봉 288, 300, 302, 314
히다스페스강 전투 64
히라도 344
히로시마 614

히르카니아 124
히말라야산맥 70, 114, 116
히멜마트 산괴 620
히미야르 왕국 66, 68, 150, 158
히바 칸국 424
히바 522
히사를리크(트로이) 60
히스파니올라섬(아이티) 36, 304, 326, 328
히오스 518
히타이트 제국 100
히포 58, 76
힌두쿠시산맥 68, 116, 174

기타

13개 식민지 332
A.-E.F.(프랑스령 적도 아프리카) 420, 430,
553, 620
A.-O.F.(프랑스령 서아프리카) 420, 430, 620